OSWAL – GURUKUL

H.S.C

SAMPLE PAPERS

MAHARASHTRA BOARD

(Updated as per the Reduced Syllabus)

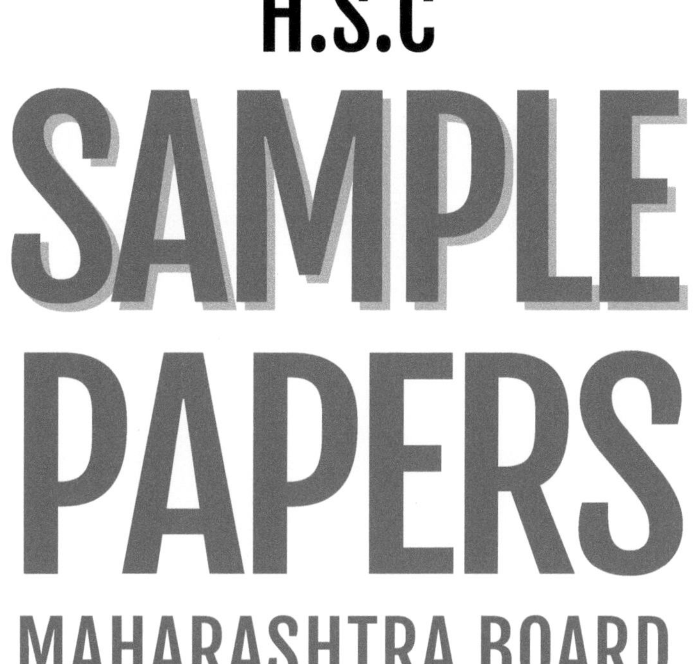

CLASS XII

FOR 2022 EXAMINATION

COMMERCE STREAM

• Hindi • English • Marathi • Economics • Organisation of Commerce & Management • Secretarial Practice • Mathematics & Statistics (Commerce) • Book-Keeping & Accountancy

BY PANEL OF AUTHORS

DISCLAIMER

With the ambition of providing standard academic resources, we have exercised extreme care in publishing the content. In case of any discrepancies in the matter, we request readers to excuse the unintentional lapse and not hold us liable for the same. Suggestions are always welcome.

EDITION : 2021

ISBN : 978-93-91184-76-6

PUBLISHED BY

OSWAL PUBLISHERS

Head Office: 1/12, Sahitya Kunj, M.G. Road, Agra - 282002

Phone   : (0562) 2527771-4, +91 7534077222

E-mail   : info@oswalpublishers.in

Website   : www.oswalpublishers.com

The cover of this book has been designed using resources from Freepik.com

 PREFACE

Oswal-Gurukul presents Sample Papers for Maharashtra Board. These Sample Papers are prepared by the Subjcet-matter experts considering the latest Reduced Syllabus prescribed by the Board.

These Sample Papers comprises Hindi, English, Marathi, Economics, Organisation of Commerce & Management, Secretarial Practice, Mathematics & Statistics (Commerce), Book Keeping & Accountancy.

Each paper has been carefully planned to cover as much ground as possible from the entire syllabus, making them an ideal practice resource. The solutions have been provided at the end of each section to save time during self-assessments.

This ingenious will help sharpen the student's time management skills and give them the confidence to face their final exams head on. Solutions follow the marking scheme practiced by the Board.

The Sample Papers will empower students in their preparations, and will aid in making further subject choices in their higher studies.

We hope this book will be a valuable asset for the students. All further suggestions towards improving the book are welcomed and would be incorporated in the future editions.

—The Publisher

CONTENTS

HINDI

SAMPLE PAPER-1
Hindi

Questions

विभाग – 1 गद्य (अंक-20)

(क) निम्नलिखित पठित परिच्छेद पढ़कर दी गई सूचनाओं के अनुसार कृतियाँ कीजिए। **(6)**

प्रभात का समय था, आसमान से बरसती हुई प्रकाश की किरणें संसार पर नवीन जीवन की वर्षा कर रही थीं। बारह घण्टों के लगातार संग्राम के बाद प्रकाश ने अँधेरे पर विजय पाई थी। इस खुशी में फूल झूम रहे थे, पक्षी मीठे गीत गा रहे थे, पेड़ों की शाखाएँ खेलती थीं और पत्ते तालियाँ बजाते थे। चारों तरफ खुशियाँ झूमती थीं। चारों तरफ गीत गूँजते थे। इतने में साधुओं की एक मंडली शहर के अंदर दाखिल हुई। उनका ख्याल था—मन बड़ा चंचल है। अगर इसे काम न हो, तो इधर-उधर भटकने लगता है और अपने स्वामी को विनाश की खाई में गिराकर नष्ट कर डालता है। इसे भक्ति की जंजीरों से जकड़ देना चाहिए। साधु गाते थे—

> सुमर-सुमर भगवान को,
>
> मूरख मत खाली छोड़ इस मन को।

जब संसार को त्याग चुके थे, उन्हें सुर-ताल की क्या परवाह थी। कोई ऊँचे स्वर में गाता था, कोई मुँह में गुनगुनाता था। और लोग क्या कहते हैं, इन्हें इसकी जरा भी चिंता न थी। ये अपने राग में मगन थे कि सिपाहियों ने आकर घेर लिया और हथकड़ियाँ लागकर अकबर बादशाह के दरबार को ले चले।

1. संजाल पूर्ण कीजिए : **(2)**

आगरा शहर का प्रभातकालीन वातावरण

2. निम्नलिखित शब्दों के लिंग बदलकर लिखिए : **(2)**

(i) पत्ते– ....   (ii) स्वामी– ....

(iii) राग– ....   (iv) आदमी– ....

3. निम्नलिखित प्रश्न का उत्तर 40 से 50 शब्दों में लिखिए। **(2)**

साधु-संतों को राग विद्या की जानकारी न होने के कारण मौत की सजा दिया जाना क्या उचित है? इस विषय पर 40 से 50 शब्दों में अपने विचार लिखिए।

(ख) निम्नलिखित पठित परिच्छेद पढ़कर दी गई सूचनाओं के अनुसार कृतियाँ कीजिए : **(6)**

वर्तमान युग विज्ञान और प्रौद्योगिकी का युग है। दुनिया में भौतिक विकास हासिल कर लेने की होड़ मची है। विकास की इस दौड़ में जाने-अनजाने हमने अनेक विसंगतियों को जन्म दिया है। प्रदूषण उनमें से एक अहम समस्या है। हमारे भूमंडल में हवा और पानी बुरी तरह प्रदूषित हुए हैं। यहाँ तक कि मिट्टी भी आज प्रदूषण से अछूती नहीं रही। इस प्रदूषण की चोट से शायद ही कोई चीज बची हो। साँस लेने के लिए स्वच्छ हवा मिलना मुश्किल हो रहा है। जीने के लिए साफ पानी कम लोगों को ही नसीब हो रहा है।

पर्यावरणविदों का कहना है कि अगले पच्चीस सालों में दुनिया को पेयजल के घनघोर संकट का सामना करना पड़ सकता है। आज शायद ही कोई जल स्रोत प्रदूषण से अप्रभावित बचा हो। कुछ लोगों का कहना है कि अगला विश्वयुद्ध राजनीतिक, सामरिक या आर्थिक हितों के चलते नहीं, वरन् पानी के लिए होगा। यह तस्वीर नि:संदेह भयावह है लेकिन इसे किसी भी तरह से अतिरंजित नहीं कहा जाना चाहिए। परिस्थितियाँ जिस तरह से बदल रही हैं और धरती पर संसाधनों के दोहन के चलते जिस तरह से जबर्दस्त दबाव पड़ रहा है तथा समूची परिस्थिति का तंत्र जिस तरह चरमरा गया है, उसके चलते कुछ भी संभव हो सकता है।

फिलहाल यहाँ हम पर्यावरणीय प्रदूषण के सिर्फ एक पहलू की चर्चा कर रहे हैं और वह है ओजोन विघटन का संकट। पिछले कई वर्षों से पूरी दुनिया में इसकी चर्चा हो रही है तथा इसे लेकर खासी चिंता व्यक्त की जा रही है। आखिर यहाँ सवाल समूची मानव सभ्यता के अस्तित्व का है। प्रश्न उठता है कि यह ओजोन है क्या ? यह कहाँ स्थित है और उसकी उपयोगिता क्या है ? इसका विघटन क्यों और कैसे हो रहा है ? ओजोन विघटन के खतरे क्या-क्या हैं ? और यदि ये खतरे एक हकीकत है तो इस दिशा में हम कितने गंभीर हैं और इससे निपटने के लिए क्या कुछ एहतियाती कदम उठा रहे हैं ?

1. निम्नलिखित प्रश्नों के उत्तर लिखिए : **(2)**

(i) दुनिया में किस बात की होड़ मची है ?

(ii) अगला विश्व युद्ध किसके लिए होने की आशंका है ?

(iii) पर्यावरणविदों के अनुसार अगले पच्चीस सालों में दुनिया को किस संकट का सामना करना पड़ सकता है ?

(iv) पर्यावरणीय प्रदूषण में लोगों में किस पहलू पर चर्चा हो रही है ?

2. कृदंत बनाइए। **(2)**

(i) कहना   (ii) छीजना

(iii) बैठना   (iv) लगना

3. निम्नलिखित प्रश्न का उत्तर 40 से 50 शब्दों में लिखिए। **(2)**

'बढ़ते हुए प्रदूषण को रोकने के उपाय' विषय पर अपने विचार लिखिए।

(ग) निम्नलिखित प्रश्न का उत्तर 60 से 80 शब्दों में लिखिए। (तीन में से दो) **(6)**

(i) मौसी की स्वभावगत विशेषताएँ लिखिए।

(ii) 'पाप के चार हथियार' पाठ का संदेश लिखिए।

(iii) 'उड़ो बेटी उड़ो! इस धरती पर निगाह रखकर' इस पंक्ति में निहित सुगंधा की माँ के विचार स्पष्ट कीजिए।

(घ) निम्नलिखित प्रश्नों के एक वाक्य में उत्तर लिखिए। (चार में से दो) **(2)**

(i) सुदर्शनजी का वास्तविक नाम लिखिए।

(ii) लेखक कन्हैयालाल मिश्र 'प्रभाकर' जी की भाषाशैली क्या है ?

(iii) आशारानी व्होरा की एक रचना का नाम लिखिए।

(iv) गजल इस भाषा का लोकप्रिय काव्य प्रकार है।

विभाग – 2 पद्य (अंक-20)

(क) निम्नलिखित पठित काव्यांश को पढ़कर दी गई सूचनाओं के अनुसार कृतियाँ कीजिए। (6)

प्रीति की राह पर चले आओ,
नीति की राह पर चले आओ।
वह तुम्हारी ही नहीं, सबकी है,
गीति की राह पर चले आओ।
साथ निकलेंगे आज नर-नारी,
लेंगे काँटों का ताज नर-नारी
दोनों संगी हैं और सहचर हैं,
अब रचेंगे समाज नर-नारी।
वर्तमान बोला, अतीत अच्छा था,
प्राण के पथ का मीत अच्छा था।
गीत मेरा भविष्य गाएगा,
यों अतीत का भी गीत अच्छा था।

1. निम्नलिखित प्रश्नों के उत्तर लिखिए: (2)

(i) वर्तमान के गीत कौन गाएगा ?

(ii) उपर्युक्त काव्यांश में कवि किसका आवाहन करते है ?

(iii) 'काँटों का ताज लेंगे' से कवि का तात्पर्य क्या है ?

(iv) आज के नर-नारी किसकी रचना करेंगे ?

2. निम्नलिखित शब्दों में युग्म-शब्द बनाकर लिखिए: (2)

(i) संगी   (ii) अच्छा

(iii) मीत   (iv) साथ

3. निम्नलिखित प्रश्न का उत्तर 40 से 50 शब्दों में लिखिए। (2)

'समाज का नवनिर्माण और विकास नर-नारी के सहयोग से ही संभव है।' इस पर अपने विचार लिखिए।

(ख) निम्नलिखित पठित काव्यांश पढ़कर दी गई सूचनाओं के अनुसार कृतियाँ कीजिए : (6)

जड़, तना, शाखा, पत्ती, पुष्प, फल और बीज
हमारे लिए ही तो है पेड़ की हर एक चीज।
किसी ने उसे पूजा,
किसी ने उस पर कुल्हाड़ी चलाई
पर कोई बताए
क्या पेड़ ने एक बूँद भी आँसू की गिराई ?
हमारी साँसों के लिए शुद्ध हवा
बीमारी के लिए दवा
शवयात्रा, शगुन या बारात
सभी के लिए देता है पुष्पों की सौगात
आदिकाल से आज तक

सुबह-शाम, दिन-रात
हमेशा देता आया है मनुष्य का साथ
कवि को मिला कागज, कलम, स्याही
वैद, हकीम को दवाई
शासन या प्रशासन
सभी के बैठने के लिए
कुर्सी, मेज, आसन
जो हम उपयोग नहीं करें
वृक्ष के पास ऐसी एक भी नहीं चीज है
जी हाँ, सच तो यह है कि
पेड़ संत है, दधीचि है।

1. निम्नलिखित प्रश्नों के उत्तर लिखिए: (2)

(i) पेड़ सभी को क्या देता है ?

(ii) पेड़ दवाई किसको देता है ?

(iii) पेड़ ने कवि को क्या दिया है ?

(iv) पेड़ प्रशासन को क्या देता है ?

2. निम्नलिखित शब्दों का वाक्य में प्रयोग कीजिए: (2)

(i) जड़   (ii) तना

(iii) फल   (iv) पूजा

3. निम्नलिखित प्रश्न का उत्तर 40 से 50 शब्दों में लिखिए: (2)

'पेड़ मनुष्य का परम हितैषी' इस विषय पर अपना मत व्यक्त कीजिए।

(ग) निम्नलिखित मुद्दों के आधार पर रसास्वादन कीजिए: (6)

(दो में से एक)

1. 'वृंद के दोहे'

मुद्दे:

(i) रचनाकार का नाम   (ii) कविता की केंद्रीय कल्पना

(iii) प्रतीक विधान   (iv) कविता पसंद आने के कारण

(v) पसंद की पंक्तियाँ   (vi) कल्पना

2. कवि की भावुकता और संवेदनशीलता को समझाते हुए 'चुनिंदा शेर' का रसास्वादन कीजिए।

(घ) निम्नलिखित प्रश्नों के एक वाक्य में उत्तर लिखिए : (2)

(चार में से दो)

(i) गुरु नानक की रचनाओं के नाम लिखिए।

(ii) कवि डॉ. जगदीश गुप्त की प्रमुख साहित्यिक कृतियों में उनके काव्य संग्रह के नाम बताइए ?

(iii) त्रिलोचन जी के दो काव्य संग्रहों के नाम लिखिए।

(iv) गजल किस भाषा का लोकप्रिय काव्य प्रकार है ?

विभाग – 3 विशेष अध्ययन (अंक-10)

(क) निम्नलिखित पद्यांश पढ़कर दी गई सूचनाओं के अनुसार कृतियाँ कीजिए: (6)

अपनी जमुना में
जहाँ घंटों अपने को निहारा करती थी मैं

वहाँ अब शस्त्रों से लदी हुई
अगणित नौकाओं की पंक्ति रोज-रोज कहाँ जाती है ?
धारा में बह-बहकर आते हुए टूटे रथ
जर्जर पताकाएँ किसकी हैं ?

हारी हुई सेनाएँ, जीती हुई सेनाएँ
नभ को कँपाते हुए युद्ध घोष, क्रंदन-स्वर,
भागे हुए सैनिकों से सुनी हुई
अकल्पनीय अमानुषिक घटनाएँ युद्ध की
क्या ये सब सार्थक हैं ?
चारों दिशाओं से
उत्तर को उड़-उड़कर जाते हुए
गृद्धों को क्या तुम बुलाते हो
(जैसे बुलाते थे भटकी हुई गायों को)

जितनी समझ तुमसे अब तक पाई है कनु,
उतनी बटोरकर भी
कितना कुछ है जिसका
कोई भी अर्थ मुझे समझ नहीं आता है
अर्जुन की तरह कभी
मुझे भी समझा दो
सार्थकता है क्या बंधु ?
मान लो कि मेरी तन्मयता के गहरे क्षण
रँगे हुए, अर्थहीन, आकर्षक शब्द थे—
तो सार्थक फिर क्या है कनु ?
पर इस सार्थकता को तुम मुझे
कैसे समझाओगे कनु ?

शब्द : अर्थहीन

शब्द, शब्द, शब्द, ...
मेरे लिए सब अर्थहीन हैं
यदि वे मेरे पास बैठकर
तुम्हारे काँपते अधरों से नहीं निकलते

शब्द, शब्द, शब्द, ...
कर्म, स्वधर्म, निर्णय, दायित्व ....
मैंने भी गली-गली सुने हैं ये शब्द
अर्जुन ने इनमें चाहे कुछ भी पाया हो
मैं इन्हें सुनकर कुछ भी नहीं पाती प्रिय,
सिर्फ राह में ठिठककर
तुम्हारे उन अधरों की कल्पना करती हूँ
जिनसे तुमने ये शब्द पहली बार कहे होंगे

1. **कृति पूर्ण कीजिए:** (2)

कनुप्रिया के अनुसार यही युद्ध का सत्य स्वरूप हैं :

(i) ....   (ii) ....

(iii) ....   (iv) ....

2. **कृति पूर्ण कीजिए:** (2)

(i) कनुप्रिया कनु से इनकी तरह सब कुछ समझना चाहती है सार्थकता ....

(ii) कनुप्रिया की तन्मयता के गहरे क्षण—

(iii) कनुप्रिया के लिए अर्थहीन शब्द जो गली-गली सुनाई देते हैं—

(iv) कनुप्रिया के लिए वे सारे शब्द तब अर्थहीन है—

3. निम्नलिखित प्रश्न का उत्तर 40 से 50 शब्दों में लिखिए: (2)

'युद्ध से विनाश एवं शांति से विकास होता है'—इस विषय पर अपने विचार लिखिए।

(ख) निम्नलिखित प्रश्न का उत्तर 80 से 100 शब्दों में लिखिए: (4)
(दो में से एक)

(i) राधा की दृष्टि से जीवन की सार्थकता बताइए।

(ii) "कवि ने राधा के माध्यम से आधुनिक मानव की व्यथा को शब्दबद्ध किया है।" इस कथन को स्पष्ट कीजिए।

विभाग – 4 व्यावहारिक हिंदी अपठित गद्यांश और पारिभाषिक शब्दावली (अंक-20)

(क) निम्नलिखित प्रश्न का उत्तर 100 से 120 शब्दों में लिखिए: (6)

फीचर लेखन की विशेषताएँ लिखिए।

अथवा

निम्नलिखित गद्यांश पढ़कर दी गई सूचनाओं के अनुसार कृतियाँ कीजिए।

'ब्लॉग' अपना विचार, अपना मत व्यक्त करने का एक डिजिटल माध्यम है। ब्लॉग के माध्यम से हमें जो कहना है; उसके लिए किसी की अनुमति लेने की आवश्यकता नहीं होती। ब्लॉग लेखन में शब्दसंख्या का बंधन नहीं होता। अत: हम अपनी बात को विस्तार से रख सकते हैं। ब्लॉग, वेबसाइट, पोर्टल आदि डिजिटल माध्यम हैं। अखबार पत्रिका या पुस्तक हाथ में लेकर पढ़ने की बजाय उसे कम्प्यूटर, टैब या सेलफोन से परदे पर पढ़ना डिजिटल माध्यम कहलाता है। इस प्रकार का वाचन करने वाली पीढ़ी इंटरनेट के महाजाल के कारण निर्माण हुई है। इसके कारण लेखक और पत्रकार भी ग्लोबल हो गए हैं। नवीन वाचकों की संख्या मुद्रित माध्यम के वाचकों से बहुत अधिक है। इस वर्ग में युवा वर्ग अधिक संख्या में है। दुनिया की कोई भी जानकारी एक क्षण में ही परदे पर उपलब्ध हो जाती है।

ब्लॉग की खोज:

ब्लॉग की खोज के संदर्भ में निश्चित रूप से कोई डॉक्युमेंटेशन उपलब्ध नहीं है पर जो जानकारी उपलब्ध है।

उनके अनुसार जस्टीन हॉल ने सन् 1994 में सबसे पहले इस शब्द का प्रयोग किया। जॉन बर्गर ने इसके लिए वेब्लॉग (Weblog) शब्द का प्रयोग किया था। माना जाता है कि सन् 1999 में पीटर मेरहोल्स ने 'ब्लॉग' शब्द को प्रस्थापित कर उसे व्यवहार में लाया। भारत में 2002 के बाद 'ब्लॉग लेखन' आरंभ हुआ और देखते-देखते यह माध्यम लोकप्रिय हुआ तथा इसे अभिव्यक्ति के नये माध्यम के रूप में मान्यता भी प्राप्त हुई।

1. निम्नलिखित प्रश्नों के उत्तर लिखिए: (2)

(i) ब्लॉग क्या है ?

(ii) डिजिटल माध्यम के उदाहरण बताइए ?

(iii) ब्लॉग की खोज के संदर्भ में लेखक ने क्या कहा है ?

(iv) सन् 1999 में कौन 'ब्लॉग' शब्द को प्रस्थापित कर उसे व्यवहार में लाया ?

2. निम्नलिखित शब्दों के कृदंत बनाकर लिखिए: (2)

(i) लगना (iii) कहना

(ii) बैठना (iv) छाजना

3. निम्नलिखित प्रश्न का उत्तर 40 से 50 शब्दों में लिखिए: (2)

ब्लॉग लेखन से तात्पर्य क्या है ?

(ख) निम्नलिखित प्रश्नों के उत्तर 80 से 100 शब्दों में लिखिए: (4)

(दो में से एक)

1. प्रकाश उत्पन्न करने वाले किसी एक जीव की खोज कीजिए।

2. "ढाई आखर प्रेम का पढ़े सो पंडित होइ" भाव पल्लवन कीजिए।

अथवा

सही विकल्प चुनकर वाक्य फिर से लिखिए:

1. भारत में ब्लॉग लेखन आरंभ हुआ :

(i) 1999 के पूर्व (ii) 2002 के पूर्व

(iii) 2002 के बाद (iv) 1994 के बाद

2. फीचर लेखन के मुख्य तीन अंगों में से एक है:

(i) उपसंहार (ii) फीचर योजना

(iii) विवरण (iv) फीचर कलेवर

3. कार्यक्रम में चार चाँद लगने का कारण :

(i) सूत्र संचालक का सुचारू संचालन

(ii) स्टेज डेकोरेशन

(iii) लाउडस्पीकर

(iv) कार्यक्रम के अतिथि

4. समुद्र का सबसे बड़ा जीव व्हेल की लम्बाई .... है।

(i) 30 मीटर (ii) 20 मीटर

(iii) 40 मीटर (iv) 25 मीटर

(ग) निम्नलिखित अपठित परिच्छेद पढ़कर दी गई सूचनाओं के अनुसार कृतियाँ कीजिए : (6)

सौरमंडल के सबसे बड़े ग्रह बृहस्पति के बाद शनि ग्रह की कक्षा है। शनि सौरमंडल का दूसरा बड़ा ग्रह है। यह हमारी पृथ्वी के करीब 750 गुना बड़ा है। शनि के गोले का व्यास 116 हज़ार किलोमीटर है; अर्थात्, पृथ्वी के व्यास से करीब नौ गुना अधिक।

सूर्य से शनिग्रह की औसत दूरी 143 करोड़ किलोमीटर है। यह ग्रह प्रति सेकंड 9.6 किलोमीटर की औसत गति से करीब 30 वर्षों में सूर्य का एक चक्कर लगाता है। अत: 90 साल का कोई बूढ़ा आदमी यदि शनि ग्रह पर पहुँचेगा, तो उस ग्रह के अनुसार उसकी उम्र होगी सिर्फ तीन साल !

हमारी पृथ्वी सूर्य से करीब 15 करोड़ किलोमीटर दूर है। तुलना में शनि ग्रह दस गुना अधिक दूर है। इसे दूरबीन के बिना कोरी आँखों से भी आकाश में पहचाना जा सकता है। पुराने ज़माने के लोगों ने इस पीले चमकीले ग्रह को पहचान लिया था। प्राचीन काल के ज्योतिषियों को सूर्य, चंद्र और काल्पनिक राहु-केतु के अलावा जिन पाँच ग्रहों का ज्ञान था उनमें शनि सबसे अधिक दूर था।

शनि को 'शनैश्वर' भी कहते हैं। आकाश के गोल पर यह ग्रह बहुत धीमी गति से चलता दिखाई देता है, इसीलिए प्राचीन काल के लोगों ने इसे 'शनै:चर नाम' दिया था। 'शनै:चर' का अर्थ होता है—धीमी गति से चलने वाला।

लेकिन बाद के लोगों ने इस शनैश्चर को 'सनीचर' बना डाला! सनीचर का नाम लेते ही अंधविश्वासियों की रूह काँपने लगती है। फलित-ज्योतिषियों की पोथियों में इस ग्रह को इतना अशुभ माना गया है कि जिस राशि में इसका निवास होता है उसके आगे और पीछे की राशियों को भी यह छेड़ता है। एक बार यदि यह ग्रह किसी की राशि में पहुँच जाए तो फिर साढ़े सात साल तक उसकी खैर नहीं !

हमारी पौराणिक कथाओं के अनुसार शनि महाराज सूर्य के पुत्र हैं। भैंसा इनका वाहन है। पाश्चात्य ज्योतिष में शनि को सैटर्न कहते हैं। यूनानी आख्यानों के अनुसार सैटर्न जूपिटर के पिता हैं। रोमन लोग सैटर्न को कृषि का देवता मानते थे। हमारे देश में शनि महाराज तेल के देवता बन गए हैं !

1. संजाल पूर्ण कीजिए। (2)

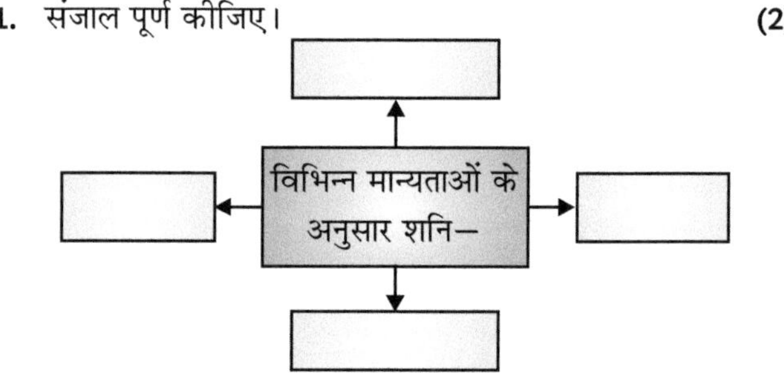

2. निम्नलिखित शब्दों के समानार्थी शब्द लिखिए: (2)

(i) आकाश (iii) सूर्य

(ii) कथा (iv) आँख

3. 'सौर मंडल' इस विषय पर अपने विचार लिखिए। (2)

(घ) निम्नलिखित शब्दों की पारिभाषिक शब्दावली लिखिए: (4)

(आठ में से चार)

1. Authentic 5. Balance

2. Advance 6. Pay order

3. Expert 7. Output

4. Invalid 8. Paidup

विभाग – 5 व्याकरण (अंक-10)

(क) निम्नलिखित वाक्यों का काल परिवर्तन करके वाक्य फिर से लिखिए: **(चार में से दो)** (2)

(i) कौन बहन हम जैसे भुक्खड़ को भाई बनाएगी।

(सामान्य वर्तमान काल)

(ii) वृद्धाश्रम के प्रबंधक का फोन सुनकर मैं अवाक रह गया।

(सामान्य भविष्यकाल)

(iii) चट्टानों पर फूल खिलाना हमको आता है। (पूर्ण भूतकाल)

(iv) मैं आपकी खिड़की के पास बैठकर निहारा करता था।

(अपूर्ण वर्तमान काल)

(ख) निम्नलिखित उदाहरणों के अलंकार पहचानकर लिखिए। (2)

(चार में से दो)

(i) पड़ी अचानक नदी अपार ।

घोड़ा उतरे कैसे पार ॥

राणा ने सोचा इस पार ।

तब तक चेतक था उस पार ॥

(ii) लता पवन ले प्रगट भरा, लेहि अक्सर दोय भाई ।

निकसे जनु जुण विमले बिंधु, जलद परले बिलगाइ ॥

(iii) राधा-वन्दन चंद सो सुंदर।
(iv) उदित उदय गिरि मंच पर।
    रघुबर बाल पतंग॥

(ग) निम्नलिखित उदाहरणों के रस पहचानकर लिखिए। (2)
                                          (चार में से दो)

(i) माटी कहै कुम्हार से तू क्यों रौंदे मोय।
    एक दिन ऐसा आएगा, मैं रौंदूँगी तोय॥
(ii) एक अचंभा देखा रे भाई, ठाढ़ा सिंह चरावै गाई।
    पहले पूत पाछो भाई, चेला कें गुरू लागे पाई॥
(iii) दुख में सुमिरण सब करै, सुख में करै न कोय।
    जो सुख में सुमिरण करे, ताको काहे दु:ख होय॥
(iv) सिर पर बैठ्यो काग, आँख दोऊ खात निकारत।
    खींचत जीभहिं स्यार अतिहिं आनंद उर धारत।

गिद्ध जाँघ को खोदि-खोदि कै माँस उपारत,
स्वान आँगुरिन काटि-काटि कै, खात विदारत।

(घ) निम्नलिखित मुहावरों का अर्थ लिखकर वाक्य में प्रयोग कीजिए। (चार में से दो) (2)

(i) चार चाँद लगना   (ii) आँखों में धूल झोंकना
(iii) उल्टी गंगा बहाना   (iv) तलवे चाटना

(ङ) निम्नलिखित वाक्य शुद्ध करके फिर से लिखिए। (2)
                                            (चार में से दो)

(i) परन्तु अग्यान भी अपराध है।
(ii) सत्य की मारग सरल हैं।
(iii) पाप के पास चार शस्त्रे है।
(iv) मैने फिर चुप रहना ही उचित समजा।

🄰 Answer Key

विभाग – 1 गद्य

(क)

1.

```
┌──────────────────┐   ┌──────────────────────────┐
│ फूल झूम रहे थे।   │   │ पक्षी मीठे गीत गा रहे थे।  │
└────────▲─────────┘   └────────────▲─────────────┘
         │                          │
┌────────┴──────────────────────────┴─────────────┐
│     आगरा शहर का प्रभातकालीन वातावरण              │
└────────┬──────────────────────────┬─────────────┘
         │                          │
┌────────▼─────────────┐   ┌────────▼─────────────┐
│ पेड़ो की शाखाएँ खेलती थी। │   │ पत्ते तालियाँ बजाते थे। │
└──────────────────────┘   └──────────────────────┘
```

2. (i) पत्ते–पत्तियाँ   (ii) स्वामी–स्वामिनी
   (iii) राग–रागिनी   (iv) आदमी–औरत।

3. साधु-संत दीन-दुनिया से विरक्त ईश्वर आराधना में लीन रहने वाले लोग होते हैं। वे अपने साथी साधु-संतों से सुने-सुनाए भजन-कीर्तन अपने ढंग से गाते हैं। उन्हें राग छंद और संगीत का समुचित ज्ञान नहीं होता। भजन भी वे अपनी आत्म-संतुष्टि और ईश्वर आराधना के लिए गाते हैं। उनका उद्देश्य उसे राग में गाकर किसी को प्रसन्न करना नहीं होता। आगरा शहर में बिना सुर-ताल की परवाह किए हुए और बादशाह के कानून से अनभिज्ञ से साधु गाते हुए जा रहे थे। इन्हें इस जुर्म में पकड़ लिया गया था कि वे आगरा की सीमा में गाते हुए जा रहे हैं। अकबर के मशहूर रागी तानसेन ने यह नियम बनवा दिया था कि जो आदमी राग विद्या में उसकी बराबरी न कर सके वह आगरा की सीमा में न गाए। यदि गाए तो उसे मौत की सजा दी जाए। अत: इन्हें मौत की सजा दे दी गई। इस तरह साधुओं को मौत की सजा देना उनके साथ बिलकुल अन्याय है। इस तरह के कानून से तानसेन के अभिमान की बू आती है।

(ख)

1. (i) दुनिया में भौतिक विकास हासिल कर लेने की होड़ मची है।
   (ii) अगला विश्व युद्ध पानी के लिए होने की आशंका है।
   (iii) पर्यावरणविदों के अनुसार अगले पच्चीस सालों में दुनिया को पेयजल के घनघोर संकट का सामना करना पड़ सकता है।
   (iv) पर्यावरणीय प्रदूषण में लोगों में ओजोन विघटन के बारे में चर्चा हो रही है।

2. (i) कहावत   (ii) छीजन
   (iii) बिठाना   (iv) लगाई

3. मानव प्रकृति में प्रदूषण जहर की तरह धीमे गति से फैल रहा है। यह प्रदूषण पानी, हवा, धूल के माध्यम से मनुष्य, पशु-पक्षी, पेड़-पौधे और वनस्पतियों को भी नष्ट कर देता हैं। प्रत्येक प्रकार के प्रदूषण जैसे–ध्वनि, वायु, जल प्रदूषण इन खतरनाक प्रदूषण से बचने के लिए हम धीरे-धीरे कोई उपाय करें, तो हमारी पृथ्वी की सुंदरता जो की पर्यावरण है, उसे बचाया जा सकता है।

प्रदूषण से बचने के लिए हमें उद्योग-धन्धों, कारखानों की स्थापना मनुष्य बस्तियों से दूर करनी चाहिए। चिमनियों की ऊँचाई अधिक और उनमें फिल्टर का प्रयोग करना चाहिए, जिससे अनावश्यक गैसें या पदार्थ शुद्ध हवा में न मिल पाएँ। साथ ही हमें अधिक से अधिक वृक्षारोपण करना चाहिए। पेड़-पौधे प्रदूषण नियंत्रक का काम करते हैं। पीने के पानी 'नदी' तालाब में कपड़े या जानवर नहीं धोने चाहिए। जंगलों की कटाई पर निबंध लगाया जाए।

प्लास्टिक के स्थान पर कागज व कपड़े की थैली का प्रयोग होना चाहिए। सार्वजनिक उत्सव, शादी-ब्याह में लाउडस्पीकर, पटाखे, बड़े-बाजार पर कुछ नियम लगाए जाने चाहिए। प्रदूषण संबंधी सभी नियमों का पालन करके हम प्रदूषण पर विजय प्राप्त कर सकते हैं।

(ग)

1. 'कोखजाया' इस कहानी में लेखक ने वर्तमान मानव समाज, धन, विलासिता, सुख-सुविधाओं को अपने माता-पिता से अधिक बढ़कर महत्त्व दे रहा है, इस बात को स्पष्ट करते हुए इसमें परिवर्तन करने की बात को समझाया है।

मौसी सरल हृदय और बड़ी स्वाभिमानी थीं। साथ ही स्नेही स्वभाव की थी। लेखक की पढ़ाई में मौसी का योगदान था। मौसी ने अपने पिता से मिली सम्पत्ति को जबरन अपनी छोटी बहन को सौंप दिया था। एक बार उनके नैहर के गाँव में भयंकर अकाल पड़ा था। तब मौसी ने उन लोगों की हालत देखकर अपने ससुराल से सारा जमा अन्न मँगवाया इतना ही नहीं बाजार से भी आवश्यकतानुसार क्रय करवाया और तीसरे ही दिन से पूरे गाँव के लिए भंडारा खुलवा दिया बहुत ही भावुक हृदय वाली थीं।

मौसी के पति प्रसिद्ध आई.ए.एस. अधिकारी थे। वे बड़े पदों पर आसीन रहे। अंत में वे भारत सरकार के वित्त सचिव के पद से रिटायर हुए थे। परन्तु मौसी को कभी भी अपने पति के पद या पावर का घमंड नहीं हुआ।

मौसी दयालु, जरूरतमंद को मदद करने वाली सहृदया थीं। परन्तु उसी के साथ ही धोखा हुआ। अपने खुद के बेटे ने उनसे विश्वासघात करके वृद्धाश्रम में रहने को मजबूर किया था। वह अंतिम समय तक स्वाभिमानी रहीं। अपने दाह-संस्कार का अधिकार अपने बहन के बेटे रघुनाथन को देकर श्राद्ध का पूरे खर्चे के लिए उसे चेक दे दिया। वह किसी पर भी बोझ नहीं बनना चाहती थीं। वह स्वाभिमानी थीं।

2. 'पाप के चार हथियार' इस निबंध में लेखक ने कन्हैया लाल मिश्र जी ने प्रत्येक युग में समाज में होने वाली ज्वलंत समस्या और उसे दूर करने वाले समाज सुधारकों का वर्णन विचारात्मक रूप से किया है। हर युग में समाज में व्याप्त समस्याओं से समाज को बचाने के लिए दार्शनिक, विचारक, संत, महापुरुष जैसे—सुधारक जन्म लेते हैं। परन्तु समाज से यह विडंबना पूरी तरह समाप्त नहीं होती। क्योंकि लोग उसकी बातों पर ध्यान नहीं देते। लोग उसकी अवहेलना, निंदा करते हैं। कई सुधारकों को अपनी जान तक गँवानी पड़ती हैं। मृत्यु के पश्चात् उसके विचारों और कार्यों का गुणगान करके उसके स्मरण में स्मारक और मंदिर बनाते हैं।

परन्तु पाप के चार हथियार इन विडंबनाओं को पूरी तरह मुक्त नहीं कर पातें। वे हथियार है—उपेक्षा, निंदा, हत्या और श्रद्धा। इसी कारण समाज वैसे ही चलता जा रहा है। महान सुधारकों के कार्य में सक्रिय न होते हुए मृत्यु पश्चात् स्मारक बनवाने वाले उनके विचार आत्मसात नहीं करते। उनके विचारों को आत्मसात करना चाहिए तभी समाज में अच्छा परिवर्तन होगा। यही संदेश लेखक कन्हैयालाल मिश्र यहाँ देना चाहते हैं और तभी समाज में व्याप्त विडंबनाओं से समाज मुक्त होगा।

3. सुगंधा के विचारों का सुगंधा की माँ आदर करती हैं। सपने देखना, उन्हें पूरा करने का प्रयास करना, प्रत्येक व्यक्ति का अधिकार है। सुगंधा अपने जीवन रूपी आकाश में अपने छोटे-छोटे पंखों के द्वारा ऊँचा उठने के लिए ऊँचे सपने देखती है। उसकी माँ उसके इस विचार का समर्थन करती हैं। परन्तु साथ ही अपनी बेटी को वास्तविकता का एहसास भी दिलाना चाहती है। वह कहती है कि धरती से बहुत ऊँचे फैले इन पंखों को वास्तविकता से, सच्चाई से दूर समझकर वह काटना नहीं है, क्योंकि ऊँची उड़ान लेते समय वह लड़खड़ा न जाए। और उसके पंख टूट न जाए और घायल न हो जाए।

सुगंधा की माँ अपनी बेटी को मजबूत बनाना चाहती हैं। इतना ही नहीं सुगंधा की माँ अपनी बेटी को उसके जीवन में, समाज में अपने सपनों को पूरा करते समय वास्तविकता को ध्यान में रखकर समझदारी से कदम उठाने की सलाह देती है। वह जानती है कि उनकी बेटी समझदार लड़की है, परन्तु उसे सावधान करने के लिए उसे फिर से समझाना अपेक्षित है। अपने परिवेश, संस्कार, सांस्कृतिक परंपरा, सामर्थ्य का उसे सहारा लेकर आगे बढ़ना है।

(घ)

1. सुदर्शनजी का वास्तविक नाम बदरीनाथ हैं।
2. लेखक कन्हैयालाल मिश्र 'प्रभाकर' जी की भाषाशैली सहज और मुहावरेदार हैं।
3. आशारानी व्होरा की एक रचना का नाम हैं—'भारत की प्रथम महिलाएँ।'
4. गजल उर्दू भाषा का लोकप्रिय काव्य प्रकार है।

विभाग – 2 पद्य

(क)

1. (i) वर्तमान के गीत भविष्य गाएगा।
   (ii) उपर्युक्त काव्यांश में कवि प्रीति, नीति और गीति की राह पर चलने का आवाहन करते हैं।
   (iii) 'काँटों का ताज लेंगें' से कवि का तात्पर्य यह है कि, आज की युवक-युवतियाँ समाज में महत्त्वपूर्ण जिम्मेदारियाँ सँभालेंगे।
   (iv) आज के नर-नारी समाज की रचना करेंगे।
2. (i) संगी—साथी (ii) अच्छा—बुरा
   (iii) हित—मीत (iv) साथ—साथ
3. 'नवनिर्माण' कवि चतुष्पदी में कवि त्रिलोचन जी द्वारा लिखित प्रभावशाली कविता है। प्रस्तुत कविता में कवि ने समाज के उत्थान की बात की है। नर-नारियों से निर्मित समाज है और उसका विकास या उत्थान नर-नारियों के प्रयत्नों से ही होता है। आधुनिक युग में कंधे-से-कंधा लगाकर नर-नारी आगे बढ़ते हैं। एक-दूसरे के सहयोग से ही समाज का नवनिर्माण और विकास संभव है।

जिस प्रकार गाड़ियों के दोनों पहिए सक्षम होंगे तभी गाड़ी बनी रहती है। उसी प्रकार समाज में नर-नारी दोनों समाज में, समान रूप से महत्वपूर्ण जिम्मेदारियाँ संभालेंगे, तभी समाज की उन्नति होगी। इतना ही नहीं दोनों सहचर भी हैं। वे समाज में फैले पुराने विचारों, रूढ़ियों, परंपराओं को समाज से त्यागकर नया विचारों का निर्माण करना चाहते हैं।

नर-नारी केवल समाज का उत्थान ही नहीं बल्कि नया ज्ञान का प्रचार-प्रसार करेंगे। स्त्री-पुरुष समानता का तत्व दृष्टिगोचर होता है अर्थात् नर-नारियों के बल पर ही हम समाज का नवनिर्माण और विकास संभव हैं।

(ख)

1. (i) पेड़ सभी को पुष्पों की सौगात देता है।
   (ii) पेड़ दवाई वैद्य को देता है।
   (iii) पेड़ ने कवि को कागज दिया है।
   (iv) पेड़ प्रशासन को कुर्सी देता है।
2. (i) **जड़**—वृक्ष अपनी जड़ के द्वारा धरती से पोषक तत्व ग्रहण करता है।
   (ii) **तना**—तने के कारण ही पेड़ खड़ा रहता है।
   (iii) **फल**—भोजन में हमें मौसमी फलों का समावेश करना चाहिए।
   (iv) **पूजा**—मेरी माँ नियमपूर्वक रोज पूजा करती है।
3. मनुष्य को अपने जीवन में पेड़ प्रकृति की ओर से धरती को मिला हुआ अनमोल उपहार हैं। पेड़ और मनुष्य की दोस्ती बड़ी पुरानी हैं। पेड़ धरती की शोभा हैं। भारतीय संस्कृति में मनुष्य और पेड़ का अनन्य साधारण महत्व हैं।

वृक्ष मनुष्य की हर प्रकार से सहायता करते हैं। वे मनुष्य को फल-फूल, पत्ते देते हैं। पेड़ वर्षा लाने में सहायक होते हैं, और वर्षा आने से हमें फसलें मिलती हैं, अनाज पैदा होता है, जिस प्रकार पेड़ मनुष्य के लिए लाभदायक होते हैं, वैसे पशु-पक्षियों और जानवरों के लिए भी पेड़ उपयोगी होते हैं।

परन्तु आजकल हम देखते हैं कि मनुष्य वन, जंगलों की कटाई बड़ी मात्रा से कर रहा है। इस कारण जंगल उजड़ रहे हैं। पर्यावरण का

असंतुलन हो रहा है। हम कार्बन डाइऑक्साइड छोड़ते हैं, वृक्ष उसे ग्रहण करके हमें उपयुक्त ऑक्सीजन वायु प्रदान करते हैं। हमें जीवन देते हैं। तुलसी का पौधा, बेल के पेड़ वातावरण की शुद्धता के लिए आवश्यक हैं।

पेड़ और मनुष्य का संबंध बड़ा गहरा होता है। इसी कारण मनुष्य को चाहिए कि वह पेड़ लगाए और उसका संरक्षण करें। इसमें मनुष्य का हित है।

(ग)

1. (i) वृंद। (वृंदावनदास)

(ii) प्रस्तुत दोहे में नीतिपरक बातों की सीख दी गई है।

(iii) दोहों को समझाने के लिए कवि वृंद ने कई प्रतीकों का सुंदर उपयोग किया है। जैसे—नयना, सौर (चादर), काठ की हाँडी, वायस, गरूड़, गागरि, पाथर, कोकिल, अंबा, निंबौली, कुल्हाड़ी, विखान आदि कविता में प्रयुक्त प्रतीकों का समावेश हुआ है।

(iv) **कविता पसंद आने के कारण :** संसार की कोई वस्तु किसी को देने से कम नहीं होती है। ज्ञान का भंडार निराला है। ज्ञान भी जीतना हो तो उतना अधिक बढ़ता है। इतना ही नहीं ज्ञान दूसरों को न देकर अपने ही पास रखने से वह नष्ट हो जाता हैं। ज्ञानभंडार की विपुलता, उसके विशेष गुण की महत्ता की जानकारी कविता में दी गई है, इस कारण कविता पसंद आयी।

(v) **पसंद की पंक्तियाँ :**
सुरसति के भंडार की, बड़ी अपूरब बात ज्यों खरचै त्यौं-त्यौं बढ़े, बिन खरचे घटिजात।

(vi) **कल्पना :** अनेक नीति-परक उपयोगी बातें दोहों का विषय।

2. कवि कैलाश सेंगर रचित 'चुनिंदा शेर' कविता का लोकप्रिय प्रकार गज़ल है। प्रस्तुत गज शेरों में कवि अपने जीवन में आयी परेशानियों से इस प्रकार सामना करते हैं, कि मानो उजाले फूट पड़े हैं। सारी परेशानियों का हल उन्होंने ऐसे निकाला, जैसे कभी परेशानियाँ ही नहीं आयी थीं। प्रस्तुत कविता में जो विचार रखे हैं, वे भावुक और संवेदनशील हैं।

सामाजिक अव्यवस्था और विडंबना के विभिन्न चित्र शब्दों के माध्यम से व्यक्त किया है। इस सामाजिक अव्यवस्था में आम आदमी की अनसुनी कराहें शेरों के माध्यम से कवि ने हम तक पहुँचाने का प्रयास किया हैं। आम मनुष्य की भावुकता को विवशता को समाप्त करने के प्रयासों को कवि ने वाणी प्रदान की है। इसलिए कहते हैं, 'हमें चट्टानों पर फूल' खिलाना आता है।

मानवी दुख है, जो मनुष्य को भुगतना पड़ रहा है। जैसे—अनाज के दाने तो दिए जा रहे हैं लेकिन उन दानों को कीड़ों ने खाकर खोखला बना दिया है। अर्थात् परिंदे भी इन दानों को खा नहीं सकते। मनुष्य दुखी होने पर झूठी हँसी हँसता है, हँसी और आँसु जीवन की दो भावनाएँ हैं। मनुष्य आँखों से आँसुओं को छिपाकर झूँठी हँसी मुख पर लाता है। वह नया मुखौटा धारण नहीं कर सकता।

नदी की वास्तविकता यहाँ दर्शायी है। कुछ लोग नदी को पवित्र मानकर उसकी पूजा अर्चना करते हैं, दिए पानी में छोड़ते है, आरती उतारते हैं। ऐसी पवित्र नदी में लाशें, मुर्दे लाकर डाले जाते हैं। वह नदी में बहते हुए दिखायी देते हैं। जैसे नदी की पूजा करने वालों को नदी के पानी की साफ-सफाई करने की हिदायत दी जाती है। नदी के पानी के प्रति देखने की भावना संवेदनशील हैं। प्रतिकूल परिस्थितियों, असफलताओं और अन्याय को सहन करने की शक्ति जिस दिन समाप्त हो जाएगी उस व्यक्ति का विवेक उसका साथ छोड़ देगा। वह दिन बस विद्रोह का दिन होगा। प्रस्तुत शेरों में साहूकारी पर भी प्रकाश डाला है, जो समाज के कीड़े हैं। प्रस्तुत शेरों में नीतिपरक बातों को भी स्थान दिया है जो मानवीय मूल्यों को प्रदर्शित करता हैं। जितनी चादर है उतने ही पैर फैलाने है। इस प्रकार 'चुनिंदा शेर' में भावुकता एवं संवेदनशीलता को स्थान दिया है।

(घ)

1. गुरु नानक की रचना का नाम गुरु ग्रंथ साहिब आदि।

2. कवि डॉ. जगदीश गुप्त की प्रमुख साहित्यिक कृतियों में उनके काव्य संग्रह में 'नाँव के पाँव, शब्द दंश, हिम विद्ध, गोपा गौतम' आदि प्रमुख हैं।

3. त्रिलोचन जी के दो काव्य संग्रहों के नाम हैं—
(1) धरती और (2) दिगंत।

4. गज़ल उर्दू भाषा का लोकप्रिय काव्य प्रकार है।

विभाग – 3 विशेष अध्ययन

(क)

1. (i) टूटे रथ, जर्जर पताकाएँ।

(ii) हारी हुई सेनाएँ, जीती हुई सेनाएँ।

(iii) नभ को कँपाते हुए युद्ध घोष, क्रंदन स्वर।

(iv) भागे हुए सैनिकों से सुनी हुई अकल्पनीय, अमानुषिक घटनाएँ।

2. (i) अर्जुन की तरह

(ii) रँगे हुए अर्थहीन आकर्षक शब्द।

(iii) कर्म, स्वधर्म, निर्णय, दायित्व।

(iv) जब वे कनु के काँपते अधरों से नहीं निकलते।

3. युद्ध का परिणाम दोनों पक्षों को भुगतना पड़ता हैं। दोनों पक्षों का इसमें नुकसान होता है। परन्तु आने वाली स्थिति युद्ध करने के कारण होती है। युद्ध के परिणाम भयानक होते हैं, इस कारण युद्ध कोई नहीं चाहता। युद्ध में दोनों पक्षों को लड़ाई के उपकरण और अस्त्रों-शस्त्रों की व्यवस्था करनी पड़ती है। इसमें आर्थिक क्षति का सामना दोनों पक्षों को झेलना पड़ता है। अनेक सैनिक मृत्युमुखी पड़ते हैं, उनके घर-परिवार उजड़ जाते हैं। आर्थिक क्षति के कारण देश का आर्थिक नुकसान होता है। आने वाली पीढ़ी को भी इस आर्थिक क्षति और युद्ध के परिणाम अनेक वर्षों तक भोगने पड़ते हैं।

शांति सभी के लिए महत्वपूर्ण है। देश, समाज, प्रत्येक व्यक्ति के लिए शांति का समय विकास का समय होता है। युद्ध में होने वाला अनावश्यक खर्च अगर देश के विकास में लग जाए तो इससे अच्छी बात दूसरी नहीं है। इस देश की जनता को इस लाभ से फायदा मिलता है। उन्हें रोजगार के अवसर प्राप्त होते हैं। लोग सम्पन्न होते हैं। शासक और शासित दोनों खुशहाल होते हैं। शांति से विकास की ओर कदम पड़ते हैं तो युद्ध से विनाश और क्षति, अधोगति होती है। इस प्रकार शांति और युद्ध परस्पर विरोधी हैं।

(ख)

1. 'कनुप्रिया' डॉ. धर्मवीर भारती रचित नायिका प्रधान काव्य हैं। जिसमें राधा के मन में श्रीकृष्ण और महाभारत के पात्रों को लेकर चलनेवाला पात्र है। राधा के लिए प्रेम जीवन में सर्वोपरि है। युद्ध उसके मतानुसार निर्थक है। श्रीकृष्ण महाभारत के युद्ध का अवलंब करते हैं। फिर भी राधा-श्रीकृष्ण का साथ देती हैं। वह जीवन की

घटनाओं को और व्यक्तियों को केवल प्यार की कसौटी पर ही कसती हैं।

राधा ने कान्हा के साथ सदैव तन्मयता के क्षणों को जिया है। कृष्ण के कर्म, स्वधर्म, निर्णय तथा दायित्व जैसे शब्दों को राधा समझ नहीं पाती है। श्रीकृष्ण से उसने सिर्फ प्रणय के ही शब्द सुने थे। राधा का प्रेम कनु के कारण व्यथित और दुखी हुआ है फिर भी कनु को चाहिए कि वह अपना दुख छिपाए। राधा महाभारत के युद्ध महानायक कृष्ण को संबोधित करते हुए कहती है कि, 'मैं तो तुम्हारी वही बावरी सखी हूँ, तुम्हारी मित्र हूँ। मैंने तुमसे सदा स्नेह ही पाया है, और मैं स्नेह की ही भाषा समझती हूँ।'

इस प्रकार उपर्युक्त विवेचन से यही ज्ञात होता है कि, राधा की दृष्टि से जीवन की सार्थकता 'प्रेम की पराकाष्ठा में है'।

2. डॉ. धर्मवीर भारती जी लिखित 'कनुप्रिया' काव्य एक बेजोड़, अनूठी और अद्भुत कृति है। इस काव्य में राधा अपने प्रियतम 'महाभारत' के युद्ध महानायक के रूप में अपने से दूर चले जाने से व्यथित हैं,

दुखी हैं। इस बात को लेकर वह अनेक कल्पनाएँ करती हैं। राधा का मानसिक संघर्ष यहाँ पर व्यक्त हुआ है। वह कभी अपने दुख व्यक्त करती है, तो कभी अपने प्रिय की उपलब्धि पर गर्व करके समाधान मानती है।

यह दुख, यह व्यथा राधा की ही नहीं हैं, बल्कि उन बेटों की भी हैं, जो नौकरी-व्यवसाय के सिलसिले में अपनी गृहस्थी के प्रति अपना दायित्व निभाने के लिए अपने माता-पिता से दूर रहते हैं। माता-पिता को उनसे बिछड़ने की व्यथा का दुख भोगना पड़ता है। सालों-साल तक माता-पिता अपने बेटों को देख नहीं पाते हैं। तब माता-पिता को, कभी व्यथा भी होती है, तो कभी आनंद और गर्व भी होता है कि, बेटा बड़े पद पर है, अगर उनके साथ होता तो वह बड़े ओहदे पर नहीं होता।

'कनुप्रिया' मानवजाति के नज़दीक का काव्य है। आधुनिक मानव के मन में उत्पन्न होने वाली भावनाओं में भी राधा के माध्यम से आधुनिक मानव की व्यथा व्यक्त होती है।

विभाग – 4 व्यावहारिक हिंदी अपठित गद्यांश और पारिभाषिक शब्दावली

(क)   फीचर लेखन की परिभाषा

जेम्स डेविस–''फीचर समाचारों को नया आयाम देते हैं उनका परीक्षण करता है, विश्लेषण करता है तथा उन पर नया प्रकाश डालता है।''

पी.डी. टंडन–''फीचर किसी गद्य गीत की भाँति होता है; जो बहुत लंबा, नीरस और गंभीर नहीं होना चाहिए। अर्थात् फीचर किसी विषय का मनोरंजक शैली में विस्तृत विवेचन हैं।''

विशेषताएँ–फीचर लेखन में शब्द चयन अत्यन्त महत्वपूर्ण है। अच्छा फीचर नवीनतम जानकारी से परिपूर्ण होता है। किसी घटना की सत्यता तन्यता फीचर का मुख्य तत्व होता हैं।

पाठक की मानसिकता और शैक्षिक पृष्ठभूमि को ध्यान में रखकर फीचर लेखन होना चाहिए। फीचर का विषय समसामयिक होना चाहिए। राष्ट्रीय स्तर के तथा अन्य महत्वपूर्ण विषयों का समावेश फीचर लेखन में होना चाहिए।

फीचर लेखन में विषय की नवीनता का होना आवश्यक होता है। उसमें भावप्रधानता होनी चाहिए। फीचर के विषय से संबंधित तथ्यों का आधार दिया जाना चाहिए। विश्वसनीयता के लिए फीचर में विषय की तार्किकता को देना आवश्यक होता है। फीचर लेखन में किसी व्यक्ति अथवा घटना विशेष का उदाहरण दिया गया। तो उसकी संक्षिप्त जानकारी भी देनी चाहिए। फीचर को प्रभावी बनाने के लिए प्रसिद्ध व्यक्तियों के कथन, उदाहरण लोकोक्तियों और मुहावरों का प्रयोग फीचर में चार चाँद लगा देते हैं।

फीचर लेखन की भाषा सहज, संप्रेषणीयता से पूर्ण होनी चाहिए। फीचर लेखन में विषयानुकूल फोटो, चित्रों और कार्टूनों का उपयोग किया जाय, तो फिचर अधिक परिणामकारक बनता है। फीचर लेखक को निष्पक्ष रूप से अपना मत व्यक्त करना चाहिए। जिससे पाठक उसके विचारों से सहमत हो सके।

अथवा

1. (i) 'ब्लॉग' अपना विचार' अपना मत व्यक्त करने का एक डिजिटल माध्यम है।

   (ii) ब्लॉग, वेबसाइट, पोर्टल आदि डिजिटल माध्यम हैं।

   (iii) ब्लॉग की खोज के संदर्भ में लेखक ने कहा है कि, इसके निश्चित रूप से कोई डॉक्युमेंटेशन उपलब्ध नहीं हैं।

   (iv) सन् 1999 में पीटर मेरहोलस ने 'ब्लॉग' शब्द को प्रस्थापित कर उसे व्यवहार में लाया।

2. (i) लगाव   (ii) बैठक

   (iii) कथन   (iv) छीजना

3. ब्लॉग लेखन में लेखक ने ब्लॉग लेखन के महत्त्व को स्पष्ट करते हुए ब्लॉग लिखने के नियम, स्वरूप और उसके वैज्ञानिक पक्ष की चर्चा की है।

ब्लॉग लेखन द्वारा हम अपने विचार व्यक्त कर सकते हैं। ब्लॉग के माध्यम से हमें जो कहना है, व्यक्त करना है, उसके लिए किसी की अनुमति लेने की आवश्यकता नहीं होती। इसमें शब्द संख्या के बंधन के बिना हम अपनी बात विस्तार से रख सकते हैं। आज ब्लॉग, वेबसाइट, पोर्टल आदि डिजिटल माध्यम उपलब्ध हैं। अखबार पुस्तक या पत्रिका हाथ में लेकर पढ़ने के बजाय उसे टैब, कम्प्यूटर या सेलफोन से परदे पर पढ़ना डिजिटल माध्यम कहलाता है। इस कारण लेखक और पत्रकार भी ग्लोबल हो गए हैं।

आज नवीन वाचकों की संख्या मुद्रित माध्यम के वाचकों से बहुत अधिक है। युवा वर्ग अधिक संख्या में हैं। लेखकों के लिए ब्लॉग लेखन एक अच्छा प्लेटफॉर्म हैं। दुनिया की कोई भी जानकारी एक ही क्षण में पर्दे पर उपलब्ध हो जाती है।

(ख)

1. प्रकाश उत्पन्न करने वाले अनेक जीव हमारे संसार में उपलब्ध हैं। इन जीवों को दो वर्गों में बाँटा जा सकता है। एक जल में प्रकाश उत्पन्न करने वाले जीव दूसरे जमीन पर प्रकाश उत्पन्न करने वाले जीव।

जुगनू एक ऐसा जीव है, जो जमीन पर प्रकाश उत्पन्न करने वाला है। इसकी जानकारी हम प्राप्त करेंगें। जुगनू रात के अँधेरे में आकाश की ओर रुक-रुक के प्रकाश दिखाते हुए उड़ने वाला सामान्य कीड़ा है। यह कीड़ा ग्रामीण भागों में अधिकतर पाया जाता है। इस जीव में या कीड़ों से जो प्रकाश उत्पन्न होता है उसमें उष्मा नहीं होती है, यह प्रकाश ठंडा होता है। बच्चे जुगनू को मुट्ठी में पकड़कर खेलते हैं। जुगनू रासायनिक पदार्थों की पारस्परिक क्रिया द्वारा प्रकाश उत्पन्न

करते हैं। वह जब रात में आकाश की ओर उड़ते हुए रुक-रुक के प्रकाश छोड़ता है, तब उसके शरीर के पिछले हिस्से में चमकता हुआ दिखाई देता है। वह अपने छोटे-छोटे परों से उड़ता हैं। जुगनू दिन में चिड़ियों या अन्य जीवों द्वारा खाए जाने के डर से झाड़ियों में छिपता है। इस कारण रात में आकाश में उड़ने का उसे अवसर मिल जाता है। एक प्रकार से उड़ते समय रात में वह अपने साथी की प्रकाश के द्वारा खोज करता है। और उसका दूसरा मकसद अपने शिकार की खोज करना भी होता है।

परन्तु कभी-कभी जुगनू प्रकाश उत्पन्न करते हुए जब उड़ता है, तब अपने शत्रु कीट-पतंगे की नजर में आ जाता है और आसानी से शिकार बन जाता है। जुगनू को प्रकाश उत्पन्न करने के पीछे वैज्ञानिक कारण हो सकता है, परन्तु उसे प्रकाश उत्पन्न करते हुए उड़ते देखना बच्चों से लेकर बड़ों तक सबको अच्छा लगता है।

2. संत कबीरदासजी के छोटे-से दोहे में जीवन का ज्ञान है, वे कहते हैं ढाई अक्षर का शब्द 'प्रेम' है जिसने उसे पढ़ लिया है अर्थात् परमात्मा से जिन्हें प्रेम हुआ है वहीं वास्तव में पंडित है। वास्तविक ज्ञान ही प्रेम है, इस प्रेम का प्याला जिसने चखा है उसने परम ज्ञान को प्राप्त किया है, उसकी हर प्रकार की क्षुधा शांत हो गई है। तभी वह भगवान के दर्शन करता है। वेद या ज्ञान हृदय में उतर जाता है, जब भगवान दर्शन देते हैं।

प्रेम जीवन के सुंदरतम् रूप की अभिव्यक्ति है। प्रेम आत्मा की अनंत शक्तियों को जागृत कर उसे पूर्णता के लक्ष्य तक पहुँचाने वाला रचनात्मक भाव है। प्रेम ईश्वर की सच्ची अभिव्यक्ति है। जीवन ज्ञान प्रेम, परमात्मा की भक्ति में है, इसी कारण प्रेम भावना का विकास करके ही मानव परमात्मा को प्राप्त करता है।

अथवा

1. (iii) भारत में ब्लॉग लेखन 2002 के बाद आरंभ हुआ।
2. (ii) फीचर लेखन के मुख्य तीन अंगों में से एक है फीचर योजना।
3. (i) कार्यक्रम में चार चाँद लगने का कारण सूत्र संचालक का सुचारु रूप से संचालन।
4. (iv) समुद्र का सबसे बड़ा जीव ह्वेल की लम्बाई 25 मीटर है।

(ग)

1.

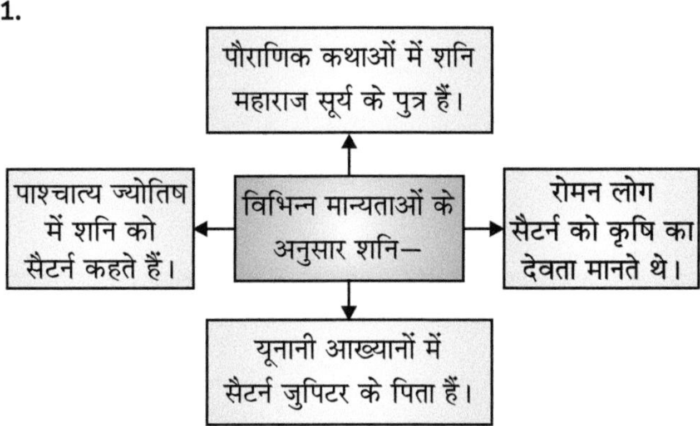

2. (i) आकाश = गगन   (ii) कथा = कहानी
   (iii) सूर्य = रवि   (iv) आँख = नयन

3. सूर्य के चारों ओर चक्कर लगाने वाले विभिन्न ग्रहों, धूमकेतुओं, उल्काओं और अन्य आकाशीय पिंडों के समूह को सौरमंडल कहते हैं। सौरमंडल में सूर्य और वह खगोलीय पिंड सम्मिलित हैं, जो इस मंडल में एक-दूसरे से गुरुत्वाकर्षण बल द्वारा बंधे हैं। किसी तारे के इर्द-गिर्द परिक्रमा करते हुए उन खगोलीय वस्तुओं के समूह को ग्रहीय मण्डल कह जाता है जो अन्य तारे न हों जैसे की ग्रह बौने ग्रह, प्राकृतिक उपग्रह। हमारे सूरज और उसके ग्रहीय मण्डल को मिलाकर हमारा 'सौर मण्डल' बनता है। सौर मण्डल में 8 ग्रह है— बुध, शुक्र, पृथ्वी, मंगल, बृहस्पति, शनि, युरेनस और नेप्च्यून/ग्रहों के उपग्रह भी होते हैं। जो अपने ग्रहों की परिक्रमा करते हैं। सूर्य हमारी पृथ्वी से 13 लाख गुना बड़ा है। सूर्य अपने अक्ष पर पूरब से पश्चिम की ओर घूमता है। सूर्य आकाश गंगा के चारों ओर 250 किमी प्रति सेंकेंड की गति से परिक्रमा कर रहा है। सूर्य आकाशगंगा से लगभग 30,000 प्रकाश वर्ष दूरी पर स्थित हैं। सूर्य सौरमंडल का सबसे बड़ा पिंड है।

(घ)

1. अधिप्रमाणित   2. अग्रिम
3. विशेषज्ञ   4. अवैध
5. शेष राशि   6. अदायगी आदेश
7. निकास   8. चुकता

विभाग – 5 व्याकरण

(क)

1. कौन बहिन हम जैसे भुक्खड़ को भाई बनाती है।
2. वृद्धाश्रम के प्रबंधक का फोन सुनकर मैं अवाक रह जाऊँगा।
3. चट्टानों पर फूल खिलाना हमें आया था।
4. मैं अपनी खिड़की के पास बैठकर निहारा करता हूँ।

(ख)

1. अतिशयोक्ति अलंकार   2. उत्प्रेक्षा अलंकार
3. उपमा अलंकार   4. रूपक अलंकार

(ग)

1. शांत रस   2. अद्भुत रस
3. भक्ति रस   4. वीभत्स रस

(घ)

1. **चार चाँद लगना**—शोभा बढ़ाना।
   वाक्य—इंद्रधनुष बनने पर नीले आसमान में चार चाँद लग जाते हैं।

2. **आँखों में धूल झोंकना**—धोखा देना।
   वाक्य—परिक्षक की आँखों में धूल झोंककर कुछ विद्यार्थी अच्छे अंक तो प्राप्त करते हैं, परन्तु जीवन में सफल नहीं हो पाते।

3. **उल्टी गंगा बहाना**—उल्टा काम करना।
   वाक्य—अध्यापक होकर आप विद्यार्थियों को किताबों की अपेक्षा गाइड से पढ़ने की सलाह देकर उल्टी गंगा बहा रहे हो।

4. **तलवे चाटना**—खुशामद करना।
   वाक्य—जब तक राजनीति में तलवे नहीं चाटे जाते वे ऊपर की पोस्ट पर नहीं पहुँच पाते हैं।

(ङ)

1. परन्तु अज्ञान भी अपराध है।
2. सत्य का मार्ग सरल है।
3. पाप के पास चार शस्त्र हैं।
4. मैंने फिर चुप रहना ही उचित समझा।

SAMPLE PAPER-2
Hindi

📖 Questions

(क) निम्नलिखित पठित परिच्छेद पढ़कर दी गई सूचनाओं के अनुसार कृतियाँ कीजिए।

ऊपर की घटना को बारह बरस बीत गए। जगत में बहुत-से परिवर्तन हो गए। कई बस्तियाँ उजड़ गईं। कई वन बस गए। बूढ़े मर गए। जो जवान थे; उनके बाल सफेद हो गए।

अब बैजू बावरा जवान था और रागविद्या में दिन-ब-दिन आगे बढ़ रहा था। उसके स्वर में जादू था और तान में एक आश्चर्यमयी मोहिनी थी। गाता था तो पत्थर तक पिघल जाते थे और पशु-पंछी तक मुग्ध हो जाते थे। लोग सुनते थे और झूमते थे तथा वह वाह-वाह करते थे। हवा रुक जाती थी। एक समाँ बँध जाता था।

एक दिन हरिदास ने हँसकर कहा—''वत्स! मेरे पास जो कुछ था, वह मैंने तुझे दे डाला। अब तू पूर्ण गंधर्व हो गया है। अब मेरे पास और कुछ नहीं, जो तुझे दूँ।''

बैजू हाथ बाँधकर खड़ा हो गया। कृतज्ञता का भाव आँसुओं के रूप में बह निकला। चरणों पर सिर रखकर बोला—''महाराज! आपका उपकार जन्म भर सिर से न उतरेगा।''

हरिदास सिर हिलाकर बोले—''यह नहीं बेटा! कुछ और कहो। मैं तुम्हारे मुँह से कुछ और सुनना चाहता हूँ।''

बैजू—''आज्ञा कीजिए।''

हरिदास—''तुम पहले प्रतिज्ञा करो।''

बैजू ने बिना सोच-विचार किए कह दिया—''मैं प्रतिज्ञा करता हूँ कि ....''

हरिदास ने वाक्य को पूरा किया—''इस रागविद्या से किसी को हानि न पहुँचाऊँगा।''

बैजू का लहू सूख गया। उसके पैर लड़खड़ाने लगे। सफलता के बाग परे भागते हुए दिखाई दिए। बारह वर्ष की तपस्या पर एक क्षण में पानी फिर गया। प्रतिहिंसा की छुरी हाथ आई तो गुरु ने प्रतिज्ञा लेकर कुंद कर दी। बैजू ने होंठ काटे, दाँत पीसे और रक्त का घूँट पीकर रह गया। मगर गुरु के सामने उसके मुँह से एक शब्द भी न निकला। गुरु गुरु था, शिष्य शिष्य था। शिष्य गुरु से विवाद नहीं करता।

1. निम्नलिखित प्रश्नों के उत्तर लिखिए :

जवान बैजू के संगीत की क्या विशेषताएँ थी ?

2. निम्नलिखित शब्दों के विरुद्धार्थी शब्द लिखिए :

(i) कृतज्ञता — ....

(ii) उजड़ना — ....

(iii) उपकार — ....

(iv) जवान — ....

3. निम्नलिखित प्रश्न का उत्तर 40 से 50 शब्दों में लिखिए:

कृतज्ञता मनुष्य का उत्तम गुण है इस विषय पर अपना मत लिखिए।

(ख) निम्नलिखित पठित परिच्छेद पढ़कर दी गई सूचनाओं के अनुसार कृतियाँ कीजिए:

तुम अपनी सहेली रचना को यह समझाओ कि क्रांति की बड़ी-बड़ी बातें करना आसान है, कोई छोटी-सी क्रांति भी कर दिखाना कठिन है और एक ही झटके में यूँ टूट-हारकर बैठ जाना तो निहायत मूर्खता है। फिर अभी तो वह प्रथम वर्ष के पूर्वार्ध में ही है। अभी से उसे ऐसा कोई कदम नहीं उठाना चाहिए। जरूरी हो तो सोच-समझकर वे अपनी दोस्ती को आगे बढ़ा सकते हैं।

कॉलेज जीवन की पूरी अवधि में वे निकट मित्रों की तरह रहकर एक-दूसरे को देखें-जानें, जाँचें-परखें। एक-दूसरे की राह का रोड़ा नहीं, प्रेरणा और ताकत बनकर परस्पर विकास में सहभागी बनें। फिर अपनी पढ़ाई की समाप्ति पर भी यदि वे एक-दूसरे के साथ पूर्ववत लगाव महसूस करें, उन्हें लगे कि निकट रहकर सामने आईं कमियों-गलतियों ने भी उनकी दोस्ती में कोई दरार नहीं डाली है, तो वे एक-दूसरे को उनकी समस्त खूबियों-कमियों के साथ स्वीकार कर अपना लें। उस स्थिति में की गई यह कथित क्रांति न कठिन होगी, न असफल।

मेरी राय में रचना को और उसके दोस्त को तब तक धैर्य से प्रतीक्षा करनी चाहिए। इस बीच वे पूरे जतन के साथ एक-दूसरे के लिए स्वयं को तैयार करें। बिना तैयारी के जल्दबाजी में, पढ़ाई के बीच शादी का निर्णय लेना केवल बेवकूफी ही कही जा सकती है, क्रांति नहीं। ऐसी कथित क्रांति का असफल होना निश्चित ही समझना चाहिए। इतनी जल्दबाजी में तो किसी छोटे-से काम के लिए उठाया कोई छोटा कदम भी शायद ही सफल हो। यह तो जिंदगी का अहम फैसला है।

1. निम्नलिखित प्रश्नों के उत्तर लिखिए :

(i) कठिन क्या है ?

(ii) एक ही झटके में यूँ टूट-हारकर बैठ जाना क्या है ?

(iii) एक-दूसरे को वे कब निकट मित्रों की तरह रहकर देखे जाँचे परखे ?

(iv) बिना तैयारी के जल्दबाजी में शादी का निर्णय क्या कहा जाता है?

2. निम्नलिखित शब्दों के लिंग पहचानकर लिखिए :

(i) क्रांति   (ii) हस्तक्षेप

(iii) प्रेरणा   (iv) लगाव

3. निम्नलिखित प्रश्न के उत्तर 40 से 50 शब्दों में लिखिए।
विद्यार्थी जीवन में मित्रता का 'महत्त्व' इस विषय पर अपना मत व्यक्त कीजिए

(ग) निम्नलिखित प्रश्न का उत्तर 60 से 80 शब्दों में लिखिए। (तीन में से दो)

(i) ओजोन विघटन संकट से बचने के लिए किए गए अंतर्राष्ट्रीय प्रयासों को संक्षेप में लिखिए।

(ii) ''पापा के चार हथियार'' निबन्ध का उद्देश्य स्पष्ट कीजिए।

(iii) "बैजू बावरा संगीत का सच्चा पुजारी है।" इस विचार को स्पष्ट कीजिए।

(घ) निम्नलिखित प्रश्नों के एक वाक्य में उत्तर लिखिए। (चार में से दो)

(i) सुदर्शन ने इस लेखक की लेखन परम्परा को आगे बढ़ाया है।

(ii) लेखक कन्हैयालाल मिश्र 'प्रभाकर जी' के निबंध संग्रहों के नाम लिखिए।

(iii) आशारानी व्होरा जी के लेखन कार्य का उद्देश्य क्या है ?

विभाग – 2 पद्य (अंक-20)

(क) निम्नलिखित पठित काव्यांश को पढ़कर दी गई सूचनाओं के अनुसार कृतियाँ कीजिए।

सरसुति के भण्डार की, बड़ी अपूरन बात।
ज्यौं खरचै त्यौं-त्यौं बढ़ै, बिन खरचे घटि जात॥
नैना देत बताय सब, हिय को हेत-अहेत।
जैसे निरमल आरसी, भली बुरी कहि देत॥
अपनी पहुँच विचारि कै, करतब करिए दौर।
तेते पाँव पसारिए, जेती लाँबी सौर॥
फेर न ह्वै हैं कपट सों, जो कीजै ब्यौपार।
जैसे हाँड़ी काठ की, चढ़ै न दूजी बार॥
ऊँचे बैठे ना लहैं, गुन बिन बड़पन कोई।
बैठो देवल सिखर पर, वायस गरूड़ न होई॥

1. कृति पूर्ण कीजिए—

(i)
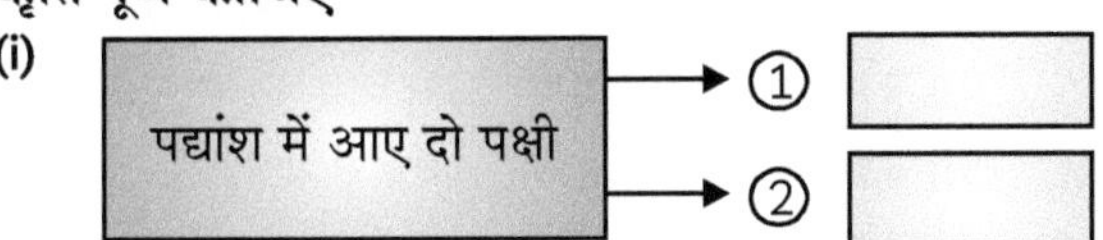

(ii) कारण लिखिए—

सरस्वती के भण्डार को अपूर्व कहा गया है—

2. उचित मिलान कीजिए—

क्र.	अ		ब
1.	करतब	क	मंदिर
2.	देवल	ख	चादर
3.	काठ	ग	कार्य
4.	सौर	घ	लकड़ी

3. निम्नलिखित प्रश्न का उत्तर 40-50 शब्दों में लिखिए।
'चादर देखकर पैर फैलाना बुद्धिमानी कहलाती है; इस विषय पर अपने विचार 40 से 50 शब्दों में व्यक्त कीजिए।

(ख) निम्नलिखित पठित काव्यांश पढ़कर दी गई सूचनाओं के अनुसार कृतियाँ कीजिए :

गजलों से खुशबू बिखराना हमको आता है।
चट्टानों पर फूल खिलाना हमको आता है।

×× ××

परिंदों को शिकायत है, कभी तो सुन मेरे मालिक।

तेरे दानों में भी शायद, लगा है घुन मेरे मालिक।

×× ××

हम जिंदगी के चंद सवालों में खो गए।
सारे जवाब उनके उजालों में खो गए।

×× ××

चट्टानी रातों को जुगनू से वह सँवारा करती है।
बरसों से इक सुबह हमारा नाम पुकारा करती है।

×× ××

वह आसमाँ पे रोज एक ख्वाब लिखता था।
उसे पता न था वह इन्कलाब लिखता था।

×× ××

1. निम्नलिखित प्रश्नों के उत्तर लिखिए:

(i) परिंदों को क्या शिकायत है ?

(ii) कवि जिंदगी के सवालों में खो जाने पर क्या हुआ ?

(iii) कवि अपनी कृतियों से क्या कर सकता है ?

(iv) कवि के मतानुसार फकीरों, साधुओं को ईश्वर किस प्रकार का हुनर देता है?

2. पाठ में आए चार उर्दू शब्द और उनके हिंदी अर्थ लिखिए:

(i) जिंदगी   **(ii)** ख्वाब

(iii) खुशबू   **(iv)** परिंदे

3. निम्नलिखित प्रश्न का उत्तर 40 से 50 शब्दों में लिखिए:
"क्रांति कभी भी अपने-आप नहीं आती" इस कथन पर अपने विचार लिखिये।

(ग) निम्नलिखित मुद्दों के आधार पर 'नवनिर्माण' कविता का रसास्वादन कीजिए।

(i) रचनाकार का नाम—

(ii) पसंद की पंक्तियाँ—

(iii) पसंद के कारण—

(iv) कविता की केन्द्रिय कल्पना—

2. पेड़ हौसला है, पेड़ दाता है। इस कथन के आधार पर कविता का रसास्वादन कीजिए।

(घ) निम्नलिखित प्रश्नों के उत्तर एक वाक्य में लिखिए। (चार में से दो)

(i) कैलाश सेंगर जी की प्रसिद्ध दो रचनाओं के नाम।

(ii) डॉ मुकेश गौतमजी की दो रचनाओं के नाम लिखिए।

(iii) त्रिलोचन जी के दो काव्य संग्रहों के नाम लिखिए।

(iv) 'नई कविता' के अन्य कवियों के नाम लिखिए।

विभाग – 3 विशेष अध्ययन (अंक-10)

(क) निम्नलिखित पद्यांश पढ़कर दी गई सूचनाओं के अनुसार कृतियाँ कीजिए:

सेतुः मैं

सुनो कनु, सुनो
क्या मैं सिर्फ एक सेतु थी तुम्हारे लिए
लीलाभूमि और युद्धक्षेत्र के
अलंघ्य अंतराल में !
अब इन सूने शिखरों, मृत्यु घाटियों में बने
सोने के पतले गुँथे तारों वाले पुल-सा
निर्जन
निरर्थक
काँपता-सा, यहाँ छूट गया-मेरा यह सेतु जिस्म
—जिसको जाना था वह चला गया

अमंगल छाया

घाट से आते हुए
कदंब के नीचे खड़े कनु को
ध्यानमग्न देवता समझ, प्रणाम करने
जिस राह से तू लौटती थी बावरी
आज उस राह से न लौट
उजड़े हुए कुंज
रौंदी हुई लताएँ
आकाश पर छाई हुई धूल
क्या तुझे यह नहीं बता रही
कि आज उस राह से

कृष्ण की अठारह अक्षौहिणी सेनाएँ
युद्ध में भाग लेने जा रही हैं !
आज उस पथ से अलग हटकर खड़ी हो
बावरी !
लताकुंज की ओट
छिपा ले अपने आहत प्यार को
आज इस गाँव से

1. निम्नलिखित प्रश्न के उत्तर लिखिए।

  (i) उपर्युक्त पद्यांश में प्रयुक्त एक सुंदर वृक्ष का नाम लिखिए।

  (ii) कृष्ण की कितनी सेनाएँ युद्ध में भाग लेने जा रही है ?

  (iii) सेतु के दोनों छोर कौन से हैं ?

  (iv) कृष्ण की सेनाएँ कौनसे मार्ग से जा रही हैं ?

2. उत्तर लिखिए।

राधा का सेतु जिस्म ऐसा है ....

  (i) ....   (ii) ....

  (iii) ....   (iv) ....

3. निम्नलिखित प्रश्न का उत्तर 40 से 50 शब्दों में लिखिए:

'वृक्ष की उपयोगिता' इस विषय पर अपने विचार लिखिए।

(ख) निम्नलिखित प्रश्न के उत्तर 80 से 100 शब्दों में लिखिए : (दो में से एक)

  (i) "कनुप्रिया' में अवचेतन मन में बैठी राधा चेतनावस्था में स्थित राधा को संबोधित करती है।" इस बात को स्पष्ट कीजिए।

  (ii) राधा की दृष्टि से जीवन की सार्थकता बताइए।

विभाग – 4 व्यावहारिक हिंदी अपठित गद्यांश और पारिभाषिक शब्दावली (अंक-20)

(क) निम्नलिखित प्रश्न का उत्तर 100 से 120 शब्दों में लिखिए:

ब्लॉग लेखन में बरती जाने वाली सावधानियों पर प्रकाश डालिए।

अथवा

निम्नलिखित गद्यांश पढ़कर दी गई सूचनाओं के अनुसार कृतियाँ कीजिए:

मैं उद्घोषक हूँ। उद्घोषक के पर्यायवाची शब्द के रूप में 'मंच संचालक' और अंग्रेजी में कहें तो एंकर हूँ। मंच संचालक श्रोता और वक्ता को जोड़ने वाली कड़ी है। मैं उसी कड़ी का काम करता हूँ। इसके लिए मेरी कई नामचीन व्यक्तियों द्वारा भूरि-भूरि प्रशंसा की गई है। भारत रत्न पं. भीमसेन जोशी जैसी हस्तियों के मुँह से यह सुनना कि बहुत अच्छा बोलते हो, अच्छे उद्घोषक हो या 'मैं तो तुम्हारा फैन हो गया' तो सचमुच स्वयं को गौरवान्वित अनुभव करता हूँ।

किसी भी कार्यक्रम में मंच संचालक की बहुत अहम भूमिका होती है। वही सभा की शुरूआत करता है। आयोजकों को तथा अतिथियों को वही मंच पर आमंत्रित करता है, वही अपनी आवाज, सहज और हास्य प्रसंगों तथा काव्य पंक्तियों से कार्यक्रम की सफलता निर्धारित करता है। मैंने कई बार इस महत्वपूर्ण भूमिका का निर्वाह अत्यंत

सफलतापूर्वक किया है लेकिन यह सब यों अचानक नहीं हो गया। मैंने भी इसके लिए बहुत पापड़ बेले हैं। आरंभिक दिनों में मैं भी मंच पर जाते घबराता था। माइक मुझे साँप के फन की तरह नजर आता था। दिल जोर-जोर से धड़कने लगता था। मुझे याद है—तब मैं नौवीं कक्षा का छात्र था। विद्यालय के प्रांगण में गांधी जयंती का आयोजन किया गया था। मुझे भी भाषण देने के लिए चुना गया। मंच पर जाते ही हाथ-पैर थरथराने लगे। जो कुछ याद किया था, लगा, सब भूल गया हूँ। कुछ पल के लिए जैसे होश ही खो बैठा हूँ पर फिर खुद को सँभाला। महान व्यक्तियों के आरंभिक जीवन के प्रसंगों को याद किया कि किस तरह कुछ नेता हकलाते थे, कुछ काँपते थे पर बाद में वे कुशल वक्ता बने। ये बातें याद आते ही हिम्मत जुटाकर मैंने बोलना शुरू किया और बोलता ही गया। भाषण समाप्त हुआ। खूब तालियाँ बजीं। खूब वाह-वाही मिली। कहने का मतलब यह कि थोड़ी-सी हिम्मत और आत्मविश्वास ने मुझे भविष्य की राह दिखा दी और मैं एक सफल सूत्र संचालक के रूप में प्रसिद्ध हो गया।

1. निम्नलिखित प्रश्न के उत्तर लिखिए:

  (i) मंच किन्हें जोड़ने वाली कड़ी हैं ?

  (ii) किसी भी कार्यक्रम में बहुत अहम भूमिका किसकी होती है?

(iii) आरंभिक दिनों में लेखक को माइक किस तरह नजर आता था ?

(iv) लेखक अंत में किस रूप में प्रसिद्ध हो गया ?

2. निम्नलिखित शब्दों के समानार्थी शब्द लिखिए :

(i) प्रशंसा   (ii) निर्वाह

(iii) प्रांगण   (iv) प्रसिद्ध

3. 'हिम्मत और आत्मविश्वास हमें सफल भविष्य की राह दिखाते हैं।' इस बात पर 40 से 50 शब्दों में अपने विचार स्पष्ट कीजिए।

(ख) निम्नलिखित प्रश्नों के उत्तर 80 से 200 शब्दों में लिखिए। (दो में से एक)

(i) ग्रामीण समस्याओं पर ब्लॉग लेखन कीजिए।

(ii) अपने कनिष्ठ महाविद्यालय में मनाए जाने वाले हिंदी दिवस का सूत्र संचालन कीजिए।

अथवा

सही विकल्प चुनकर वाक्य फिर से लिखिए।

(i) पल्लवन में भाव विस्तार के साथ .... का भी स्थान, होता हैं।

(अ) चिंतन   (ब) मनन

(स) परीक्षण   (द) सहजता

(ii) पी.डी. टंडन के अनुसार 'फीचर किसी' .... की तरह होता है।

(अ) पद्य   (ब) काव्य

(स) गद्य गीत   (द) गजल

(iii) सतर्कता, सहजता और उत्साह वर्धन .... के मुख्य गुण हैं।

(अ) लेखक   (ब) श्रोता

(स) गायक   (द) उद्घोषक

(iv) 'ब्लॉग' अपना विचार, अपना मत व्यक्त करने का एक माध्यम है—

(अ) डिजिटल   (ब) प्रसारण

(स) सामाजिक   (द) प्रचार

(ग) निम्नलिखित अपठित परिच्छेद पढ़कर दी गई सूचनाओं के अनुसार कृतियाँ कीजिए।

छात्रावास बंद था, अत: सोना के नित्य नैमित्तिक कार्यकलाप भी बंद हो चुके थे। मेरी उपस्थिति का भी अभाव था, अत: आनंदोल्लास के लिए भी अवकाश कम था। हेमंत-बसंत मेरी यात्रा और तज्जनित अनुपस्थिति से परिचित हो चुके थे। होल्डॉल बिछाकर उसमें बिस्तर रखते ही वे दौड़कर उन पर लेट जाते और भौंकने तथा क्रंदन की ध्वनियों के सम्मिलित स्वर में मुझे मानो उपालंभ देने लगते। यदि उन्हें बाँध न रखा जाता तो वे कार में घुसकर बैठ जाते या उसके पीछे-पीछे दौड़कर स्टेशन तक जा पहुँचते। परंतु जब मैं चली जाती तब वे उदासभाव से मेरे लौटने की प्रतीक्षा करने लगते।

सोना की सहज चेतना में न मेरी यात्रा जैसी स्थिति का बोध था न प्रत्यावर्तन का; इसी से उसकी निराश जिज्ञासा और विस्मय का अनुमान मेरे लिए सहज था।

पैदल आने–जाने के निश्चय के कारण बद्रीनाथ की यात्रा में ग्रीष्मावकाश समाप्त हो गया। 2 जुलाई को लौटकर जब मैं बंगले के द्वार पर आ खड़ी हुई तब बिछुड़े हुए पालतू जीवों में कोलाहल होने लगा।

गोधूली कूदकर मेरे कंधे पर आ बैठी। हेमंत-बसंत मेरे चारों ओर परिक्रमा करके हर्ष की ध्वनियों से मेरा स्वागत करने लगे। पर मेरी दृष्टि सोना को खोजने लगी। क्यों वह अपना उल्लास व्यक्त करने के लिए मेरे सिर के ऊपर छलांग नहीं लगाती ? सोना कहाँ है, पूछने पर माली आँखें पोंछने लगा और चपरासी, चौकीदार एक-दूसरे का मुख देखने लगे। वे लोग आने के साथ ही मुझे दुखद कोई समाचार नहीं देना चाहते थे, परन्तु माली की भावुकता ने बिना बोले ही उसे दे डाला।

ज्ञात हुआ कि छात्रावास के सन्नाटे और फ्लोरा के तथा मेरे अभाव के कारण सोना इतनी अस्थिर हो गई थी कि इधर-उधर खोजती-सी वह प्राय: कंपाउंड से बाहर निकल जाती थी। इतनी बड़ी हिरनी को पालने वाले तो कम थे, परन्तु उसे खाद्य और स्वाद पैदा करने के इच्छुक व्यक्तियों का बाहुल्य था। इसी आशंका से माली ने उसे मैदान में एक लंबी रस्सी से बांधना आरंभ कर दिया था।

एक दिन न जाने किस स्तब्धता की स्थिति में बंधन की सीमा भूलकर वह बहुत ऊँचाई तक उछली और रस्सी के कारण मुख के बल धरती पर आ गिरी। वही उसकी अंतिम साँस और अंतिम उछाल थी।

सब उस सुनहरे रेशम की गठरी-से शरीर को गंगा में प्रवाहित कर आए और इस प्रकार किसी निर्जन वन में जन्मी और जनसंमुलता में पली सोना की करुण कहानी का अंत हुआ।

सब सुनकर मैंने निश्चय किया कि अब हिरन नहीं पालूँगी पर संयोग से फिर हिरन पालना पड़ रहा है।

1. संजाल पूर्ण कीजिए :

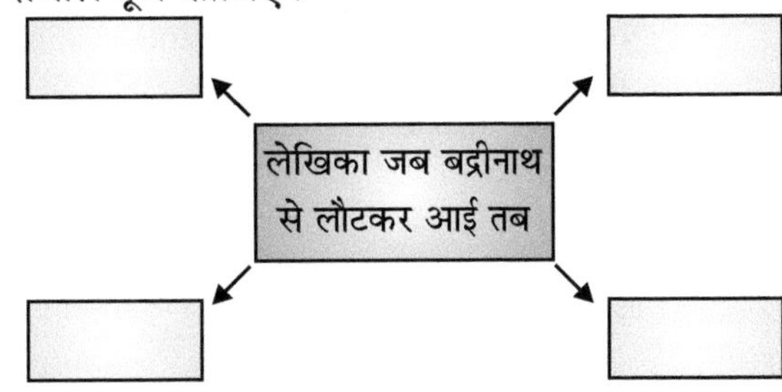

2. निम्नलिखित शब्दों के अर्थ लिखिए :

(i) उपालंभ   (ii) बाहुल्य

(iii) कोलाहल   (iv) क्रंदन

3. 'पालतू-पक्षियों से मनुष्य का आत्मिक लगाव' इस विषय पर अपने विचार लिखिए।

(घ) निम्नलिखित शब्दों की पारिभाषिक शब्दावली लिखिए :

(आठ में से चार)

(i) Announcer   (ii) Justice

(iii) Agenda   (iv) Bond

(v) Gazetted   (vi) Suspension

(vii) Action   (viii) Dismiss

विभाग – 5 व्याकरण (अंक-10)

(क) निम्नलिखित वाक्यों का काल परिवर्तन करके वाक्य फिर से लिखिए। (चार में से दो)

(i) एक-एक क्षण आपको भेंट कर देता हूँ।

(सामान्य भविष्यकाल)

(ii) इस वेग में वह पिस जाएगा। (पूर्ण भूतकाल)

(iii) बैजू बावरा की उँगलिया सितार पर दौड़ रही थीं।

(अपूर्ण वर्तमान काल)

(iv) पंत के साथ तो रास्ता कम अखरता था, पर अब सोचकर ही थकावट होती है। (सामान्य भविष्यकाल)

(ख) निम्नलिखित उदाहरणों के अलंकार पहचानकर लिखिए। (चार में से दो)

(i) पत्रा ही तिथि पाइयैं, वा घर के चहुँ पास।

नित प्रति पून्यौंई रहै, आनन-ओप उजास॥

(ii) ऊँची-नीची सड़क बुढ़िया के कूबड़-सी।

नंदनवन-सी फूल उठी, छोटी-सी कुटिया मेरी॥

(iii) सिंधु-सेज पर धरा वधू।

अब तनिक संकुचित बैठी-सी॥

(iv) करत-करत अभ्यास के जड़मति होत सुजान।

रसरी आवत जात ते, सिल पर पड़त निसान॥

(ग) निम्नलिखित उदाहरणों के रस पहचानकर लिखिए।

(चार में से दो)

(i) अखिल भुवन चर, अचर सब, हरि मुख में लख मातु।

चकित भई, गद्गद बचन, विकसित दृग पुलकातु।

(ii) एक भरोसे, एक बल एक आस विश्वास।

एक राम घनश्याम हित, चातक तुलसीदास

(iii) कहुँ सुलगत कोउ चिता कहुँ कोउ जात लगाई।

एक लगाई जात एक की राख बुझाई।

(iv) मोको कहाँ ढूँढ़े बंदे मैं तो तेरे पास में।

खोजी होय तो तुरतहिं मिलिहै, पलभर की तालास में

(घ) निम्नलिखित मुहावरों का अर्थ लिखकर वाक्य में प्रयोग कीजिए। (चार में से दो)

(i) कन्नी काटना (ii) चट्टानों पर फूल खिलाना

(iii) समाँ बँधना (iv) द्रवित हो जाना

(ङ) निम्नलिखित वाक्य शुद्ध करके फिर से लिखिए।

(i) उसके सत्य का पराजय हो जाता है।

(ii) चपे-चपे पर काँटों की झाड़ें हैं।

(iii) भाई-बहन की रिस्ता अनूठा होती हैं।

(iv) सुगंधा का पत्र पीकर लेखिका को खुश हुई।

🅰 Answer Key

विभाग – 1 गद्य

(क) जवान बैजू के संगीत की विशेषताएँ–

1. (i) उसके स्वर में जादू था और तान में आश्चर्यमयी मोहिनी थी।

(ii) गाता था तो पत्थर तक पिघल जाते थे।

(iii) पशु-पक्षी तक मुग्ध हो जाते थे।

(iv) लोग सुनते थे और झूमते थे तथा वाह-वाह करते थे।

2. (i) कृतज्ञता – कृतघ्नता (ii) उजड़ना – बसना

(iii) उपकार – अपकार (iv) जवान – बुढ़ा

3. एक कृतज्ञता मानवता की सर्वोत्कृष्ट विशेषता है। कृतज्ञता महान गुण है। कृतज्ञता का अर्थ है अपने प्रति किसी के द्वारा की गई उत्कृष्ट सहायता के लिए उस व्यक्ति का सम्मान या एहसान मानना। जिस प्रकार सफलता मिलने पर एक सुखद, एहसास होता है, उसी तरह मदद पाने पर मदद करने वाले व्यक्ति के प्रति कृतज्ञ होने का सुखद एहसास होता हैं। ऐसे समय में मदद करने वाला व्यक्ति हमें किसी फरिश्ते से कम नहीं लगता है। कृतज्ञता किसी के प्रति सच्ची योग्यता को स्वीकार करने का ही भाव है। कृतज्ञता किसी के प्रति दिया गया आदर का भाव हैं। सम्मान देने वाले स्वयं को झुकाकर अपने उच्च संस्कारों का परिचय कराते हैं। कृतज्ञता व्यक्त करने से मदद करने वाले व्यक्ति को भी प्रसन्नता होती हैं।

(ख)

1. (i) छोटी-सी क्रांति भी कर दिखाना कठिन है।

(ii) एक ही झटके में यूँ टूट-हारकर बैठ जाना तो निहायत मूर्खता है।

(iii) कॉलेज-जीवन की पूरी अवधि में वे निकट मित्रों की तरह रहकर देखें, जाँचें परखें।

(iv) बिना तैयारी के जल्दबाजी में शादी का निर्णय वेबकूफी कही जाती है।

2. (i) स्त्रीलिंग (ii) पुल्लिंग

(iii) स्त्रीलिंग (iv) पुल्लिंग

3. विद्यार्थी जीवन महत्त्वपूर्ण समय होता है। इस अवस्था में मित्रता पर निर्भर होता है कि विद्यार्थी चाहे तो अच्छा इन्सान बन सकता है या बिगड़ भी सकता है। इस विकास की अवस्था में मित्रता का अच्छा-बुरा प्रभाव विद्यार्थी पर पड़ता है।

विद्यार्थी जीवन में बिना मित्रता का रिश्ता सच्चा होता है। रिश्तेदारों से भी बढ़कर इस अवस्था में मित्र होते हैं। हमारे सारे रहस्य हम उनको बिना झिझक बता सकते हैं। सच्चे मित्र हमें अच्छे-बुरे में फर्क समझाते हैं। कठिन प्रसंग में सहायता करके हमें संकट से बाहर निकालते हैं। कभी-कभी उनके शब्दों का आधार भी औषधियों की तरह काम करता है।

इसलिए विद्यार्थी जीवन में अच्छे और सच्चे मित्र की जरूरत होती है। विद्यार्थी जीवन में इसी कारण 'मित्रता का महत्त्व' अनगिनत होता है।

(ग)

1. **(i)** ओजोन संकट पर विचार करने के लिए अनेक देशों की पहली बैठक 1985 में विएना में हुई। बाद में सितंबर 1987 में कनाडा के शहर मॉंट्रियल में बैठक हुई। जिसमें दुनिया के 48 देशों ने भाग लिया था। जिस मसौदे को इस बैठक में अंतिम रूप दिया गया। उसे 'मांट्रियल-प्रोटोकाल' कहते हैं।

इसके तहत यह प्रावधान रखा गया कि सन् 1995 तक सभी देश सी.एफ.सी. की खपत में 50 प्रतिशत की कटौती तथा 1997 तक 85 प्रतिशत की कटौती करेंगे। सन् 1990 के ऑंकडों के अनुसार पूरी दुनिया में सी.एफ.सी. की खपत 12 लाख टन तक पहुँच गयी थी, जिसकी 30 प्रतिशत हिस्सेदारी अकेले अमेरिका की थी। स्थिति की गंभीरता को देखते हुए दुनिया के सभी देशों ने इस बारे में समुचित कदम उठाने शुरू कर दिया। सन् 2010 तक सभी देश सी.एफ.सी. का इस्तेमाल बंद कर देंगे। इस दौरान विकसित देश नए प्रशीतकों की खोज में विकासशील देशों की आर्थिक मदद करेंगे।

(ii) संसार में पाप, अत्याचार और अन्याय का बोलबाला रहा है, और आज भी वह वैसा ही है। इससे लोगों को मुक्ति, दिलाने के लिए अनेक महापुरुषों, सुधारकों, समाज सेवकों एवं संत-महात्माओं ने अथक प्रयास किया, पर वे अपने प्रयास में सफल नहीं हो पाए। उल्टे उन्हें समाज के लोगों की उपेक्षा तथा निंदा आदि का शिकार होना पड़ा और कुछ लोगों को अपनी जान भी गँवानी पड़ी। पर देखा यह गया है, कि जीते जी जिन सुधारकों और महापुरुषों को समाज का सहयोग नहीं मिला और उनकी अवहेलना होती रही, मरने के बाद उनके स्मारक और मंदिर भी बने और लोगों ने उन्हें भगवान-सुधारक कह कर वंदनीय भी बताया।

यहाँ लेखक यह कहना चाहते हैं, कि मरणोपरांत सुधारक का स्मारक-मंदिर बनना सुधारक और उसके प्रयासों दोनों की पराजय है। अच्छा तो तब होता, जब लोग सुधारक के जीते जी उसके विचारों को अपनाते और पाप, अत्याचार और अन्याय जैसी बुराइयों के खिलाफ संघर्ष में उसका सहयोग करते और समाज से इन बुराइयों के दूर होने में सहायक बनते। इससे सुधारक समाज को पाप, अन्याय, भ्रष्टाचार और अत्याचार जैसी बुराइयों से मुक्ति दिलाने में सफल हो सकता था। लोगों को सुधारक की उपेक्षा, निंदा अथवा उनके खिलाफ षड्यंत्र रचने के बजाय उनके अभियान में अपना पूरा सहयोग देना चाहिए। तभी समाज से ये बुराइयाँ दूर हो सकती हैं। यही इस पाठ का उद्देश्य है।

(iii) 'आदर्श बदला' सुदर्शन जी की यह कहानी अलग ढंग से 'बदला' इस शब्द को स्पष्ट करती है। साथ ही एक कलाकार को दूसरे कलाकार के प्रति सम्मान के भाव रखने की बात को स्पष्ट करती है। जिसे अपनी कला से सच्चा लगाव हो उसे सच्चा कलाकार कहते हैं।

बैजू बावरा ने बाबा हरिदास से संगीत सीखने की कठिन तपस्या की थी, रागविद्या की शिक्षा ली थी। बारह वर्षों की तपस्या के बाद वह गानकला में निष्णात हो गया था। वह एक आज्ञाकारी शिष्य था। वह अपने पिता पर हुए अन्याय का बदला लेना चाहता था। परन्तु बाबा हरिदास ने जब यह प्रतिज्ञा करवायी कि वह इस रागविद्या से किसी को हानि नहीं पहुँचायेगा, तब रक्त का घूँट-पीकर इस गुरु आदेश को स्वीकार कर लिया।

बैजू बावरा के संगीत में जादू का असर था। उसके संगीत की धार दूर-दूर तक फैल गयी थीं। तानसेन को अपनी गानविद्या पर अहंकार था। बल्कि बैजू बावरा के हृदय में दया की भावना थीं। तानसेन और बैजू बावरा दोनों में गानयुद्ध होता है, तब तानसेन को पराजित करके भी वह अपनी जीत का प्रदर्शन नहीं करता है। बल्कि उसे जीवनदान देकर उसके बनाए नियम को तोड़ने की बात करता है। वह इस नियम को खत्म करवा दे कि जो कोई आगरा की सीमा के अंदर गाए, वह अगर तानसेन की जोड़ का न हो तो मरवा दिया जाए। उसकी यह माँग में गीत-संगीत की रक्षा करने का भाव निहित है।

इस प्रकार बैजू बावरा तानसेन जैसे कलाकार की कला का सम्मान करता है और संगीत का सच्चा पुजारी कहलाता है।

(घ)

1. **(i)** सुदर्शन ने मुंशी प्रेमचंद की लेखन परम्परा को आगे बढढ़या है।

(ii) कन्हैयालाल मिश्र 'प्रभाकर जी' के निबंध संग्रहों के नाम हैं—

  (1) जिंदगी मुस्कुराई   **(2)** बाजे पायलिया के घुँघरू

  (3) जिंदगी लहलहाई   **(4)** महके आँगन-चहके द्वार।

(iii) विभिन्न क्षेत्रों में अग्रणी रही महिलाओं के जीवन संघर्ष को चित्रित करना और वर्तमान नारी वर्ग के सम्मुख उनके आदर्श प्रस्तुत करना है।

(iv) बैद्यनाथ झा।

विभाग – 2 पद्य

(क)

1. कृति पूर्ण कीजिए—

(i) 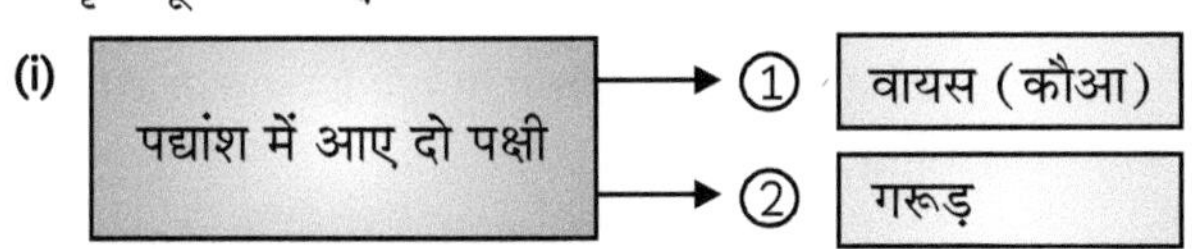

(ii) कारण लिखिए—
खर्च करने अर्थात बाँटने पर बढ़ता है और खर्च न करने अर्थात न बाँटने पर नष्ट हो जाता है।

(ii) अपनी-अपनी जगह पर खुद से लड़ाई जारी रखनी चाहिए।

2. उचित मिलान कीजिए—

(i) करतब—(ग) कार्य   **(ii)** काठ—(घ) लकड़ी

(iii) देवल—(क) मंदिर   **(iv)** सौर—(ख) चादर

3. चादर देखकर पैर फैलाने का अर्थ है, जितनी अपनी क्षमता हो उतने में ही काम चलाना। यह अर्थशास्त्र का साधारण नियम है। सामान्य व्यक्तियों से लेकर बड़ी-बड़ी कम्पनियाँ भी इस नियम का पालन करती हैं। जो लोग इस नियम के आधार पर अपना कार्य करते हैं, उनके काम सुचारू रूप से चलते हैं। जो लोग बिना सोचे-विचारे किसी काम की शुरुआत कर देते हैं और अपनी क्षमता का ध्यान नहीं रखते, उनके सामने आगे चलकर आर्थिक संकट उपस्थित हो जाता

है। इसके कारण काम ठप हो जाता है। इसलिए समझदारी इसी में है कि अपनी क्षमता का अंदाज लगाकर ही कोई कार्य शुरू किया जाए। चादर देखकर पैर फैलाने में ही बुद्धिमानी होती है।

(ख)

1.

(i) परिंदो को यह शिकायत है कि, जो भी दाना मालिक अर्थात् ईश्वर की कृपा से उन्हें प्राप्त होता है, उसमें भी कीड़े लगे हैं।

(ii) कवि जिंदगी के सवालों में खो गए तब ऐसा हुआ कि कवि के सवालों को जवाब उनके उजालों में खो गया।

(iii) कवि अपनी कृतियों से असंभव कार्य को संभव करके दिखा सकते हैं, क्रांति ला सकते हैं।

(iv) कवि के मतानुसार ईश्वर फकीरों, साधुओं को ऐसी शक्ति प्रदान करता है कि उनके मुख से निकले आशीर्वाद सच होने लगते हैं और लोगों की आँखें मानो करुणा और स्नेह बरसाती रहती हैं।

2. (i) जिंदगी–जीवन   (ii) ख्वाब–स्वप्न

    (iii) खुशबू–सुगंध   (iv) परिंदे–पक्षी

3. क्रांति अर्थात् परिवर्तन, बदलाव लाना। क्रांति दो प्रकार की होती हैं सकारात्मक क्रांति और विघातक क्रांति। सकारात्मक क्रांति हमें प्रगति पथ पर ले जाती हैं और विघातक क्रांति हमें पीछे खींचती है। क्रांति शासन व्यवस्था के प्रति होती है या किसी सामाजिक प्रथा के विरोध में। क्रांति कभी अपने-आप नहीं आती, उसे प्रयास करके लाया जाता है। अगर कोई व्यक्ति बुरा है, समाज-विद्रोही है, उसने सोचा कि वह अच्छा व्यक्ति बनेगा, बुरी आदतें छोड़ देगा, समाज सेवक बनेगा। तब बुरी आदतें उस पर इस प्रकार हावी होती हैं कि वह इन बातों को छोड़ नहीं सकता। उसका मन पक्का नहीं होता इसलिए वह अच्छा आदमी नहीं बन सकता। अर्थात् वह अपने जीवन में क्रांति नहीं कर सकता।

क्रांति स्वयं अपने से प्रारंभ होती है। प्रयत्नपूर्वक क्रांति को लाया जा सकता है। जब तक हम क्रांतिकारी कदम नहीं उठायेंगे, तब तक हम और समाज विकसित नहीं हो पायेगें। इतिहास साक्षी है कि, जब मानव ने नए आविष्कारों को सिद्धान्तों को मन से अपनाया है, तभी हमारा समाज प्रगति-पथ पर आगे बढ़ता है।

(ग) 'लोकगीत'

मुद्दे : –

(i) **रचना का नाम**–त्रिलोचन जी (मूलनाम–वायुदेव सिंह)

(ii) **पसंद की पंक्तियाँ–**

जिसको मंजिल का पता रहता है,

पथ के संकट को वही सहता है,

एक दिन सिद्धि के शिखर पर बैठ

अपना इतिहास वही कहता है।

(iii) **पसंद के कारण**–प्रस्तुत पंक्तियों में यह बात कही गई है कि एक बार अपने लक्ष्य का निर्धारण कर लेने के बाद मनुष्य को

हर समय उसको पूरा करने के काम में जी-जान से लग जाना चाहिए। फिर मार्ग में कितनी भी कठिनाइयाँ क्यों न आए, उन्हें सहते हुए निरंतर आगे ही बढ़ते रहना चाहिए। एक दिन ऐसे व्यक्ति को सफलता मिलकर ही रहती है। ऐसे ही व्यक्ति लोगों के आदर्श बन जाते हैं। लोग उनका गुणगान करते हैं और उनसे प्रेरणा लेते हैं।

(iv) **कविता की केन्द्रीय कल्पा**–प्रस्तुत कविता में संघर्ष करने, अत्याचार, विषमता तथा निर्बलता पर विजय पाने का आवाहन किया गया है तथा समाज में समानता, स्वतंत्रता एवं मानवता की स्थापना की बात कही गई है।

2. कवि डॉ. मुकेश गौतम जी ने 'पेड़ होने का अर्थ' इस कविता में पेड़ संबंधी जानकारी देकर वह मनुष्य के लिए मानवता परोपकार की प्रेरणा देता है, इस बात पर प्रकाश डाला है। पेड़ अनेक आँधी-तूफान आ जाए उसका सामना करता है। मानव प्रतिकूल परिस्थिति आने पर या मनचाही सफलता न मिलने पर हौसला खो बैठता है। परन्तु पेड़ से हमें सीखना चाहिए कि, वह घायल होकर टेढ़ा-मेढ़ा हो जाता है, परन्तु अपना हौसला नहीं छोड़ता। पेड़ निर्भीक होते हैं। पेड़ जहाँ खड़े हैं, वहाँ न डरते हुए संकट का सामना करते हैं। उनके पास हत्या, आत्महत्या बिल्कुल भटकती नहीं। पेड़ के इसी हौसले के कारण पेड़ की शाखा में स्थित घोंसले में चिड़िया और उसके छोटे बच्चे भयंकर तूफानी रात में भी सुरक्षित रहते हैं। इससे हमें सीखना चाहिए कि सचमुच पेड़ का हौसला बहुत बड़ा है।

पेड़ बड़े परोपकारी होते हैं, इन्हें हमें बहुत बड़ा दाता कहना चाहिए। पेड़ की छाँव से थके राहगीर को ठंडी हवा मिल जाती है। वह अपने शरीर पर आए फूलों की बौछार मानव पर कर देता है। पेड़ की जड़, तना, शाखाएँ, पत्ती, फूल, फल, बीज आदि पेड़ के सभी हिस्से या भाग मानव के लिए उपयुक्त होते हैं। पेड़ जीवन भर देने का कार्य करते हैं। इतना ही नहीं, मानव के लिए कार्बन डाइऑक्साइड हानिकारक होता है, वह पेड़ शोषित करते हैं और हमें जीवनदान देने वाला ऑक्सीजन, शुद्ध हवा हमें देते हैं। निर्दयी लोग जब उस पर कुल्हाड़ी चलाते हैं, तब भी पेड़ उसके साथ दुर्व्यवहार न करते हुए उसे भी सब देता है। वास्तविकता में पेड़ दधीचि है। वह बिना किसी स्वार्थ के मनुष्य का साथ देकर उसे जीवनभर देने का कार्य करता है।

(घ)

(i) (1) सूरज तुम्हारा है (गजल संग्रह), (2) अभी रात बाकी है (अनूदित साहित्य)।

(ii) डॉ मुकेश गौतमजी की दो रचनाएँ–(1) सतह और शिखर, (2) अपनों के बीच आदि।

(iii) त्रिलोचन जी के कुल पाँच काव्य संग्रह है–(1) धरती, (2) दिगंत, (3) गुलाब और बुलबुल, (4) उस जनपद का कवि हूँ, (5) सबका अपना आकाश।

(iv) 'नई कविता' के अन्य कवियों के नाम है–रामस्वरूप चतुर्वेदी, विजयदेव साही।

विभाग – 3 विशेष अध्ययन

(क)

1. (i) उपर्युक्त पद्यांश में प्रयुक्त एक सुंदर वृक्ष का नाम है–कदंब।

    (ii) कृष्ण की अठारह अक्षौहिणी सेनाएँ युद्ध में भाग लेने जा रही है।

(iii) सेतु के दोनों छोर लीला भूमि और युद्ध क्षेत्र हैं।

(iv) कृष्ण की सेनाएँ उजड़े हुए कुंज और रौंदी हुई लताओं की राह से जा रही हैं।

2. (i) सोने के पतले गुंथे तारों वाले पुल-सा

   (ii) निर्जन

   (iii) निरर्थक

   (iv) काँपता-सा।

3. वृक्ष तो मनुष्य के मित्र हैं। वृक्ष समस्त चराचर में व्याप्त मानव और प्राणियों के लिए उपयुक्त हैं। वृक्ष हमें बहुत कुछ देते हैं–''वृक्ष जीता हमारे लिए, परोपकार की धुन है उसकी।'' वृक्ष में देने की भावना होती हैं। चिड़िया वृक्ष पर घोंसला बनाती हैं, और घोंसले में अपने छोटे बच्चों को विश्वास के साथ रखती हैं। तब वृक्ष आँधी-तूफान में भी चिड़ियों और उसके बच्चों की रक्षा करते हुए अपनी जगह खड़े होते हैं। वृक्ष थके हुए राहगीर को छाँव देते हैं।

वृक्षों की शीतलता हमें उल्लासित कर देती हैं। वृक्ष मानव के लिए बहुत उपयोगी होते हैं। जंगलों के अनेक वृक्षों से हमें जड़ी-बूटी अर्थात् आयुर्वेदिक औषधियाँ मिलती हैं। साथ ही वृक्ष वातावरण से कार्बन डाई-ऑक्साईड शोषण कर लेते है और ऑक्सीजन छोड़ते है जिससे हमें साँस लेने के लिए शुद्ध वायु मिलती है। वृक्ष का हर हिस्सा वृक्ष की जड़े, तना, शाखा, पत्ते, पान, फूल, फल सब उपयोगी होते हैं।

पेड़ों से फर्नीचर बनता है। वृक्ष के कारण अनेक लघु उद्योग भी चलते हैं। इस कारण वृक्षों को नहीं काटना चाहिए। बल्कि हमें बड़ी मात्रा में वृक्षारोपण करना चाहिए और धरती को बचाना है।

(ख)

(i) डॉ. धर्मवीर भारती की 'कनुप्रिया' यह कृति हिंदी साहित्य जगत में अत्यन्त चर्चित रही है। 'कनुप्रिया' अर्थात् कन्हैया की प्रिय सखी 'राधा'–कृष्ण अब महाभारत के महायुद्ध के महानायक हैं। राधा को लगता है कि प्रेम त्यागकर युद्ध का अवलंब करना निरर्थक बात है। राधा को लगता है कि उसकी बलि चढ़ाकर कान्हा आगे बढ़े हैं। उसे पुल या सेतु बनाकर ही वे युद्ध के महानायक बने हैं। राधा की मनस्थिति विधात्मक बन चुकी हैं। अवचेतन मन में बैठे राधा और कृष्ण तथा चेतनावस्था में स्थित राधा और कृष्ण। यहाँ अवचेतन मन में बैठी राधा चेतनावस्था में स्थित राधा को संबोधित करती हैं–कहती है, हे राधा, यमुना के घाट से ऊपर आते समय कदंब के पेड़ के नीचे खड़े कान्हा को देवता समझकर प्रणाम

करने के लिए तुम जिस मार्ग से लौटती थी, हे बावरी! आज तुम उस मार्ग से होकर मत लौटना।

आकाश में छाई हुई धूल, उजड़े हुए कुंज रौंदी हुई लताएँ क्या तुम्हें आभास नहीं दे रहे हैं कि आज उस मार्ग से कृष्ण की अठारह अक्षौहिणी सेनाएँ युद्ध में भाग लेने जा रही हैं।

हे बावरी! तू आज उस मार्ग से दूर हटकर खड़ी हो जा। लताकुंज की ओट में अपने घायल प्यार को छुपा ले। क्योंकि आज इस गाँव से द्वारिका की उन्मत्त सेनाएँ युद्ध के लिए जा रही हैं। जिस आम की डाली पर बैठकर कान्हा राधा का इंतजार करते थे, वह डाली आज कृष्ण के सेनापतियों के तेज गति वाले रथों की ऊँची पताकाओं में उलझ-अटक जाएगी। कान्हा आज राधा के साथ गुजारे तन्मयता के क्षणों को भूल चुके हैं। इस भीड़-भाड़ में उनके प्यार को पहचानने वाला कोई नहीं है।

अत: अवचेतन मन में बैठी राधा चेतनावस्था में स्थित राधा को कहती है कि राधे! तुम्हें तो गर्व होना चाहिए, क्योंकि किसके महान प्रेमी के पास अठारह अक्षौहिणी सेनाएँ हैं अर्थात् राधा के प्रेमी पास ही इतनी बड़ी सेना हैं।

(ii) 'कनुप्रिया' डॉ. धर्मवीर भारती रचित नायिका प्रधान काव्य हैं। जिसमें राधा के मन में श्रीकृष्ण और महाभारत के पात्रों को लेकर चलने वाला पात्र है। राधा के लिए प्रेम जीवन में सर्वोपरि हैं। उसके मतानुसार युद्ध निरर्थक हैं। श्रीकृष्ण महाभारत के युद्ध का अवलंब करते हैं, फिर भी राधा-श्रीकृष्ण का साथ देती है। वह जीवन की घटनाओं को और व्यक्तियों को केवल प्यार की कसौटी पर ही कसती हैं।

राधा ने कान्हा के साथ सदैव तन्मयता के क्षणों को जिया है। कृष्ण के कर्म, स्वधर्म, निर्णय तथा दायित्व आदि शब्दों को राधा समझ नहीं पाती हैं। श्रीकृष्ण से उसने सिर्फ प्रणय, प्यार के ही शब्द सुने थे। राधा का प्रेम कनु के कारण व्यथित, दुखी हुआ है, फिर भी कनु को चाहिए कि वह अपना दुख छिपाए। राधा महाभारत के युद्ध महानायक कृष्ण को संबोधित करते हुए कहती है कि, ''मैं तो तुम्हारी वही बावरी सखी हूँ, तुम्हारी मित्र हूँ मैंने तुमसे सदा स्नेह ही पाया है, और मैं स्नेह की ही भाषा समझती हूँ।

इस प्रकार उपर्युक्त विवेचन से यही ज्ञात होता है कि, राधा की दृष्टि से जीवन की सार्थकता 'प्रेम' की पराकाष्ठा में है।''

विभाग – 4 व्यावहारिक हिंदी अपठित गद्यांश और पारिभाषिक शब्दावली

(क) ब्लॉग लेखन बड़ा ही लोकप्रिय माध्यम बन चुका है। जहाँ एक ओर ब्लॉग लेखन सामाजिक जागरण का माध्यम बन चुका है, वहीं पत्रकारिता के जीवित तत्व के रूप में भी स्वीकृत हुआ हैं। ब्लॉग लेखन में कुछ सावधानियाँ बरतनी जरूरी है।

(i) ब्लॉग लेखन में यह बात ध्यान रखना जरूरी है कि उसमें मानक भाषा का प्रयोग हो। उसमें व्याकरणिक अशुद्धियाँ न हों।

(ii) ब्लॉग लेखन करते समय लेखन का स्वतंत्रता का उचित उपयोग करना चाहिए। लेखन की स्वतंत्रता से यह अनुमति नहीं की कुछ भी लिखें।

(iii) ब्लॉग लेखन करते समय भाषा का, सामाजिक स्वास्थ्य का विचार करना चाहिए। ब्लॉग लेखन से समाज में तनाव स्थिति न हो इस बात पर विचार करना चाहिए। किसी की निंदा करना, किसी पर गलत टिप्पणी करना इस बात से ब्लॉग लेखक को दूर रहना चाहिए।

(iv) ब्लॉग लेखन में आक्रमकता से अर्थात् गाली-गलौज अथवा अश्लील शब्दों के प्रयोग से बचना चाहिए। ऐसा करना गंभीर आरोप हैं। ऐसी भाषा पाठक पसंद नहीं करते और पाठक द्वारा गंभीरता से न पढ़ने के कारण ब्लॉग की आयु कम हो जाती है।

(v) ब्लॉग लेखन करते समय अगर लेखक छोटी-छोटी बातों को ध्यान में रखे तो पाठक ब्लॉग के प्रचारक बन जाते हैं। एक पाठक दूसरे को, दूसरा तीसरे को सिफारिश करता है, इस प्रकार श्रृंखला बढ़ती जाती है।

(vi) ब्लॉग लेखन करते समय आकर्षक चित्रों और छायाचित्रों के साथ विषय सामग्री, रोचक होने पर पाठक ब्लॉग की प्रतीक्षा करते हैं और ब्लॉग के नियमित पाठक बन जाते हैं।

अथवा

1.

(i) मंच संचालक श्रोता ओर वक्ता को जोड़ने वाली कड़ी है।

(ii) किसी भी कार्यक्रम में मंच संचालक की बहुत अहम् भूमिका होती है।

(iii) आरंभिक दिनों में लेखक को माइक साँप के फन की तरह नजर आता था।

(iv) लेखक अंत में एक सफल सूत्र संचालक के रूप में प्रसिद्ध हो गया।

2. **(i)** प्रशंसा–स्तुति   **(ii)** निर्वाह–निभाना

     (iii) प्रांगण–आँगन   **(iv)** प्रसिद्ध–लोकप्रिय

3. आत्मविश्वास और हिम्मत का जीवन में बहुत बड़ा महत्त्व होता है। आत्मविश्वास और हिम्मत सफलता की कुंजी हैं। इस कारण हमारा मन मजबूत और खुश रहता है। जीवन में खुश रहने और सफलता पाने के लिए आत्मविश्वास जरूरी है। हम जीवन में आने वाली चुनौतियों का सामना हिम्मत और आत्मविश्वास के साथ करेंगे तो आगे ही बढ़ते रहेंगे।

आत्मविश्वास और हिम्मत ही व्यक्ति के लिए सफलता का मार्ग खोजता है। मानव के लिए जितनी ऑक्सीजन तथा मछली के लिए पानी आवश्यक है, उतनी ही जीवन में सफलता के लिए हिम्मत और आत्मविश्वास की आवश्यकता हैं। बिना हिम्मत और आत्मविश्वास के व्यक्ति सफलता की डगर पर कदम बढ़ा ही नहीं सकता। आत्मविश्वास वह ऊर्जा है, जो सफलता की राह में आने वाली अड़चनों, कठिनाइयों और परेशानियों से मुकाबला करने के लिए व्यक्ति को साहस प्रदान करती है।

(ख) (i) हमारे देश में 70-75 प्रतिशत आबादी ग्रामीण भागों में रहती हैं। ग्रामीण भाग अर्थात् गाँव में रहते हैं। गाँवों में शहरों की अपेक्षा कम सुविधाएँ और संसाधन उपलब्ध होते हैं। ग्रामीण इलाकों में लोग अपना जीवनयापन के लिए कृषि या अन्य पारंपरिक उद्योगों पर निर्भर होता है।

बेरोजगारी की समस्या ग्रामीण इलाकों में अधिक होती है। इस कारण युवा वर्ग चिंतित होता है। गाँवों के लोग अपनी हर एक जरूरत चाहे, दैनिक सामग्री हो या अन्य आवश्यकता की चीजें आदि के लिए इन्हें शहरों पर निर्भर होना पड़ता है। हर छोटी चीज के लिए शहर, आना पड़ता है, जिसमें उनका समय और पैसा खर्च हो जाता है।

गाँवों में विभिन्न समस्याएँ :

   (1) गरीबी–गाँव के लोग गरीबी की रेखा के नीचे रह रहे हैं। छोटे किसान हमेशा कर्ज में डूबे होते हैं। इस कारण कभी-कभी बड़े जर्मीदार छोटे किसानों की जमीनें हड़प लेते हैं। तो कभी-कभी भाईयों में जमीनों का बँटवारा होता

हैं। यह बँटवारा फलदायी नहीं होता। उल्टा घाटा होता रहता है। और किसान दिन-व-दिन गरीबी का शिकार होता रहता है।

   (2) बेरोजगारी–बेरोजगारी कृषक जीवन का अभिन्न अंग है। ग्रामीण इलाकों में लोग कृषि पर निर्भर होते हैं, वहाँ अन्य उद्योग धन्धे नहीं होते हैं, इस कारण खेतों में अनाज उगाने या बीज बोकर सिंचाई करके फसलों को उगाने का एक निश्चित समय होता है। वह अपने फसल को छोड़कर कहीं और काम के लिए नहीं जा सकता। इस अवस्था के कारण किसान चिंतित होता है।

   (3) शिक्षा का अभाव–गाँव में आज भी कई इलाकों में स्कूल का अभाव है। जहाँ स्कूल है, वहाँ शिक्षा का स्तर और व्यवस्था सही नहीं है। विकास का एकमात्र साधन शिक्षा है, जो गाँवों में मौजूद नहीं। शिक्षा के स्तर या व्यवस्था के कारण बच्चों को शहरों की ओर आना पड़ता है। स्कूल या उच्च शिक्षा के लिए कॉलेज की पढ़ाई करते समय इन बच्चों को अनेक कठिनाइयों का सामना करना पड़ता है। इस कारण उनमें शिक्षा का अभाव दिखाई देता है।

   (4) सूखा और बाढ़–किसानों पर प्राकृतिक आपदाओं का भी दुष्परिणाम होता है। किसान, अपना खून पसीना एक कर फसल उगाते है, परन्तु कभी उन्हें सूखा, तो कभी बाढ़ का सामना करना पड़ता हैं, तो कभी तूफानी हवाएँ चलती हैं तभी फसलों का नुकसान होता है। इन प्राकृतिक आपदाओं पर मानव का कोई वश नहीं चलता इसी कारण ग्रामीण इलाकों में आजकल अनेक किसानों की आत्महत्या के समाचार हमें सुनने को मिलते हैं।

   (5) स्वास्थ्य सुविधाएँ–गाँव में न अस्पताल हैं, न ही कोई अन्य सुविधा। आज डॉक्टर तो सभी बना चाहते हैं मगर ग्रामीण इलाकों में जाकर सेवा देना उनको पसंद नहीं होता है। कभी अस्पताल में पुरी सुविधाएँ न होने के कारण लोगों को शहरों की ओर आना पड़ता है। प्राइमरी हेल्थ सैंटर्स में दी जाने वाली दवाइयाँ आज भी उतनी लाभदायक नहीं होती हैं।

ग्रामीण इलाकों में आज भी जुआ, सट्टा और मादक पदार्थों की बिक्री खुलेआम बड़ी मात्रा में जारी है। इस कारण गाँव में रहने वाले बच्चे इस ओर आकर्षित होते हैं। गलत आदतों के शिकार होते हैं।

गाँवों में बिजली, परिवहन समस्या, अनेक भौतिक चीजों का अभाव में ग्रामीण लोगों को जीवन-यापन करना पड़ता है।

(ii) मंच पर विराजमान् परम् प्राचार्य महोदया, श्रद्धेय गुरुजन और सभी मेरे अभिन्न सहपाठियों मैं श्वेता शर्मा सर्वप्रथम आज 14 सितम्बर के दिन हिन्दी दिवस के समारोह के अवसर पर आप सबको प्रणाम करती हूँ। हिन्दी दिवस के उपलक्ष में आज पं. नेहरू स्मारक इंटर कॉलेज पुणे में आयोजित इस समारोह में मैं आपका तहे दिल से हार्दिक स्वागत करती हूँ। सुस्वागतम्! सुस्वागतम्!! सुस्वागतम्!!!

दोस्तों! सर्वप्रथम हिंदी दिवस के अवसर पर अतिथिगणों के स्वागत के लिए ग्यारहवीं की छात्राओं द्वारा एक सुंदर गीत प्रस्तुत है। आपके सामने यह गीत पेश कर रही है,—अनन्या नेहा, ज्ञानदा और समीरा!

कक्षा ग्यारहवीं की लड़कियाँ—

स्वागतम् हो स्वागतम् हो .... स्वागतम सुस्वागतम्
स्वागत हो स्वागत ॥धृ॥

गीत गाती हैं ॥

(तालियों की गड़गड़ाहट होती हैं।)

दोस्तों! तालियों की गड़गड़ाहट ही बता रही है कि यह गीत आपको बहुत ही प्रसन्न कर गया हैं।

दोस्तों! हमारी हिंदी भाषा को साहित्यकारों ने, संतों ने राजनेताओं ने उत्कृष्ट लेखन शिक्षा और विचारों से परिष्कृत किया है। अपनी कविता और दोहों के माध्यम से जनमानस के हृदय को छुआ हैं। ऐसे ही ऐतिहासिक हिंदी के मनीषी अमीर खुसरो साहब है। मैंने उनकी दो पंक्तियों के माध्यम से इस कार्यक्रम का शुभारंभ करना चाहती हूँ—

''उज्ज्वल बरन अधीन तन, एक चित्त दो ध्यान।
देखत मैं तो साधु है, पर निपट पार की खान॥''

देश के अभिजात्य वर्ग की यही स्थिति है।

दोस्तों! अब हम आज का मुख्य समारोह आरंभ कर रहे हैं। कार्यक्रम को आगे बढ़ाते हुए मैं आज के मुख्य अतिथि प्राचार्य महोदय माननीय श्री.ओ.जी. शर्मा जी ओर से हमारे कॉलेज के प्राचार्य श्री वीरेन्द्र सबनीस, और हिंदी विभाग के अध्यक्ष श्री लोकेश पूनावाला तथा कॉलेज के अन्य अध्यापकगण से अनुरोध करती हूँ कि माँ सरस्वती जी के चित्र के समक्ष दीप प्रज्ज्वलन करें।

(ओ.जी. शर्माजी मा. सरस्वती के समक्ष दीप प्रज्ज्वलन करते हैं। सरस्वती के चित्र को माला पहनायी जाती है। तालियों की गड़गड़ाहट होती है।)

अब बारहवीं कक्षा की छात्राएँ अंजली और अभिलाषा, श्रेया देवी सरस्वती का वंदना गीत प्रस्तुत करेंगी (छात्राएँ माँ सरस्वती का वंदना गीत गाती हैं।)

या कुन्देन्दु तुषार हार धवला, या शुभ्रवस्त्रावृता।

या वीणा वरदण्डमण्डितकरा। या श्वेतपट्टमासना।

....

(सरस्वती वंदना समाप्त होते ही तालियों की गड़गड़ाहट होती है।)

अब हमारे कॉलेज के प्राचार्य श्री वीरेंद्र सबनीस समारोह के प्रमुख अतिथि श्री .ओ.जी. शर्मा को पुष्प गुच्छा देकर स्वागत करेंगे और हमें परिचय देंगे तथा कॉलेज की अन्य गतिविधियों से हमें परिचित करायेंगे।

श्री वीरेंद्र सबनीस ....

(श्री वीरेंद्र सबनीस अतिथिगण को बधाई देने हेतु संक्षेप में उनका परिचय देते हैं।)

(कॉलेज की गतिविधियों के बारे में भी बताते हैं।)

अब प्राचार्य जी की ओर से प्रमुख अतिथि को प्रार्थना करूँगी कि वे हिंदी अंताक्षरी प्रतियोगिता तथा हिंदी भाषा वाद-विवाद,

प्रतियोगिता में प्रथम तथा द्वितीय स्थान पाने वाले विद्यार्थियों को अपने शुभ कर कमलों से पुरस्कार प्रदान करने की कृपा करें।

प्रथम हिंदी, अंताक्षरी प्रतियोगिता में प्रथम पुरस्कार विजेता नम्रता सेन मंच पर आ जाएँ।

(नम्रता सेन मुख्य अतिथि के शुभ कर कमलों से पुरस्कार ग्रहण करती है, और तालियाँ बजती रहती हैं।)

अब इस अंताक्षरी प्रतियोगिता में द्वितीय पुरस्कार प्राप्त विजेता है— समिर औताडे वह मंच पर आ जाएँ।

(समीर, औताडे पुरस्कार ग्रहण करते हैं, तालियाँ बजती हैं)

अब वाद-विवाद स्पर्धा और वार्षिक परीक्षा में प्रथम, द्वितीय थी पुरस्कार प्राप्त विद्यार्थियों से आग्रह करती हूँ कि वे मंच पर क्रमशः आकर अपना पुरस्कार ग्रहण करें। मैं उनका उल्लेख करूँगी।

हिंदी वाद विवाद स्पर्धा: प्रथम पुरस्कार-शरद नेने द्वितीय पुरस्कार-अतुल पोंक्षे

तथा

कक्षा दसवी : प्रथम पुरस्कार—मीनाक्षी सिंह

द्वितीय पुरस्कार—अमृता जाघव

कक्षा ग्यारहवी : प्रथम पुरस्कार—विपुल शर्मा

द्वितीय पुरस्कार—निता गिते

(पुरस्कार विजेता आकर क्रमश: : प्रमुख अतिथि से अपना पुरस्कार ग्रहण करते हैं, जोरदार तालियों की बौछार)

अब हमारे कॉलेज के गणित विभाग प्रमुख श्री वरुन शास्त्री 'हिंदी भाषा का महत्व' इस विषय पर अपने विचार व्यक्त करेंगे।

(वरुण शास्त्री अत्यन्त सुबोध भाषा में हिंदी भाषा का महत्व समझाते हैं।)

अब हमारे कॉलेज के हिंदी विभाग प्रमुख हिंदी राष्ट्रभाषा के रूप में विकसित होनी चाहिए और हिंदी में रोजगार की संभावनाओं के बारे में अपने विचार व्यक्त करेंगे।

(हिंदी विभाग प्रमुख अत्यंत सरल भाषा में अपने विचार व्यक्त करते हैं, तालियाँ बजती हैं।)

दोस्तो! आज हमारी हिंदी भाषा के बारे में हम सभी को काफी उपयोगी जानकारियाँ प्राप्त हुई है। हिंदी राष्ट्रभाषा का महत्त्व हमें समझ में आया है। अब समय है कार्यक्रम की समाप्ति का।

अब हमारे कॉलेज के प्राचार्य श्री वीरेंद्र सबनीस जी आज के समारोह के प्रमुख अतिथि अध्यापकों, विद्यार्थियों और उपस्थित समुदाय के प्रति आभार व्यक्त करेंगे।

(प्राचार्य जी सभी के प्रति आभार व्यक्त करते हैं।)

अंत में 'राष्ट्रगीत' के साथ और 'भारत माता की जय' की घोषणा देते हुए समारोह समाप्त हुआ।

अथवा

(i) पल्लवन में भाव विस्तार के साथ चिंतन का भी स्थान होता हैं।

(ii) पी.डी. टंडन के अनुसार 'फीचर किसी' गद्य गीत की तरह होता हैं।

(iii) सतर्कता, सहजता और उत्साह वर्धन उद्घोषक के मुख्य गुण हैं।

(iv) 'ब्लॉग' अपना विचार, अपना मत व्यक्त करने का डिजिटल माध्यम है।

(ग)

गद्यांश

1. संजाल पूर्ण कीजिए :

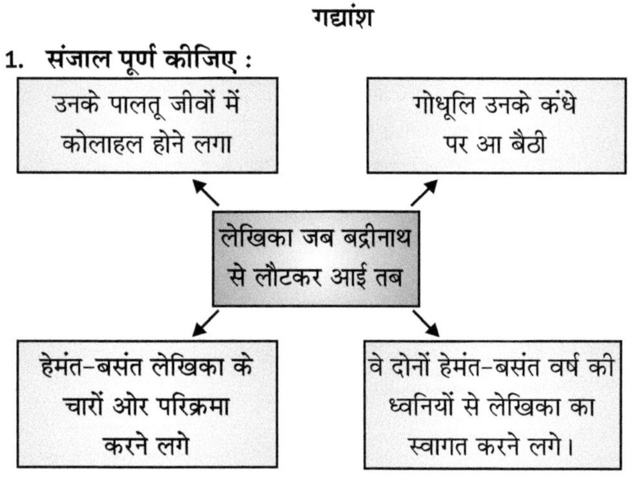

2. (i) उपालंभ—उलाहना

(ii) बाहुल्य—अधिकता

(iii) कोलाहल—शोर

(iv) क्रंदन—विलाप

3. धरती का प्राकृतिक संतुलन बनाए रखने में पशु-पक्षियों की भूमिका महत्त्वपूर्ण है। पशु-पक्षी मानव की तरह बोल नहीं सकते परन्तु मनुष्य ज्यादा समझदार होते हैं। उनमें भी मानव की तरह दर्द, भावनाएँ, प्यार होता है। यदि हम उनको प्यार देते हैं तो वो भी ? करते है। पशु-पक्षी मानव से भी अधिक वफादार होते हैं। अनेक पशु-पक्षियों के साथ मानव का आत्मिक लगाव होता है— **जैसे**—कुत्ता, बिल्ली, गाय, बकरी, तोता-मैना आदि। कभी-कभी बिल्ली से हमें विशेष लगाव हो जाता है। वह हमारे लिए बहुत प्रिय विशेष बन जाती हैं। तब उसकी गुम हो जाने पर या मृत्यु होने पर हमें बहुत कष्ट होता है। कालांतर में भी हमें उसकी याद सताती है। उसकी याद से मन में बहुत दुख होता है। जैसे अपने परिवार का सदस्य ही हो, यही दु:ख या कसक ही 'पालतु पशु-पक्षियों से मनुष्य का आत्मिक लगाव का प्रतीक है।'

(घ) (i) उद्घोषक — **(ii)** न्याय

(iii) कार्य सूची — **(iv)** बंध पत्र

(v) राजपत्रित — **(vi)** निलंबन

(vii) कार्यवाही — **(viii)** पदच्युत

(क) (i) एक-एक क्षण आपको भेंट कर दूँगा।

(ii) इस वेग में वह पिस गया था।

(iii) बैजू बावरा की उँगलियाँ सितार पर दौड़ रही हैं।

(iv) पंत के साथ तो रास्ता कम अखरता था, पर अब सोचकर ही थकावट होगी।

(ख) (i) अतिशयोक्ति अलंकार   **(ii)** उपमा अलंकार।

(iii) रूपक अलंकार।   **(iv)** दृष्टांत अलंकार।

(ग) (i) अद्भुत रस   **(ii)** भक्ति रस

(iii) वीभत्स रस   **(iv)** शांत रस।

(घ) (i) कन्नी काटना—बचकर निकल जाना।

वाक्य—बड़ा बेटा और बहू पहले ही माँ-बाप से कन्नी काट चुके थे।

(ii) चट्टानों पर खिलाना—कड़ी मेहनत से खुशहाली पाना।

वाक्य—आर्यन बहुत जिद्दी लड़का है वह चाहे तो चट्टानों पर फूल खिला सकता है।

(iii) समाँ बँधना—वातावरण निर्माण होना।

वाक्य—साहिल की मम्मी-पापा ने घर पर ऐसा समाँ बँधाया की वह एकदम प्रसन्न हो गया।

(iv) द्रवित हो जाना—मन में दया उत्पन्न होना।

वाक्य—उस छोटे बच्चे के रोने की आवाज से सबका मन द्रवित हो गया।

(ङ) (i) उसका सत्य पराजित हो जाता है।

(ii) चप्पे-चप्पे पर काँटों की झाड़ियाँ हैं।

(iii) भाई-बहन का रिश्ता अनूठा होता है।

(iv) सुगंधा का पत्र पाकर लेखिका को खुशी हुई।

Sample Paper-3
Hindi

विभाग – 1 गद्य (अंक-20)

(क) निम्नलिखित पठित परिच्छेद पढ़कर दी गई सूचनाओं के अनुसार कृतियाँ कीजिए।

जॉर्ज बर्नार्ड शॉ का एक पैराग्राफ मैंने पढ़ा है। वह उनके अपने ही संबंध में है : ''मैं खुली सड़क पर कोड़े खाने से इसलिए बच जाता हूँ कि लोग मेरी बातों को दिल्लगी समझकर उड़ा देते हैं। बात यूँ है कि मेरे एक शब्द पर भी वे गौर करें, तो समाज का ढाँचा डगमगा उठे।''

''वे मुझे बर्दाश्त नहीं कर सकते, यदि मुझ पर हँसें नहीं। मेरी मानसिक और नैतिक महत्ता लोगों के लिए असहनीय है। उन्हें उबाने वाली खूबियों का पुंज लोगों के गले के नीचे कैसे उतरे ? इसलिए मेरे नागरिक बंधु या तो कान पर उँगली रख लेते हैं या बेवकूफी से भरी हँसी के अंबार के नीचे ढँक देते हैं मेरी बात।'' शॉ के इन शब्दों में अहंकार की पैनी धार है, यह कहकर हम इन शब्दों की उपेक्षा नहीं कर सकते क्योंकि इनमें संसार का एक बहुत ही महत्त्वपूर्ण सत्य कह दिया गया है।

संसार में पाप है, जीवन में दोष, व्यवस्था में अन्याय है, व्यवहार में अत्याचार .... और इस तरह समाज पीड़ित और पीड़क वर्गों में बँट गया है। सुधारक आते हैं, जीवन की इन विडंबनाओं पर घनघोर चोट करते हैं। विडंबनाएँ टूटती-बिखरती नजर आती हैं पर हम देखते हैं कि सुधारक चले जाते हैं और विडंबनाएँ अपना काम करती रहती हैं।

आखिर इसका रहस्य क्या है कि संसार में इतने महान पुरुष, सुधारक, तीर्थकर, अवतार, संत और पैगंबर आ चुके पर यह संसार अभी तक वैसा-का-वैसा ही चल रहा है। इसे वे क्यों नहीं बदल पाए ? दूसरे शब्दों में जीवन के पापों और विडंबनाओं के पास वह कौन-सी शक्ति है जिससे वे सुधारकों के इन शक्तिशाली आक्रमणों को झेल जाते हैं और टुकड़े-टुकड़े होकर बिखर नहीं जाते ?

शॉ ने इसका उत्तर दिया है कि मुझ पर हँसकर और इस रूप में मेरी उपेक्षा करके वे मुझे सह लेते हैं। यह मुहावरे की भाषा में सिर झुकाकर लहर को ऊपर से उतार देना है।

शॉ की बात सच है पर यह सच्चाई एकांगी है। सत्य इतना ही नहीं है। पाप के पास चार शस्त्र हैं, जिनसे वह सुधारक के सत्य को जीतता या कम-से-कम असफल करता है। मैंने जीवन का जो थोड़ा-बहुत अध्ययन किया है, उसके अनुसार पाप के ये चार शस्त्र इस प्रकार हैं:—

उपेक्षा, निंदा, हत्या और श्रद्धा।

1. कृति पूर्ण कीजिए।

(i) पाप के चार हथियार ये हैं—

(ii) जॉर्ज बर्नार्ड शॉ का कथन—

2. (i) महत्ता — ....   (ii) सत्य — ....

   (iii) दिल्लगी — ....   (iv) अध्ययन — ....

3. निम्नलिखित प्रश्न का उत्तर 40 से 50 शब्दों में लिखिए:

समाज सुधारक समाज में व्याप्त बुराइयों की पूर्णत: समाप्त करने में विफल रहे। इस पर अपने विचार स्पष्ट कीजिए।

(ख) निम्नलिखित पठित परिच्छेद पढ़कर दी गई सूचनाओं के अनुसार कृतियाँ कीजिए:

इस अल्हड़ उम्र में अगर वह लड़की अपने परिवार के स्नेह संरक्षण से मुक्त है, आजादी के नाम पर स्वयं को जरूरत से ज्यादा अहमियत देकर अंतर्मुखी हो गई है तो उसके फिसलने की संभावना अधिक बढ़ जाती है। अपने में अकेली पड़ गई लड़की जैसे ही किसी लड़के के सम्पर्क में आती है, उसे अपना हमदर्द समझ बैठती है और उसके बहकने की, उसके कदम भटकने की संभावना और भी बढ़ जाती है। लगता है, अपने परिवार से कटी रचना के साथ ऐसा ही है। यदि सचमुच ऐसा है तो तुम्हें और भी सावधानी से काम लेना होगा अन्यथा उसे समझाना मुश्किल होगा, उलटे तुम्हारी दोस्ती में दरार आ सकती है।

एक अच्छी सहेली के नाते तुम उसकी पारिवारिक पृष्ठभूमि का अध्ययन करो। अगर लगे कि वह अपने परिवार से कटी हुई है तो उसकी इस टूटी कड़ी को जोड़ने का प्रयास करो। जैसे तुम मुझे पत्र लिखती हो, उससे भी कहो; वह अपनी माँ को पत्र लिखे। अपने घर की, भाई-बहनों की बातों में रुचि लें। अपनी समस्याओं पर माँ से खुलकर बात करे और उनसे सलाह ले। यदि उसकी माँ इस योग्य न हो तो वह अपनी बड़ी बहन या भाभी से निर्देशन ले। यह भी संभव न हो तो अपनी किसी समझदार सहेली या रिश्तेदार को ही राजदार बना ले। घर में किसी से भी बातचीत का सिलसिला जोड़कनर वह अपनी समस्या से अकेले जूझने से निजात पा सकती है। नहीं तो तुम तो हो ही। ऐसे समय वह तुम्हारी बात न सुने, तुम्हें झटक दे, तब भी उसकी वर्तमान मनोदशा देखकर तुम्हें उसकी बात का बुरा नहीं मानना है। उसका मूड देखकर उसका मन टटोलो और उसे प्यार से समझाओ।

1. संजाल पूर्ण कीजिए:

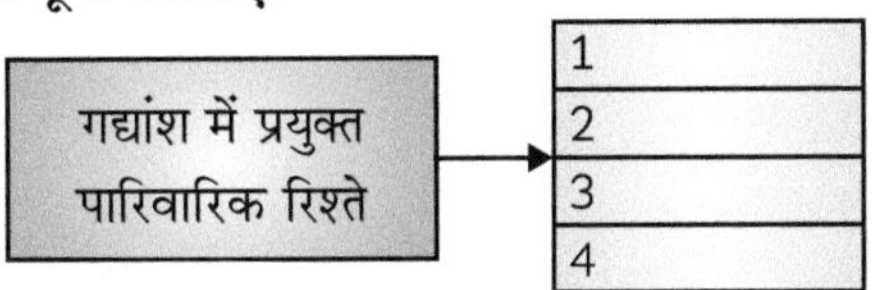

2. निम्नलिखित शब्दों के वचन बदलकर लिखिए—

   (i) समस्या   (ii) बात

   (iii) लड़का   (iv) शक्ति

3. निम्नलिखित प्रश्न के उत्तर 40 से 50 शब्दों में लिखिए।

माँ संतान की सच्ची अंतरंग सहेली होती है; इस कथन पर 40 से 50 शब्दों में अपना मत लिखिए।

(ग) निम्नलिखित प्रश्न का उत्तर 60 से 80 शब्दों में लिखिए।

(तीन में से दो)

(i) 'सुनो किशोरी' इस पाठ के आधार पर रूढ़ि परंपरा तथा मूल्यों के बारे में लेखिका के विचार स्पष्ट कीजिए।

(ii) 'आदर्श बदला' कहानी के शीर्षक की सार्थकता स्पष्ट कीजिए।

(घ) निम्नलिखित प्रश्नों के एक वाक्य में उत्तर लिखिए।

(चार में से दो)

(i) सुदर्शन ने इस लेखक की लेखन परंपरा को आगे बढ़ाया है।

(ii) कहानी विधा की विशेषता लिखिए।

(iii) 'सुनो किशोरी'—यह पाठ कौनसी शैली में लिखा गया है ?

(iv) हिंदी के कुछ आलोचकों द्वारा महादेवी वर्मा को कौनसी उपाधि दी गई ?

विभाग – 2 पद्य (अंक–20)

(क) निम्नलिखित पठित काव्यांश को पढ़कर दी गई सूचनाओं के अनुसार कृतियाँ कीजिए।

तुमने विश्वास दिया है मुझको,
मन का उच्छ्वास दिया है मुझको।
मैं इसे भूमि पर सँभालूँगा,
तुमने आकाश दिया है मुझको।

सूत्र यह तोड़ नहीं सकते हैं,
तोड़कर जोड़ नहीं सकते हैं।
व्योम में जाएँ, कहीं भी उड़ जाएँ,
भूमि को छोड़ नहीं सकते हैं।

सत्य है, राह में अँधेरा है,
रोक देने के लिए घेरा है।
काम भी और तुम करोगे क्या,
बढ़ चलो, सामने अँधेरा है।

1. कृति पूर्ण कीजिए—

(i)

कवि को प्राप्त हुए हैं जो, वे	→	1
	→	2 मन का उच्छावास
	→	3

(ii)

| सूत्र यह नहीं कर सकते | → | |
| | → | |

2. शब्द सम्पदा—निम्नलिखित शब्द के अर्थ वाले दो शब्द पद्यांश से ढूँढकर लिखिए—

(i) नभ— (1) ....(2) ....

(ii) विलोम शब्द लिखिए—

(1) विश्वास— ....

(2) सामने— ....

3. निम्नलिखित प्रश्न का उत्तर 40 से 50 शब्दों में लिखिए।

'धरती से जुड़ा रहकर ही मनुष्य अपने लक्ष्य को प्राप्त कर सकता है, इस विषय पर अपका मत प्रकट कीजिए।

(ख) निम्नलिखित पठित काव्यांश पढ़कर दी गई सूचनाओं के अनुसार कृतियाँ कीजिए:

सरसुति के भंडार की, बड़ी अपूरब बात।
ज्यौं खरचै त्यौं-त्यौं बढ़ै, बिन खरचे घटि जात॥
नैन देत बताय सब, हिय को हेत-अहेत।
जैसे निरमल आरसी, भली बुरी कहि देत॥
अपनी पहुँच बिचारि कै, करतब करिए दौर।
तेते पाँव पसारिए, जेती लाँबी सौर॥
फेर न हूवै हैं कपट सों, जो करीजै ब्यौपार।
जैसे हाँड़ी काठ की, चढ़ै न दूजी बार॥
ऊँचे बैठे ना लहैं, गुन बिन बड़पन कोइ।
बैठो देवल सिखर पर, वायस गरुड़ न होइ॥
उद्यम कबहुँ न छाँड़िए, पर आसा के मोद।
गागरि कैसे फोरिए, उनयो देखि पयोद॥

1. निम्नलिखित प्रश्नों के उत्तर लिखिए:

(i) उपर्युक्त पद्यांश में आँखों की तुलना किससे की गई ?

(ii) काम शुरू करने से पहले किस बारे में सोचना बहुत जरूरी होता है ?

(iii) सरस्वती का भंडार अपूर्व क्यों है ?

(iv) दूसरे की आशा के भरोसे क्या बंद नहीं करना चाहिए ?

2. निम्नलिखित शब्दों के लिंग पहचानकर लिखिए:

(i) सौर—   (ii) नैना—

(iii) पाँव—   (iv) काठ—

3. चादर देखकर पैर फैलाना बुद्धिमानी कहलाती है। इस विचार पर अपना मत 40 से 50 शब्दों में व्यक्त कीजिए:

(ग) रसास्वादन कीजिए। (दो में से एक)

1. बसंत और सावन ऋतु जीवन के सौंदर्य का अनुभव कराती हैं। इस कथन के आधार पर कविता का रसास्वादन कीजिए।

2. निम्नलिखित मुद्दों के आधार पर 'नवनिर्माण' कविता का रसास्वान कीजिए।

मुद्दे :

(i) रचना का शीर्षक   (ii) रचनाकार का नाम

(iii) पसंद की पंक्तियाँ   (iv) पसंद आने के कारण

(v) कविता का केन्द्रीय भाव

(घ) निम्नलिखित प्रश्नों के एक वाक्य में उत्तर लिखिए। (चार में से दो)

(i) वृंद जी की प्रमुख रचनाएँ लिखिए।

(ii) दोहा छंद की विशेषताएँ लिखिए।

(iii) नयी कविता का परिचय दीजिए।

(iv) चतुष्पदी के लक्षण लिखिए।

विभाग – 3 विशेष अध्ययन (अंक-10)

(क) ''मैं कल्पना करती हूँ कि

अर्जुन की जगह मैं हूँ

और मेरे मन में मोह उत्पन्न हो गया है

और मैं नहीं जानती कि युद्ध कौन-सा है

और मैं किसके पक्ष में हूँ

और समस्या क्या है

और लड़ाई किस बात की है

लेकिन मेरे मन में मोह उत्पन्न हो गया है

क्योंकि तुम्हारे द्वारा समझाया जाना

मुझे बहुत अच्छा लगता है

और सेनाएँ स्तब्ध खड़ी हैं

और इतिहास स्थगित हो गया है

और तुम मुझे समझा रहे हो ....

कर्म, स्वधर्म, निर्णय, दायित्व,

शब्द, शब्द, शब्द ....

मेरे लिए नितांत अर्थहीन हैं—

मैं इन सबके परे अपलक तुम्हें देख रही हूँ

हर शब्द को अँजुर बनाकर

बूँद-बूँद तुम्हें पी रही हूँ

और तुम्हारा तेज

मेरे जिस्म के एक-एक मूच्छित संवेदन को

धधका रहा है

और तुम्हारे जादू भरे होंठों से

रजनीगंधा के फूलों की तरह टप-टप शब्द झर रहे हैं

एक के बाद एक के बाद एक ....

कर्म, स्वधर्म, निर्णय, दायित्व ....

मुझ तक आते-आते सब बदल गए हैं

मुझे सुन पड़ता है केवल

राधन, राधन, राधन,

शब्द, शब्द, शब्द,

तुम्हारे शब्द अगणित हैं कनु-संख्यातीत

पर उनका अर्थ मात्र एक है—

मैं

मैं

केवल मैं !

फिर उन शब्दों से

मुझी को

इतिहास कैसे समझाओगे कनु ?

1. निम्नलिखित प्रश्न के उत्तर लिखिए।

(i) कनुप्रिया के मन में मोह क्यों उत्पन्न हो गया है?

(ii) कनुप्रिया के लिए कनु के अर्थहीन शब्द कौनसे हैं?

(iii) कनु के सभी शब्दों के कनुप्रिया के लिए केवल कौनसा अर्थ है ?

(iv) उपर्युक्त पद्यांश में शब्द किस फूलों की तरह टप-टप झर रहे हैं ?

2. समानार्थी शब्द लिखिए।

(i) समस्या

(ii) स्तब्ध

(iii) दायित्व

(iv) आँजुरी

3. निम्नलिखित प्रश्न का उत्तर 40 से 50 शब्दों में लिखिए :

'व्यक्ति को कर्म प्रधान होना चाहिए।' इस विषय पर अपने विचार लिखिए।

(ख) निम्नलिखित प्रश्न के उत्तर 80 से 100 शब्दों में लिखिए : (दो में से एक)

(i) कनुप्रिया में लेखक ने राधा के मन की व्यथा का चित्रण किस प्रकार किया है ?

(ii) कनुप्रिया के मन में कौनसा मोह उत्पन्न हो गया है और क्यों ?

विभाग – 4 व्यावहारिक हिंदी अपठित गद्यांश और पारिभाषिक शब्दावली (अंक-20)

(क) निम्नलिखित प्रश्न का उत्तर 100 से 120 शब्दों में लिखिए:

पल्लवन की प्रक्रिया पर प्रकाश डालिए।

अथवा

निम्नलिखित गद्यांश पढ़कर दी गई सूचनाओं के अनुसार कृतियाँ कीजिए।

रोचक प्रसंगों के साथ स्नेहा विद्यार्थियों को फीचर लेखन की विशेषताएँ बताने लगी, ''अच्छा फीचर नवीनतम जानकारी से परिपूर्ण होता है। किसी घटना की सत्यता अथवा तथ्यता फीचर का मुख्य तत्व है। फीचर लेखन में राष्ट्रीय स्तर के तथा अन्य महत्त्वपूर्ण विषयों का समावेश होना चाहिए क्योंकि समाचार पत्र दूर-दूर तक जाते हैं। इतना ही नहीं; फीचर का विषय समसामयिक होना चाहिए। फीचर लेखन में भावप्रधानता होनी चाहिए क्योंकि नीरस फीचर कोई नहीं पढ़ना चाहता। फीचर के विषय से संबंधित तथ्यों का आधार दिया जाना चाहिए।'' स्नेहा आगे बोलती जा रही थी, ''विश्वसनीयता के लिए फीचर में विषय की तार्किकता को देना आवश्यक होता है। तार्किकता के बिना फीचर अविश्वसनीय बन जाता है। फीचर में विषय की नवीनता का होना आवश्यक है क्योंकि उसके अभाव में फीचर अपठनीय बन जाता है। फीचर में किसी व्यक्ति अथवा घटना

विशेष का उदाहरण दिया गया हो तो उसकी संक्षिप्त जानकारी भी देनी चाहिए।''

पाठक की मानसिक योग्यता और शैक्षिक पृष्ठभूमि को ध्यान में रखकर फीचर लेखन किया जाना चाहिए। उसे प्रभावी बनाने हेतु प्रसिद्ध व्यक्तियों के कथनों, उदाहरणों, लोकोक्तियों और मुहावरों का प्रयोग फीचर में चार चाँद लगा देता है।

1. प्रश्न के उत्तर लिखिए।

(i) फीचर का मुख्य तत्त्व लिखिए।

(ii) फीचर लेखन में भाव प्रधानता क्यों होनी चाहिए ?

(iii) किस के बिना फीचर अविश्वसनीय बन जाता है ?

(iv) फीचर लेखन में किससे चार चाँद लगते है ?

2. निम्नलिखित शब्दों के विरुद्धार्थी शब्द लिखिए।

(i) नीरस   (ii) निष्पक्ष

(iii) विख्यात   (iv) क्लिष्ट

3. निम्नलिखित प्रश्न का उत्तर 40 से 50 शब्दों में लिखिए।

लता मंगेशकर का फीचर लेखन कीजिए।

(ख) निम्नलिखित प्रश्नों के उत्तर 80 से 200 शब्दों में लिखिए।

(दो में से एक)

(i) समुद्री जीवों पर शोधपूर्ण आलेख लिखिए।

(ii) 'लालच का फल' बुरा होता है, इस उक्ति का विचार पल्लवन कीजिए।

अथवा

सही विकल्प चुनकर वाक्य फिर से लिखिए।

(i) पल्लवन में सूक्ति, उक्ति, पंक्ति या काव्यांश का .... किया जाता है।

     (अ) जोड़ा   (ब) विस्तार

     (स) स्थान   (द) आलोचना

(ii) फीचर लेखक को इस रूप से अपना मत व्यक्त करना चाहिए।

     (अ) पक्षपाती   (ब) क्लिष्ट

     (स) आलोचनात्मक   (द) निष्पक्ष

(iii) शासकीय एवं राजनीतिक समारोह के सूत्र संचालन में इसका बहुत ध्यान रखना पड़ता है।

     (अ) प्रोटोकॉल   (ब) अतिथियों का

     (स) वेशभूषा   (द) प्रसंगों का

(iv) ब्लॉग लेखन से यह लाभ भी होता है।

     (अ) सामाजिक   (ब) राजकीय

     (स) आर्थिक   (द) सांस्कृतिक

(ग) निम्नलिखित अपठित परिच्छेद पढ़कर दी गई सूचनाओं के अनुसार कृतियाँ कीजिए।

आरा शहर। भादों का महीना। कृष्ण पक्ष की अँधेरी रात। ज़ोरों की बारिश। हमेशा की भाँति बिजली का गुल हो जाना। रात के गहराने और सूनेपन को और सघन भयावह बनाती बारिश की तेज़ आवाज़। अंधकार में डूबा शहर तथा अपने घर में सोए-दुबके लोग! लेकिन सचदेव बाबू की आँखों में नींद नहीं। अपने आलीशान भवन के भीतर अपने शयनकक्ष में बेहद आरामदायक बिस्तर पर लेटे थे वे। पर लेटने भर से ही तो नींद नहीं आती। नींद के लिए—जैसी निश्चिंतता और बेफिक्री की ज़रुरत होती है, वह तो उनसे कोसों दूर थी।

हालाँकि यह स्थिति सिर्फ़ सचदेव बाबू की ही नहीं थी। पूरे शहर का खौफ़ का यह कहर था। आए दिन चोरी, लूट, हत्या, बलात्कार, राहजनी और अपहरण की घटनाओं ने लोगों को बेतरह भयभीत और असुरक्षित बना दिया था। कभी रातों में गुलज़ार रहने वाला उनका यह शहर अब शाम गहराते ही शमशानी सन्नाटे में तब्दील होने लगा था। अब रातों में सड़कों और गलियों में नज़र आने वाले लोग शहर के सामान्य और संभ्रांत नागरिक नहीं, संदिग्ध लोग होते थे। कब किसके यहाँ क्या हो जाए, सब आतंकित थे। जब इस शहर में अपना यह घर बनवा रहे थे सचदेव बाबू तो बहुत प्रसन्न थे कि महानगरों में दमघोंटू, विषाक्त, अजनबीयत और छल-छद्मी वातावरण से अलग इस शांत-सहज और निश्छल-निर्दोष गँवई शहर में बस रहे हैं। लेकिन अब तो महानगर की अजनबीयत की अपेक्षा यहाँ की भयावहता ने बुरी तरह से त्रस्त और परेशान कर दिया था उन्हें। ये बरसाती रातें तो उन्हें बरबादी और तबाही का साक्षात संकेत जान पड़ती थीं। इसे दुर्योग कहें या विडंबना कि जिस बात को लेकर आदमी आशंकित बना रहता है, कभी-कभी वह बात घट भी जाती है। इस अंधेरी, तूफानी, बरसाती रात में जिस बात को लेकर डर रहे थे सचदेव बाबू उसका आभास भी अब उन्हें होने लगा था। उन्हें लगा आगंतुक की आहट होने लगी। उनकी शंका सही थी। अब दरवाजे पर थपथपाहट की आवाज़ भी आने लगी थी। सचमुच कोई आ धमका था।

1. आकृति पूर्ण कीजिए:

(i) आरा शहर में घर बनवाते समय ये बहुत प्रसन्न थे।

(ii) सचदेव बाबू की आँखों में इसका नाम नहीं था।

(iii) बरसाती रातें बरबादी और तबाही का साक्षात यह थी—

(iv) सचदेव बाबू को लगा आगंतुक की आहट होने लगी—

2. निम्नलिखित शब्दों का वचन बदलकर लिखिए:

(i) आवाज—   (ii) चोरी—

(iii) शंका—   (iv) सड़क—

3. चोरी, डकैती, राहजनी आदि की घटनाएँ इस विषय पर 40 से 50 शब्दों में अपना मत स्पष्ट कीजिए।

(घ) निम्नलिखित शब्दों की पारिभाषिक शब्दावली लिखिए।

(आठ में से चार)

(i) Census Officer   (ii) Charge Sheet

(iii) Internal   (iv) By-law

(v) Admiral   (vi) Payment

(vii) Assured   (viii) Record

(ix) Friction   (x) Graphic Table

विभाग – 5 व्याकरण (अंक-10)

(क) निम्नलिखित वाक्यों का काल परिवर्तन करके वाक्य फिर से लिखिए। **(चार में से दो)**

(i) पढ़ लिखकर नौकरी करने लगा। (पूर्ण भूतकाल)

(ii) प्रकाश उसमें समा जाता है। (सामान्य भविष्यकाल)

(iii) मैं पता लगाकर आता हूँ। (सामान्य भविष्यकाल)

(iv) यात्रा की तिथि भी आ गई। (सामान्य वर्तमानकाल)

(ख) निम्नलिखित उदाहरणों के अलंकार पहचानकर लिखिए। **(चार में से दो)**

(i) चरण-सरोज पखारन लागा।

(ii) पीपर पात सरस मन डोला।

(iii) हनुमान की पूँछ में लग न पाई आग।
लंका सगरी जल गई, गए निशाचर भाग॥

(iv) सबै सहायक सबल कै, कौऊ न निर्बल सहाय।
पवन जगावत आग ही, दीप हिं देत बुझाय॥

(ग) निम्नलिखित उदाहरणों के रस पहचानकर लिखिए।

(i) काहु न तखा सो चरित विसेरना। सो सरूप नृप कन्या देखा।
मर्कट वदन भयंकर देही। देखत हृदय क्रोध मा तेही।
जेहि दिसि बैठे नारद फूली। सो दिसि तेहि न विलोकी भूली।

पुनि पुनि मुनि उकसहि अकुलाहीं। देखि दसा हर गन मुसुकरहीं।

(ii) सुडुक-सुडुक घाव से पिल्लू निकाल रहा है,
नासिका से श्वेत पदार्थ निकल रहा है।

(iii) तू दयालु दीन हौं, तू दानि हौं भिखारि।
हौं प्रसिद्ध पातकी, तू पाप पुँज हारि॥

(iv) माला फेरत जुग गया, गया न मन का फेर।
कर का मन का डारि कैं, मन का मनका फेर॥

(घ) निम्नलिखित मुहावरों का अर्थ लिखकर वाक्य में प्रयोग कीजिए। **(चार में से दो)**

(i) जी-जान से काम करना   (ii) राह का रोड़ा बनना

(iii) धरती पर निगाह रखना   (iv) चल बसना

(ङ) निम्नलिखित वाक्य शुद्ध करके फिर से लिखिए।**(चार में से दो)**

(i) प्रेरणा और ताकद बनकर परसपर विकास में सहभागी बनें।

(ii) चलते-चलते हमारे बीच का अंतर कम हो गया था।

(iii) समय का साथ उपयोगी हो गये।

(iv) साधु तानसेन की दया में छोड़ दिए गए।

🅐 Answer Key

विभाग – 1 गद्य

(क)

1.

(i) पाप के चार हथियार ये हैं—

| उपेक्षा |

| निंदा |

| हत्या |

| श्रद्धा |

(ii) ''जॉर्ज बर्नार्ड शॉ कहते हैं कि—लोग उनकी बातों को दिल्लगी समझकर उड़ा देते हैं। लोग उनकी उपेक्षा करते हैं और उनकी बातों पर गौर नहीं करते।''

2. (i) महत्ता – परिणाम   (ii) सत्य – वास्तविक

(iii) दिल्लगी – ठिठोली   (iv) अध्ययन – अवलोकन

3. समाज में हो रहे पाप, अन्याय, अत्याचार को मिटाने के लिए अनेक महान् समाज सुधारक हुए है। प्रत्येक युग में समाज सुधारक इन विडंबनाओं पर प्रहार करते हैं। समाज पाप, अत्याचार, भ्रष्टाचार अन्याय का जब शिकार होता हैं, तब समाज सुधारक इसे दूर करने का प्रयत्न जी-जान लगाकर करते हैं। परन्तु उन्हें समाज का या जिस पर अन्याय हुआ है उसका सहकार्य ही मिल नहीं पाता। पीड़ित समाज या व्यक्ति डर के कारण सहकार्य नहीं देते। तब समाज सुधारक के प्रतन हो जाता है।

समाज सुधारकों के कार्यों में अनेक विघ्न आते हैं, कभी-कभी उनकी जान भी खतरे में पड़ जाती है। समाज में एकता नहीं होती है, कुछ लोग अच्छाइयों का विरोध करने वाले होते हैं। कुछ लोगों के मतानुसार किसी के अन्याय, अत्याचार का उन पर कोई दुष्परिणाम नहीं होता तो, समाज सुधारकों का उपदेश उनके लिए कोई मायने नहीं रखता। वे अपने दैनिक कार्य करते रहते हैं। कुछ लोग या समाज में एक वर्ग ऐसा होता है जो समाज सुधारकों के विरुद्ध अन्याय, भ्रष्टाचार करने वालों का समर्थन कर उन्हें भड़काते हैं।

ऐसे अनेक कारण है, जिस वजह से समाज-सुधारक समाज में व्याप्त बुराइयों को पूर्णत: समाप्त करने में विफल रहे हैं।

(ख)

1. संजाल पूर्ण कीजिए :   2

गद्यांश में प्रयुक्त पारिवारिक रिश्ते →

| 1 माँ |
| 2 भाभी |
| 3 बड़ी बहन |
| 4 अपनी बेटी (सुगंधो) |

2. (i) समस्या–समस्याएँ   (ii) बात–बातें

(iii) लड़का–लड़के   (iv) शक्ति–शक्तियाँ

3. बेटी की प्रेरणा, उसकी माँ होती है। माँ का सानिध्य जहाँ बेटी को प्यार और सही मार्गदर्शन देता है, वहीं माँ ही बेटी की सच्ची व प्यारी

सहेली होती है। माँ एक ऐसी सहेली जो हमेशा सही मार्गदर्शन देती है। बेटी की प्रेरणा उसकी माँ होती है। माँ का सानिध्य प्यार और सही मार्गदर्शन ही बेटी को सफलता के विभिन्न सोपानों पर चढ़ने में मददगार होती है।

माँ ही दुनिया में अपनी बेटी की सबसे विश्वास्त और करीबी दोस्त होती है। वह बेटी की कमियों को जानती है और उन्हें दूर करने का प्रयास करती है।

(ग)

(i) 'सुनो किशोरी' इस पाठ में लेखिका ने परंपरा और रूढ़ि के संदर्भ में यह बात स्पष्ट की है कि रीति-नीति रूढ़ी समय के साथ अपना अर्थ खो चुकी हैं। परंपरा समय के साथ अनुपयोगी हो गए, मूल्यों को छोड़ती है और उपयोगी मूल्यों को जोड़ती, निरंतर बहती धारा परंपरा है। वर्तमान प्रगतिशील समाज को पीछे ले जाने वाली समाज की कोई भी रीति-नीति रूढ़ि है।

रूढ़ि स्थिर होती है और परंपरा एक निरंतर बहता निर्मल प्रवाह है, जो हर सड़ी-गली रूढ़ि को किनारे फेंकता है और हर, भीतरी-बाहरी, देशी-विदेशी उपयोगी मूल्य को अपने में समेटता चलता है।

लेखिका के मतानुसार टूटे मूल्यों को भरकस जोड़कर खड़ा करने से कोई लाभ नहीं है, क्योंकि आज नहीं तो कल उसका जर्जर मूल्य नष्ट ही हो जाएगा। पश्चिमी मूल्य हमारे योग्य नहीं होते हैं। वे जैसे— की तैसे हम ग्रहण नहीं कर सकते। अगर हम ग्रहण भी करेंगे तो वह दुष्परिणाम ही दिखाएंगे। वह हमारे अनुकूल और योग्य नहीं है।

(ii) महादेवी वर्मा जी ने 'निराला भाई' इस संस्मरण में निराला जी के चारित्रिक विशेषताओं का वर्णन किया है। निराला जी में मानवीय गुण कूट-कूट कर भरे हुए थे। वे मानवता के सच्चे पुजारी थे। उनका खुद का जीवन सदा अस्त-व्यस्त रहा है। खुद निर्धनता में जीवन बिताया परन्तु दूसरों को आर्थिक मदद करने के लिए वे सदा तत्पर रहते थे। उन्होंने जीवनभर संघर्ष किया है। उनमें उदारता और आत्मीयता के दर्शन होते हैं।

'अतिथि देवो भव' इस संस्कार को लेकर चलने वाले थे निराला जी। अतिथि के स्वागत में कोई कसर नहीं छोड़ते थे। अतिथि के लिए खुद भोजन बनाते थे, खुद बर्तन माँजते थे। खुद कष्ट उठाकर उदार भाव से उपयोग की वस्तुएँ भी जरूरतमंदों को दे देते थे। उनमें आत्मीयता के दर्शन तब होते हैं, जब उनके साहित्यकार साथी सुमित्रानंदन पंत जी के स्वर्गवास की झूठी खबर सुनकर वे व्याकुल हो उठे थे। पूरी रात वे सो नहीं पाए थे।

निराला जी की अपरिग्रही वृत्ति के कारण उन्हें मधुकरी माँगकर खाने की नौबत आ गयी थी। पुरस्कार में मिला धन भी वे जरूरतमंदों को दे देते थे। वे अन्याय सहन नहीं करते थे। इसका विरोध करते हुए उन्होंने लेख-लिखे हैं। साहित्य-साधना

के विशिष्ट साधक और लेखिका के स्नेही भाई निराला जी उदारता के महाप्राण थे। इस प्रकार उनमें अनेक गुण एक साथ विद्यमान थे।

(iii) 'आदर्श बदला' इस प्रस्तुत कहानी में लेखक ने 'बदला' इस शब्द को अलग ढंग से प्रस्तुत किया है। इस 'बदला' का अर्थ अच्छाई से सामने वाले को परिवर्तित करना है।

बैजू बावरा ने बाबा हरिदास से बारह वर्षों तक संगीत की शिक्षा पूरी ली। संगीत की हर प्रकार की बारीकियाँ सीखकर पूर्ण गंधर्व के रूप में तैयार हुआ।

अपने पिता को मृत्युदंड देने के पश्चात् बैजू विक्षिप्त हो गया था। उनके मन में बदला लेने की भूख थी। वह अपनी कुटिया में विलाप कर रहा था। तब बाबा हरिदास ने कुटिया में आकर उसका ढाँढस बँधाया। बाबा हरिदास ने बैजू का उस वक्त वचन दिया था कि वे उसे हथियार देंगे, जिससे वह अपने पिता की मौत का बदला ले सकता है। परन्तु संगीत की शिक्षा देते समय यह वचन भी ले लिया था कि 'वह राग-विद्या या संगीत से किसी को हानि नहीं पहुँचाएगा।'

कुछ समय के पश्चात् जब बैजू आगरा की सड़कों पर गाता हुआ जा रहा था, तब वहाँ गाने के नियम के अनुसार उसे बादशाह के समक्ष पेश किया जाता है। शर्त के अनुसार तानसेन और बैजू बावरा के बीच संगीत प्रतियोगिता होती है। प्रतियोगिता में तानसेन बुरी तरह पराजित हो जाता है। तब तानसेन बैजू बावरा से अपने ज्ञान की भीख माँगता, उसके पैरों पर गिर जाता है। जब बैजू अपने पिता के मृत्यु का बदला लेने के लिए उसे प्राणदंड दिलवा सकता था।

परन्तु बैजू बावरा ने बदला नहीं लिया उसकी जान बख्श दी। उसने कहा कि जो निष्ठुर नियम बनवाया है उस नियम को मिटा दिया जाये। जिसके अनुसार आगरा की सीमाओं में किसी को गाने और तानसेन की जोड़ का न होने पर मृत्युदंड दिया जाना था। इस प्रकार बैजू बाबरा ने तानसेन का गर्व नष्ट कर दिया। अनोखा बदला लेकर पराजित कर दिया था। यह एक आदर्श बदला था। इसलिए 'आदर्श बदला' यह शीर्षक इस कहानी के लिए उपयुक्त है।

(घ)

(i) सुदर्शन ने मुंशी प्रेमचंद की लेखन परंपरा को आगे बढ़ाया है।

(ii) कहानी विधा में जीवन में किसी एक अंश अथवा प्रसंग का वर्णन मिलता है। कहानियाँ अपने प्रारंभिक काल से ही सामाजिक बोध को व्यक्त करती हैं।

(iii) 'सुनो किशोरी'—यह पाठ पत्र शैली में लिखा गया है निबंध है।

(iv) हिंदी के कुछ आलोचकों द्वारा महादेवी वर्मा को 'आधुनिक मीरा' की उपाधि दी गई।

विभाग – 2 पद्य

(अ)

1. (i)

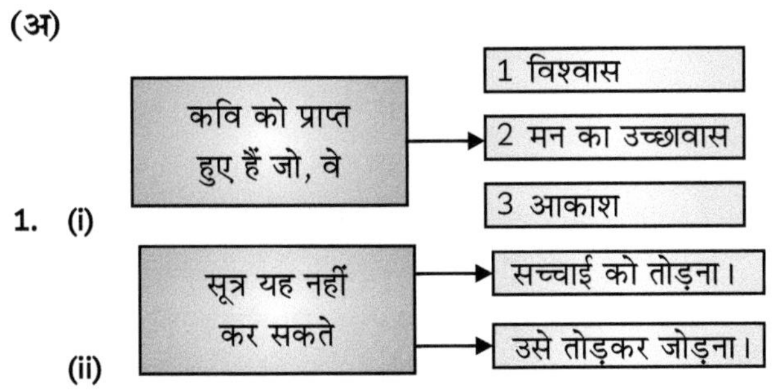

(ii)

2. (i) नभ– (1) – आकाश (2) – व्योम

 (ii) (1) अविश्वास (2) पीछे

3. लक्ष्य का अर्थ है निर्धारित उद्देश्य, जिसे प्राप्त करने के लिए गम्भीरतापूर्वक नजर रखी जाए और उसे अर्जित करने के लिए यथासंभव प्रयास किया जाए। हर व्यक्ति का अपने-अपने ढंग से लक्ष्य निर्धारण करने और उसे अर्जित करने का अपना तरीका होता है। ऐसे लक्ष्य क्षमता की कमी और अपर्याप्त साधन के अभाव में कभी पूरे नहीं हो पाते। जो व्यक्ति अपनी क्षमता और अपने पास उपलब्ध साधनों के अनुसार लक्ष्य का निर्धारण और उसकी पूर्ति के लिए तन-मन-धन से प्रयास करता है, वह व्यक्ति अपने लक्ष्य को प्राप्त करने में अवश्य सफल होता है। ऐसे दूरदर्शी व्यक्ति जमीन से जुड़े हुए होते हैं।

(ख)

1. (i) उपर्युक्त पद्यांश में आँखों की तुलना आईने से की गई है।

 (ii) काम शुरू करने से पहले अपनी क्षमता के बारे में सोचना बहुत जरूरी होता है।

 (iii) सरस्वती के भंडार में से जैसे खर्च किया जाता है वैसे ही उसमें वृद्धि होती रहती है; इसलिए सरस्वती के भंडार अपूर्व है ऐसा कहा जाता है।

 (iv) दूसरों की आशा के भरोसे कोशिश करना बंद नहीं करना चाहिए।

2. (i) सौर–स्त्रीलिंग (ii) नैना–स्त्रीलिंग

 (iii) पाँव–पुल्लिंग (iv) काठ–पुल्लिंग

3. जितना आपके पास है, उसी का ही उपयोग करके अपनी आवश्यकताओं को पूरा करना और उसी में समाधान मानना चाहिए। उसी को चादर देखकर पैर फैलाना कहलाते हैं। और इस प्रकार जीवन जीना ही बुद्धिमानी कहलाती है। इस प्रकार या इस नियम से जीवन जीने वाले चाहे व्यक्ति हो या कोई कम्पनी उनका कार्य सुचारू रूप से चलता रहता है। अपनी क्षमता के साथ विचार करके ही जीवनयापन करने में ही बुद्धिमानी है, नहीं तो भविष्य में आर्थिक संकट का सामना करना पड़ता है।

अर्थात् हमारी शक्ति का अंदाज लगाकर ही हमें खर्चे करने हैं। अपनी क्षमता से ज्यादा या पहुँच के बाहर का काम नहीं करना चाहिए। इससे जीवन आसानी से कट जाता है। भविष्य सुरक्षित रहता है। इसलिए चादर देखकर पैर फैलाना बुद्धिमानी है।

(ग)

1. 'सुन रे सखिया' इस लोकगीत में कवि ने बसंत और वर्षा ऋतु के साथ सावन महीने का मनोहारी चित्रण किया है। बसंत ऋतु के आगमन पर प्रकृति में हर तरफ फूल महकने लगते हैं, सरसों के फूलने से सारी धरती हरियाली की चादर ओढ़कर खिल उठती है। सरसों का सरसना, अलसी का आलसाना और कलियों का मुस्काना यह प्रकृति की सुंदरता देखकर सभी पशु-पक्षियों और मानव का तन-मन प्रसन्न हो जाता है। चारों तरफ हरियाली छाई रहती है। इन ऋतु के आगमन से खेत वन बाग-बगीचे सब हरे-भरे हो जाते हैं। रंग-बिरंगे फूलों को देखकर इंद्रधनुष के विविध रंगों की याद आती है। भौंरों के दल प्रसन्नता के साथ फूलों पर मँडराते हैं।

प्रकृति का यह सौंदर्य देखकर कंठ से मीठे गीत अपने-आप बाहर आ जाते हैं, आँखें मुस्कुराने लगती हैं। प्रकृति की यह बहार देखकर यौवन भी अँगड़ाइयाँ लेने लगता है। तन मन झूम उठते हैं।

उसी के साथ सावन आने पर भी बादल घिरकर गरजने लगते हैं, बिजली चमकने लगती है। मेघ तो मानों प्यार बरसाकर हृदय का तार-तार रँग रहे हो, ऐसे रिमझिम-रिमझिम करके बरसते रहते हैं। मोर-पपीहा की बोली हृदय को प्रफुल्लित करते रहते हैं। तन-मन गुलाब की तरह खिल उठता है। जुगनू भी जगमगाहट के साथ डोलकर सबका मन लुभाते हैं। डालियाँ महक उठती हैं, बेली और लताएँ प्रफुल्लित हो जाती हैं। सभी सरोवर और सरिताएँ उमड़कर बहती रहती हैं। सभी ओर हरियाली छाई है, इस प्रकार धरती अँगड़ाई लेकर पुन: तरोताजा बन जाती है।

2. (i) **रचना का शीर्षक**–नव निर्माण।

 (ii) **रचनाकार का नाम**–त्रिलोचन जी।

 (iii) **पसंद की पंक्तियाँ**–'तुमने विश्वास दिया है मुझको
मन का उच्छवास दिया है मुझको।
मैं इसे भूमि पर सँभलूँगा,
तुमने आकाश दिया है मुझको।'

 (iv) **पसंद आने के कारण**–प्रस्तुत पंक्तियों में कवि कहते हैं, तुमने मुझे जो विश्वास दिया है, जो प्रेरणा दी है, वह बहुत ही महत्त्वपूर्ण है। इसे देकर तुमने मुझे असीम संसार दे दिया है। पर मैं इन्हें इस तरह सँभालकर अपने पास रखूँगा कि मैं आकाश में न हूँ और मेरे पाँव हमेशा जमीन पर रहें। अर्थात् कवि का कहना है कि उन्हें अपनी मर्यादा का हमेशा ध्यान रहे। मनुष्य जीवन में किसी का विश्वास प्राप्त करना किसी से प्रोत्साहन पाना बड़ा महत्त्वपूर्ण होता है, इसी के आधार पर मनुष्य बड़े-बड़े काम करता है। इसलिए उपर्युक्त पंक्तियाँ पसंद हैं।

 (v) **कविता का केन्द्रीय भाव**–प्रस्तुत कविता में आशावाद को स्वीकारने की प्रेरणा दी है। मनुष्य को हमेशा अपनी मर्यादा का ध्यान रखना चाहिए। साथ ही कविता में अत्याचार, विषमता तथा निर्बलता पर विजय प्राप्त करने के लिए संघर्ष करने का आवाहन किया गया है। साथ ही समाज में मानवता, समानता और स्वतंत्रता की स्थापना मानवीय जीवन मूल्यों को अपनाते हुए करनी चाहिए, इस बात को स्पष्ट किया है। स्त्री-पुरुष समानता को दर्शाया है।

(घ)

(i) वृंद जी की प्रमुख रचनाएँ इस प्रकार हैं : वृंद सतसई, समेत शिखर छंद, भाव पंचाशिका, पवन पचीसी, हितोपदेश, यमक सतसई आदि।

(ii) (1) लोकगीतों में गेयता तत्व प्रमुख होता है।

   (2) दोहा अर्द्ध सम मात्रिक छंद है। इसके चार चरण होते हैं। दोहे के प्रथम और तृतीय (विषम) चरण में 13-13 मात्राएँ होती है तथा द्वितीय और चतुर्थ (सम) चरणों में 11-11 मात्राएँ होती हैं। दोहे के प्रत्येक चरण के अंत में लघु वर्ण आता है।

(iii) नयी कविता में नए प्रतीकों, उपमानों और प्रतिमानों को ढूँढ़ा गया। नयी कविता आज के मनुष्य के व्यस्त जीवन का दर्पण और आस-पास की सच्चाई की तस्वीर बनकर उभरी है।

(iv) चतुष्पदी चौपाई की भाँति चार चरणों वाला छंद होता है। इसके प्रथम, द्वितीय तथा चतुर्थ चरण में पंक्तियों के तुक मिलते हैं। तीसरे चरण का तुक नहीं मिलता। प्रत्येक चतुष्पदी भाव और विचार की दृष्टि से अपने आप में पूर्ण होती है और कोई चतुष्पदी किसी दूसरी से संबंधित नहीं होती।

विभाग – 3 विशेष अध्ययन

(क)

1. (i) कनुप्रिया के मन में मोह उत्पन्न हो गया है, क्योंकि वह अपने आपको अर्जुन की जगह होने की कल्पना करती है और कनु के द्वारा समझाया जाना उसे बहुत अच्छा लगता है।

   (ii) कनुप्रिया के लिए कनु के अर्थहीन शब्द हैं–कर्म, स्वधर्म, निर्णय और दायित्व।

   (iii) कनु के सभी शब्दों के कनुप्रिया के लिए केवल एक ही अर्थ यह है–मैं.........मैं.........मैं।

   (iv) उपर्युक्त पद्यांश में शब्द रजनीगंधा के फूलों की तरह टप-टप झर रहे हैं।

2. (i) समस्या–कठिनाई   (ii) स्तब्ध–सुन्न, स्थिर

   (iii) दायित्व–जिम्मेदारी   (iv) अँजुरी–करसंपुट, चुल्लू

3. क्षेत्र चाहे जो भी हो, कार्य महत्त्वपूर्ण होता है। बिना मेहनत के बिना कार्य के उद्देश्य या ध्येय पूर्ण नहीं होता। अपने कर्म के आधार पर ही महानता सिद्ध होती है। वैज्ञानिक, उद्योगपति, बड़े अधिकारी अपने कार्यों के बल पर ही महान कहलाते हैं। कर्म करने पर ही फल की उम्मीद की जाती है। हाथ-पर-हाथ रखकर भाग्य के भरोसे बैठने पर कोई भी कार्य पूरा नहीं होता। भाग्य भी संचित कर्मों का फल ही होता है। इस कारण निष्क्रिय नहीं बैठना चाहिए।

कर्म व्यक्ति को सफलता के मार्ग पर ले जाते हैं। व्यक्ति की चाह जो भी हो, उस क्षेत्र में उसे कड़ी मेहनत करनी चाहिए। आत्मविश्वास और प्रयत्न के जोड़ के साथ किया हुआ कर्म सफलता की ओर ले जाता है। बिना मेहनत व्यक्ति जीवन में कुछ नहीं कर सकता। जैसे–नदी अपना प्रवाहित होने का कार्य करती रहती है। यदि उसने प्रवाहित होने का कर्म छोड़ दिया तो वह, उसका पानी उपयोगी सिद्ध नहीं होगा। रुकना खत्म होने का नाम है। कर्म करते रहना व्यक्ति का धर्म है। विद्यार्थियों को अच्छे अंक प्राप्त करने के लिए कड़ी मेहनत और सूक्ष्मता से अध्ययन करना चाहिए। उसी प्रकार व्यक्ति को अपने ध्येय पूर्ति के लिए कर्म करना चाहिए। कर्म प्रधान होने से व्यक्ति का भविष्य भी सुरक्षित रहता है। इस प्रकार व्यक्ति को कर्म प्रधान होना जरूरी है।

(ख) (i) डॉ. धर्मवीर भारती की महाभारत युद्ध की पृष्ठभूमि में लिखी 'कनुप्रिया आधुनिक मूल्यों का काव्य है। राधा को लगता है कि प्रेम को त्यागकर युद्ध का अवलंब करना निरर्थक बात है। राधा के मानसिक संघर्ष का वर्णन यहाँ पर किया है।

प्रस्तुत काव्य में कई प्रसंग बहुत सुंदर ढंग से चित्रित किए गए हैं।

राधा कहती है, इतिहास की बदलती हुई करवट ने कृष्ण को युद्ध का महानायक बना दिया है। राधा के अनुसार इसमें उसके प्रेम की बातें बतायी गयी है। राधा को उसके प्रेम को सेतु बनाकर ही वे युद्धक्षेत्र में पहुँचे हैं। अवचेतन मन में बैठी राधा चेतन स्थित राधा से कहती है कि–,वह आम्र की डाल जिसका सहारा लेकर कृष्ण बंसी बजाते थे, वह डालें, अब काट दी जाएँगी, क्योंकि वहाँ कृष्ण के सेनापतियों के रथों की ध्वजाओं में अटकती हैं।' चारों दिशाओं से उत्तर को उड़-उड़ कर जाते हुए, गिद्धों को क्या तुम बुलाते हो। इन पंक्तियों में राधा के मन की व्यथा स्पष्ट होती है।

राधा कहती हैं कि, हे कनु तुम्हारे साथ जो तन्मयता के क्षण मैंने जीये हैं, उसको तुम कोमल कल्पना या भावावेश मान लो या तुम्हारी दृष्टि से तन्मयता के गहरे क्षणों को व्यक्त करने वाले शब्द निरर्थक परंतु आकर्षक शब्द हैं और युद्ध का होना इस युग का जीवित सत्य था, जिसके नायक कनु थे और राधा कनु के इस नायकत्व से परिचित नहीं थीं। राधा ने तो सिर्फ कनु से स्नेहासिक्त ज्ञान ही पाया है। राधा को कृष्ण के कर्म, स्वधर्म, निर्णय, दायित्व, यह शब्द समझ में नहीं आते हैं। उसे तो केवल 'राधन्-राधन्' और 'मैं; मैं' ही शब्द सुनायी देते हैं। राधा को तो केवल तन्मयता के गहरे क्षण जो उसने कनु के साथ जिये हैं, वही सार्थक लगते हैं। इस प्रकार यहाँ राधा के मन की व्यथा का सुंदर चित्रण किया है।

(ii) कनुप्रिया अर्थात् राधा कहती है कर्म, स्वधर्म, निर्णय और दायित्व जैसे शब्द वह समझ नहीं पाती है, अर्जुन ने इन शब्दों में कुछ प्राप्त किया हो, परन्तु राधा ने कुछ भी नहीं प्राप्त किया है। कनुप्रिया कनु के उन होठों की कल्पना करती है, जिन होठों से उसने प्रणय के शब्द पहली बार कहे होंगे।

कनुप्रिया कल्पना करती है, कि अर्जुन की जगह वह है, और उसे कुछ भी पता नहीं है, युद्ध कौन-सा है, वह किसके पक्ष में है, समस्या क्या है और लड़ाई किस बात की है, यह सारी बातें कनुप्रिया अर्जुन की जगह स्वयं को पाकर कनु से इन सारी बातों को समझना चाहती है। कनु उसे यह बातें समझाए, इसलिए अर्जुन की जगह वह स्वयं है, कल्पना करती हैं, उसी

का उसे मोह उत्पन्न हो गया है। इसका कारण यह है कि कनुप्रिया को कनु के द्वारा समझाना बहुत अच्छा लगता है। जब कनु उसे समझा रहे होते हैं, तब कनुप्रिया को ऐसे लगता है कि, सेनाएँ स्तब्ध खड़ी रह गई हैं और इतिहास की गति रूक गई और कनु उसे समझा रहे हों।

कनुप्रिया कहती हैं कि कनु के प्रत्येक शब्द को वह अँजुरी बनाकर बूँद-बूँद उसे पी रही है। कनु का तेज उसका व्यक्तित्व

जैसे उसके शरीर के एक-एक मूर्छित संवेदन को दहका रहा है ऐसे लगता है, जैसे कनु के जादू भरे होठों से शब्द रजनीगंधा की फूलों की तरह एक के बाद एक झर रहे हैं।

इस प्रकार स्वयं को अर्जुन की जगह रखने का मोह कनुप्रिया के मन में उत्पन्न हो गया है और उसके द्वारा समझाना उसे बहुत ही अच्छा लगता है।

विभाग – 4 व्यावहारिक हिंदी अपठित गद्यांश और पारिभाषिक शब्दावली

(क) किसी भाव विस्तार अथवा सुगठित विचार को 'पल्लवन' कहते हैं। पल्लवन बीज से वृक्ष, बिंदु से वृत्त, कली से फूल तथा लौ से आलोक-परिधि बना देने की सहज प्रक्रिया है।

(i) सर्वप्रथम विषय के वाक्य, काव्यांश या कहावत को ध्यानपूर्वक पढ़ा जाता है। उसका भाव समझना जरूरी है। उस पर ध्यान केन्द्रित करना आवश्यक है। पूरा अर्थ स्पष्ट होने पर एक बार पुन: विचार करना जरूरी होता है।

(ii) पल्लवन प्रक्रिया आरंभ करने से पहले मूल अर्थ तथा गौर भावों को विचारों को समझना आवश्यक है, इसके बाद विषय की संक्षिप्त रूपरेखा बनायी जाती है। उसके पक्ष-विपक्ष में सूक्ष्मता से सोचा जाता है। विपक्षी तर्कों को काटने के लिए तर्कसंगत विचार करना आवश्यक है। उसमें से कोई भी सूक्ष्म विचार अथवा उसका भाव उसमें आना जरूरी है। असंगत विचारों को निकालकर वहाँ तर्कसंगत विचारों को संयोजित करके अनुच्छेद बनाना आवश्यक हैं।

(iii) शब्दों को ध्यान में रखकर शब्द सीमा अनुसार स्पष्ट सरल भाषा में पल्लवन किया जाता है। पल्लवन के लिखित रूप को पुन: ध्यानपूर्वक पढ़ना आवश्यक है। पल्लवन लेखन में परोक्ष कथन, भूतकालिक क्रिया के माध्यम से सदैव अन्य पुरुष में लिखा जाता है। उत्तम तथा मध्यम पुरुष का प्रयोग पल्लवन में नहीं होना चाहिए। पल्लवन में लेखक के मनोभावों का ही विस्तार और विश्लेषण किया जाता है।

इस प्रकार अनुभूति अथवा चिंतन के द्वारा ही सम्यक अर्थ-बोध होता है, उसका मर्म समझता है और गागर में सागर का रहस्य समझने लगता है।

अथवा

1. (i) किसी घटना की सत्यता अथवा तथ्यता फीचर का मुख्य तत्व है।

(ii) फीचर लेखन में भाव प्रधानता होनी चाहिए क्योंकि नीरस फीचर कोई नहीं पढ़ना चाहता।

(iii) तार्किकता बिना फीचर अविश्वसनीय बन जाता है।

(iv) फीचर को प्रभावी बनाने हेतु प्रसिद्ध व्यक्तियों के कथनों, उदाहरणों लोकोक्तियों और मुहावरों का प्रयोग से फीचर लेखन में चार चाँद लगते हैं।

2. (i) नीरस—सरस   (ii) निष्पक्ष—पक्षपाती

(iii) विख्यात—कुख्यात   (iv) क्लिष्ट—सरल

3. 'भारतरत्न' प्राप्त लता मंगेशकर एक अप्रतिम गायिका हैं। उनकी आवाज़ में जो माधुर्य हैं, वह कहीं भी नहीं। उनके गीतों में माधुर्य एवम् कर्णप्रियता का समावेश होता है। उन्होंने अपने कैरियर में बीस से भी अधिक भाषाओं में तीस हजार से भी अधिक गाने गाए हैं।

लताजी का जन्म 28 सितंबर, 1929 के इंदौर के मराठी परिवार में पंडित दीनदयाल मंगेशकर के घर में हुआ। संगीत लताजी को विरासत में मिला। उनको पिताजी रंगमंच के कलाकार और गायक भी थे। लता मंगेशकर जी ने अपनी संगीत यात्रा का प्रारंभ मराठी फिल्मों से किया था। लता जी ने उस्ताद अमानत अली खान से क्लासिकल संगीत सीखना शुरू किया। साथ ही बड़े गुलाम अली खान, पंडित तुलसीदास शर्मा तथा उस्ताद अमानत खान देवसलले से संगीत की शिक्षा ग्रहण की।

लता मंगेशकर जी को पद्मभूषण, पद्मविभूषण, दादासाहेब फालके अॅवार्ड, महाराष्ट्र भूषण अॅवार्ड, भारतरत्न, बंगाल फिल्म पत्रकार संगठन अवॉर्ड तीन बार राष्ट्रीय फिल्म अवॉर्ड ऐसे अनेक अवॉर्ड भारतीय संगीत में महत्त्वपूर्ण योगदान देने के लिए प्राप्त हुए हैं।

(ख)

(i) समुद्रों की विशाल व्याप्ती पृथ्वी के तीन चौथाई हिस्से पर व्याप्त हैं। समुद्री जीवों की विचित्र दुनिया है। समुद्र में ऐसे अनेक जीव भी हैं, जिनके बारे में हमें पता भी नहीं। समुद्र में खतरनाक विषैले जीवों के साथ छोटे-बड़े, रंग-बिरंगे और प्रकाश उत्पन्न करने वाले असंख्य जीव हैं।

समुद्र में विविध प्रकार की रंग बिरंगी मछलियाँ पाई जाती हैं। साथ शंख-सीपियाँ, सी हार्स, लायन-फिश, डाल्फिन, शील, केंकड़े, कछुए समुद्र में पाये जाते हैं।

समुद्र में कुल मछलियाँ ऐसी भी हैं, जो उड़ सकती हैं। ये मछलियाँ पानी की सहायता से ऊपर तेज गति से उड़ती हैं—यह मछलियाँ आकार में छोटी होती हैं। तो कुछ मछलियाँ तीक्ष्ण दाँतों वाली भी होती हैं, जिनका नाम पॉफर होता है। यह विचित्र मछलियाँ सामान्य मछलियों की तरह लंबी होती हैं और छूने पर यह गोल आकार धारण कर लेती हैं।

समुद्र में प्रकाश उत्पन्न करने वाले जीवों का विशाल संसार है। प्रकाश उत्पन्न करने वाले जीव कभी अपने शिकार के लिए तो कभी अपनी आत्मरक्षा के लिए प्रकाश उत्पन्न करते हैं। जीव वैज्ञानिक इनके संदर्भ में खोज कार्य कर रहे हैं। समुद्र के संसार में पाया जाने वाला एक अद्भुत जीव है— व्हेल। यह समुद्र का सबसे बड़ा जीव है। इसकी लंबाई 25 मीटर और वजन 150 से 180 टन होता है। विशाल खतरनाक जीवों में शॉर्क मछली भी मशहूर है। अन्य समुद्री जीव इससे दूरी बनाकर चलते हैं, यह इतनी खतरनाक हैं।

विषैली मछलियों में जेली फिश यह पारदर्शी होती है और इसके शरीर से लटकने वाले रेशे बहुत विषैले होते हैं।

इस प्रकार विशाल समुद्र की तरह इसमें समुद्री जीव भी असंख्य और अनगिनत और विशाल हैं।

(ii) ऐसा कहा जाता है कि, लालच बुरी बला (आदत) है। अगर हम ईमानदारी से बिना किसी फल की अपेक्षा किए कोई कार्य करें, तो उसका फल हमें जरूर मिलता है। हमारे पास जो कुछ है, उसमें हमें संतोष पाकर अपना कर्म करना चाहिए लालच का फल सदैव बुरा होता है। कुछ प्राप्त करने के लिए हमें कड़ी मेहनत करनी पड़ती है। बिना मेहनत का मिला अंत तक टिकता भी नहीं है। अपनी मेहनत से हमें जो कुछ मिलता है उसका आनंद, सुख बहुत बड़ा होता है।

परंतु बिना मेहनत ज्यादा प्राप्त करने की लालसा रखने से व्यक्ति का नुकसान होता है। लालच बहुत बुरी चीज है, यह कभी-कभी मनुष्य को इतना नीचे गिराती है, कि व्यक्ति मानवता को भूल जाता है।

यदि जीवन में हमें सफलता प्राप्त करनी है, तो एक अच्छे इन्सान बनना होगा। दूसरों के बारे में सोचना होगा। लालची व्यक्ति, लालच करता है, वह कामयाबी से कोसों दूर रहता है। क्योंकि लालच का दुष्परिणाम एक न एक दिन जरूर सामने आ जाता है।

रिश्तों में किया हुआ लालच परिवार वालों, दोस्तों सभी के नजरों में गिर जाता है। सभी का भरोसा टूट जाता है। फिर कभी उसकी सहायता के लिए भी कोई खड़ा नहीं होता। इस कारण लालच नहीं करना चाहिए। लालच को त्यागना चाहिए। जो भी कार्य करना है, वह ईमानदारी और निस्वार्थ रूप से करना चाहिए।

अथवा

(i) पल्लवन में सूक्ति, उक्ति, पंक्ति या काव्यांश का विस्तार किया जाता है।

(ii) फीचर लेखक को निष्पक्ष रूप से अपना मत व्यक्त करना चाहिए।

(iii) शासकीय एवं राजनीतिक समारोह के सूत्र संचालन में इसका प्रोटोकॉल का बहुत ध्यान रखना पड़ता है।

(iv) ब्लॉग लेखन से आर्थिक लाभ भी होता है।

(ग)

1. (i) सचदेव बाबू   **(ii)** नींद का

   (iii) संकेत   **(iv)** आहट

2. (i) आवाज—आवाजें   **(ii)** चोरी—चोरियाँ

   (iii) शंका—शंकाएँ   **(iv)** सड़क—सड़कें

3. आजकल चोरी, डकैती, राहजनी ऐसी घटनाएँ हर रोज अखबारों में पढ़ते को मिलती हैं। कुछ गुंडों ने बाइक पर आकर राह चलते महिला के गले से चैन खींचकर भाग गये या ताला तोड़कर चोर घर में घुसे और सोना पैसे लूट के ले गये आदि समाचार हम रोज पढ़ते हैं। परन्तु कभी ऐसी घटना को सामने घटते देखकर हम किसी की मदद करने के बजाय आगे ही बढ़ते रहते हैं। पुलिस और सरकार को दोष देकर हम अपना दैनिक कार्य करते रहते हैं।

परन्तु इन सारी बातों में हमें अगर सुधार लाना है तो हाथ-पर हाथ धरकर बैठे रहने के बजाय हमें कुछ करना चाहिए। आज जो हुआ है। कल वह हमारे साथ भी हो सकता है, इसलिए हमें लोगों की मदद करके या सुव्यवस्थापन करके ऐसी घटनाओं के खिलाफ आवाज उठाना चाहिए। या ऐसी घटना ही न घटे इस तरफ ध्यान देना जरूरी है।

(घ) (i) जनगणना अधिकारी   **(ii)** आरोप पत्र

   (iii) आंतरिक   **(iv)** उपविधि

   (v) नौसेनाध्यक्ष   **(vi)** भुगतान

   (vii) बीमित   **(viii)** अभिलेख

   (ix) घर्षण   **(x)** आरेखन तालिका

विभाग – 5 व्याकरण

(क) (i) पढ़ लिखकर नौकरी करने लगा था।

   (ii) प्रकाश उसमें समा जाता था।

   (iii) मैं पता लगाकर आऊँगा।

   (iv) यात्रा की तिथि भी आ जाती है।

(ख) (i) रूपक अलंकार   **(ii)** उपमा अलंकार

   (iii) अतिशयोक्ति अलंकार   **(iv)** दृष्टांत अलंकार।

(ग) (i) हास्य रस   **(ii)** वीभत्स रस

   (iii) भक्तिरस   **(iv)** शांत रस

(घ) (i) **जी-जान से काम करना**—पूरी क्षमता से काम करना।

   वाक्य—मजदूर मकान बनाने के लिए जी-जान से काम करते हैं।

(ii) **राह का रोड़ा बनना**—उन्नति में बाधक बनना।

   वाक्य—बुरे दोस्त अध्ययन करते समय राह का रोड़ा बनते हैं, तब उनसे दूर रहना ही अच्छा है।

(iii) **धरती पर निगाह रखना**—वास्तविकता से जुड़े रहना।

   वाक्य—हमें सदैव धरती पर निगाह रखकर ही अपना कार्य करना चाहिए।

(iv) **चल बसना**—मृत्यु होना।

   वाक्य—रामू की बूढ़ी माँ वृद्धावस्था में चल बसी।

(ङ) (i) प्रेरणा और ताकत बनकर परस्पर विकास में सहभागी बनें।

   (ii) हमारे बीच का अंतर चलते-चलते कम हो गया था।

   (iii) समय के साथ उपयोगी हो गए।

   (iv) साधु तानसेन की दया पर छोड़ दिए गए।

📖 Questions

(क) निम्नलिखित पठित परिच्छेद पढ़कर दी गई सूचनाओं के अनुसार कृतियाँ कीजिए।

प्रभात का समय था, आसमान से बरसती हुई प्रकाश की किरणें संसार पर नवीन जीवन की वर्षा कर रही थीं। बारह घंटों के लगातार संग्राम के बाद प्रकाश ने अँधेरे पर विजय पाई थी। इस खुशी में फूल झूम रहे थे, पक्षी मीठे गीत गा रहे थे, पेड़ों की शाखाएँ खेलती थीं और पत्ते तालियाँ बजाते थे। चारों तरफ खुशियाँ झूमती थीं। चारों तरफ गीत गूँजते थे। इतने में साधुओं की एक मंडली शहर के अंदर दाखिल हुई। उनका खयाल था—मन बड़ा चंचल है। अगर इसे काम न हो, तो इधर-उधर भटकने लगता है और अपने स्वामी को विनाश की खाई में गिराकर नष्ट कर डालता है। इसे भक्ति की जंजीरों से जकड़ देना चाहिए। साधु गाते थे—

सुमर-सुमर भगवान को,
मूरख मत खाली छोड़ इस मन को।

जब संसार को त्याग चुके थे, उन्हें सुर-ताल की क्या परवाह थी। कोई ऊँचे स्वर में गाता था, कोई मुँह में गुनगुनाता था। और लोग क्या कहते हैं, इन्हें इसकी जरा भी चिंता न थी। ये अपने राग में मगन थे कि सिपाहियों ने आकर घेर लिया और हथकड़ियाँ लगाकर अकबर बादशाह के दरबार को ले चले।

यह वह समय था जब भारत में अकबर की तूती बोलती थी और उसके मशहूर रागी तानसेन ने यह कानून बनवा दिया था कि जो आदमी रागविद्या में उसकी बराबरी न कर सके, वह आगरे की सीमा में गीत न गाए और जो गाए, उसे मौत की सजा दी जाए। बेचारे बनवासी साधुओं को पता नहीं था परंतु अज्ञान भी अपराध है। मुकदमा दरबार में पेश हुआ। तानसेन ने रागविद्या के कुछ प्रश्न किए। साधु उत्तर में मुँह ताकने लगे। अकबर के होंठ हिले और सभी साधु तानसेन की दया पर छोड़ दिए गए।

दया निर्बल थी, वह इतना भार सहन न कर सकी। मृत्युदंड की आज्ञा हुई। केवल एक दस वर्ष का बच्चा छोड़ा गया—बच्चा है, इसका दोष नहीं। यदि है भी तो क्षमा के योग्य है।

1. संजाल पूर्ण कीजिए।

2. निम्नलिखित शब्दों के लिंग बदलकर लिखिए।

(i) आदमी — ....   (ii) राग — ....
(iii) पत्ते — ....   (iv) स्वामी — ....

3. निम्नलिखित प्रश्न का उत्तर 40 से 50 शब्दों में लिखिए:

"साधु-संतों को रागविद्या की जानकारी न होने के कारण मौत की सजा दिया जाना कितना उचित है।" इस विषय पर अपना मत स्पष्ट कीजिए।

(ख) निम्नलिखित पठित परिच्छेद पढ़कर दी गई सूचनाओं के अनुसार कृतियाँ कीजिए:

सुनो सुगंधा ! तुम्हारा पत्र पाकर खुशी हुई। तुमने दोतरफा अधिकार की बात उठाई है, वह पसंद आई। बेशक, जहाँ जिस बात से तुम्हारी असहमति हो; वहाँ तुम्हें अपनी बात मुझे समझाने का पूरा अधिकार है। मुझे खुशी ही होगी तुम्हारे इस अधिकार प्रयोग पर। इससे राह खुलेगी और खुलती ही जाएगी। जहाँ कहीं कुछ रुकती दिखाई देगी; वहाँ भी परस्पर आदान-प्रदान से राह निकाल ली जाएगी। अपनी-अपनी बात कहने-सुनने में बंधन या संकोच कैसा ?

मैंने तो अधिकार की बात यों पूछी थी कि मैं उस बेटी की माँ हूँ जो जीवन में ऊँचा उठने के लिए बड़े ऊँचे सपने देखा करती है; आकाश में अपने छोटे-छोटे डैनों को चौड़े फैलाकर।

धरती से बहुत ऊँचाई में फैले इन डैनों को यथार्थ से दूर समझकर भी मैं काटना नहीं चाहती। केवल उनकी डोर मजबूत करना चाहती हूँ कि अपनी किसी ऊँची उड़ान में वे लड़खड़ा न जाएँ। इसलिए कहना चाहती हूँ कि 'उड़ो बेटी, उड़ो पर धरती पर निगाह रखकर।' कहीं ऐसा न हो कि धरती से जुड़ी डोर कट जाए और किसी अनजाने-अवांछित स्थल पर गिरकर डैने क्षत-विक्षत हो जाएँ। ऐसा नहीं होगा क्योंकि तुम एक समझदार लड़की हो। फिर भी सावधानी तो अपेक्षित है ही।

यह सावधानी का ही संकेत है कि निगाह धरती पर रखकर उड़ान भरी जाए। उस धरती पर जो तुम्हारा आधार है—उसमें तुम्हारे परिवेश का, तुम्हारे संस्कार का, तुम्हारी सांस्कृतिक परंपरा का, तुम्हारी सामर्थ्य का भी आधार जुड़ा होना चाहिए। हमें पुरानी-जर्जर रूढ़ियों को तोड़ना है, अच्छी परंपराओं को नहीं।

परंपरा और रूढ़ि का अर्थ समझती हो न तुम ? नहीं ! तो इस अंतर को समझने के लिए अपने सांस्कृतिक आधार से संबंधित साहित्य अपने कॉलेज पुस्तकालय से खोजकर लाना उसे जरूर पढ़ना। यह आधार एक भारतीय लड़की के नाते तुम्हारे व्यक्तित्व का अटूट हिस्सा है, इसलिए।

बदले वक्त के साथ बदलते समय के नये मूल्यों को भी पहचानकर हमें अपनाना है पर यहाँ 'पहचान' शब्द को रेखांकित करो। बिना समझे, बिना पहचाने कुछ भी नया अपनाने से लाभ के बजाय हानि उठानी पड़ सकती है।

1. निम्नलिखित प्रश्न के उत्तर लिखिए ।

(i) लेखिका को खुशी कब हुई ?

(ii) हमें पुरानी रूढ़ियों को क्यों तोड़ना है ?

(iii) लेखिका किस बेटी की माँ है?

(iv) लेखिका अपनी बेटी के ऊँचाई में फैले डैनों की डोर मजबूत क्यों करना चाहती हैं?

2. शब्द युग्म को पूर्ण कीजिए:

(i) पुरानी   (ii) क्षत

(iii) कहने   (iv) आदान

3. निम्नलिखित प्रश्न का उत्तर 40 से 50 शब्दों में लिखिए।

"पश्चिमी सभ्यता का अंधानुकरण समाज के लिए हानिप्रद है" इस विषय पर अपना विचार स्पष्ट कीजिए।

(ग) निम्नलिखित प्रश्न का उत्तर 60 से 80 शब्दों में लिखिए।

(तीन में से दो)

(i) 'पाप के चार हथियार' निबंध का उद्देश्य स्पष्ट कीजिए।

(ii) क्लोरो फ्लोरो कार्बन (सी.एफ.सी.) नामक यौगिक की खोज प्रशीतन के क्षेत्र में क्रांतिकारी उपलब्धि रही, स्पष्ट कीजिए।

(iii) पाप के चार पथियार पाठ का संदेश लिखिए।

(घ) निम्नलिखित प्रश्नों के एक वाक्य में उत्तर लिखिए।

(चार में से दो)

(i) कहानी विद्या की विशेषताएँ बताइए।

(ii) सुगंधा का पत्र पाकर लेखिका को खुशी हुयी।

(iii) कन्हैयालाल मिश्र 'प्रभाकर' जी के निबंध संग्रह के नाम बताइए।

(iv) आशारानी व्होरा की प्रमुख साहित्यिक कृतियाँ लिखिए।

विभाग – 2 पद्य (अंक-20)

(क) निम्नलिखित पठित काव्यांश को पढ़कर दी गई सूचनाओं के अनुसार कृतियाँ कीजिए:

नानक गुरु न चेतनी मनि आपणे सुचेत।

छूते तिल बुआड़ जिऊ सुएं अंदर खेत॥

खेते अंदर छुट्टया कहु नानक सऊ नाह।

फली अहि फूली अहि बपुड़े भी तन विच स्वाह॥१॥

जलि मोह घसि मसि करि,

मति कागद करि सारु,

भाइ कलम करि चितु, लेखारि,

गुरु पुछि लिखु बीचारि,

लिखु नाम सालाह लिखु,

लिखु अंत न पारावार॥२॥

मर रे अहिनिसि हरि गुण सारि।

जिन खिनु पलु नामु न बिसरे ते जन विरले संसारि।

जोति-जोति मिलाइये, सुरती-सुरती संजोगु।

हिंसा हउमें गतु गए नाहीं सहसा सोगु।

गुरु मुख जिसु हार मनि बसे तिसु मेले गुरु संजोग॥३॥

1. संजाल पूर्ण कीजिए।

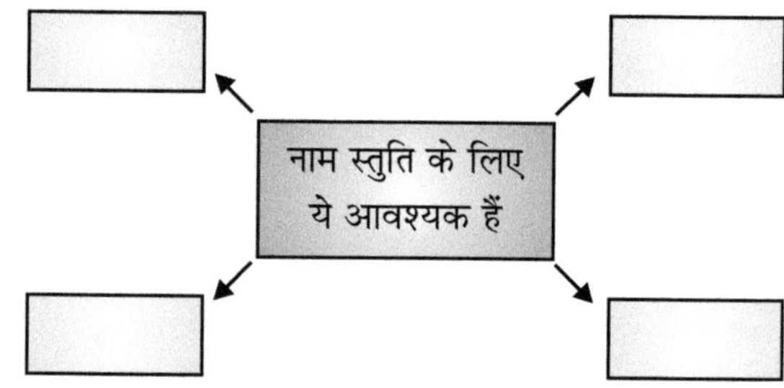

2. निम्नलिखित शब्दों के समानार्थी शब्द लिखिए:

(i) मति   (ii) सुचेत

(iii) लेखारि   (iv) सरू

3. निम्नलिखित प्रश्न का उत्तर 40 से 50 शब्दों में लिखिए:

'गुरु बिन ज्ञान न होइ' इस उक्ति पर अपना मत स्पष्ट कीजिए।

(ख) निम्नलिखित पठित काव्यांश पढ़कर दी गई सूचनाओं के अनुसार कृतियाँ कीजिए:

जब भी पानी किसी के सर से गुजर जाएगा।

तब वह सीने में नई आग ही लगाएगा।

××   ××

आँखों में बहुत बाढ़ है, शेष सब कुशल।

जीवन नहीं अषाढ़ है, फिर शेष सब कुशल।

××   ××

सड़क ने जब मेरे पैरों की उँगलियाँ देखीं;

कड़कती धूप में सीने पे बिजलियाँ देखीं।

साँस हमारी हमें पराये धन-सी लगती है,

साहूकार के घर गिरवी कंगन-सी लगती है।

किसी का सर खुला है तो किसी के पाँव बाहर हैं,

जरा ढंग से तू अपनी चादरों को बुन मेरे मालिक।

वह जो मजदूर मरा है, वह निरक्षर था मगर,

अपने भीतर वह रोज, इक किताब लिखता था।

1. निम्नलिखित प्रश्नों के उत्तर लिखिए:

(i) पानी सर से गुजर जाने का अर्थ क्या है?

(ii) आँखों से आँसू बाढ़ की तरह क्यों बहते रहते हैं?

(iii) मजदूर रोज क्या लिखता था?

(iv) कवि को अपनी साँस कैसी लगती है?

2. निम्नलिखित शब्दों के वचन बदलकर लिखिए:

(i) नदी—   (ii) उँगलियाँ—

(iii) किताब—   (iv) आँखों—

3. निम्नलिखित प्रश्न का उत्तर 40 से 50 शब्दों में लिखिए। (2)

'आकाश के तारे तोड़ लाना'—इस मुहावरे को अपने शब्दों में स्पष्ट कीजिए।

(ग) रसास्वादन कीजिए।   (दो में से एक)

(i) 'गुरु निष्ठा और भक्तिभाव से ही मानव श्रेष्ठ बनता है। इस कथन के आधार पर कविता का रसास्वादन कीजिए।'

(ii) निम्नलिखित मुद्दों के आधार पर 'पेड़ होने का अर्थ' कविता का रसास्वादन कीजिए।

मुद्दे—

(1) रचना का शीर्षक   (2) रचनाकार

(3) पसंद की पंक्तियाँ   (4) पसंद आने का कारण

(5) कविता की केन्द्रीय कल्पना   (6) प्रतीक विधान

(घ) निम्नलिखित प्रश्नों के एक वाक्य में उत्तर लिखिए।

(चार में से दो)

(i) चतुष्पदी के लक्षण लिखिए।

(ii) व्यापार में दूसरी बार छल-कपट करना असम्भव होता है।

(iii) गुरु नानक की रचनाओं के नाम लिखिए।

(iv) दोहा छंद की विशेषता लिखिए।

विभाग – 3 विशेष अध्ययन (अंक-10)

(क) निम्नलिखित पद्यांश को पढ़कर दी गई सूचनाओं के अनुसार कृतियाँ कीजिए:

दुख क्यों करती है पगली
क्या हुआ जो
कनु के ये वर्तमान अपने,
तेरे उन तन्मय क्षणों की कथा से
अनभिज्ञ हैं
उदास क्यों होती है नासमझ
कि इस भीड़-भाड़ में
तू और तेरा प्यार नितांत अपरिचित
छूट गए हैं,
गर्व कर बावरी !
कौन है जिसके महान प्रिय की
अठारह अक्षौहिणी सेनाएँ हों ?

एक प्रश्न

अच्छा, मेरे महान कनु,
मान लो कि क्षण भर को
मैं यह स्वीकार लूँ
कि मेरे ये सारे तन्मयता के गहरे क्षण
सिर्फ भावावेश थे,
सुकोमल कल्पनाएँ थीं
रँगे हुए, अर्थहीन, आकर्षक शब्द थे—

मान लो कि
क्षण भर को
मैं यह स्वीकार लूँ
कि
पाप-पुण्य, धर्माधर्म, न्याय-दंड
क्षमा-शीलवाला यह तुम्हारा युद्ध सत्य है।

1. निम्नलिखित प्रश्न के उत्तर लिखिए:

(i) कनुप्रिया को गर्व क्यों करना चाहिए ?

(ii) कनुप्रिया को उदास क्यों नहीं होना चाहिए ?

(iii) कृति पूर्ण कीजिए।

कनुप्रिया की तन्मयता के गहरे क्षण सिर्फ ....

2. निम्नलिखित शब्दों के समानार्थी शब्द लिखिए—

(i) तन्मयता (ii) सुकोमल

(iii) नितांत (iv) अनभिज्ञ

3. निम्नलिखित प्रश्न का उत्तर 40 से 50 शब्दों में लिखिए:

प्राचीनकाल एवम् आधुनिक काल की सेनाओं के बारे में अपना मत स्पष्ट कीजिए।

(ख) निम्नलिखित प्रश्न के उत्तर 80 से 100 शब्दों में लिखिए:

(दो में से एक)

(i) राधा की दृष्टि से जीवन की सार्थकता बताइए।

(ii) 'मेरा यह सेतु-रूपी शरीर काँपता हुआ निर्जन और निरर्थक रह गया है।'—इसे 'कनुप्रिया' के आधार पर स्पष्ट कीजिए।

विभाग – 4 व्यावहारिक हिंदी अपठित गद्यांश और पारिभाषिक शब्दावली (अंक-20)

(क) निम्नलिखित प्रश्न का उत्तर 100 से 120 शब्दों में लिखिए:

फीचर लेखक को निष्पक्ष रूप से अपना मत व्यक्त करना चाहिए जिससे पाठक उसके विचारों से सहमत हो सके। इसके लेखन में शब्दों के चयन का अत्यंत महत्व है। अत: लेखन की भाषा सहज, संप्रेषणीयता से पूर्ण होनी चाहिए। फीचर के विषयानुकूल चित्रों, कार्टूनों अथवा फोटो का उपयोग किया जाए तो फीचर अधिक परिणामकारक बनता है।''

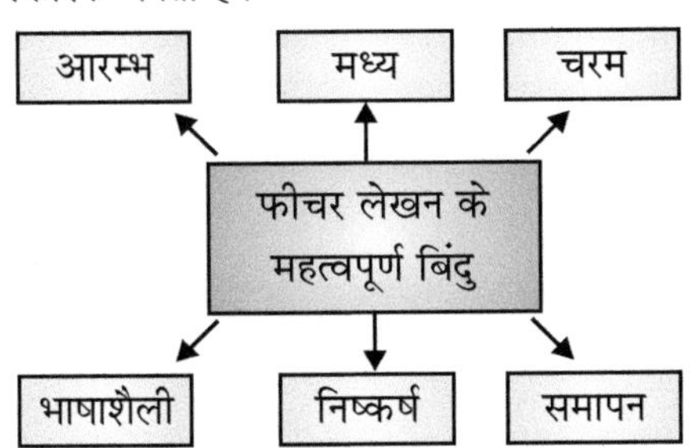

स्नेहा अपनी रौ में बोलती जा रही थी तभी एक विद्यार्थी ने अपना हाथ ऊपर उठाते हुए कहा, ''मैडम, आपने बहुत ही सुन्दर तरीके से फीचर लेखन की विशेषताओं पर प्रकाश डाला है।''

''अच्छा! तो आप लोगों को अब पता चला। आपका और कोई प्रश्न है ?'' स्नेहा ने उसे आश्वस्त करते हुए पूछा।

''मैडम! मेरा प्रश्न यह है कि फीचर किन-किन विषयों पर लिखा जाता है और फीचर के कितने प्रकार हैं ?'' ''बहुत अच्छा, देखिए फीचर किसी विशेष घटना, व्यक्ति, जीव-जन्तु, तीज-त्यौहार, दिन, स्थान, प्रकृति-परिवेश से सम्बन्धित व्यक्तिगत अनुभूतियों पर आधारित आलेख होता है। इस आलेख को कल्पनाशीलता, सृजनात्मक कौशल के साथ मनोरंजक और आकर्षक शैली में प्रस्तुत किया जाता है।

1. संजाल पूर्ण कीजिए—

तालिका पूर्ण कीजिए—

फीचर के प्रकार

1
2
3
4

2. उचित मिलान कीजिए—

1.	चुनाव	आकर्षक
2.	निश्चिन्त	सुन्दर
3.	लुभावना	चयन
4.	खूबसूरत	आश्वस्त

3. निम्नलिखित प्रश्न का उत्तर 40 से 50 शब्दों में लिखिए।

'बिना विचारे जो करे वो पाछे पछताए' इस उक्ति पर 40-50 शब्दों में अपने विचार प्रकट कीजिए।

(ख) निम्नलिखित प्रश्नो का उत्तर 80 से 200 शब्दों में लिखिए।

(दो में से एक)

(i) अपने शहर की विशेषताओं पर ब्लॉग लेखन कीजिए।

(ii) 'मन के हारे हार है, मन के जीते जीत' इस पंक्ति का भाव पल्लवन कीजिए।

अथवा

सही विकल्प चुनकर वाक्य फिर से लिखिए।

(i) भगवान की सर्वश्रेष्ठ उपासना के रूप में इसे प्रतिष्ठित किया गया है :

(अ) विश्व प्रेम   (ब) सच्ची अभिव्यक्ति

(स) भावना   (द) निष्ठा

(ii) विषय का औचित्यपूर्ण—फीचर की आत्मा हैं।

(अ) गुण   (ब) नाम

(स) शीर्षक   (द) कल्पना

(iii) ब्लॉग लेखन में सामाजिक स्वास्थ का विचार हो जो .... न हों।

(अ) समाज उपयोगी   (ब) समाज विघातक

(स) समाजशील   (द) समाज युक्त

(iv) पृथ्वी के .... हिस्से पर समुद्रों की विशाल जल राशि व्याप्त हैं।

(अ) एक द्वितीयांश   (ब) एक चतुर्थांश

(स) एक चौथाई   (द) तीन चौथाई

(ग) निम्नलिखित अपठित परिच्छेद पढ़कर दी गई सूचनाओं के अनुसार कृतियाँ कीजिए।

''हम रसायनों के युग में रह रहे हैं। हमारे पर्यावरण की सारी वस्तुएँ और हम सब, रासायनिक यौगिकों के बने हुए हैं। हवा,मिट्टी, पानी, खाना, वनस्पति और जीव-जंतु ये सब अजूबे जीवन की रासायनिक सच्चाई ने पैदा किए हैं। प्रकृति में सैकड़ों-हजारों रासायनिक पदार्थ हैं। रसायन न होते तो धरती पर जीवन भी नहीं होता। पानी, जो जीवन के आधार है, हाइड्रोजन और ऑक्सीजन से बना एक रासायनिक यौगिक है। मधुर-मीठी चीनी, कार्बन, हाइड्रोजन और ऑक्सीजन से बनी है। कोयला और तेल, बीमारियों से मुक्ति दिलाने वाली औषधियाँ, एंटीबायोटिक्स, एस्प्रीन और पेनिसिलीन, अनाज साब्जियाँ फल और मेवे-सभी तो रसायन हैं।

जीवन जोखिम से भरा है, गुफामानव ने जब भी आग जलाई, उसने जल जाने का खतरा उठाया। जीवन-यापन के आधुनिक तरीकों के कुछ खतरों को कम किया है, पर कुछ खतरे अनेक गुना बढ़ गए हैं। ये खतरे नुकसान और शारीरिक चोट के रूप में हैं। हम सभी अपने दैनिक जीवन में जोखिम उठाते हैं। जैसे जब हम सड़क पार करते हैं, स्टोव जलाते हैं, कार में बैठते हैं, खेलते हैं, पालतू जानवरों को दुलारते हैं, घरेलू काम-काज करते हैं या केवल पेड़ के नीचे बैठे होते हैं, तो हम जोखिम उठा रहे होते हैं। इन जोखिमों में से कुछ तात्कालिक हैं, जैसे जलने का, गिरने का या अपने ऊपर कुछ गिर जाने का खतरा। कुछ खतरे ऐसे हैं जिनमे प्रभाव लंबे समय के बाद सामने आते हैं जैसे लंबे समय तक शोर-गुल वाले पर्यावरण में रहने वाले व्यक्तियों की श्रवणशक्ति कम हो सकती है।

क्या रसायन भी जोखिम उत्पन्न करते हैं ? स्पष्ट है कि कुछ अवश्य करते हैं। उनमें से अनेक बहुत अधिक जहरीले हैं, कुछ प्रचंड विस्फोट करते हैं और कुछ अन्य अचानक आग पकड़ लेते हैं, ये रसायनों के कुछ तात्कालिक 'उग्र' खतरे हैं। रसायनों में कुछ दीर्घकालीन खतरे भी होते हैं, क्योंकि कुछ रसायनों के संपर्क में अधिक समय तक रहने पर, चाहे उन रसायनों का स्तर लेशमात्र ही क्यों न हो, शरीर में बीमारियाँ पैदा हो सकती हैं।''

1. आकृति पूर्ण कीजिए :

2. परिच्छेद में प्रयुक्त शब्द-युग्म ढूँढकर लिखिए।

(i) जीव—   **(ii)** सैकड़ों—

(iii) काम—   **(iv)** मधुर—

3. निम्नलिखित प्रश्न का उत्तर 40 से 50 शब्दों में लिखिए।

'ध्वनि प्रदूषण' इस विषय पर अपने विचार लिखिए।

(घ) निम्नलिखित शब्दों की पारिभाषिक शब्दावली लिखिए।

(आठ में से चार)

(i) Ambassador   (ii) Custodian

(iii) Interpreter   (iv) Amendment

(v) Deduction   (vi) Warning

(vii) Balance Sheet   (viii) Optic Fibre

विभाग – 5 व्याकरण (अंक-10)

(क) निम्नलिखित वाक्यों का काल परिवर्तन करके वाक्य फिर से लिखिए। **(चार में से दो)**

(i) मौसी कुछ नहीं बोल रही थी। (अपूर्ण वर्तमानकाल)

(ii) सुधारक आते हैं। (पूर्ण भूतकाल)

(iii) गर्ग साहब ने अपने वचन का पालन किया। (सामान्य भविष्यकाल)

(iv) ट्रस्ट के सचिव ने मुझे एक लिफाफा दिया। (अपूर्ण भूतकाल)

(ख) निम्नलिखित उदाहरणों के अलंकार पहचानकर लिखिए। **(चार में से दो)**

(i) ऊँची-नीची सड़क, बुढ़िया के कूबड़-सी।
नंदनवन-सी फूल उठी, छोटी-सी कुटिया मेरी।

(ii) पायो जी मैंने राम रतन धन पायो।

(iii) जान पड़ता है नेत्र देख बड़े-बड़े।
हीरकों में गोल नीलम हैं जड़े॥

(iv) करत-करत अभ्यास के, जड़ मति होत सुजान।
रसरी आवत जात है, सिल पर पड़त निसान॥

(ग) निम्नलिखित उदाहरणों के रस पहचानकर लिखिए। **(चार में से दो)**

(i) श्रीकृष्ण के वचन सुन, अर्जुन क्रोध से जलने लगें।
सब शोक अपना भूलकर, करतल युगल मलने लगे।

(ii) कहत, नटत, रीझत, खिझत, मिलत, खिलत, लजियात।
भरे भौन में करत हैं, नैननु ही सौं बात॥

(iii) समदरसी है नाम तिहारो, सोई पार करो,
एक नदिया इक नार कहावत, मैलो नीर भरो,
एक लोहा पूजा में राखत, एक घर बधिक परो,
सो दुविधा पारस नहीं जानत, कंचन करत खरो।

(iv) बिनु-पग चलै, सुनै बिनु काना।
कर बिनु कर्म करै, विधि नाना।
आनन रहित सकल रस भोगी।
बिनु वाणी वक्ता, बड़ जोगी॥

(घ) निम्नलिखित मुहावरों का अर्थ लिखकर वाक्य में प्रयोग कीजिए। **(चार में से दो)**

(i) लहू सूखना

(ii) ढाँचा डगमगा उठना

(iii) फलीभूत होना

(iv) हाहाकार मचना

(ङ) निम्नलिखित वाक्य शुद्ध करके फिर से लिखिए। **(चार में से दो)**

(i) अतिथि आए हैं, घर में सामाने नहीं है।

(ii) उसमें फुलों बिछा दें।

(iii) कहाँ खौं गई है आप।

(iv) बैजू हाथ बाँधकर खड़े हो गया।

🅰 Answer Key

विभाग – 1 गद्य

(क)

1.

फूल झूम रहे थे	पक्षी मीठे गीत गा रहे थे

आगरा शहर का प्रभात कालीन वातावरण

पेड़ों की शाखाएँ खेलती थी	पत्ते तालियाँ बजाते थे

2. (i) आदमी – औरत (ii) राग – रागिनी

(iii) पत्ते – पत्तियाँ (iv) स्वामी – स्वामिनी

3. साधु-संत किसी से सुने भजन-कीर्तन अपने-अपने तरीके से गाते हैं। ईश्वर की आराधना में लीन रहने वाले ये लोग दुनिया से विरक्त होते हैं। उन्हें संगीत का, राग-विद्याछंद का समुचित या विशिष्ट ज्ञान नहीं होता है। वे सिर्फ ईश्वर की आराधना में लीन रहने वाले लोग होते हैं। वे भजन ईश्वर की आराधना के लिए गाते हैं, जिससे उन्हें आत्म-संतुष्टि मिलती है।

आगरा शहर में अकबर के मशहूर रागी तानसेन ने यह नियम बनवा दिया था कि, जो आदमी राग-विद्या में तानसेन की बराबरी न कर सकें, वह आगरा की सीमा में गीत न गाए। अगर ऐसा आदमी आगरा की सीमा में गीत गाए, तो उसे मौत की सजा दी जाए। एक दिन आगरा शहर में बिना सुर-ताल की परवाह किए हुए, बादशाह के कानून से अनभिज्ञ ये साधु गीत गाते जा रहे थे। तब उन्हें इस जुर्म में पकड़कर ले जाया गया कि वे आगरा की सीमा में गाते हुए जा रहे थे। और तानसेन के नियम के अनुसार उन्हें मौत की सजा दे दी गई। साधुओं को मौत की सजा देना उनके साथ घोर अन्याय है। तानसेन जैसे रागी को, कलाकार को दूसरों की कला का सच्चा आदर करना चाहिए न कि ऐसे नियम बनवाकर साधु संतों को दंड दे। सच्चा कलाकार वही है, जो दूसरों की कला को सम्मान दें। उन्हें मौत की सजा देना अनुचित है।

(ख)

1. (i) सुगंधा का पत्र पाकर लेखिका को खुशी हुई।

(ii) हमें पुरानी रूढ़ियों को इसलिए तोड़ना है, क्योंकि उन रूढ़ि-परंपरा का पालन करके समाज पिछड़ रहा है, वह समय के साथ अनुपयोगी हो गई हैं। उन्हें छोड़ देना ही बेहतर है।

(iii) लेखिका उस बेटी की माँ है, जो जीवन में ऊँचा उठने के लिए बड़े ऊँचे सपने देखा करती है, आकाश में अपने छोटे डैनों को चौड़े फैलाकर।

(iv) लेखिका अपनी बेटी के ऊँचाई में फैले डैनों की डोर मजबूत करना चाहती है, क्योंकि अपनी किसी उड़ान में वे लड़खड़ा न जाएँ।

2. (i) जर्जर   (ii) विक्षत

   (iii) सुनने   (iv) प्रदान

3. आधुनिकता के नाम पर भारतीय अपनी संस्कृति को भूलते जा रहे हैं। पश्चिमी सभ्यता उन्हें अच्छी लगने लगी है। कपड़े पहनने का तरीका हो या बोलचाल, खान-पान का, लोग पश्चिम सभ्यता को अपनाने में अपनी शान समझने लगे हैं। यह भी नहीं सोचते कि यह सभ्यता या उनके ढंग हमारे देश, समाज के अनुकूल है या नहीं। पश्चिमी सभ्यता का अनुकरण करके लोग पछताने लगे हैं। इस कारण समाज में अराजकता निर्माण हो गयी है। पश्चिमी सभ्यता को अपनाते हुए आज घरों में दोनों को नौकरी करनी पड़ रही है। इस कारण घर के बड़े और बच्चों की तरफ ध्यान देना कठिन हो रहा है। परिणामस्वरूप बच्चों के लिए 'डे केअर सेंटर' और बूढ़ों के लिए 'वृद्धाश्रम' की संख्या बढ़ती जा रही है।

भारतीय सभ्यता संस्कृति और परंपराओं को अपनाना बहुत जरूरी हो गया है। पश्चिमी लोगों का अनुकरण हमारे लिए हानिकारक सिद्ध हो रहा है।

(ग) (i) लेखक, कन्हैयालाल मिश्र जी 'पाप के चार हथियार' इस पाठ में वास्तविक सामाजिक समस्या की ओर हमारा ध्यान आकर्षित किया है। संसार में चारों ओर अन्याय, अत्याचार, भ्रष्टाचार और पाप व्याप्त है। इनसे मुक्ति दिलाने के लिए अनेक समाज-सुधारकों, समाज सेवकों और महापुरुषों ने, संत-महात्माओं ने प्रयास किए हैं। प्रयास करते समय समाज का कुछ वर्ग उनके साथ होता है, और कुछ वर्ण उनकी उपेक्षा, निंदा करता है। उनको समाज का अन्याय, अत्याचार रोकने के लिए सहकार्य नहीं मिल पाता। उनकी अवहेलना होती है।

कभी-कभी समाज सुधारकों को अपनी जान गँवानी पड़ती हैं। उनकी मृत्यु के पश्चात् भी लोग उनके विचारों को नहीं अपनाते बल्कि उनका स्मारक, मंदिर बनाकर उनको पूजते हैं। पूजने की उपेक्षा लोग अगर समाज सुधारकों को सुधारना करने में सहकार्य करें तो समाज में अच्छा परिवर्तन जरूर आयेगा। उनके विचारों को अपनाकर उन विचारों पर चलना चाहिए। तभी समाज अन्याय, अत्याचार, पाप, भ्रष्टाचार से मुक्ति प्राप्त कर सकेगा। यही 'पाप के चार हथियार' इस निबंध का उद्देश्य है।

(ii) सन् 1930 से पहले प्रशीतन के लिए अमोनिया और सल्फर डाइऑक्साइड गैसों का प्रयोग किया जाता था, परन्तु इसके प्रयोग में व्यावहारिक कठिनाइयों के साथ अत्यंत तीक्ष्ण होने के कारण मानव स्वास्थ्य के लिए हानिकारक थीं। इससे मुक्ति पाने के लिए वैज्ञानिकों को एक अरसे से उचित विकल्प की तलाश थी। तीस के दशक में थॉमस मिडले द्वारा क्लोरो फ्लोरो कार्बन (सी.एफ.सी.) नामक यौगिक की खोज प्रशीतन के क्षेत्र में एक क्रांतिकारी उपलब्धि रही।

यह रसायन सर्वोत्तम प्रशीतक हो सकते है क्योंकि ये रंगहीन, गंधहीन, अक्रियाशील होने के साथ अज्वलनशील भी थे। इसी कारण यह आदर्श प्रशीतक माने गए। सी.एफ.सी. यौगिकों का उत्पादन बड़ी मात्रा में होने लगा रेफ्रिजरेटर, एयरकंडिशनर, दवाएँ, प्रसाधन सामग्री आदि में इसका प्रयोग होने लगा। और प्रशीतन प्रौद्योगिकी में एक क्रांति-सी आ गयी।

(iii) 'पाप के चार हथियार' पाठ में लेखक कन्हैयालाल मिश्र 'प्रभाकर' ने एक ज्वलंत समस्या की ओर ध्यान आकर्षित किया है। संसार में चारों ओर पाप, अन्याय और अत्याचार व्याप्त है, फिर भी कोई संत, महात्मा, अवतार, पैगंबर या सुधारक इससे मुक्ति का मार्ग बताता है, तो लोग उसकी बातों पर ध्यान नहीं देते और उसकी अवहेलना करते हैं। उसकी निंदा करते हैं। इतना ही नहीं, इस प्रकार के कई सुधारकों को तो अपनी जान तक गँवा देनी पड़ी है। लेकिन यही लोग सुधारकों, महात्माओं की मृत्यु के पश्चात् उनके स्मारक और मंदिर बनाते हैं और उनके विचारों और कार्यों का गुणगान करते नहीं थकते। जो लोग सुधारक के जीवित रहते उसकी बातों को अनसुना करते रहे, उसकी निंदा करते रहे और उसकी जान के दुश्मन बने रहे, उसकी मृत्यु के पश्चात् उन्हीं लोगों के मन में उसके लिए श्रद्धा की भावना उमड़ पड़ती है और वे उसके स्मारक और मंदिर बनने लगते हैं।

इस प्रकार लेखक ने 'पाप के चार हथियार के द्वारा यह संदेश दिया है कि सुधारकों और महात्माओं के जीते जी उनके विचारों पर ध्यान देने और उन पर अमल करने से ही समस्याओं का समाधान होता है, न कि स्मारक और मंदिर बनाने से।

(घ) (i) समाज में बदलते मूल्यों, विचारों और दर्शन ने सदैव कहानियों को प्रभावित किया है। कहानियों के द्वारा हम किसी भी काल की सामाजिक, राजनीतिक दशा का परिचय आसानी से पा सकते हैं।

(ii) सुगधा का पत्र पाकर लेखिका को खुशी हुयी क्योंकि सुगधा लेखिका की पुत्री थी।

(iii) कन्हैयालाल मिश्र 'प्रभाकर' जी के निबंध संग्रह के नाम हैं–'जिंदगी मुस्कुराई', 'बाजे पायलिया के घुँघरू', 'जिंदगी लहलहाई', 'महके आँगन-चहके द्वार' आदि।

(iv) 'भारत की प्रथम महिलाएँ, स्वतंत्रता सेनानी लेखिकाएँ', क्रांतिकारी किशोरी, स्वाधीनता से जानी, लेखक-पत्रकार आदि आशारानी व्होरा जी की प्रमुख कृतिया हैं।

विभाग – 2 पद्य

(क)

1.

मोह को त्यागना		बुद्धि को श्रेष्ठ मानना
	नाम स्तुति के लिए ये आवश्यक हैं	
प्रेमभाव जाग्रत करना		सच्चे मन से गुरु से ज्ञान पाना

2. (i) मति–बुद्धि (ii) सुचेत–सचेत

(iii) लेखारि–लेखक (iv) सऊ–ईश्वर

3. संत कबीर जी ने अपने विचारों में गुरु को ईश्वर के बराबर का स्थान दिया है। ज्ञान तो हमें कहीं भी जैसे–किताबों से, कहानी से मिल सकता है। परन्तु विशिष्ट ज्ञान हमें गुरु से ही प्राप्त होता है। परमेश्वर की ओर जाने का मार्ग गुरु ही बताते हैं, इसलिए गुरु को श्रेष्ठ माना गया है।

व्यक्ति गुरु से ज्ञान प्राप्त करके ही विभिन्न कलाओं में पारंगत होता है। बचपन में पालन-पोषण करने वाले बोलना-खाना-पीना समाज में बर्ताव कैसे करें यह सब सिखाने वाले माता-पिता हमारे गुरु होते हैं। जब हम स्कूल जाते हैं, तब अध्यापकों से किताबों के ज्ञान के साथ अन्य ज्ञान हमें मिलता है, तब यह अध्यापक वर्ग हमारे गुरु होते हैं। जीवन में विभिन्न स्तर पर हमें काम-काज करने का तरीका सीखना पड़ता है, तब जिनसे भी हम सीखते हैं। वे गुरु के समान होते हैं। अच्छी, उपयोगी ज्ञान, शिक्षा देने वाले गुरु होते हैं। वैज्ञानिक, बड़े-बड़े विद्वान गुरु से ज्ञान प्राप्त करके ही महान् बनते हैं। मनुष्य का अज्ञान दूर करने का काम गुरु करते हैं। गुरु की महिमा अपरंपार है। गुरु की महत्ता का वर्णन इस प्रकार किया जाता है—

''गुरुर्विष्णु गुरुदेवो महेश्वर गुरुर्ब्रह्मा :
गुरुः साक्षात्परब्रह्मा तस्मै श्री गुरुवे नमः''

इस प्रकार गुरु के बिना ज्ञान अधूरा है।

(ख)

1. (i) **पानी सर से गुजर जाने का अर्थ है**—परिस्थिति का हाथों से निकल जाना।

(ii) जीवन में निरंतर मिलती निराशाओं के कारण **आँखों से आँसू बाढ़ की तरह बहते रहते हैं।**

(iii) **मजदूर रोज किताब लिखता था।**

(iv) कवि को अपनी साँस पराए धन-सी लगती हैं।

2. (i) नदी–नदियाँ (ii) उँगलियाँ–उँगली

(iii) किताब–किताबें (iv) आँखों–आँख

3. 'आकाश के तारे तोड़ लाना'–इस मुहावरे का अर्थ है–असंभव कार्य को संभव करना किसी भी कठिन काम को कर दिखाना उसे आकाश के तारे तोड़ लाना कहते हैं। जब कोई व्यक्ति कठिन कार्य जो असंभव है वह आसानी से उसकी पूर्ति कर दे, तब उसके इस असंभव या कठिन कार्य के लिए इस उपर्युक्त मुहावरे का प्रयोग किया जाता है। प्रस्तुत मुहावरे में अतिशयोक्ति प्रयोग किया है। जो काम सहजता नहीं होता, असीमित कठिनाइयों से भरा होता है जो करने में सभी को असंभव लगता हो, वह कार्य कर दिखाना अर्थात् आकाश के तारे तोड़ लाने के बराबर है।

जैसे—हिमालय पर चढ़ना आकाश के तारे तोड़ने के बराबर है।

(ग) (i) कवि गुरु नानक जी ने अपने पदों में गुरु निष्ठा एवं भक्तिभाव को महत्त्वपूर्ण स्थान दिया है। गुरु के बिना ज्ञान नहीं मिलता। गुरु के प्रति एकनिष्ठ होकर ही सच्चा ज्ञान प्राप्त होता है। गुरुनिष्ठा और भक्तिभाव एक ही सिक्के के दो पहलू हैं। ईश्वर की भक्ति के लिए गुरुनिष्ठा और भक्तिभाव दोनों की जरूरत होती है। इसके बिना ईश्वर की भक्ति नहीं हो सकती। गुरु से ज्ञान प्राप्त होने पर मानव का अहंकार दूर होकर वास्तविकता से उसकी पहचान होती है। मानव के मन में अनेक विकार होते हैं, जिस कारण मनुष्य सही-गलत का फर्क समझ नहीं पाता। परन्तु गुरु से ज्ञान प्राप्त होने पर मानव के सारे मनोविकार नष्ट हो जाते हैं।

गुरु के प्रति सच्ची श्रद्धा निष्ठा होनी चाहिए तभी मानव का अज्ञान दूर होकर ज्ञान का प्रकाश चारों तरफ फैलेगा। कवि गुरु नानक जी की दृष्टि से जो लोग स्वयं को ज्ञानी समझकर गुरु के प्रति लापरवाही दिखाते हैं। वे व्यर्थ में ही उगने वाले शिशु की साड़ियों के समान हैं। ऐसे लोग बाहर से दिखावा करते दिखाई देते हैं, परन्तु भीतर से गंदगी और मैल के सिवा कुछ दिखाई नहीं देता है। गुरु के प्रति भक्ति और निष्ठा का महत्त्व बताते हुए कवि कहते हैं—मनुष्य में होने वाले मोह को जलाकर उसकी स्याही बनानी चाहिए और बुद्धि को श्रेष्ठ कागज समझना चाहिए, प्रेम भाव की कलम बनाकर गुरु निष्ठा की स्तुति करनी चाहिए।

ईश्वर के प्रति की गई भक्ति निस्वार्थ, निश्चल होनी चाहिए। अहंभाव छोड़कर एकाग्रचित्त होकर ईश्वर की आराधना करनी चाहिए। जब तक मनुष्य में 'मैं' का भाव रहेगा तब उसे ईश्वर के दर्शन नहीं हो पाएगें। ईश्वर का वास्तविक दर्शन हमारे हृदय में होता है। परन्तु हम नाहक ही उसे मंदिर, मस्जिद, चर्च में ढूँढते हैं। उसके लिए ईश्वर की भक्ति ही सुगम हो जाती है। गुरु नानक ने अपने पदों में इन्हीं बातों को सुगमता के साथ कहा है।

इस प्रकार मनुष्य गुरु के प्रति सच्ची निष्ठा और भक्ति भावना से ही श्रेष्ठता को प्राप्त कर सकता है।

(ii) **मुद्दे—**

(1) रचना का शीर्षक—पेड़ होने का अर्थ

(2) रचनाकार—डॉ. मुकेश गौतम

(3) पसंद की पंक्तियाँ—थके राहगीर को देकर छाँव व ठंडी हवा राह में गिरा देता है फूल और करता है इशारा उसे आगे बढ़ने का।

(4) पसंद आने का कारण—प्रस्तुत कविता में कवि ने पेड़ के माध्यम से मनुष्य को परोपकार, मानवता जैसे—मानवोचित गुणों की प्रेरणा दी है। साथ पेड़ मनुष्य का हौसला बढ़ाते हैं, समाज के प्रति जिम्मेदारी का निर्वाह करना सिखाते हैं। पेड़ ने ही भारतीय संस्कृति को जीवित रखा है, और मानव को संस्कारशील बनाया है। इन्हीं बातों से हमें अवगत कराया है।

(5) कविता की केन्द्रीय कल्पना—जीवन की सार्थकता सब कुछ निस्वार्थ रूप से दूसरों को देने में है। पेड़ मनुष्य का हौसला बढ़ाता है। समाज के प्रति जिम्मेदारी का निर्वाह करना सिखाता है। पेड़ मनुष्य को संस्कृति से अवगत कराता है। पेड़ मानव जाति का बहुत बड़ा शिक्षक है। यही इस कविता की केन्द्रीय कल्पना है।

(6) प्रतीक विधान—कवि ने पेड़ को परोपकारी, सर्वस्व न्यौछावर करने वाला दर्शाया है। ऐसे महान त्यागी के लिए

महर्षि दधीचि जैसे—महानदाता तथा संत का प्रतीक के रूप में सटीक उपयोग किया है।

(घ) (i) चतुष्पदी चौपाई की भाँति चार चरणों वाला छंद होता है। इसके प्रथम, द्वितीय तथा चतुर्थ चरण में पंक्तियों के तुक मिलते हैं। तीसरे चरण का तुक नहीं मिलता। प्रत्येक चतुष्पदी भाव और विचार की दृष्टि से अपने आप में पूर्ण होती है और कोई चतुष्पदी किसी दूसरी से संबंधित नहीं होती।

(ii) व्यापार में पहली बार किया गया छल-कपट सामने वाले पक्ष को समझते देर नहीं लगती। दूसरी बार वह सतर्क हो जाता है। इसलिए व्यापार में दूसरी बार छल-कपट करना असम्भव होता है।

(iii) गुरु नानक की रचनाओं के नाम हैं—गुरु ग्रंथसाहिब आदि।

(iv) दोहा अर्द्ध सममात्रिक छंद हैं। इसके चार चरण होते हैं। दोहे के प्रथम और तृतीय चरण में 13-13 मात्राएँ होती हैं तथा द्वितीय और चतुर्थ चरणों में 22-22 मात्राएँ होती हैं। दोहे के प्रत्येक चरण के अंत में लघु वर्ण आता है।

विभाग – 3 विशेष अध्ययन

(क)

1. **(i)** कनुप्रिया को गर्व करना चाहिए क्योंकि, उसके प्रिय के कनु के अठारह अक्षौहिणी सेनाएँ हैं।

   (ii) कनुप्रिया को उदास नहीं होना चाहिए क्योंकि भीड़-भाड़ में वह और उसका प्यार नितांत अपरिचित छूट गए हैं।

(1) (i) सुकोमल कल्पनाएँ थी।   **(ii)** रँगे हुए अर्थहीन शब्द थे।

2. **(i)** **तन्मयता**—तल्लीनता   **(ii)** **सुकोमल**—नाजुक

   (iii) **नितांत**—अत्यंत   **(iv)** **अनभिज्ञ**—अनजान

3. आधुनिक काल की तरह प्राचीन काल में तकनीकी विकास नहीं हुआ था। प्राचीन काल की सेना पैदल सैनिकों पर आधारित होती थीं। उसमें अश्व सेना, गज सेना, रथों का प्रयोग, पैदल सेना आदि प्रमुख होते थे। राजा-महाराजा और सामंत लोग रथों का प्रयोग युद्ध में करते थे। पैदल या अन्य सैनिकों के पास तलवारें, धनुष-बाण, कटार, भाले, गदा आदि हथियार होते थे। युद्ध आमने-सामने होता था, इसलिए सैनिकों की संख्या अधिक होती थी। सेनाओं के पास आधुनिक काल की तरह विनाशक अस्त्र-शस्त्र नहीं थे। बाँब, मिसाईल नहीं थे। आधुनिक सेनाएँ आधुनिक हथियारों से सुसज्ज होती हैं। सेनाएँ जल सेना, थल सेना, वायु सेना में विभाजित होती है। जल सेना के पास अनेक प्रकार की पनडुब्बियाँ, युद्धक जहाज, क्रूज मिसाइल होते हैं। थल सेना के पास गोला-बारूद, हजारों मील तक मार करने वाली मिसाइलें होती हैं। साथ ही आधुनिक राइफलें होती है, विकसित तकनीक जो दूर-दूर तक वार करती हैं। वायु सेना के पास अनेक संहारक बम, विमान रॉकेट जो क्षण में पूरा विनाश कर सकते हैं।

इस प्रकार प्राचीनकाल की सेनाओं और आधुनिक काल की सेनाओं में बहुत अधिक अंतर हैं।

(ख) (i) राधा युद्ध को निरर्थक मानती है। प्रस्तुत काव्य में राधा का कहना यह है कि, यदि श्रीकृष्ण अर्थात् कनु ने राधा से प्रेम

किया है, तो वे महाभारत के युद्ध का अवलंब क्यों करते हैं। कृष्ण के प्रति राधा का प्रेम निर्मल और निश्छल है। वह जीवन की समस्त घटनाओं और व्यक्तियों को केवल प्यार की कसौटी पर ही कसती है। राधा को केवल कृष्ण के साथ चरम तन्मयता के गुजारे क्षण ही याद हैं। उन्हीं क्षणों में वह जीती हैं। राधा ने श्रीकृष्ण से स्नेहासिक्त ज्ञान ही पाया है। उसने सहज जीवन जीया है। कृष्ण के साथ तन्मयता के क्षणों में डूबकर जीवन की सार्थकता प्राप्त की है।

राधा को श्रीकृष्ण के मुँह से निकले कर्म, स्वधर्म, निर्णय, दायित्व इन शब्दों को वह समझ नहीं पाती। श्रीकृष्ण के अधरों से प्रणय के शब्द पहली बार उसने सुने है, जो उससे कहे थे। वह सिर्फ इन्हीं शब्दों को सुनना, समझना चाहती हैं। श्रीकृष्ण के युद्ध के अवलंब के बाद भी राधा श्रीकृष्ण का साथ देती हैं। उसका प्रेम निश्छल है, इसलिए उदास नहीं रहना चाहिए बल्कि उसे कनु की अठारह अक्षौहिणी सेना होने का गर्व करना चाहिए। कनु के शब्दों में राधा को केवल अपना ही नाम राधन्…………राधन्…………राधन् सुनाई देता है।

इस प्रकार राधा की दृष्टि से प्रेम का त्याग करके युद्ध का अवलंबन न करना निरर्थक हैं। इसलिए उसके अनुसार जीवन की सार्थकता प्रेम की पराकाष्ठा में हैं।

(ii) 'कनुप्रिया' डॉ. धर्मवीर भारती रचित एक बेजोड़ अनूठी और अद्भुत कृति है। यह राधा और कृष्ण के प्रेम और महाभारत की कथा से संबंधित कृति है। राधा के अनुसार प्रेम ही सर्वोपरि है। श्रीकृष्ण महाभारत के युद्ध के महानायक हैं। उन्होंने युद्ध का अवलंब क्यों किया है ? राधा ने उनसे सिर्फ प्रेम और प्रणय का ज्ञान लिया है उनके साथ चरम तन्मयता के क्षण उसने गुजारे हैं। और वही कनु अर्थात् कृष्ण महाभारत के युद्ध के महानायक बनें। इसलिए राधा के अनुसार प्रेम से लेकर युद्ध के मैदान तक उन्होंने राधा को ही सेतु बना दिया है।

कृष्ण नीचे की घाटी से ऊपर के शिखरों पर चले गए, परन्तु बलि राधा की चढ़ी है, उसके प्रेम की बलि चढ़ी है, ऐसे राधा को लगता है। राधा के अनुसार उसके ही सिर पर पैर रखकर उसकी बाँहों से श्रीकृष्ण उसका प्रेम, प्रेमरूपी इतिहास ले गए हैं। वे जो राधा के साथ तन्मयता के क्षण जीये हैं, उस क्षणों से उस क्षेत्र से उठकर युद्ध क्षेत्र तक की अलंघ्य दूरी तय करने के लिए श्रीकृष्ण ने कनुप्रिया (राधा) को ही सेतु बनाया है, ऐसे राधा को लगता है।

इसलिए राधा कहती हैं कि इन शिखरों और मृत्यु-घाटियों के बीच बने सोने के पलके और गुँथे हुए तारों से बने पुल की तरह उसका यह सेतु-रूपी शरीर काँपता हुआ निर्जन और निरर्थक रह गया है।

विभाग – 4 व्यावहारिक हिंदी अपठित गद्यांश और पारिभाषिक शब्दावली

(क) श्रोता और वक्ता को जोड़ने वाली कड़ी मंच संचालक होता है। मंचीय आयोजन में मंच पर आने वाला पहला व्यक्ति संचालक ही होता है। मंच संचालन एक कला है। कार्यक्रम में जान डाल देने का काम एक अच्छा मंच संचालक ही करता है। सभा की या कार्यक्रम की शुरूआत वहीं करता है। उत्तम मंच संचालक बनने के लिए जिस ढंग का कार्यक्रम हो उसी ढंग से तैयारी करनी चाहिए। कार्यक्रम की शुरूआत जिज्ञासाभरी होनी चाहिए। संचालक का व्यक्तित्व पहली नजर में ही सामने आता है। इस कारण उसकी वेशभूषा, केश सज्जा सहज व गरिमामयी होनी चाहिए।

संचालक का व्यक्तित्व और आत्मविश्वास ही मंच पर आते ही शब्दों में उतरकर श्रोता तक पहुँचता है। सहजता, सतर्कता और उत्साहवर्धन उसके मुख्य गुण हैं। संचालक को कार्यक्रम के अनुरूप संहिता लेखन करना चाहिए। भाषा का समयानुकूल प्रयोग करके कार्यक्रम की गरिमा को बढ़ाना चाहिए। इसलिए पढ़ाई में रुचि रखकर ज्ञान बढ़ाना चाहिए। कार्यक्रम का स्वरूप, स्थान विषय प्रस्तुतियों की संख्या, क्रम अतिथियों के संदर्भ में जानकारी लेना आवश्यक है। अचानक हुए परिवर्तन के अनुसार संहिता में परिवर्तन कर कार्यक्रम को सफल बनाना चाहिए।

उत्तम मंच संचालक के लिए प्रोटोकॉल का ज्ञान, प्रभावशाली व्यक्तित्व, हँसमुख, हाजिरजवाबी तथा विविध विषयों का ज्ञान होना चाहिए। इसलिए मंच संचालक को हर प्रकार के साहित्य का अध्ययन करना जरूरी है। इस अतिरिक्त संचालक को समयानुकूल चुटकुलों तथा रोचक घटनाओं से श्रोताओं को बाँध रखने की क्षमता होनी चाहिए। किसी प्रख्यात साहित्यकार के कथन का उल्लेख कार्यक्रम में प्रभावशाली साबित होता है। मंच संचालक को भाषा की शुद्धता शब्दों का चयन, शब्दों का उचित प्रयोग तथा भाषा का पर्याप्त ज्ञान होना आवश्यक है। तभी एक उत्तम मंच संचालक की ख्याति बढ़ती है। उत्तम मंच संचालक सभी गुणों युक्त, सभी गुण आत्मसात करने वाला होना चाहिए।

अथवा

1. **(i)** संजाल पूर्ण कीजिए—

फीचर के प्रकार

1 | व्यक्तिपरक फीचर
2 | विवरणात्मक फीचर
3 | सूचनात्मक फीचर
4 | विश्लेषणात्मक फीचर

2.

1.	चुनाव	चयन
2.	निश्चिन्त	आश्वस्त
3.	लुभावना	आकर्षक
4.	खूबसूरत	सुन्दर

3. बिना बिसारे जो करें सो पाछे पछताय से तात्पर्य है कि जो मनुष्य किसी भी कार्य को करने से पहले, कुछ भी नहीं सोचता है व उस कार्य को पहचानता नहीं है, और उसे कर ही देता है। फिर उसे अपनी गलती का एहसास होने लगता है, तो वह उस समय पछताता है। मनुष्य सबसे बुद्धिमान प्राणी है, उसमें सोचने समझने की बुद्धि है। इसलिए लोगों को अपने कार्य करने से पहले समझ जरूर लेना चाहिए, उस पर विचार करना चाहिए।

(ख)(i) एक आदर्श शहर को जीवंत और समकालीन होना चाहिए। अपना शहर ऐसा होना चाहिए जिसमें इतिहास और सांस्कृतिक जीवन का मिश्रण हो, जो समृद्ध हो, जिसमें रोमांचक विशेषताएँ हों। मैं पुणे में रहता हूँ। यह महाराष्ट्र का नामांकित शहर है। एक सुंदर व आदर्श शहर है। पुणे का इतिहास तो सभी जानते हैं। मुझे पुणे से बहुत प्यार है। यह शहर विकास करने के लिए बहुत उपयुक्त शहर है।

संस्कृतियों वाला शहर—पुणे भारत के महाराष्ट्र राज्य का एक महत्त्वपूर्ण शहर है। यह शहर महाराष्ट्र के पश्चिम भाग भुजा व मुठा इन दो नदियों के किनारे बसा है। पुणे जिला का प्रशासकीय मुख्यालय है। पुणे भारत का छठवाँ सबसे बड़ा शहर व महाराष्ट्र का दूसरा सबसे बड़ा शहर है। सार्वजनिक सुख-सुविधा व विकास के हिसाब से पुणे महाराष्ट्र में मुंबई के बाद अग्रसर है। अनेक नामांकित शिक्षण संस्थायें होने के कारण इस शहर को 'पूरब का ऑक्सफोर्ड' भी कहा जाता है। पुणे में अनेक प्रौद्योगिकी और ऑटोमोबाईल उपक्रम हैं, इसलिए पुणे भारत का ''डेट्राइट'' जैसा लगता है। काफी प्राचीन ज्ञात इतिहास से पुणे शहर महाराष्ट्र की सांस्कृतिक राजधानी माना जाता है। मराठी भाषा इस शहर की मुख्य भाषा है।

उच्च शिक्षण की सुविधा—पुणे शहर में लगभग सभी विषयों के उच्च शिक्षण की सुविधा उपलब्ध है। पुणे विद्यापीठ, राष्ट्रीय रासायनिक प्रयोगशाला, आयु का आगरकर संशोधन संस्था, सन्डैक जैसी अंतर्राष्ट्रीय स्तर के शिक्षण संस्थान यहाँ है। पुणे फिल्म इंस्टिट्यूट भी काफी प्रसिद्ध है।

औद्योगिक केन्द्र—पुणे महाराष्ट्र व भारत का एक महत्वपूर्ण औद्योगिक केंद्र है। टाटा मोटर्स, बजाज ऑटो, भारत फोर्ज जैसे उत्पादन क्षेत्र के अनेक बड़े उद्योग यहाँ है। 1990 के दशक में इन्फोसिस, टाटा कंसल्टंसी सर्विसेस, विप्रो, सिमैंटेक, आई. बी.एम. जैसे प्रसिद्ध सॉफ्टवेअर कंपनियों ने पुणे में अपने केन्द्र खोले और यह शहर भारत का एक प्रमुख सूचना प्रौद्योगिकी उद्योग केन्द्र के रूप में विकसित हुआ।

इसके अतिरिक्त पुणे में ऐतिहासिक स्थल हैं, जहाँ पर्यटक अध्ययन एवम् मनोरंजन के लिए आते हैं। यहाँ शनिवारवाडा, लाल किला, पेश्वे बाग आदि विविध मंदिर हैं। धार्मिक स्थलों से पूर्ण है पुणे।

इस प्रकार पुणे मेरा शहर सिर्फ मेरी नहीं पूरे देश की महाराष्ट्र की शान है।

(ii) मानव को सर्वश्रेष्ठ प्राणी कहा जाता है। मनुष्य को श्रेष्ठता प्रदान करने में बुद्धि की सहायता मिली है। परन्तु सार्थकता प्राप्त हुई तो केवल मन के कारण। मन की चंचलता को नापा या गिना नहीं जाता। न ही मन को बाँधकर हम स्थिर रख सकते हैं। 'मन' के बारे में क्या कह सकते हैं? इस पल धरती पर डोल रहा होता है, तो अगले पल आकाश में उड़ान लेता नजर आता है। मन अनेक विचारों, तर्कों से भरा भंडार है।

मन को स्थिर रखकर सही दिशा में लाना था। सही मार्ग दिखाना ही मन की जीत है। मन की शक्ति पर ही मनुष्य की जीत या हार निर्भर होती है। मन में आने वाले नकारात्मक विचार हार का निर्देश करते हैं। संकल्पों की दृढ़ता कुछ करने की इच्छा शक्ति मन को प्रफुल्लित करती है और हमारा मन सफलता की ओर निर्देशित होता है। सकारात्मकता से मन स्थिर रहता है। नकारात्मक विचारों को, मन अस्थिर करने वाले विचारों को दूर रखने में ही भलाई है। मन की सकारात्मक शक्ति तन पर प्रभाव डालकर कार्य करने की ऊर्जा देती है।

दुर्बल मन शारीरिक ऊर्जा को क्षीण कर देता है। जीत सफलता मन पर निर्भर होती है। मन के हारने से नकारात्मकता से हम हार जाते हैं तो मन को जीतने से सकारात्मकता से हम जीत जाते हैं।

अथवा

(i) (अ) भगवान की सर्वश्रेष्ठ उपासना के रूप में विश्व प्रेम को प्रतिष्ठित किया गया है।

(ii) (स) विषय का औचित्य शीर्षक फीचर की आत्मा है।

(iii) (ब) ब्लॉग लेखन में सामाजिक स्वास्थ्य का विचार हो जो समाजविघातक न हों।

(iv) (द) पृथ्वी के तीन चौथाई हिस्से पर समुद्रों की विशाल जल राशि व्याप्त है।

(ग)

1.

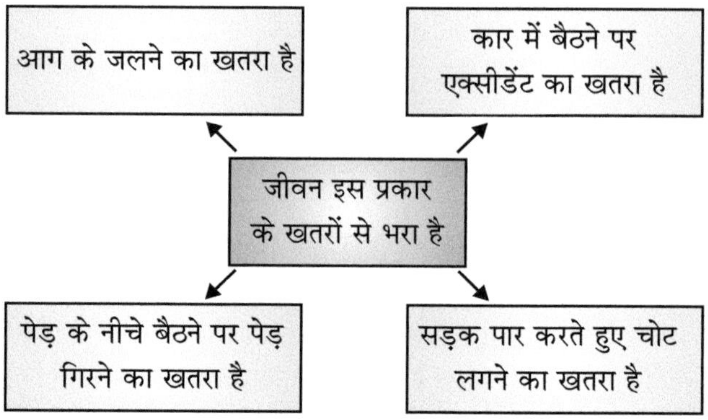

आग के जलने का खतरा है	कार में बैठने पर एक्सीडेंट का खतरा है
जीवन इस प्रकार के खतरों से भरा है	
पेड़ के नीचे बैठने पर पेड़ गिरने का खतरा है	सड़क पार करते हुए चोट लगने का खतरा है

2.

(i) जीव—जंतु   (ii) सैकड़ों—हजार

(iii) काम—काज   (iv) मधुर—मीठी

3. पर्यावरण में अनेक प्रदूषण होते हैं, जैसे—वायु प्रदूषण, जल प्रदूषण, भूमि प्रदूषण और ध्वनि प्रदूषण। ध्वनि प्रदूषण आधुनिक जीवन में बढ़ते हुए औद्योगीकरण का परिणाम है। ध्वनि प्रदूषण स्वास्थ्य के लिए हानिकारक और भयानक होता है। ध्वनि प्रदूषण किसी भी प्रकार के अनुपयोगी ध्वनियों को कहते हैं, जिससे मानव को बहुत बड़ी परेशानी का सामना करना पड़ता है। इसमें यातायात के द्वारा उत्पन्न होने वाला शोर मुख्य कारण हैं।

उच्च स्तर के ध्वनि प्रदूषण के कारण लोगों के व्यवहार में चिड़चिड़ापन आ जाता है। तेज आवाज के कारण बहरापन और कान की अन्य जटिल समस्याएँ निर्माण होती हैं। ध्वनि प्रदूषण के कारण बेचैनी, थकान, सिर दर्द, घबराहट आदि समस्याएँ निर्माण होती है। साथ ही सोने की समस्या कमजोरी, अनिद्रा, तनाव, उच्च रक्तदाब, वार्तालाप आदि समस्याएँ निर्माण होती हैं। ध्वनि प्रदूषण के कारण दिन-व-दिन मानव की काम करने की क्षमता गुणवत्ता और एकाग्रता कम होती जाती है। ध्वनि प्रदूषण का पर्यावरण पर भी बुरा प्रभाव पड़ता है और पशु-पक्षियों के लिए भी खतरनाक साबित होता है। जानवरों के प्राकृतिक रहन-सहन में भी बाधा उत्पन्न होती है।

(घ) (i) राजदूत   (ii) अभिरक्षक

(iii) दुभाषिया   (iv) संशोधन

(v) कटौती   (vi) चेतावनी

(vii) तुलना पत्र   (viii) प्रकाशीय तंतु

विभाग - 5 व्याकरण

(क) (i) मौसी कुछ नहीं बोल रही है।

(ii) सुधारक आए थे।

(iii) गर्ग साहब अपने वचन का पालन करेंगे।

(iv) ट्रस्ट का सचिव ने मुझे एक लिफाफा दे रहा था।

(ख) (i) उपमा अलंकार   (ii) रूपक अलंकार

(iii) उत्प्रेक्षा अलंकार   (iv) दृष्टांत अलंकार

(ग) (i) रौद्र रस   (ii) श्रृंगार रस

(iii) भक्ति रस   (iv) अद्भुत रस

(घ) (i) लहू सूखना—भयभीत हो जाना।

वाक्य—कोरोना वायरस के नाम से ही लहू सूखने लगता है।

(ii) ढाँचा डगमगा उठना—आधार हिल उठना।

वाक्य—कभी किसी व्यक्ति द्वारा गलत निर्णय लेने के कारण परिवार का ढाँचा डगमगा उठता है।

(iii) फलीभूत होना—परिणाम निकल आना।

वाक्य—सिद्धी के भारतीय प्रशासकीय सेवा में चुने जाने पर उसके माता-पिता की आशाएँ फलीभूत हो गयीं।

(iv) हाहाकार मचना—कोहराम मचना।

वाक्य—कार दुर्घटना में इकलौते बेटे के शव को देखकर पूरे परिवार में हाहाकार मच गया।

(ङ) (i) अतिथि आए हैं, घर में सामान नहीं है।

(ii) उसमें फूल बिछा दें।

(iii) कहाँ खो गई हैं आप।

(iv) बैजू हाथ बाँधकर खड़ा हो गया।

SAMPLE PAPER-5

Hindi

Questions

विभाग – 1 गद्य (अंक–20)

(क) निम्नलिखित पठित परिच्छेद पढ़कर दी गई सूचनाओं के अनुसार कृतियाँ कीजिए:

सुनो सुगंधा! तुम्हारा पत्र पाकर खुशी हुई। तुमने दोतरफा अधिकार की बात उठाई है, वह पसंद आई। बेशक, जहाँ जिस बात से तुम्हारी असहमति हो; वहाँ तुम्हें अपनी बात मुझे समझाने का पूरा अधिकार है। मुझे खुशी ही होगी तुम्हारे इस अधिकार प्रयोग पर। इससे राह खुलेगी और खुलती ही जाएगी। जहाँ कहीं कुछ रुकती दिखाई देगी; वहाँ भी परस्पर आदान-प्रदान से राह निकाल जी जाएगी। अपनी-अपनी बात कहने-सुनने में बंधन या संकोच कैसा ?

मैंने तो अधिकार की बात यों पूछी थी कि मैं उस बेटी की माँ हूँ जो जीवन में ऊँचा उठने के लिए बड़े ऊँचे सपने देखा करती है; आकाश में अपने छोटे-छोटे डैनों को चौड़े फैलाकर।

धरती से बहुत ऊँचाई में फैले इन डैनों को यथार्थ से दूर समझकर भी मैं काटना नहीं चाहती। केवल उनकी डोर मजबूत करना चाहती हूँ कि अपनी किसी ऊँची उड़ान में वे लड़खड़ा न जाएँ। इसलिए कहना चाहती हूँ कि 'उड़ो बेटी, उड़ो, पर धरती पर निगाह रखकर।' कहीं ऐसा न हो कि धरती से जुड़ी डोर कट जाए और किसी अनजाने-अवांछित स्थल पर गिरकर डैने क्षत-विक्षत हो जाएँ। ऐसा नहीं होगा क्योंकि तुम एक समझदार लड़की हो। फिर भी सावधानी तो अपेक्षित है ही।

यह सावधानी का ही संकेत है कि निगाह धरती पर रखकर उड़ान भरी जाए। उस धरती पर जो तुम्हारा आधार है—उसमें तुम्हारे परिवेश का, तुम्हारे संस्कार का, तुम्हारी सांस्कृतिक परम्परा का, तुम्हारा सामर्थ्य का भी आधार जुड़ा होना चाहिए। हमें पुरानी-जर्जर रूढ़ियों को तोड़ना है, अच्छी परम्पराओं को नहीं।

परम्परा और रूढ़ि का अर्थ समझती हो न तुम ? नहीं ! तो इस अंतर को समझने के लिए अपने सांस्कृतिक आधार से सम्बन्धित साहित्य अपने कॉलेज पुस्तकालय से खोजकर लाना, उसे जरूर पढ़ना। यह आधार एक भारतीय लड़की के नाते तुम्हारे व्यक्तित्व का अटूट हिस्सा है, इसलिए।

1. संजाल पूर्ण कीजिए— (2)

धरती के आधार के साथ इनका आधार भी
जुड़ा होना चाहिए।

2. गद्यांश में प्रयुक्त शब्द युग्म खोजकर लिखिए— (2)

(i) .... (ii) ....

(iii) .... (iv) ....

3. निम्नलिखित प्रश्न का उत्तर 40 से 50 शब्दों में लिखिए:

भारतीय पुरानी परम्परा, रूढ़ि और संस्कृति, इस विषय पर अपने विचार कीजिए।

(ख) निम्नलिखित पठित परिच्छेद पढ़कर दी गई सूचनाओं के अनुसार कृतियाँ कीजिए:

पाप काँपता है और अब उसे लगता है कि उस वेग में वह पिस पिस जाएगा—बिखर जाएगा। तब पाप अपना ब्रह्मास्त्र तोलता है और तोलकर सत्य पर फेंकता है। यह ब्रह्मास्त्र है— श्रद्धा।

इन क्षणों में पाप का नारा होता है—''सत्य की जय! सुधारक की जय!''

अब वह सुधारक की करने लगता है चरणवंदना और उसके सत्य की महिमा का गान और बखान।

सुधारक होता है करुणाशील और उसका सत्य सरल विश्वासी। वह पहले चौंकता है, फिर कोमल पड़ जाता है और तब उसका वेग बन जाता है शांत और वातावरण में छा जाती है सुकुमारता।

पाप अभी तक सुधारक और सत्य के जो स्रोत पढ़ता जा रहा था, उनका करता है यूँ उपसंहार ''सुधारक महान है, वह लोकोत्तर है, मानव नहीं, वह तो भगवान है, तीर्थंकर है, अवतार है, पैगंबर है, संत है। उसकी वाणी में जो सत्य है, वह स्वर्ग का अमृत है। वह हमारा वंदनीय है, स्मरणीय है, पर हम पृथ्वी के साधारण मनुष्यों के लिए वैसा बनना असंभव है, उस सत्य को जीवन में उतारना हमारा आदर्श है, पर आदर्श को कब, कहाँ, कौन पा सकता है ?'' और इसके बाद उसका नारा हो जाता है, ''महाप्रभु सुधारक वंदनीय है, उसका सत्य महान है, वह लोकोत्तर है।''

यह नारा ऊँचा उठता रहता है, अधिक-से-अधिक दूर तक उसकी गूँज फैलती रहती है, लोग उसमें शामिल होते रहते हैं। पर अब उसका ध्यान सुधारक में नहीं; उसकी लोकोत्तरता में समाया रहता है, सुधारक के सत्य में नहीं, उसके सूक्ष्म-से-सूक्ष्म अर्थों और फलितार्थों के करने में जुटा रहता है।

अब सुधारक के बनने लगते हैं स्मारक और मंदिर और उसके सत्य के ग्रंथ और भाष्य। बस यहीं सुधारक और उसके सत्य की पराजय पूरी तरह हो जाती है।

पाप का यह ब्रह्मास्त्र अतीत में अजेय रहा है और वर्तमान में भी अजेय है। कौन कह सकता है कि भविष्य में कभी कोई उसकी अजेयता को खंडित कर सकेगा या नहीं ?

1. कृति पूर्ण कीजिए।

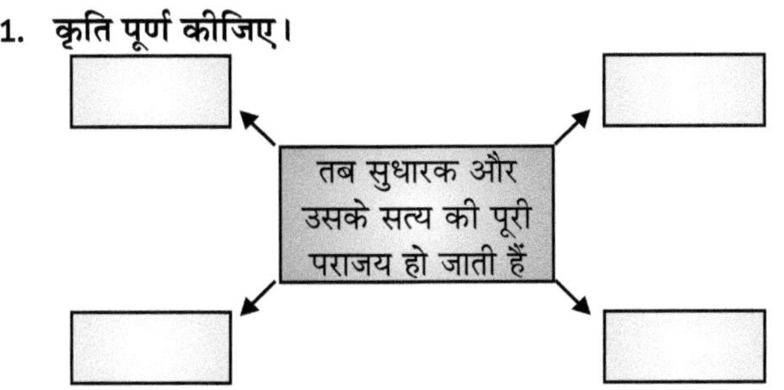

2. निम्नलिखित शब्दों के लिंग पहचानकर लिखिए।

(i) वाणी   (ii) पराजय

(iii) चरण   (iv) सुधारक

3. निम्नलिखित प्रश्न का उत्तर 40 से 50 शब्दों में लिखिए।

'स्मारकों और समाधियों की स्थापना का उद्देश्य' इस विषय पर अपना मत स्पष्ट कीजिए।

(ग) निम्नलिखित प्रश्न का उत्तर 60 से 80 शब्दों में लिखिए।

(तीन में से दो)

(i) ''बारह वर्ष की तपस्या पर एक क्षण में पानी फिर गया'' इस बात को 'आदर्श बदला' कहानी के माध्यम से स्पष्ट कीजिए।

(ii) सुगंधा की माँ ने रचना की शादी के संदर्भ में किस प्रकार राय दी इसे 'सुनो किशोरी' पाठ के माध्यम से स्पष्ट कीजिए।

(iii) दिलीप ने अपनी माँ के साथ किस प्रकार विश्वासघात किया—इसे 'कोखजाया' पाठ के माध्यम से स्पष्ट कीजिए।

(घ) निम्नलिखित प्रश्नों के एक वाक्य में उत्तर लिखिए।

(चार में से दो)

(i) संस्मरण साहित्य किसे कहते हैं ?

(ii) कहानी विधा का वर्गीकरण किस प्रकार किया जाता है ?

(iii) हिन्दी साहित्यशास्त्र में निबंध को क्या माना गया है ?

(iv) अनूदित कहानी प्रारंभ से किस बात को व्यक्त करती रही हैं ?

विभाग – 2 पद्य (अंक-20)

(अ) निम्नलिखित पठित काव्यांश को पढ़कर दी गई सूचनाओं के अनुसार कृतियाँ कीजिए।

कल अपने कमरे की

खिड़की के पास बैठकर,

जब मैं निहार रहा था एक पेड़ को

तब मैं महसूस कर रहा था पेड़ होने का अर्थ !

मैं सोच रहा था

आदमी कितना भी बड़ा क्यों न हो जाए,

वह एक पेड़ जितना बड़ा कभी नहीं हो सकता

या यूँ कहूँ कि—

आदमी सिर्फ आदमी है

वह पेड़ नहीं हो सकता !

हौसला है पेड़................

अंकुरित होने से ठूँठ हो जाने तक

आँधी-तूफान हो या कोई प्रतापी राजा-महाराजा

पेड़ किसी के पाँव नहीं पड़ता है,

जब तक है उसमें साँस

एक जगह पर खड़े रहकर

हालात से लड़ता है !

1. प्रश्न के उत्तर लिखिए।

(i) आदमी किस जैसा बड़ा नहीं हो सकता ?

(ii) पेड़ कब तक हालात से लड़ता रहता है ?

(iii) कवि ने पेड़ होने का अर्थ कब महसूस किया ?

(iv) पेड़ हमें क्या सिखाते हैं ?

2. निम्नलिखित शब्दों में प्रत्यय लगाकर नए शब्द बनाइए।

(i) बड़ा   (ii) अर्थ

(iii) आदमी   (iv) तूफान

3. निम्नलिखित प्रश्न का उत्तर 40 से 50 शब्दों में लिखिए।

'हालात से भागने की बजाय उसका सामना करना ही बेहतर है' इस विषय पर अपने विचार लिखिए।

(ख) निम्नलिखित पठित काव्यांश पढ़कर दी गई सूचनाओं के अनुसार कृतियाँ कीजिए:

तेरी गति मिति तू ही जाणै क्या को आखि वखाणे

तू आपे गुपता, आपे प्रगटु, आपे सब रंग भाणे

साधक सिद्ध, गुरु वहु चेले खोजत फिरहि फरमाणे

समहि बधु पाइ इह भिक्षा तेरे दर्शन कउ कुरवाणे

उसी की प्रभु खेल रचाया, गुरमुख सोभी होई।

नानक सब जुग आपे वरते, दूजा और न कोई॥१ ॥

गगन में काल रविचंद दीपक बने।

तारका मंडल जनक मोती।

धूप मलयानिल, पवनु चँवरो करे,

सकल वनराइ कुलंत जोति।

कैसी आरती होई भव खंडना, तोरि आरती।

अनाहत शबद बाजत भेरी॥२ ॥

1. कृति पूर्ण कीजिए—

(i)
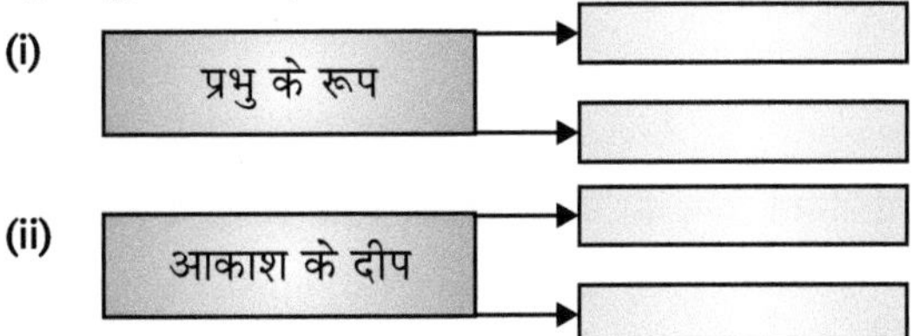

2. शब्द संपदा लिखिए—

प्रत्यययुक्त शब्द

(i) दान—   (ii) दया—

(iii) गुण—   (iv) अंतर—

3. निम्नलिखित प्रश्न का उत्तर 40 से 50 शब्दों में लिखिए।

अभिव्यक्ति—ईश्वर भक्ति में नाम स्मरण का महत्व होता है।' इस विषय पर अपना मत प्रकट कीजिए।

(ग) रसास्वादन कीजिए।   (दो में से एक)

(i) निम्नलिखित मुद्दों के आधार पर 'सच हम नहीं, सच तुम नहीं' कविता का रसास्वादन कीजिए।

मुद्दे :

(1) रचना का शीर्षक   (2) रचनाकार

(3) पसंद की पंक्तियाँ   (4) पसंद आने का कारण

(5) कविता की केंद्रीय कल्पना   (6) प्रतीक विधान।

(ii) जीवन के अनुभवों और वास्तविकता से परिमित कराने वाले वृंदजी के दोहों का रसास्वादन कीजिए।

(घ) निम्नलिखित प्रश्नों के एक वाक्य में उत्तर लिखिए।

(चार में से दो)

(i) उर्दू कविता का लोकप्रिय प्रकार कौनसा है ?

(ii) वृंद जी की प्रमुख रचनाएँ लिखिए।

(iii) चार चरणों वाले छंद का नाम लिखिए।

(iv) लोकगीतों की भाषा किस प्रकार की होती है ?

विभाग – 3 विशेष अध्ययन (अंक-10)

(क) निम्नलिखित पद्यांश को पढ़कर दी गई सूचनाओं के अनुसार कृतियाँ कीजिए:

आज इस गाँव से

द्वारिका की युद्धोन्मत्त सेनाएँ गुजर रही हैं

मान लिया कि कनु तेरा

सर्वाधिक अपना है

मान लिया कि तू

उसके रोम-रोम से परिचित है

मान लिया कि ये अगणित सैनिक

एक-एक उसके हैं :

पर जान रख कि ये तुझे बिल्कुल नहीं जानते

पथ से हट जा बावरी

यह आम्रवृक्ष की डाल

उनकी विशेष प्रिय थी

तेरे न आने पर

सारी शाम इस पर टिक

उन्होंने वंशी में बार-बार

तेरा नाम भरकर तुझे टेरा था—

आज यह आम की डाल

सदा-सदा के लिए काट दी जाएगी

क्योंकि कृष्ण के सेनापतियों के

वायुवेगगामी रथों की

गगनचुंबी ध्वजाओं में

यह नीची डाल अटकती है

और यह पथ के किनारे खड़ा

छायादार पावन अशोक वृक्ष

आज खंड-खंड हो जाएगा तो क्या-

यदि ग्रामवासी, सेनाओं के स्वागत में

तोरण नहीं सजाते

तो क्या सारा ग्राम नहीं उजाड़ दिया जाएगा ?

1. निम्नलिखित प्रश्न के उत्तर लिखिए।

(i) आज उस पथ से राधा दूर क्यों हट जाए ?

(ii) आम्रवृक्ष की डाल सदा के लिए क्यों काट दी जाएगी ?

(iii) कनु सबसे ज्यादा किसका है ?

(iv) राधा को कौन बिल्कुल नहीं पहचानते ?

2. निम्नलिखित शब्दों के समानार्थी शब्द लिखिए।

(i) गगनचुंबी   (ii) अगणित

(iii) छायादार   (iv) अटकना

3. निम्नलिखित प्रश्न का उत्तर 40 से 50 शब्दों में लिखिए:

'धार्मिक दृष्टि से पवित्र माने जाने वाले वृक्ष' इस विषय पर अपना मत स्पष्ट कीजिए।

(ख) निम्नलिखित प्रश्न के उत्तर 80 से 100 शब्दों में लिखिए:

(दो में से एक)

(i) राधा उदास क्यों होती है—इसे 'कनुप्रिया' के आधार पर स्पष्ट कीजिए।

(ii) राधा (कनुप्रिया) कनु के महायुद्ध के नायकत्व से परिचित नहीं हैं—ऐसा क्यों कहा गया है ?

विभाग – 4 व्यावहारिक हिंदी अपठित गद्यांश और पारिभाषिक शब्दावली (अंक-20)

(क) निम्नलिखित प्रश्न का उत्तर 100 से 120 शब्दों में लिखिए:

(i) फीचर लेखन के सोपानों को स्पष्ट कीजिए।

अथवा

(ख) निम्नलिखित परिच्छेद पढ़कर दी गई सूचनाओं के अनुसार कृतियाँ कीजिए।

मैं इस बात का ध्यान रखता हूँ कि कार्यक्रम कोई भी हो, मंच की गरिमा बनी रहे। मंचीय आयोजन में मंच पर आने वाला पहला व्यक्ति संचालक ही होता है। एंकर (उद्घोषक) का व्यक्तित्व दशकों की पहली नजर में ही सामने आता है। अतएव उसका परिधान, वेशभूषा, केश सज्जा इत्यादि सहज व गरिमामयी होनी चाहिए। उद्घोषक या एंकर के रूप में जब वह मंच पर होता है तो उसका व्यक्तित्व और उसका आत्मविश्वास ही उसके शब्दों में उतरकर श्रोता तक पहुँचता है। सतर्कता, सहजता और उत्साहवर्धन उसके मुख्य गुण हैं। मेरे कार्यक्रम का आरंभ जिज्ञासाभरा होता है। बीच-बीच में प्रसंगानुसार कोई रोचक दृष्टांत, शेर-ओ-शायरी या कविताओं के अंश का प्रयोग करता हूँ। जैसे—एक कार्यक्रम में वक्ता महिलाओं की तुलना

गुलाब से करते हुए कह रहे थे कि महिलाएँ बोलती भी ज्यादा हैं और हँसती भी ज्यादा हैं। बिल्कुल खिले गुलाबों की तरह वगैरह........। जब उनका वक्तव्य खत्म हुआ तो मैंने उन्हें धन्यवाद देते हुए कहा कि सर आपने कहा कि महिलाएँ हँसती-बोलती बहुत ज्यादा हैं तो इस पर मैं महिलाओं की तरफ से कहना चाहूँगा।

'हर शब्द में अर्थ छुपा होता है। हर अर्थ में फर्क छुपा होता है। लोग कहते हैं कि हम हँसते और बोलते बहुत ज्यादा हैं। पर ज्यादा हँसने वालों के दिल में भी दर्द छुपा होता है।'

मेरी इस बात पर इतनी तालियाँ बजीं कि बस! महिलाएँ तो मेरी प्रशंसक हो गईं। कार्यक्रम के बाद उन वक्ताओं ने मेरी पीठ थपथपाते हुए कहा, 'बहुत बढ़िया बोलते हो।' संक्षेप में; कभी कोई सहज, हास्य से भरा चुटकुला या कोई प्रसंग सुना देता हूँ तो कार्यक्रम बोझिल नहीं होता तथा उसकी रोचकता बनी रहती है। विभिन्न विषयों का ज्ञान होना जरूरी है। कार्यक्रम कोई भी हो; भाषा का समयानुकूल प्रयोग कार्यक्रम की गरिमा बढ़ा देता है। इसके लिए आपका निरंतर बढ़ते रहना आवश्यक है।

मैं भी जब छोटा था तो रोज शाम के समय नगर वाचनालय में जाता था। 'चंपक', 'नंदन', 'बालभारती' और 'चंदामामा' जैसी पत्रिकाएँ पढ़ता था। बाद में 'धर्मयुग', 'हिंदुस्तान', 'दिनमान', 'कादंबिनी', 'सारिका', 'नवनीत', 'रीडर्स डाइजेस्ट' जैसी मासिक-पाक्षिक पत्रिकाएँ पढ़ने लगा। रेडियो के विविध कार्यक्रमों को सुनना बेहद पसंद था। ये सारी बातें कहीं-न-कहीं प्रेरणादायक रहीं तथा सूत्र संचालन का आधारस्तंभ बनीं।

मैं उद्घोषक/मंच संचालक की भूमिका पूरी निष्ठा से निभाता रहा हूँ और श्रोताओं ने मुझे अपार स्नेह और यश से समृद्ध किया है। किंग ऑफ वॉयिस, संस्कृति शिरोमणि, अखिल आकाशवाणी जैसे अनेक पुरस्कारों से सम्मानित किया गया हूँ। मैंने भी विज्ञापन देखकर रेडियो उद्घोषक पद हेतु आवेदन किया था। 29 वर्ष तक मैंने वहाँ अपनी सेवाएँ प्रदान कीं; इसका मुझे गर्व है।

मैं उद्घोषक हूँ। शब्दों की दुनिया में रहता हूँ। जब रेडियो से बोलता हूँ तो हर घर, सड़क-दर-सड़क, गली-गली में सुनाई पड़ता हूँ, तब मेरी कोई सूरत नहीं होती। मेरा कोई चेहरा भी नहीं होता लेकिन मैं हवाओं की पालकी पर सवार दूर गाँवों तक पहुँच जाता हूँ। जब एंकर बन जाता हूँ तो अपने दर्शकों के दिलों को छू लेता हूँ। आप मुझे आवाज के परदे पर देखते हैं। मैं उद्घोषक हूँ। मैं एंकर हूँ।

1.   प्रश्न के उत्तर लिखिए।

(i)   कार्यक्रम की गरिमा बढ़ाने में किस बात की सहायता होती है ?

(ii)   कार्यक्रम की रोचकता किस प्रकार बनी रहती है ?

(iii) उद्घोषक को कौन से पुरस्कारों से सम्मानित किया गया है ?

(iv)   उद्घोषक कौनसी दुनिया में रहता है ?

2.   निम्नलिखित शब्दों के अर्थ लिखिए:

(i)   बोझिल   (ii)   रोचकता

(iii) गरिमा   (iv)   प्रेरणादायक

3.   निम्नलिखित प्रश्न का उत्तर 40 से 50 शब्दों में लिखिए:

'कौन-सी बातों पर ध्यान देने पर व्यक्ति अच्छा उद्घोषक बन सकता है'—इस बात पर अपना मत स्पष्ट कीजिए।

(ख) निम्नलिखित प्रश्न का उत्तर 80 से 100 शब्दों में लिखिए।

(दो में से एक)

(i)   "सेवा तीर्थयात्रा से बढ़कर है—" इस उक्ति का विचार पल्लवन कीजिए।

(ii)   भारत के अंतरिक्ष कार्यक्रम पर फीचर लेखन कीजिए।

अथवा

सही विकल्प चुनकर वाक्य फिर से लिखिए।

(i)   सूत्र संचालन में तो इसकी महत्त्वपूर्ण भूमिका होती है:

(अ) वेशभूषा   (ब) भाषा

(स) केशसज्जा   (द) आवाज

(ii)   "जीवों द्वारा प्रकाश उत्पन्न करने की क्रिया एक साधारण रासायनिक क्रिया है।" इसे सिद्ध करने वाले वैज्ञानिक—

(अ) स्पैलेंजानी   (ब) थिवाइस

(स) मैक कार्टनीम   (द) प्रो. अजिरक डाहलगैट

(iii) फीचर लेखन की प्रक्रिया के मुख्य अंग कितने हैं ?

(अ) दो   (ब) पाँच

(स) तीन   (द) चार

(iv)   ब्लॉग लेखन शुरू करने की प्रक्रिया के संदर्भ में विस्तृत जानकारी कहाँ पर उपलब्ध हैं—

(अ) गूगल   (ब) फेसबुक

(स) वॉट्सअप   (द) इंस्टाग्राम

(ग) निम्नलिखित अपठित परिच्छेद पढ़कर दी गई सूचनाओं के अनुसार कृतियाँ कीजिए।

गुरुदेव यहाँ बड़े आनंद में थे। अकेले रहते थे। भीड़-भाड़ उतनी नहीं होती थी, जितनी शांतिनिकेतन में। जब हम लोग ऊपर गए तो गुरुदेव बाहर एक कुर्सी पर चुपचाप बैठे अस्तगामी सूर्य की ओर ध्यानस्तंभित नयनों से देख रहे थे। हम लोगों को देखकर मुस्कराए, बच्चों से जरा छेड़-छाड़ की, कुशल प्रश्न पूछे और फिर चुप हो गए। ठीक उसी समय उनका कुत्ता धीरे-धीरे ऊपर आया और उनके पैरों के पास खड़ा होगर पूँछ हिलाने लगा। गुरुदेव ने उसकी पीठ पर हाथ फेरा। वह आँखें मूँदकर अपने रोम-रोम से उस स्नेहरस का अनुभव करने लगा। गुरुदेव ने हम लोगों की ओर देखकर कहा, ''देखा तुमने, यह यहाँ आए। कैसे इन्हें। मालूम हुआ, कि मैं यहाँ हूँ, आश्चर्य है। और देखो, कितनी परितृप्ति इनके चेहरे पर दिखाई दे रही है!''

हम लोग उस कुत्ते के आनंद को देखने लगे। किसी ने उसे राह नहीं दिखाई थी, न उसे यह बताया था कि उसके स्नेहल यहाँ से दो मील दूर है और फिर भी वह पहुँच गया! इसी कुत्ते को लक्ष्य करने उन्होंने 'आरोग्य' में इस भाव की एक कविता लिखी थी—''प्रतिदिन प्रात:काल यह भक्त कुत्ता स्तब्ध होकर आसन के पास तब तक बैठा रहता है, जब तक अपने हाथों के स्पर्श से मैं इसका संग नहीं स्वीकार करता। इतनी-सी स्वीकृति पाकर ही उसके अंग-अंग में आनंद का प्रवाह बह उठता है। इस वाक्य-हीन प्राणिलोक में

सिर्फ यही एक जीव अच्छा-बुरा सबको भेदकर संपूर्ण मनुष्य को देख सका है; उस आनंद को देख सका है, जिसे प्राण दिया जा सकता है, जिसमें अहैतुक प्रेम ढाल दिया जा सकता है, जिसकी चेतना असीम चैतन्यलोक में राह दिखा सकती है। जब मैं इय मूक हृदय का प्राणपण आत्मनिवेदन देखता हूँ, जिसमें वह अपनी दीनता बताता रहता है, तब मैं यह सोच ही नहीं पाता कि, उसने अपने सहज बोध से मानवस्वरूप में कौन-सा अमूल्य आविष्कार किया है; इसकी भाषाहीन दृष्टि की करुण व्याकुलता जो कुछ समझती है, उसे समझा नहीं पाती और मुझे इस दृष्टि से मनुष्य का सच्चा परिचय समझा देती है।'' इस प्रकार कवि की मर्मभेदी दृष्टि ने इस भाषाहीन प्राणी की करुण दृष्टि के भीतर उस विशाल मानवसत्य को देखा है, जो मनुष्य मनुष्य के अंदर भी नहीं देख पाता।

1. प्रश्न के उत्तर लिखिए:

(i) गुरुदेव कहाँ पर बड़े आनंद से रहते थे ?

(ii) गुरुदेव ने उनके कुत्ते की पीठ पर हाथ फेरने पर उसने आँखें मूँदकर किस प्रकार का अनुभव किया ?

(iii) गुरुदेव ने कुत्ते को लक्ष्य करके कौनसे भाव की एक कविता लिखी थी ?

(iv) कवि की मर्मभेदी दृष्टि ने भाषाहीन प्राणी की करुण दृष्टि के भीतर क्या देखा ?

2. परिच्छेद में प्रयुक्त शब्द-युग्म ढूँढकर लिखिए।

(i) रोम—   (ii) धीरे—

(iii) भीड़—   (iv) छेड़—

3. निम्नलिखित प्रश्न का उत्तर 40 से 50 शब्दों में लिखिए।

गुरुदेव का प्रकृति प्रेम इस विषय पर अपने विचार स्पष्ट कीजिए।

(घ) निम्नलिखित शब्दों की पारिभाषिक शब्दावली लिखिए।

(आठ में से चार)

(i) Judge   (ii) Adjournment

(iii) Apexe Bank   (iv) Arrears

(v) Transaction   (vi) Meteorology

(vii) Record   (viii) Integrated circuit

विभाग – 5 व्याकरण (अंक-10)

(क) निम्नलिखित वाक्यों का काल परिवर्तन करके वाक्य फिर से लिखिए।   (चार में से दो)

(i) लोगों को आगरा से बाहर जाते देखा।   (पूर्ण भूतकाल)

(ii) नए मूल्यों का पर्याय नहीं होता है।   (भविष्यकाल)

(iii) द्विवेदी साहब ने अपने वचन का पालन किया।

(सामान्य वर्तमानकाल)

(iv) पंत के साथ तो रास्ता कम अखरता था, पर अब सोचकर ही थकावट होती है।   (सामान्य भविष्यकाल)

(ख) निम्नलिखित उदाहरणों के अलंकार पहचानकर लिखिए।

(चार में से दो)

(i) उधो, मेरा हृदयतल था। एक उद्यान न्यारा।

शोभा देतीं अमित उसमें कल्पना-क्यारियाँ भी॥

(ii) मोती की लड़ियों से सुंदर, झरते हैं झाग भरे निर्झर।

(iii) उस क्रोध के मारे तनु उसका काँपने लगा।

मानो हवा के जोर से सोता हुआ सागर जगा॥

(iv) पत्रा ही तिथि पाइयों, वाँ घर के चहुँ पास

नित प्रति पून्यो रहियो, आनन-ओप उजास

(ग) निम्नलिखित उदाहरणों के रस पहचानकर लिखिए।

(चार में से दो)

(i) राम के रूप निहारति जानकी, कंकन के नग की परछाहीं,

यातै सबै सुधि भूलि गई, कर टेकि रही पल टारत नाहीं।

(ii) माटी कहै कुम्हार से, तू क्या रौंदे मोहे।

एक दिन ऐसा आएगा, मैं रौंदूंगी तोहे॥

(iii) एक अचंभा देखा रे भाई।

ठाढ़ा सिंह चरावै गाई।

पहले पूत पाछे भाई।

चेला के गुरु लागे पाई॥

(iv) कहा—कैकयी ने सक्रोध

दूर हट! दूर हट! निर्बोध!

द्विजिव्हे रस में विष मत घोल।

(घ) निम्नलिखित मुहावरों का अर्थ लिखकर वाक्य में प्रयोग कीजिए।   (चार में से दो)

(i) ब्रह्मानंद में लीन होना

(ii) आगाह करना

(iii) सिर से पानी गुजर जाना

(iv) नसीब होना

(य) निम्नलिखित वाक्य शुद्ध करके फिर से लिखिए।

(चार में से दो)

(i) दिलीप अपने माँ-बाप की इकलौती संतान थी।

(ii) आप इस शेष लिफाफे को खोलकर पढ़ लीजिए।

(iii) निराला जी अपनी युग के विशिष्ट प्रतिभा हैं।

(iv) पुस्तक की ढेर देख मैं दंग रह गया।

🅰 Answer Key

विभाग – 1 गद्य

(क)

1. (i)

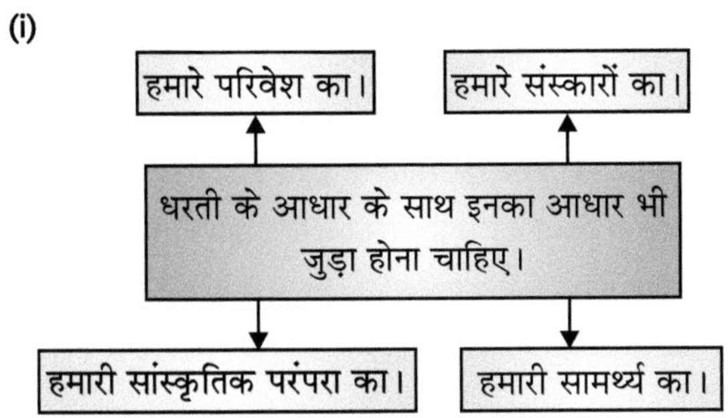

2. (i) क्षत–विक्षत (ii) आदान–प्रदान
(iii) पुरानी–जर्जर (iv) कहने–सुनने

3. समय के साथ अपना अर्थ खो चुकी या वर्तमान प्रगतिशील समाज को पीछे ले जाने वाली समाज की कोई भी रीति-नीति रूढ़ि है। रूढ़ि स्थिर होती है। जबकि परम्परा समय के साथ अनुपयोगी हो गए मूल्यों को छोड़ती और उपयोगी मूल्यों को जोड़ती निरन्तर बहती धारा परम्परा है। परम्परा गतिशील है। एक निरन्तर बहता निर्माण प्रवाह, जो हर सड़ी-गली रूढ़ि को किनारे फेंकता और हर भीतरी-बाहरी, देशी-विदेशी उपयोगी मूल्य को अपने में समेटता चलता है।

(ख)

1.

2. (i) **वाणी**–स्त्रीलिंग (ii) **पराजय**–स्त्रीलिंग
(iii) **चरण**–पुल्लिंग (iv) **सुधारक**–पुल्लिंग

3. समाज सुधारकों, महापुरुषों, राजनेताओं, शहीदों की स्मारकें और समाधियाँ बनायी जाती हैं। समाज के प्रति किए उनके महान कार्य को लोग सदैव याद रखे और उनके विचारों से प्रेरित होकर लोग भी उनके ही मार्ग पर चले इसी उद्देश्य से स्मारक या समाधियाँ बनायी जाती हैं। परन्तु ऐसा बहुत कम होता है। लोगों के मन में उनके प्रति श्रद्धा होती है। महान पुरुष था समाज सुधारक, शहीदों की जयंती तथा पुण्य तिथि पर लोग उनके दर्शन करके उन्हें श्रद्धांजली अर्पित करते हैं। परन्तु उनके विचारों को कार्यों को आगे बढ़ाने की बात सबके मन में नहीं आती है।

जब समाज में लोग उनके विचारों को आत्मसात करेंगे, उनसे प्रेरणा लेकर विकास करेंगे, तभी उन महान लोगों के प्रति सच्ची श्रद्धांजली अर्पण होगी। तभी उनके स्मारकों और समाधियों की स्थापना का उद्देश्य पूरा होता है। यही उनके स्मारकों और समाधियों की स्थापना का उद्देश्य होता है।

(इ) (i) 'आदर्श बदला' यह सुदर्शन जी की कहानी शीर्षक की सार्थकता को स्पष्ट करने वाली है। बैजू बावरा के पिता आगरा में तानसेन के बनाए अमानवीय नियम के शिकार हुए थे। उन्हें मृत्युदंड की सजा हुई थी। बैजू अनाथ हुआ था। तब बैजू बहुत रोता है। वह सोचता है कि, उसकी मंजिल तक सही रास्ता दिखाकर पहुँचाने वाला कोई तो चाहिए। तभी बाबा हरिदास उसके पास आकर उसे हौसला देते हैं। अपने पिता का बदला लेने में हथियार देने की बात करते हैं। वह हथियार है–'रागविद्या' का। बाबा हरिदास से बैजू संगीत की शिक्षा ग्रहण करता है। बारह वर्षों के कठोर तपस्या के बाद बैजू 'रागविद्या' में निष्णात बन जाता है। जो ज्ञान बाबा हरिदास के पास था सब बैजू को दे दिया था। बैजू अब पूर्ण गंधर्व बन चुका था। बैजू जब गाता था, तब हवा रुक जाती थी, पत्थर तक पिघल जाते थे।

संगीत का यह ज्ञान प्राप्त करके बैजू ने बाबा हरिदास के प्रति कृतज्ञता का भाव प्रकट किया। उनके चरणों पर सर रख दिया। तब बाबा हरिदास ने बैजू को प्रतिज्ञा करने को कहा कि, वह अपनी रागविद्या से, संगीत से किसी को भी हानि नहीं पहुँचायेगा। तब बैजू अत्यन्त भयभीत हो गया। उसके पैर लड़खड़ाने लगे। उसे 'रागविद्या' की शिक्षा से तानसेन से बदला लेना था। परन्तु बाबा हरिदास की प्रतिज्ञा से बैजू को ऐसा प्रतीत हुआ की उसकी बारह वर्ष की तपस्या पर एक क्षण में ही पानी फिर गया हो।

(ii) सुगंधा की सहेली रचना को समझाते हुए सुगंधा की माँ ने सुगंधा को पत्र लिखा है। सुगंधा ने रचना को समझाना चाहिए। इसे पत्र द्वारा बताया है। सुगंधा की माँ कहती हैं कि, रचना अभी प्रथम वर्षों के पूर्वार्द्ध में है, किसी लड़के के प्यार में वह जल्दबाजी में शादी का निर्णय ले रही है। सुगंधा की माँ के अनुसार रचना को झट से ऐसा कदम नहीं उठाना चाहिए। पहले धैर्य के साथ सोच-समझकर दोस्ती को आगे बढ़ाना चाहिए। निकट मित्रों की तरह रहकर कॉलेज-जीवन में एक-दूसरे को देखना-जानना चाहिए। उसे जाँचना-परखना चाहिए। एक-दूसरे के मार्ग के उन्नति में बाधा न बनकर एक दूसरे को प्रेरणा देनी चाहिए एक दूसरे की ताकत बनकर परस्पर विकास में सहयोग देना चाहिए।

जब उनकी पढ़ाई पूरी होगी, तब वे यदि एक-दूसरे के साथ पूर्ववत् लगाव महसूस करेंगे, उन्हें यह लगे कि वे साथ रहकर आने वाली कमियाँ-गलतियाँ उनके बीच उनकी दोस्ती में

किसी भी प्रकार की दरार नहीं डाल सकती। दोनों एक-दूसरे को समस्त खूबियाँ या कमियों के साथ स्वीकार कर अपना लेते हैं तो आगे का निर्णय उनके लिए सफल सिद्ध होता है। शादी का फैसला जिंदगी का अहम् फैसला होता है।

इस प्रकार सुगंधा की माँ ने रचना की शादी के संदर्भ में पत्र के द्वारा अपनी राय दी है।

(iii) दिलीप अपने पिता के मृत्यु के पश्चात् पिता की पेन्शन माँ के नाम ट्रांसफर करवाने और लंदन ले जाने के कारण बीजा बनवाने के काम में लग जाता है। इसी बहाने से अनेक कागजातों पर माँ से हस्ताक्षर करवाता है। माँ बेटे पर विश्वास रखकर बिना पढ़े–देखे कागजातों पर हस्ताक्षर करती जाती है। बेटे पर संदेह करने का कोई कारण भी तो नहीं था। जब जमीन, मकान हाथ से निकल गए तभी उसकी माँ के समझ में मामला आ गया। दिलीप ने धोखे से मकान का सौदा आठ करोड़ रुपए में कर दिया था। माँ के विरोध पर उसे लंदन अपने साथ रहने का आश्वासन दिया।

एक दिन सारी संपत्ति औने-पौने दामों में बेचकर माँ के साथ वह एअरपोर्ट पहुँचा। परन्तु बोर्डिंग का बहाना बनाकर माँ को कुर्सी पर बिठाकर लंदन अकेले ही चला गया। इतना ही नहीं दिलीप ने माँ का टिकट भी सरेंडर कर दिया और माँ को वृद्धाश्रम में रहने के लिए मजबूर कर दिया।

इस प्रकार से दिलीप ने अपनी जन्म देने वाली माँ के साथ स्वार्थ के कारण बड़ा विश्वासघात किया।

(घ) (i) स्मृति के आधार पर उस व्यक्ति के सम्बन्ध में लिखित लेख या ग्रंथ को संस्मरण साहित्य कहते हैं।

(ii) कहानी विधा का वर्गीकरण विभिन्न उद्देश्यों के अनुसार किया जाता है।

(iii) हिन्दी साहित्यशास्त्र में निबंध को गद्य की कसौटी माना गया है।

(iv) अनूदित कहानी प्रारंभ से ही सामाजिक बोध को व्यक्त करती रही है।

विभाग - 2 पद्य

(अ)

1. (i) आदमी पेड़ जैसा बड़ा नहीं हो सकता।

   (ii) पेड़ में जब तक साँस है, तब तक वह हालात से लड़ता रहता है।

   (iii) जब कवि खिड़की के पास बैठकर पेड़ को निहार रहा था तब उसने पेड़ होने का अर्थ महसूस किया।

   (iv) पेड़ हमें हौसले के साथ हालात से लड़ना सिखाते हैं।

2. (i) **बड़ा**–बड़प्पन   (ii) **अर्थ**–आर्थिक

   (iii) **आदमी**–आदमियत   (iv) **तूफान**–तूफानी

3. मानव को पेड़ से सीख लेनी लेनी चाहिए की, मनुष्य को अपना हौसला नहीं खोना चाहिए। कितना भी बड़ा संकट क्यों न आए। हमें डटकर उसका सामना करना चाहिए। प्रतिकूल परिस्थिति में शांत रहकर सोच-समझ के काम करने चाहिए। अशांति से या घबराहट से लिए हुए निर्णय गलत साबित होते हैं। इसलिए प्रतिकूल परिस्थिति में व्यक्ति को संयमता से निर्णय लेने चाहिए। जब बुरे हालात होते हैं, तब या प्रतिकूल परिस्थिति में हमें हमारे उद्देश्य, ध्येय परिवर्तन ने करते हुए उस परिस्थिति का सामना करके हमारे उद्देश्य पूर्ण करने चाहिए। एक न एक दिन उद्देश्यपूर्ति अवश्य होगी।

हालातों से भागना कायरता है। हालात का सामना करके उस पर विजय प्राप्त करना शूरता, सफलता की निशानी है। इसलिए हालात से भागने के बजाय उसका सामना करना सदैव बेहतर ही होता है।

(ख)

1. (i)

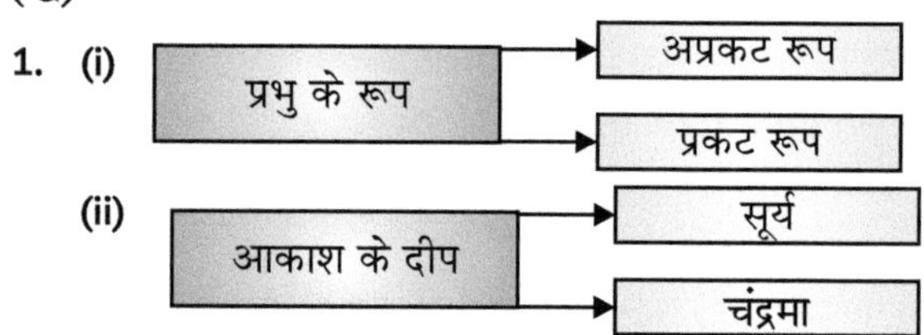

2. (i) दान–दान + ई = दानी।

   (ii) दया–दया + आलु = दयालु।

   (iii) गुण–गुण + वान = गुणवान।

   (iv) अंतर–अंतर + आल = अंतराल।

3. **अभिव्यक्ति**–ईश्वर भक्ति के अनेक मार्ग बताए गए है। उनमें सबसे सरल मार्ग ईश्वर का नाम स्मरण करना है। नाम स्मरण करने का कोई नियम नहीं है। भक्त जहाँ भी हो, चाहे जिस हालत में हो, ईश्वर का नाम स्मरण कर सकता है। अधिकांश लोग ईश्वर भक्ति का यही मार्ग अपनाते हैं। उठते-बैठते, आते-जाते तथा काम करते हुए नाम स्मरण किया जा सकता है। भजन-कीर्तन भी ईश्वर के नाम स्मरण का ही एक रूप है। ईश्वर भक्ति के इस मार्ग में प्रभु के गुणों का वर्णन किया जाता है। इसमें धार्मिक पूजा-स्थलों में जाने की जरूरत नहीं होती। गृहस्थ अपने घर पर ईश्वर का नाम स्मरण कर उनके गुणों का बखान कर सकता है। इससे नाम स्मरण करने वालों को मानिसक शांति मिलती हैं और मन प्रसन्न होता है। कहा गया है–'कलियुग केवल नाम अधारा, सुमिरि-सुमिर नर उतरैं पारा।' इसमें ईश्वर भक्ति में नाम स्मरण का ही महत्व बताया गया है।

(ग) (i) निम्नलिखित मुद्दों के आधार पर 'सच हम नहीं,' सच तुम नहीं कविता का रसास्वादन कीजिए।

मुद्दे :

(1) रचना का शीर्षक–सच हम नहीं; सच तुम नहीं।

(2) रचनाकार–डॉ. जगदीश गुप्त।

(3) पसंद की पंक्तियाँ–कविता की पसंद की पंक्तियाँ इस प्रकार हैं–'बेकार है मुस्कान से ढकना हृदय की खिन्नता।' आदर्श हो सकती है नहीं, तन और मन की भिन्नता।

इन पंक्तियों में यह स्पष्ट है कि मनुष्य को भीतर और बाहर दोनों से एक-सा ही रहना चाहिए, यही आदर्श है।

(4) कविता पसंद आने का कारण—कवि कहते हैं, कि हृदय के कष्ट को बाह्य मुस्कान से दबाया नहीं जा सकता। इस प्रयास का कोई लाभ भी नहीं होता है। इसे आदर्श नहीं माना जा सकता। इस तरह कवि ने व्यक्ति को भीतर-बाहर दोनों से एक-सा रहकर ही आदर्श निर्माण हो सकता है। इस बात को स्पष्ट किया है।

(5) कविता की केंद्रीय कल्पना—प्रस्तुत कविता में जीवन में दृढ़तापूर्वक निरंतर आगे बढ़ते रहने, संघर्ष करते रहने और मार्ग में आने वाली रुकावटों की परवाह न करके अपने लक्ष्य की प्राप्ति की ओर अग्रसर होने का संदेश दिया गया है। यही इस कविता की केंद्रीय कल्पना है।

(6) प्रतीक विधान—प्रस्तुत कविता में किसी की अधीनता स्वीकार कर लेने वाले को मृतक के समान कहा गया है। इस तरह के मृत व्यक्ति के लिए 'डाल से झड़े हुए फूल' का कवि ने प्रतीक के रूप में उपयोग किया है।

(ii) कवि वृंदजी रचित 'वृंद के दोहे' में जीवन का वास्तविक मार्ग दिखाया है। साथ ही मानवीय जीवन मूल्यों पर प्रकाश डाला है। उनके प्रस्तुत दोहे मनुष्य के जीवन से मिलते-जुलते नीतिपरक भरे-पूरे हैं। व्यावहारिक ज्ञान से अवगत कराते हुए कवि मनुष्य को अपनी क्षमता को ध्यान में रखकर किसी काम की शुरूआत करने की सलाह देते हैं। तभी व्यक्ति सफलता प्राप्त कर सकता है। वे जीवन का सच्चा मार्ग दिखाते हुए कहते हैं कि, व्यापार-व्यवसाय करने वाले अपने व्यापार मे छल-कपट न करें। इसमें उनका ही नुकसान होता है। दोहों में मानवीय मूल्यों से जुड़े हुए उदाहरण कवि ने दिए हैं।

कवि वृंदजी मानव को कुटिल व्यक्तियों के मुँह न लगने की सलाह देते हैं। साथ ही मनुष्य को निरंतर क्रियाशील रहने की बात बताते हैं। वृंदजी कहते हैं, ज्ञान देने से बढ़ता है—उसे अपने ही पास रखने से वह नष्ट हो जाता है। साथ ही सद्गुणों से ही व्यक्ति आदर का पात्र बनता है इस बात को स्पष्ट किया गया है। बिना गुणों के किसी को बड़प्पन नहीं मिलता। जिसमें बड़प्पन के गुण होते हैं, उसी को मनुष्य बड़ा मनुष्य मानते हैं। गुणों के संदर्भ में वृंदजी कहते हैं कि जिसमें जैसे—गुण होते हैं, वैसे ही उसे लाभ मिलते हैं। साथ ही सोच-विचार करके संयमता से लिया हुआ काम सफलता की ओर ले जाता है। वे कहते हैं, बच्चों के अच्छे-बुरे लक्षण पालने में ही दिखायी देते हैं, जैसे—किसी पौधे के पत्तों को देखकर उसकी प्रगति का पता चलता है। इस प्रकार कवि वृंदजी ने जीवन के अनुभवों और वास्तविकता से परिचित करके मानव को नीतिपरक बातों की सीख दी हैं। साथ ही विधि प्रतीकों की उपमाओं के द्वारा अपनी बात को अत्यन्त प्रभावशाली ढंग से व्यक्त किया है। आपकी सहज-सुंदर भाषा आपकी दोहों का प्रसादयुक्त गुण आपकी लोकभाषा से जुड़ी बात को स्पष्ट करने में सहायक होती है।

(घ) (i) उर्दू कविता का लोकप्रिय प्रकार गज़ल है।

(ii) वृंद जी की प्रमुख रचनाओं में—'वृंद सतसई', 'समेत-शिखर छंद', 'भाव पंचाशिका', 'हितोपदेश संधि', 'यमक सतसई' आदि।

(iii) 'चतुष्पदी' चार चरणों वाले छंद होता है।

(iv) लोकगीतों की भाषा में ग्रामीण जनजीवन की बोली का स्पर्श रहता है।

विभाग – 3 विशेष अध्ययन

(क)

1. (i) आज उस पथ से द्वारिका की युद्धोन्मत्त सेनाएँ गुजर रही हैं, इसलिए राधा दूर हट जाए।

(ii) कृष्ण के सेनापतियों के वायुवेग से दौड़ने वाले रथों की ऊँची गगनचुंबी ध्वजाओं में यह नीची डाल अटकती है—इसलिए आम्रवृक्ष की डाल सदा के लिए काट दी जाएगी।

(iii) कनु सबसे ज्यादा राधा का है।

(iv) राधा को कनु के सैनिक बिल्कुल नहीं पहचानते।

2. (i) **गगनचुंबी**—बहुत अधिक ऊँची।

(ii) **अगणित**—जिसकी गणना न की जा सके।

(iii) **छायादार**—सायादार, छाँव देने वाला।

(iv) **अटकना**—रूकावट डालना।

3. अनेक प्रकार के वृक्ष इस पृथ्वी पर अंकुरित होते हैं। सभी वृक्ष मनुष्य के काम आते हैं। परन्तु कुछ वृक्ष ऐसे होते है, जिन्हें धार्मिक दृष्टि से पवित्र माना जाता है। कुछ वृक्ष मनुष्य को औषधियाँ देते हैं। तो कुछ वृक्ष की पत्तियाँ धार्मिक कार्यों में उपयोगी होती हैं। कुछ वृक्षों की पूजा-अर्चना की जाती हैं। कुछ वृक्षों की लकड़ियों का उपयोग हवन में किया जाता है। तुलसी का पौधा तो बहुत ही उपयोगी सिद्ध होता है। आँगन में तुलसी हमें ऑक्सीजन देने के साथ इसकी हम पूजा भी करते हैं। तुलसी-पत्र भी पूजा में विशेष अवसर पर उपयोग में लाए जाते हैं। बेल के पत्ते भगवान शंकर को अत्यन्त प्रिय होते हैं, इस कारण भक्त उन्हें बड़ी श्रद्धा के साथ अर्पित कर पूजा करते हैं। वट वृक्ष की पूजा सुहागिन स्त्रियाँ पति के दीर्घायु के लिए वट अमावस्या के दिन करती हैं। आम का वृक्ष भी शुभ माना जाता है। आम के पत्तों का कलश और तोरण में उपयोग होता है। साथ ही अशोक वृक्ष के पत्तों का भी तोरण भी उपयोग होता है।

सुपारी और नारियल को धार्मिक कार्यों में बड़ा महत्त्वपूर्ण स्थान होता है। नारियल और सुपारी का वृक्ष पवित्र माना जाता है। इस प्रकार धार्मिक दृष्टि से पवित्र माने जाने वाले वृक्ष का जीवन में बहुत महत्व हैं।

(ख) (i) डॉ. धर्मवीर भारती रचित 'कनुप्रिया' आधुनिक मूल्यों का काव्य हैं। राधा-कृष्ण से प्यार करती हैं। और कृष्ण भी राधा से बहुत अधिक प्रेम करते हैं। परन्तु वे अब महाभारत के युद्ध के महानायक बने हुए हैं। राधा को यह युद्ध अब निर्थक लगता है। क्योंकि राधा के अनुसार प्रेम ही जीवन की सार्थकता हैं। परन्तु कनु उसके प्रेम को सेतु बनाकर ही युद्ध के मैदान में उतरे हैं, ऐसा राधा को लगता है। राधा के दो रूप यहाँ दिखायी

देते हैं। अवचेतन मन में बैठी राधा और दूसरा रूप चेतनावस्था में स्थित राधा।

अवचेतन मन में बैठी राधा चेतनावस्था में स्थित राधा को संबोधित करती हैं—कहती हैं कि राधा तू जहाँ श्रीकृष्ण को देवता समझकर प्रणाम करने के लिए आती थी, उस राह से अब तू मत जा। जिस राज से तू आती थी उस रास्ते से महाभारत के युद्ध में भाग लेने के लिए श्रीकृष्ण की अठारह अक्षौहिणी सेनाएँ जाने वाली हैं। उसी पथ से द्वारिका की उन्मत्त सेनाएँ जा रही हैं। कनु सबसे अधिक राधा का है। परन्तु उसके सैनिक राधा को पहचानते नहीं हैं। कनु भी राधा से इस समय अनभिज्ञ हो चुके हैं। जिस डाली पर बैठकर बंसी बजाकर राधा को पुकारते थे, वह आम की डाल सदा के लिए काट दी जाएगी क्योंकि वहाँ से कृष्ण के सेनापतियों के तेज गति वाले रथों की ऊँची पताकाओं में यह डाल अटकती है। यह महायुद्ध इतना प्रलयकारी बन चुका है कि सेना के स्वागत में यदि ग्रामवासी तोरण नहीं सजाएँगे तो कदाचित् यह ग्राम भी उजाड़ दिया जाएगा।

कनु के साथ राधा ने जो तन्मयता के गहरे क्षण बिताये हैं, वह कनु भूल चुके है; उस समय कृष्ण को केवल अपना वर्तमान अर्थात् महाभारत का निर्णायक युद्ध ही याद है। वे अब राधा के प्यार से अपरिचित होकर उससे दूर चले गए हैं। इस कारण राधा उदास होती है। परन्तु उसे उदास न होकर अपने महान प्रेमी के पास अठारह अक्षौहिणी सेनाएँ होने का गर्व होना चाहिए।

(ii) 'कनुप्रिया' डॉ. धर्मवीर भारती रचित आधुनिक मूल्यों का काव्य है। राधा कृष्ण को कहती है कि—जो भी उन्होंने तन्मयता

के गहरे क्षण एक साथ गुजरे हैं, उसे कनु भावावेश या उसकी कोमल कल्पनाएँ या उन क्षणों को व्यक्त करने वाले शब्द निरर्थक परंतु आकर्षक शब्द हैं। और एक क्षण के लिए उसने यह मान लिया की महाभारत का युद्ध पाप-पुण्य, धर्म-अधर्म, न्याय-दंड, क्षमा-शील के बीच का युद्ध था। इसलिए इस युद्ध का होना इस युग का जीवित सत्य था। जिसके नायक कनु हैं। परन्तु राधा तो कनु की बावरी सखी है, मित्र है। कनु ने राधा को जितना ज्ञान, उपदेश दिया उतना ही अर्थात् स्नेहासिक्त ज्ञान ही उसने प्राप्त किया है। कनु प्रेम और साख्यभाव जितना राधा को दिया, उन सब को समेटकर भी राधा कनु के उदात्त और महान् कार्यों को समझ नहीं सकी हैं। कनु के प्रयोजन को वह समझ नहीं पायी है क्योंकि उसने कनु को सदैव तन्मयता के गहरे क्षणों में जिया है।

राधा कृष्ण को संबोधित करते हुए कहती हैं—जिस यमुना नदी में वह स्वयं को निहारकर कनु के प्रेम में खो जाती थी, उस नदी में अब शस्त्रों से लदी असंख्य नौकाएँ न जाने कहाँ से आती हैं। राधा कहती है—ये गिद्ध जो चारों दिशाओं से उड़कर उत्तर दिशा की ओर जाते हैं; उनको तुम जैसे भटकी हुई गायों को बुलाते थे, वैसे बुलाते हैं। महाभारत के युद्ध के कर्णधार कनु स्वयं को समझते हैं, 'वहाँ कुरुक्षेत्र में, युद्ध के मैदान में, जहाँ गगन-भेदी युद्धघोष होता रहा, क्रंदन स्वर गूँजता रहा, अमानवीय, क्रूर घटनाएँ घटित हुईं'—यह सब सार्थक है क्या कनु ? ऐसा प्रश्न राधा कनु को करती हैं।

राधा ने जितना भी उपदेश ज्ञान कनु से प्राप्त किया है, उतना ही उसे ज्ञान है। इसलिए राधा कनु के युद्ध के नायकत्व से परिचित नहीं होता है। ऐसा कहा गया है।

विभाग – 4 व्यावहारिक हिंदी अपठित गद्यांश और पारिभाषिक शब्दावली

(अ) (i) फीचर लेखन की प्रक्रिया में निम्न चार सोपानों अथवा चरणों के आधार पर फीचर लिखा जाता है।

(1) प्रस्तावना—फीचर के विषय का संक्षिप्त परिचय प्रस्तावना में होता है। यह परिचय आकर्षक और विषयानुकूल होना चाहिए। इससे पाठकों के मन में फीचर पढ़ने की जिज्ञासा जाग्रत होती है। पाठक अंत तक फीचर से जुड़ा रहता है।

(2) विवरण अथवा मुख्य कलेवर—फीचर में विवरण का महत्त्वपूर्ण स्थान है। फीचर में लेखक स्वयं के अनुभव लोगों से प्राप्त जानकारी और विषय की क्रमबद्धता रोचकता के साथ संतुलित तथा आकर्षक शब्दों में पिरोकर उसे पाठकों के सम्मुख रखता है। जिससे फीचर पढ़ने वाले को ज्ञान और अनुभव से संपन्न कर दें।

(3) उपसंहार—यह अनुच्छेद संपूर्ण फीचर का सार अथवा निचोड़ होता है। इसमें फीचर लेखक फीचर का निष्कर्ष भी प्रस्तुत कर सकता है अथवा कुछ अनुत्तरित प्रश्न पाठकों के ऊपर भी छोड़ सकता है। उपसंहार ऐसा होना चाहिए पाठक को विषय से सम्बन्धित ज्ञान भी मिल जाए और उसकी जिज्ञासा भी बनी रहे।

(4) शीर्षक—विषय का औचित्यपूर्ण शीर्षक फीचर की आत्मा है। शीर्षक संक्षिप्त, रोचक और जिज्ञासावर्धक होना चाहिए। नवीनता, आकर्षकता और ज्ञानवृद्धि उत्तम शीर्षक के गुण हैं।

अथवा

(ख)

1. (i) भाषा का समयानुकूल प्रयोग ही कार्यक्रम की गरिमा को बढ़ा देता है।

(ii) हास्य से भरा चुटकुला या कोई प्रसंग सुना देने से कार्यक्रम की रोचकता बनी रहती है।

(iii) उद्घोषक को किंग ऑफ वॉइस, संस्कृत शिरोमणि और अखिल आकाशवाणी जैसे अनेक पुरस्कारों से सम्मानित किया गया है।

(iv) उद्घोषक शब्दों की दुनिया में रहता है।

2. (i) **बोझिल**—अलसाया   (ii) **रोचकता**—सरसता

(iii) **गरिमा**—महत्त्व   (iv) **प्रेरणादायक**—प्रेरणा देने वाली

3. अच्छा उद्घोषक बनने के लिए कुछ गुणों का होना आवश्यक है। उद्घोषक को मिलनसार, हँसमुख हाजिर-जवाबी होने के साथ

विविध विषयों का जानकार होना चाहिए। भाषा पर प्रभुत्व होना चाहिए। इसके लिए निरंतर पढ़ते रहना आवश्यक है। पढ़ना, सुनना प्रेरणा देता है वही सूत्र संचालन का आधार स्तम्भ बना रहता है। सतर्कता, सहजता और उत्साहवर्धन उद्घोषक के मुख्य गुण हैं। उसकी वेशभूषा, केशसज्जा सहज और गरिमामयी होनी चाहिए। उसके शब्दों में उसका आत्मविश्वास और व्यक्तित्व दिखायी देता है। कार्यक्रम में रोचकता बनायी रखने के लिए उद्घोषक को प्रसंग के अनुसार चुटकुले, शायरी के अंश का प्रयोग करना आवश्यक है। इसके लिए निरंतर अध्ययन करते रहना आवश्यक है। इन उपर्युक्त बातों पर ध्यान देकर ही व्यक्ति अच्छा उद्घोषक बनता है।

(ख) (i) सेवा धर्म से बढ़कर कोई धर्म नहीं है। परन्तु लोग ऐसा समझते है कि मोक्ष प्राप्त करने के लिए तीर्थयात्रा जाना पड़ता है। लोग घर में वृद्धों और बच्चों को छोड़कर तीर्थयात्रा को निकल पड़ते हैं। भगवान के दर्शन तो मानव की सेवा में ही मिलते हैं। इस तथ्य से हमें परिचित होना चाहिए। परन्तु लोग सेवा को भुला रहे हैं। मानव की सेवा, प्राणिमात्र की सेवा करके ही मनुष्य की तीर्थयात्रा का फल मिलता है। वृद्धों की सेवा करके ही हमें फलरूपी मेवा मिलती है।

मानव मात्र की सेवा करके ही सच्चे सुख की प्राप्ति होती है। मानव का मानव के प्रति सद्भाव ही मानवता है। मानव की आत्मा ही परमात्मा है। हमें परस्पर घृणा तिरस्कार को भूलकर ही मानवता के धर्म को अपनाना है। मनुष्य अपने साथ अगर कुछ ले जाता है तो सिर्फ अच्छे कर्म और लोगों की सच्ची सेवा। इन बातों को मानव को समझना होगा। सच्चे मन से अगर हम मानव सेवा करते हैं तो, हम बहुत आगे बढ़ सकते हैं और हर कोई हमें काम में सहयोग प्रदान करेगा अगर हम भगवान की पूजा करने के लिए मंदिर जा रहे हों और कोई भूखा, प्यासा या निर्बल, अपाहिज आपसे मदद चाहता है, तो हमारा पहला कर्तव्य है उस अपाहिज, भूखे की मदद करें, क्योंकि मानव सेवा ही ईश्वर सेवा है। भगवान भी यही चाहते हैं कि, लोग एक-दूसरे की मदद करें तभी दुनिया में अच्छा परिवर्तन आएगा।

इस प्रकार पूरी निष्ठा के साथ की हुई मानव सेवा तीर्थयात्रा से बढ़कर ही होती है।

(ii) डॉ. विक्रम साराभाई को भारती या अंतरिक्ष कार्यक्रम का जनक कहा जाता है। भारत के अंतरिक्ष कार्यक्रम की संकल्पना डॉ. विक्रम साराभाई की ही है। जब उपग्रह को अंतरिक्ष में पहली बार भेजा गया तब किसी ने भी यह नहीं सोचा होगा कि यान एक दिन मंगल के लिए जा सकेगा। भारत ने अपने अंतरिक्ष कार्यक्रम की शुरूआत सीमित संसाधनों के साथ की थी। भारत का अंतरिक्ष कार्यक्रम 60 के दशक में शुरू हुआ था। एपल सैटेलाइट को 1981 में प्रक्षेपण के लिए बैलगाड़ी में ले गये थे।

बड़े वैज्ञानिक भारत के अंतरिक्ष कार्यक्रम से जुड़े रहे हैं। पूर्व राष्ट्रपति ए.पी.जे. अब्दुल कलाम भी भारत के अंतरिक्ष कार्यक्रम में योगदान दे चुके हैं। धरती की भू-चुंबकीय भूमध्य रेखा युवा से गुजरती है इसलिए सबसे पहले युवा को लॉन्चिंग सेंटर के तौर पर चुना गया था। भारत ने पहला रॉकेट 21 नवम्बर, 1963 को लाँच किया था। अर्थात् मंगल यान् से करीब 50 साल पूर्व यह एक नाईक-अपाचे रॉकेट था। 20 नवम्बर 1967 को भारत में बना पहला रॉकेट रोहिणी-75 लाँच किया गया था।

भारत का पहला उपग्रह आर्यभट्ट 1975 में लाँच किया गया। प्राचीन भारत के प्रसिद्ध खगोलविद् आर्यभट्ट के नाम पर इसका नाम रखा गया है। इसका वजन 360 किलोग्राम था। भारत का पहला रिमोट सेंसिंग सैटेलाइट भास्कर-1 था। इस उपग्रह का कैमरा जो तस्वीरें भेजता था। उन्हें वन, पानी और सागरों के अध्ययन में इस्तेमाल किया जाता था। चंद्रमा की सतह पर पानी की खोज चंद्रयान ने ही की थी। भारत के अंतरिक्ष कार्यक्रम में चंद्रयान का महत्त्वपूर्ण स्थान है।

भारत ने सबसे शक्तिशाली स्वदेश निर्मित अब तक का सबसे भारी संचार उपग्रह जी सैट-19 को भूस्थिर अंतरिक्ष प्रक्षेपण का वाहन मार्क-III के जरिए प्रक्षेपित किया। इससे पहले भारत ने 5 मई को पहला दक्षिण एशिया उपग्रह अंतरिक्ष में छोड़कर कामयाबी हासिल की थी। दिसम्बर 2014 में संचार उपग्रह जी सैट-16 का प्रक्षेपण किया गया। दूसरों ने 2015 में जी सैट-15 संचार उपग्रह और विभिन्न तरंग लंबाई वाले अंतरिक्ष प्रक्षेपण उपग्रह एस्ट्रोसैट को आकाश में छोड़ा। 2018 के प्रारंभ में भारतीय अंतरिक्ष एजेंसी का दो चंद्र अभियान शुरू किया। चंद्रयान-2 इससे पहले के चंद्रयान-1 का परिष्कृत संस्करण होगा। इसके बाद संभवत: 2021-22 में एक बार फिर से इसरो मंगल का रूख करेगा और मंगलयान-2 नाम का दूसरा मंगल आर्बिटर मिशन अंतरिक्ष में भेजेगा। इस प्रकार पिछले दशकों में भारत के अंतरिक्ष कार्यक्रम ने प्रगतिशील कार्य किया है।

अथवा

(i) सूत्र संचालन में तो **भाषा** की महत्त्वपूर्ण भूमिका होती है।

(ii) जीवों द्वारा प्रकाश उत्पन्न करने की क्रिया एक साधारण रासायनिक क्रिया है इसे सिद्ध करने वाले **स्पैलेंजनी** हैं।

(iii) फीचर लेखन की प्रक्रिया के मुख्य **तीन** अंग है।

(iv) ब्लॉग लेखन शुरू करने की प्रक्रिया के संदर्भ में विस्तृत जानकारी 'गूगल' पर उपलब्ध है।

(इ)

1. (i) गुरुदेव श्रीनिकेतन में बड़े आनंद से रहते थे।

(ii) गुरुदेव ने उनके कुत्ते की पीठ पर हाथ फेरने पर उसने आँखे मूँदकर अपने रोम-रोम से स्नेह रस का अनुभव किया।

(iii) गुरुदेव ने कुत्ते को लक्ष्य करके 'आरोग्य' में इस भाव की एक कविता लिखी थी।

(iv) कवि की मर्मभेदी दृष्टि ने भाषा हीन प्राणी की करुण दृष्टि के भीतर उस विशाल मानव सत्य को देखा, जो मनुष्य, मनुष्य के अंदर भी नहीं देख पाता।

2. (i) **रोम**–रोम   **(ii)** **धीरे**–धीरे

(iii) **भीड़**–भाड़   **(iv)** **छेड़**–छाड़

3. गुरुदेव मूलतः प्रकृति-प्रेमी थे। साथ ही उनको संगीत, साहित्य, चित्रकला जैसी विभिन्न कलाओं में रुचि थी। रविन्द्रनाथ जी को बचपन में अपने पिता के साथ हिमालय और विभिन्न स्थानों पर घूमने का अवसर मिला। इसलिए 'गीतांजलि' और अन्य प्रमुख काव्य रचनाओं में गुरुदेवजी ने प्रकृति का मोहक और जीवंत चित्रण किया है। वे अत्यधिक घूमते थे इस कारण वे प्रकृति के नजदीक आए थे। वे प्रकृति के गोद में ही पले-बढ़े हुए है। इसलिए उनके मन पर प्रकृति का गहरा प्रभाव है। प्रकृति से उन्हें बड़ा लगाव था। हिमालय पर्वत की सुंदरता और भव्यता देखकर वे हर्ष से फूले नहीं समाते थे। उनकी कहानी-कथाओं में वर्षा ऋतु, वर्षा ऋतु का आकाश, छायादार गाँव, वर्षा से भरे धान के लहराते खेत, नदियाँ आदि का जीवंत वर्णन मिलता है। गुरुदेवजी के मतानुसार, प्रकृति के कण-कण में, रंग-बिरंगे फूलों में, रसदार फूलों में, रंग-बिरंगे दृश्यों में सभी में ब्रह्म का अस्तित्व विद्यमान है। गुरुदेवजी को बंगाल की पद्मा नदी अधिक प्रिय थी, उन्हें बंगाल के ग्रामांचल से अत्यधिक प्रेम था। वर्षा ऋतु के आगमन पर वे चाहे जहाँ भी रहे सदैव शांति निकेतन आकर रहना पसंद करते थे। इस प्रकार उनका प्रकृति प्रेम देखकर वे प्रकृति के बेहद चाहने वाले थे इस बात से हम परिचित होते हैं।

(घ) (i) न्यायाधीश   (ii) स्थगन

(iii) शिखर बैंक   (iv) बकाया

(v) लेन-देन   (vi) मौसम विज्ञान

(vii) अभिलेख   (viii) एकीकृत परिपथ

विभाग – 5 व्याकरण

(क) (i) लोगों को आगरा से बाहर जाते देखा था।

(ii) नए मूल्यों का पर्याय नहीं होगा।

(iii) द्विवेदी साहब ने अपने वचन का पालन किया है।

(iv) पंत के साथ तो रास्ता कम अखरता था, पर अब सोचकर ही थकावट होगी।

(ख) (i) रूपक अलंकार   (ii) उपमा अलंकार

(iii) उत्प्रेक्षा अलंकार   (iv) अतिशयोक्ति अलंकार।

(ग) (i) श्रृंगार रस   (ii) शांत रस

(iii) अद्भुत रस   (iv) रौद्र रस

(घ) (i) **ब्रह्मानंद में लीन होना**—अलौकिक आनंद का अनुभव करना।

वाक्य—गायिका लताजी का गाना सुनकर श्रोता ब्रह्मानंद में लीन हो जाते थे।

(ii) **आगाह करना**—सूचित करना।

वाक्य—आरोग्य विभाग ने संपूर्ण महाराष्ट्र को कोरोना से बचाव के लिए 'मास्क को लगाने के लिए आगाह किया है।'

(iii) **सिर से पानी गुजर जाना**—सहने की शक्ति समाप्त हो जाना।

वाक्य—रामू मालिक को जवाब देकर नौकरी छोड़कर चला गया, क्योंकि मालिक की गालियाँ सुनकर अब उसे लगा कि सिर से पानी गुजर गया है।

(iv) **नसीब होना**—प्राप्त होना।

वाक्य—दिन-रात मेहनत करके भी गोपाल के परिवार को महँगाई के कारण दो वक्त का भोजन भी नसीब नहीं होता था।

(ङ) (i) दिलीप अपने माता-पिता की इकलौती संतान थी।

(ii) शेष आप इस लिफाफे को खोलकर पढ़ लीजिए।

(iii) निराला जी अपने युग की विशिष्ट प्रतिभा है।

(iv) पुस्तकों का ढेर देख मैं दंग रह गया।

●●

ENGLISH

Time : 3 Hrs **Total Marks :** 80

General Instructions:

(i) All questions are compulsory. There may be internal option(s).

(ii) Answers are to be written in complete sentences. One word answers or incomplete sentences will not be given credit.

(iii) Figures/Web-diagrams/Charts/Tables etc. should be drawn and presented completely with proper answers written as instructed.

(iv) Use of colour pens/pensils etc. is not allowed. Blue/Black pens are allowed.

SAMPLE PAPER-1
English

Questions

Time: 3 Hours

Total Marks: 70

Section I : Prose

(Reading for Comprehension, Language Study, Grammar, Note making, Mind mapping)

Q.1. (A) Read the extract and complete the activities given below: (12)

He sat under the boughs of a spreading tamarind tree which flanked a path running through the Town Hall Park. It was a remarkable place in many ways. A surging crowd was always moving up and down this narrow road from morning till night. A variety of trades and occupations was represented all along its way : medicine sellers, sellers of stolen hardware and junk, magicians and above all, an auctioneer of cheap cloth, who created enough din all day to attract the whole town. Next to him in vociferousness came a vendor of fried groundnut, who gave his ware a fancy name each day, calling it "Bombay Ice Cream" one day and on the next "Delhi Almond," and on the third "Raja's Delicacy," and so on and so forth, and people flocked to him. A considerable portion of this crowd dallied before the astrologer too. The astrologer transacted his business by the light of a flare which crackled and smoked up above the groundnut heap nearby. Half the enchantment of the place was due to the fact that it did not have the benefit of municipal lighting. The place was lit up by shop lights. One or two had hissing gaslights, some had naked flares stuck on poles, some were lit up by old cycle lamps, and one or two, like the astrologer, managed without lights of their own. It was a bewildering crisscross of light rays and moving shadows. This suited the astrologer very well, for the simple reason that he had not in the least intended to be an astrologer when he began life; and he knew no more of what was going to happen to others than he knew what was going to happen to himself next minute.

A1. In the story, it is told that the town Hall Park was a remarkable place in many ways for an astrologer to build his business. List the exceptional qualities of the place. (2)

A2. The astrologer never opened his mouth till the other had spoken for at least ten minutes. Tell the reasons behind his act. (2)

A3. Complete the following : (2)

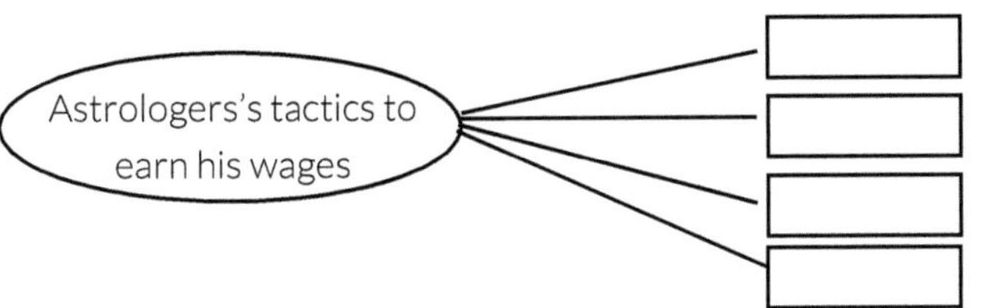

A4. Suggest some steps to eradicate superstitions and other ill practices from our society. (2)

A5. Do as directed : (2)

1. A variety of trades and occupations was represented all along its way. (Rewrite beginning with IT............)

2. He had not intended to be an astrologer (Rewrite as an affirmative sentence)

A6. Give noun forms of the following words: (2)

surging   moving   manage   intend

(B) Language Study

B1. Do as directed/Transformation of sentences: (3)

1. The king ....Kashipur decided to go everywhere ....disguise. (Fill in the blanks with suitable prepositions)

2. There was ....article in ....Times of India about this critical issue. (Fill in the blanks with suitable articles)

3. Many promises have been given inspite of the drawbacks. (Frame a Wh-question to get the answer underlined)

B2. Spot the error in the given sentence and rewrite the correct sentence: (1)

Radha brought pens and distributed them between her five children.

Q.2. (A) Read the extract and complete the activities given below: (18)

Often students who are fond of reading books are labelled by their comrades as book-worms. Boys who shine in athletics or in the playing of some game, consider that the games field is a better or nobler arena for their activities and the expenditure of their energies than the classroom or the reading desk. The idea is born out of an inferiority complex inherent in the games minded students who actually envy their fellows who shine academically. Academic honours have a glamour which is unique.

It is not to be denied that the playing of games is a worthy activity. It is worthy in the sense that the team spirit can be engendered in the invidual only if he has learnt to participate in the playing of games. It is also true that the player does much for society and for his country on the playing field. It is true that the feeling of cooperation can be cultivated in a person only through group activity. But studies should not be sacrificed in order that students devote their time only to the playing of games.

Let each type of activity have its own place in our daily round and then only the balanced division of interests will produce an individual with a proper perspective of things.

A1. Complete the following: (2)

Write the qualities that can be acquired through games:

A2. Gamesters call academically bright students 'bookworms'. Give reasons for it. (2)

A3. Write the message that the writer wants to convey through the extract. (2)

A4. The writer says, 'Academic honours have a glamour which is unique'. Do you agree with it ? Justify your answer. (2)

A5. Do as directed : (2)

1. The games field is a better or nobler arena for their activities than the classroom. (Rewrite in positive degree)
2. The team spirit can be engendered in the individual only if he has learnt to participate in the playing of games. (Rewrite as a negative sentence)

A6. Complete the following table : (2)

Verb	Noun	Adjective
....	envy	....
produce	....	....

(B) Summary Writing: (3)

Write the summary of the above extract with a suitable title, with the help of the given points / hints.

gamesters-tease .... academically .... brilliant .... students-qualities through games goal of education go hand in hand.

(C) Note making / Mind mapping: (3)

Draw a tree-diagram that contains the main points and supporting details from the extract.

In order to provide a nation with an adequate supply of such social necessities as roads, hospitals and schools, a government must have a permanent source of income. It gets its essential income by the device of taxation, that is to say, it extracts compulsory contributions from the population in order to give them back in the form of social benefits. Naturally, if the government wishes to devote more money to the development of such facilities, it must increase its income and the only way to do this is by devising further means of taxation.

It is not possible in all types of tax to draw up different rates according to income and it is for this reason that two types of tax exist-direct and indirect. Direct taxes are those in which the tax payers pay the contribution directly to the government such as income tax, excess profit tax and death duty. Indirect taxes such as tobacco duty, sales tax and entertainment tax, are paid by the tax payer when he buys certain goods or services.

Now, complete the following tree-diagram.

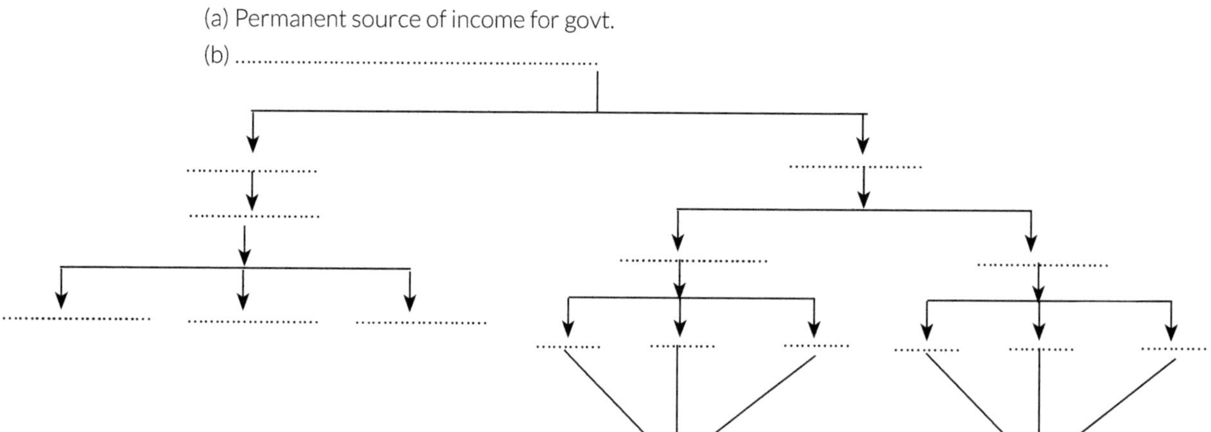

Section II : Poetry

(Poetry and Appreciation)

Q.3. (A) Read the extract and complete the activities given below: (10)

Afoot and light-hearted I take to the open road,

Healthy, free, the world before me,

The long brown path before me leading wherever I choose.

Henceforth I ask not good-fortune, I myself am good-fortune,

Henceforth I **whimper** no more, postpone no more, need nothing,

Done with indoor complaints, libraries, **querulous** criticisms,

Strong and content I travel the open road.

The earth, that is sufficient,

I do not want the **constellations** any nearer,

I know they are very well where they are,

I know they suffice for those who belong to them.

(Still here I carry my old delicious burdens,

I carry them, men and women, I carry them with me wherever I go,

I swear it is impossible for me to get rid of them,

I am fill'd with them, and I will fill them in return.)

A1. Write four lines from the extract showing that the poet is prepared to enjoy every moment of his journey.   **(2)**

(a) ....   (b) ....

(c) ....   (d) ....

A2. The poet is a person who is free from all inhibitions. Elaborate the concept of freedom expressed in the extract.   **(2)**

A3. Explain the metaphorical concept of 'road' used in the extract.   **(2)**

A4. Write two examples of the figure of speech 'Climax' from the extract.   **(2)**

A5. Use the following words and compose two to four lines on 'The Road that leads to my college   **(2)**

[bag of books, bright sun, travel, pain]

(B) Appreciation

Read the extract and write the appreciation based on the aspects given bleow: **(4)**

When I had money, money, O!
I knew no joy till I went poor;
For many a false man as a friend
Came knocking all day at my door.

Then felt I like a child that holds
A **trumpet** that he must not blow
Because a man is dead; I dared
Not speak to let this false world know.

Much have I thought of life, and seen
How poor men's hearts are ever lights;
And how their wives do **hum** like bees
About their work from morn till night.

So, when I hear these poor ones laugh,
And see the rich ones coldly frown
Poor men, think I, need not go up

You may use the following points for writing the appreciation in about 100-150 words.

- About the poem, significance of the title.
- The form of the poem, theme and its significance.
- Poetic style, language features/poetic devices.
- Inspirational message, values, morals reflected in the poem.
- Special features.
- Your opinion and critical evaluation of the poem.

Section III : Writing Skills

Q. 4. **Complete the activities as per the instructions given below :**   **(16)**

(A) Attempt any ONE of the following: **(4)**

Drafting virtual messages / statement of purpose / group discussion.

Using information from the dialogue given below, write the message which Amrita left for her brother, Sourajit.

Shekhar : Is this 9850852345?

Amrita : Yes. May I know who is speaking?

Shekhar : I am Shekhar and want to speak to Sourajit. I am his friend from I.H.M. Dadar.

Amrita : I am his sister Sourajit is not at home at the moment. Can you ring up a little later?

Shekhar : I shall be a little busy. Actually, I have got a placement at the Hotel Veena Resort in Goa and will join with immediate effect. So right now I am trying to get all the formalities completed. This is the news that I wanted to give him. Will you do that for me ? Also tell him that I will let him know my new cell phone numbers as soon as I get one.

Amrita : I'll do that Bye and all the best.

Amrita had to leave for office, so she wrote a note to Sourajit. Draft her message in not more than 50 words.

OR

You must have decided your aim in life. Which institute/ university would you like to join for your diploma a graduation? Write a statement of purpose as a part of your application to the institute / university.

OR

Rama, Asif, Rachana and Aarav are participating in a group discussion. The evaluator has given them a topic 'Teenagers are more inclined towards junk food now-a-days. Write suitable dialogues for each participant giving his/her opinion on the topic and the conclusion they reach at.

(B) Attempt any ONE of the following: **(4)**

You visited the Book Exhibition held at S.P. Ground, Pune. Using the hints given below, write an e-mail to your friend about your experience.

(a) Very big and grand exhibition

(b) All types of books

(c) Special discounts offered

(d) A feast for reader

OR

Report Writing:

Prepare a report on the prize distribution of yours college for your college magazine. Take help of the following points:

(a) Decoration of the Assembly Hall

(b) Nature of prizes

(c) Speech of the chief guest

(d) Feelings of awardees

(e) Add your own points

OR

Interview:

You are the Sports Representative of your college and asked to interview a professional swimmer. Frame a set of 8 to 10 questions to interview him. Use the following points :

(a) Introduction

(b) Remarkable experience

(c) Physical warm up

(d) Favourite event

(e) Conclusion

(C) Attempt any ONE of the following: (4)

Speech:

Write a speech on 'Social Media : Good or Bad' in about 100-150 words.

OR

Compering:

Imagine that you are a compere of 'Book Release Programme' Prepare a script for compering the programme with the help of the following points in about 100-150 words.

(a) Introduction

(b) Lighting the lamp

(c) Introduction of guest and felicitation

(d) Introductory note by the publisher

(e) Speech of the author

(f) Speech of the chief guest

(g) Vote of thanks

OR

Expansion of an ideas:

Expand the following idea in about 100-150 words.

'If winter comes, can spring be far behind?

(D) Attempt any ONE of the following: (4)

Review :

Write a review of any historical film of you choice, with the help of the following points :

(a) Significance of the title

(b) Year of release

(c) Story line / Theme

(d) Actions / Music and songs

(e) Setting / Location

(f) Producer and Director

OR

Blog Writing:

Write a blog in proper format in about 100-150 words in 'Man V/s Nature' with the help of the following points:

(a) Behaviour of man with nature

(b) Role played by man in nature

(c) Importance of nature

(d) Side effects if trees are unavailable

(e) Add your own points

OR

Appeal:

Prepare an appeal on the topic 'A Cleanliness Drive', with the help of the following points:

(a) Need of cleanliness

(b) Importance of cleanliness

(c) Catchy slogans

(d) Venue, date and time

(e) Add your own points

Section IV : Literary Genre-Novel

Q.5. (A) Complete the activities given below as per the instructions: (4)

1. Complete the following statements:

(i) The two types of conflicts that the plot may have are ....

(ii) The word 'picaresque' is originated from ......

2. Write a short note of about 50 words on:

(i) 'Novella'

(B) Answer the questions given below in about 50 words: (4)

1. Complete the following with the traits of Fernman:

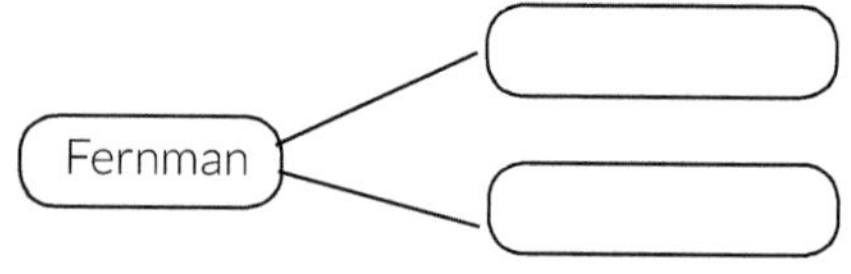

2. Which event took place in 'To Sir, With Love'. Choose the correct one and give reasons to support your answer:

- Annual Sports day on November 15th
- Annual Social and Cultural Gathering on November 15th
- Half-yearly report of Students Council on November 15th
- Farewell programme on November 15th

(C) Answer the questions given below in about 50 words: **(4)**

1. Describe the importance of the following place in the development of the plot and behaviour of the characters in 'Around the World in Eighty Days'.
   - London

2. Write the Central Idea of 'Around the World in Eighty days' in 50 words.

(D) Answer the questions given below in about 50 words: **(4)**

1. Highlight the qualities of :

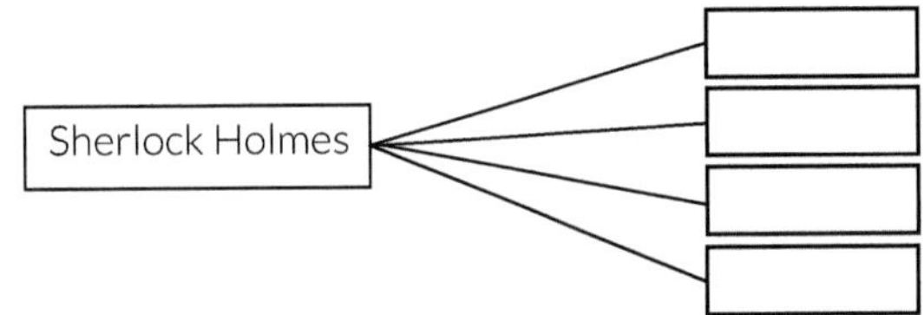

2. **Give reasons for the following:**
   Miss Morstan received a pearl every year ....

ⒶAnswer Key

Section I : Prose

(Reading for comprehension, language study/Summary, Mind Mapping)

1. (A) A1. (a) A surging crowd
   (b) A variety of trades and occupations
   (c) Enough din to attract people
   (d) Provision of light from nut vendor

A2. (a) He is good at reading the people
   (b) His practice has sharpened his perception
   (c) He has a working analysis of mankind's troubles
   (d) He can win confidence of his customers with information gained.

A3.

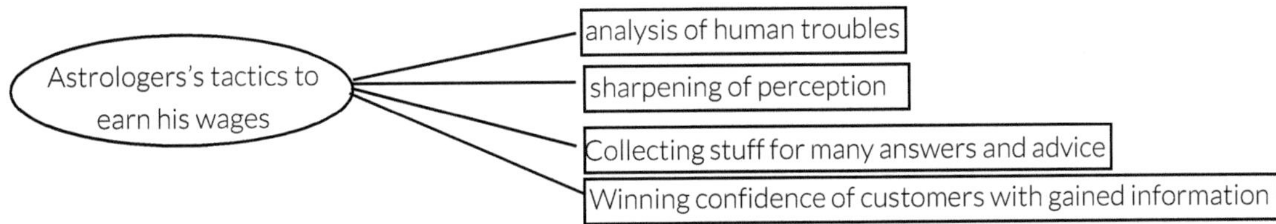

A4. It is essential to eradicate superstitions and other ill practices from our society if we want society to improve and ultimately our nation to develop. Education plays a vital role in it. The national approach of looking at everything can be imbibed among the students right from their schooling so that they will spread it and become a responsible citizen.

A5. 1. It represented a variety of trades and occupations all along its way.
   2. He had intended to be someone else than an astrologer.

A6. surge — movement
   management — intention

(B) B1. 1. The king *of* Kashipur decided to go everywhere *in* disguise.
   2. There was *an* article in *the* Times of India about this critical issue.
   3. How have many promises been given?

B2. Radha brought pens and distributed them among her five children.

2. (A) A1.

A2. Gamesters call academically bright students bookworms because of their inferiority complex arising out of envy of academic excellence.

A3. The writer and wants to convey a message that the goal of proper education is to build up well rounded personality. This can be possible by balancing studies with other activities like games and sports.

A4. I do not agree with what the writer says. It is true that education is very important in a man's life but a person can shine in other fields also. A sports man can be equally honorable as an academician. Sachin Tendulkar, Vishwanathan Anand, P.V. Sindhu are the glowing example of this fact.

A5. 1. The classroom is not as good or noble arena for their activities as the games field.

2. The team spirit can never be engendered in the individual unless he has learnt to participate in the playing of games.

A6.

Verb	Noun	Adjective
envy	envy	**envious**
produce	**production**	productive

(C)

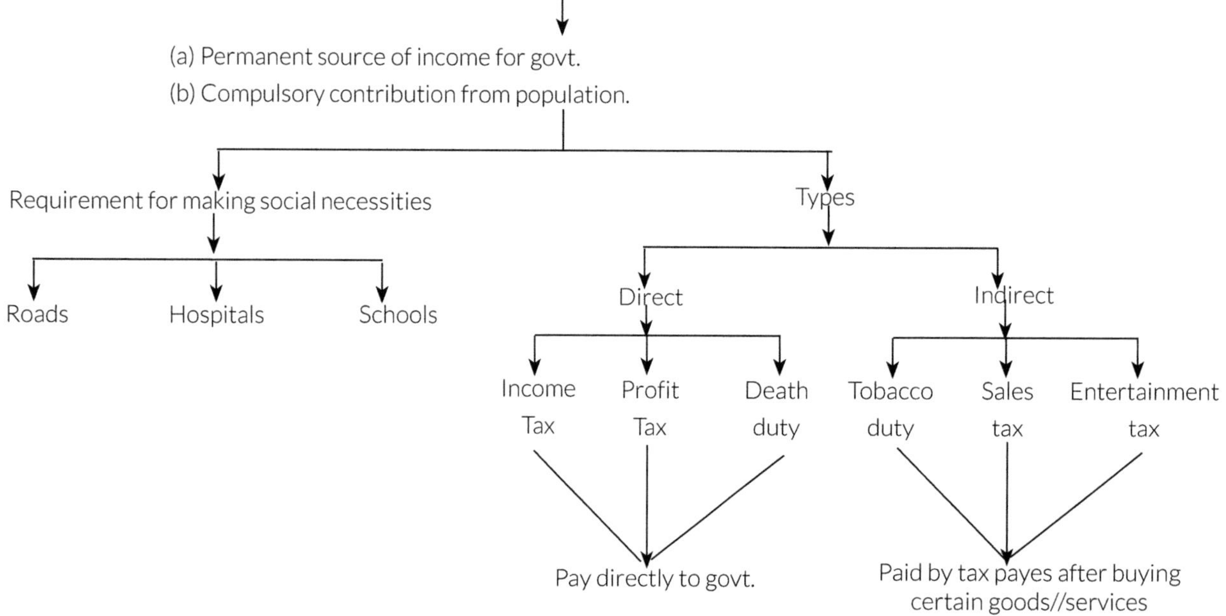

(B) Classroom Vs. Games

Gamesters usually make fun of academically brilliant students due to their inferiority complex emerging from academic excellence. The qualities achieved through games cannot be denied at all. But involvement in games and sports should not be at the cost of neglecting studies. The main goal of education is to produce well-rounded personalities.

Section II : Poetry

(Poetry and Appreciation)

3. (A) A1.
1. Afoot and light hearted, I take to the open road.
2. Healthy free the world before me.
3. Henceforth, I ask not good fortune, I myself am good fortune.
4. Strong and content I travel the open road.

A2. Freedom is the major theme in the poem. The poet encourages the readers to be true to themselves, live freely and enjoy the freedom of life. Although, our life is not free from obligations and troubles, the concept of freedom encourages everyone to live their dream.

A3. The poet compares the road of life to a sweet song so it becoms a metaphor. Everyone should enjoy life freely and happily. The metaphor suggests singing the song of life beautifully. It also indicates the path people must take to live a fruitful life.

A4. Two lines indicating climax are:
1. Done with indoor complaints, libraries querulous criticism.
2. Healthy, free, the world before me.

A5. The Road that leads to my college.

A bag of books presses heavy on my shoulder

The sun burns bright on my face.

Why do I travel so far in such pain!

(B) The poem 'Money' is composed by William H. Davies who spent a significant part of his life as a tramp. He became a peddlar and street singer in England. After experiencing such wandering life for many years, he published his first volume. This poem tells about the rich man who wants to be a poor man to find the real happiness. When we do not have money or have lost our money, we realise how important the money is. At the end of the poem, the poet says that now he doesn't have money but he has true friends though they may be few.

The poem brings out the impact of money on people's behaviour. When a man possesses money, many false friends gather around him.The poet compares himself to a child with a trumpet but he is not allowed to blow it for there has been a death. The poet makes use of "simile" again as the poor man's wife is described as humming busily like a bee.

The poet emphasises that not having money never means the lack of happiness. The poor man is able to laugh but a rich man becomes angry. The poet has made use of five four lined stanzas with the uniform rhyme scheme of 'a b c d' throughout the poem, He repeats the word 'money' to stress the fact that money is unnecessarily given undue importance by man. He wants to suggest that money cannot bring happiness.

Section III : Writing Skills

4. (A) 1. Dear brother,

Your friend from IHM, Goa, Shekhar called you up to inform that he has got a placement at Hotel Veena Resort in Goa and he has to join immediately. He is trying to get all the formalities completed so he will let you know his new cellphone number, when he gets it.　　　　　　 **–Amrita**

OR

Statement of purpose

Our country is a developing country and needs more skilled innovators and entrepreneurs, who can create and start cutting edge products and services to keep my country at the forefront of technology. We don't have good quality entrepreneurial study programmes as Silicon valley has.

Savitribai Phule University Pune has the programme that I am looking for. The centre for entrepreneur studies has exciting events with many networking opportunities and I really want to have the advantage for extension of my learning. I am very much excited by the World Business Programme contest as it encourages students to launch their own business and I am aspiring to do myself.

I belong to a small business family as my father has a spare parts dealership and I might follow in his footsteps. I have followed some pioneering business leaders like Kirloskar, JRD Tata, Dhirubhai Ambani who have created their own successful ventures from nowhere. I am eager to know how and where India's best enterpreneurs have begun their startups. If selected, I would aspire to pursue graduation.

Presently, I am pursuing studies at New India College and I am focussed on finance and marketing.

My goal is to start my own vehicle spare parts company and to achieve it, I want to get an MBA degree with entrepreneurial focus as your institute offers. I am interested in studying with people like Prof. Iyer who teaches entrepreneurial studies. I wish to learn from my fellow students having similar ambitions. I hope my application will be considered favourably.

OR

3. Evaluators : You all have been given a few minutes to think about the topic of today's group discussion which is 'Teenagers are more inclined towards junk food'. You may now begin the discussion. Who would like to start!

Rama : I would like to put forward my opinion first I feel that junk food is unhealthy as it causes obesity due to saturated fats in it. Perhaps banning junk foods in and near school and colleges could decreas

the frequency of heart disease among the young people.

Asif : You are obsolutely right, Rama. I am in complete agreement with your view. Junk foods certainly create negative effects on our health. It is true that nowadays students are more inclined towards junk food as a matter of convenience.

Aarav : I am afraid but I don't agree with these opinions. Even healthy food can be bad sometimes. If junk foods are banned, the sense of boredom can be felt by students as they have to eat the homemade food only. Healthier food also tends to be more expensive.

Rachana : I am sorry to interrupt but I certainly feel that junk food potentially result in decreased academic performance. It contains unhealthy oils and preservatives which are really harmful for the human health. So there is a need to ban the junk foods in schools and colleges.

Evaluator : Please conclude the discussion now.

Rama : After all the discussion, we conclude that it is up to us to decide what to eat and what to avoid. Occassionally, having junk food can be a good option but regular consumption of junk food must be avoided for sure.

(B) To : rajeev.kul12@gmail.com

From : raja.jad1@gmail.com

Subject : Book exhibition

Dear Rajeev,

I am sending this e-mail to you about my recent visit to a book exhibition. It was held at S.P. Ground. Pune by three publishing houses together and all leading publishers had set up their stalls.

The exhibition had a great variety of books like dramas, novels, short stories, biographies, autobiographies, poetry books, puzzles and many more. I visited it with my close friends and family members. After entering, I was amazed to see a variety of book stalls. We spent almost six to seven hours there. There were many special discount offers on all types of books. Many book lovers took advantage of the exhibition. I purchased a few books from there.

It would have been nice if you were there with me. They are going to organise a similar exhibition in the Engineering College Ground in summer vacation. You should come here in the vacation so that we can enjoy the exhibition together. Send a reply as is it eagerly awaited.

Regards

Raju

OR

Prize Distribution Ceremony of G.K. College

Ambegaon March, 17

On 15th of March, G.K. College appeared to be at its best with lovely and beautiful decorations and colourful rangolis to celebrate the prize distribution ceremony, in the presence of the famous social worker Mr. Prem Gaware with extreme enthusiasm and vigour under the guidance of the Principal and other staff members.

The whole college was cleaned and beautiful rangolis were drawn at the entrance gate of the college. The assembly hall was nicely decorated with flowers and balloons. The chief guest, Mr. Prem Gaware, was impressed by the arrangements. The principal of the college Dr. Khurana welcomed the chief guest and other dignitaries and read out the annual report of the college. Then, the academic and extra-curricular prizes were distributed to all the winners. All the winners were heartily appreciated by all present. The chief guest praised all the prize winners in his speech and encouraged others to work hard to win prizes next year. Then the general secretary presented a vote of thanks to all the invitees and the chief guest.

Everyone present enjoyed the programme very much.   -by College Reporter

OR

Welcome Mr. Virdhawal Khade. We are fortunate to have you with us. I hope you would like to share your experiences with us:

1. Please share with us your journey of becoming a professional swimmer?

2. How long do you practise swimming?

3. How was your experience in the Asian Games?

4. How do you prepare for the international competitions?

5. What do you like most-freestyle or butterfly?

6. According to you, which is your best performance uptil now?

7. How do you react to your success as well as failure?

8. What do you do to overcome your short comings/mistakes?

9. Who is your role model in swimming? Why?

10. What are your future plans?

Thank you, Mr. Virdhawal. Thanks for spending your valuable time with us.

(C)   Respected Principal, teachers and my dear friends.

Today I stand here to express my views on a very lively subject 'Social Media Good or Bad'. Modern world can be rightly called the world of social media as people all over the world use it. Social media has brought people from distant places together. But it needs to be given a thought if it is good or bad for the society.

Every coin has two sides. It actually depends upon our perspective and the way we use it. Many people think it to be good as they can communicate with their close ones irrespective of the distance. But some people think about its negative impact on the society. Today, we can get every kind of information about everything on social media like blogs, newspapers, facebook, twitter and through many other ways. Cell phone has put the world in our pockets. It is no doubt that we have been given an opportunity to connect with people and build better relationships with all.

We can communicate and share our views, thoughts on different topics with many people. Social networks have become a crucial part of our lives. They offer good opportunities for online business also. But excessive use of social media has reduced the sense of human interaction. Though people have their online identities, they are isolated. Social relationships are badly affected because of it. Communication gap among people is widening day by day due to social media.

My views about both sides together can be confusing. But I think that we need to use social media with a proper control for important things so that it will prove to be a boon.

Thank you all for giving me a patient ear!

OR

A very good afternoon to all and a hearty welcome. I, xyz welcome you all for the book release of Dr. Karnad's biography. 'I am Dr. Girish Karnad'. It is published by Nikita Publication of Nagpur.

- Lamp is a symbol of wisdom and knowledge. So I request the chief guest of this function, the writer and the publisher to light the lamp.

  Thank you all the dignitaries.

- We are really very lucky to have Dr. N.M. Joshi as the chief guest for this function. He needs no introduction as he is a well known figure in literary world. His books for children are extremely popular and his novel 'Vishwa Maze Ghar' has received great acclamation. I request Mr. Naren Gomant, the head of Nikita Publication, to felicitate our chief guest Dr. N.M. Joshi.

  Thank you Sir, Now, Mr. Rathod, the author of the book will be felicitated by the organiser of this function, Mr. Nayan Gomant.

  Thank you.

- A publisher becomes a perfect link between an author and the readers. So I request the publisher, Mr. Naren Gomant to give an introduction of the function.

  Thank you, Sir.

- Now, I want the author of the book Mr. Rathod to speak to us. Please welcome him with a big round of applause.

  Thank you Sir.

- Now, let me call the chief guest Dr. N.M. Joshi to express his precious views on this occasion.

Thank you Sir I don't have words to appreciate you for throwing light on the role of biographies in our lives.

- Now I request Mr. Nayan Gomant to present a vote of thanks to conclude the programme.

OR

If winter comes, can spring be far behind?

The given proverb is taken from Shelley's poem. Here both words 'winter' and 'spring' have a symbolic significance. Winter represents the tough times available in man's life and spring stands for the renewal of hope in man's life. When man has to face the tough or difficult situations in life, he should not feel discouraged but believe in the face that spring is going to appear very soon and things will change.

A person should be prepared to face all challenges and hardships without losing confidence. One should never feel discouraged in such condition. One needs to create positive surroundings around. Though the days are dark and unhappy, the days of happiness and joy are sure to follow. Winter represents nervousness and barrenness whereas spring represents joy and cheerfulness.

(D)   B Man Nature X +

Man Vs Nature.onthespotblog.com/2020

Archive	Man Vs Nature
	Nature nurtures and teaches us many things. It provides many things to all living beings. But man behaves in a selfish manner and wants everything from nature.
Report	
Abuse	Nature fulfils all the needs of the human being. But what are human beings doing with nature? We act cruelly with nature, all its aspects and resources. We are destroying natural resources in a reckless way. Man is responsible for the pitiful condition of nature. We are cutting the trees and forests mercilessly for building houses and industries. Trees offer us fruits, flowers and medicines but we cut them ruthlessly.
	For enjoying a comfortable life, there is a need of preservation of nature, otherwise progress is not possible for us. Such harmful tampering of nature

is causing the degradation of nature. Progress and development is at the cost of deforestation.

Man is expected to make a judicious use of nature.

OR

Film Review

- The title of the film 'Tanhaji-The Unsung Warrior' is very appropriate as it revolves around Tanhaji Malusare, a great warrior in the army of Shivaji Maharaj. The film is a biographical sketch of him.
- This film was released in 2020.
- Shivaji Maharaj handed over the charge of 23 forts to Mirza Raje in the contract of Kondhana, which is the pride of Maharashtra and is handed over to Udaybhan, after his release from the clutches of Aurangzeb. Shivaji Maharaj wants to regain it. Tanhaji takes up the responsibility by keeping his son's wedding aside. He climbs the fort with few Marathas and battles with Udaybhan. For a power-packed climax it is advisable to watch the film.
- The film is action packed and all the actions are directed smoothly and nicely .
- As the film reflects the Maratha empire, the period of 17th century in Maharashtra is wonderfully depicted. The film makers had made great efforts to set up a long set to make it look like the valley.
- Ajay Devgan, Bhushan and Krishan Kumar have produced this film and Om Raut has directed it.

OR

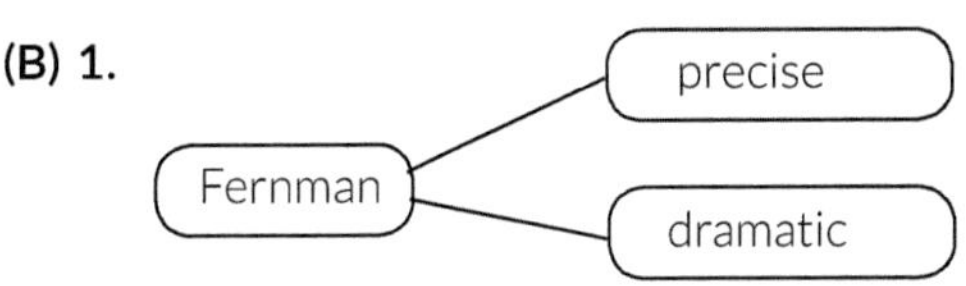

Section IV : Literary Genre-Novel

5. (A) 1. (i) The two types of conflicts that the plot may have **internal or external.**

    (ii) The word 'picaresque' is originated from **spanish word 'picaro'.**

2. The 'Novella' is a literary genre of written fiction. We can certainly say that, a novella is shorter than a full-length novel and it is longer than a short story. It is originated from an Italian word 'novella' which means 'new'.

(B) 1.

Fernman — precise

Fernman — dramatic

2. Half yearly Report of Students Council on November 15th took place. The teachers and the students council openly discussed all matters affecting the school including curriculum, to give students an opportunity to develop leadership skills by organising and carrying out school activities and service projects contributing to school spirit and community welfare.

(C) 1. The story begins in London and the plot moves on with fogg facing many obstacles to reach London on time. Fix arrests Fogg at Liverpool which delays him. Fogg feels that he has missed the deadline but in reality he reaches a day earlier.

2. The central idea of 'Around the World in Eighty Days' is how Fogg finally wins the bet though there are unexpected delays and missed trains. He had unknowingly gained a day so was still on time to meet the deadline. Love and its attainment is more important than all the challenges and money in the world.

(D) 1.

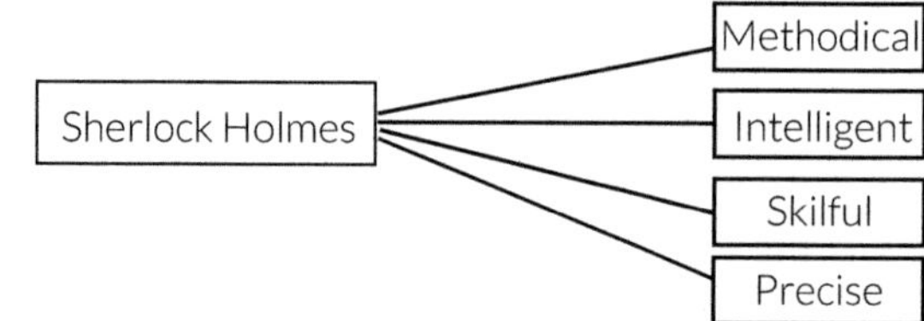

2. Miss Morstan received a pearl every year when she replied to an advertisement asking for her address, adding that it would be advantageous for her.

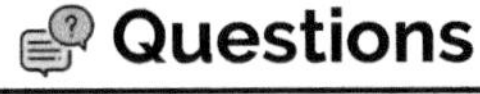

Time: 3 Hours

Total Marks: 70

Section I : Prose

(Reading for Comprehension, Language Study, Grammar, Note-making, Mind Mapping)

Q.1. (A) Read the extract and complete the activities given below:

But though we are bound to endorse the verdict against the lift-man, most people will have a certain sympathy with him. While it is true that there is no law that compels us to say "Please", there is social practice much older and much more sacred than any law which enjoins us to be civil. And the first requirement of civility is that we should acknowledge a service. "Please" and "Thank you" are the small change with which we pay our ways as social beings. They are the little courtesies by which we keep the machine of life oiled and running sweetly. They put our intercourse upon the basis of a friendly co-operation, an easy give-and-take, instead of on the basis of superiors dictating to inferiors. It is a very vulgar mind that would wish to command where he can have the service for asking, and have it with willingness and good-feeling instead of resentment.

I should like to "feature" in this connection my friend, the polite conductor. By this discriminating title I do not intend to suggest a rebuke to conductors generally. On the contrary, I am disposed to think that there are few classes of men who come through the ordeal of a very trying calling better than bus conductors do. Here and there you will meet an unpleasant specimen who regards the passengers as his natural enemies-as creatures whose chief purpose on the bus is to cheat him, and who can only be kept reasonably honest by a loud voice and an aggressive manner. But this type is rare-rarer than it used to be.

A1. Complete the following sentences:

1. The first requirement of civility is that ....
2. Unpleasant specimen regards .... as his natural enemies.
3. The words which make life smooth are ....
4. The job of a .... is very difficult, sometimes painful.

A2. Mention a couple of ways to keep the machine of life oiled and running sweetly.

A3. Name the unpleasant specimen referred to in the extract and describe his behaviour.

A4. Describe a pleasant experience you have had with a bus conductor/rickshaw or a taxi driver.

A5. Language Study/Do as directed

1. We should **acknowledge** a service. (Rewrite using the noun form of the underlined word)
2. I should like to feature in this connection my friend. (Rewrite the sentence using the model auxiliary showing certainty).

A6. Find out the meaning of the phrase 'give and take' and use it to form a sentence.

(B) Language study

B1. Do as directed/Transformation of sentences:

1. Hearing the sound of music, Dilip had an idea. (Rewrite as a compound sentence).
2. The students could not ask any question from the teacher. (Rewrite using be unable to)
3. Rohan said, "Father, I will try to complete this work." (Rewrite in indirect speech)

B2. Spot the error in the given sentences and rewrite the correct sentences:

I picked some delicious fruits and had eaten them.

Q.2. (A) Read the extract and complete the activities given below:

Everything is going electronic and toys are no exception. Old fashioned playthings-like balls and building blocks are fast being replaced by gizmos that zoom around the room at the push of a button. Such toys provide instant entertainment, but contribute little to the child's development. Ordinary toys do much more than entertain the child. They help in the child's psychological and physical development.

A child building a tower with a basic set of blocks, claps and laughs when the tower stands but he is also developing some vital skills. He learns when to focus his attention, improve his hand and eye co-ordination and learns to visualise a goal. When the tower tumbles, he learns to approach the task in a different way. Toys which allow unstructured play encourage imagination and creativity.

Child psychologists feel that high tech novelties that we buy for children actually rob them of opportunities of mental and physical development. Many of the skills we use as adults were developed during playtime with the help of basic toys. Therefore, psychologists suggest to save some space for toys that work on kid power.

A1. Complete the following :

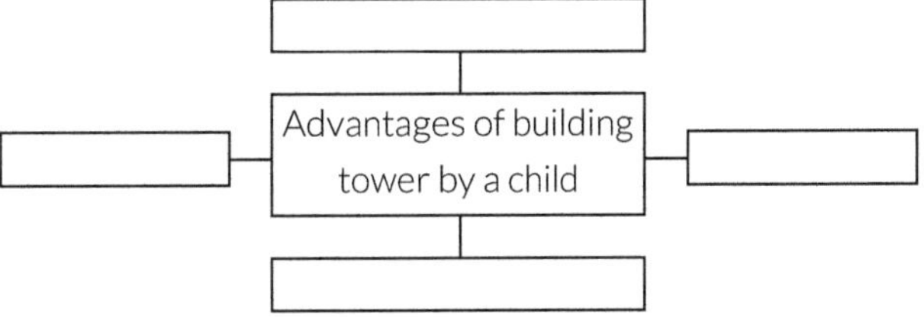

A2. State whether the following statements are TRUE or FALSE. Correct the false statement:

1. Toys are, without any exception to other things, becoming electronic.
2. Electronic toys develop children very well.
3. Building a tower improves a child's hand and legs co-ordination.
4. Psychologists want toys to develop kid's power.

A3. Explain the idea of psychologists towards toys.

A4. Mention some other evil effects of hightech toys, other than the ones mentioned in the extract.

A5. Do as directed

1. When the tower tumbles, he learns to approach the task in a different way. (Rewrite the sentence using 'as soon as')
2. Ordinary toys help in the child's psychological and physical development. (Rewrite the sentence using 'not only .... but also')

A6. Complete the following table :

Verb	Noun	Adjective
....	development	....
entertain	....	....

(B) Summary Writing

Write the summary of the above extract with a suitable title, with the help of the given points / hints.

toys going electronic — development of the child — vital skills — advantages gained — encourage imagination and creativity — approach of psychologists.

(C) Note-making / Mind-mapping

Draw a tree-diagram that contains the main points and supporting details from the given extract.

Flowering plants are of various type. Herbaceous flowering plants are annuals, biennials and perennials. The second type, woody or semi-woody, are usually perennials. Annual plants grow, set seed and die within one year, biennial plants complete their life cycle in two years, perennials on the other hand can live and grow for many years once they have been planted. Plants that flourish and flower during the rainy season are mostly the herbaceous perennials. The most common are members of the Daisy family. The beautifully scented Rose and Jasmine are both woody or semi-woody perennials. There are two types of plants-bulbous plants and aquatic plants. The former grow from bulbs and tubers planted on the ground; examples of this type are Gladiolus and Tulip. The latter, as their name suggests, grow in water. The most exquisite example being the Lotus and Water Lily. Both bulbous and aquatic plants are usually perennials.

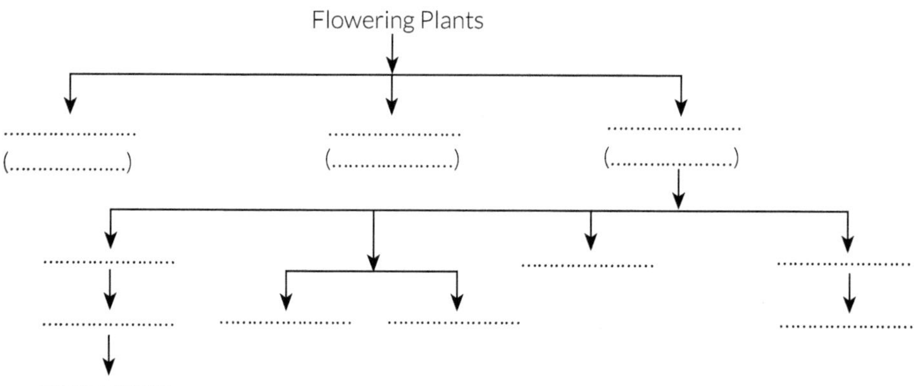

Section II : Poetry

(Poetry and Appreciation)

Q.3. (A) Read the extract and complete the activities given below:

Home again, I see him drinking weak tea,

Eating a stale *chapati*, reading a book.

He goes into the toilet **to contemplate**

Man's **estrangement** from a man-made world.

Coming out he trembles at the sink,

The cold water running over his brown hands,

A few droplets cling to the greying hair on his wrists.

His **sullen** children have often refused to share

Jokes and secrets with him.

He will now go to sleep

Listening to the static on the radio, dreaming

Of his ancestors and grandchildren, thinking

Of nomads entering a subcontinent through a narrow pass.

A1. List the difficulties faced by the father in the extract.

1. ....   2. ....

3. ....   4. ....

A2. The father contemplates his past and peeps into his future. Give reasons.

A3. From the father's behaviour in the extract, express your opinion on the nature of the family members.

A4. Name and explain the figures of speech used in the following lines.

(a) I see him drinking weak tea, eating a stale chapati

(b) Static on the ratio

A5. Use the following words and compose 2-4 lines on your father.

[unselfish, hard-working, respected]

B. Read the extract and write the appreciation based on the aspects given below:

Weavers, weaving at break of day,

Why do you weave a garment so gay?......

Blue as the wing of a **halcyon** wild,

We weave the robes of a new-born child.

Weavers, weaving at fall of night,

Why do you weave a garment so bright?

Like the **plumes** of a peacock, purple and green,

We weave the marriage-veils of a queen.

Weavers, weaving solemn and still,

What do you weave in the moonlight chill.......

White as a feather and white as a cloud,

We weave a dead man's funeral **shroud**.

You may use the following points for writing the appreciation in about 100-150 words.

- About the poem, significance of the title

- Form of the poem, theme and its significance

- Poetic style, language features/poetic devices

- Inspirational message, values, morals reflected

- Your opinion and critical evaluation of the poem

Section III : Writing Skills

Q. 4. Complete the activities as per the instructions given below : (16)

(A) Attempt any ONE of the following:

Drafting virtual messages / Statement of Purpose / Group Discussion.

Read the conversation given and write the message of Mrs. Sarkar.

Rakesh : Hello, may I speak to Dr. Sarkar?

Mrs. Sarkar : He has gone to the hospital to attend the OPD. May I know who is speaking?

Rakesh : Yes I am Rakesh Sood. My wife has been having a severe headache since yesterday. Since this morning she has also developed a high temperature. I would be very grateful if the doctor could come over to our place to examine her.

Mrs. Sarkar : Ofcourse. Please let me note down your address.

Rakesh : It is B-49, New colony.

Mrs. Sarkar : I will give him your message as soon as he returns.

Mrs. Sarkar had to leave for the school where she teaches. So, she wrote a message for her husband. Draft the message in not more than 50 words.

OR

University of BAth, UK is one of the leading universities for Business Studies. You belong to a business family- wish to start your own business and carry forward your family business in future. In your junior college, you have opted for commerce, scored well in std. X Board Examination. You made profit in the stall you had put up in the business fair organised by your college. Your hobbies are playing criket, reading detective novels etc., you get along well with people.

Now, prepare a suitable statement of purpose.

OR

An economically deprived girl student in your class, who has received admission in a reputed college abroad, needs monetary help to pursue further studies there. Have a group discussion amongst your friends to seek solution to help her. Write four or five views in the form of dialogues.

(B) Attempt any ONE of the following:

E-mail:

You are Raghav and want to send an e-mail to the Editor, The Times of India about the insanitary conditions of your locality. You want to publish the news about it in the newspaper. You may take the help of the following guidelines:

(a) Choked drains and garbage

(b) Bad smell of heaps of garbage

(c) Stray animals and pigs wander

(d) Danger to health of residents

OR

Report Writing:

Environmental Protection Exhibition was held in your city. You visited the exhibition and liked it. Write a report on it with the help of the following points:

(a) Venue and organisers

(b) Plans to protect environment

(c) Programmers at the exhibition

(d) Distribution of saplings and pamphlets

(e) Add your own points

OR

Interview:

Imagine you are supposed to interview a person who was awarded the Nobel Prize for Peace. Frame a set of 8 to 10 questions to interview him/her as per the following points:

(a) Introduction

(b) Early life

(c) Nature of work

(d) Any support

(e) Conclusion

(C) Attempt any ONE of the following:

Speech:

Write a speech on 'An Indian Farmer' in about 100-150 words.

OR

Compering:

Imagine that you are a compere of 'Nation Filmfare Award'. Prepare a script for compering the function in about 100-150 words, with the help of the following points:

(a) Introduction

(b) Welcome speech-welcome to all guests

(c) Lighting the lamp

(d) Main events

(e) Vote of thanks

OR

3. Expansion of an idea:

Expand the following idea in about 100-150 words.

'Beauty is truth, truth is beauty'.

(D) Attempt any ONE of the following:

1. Review:

Write review of a film that you have recently seen, based on any four of the following points:

(a) Name the characters

(b) Type/Genre of the film

(c) Story line/Theme

(d) Special features/Novelties

(e) Music/Dance/Songs/Direction/Production

(f) Would you recommend others to watch it? Why?

OR

2. Blog Writing:

Write a blog in proper format on 'Personality Development' with the help of the following points in about 100-150 words.

(a) Traits of personality development

(b) Barriers in personality development

(c) Tips to improve personality

(d) Any quote or good thought

(e) Add your own points

OR

3. Appeal:

Prepare an appeal on the topic 'Books-Our Best Friends', with the help of the following points :

(a) Importance of books

(b) Catchy slogan

(c) Convey people to read

(d) Read books to be perfect

(e) Add your own points

Section IV : Literary Genre-Novel

Q.5. (A) Complete the activities given below as per the instructions:

1. Rewrite the statement in chronological order:

(i) Mulkraj Anand, R.K. Narayan and Raja Rao were the major trio who prevailed in the period after that.

(ii) The novel originated as the literary form in England.

(iii) Indian novelists like Arvind Adiga, Arundhati Roy and Kiran Desai have dazzled with their writing.

(iv) Many stalwart novelists such as Charles Dickens, Walter Scott became famous.

2. Write a short note of about 50 words on:

Write a short note of about 50 words on-Style of the Novel.

(B) Answer the questions given below in about 50 words:

1. Complete the following with the traits of Debnham:

- ....
- ....
- ....
- ....

2. The event in 'To Sir, with Love' was held at the ....

Choose the correct alternative and give reasons to support it.

(a) author's house   (b) auditorium of school

(c) market   (d) garden

(C) Answer the questions given below in about 50 words:

1. One of the following is not a major character of 'Around the World in Eighty Days' and explain the reason for it.

   (a) Phileas Fogg   (b) Aouda

   (c) James Strand   (d) Jean Passepartoud

2. Describe the importance of 'Liverpool' in the development of the plot and behaviour of the characters in 'Around the World in Eighty Days'.

(D) Answer the questions given below in about 50 words:

1. Complete the following with the qualities of Dr. Watson.

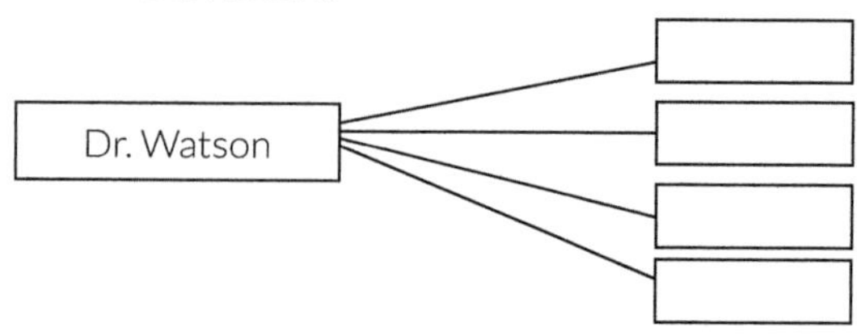

2. Write the theme of 'The Sign of Four' in about 50 words.

🄰 Answers Key

Section I : Prose

(Reading for Comprehension, Language Study, Grammar, Note-making, Mind-mapping)

1. (A) A1.
1. The first requirement of civility is that **we should acknowledge a service.**
2. Unpleasant specimen regards **passengers** as his natural enemies.
3. The words which make life smooth are **'please' and 'thank you'.**
4. The job of a **bus conductor** is very difficult and sometimes painful.

A2. To keep the machine of life oiled and running sweetly we need to use the courteous words like 'Please' and 'Thank you' to acknowledge a service.

A3. The 'unpleasant specimen' referred to in the extract is the bus conductor who regards his passengers as natural enemies whose sole purpose is to cheat him and who can be kept honest by using a loud voice and aggressive way.

A4. Once while going to our native village, I hurriedly got into a wrong bus. After travelling for about 15 minutes, the conductor came to me and realised it. But he patiently told me to get off and go back to the bus stand to catch the right bus which would leave the stand in half an hour. Though I felt very ashamed and embarrased, I thanked him for his kindness.

A5.
1. We should offer acknowledgement to a service.
2. I would like to feature in this connection my friend.

A6. Give and take—exchange of thoughts or ideas.
All the politicians were engaged in an interesting give and take on the topic of lockdown.

(B) B1.
1. Dilip heard the sound of music and had an idea.
2. The students were unable to ask any question from the teacher.
3. Rohan told his father that he would try to complete that work.

B2. I picked some delicious fruits and ate them

2. (A) A1.

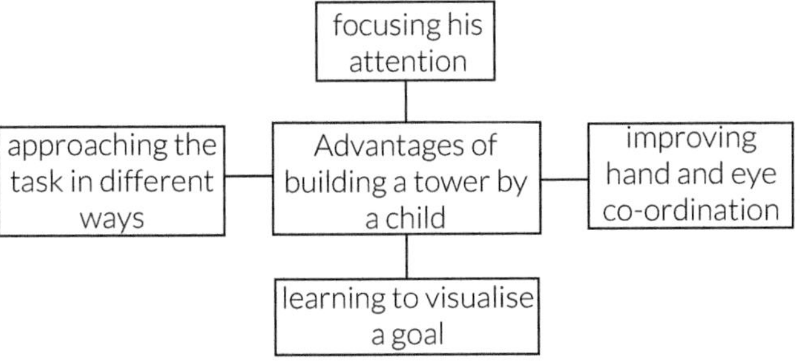

A2.
1. True
2. False, Electronic toys contribute little to the child's development.
3. False, Building a tower improves a child's hand and eye co-ordination.
4. True

A3. According to child psychologists, the toys we provide to children should not only entertain them but should also extend them an opportunity to encourage their imagination and creativity. The toys must work on kid power so that they could help in the child's psychological and physical development.

A4. High-tech toys are really very costly and they take away much of children's time as they are attractive and entertaining. Children are hardly ready to spare their time for other fruitful activities that help in physical and mental development.

High-tech toys are likely to involve physical hazards, dangerous to the children's safety.

A5.
1. As soon as the tower tumbles, he learns to approach the task in different way.
2. Ordinary toys not only help in the child's psychological development but also in physical development.

A6.

Verb	Noun	Adjective
develop	development	**developing**
entertain	**entertainment**	entertaining

(B) **Teaching Toys**

Today, hightech electronic toys have replaced old-fashioned toys. Although instantly attractive and entertaining, they seldom help to contribute to child's psychological and physical development. The old toys entertained and taught children to focus their attention, improve hand and eye co-ordination and visualise a goal. So psychologists suggest to produce toys strengthening children's ability to think and act.

(C)

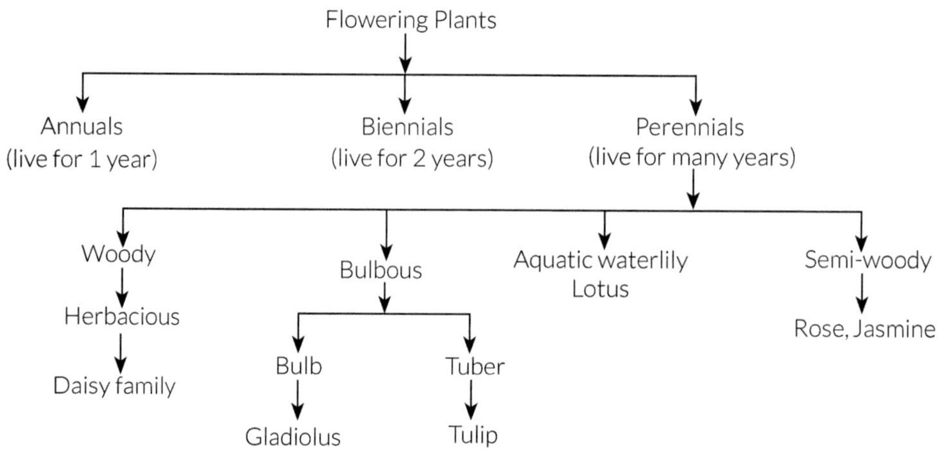

Section II : Poetry

(Poetry and Appreciation)

3. (A) A1.
1. The father is not greeted well on his arrival at home at the end of the day as he is not served nourishing food, has weak tea and stale chapati.
2. The family does not interact with him so his book is his only company.
3. His bad-tempered children never share details of their life with him.
4. He is unnoticed, uncared for like an outsider in his own home and family.

A2. The father silently contemplates his past as there is no communication with his family members. Reliving the past would have been his way of connecting with the family. Future plans could be discussed with family members. But he has nothing like this in his present. He recalls the past and thinks of possible grand children.

A3. The extract shows the family members to be selfish and uncaring as the father eats stale food. If he has a wife, she doesn't seem to care about his well being. The children never share light moments or conversation with their father. Perhaps the mother's conduct has made the children treat him so.

A4. (a) Synecdoche : Here 'stale chapati' stands for stale food or the part symbolizes the whole which is 'food'.

(b) Onomatopoeia : The word 'radio' suggests the sound and meaning.

A5.

Father

Father is upright and always respected

By each friend and family

He is unselfish and truly caring

Earnest as well as hard-working

(B) The poem India Weavers is composed by Sarojini Naidu. This poem is about the work done by the Indian craftsmen on their looms. The peom contains three stanzas and these stanzas represent three different stages of life. There are three questions posed about their weaving of certain cloth, time and purpose and the weavers provide answers to them.

The colours of the cloth woven are associated with both marriage and death. First stanza deals with cloth for a newborn child, second stanza refers to cloth for a queen or a bride and the last stanza mentions the cloth for a dead man. There are three four lined stanzas having dialogues. The conversational tone offer a flow to the entire peom.

The poem is metaphorical as the 'dawn' stand for the new life or a newborn while 'dusk' stands for marriage and 'white' stands for death.

Section III : Writing Skills

4. (A)

20/07	MESSAGE	[9 : 30 a.m.]

Doctor Sarkar

Mr. Rakesh Sood from B-49, New colony rang up this morning to say that his wife is not keeping well and wants you to go over to their place to examine her. She has a severe headache and a high temperature.

Mrs. Sarkar

OR

Statement of Purpose

My family has a business tradition and my father is the third generation in it. I belong to such a background where even my relatives are also in some or the other business. Obviously, I have never deviated from the thought of doing my own business.

Though our family business is going on well, I am aware that the business world is changing very quickly nowadays. I wish to keep myself abreast with this changing scenario and the newer developments that are coming up in the business world. So I aspire to get degree in Business Studies from a truly prestigious institute as yours.

My overall performance in the board examination of std. X was really good and my scores in Maths and English were impressive. I opted for the commerce stream in the junior college. My favourite area of study is Accountancy and I really feel at ease with analysis of balance sheets, trade, stocks etc. These words are used in all our family and social gatherings.

A businessman needs a cool temperament as agitation can't lead a person to take right decisions. I have the ability to keep my temper cool even in very disturbing situations. So I am able to evaluate all pros and cons of the situation. Because of such quality, I was selected as the captain of our college cricket team as it requires to make quick and effective decisions.

Just believing in the fact that I am gifted with qualities to become a good businessman is boastfulness. So I need to prove it and fortunately I had on opportunity knocking on my door during the business fair that was organised by our college. I wanted to have a stall selling helmets but the principal didn't accept it. Somehow I got the permission after persistent efforts. I exchanged the old helmets and with new ones and my friends just had to pay the difference because of my tie-up with the helmet dealer. I also offered a small sack as a gift for the buyers-Luckily my venture succeeded and I received a good profit and satisfaction.

This experience has made me realise what I should do. Your reputed institute can offer me what I am searching for. I wish to have not just a degree but the guidance of the experienced and tactful faculty of your institution which will offer me the right exposure. I want to learn new things as I feel that business means enjoying each moment of taking correct decisions. I must get admitted to an institution like yours to achieve my goal.

OR

Anushka : Good afternoon. Isha. Do you know Vaishali? She got an admission in one of the reputed colleges of the USA. I feel that all of us should try to help her monetarily.

Isha : Has everyone decided about it ?

Anushka : Yes. We have decided so.

Isha : Great! When is she leaving?

Anushka : Next month. What have you decided about offering the monetary help to her?

Isha : I will certainly do something about it. Besides, I am going to ask my friends to help in getting scholarship for her.

Anushka : That will be great. Our college and other friends are also trying to get it for her.

Prof. Patil : Why are you all not in your classroom?

Amaraja : Sir, we all are discussing about what we can do to get help for Vaishali.

Prof. Patil : Don't worry. The bank is ready to offer scholarship to her to assist her.

All girls : Wonderful, Sir! It will certainly solve her problems.

(B) 1.

To: editorTOI@gmail.com
From : raghav21@gmail.com
Subject : Insanitary conditions in Kothrud area

Dear Sir,

I am Raghav, a resident of kothrud area. I want to draw your attention towards a serious issue as our area has been facing insanitary conditions for the last three weeks. So, I want to awake the concerned authorities by having it published in your esteemed newspaper.

Our locality has become unhygeinic and the residents find it hard to walk and live. The drains are choked and garbage is lying everywhere. It causes foul smell everywhere. Dirty water overflow on roads. Stray animals and pigs scatter the garbage. Consequently mosquitoes and other insects breed on these heaps. Due to this, residents are facing many health hazards. If immediate steps are not taken, there may be spread of infections.

Frequent complaints to the authorities have fallen on deaf ears. So, I request you to publish this to make the concerned authorities take some immediate steps and action.

Thanking You

Regards

Raghav

OR

Environmental Protection Exhibition

Pune, May 10 :   -By our correspondent

The Environmental Protection Exhibition was held at Sonal Hall yesterday by Om Environment Group. The exhibition displayed many posters charts and scientific instruments which were clearly focusing on the threat to our environment. There were many stalls arranged to create awarness about environment and the need for its conservation.

There were certain themes given by the organisers. The leading themes of the exhibition were protection of forests, keeping water resources like rivers and lakes, well clean and decreasing the level of pollution. Some nature lovers and environmentalists gave demonstrations about controlling pollution and flourishing environment. They appealed to all the audience present to plant more and more trees and keep the environment healthy. Each visitor was given a sapling. The exhibition was truly informative and it highlighted the urgent need to protect the environment. Many school and college students visited the exhibition and they were told about the importance of the environment. There was a group that mined on the topic—'conservation of the environment'. It was appreciated by everyone. The organisers and the environmentalists appealed the youngsters to play an effective role in creating awareness about the concerns of environment. Everyone was given pamphlet about environmental conservation.

All the people present learned about the importance of cleanliness, plantation of trees, conservation of environment etc.

OR

Good morning, Sir I can't still believe that a Nobel laureate like you is here to share his throughts with us. May I ask you a few questions?

- Could you please tell us about your early life and early education?
- What challenges did you face in your career?
- Would you explain the nature of your work?
- Who inspired you to continue your work?
- What feelings do you have while working for the people?
- What co-operation do you get from the society and the government?
- What different projects are you leading at present?
- How long have you been active in social work?
- What is the reaction of your family members to your work?
- What message would you like to give to young generations to take up social work?

Thank you for sparing your valuable time for us.

(C) Respected teachers and my friends,

Today I am standing before you to express my views on the topic—An Indian farmer.

About 70% people of our nation are involved in agriculture. If Indian economy is taken into account, a farmer can be seen as the backbone of our country.

An Indian farmer leads a very simple but arduous life. He works in field throughout the year bearing all the changing climatic conditions. He really works hard for ploughing the land, sowing the seeds and growing crops. Whatever he produces is essential for the livelihood of all.

Farmer's family entirely rely on crops for their livelihood fortunately the condition of small land holders and marginal farmer is not good at all. They take loans from banks which they cannot repay without working extra hours. An Indian farmer adjust himself in every situation. A farmer can rightly be called a hero behind the curtain for providing us food.

OR

Good evening ladies and gentlemen. Today we have come together for 'National Filmfare Award'.

Every year, this award ceremony is held and the whole film fraternity comes together & honour the most deserving one. Now, I request the sensor members and the honourable cultural minister Mr. Yadav to come on the stage–to light the lamp and inaugurate the National Filmfare Award Ceremony.

Please put your hands together to welcome all the dignitaries.

Thank you. Now lets begin with the main event.

Ladies and gentlemen, let's welcome a group of dancers to make us sway on the rhythm of 'Fusion'. What a wonderful performance!

Now I would like to call upon the stage Ms. Torita Banerjee to offer the best film award.

A big round of applause for the winners.

Thank you all. Now the famous singer Prathamesh Laghale will present songs for us-let's welcome him.

Thanks Prathamesh, you have mesmerised us. Hope you all enjoyed it.

Now, I request the organiser Mr. Rajat kumar to express a vote of thanks.

OR

Beauty is truth, Truth is beauty

This proverb is a beautiful expression of John Keats in his poem 'Ode On A Grecian Urn'. This proverbial expresion clearly conveys the fact that beauty around us is the truth and nothing else is really greater than truth. The real beauty never lies in any particular object but it lies in the lasting impact or durability of it.

The poet really wants to emphasise the idea that truth in this would never perishes but stays permanent in the world. There are many things around us which look beautiful but their beauty is transient. The poet is not ready to consider anything as equal to as truth. Outward appearances can prove to be deceptive so there is a need of looking into the inner or core beauty. Truth and beauty gives pleasure.

Truth is always the ultimate reality. Beauty and truth never lose their nobility or sublimity. So, it is rightly said that 'Truth is beauty and beauty is truth'.

(D)   **Film Review**

The feature film 'Super 30' is a note worthy film throwing light on the dedication and devotion of an IITian. The characters and roles played by the artists are Anand Kumar (Hrithik Roshan), Lallanji (Aditya Srivastava), Supriya (Mrunal Thakur) etc.

This film is actually a bio-pic of Anand Kumar who started a batch of 30 students to make them IITians. Young Anand, a son of a postman, is extremely brilliant in Maths and desires to study in Cambridge University. Though he gets the admission, his poverty makes him lose it. While working for livelihood, an administrator Lallanji gives him a break to teach students at an IIT coaching centre. But when he sees poor students, he gets upset and decides to use his talent for them. He starts his own coaching institute in Patna, though he has to face obstacles. He selects only 30 students and it is remarkable to see what actually happens.

Language used by the characters in the film belongs typically to Bihar. Even the appearances of the artists are very typical. The duo Ajay-Atul has composed music for the film. Farah Khan has directed the dance sequences. The director of the film Vikas Behl has done an excellent job.

I would certainly recommend the film as a must watch. It is because this is based on the real story of a dedicated teacher, Prof. Anand Kumar of Bihar. The way he shapes the career of the needy students selflessly is a lesson to be learnt.

OR

Personality Development

Personality is what makes a person unique. Personality development is the enhancement of some definite skill, essential for happiness and success in life.

Personality doesn't mean only physical fitness and charming look but, it means the development of body, mind and soul or the development of the organised pattern of behaviour and a broad outlook. The attitude that we possess is also very important. The right attitude helps in taking the right decisions.

Anyone with a desire to develop the personality should be called optimistic. Such positive attitude towards life is always satisfying and rewarding. There is a need of cultivating positive traits for the development of personality. A good personality needs to be acquired and developed.

There are certain barriers in personality development. To overcome these barriers, we need to adjust with the surrounding.

OR

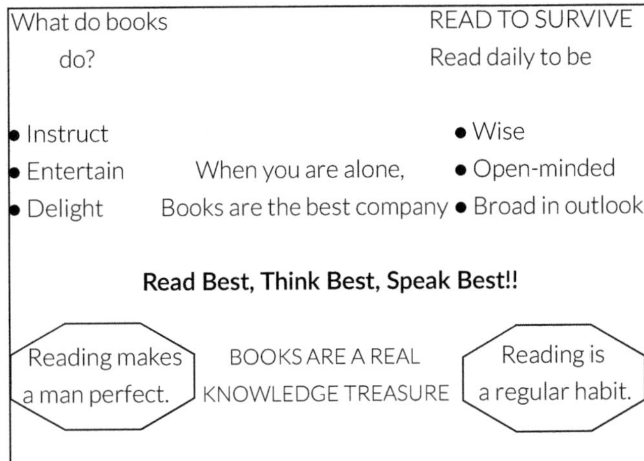

Section IV : Literary Genre-Novel

5. **(A) 1.** Chronological order is 2, 4, 1, 3.

2. Style refers to the use of language and technique of narration of events used by the writer. A writer can be extensive in the use of phrases and vocabulary or very brief and precise. A writer may use some linguistic devices like figures of speech for making the narrative really effective.

(B) 1. • Confident • blunt • courteous • critical

2. The event in 'To Sir, With Love' was held at the **auditorium of the school.**

The line supporting this answer is - A bell was rung at 10 : 00 a.m. and everyone trooped into the auditorium to sit together in classes.

(C) 1. James Strand is not a major character in 'Around the World in Eighty Days'? He is the robber, who had robbed the Bank of England and was arrested three days before Fogg's mistaken arrest. James is only mentioned in the novel at the time of his arrest. Thus, he is not a major character.

2. Liverpool is the final stop in Fogg's eighty-day journey before he returns to London. It is of particular importance to Detective Fix because it marks Fogg's arrival in England, where Fix has the authority to arrest him. This arrest severely delays Fogg's plans to reach the Reform Club before the deadline and he almost loses the bet.

(D) 1.

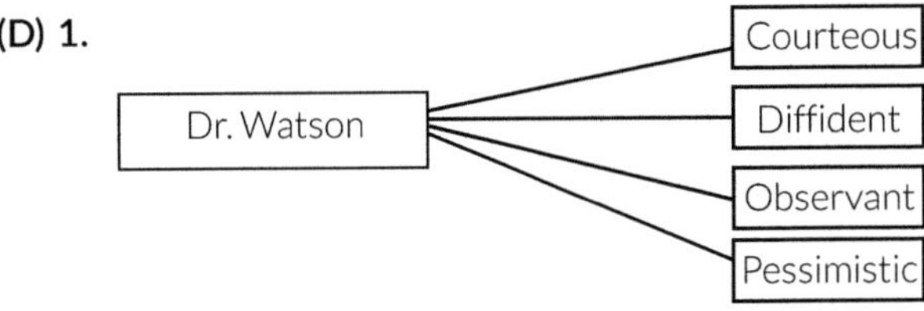

2. The theme of 'The Sign of Four' moves around the mystery of disappearance of Mary Marstan's father and the receipt of expensive pearls and mysterious letter. It resolves around the treasure at Agra.

SAMPLE PAPER-3
English

🗨 Questions

Time: 3 Hours

Total Marks: 70

Section I : Prose

(Reading for Comprehension, Language Study, Grammar, Note-making, Mind-mapping)

Q.1. (A) Read the extract and complete the activities given below:

Soapy was seized with a sudden fear that some dreadful enchantment had **rendered** him immune to arrest. He was in a state of panic and when he came upon another policeman lounging grandly in front of a glittering theatre, **he caught at the immediate straw of 'disorderly conduct'.**

On the sidewalk Soapy began to yell drunken gibberish at the top of his harsh voice. He danced, howled, raved and otherwise disturbed the skies.

The policeman merely **twirled** his club, turned his back to Soapy and remarked to a citizen:

"'Tis one of them Yale lads celebratin the goose egg they give to the Hartford college. Noisy; but no harm. We've instructions to let them be."

Disconsolate, Soapy stopped his unavailing racket. Would never a policeman lay hands on him? In his fancy, the island seemed an unattainable **Arcadia**. He buttoned his thin coat against the chilling wind.

In a cigar store he saw a well-dressed man lighting a cigar at the swinging light. He had set his silk umbrella by the door on entering. Soapy stepped inside, grabbed the umbrella and **sauntered** off with it slowly. The man at the cigar light followed hastily.

"My umbrella," he said sternly.

"Oh, is it?" **sneered** Soapy, adding insult to petty **larceny**. "Well, why don't you call a policeman? I took it. Your umbrella ! Why don't you call a cop? There stands one on the corner."

The umbrella owner slowed his steps. Soapy did likewise, with a **premonition** that luck would again run against him. The policeman eyed at the two curiously.

"Of course," said the umbrella man "Well, you know how these mistakes occur if it's your umbrella. I hope you'll excuse me - I picked it up this morning in a restaurant if you recognise it as yours, why I hope you'll".

A1. Answer the following questions in a few words each:
   - (a) Who was disconsolate?
   - (b) Who turned his back to Soapy?
   - (c) Who was lighting a cigar?
   - (d) From where did Soapy grabbed the umbrella?

A2. Complete the following sentence by giving reasons:

The cop did not arrest Soapy for shouting and dancing ....

A3. Discuss the hidden meaning of the following sentences:

He caught at the immediate straw of 'disorderly conduct'.

A4. Do you have an experience of stealing anything? Narrate your experience in brief.

A5. Do as directed :
   1. Soapy stopped his unavailing racket. (Rewrite the sentence as negative without changing the meaning)
   2. Why don't you call a cop? (Rewrite it as an assertive sentence)

A6. Make a list of words from the extract referring to Soapy's 'disorderly conduct'.

(B) Language study

B1. Do as directed/Transformation of sentences:
   1. Everything was moving on smoothly but he had a lingering doubt in his mind. (Rewrite the sentence using 'though')
   2. The man kept his belongings by the door on **entering**. (Rewrite using the verb form of the underlined word)
   3. Shivani found a small box and dropped her bangles inside. (Rewrite the sentence beginning 'Finding ....)

B2. Spot the error in the given sentences and rewrite the correct sentences:

There is room four much boxes in the cupboard.

Q.2. (A) Read the extract and complete the activities given below:

As a pupil Anne was not particularly brilliant. Most people believed with her parents that Margot, her elder sister was more promising. Anne was chiefly remarkable for the early interest she took in other people. She was emotional and strong willed; 'a real problem child'. Her father once told me, "a great talker and fond of nice clothes". Life in town, where she was usually surrounded by a chattering crowd of girl-friends, suited her exactly. This was a lucky fact because the Frank family could only rarely afford a holiday. Nor did they own a car.

When the Nazis invaded the Netherlands in May 1940, the Franks were trapped. Earlier than most Jews in Amsterdam, Otto Frank realised that the time might come when he and his family would have to go into hiding. He decided to hide in his own business office, which faced one of Amsterdam's tree-lined canals. A few derelict rooms on the upper floors, called the "Annexe", were secretly prepared to house both the Frank and the Van Daan families.

A1. Complete the following:

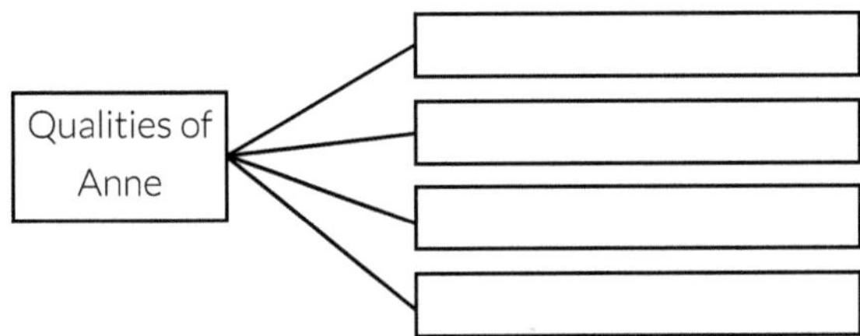

A2. Complete the following:

1. Margot was considered to be more promising because ....
2. Anne was a problem child because ....
3. A crowd of friends around Anne was good because ....
4. Otto Frank's realisation was that ....

A3. Life in town suited Anne exactly. Explain.

A4. Where would you like to live-in a city or a village? Justify your answer.

A5. Do as directed:

1. She was emotional and strong-willed. (Rewrite the sentence using 'not only....but also')
2. When the Nazis invaded the Netherlands, the Franks were trapped. (Rewrite it as a simple sentence)

A6. Write the adjective forms of the following words:

(i) believed   (ii) problem

(iii) fact   (iv) afford

(B) Summary Writing

Write a brief summary of the above extract with the help of the given points and suggest a suitable title.

Margot and Anne - The Nazi attack - Otto Frank's preparation - hiding place

(C) Note-making / Mind Mapping

Soft skills are required in all walks of life. They are increasingly becoming the essential skills of today's work force.

Prepare the mind map of the most important soft skills.

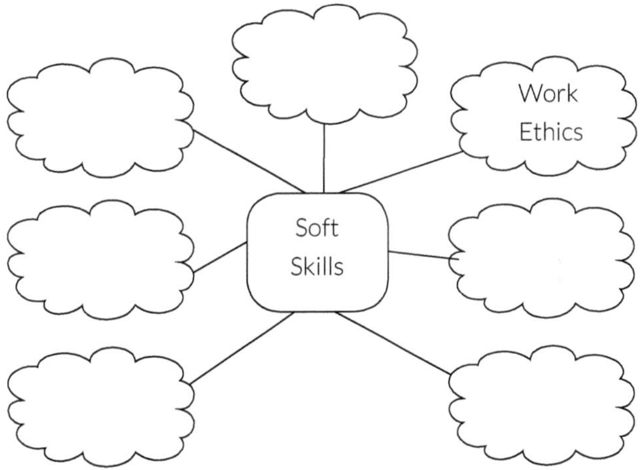

Section II : Poetry

(Poetry and Appreciation)

Q.3. (A) Read the extract and complete the activities given below:

Weavers, weaving at break of day,
Why do you weave a garment so gay?........
Blue as the wing of a halcyon wild,
We weave the robes of a new-born child.
Weavers, weaving at fall of night,
Why do you weave a garment so bright?........
Like the plumes of a peacock, purple and green,
We weave the marriage-veils of a queen.

Weavers, weaving solemn and still,
What do you weave in the moonlight chill........
White as a feather and white as a cloud,
We weave a dead man's funeral shroud.

A1. The weavers offer answers to the questions asked by the poetess in each stanza. Write your understanding from that.

A2. Discuss the various products made by the weavers in the poem.

A3. Express your views about the present conditions of weavers.

A4. Write the rhyme scheme used in each stanza.

A5. Compose 2-4 lines on 'Importance of clothes' with the help of the following words:

[attire, confidence, mood, celebration]

B. **Read the extract and write the appreciation based on the aspect given below:**

Is anybody happier because you passed his way?

Does anyone remember that you spoke to him today?

This day is almost over and its **toiling time** is through;

Is there anyone to utter now a kindly word of you?

Did you give a cheerful greeting to the friend who came along?

Or a **churlish** sort of **"Howdy"** and then vanish in the throng?

Were you selfish pure and simple as you rushed along the way,

Or is someone mighty grateful for a deed you did today?

You may use the following points for writing the appreciation in about 100-150 words:

(a) About the poem, significance of the title

(b) Form of the poem, theme and its significance

(c) Poetic style, language features/poetic devices

(d) Message, values, morals in the poem

(e) Your opinion about the poem

Section III : Writing Skills

Q. 4. **Complete the activities as per the instructions given below :** (16)

(A) **Attempt any ONE of the following:**

You are Aditya. Today you had the following conversation with Pranav, a friend of your elder brother, Arnav. As you are leaving for your school, write a message for your brother in about 50 words. Put your message in a box.

Pranav : Hello ! Is it Aditya ?

Aditya : Yes, I'm Aditya speaking. What can I do for you?

Pranav : Well, Aditya ! I'm Pranav, your brother Arnav's friend.

Aditya : Oh, I see. Well, my brother is not here now. So can I help you ?

Pranav : Yes. Please convey him that he should bring my 'Activity Work Book of English' today in the college. I need it in the class.

Aditya : That's fine. I'll do that.

Pranav : Please do not forget it.

Aditya : I assure you about it. I will definitely convey your message to my brother.

OR

You must have decided your aim in life. Which institute / university would you like to join for your graduation? Write a Statement of Purpose as a part of your application to the institute / university.

OR

There is an interschool cricket match and your school is losing. As you are the captain, have a group discussion with your team mates in the drinks break about the strategy to be followed to save your school from losing the match. Give at least four / five suggestions.

(B) **Attempt any ONE of the following:**

Email:

Write an e-mail to the Health Minister of your state for taking necessary precautions to prevent the disease of Corona in the state with the help of the following points:

(a) Measures to prevent Corona

(b) Creating awareness among people

(c) Making essential aids available

(d) Instructions given to people

(e) Add your own points

OR

Report Writing:

Your state faces many hazards of environmental pollution. Write a report on it with the help of following points:

(a) Reasons for increasing pollution

(b) Factors responsible for it

(c) Loss of ecological balance

(d) Loss of bio-diversity

(e) Add your own points

OR

Interview:

Imagine you are asked to take an interview of a doctor in your locality. Frame a set of 8 to 10 questions to interview him / her with the help of following points:

(a) Introduction

(b) Hardships / Challenges faced

(c) Efforts to overcome them

(d) Behaviour / Reaction

(e) Conclusion

(C) **Attempt any ONE of the following:**

Speech:

Write a speech to be delivered in the assembly on 'Science - A Wonder for Human Beings' on the occasion of National Science Day in about 100-150 words.

OR

Compering:

Imagine that you are a compere of 'Birth Anniversary Programme of Mahatma Gandhi'. Prepare a script for it with the help of following points in 100-150 words.

(a) Introduction

(b) Welcome song and welcome to the guests

(c) Garlanding the image

(d) Felicitation of the guest

(e) Main events

(f) Vote of thanks

OR

Expansion of Ideas:

Expand the following idea in about 100-150 words.

Every man is the architect of his own future.

(D) Attempt any ONE of the following:

Review:

Write the review of a film of your choice based on the following points:

(a) Names of the characters

(b) Story line

(c) Special features / Novelties

(d) Music / Direction / Production

(e) Message given in the film

(f) Should others watch it and why?

OR

Blog:

Write a blog in a proper format on 'Health and Fitness' in 100-150 words. You may use the following points.

(a) Importance of good health

(b) Tips to be healthy and fit

(c) Quotes / Slogans

(d) Importance of exercise and yoga

(e) Appeal all to be healthy

OR

Appeal:

Prepare an appeal on the topic 'Kindness of Pet Animals' with the help of following points:

(a) Roles played by pets

(b) Their contribution

(c) Our role towards pets

(d) Add your own points

Section IV : Literary Genre-Novel

Q.5. (A) Complete the activities given below as per the instructions:

1. Match the columns:

A	B
Murasaki Shikibu Novella	Cervantes Bankimchandra Chattopadhyaya
Don Quixote Rajmohan's wife	Tale of Genji New

2. Write a short note of about 50 words on:

'Stream of consciousness novel'

(B) Answer the questions given below in about 50 words:

1. Complete the following with the traits of Miss Phillips:

- ....
- ....
- ....
- ....

2. Explain in brief the theme of 'To Sir, With Love'.

(C) Answer the questions given below in about 50 words:

1. Which one is not a major character of 'Around the World in Eighty Days'? Justify.

    (a) Phileas Fogg   (b) Aouda

    (c) James Strand   (d) Jean Passepartout

2. Describe the importance of 'London in the plot and behaviour of the characters in 'Around the World in Eighty Days'.

(D) Answer the questions given below in about 50 words:

1. Complete the following with the qualities of Mary Morstan:

- ....   - ....
- ....   - ....

2. Write the central idea of 'The Sign of Four'.

Ⓐ Answer Key

Section I : Prose

(Reading for Comprehension, Language Study, Grammar, Note-making, Mind-mapping)

1. (A) A1. (1) Soapy

(2) A policeman

(3) A well-dressed man

(4) A tall blonde woman

A2. The cop did not arrest Soapy for shouting and dancing because it was the time of celebrations for the local college boys. They were generally noisy but harmless and he had been told by his superiors to let them be.

A3. Soapy wanted the policeman to arrest him and take him to prison, but his efforts proved to be unsuccessful so he felt worried. When he came across a policeman, he thought of an idea and shouted and screamed so that he would be arrested for behaving in a dangerous and disturbing way in public and would be imprisoned.

A4. When I was about 10 years old, I stole my friends story-book which his father gifted him on his birthday just two days before. When I was busy reading it, my father saw it and made me realise what I had done. He told me to return the book to my friend.

A5. (1) Soapy did not continue his unavailing racket.

(2) You should call a cop.

A6. Danced, howled, raved, yelled drunken gibberish, disturbed the skies.

(B) B1. (1) Though everything was moving smoothly, he had a lingering doubt in his mind.

(2) The man kept his belongings by the door as he entered.

(3) Finding a small box, Shivani dropped her bangles inside.

B2. There is room for many boxes in the cupboard.

2. (A) A1.

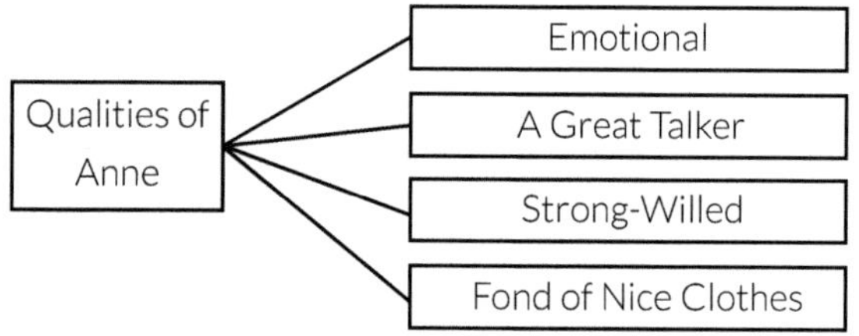

A2. (1) Margot was considered to be more promising because <u>she was brilliant</u>.

(2) Anne was a problem child because <u>she was emotional and strong willed</u>.

(3) A crowd of friends around Anne was good because <u>the Frank family could rarely afford a holiday</u>.

(4) Otto Frank's realisation was that <u>the time might come for them to go into hiding</u>.

A3. Anne was a great talker and fond of nice clothes. In the town, she was always surrounded by a chattering crowed of girl-friends. So, the life in town suited her exactly.

A4. I would like to live in a city as I love to watch TV, going to malls for shopping, playing computer games. I would like to have the opportunities of different activities available in cities.

A5. (1) She was not only emotional but also strong-willed.

(2) With the Nazis invasion on the Netherlands, the Franks were trapped.

A6. (i) Believable

(ii) Problematic

(iii) Factual

(iv) Affordable

(B)   **Anne and her Father**

According to Anne's father, she was a real problematic child, strong-willed and emotional but Margot was more promising. With the invastion of the Nazis in Netherlands in 1940, the Franks had to get into hiding. Otto Frank had secretly made preprations for a hiding place in his own business office.

(C)

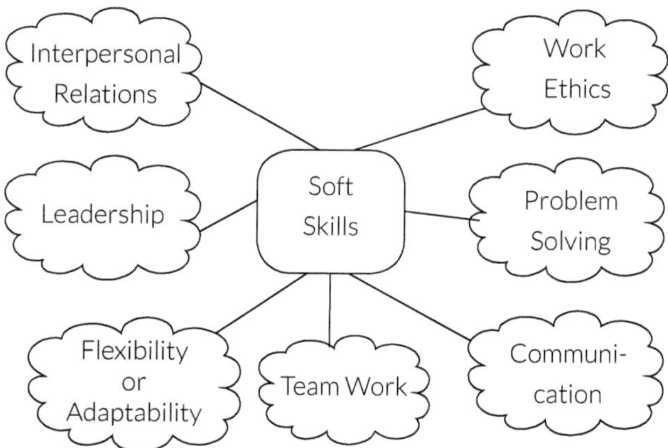

Section II : Poetry

(Poetry and Appreciation)

3. (A) A1. If the answers given by the weavers are examined well, it is understood that there is reference of a bird in them. It mentions the brightness and lightness of the cloth. The cloth is soft and light as feathers.

A2. At the day break, the weavers were weaving a bright coloured cloth for the new born. At the time of dusk, they were weaving the purple and green cloth for a queen's wedding veil. At the time of chilly night, they were weaving a white cloth to be used as a shroud for the dead man's body.

A3. Earlier weaving had a prestigious place in the society so various kinds of cloth or fabrics were recognised everywhere. But after industrialization, problem for the weavers started as powerlooms came into being. So the craftsman remain unknown, their craft is undervalued and thier life is now in poverty.

A4. First stanza – aabb

Second stanza – ccdd

Third stanza – eeff

A5.   **Importance of Clothes**

The attire shows what a person is

Clothe brings confidence and protection

The colour, reflection of mood is

Fabric celebrates every celebration

(B) The poem 'Have You Earned Your Tomorrow' is composed by Edgar Guest. It contains four line stanzas, the uniform rhyme scheme of 'aabb' and so on.

The entire text is marked by questions directed at the readers. Each stanza contains two to three questions which probe at one's treatment of others.

The poem beings with the speaker asking the reader if they did anything to improve the day of another human being. He continues to ask if the reader greeted his friends cheerfully.

In the last two stanzas of the poem, the speaker inquires about the reader's actions. The poem concludes with the speaker reminding the reader that it is up to God whether or not you have a tomorrow. So one should consider one's actions carefully if one wants to see the next day.

The poet has used interrogation as the emphatic poetic device, making the readers think about their actions very carefully.

Section III : Writing Skills

4. (A)

Message	9·30 a.m.

20 August, 20XX

Dear Arnav,

Your friend Pranav called up to say that you had his 'Activity Work Book of English'. He needs it in the class. So he asked you to bring it in the college. Please do not forget as I had assured him to convey his message to you.

Your brother,

Aditya

OR

Statement of Purpose

In school going days, history was nothing but a list of monarchs, series of wars and their outcomes or various dynasties for me. But this perception of history changed in Std. 9 as my history teacher created interest in it and I realized that all facts of life are linked to History. Gradually, my interest in the subject started increasing day by day.

Now, I really have the wish to get myself admitted to the prestigious college like yours in London. It is because your college has a very nice department of South Asian History and a wonderful library. I know that the eminent historians teach in your college. So, I would also like to have this opportunity of learning from the internationally reputed professors after getting admission in your institution.

I want to have a firm base in the socio-economic history of medieval India in my graduation span so that I can move on to my post-graduation. Further, I wish to pursue doctoral research on the topic-life and work of saints. I am a voracious reader and I hope that whatever saint literature I have read, would help me in good position.

I am a state-level swimmer. It is the activity that requires extreme physical and mental fitness. Competing at in the state-level competitions actually in a great challenge. Similarly, I like to play chess because I like the permutations and combinations and

making the unique move which can help me win in the end.

I am assisting Dr. Vasudha Shastri Madam as the amateur research assistant. She was working on the monumental work on the Bhakti movement in Maharashtra. While working with her, I learnt many new things about the movement.

Now I am sincerely expecting to get an opportunity of perfect exposure to a really good academic atmosphere available in your reputed institution. It would help to bring out whatever best is available in me.

OR

Captain: Listen carefully, we need to break the partnership somehow. Both the batsmen are well set and they are beating our bowlers, all over the ground.

Rakesh: The pitch doesn't appears to be friendly for the spinners as there is not much turn. I feel that we should try our pace bowlers once again to do it.

Captain: It seems to be a right suggestion. We need a wicket otherwise the game will be lost.

Manoj: Okay. I will go in for pace bowling. But it can prove to be gamble.

Captain: What field arrangement do you want?

Manoj: I feel we need a slip and a forward shortleg. I will try and bowl outside the off stump. I hope it will work.

Captain: What is your opinion, Ajinkya?

Ajinkya: I feel that we should try it. I will bowl from the other end. Let's try to get a wicket fast.

Captain: What I think is we should attempt to bowl yorkers and the slower ones.

Ajinkya: Right, we should have a third-man for the catch.

Captain: Alright friends, field well and grap every opportunity coming up. Let's attempt to win.

(B) To: healthminister_mh@gmail.com

From: vishal06@gmail.com

Subject: Regarding taking precautions to prevent disease of Corona.

Respected Sir,

I am writing this email to bring to your kind notice regarding the hazardous conditions caused due to the corona pandemic. I would like to state that the pandemic is causing a great threat in the state as a lot of people are getting infected and are dying due to it. The government and health ministry should make people realise the contagious nature of the disease and how it is spreading, through newspaper, media and social network. People should be given clear instructions about wearing of masks, washing hands and social distancing. The people should be given work from home jobs to protect themselves from the pandemic. People should be made fully aware to take nutritional diet as a safeguard against the virus. Henceforth, I request you to kindly look into the situation and take necessary steps.

Thanking You

Regards,

Vishal

OR

Hazards of Environmental Pollution

Pune, Mar., 20:   –By our correspondent

Environmental pollution has become one of the most dangerous hazards of the recent times and the fact is that many natural and man-made factors are there leading to the environmental pollution. Man-made factors are chiefly responsible for this hazard.

Pollution of environment is one of the major problems even in the state of Maharashtra. It has really become a very critical issue. There are many reasons causing this problem and adding it to. Growing urbanisation and industrialisation, stress of increasing population, increasing traffic, decreasing trees and forests have resulted in pollution. As people are migrating to the cities, the civic facilities are under a great stress. The smoke from the vehicles, from factory chimneys are polluting the air. People cannot have fresh air to breathe. Ecological balance is at stake. The air, water, noise and land pollution has impaired the human life. Environment is suffering from extreme imbalance.

A huge loss has already taken place to environment. All the factors leading to this pollution need to be checked immediately.

OR

Good afternoon, Dr. Bapat. You are a famous doctor so I would like to know about your work.

(a) Why did you decide to enter into this career?

(b) What can you say about your education and experience?

(c) What are the challenges you face in this field?

(d) Inspite of the arrogance of the patients, how do you adjust with the situation?

(e) What are your strengths and potentials?

(f) What will you do if you have to work in shifts?

(g) How much salary are you expecting?

(h) How will you prove yourself to be the best for this post?

(i) How will you store or keep information safe?

(j) What will you do if there is an argument with your colleague?

(k) What will be your strategy in first three months, if selected?

Thank you for sparing your valuable time for us.

(C) Good morning respected honourable chief guests, invitees and my dear friends.

This National Science Day, I am standing before you to express my views on 'Science : A Wonder for Human Beings'. We celebrate this day every year on Frebruary 28 as our Indian physicist Sir C.V. Raman discovered the Raman effect on February 28, 1928. It was a revolution in the field of science.

All aspects of human life are influenced by science. Numerous inventions and researches of science has made our lives luxurious. We get hot water from geyser, air conditioners and coolers, washing machines lighten the work of our daily life. Science provides different ways to farmers for better production, computers are proving to be a great boon in many fields of human life.

We can also reach any hook and corner of the world with the fast means of transportation. Many new medicines and vaccines helps us in leading a healthy life. So we need to be thankful to science for all this.

Thank you all for giving me a patient ear.

OR

(a) Good morning everyone on the occasion of the Birth Anniversary of the Father of our Nation, Mahatma Gandhi. Today is the day for all of us to remember Gandhiji respectfully not only for playing a vital role in our freedom struggle, but also for spreading precious values such as peace, truth and non-violence.

(b) On behalf all the staff members and students of our college, I welcome our chief guests, Mr.

Madhav Laghate, the director of Gandhi Mission and Ms. Sulabha Shrotri, the director of Sabarvan Ashram. I also welcome all the parents, citizens of the area and everyone present here.

(c) Now, let us begin the birth anniversary programme of Mahatma Gandhi by garlanding Gandhiji's image. I request the chief guests to garland the image of Gandhiji. For this, I request the principal and other dignitaries to please come along.

Thank you all !

(d) We are really lucky to have these chief guests for our function. Let me introduce them to all of you. Mr. Madhav Laghate is the former professor of N.M. college, Mumbai. He has written many books on the life of Mahatma Gandhi. At present, he is working as the director of Gandhi Mission.

Our next chief guest is Ms. Salabha Shrotri. She runs an orphanage named as Sabarvan Ashram in Pune. She works actively for the well-being of the deprived children in the city.

Now, I request the principal of our college to welcome the chief guests.

Let's give a big round of applause to our chief guests. Thank you all

(e) Now I welcome the best singer of our college, Vinit and his group, to present two songs in memory of Mahatma Gandhi.

Thank you Vinit for these lovely songs.

Now, I request our chief guest Mr. Madhav Laghate to express his thoughts on this occasion.

Thank you, Sir your speech has given all of us enough inspiration to follow the truthfulness in our lives. Now, I request our second chief guest Ms. Salabha Shrotri to expess her thought.

A round of applause for both the guests. We are really grateful to both of you for the inspiration you've given to us.

Now, I call upon the stage Ms. Neha Bagal to express her thoughts briefly on this occasion.

Thank you, Neha

(f) Now, we are nearing the conclusion of this programme. But I would like to congratulate everyone for the success of the programme. Now I invite Ms. Pradnya to deliver a vote of thanks.

Thank you

3. Every man is the Architect of his own Future

The given proverb clearly tells that each and every person is responsible for his state of mind as well as his life. There are some people who get success and satisfaction in the world outside. They really try hard to get whatever they are wishing for. If they can't achieve what they want, they start feeling unhappy. Actually, everyone is entirely responsible for one's success or failure.

Many people around are pessimistic lead a monotonous life and hold grudges about everything. But there are some people around who are very enthusiastic and optimistic. So, it depends upon the person how to deal with life. Man is the creator of his own fate. With hard work, man can achieve success. Such people are ready to face hardships to get the best opportunity in life. But people living idly lose the opportunities and go on grudging about everything. Using the talent well, helps in succeeding in life.

Having positive attitude along with hard work and perseverance proves to be the perfect recipe to achieve success in life. A person has to think well and decide on which way to walk. One can shape one's life with the help of positive approach to life.

(D) **Film Review**

The movie 'Dangal' is about Mahavir Singh Fogat's efforts to get a gold medal for his country. Inspite of his desire he could not fulfil it as his poverty makes him to do job for livelihood. He gives up wrestling and keeps his dreams alive in his daughters. Once his daughter Geeta and Babita beat two boys, they start hoping to fulfil his dreams. He trains them to win a gold medal. After a great struggle Geeta gets selected for the International competition. Mahavir trains her secretly and finally she wins the coveted medal.

The film is produced by Aamir Khan and Kiran Rao. The director, Nilesh Tiwari has managed to pay attention to each and every facet of the film. Even the music composed by Pritam adds to the overall impact.

The film beautifully portrays the conflict going on in the father's mind, if his daughters could participate in wrestling effectively or not. The daughters feel irritated by the tough training of their father but later on they start realising the significance of it. The conflict between a father and a daughter is very sharply presented in the film.

I like the film very much as it offers a very good message that girls are not at all less in any field and they can work very hard to offer glory to themselves and their nation.

OR

B Health

Health and fitness anthespotblog.com./ 2021

Archive	Health and Fitness
Report	It is rightly said that 'A sound mind in a sound body'. It clearly shows that if we are physically healthy, then our mind also works in an efficient manner. For leading a happy and cheerful life health proves to be important. All those, who are aware of the importance of being healthy, make efforts for staying fit.
Abuse	

Our happiness depends upon our health. But how can we keep ourselves physically and mentally fit? We need to take in the proper nutritional diet and stop eating when we feel like eating something more. We should totally avoid junk food. This is not enough as regular physical exercise must accompany it. Adequate exercise makes a person vigorous. Yoga and Pranayam can prove to a good solution to keep oneself mentally and emotionally fit and strong.

It is said that 'Empty mind is devil's workship'. An idle person can never enjoy good health and happiness. Having sufficient rest is also a requirement for remaining fit and healthy. We need to keep in mind the proverbs. "Early to bed and early to rise makes a man healthy, wealthy and wise". Fruits and vegetables must be added in our diet as they provide vitamins, carbohydrates and essential nutrients.

For enjoying good health, life should be free from anxieties. Just remember 'Health is Wealth'.

OR

OUR VALUABLE FRIENDS

What do pets do for us?
* Give company in our loneliness.
* Offer security for our homes.
* Give us extreme love, affection.

What can we do for them?
• Be Gentle   • Be Merciful   • Feed them

HAVING A PET SECURES LIFE

Issued by – PETA

Section IV : Literary Genre-Novel

5. (A) 1. Murasaki Shikiba – Tale of Genji, Novella – New, Don Quisote – Cervantes, Raj Mohan's wife – Bankimchandra Chattopadhyaya.

   2. The term 'Stream of Consciouness' means the flow of thought going on in the inner mind of the characters. In such a novel, all the incidents in the plot are in the sequence of their occurrence. In such novels, the novelist narrates each incident as they occur in the character's mind. Sometimes they do not create any sense but, they represent the thoughts without any editing.

(B) 1.   • Honest   • Smart
      • Cool-tempered   • Authoritative

   2. The theme of 'To Sir, With Love' is the relationship between teacher and student and the half-yearly report of the students' council. It depicts the improvement in students' conduct and their increasing confidence. It also depicts the freedom in the interaction between student and teacher.

(C) 1. James Strand is not a major character in 'Around the World in Eighty Days'. James Strand was the actual bank robber and Fix was searching for him.

   2. Fogg lives in London and regularly visited. The 'Reform Club' is also there in London. Fogg accepts the wager in London. Fogg's journey begins from London and it also ends in London. In this manner, London becomes the central place in the novel.

(D) 1.   • Kind
       • Charming
       • Intuitive
       • Sensitive

   2. The theme of 'The Signs of Four' is Mary Morstan's meeting Sherlock Holmes and Dr. Watson to narrate her problems and their trip to meet the writer of the mysterious letter.

●●

SAMPLE PAPER-4
English

💬 Questions

Time: 3 Hours

Total Marks: 70

Section I : Prose

(Reading for Comprehension, Language Study, Grammar, Note-making, Mind Mapping)

Q.1. (A) Read the extract and complete the activities given below:

1. Location Tracking: Big Data has been useful in identifying and tracking the exact location of a place. Your GPS and Google Maps make use of Big Data. With geographic positioning and radio frequency identification sensors we get the real-time data about traffic, congestion on a particular route, information if the route is closed or if it is a one-way route, understanding accident prone areas etc You can plan your own route according to the travel time and the transportation of goods. If you have ordered something online you can track the location of your goods in transit, you can also track the condition of the goods. This has immensely helped the logistics companies to reduce risks in transport, improve speed and reliability in delivery.

2. Understanding the Weather Patterns: There are weather sensors and satellites set-up all around the globe. Huge amount of data is continuously being received from them. They help us to understand the weather and help in weather forecasting. Weather patterns give us warnings of the impending natural calamities like floods, earthquakes, tsunami etc. Necessary preparations to combat them can be made well in advance. We can study global warming, predict availability of natural resources like water.

3. Health Care Industry: Today, we see that people have become health conscious. The smart watches, other wearable, health apps in our phone keep on collecting data. We can say that they are our own mini biomedical research devices. They detect our heart rate, monitor the patient's sleep pattern, keep a record of his exercise, the distance walked etc. The analysis of this data collected can give new insights and provide a personalized, individual feedback to each and every person.

A1. Complete the following:

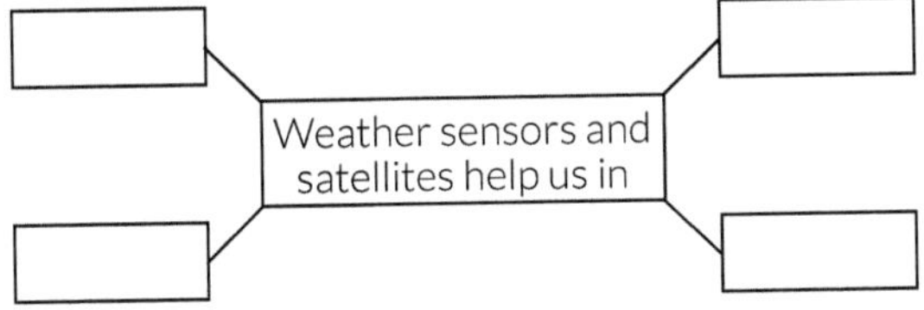

A2. Mention the ways to reduce risk in tansport.

A3. Write some ways of tracking the condition of goods.

A4. Do you use Google Maps and GPS? Justify your answer.

A5. Do as directed:

1. Big Data has been useful in identifying and tracking the exact location of a place (Rewrite using 'as well as')

2. Huge amount of data is being received from them (Rewrite beginning with we......)

A6. Complete the following table:

Verb	Noun	Adjective
....	Frequency	....
....	....	necessary

(B) Language study

B1. Do as directed/Transformation of sentences:

1. Her family and their well-being were her highest priority. (Rewrite as an interrogative sentence)

2. The boy had to find books and read them before the day ended. (Rewrite using 'not only------but also')

3. If everything goes well they will get a reward. (Rewrite using 'unless')

B2. Spot the error in the given sentences and rewrite the correct sentences:

He was unable to participate due to a health problems.

Q.2. (A) Read the extract and complete the activities given below:

The call of the seas has always found an echo in me. Not being rich enough to roam in a private yacht, I have taken the poor man's way out. I swim across them. I have always been fascinated by the Indian ocean-whether at Mumbai, at Puri or at Gopalpur. I have swam in all these places and have felt the thrill. But the idea of swimming the Palk Strait did not occur to me until after I swam in the English channel. Steeped in the history and tradition of this nation, practically unconquered, teaming with hair-raising hazards, the sea between India and Sri Lanka had all the elements of challenge, danger and difficulty that tempted me. By the way for preparation I continued a strict and rigorous course of training which began in 1960. I also had to collect a comprehensive range of facts and information about this sea. Neither was easy.

Despite all the information I had gathered, I soon found that very little was known about the Palk Strait, especially about the tides and currents. Every thing about the English channel is known; there is a

Channel Swimming Association, there are trained pilots there are woots to be hired, accurate weather forecasts, dependable tide tables and every other form of assistance was readily available. All that one needed was money. Here in the Palk Strait one has to find out firstly from where information could be obtained and then decide how much of it could be incorrect or misleading!

A1. State wheather the following statements are True and False:

1. The narrator liked to listen to the call of the seas.
2. The narrator used a yacht at Mumbai, Puri or Gopalpur.
3. The seas between India and Bangladesh had the elements of challenge.
4. No information was available about the tides and currents of the Palk Strait.

A2. Complete the following question:

Swimming in the English channel is easy because:

1. ....
2. ....
3. ....
4. ....

A3. The narrator had an intense desire to swim in the Palk Strait. Explain the reasons for it.

A4. Do you like to have an adventurous life? Give reasons for your answer.

A5. Do as directed:

1. Very little was known about the Palk Strait. (Rewrite as a negative sentence)
2. I had to collect a comprehensive range of facts. (Rewrite the sentence beginning with 'A comprehensive.............................. .)

A6. Give the noun form of the following words:

(i) rigorous   (ii) thrill

(iii) continued   (iv) dependable

(B) Summary Writing

Write a brief summary of the above extract with the help of the given points and suggest a suitable title.

Attraction for the seas-fascination for the Palk Strait-comparison between the English channel and the Palk Strait.

(C) Note-making / Mind-mapping

Read the following extract and complete the chart that follows:

Vitamins play a very significant role in maintenance of good health and they build a resistance power in human body. These vitamins are named by the scientists as vitamins A,B,C,D and E. Vitamin A is found in tomato, egg yolk, vegetables and fruits, liver milk etc. Vitamin A is very important for vision, growth and protection. It helps in the sketetal and tissue growth. Many vitamins are grouped under vitamin B complex group. The vitamins categorised under these group can be sought from seeds, meat, soyabean, green vegetables, milk, eggs etc Vitamin B complex group is very essential in growth, metabolism, formation of blood and for nervous system. Vitamin C is found in lemon, orange, amla and fresh vegetable. It is essential for the development of iron and calcium in the human body. Vitamin D is found in eggs, liver fish oil, butter etc. Vitamin D helps in growth and development of bones and teeth. It plays an important role in absorption and deposition of calcium and phosphorus. Deficiency of vitamin E does not occur normally in human body. Vitamin E is present in vegetables, oils, grain cereals, pulses, nuts and oil seeds, dark green leafy vegetables. It is also present in liver, egg yolk. It is useful for normal reproduction.

Vitamin	Sources	Benefits for health
A	Tomato........................	....
....	....	....
....	....	Development of iron and calcium
	Eggs, liver fish oil, butter........................	
....	....	....
....	....	Helpful for normal reproduction

Section II : Poetry

(Poetry and Appreciation)

Q.3. (A) Read the extract and complete the activities given below:

Is anybody happier because you passed his way?

Does anyone remember that you spoke to him today?

This day is almost over, and its toiling time is through;
Is there anyone to utter now a kindly word of you?

Did you give a cheerful greeting to the friend who came along?

Or a churlish sort of "Howdy" and then vanish in the throng? Were you selfish pure and simple as you rushed along the way,

Or is someone mighty grateful for a deed you did today?

Can you say tonight, in parting with the days that's slipping fast,

That you helped a single brother of the many that you passed?

Is a single heart rejoicing over what you did or said;

Does a man whose hopes were fading now with courage look ahead?

Did you waste the day, or lose it, was it well or sorely spent?

Did you leave a trail of kindness or a scar of discontent?

As you close your eyes in slumber do you think that God would say.

You have earned one more tomorrow by the work you did today?

A1. Find out expressions/ phrases which denote 'going away', from each stanza.

A2. Elaborate the idea expressed in the given lines.

'As you close your eyes in slumber do you think that God would say, you have earned one more tomorrow by the work you did today?

A3. Describe the various ways you use to greet your elder.

A4. Identify an example of 'Synecdoche' from the poem and explain it.

A5. Compose 2-4 lines on your own on 'Good deeds'.

B. **Read the extract and write the appreciation based on the aspects given bleow:**

Afoot and light-hearted I take to the open road,

Healthy, free, the world before me,

The long brown path before me leading wherever I choose.

Henceforth I ask not good-fortune, I myself am good-fortune,

Henceforth I whimper no more, postpone no more, need nothing,

Done with indoor complaints, libraries, querulous criticisms,

Strong and content I travel the open road.

The earth, that is sufficient,

I do not want the constellations any nearer,

I know they are very well where they are,

I know they suffice for those who belong to them.

(Still here I carry my old delicious burdens,

I carry them, men and women, I carry them with me wherever I go,

I swear it is impossible for me to get rid of them,

I am fill'd with them, and I will fill them in return.)

You may use the following points for writing the appreciation in about 100-150 words:

(a) Title and the poet

(b) Theme/Central idea

(c) Poetic style used in the poem

(d) Poetic devices

(e) Message and your opinion

Section III : Writing Skills

Q. 4. **Complete the activities as per the instructions given below :**

(A) **Attempt any ONE of the following:**

Drafting virtual messages / Statement of purpose / Group discussion.

Rajat comes home from school and finds the door locked. Since he has a duplicate key, he enters and finds a note of his mother kept on the table. In it, she explains that she had to rush to the hospital with Mrs. Manohar, their neighbour, who had met with an accident. She has also written that he should have the rice and curry kept on the dining table for lunch. He could heat the food in the microwave oven if he wants to, but he should be very careful while handling the switch.

Draft the message which Rajat's mother left for him.

OR

You are an avid animal lover. You have a pet dog and some love birds at home. You are extremely fond of them. You have been a member of bird watcher's club. You have loved going on a safari. You have taken care of orphan animals, or animal who gets hurt. In school you loved biology. You wish to make a career in this field. The university of Cambridge offers an excellent course/programme which would boost your career. Make a statement of purpose which will help you to get admission to this university.

OR

You and your friends are talking about 'Clean India'. Have a group discussion with your friends about it. Write atleast four/five views in the form of dialogues.

(B) **Attempt any ONE of the following:**

Email:

You live at Gautam Nagar, Aurangabad. There is no good bus service. Write an e-mail to the Director, Aurangabad City Transport Corporation to solve the problem. You may take help of the following points:

(a) Buses do not ply regularly

(b) Working people, students get delayed

(c) Buses come late or are overcrowded

(d) Demand to increase frequency

OR

Report Writing:

Your college celebrated its 'Silver Jubilee Celebration, Imagine you are the class representative. Write a report on it with help of following points:

(a) Preparation for the function

(b) Chief Guest and his speech

(c) Speeches by college staff

(d) Prize distribution ceremony

(e) Add your own points.

OR

Interview:

Imagine you are supposed to interview a famous social worker in your region. Frame a set of 8 to 10 questions. Interview him/her with the help of following points:

(a) Introducing the guest

(b) His/Her mission

(c) Problems/Struggles faced

(d) His/Her inspiration

(e) Conclusion

(C) Attempt any ONE of the following:

Speech:

Prepare a speech on 'The place of women in Indian society' in about 100-150 words.

OR

Compering:

Imagine that you are a compere of the 'Independence Day' function in your college. Write a script in about 100-150 words with the help of the points given below:

(a) Introduction–A brief introduction of the programme/function/show

(b) Flag hoisting

(c) National Anthem and Pledge

(d) Principal's Speech

(e) Songs

(f) Vote of thanks

OR

3. Expansion of an Ideas:

Expand the following idea in about 100-150 words.

'Don't judge a book by its cover'

(D) Attempt any ONE of the following:

Review:

Write the review of a film that you have recently seen based on any four of the following points:

(a) Star cast

(b) Theme of the film

(c) Conflicts presented in the film

(d) Producer and Director

(e) Why did you like/not like the film?

OR

Blog:

Write a blog in a proper format on 'Communication skills'. in about 100-150 words with the help of following points:

(a) Importance of communication

(b) Aspects of communication skills

(c) Ways to improve them

(d) Add your own points

OR

Appeal:

Prepare a leaflet on 'Blood Donation' with the help of following points:

(a) Save lives of many

(b) No effect on donor's health

(c) A gesture going a long way

(d) Add your own points

Section IV : Literary Genre-Novel

Q.5. (A) Complete the activities given below as per the instructions:

    1. Complete the following statements:

      1. The two types of conflicts that the plot may have are...........................

      2. The word 'picaresque' is originated from ....

      3. The epistolary novel presents the narrative through.............................

      4. In the 18th century, middle class could get the time for reading and discussing the novels because.............

    2. Write a short note of about 50 words on:

        'Style of the novel'

(B) Answer the questions given below in about 50 words:

    1. Complete the following with the traits of Potter:

      (a) ....

      (b) ....

      (c) ....

      (d) ....

    2. Explain in brief the theme of 'To Sir, With Love'.

(C) Answer the questions given below in about 50 words:

    1. Complete the following with the traits of:

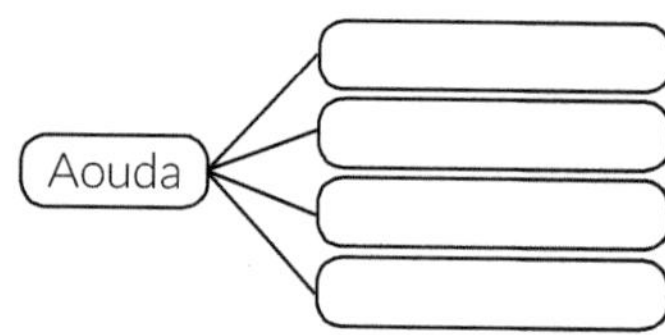

    2. Write 4-5 sentences on theme of 'morality' in 'Around the World in Eighty Days.

(D) Answer the questions given below in about 50 words:

    1. Holmes is always a step ahead of Dr. Watson in solving cases. Justify this statement.:

    2. "Our quest does not appear to take as to very fashionable regions." Elaborate.

🄐 Answer Key

Section I : Prose

(Reading for Comprehension, Language Study, Grammar, Note-making, Mind mapping)

Q.1. (A) A1.

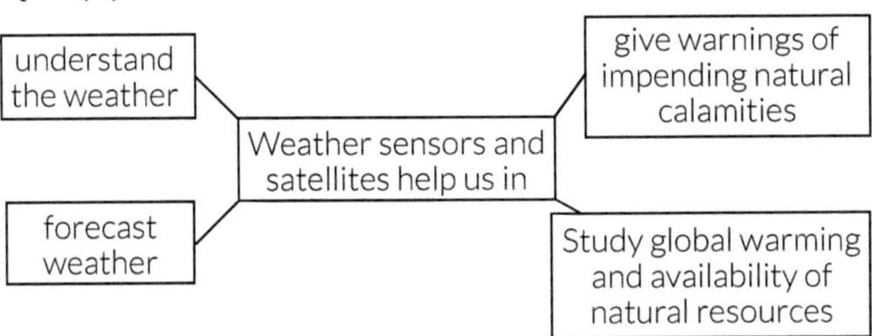

A2. Big Data is useful in tracking the location of a place GPS and Google Maps use Big Data so we can receive information about traffic, congestion on a particular route. So, we can plan our route according to travel time. We can track the location of our goods ordered online in transit and also the condition of the goods. It helps companies to reduce risks in transport, improve speed and reliability in delivery.

A3. If we have ordered something online, we can track the condition of the goods. It has helped the logistics companies to reduce risks in transport, improve speed and reliability in delivery.

A4. While using the two wheeler and going to a certain destination, I use GPS and Google Maps to follow the correct route. Once while going to Malvan, I used of Google Map to calculate the exact distance to cover and find out the best and nearer routes to go there.

A5. (1) Big Data has been useful in identifying as well as tracking the exact location of a plane.

(2) We continuously receive a huge amount of data from them.

A6

Verb	Noun	Adjective
Frequent necessitate	Frequency necessity	Frequent necessary

(B) B1. (1) Weren't her family and their well-being her highest priority?

(2) The boy had not only to find books but also read them before the day ended.

(3) Unless everything goes well they will not get a reward.

(B) B2. He was unable to participate due to a health problem.

Q.2. (A) A1. 1. True

2. False

3. False

4. True

A2. 1. There are trained pilots available to help us.

2. There are boats that can be hired.

3. Accurate weather forecasts are found easily.

4. There is availability of dependable tide tables and all the assistance is easily available.

A3. The Palk Strait was steeped in tradition and it was considered to be unconquered as it is full of many dangers. It was a tremendous challenge to swim there so the narrator had an intense desire to swim in the palk strait.

A4. I will certainly like to have an adventurous life. I really like to go on treks and hikes with my friends. I like to wander in search of an opportunity to go on a trek. Trekking offers a wonderful opportunity to enjoy freedom of being in the company of nature.

A5. 1. Not much was known about the Palk Strait.

2. A comprehensive range of facts had to be collected by me.

A6. (i) rigorosity rigour

(ii) Thrill

(iii) Continuity

(iv) Dependability

(B) Palk Strait

As the narrator wasn't rich, he liked to swim across the seas as the seas were tempting him much. He yearned to cross the Palk Strait as it was thought to be practically unconquered and full of many hazards. Swimming the English Channel was easy, plenty of information and assitance was available there. But regarding the Palk strait, not much was known.

(C)

Vitamin	Sources	Benefits for health
A	Tomato, egg, yolk, vegetables, fruits, liver milk	For vision, growth, protection skeletal and tissue growth
B	Seeds, meat, soyabean, green vegetables, milk eggs etc.	Growth, metabolism, formation of wood and for nervous system.
C	Lemon, amla, orange, fresh vegetable	Development of iron and calcium
D	Egg, liver fish oil, butter etc.	Growth of bone and teeth absorption and deposition of calcium
E	Vegetables, oils, grain cereals, pulses, nuts and oil seeds, dark green leafy vegetables.	and phosporus. Helpful for normal reproduction.

Section II : Poetry

Q.3. (A) A1.

The expressions or phrases denoting 'going away' are:

First stanza 'is almost over'

Second stanza- 'passed his way'

Third stanza-'is almost over'

Fourth stanza- 'vanish in the theory'

Fifth stanza- 'rushed along'

Sixth stanza-'fading now'

A2. The poet implicitly suggest that we should make our life useful for others to justify our existence today so that God can grant us another day. Though we can't do anything, we can atleast speak a kind word to a stranger. If we really live selflessly, we can earn our tomorrow.

A3. We should greet the elders with love and respect by touching their feet as per our tradition. We should make an effort that they that never feel lonely and take care of them in all possible ways. Sometimes, we can greet them with folded hands.

A4. The example of 'Synecdoche' is:

'Is a single heart rejoicing over what you said or did'

Here, the word 'heart' which is a part represents the person rejoining which is the whole idea.

A5. Good Deeds

Tree gives cool shade and fruits

River with sweetness of water flows

If came a stranger gloomy and sad

Cheer him up, not to feel bad

(B) The poem 'The song of The Open Road' is composed by Walt Whitman.

The poem contains optimism and great confidence because the world offers many opportunities. The poem contains autobiographical touch as Wall Whitman himself struggled a lot in his own childhood.

The title of the poem has an adjective 'open' for the road of life. It stands for freedom as the poet suggests the need of going away from all the bindings as well as comforts. He wants to become self reliant as he possesses the confidence needed for it.

The poem is composed as a free verse as it has no rhyme. The poet has made use of poetic devices like repetition, paradox, figures of speech like 'Done with indoor complaints', libraries querulous complaints add charm to the poem.

The poem can be called as a dramatic monologue. Through this poem, the poet inspires us to explore the world using all our abilities.

Section III : Writing Skills

Q.4. (A) 25/12   MESSAGE   11:00 am

Rajat,

Mrs. Manohar, our neighbour, has met with an accident so I am rushing to the hospital with her. I have kept rice and curry on the dining table for your lunch. Use our microwave oven to heat the food if you want and be very careful while handling the switch

Mother

OR

Statement of Purpose

I was extremely fascinated by nature and its aspects right from my childhood. This interest just went on deepening with the growing age. I love watching the tame as well as wild animals. It has brought me very close to the subjects like evolution and biology/zoology.

The behaviour of pet animals, birds fascinates me a lot and I keep on observing them for hours. Fortunately, my parents never object to it so I could continue it. Due to this, right from the school days Biology has proved to be my most favourite subject. Initially I was not aware of the fact that there are certain courses which will help me to move further in my interest. But after collecting sufficient information, I have realised that the graduation course in biology concentrating on animal behaviours is the best option for me.

My father is a veterinary doctor and my mother works for an NGO, taking care of domestic and wild animals.

So, I got an opportunity to come close to animals, birds and nature. I am a member of Bird Watcher club and I am really fond of them. My evolutionary thinking expanded and I knew about many of endangered species. I also take time to serve the orphan animals or birds due to the unwanted circumstances.

Inspite of my interaction with animals and birds, my theoretical studies have nothing to mention. I have read many works of pioneers and experts in the field. I am eager to gain more knowledge so I want to be in your reputed course to boost my career.

I am ready to work hard with my open minded disposition and dedication towards this stream. I am looking forward to share my ideas with my fellow students and all eminent professors of your reputed institution. I hope that my application for the graduation programme and research will be offered due consideration.

OR

Group discussion about 'Clean India'.

I: Nowadays, we see filth and dirt everywhere as cleanliness is utterly neglected. What do you think?

Ramesh: It's true. It seems that we are forgetting the truth of the expression 'cleanliness is next to Godliness'. The garbage bins are overflowing, they are not getting cleaned regularly-Besides, people spit everywhere to add to it.

Suresh: Right there is dirty water running on the streets causing foul smell to spread alongwith the nuisance of mosquitoes and flies. It is causing extremely unhealthy and unhygenic circumstances.

I: I feel that this is just one fact of the concept of cleanliness.

Reena: What do you want to suggest?

I: See, I feel that cleanliness needs to be followed in all the aspects of life. Moral or ethical cleanlines also have an atmost importance.

Reena: True. Usually what people say and what they actually do are different things. While speaking, people use high sounding phrases pleasing others but their actions are narrow minded and self-centered.

Ramesh: We all are in agreement with it. There is a need of cleanliness to be maintained everywhere.

Suresh: True. Only then we can experience the touch of godliness making our lives golden.

(B) To: directorcitytransport@yahoo.co.in
From: asrege91@gmail.com
Subject: Problem of transportation of Bajaj Nagar
Sir,

I would like to draw your attention to the problem of transportation in Bajaj Nagar. There is very poor transport service available between this area and other parts of the city. A large number of people work everywhere in the city and suffer a lot due to inadequate frequency of buses.

All the residents are tired of these problems as the working people are reaching late to their offices and children cannot reach their schools on time. Many commuters just keep on coasting for the buses which never comes on time. Its a great pity to see people running after the buses which do not stop being overcrowded.

I request you to look into the matter without delay. There is a need of increasing the number of buses on this route and their frequency should also be increased.

Thanking you
Regards
A.B. Ragi

OR

Silver Jubilee Celebration

XYZ College, Jan, 10: XYZ College of Pune celebrated the Silver Jubilee yesterday in its premises with great vigour and enthausiasm. From the foundation day of the college, it has really proved itself as one of the best educational institutions in the city. Hence, the college management organised a grand celebration on the completion of 25 years of its meritorious services to the cause of education.

The premises of the college were beautifully deocrated with flowers, balloons and colourful pictures. A huge poster was set up on the ground. The State Education Minister graced the occasion as the Chief Guest. Many prestigious people were specially invited. The programme started with a welcome song sung by the members of the cultural committee. Then a special magazine reviewing the glorious twenty-five years of the college was published by the chief guest. The Principal gave an introductory speech highlighting the institute's contribution in the field of education. All the meritorious students were given away prizes by the chief guest. He honoured the teachers for their devotion. The chief guest also appreciated the institute in his speech and appealed the students to uplift the institute's name to greater heights in sports, academics and social service. He mentioned the importance of vocational courses. He then declared a donation of 50 lacs for the development of the college. Finally, the valedictory speech was given by the Vice Principal of the college.

Then function ended with the choir singing the National Anthem.

CR, XYZ College

OR

Today we have a special guest among us who is a famous social worker in Maharashtra, Dr. Prakash Amte. Sir may I ask some questions to you:

(a) What inspired you to enter into the field of social work?
(b) What do you do to serve the lepers?
(c) Would you like to share any remarkable experience with us?
(d) What problems do you face when you actually work on the field?
(e) How do you overcome the hardships coming in your way?
(f) What are your future plans about development of society?
(g) How do you get such tremendous energy to serve the people?
(h) How do you balance your personal life and social work?
(i) What message would you like to give to the youngsters for entering into the field?

Thank you very much for such an inspiring discussion.

(C) Honourable principal, respected teachers and my dear friends.

Today I am standing here to express my views on the place of women in Indian society. Women are undoubtedly an important part in each family. But sometimes their role is considered to be for family only which is not true at all. They have gone beyond their families and are serving the society. Earlier, women were given secondary place in India and they had no rights in the male dominated society. Nowadays, the conditions have changed.

Now, women have moved ahead in all the fields. They can handle their professional life besides their domestic works. They are always ready to make any kind of sacrifice for their family. Today, women are well equipped with education, business, confidence, self respect and independence.

We are living in the world of globalisation and modernisation. All are equal then, why do we consider women inferior? We must treat women with proper respect and dignity.

Thank you all

OR

- **Introduction and Welcome Speech:** Good morning everyone present here. I welcome you all for our Independence day function.
- On this bright and sunny morning we celebrate our 73rd Independence Day. We celebrate this day with a lot of enthusiasm, joy and gratitude, because our country became free from British rule on this day in 1947. It is only because of our freedom fighters that we can gather here and talk freely today.
- Though all of us here were born after 1947, we can imagine the struggles of our countrymen went and their valour. Let us have a round of applause for them.

(b) Flat hoisting and National Anthem: Thank you. I now request our respected Principal Sir to do the honour of hoisting the tricolor. I request the audience to strand. College music team, please step forward to sing the National Anthem

(c) Pledge: Thank you. Please remain standing for the pledge.

(d) Principal's Speech: Thank you. Please be seated. Our respected Principal will now address the audience.

(e) Songs: Thank you, Sir, for your motivating speech. We are indeed lucky to have our elders to motivate and support us. Our musicians will now give us a medley of songs.

(f) Vote of thanks: I thank you all for your participation in today's programme. Our Cultural Secretary, Anmol Gupte, will now give the vote of thanks.

OR

Don't judge a book by its cover

This proverb is very thought provoking as it means that we should never form any opinion about someone or something by just looking at its physiology or outer appearance. Outward appearances can be very deceptive as it cannot tell what type of a person or a thing it is.

When a person buys a book to read, he does it on the basis of its content. Sometimes a book is purchased by looking at its attractive cover but the worth of the book is known after reading it. So, judging the value of the book on the basis of its cover is a wrong idea and it applies to judging people too. Just by looking at the outward appearance or type of clothes is not really beneficial in judging the personality within.

So, we need to think well before forming any opinion about anyone or anything. We should never base are opinions on the basis of the outward appearance.

(D) The characters in the Marathi Film 'M. Shivajiraje Bhosale Bolatoy' are Dinkar Bhosale (Sachin Khedskar), Sumitra Bhosale (Suchitra Bandekar), Rahul Bhosale (Abhijit Ketkar), Shashikala Bhosale (Priya B), Vidyadhar Joshi (Gosalia), Shivaji Maharaj (Mahesh Manjrekar), Raiba (Makarand Anaspure) and Nand Kumar Chandekar (Genet Yadav) etc.

Dinkar Bhosale, a government servent, lives an economical life. He feels that Marathi people have lost their identity in cosmopolitan Mumbai and thinks that others dominate their city Gosalia gives him an offer for his home but he rejects the proposal. So he is disrespected even by his family. But Shivaji Maharaj scolds him for blaming Marathi people so he changes himself. But Gosalia goes on planning for grabbing his property. In the end he confronts Gosalia bravely.

Music given to the film is by Ajay, Atul and Sameer. They add a great impact to the significance of the film. Mahesh Manjreker's director has added a great charn to the film. Shivaji Maharaj riding through the Mumbai croud makes the people think that the typical proud Marathi spirit is still existing.

The flim provides the message of keeping up self respect in all circumstances and we should have pride for our language, culture and history. This is undoubtedly a 'must watch film as it inspires us to retain self-respect and fight against in injustice.

OR

Communication skills on the spot blog.com/2021	
Archive	Communication Skills
Report Abuse	Communication is an integral part of our daily routine. A meaningful discussion is called as communication. Communication is a skill and it needs a lot of practice to acquire mastery over it. It helps you to understand and be understood by others. Sometimes people think of communication just as speaking but it involves listening, speaking, observing, guessing and empathising. Communication is always a two way process as it is an interaction between a speaker and listener. There is a need of listening to the speaker carefully. Those who listen well are always appreciated by the companions. Effective communication must be clear with the concise presentation of ideas and thoughts. It must incorporate proper eye contact, gestures, facial expressions. Proper communication must have suitable references and examples as well as good confidence, clarity, amicability and fluency. The ideas should not imposed on others. But being a good communicator, we should welcome suggestions and feedback from others. Communication can prove a strong bridge for creating as well as maintaining healthy relationships.

OR

Join

BLOOD DONATION CAMP

Donate Blood to Save Life

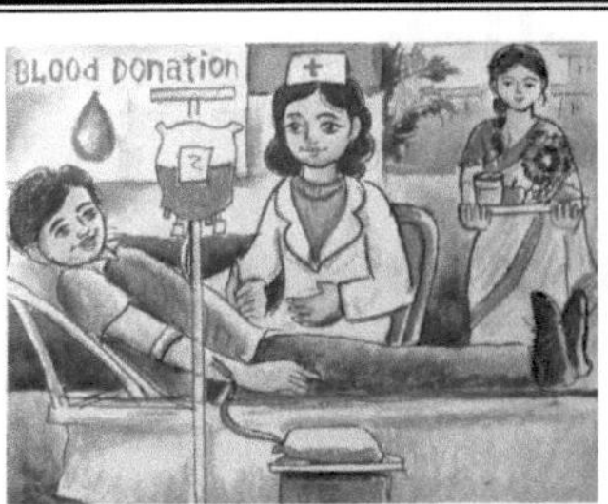

Hundreds of people daily need blood for survival

These People Need You

Donation of Blood = Donation of Life

So let's join hands to save lives of our fellow beings

Come forward to join this campaign.

- Donation of blood causes no harm.
- Loss is well compensated within few days.
- No weakness is caused by blood donation

Date: 20 April 2021   **Time :** 9.00 am to 5.00 pm

Venue: Janaseva Blood Bank

Narayan Peth, Pune

Contact: xxxxxxxxx   Email:jan13@gmail.com

Section IV : Literary Genre-Novel

Q 5. (A) 1. The two types of conflicts that the plot may have are internal or external.

2. The word picaresque is originated from spanish word 'picaro'.

3. The epistolary novel presents the narrative through a series of correspondence or other documents.

4. In the 18th century, middle class could get the time for reading and discussing the novels because it depicted the realistic picture of everyday life and problems of common people.

A2. Style of the novel: The style of novel is the language and the technique used by the writer to narrate the cause of events. So, it is the technique that an author uses in his writing. It differs from author to author and it certainly depends on one's syntax and the choice of words.

(B) 1. (a) concise (b) knowledgeable (c) frank (d) clear

2. 'To Sir, With love' contains the theme of teacher-student relationship and the half yearly report of the students council. The entire extract reflects the improvement in the behaviour pattern of the students and increase in their confidence. It also indicates the freedom in the interaction between teachers and student in the school.

(C) 1.

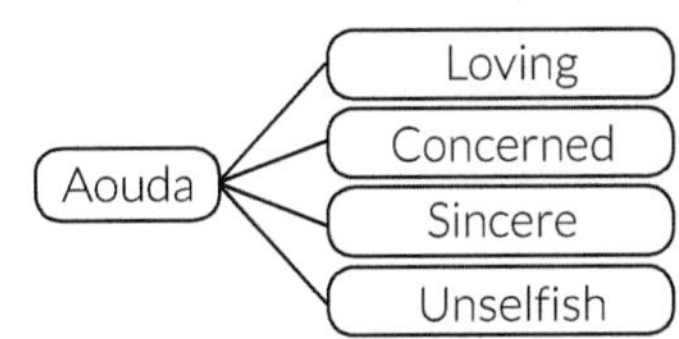

2. Fogg begins the journey to preserve his honour and spends all of his money along the way. He is honourable when he thinks he is penniless, he does not want Aouda to marry him, Aouda shows that she is not materialistic. In the end when he wins the bet, he divides money between Passepartant and Fix, indicating that he had no grudges against him. The moral at the end is that love and its attainment is more important than challenges and money.

(D) 1. Dr. Watson is emotional and trustworthy. Whereas Holmes is very sharp and methodical. He analyses everything appropriately and notice even the little details giving him clues. As Watson cannot do it, he moves on the wrong path. Holmes is a true detective and Watson is just his companion.

2. Holmes said this to Watson and Mary Morstan as they are driven by the coachman. They were going through narrow streets in grim neighbourhood with dull brick rows of houses and showy public houses. Holmes refers to this as it was not a fashionable or rich neighbourhood.

Sample Paper-5
English

Time: 3 Hours   Total Marks: 70

Section I : Prose

(Reading for Comprehension, Language Study, Grammar, Note-making/Mind-mapping)

Q.1. (A) Read the extract and complete the activities given below:

I had a very simple upbringing. We were a lower middle class family. Our 300 square feet house did not even have basic amenities such as a fan, a refrigerator, a geyser, a dining table or a gas stove; leave alone an air conditioner or a car. It was only when I entered the college that I got a watch and we got a dining table and a gas stove at home. Nevertheless, culturally, I had a rich childhood. Poets like *Vinda Karandikar, Mangesh Padgoonkar* and *Vasant Bapat* used to visit our home and for hours I could listen to the discussions about poetry and literature-Marathi and English. They used to talk about *Keshavsut, Mardhekar, Shakespeare, Charles Dickens* and *Thomas Hardy*. I did not fully understand their discussions in depth, but I was immensely impressed. We also were lucky to have Pt. Kumar Gandharv, Pt. Bhimsen Joshi and Pt. Jasraj visit our place and talk about Indian music till late night or sometimes dawn. This is how and why I developed my interest in literature and music during my school days. I did not and even today don't understand the 'grammar' of music, but I began to love it tremendously since then.

Most of the times, the topics of discussion at our home were about music, literature, paintings, sculptures etc. I could listen to the discussions about *Van Gogh, Mozart and Michaelangelo* etc. It was because of such a milieu around me that I had a firm belief which I still hold that all arts are equally, if not more, important in our lives than Science or Technology. I had learnt from my childhood that money does not mean everything in life. It is necessary, but if at all there is something which enriches our lives and puts meaning to our existence, it is the arts, music and literature.

A1. Make a list of great Indian and Foreign personalities who had a great impact on Achyut Godbole during his childhood:

Poets	
Writers	
Musicians	
Dramatists	

A2. Read the extract and write the writer's opinion about arts, music and literature.

A3. Explain the following statement with reference to the context:

'Nevertheless, culturally I had a rich childhood'.

A4. Describe what a 'rich childhood' means to you.

A5. Do as directed:

1. I did not understand their discussions but I was immensely impressed. (Rewrite removing 'but')
2. Our house did not have basic amenities. (Rewrite as an affirmative sentence)

A6. Prepare a word register for 'Household appliances and objects from the extract.

(B) Language study

B1. Do as directed/Transformation of sentences:

1. To his <u>astonishment</u> he found his friend in the restaurant. (Rewrite using the verb form of the underlined word)
2. The teacher noticed his familiar face and called him on the stage. (Rewrite using the present participate form of the verb 'to notice')
3. He had a very noble nature. (Rewrite as an exclamatory sentence)

B2. Spot the error in the given sentences and rewrite the correct sentences:

Though the mobile phone is costly but I want to buy it for my father.

Q.2. (A) Read the extract and complete the activities given below:

He was a tremendous fighter, but he never started fights. I don't believe he liked to get into them, despite the fact that he came from a line of fighters. He never went for another dog's throat but for one of its ears (that teaches a dog a lesson), and he would get his grip, close his eyes, and hold on. He could hold on for hours. His longest fight lasted from dusk until almost pitch-dark, one Sunday. It was fought in East Main Street in Columbus with a large, snorly nondescript. When Rex finally got his ear grip, the brief whirl-wind snarling turned to screeching. It was frightening to listen to and watch.

The two dogs eventually worked their way to the middle of the car tracks and after a while two or three streetcars were held up by the fight. A motorman tried to pry Rex's jaws open with a switch rod; somebody lighted a fire and made a torch of a stick and held that to Rex's tail but he paid no attention. In the end, all the residents and store-keepers in the neighbourhood were on hand, shouting this, suggestion that Rex's joy of battle, when battle was joined, was almost tranquil.

A1. State whether the following statements are True or False:

1. Rex always started fights with other dogs.
2. He belonged to the race of fighters.
3. Rex could hold onto other dog's ear for hours together.
4. Rex remained undisturbed throughout the fight.

A2. Explain how different persons made efforts to stop the fight.

A3. Describe the changes in the other dog's reactions during the fight.

A4. Describe your pet dog in 5 to 6 lines.

A5. Do as directed:

1. He never went for another dog's throat but for one of its ears. (Rewrite the sentence using 'though')
2. The two dogs worked their way <u>in the middle of the car tracks</u>. (Frame a Wh-question to get the underlined part as answer)

A6. Give adjective forms of the following words:

(a) teaches   (b) frightening

(c) watch   (d) fire

(B) Summary Writing:

Write a brief summary of the above extract with the help of the given points and suggest a suitable title: nature of Rex – typical way of Rex's fighting – fight with another dog – ear grip-attempts to stop the fight

(C) Note-making / Mind-mapping:

Draw a tree diagram that contains the main points and supporting details from the text about water:

The whole process of the circulation of water between the land, sea and atmosphere is known as the hydrological cycle. When rain falls on the earth it is distributed in various ways. Some is immediately evaporated and thus returns to the atmosphere as water vapour. Some is absorbed by plants and gradually returns the atmosphere by transpiration from the leaves of plants. Much of it flows directly off slopes to join streams and rivers, eventually reaching the seas and oceans. This is known as run-off. A considerable proportion of the water received from rain or snow, however, percolates downwards into the soil and rocks, filling up joints and pore-spaces and forming what is known as ground-water. Ground-water plays an important part in weathering and mass movement and is also important as a means of natural water storage. It re-enters the hydrological cycle by way of springs.

Section II : Poetry

(Poetry and Appreciation)

Q.3. (A) Read the extract and complete the activities given below:

My father travels on the late evening train

Standing among silent **commuters** in the yellow light

Suburbs slide past his unseeing eyes

His shirt and pants are soggy and his block raincoat

Stained with mud and his bag stuffed with books

Is falling apart. His eyes dimmed by age

Fade homeward through the humid monsoon night.

Now I can see him getting off the train

Like a word dropped from a long sentence.

He hurried across the length of the **grey platform**.

Crosses the railway line, enters the lane,

His chappals are sticky with mud, but he hurries onward.

A1. List the difficulties faced by the father in the extract:

(a) ....   (b) ....

(c) ....   (d) ....

A2. Analyse and answer the following question:

The poet deals with the theme of man's estrangement from a man-made world. Analyse it with the help of the extract.

A3. Write a few lines on the hard work done by your father for your family.

A4. Find out the example of Transferred Epithet from the extract and explain it.

A5. Use the following words and compose a (2-4) lines on 'distance'.

[travel, distance, evening, place]

(B) Read the extract and write the appreciation based on the instruction given below:

When I had money, money, O !

I knew no joy till I went poor;

For many a false man as a friend

Came knocking all day at my door.

Then felt I like a child that holds

A **trumpet** that he must not blow

Because a man is dead; I dared

Not speak to let his false world know.

Much have I thought of life, and seen

How poor men's hearts are ever light;

And how their wives do **hum** like bees

About their work from morn till night.

So, when I hear these poor ones laugh,

And see the rich ones coldly frown

Poor men, think I, need not go up

So much as rich men should come down.

You may use the following points for writing the appreciation in about 100-150 words:

(a) About the poem/poet/title

(b) Theme/central idea

(c) Poetic devices, language, style

(d) Special featurs/tone and type

(e) Values, message

(f) Your views about the poem

Section III : Writing Skills

Q. 4. Complete the activities as per the instructions given below :

(A) Attempt any ONE of the following:

Drafting virtual messages / Statment of Purpose / Group discussion.

Read the following conversation between Aashna and Mr. Singh.

Aashna: Hello, may I speak to Ranajeet, please?

Mr. Singh: Ranajeet is getting ready for school. May I know who is speaking?

Aashna: My name is Aashna. I am Ranajit's classmate.

Mr. Singh: Hello, Aashna. I am Ranajit's father. Is there any message?

Aashna: Yes, Please ask him to bring his biology notebook to school today. I was absent from school due to illness. I would like to see the notes which our biology teacher gave to the class during my absence.

Mr. Singh: I will definitely by do that.

Since Mr. Singh had to go for his morning walk, he left a message for Ranajit. Draft the message in 50 words.

OR

You want to visit a sugar factory to know more about the sugar production process. Write a letter to the Manager of the sugar factory near your college seeking permission. Give details about the intended visit.

OR

The Annual Social Gathering of your college is scheduled to take place after a month and a half. You want to participate in it as you have written a one-act play and want to stage it. Discuss the plan with two of your friends to reach a certain decision about it. Write five/ six views in the form of dialogues.

(B) Attempt any ONE of the following:

Email:

Ashwin received the best sportsman award. He wants to inform his father about it. Write an e-mail on his behalf. You may use the following points:

(a) Name of the game or sport

(b) Feelings and excitement

(c) Prize distribution ceremony

(d) Add your own points

OR

Report Writing:

Write a newspaper report on 'Ten people killed in fire' with the help of following points:

(a) Place and time of the incident

(b) Reasons behind it

(c) Nature of fire

(d) Help for the family of the victims

(e) Add your own points

OR

Interview:

Imagine you are supposed to interview a candidate who has applied for a job. Frame a set of 8 to 10 questions to interveiw him/her with the following points:

(a) Introduction

(b) Educational qualifications

(c) Potentials and assurance

(d) Positive things

(e) Expected salary

(C) Attempt any ONE of the following:

Speech:

Prepare a speech to be delivered in the assembly on 'Need to conserve environment' on the occasion of World Environment Day in about 100-120 words.

OR

Compering:

One of the teachers from your college is going to be retired from his service. You are told to compere the retirement programme. You can take the help of the following points:

(a) Introduction

(b) Welcome speech

(c) Lighting the lamp

(d) Main events

(e) Vote of thanks

OR

Expansion of an idea:

Expand the following idea in about 100-150 words.

'Fools rush in where angles fear to tread.'

(D) Attempt any ONE of the following:

Review:

Write the review of a film about sports that you have seen, based on any four of the following points:

(a) Story line

(b) Producer and Director

(c) Music

(d) Reasons for your liking it

OR

Blog:

Write a blog in a proper format on 'Newspapers—The Fourth Pillar of Democracy' in about 100-150 words, with the following points:

(a) Mirror of the society

(b) Helpful to common people

(c) Importance of newspapers

(d) News of all spheres

(e) Alert the government

OR

Appeal:

Prepare an appeal on the topic 'The Need for Regular Exercise' with the following points:

(a) Benefits of regular exercise

(b) Types of exercise

(c) Catchy slogan

(d) All can exercise

(e) Add your own points

Section IV : Literary Genre-Novel

Q.5. (A) Complete the activities given below as per the instructions:

1. Match the columns:

A	B
Pearl	Saul Bellow
Death in Venice	Truman Capote
Seize of the Day	John Steinback
Breakfast at Tiffanys	Thomas Mann

2. Write a short note of about 50 words on:

Indian tradition of novels.

(B) Answer the questions given below in about 50 words:

1. Find two statements describing the theme of 'To Sir, With Love':

(i) Half-yearly report of the student's council was not an important event for the students and teachers of school.

(ii) The writer was immensely pleased to notice the progress of his students.

(iii) The students showed a remarkable change in their behaviour and were progressing in all the subjects.

(iv) The head of the institution was against conducting such activities in the school.

2. Miss Phillips is transformed into a convincing personality. Explain.

(C) Answer the questions given below in about 50 words:

1. Arrange the incidents in correct sequence:

(i) Aouda accepted Fogg's proposal of marriage.

(ii) When set free, the first thing that Fogg did was he knocked Fix down.

(iii) As a part of duty, Fix arrested Fogg.

(iv) At the 57th second, Fogg entered the Reform Club Saloon.

2. Describe the importance of 'Saville Row' in the development of plot and behaviour of the characters.

(D) Answer the questions given below in about 50 words:

1. Describe the importance of Baker Street in 'The Sign of Four'.

2. The coachman confirmed that neither of Miss Morstan's companions was a police officer. Give reasons.

🅐 Answer Key

Section I : Prose

(Reading for Comprehension, Language Study, Grammar, Note-making/Mind Mapping)

1. (A) A1.

Poets	Vinda Karandiker, Mangesh, Padgaonker, Vasant Bapat, Keshausut
Writers	Charles Dickens, Thomas Hardy, Mardhekar
Musicians	Mozart, Pt. Kumar Gandhana, Pt. Bhimsen Joshi, Pt. Jasraj
Dramatists	Shakespeare

A2. According to the writer, art is equally important in our lives as science and technology. He also thinks that arts, music and literature enrich are lives and put meaning into our existence.

A3. The writer clearly states that he had a very simple upbringing in a lower middle-class family which did not have basic amenities such as a fan, refrigerator etc. But it was culturally rich as various poets, writers and musicians would visit their home and there would be discussions for hours about music, literature, sculpture etc. So he states that arts, music and literature enrich our lives and put meaning into our existence.

A4. According to me, 'rich childhood' means having plenty of love and security at home. We can become culturally rich by reading more and more books, knowing music or theatre etc. It is about having a lot of love, enjoyment and friends around.

A5. 1. Though I did not understand their discussions. I was immensely impressed.

2. Our house failed to have basic amenities.

A6. Fan, refrigerator, geyser, gas stove, dinning table, air conditioner.

(B) B1. 1. He was astonished to find his friend in the restaurant.

2. Noticing his familiar face, the teacher called him on the stage.

3. What a noble nature he had !

B2. Though the mobile phone is costly, I want to buy it for my father.

2. (A) A1. 1. False, 2. True, 3. True, 4. True

A2. There was a motorman who tried to pay open Rex's jaw with a switch rod. Similarly someone held a lighted stick at the end of his tail.

A3. The other dog started the fight by snarling at Rex. But that snarling lasted only for a very short time when Rex got a grip on the other dog's ear and wouldn't let it go. The dog forgot to snarl and started screeching in extreme pain and fright.

A4. I have a pet dog named Moti and I strongly feel that Moti is having all the emotions and feelings like us. Moti has a fighting spirit and I really appreciate it very much. Moti is our family member.

A5. 1. Though he never went for another dog's throat, he went for one of its ears.

2. Where did the two dogs work their way?

A5. (a) teaching (b) frightening/frightful (c) watchful (d) fiery

(B)   **Rex : A Fighter**

Inspite of coming from a line of fighters. Rex never used to begin fights. But if once started he was a great fighter, going for another dog's ear and never for throat. In his fight with a large dog. Rex caught hold of his ears and held on for hours though people tried hard to stop the fight.

(C)   **Hydrological Cycle**

(Process of circulation of water between

land, sea and atmosphere)

Water vapour	Run-off	Ground Water
• Process of formation.	• Some part of rain absorbed by plants gradually return by transpiration from leaves.	• Rain water percolates into soil, rocks.
• Full of rain on earth distributed in many ways.		• Fills joint and pores.
		• Plays a role in weathering and mass movement.
• Some are quickly evaporated.	• Much flow directly from slopes in streams and rivers reaches sea or ocean.	• Means of natural water storage Re-enter hydrological cycle by way of springs
• Comes back to atmosphere		

Section II : Poetry

(Poetry and Appreciation)

3. (A) A1. (a) He is returning late.

(b) He has to stand the entire trip home.

(c) He is in wet clothes for a long time.

(d) His sight is weak due to age.

A2. There are two parts of the poem. First deals with father's time outside the house and the second deals with his time at home. He travels in crowded evening train but he never speaks to anyone . So among the crowd, he has the feeling of estrangement as he is alone.

A3. My father works hard for the happiness of our family members. He spends his time outside for our sake because he wants us to be happy and he never get the feeling of inadequacy about anything.

A4. 'Suburbs slide past his unseeing eyes'

Here, the adjective is transferred from 'person' to 'eyes'.

A5.   **Distance**

An hour to and from I travel

It's the distance of road I take

In the evening leaving people back

I move to the place I make.

(B) The poem 'Money' is composed by William H. Davies who spent a significant part of his life as a tramp. He became a peddlar and street singer in England. After experiencing such wandering life for many years he published his first volume. This poem tells about the rich man who wants to be a poor man to find the real happiness. When we do not have money or have lost our money, we realise how important the money is. At the end of the poem, the poet says that now he doesn't have money but he has true friends though they may be few.

The poem brings out the impact of money on people's behaviour. When a man possesses money, many false friends gather around him.The poet compares himself to a child with a trumpet but he is not allowed to blow it for there has been a death. The poet makes use of "simile" again as the poor man's wife is described as humming busily like a bee.

The poet emphasizes that not having money never means the lack of happiness. The poor man is able to laugh but a rich man becomes angry. The poet has made use of five four lined stanzas with the uniform rhyme scheme of 'abcd' throughout the poem, He repeats the word 'money' to stress the fact that money is unnecessarily given undue importance by man. He wants to suggest that money cannot bring happiness.

Section III : Writing Skills

4. (A)

14/11	MESSAGE	6·30 a.m.

Ranjit,

Aashna called you up. She wanted you to take along your Biology notebook to school today. She wished to go through the notes given by the teacher as she was absent yesterday.

Father

OR

New India College

Right Hingane Road

Pune

5th January, 2020

The Manager,

Vighnaharta Sugar Factory,

Uruli Kanchan.

Subject: Request to visit the factory.

Sir,

As a part of the science project allotted, we around 15 students of our college would like to visit your factory on 20th January, 2020 to get the actual feel of how sugar is produced.

We want to visit your factory to collect the first-hand information about the entire process of production of sugar. Our visit to the factory will help us in understanding the process better and provide more valuable information, than what we can get just by reading the books. Dr. Shinde, our chemistry teacher, will accompany us during the visit so the discipline remains maintained throughout the visit.

Please let us know your convenience so that we can make our preparations. We would like to visit on 20th January at around 10·00 a.m., if it is convenient for you. Please revert along with the rules and regulations to follow. Send your reply to the college at the earliest.

Thanking you

XYZ

[Std. 12, Div. A]

OR

I: Hello friends our Annual Social Gathering is coming near. Shall we participate in it?

Yogesh: Your idea is good. But I cannot dance like you.

Nilesh: See, I also can't do much. How can we participate?

I: Look here. I have written a humorous one-act play based on the present social scenario. We can participate in this way. You just have to join hands with me so that we can convince our friends to be with us and perform it on the stage.

Yogesh: Oh ! Nice idea ! I am ready. I will help you in convincing our friends to enact in the play. I can also help you in the stage preparations.

Nilesh: Even I will play a small role in the play. Along with this, I can help in designing the required drapery and light arrangements.

I: Wonderful ! Your prompt response is cheering me up. Let's do it together and get the appreciation from all our professors as well as our classmates and fellow-students.

Yogesh/Nilesh: We are in Come on, let's do it.

(B)

To: msachane@gmail.com

From: ashwin99@gmail.com

Subject: Best Sportsperson Award

Dear father,

You will be pleased to know that I have received the best sportsperson award in swimming. I received the award from the Chairman of the Swimming Federation.

The chief guests were the Mayor of the city and the District Sports Officers. When the prize was announced, I was extremely excited and all my friends kept on cheering me with loud clapping. It was a truly unforgettable moment for me.

I am glad to have such an honour. It became possible only because of the support given to me by you and mom. I will keep on working hard to achieve further glory.

Regards

Ashwin

OR

Ten People Killed in Fire

MIDC Bhosari, April 14   – By Staff Reporter

Yesterday, a horrible fire broke out in the garment factory at MIDC, Bhosari due to short circuit late night and spread very rapidly taking the toll of ten lives as they were burnt alive. Three other companies nearby and two sheds were gutted in the fire.

The fire suddenly broke out because of the short circuit and spread in an uncanny manner. The fire was so acute that the victims did not find much time to escape from the calamity. A family of ten people living close to the garment shop were fast asleep. Before they could notice the fire, it had took over to their houses. A watchman saw the fire from a distance and called the fire brigade. The rescue team tried hard to control the fire after three hours. People in the area helped in it. As a result, the residents in nearby areas were highly terrified. The government declared compensation to the family of the victims.

OR

You have applied for this post. Welcome and wish you all the best. I hope you will give satisfactory answers to the questions.

(a) What are your educational qualifications and experience?

(b) Where have you completed your graduation from?

(c) Why do you want to work in this company?

(d) What are your strengths or potentials?

(e) How will you react to work in different shifts?

(f) What is your expectation of salary?

(g) How will you prove yourself the best for this post?

(h) How will you store and keep the information safe?

(i) How will you respond while arguing with your colleagues?

(j) What will be your strategy while facing the first month of the job?

Okay. Thank you. We'll inform you soon. You may leave now.

OR

(B) Respected Principal, teachers and my dear friends,

Today on the occasion of the World Environment Day, I am standing here to express my views on the necessity of conserving our environment. The World Environment Day, celebrated on 5th June every year has the purpose to encourage and make the people aware of the protection of environment.

We all know the significance of our environment because of which we are surviving. We have made progress in many aspects of life. Though we are living in the globalised modern world, pollution around is increasing rampantly. Pollution has created many hazards of global warming and it is only good environment that can save us.

Environment can provide a comfortable living and food for all. But our greed has resulted in degradation and loss of the enivonrment. We are responsible for loss of trees and scarcity of water. Actually, water conservation, recycling and harvesting of rain water are our immediate needs. So, the only remedy is to grow more trees.

So let's be together to conserve the environment to breathe fresh air and drink pure water. Thank you all !

OR

Good evening all. As you all are aware that our beloved teacher Deshpande Sir, is retiring after a long span of service. We have come together to give farewell to him. It is a sad moment. But, I am sure that his valuable guidance will always remain for us.

We are honoured to have respected Education Officer Mr. Bhosale and the educationist Mrs. Naik as the chief guests. Now, I request our Principal to felicitate our chief guests.

Thank you Sir.

Now, it is time to start the function officially by lighting the lamp. I request the dignitaries on the stage to inaugurate the function by lighting the lamp.

Thank you.

Deshpande Sir hardly needs any introduction. Sir, your skill of teaching have made the students of class 12 to compose a poem in your honour. So I call upon the students to present the poem.

Thank you all. The poem rightly puts forward the potential and greatness of Deshpande Sir. So let's have a big applause for students and Deshpande Sir.

Now I would like to invite Pal Sir, our Maths teacher to speak about Deshpande Sir.

The students forum has decided to felicitate Deshpande Sir. So I request the President of the foum Ms. Rucha Mishra to come on to the stage and felicitate him.

Thank you, Rucha. Sir, we all are keen to listen to you. Your guidance has always been a blessing to us. So I warmly invite Deshpande Sir to guide us.

Thank you very much, Sir. We assure you that we would certainly follow your precious suggestions.

Friends, now we are coming towards the ending part of our ceremony. I call upon the stage our English teacher Thakur Sir to offer vote of thanks and here I take your leave.

OR

Fools rush in where angles fear to tread

Alexander Pope a famous poet once said this proverb. It is a very meaningful proverb. The proverb indicates the careful and cautious activites performed by wise people. People who are wise handle the things very carefully. As a result of it, the work is perfectly done. The wise people think twice before doing anything and the foolish people do it carelessly.

The wise actions always prove to be beneficial. The wise people always handle the situation with proper preparation. They never jump into anything that endangers their safety. Foolish people try to do the things in an unplanned manner. As a result the work done is usually incomplete. A wise man remains active and he is always well-prepared.

Those who are foolish take their decisions hurriedly as they never judge the result of their actions. But wise people think well before reaching the decision so they never face frustration.

(D)

Film Review

The movie 'Dangal' is about Mahavir Singh Fogat's efforts to get a gold medal for his country. Inspite of his desire, he could not fulfil it as his poverty makes him to do job for livelihood. He gives up wrestling but keeps his dreams alive in his daughters. Once his daughter Geeta and Babita beat two boys, they starts hoping to fulfil his dream. He trains them to win a gold medal. After a great struggle Geeta gets selected for the International competition. Mahavir trains her secretly and finally she wins the coveted medal.

The film is produced by Aamir Khan and Kiran Rao. The director, Nilesh Tiwari has managed to pay attention to each and every facet of the film. Even the music composed by Pritam adds to the overall impact.

The film beautifully portrays the conflict going on in the father's mind, if his daughters could participate in wrestling effectively or not. The daughters feel greatly irritated by the tough training of their father but later on they start realising the significance of it. The conflict between a father and a duaghter is very sharply presented in the film.

I like the film very much as it offers a very good message that girls are not at all less in any field and they can work very hard to offer glory to themselves and their nation.

OR

B Newspapers x	
Newspapers.onthespotblog.com/2021	
Archive	Newspapers: The Fourth Pillar of Democracy
Report Abuse	Newspapers are a part of our daily life. They offer us all the latest news about everything and keep our contact with the rest of the world though we are sitting back at home. Newspapers become common people's voice, so they are rightly called as the fourth pillar of democracy. In case of any injustice taking place any where, newspapers are always these highlight and be the voice of such situation people are updated with the orgoings of national and international affairs by newspapers. Newspapers provide a lot of information and knowledge of different topics in the world. All important issues are covered in them. So they are called as the mirror of society. Acupet tea in the morning becomes tastier with a newspaper. Besides newspapers right critisize wrong policies of the government. Many social evils can be criticized with the help of newspapers. Newspapers are a true medium of reaching people.

OR

Section IV : Literary Genre-Novel

5. (A) 1. Pearl - John Steinback, Death in Venice-Thomas Mann, Seize of the Day-Soul Bellow, Breakfast at Tiffangs-Traman Capote.

2. Indians have a great role in writing of English novels. Bankim Chandra Chattopadhyaya's 'Rajmohan's wife' was the first novel in English and there were some other novels written and they talked about nationalism or social issues in them. Then came the period of Mulkraj Anand, R.K. Narayan and Raja Rao. Novelists such as Anita Desai, Arun Joshi and Manohar Malgaonkar changed the current scenario of Indian novels in English. Later, addition of new features in Indian English novels were brought in by Amitav Ghosh, Vikram Seth, Upamanyu Chatterjee etc. In recent years, Indian novelists such as Salman Rushdie, Arundhati Roy, Kiran Desai, Kiran Nagarkar are in focus.

(B) 1. Statement ii and iii

2. Earlier Miss Phillips is frilly and brainless but she was very well-informed. She skillfully intervened when other two teachers were at a loss without embarrassing them. She spoke coolly and honestly. She confidently stated that Denham got the significance of what she had said to him. The teacher who was thought to be brainless is transformed into a convincing personality at the end.

(C) 1. iii, i, ii, iv

2. Mr. Phileas Fogg lived at No. 7 Saville Row Burlington Gardens-the mansion in Saville Raw was very comfortable. The habits of occupants demanded but little from the sole domestic but Philean Fogg required him to be prompt and regular. Passepart out heard that the street door shut twice after his master left. Throughout Sunday, the house in Saville Row was as if uninhabited and Phileas Fogg for the first time since he had lived in that house did not set out for his club when Westminster clock struck half past eleven.

(D) 1. Baker street was the place where the residence of Sherlock Holmes and Dr. Watson was. It was the place which Mary Morstan came to as she wanted to consult Holmes.

2. At the Lyceum Theatre, Sherlock Holmes, Dr. Watson and Miss Morstan met a coachman. The coachman asked if Holmes and Watson were police officers before taking the three of them away in the carriage. After a long journey, Holmes, Watson and Miss Morstan arrived at a terraced house in a distant suburb.

●●

MARATHI

SAMPLE PAPER-1
Marathi

Time: 3 Hours | Total Marks: 80

| विभाग १ : गद्य | (गुण २०) |

घटकनिहाय गुण विभागणी:

घटक	गुण
(१) गद्य	२०
(२) पद्य	१६
(३) साहित्यप्रकार	१०
(४) उपयोजित	१४
(५) व्याकरण व लेखन	२०

प्रश्न १.

(अ) पुढील उताऱ्याच्या आधारे सूचनेनुसार कृती करा. (८ गुण)

आता माणूस घरातून दारात आला, की वाहनावर आरूढ होतो. वेळ थोडा असतो. कामे बरीच असतात. पायी चालत ती उरकता येत नाहीत. जीवन हे दशदिशांना विभागलेले आहे. मुलांची शाळा एका टोकाला, आपले कार्यालय दुसऱ्या टोकाला, मंडई एका बाजूला तर दवाखाना दूर, कुठल्या तरी दिशेला. जीवनाची ही टोके सांधणार कशी? जोडणार कशी? शेवटी गती ही घ्यावीच लागते. यथाप्रमाण गती ही गरज आहे; पण अप्रमाण, अवास्तव आणि अनावश्यक गती ही एक विकृती आहे. आपली कामे यथासांग पार पाडावीत, एवढा वेग जीवनाला असावा. त्यापेक्षा अधिक वेग म्हणजे अक्षम्य आवेग म्हणावा लागेल. तो आत्मघाती ठरतो. अमेरिकेसारख्या विकसित देशात माणसे वेगाने जीवन जगतात. घरोघर आणि दरडोई वाहन उपलब्ध असते. रस्ते रुंद, सरळ, निर्विघ्न आणि एकमार्गी असतात. घरे, कार्यालये, बाजारपेठा यांत निदान शंभर मैलांचे किमान अंतर असते. जवळच्या जवळ सगळे असे सहसा नसते. अंतरावरच्या गोष्टींशी जवळीक साधण्यासाठी दूरवर जावे लागते. यातून माणसामाणसांत दुरावा निर्माण होतो. तो त्रासदायक आणि असह्य होऊ नये म्हणून वेगाचा आश्रय घेतला जातो. वेगामुळे माणसे बेभान होतात. भान हरपले म्हणजे अस्वस्थता विरून जाते. वेगात एक बेहोशी असते.

(१) मानवी जीवन विभागणारे घटक (२ गुण)

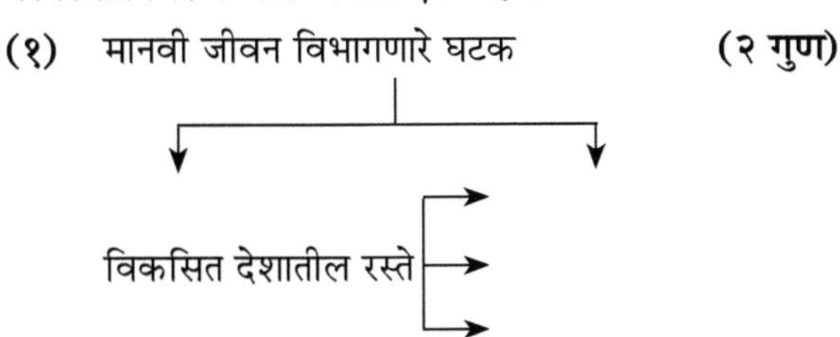

(२) अमेरिकेत माणसे वेगाने जीवन जगतात सकारण स्पष्ट करा. **(२ गुण)**

(३) वाहनाची अनावश्यक गती ही विकृती आहे असे लेखक का म्हणतात? **(१० ते १२ ओळीत) (४ गुण)**

किंवा

'मानवी जीवनात वाहन हे महत्त्वाचे! असते' तुमचे मत लिहा.

(आ) पुढील उतारा वाचून सूचनेनुसार विचारलेल्या प्रश्नांची उत्तरे लिहा. (८ गुण)

दात दुखायला लागला, की तो मुळापासून दुखू लागतो. किंबहुना दाताला मूळ असते हे फक्त तो दुखायला लागला म्हणजेच कळते. माझा दात जेव्हा दुखायला लागला तेव्हा तर माझी खात्रीच झाली, की आपण आरोग्यशास्त्राच्या पुस्तकात पाहिलेले दाताचे चित्र आणि प्रत्यक्ष आपले दात यांत फार फरक असला पाहिजे. आपल्या दाताला मूळ नसून झाडासारख्या मुळ्या असल्या पाहिजेत आणि त्या हिरड्यांत सर्वत्र पसरल्या असल्या पाहिजेत. नाहीतर सगळेच दात दुखत असल्याचा भास मला का व्हावा? प्रत्येक दाताला हात लावून पाहिल्यानंतर ज्या दाताने शंख करायला लावला, तो दुखरा दात याची खात्री झाली. दुखऱ्या दाताला लहानसा स्पर्शसुद्धा खपत नाही! बरे, हे दुखणे तरी साधे, सरळ असावे? तेही नाही. एखाद्या मुळाशी खोल बसलेला असतो आणि तो एकामागून एक घाव घालीत असतो.

असे म्हणतात, की दिवसा सभ्य दिसणारी माणसे रात्री आपल्या खऱ्या रूपात फिरतात. दात हा अवयवही अशाच माणसांसारखा असावा. नाहीतरी दिवसा अधूनमधून पण सभ्यपणे दुखणारा दात रात्री राक्षसासारखा अक्राळविक्राळ का होतो? दातांत आणि चोरांत साम्य असते ते याच बाबतीत. दोघेही रात्री गडबड करतात.

दात दुखण्याने मी आध्यात्मिक तत्त्वचिंतनही करतो. दात दुखतो तेव्हा मला साक्षात्कार होतो, की दात हेच सत्य आहे. जग मिथ्या आहे. त्याक्षणी संसार असार वाटतो. नेहमी हवेहवेसे वाटणारे शेंगदाणे दगडासारखे बेचव लागतात. बायको व मुले हा केवळ भास आहे असे वाटते. समोरून येणारी एखादी सुंदरी डोळ्यांना जाणवतच नाही आणि दाताचा ठणका मला ब्रह्मांड दाखवू लागतो. रात्रभर माझ्या ब्रह्मांडाच्या दहा-वीस फेऱ्या तरी सहज होतात आणि पहाटे ब्रह्मांड मिथ्या असून दातच सत्य आहे याची पुन्हा एकदा जाणीव होते.

(१) पुढील शब्दांच्या रूपावरून प्रत्येकी एक विधान तयार करा. **(२ गुण)**

१. फरक   २. साम्य

(२) लेखकाला सगळेच दात दुखत असल्याचा भास होतो कारण. **(२ गुण)**

(३) लेखकाच्या मनातील दातासंबंधीच्या कल्पना तुमच्या भाषेत लिहा. **(४ गुण)**

किंवा

लेखकाने दुखःच्या दाताची तुलना अक्राळविक्राळ राक्षसाशी केली आहे. याबाबत तुमचे मत लिहा.

(इ) **दिलेल्या उताऱ्याच्या आधारे सूचनेनुसार कृती करा. (४ गुण)**

   (१) सत्यधर्माची वैशिष्ट्ये **(२ गुण)**

विभाग २: पद्य   (गुण १६)

प्रश्न २.

(अ) **पुढील कविता वाचून त्यावरील प्रश्नांची उत्तरे लिहा. (८ गुण)**

सहज आरशात पाहिले निडोळे भरून आले
आरशातील स्त्रीने मला विचारले, 'तूच ना ग ती !
माझेच रूप ल्यालेली, तरीही मी नसलेली
किती बदललीस ग तू अंतर्बाह्य.....!
तुला सांगू तुझ्या अंतरीचे सुंदर पूर्वरंग
ऐक हं....! तू कशी होतीस ते !

पावसाचे तरंग ओंजळीत भरणारी चैतन्यमयी बालिका
अंगणात दिवे लावावेत तसे सर्वच बहर लावणारी तू नवयौवना
स्वप्नांचे पंख लावून आभाळ झुल्यावर झुलणारी तू ध्येयगंधा
नि आज नखशिखांत तू... तू आहेस फक्त स्थितप्रज्ञा राणी !

आरशात भेटलीस तरी बोलत नाहीस ग मन उलगडून
ओठ मात्र असतात पिळवटलेले, खसकन देह तोडलेल्या फुलांसारखे,
इतकी कशी वेढून गेलीस या घनगर्द संसारात
जळतेस मात्र अहोरात्र पारंपरिकतेचे वरदान समजून

अंगणात थांबलेल्या तुझ्या प्रेयस चांदण्याला
दार उघडून आंत घेण्याचेही भान नाही ग तुला
बागेतली ती अल्लड जाईही पेंगुळतेय तुझी वाट पाहून पाहून
पण तू, तू मात्र झालीस अस्तित्वहीन प्राण हरबलेली पुतळी

अनेकदा तुला मी अशी पाहते की काळीजच हंबरते
रात्रीच्या एकांतात तर हुंदका कंठात दाबून
शिबत असतेत तुझे ठिकठिकाणी फाटलेले हृदय

नि पदराखाली झाकतेस देहामधल्या असह्य कळा'
तिचे हे बोलणे ऐकताच मी स्वत: च हिंदकळतेय
आणि अशातच, ती मला गोंजारीत, जवळ घेत
अधिकारवाणीने म्हणाली—

'रडूनकोस खुळे, उठ! आणि डोळ्यातले हे आसू
सोडून दे शेजारच्या तळ्यात नि घेऊन से हालात
नुकतीच उमललेली शुभ्र कमळाची प्रसन्न फुले'

(१) १. कवयित्री द्वारे आरशातील स्त्रीने आरशाबाहेरील स्त्रीच्या पूर्वीच्या स्थितीचे केलेले वर्णन **(२ गुण)**

(२) महात्मा फुले यांना अपेक्षित सत्यधर्म तुमच्या भाषेत लिहा. **(२ गुण)**

२. आरशातील स्त्रीने आरशाबाहेच्या स्त्रीला अधिकारवाणीने.....केलेला उपदेश

(२) खालील शब्दसमूहांचा तुम्हांला कळलेला **(२ गुण)**

   (१) घनगर्द संसार–

   (२) प्रेयस चांदणे–

(३) आरशातील स्त्रीला आरशाबाहेरील स्त्रीमधील जाणवलेले बदल **(४ गुण)**

(आ) **पुढील काव्यपंक्तीचा अर्थ तुमच्या भाषेत लिहा. (४ गुण)**

'सत्त्व उतारा देऊन।

अवघासारिला तमोगुण।

किंचित राहिली फुणफुण।

शांत केली जनार्दने।

(इ) **पुढील कवितेच्या ओळीतील विचारसौंदर्य स्पष्ट करा. (४ गुण)**

समुद्र अस्वस्थ होऊन जातो
शहराच्या आयुष्याच्या विचाराने.
तेव्हा तो मनांतल्या मनांतच मुक्त होऊन फिरूं लागतो
शहरांतल्या रस्त्यांवरून, वस्त्यांमधून.
उशिरापर्यंत रात्रीं तो बसलेला असतो
स्टेशनवरच्या बाकावर एकाकी, समोरच्या रुळांवरील रहदारी पाहत,
हातांवर डोकं ठेवून अर्धमिटल्या डोळ्यांनी.

किंवा

'उन्हातान्हात, रोज मरते
बाई मरते
हिरवी होऊन, मागं उरते
बाई उरते
खोल विहिरीचं, पाणी शेंदते
बाई शेंदते
रोज मातीत, मी ग नांदते
बाई नांदते

—वरील काव्यपंक्तीचे रसग्रहण करा.

विभाग ३: साहित्यप्रकार—कथा (गुण १०)

प्रश्न ३. (अ) दिलेल्या उताऱ्याच्या आधारे सूचनेनुसार कृती करा.

(४ गुण)

(१) १. ← कथेचे घटक → (१ गुण)

२. कथानकाचे प्रयोजन (१ गुण)

(२) कथाबीज म्हणजे काय ? (२ गुण)

(आ) १.एका रुपयाच्या नोटेव्यतिरिक्त कथेतील आणखीकोणकोणते शोध तुम्हाला महत्त्वाचे वाढतात ? ते स्पष्ट करा. (३ गुण)

किंवा

बोर्डिंगात शिकत असलेल्या व शिकून गेलेल्या विद्यार्थ्यांचे बापू गुरुजींबद्दल असलेले प्रेम तुमच्या भाषेत लिहा.

२. बोर्डिंगमधील 'संपती' नावाचा मुलगा गेल्यानंतरच्या गुरुजींच्या भावना तुमच्या भाषेत लिहा. (३ गुण)

किंवा

कथेतील 'टॅक्सी ड्रायव्हर' हे पात्र तुम्हाला आवडण्याचे वा न आवडण्याचे कारण स्पष्ट करा.

विभाग ४: उपयोजित मराठी (गुण १४)

प्रश्न ४.

(अ) पुढील कोणत्याही दोन प्रश्नांची उत्तरे लिहा. (४ गुण)

(१) १. मुलाखतीचे कोणतेही चार हेतू लिहा.

२. माहितीपत्रकाचे स्वरूप लिहा.

३. अहवाललेखनाची कोणतीही दोन वैशिष्ट्ये लिहा.

४. उमेदवार 'आतून' जाणून घेणे अत्यंत गरजेचे असते, सोदाहरण स्पष्ट करा.

(२) माहितीपत्रकाचे स्वरूप: विशिष्ट अशी माहिती देणारे परिचयात्मक पत्रक म्हणजे माहितीपत्रक.

(३) अहवाललेखनाची वैशिष्ट्ये सांगा.

(आ) पुढीलपैकी कोणत्याही दोन प्रश्नांची उत्तरे लिहा. (१० गुण)

(१) १. मुलाखतीची पूर्वतयारी व समारोप या विषयीची तयारी करताना कोणत्या गोष्टींचा विचार केला जातो ?

२. माहितीपत्रकाची वैशिष्ट्ये खालील मुद्यांना धरून स्पष्ट करा.

(अ) आकर्षक मांडणी (ब) भाषाशैली

३. अहवाल लेखनाचे स्वरूप व आवश्यकता तुमच्या भाषेत लिहा.

४. तुमच्या कनिष्ठ महाविद्यालयातील वृक्षारोपण कार्यक्रमाचे अहवाल लेखन करा.

(२) माहितीपत्रक म्हणजे वैशिष्ट्यपूर्ण माहिती देणारे परिचयात्मक पत्रक होय, उत्पादने, सेवा, संस्था लोकां- पर्यन्त पोहोचविण्याचे साधन म्हणजे माहितीपत्रक असून माहितीपत्रकाची ठळक वैशिष्ट्ये पुढीलप्रमाणे.

१. माहितीला प्राधान्य   २. उपयुक्तता

३. वेगळेपण   ४. आकर्षक मांडणी

५. भाषाशैली......इत्यादी पैकी काही वैशिष्ट्ये पुढीलप्रमाणे.

विभाग ५: व्याकरण व लेखन (गुण 20)

प्रश्न ५.

(अ) कंसातील सूचनेनुसार कृती करा. (१० गुण)

(१) १. माणसं स्वतःचा छंद कसा विसरू शकतात ? (विधानार्थी करा)

२ 'तुझ्या अंगात लई हाडं हैत' (उद्गारार्थी करा.)

(२) खालील तक्ता पूर्ण करा.

सामासिक शब्द	विग्रह	समासाचे नाव
१.	अक्षर असा आनंद	....
२. ठायी ठायी	....	....

(३) पुढील वाक्यातील प्रयोग ओळखा.

१. या चित्रांचे स्रोत मला सापडतात.

२. खिडकी हलकेच उघडतो.

(४) पुढील ओळीतील अलंकार ओळखून त्याचे नाव लिहा.

१. वीर मराठे गर्जत आले

पर्वत सगळे कंपित झाले

२. फूल गळे, फळ गोड जाहले

बीज नुरे, डौलात तरु डुले;

तेज जळे, बघ ज्योत पाजळे;

का मरणि अमरता ही न खरी ?

(५) पुढील शब्दांसाठी पारिभाषिक शब्द लिहा.

१. निःसंकेतन   २. नागरी संरक्षण

(आ) पुढीलपैकी कोणत्याही एका विषयावर २०० से २५० शब्दांत निबंध लिहा. (१० गुण)

१. गर्दीचा भस्मासूर

२. कुष्ठरोग्यांचा आधार : बाबा आमटे

३. बेकार तरुणाचे मनोगत:

४. ग्रंथ हेच गुरू

५. मोबाईल शाप की वरदान ?

Ⓐ Answer Key

विभाग १ : गद्य

उत्तर १.

(अ)

(१) मानवी जीवन विभागणारे घटक

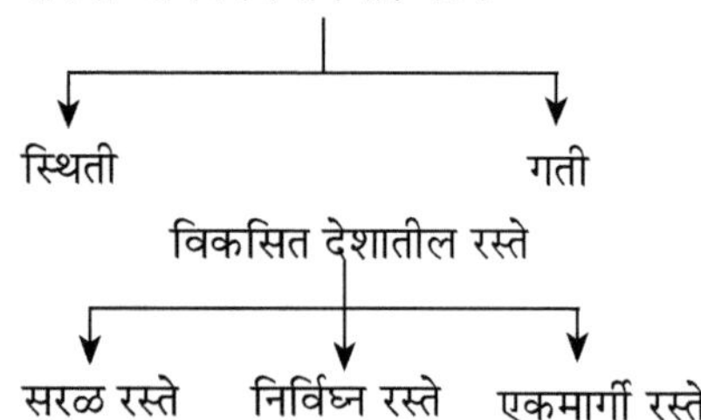

(२) अमेरिकेसारख्या विकसित देशात घरोघरी आणि दरडोई वाहने उपलब्ध असतात. तेथील रस्ते रुंद, सरळ, एकमार्गी आणि निर्विघ्न असे असतात. शिवाय घरे, कार्यालय, बाजारपेठा यात शंभरमैल इतके अंतर असल्याने त्यांना अंतरावरच्या गोष्टींशी जवळीक साधण्यासाठी दूरवर जावे लागत असल्याने अमेरिकेत माणसे वेगाने जीवन जगतात.

(३) 'वेगवशता' या वैचारिक पाठात लेखकाने अतिवेगाच्या आहारी गेलेल्या माणसांच्या विकृतीवर नेमकेपणाने बोट ठेवले आहे. वेळ व श्रम वाचविण्यासाठी वाहनाची गरज असते मात्र काही माणसेही कर्ज काढून वाहन खरेदी करतात. कारण जीवन हे दशदिशांना विभागले असून मुलांची शाळा एक टोकाला, कार्यालय दुसऱ्या टोकाला, मंडई आणि दवाखानाही दूर कुठेतरी असतो. दूरवर असलेली ठिकाणं आणि कामे मोठ्या प्रमाणात असतात त्यामुळे ही कामे पायी चालता चालता उरकत नाहीत. त्यामुळे माणसाला गती ही घ्यावीच लागते. आवश्यक अशी गती ही माणसाची गरज असते परंतु या गतीचे अवास्तव वा अतिप्रमाण झाले तर ती विकृती ठरते. माणसाची कामे यथासांग पार पडावीत एवढा जीवनाला वेग असावा परंतु दूरवर असणाऱ्या गोष्टींशी जवळीक साधावीच लागते अन्यथा माणसामाणसांत दुरावा निर्माण होतो. हा दुरावा त्रासदायक वा असह्य होऊ नये यासाठी वेगाचा आश्रय घेतला जातो आणि वेगामुळे माणसे ही बेभान होतात आणि अनावश्यक गती घेतली जाते. कालांतराने अशा अनावश्यक गतीचे विकृतीत रूपांतर होते. त्यामुळे वाहनाची अनावश्यक गती ही विकृती आहे असे लेखक म्हणतात.

किंवा

'वेगवशता' या वैचारिक पाठाचे लेखक प्राचार्य शिवाजीराव भोसले असून त्यांनी या पाठात मानवी जीवनातील वाहनाचे महत्त्व पटवून देत असण अतिवेगाच्या आहारी गेलेल्या माणसांच्या विकृतीवर बोट ठेवले आहे. वाहनाकडे पाहण्याचा मानवी दृष्टिकोन येथे स्पष्ट केला आहे. मुंबई सारख्या महानगरात माणसांची गर्दी प्रचंड प्रमाणात असून हे जीवन दशदिशांना विभागलेले आहे. आज माणूस हा घरातून दारात येताच तो वाहनावर आरूढ होतो. वेळ थोडा आणि कामे

जास्त असल्याने पायी चालत ती उरकता येत नाहीत. शाळा, कार्यालय, दवाखाना, मंडई या ठिकाणांमध्ये अंतर असते. या ठिकाणची कामे वाहनांशिवाय होऊच शकत नाहीत. वेळ व श्रम वाचविण्यासाठी वाहनाची नितांत आवश्यकता असते.

अमेरिकेसारख्या विकसित देशांतर माणसे वेगाने जीवन जगतात. तिथे प्रत्येक माणसाच्या हाती वाहन असते. तिथले रस्तेही रुंद एकमार्गी, सरळ, निर्विघ्न असतात तसेच घरे, कार्यालये, बाजारपेठा यामध्ये शंभर मैला इनके अंतर असते. तिथे कमी अंतरावर अशी कोणतीच गोष्ट नसते; त्यामुळे दूर अंतरावरच्या गोष्टींशी जवळीक साधण्यासाठी, माणसामाणसात दुरावा निर्माण होऊ नये यासाठी वाहनाचा आश्रय घ्यावा लागतो. आणि म्हणूनच आजच्या गतिमान युगात मानवी जीवनात वाहन हे महत्त्वाचे साधन असते.

(आ) (१)   १.   **फरक :** आरोग्यशास्त्राच्या पुस्तकात पाहिलेले दाताचे चित्र आणि प्रत्यक्ष आपले दात यात फरक असला पाहिजे.

२.   **साम्य :** रात्री गडबड करण्यासाठीच्या बाबतीत दात आणि चोर या दोघांमध्ये साम्य असते.

(२) दाताला मूळ असते हे तो दुखायला लागल्यानंतर कळते आणि आपल्या दाताला तर मूळ नसून झाडासारख्या मुळ्या असल्या पाहिजेत आणि त्या हिरड्यात सर्वत्र पसरल्या असल्याने लेखकास सगळेच दात दुखत असल्याचा भास होतो.

(३) 'दंतकथा' या विनोदी ललित लेखाचे लेखक वसंत सबनीस असून दाताचे दुखणे त्रासदायक असल्याने माणसाची अवस्था केविलवाणी होते. ही केविलवाणी स्थिती देखील लेखकाने अतिशय नर्मविनोदी शैलीत रेखाटली आहे. दातदुखीमुळे होणारी असध्यता, माणसाची होणारी दयनीय अवस्थांतून लेखकाच्या मनात दातासंबंधी विविध कल्पना येतात त्या पुढीलप्रमाणे.

(i)   दात दुखायला लागला की तो मुळापासून दुखतो.

(ii)   दात दुखायला लागल्यावरच दाताला मूळ आहेत हे समजते.

(iii)   आरोग्यशास्त्राच्या पुस्तकात पाहिलेले दाताचे चित्र व प्रत्यक्ष दात यामध्ये फरक आहे.

(iv)   दाताला मूळ नसून झाडासारख्या मुळ्या असल्या पाहिजेत व त्या संपूर्ण हिरड्यांत सर्वत्र पसरल्या असल्या पाहिजेत.

(v)   कवी मनातील जिप्सीसारखा एखादा लाकूडतोड्या लेखकाच्या दाताच्या मुळाशी बसलेला असतो आणि तो एकामागून एक धाव घालत असतो.

(vi)   दिवसा सभ्यपणे दुखणारा दात रात्री राक्षसासारखा अक्राळविक्राळ होतो.

(vii)   दात आणि चोर यात साम्य असते जे रात्री दोघेही गडबड करतात.

(viii) दातदुखीमुळे लेखकास साक्षात्कार होतो की दात हेच सत्य आहे. जग मिथ्या आहे.

(ix) दाताचा ठणका ब्रह्मांड दाखवितो........इत्यादी.

किंवा

वसंत सबनीस लिखित 'दंतकथा' हा विनोदी ललितलेख असून तो त्यांच्या 'सबनिशी' या ललितलेख संग्रहातून घेतला आहे. माणसाच्या जीवनात दातदुखीमुळे अनंत वेदना होत असल्या तरी या गंभीर विषयाकडे विनोदी दृष्टीने पाहत आपल्या खुमासदार विनोदी शैलीतून प्रसंगनिष्ठ विनोद निर्मिती केली आहे. त्यासाठी लेखकाने अतिशयोक्ती, विसंगती म्हणी, वाक्प्रचार आणि शाब्दिक कोट्यांचाही वापर केला आहे.

मानवी शरीरातील दात या इंद्रियाचे कार्य म्हणजे दुखणे हेच असून ज्याचे दात दुखत नाहीत तो माणूस कमनशिबी कारण त्यास ब्रह्मांड पाहण्याचा योगच आलेला नाही. तसेच दुखत असलेल्या दाताला जरासुद्धा स्पर्श सहन होत नाही. चुकून स्पर्श झालाच तर तो शंख करायला लावतो. त्याचे दुखणेही साधे, सरळ सोपे नसते. तो दिवसा सभ्यपणे म्हणजे कधीतरी दुखेल मात्र रात्री तो आपले खरे दुखणे दाखवतो. एखाद्या राक्षसाआरखा अक्राळविक्राळ रूप तो धारण करतो व माणसाची झोपही हराम करतो. असह्य वेदना होत असल्याने निश्चितच त्या माणसाला ब्रह्मांड आठवते. हे दुखणे थांबबिण्यासाठी शेकही घेता येत नाही. तसा प्रयत्न केलाच तर फक्त माणसाच्या वाट्याला असह्य वेदना व दयनीय स्थिती येते. थोडक्यात दातदुखीच्या वेदना या अक्राळविक्राळ राक्षसासारख्या असतात. त्यामुळे लेखकाने दुखऱ्या दाताची तुलना अक्राळविक्राळ राक्षसाशी केली आहे.

(इ) **१. सत्यधर्माची वैशिष्ट्ये:**

→ सत्यधर्माच्या अनुयायांनी जन्मजात श्रेष्ठत्व वा कनिष्ठत्व मानू नये.

→ सर्व स्त्री-पुरुषांनी बंधुत्वाच्या नात्याने वागावे

→ सर्वांसाठी समान न्याय असावा

→ श्रमाला प्रतिष्ठा असली पाहिजे.

'सत्यधर्माच्या अनुयायांनी जन्मजात श्रेष्ठत्व वा कनिष्ठत्व मानता कामा नये. सर्व स्त्री-पुरुषांनी बंधुत्वाच्या नात्याने वागावे, सर्वांसाठी समान न्याय असला पाहिजे. श्रमाला प्रतिष्ठा असली पाहिजे. सत्यधर्माची ही वैशिष्ट्ये आहेत. माणूस योग्य रीतीने, न्यायाने, सत्याने जगला तर त्याला आपले सुख साधता येते. हा जोतीरावांचा सिद्धान्त आहे. जोतीरावांना मूर्तीपूजा अमान्य होती. दगडाच्या मूर्तीवर फुले वाहून नामस्मरण करण्याने काही फायदा नसून अमूल्य अशा वेळेचा अपव्यय आहे. असे त्यांना वाटते. उदाहरणादाखल त्यांनी दाखला दिला आहे, की मातापित्यांच्या पालनपोषणाची खटपट न करता केवळ 'माझी माता, माझे पिता' असे पोकळ नामस्मरण करीत राहिल्यास माता-पित्यांना व घरातील सर्वांना उपवासाने मरावे लागेल. त्याऐवजी केवळ नामस्मरण न करता अतिमेहनत करून, स्वकष्टाने माता पिता व भावंडांचे पालनपोषण करणारा मुलगा अधिक प्रिय होईल. हाच सत्यधर्म आहे. निर्मिकाचे निर्थक

नामस्मरण करणारे निश्चये करून विचारवान पुरुषांच्या उपहासास पात्र होतात मात्र कोणत्याही प्रकारचा भेदाभेद न करता एकूणच मानवापैकी जो कोणी आपल्या कुटुंबाचे पालन-पोषण करून जगाच्या कल्याणासाठी रात्रंदिवस झटतो तो कोणीही असला तरी तो अन्नदान घेण्यास पात्र आहे.

(युगपुरुष महात्मा जोतीराव फुले: लेखक: बा. ग. पवार)

२. माणूस न्यायाने व सत्याने जगला तर त्यास सुख साधता येते. मूर्तीपूजा म्हणजे केवळ अपव्यय असून मातापित्यांच्या पालनपोषणाची खटपट न करता केवळ मातापित्यांचे नामस्मरण करीत राहिल्यास मातापित्यांना व घरातील सर्वांना उपवासाने मरावे लागेल. त्याऐवजी केवळ नामस्मरण न करता अतिमेहनतीने, स्वकष्टाने मातापिता व भावंडांचे पालनपोषण करणारा मुलगा अधिक प्रिय होईल हा सत्यधर्म असून कोणत्याही प्रकारचा भेदाभेद न करता एकूणच मानवापैकी जो कोणी आपल्या कुटुंबाचे पालनपोषण करण्यासाठी रात्रंदिवस कष्ट करतो तो कोणीही अन्नदान घेण्यास पात्र असतो. अशाप्रकारचा सत्यधर्म महात्मा फुले यांना अपेक्षित आहे.

विभाग २: पद्य

उत्तर २.

(अ) (१) १.

(१) पावसाचे तरंग ओंजळीत भरणारी चैतन्यमयी बालिका.

(२) सर्वच बहर लावणारी नवयौवना

(३) स्वप्न पंखांनी आभाळ झुल्यावर झुलणारी ध्येयगंधा

२.

(१) डोळ्यांतले अश्रू रोजारच्या तळ्यात सोड

(२) नुकतीच उमललेली शुभ्र कमळाची प्रसन्न फुले हातात घेऊन ये.

(२) १. संसाराचा पसारा-संसारात कंठ बुडून जाणे.

२. चांदण्यासारख्या मुलायम, लोभस, अति प्रियतम तारुण्यसुलभ गोष्टी

(३) ती नखशिखान्त अबोल राहणारी स्थितप्रज्ञ राणी झाली आहे. ती मन मोकळे करून बोलत नाही. ओठ घट्ट मिटून संसारात तिने स्वत: ला बुडवून घेतले आहे. ती पारंपरिक स्त्रीत्वाला वरदान समजते. ती पूर्वीच्या प्रियतम गोष्टी आठवत नाही. ती अस्तित्वहीन प्राण नसलेली कठोर पुतळी झाली आहे. गळ्यातला हुंदका दाबून फाटलेले हृदय शिवत बसली आहे. तिने मनातल्या असह्य वेदना पदराखाली झाकून घेतल्या आहेत.

(आ) 'विंचू चावला' हे सुप्रसिद्ध भारूड संत एकनाथांनी लिहिले असून हे भारूड त्यांच्याच 'श्री सकलसंतगाथा भाग-२' मधून घेतले आहे. या भारूडामध्ये काम-क्रोधरूपी विंचू (काम म्हणजे अनिर्बंध इच्छा आणि क्रोध म्हणजे संताप, राग) माणसाला चावतो म्हणजे अशा कामक्रोधामुळे मानवी मन

दुषित होते. त्यास विकाराची बाधा होते. त्याचे मन बेभान होते. अशावेळी त्याचे मन आवरणे कठीण होते. त्याच्यावर अंकुश ठेवणे महत्त्वाचे ठरते. त्यासाठी संत एकनाथ प्रयत्न करत आहेतच. मानवी मनातील अविचार, दुर्गुण घालविण्यासाठी दुर्गुणांच्या जागी सद्गुणांची, सद्वर्तनाची जोपासना केली पाहिजे. त्यासाठी अशा विकारी माणसाने सद्गुणांचा अंगारा लावला पाहिजे. सत्वगुणांच्या अंगाऱ्यातेच (उताऱ्याने) मानवी मनातील दुर्गुण नाहिसे होतील. त्यातूनही थोडे बहुत दुर्गुण राहिले वा दुर्गुणांची जखम, चूरचूर थोडी जरी राहिली असली तरी त्याचे निर्दलन आपले गुरू जनार्दन स्वामी करतील असा दृढ विश्वास आपल्या गुरूबद्दल संत एकनाथांना वाटतो.

मानवी मनातील, जनसामान्यातील, समाजामधील दुर्गुण, विकार नष्ट करण्याचा प्रयत्न संत एकनाथ करतच आहेत परंतु हे कार्य करण्यासाठी त्यांचे गुरू त्यांच्या पाठीशी आहेत. आणि म्हणूनच आपल्या हातून काही उणिवा राहिल्या तर त्या दूर करण्याचे कार्य आपले गुरू करतील हा आशावाद येथे स्पष्ट होतो. त्यामुळे वाच्यार्थाच्या पलीकडे जाऊन भावार्थातील सामर्थ्य येथे पाहावयास मिळते. 'भारूड' हा लोकसंगीताच्या जवळ जाणारा काव्यप्रकार असून सामाजिक जागृतीसाठी हा काव्यप्रकार संत एकनाथांनी हाती घेतला व हा हेतू साध्य करण्यासाठी नाट्यात्म रूपकातून हे भारूढ त्यांनी जनसामान्यापर्यंत पोहोचविण्याचे महत्त्वाचे कार्य संत एकनाथांनी केले आहे.

(इ) ज्येष्ठ कवी वसंत आबाजी डहाके लिखित 'समुद्र कोंडून पडलाय' या कवितेतील ओळी असून ही कविता 'शुभवर्तमान' या काव्य संग्रहातून घेतली आहे.

समुद्र म्हणजे अथांग पाणी व पाणी म्हणजे जीवन असल्याने हा समुद्र जीवनाचे प्रतीक असून या समुद्रासारखेच अथांग जीवन (लहान मुलांचे बालविश्व) या शहराच्या, महानगराच्या मर्यादांमध्ये कोंडून पडते त्यामुळे कविमन अस्वस्थ होते आहे. कारण शहरातील लहान मुले ही या शहराचे भविष्य आहे. या विचारामुळे कविमन अस्वस्थ होऊन मनातल्या मनात मुक्त होऊन फिरू लागते. ते शहरातील रस्ते, वस्त्यांमधून शेवटी मनाशीच विचार करत करत रात्री उशिरापर्यंत स्टेशनवरच्या बाकावर एकटेच बसते आणि या शहरातील लहान मुलांच्या बालविश्वाबद्दल विचार करते तेव्हा त्यास समोरच रूळांवरून माणसांची रेल्वेची रहदारी असलेली दिसते. कविमन हातावर डोके ठेवून अर्थ मिटल्या डोळ्यांनी सभोवतालचे दृश्य पाहत आहे. कामासाठी दिवसभर घराबाहेर असलेली माणसे संध्याकाळी घरी परतव्यासाठी स्टेशनवर गर्दी करताना दिसतात. रेल्वेगाड्याही त्यांना त्यांच्या मुक्कामी पोहोचविण्यासाठी धावते आहे. अशाप्रकारे शहर, महानगरातील गतिमान जीवन आणि या गतिमान जीवनशैलीमध्ये कोमेजून जाणारे बालविश्व येथे कवीने चित्रात्मक रूपात रेखाटले आहे. महानगराच्या मर्यादामध्ये कोंडून पडलेल्या बालविश्वामुळे एकंदरीत महानगराचे भविष्यच धोक्यात आल्याचा चिंतनात्मक विचार कवीने मांडला आहे.

किंवा

'रोज मातीत' या कवितेच्या कवितेच्या कवयित्री कल्पना दुधाळ असून ही कविता त्यांच्याच 'सीझर कर म्हणतेय माती' या काव्यसंग्रहातून घेतली आहे. दररोज मातीत राबणाऱ्या शेतकरी महिलेचे मनोगत कवयित्रीने येथे रेखाटले आहे.

कवयित्री कवितेमध्ये शेतकरी स्त्रीच्या मनातील इच्छा ओळखते कारण ही स्त्री उन्हातान्हात स्वत:चा विचार न करता सतत कष्ट करत असते, ती कुठेतरी सुखाचे दिवस पाहायला मिळवेत या आशावादासाठी मात्र ती पुढे म्हणते 'हिरवी होवून मागे उरते' म्हणजेच आपला जीव या मातीत रुजावा अशी तिची मनोइच्छा असल्याने मोठ्या आत्मियतेने ती कामे करत असते. कांद्याची लावणी, झेंडूच्या फुलाची तोडणी वा उसाच्या बेण्याची लावणी करताना ती स्वत:चा विचार न करता ती आपल्या संपूर्ण शेतकरी कुटुंबाची काळजी करते, त्याच्या सुखसमृद्धीसाठी अखंडितपणे कष्टत असते. ती उन्हातान्हाचा विचार न करता शेतात अखंडित राबते आहे. जणू काही तिने शेतकामासाठी स्वत:ला अर्पण केले आहे.

खोल विहीरीतून पाणी शेंदते आहे. ओढग्रस्त अशा संसाराची ओळख आपणास 'खोलविहीर' या प्रतिमेतून होते. पाणी हे जीवन असून तेसुद्धा आशादायी चित्र स्पष्ट होते. शेतकरी स्त्रीही रोज उन्हातान्हात मरमर करून राबते असते, तिचे हे राबते वा तिच्या कर्तृत्वाची निशाणी म्हणून संपूर्ण शेतात हिरवाई दिसत आहे. शेतातील ही हिरवाई दिसणे, भरघोस पीक येणे यासाठी मागे या शेतकरी स्त्रीचे श्रम असून हे श्रम तिची पाठ सोडत नाहीत. असे असले तरी ही स्त्री उदयाच्या भविष्याकडे आशावादी दृष्टिकोनातून पाहते. आपल्या कर्तृत्वाचा ठसा उमटविणे तिचे हे कर्तृत्व प्रत्येकाच्या मनामनात घर करून बसलेय. काळ्या मातीत रोजचेरोज राबणे हे भारतीय कृषी समृद्धीला योगदान देण्याचे सामर्थ्य या शेतकरी कुटुंबातील कष्टकरी स्त्रीमध्ये असल्याचे दिसून येते.

कवयित्रीने अतिशय अंतर्मुख होऊन कष्टकरी स्त्रीमनातील व्यथा, वेदना तिच्या मनाची दडपणूक संवेदनशील अशा शब्दांतून स्पष्ट केली आहे. उन्हातान्हात, मरते, उरते, शेंदते, नांदते अशा शब्दयोजनेतून कवितेला 'गेयं' रूप प्राप्त झाले आहे तर खोल विहीर, पाणी, माती, हिरवी अशा प्रतीकांतून संवेदनशीलतेचे मनोज्ञ दर्शन घडते. योजलेल्या दृष्टान्तामुळे कवितेला जिवंतपणा प्राप्त होऊन कष्टकरी स्त्रीच्या कार्याची सहजतेने प्रचिती येते.

(१) मानवी जीवन विभागणारे घटक

विभाग ३: साहित्यप्रकार—कथा

उत्तर ३.

(अ) (१) १. 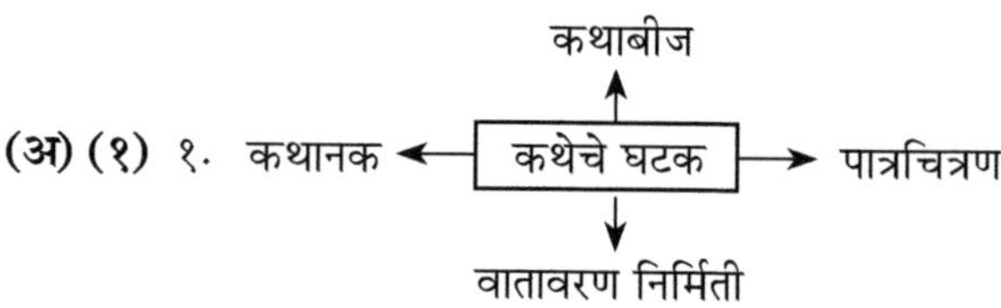

१. कथाबीज: कथाकार त्याच्या प्रतिभाशक्तीने एखाद्या घटनेत वास्तवाचे वा कल्पनेचे रंग भरतो. हे करताना तो निसर्ग, समाज, सांस्कृतिक संदर्भ, वातावरण इत्यादी घटकांचे साहाय्य घेतो. या सर्व घटकांच्या मदतीने घटनामालिकेचे कथात्म

साहित्यात रूपांतर होते; म्हणून कथेत 'घटना' हा महत्त्वाचा भाग ठरतो. कथेत या मूळ घटनेलाच –'कथाबीज' असे म्हणतात.

२. कथानक: कथानकात घटना, प्रसंग, पात्रांच्या कृती, स्वभाववैशिष्ट्ये, वातावरण इत्यादींचे तपशील हळुवारपणे उलगडत जातात. कथेत कथानकातील घटकांचे एकत्रीकरण केले जाते. या एकत्रीकरणातून कथेची मांडणी आकाराला येते. हे कथानक उलगडताना त्यातील प्रवाहीपणाही जपले जाते. कथाकाराच्या मनात कथेच्या अनुषंगाने निर्माण झालेला भावाशय वाचकांपर्यंत पोहोचवण्यासाठी कथन करणे हे कथानकाचे प्रयोजन असते.

३. पात्रचित्रण: पात्रचित्रण हा कथेचा महत्त्वपूर्ण घटक आहे. पात्रचित्रणातून कथेचा आशय पुढे पुढे जात राहतो. कथाकार एखाद्या पात्राची वृत्ती, कृती, उक्ती, भावना, विचार, कल्पना, संवेदना, जीवनदृष्टी, जीवनपद्धती इत्यादींच्या चित्रणातून त्या व्यक्तीची शब्दरूप प्रतिमा तयार करत असतो. या शब्दरूप प्रतिमेला 'पात्र' असे म्हणतात. कथेतील पात्रांना वास्तवातील माणसांप्रमाणे रेखाटले जाते, म्हणून वाचकांची त्या पात्रांशी जवळीक साधली जाते. जी पात्रे कथाकाराची 'स्व' निर्मिती असते.

४. वातावरण निर्मिती: कथेला स्थळ-काळाबरोबरच सामाजिक, भौगोलिक, सांस्कृतिक, राजकीय इत्यादींनी युक्त वातावरण असते. या वातावरणाचा वाचकांवर परिणाम होऊन तो कथानकाशी एकरूप होतो. वातावरणाचा पट जितका सघन तितकी कथा सकस होते.

२. कथानकाचे प्रयोजन: कथाकाराच्या मनात कथेच्या अनुषंगाने निर्माण झालेला भावाशय वाचकांपर्यन्त पोहोचविण्यासाठी कथन करणे.

(२) कथाकार त्याच्या प्रतिभाशक्तीने एखाद्या घटनेत वास्तवाचे वा कल्पनेचे रंग भरण्यासाठी तो निसर्ग, समाज, सांस्कृतिक संदर्भ, वातावरण इत्यादी घटकांचे साहाय्य होते. या सर्व घटकांच्या मदतीने घटनामालिकेचे कथात्मक साहित्यात रूपांतर होताना कथेत 'घटना' हा भाग महत्त्वाचा ठरतो. या मूळ घटनेलाच कथेत कथाबीज असे म्हणतात.

(आ) १. व. पु. काळे लिखित 'शोध' या कथेतील महत्त्वाचा प्रसंग म्हणजे एक रुपयाच्या नोटेचा शोध असून या प्रसंगाभोवती संपूर्ण कथानक फिरताना दिसते. असे जरी असले तरी या एक रुपयाच्या नोटेव्यतिरिक्तही आणखी काही शोध महत्त्वाचे वाटतात ते पुढीलप्रमाणे:

(i) 'जगाकडे पाहताना मला माझा चष्मा हवा' हे विधान अनु इनामदारच्या तोंडचे असून ती असे का म्हणते ? वास्तविक पाहता अनु इनामदारी स्वतंत्र विचाराची, बंधनमुक्त जगूपाहणारी लग्नापूर्वी किमान पाच वर्षे तरी स्वतंत्रपणे राहण्यासाठी आबासाहेबांकडून बाहेर राहण्यासाठी परवानगी घेते व स्वतंत्र विचारांनी, स्वतंत्र मनाने, स्वतंत्रपणे राहते. त्याच दृष्टिकोनातून जगाकडे पाहताना मला माझा चष्मा हवा असे ती का म्हणते हाही शोध महत्त्वाचा ठरतो.

(ii) टॅक्सीला अपघात झाल्यानंतर भिडे दांपत्य त्या टॅक्सी ड्रायव्हरला वाचवू पाहतो आहे पण त्याचे पुढे काय झाले तो एक मनात राहिलेला अनुत्तरित प्रश्न आहे. त्याचे उत्तर शोधणे महत्त्वाचे करते.

(iii) टॅक्सीच्या मीटर प्रमाणे माणसाची वृत्ती हवी म्हणजे कशी याचाही शोध घेता येईल.

(iv) माणूस भूतकाळात अडकला की त्याचा भविष्यकाळही खराब होतो. या विधानातील गर्भितार्थाचा शोध घेणे महत्त्वाचे ठरते.

किंवा

डॉ. प्रतिभा इंगोले लिखित 'गढी' या कथेत बापू गुरुजी या समाजसेवकाच्या व्यक्तिमत्त्वातील विविध पैलूंवर प्रकाश टाकला आहे. गावगाड्यासमोरील प्रश्न सोडविण्यासाठी बापू गुरुजी गावातच आपले कार्य सुरू करतात, गावातील मुलांना शिक्षणासाठी तालुक्याला जावे लागते. त्यासाठी त्यांनी गावातच शाळा सुरू केली. सरकारने त्यांचा आदर्श शिक्षक म्हणून सन्मान केला तेव्हा त्यांना मिळालेल्या रकमेतून त्यांनी गावात वाचनालय सुरू केले. आजूबाजूच्या खेड्यातून मुले शिक्षणासाठी येतात, त्यासाठी त्यांनी बोर्डिंग बांधले. रात्रंदिवस ते मुलांमध्ये रमत. कंदिलाच्या उजेडात त्यांना शिकवत आणि बोर्डिंगमध्ये शिकत असलेली मुलेही ते म्हणत त्याप्रमाणे वागण्याचा प्रयत्न करत. गुरुजींच्या सुखात तसेच दु:खातही सामील होत असत. गुरुजींच्या शिकवण्याचे ते चीज करत असत. शाळेच्या नावलौकिकात भर घालत असत. शाळेला ढाली, कप जिंकून देण्यासाठी कृतिशील असत. गुरुजीही सर्व मुलांवर मायेची पाखर घालत असत.

जी मुले सातवी पास होऊन बोर्डिंग सोडून जात होती त्यांना गुरुजींनी आजूबाजूच्या गावात शिक्षकाची नोकरी लावली त्यामुळे त्यांचा पोटापाण्याचा प्रश्न मिटला. ती मुलं गुरुजींना विसरली नाहीत, गुरुपौर्णिमेला येऊन ते गुरुजींना थेट पाया पडत. गुरुजीही त्यांची मनापासून चौकशी करत असत त्यामुळे ती मुले नव्या उत्साहाने परत जाताना गुरुजींनाही गावी येण्याचा आग्रह करत. गुरुशिष्याचे नाते हे अतिशय संवेदनशील मनाने लेखिकेने टिपले आहे. बोर्डिंगमध्ये शिकत असलेले व शिकून बाहेर पडलेल्या प्रत्येक मुलांच्या मनात गुरुजींविषयी आदर, स्नेह, प्रेम, आपलेपणा, जिव्हाळा असून माणूस म्हणून ते गुरुजींशी नाते अधिक घट्ट करतात. अशाप्रकारे बोर्डिंगात शिकत असलेल्या व शिकून गेलेल्या विद्यार्थ्यांचे बापू गुरुजींबद्दलचे प्रेम दिसून येते.

२. डॉ. प्रतिभा इंगोले लिखित 'गढी' या कथेत बापू गुरुजी या समाजसेवकाच्या व्यक्तिमत्त्वातील विविध पैलूंवर प्रकाश टाकला आहे. गावगाड्यासमोरील महत्त्वाचे प्रश्न सोडविण्यासाठी बापू गुरुजींनी अनेक महत्त्वाची कार्य सुरू केले. त्यापैकीच एक त्यांनी बोर्डिंग सुरू केले होते. गुरुजींनाही आज राहून राहून बोर्डिंगची व बोर्डिंगमध्ये राहणाऱ्या संपतची आठवण येत होती. संपनला वडील नसल्याने गुरुजींनी त्यास पितृप्रेम दिले होते. त्यामुळे त्यांच्यातील बापलेकाचे नाते घट्ट झाले होते. एक दिवस गुरुजींना शिक्षण समितीच्या बैठकीसाठी अकोल्याला जायचे होते आणि संपत त्यांना न जाण्याविषयी आग्रह धरत होता. कारण ते तिकडे गेले की दोन-चार दिवस येतच नाहीत अशी त्याची तक्रार

होती. मात्र गुरुर्जींना शिक्षण समितीच्या बैठकीला जावेच लागते. ते अकोल्याला गेले आणि इकडे पटकीच्या आजाराने 'संपत' चा मृत्यू झाला. गुरुजी आल्यानंतर त्यांना संपतच्या मृत्यूने खूप दु:ख झाले. ते धाय धाय रडले. 'संपत्या, तुले मी दवापानी नायी दिवू शकलो रे' म्हणून पुन: पुन्हा रडले आणि मनाशी निश्चय केला की गावात दवाखाना झालाच पाहिजे. त्यांना संपतच्या आठवणीने राहून राहून गलबलून येत होते. वाननदीला पूर येत होता. तो गढीपर्यन्त जात होता. तशातही गढी तशीच तग धरून उभी असलेली पाहून वाननदीनेच पुन्हा माघार घेतली. गुरुर्जींसमोरही अनेक संकटे, अडचणी येत होत्या परंतु गुरुजी सर्व विसरून पुन्हा गावाच्या सुधारणांसाठी प्रयत्नशील झाले.

कर्वीं

सुप्रसिद्ध कथालेखक व.पु. काळे लिखित 'शोध' या कथेतील 'टैक्सी ड्रायव्हर' हे महत्त्वाचे पात्र असून त्यांची ही कथा 'मी माणूस शोधतोय' या त्यांच्याच कथा संग्रहातून घेतली आहे. 'शोध' या कथेलाच आकस्मिकपणे कलाटणी देणारी ही व्यक्तिरेखा, जीवनातील वास्तवाचा शोध घेणारी आणि वाचकांनाही वास्तवाचे भान आणून देणारी जीवनातील सत्याचा शोध घेऊन जगायला शिकवणारी तितकीच भावस्पर्शी असल्याने ती मनापासून आवडते. या कथेत ही व्यक्तिरेखा येते ती भिडे दांपत्यांना घरी पोहोचविण्याच्या निमित्ताने.

एज्युकेटेड, नवशिका असून मुंबईमध्ये नुकतीच टॅक्सी-चालक म्हणून व्यवसायाला सुरुवात केलेली परंतु अचानक भिडे दांपत्यास घरी पोहोचवत असता रात्रीच्या वेळी टॅक्सीखाली म्हातारा आला. मात्र त्यात टॅक्सी ड्रायव्हरची चूक नव्हती त्यामुळे त्याच्या या चांगुलपणामुळे भिडे दांपत्याने त्यास मदत करायचे ठरवले. त्यासाठी ते त्याच्याबरोबर लॅमिंग्टन रोडवरील पोलीस स्टेशनलाही गेले ते टॅक्सी ड्रायव्हरच्या बाजूने जबाब देण्यासाठी.

अनु इनामदारच्या एक रुपयाच्या नोटेचा शोध घेण्यासाठी तो तत्परतेने मदत करतो. ती नोट तो अनुला मिळवून देतो. त्यासाठी तो हॉटेल मालकाला मोठ्या युक्तीने सुटे पैसे मागतो. येथे त्याचे बुद्धिचातुर्य लक्षात आल्यावाचून राहात नाही. नोटेचा इतिहास जाणून घेतल्यानंतर टॅक्सी ड्रायव्हर मानवी जीवनातील वास्तवदर्शी चित्र तिच्यासमोर उभे करतो व तिला पेशंटमध्ये न गुंतण्याचा सल्ला देतो. कारण प्रत्येक माणूस जर भूतकाळात रमायला लागला तर त्याचे भविष्य काय? त्याचा भविष्यकाळही खराब होणार. त्यासाठी माणसाची नजर ड्रायव्हरसारखी समोर पाहणारी असली पाहिजे.

पेशंट दगावला की कॉटवरचे बेड बदलायचे. कॉटचा नंबर तेवढा लक्षात ठेवायचा व येणाऱ्या नव्या पेशंटचे स्वागत करायचे इतके तटस्थ राहून जीवनव्यवहार हाताळले पाहिजेत त्यासाठी काही गोष्टी हेतुपुरस्सर विसरायला पाहिजेत तरच मानवी जीवन सुंदर होईल. आणि महत्त्वाचे म्हणजे ज्या गोष्टी मिळतात त्यासाठी जरूर प्रयत्न करावेत परंतु एखादी गोष्ट मिळणारच नसेल तर....'माझी मुलगी मला सोडून कायमची गेली तेव्हा मी काय करायचे हा हृदयस्पर्शी तितकाच अनुत्तरित प्रश्न सर्वांसमोर तो उभा करतो आणि जीवनातील वास्तव सत्य स्वीकारायलाही तो शिकवतो. खऱ्या अर्थाने माणूस जोपर्यन्त जिवंत आहे तोपर्यन्तच त्याचे मूल्य.

एकदा का ते हातातून गेले की कितीही प्रयत्न केले तरी त्याचा उपयोग होत नाही. त्याचा कितीही शोध घेतला तरीते हाती येत नाही जे भाग्यात असते तीच गोष्ट परत मिळते. मानवी जीवनाचे हे तत्त्वज्ञान मांडणारी टॅक्सी ड्रायव्हर ही व्यक्तिरेखा म्हणूनच मनापासून सर्वांना आवडते.

विभाग ४: उपयोजित मराठी

उत्तर ४.

(१) १. मुलाखतीचे हेतू पुढीलप्रमाणे:

   (i)   मुलाखत देणाऱ्याच्या व्यक्तिमत्त्वाचे विविध पैलू समजून घेण्यासाठी मुलाखत महत्त्वाची ठरते.

   (ii) व्यक्तीच्या कार्यावर प्रकाश टाकण्यासाठी मुलाखत घेतली जाते.

   (iii) असामान्य व्यक्तीच्या संघर्षगाथा ह्या जनसामान्यांच्या जाणून घेण्याच्या इच्छा पूर्ण करण्यासाठी.

   (iv) व्यक्तीच्या कार्यकर्तृत्वाबरोबरच त्यातील माणसूपण जाणून घेण्यासाठी.

   २. एखाद्या घटनेविषयींची सखोल माहिती समजून घेण्यासाठी.

   ३. समाजप्रबोधन करण्यासाठी, जनजागृती करण्यासाठी.

   ४. आधुनिक काळात दिवसेंदिवस स्पर्धा वाढत आहे स्पर्धा जशी तंत्रज्ञानाची आहे. तशीच ती दोन व्यक्तींमध्येसुद्धा आहे आज नोकरीसाठी तसेच विशिष्ट अभ्यासक्रमाच्या प्रवेशासाठी मुलाखत हा महत्त्वाचा घटक मानला जातो. बदलत्या काळात मुलाखतीचे स्वरूप बदलू लागले आहे. उमेदवाराची पदवी. विषयज्ञान भाषिक कौशल्ये यासोबतच उमेदवाराचे व्यक्तिमत्त्व आज केंद्रस्थानी आले आहे. उमेदवार बोलतो कसा. पोशाख कसा आहे यापेक्षा स्पर्धेच्या युगात टिकून राहण्यासाठी आवश्यक कौशल्ये उमेदवाराजवळ आहेत का याची चाचपणी केली जाते. विविध कंपन्यांमध्ये मुलाखतीदरम्यान उमेदवाराच्या व्यक्तिमत्त्वाचे विविध पैलू जाणून घेण्याचा प्रयत्न प्रथमत: केला जातो. कंपनीचे अपेक्षित उद्दिष्ट. कामाचे तास. सहकाऱ्यांशी असणारे मैत्रीपूर्ण संबंध गटप्रमुख वा गटकार्यांची क्षमता, कामाची विभागणी, वेळेचे बंधन, नियोजित बैठका, समूह सदस्यांचे प्रश्न प्रसंगी करावे लागणारे समुपदेशन इत्यादी अनेक बाबी नजरेसमोर ठेवून उमेदवाराची मुलाखत घेतली जाते. सहकाऱ्यांच्या भावना, विचार सूचना, समस्या याबद्दल उमेदवाराकडे असलेली स्वीकारार्हता आणि मार्ग काढण्याची तत्परता, विवेकबुद्धी प्रसंगावधान अशा गोष्टींना मुलाखतीत महत्त्व दिले जाते. मुलाखतीला आलेला उमेदवार दिसतो कसां. बोलतो कसा यापेक्षा विचार कसा करतो याकडे अधिक लक्ष दिले जाते. उमेदवार भावनिक, वैचारिक, मानसिक पातळीवर जाणून घेण्याचा प्रयत्न केला जातो. उमेदवाराच्या 'बाह्यरंगा' 'पेक्षा' 'अंतरंग' जाणून घेणे आवश्यक असते.

(२) **माहितीपत्रकाचे स्वरूप:** विशिष्ट अशी माहिती देणारे परिचयात्मक पत्रक म्हणजे माहितीपत्रक. माहितीपत्रक

सर्वसाधारणपणे उत्पादने, सेवा, संस्था लोकापर्यंत पोहोचविण्याचे साधन असून नवनव्या योजनांकडे, उत्पादनांकडे, संस्थांकडे लोकांनी डोकावून पाहावे यासाठीची ती एक खिडकी आहे. थोडक्यात माहितीपत्रक हे लिखित स्वरूपाचे जाहीर आवाहन असते जे जनमत आकर्षित करते. माहिती घेणारा व माहिती देणारा यांच्यात नाते निर्माण होण्यास माहितीपत्रकाची मदत होते. नवीन ग्राहक मिळविणे, नवीन बाजारपेठ काबीज करणे हे माहितीपत्रकामुळेच सहज शक्य होते. ग्राहकाला हवी असलेली माहिती माहितीपत्रकामुळे ग्राहकाकडे सतत उपलब्ध राहू शकते. महत्त्वाचे म्हणजे माहितीपत्रक कमी वेळात, कमी खर्चात ग्राहकांपर्यंत घरबसल्या पोहोचवता येते आणि म्हणूनच माहितीपत्रक हे अप्रत्यक्षपणे जाहिरातीचे कार्य करते. माहितीपत्रक वाचताक्षणीच लोकांच्या मनात उत्साह, कुतूहल, उत्कंठा निर्माण होताच माहितीपत्रकाचा हेतू साध्य झाला आहे असे समजले जाते.

(३) अहवाललेखनाची वैशिष्ट्ये पुढीलप्रमाणे सांगता येतील.

  (i) **वस्तुनिष्ठता आणि सुस्पष्टताः** अहवाललेखन करत असता महत्त्वाच्या बाबींचा निर्देश सुस्पष्टतेने व वस्तुनिष्ठ स्वरूपात करावा लागतो. उदा. तारीख, वार, वेळ, ठिकाण, सहभाग घेणाऱ्याची नावे, पदे, घटना, हेतू, संख्यात्मक माहिती, निष्कर्ष.....इत्यादी.

  (ii) **विश्वसनीयताः** अहवाललेखनातील विश्वासार्ह माहिती व तथ्य यांच्या नोंदीमुळे अहवालाला विश्वसनीयता प्राप्त होते. या विश्वसनीयतेमुळेच अनेकदा गुंतागुंतीच्या समस्यांमध्ये अशाप्रकारचे अहवाल पुरावा म्हणून वापरले जातात, हे त्या अहवालाचे खास वैशिष्ट्य होय.

  (iii) **सोपेपणाः** अहवाललेखन करत असताना सर्व-साधारणपणे सर्वसामान्य व्यक्तीलाही अशा अहवालाचा आशय समजावा अशी अपेक्षा असते. त्यामुळे त्याची भाषाही सोपी असते. गरज नसल्यास त्यात बोजड शब्द, तांत्रिक शब्द वापरले जात नाहीत. अलंकारिक वर्णनशैली, नाट्यपूर्णता, अतिशयोक्ती अशा गोष्टी टाळल्या जातात, मात्र अहवाललेखन करत असताना त्या त्या क्षेत्राशी संबंधित संज्ञा, प्रक्रिया याविषयी पारिभाषिक शब्द वापरले जातात.

(आ) (१) मुलाखतीची पूर्वतयारी ही मुलाखत उत्तम होण्यासाठी करावी लागते. पूर्वतयारीचा गृहपाठ हा यशस्वी मुलाखतीचा पाया असून मुलाखतीसाठीची महत्त्वाची पूर्वतयारी म्हणजे ज्यांची मुलाखत घ्यायची आहे त्यांच्याबद्दलची आवश्यक ती मुलाखत घेणाऱ्याकडे अगोदरपासूनच उपलब्ध असणे आवश्यक असते. उदा. ज्यांची मुलाखत घ्यायची आहे त्यांचे पूर्ण नाव, असल्यास टोपणनाव, वय, जन्मदिनांक, जन्मस्थळ, पत्ता, शिक्षण, कौटुंबिक माहिती, कर्तृत्व, सध्याचा हुद्दा, मिळालेले मानसन्मान, पुरस्कार, लेखनकार्य, वैचारिक पार्श्वभूमी इत्यादी माहिती मुलाखत घेण्यापूर्वीच उपलब्ध असावी लागते. मुलाखत घेणाऱ्याने मुलाखतीच्या विषयासंबंधी सखोल वाचन केलेले

असावे मुलाखतीचे उद्दिष्ट समजून घेतले पाहिजे. मुलाखत घेण्यासाठी मुलाखतीचा विषय आणि उद्दिष्ट लक्षात घेऊन प्रश्न तयार केले पाहिजेत. महत्त्वाचे म्हणजे मुलाखतीची वेळ लक्षात घेऊन त्यानुसार प्रश्नसंख्या निश्चित करावी लागते. प्रश्नांचा क्रमही योग्य पद्धतीने लावणे गरजेचे ठरते. मुलाखतीचे स्वरूप नेमके कसे आहे ती प्रकट असणार की लिखित स्वरूपाची, श्रोता/वाचक नेमका कोणता असणार ? मुलाखत प्रत्यक्ष श्रोत्यासमोर आहे की रेडिओसाठी की टी.व्ही. साठी हेही माहित असले पाहिजे. मुलाखतीसाठी बैठक व्यवस्था, ध्वनिक्षेपक व्यवस्था, वातावरण निर्मिती, गरजेनुसारचे संदर्भ ग्रंथ, चित्रे, वाद्य, वस्तू इत्यादी गोष्टीही अगोदरच पाहून ठेवणे चांगले आवश्यकता वाटल्यास मुलाखत देणाऱ्यांना अगोदर भेटून घ्यावे, चर्चा करावी असे केल्यास मुलाखत प्रत्यक्ष घेताना सोपे जाते. आकाशवाणी वा दूरदर्शनवरील मुलाखती ऐकल्यास मुलाखतीच्या पूर्वतयारीची दिशा मिळते. मुलाखतीचा समारोप.

मुलाखत घेत असता ती अतिशय रंगात येते आणि वेळ संपत आल्याने थांबणेही आवश्यक ठरते. त्यामुळे मुलाखतकाराने आपले भाषिक कौशल्यपणाला लावणे आवश्यक असते. श्रोत्यांनाही मुलाखत अजून असायला हवी होती असे वाटले पाहिजे असा मुलाखतीचा समारोप महत्त्वाचा असतो. हा समारोप करत असताना मुलाखतकाराने या टप्प्यावर स्वतःसाठी वेळ जास्त घेतला तरी चालते. प्रश्नांऐवजी परिणामकारक व प्रभावी निवेदन महत्त्वाचे ठरते.

मुलाखत योग्य वेळी, योग्य ठिकाणी संपवावी, त्यासाठीची वेळ कोणती ? इथे वेळ अशी असावी की श्रोत्यांना जराही अंदाज यायला नको. अनपेक्षितपणे ती संपविता यावी. श्रोत्यांना हवीहवीशी वाटत असतानाच मुलाखत संपवली पाहिजे. मात्र मुलाखत अर्धवट राहणार नाही याचीही दक्षता घेणे गरजेचे असते. त्या मुलाखतीतून खूप से काही मिळाले आहे असे समाधान श्रोत्यांना वाटले पाहिजे. मुलाखत संपल्यानंतरही त्यातील काही अविस्मरणीय संवाद मनात आठवत श्रोत्यांनी राहिले तरच मुलाखत यशस्वी झाली असे म्हणता येते.

(२) माहितीपत्रक म्हणजे वैशिष्ट्यपूर्ण माहिती देणारे परिचयात्मक पत्रक होय. उत्पादने, सेवा, संस्था लोकपर्यंत पोहोचविण्याचे साधन म्हणजे माहितीपत्रक असून माहितीपत्रकाची ठळक वैशिष्ट्ये पुढीलप्रमाणे :

१. माहितीला प्राधान्य ३. वेगळेपण

२. उपयुक्तता ४. आकर्षक मांडणी

५. भाषाशैली.....इत्यादीपैकी काही वैशिष्ट्ये पुढीलप्रमाणे.

१. आकर्षक मांडणी: माहितीपत्रक तयार करत असताना त्यातील मांडणी आकर्षक असली पाहिजे. सर्वसाधारण माहिती नसावी तर माहितीपत्रक पाहताक्षणी ते वाचलेच पाहिजे असे वाटणे आवश्यक असते. कागद दर्जेदार असावा,

रंगीत छपाई, मुखपृष्ठ चित्ताकर्षक असावे. आकारही योग्य असावा. शीर्षक बोधवाक्य ठसठशीत असावे. थोडक्यात माहितीपत्रकाची मांडणी वेधक आकर्षक करण्यासाठी गरजेनुसार त्या त्या क्षेत्रातील कुशल कलाकार, चित्रकार, संगणक तज्ज्ञांची मदत घ्यावी जेणे करून माहितीपत्रक आकर्षक होईल.

२. भाषाशैली: माहितीपत्रक केवळ पाहिले जात नाहीतर ते वाचले सुद्धा जाते. आणि ते वाचता यावे. वाचावेसे वाटण्याची काळजी घेतली पाहिजे. त्यासाठी भाषाशैली आकर्षक असावी उदा. आमच्या 'हिरवाई' या फार्म हाऊसवर राहायला आलात तर तुम्ही इतके आनंदी असाल की इथे तुम्ही निसर्गसौंदर्यात रंगून जाल, तुम्हाला दुःखाचा विसर कायम पडेल. एवढे सर्व म्हणण्यापेक्षा 'तणावाला अजिबात वेळ नाही' एवढ्या चार शब्दांत माहिती देणे म्हणजे अशाप्रकारची मनाला भिडणारी शब्दयोजना करणे गरजेचे ठरते. मोजक्या पण प्रभावी व परिणामकारक शब्दांतून माहितीपत्रकाची मांडणी असावी.

(३) अहवाललेखनाचे स्वरूप व आवश्यकता: शाळा अथवा कनिष्ठ-वरिष्ठ महाविद्यालयात विविध प्रकारचे कार्यक्रम होतात. उदा. वक्तृत्वस्पर्धा, स्नेहसंमेलन.....इत्यादी, शासकीय, सामाजिक आणि आर्थिक, संस्थांमध्येही कार्यक्रम केले जातात. कार्यक्रम संपन्न झाल्यानंतर त्या कार्यक्रमाविषयी अहवाललेखन केले जाते. अहवाललेखन केल्यामुळे त्या त्या कार्यक्रमाचा तपशील वाचकांना केव्हाही प्राप्त होतो. त्यादृष्टीने अहवाललेखन महत्त्वाचा असतो.

अहवाललेखनाचे स्वरूप: कार्यालय, संस्था वा महाविद्यालयात झालेल्या कार्यक्रमाची, समारंभाची योग्य पद्धतीने नोंद करून ठेवणे म्हणजे अहवाललेखन होय. ही नोंद करताना कार्यक्रमाची तारीख, वेळ सहभागी व्यक्ती, समारोप इत्यादी मुद्यांचा अहवाललेखनात समावेश केला जातो. कार्यक्रम वा समारंभ प्रत्यक्षात सुरू झाल्यापासून ते थेट तो समारंभ वा कार्यक्रम संपेपर्यंत क्रमाक्रमाने तो कशाप्रकारे पूर्ण झाला याची आवश्यक त्या तपशीलासह नोंद केली जाते. जी भविष्यकाळाच्या दृष्टीने अतिशय उपयुक्त ठरते. एखाद्या विषयाच्या अनुषंगाने, त्यातील समस्येबाबत माहिती संकलनाचे, सर्वेक्षणाचे, विशिष्ट विषयासंबंधित नेमलेल्या आयोगाचे अहवाल असतात, याव्यतिरिक्त प्रगती अहवाल, तपासणी अहवाल, चौकशी अहवाल, आढावा अहवाल, मासिक आणि वार्षिक अहवालही असतात.

अहवाललेखनाची आवश्यकता.

कार्यक्रम वा समारंभाच्या नोंदी ठेवल्या नसतील तर भविष्यकाळात संस्थेचा विकास, परंपरा इत्यादी माहिती मिळवण्यात अडचणी निर्माण होतात या अडचणी निर्माण होऊ नयेत यासाठी अहवाललेखन लिहिणे अत्यावश्यक असते. भविष्यकालीन नियोजनासाठीही अहवाललेखन महत्त्वाचे असतात. विविध संस्था, लघु उद्योग तसेच मोठे उद्योगधंदे तसेच ग्रामपंचायत ते महानगरपालिका

अशाठिकाणी होणाऱ्या घडामोडींना अधिकृतता प्राप्त होण्यासाठी अहवाललेखन महत्त्वाचे ठरते एखाद्या समस्येसंबंधी निर्णय घ्यायचा असेल, सार्वजनिक क्षेत्रात एखादा महत्वाकांक्षी उद्योग वा उपक्रम सुरू करण्यासाठी अगोदर योग्य ती माहिती घेऊन, जी पूर्वी अहवाललेखनात नोंद करून ठेवली आहे. त्यानुसार अहवाललेखन करणे महत्त्वाचे ठरते.

(४) नालंदा शिक्षण संस्थेचे, डॉ. बाबा साहेब आंबेडकर माध्यमिक विद्यालय आणि कला, विज्ञान उच्च माध्यमिक विद्यालय नांदेड जागतिक पर्यावरण दिनः वृक्षारोपण कार्यक्रम अहवाल

दरवर्षीप्रमाणे यंदाही 'जागतिक पर्यावरण दिन बुधवार दि. ५ जून २०२० रोजी सकाळी आठ वाजता महाविद्यालयात साजरा करण्यात आला. यावर्षी जागतिक पर्यावरण दिनाच्या निमित्ताने कनिष्ठ महाविद्यालयात वृक्षारोपण कार्यक्रमाचे आयोजन करण्यात आले होते. महाविद्यालयाच्या पटांगणात वृक्षारोपणाचा कार्यक्रम संपन्न झाला.

वृक्षारोपण कार्यक्रम महाविद्यालयाच्या प्राचार्य डॉ. शीतल साने यांनी अध्यक्षस्थान भूषविले. शहरातील पर्यावरण प्रेमी आणि निवृत्त प्रशासकीय अधिकारी मा. श्री अर्जुन नवलेकर प्रमुख पाहुणे उपस्थित होते. कनिष्ठ महाविदयालयातील अध्यापक, शहरातील निमंत्रित नागरिक आणि विद्यार्थी मोठ्या संख्येने उपस्थित होते.

महाविद्यालयाच्या प्रांगणात असलेल्या 'गुलाब'फुलाच्या रोपाला पाणी देऊन कार्यक्रमाला आरंभ करण्यात आला. महाविद्यालयाचे जीवशास्त्र विभागचे प्रा डॉ. अनिल राऊते यांनी कार्यक्रमाचे प्रास्ताविक केले. जागतिक पर्यावरण दिनाचे महत्त्व प्रास्ताविकात नमूद केले. महाविद्यालयाचे आचार्य डॉ. आकाश परांजपे यांनी प्रमुख पाहुण्यांना शाल आणि तुळसीचे रोप देऊन स्वागत केले. बारावी कला शाखेची विद्यार्थी मृण्मयी डेकर हीने प्रमुख पाहुण्यांचा परिचय करून दिला.

यानंतर प्रमुख पाहुणे मा. श्री अर्जुन नवलेकर यांनी विद्यार्थ्यांशी संवाद साधला. सर्वप्रथम त्यांनी उपस्थितांना पर्यावरण दिनाची माहिती दिली वेगवेगळ्या वृक्षांची नावेव उपयोग सांगितले. वृक्षांचे पर्यावरणातील महत्त्व ऐकताना उपस्थित श्रोते भारावून गेले होते. अर्जुन नवलेकर यांनी गोष्टीच्या माध्यमातून वृक्षांची उपयुक्तता अधोरेखित केली. औषधी वनस्पतींची महत्त्वाची माहिती त्यांनी भाषणातून सांगितली.

महाविद्यालयाच्या प्राचार्य डॉ. शीतल साने यांनी अध्यक्षीय भाषणात पर्यावरणविषयी तज्ज्ञ व्यक्तींचे विचार सांगितले.

यानंतर उपस्थित सर्वजण वृक्षारोपणान सहभागी झाले. प्रथमतः प्रमुख पाहुण्यांच्या हस्ते आंबा आणि चिंच यांचे रोपण करण्यात आले. प्राचार्यांच्या हस्ते निलगिरीच्या रोपाचे

रोपण करण्यात आले. यावर्षीच्या वृक्षारोपण सोहळ्यात कनिष्ठ महाविद्यालयातील वर्ग प्रतिनिर्धींनी देखील वृक्षारोपण केले. गुलाब, मोगरा तुळस, जास्वंदी अशा फुलांच्या रोपांचे रोपण चार वर्ग प्रतिनिर्धींनी अनुक्रमे केले.

वृक्षारोपण कार्यक्रमाचे सूत्रसंचालन राहुल गोखले या बारावीतील विद्यार्थ्याने केले होते. भूगोल विभागातील प्रा गीता देशमुख यांनी उपस्थित सर्वांचे ऋण व्यक्त केले.

दोन तास सुरू असणाऱ्या कार्यक्रमाची सांगता वृक्षवल्ली आम्हा सोयरी वनचरे' या संत तुकाराम महाराजांच्या अभंग गायनाने करण्यात आली.

विभाग ५: व्याकरण लेखन

उत्तर ५.

(१) १. माणसं स्वतःचा छंद नेहमी विसरतात

    २. लई हाड हैत तुझ्या अंगात !

(२)

सामासिक शब्द	विग्रह	समासाचे नाव
१. अक्षरानंद		कर्मधारय समास
२.	प्रत्येक ठिकाणी	अव्ययीभाव समास

(३) १. कर्तरी प्रयोग   २. कर्तरी प्रयोग

(४) १. अतिशयोक्ती अलंकार   २. अर्थान्तरन्यास

(५) १. Decoding   २. Civil defence

(आ)   **१. गर्दीचा भस्मासुर**

मागे एकदा एक सिनेमा पाहिला होता. त्यात नायक जगाला कंटाळून आत्महत्या करण्याचे ठरवितो आणि डोंगरावरून उडी मारण्यासाठी जातो. तेथे जाऊन पाहतो तो काय ? जीव देणाऱ्या लोकांची भलीमोठी रांग लागलेली दिसते. त्याचा नंबर येईपर्यंत बराच वेळ जातो. तोपर्यंत त्याच्या मनातले विचार बदलतात. यातला अतिशयोक्तीचा भाग सोडला तरी जेथे जाऊ तेथे बेसुमार गर्दी हे आजचे वास्तव आहे.

दुकाने, शाळा, दवाखाने, हॉटेल्स, चित्रपटगृहे, बस-रेल्वे स्थानके सगळीकडे तुडुंब गर्दी आणि रांगा लागलेल्या दिसतात. माणसांना निवांतपणा हवा असतो आणि त्यासाठी ती नवनवीन ठिकाणे शोधत असतात. पण अल्पावधितच त्या ठिकाणाचा पत्ता इतरांना लागतो आणि तेथे गर्दी ओसंडू लागते. देवाच्या देवळात तर शांतता औषधालाही उरलेली नाही. मनासारखे देवदर्शन आणि हृदयसंवाद देवळात करावा, अशी स्थिती राहिलेली नाही. आजकल भक्तीला जणू महापूर आला आहे. दर्शनासाठी मैलोन्मैल रांगा लागत आहेत आणि देवळातील गर्दीची बंदोबस्त करण्यासाठी पोलीस आणि सुरक्षाव्यवस्था तैनात करावी लागत आहे. पूर्वी गर्दीची काही मोजकी ठिकाणे होती. आता पाहवे तर गर्दी कुठेही आहे. सगळीकडे गर्दी झाल्यामुळे अपघातांचे प्रमाण वाढून स्मशानात अग्निसंस्कारासाठीही गर्दी वाढली आहे. ही माणसांची अनिवार गर्दी पाहून मर्ढेकरांसारखा कवी वारुळातून बाहेर पडणाऱ्या मुंग्यांचा अनुभव घेतो. लोकलमधून बाहेर पडणारा माणसांचा लोंढा बघून 'मी एक मुंगी, हा एक मुंगी! पाच येथल्या पाच फिरंगी' असे उद्गार कवी काढतो.

गर्दी करायला माणसांना कोणतेही कारण पुरते. धार्मिक कारण तर फारच संवेदनशील प्रकरण! तिथे कुणाला अडवता येतच नाही. त्यातूनच मांढरदेवी यात्रेतील अपघात, नाशिक कुंभमेळ्यात झालेली चेंगराचेंगरी अशा घटना घडतात, हजयात्रा किंवा कुंभमेळा चेंगराचेंगरी झाल्याशिवाय पूर्ण होतच नाहीत.

कुठे कपड्यांचा सेल लागला आहे, काही फुकट मिळते आहे असे कळले की, माणसे कशाचीही शहानिशा न करता तिकडे धावत सुटतात. फसवणूक करून घेतात, पण गर्दी करतात.

दहावी-बारावीचे निकाल लागले की, पुढच्या प्रवेशासाठी फॉर्म घ्यायला प्रचंड रांगा. पाऊस पडायला लागला की, तो पाहायला लोणावळा, महाबळेश्वर, ताम्हिणी घाट इथे गर्दी. थंडीचा मौसम आला की, पर्यटन स्थळांवर गर्दी! त्यामुळे होते काय की, निवांतपणाच्या अपेक्षेने माणूस बाहेर पडतो तो त्याला मिळत नाही आणि शेवटी घर बरे, असे त्याला वाटू लागते.

कधीतरी एखादा ढोंगी साधुबाबा तीर्थाने, भस्माने रोग बरे करतो असे प्रसिद्ध होते. त्या वेळी तर गर्दीचा महापूर लोटतो. लोकांच्या अंधश्रद्धेची कीव येते आणि आपल्या देशात किती पीडित लोक आहेत, या जाणिवेने मन अस्वस्थ होते.

गर्दी वाढण्याचे मुख्य कारण म्हणजे लोकसंख्येत झालेली प्रचंड वाढ. आज आपले राष्ट्र लोकसंख्येच्या दृष्टीने दुसऱ्या क्रमांकावर जाणे निश्चितच भूषणावह नाही. यातून अनेक समस्या निर्माण झालेल्या आहेत. त्या अधिक उग्र होत जाणार आहेत. अन्नधान्याचा तुटवडा, बेकारी, रोगराई, विषमता, कुपोषण, भ्रष्टाचार व प्रदूषण ही सगळी या 'गर्दी' नावाच्या विषवृक्षाची फळे आहेत. खाणारी तोंडे जास्त-अन्नधान्य कमी, काम करू शकणारे हात जास्त-कामे कमी. त्यामुळे बेकारी, सगळीकडे तीव्र जीवनकलह आणि जीवघेणी स्पर्धा असा सगळा असमतोल गर्दीमुळे झाला आहे.

> ''अशा येथल्या संसारात
>
> जगण्याचाही चुकला पाढा
>
> आणि शेवटी परिस्थितीचा
>
> गळ्याखालती उतरे काढा''

हा अनुभव सर्वानाच येत आहे. तो कडू काढा पिताना तोंड जसे कडवट होते तसे आंबट चेहरे करून 'जगण्याची सक्ती' सारे सहन करीत आहेत.

ही गर्दी कमी करायची असेल तर लोकसंख्या नियंत्रण आणि शिक्षण या दोन उपायांचा अवलंब केला पाहिजे. आज संख्यानियंत्रणाचे महत्त्व पटू लागले आहे. पण ते सुशिक्षित आणि विचारी लोकांना! झोपडपट्टीत आणि बकाल वस्तीत लोकसंख्या वाढतच आहे. कारण तेथे शिक्षणाचा अभाव आहे. त्या लोकांच्या प्रबोधनाची फार मोठी गरज आहे. तिथले आरोग्याचे आणि प्रदूषणाचे प्रश्न सोडविले पाहिजेत. नाही तर हीच गर्दी कधी उग्र रूप धारण करेल, सांगता येत नाही, गर्दीच्या असंतोषाचे रूपांतर क्रांतीत होते, हे आजवर इतिहासाने अनेक वेळा सांगितले आहे. गर्दीच्या शक्तीला विधायक वळण लावणारा कोणी चतुर योजक नसेल तर गर्दीचा भस्मासुर निर्दयपणे गर्दीला चिरडून टाकील.

२. कुष्ठरोग्यांचा आधार : बाबा आमटे

हाता-पायांची बोटे झडलेली, शरीरावरच्या जखमा लक्तरात कोंबलेले, भीक मागणारे, असहाय महारोगी पाहिले की, आपण चटकन त्यांच्यापासून चार हात दूर जातो. त्यांचा स्पर्श होऊ नये म्हणून आपण फार काळजी घेतो. परंतु या महाराष्ट्राच्या भूमीत असा एक महामानव होऊन गेला ज्याने या महारोग्यांना हृदयाशी धरले, त्यांना प्रेम दिले, व्याधीतून मुक्त केले आणि भीक न मागता कष्ट करून, स्वावलंबनाने आणि आत्मसन्मानाने जगायला शिकविले.

इ.स. १९१४ मध्ये नागपूर येथे त्यांचा जन्म झाला. त्या महामानवाचे नाव होते मुरलीधर देविदास आमटे. म. गांधी आणि रवींद्रनाथ टागोर यांच्या विचारांचा त्यांच्यावर मोठा प्रभाव होता. म. गांधी त्यांना 'अभय साधक' म्हणत. एकदा वरोऱ्याहून सफाई कार्यक्रम आटोपून येत असताना रस्त्याच्या कडेला मनुष्यत्वाच्या सर्व खुणा लुप्त झालेला, ज्याच्या सर्वांगात अळ्या वळवळत आहेत, असा माणूस त्यांनी पाहिला, त्याला पाहून ते शहारले. एक तरट त्यांच्या अंगावर टाकून ते घरी आले. आपल्या पत्नीला साधनाताईंना त्यांनी ही हकीकत सांगितली आणि स्वतःला दूषणं दिली. हिंस्र श्वापदं, नामांकित मल्ल यांच्यासमोर शड्डू ठोकून उभे राहणारे आपले मन एका ओंगळ मांसाच्या गोळ्याला पाहून कचरले, याचे त्यांना मनोमन वैषम्य वाटले. त्याच रात्री त्यांनी पत्नीच्या साक्षीने कुष्ठरोग्यांच्या सेवेला जीवन वाहण्याचा संकल्प केला.

१९४९ साली काही मित्रांच्या साहाय्याने त्यांनी 'महारोगी सेवा समिती' या संस्थेची स्थापना केली. त्यानंतर सहा कुष्ठरोग्यांना बरोबर घेऊन आनंदवनाची निर्मिती केली. अपंगांसाठी, वृद्धांसाठी आश्रम असे एकापाठोपाठ एक भव्य प्रकल्प उभे केले. याच सुमारास त्यांनी श्रमाश्रमाचा अभिनव प्रयोग सुरू केला. सगळ्या जातीच्या लोकांनी एका ठिकाणी राहून खायचं. तो साम्यवादाचाच एक प्रयोग होता. महार, मांग, मेहेतर, चांभार, आणि बुरुड अशा अठरापगड जातींना बरोबर घेऊन हा अभिनव प्रयोग त्यांनी केला. सकाळी उठून प्रत्येक जगण आपल्या कामाला जाई. सर्वांची कमाई एकत्र करून त्यातून धान्य, मीठ-मिरची आणून एकत्र जेवण होते असे. अनाथ मुलांसाठी त्यांनी गोकुळ हा प्रकल्प सुरू केला. आपल्या सर्व प्रकल्पांची सुरुवात उघड्या आणि बरड माळरानावर केली. गोम, विंचू, इंगळ्या आणि साप यांची मालकी त्या जागेवर होती. कार्यकर्ते आणि हे प्राणी यांना एकमेकांविषयी वाटणारी भीती हळूहळू कमी झाली. मग तिथे रानडुक्करं आणि वाघ यांनाही प्रवेश मिळाला. या सर्व कामात त्यांना पत्नी साधनाताईंची मनापासून साथ मिळाली. माळरानावरचा संसार त्यांनी फुलविला. माळरानाचं रूपांतर 'आनंदवनात' झालं. बाबांना प्रत्येक प्रकल्पात कष्टाची साथ मिळाली. अनाथ आणि पंगू मुलींच्या त्या माता बनल्या. खरोखर 'हे विश्वची माझे घर' अशा वृत्तीने त्या जगल्या. एकप्रकारे हे सतीचं वाणच होतं.

१९८५ साली बाबांनी शांतता आणि पर्यावरण रक्षणासाठी काश्मीर ते कन्याकुमारी 'भारत जोडो' आंदोलन छेडलं. या आंदोलनाचा दुसरा अध्याय १९८८ साली अरुणाचल ते ओखा असा पार पडला.

१९९० साली आनंदवनाचा कारभार आपला मुलगा विकास याच्या हाती सोपवून ते नर्मदेकाठी वास्तव्याला आले. तिथे त्यांचं जवळजवळ एक तप वास्तव्य होतं. पंजाबमध्ये खलिस्तावाद्यांची चळवळ जोरात होती, तेव्हा सलोखा निर्माण व्हावा, शांतता निर्माण व्हावी म्हणून ते पंजाबमध्येही गेले होते.

त्यांच्या या कार्यासाठी त्यांना रॅमन मॅगसेसे पुरस्कार, कुष्ठरोग्यांच्या क्षेत्रातील सर्वोच्च आंतरराष्ट्रीय पुरस्कार, 'डेमियन डटन', सी. व्ही, रामन पुरस्कार, पद्मश्री, म. गांधी पुरस्कार आणि डॉ. बाबासाहेब आंबेडकर असे पुरस्कार मिळाले. परंतु या पुरस्कारमुळे त्यांचा मोठेपणा वाढला नाही तर या पुरस्कारांची अधिक प्रसिद्धी झाली असे म्हणावे लागेल.

बाबा आमटे यांचे संवेदनशील मन कविता न करते तरच नवल होते. 'ज्वाला आणि फुले' हा त्यांचा काव्यसंग्रह खूप गाजला. रचनात्मक कार्याची आणि नवनिर्मितीची त्यांना इतकी ओढ होती की, दुःख करायला आपल्याकडे वेळ नाही असं ते सांगतात. माणसांप्रती असलेली त्यांची संवेदना प्राण्यांबाबतही तितकीच हळुवार होती.

धाडस हा त्यांचा गुण केवळ व्यवहारातच दिसत नाही तर मनसुद्धा नवनवीन क्रांतिकारी, धाडसी विचारांनी भरलेले होते. कुष्ठरोगावर निर्माण केलेली नवीन लस, तिचा परिणाम पाहण्यासाठी त्यांनी आपल्या शरीरात टोचून घेतली. कुष्ठरोग्यांविषयीची तळमळ जशी यातून दिसते, तसंच असामान्य धैर्यही दिसून येतं.

आज आमटे यांची तिसरी पिढी आनंदवनात कार्यरत आहे. त्यांचा नातू दिगंत हा प्रकाश आमटे यांचा मुलगा. त्यानेही हेमलकशाच्या कार्यालिया वाहून नेण्याचा संकल्प केला आहे. त्यामुळे आनंदवनाचं स्वरूपच पालटलं आहे. ते आता महारोग्यांचं वसतिस्थान राहिलेलं नाही, तर एक प्रेरणास्थळ झालं आहे. देश-विदेशातून ते पाहायला हजारो लोक येतात. लंगड्या आणि थोट्या माणसांनी केलेली निर्मिती, एकमेकांना मिळविलेले बळ, एकमेकांचे पुसलेले अश्रू पाहून थक्क होतात. त्यांनी निर्माण केलेल्या वस्तू निर्यात केल्या जातात. या सगळ्याचं श्रेय बाबा आमटे या महामानवाकडे जातं. त्यांना सावलीसारखी साथ देणाऱ्या साधनाताईकडे जातं. त्या दोघांनाही विनम्र अभिवादन !

३. बेकार तरुणाचे मनोगत!

'एवढा मोठा घोडा झाला तरी चार पैसे मिळवायची अक्कल नाही. नुसता खायला कहार आणि धरणीला भार !' परवापर्यंत माझ्या भुकेच्या वेळा काटेकोर सांभाळणारी माझी आई! माझं शिक्षण संपून वर्ष संपलं तरी मला नोकरी मिळेना, हे पाहून असं बोलू लागली आणि वडिलांनी बोलणंच बंद केलं, घरात आलो की, घुसमटल्यासारखं होतं मला कोणी मोकळेपणाने बोलत नाही की मला काही सांगितलं जात नाही. घरातलं दिसेल काम करतो आणि पानात पडेल ते खातो !

या बेकारीमुळे अशी भयंकर उपेक्षा मी सध्या अनुभवत आहे. मला तरी बेकार राहण्याची हौस आहे का ? नोकरीसाठी मीही रोज वणवण फिरतो आहेच. रोज वर्तमानपत्र आलं की, आधी जाहिराती पाहतो. मला योग्य असेल अशा ठिकाणी अर्ज करतो, दहा जाणांना भेटून येतो. ज्याची गरज आहे ते शिकत राहतो. परंतु आधी जाहिरातीच कमी येतात. कुठे संगणकातले विशिष्ट

ज्ञान आवश्यक असते तर कुठे फाडफाड इंग्रजी बोलण्याची गरज असते. कुठे लाख-दोन लाखांची छुपी मागणी असते. काही ठिकाणी सही दहा हजारांवर आणि हातावर तीन हजारच ठेवणार असं सांगितले जाते. इतकी शरम वाटते. अशा वेळी वाटतं की, हॉटेलात कपबशा विसळणारा मुलगाही आपल्यापेक्षा जास्त कमवत असेल तर आपण इतकं शिकलोच कशाला ? गवंड्याच्या हाताखाली काम करणाराही रोज २००/- बिगारी घेतो. त्याच्यापेक्षाही आपली किंमत कमी असावी ? मन संताप आणि निराशेने नुसतं भरून जातं.

नोकरी मागायला गेलो की, पहिला प्रश्न अनुभव किती आहे ? तुम्ही नोकरी दिल्याशिवाय अनुभव येणार असा ? कोणीतरी एकदातरी विश्वास नको का ठेवायला ? एवढीशी तरी संधी नको का द्यायला ?

माझ्या बरोबरीच्या बऱ्याच मित्रांना नोकऱ्या मिळाल्या. कुणी आपल्या घरच्या धंद्यात कक्ष घातलं. नोकरी न मिळालेला असा मी एकटाच उरलो. त्यामुळे मित्रांकडेही जावंसं वाटत नाही. त्यांच्या बोलण्याचे विषय आता वेगळे झाले आहेत. घरातल्याही कुठल्या लग्न अथवा अन्य समारंभात मला जावंसं वाटत नाही. कारण कोणी भेटलं की, 'हल्ली काय करतो ?' हा पहिला प्रश्न ठरलेला. मग नोकरी नाही म्हटलं की, कुणाची कुत्सित नजर, कुणाची कोरडी सहानुभूती, कुणाचे अनाहूत सल्ले यामुळे हैराण होणे मी ! त्यापेक्षा घुबडासारखं तोंडल पवून घ्यावं असं मला वाटतं. पैसाच माणसाची किंमत ठरवितो हे सत्य मी सध्या पचवितो आहे. द्रौपदीचं वस्त्रहरण होत असताना पितामह भीष्म दुःशासनाला अडवू शकले नाहीत. त्याचं स्पष्टीकरण त्यांनी 'अर्थस्य पुरुषो दासः' अस दिलं होतं. त्या प्रसंगातलं गांभीर्य, वास्तव आज कला कळतं आहे.

आजूबाजूच्या परिस्थितीने, घरात मिळणाऱ्या वागणुकीने मी दुखावलो गेलो आहे निराश झालो आहे, हे खरंच ! मलासुद्धा आता पदवीचं भेंडोळं घेऊन नोकरीची भीक मागायचा कंटाळा आला आहे. आपली शिक्षणपद्धती कूचकामी आहे, हेही आता समजतं आहे. शिक्षणाने माणसाला आत्मज्ञान आलं पाहिजे, माणूस स्वावलंबी झाला पाहिजे असं राधाकृष्णन सांगून गेले. शिक्षणाचा उपयोग समाजासाठी झाला पाहिजे असं शिक्षणतज्ज्ञ म्हणतात. यातली एक तरी गोष्ट साध्य होतीय का ? का नाही आम्हाला पुस्तकी सिद्धान्ताबरोबर थोडं-थोडं व्यवसाय शिक्षण दिलं ? का नाही सोपी-सोपी व्यावसायिक कौशल्यं/विचार शिकविली ? व्यवसायाशी सांगड घालणारं शिक्षण आम्हाला का नाही मिळत ? करून-करून डोकं भणाणून जातं.

हे असंच आणखी काही दिवस चाललं ना, तर माझा आत्मविश्वास कमी होईल. अशी भीती मला वाटते. म्हणून आता मिळेल ते पहिलं काम स्वीकारून मी माझा स्वतः वा व्यवसाय सुरू करणार आहे. त्याबद्दल माझ्या डोक्यात अनेक कल्पना आहेत. मला स्पर्धेला तोंड द्यावं लागेल, खूप कष्ट करावे लागतील. पहिल्यांदा पैसे कमी मिळतील आणि लोकांची टीकाही सहन करावी लागेल याची मला कल्पना आहे. पण मी माझ्या निश्चयापासून ढळणार नाही आणि कोणी कसंही बोललं तरी विचलित होणार नाही.

परवाच मी विट्ठल कामतांचं 'इडली, ऑर्किड आणि मी' हे पुस्तक वाचलं, त्यात त्यांनी सांगितलेले अनुभव मी कायम लक्षात ठेवणार आहे. हळूहळू मला जे साध्य करायचं ते मी करणार आहे.

४. ग्रंथ हेच गुरू

''सर्व शंका आणि अज्ञानं जो हरण करतो तो गुरू'', अशा अर्थाचं एक संस्कृत सुभाषित आहे. या अर्थानं 'ग्रंथ हेच गुरू' असं जे म्हटलं जातं ते बरोबरच आहे. ग्रंथांच्या वाचनाने माणूस ज्ञानी होतो, प्रगल्भ होतो. आपल्या अनेक प्रश्नांची उत्तरं ग्रंथवाचनाने मिळू शकतात. अनेक विषयांची माहिती, ज्ञान, रंजक कथा, बोधकथा, चरित्र, आत्मचरित्र, प्रवासवर्णनं यांच्या वाचनाने माणसाचं व्यक्तिमत्त्व समृद्ध होतं, इतिहास तर आपल्याला ग्रंथातूनच समजावून घ्यावा लागतो. कारण ऐतिहासिक व्यक्ती तर काळाच्या पडद्याआड गेलेल्या असतात. 'ग्रंथ आणि ग्रंथालये ज्ञानाची सदावर्ते आहेत', असं म्हटलं जातं ते खरं आहे.

गुरूची आपल्याल्या सदैव सोबत असते. मार्गदर्शन असतं. आपण कोठे चुकत असू तर गुरू आपल्याला योग्य मार्ग दाखवितात. ग्रंथ गुरूची ही भूमिकाही प्रामाणिकपणे बजावतात. ज्याला वाचायला आवडतं त्याला आयुष्यात कधीही एकटं वाटत नाही. त्याचा फुरसतीचा वेळ अगदी मजेत जातो. पुस्तकातल्या विषयाशी त्याची गट्टी जमते. त्यातल्या अनुभवांशी तो एकरूप होतो. त्याला एकाकीपणाचाच नव्हे तर सगळ्या दुःखांचा, व्यथांचा विसर पडतो.

अर्थात, वाचण्यावर विचार करण्याची क्रिया झाली पाहिजे. पुस्तकातल्या माहितीचा उपयोग आपली जाण वाढविण्यासाठी झाला पाहिजे. ग्रंथातले चांगले विचार प्रत्यक्ष कृतीत आले पाहिजेत. जगातल्या थोर व्यक्तींनी हेच केलं. महात्मा गांधी, डॉ राधाकृष्णन आणि डॉ. आंबेडकर यांनी काही ग्रंथांचं ऋण मानलं आहे. त्यातल्या विचारांनी ते झपाटले आणि त्या विचारांना कृतीची जोड त्यांनी दिली. त्यामुळे त्यांच्या हातून महान कार्य झालं.

ग्रंथामध्ये समाजपरिस्थितीचं प्रतिबिंब पडलेलं असतं. त्या-त्या काळातले ग्रंथ वाचून आपण त्या वेळची सामाजिक परिस्थिती, प्रथा आणि परंपरा जाणून घेऊ शकतो, तसंच समाजाचं प्रबोधन करण्याची फार मोठी ताकद ग्रंथांमध्ये असते. वृत्तपत्रीय लिखाण असू दे नाही तर कविता, नाटक, कादंबरी असो. कोणताही वाङ्मयप्रकार असू दे, समाज-परिवर्तनाचं साधन म्हणून साहित्य खूप प्रभावी ठरतं. स्वातंत्र्यपूर्व काळात टिळकांच्या 'केसरी' तल्या लेखांनी ब्रिटिश सरकारला धडकी भरवली होती. शि.म. परांजपे यांच्या 'काळ' मधल्या उपरोधिक भाषेने भारतीयांना त्यांच्या गुलामगिरीची जाणीव करून दिली होती. ह. ना आपटे यांच्या 'पण लक्षात कोण घेतो ?' या कादंबरीने हिंदू धर्मातल्या घराघरातल्या विधवांचं दुःख वेशीवर टांगलं आणि कुसुमाग्रजांच्या 'गर्जा जयजयकार' या कवितेने क्रांतिकारकांच्या मनातला स्फुल्लिंग धगधगीत केला. आचार्य अत्र्यांच्या 'नवयुग', 'मराठा' मधल्या लेखांनी संयुक्त महाराष्ट्राच्या चळवळीत मोलाची कामगिरी बजावली आणि मुंबई महाराष्ट्रातच राहिली. प्रत्येक काळात गीता हा ग्रंथ तर समाजाला दीपस्तंभाप्रमाणे मार्गदर्शन करीत राहिला

आहे. असं ग्रंथाचं अपार ऋण आपल्यावर असतं. निरपेक्षपणे आणि मूकपणे ग्रंथ मानवजातीची सेवा करतात. मानवी गुरूला गुरुदक्षिणा देऊन अंशत: उतराई होता येतं. ग्रंथांच्या ऋणातून कसं उतराई व्हायचं?

काही गोष्टी करता येण्यासारख्या आहेत. ग्रंथप्रसारासाठी मदत करायची ग्रंथातले विचार कृतीत आणायचे, ग्रंथ स्वत: विकत घेऊन वाचायचे, ग्रंथ चांगल्या प्रकारे हाताळायचे. ग्रंथाची अनेक भाषांमध्ये भाषांतरं करण्यासाठी प्रयत्न करायचे. आपल्याबरोबर आणखी चार जणांना ग्रंथाची गोडी लावून आनंदात सहभागी करून घ्यायचं. तरच ग्रंथाकडून आपण जे काही घेऊ त्यांची थोडीशी परतफेड केल्यासारखं होईल. ज्ञानदेवांनीही पसायदानात-

> ''आणि ग्रंथोपजीविये। विशेषी लोकी इये
> दृष्टादृष्ट विजये। होआवे जी।।''

असं लिहून ग्रंथ हेच ज्यांचं उपजीवन आहे, त्यांना इह आणि पारलौकिक जगात वैभव लाभो, असं मागणं मागितलं आहे. धर्म संस्कृती आणि इतिहास यांना जिवंत ठेवण्याचं काम ग्रंथांनीच केलं आहे. जे-जे गुरूकडून मिळणं शक्य आहे ते-ते सर्व ग्रंथ देतात म्हणून ग्रंथ हे आपले गुरू होत.

५. मोबाईल (फोन) : शाप की वरदान?

गाडी चालवित असताना मोबाईलवरून बोलणं हा गुन्हा आहे. त्यासाठी कायदा करून शिक्षेची तरतूद केली आहे. तरीही आज मोबाईल एका हाताने कानाला लावून हाताने भन्नाट गाडी चालविणारे तरुण पाहिले की, काळजाचा ठोका चुकतो. कोणत्याही नाटकाला, मैफलीला, कार्यक्रमाला सुरुवात करण्याआधी संयोजक प्रेक्षकांना आपले मोबाईल बंद करण्याचं आवाहन करतात. ही शिक्षेची व्यवस्था, ही विनंती मोबाईलच्या वापराच्या अतिरेकाचा दुष्परिणाम दर्शविणारी आहेत. खरोखर दूरसंचार व्यवस्था शाप आहे की वरदान, हा विचार करायला लावणारी परिस्थिती आज निर्माण झालेली आहे.

विज्ञानातल्या ज्या शोधामुळे जग जवळ आलं, त्यातला दूरध्वनी हा महत्त्वाचा शोध. जगाच्या एका टोला असलेला माणूस क्षणात दुसऱ्या टोकवर असलेल्या माणसाशी संपर्क साधू शकतो, ही थक्क करणारी क्रांती होती. त्यामुळे माहितीच्या देवाण-घेवाणीचा आवाका खूप वाढला. दूर असलेल्या आपल्या प्रिय व्यक्तीचा आवाज सहज ऐकता येत असल्यामुळे अंतराचा दुरावा सुसह्य झाला. नैसर्गिक आपत्ती ज्या आधी कळू शकतात त्याबद्दलची माहिती सर्वांना लगेच कळविता येण्याची सोय झाली. त्यामुळे मोठी जीवित आणि वित्तहानी टाळता येऊ लागली. रेल्वे आणि विमानं वेळेवर सुटणार की उशीर होणार, त्यात जागा आहे किंवा नाही ही माहिती बसल्याजागी मिळू लागली. महानगराच्या गर्दीत, बस-लोकलच्या जाळ्यात सोडलेल्या आपल्या एकट्यादुकट्या मुलाच्या आई-बापांना आज फोनचा केवढा आधार वाटतो. चटकन आपलं लेकरू कोठे आहे, हे माहीत करून

घेता येतं. एकूणच फोनमुळे भावनिक आणि भौतिक अशी जी सोय झाली आहे त्याला तोड नाही.

साध्या डायल फोनपासून मोबाईलपर्यंत झालेले बदल विलक्षण झपाट्याने झाले. विशेषत: ८० सालानंतर मोबाईलप्रसार झंझावातप्रमाणे होत असलेला दिसतो. दोन-तीन वर्षांपूर्वी मोबाईल एक क्रेझ, एक प्रतिष्ठा होती. आज ती अनिवार्य गरज झालेली आहे. धुण्याभांड्यांची कामं करणाऱ्या बायका सर्वांच्याच हातात मोबाईल असतो. दूरसंचारचा हा सर्वसंचार सर्वांनी सहज स्वीकारला आहे. त्यातलं नावीन्य आता संपलं आहे. आपल्या जीवनाचं तो एक अविभाज्य अंग झालेला आहे आणि इथेच तो धोक्याची घंटी बाजवू लागला आहे.

आजकाल एखाद्या लग्नसमारंभाची किंवा कार्यक्रमाची आमंत्रणं फोनवरून केली जातात. त्यात खूप सोय होते, दगदग वाचते. वाहनांच्या वापरात बचत होऊन प्रदूषण कमी होतं, पण ही माणसं प्रत्यक्ष भेटतात तेव्हाही त्यांच्यामध्ये फोन असतोच. डॉक्टर रुग्णाशी अगदी महत्त्वाचं बोलतात तेव्हा त्यांच्या खिशातला फोन वाजतो आणि इकडे पेशंटचा जीव टांगणीला लागतो. बरं, बोलणाऱ्या त्या परिस्थितीची कल्पना नसते. त्याच्या अघळपघळ गप्पा एखाद्याला धाम फोडत असतात.

वाहनं चालविताना तर मोबाईलवर बोलणं स्वत:च्या आणि दुसऱ्याच्या जीवालाही धोकादायक ठरतं. तोच प्रकार शाळा-कॉलेजात शिक्षक शिकवत असताना मोबाईल सुरू ठेवण्याचा. त्यालाही कायद्याने बंदी आणली आहे. विद्यार्थ्यांप्रमाणेच ती शिक्षकांनाही बंधनकारक आहे. प्रत्येक व्यवसायात या साधनाने प्रचंड सोय होते आणि प्रचंड अडचणीही निर्माण होतात. पेपरफुटीचे प्रकार आज वारंवार घडताना दिसतात. त्यामागे हे प्रभावी साधन आहे. बॉम्बस्फोट प्रकरणात मोबाईलने गुन्हेगारांना विलक्षण मदत केलेली आहे. तसेच अनेक गुन्हे शोधून काढण्यासाठीही तितक्याच तत्परतेने मदत केलेली आहे. एक गोष्ट एकाच वेळी अनेकांना कळविण्यासाठी किती उपयुक्त आहे फोन! 'जे जे आपणांसी ठावे। ते ते दुसऱ्यासी सांगावे शहाणे करून सोडावे। सकल जन।' या संतवचनाची पूर्तता करायला साहाय्यभूत ठरणारं साधन त्याच तत्परतेने अश्लील संदेश, अंधश्रद्धा जोपासणाऱ्या (गणपती दूध पितो, एखाद्या मूर्तीच्या डोळ्यांतून पाणी येते) गोष्टीही जगभर कळवितं.

म्हणूनच हे साधन वापरणारा माणूस विवेकी आणि तारतम्य असलेला पाहिजे. सगळ्याच विज्ञानाची स्थिती भस्मासुरासारखी आहे. त्यावर नियंत्रण ठेवलं नाही तर तो सर्वनाशच करणार. दूरसंचार हेसुद्धा विज्ञानाचं शक्तिमान, सर्वदूर प्रभार असलेलं असं अपत्य आहे. पण त्याचा वापर माणसाच्या हातात आहे. याच्या साहाय्याने सगळं जग जरी मुठीत ठेवता आलं तरी याला मुठीत ठेवलं नाही तर सगळंच तुमच्या हातातून निसटून जाणार आहे. म्हणूनच त्याचा वापर करणारा अधिक जबाबदार, समंजस आणि प्रगल्भ पाहिजे; तरच ते वरदान ठरेल.

Questions

प्रश्न १.

(अ) **पुढील उताऱ्याच्या आधारे सूचनेनुसार कृती करा.**

एका पर्यटकाच्या नजरेतून सुरू केलेला सात दिवसांचा प्रवास-लेह, नुब्राव्हॅली, पँगाँग लेक आणि सरतेशेवटी द्रास, कारगिल! आता शेवटचा टप्पा शिल्लक होता. कारगिल आणि द्रास! सोबत असलेला लडाखी ड्रायव्हर स्टानझिन पाच वर्षापूर्वी घडलेल्या कारगिल युद्धाच्या आठवणींना उजाळा देत होता. गाडी पुढे जात होती. आम्ही द्रासला पोहोचलो. शासकीय विश्रामगृहात दोन खोल्या मिळाल्या.

सकाळी उठून लांबूनच दिसणाऱ्या टायगर हिलच्या सुळक्यांचं दर्शन घेतलं. थोड्याफार मिळालेल्या माहितीमुळे १९९९ साली इथे काय उत्पात घडला असेल, ह्या कल्पनेनंही अंगावर काटा आला. निःशब्द अवस्थेतच तोलोलिंगच्या पायथ्याशी बांधलेल्या 'ऑपरेशन विजय'ज्या स्मारकापर्यंत पोहोचलो. समोर दिसणारा तोलोलिंग, डावीकडे नजर गेली, की दिसणारा रौकीनॉब, हंप, इंडिया गेट, श्री पिपल, टायगर हिलचा सुळका, त्याच्या बाजूचा पॉईंट ४८७५-भारतीय जवानांनी काबीज केलेल्या शिखरांची रांग. होय, याच मातीतून धूळ अंगावर घेत उंच १६००० फुटांवर बर्फाच्छादित शिखरांवर, शत्रूच्या तोफा पहाडावरून आग ओकत असताना ह्या भयाण पर्वतांवर आमचे धैर्यधर अथक चढत राहिले होते.

मृत्यू समोर दिसत असतानाही त्याच्या जबड्यात हात घालून मृत्यूलाच आव्हान देणारी बावीसतेवीस वर्षाची तेजोमय स्फुलिंग होती ती! ज्यांना आशीर्वाद द्यायचे, त्यांच्यासमोर नतमस्तक होऊन सलामी देणं किती कष्टप्रद आहे, ह्याची जाणीव झाली. थरथरत्या हातांनी, डबडबलेल्या डोळ्यांनी त्या स्मारकाला सलाम केला.

(१) (i) लेखिकेच्या सात दिवसाच्या प्रवासातील महत्त्वाची ठिकाणे

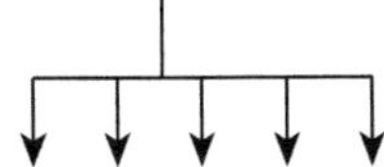

(ii) तोलोलिंगच्या पायथ्याशी असलेले स्मारक.

(२) ऑपरेशन विजय स्मारकाची वैशिष्ट्ये लिहा.

(३) थरथरत्या हातांनी व डबडबलेल्या डोळ्यांनी 'ऑपरेशन विजयच्या' स्मारकाला सलाम केला. कारण स्पष्ट करा.

किंवा

'ऑपरेशन विजय स्मारक 'पाहून लेखिकेच्या मनातील सैनिकाविषयीच्या भावना तुमच्या शब्दांत लिहा.

(आ) **पुढील उताऱ्याच्या आधारे सूचनेनुसार कृती करा.**

दातदुखीच्या काळात माझी सहनशक्ती फार खलास झालेली

असते. दाते किंवा दातार ह्या दातांशी जवळीक दाखवणाऱ्या माणसांनाही भेटू नये असे वाटते!

माझ्या दातदुखीचे आणखी एक वैशिष्ट्य असे, की माझ्या विव्हळण्याने शेजारीपाजारी गोळा होतात आणि माझ्या दाताच्या अध्यक्षतेखाली दातदुखी, ती का होते, टाळवी कशी आणि झाल्यावर कोणते उपचार करावेत यावर एकदातारी परिसंवाद होतोच. उपस्थित वक्ते मोठ्या हिरिरीने त्यात भाग घेतात. हीच मंडळी मोठ्याने बोलतात, की माझे विव्हळणे त्यात बुडून जाते. माझा अनुभव असा, की दातदुखीवरील चर्चेने दातदुखी मुळीच कमी होत नाही! दातदुखीवरील खूप उपचार मला पाठ झाले आहेत. माझा दात दुखू लागला, की मी बायकोला त्यातले काही उपचार करायला सांगतो आणि तीही आपले काही उपचार करते. अशी मिळून २०-२५ प्रकारची औषधे, बोळे माझ्या दातामागे लागतात. चार दिवसांनी दात दुखायचा थांबतो दातामागे लागतात. चार दिवसांनी दात दुखायचा थांबतो. कशामुळे थांबला याचा शोध करायच्या मी भानगडीत पडत नाही. दात दुखणे थांबल्याचे कळल्याबरोबर परिसंवादातील सगळे वक्ते आपलाच उपचार लागू पडला की नाही याची खात्री करून घेण्यासाठी येतात. मी कुणाचेही मन दुखवत नाही. प्रत्येकाला त्याने सुचवलेल्या उपायानेच गुण आल्याची कबुली देऊन मोकळा होतो. सगळे खूश होतात. दंतआघाडीवर सर्वत्र सामसूम होते. एखाद दुसरा महिना जातो आणि पुन्हा तोच दात, तोच ठणका आणि तेच उपचार यांचा पुन्हा प्रयोग होतो.

या सगळ्याला कंटाळून शेवटी मी दाताचा प्रश्न कायमचा सोडवण्याच्या दृष्टीने तो दातच काढून टाकण्याचा निर्धार जाहीर केला. अनेकांचा सल्ला घेऊन आणि अनेक दंतवैद्यांचे चेहरे पाहून त्यातल्या त्यात बऱ्यापैकी दंतवैद्य गाठला. का कुणास ठाऊक; पण माझी अशी समजूत झाली, की ज्याचे दात चांगले असतील असाच दंतवैद्य शोधणे बरे. यापूर्वी आयुष्यात दंतवैद्याशी कसलाही संबंध आला नव्हता. आणि तेच ठीक होते असे संबंध आल्यावर वाटले. मी त्याला भेटून सारी दंतकथा सांगितली. दात काढून टाकण्याचा माझा विचार दंतवैद्याबाबत आमचे मतैक्य झाल्यावर पुढचा मार्ग सरळ होता. फक्त दात काढायलाही पैसे द्यावे लागतात याचे वाईट वाटले; पण मग माझी मीच समजूत घातली याचे वाईट वाटले; की आपण डोक्याचे केस मुळासकट काढत नाही तरी पैसे देतो, मग दात मुळासकट काढण्यासाठी पैसे दिले तर काय बिघडले?

(१) (i) 'दाताशी जवळीक दाखवणारी माणस

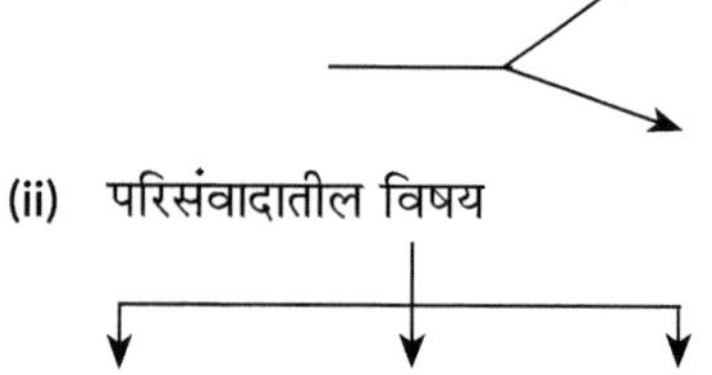

    (ii) परिसंवादातील विषय

(२) लेखकाच्या दातदुखीची वैशिष्ट्ये लिहा.

(३) 'दातदुखीवरील परिसंवाद' याविषयी लेखकाचा अनुभव तुमच्या भाषेत लिहा.

किंवा

लेखकाचा दात काढून टाकण्याचा विचार तुमच्या भाषेत लिहा.

(इ) दिलेल्या उताऱ्याच्या आधारे प्रश्नांची उत्तरे लिहा.

आत्मविश्वासासारखी दुसरी दैवी शक्ती नाही. आम्ही आमच्यातील आत्मविश्वास गमावता कामा नये. उदा., कुस्ती खेळण्यासाठी अखाड्यात उतरलेल्या पहिलवानाने दुसऱ्याच्या ठणठणीत दंड थोपटण्याने घाबरून गर्भगळित झाल्यास त्याच्या हातून काहीतरी होणे शक्य आहे काय? मी तर नेहमी असे म्हणत असतो, की मी जे करीन ते होईल. अर्थात, मी हे सर्व आत्मविश्वासावर अवलंबून म्हणत असतो. माझ्या या म्हणण्यामुळे काही लोक मला घमंडखोर, प्रौढीबाज वगैरे दूषणें देतील; परंतु ही प्रौढी अगर घमंड नसून आत्मविश्वासमुळेच मी हे म्हणू शकतो. मी मनात आणीन तर सव्वा लाखाची गोष्ट सहज करीन. गरिबीच्या दृष्टीने

विचार करता आजच्या गरिबांतील गरीब विद्यार्थ्यांपेक्षा माझी त्यावेळी मोठी चांगली सोय अगर मला इतर अनुकूलता होती असे नाही. मुंबईच्या डेव्हलपमेंट डिपार्टमेंटच्या चाळीत दहा फूट लांब व दहा फूट रुंद अशा खोलीत आईबाप, भावंडे यांच्यासह राहून एका पैशाच्या घासलेट तेलावर अभ्यास केला आहे. इतकेच नव्हे तर अनेक अडचणींना व संकटांना त्याकाळी तोंड देऊन मी जर एवढे करू शकलो तर तुम्हांस आजच्या साधन–सामुग्रीने सज्ज असलेल्या काळात अशक्य का होईल? कोणताही मनुष्य सतत दीर्घोद्योगानेच पराक्रमी व बुद्धिमान होऊ शकतो. कोणीही मनुष्य उपजत बुद्धिमान अगर पराक्रमी उपजू शकत नाही. मी विद्यार्थिदशेत इंग्लंडमध्ये असताना ज्या अभ्यासक्रमास ८ वर्षे लागतात तो अभ्यास मी २ वर्षे ३ महिन्यात यशस्वी तऱ्हेने पुरा केला. हे करण्यासाठी २४ तासांपैकी २१ तास अभ्यास करावा लागला आहे. जरी माझी आज चाळीशी उलटून गेली असली तरी मी २४ तासांपैकी सारखा १८ तास अजूनही खुर्चीवर बसून काम करत असतो. दीर्घोद्योग व कष्ट करण्यानेच यशप्राप्ती होते.

(१) (i) व्यक्तीच्या दीर्घोद्योगाचा परिणाम

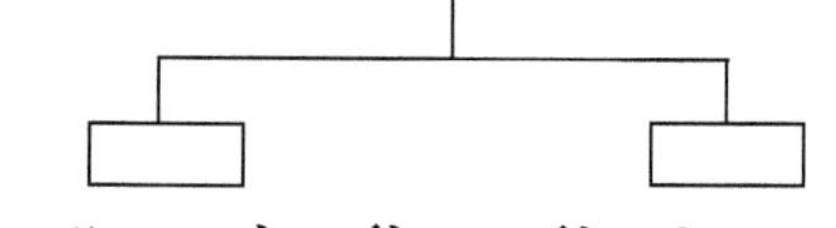

    (ii) डॉ. बाबासाहेब आंबेडकर यांचे व्यक्तित्व गुण

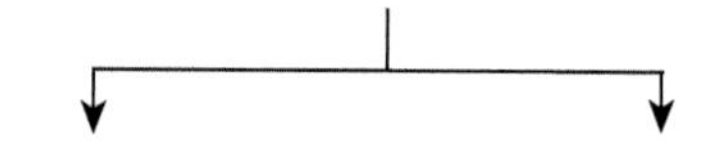

(२) व्यक्तीच्या जीवनातील 'आत्मविश्वासाचे' स्थान स्पष्ट करा.

विभाग २: पद्य

प्रश्न २.

(अ) पुढील कवितेच्या आधारे सूचनेनुसार कृती करा.

रंगुनी रंगांत साऱ्या रंग माझा वेगळा!
गुंतुनी गुंत्यांत साऱ्या पाय माझा मोकळा!
कोण जाणे कोठुनी ह्या सावल्या आल्या पुढे;
मी असा की लागती ह्या सावल्यांच्याही झळा!
राहती माझ्यासवें हीं आसवें गीतापरी;
हें कशाचें दुःख ज्याला लागला माझा लळा!
कोणत्या काळीं कळेना मी जगाया लागलों
अन् कुठे आयुष्य गेलें कापुनी माझा गळा!
सांगती 'तात्पर्य' माझें सारख्या खोट्या दिशा;
''चालणारा पांगळा अन् पाहणारा आंधळा!''
माणसांच्या मध्यरात्रीं हिंडणारा सूर्य मी:
माझियासाठी न माझा पेटण्याचा सोहळा!

(१) पुढील अर्थाच्या ओळी कवितेतून शोधून लिहा.

    (i) सर्वांमध्ये मिसळूनही मी माझे वेगळेपण जपतो.

    (ii) हे कोणते अनामिक दुःख आहे की ज्याला सदैव माझ्याविषयी प्रेम वाटते

(२) गुंतुनी गुंत्यात साऱ्या पाय मांझा मोकळा' असे कवी का म्हणतात? तुमच्या भाषेत लिहा.

(३) 'समाजात स्वतःचे वेगळेपण जपण्यासाठी प्रयत्न करावेच लागतात या विधानाचा तुम्हाला समजलेला अर्थ लिहा.

(आ) 'रडू नकोस खुळे, उठ!
आणि डोळ्यातले हे आसू
सोडून दे शेजारच्या तळ्यात
नि घेऊन ये हातात
नुकतीच उमललेली शुभ्र कमळाची प्रयत्न फुले'
या ओळीतील विचार सौंदर्य तुमच्या भाषेत लिहा.

(इ) 'सरी वाफ्यात कांद लावते
बाई लावते
नाही कांदं ग जीव लावते
बाई लावते
काळ्या आईला हिरवं गोंदते
बाई नांदते
रोज मातीत मी ग नांदते
बाई नांदते'
या कवितेतील भाषा सौंदर्य स्पष्ट करा.

किंवा

'समुद्र कोंडून पडलाय गगनचुंबी इमारतींच्या गजांआड.
तो संत्रस्त वाटतो संध्याकाळी : पिंजारलेली दाढी झिंज्या.
हताशपणे पाहत असतो समोरच्या बत्तिसाव्या मजल्यावरील

मुलाकडे,
ज्याचं बालपण उंचच उंच पण अरुंद झालंय
आणि त्याची त्याला कल्पनाच नाही.
समुद्राच्या डोळ्यांत थकव्याचं आभाळ उतरत येतं

आणि शिणून तो वळवतो डोळे
इमारतींच्या पलीकडच्या रस्त्यावर थकलेल्या माणसांचे पाय,
बसचीं चाकं
—या काव्यपंक्तीचे रसग्रहण करा.

विभाग ३: साहित्यप्रकार-कथ

प्रश्न ३.

(अ) **दिलेल्या उताऱ्याच्या आधारे सूचनेनुसार कृती करा.**

प्रारंभी एखादी शिकवण देण्यासाठी, बोध देण्यासाठी कथालेखन केले गेले. नंतर-नंतर मनोरंजन करण्यासाठी किंवा एखादा विचार, भावना, चित्ताकर्षक घटना वाचकांपर्यंत पोहोचवण्यासाठी कथा लिहिल्या जाऊ लागल्या.

कथेत घटना असतात, कथानक असते, तिच्यात पात्रे असतात. स्थळ, काळ, वेळ यांचाही उल्लेख कथेत असतो. कथेच्या विषयानुसार तिच्यात विशिष्ट वातावरणही असते आणि समर्पक अशी निवेदनशैलीही असते. कथेतील पात्रांच्या परस्परसंबंधातून निर्माण झालेले ताणतणाव, संघर्ष, गुंतागुंतही कथेत असते आणि या सर्वांचा एक उत्कर्षबिंदूही (क्लायमॅक्स) असतो कथेत! अर्थात या सर्व घटकांनी युक्त अशा कथेला समर्पक शेवटही असतो तसेच एक सुयोग्य आणि उत्तम शीर्षकही असते.

थोडक्यात सांगायचे तर....कथा म्हणजे....

'एका विशिष्ट स्थळकाळी पात्रांच्या परस्परसंबंधातून घडलेल्या घटनांचे एखाद्या विशिष्ट हेतूने केलेले उत्कंठावर्धक चित्रण म्हणजे कथा'.

अर्थात प्रत्येक कथेत हे सर्वच घटक असतीलच आणि त्यांचे प्रमाणही सारखे असेल असे म्हणता येणार नाही. एखाद्या कथेत पात्रांना प्राधान्य असेल तर एखाद्या कथेत प्रसंगांना. कधी लेखकाचा दृष्टिकोन अधिक महत्त्वाचा असू शकतो तर एखादी कथा वातावरणनिर्मितीचा हेतू लक्षात घेऊन लिहिली जाऊ शकते. तीच गोष्ट विचारांची आणि भावनांचीही असू शकते. थोडक्यात, कथा म्हणजे केवळ प्रसंगांचे वर्णन नव्हे, केवळ व्यक्तींचे चित्रण नव्हे, निव्वळ दृष्टिकोन किंवा एकाच विचाराचा परिपोष नव्हे,

तर कथा म्हणजे पात्रे, प्रसंग, संघर्ष, गुंतागुंत, वातावरण, विचार, भावना, निवेदनशैली अशा सर्वांचे एक सुसंघटित प्रकटीकरण होय.

(१) (i) कथा लिहिली जाते कारण   (ii) कथा म्हणजे

(२) कथेचे स्वरूप तुमच्या भाषेत लिहा.

(आ)

(१) (i) 'शोध' कथेच्या नायिकेचे स्वभावचित्र तुमच्या भाषेत लिहा.

किंवा

'पाखरानं पयले पंख पारखावं आन् मंग उळाव' 'असे बापू गुरुजी का म्हणत असतील ते तुमच्या भाषेत लिहा.

(ii) ''स्वतःचा स्वतंत्र मेंदू घेऊन जन्माला आलेला जीव दुसऱ्याचे ऐकते त्याचक्षणी तो स्वतःच अस्तित्व, निसगनि जगाकडे पाहण्याची दिलेली स्वतंत्र नजर हरवून बसतो'' या विधानाबाबत तुमचे विचार लिहा.

किंवा

'गढी' पाठाच्या शीर्षकाची समर्पकता पटवून द्या.

(२) 'शोध' ही कथा सुप्रसिद्ध कथालेखक व.पु. काळे लिखित असून 'मी माणूस शोधतोय' या त्यांच्या कथा संग्रहातून ती घेतली आहे. के. ई. एम. हॉस्पिटलमध्ये काम करणारी अनु इनामदार ही या कथेतील केंद्रवर्ती भूमिका असून संपूर्ण कथानक या व्यक्तिरेखाभोवती फिरते.

किंवा

सुप्रसिद्ध कथालेखिका डॉ. प्रतिमा इंगोले लिखित 'गढी' ही वैशिष्ट्यपूर्ण व्यक्तिचित्रणात्मक कथा त्यांच्याच 'अकसिदीचे दाने' या कथासंग्रहातून घेतली आहे.

विभाग ४: उपयोजित मराठी

प्रश्न ४.

(अ) **पुढीलपैकी कोणत्याही दोन प्रश्नांची उत्तरे लिहा.**

(i) मुलाखत घेताना कोणत्या गोष्टी कराव्यात ?

(ii) 'माहितीपत्रक म्हणजे अप्रत्यक्ष जाहिरात असते' विधान स्पष्ट करा.

(iii) अहवाललेखन करताना लक्षात घ्यावयाच्या बाबी लिहा.

(iv) वास्तवदर्शी लेखन हा अहवालाचा आत्मा आहे, हे विधान स्पष्ट करा.

(आ) **पुढीलपैकी कोणत्याही दोन प्रश्नांची उत्तरे लिहा.**

(i) माहिती पत्रकाची वैशिष्ट्ये पुढील मुद्द्यांना धरून स्पष्ट करा.
(अ) आकर्षक मांडणी   (ब) भाषा शैली

(ii) अहवाललेखन करताना लक्षात घ्यावयाच्या दोन बाबी सोदाहरण स्पष्ट करा.

(iii) वस्त्रदालनासाठी माहितीपत्रक तयार करा.

(iv) मुलाखत घेताना मुलाखतीचा मध्य यशस्वी होण्यासाठी कोणती काळजी घेतली पाहिजे उदाहरणासह लिहा.

विभाग ५: व्याकरण व लेखन

प्रश्न ५.

(अ) कंसातील सूचनेनुसार कृती करा.

१) (i) वृक्षवेली आपल्याला केवढा तजेला, केवढा विरंगुळा देऊन जातात! (विधानार्थी करा)

(ii) तुम्ही लष्कराचं मनोबल खूप वाढवत आहात (उद्गारार्थी करा)

(२) पुढील सामासिक शब्दांसमोर समासाचे नाव लिहा.

(i) सद्गुरू

(ii) सुईदोरा

(iii) चौघडी

(iv) जलदुर्ग

(३) पुढील वाक्यातील प्रयोग ओळखा.

(i) राजाला नवीन कंठहार शोभतो.

(ii) मुख्याध्यापकांनी इयत्ता दहावीच्या गुणवंत विद्यार्थ्यांना बोलावले.

(४) पुढील ओळीतील अलंकार ओळखून त्याचे नाव लिहा.

(i) सागरासारखा गंभीर सागरच!

(ii) मुंगी उडाली आकाशी

तिने गिळिले सूर्यासी

(५) जोड्या लावा:

अ	ब
(क) इरावती कर्वे	(i) गर्भरेशीम
(ख) दुर्गा भागवत	(ii) मर्ढेकरांची कविता
(ग) इंदिरा संत	(iii) पैस
(घ) विजया राजाध्यक्ष	(iv) युगान्त
	(v) सौन्दर्यानुभव

(आ) पुढीलपैकी कोणत्याही एका विषयावर २०० से २५० शब्दांत निबंध लिहा.

१. समुद्रकिनाऱ्यावरील संध्याकाळ

२. पक्षीप्रेमी डॉ. सलीम अली

३. फाटक्या पुस्तकाचे मनोगत

४. स्त्री-पुरुष समानता: स्वप्न व वास्तव!

५. फॅशनचे वेड

Ⓐ Answer Key

विभाग १: गद्य

उत्तर १.

(अ)

(१) (i)

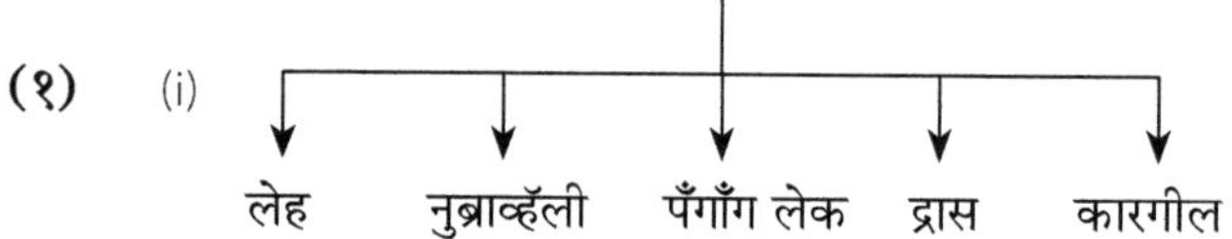

(ii) ऑपरेशन विजय

(२) 'ऑपरेशन विजय' स्मारकाची वैशिष्ट्ये हे पुढीलप्रमाणे सांगता येतील.

(i) 'ऑपरेशन विजय' हे स्मारक तोलोलिंगच्या पायथ्याशी बांधलेले आहे.

(ii) ऑपरेशन विजय स्मारकासमोर तोलोलिंग आणि डावीकडे रॉकीनॉब, हंप, इंडिया गेट, श्री पीपल, टायगर हिलचा सुळका तसेच त्याच्या बाजूला असणारा पॉईंट ४८७५ भारतीय जवानांनी काबीज केलेली शिखराची रांग दिसते.

(iii) शत्रूच्या तोफा पहाडावरून आग ओकत असतानाही १६००० फूट बर्फाच्छादित शिखरांवर चढून शत्रूशी झुंज देत होते.

(३) तोलोलिंग, इंडिया गेट, टायगरहिल आणि, त्याबाजूलाच पॉईंट ४८७५ हे भारतीय जवानांनी काबीज केलेली शिखरांची रांग इथेच शत्रू पहाडावरून तोफाच्या आग ओकत असतानाही भयाण पर्वतावर म्हणजे १६००० फूट उंचीच्या बर्फाच्छादित शिखरावर चढून भारतीय जवान शत्रूशी लढत होते. मृत्यू समोर दिसत

असतानाही त्याच्या जबड्यात हात घालून मृत्युलाच आव्हान देणारी ही बावीसतेवीस वर्षांचे जवान म्हणजेच तेजोमय स्फुर्लिंग होती. लेखीकेच्या दृष्टीने खरे तर त्यांना आशीर्वाद द्यायचे परंतु त्यांच्या वीरश्रीचे प्रतीक म्हणून जे 'ऑपरेशन विजय स्मारक' बांधले आहे त्यांच्यासमोर नतमस्तक होऊन थरथरत्या हातांनी व डबडबलेल्या डोळ्यांनी सलाम केला.

किंवा

इ. स. २००४ मध्ये पर्यटक म्हणून लडाखला गेलेल्या लेखिकेला १९९९ मधील कारगिल युद्ध आपल्यापर्यंत पोहोचले नसल्याची खंत वाटते त्यानंतर विजयस्तंभाच्या साक्षीने पुढील पाच वर्षे त्या भूमिवर जाऊन सर्व वीरांना सलामी देण्याची शपथ घेऊन त्यांच्या शपथपूर्तीच्या वाटेवरील प्रवास आणि या प्रवासातील त्यांचे अनुभव लेखिकेने या पाठामध्ये रेखाटले आहेत.

तोलोलिंगच्या पायथ्याशी ऑपरेशन विजय स्मारकाशी लेखिका पोहोचली तेव्हा समोरच तोलोलिंग, रॉकीनॉब, इंडिया गेट, श्री पिपल, टायगर हिलचा सुळका आणि त्या बाजूलाच असलेला पॉईंट ४८७५ पाहिल्यानंतर भारतीय जवानांनी हिच काबीज केलेली शिखरांची रांग दिसली. याच मातीतून धूळ अंगावर घेत घेत १६००० फूट उंची असलेल्या बर्फाच्छादित शिखरांवर शत्रूच्या तोफा पहाडावरून आग ओकत असताना भयाण अशा पर्वतावर धैर्यधर अथक चढत राहिले होते. अगदी मृत्यू समोर दिसत असताना मृत्यूच्या जबड्यात हात घालून मृत्यूलाच आव्हान देणारी बावीस तेवीस वर्षांची ती तेजोमय स्फूलिंग होती. ज्यांना आशीर्वाद द्यायचे त्यांच्यासमोर नतमस्तक होऊन सलामी देणेही लेखिकेला कष्टप्रद वाटत होते. कारण ऐन तारुण्यातच या

तरुणांनी देशासाठी प्राण अर्पण केले होते. अशाप्रकारे 'ऑपरेशन विजय स्मारक' पाहून लेखिकेच्या मनात सैनिकांविषयी भावना जागृत झाल्या होत्या.

(आ)

(१) (i)

दाते

दातार

(ii)

दात दुखी का होते — ती कशी टाळावी — दातदुखी झाल्यावर कोणते उपचार करावेत ?

(२) लेखकाच्या दातदुखीची वैशिष्ट्ये पुढीलप्रमाणे सांगला येतील.

(i) दातदुखीच्या काळात लेखकाची सहनशक्ती खलास झालेली असते.

(ii) दातदुखीमुळे होत असलेल्या लेखकाच्या विव्हळण्याने शेजारीपाजारी गोळा होतात.

(iii) लेखकाच्या दातदुखीच्या वेळी लेखकाच्याच दाताच्या अध्यक्षतेखाली दातदुखी का होते ? ती कशी टाळावी ? आणि दातदुखी होत असेल तर त्यावर कोणते उपचार करावेत यावर एक परिसंवाद होतो.

(iv) लेखकाच्या दातदुखीच्या परिसंवादात उपस्थित वक्ते मोठ्या उत्साहाने भाग घेतात. व एवढ्या मोठ्याने बोलतात की त्यात लेखकाचे विव्हळणे बुडून जाते.

(३) सुप्रसिद्ध लेखक, नाटककार वसंत सबनीस लिखित 'दंतकथा' हा विनोदी ललितलेख असून तो सबनीशी या ललितलेखसंग्रहातून घेतला आहे. दंतकथा म्हणजे कल्पित कथा किंवा दाताशी संबंधित अशी कथा असून दाताचे दुखणे फारच त्रासदायक असते. त्यातील गांभीर्य लक्षात घेऊन दातदुखी विषयीचे अनुभव वा प्रसंग लेखकानी नर्मविनोदीशैलीत टिपले आहेत.

दातदुखीमुळे लेखक जसजसे विव्हळू होऊ लागतात तसतसे शेजारीपाजारी गोळा होतात. आणि लेखकाच्याच दाताच्या अध्यक्षतेखाली.

दातदुखी का होते ?

ती कशी टाळवी ? आणि

झालीच तर त्यावर कोणते उपचार करावेत ? याविषयी परिसंवाद होतो. उपस्थित वक्तेही मोठ्या आनंदाने, उत्साहाने त्यात भाग घेतात. मोठमोठ्याने चर्चा करतात. या गोंधळात लेखकाचे विव्हळणे बुडून जाते. शिवाय या चर्चेमुळे लेखकाची दातदुखी थांबत नाही. हा लेखकाचा अनुभव असून दातदुखीवरील अनेक असे उपचार लेखकचे पाठ असून त्यातले काही उपचार लेखकाच्या पत्नीनेही केलेले आहेत. त्यापैकी २०-२५ प्रकारची औषधे, बोळे लेखकाच्या दातामागे लागतात आणि चार दिवसांनी दाती दुखायचा थांबतो. तो कशामुळे थांबला याचा शोध लेखक घेत नसले तरी लेखकाचे दातदुखणे थांबले आहे हे कळताच परिसंवादातील प्रत्येक वक्त्याला आपण सांगितलेल्या उपचारामुळे दातदुखी थांबली असावी याची ते खात्री करून

घ्यायला येतात आणि लेखकही कोणाचे मन न दुखावता आपल्याच तीचाराने दातदुखी थांबल्याची कबुली देतात. त्यामुळे परिसंवादातील सर्व वक्ते खूश होतात. अशाप्रकारे दातदुखी वरील परिसंवादाचा अनुभव लेखकास येतो.

किंवा

दंतकथा हा एक विनोदी ललितलेख असून या ललितलेखाचे लेखक वसंत सबनीस आहेत. मानवी जीवनात कधीना कधी दातदुखीसारखा वेदनादायी प्रसंग हा उद्भवल्यानंतर प्रत्येक व्यक्तीला हा जीवघेणा त्रास सहन करावा लागतोच. मात्र दातदुखीसारखा गंभीर विषय असला तरी त्या अनुभवाकडे लेखक विनोदीशैलीतून पाहतात व त्या अनुभवाचा प्रत्ययही विनोदीशैलीतूनच लेखक आपणास देतात.

लेखकाच्या दातदुखीमुळे शेजारचे सर्वजन गोळा होतात. लेखकाच्याच दाताच्या अध्यक्षतेखाली परिसंवाद घेतात. परिसंवादात मोठमोठ्याने चर्चा होते. या दातदुखीच्या चर्चेमध्ये दातदुखीची कारणे शोधली जातात व त्यावरील उपचारासंबंधी चर्चा करून काही उपचार लेखकास सांगतात. अनेक उपचारांनतर लेखकाची दातदुखी थांबते. ही दातदुखी थांबल्याचे परिसंवादातील भाग घेतलेल्या मंडळींना समजताय ते आपण सांगितलेल्या उपचारांनी दातदुखी थांबली का याची खात्री करण्यासाठी लेखकाकडे येतात आणि लेखकही प्रत्येकाला त्यांच्याच उपचारांनी दातदुखी थांबल्याचे सांगून त्यांनाही खूश करतात.

शांततेमध्ये एखादा महिना जातो आणि पुन्हा दातदुखीला सुरुवात होते. या सर्व गोष्टीला कंटाळून शेवटी लेखक दात काढून टाकण्याचा निर्धार करतात व अनेकांचा सल्ला घेऊन अनेक दंतवैद्याचे चेहरे पाहून त्यातल्यात्यात बऱ्यापैकी दंतवैद्य गाठला मात्र लेखकाने ज्या दंतवैद्याचे दात शाबूत असतील अशाच दंतवैद्याला दात काढण्यासाठी निवडले याचे महत्त्वाचे कारण म्हणजे यापूर्वी आयुष्यात दंतवैद्याशी कसलाच संबंध नव्हता दंतवैद्याला भेटून लेखकाने आपली दंतकथा सांगितली आणि लेखकाने दात काढून टाकण्याचा केलेला विचार दंतवैद्याला आवडला दोघांचेही मतैक्य झाले. मात्र दात काढायलाही पैसे द्यावे लागतात याचे लेखकास वाईट वाटते परंतु डोक्याचे केस मुळासकट काढत नसला तरी त्यास आपण पैसे देतो मग दात मुळासकट काढण्यासाठी पैसे दिले तर काय बिघडले अशी स्वतःची समजूत करून घेतली. अशाप्रकारे लेखकाने दात काढून टाकण्याचा विचार केला.

(इ)

(१) (i)

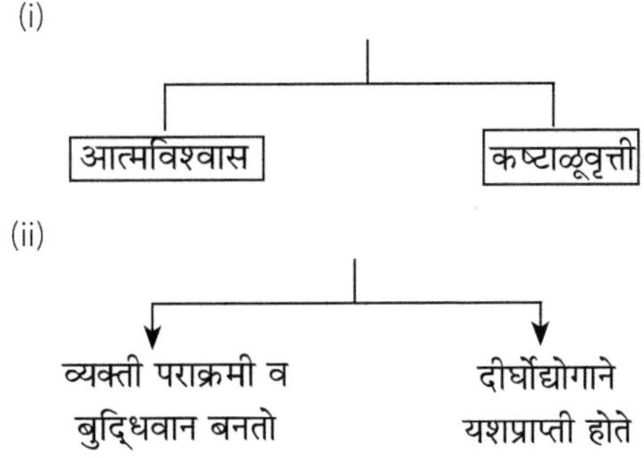

(ii)

(२) भारतरत्न डॉ. बाबासाहेब आंबेडकर लिखित नमुना गद्य आकलन– 'आत्मविश्वासो रखी शक्ती नाही' या पाठात आत्मविश्वासाचे महत्त्व सांगितले आहे. प्रत्येक व्यक्तीमध्ये आत्मविश्वास असतो मात्र कार्हींना ते समजतच नाही आणि म्हणूनचते आपल्या आयुष्यात एखाद्या गोष्टीला यश नाही आले तर ते आपल्या नशिबाला दोष देतात. त्यासाठी त्यांनी आपला आत्मविश्वास न गमावता सतत प्रयत्नशील राहिले पाहिजे. जीवनामध्ये कोणतीच व्यक्ती जन्मतः बुद्धिमान वा पराक्रमी नसते कारण या दोनही गोष्टी प्रयत्नानेच साध्य कराव्या लागतात. मात्र त्यासाठी आळस झटकून प्रत्येकाने दीर्घोद्योगी बनले पाहिजे कारण दीर्घोद्योग हा माणसाला बुद्धिधवान व पराक्रमी बनवत असतो आणि म्हणूनच ज्या व्यक्तीमध्ये आत्मविश्वास असतो त्या व्यक्तीला सर्व गोष्टी सहज शक्य होतात. जो सतत प्रयत्नशील असतो, स्वतःतील आत्मविश्वासावर विश्वास असतो तो प्रत्येक गोष्ट साध्य करतो किंबहुना प्रत्येक गोष्टीत त्याला यश प्राप्त होते. उदा. ज्येष्ठ समाजसेवक बाबा आमटे यांनी केलेली आनंदवनाची निर्मिती आणि म्हणूनच प्रत्येक व्यक्तीच्या जीवनात आत्मविश्वास अनन्य साधारण महत्त्व आहे. हे महत्त्व स्वतःचा आत्मविश्वास गमावून कमी करू नये, तर तो चिरंतन टिकवल्यास त्यावरच माणसाचे यश अवलंबून असते. अशाप्रकारे व्यक्तिजीवनात आत्मविश्वासाला स्थान असते.

विभाग २: पद्य

उत्तर २.

(अ) (१)

(१)   (i) रंगुनी रंगात साऱ्या रंग माझा वेगळा ।
       गुंतुनी गुंत्यांत साऱ्या पाय माझा मोकळा ।

      (ii) राहती माझ्यासवे ही आसवें गीतांपरी;
       हे कशाचें दुःख ज्याला लागला माझा लळा !

(२) कविवर्य गद्य सम्राट सुरेश भट यांनी 'रंग माझा वेगळा' ही गझल लिहिली असून ही गझल 'रंग माझा वेगळा' या गझल संग्रहातून घेतली आहे.

समाजामध्ये, आपल्या भोवताली असणारी माणसे अनेकविध प्रवृत्तीची असतात. सामाजिक विषमतेत जगणारे लोक, सभोवतालची माणसे, नात्यातिली, नात्याबाहेरची, भावनिक, व्यवहारी अशा अनेकविध माणसांमध्ये गुंतागुंत होत असते आणि जीवनाच्या अनेकविध रंगात रंगून जात असतानाही मी माझे अस्तित्व जपले आहे, माझा रंग वेगळा आहे. इथे कवीला आपल्या व्यक्तिमत्त्वाची ओळख होते आहे. सर्वव्याप्त असणारे हे आपले व्यक्तिमत्त्व अनाकलनीय असामान्य आहे आणि म्हणूनच या सर्वांमध्ये मी गुंत असलो तरी 'पाय' माझा मोकळा आहे. समाजात आपण सर्वत्र वावरत असलो तरीही आपली ओळख वेगळी आहे ती आपल्या अस्तित्वामुळेच. आणि म्हणून 'गुंतुनी गुंत्यात साऱ्या पाय माझा मोकळा' असे कवी म्हणतात.

(३) कविवर्य गझलकार सुरेशभट लिखित 'रंग माझा वेगळा' या गझलमध्ये समाजामध्ये स्वतःचे वेगळेपण जपण्यासाठी प्रयत्न करत असताना जे अनुभव आले ते अनुभव व्यक्त केले आहेत.

समाजाचा घटक म्हणून समाजातच वावरत असताना आपले आयुष्य जगत असता आपले वेगळेपण जपण्यासाठी प्रयत्न करावेच लागतात. उदा. सुरेश भट हे पत्रकार, संपादक म्हणून कार्यरत असतानाच ते एक उत्तम कवी होते. त्यांनी मराठी साहित्य दालनात 'गझल' हा काव्यप्रकार पुनर्जिवित करून तो लोकप्रिय केला. त्यांनी अन्यायाखाली भरडला जाणारा समाज, सुख सुविधांपासून वंचित असलेला समाज आणि सुखसुविधांपासून दूर असलेला समाज याच्या प्रश्नांना वाचा फोडण्याचे कार्य केले. त्यांना न्याय देण्यासाठी आपला संघर्ष चालु ठेवला. तसेच 'मी' ची मानहानी करणारे, माणसांची दुटप्पी वृत्ती, स्वार्थ-ढोंगीपणा, समाजातील मूल्यहीनता त्यांनी आपल्या साहित्यातून प्रकट केली. या प्रश्नांशी अंतर्मुख होऊन अशा समाजाविरुद्ध आवाज उठविला. मात्र समाजातील स्वार्थी लोकांनी कवीबद्दल 'सार' सांगताना, तात्पर्य सांगताना दिशाभूल केली आहे. असे असताना स्वतःचे वेगळेपण जपणाऱ्या कवीचा स्वतःच्या कर्तृत्वावर अढळ विश्वास असल्यानेच अशा नैराश्य अंधःकाराने ज्यांचे आयुष्य व्यापलेले आहे. त्यांच्यासाठी आपण मध्यरात्रीचा सूर्य बनून उभे आहोत हे त्यांच्या व्यक्तिमत्त्वातील सामर्थ्य, आत्मविश्वास विविध प्रतिमांतून व्यक्त होताना दिसून येते. पुढे त्यांच्या आयुष्यातील काळरात्र घालवून प्रकाश निर्माण करण्यासाठी अखंडितपणे आपण संघर्ष करणार असल्याचेही कवी स्पष्ट करतात. अशाप्रकारे स्वतःचे वेगळेपण जपण्यासाठी प्रत्यल करावेच लागतात. या विधानाचा अर्थ सांगता येईल.

(आ) सुप्रसिद्ध कवयित्री हिरा बनसोडे यांनी या कवितेत स्त्रीच्या आयुष्यातील स्थित्यंतराचा वेध घेताना कवयित्री ने या कवितेत स्त्रीच्या व्यथा शब्दबद्ध केल्या आहेत. ही या कवितेची मध्यवर्ती कल्पना असून सहज आरशात पाहताना कवितेतील नायिकेच्या गावकाळाच्या स्मृती जागृत होऊन संवाद सुरू होतो तो अंतर्मनाचा प्रत्यक्ष मनाशी आणि अंतर्बाह्य झालेला बदल दिसतो. चैतन्यमयी, अल्लड, बालपण, तेजस्वी तारुण्यामधली स्वप्ने, ध्येय कुठल्याकुठे गायब होतात. परंतु गतआयुष्याबद्दल आरशात पाहणाऱ्या स्त्रीला काहीच वाटत नाही, ती मागे वळून पाहते ते स्थितप्रज्ञाच्या भूमिकेतून. मात्र तिला इथे प्रश्न पडतो की आपल्यात ही स्थितप्रज्ञा आली कुठून ?

बालपणी छोट्या गोष्टीतून मिळणारा आनंद कुठेतरी हरवल्याची तिला जाणीव होते. आरशातील स्त्री या व्यथांबद्दल भावना व्यक्त करत नसली तरी आरशाबाहेरील स्त्रीला म्हणजेच तिच्या प्रतिमेला आरशातील स्त्रीची भावना अस्वस्थ करते. तिच्या मनाची चलबिचल स्थिती पाहून तिचे अंतर्मन आरशातील स्त्रीला सावरते, जवळ घेते आणि तितकेच अधिकारवाणीने ती तिला तिच्यातील नवचैतन्याची, जिद्दीची, आत्मविश्वासाची जाणीव करून देते. ती डोळ्यातील आसवे तिला शेजारच्या तळ्यात सोडून देण्यास सांगते आणि याच तळ्यात उमललेली शुभ कमळाची प्रसन्न फुले घेऊन येण्यास सांगते.

डोळ्यातील आसवे हे निराशेचे प्रतीक असून ही मनातील निराशा दूर फेकून देवून भवतालच्या अवकाशातून नवचैतन्य घेऊन पुन्हा एकदा आत्मविश्वासाने, जिद्दीने, सामर्थ्याने या सर्वांवर मात करावी हे नवउमेदीचे भान आरशाबाहेरील स्त्रीमध्ये म्हणजेच

कवितेतील नायिकेमध्ये 'आरशातील स्त्री' (नायिकेचे अंतर्मन जागृत करते. तिला उमेदीने जगण्यासाठी प्रेरित करते.

संवादात्मक शैलीतून कवयित्रीने केलेला हा भावनाविष्कार समाजव्यवस्थेतील स्त्रीच्या स्थानाविषयीची अनुभूती घडवतो. संसारामुळे गांजून गेलेली स्त्री ही स्वतःच्या मनाचा, इच्छेचा, स्वप्नांचा, ध्येयाचा कसा कोंडमारा करून घेते म्हणजेच तिला जर मानसिक व शारीरिक आधार मिळताच ती आपल्या मरगळलेल्या मनाची कात टाकून पुन्हा नवचैतन्याचे प्रेरित होऊन पुन्हा जिद्दीने कशी उभी राहते याची अनुभूती येते. डोळ्यातले आसू. शेजारचे तळे, कमळाची फुले अशा शब्दप्रयोगामुळे आशयालाही गतिमानता प्राप्त होते. संवादातील तरलता अधिक प्रभावी व गहिरी होत जाते आणि स्त्री. जाणीवेच्या मनातील विविध पैलू उलगडून स्त्री मनाशी एकरूप होतात. हेच कवितेचे आणि कवयित्रीचे यश म्हणावे लागेल.

(इ) 'सरी वाक्यात कांदं लावते

.......बाई नांदते.

'रोज मातीत' या कवितेच्या कवयित्री कल्पना दुधाळ असून 'सीझर करं म्हणतेय माती' या काव्यसंग्रहातून ही कविता घेतली आहे. भारतीय कृषी समृद्धीतील कष्टकरी स्त्रीचे योगदान कसे महत्त्वाचे आहे हा विचार येथे व्यक्त केला आहे.

प्रस्तुत ओळींचा वाच्यार्थाच्या दृष्टीने विचार करता 'शेतीची मशागत करून सरी-वाफ्यात कांदे लावते आहे मात्र कष्टकरी स्त्री ही कांदे लावण्याचे काम करत नसून कांद्याच्या रोपाच्या रूपात जणू काही स्वतःचा जीवच लावते आहे. जमिनीला जीवापाड जपते तेव्हा कुठे ती जमीन हिरव्या रोपांनी सजते आहे. जमिनीत लावलेल्या रोपांची हिरवी पान पाहून आपण सरी वाफ्यात लावलेली रोपे म्हणजेच काळ्या आईला गोंदतो आहे असे वाटते. या गोंदणाच्या रूपात तिला तिच्या भाळावरील गोंदणाची आठवण येते आहे आणि शेतातही गोंदणासारखी सर्वत्र नक्षी दिसते आहे.

येथे कवयित्रीच्या मनातील भावनांचा संवेदनशील आविष्कार होताना दिसतो. तिला त्या कष्टकरी महिलेचे आत्मसमर्पण दिसत असून ती जीव लावते म्हणजेच तहान भूक विसरून, उन्हातान्हात ती स्वतःला विसरते. कष्ट करत आहे ते केवळ संपूर्ण शेतकरी कुटुंबाला अर्थप्राप्ती व्हावी, सुख-समृद्धी लाभावी यासाठी. त्यामुळेच 'गोंदण' ही प्रतिमा संवेदनशील कल्पनेच्या मुळाशी आपणास घेऊन जाते. जमीन, गोंदण, सरी, वाफा, जीव, माती अशी प्रतिमाने प्रतीके योजून आशयही आपणास वैचारिक पातळीवर घेऊन जातो. अशाप्रकारे ही कष्टकरी शेतकरी महिला शेतीशी इमानप्रमाण राखत नांदते आहे. आपल्या कुटुंबातील व्यक्तींना सुख-समाधान देते आहे. संसारालाही हातभार लावते आहे.

किंवा

समुद्र कोंडून पडलाय.....

...... बसची चाकं

सुप्रसिद्ध कवी वसंत आबाजी डहाके लिखित 'समुद्र कोंडून पडलाय' या कवितेतील पद्यपंक्ती असून 'शुभवर्तमान' या त्यांच्या काव्यसंग्रहातील ही कविता आहे ही कविता चित्रकविता म्हणून प्रसिद्ध असून ती 'मुक्तछंद' या काव्यप्रकारात लिहिली आहे. महानगर अथवा शहरीवस्तीतील धावते जीवन आणि त्याची एकूणच धावती दैनंदिन जीवनशैली, तेथील समाजव्यवस्था, व त्या समाजव्यवस्थेत आपले मूळ बळकट करणारे अविश्वास, दहशत, दुरावा, असुरक्षितता, भीती, या समाजविघातक गोष्टींचा मानवी मनावर होणारा परिणाम याचे वास्तव चित्रण येथे पाहावयास मिळते.

महानगरातील राहणीमान दिवसेंदिवस कठीण होत असून तेथील बेसुमार वाढती लोकसंख्या, राहण्यासाठी जागेचा अभाव त्यामुळे उंचच उंच गगनचुंबी इमारतींचे वाढते प्रमाण हे महानगराच्या, शहराच्या दृष्टीने चिंतेचा विषय ठरतेय. अशा या महानगरीत समुद्रासारखे अथांग जीवन लहान मुलांच्या रूपात दिसून येते. अशा या गतिमान समाजव्यवस्थेचे दुष्परिणाम लहान मुलांवर होताना दिसतात.

अथांग जीवनाचे प्रतीक असा हा समुद्र गगनचुंबी इमारतींच्या गजाआड कोंडून पडला कारण वाढती दहशत, असुरक्षितता, भीती त्यामुळे तेथील लहान मुलांना स्वातंत्र्य असे मिळत नाही. खेळण्याचेही त्यांना स्वातंत्र्य नाही. बाग नाही, जागा नाही, अंगनही नाही, त्यामुळे केविलवाण्या, आक्रसल्या स्थितीत आपले बालपण व्यतीत करणाऱ्या या लहानमुलांकडे पाहून त्यांच्या मनोविश्वाचा आणि गतिमान समाजव्यवस्थेचा विचार करून बत्तिसाव्या मजल्यावरील मुलाकडे पाहिले असता या अथांग जीवनाला अतिशय त्रासल्यासारखे वाटते. महानगरीतल्या या बालविश्वाचा विचार करून त्याचा चेहरा त्रासला आहे. दाढी अन् केस प्रमाणापेक्षा जास्त वाढून त्याच्या झिंज्या झाल्या आहेत. तरीही तो हताशपणे बत्तिसाव्या मजल्यावरील मुलाकडे पाहतो तेव्हा त्याच्या मनात येते की या मुलाचे बालपनही इमारतीसारखे उंचच उंच वाढत आहे. तसेच त्याचा विकास होण्याच्या कक्षाही अरुंद होत आहेत. त्याच्या या विकासात्मक कक्षा समाजव्यवस्था हिरावून घेत आहे. हे त्याला तरी कसे समजणार शिवाय याची कल्पनाही त्याला नसणार या विचाराने तो थकून, शिणून जातो आणि नजर वळवतो तेव्हा त्याला इमारतीच्या पलीकडच्या रस्त्यावर दिसतात थकलेल्या माणसाचे पाय आणि बसची चाकं. माणसाचे पाय आणि बसची चाकं ही महानगरातील मानवी जीवनाच्या गतीमानतेचे प्रतीक असून ते या रस्त्यावरून माणसांची ने–आण करत आहेत. शिवाय दिवसभर काम करून संध्याकाळी थकले भागलेले पाय परत घराकडे जाताना या रस्त्यावर दिसत आहेत.

रस्ता न थांबणारा, न संपणारा, बसची चाके सतत धावणारी, माणसांचे पायही न थकता चालणारी असे रस्त्यावरच्या दृश्याचे समर्पक चित्रण केले आहे. 'चाक' ही निर्जीव, असंवेदनशील तरीही जीवनाचा अविभाज्य भाग बनतात. थोडक्यात ही कविता अबोध व्याकुळतेचा सूर आळवणारी, साधी-सोपी, चिंतनात्मक ही तीची वैशिष्ट्ये असून ती समुद्राच्या वेदनेशी नाते जोडते, बेसुमार लोकसंख्येने अस्ताव्यस्त वाढत जाणाऱ्या शहरातील दहशत, जीवनातील अस्थिरता, मानवी दुःख, पराधीनता, असुरक्षितता, भीती, अविश्वास, दुरावा आणि असंवेदनशीलतेबद्दल भाष्य केले आहे. तसेच बालमनाबद्दलही अंतर्मुख होऊन विचार

करण्यास प्रवृत्त करणारी ही कविता वास्तवतेचे मनोज्ञ दर्शन घडविते गगनचुंबी इमारत, बत्तिसावा मजला, अथांग समुद्र, आभाळ, बसची चाकं ही या महानगरीचे वास्तव रूप प्रकट करण्याच्या प्रतिभा असून 'चेतनगुणोक्ती' या काव्यालंकाराचा, समर्पक विशेषणांचा आणि सूचक शब्दयोजनांचा पत्ययकारी वापर केला आहे.

विभाग ३ः साहित्यप्रकार—कथा

उत्तर ३.

(अ) (१)

(i) एखादा विचार, भावना, चित्ताकर्षक घटना वाचकांपर्यंत पोहोचविण्यासाठी वातावरण निर्मितीचा हेतू लक्षात घेऊन कथा लिहिली जाते.

(ii) कथा म्हणजे एका विशिष्ट स्थलकाली पात्रांच्या परस्परसंबंधातून घडलेल्या घटनांचे एखाद्या विशिष्ट हेतूने केलेले उत्कंठावर्धक चित्रण.

(२) कथ् म्हणजे सांगणे, निवेदन करणे. 'कथ्' या मूळ धातूपासून 'कथा' हा शब्द रूढ झाला आहे. भारतात 'कथा' या साहित्यप्रकाराला मोठी परंपरा असून सुरुवातीला कथेतून एखादी शिकवण, बोध दिला जात असे मात्र नंतर मनोरंजनासाठी वा एखादा विचार, भावना, घटना वाचकांपर्यंत पोहोचविण्यासाठी कथा लिहिली जाऊ लागली.. अशाप्रकारच्या कथेत कथानक, घटना, पात्रे असतात. तसेच स्थल-काळ-वेळ यांचा उल्लेख असतो. कथाविषयानुसार वातावरणनिर्मिती केली जाते. समर्पक निवेदनशैली ही असते. याशिवाय कथेत पात्रापात्रातून निर्माण झालेले ताणतणाव, संघर्ष, गुंतागुंतही असते. तसेच उत्कर्षबिंदूही असतो. कथेला समर्पक शेवट व उत्तम शीर्षकही असते. अशाप्रकारे आपणास कथेचे स्वरूप सांगता येईल.

(आ)

(१) व.पु. काळे लिखित 'शोध' या कथेतील 'अनु इनामदार' हे महत्त्वाचे पात्र असून स्वभावाने थोडे विक्षिप्त असले तरी संपूर्ण कथानक या पात्राभोवती फिरताना दिसते. 'प्राप्तेषु षोडशे वर्षे' या नियमानुसार लग्नापूर्वी किमान पाच वर्षे एकटे राहण्याचा ती विचार करते व त्याबद्दल आबासाहेबांची परवानगी घेऊन बाहेर राहते. स्वतंत्र विचाराची, बंधणे झुगारून देणारी, फटकळ स्वभावाची व संवेदनशील मनाची, जिद्दी स्वभावाची, स्वत:चेच खरे करणारी, एककल्ली स्वभावामुळे ती विक्षिप्त वाटत असली तरी-समाज म्हणजे काय? स्वत:च्या दृष्टीने समाज पाहण्याची तिची धडपड, जगाकडे पाहण्यासाठी स्वत:चा चष्मा वापरणारी, समाजातील प्रत्येक वस्तू, घटनेचं, व्यक्तीचं मूल्यमापन करण्यासाठी स्वत:ची नजर तयार करण्याचा आत्मविश्वास असलेली तसेच जीवनाचे सार समजून वागणारी अशी होती. त्यामुळेच तिने जिथे सुख-दु:ख भेटतात असाच व्यवसाय निवडला होता व या व्यवसायामध्येच नर्स बनून जनसेवा करण्याचे व्रत घेतले होते. कारण तिला डॉक्टरी पेशापेक्षा नर्स पेशाच अधिक योग्य वाटतो. कारण डॉक्टर्स फक्त पेशंटला पाहून मोकळे होतात. मात्र नर्स त्या पेशंटचा ताप

व मनस्ताप दोन्हीही दूर करतात. के. ई. एम हॉस्पिटलमध्ये नोकरी मिळविल्यानंतर त्याच विश्वात राहून ती डॉक्टर्स, सर्जन्स, फिजिशियन, डीन, मेट्रीन, समव्यवसायी भगिनी, पेशंट यांनाही जिंकून घेते. 'अनु' ही व्यक्तिरेखा परखड व स्वतंत्र विचाराची असली तरी तितकीच ती भावनाशीलही होती. 'सुनिता' नावाची लहान मुलगी हॉस्पिटलमध्ये अॅडमिट होते तेव्हा तिला वाचवण्याचा प्रयत्न केला जातो परंतु शेवटी डॉक्टरांच्याही हातात काही उरले नसल्याने 'सुनिता' काही तासांपुरतीच असणार आहे हे तिला डॉक्टरांकडून समजताच काहीतास तरी तिला सुखाने जगू द्यावे असाही विचार ही व्यक्तिरेखा करताना दिसते. अनुला सुनिताने भेट म्हणून दिलेली एक रुपयाची नोट जिवापाड जपते मात्र ती नोट हरवल्याचे लक्षात येताच तितकीच अस्वस्थ होते. ही तिची अवस्था म्हणजे पेशंटमध्ये असलेली भावनिक गुंतागुंत होय. तिला मिळणारी भेट धर्मादाय पेटीत टाकून नि:स्वार्थपणे आपले कार्य करणारी 'अनु इनामदार' ही नायिका म्हणूनच हृदयस्पर्शी वाटते.

किंवा

डॉ. प्रतिभा इंगोले यांनी 'गढी' ही कथा लिहिली असून ती कथा 'अकसिदीचे दाने' या कथासंग्रहातून घेतली आहे. या कथेमध्ये 'बापू गुरुजी' या व्यक्तिचित्राचे मनोज्ञ दर्शन घडविले असून त्यांच्या तत्त्वप्रणालीवर लेखिकेने प्रकाश टाकला आहे.

बापू गुरुजींनी तालुक्याच्या शाळेत शिक्षण घेतल्यानंतर आपले स्वप्न सत्यात उतरविण्यासाठी गावच्या विकासाला सुरुवात करतात. गावात सुधारणा करायची ही त्यांची तत्त्वप्रणाली होती. त्यानुसार त्यांनी गावातच शाळा सुरू केली ती गावातल्या मुलांच्या शिक्षणाचा प्रश्न सोडवण्यासाठी त्यांनी मुलांसाठी शाळेतच तालीमखाना सुरू केला. त्यांचे हे विकासात्मक धोरण पाहून गावातील लोक त्यांना मान देऊ लागले. त्यांच्या शब्दांना किंमत देऊ लागले. त्याचवेळी त्यांच्याबरोबर तालुक्याला शिकत असलेला त्यांचा वर्गमित्र पुढारी होण्यासाठी गावाकडे आला व त्याने गुरुजींचे यश पाहून त्यांना निवडणुकीसाठी उभे राहण्याचा आग्रह धरला परंतु त्याचा हा आग्रह गुरुजींनी स्वीकारला नाही. उलट त्यांनी त्यास 'पाखरानं पयले पख पारखावं आन् मंग उळवं' हेच तत्त्व ऐकवले कारण ज्या गोष्टीची आवडच नाही ती गोष्ट का करायची? शेवटी माणसाने कोणतेही कार्य करण्यापूर्वी स्वत:ची क्षमता, सामर्थ्य, कुवत ओळखली पाहिजे व नंतरच काम हाती घेतले पाहिजे. याचे कारण म्हणजे आवड असलेले काम माणूस मनापासून करतो. त्यासाठी माणसाने आपली धाव ओळखूनच पावले टाकली पाहिजेत. बापू गुरुजींना शाळेविषयी शाळेत शिकणाऱ्या मुलांविषयी नितांत प्रेम होते. ते याच कार्यासाठी अहोरात्र कष्ट करत होते. राजकारणात त्यांना कोणत्याच प्रकारे सहभाग नको होता कारण ते क्षेत्र त्यांच्या आवडीचे नव्हते. म्हणूनच ते आपल्या मित्राला जणू काही आपल्या जीवनाचे वैचारिक तत्त्वज्ञान सांगतात, ते म्हणतात 'पाखरानं पयले पहण पारखावं आन् मंग उळवं.'

(२) 'शोध' ही कथा सुप्रसिद्ध कथालेखक व.पु.काळे लिखित असून 'मी माणूस शोधतोय' या त्यांच्या कथा संग्रहातून ती घेतली

आहे. के. ई. एम. हॉस्पिटलमध्ये काम करणारी अनु इनामदार ही या कथेतील केंद्रवर्ती भूमिका असून संपूर्ण कथानक या व्यक्तिरेखा भोवती कथेच्या सुरुवातीलाच कथा नायक व मुक्ता हे अनु इनामदारच्या घरी उतरले असता तिला न विचारता तिच्या टेबलवरील काचेखालील एक रुपयाची नोट घेतात आणि संतप्त चिडखोर अनु इनामदार या नोटेचा शोध घ्यायला सुरुवात करते व कथेला सुरुवात होते.

या कथेतील ही व्यक्तिरेखा अतिशय महत्त्वाची असून ती नव्या व स्वतंत्रविचाराची असून बी.ए. झाल्यानंतर तिने आबासाहेबांकडून पाच वर्षे घरापासून, घरातील माणसांपासून अलिप्त राहाण्यासाठी परवानगी मागते व तशी परवानगी मिळताच ती लग्नापूर्वी पाच वर्षे एकटी घराबाहेर राहते. कारण कुणाच्या ना कुणाच्या कलानं चालण्याची सवय प्रत्येक व्यक्तीला परंपरेने लागते माणूस स्वतःच व्यक्तिमत्त्व घडवतच नाही कुणाचा न कुणाचा तरी त्याच्यावर पगडा असतो. त्याच्या विचारांवर छाया पडलेली असते आईवडील या मुलावर प्रेम करतात म्हणून मुलेही त्यांच्यावर प्रेम करतात. जे आईवडिलांचे शत्रू तेच त्यांचेही शत्रू बनतात याचाच अर्थ असा की माणूस हा स्वतंत्रपणे स्वतःचा असा मेंदू घेऊन जन्माला आला तरी तो जीव मात्र दुसऱ्याचे ऐकतो कारण त्याला स्वातंत्र्य कसे ते नसतेच. तो सतत दुसऱ्याच्या अंकुशाखाली आपले आयुष्य जगत असतो. त्यामुळे तो स्वतःचे अस्तित्व हरवून बसतो. निसर्गाने जगाकडे पाहण्याची प्रत्येकालाच एक नजर दिलेली असते तीही तो हरवून बसतो. व्यक्ती जेव्हा कोणाच्या तरी आधाराने आश्रयाने जगते त्यावेळी त्याला आश्रय देणाऱ्याचे आश्रित म्हणून जगावे लागते. त्याची मने, त्याचे विचार स्वीकारावेच लागतात. आश्रित म्हणून बंधनात राहावे लागते आणि म्हणूनच आपल्या स्वतंत्र अस्तित्वाचा विचार करणारी अनु इनामदार पाच वर्षे स्वतंत्रपणे एकटी राहू इच्छिते. कारण आश्रित आणि स्वतंत्र यातील फरक तिला जाणून घ्यायचा असतो. जगाकडे पाहताना तिला तिच्या स्वतःच्या नजरेतून जग पाहायचे आहे. त्यातील प्रत्येक वस्तूचे, घटनेचे, व्यक्तीचे मूल्यमापन करण्यासाठी तिला तिची स्वतंत्र अशी बंधनविरहित नजर तयार करायची आहे. तिला कोणाच्या तरी सानिध्यात राहून स्वतःच अस्तित्व वा जगाकडे पाहाण्यासाठीची स्वतंत्र नजर हरवून बसायचे नाही.

किंवा

सुप्रसिद्ध कथालेखिका डॉ प्रतिमा इंगोले लिखित 'गढी' ही वैशिष्ट्यपूर्ण व्यक्तिचित्रणात्मक कथा त्यांच्याच 'अकसिदीचे दाने' या कथासंग्रहातून घेतली आहे 'गढी' म्हणजे किल्लासदृश्य घर वा राजवाडा अथवा 'गावचा मातीचा किल्ला' हा गावच्या पाटलाने राहण्यासाठी बांधलेला असतो. ही वास्तू पांढऱ्याशुभ्र मातीपासून बनवलेली असे जी त्या गावचे आकर्षक वैभव आहे. ही गढी सातपुड्याच्या कुशीत असलेल्या गावात वैभवाने गतकाळापासून उभी असलेली. मात्र वाडा पडला तसा 'गढी' ही उघडी पडली. स्वातंत्र्यप्राप्तीनंतरही बापू गुरुजी गावाच्या विकासासाठी अहोरात्र झटणारे, समाजसेवक म्हणून या गावाला वाननदीच्या साक्षीने व गावच्या पाटलाच्या स्नेहमुळे

लाभले होते. परंतु विकासाच्या वाटेवर गावगाड्यासमोरचे प्रश्न सोडविण्यासाठी बापू गुरुजींनी समाजसेवेचे व्रत स्वीकारले. आणि या व्रतामध्ये अडचणी निर्माण करणारे विरोधकही बापू गुरुजींना अडचणी निर्माण करू लागले. या सर्वांना साक्षी असलेली वाननदी गावाशेजारूनच झुळूझुळू वाहत होती. असे हे चैतन्यदायी चित्रलेखिकेने आपल्या प्रतिभावंत लेखणीतून उभे केले आहे.

स्वातंत्र्यप्राप्तीनंतरचे गावचे वैभव म्हणजे गावातील काळी सुपीक जमीन, भरघोस पीक, शेजारून वाहणारी वाननदी आणि त्या काठावर उभा असलेला वड व गावात तम धरून उभी असलेली गढी. याच वैभवात बापू गुरुजी विकासात्मक भर घालत होते. गावातील मुले शिक्षणापासून वंचित राहू नयेत म्हणून त्यांनी शाळा उभी केली. तसे तालुक्याला जाऊन शिकणारी मुले बापू गुरुजींच्या शाळेत दाखल झाली. बघता बघता चौथीची शाळा सातवीपर्यन्त पोहोचली. गावाचा विकास झपाट्याने होऊ लागला. शाळेतच तालीमखाना, गावात वाचनालय सुरू झाले. आजूबाजूच्या परिसरातील मुलांची राहण्यासाठी सोय म्हणून बोर्डिंग बांधले. बोर्डिंगमध्ये शिकणाऱ्या 'संपत' चा (बापू गुरुजींचा मानस पुत्र) मृत्यू झाल्याने हतबल झालेल्या बापू गुरुजींनी गावात दवाखाना सुरू करण्यासाठी प्रयत्न केले. मात्र गावातील विरोधकांमुळे त्यांच्या या प्रयत्नांना यश आले नाही. गावातील सडक, पोस्ट ऑफिस यासही गावातील विरोधकांनी विरोध केला. त्यातून गुरुजींना आलेले अपयश सहन होत नाही एकूणच त्यांच्या या कार्यशैलीचा निसर्गावरही परिणाम होताना दिसतो. पुढे गुरुजींचा मुलगा आजारी असता त्याकडे लक्ष देता न आल्याने तोही मृत्यू पावतो त्यामुळे गुरुजी दुःखी, कष्टी, हतबल, हताश होतात. गावाशेजारून दुधडी भरून वाहणारी वाननदी शेवटी कोरडी पडू लागते. गावाचे वैभव म्हणून ख्याती असलेली गढी दिवसेंदिवस खचू लागते. वादळवाऱ्याने, अनपावसाने तर कधी गावातील माणसांमुळे ती जमिनदोस्त होऊन शेवटी तिचे मैदानात रूपांतर होते. पांढऱ्या मातीचे मैदान. जे वैभव धुळीस मिळते तीच गत वाननदीच्या काठावर असलेल्या वडाची होते. हळूहळू फुटू पाहणारा त्याच्या पारंब्या मातीत घुसल्या असल्या, त्याने पोरांच्या डोक्यावर सावली धरली असली तरी शेवटी तो वाळूनच जाऊ लागतो.

बापू गुरुजी देशस्वातंत्र्यानंतर गावाचा विकास करू पाहत होते. परंतु गाववाल्यांनी त्यांना साथ न दिल्यामुळे, अडचणी निर्माण केल्यामुळे स्वातंत्र्यानंतरही कसलाच विकास न होता फक्त शाळाच चांगल्याप्रकारे चालू राहिली. गावातील स्वार्थी लोकांना गावाचा विकास नकोच होता. जसे गढी हे गावाचे वैभव असलेतरी तिला पुन्हा कोणाकडूनही पुनर्जीवन मिळाले नाही ती जमिनदोस्त झाली. बापू गुरुजींचाही विकास त्यांच्याच निवृत्ती काळात मंदमंद होत गेला. येथे लेखिकेने बापू गुरुजी व गढी यांची तुलना केली असून एकीकडे गावातील लोकांना बापू गुरुजी स्वार्थीपणाने काम करत आहेत असे वाटते तर दुसरीकडे सरकार त्यांच्या कार्याचा सन्मान करते. शेवटी बापू गुरुजींचे कार्य त्यांच्या वयाच्या गतिमानतेबरोबर थांबताना दिसते. त्यामुळे कथेचे 'गढी' हे शीर्षक समर्पक वाटते.

विभाग ४: उपयोजित मराठी

उत्तर ४. (अ)

(i) मुलाखत घेताना पुढील गोष्टी करणे गरजेचे ठरते.

  (a) मुलाखत घेणाऱ्याने सुरुवातीला आपल्या मर्यादा ओळखण्यात व आपल्या मर्यादांची जाणीव ठेवूणनच प्रश्न विचारावेत.

  (b) विचारलेल्या प्रश्नांची उत्तरे देण्याचे वा न देण्याचे मुलाखत देणाऱ्याचे स्वातंत्र्य अबाधित ठेवावे.

  (c) मुलाखतीचे सादरीकरण ओघवते, श्रवणीय व उत्स्फूर्त असले पाहिजे.

  (d) मुलाखत घेत असताना मुलाखतीदरम्यान अनौपचारिक व सकारात्मक वातावरण निर्माण करावे.

  (e) 'हो', 'नाही' अशी उत्तरे मिळणारी प्रश्न शक्यतो टाळवीत.

  (f) संयम, विवेक व नैतिकतेचे पालन यांना खुसखुशीतपणाची जोड देऊन मुलाखतीस रंग भरावा. ..इत्यादी.

(ii) माहितीपत्रक म्हणजे वैशिष्ट्यपूर्ण माहिती देणारे परिचयात्मक पत्रक होय. माहितीपत्रक हे एक प्रकारे उत्पादने, सेवा, संस्था लोकांपर्यंत पोहोचविण्यासाठीचे ते महत्त्वाचे असे साधन आहे. तसेच नवनव्या योजनांकडे, उत्पादनांकडे, संस्थांकडे लोकांनी डोकावून पाहावे यासाठी ती खिडकी आहे आणि जनमन आकर्षित करण्यासाठी ते लिखित स्वरूपाने जाहीर आवाहन असते. माहितीपत्रक हे माहिती देणारा व घेणारा या दोर्घींमध्ये एक नाते तयार करते. नवीन बाजारपेठ व नवनवीन ग्राहक मिळवण्याची ती पहिली पायरी असते. ग्राहकाला हवी असलेली माहिती ग्राहकाकडे सतत उपलब्ध राहते. माहितीपत्रक हे कमी वेळात, कमी खर्चात ग्राहकांपर्यन्त घरबसल्या पोहचवता येते. या सर्व गोष्टी लक्षात घेता माहिती पत्रक हे अप्रत्यक्षपणे जाहिरातीतचे कार्य करते.

(iii) अहवाललेखन करताना लक्षात घ्यावयाच्या बाबी पुढीलप्रमाणे-

  (a) अहवाल लिहिणाऱ्या व्यक्तीला संबंधित विषयाची चांगली जाण हवी.

  (b) जे घडले आहे वा जसे घडले आहे त्यावर आधारित अहवाललेखन करता आले पाहिजे.

  (c) सारांशरूपाने संक्षिप्तलेखन करता आले पाहिजे.

  (d) अहवाललेखनासाठी भाषेवर प्रभुत्व असणे आवश्यक असून सांस्कृतिक कार्यक्रमाचे अहवाललेखन करताना बोलके व सजीव चित्र उभे करता आले पाहिजे.

  (e) संशोधनात्मक स्वरूपाच्या अहवालात योग्य पारिभाषिक शब्दावली व वस्तुनिष्ठता ही महत्त्वाची असते.

  (f) सहज, सोपी व स्वाभाविक भाषाशैली असावी..... इत्यादी.

(iv) अहवालात कार्यक्रमातील घटनांची विश्वनीय नोंद असते. संस्थेच्या सभा/कार्यक्रमांचा हेतू तारीख, वेळ, सहभागी मान्यवरांचे विवेचन, प्रतिसाद, समारोप इत्यादींचा तपशील क्रमाक्रमाने अहवालात सांगितलेला असतो. 'जसे घडले तसे सांगितले' असे अहवालाचे स्वरूप असते. काल्पनिक गोष्टी लेखकाच्या मनातील विचार या बाबींचा अहवालात समावेश नसतो. वस्तुनिष्ठपणे घटनेचे वर्णन अहवालात केलेल असते. अहवाल कुठल्याही संस्थेचा असो वा कुठल्याही कार्यक्रमाचा सर्वांमध्ये एकसामयिक वैशिष्ट्य असते ते म्हणजे, नि:पक्षपातीपणा. अहवाललेखकाला स्वत:च्या मर्जीनुसार लेखन करता येत नाही. त्या त्या सभेमध्ये, संशाधनामध्ये अहवाल लेखकाने काय अनुभव, पाहिले, ऐकले यांविषयीचे खरेखुरे लेखन अहवालात करणे आवश्यक असते. अहवालावर संस्थेच्या भविष्यातील नियोजनाचा आराखडा निश्चित होत असतो सद्य:स्थिती जाणून घेण्यासाठी अहवालाचा उपयोग होत असतो. वास्तवदर्शी लेखन हा अहवालाचा आत्मा आहे असे म्हटले तर अतिशयोक्ती होणार नाही.

(आ) (i) माहितीपत्रक हे उत्पादनाचे परिचय पत्रक असते. संस्था/ उत्पादन/सेवा यांची सविस्तर माहिती माहितीपत्रकातून मिळत असते. माहितीपत्रकातील छापील मजूकर जेवढा महत्त्वाचा असतो, तेवढीच त्या मजकुराची पानावरची पानावरची मांडणीही महत्त्वाची असते. माहितीपत्रक दिसताच क्षणी ते 'वाचावे से वाटले पाहिजे. पानांवर मजकुराची ठेवण, कागदाचा आकार, रंगीत छपाई, अक्षरांचा आकार, सुलेखन समर्पक चित्रे इत्यादी गोष्टींचा बारकाईने विचार माहितीपत्रकात करणे आवश्यक असते. माहिती पत्रक वरील शीर्षक, बोधचिन्ह, बोधवाक्य यांचे स्थान नेमके असावे. तंत्रज्ञानाच्या युगात रंगीत छपाई अधिक पसंत केली जात आहे. कागदाचा आकार मजकूर मांडण ीला उठाव देण्यास साहय्य करीत असतो. माहितीपत्रकातील अक्षरे ठळक दिसतील अशी असावीत, माहितीपत्रकाची मांडणी वेधक करण्यासाठी चित्रकार, कौशल्यपूर्ण कलाकार, संगणक तज्ज्ञ मदतीला असल्यास माहितीपत्रकाची मांडणी आकर्षक होण्यास दिशा मिळते.

(ii) (a) अहवाललेखन करत असताना जे घडले जसे घडले त्यावर आधारित अहवाललेखन करावे. अहवाललेखनाच्या विषयाशी संबंधित अहवाललेखकास कार्यक्रमाला उपस्थित राहणे अनिवार्य असते. कारण कार्यक्रम हा जसजसा पुढे सरकत जातो तसतसे कार्यक्रमात काहीना काही घडत असते. या घडण्याची नोंद अहवाललेखकास घ्यावी लागते. उदा. कनिष्ठ महाविद्यालयात स्नेहसंमेलनाच्या कार्यक्रमासाठी अध्यक्ष म्हणून शिक्षणाधिकाऱ्यास न नेमता त्या शहराच्या नगरपालिकेच्या महापौरांना नेमले जाते. मात्र असे न केल्यास खूप मोठा गोंधळ होतो अहवालावरील विश्वासास तडा जातो. आणि म्हणून अहवाललेखकाने कार्यक्रमाविषयीची सत्य माहिती लिहावी.

(b) अहवाल लिहून झाल्यावर त्याखाली मान्यतेसाठी संबंधित अध्यक्ष व सचिव यांची स्वाक्षरी घ्यावी लागते. संस्थेमध्ये संस्थेच्या रौप्यमहोत्सवी कार्यक्रमाचे आयोजन केले असून अशा कार्यक्रमाचे संस्थेने वर्षभरासाठी अनेक विधायक उपक्रम राबविले आहेत. तसेच संस्थेच्या विकासासाठी शहरातील मान्यवरांनी मोठमोठ्या देणग्या दिल्या आहेत. हे सर्व अहवाललेखनात वस्तुनिष्ठतेने येणे गरजेचे असते मात्र अनावधानाने वा हेतुपुरस्सर अहवाललेखकाने पूर्वग्रहदुषित दृष्टिकोनातून काही उपक्रम गाळले तर ते संबंधित संस्था अध्यक्ष वा सचिवांच्या निदर्शनास येणे अगत्याचे ठरते. त्यामुळे वेळीच चूक सुधारता येते अथवा अहवाललेखकाने त्याच्या मर्जीनुसार अहवाललेखन केले तर संस्था अध्यक्ष वा सचिव त्यास विरोधही करू शकतात व होणारे परिणाम टाळता येतात. त्यासाठी महत्त्वाचे म्हणजे अहवाललेखन करून होताच अहवाललेखकाने अहवाललेखनावर संस्थेच्या अध्यक्षाची वा सचिवाची स्वाक्षरी घेणे महत्त्वाचे ठरते.

(iii) **वस्त्रदालनासाठीचे माहितीपत्रक पुढीलप्रमाणे:** वैशिष्ट्यपूर्ण माहिती देणारे परिचयात्मक पत्रक म्हणजे माहितीपत्रक होय. माहितीपत्रकाद्वारे सेवा संस्था, उत्पादन लोकांपर्यंत पोहोचविता येते. नवनव्या योजना, उत्पादने, संस्थांकडे लोकांनी पाहावे यासाठी ती महत्त्वपूर्ण खिडकी असून जनमत आकर्षित करण्यासाठी ते लिखित स्वरूपाचे एक जाहीर आवाहन असते. वस्त्रदालनासाठीचे माहितीपत्रक पुढीलप्रमाणे.

उदाहरण.

तुमच्या आवडीचे! तुमच्या पसंतीचे! खास तुमच्या विश्वासाचे

महाराणी वस्त्रदालन

सदाशिव पेठ, पुणे

☎ ९४२०००५९६०, ०२०२८२२२२

वेबसाइट: h#p://www.wastra.com.

ई-मेल: maharani 1234@gmail.com

दसरा, दिवाळी; मूंज, बारसे, लग्न यासाठी

खास तुमच्या मनातलं, एकच दालन

महाराणी वस्त्रदालन

वस्त्रदालन आमचे, पसंती मात्र तुमची

काय मग येताय ना? महाराणी वस्त्रदालन वाट पाहतेय

तुमच्यासारख्या प्रेमळ ग्राहकाची

सदाशिव पेठसारख्या उच्चतम, सुंदर अशा परिसरात

भव्यदिव्य 17 मजली इमारत

प्रशस्त दालन, पार्किंगची सोय, चुकवू नये असेच काहीसे....

★वस्त्रदालनाची खास वैशिष्ट्ये★

● एकाच ठिकाणी मनपसंत खरेदी!

● भरपूर व्हरायटी, उत्कृष्ट क्वालिटी

● पुरुष व महिलांच्या कपड्यांसाठी स्वतंत्र दालन

● छोट्या मुला-मुलींसाठी लेटेस्ट, फॅन्सी ड्रेस, ड्रेसमटेरियल

● ऑनलाईन साड्या-ड्रेस पाहण्याची व बुकींगची सोय घरपोच डिलिव्हरीची मोफत सोय....

तुम्हाला परवडतील अशा किफायतशीर किंमती

१८५ वर्षे आपल्या सेवेसाठी सदैव तत्पर असलेले दालन

म्हणजे तुमच्या विश्वासाहितेस उतरलेले खास तुमचे दालन

पुरुषांच्या ब्रँडेड कपड्यांसह साड्यांचे असंख्य प्रकार

लहान मुलांच्या ड्रेससह समृद्ध व परिपूर्ण वस्त्रदालन

वेळ: सळाली १० ते सायंकाळी ९-३०

प्रत्येक सोमवारी साप्ताहिक सुट्टी राहील

लग्नबस्त्याच्या खरेदीवर ३५% सवलत

एकदा याल तर महाराणीच्या प्रेमात कायमचे पडाल!

(iv) मुलाखत म्हणजे पूर्वनियोजित संवाद असला तरी तो हेतुपूर्वक घडवून आणला जातो. ही मुलाखत मुलाखत देणाऱ्याच्या व्यक्तिमत्त्वाचे विविध पैलू समजून घेण्यासाठी घेतली जाते. व्यक्तीकार्य, व्यक्तीची संघर्षगाथा, व्यक्तीचे कार्यकर्तृत्व, त्याच्यातील माणूसपण जाणून घेण्यासाठी मुलाखती घेतल्या जातात. सर्वसाधारणपणे मुलाखत घेण्यासाठीचे टप्पे पाहता मुलाखतीची सुरुवात, मुलाखतीचा मध्य, मुलाखतीचा समारोप इत्यादीचा समावेश होतो. त्यामध्ये मुलाखतीचा मध्य विशेष महत्त्वाचा असून मुलाखत घेत असताना या टप्प्यावर विशेष काळजी घ्यावी लागते. मुलाखतीचा मध्य-मुलाखतीची सुरुवात केल्यानंतर हलके-फुलके प्रश्न विचारून.

मुलाखत देणाऱ्या व्यक्तीचा आत्मविश्वास दुनावला म्हणजे मुलाखतीच्या मध्याकडे विशेष लक्ष वेधता येते. मुलाखत घेत असता प्रश्नांची यादी समोर असल्याने मुलाखतीचे स्वरूप प्रश्नामागे प्रश्न असे नसावे वा फक्त प्रश्नोत्तराचेही स्वरूप नसावे. तर मुलाखत घेणारा व देणारा या दोघांमध्ये उत्कृष्ट संवाद साधला पाहिजे. प्रश्न विचारल्यानंतर मिळणाऱ्या उत्तराचा धागा पकडून पुढील प्रश्न तयार करता यायला हवेत. हे करत असता विषयांतर होणार नाही याचीही दखल घेतली पाहिजे. प्रश्नांमध्ये विविधता असली पाहिजे ज्यामुळे मुलाखत रंगतदार होईल. प्रश्नांतून उत्तरे उत्तरांतून प्रश्न-प्रश्नांची उत्तरे-उत्तरांचे प्रश्न अशा मालिकेतून मुलाखतदात्याच्या व्यक्तिमत्त्वाचे पैलू उलगत जातात. मात्र असे करत असताना मुलाखतीच्या विषयाचा संदर्भ व मुलाखतीचा हेतू निसटता कामा नये. मुलाखत रंजक कशी होईल याकडेही लक्ष द्यावे परंतु ती रंजकतेच्या आहारी जाऊन मुलाखतीचे उद्दिष्ट भरकटू नये हे लक्षात ठेवणे तितकेच गरजेचे असते.

प्रश्नकर्त्याच्या एकेका प्रश्नाने मुलाखतदात्याचे व्यक्तिमत्त्व, त्याचे कार्य, व इतरही संबंधित पैलू उलगडले पाहिजेत. विषयाचे, व्यक्तिमत्त्वाचे तसेच त्या व्यक्तीच्या विचारधारेचे सर्व कंगोरे समोर येत असताना मुलाखत हळूहळू सर्वोच्च बिंदूकडे गेली पाहिजे. मुलाखतीच्या या टप्प्यावर मुलाखत घेणाऱ्याने मुलाखत देणाऱ्याला बोलण्यासाठी जास्त

वेळ दिला पाहिजे. त्यास अधिकाधिक व्यक्त होऊ दिले पाहिजे. त्यासाठी प्रश्नांची गुंफणही कुशलतेने केली गेली पाहिजे. जेणेकरून मुलाखतदात्याचा उत्तरे देतानाचा उत्साह वाढत जाईल. या टप्प्यावर मुलाखतीतील सर्वांत जास्त महत्त्वाचे, विषयासी संबंधित थेट प्रश्न विचारले जावेत कारण मुलाखतीच्या माध्यमातून जो विषय, जी माहिती लोकांपर्यंत पोहोचवायची असते ती याच टप्प्यावर. अशाप्रकारे मुलाखतीचा मध्य यशस्वी होण्यासाठी काळजी घ्यावी लागते.

विभाग ५: व्याकरण व लेखन

उत्तर ५. (अ)

(१) (i) वृक्षवेली आपल्याला तजेला व विरंगुळा देऊन जातात.

 (ii) किती मनोबल वाढवत आहात तुम्ही लष्करांचं !

(२) (i) कर्मधारय समास (ii) इतरेतर द्वंद्व समास

 (iii) द्विगू समास (iv) मध्यमपदलोपी समास

(३) (i) कर्मणी प्रयोग (ii) भावे प्रयोग

(४) (i) अनन्वय अलंकार (ii) अतिशयोक्ती अलंकार

(५) (क) 4, (ख) 3, (ग) 1 (घ) 2,

(आ) १. समुद्रकिनाऱ्यावरील संध्याकाळ

समुद्रकाठच्या गावांचा मला नेहमीच हेवा वाटतो. तिथल्या लोकांना संध्याकाळी काय करायचं ? हा प्रश्न केव्हाच पडत नाही. कारण उत्तर तयार असतं-समुद्रावर जायचं. चित्रपटगृह, नाट्यगृह आणि संग्रहालय या साऱ्यांची उणीव एकटा समुद्र भरून काढतो. बरे ! काल समुद्रावर गेलो म्हणून आज नको, असं कुणीही म्हणत नाही. उलट सकाळ, दुपार, संध्याकाळ तिन्ही त्रिकाळ गेलो तरी कंटाळा येत नाही. तेही सौंदर्य पार्वतीच्या रूपाप्रमाणे नित्यनूतन असते. म्हणूनच सुटीसाठी मी नेहमी समुद्रकिनाऱ्याला पसंती देते.

अशाच एका सुटीत मी रत्नागिरीला गेले होते. दिवसाची उन्हं ओसरली आणि पाय आपोआप समुद्राकडे वळले. समुद्रकिनाऱ्यावर नेहमीची दृश्यं दिसत होती. कुठे लहान मुलं बाळूचे किल्ले करते होती. ते पुनःपुन्हा मोडत होती, उभे करत होती. लांबवर पाण्यात डचमळणाऱ्या होड्या दिसत होत्या. कुठे प्रेमी युगुल सागराच्या साक्षीने प्रेमाच्या आणाभाका घेत होती. आपल्या भावी जीवनाची सुखस्वप्नं रंगवित होती. प्रत्येक लाटेबरोबर वाळूत रुतून बसलेले शंख-शिंपले काढण्याची मुलांची धडपड सुरू होती. लाटेवर स्वार होऊन येणारा खारा वारा नाकात घुसून साऱ्या संवेदनांचा कब्जा करीत होता. भेळवाले, फुगेवाले आणि शहाळी विकणारे यांची एकच गर्दी उसळली होती. आता संध्याकाळ होऊ लागली होती. आकाशात रंगांची मुक्त उधळण झाली होती. सूर्याची सोनेरी किरणं पाण्यावर चमकत होती. हवेत वाऱ्याचा गारवा आणि उन्हाचा उबदारपणाही होता. समुद्राच्या लाटा एका लयीत संथपणे येऊन किनाऱ्यावर आदळत होत्या. समुद्रबगळ्यांचे थवे पाण्यावरून उडत होते. माणसांची गर्दी खूप होती. पण सारं स्तब्ध होतं. सर्वांचे लक्ष होते लालभडक सूर्यबिंबाकडे. काही मिनिटांतच ते दृष्टिआड होणार होते. त्याचं प्रतिबिंब पाण्यात पडलं होतं. आजूबाजूच्या ढगांना आणि पाण्याला त्याने झळझळीत

केलं होतं. घड्याळाच्या काट्याबरोबर त्या तेजात बदल होत होता. रंग मंदावत होते. आता त्याच्याकडे नजर रोखून पाहिले तरी त्रास होत नव्हता. किनाऱ्यावरची माणसंही थोडी अस्पष्ट दिसायला लागली होती. सूर्याचा लहानसा ठिपकाही ढगाआड झाला आणि क्षितिजरेखा काळवंडू लागल्या. हवेत गारवा निर्माण झाला. किनाऱ्यावरचे सगळे लोक सूर्यास्ताचे दृश्य पाहून भारावून गेले.

सूर्यास्त झाला तरी लाटांचं नर्तन सुरूच होतं. ते तसंच अव्याहतपणे सुरू राहणार होतं आता त्यांचं अस्तित्व प्रकर्षाने जाणवत होतं. कारण रंगांची आणि प्रकाशाची नजरबंदी संपली होती. वातावरण गूढ, थोडं उदास झालं होतं. दिवसभर दिमाखाने तळपणारा आणि आता अस्ताला जाणारा सूर्य जीवनाचा नवीनच अर्थ उलगडून सांगत होता.

समुद्राची अथांगता, विस्तार, त्याचं सर्व काही भलंबुरं पोटात साठवून ठेवणारं रूप मला चकित करीत होतं. त्याची भव्यता आणि माणसाचा खुजेपणा यातला विरोध जाणवत होता. दिमाखाने येणारी लाट किनाऱ्या येऊन फुटत होती.

> ''हळूहळू खळबळ करीत लाटा
> येऊनी पुळणीवर ओसरती
> जणू जगाची जीवनस्वप्ने
> स्फुरती, फुलती, फुटती, विरती''

प्रत्येक लाटेचं उत्साहात येणं आणि संपून जाणं मानवी स्वप्नांचंच वास्तव सांगत होती किंवा एखाद्या ध्येयवेड्या माणसाची आपल्या ध्येयामागची तळमळ दाखवित होती. सभोवताली काळोख पसरू लागला तरी समुद्राची गाज ऐकू येत होती. ती तशीच अखंड सुरू राहणार होती.

सगळ्या नद्या, नाले, ओहोळ पोटात साठविणारा आणि थकल्याभागल्या जीवांना आश्रय देणारा हा पयोधि त्या संध्याकाळी मला आईसारखा स्नेहशील वाटला. सारं दुःख पचवून आनंदानं जगण्याची कला त्याच्याकडूनच शिकली पाहिजे.

> ''कळे मला का म्हणती तुजला
> रत्नाकर, तीर्थांचे आगर.
> शिकव जगाचे दुःख गिळुनिया
> फळफुलांनी भरण्या डोंगर''

स्वामी विवेकानंदांनाही कन्याकुमारीच्या तीन समुद्राच्या सान्निध्यात ध्यानाला बसावं, असं का वाटलं याचं रहस्य मला त्या समुद्राच्या रूपाने उलगडलं. विचारांच्या कल्लोळात किती वेळ गेला कोणास ठाऊक ? किनाऱ्यावरची वर्दळ आता खूपच कमी झाली होती. माणसांचे ठिपके विरळ झाले होते. उठावंसं वाटत नव्हतं, पण उठणं आवश्यक होतं. वियोगाची हुरहुर मनात ठेवूनच मी सागराचा निरोप घेतला.

२. पक्षीप्रेमी डॉ. सलीम अली

डॉ. सलीम अली थोर पक्षीतज्ज्ञ होते. आपल्या नव्वद वर्षांच्या आयुष्यातली ८० वर्षे त्यांनी पक्षी निरीक्षणात आणि संशोधनात घालवली. त्यांच्या सवयींचा अभ्यास करून, पक्षीजीवनावर अनेक ग्रंथ लिहून अभ्यासकांची मोठी सोय करून ठेवली. पक्षी निरीक्षणासाठी त्यांनी आपलं जीवन जणू समर्पित केलं होतं. जो उत्साह अकराव्या वर्षी होता, तोच नव्वदीतही टिकून होता. त्यांच्या

लेखी पक्षी निरीक्षणाइतकं महत्त्वाचं काहीही नव्हतं, त्यामुळेच त्यांच्या जीवनावर दूरदर्शनसाठी चित्रीकरण करायला माणसं येणार होती, त्या वेळी बऱ्याच वर्षांनी दर्शन देणाऱ्या 'जेर्डोनचा कोर्सर' या पक्ष्याला पाहायला ते सर्व कार्यक्रम रद्द करून गेले.

डॉ. सलीम अलींचं बालपण मुंबईत खेतवाडीत गेलं. त्यांच्या आईचं निधन ते तीन वर्षांचे असताना झाल्यामुळे मामांनी त्यांचा सांभाळ केला. मामा पट्टीचे शिकारी असल्यामुळे शिकारीची नाना हत्यारे आणि बंदुका घरात होत्या. आपणही चांगले शिकारी व्हावं असं छोट्या सलीमला वाटे. हातात बंदूक आल्यावर त्यांचं पहिलं लक्ष्य चिमण्या झाल्या. त्यांच्या आत्मचरित्राचं नाव 'दि कॉल ऑफ स्पॅरो' असं आहे. त्यांच्यामागे ही हकीकत आहे. चिमण्या टिपण्यासाठी ते एकदा तबेल्यात गेले तेव्हा चिमणीने बांधलेल्या घरट्यांकडे त्यांचं लक्ष गेलं. त्यांच्या तोंडावर एक चिमणा पहारा देत होता. त्यांनी त्याचा वेध घेतला. चिमणा खाली पडला. सलीम अली पुढे काय होते पाहू लागले, तो दुसरा चिमणा आला आणि पहारा देऊ लागला. पुढच्या सात दिवसांत ८ चिमणे असे पहारा देण्यासाठी आले. ही नोंद सलीम यांनी आपल्या वहीत केली. तेव्हापासून पक्षीजीवना-विषयी त्यांच्या मनात कुतूहल निर्माण झालं.

त्यांचे मामा अमिरुद्दीन हे बॉम्बे नॅचरल हिस्टरी सोसायटीचे सदस्य होते. त्यामुळे तिथल्या लोकांचं मार्गदर्शन त्यांना सहज मिळालं. शालेय जीवनात गणित या विषयाच्या भीतीमुळे ते फारसे चमकले नाहीत. १९१३ साली मॅट्रिकची परीक्षा पास झाल्यावर प्राणिशास्त्राची पदवी घ्यावी असं त्यांना वाटत होतं. पण गणितामुळे ते जमलं नाही. त्या वेळी त्यांचे जाबीरभाई नावाचे भाऊ ब्रह्मदेशात खाणधंद्यात होते. त्यांनी त्यांना तिकडे बोलावून घेतलं. तिथेही त्यांनी पक्ष्यांच्या मागावर जाता-जाता रबराचे मळे, फळबाग आणि वनराया पालथ्या घातल्या.

१९१८ साली ते तेहमिनाशी विवाहबद्ध झाले. तेहमिना जरी समृद्धीत वाढली होती. तरी तिला साधं जीवन, जंगलातली भटकंती आवडत होती. तिलाही पक्षी आणि प्राणी यांच्याबद्दल प्रेम होतं. चाकोरीबाहेरचं जीवन जगणाऱ्या सलीमशी ती अल्पावधीतच समरस झाली. शेवटपर्यंत तिने त्यांना साथ दिली. त्यांना आवडीचं काम करायला मिळावं म्हणून स्वत: नोकरी करून संसाराचा आर्थिक भार उचलला.

सुरुवातीच्या काळात पक्षी निरीक्षणासाठी जाताना अत्यंत प्रतिकूल परिस्थिती असे. कडाक्याची थंडी, धुळीची वादळं, हिमवर्षाव अशी निसर्गाशी टक्कर देत कधी बैलगाडी तर कधी तट्टू यांच्यावरून प्रवास करावा लागे. साधनं अपुरी, खाण्या-पिण्याचे हाल अशा परिस्थितीत सलीम अली पती-पत्नी तिथे जाऊन तंबू उभारत. मुक्कामाच्या ठिकाणी कधी पोलीस चौकी, कधी डाक बंगला तर कधी पडका गोठाही असे. पक्षी निरीक्षणात दोघंही दंग राहत.

प्रतिदिनी बारा मैल भ्रमंती असे. रविवारची सुटी वगैरे प्रकार नसत. कच्च्या, खाचखळग्यांच्या, डोंगरदरीतून वळण घेत जाणाऱ्या रस्त्यांवरून प्रवास करावा लागे. जळवा, माशा आणि डास यांचा त्रास अटळच होता.

डबाबंद अन्न महाग म्हणून ते आणीबाणीसाठी राखून ठेवलं जाई. रोजचा आहार म्हणजे डाळभात, केळं, दही, पपई, प्यायच्या स्वच्छ पाण्याची मारामार, तिथे स्नानासाठी पाणी मिळणं कठीण. या गैरसोईपुढे ते कधीही अडून बसले नाहीत. प्राप्त परिस्थितीत हसतमुखाने, उमदेपणाने सहन करत, त्याला विनोदाची झालर लावत सर्वेक्षणाचं काम ते करीत.

सलीम अलींचे पूर्वसुरी म्हणजे ब्रिटिश आमदानीतले अधिकारी. भारताला स्वातंत्र्य देण्याबाबत त्यातल्या काही लोकांची मतं विरोधी असली तरी सलीम म्हणत की, यावर वाद घालण्यापेक्षा आपण कामावर लक्ष केंद्रित करू या! त्यांचे प्राध्यापक इरविन स्ट्रेसमन यांना आपला अभ्यास, आपला वारसा सलीमच पुढे चालवतील, असा विश्वास वाटत होता. पक्षी निरीक्षण करता-करता निसर्ग, पर्यावरण परिसंस्था यांच्या अभ्यासाच्या दिशेनेही त्यांची वाटचाल सुरू होती.

सलीम अलींच्या ज्ञानाला कृतीची जोड होती. भारत हा शेतीप्रधान देश आहे, याचा त्यांना कधीही विसर पडलेला नव्हता. पक्ष्यांच्या वर्तनाचा अभ्यास करताना, मानवी जीवनात पक्ष्यांचं अर्थशास्त्रीय स्थान ठरविताना सजीव साखळीतला एक घटक म्हणूनच त्यांनी पक्ष्यांचा विचार केला. पशू-पक्ष्यांकडे पाहण्याचा त्यांचा दृष्टिकोन भाबड्या भूतदयेचा नव्हता.

पक्षीविषयक अभ्यास हा चाकोरीबाहेरचा आणि तसा सामाजिक प्रतिष्ठा नसलेला. परंतु त्याचा त्यांनी जीवनभर ध्यास घेतला. सलग ६० वर्षं ते अभ्यासासाठी राहिले. पक्षीशास्त्रात त्यांचं नाव मोठं झालं. त्यांना आंतरराष्ट्रीय मान्यता मिळाली. मानमरातब मिळाले. पद्मविभूषण, कितीतरी विद्यापीठांच्या डॉक्टरेट, सी. व्ही. रामन मेडल, दादाभाई नौरोजी प्राईज, रवींद्रनाथ टागोर ही काही नमुन्यादाखल नावे.

एकाच गोष्टीचा ध्यास घेऊन त्यासाठी शेवटच्या श्वासापर्यंत धडपडत राहणारे ज्ञानपिपासू सलीम अली मानवजातीला एक आदर्श मानवा लागेल. कारण सहकार्यासाठी ते खोळंबले नाहीत की श्रेय मिळविण्यासाठी ते अडखळले नाहीत. त्यांची जिद्द, कार्यावरची निष्ठा, तळमळ, समर्पित वृत्ती पाहून मन थक्क होतं. त्यांनी आपल्या कुटुंबीयांमध्येही पक्षीप्रेम चांगल्यापैकी रुजवलं. त्यांनी लिहिलेले ग्रंथ पुढील पिढीच्या अभ्यासकांना निरंतर मार्गदर्शक ठरणारे आहेत. आपल्यासारखे अनेक सलीम अली झाले पाहिजेत, याच एका इच्छेने त्यांनी पुस्तकलेखनाबरोबर निसर्गसहली, चर्चासत्रं, फिल्मशोज यांचं आयोजन केलं. त्यांच्या हाताखाली त्यांनी मोठा विद्यार्थिवर्ग तयार केला. रॉबर्ट ग्रब, विजयकुमार आंबेडकर, पी. कन्नन आणि जे. सी. डॅनियल हे त्यांचे काही विद्यार्थी आपापल्या शास्त्रात लौकिक राखून आहेत. त्यांच्या या कार्यातून प्रेरणा घेऊन त्यांच्या पावलावर पाऊल टाकून वाटचाल करणाऱ्यांची संख्या वाढली तरच त्यांचे विचार या भूमीत रुजले, असं म्हणता येईल. विद्यार्थिदशेतच त्यांचं चरित्र मुलांपुढे यायला हवं.

३. फाटक्या पुस्तकाचे मनोगत

''ग्रंथपाल हसतो तेव्हा ग्रंथालय होते एक बाग
न कोमेजणाऱ्या असंख्य फुलांनी बहरलेली''
''ग्रंथ सुखाने फिरू लागतात हिरव्या कुरणावरून
हाक घालतात लहान मुलांसारखे उचलून घेण्यासाठी''

कवी मंगेश पाडगावकरांची ग्रंथांसंबंधीची ही एक कविता खूप आवडली होती, म्हणून एका ग्रंथालयाच्या शोकेसमधून मुद्दाम लिहून आणली होती. आता ती त्यांच्याच 'जिप्सी' नावाच्या काव्यसंग्रहात मला सापडली. तो संग्रह इतका जीर्णशीर्ण झाला होता की, त्याच्या कागदाचे हातात घेतले की तुकडे होत होते. आता यावेळी आपली रद्दीच्या गठ्ठ्यात नक्की रवानगी होणार अशी भीती त्याला वाटली की काय कोण जाणे? त्यानं खरंच मला उचलून घेण्यासाठी हाक मारली. ते माझ्याशी बोलू लागलं. गप्पा मारता-मारता आम्ही दोघंही भूतकाळात गेलो.

''किती वर्षे झाली माझा अभ्यास करून? सत्तर साल असेल. म्हणजे ३६ वर्षे उलटून गेली. एवढासा माझा जीव इतकी वर्षे तग धरून आहे. अधूनमधून तू कपाटातून काढतेस, मला वाचतेस आणि आठवणीत रमून जातेस. मला माहिती आहे यातली प्रत्येक कविता तुला आवडते. त्यातला अर्थ, शब्दसौंदर्य, कल्पनावैभव, कवीची जीवनाकडे पाहण्याची आनंदी वृत्ती, त्यांच्यातली जिप्सी वृत्ती, वातावरणनिर्मिती आणि एखाद्या कवितेतलं तत्त्वज्ञान हे सारं-सारं तुला प्रिय आहे तुझ्या शिक्षकांनी ती तुला जशी शिकवली त्याचीही आठवण तुझ्या मनात ताजी आहे. मला वाचताना तू नेहमीच तुझ्या कॉलेजच्या दिवसात रमून जातेस. माझ्यातल्या अवघड ओळींचा अर्थ, काही संदर्भ, दुसऱ्या कवितांच्या ओळी असंही काहीबाही तू माझ्या पानांवर लिहिलं आहेस. मला पुन:पुन्हा वाचताना तुला नवीन काही समजल्याचा आनंद होतो आणि म्हणूनच तू मला टाकून देत नाहीस. यानंतर माझ्या कितीतरी आवृत्त्या निघाल्या, पण तू दुसरी प्रत विकत घेतली नाहीस. अनेकदा मला चिकटवलंस, चिकटपट्टी लावलीस, पण पुन:पुन्हा मीं तीन भागात फाटत-फाटत गेलो. चालायचंच ? वयाचा परिणाम.''

तुला वाटतं कॉलेजच्या दिवसातला सारा उत्साह, ताजेपणा माझ्यात दडून बसलेला आहे. प्रिय मैत्रिणींचा स्पर्श अजूनही माझ्यात तुला जाणवतो आहे.

     ''मी इतकी भित्री, इतकी भित्री असे कसे मग घडले
     मज नव्हते ठाऊक, अजून नाही कळ्ळे''

ही कविता कॉलेजमध्ये प्रत्यक्ष कवीच्या तोंडून ऐकायचा योग आला होता. तेव्हा त्यातल्या विशिष्ट शब्दांवरच्या आघातांमुळे नवीन समजलेला अर्थ ती कविता वाचताना आजही तुला आठवतो आणि ते क्षण उडून गेल्याचं दु:ख होतं. हे सारं मला माहीत आहे.

तरीही आता मला निरोप देण्याची वेळ आली आहे. मला माहीत आहे माझी पानं उलटून तू मला वाचू शकत नाहीस. मला उघडलं की, थोडा सहन न होणारा दर्प येतो. सगळीकडून मी खिळखिळा झालो आहे. माझी नवीन आवृत्ती आण! त्या कोऱ्या करकरीत गंधात मी माझं चैतन्यमय आयुष्य पुन्हा अनुभवीन. मी म्हणजे काही ऐतिहासिक, दुर्मीळ हस्तलिखित अथवा हस्तऐवज नाही. मी कुठेही नव्याने उपलब्ध आहे. त्यामुळे मला इतकं जिवापाड जपण्याचं कारण नाही.

मला त्याचं म्हणणं मुळीच पटलं नाही. त्याची सगळी पानं मी व्यवस्थित लावली आणि एका प्लॅस्टिक पिशवीत ठेवली. त्याची

एकच विनंती मी ऐकणार आहे. उद्याच त्याची एक नवीन प्रत घेऊन येणार आहे. तो मला माझं आयुष्य संपेपर्यंत सोबत करेल.

४. स्त्री-पुरुष समानता : स्वप्न आणि वास्तव!

अलीकडेच एक धक्कादायक बातमी आली. महाराष्ट्रासह अनेक राज्यांत हजार मुलांमागे मुलींच्या जन्माचं प्रमाण कोठे ८००, कोठे ८४७, कोठे ७६० पर्यंत आहे. निसर्गाची प्रवृत्ती सर्वच गोष्टींचा समतोल राखण्याची आहे. हजार मुलांमध्ये २००-३०० इतक्या मुलींची तफावत येत असेल तर या असमतोलामागे माणसाचा हस्तक्षेप निश्चितच आहे आणि याला अनेक परिस्थितिजन्य पुरावे उपलब्ध आहेत. आपला समाजच पुरुषप्रधान आहे. मुलगा हा 'वंशाचा दिवा', 'म्हातारपणाची काठी' अशा समजुती प्रचलित आहेत. पुत्र या शब्दाची व्युत्पत्ती 'पुं' नरकापासून तारणारा अशी सांगितली जाते. त्यामुळे मुलगा झाला की, भारतीय स्त्री अगदी धन्य-धन्य होते. मुलगी झाली की, धरणी तिच्या काळजीने तीन हात खचते असाही समज आहे. मुलाला इतकं अपरंपार महत्त्व असल्यामुळे आणि आज विज्ञानाने गर्भ मुलीचा आहे की मुलाचा, हे ओळखण्याची सोय झाल्यामुळे गर्भ मुलीचा असेल तर तिला जन्मालाच येऊ दिल जात नाहीं. त्यामुळे सर्वेक्षणाचे निष्कर्ष वरीलप्रमाणे धक्कादायक येतात.

स्त्री-पुरुषातील असमानता अशी अगदी मुलीच्या जन्मापासून सुरू होते. संगोपनामध्ये उघडउघड पक्षपात केला जातो. जे-जे चांगलं असेल ते मुलाला पुरविल जातं. त्यामुळे मुली कुपोषित राहतात. खरं तर नवनिर्मितीची जबाबदारी निसर्गाने स्त्रियांवर सोपविलेली आहे. ती सुदृढ असेल तर पुढची पिढी निरोगी आणि बलवान होणार, पण इतका दूरदृष्टीचा विचार समाजात असता तर मुलींच्या गर्भातच हत्या झाल्या नसत्या.

उच्च शिक्षण देताना मुला-मुलींमध्ये निश्चितच भेदभाव केला जातो. याला कारण आपल्या समाजातली हुंड्याची प्रथा. शिक्षणाचा खर्च करूनही हुंडा द्यावा लागतो. मग पालक विचार करतात की, मुलाला शिक्षण द्यावं आणि मुलीला हुंडा द्यावा. याचा परिणाम स्त्रिया शिक्षणापासून वंचित राहण्यामध्ये होती. डॉ. सरोजिनी नायडू म्हणतात, 'पुरुषांच्या शिक्षणाचा उपयोग फक्त त्याच्या एकट्याच्या विकासाला होतो. पण एक स्त्री शिकली तर अवघे कुटुंब शिकते. कारण मुलांवर संस्कार करण्याचे काम प्रामुख्याने स्त्री करते. मग ती सुशिक्षित असेल तर हे काम अत्यंत चांगल्या रीतीने करेल', पण येथेही एवढा लांबचा विचार कोणी करीत नाही.

स्वातंत्र्य मिळाल्यानंतर यात आता थोडा बदल झाला आहे. प्राथमिक शिक्षण सर्वांनाच सक्तीचं झालेलं असून मुलींना बारावीपर्यंत मोफत शिक्षण दिल जातं. उच्च शिक्षणातही मुलींना ३०% आरक्षण आहे. त्याचा फायदा अनेक मुलींना होतही आहे. परंतु अजूनही ग्रामीण भागातल्या अनेक मुली शिक्षणापासून दूर आहेत.

शिक्षित मुली नोकरी करू लागल्या की, तिथेही त्यांच्या क्षमतेबद्दल शंका उपस्थित केल्या जातात. त्या उच्च पदावर असतील तर त्यांचे हुकूम-आदेश स्वीकारणं पुरुषांना अपमानास्पद वाटतं.

त्यांना अडचणीत आणण्याचे अनेक मार्ग मग ते चोखाळतात. त्यांना सहकार्य करीत नाहीत. या साऱ्या प्रकारांना पुरून उरणाऱ्या किरण बेदी, नीला सत्यनारायण, मनीषा म्हैसकर यांची उदाहरणं आज समाजापुढे आहेत. ती जसजशी वाढतील तसतशी परिस्थिती बदलेल हे खरं आह. आज मान मिळवत्या स्त्रीला घरात आणि घराबाहेर तीव्र संघर्ष करावा लागतो आहे ही वस्तुस्थिती आहे. पैसे मिळविले म्हणून घरात तिची मिळवित्या पुरुषांप्रमाणे खातिरदारी होत नाही. अशास्त्रियांचा मत्सर करतात.

स्त्री-पुरुष समानता असावी, घटनेमध्ये तशी तरतूद आहे. परंतु वास्तव मात्र अनेक पातळ्यींवर असं आहे की, स्त्रियांना निर्णयस्वातंत्र्य तर कुटुंबात अभावानेच मिळतं. तिचा कष्टाचा पैसासुद्धा तिच्या हक्काचा नसतो. ती फक्त कामाची आणि सहीची धनी असते.

राजकारणात स्त्रियांना स्थान असावं म्हणून काही मतदारसंघ स्त्रियांसाठी राखीव असतात. तिथे स्त्रिया निवडून आणल्या जातात, पण पुरुषांकडून आणि कारभाराची सूत्रंही पुरुषांकडेच असतात. संसदेत स्त्रियांना 33% आरक्षण असावं; हे बिल अजून पास होऊ शकत नाहीं. याचं कारण संसदेत त्यांची संख्या नगण्य आहे.

हे वास्तव बदलण्याची जवाबदारी स्त्रियांचीसुद्धा आहे. कामाच्या ठिकाणी 'स्त्री' म्हणून सवलती त्यांनीही घेऊ नयेत. स्पर्धेत टिकून राहण्यासाठी चिकाटी आणि परिश्रम यांत स्त्रिया कमी पडत नाहीत. धडाडी आणि महत्त्वाकांक्षा यात त्या कमी पडतात. ती उणीव भरून काढता आली तर स्त्री-पुरुष समानतेचं स्वप्न आपल्या आवाक्यात येईल.

५. फॅशनचे वेड

'एवढे लांबसडक केस आहेत. उगीच फॅशनच्या मागे लागून कापू नको.'

'मी कापणार! सध्या केस छोटे ठेवून ते मोकळे सोडण्याची फॅशन आहे. शिवाय स्वच्छता करण्यासाठी फार वेळ जाणार नाहीं.'

'कर तुला काय करायचं ते' तुझे केस आणि तू!

हा संवाद आहे आई आणि तिची कॉलेजात जाणारी मुलगी यांच्यातला. घराघरात असे संवाद वेगवेगळ्या विषयांवर थोड्याफार फरकाने होतच असतात. त्याचा शेवट 'आमच्या वेळी असं नव्हतं', 'आजच्या पिढीला रोज नवी फॅशन हवी,' अशासारख्या उद्गारांनी होतो.

फॅशनचं वेड हे प्रत्येकाला विशिष्ट वयात असतंच. कारण ते नावीन्याचं वेड असतं. त्यातून आपला वेगळेपणा दाखविण्याचा प्रयत्न असतो. इतरांच्या नजरेत भरण्याचा खटाटोप असतो. म्हणून कपडे, केस, नखं, चपला, पर्सेस यांच्या नित्यनव्या फॅशन्स निर्माण होत असतात आणि तरुणाईला त्या फॅशनचं वेड असतं.

फॅशन जगतावर चित्रपटसृष्टीचा प्रभाव मोठा आहे. एखाद्या सिनेमात नायकाने किंवा नायिकेने घातलेले वेगळे कपडे, केस आणि दाढी यांची वेगळी रचनं लगेच फॅशन म्हणून उचलली जाते आणि सगळीकडे प्रचलित होते. मग ती आपल्याला चांगली दिसते की नाही, मानवते की नाही याचाही विचार कोण करीत नाही. आजकाल टी.व्ही. सारखं प्रसारमाध्यम नवनव्या फॅशनचे जणू प्रसारकेंद्रच बनलं आहे. टी.व्ही. वरच्या मालिका त्यातली पात्रं जणू फॅशन शोमधले स्पर्धकच वाटतात. रोजच्या जीवनात वावरणारी ही माणसं सुंदर-सुंदर कपडे आणि चेहऱ्याची रंगरंगोटी करून घरात २४ तास कशी राहतात, भांडतात, एकमेकांचा द्वेष करतात हे काही कळत नाहीं. खरं म्हणजे हा प्रचंड विनोद आहे. सारंच हास्यास्पद आहे. तरीही सामान्य प्रेक्षक त्या वातावरणात गुरफटून जातो. त्यांच्या बिंदीची आणि बांगड्यांची आणि ड्रेसची चर्चा करत बसतो.

फॅशनचं वेड हे मात्र अगदी आदिमानवापासून आहे. काहीही साधने नव्हती तेव्हाही पाने-फुलांनी माणूस आपलं शरीर सजवीतच होता. वैचित्र्य, नावीन्य यांची माणसाची आवड खूप जुनी आहे आणि मागची पिढी पुढच्या पिढीला फॅशनबद्दल नावं ठेवताना दिसली तरी त्यांनीही त्यांच्या तरुणपणी फॅशनसाठी आपल्या आई-वडिलांचा रोष ओढवून घेतला, हे तेही कबूल करतात. पिढीतल्या विचारांचं अंतर हे फॅशनच्या निमित्तान चांगलंच दिसून येतं. आई-वडिलांना फॅशन आवडली नाही तर ती चांगली, असं नवी पिढी समजते.

केव्हा कशाची फॅशन येईल हे निश्चित सांगता येत नाही. त्या-त्याच फॅशन्स ठरावीक कालानंतर पुन:पुन्हा येताना दिसतात. याच्यामागे साधं मानसशास्त्रा आहे. त्याच-त्याच गोष्टींचा कंटाळा येतो आणि पुन्हा पूर्वीची गोष्ट चांगली वाटू लागते. पूर्वी फॅशनजगत फक्त स्त्रियांच्या भोवतीच रेंगाळत होतं. पण आज पुरुषांचे कपडे, त्यांची केशभूषा, अलंकार त्यांच्यासाठी फॅशन शो हे पाहिलं की, 'सौंदर्य हे स्त्रीचं सामर्थ्य आहे आणि सामर्थ्य हे पुरुषाचं सौंदर्य आहे' या समजुतीचा जमाना मागे घडल्याचं लक्षात येतं.

याचा फायदा व्यापारी लोकांना जास्त होतो. आता तर फॅशनमुळे लोकप्रिय झालेल्या गोष्टी झपाट्याने सगळीकडे पसरवायला टी.व्ही. आणि त्याच्यावरच्या जाहिरातींची मदत आहे. प्रचंड असं सिनेजगत आहे.

काही फॅशन मात्र वीभत्स, किळसवाण्या, सभ्यतेला सोडून असणाऱ्या असतात. त्यांचं ओंगळ प्रदर्शन मान खाली घालायला लावतं, 'खपतं' म्हणून 'विकलं' जातं हेच चित्र दिसतं. काही फॅशन्स स्त्री-पुरुष भूमिकांची अदलाबदल करणाऱ्या असतात. मला वाटतं, पुरुषांनी केसांची पोनी बांधणं किंवा कानात बाळी घालणं आणि स्त्रियांनी जीन्स घालून अलंकारविरहित राहणं असं करताना फॅशन करणाऱ्या लोकांना परंपरागत कल्पनांना धक्का द्यायचा असतो. जीवनातला तोचतोपणा घालवायचा असतो. त्या दृष्टीने माफक प्रमाणात फॅशन ठीक आहे. पण कोणत्याही गोष्टीचा अतिरेक न करणं हेच सुजणपणाचं लक्षण आहे.

●●

SAMPLE PAPER-3
Marathi

📑 Questions

विभाग १ : गद्य

प्रश्न १.

(अ) पुढील उताऱ्याच्या आधारे सूचनेनुसार कृती करा.

खरा आनंद ओळखण्याची एक सोपी खूण आहे. तुम्हांला हलकंहलकं, पिसासारखं वाटायला हवं. मनावरचे सर्व ताण, सर्व दडपणं नाहीशी व्हायला हवीत. मुख्य म्हणजे ईर्ष्या, असूया नाहीशा व्हायला हव्यात, राग, द्वेष विरघळायला हवेत.

कार्हींना एखादं बक्षीस मिळालं, तरी त्या 'अमक्या' ला चार बक्षिसं मिळाली याचं वैषम्य वाटतं किंवा मग 'त्या लेकाला एकही बक्षीस मिळालं नाहीं', याचाच अधिक आनंद होतो. स्वत:ला काही मिळणं, स्वत: आनंद मिळवणं यापेक्षा दुसऱ्याला आनंद न मिळणं हे ज्यांना महत्त्वाचं वाटतं, ते आयुष्यात कधीच आनंदी होऊ शकत नाहीत. तुलना आली, की आनंद संपलाच. खरा आनंद दुसऱ्याचा दु:खावर कधीच पोसला जात नसतो. खरा आनंद हा मनाला केवळ हलकंच नव्हे, तर चित्ताला शुद्ध करत असतो. माणूस खऱ्या आनंदात असतो, तेव्हा त्याला सगळं जग छान, सुंदर वाटत असतं. आपल्यासारखंच सगळ्यांनी मजेत, आनंदात असावं, असंच त्याच्या मनात येत असतं. स्वत:च्या मनात तो मावेनासा झाल्यानं सर्वांना वाटावा, असं वाटत असतं. ती गरज आनंद वाटण्याची असते, दाखवण्याची किंवा प्रदर्शन करण्याची नसते.

अनेकदा आयुष्यात असं काही घडतं, की आपण आनंदासाठी मनाची कवाडं कायमची बंद करून टाकतो. आपण म्हणतो, माणसं दु:खातून बाहेर येत नाहीत. त्याचं कारण ते दु:खाला बाहेर जाऊ देत नाहीत. हृदयाची दारं मिटलेली असतील, तर आतलं दु:ख बाहेर जाणार कसं? बाहेर दाराशी घुटमळणारा आनंद आत येणार कसा? आनंदाला जागा मोकळी लागते. तुमच्या मनात दु:ख, चिंता, टेन्शन अशा मंडळींची गर्दी झाली असेल, तर तशा दाटीवाटीत आनंद कधीच घुसत नाही. आनंदाचं खुल्यादिलानं स्वागत करावं लागतं. शेतकरी मंडळी 'कधी पडायचा पाऊस' म्हणून आभाळाकडे डोळे लावून बसतात. त्यांचा नाइलाज असतो, कारण पाऊस पाडणं त्यांच्या हातात नसतं. आनंदाचा पाऊस मात्र आपण पाडू शकतो. कृत्रिम नव्हे...नैसर्गिक. कुठून तरी आनंद येईल आणि आपल्या मनाचं अंगण भिजवेल, म्हणून वाट पाहात बसलं, तर आनंद येईलच याची खात्री नसते. आनंद हा आपण घ्यायचा असतो. कुणी तो देईल याची वाट पाहायची नसते. एकदा आनंद कसा घ्यायचाच याचं तंत्र जमलं, की मग मात्र 'नाही आनंदा तोटा' अशी अवस्था होते.

(१) (i) खऱ्या आनंदाची लक्षणे

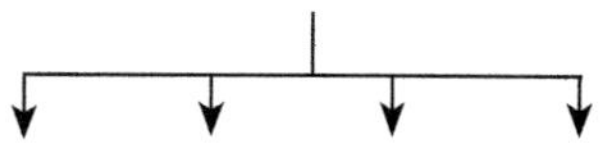

(ii) आभाळाकडे डोळे लावून बघतो तो

एकदा आनंद कसा घ्यायचा ते तंत्र जमलं की

खरा आनंद ओळखण्याची एक

(२) खऱ्या आनंदामुळे कोणकोणत्या गोष्टी घडतात?

(३) 'खरा आनंद दुसऱ्याच्या दु:खावर कधीच पोसला जात नसतो' या विधानाचा अर्थ तुमच्या भाषेत लिहा.

किंवा

'आनंदाचं खुल्या दिलानं स्वागत करावं लागतं' या विधानाचा तुमच्या जीवनात कसा उपयोग कराल? उदाहरणासह लिहा.

(आ) दिलेल्या उताऱ्याच्या आधारे सूचनेनुसार कृती करा.

आणि मी प्रामाणिकपणे सांगतो, की दहा-बारा वर्षांपूर्वी दंतवैद्याबद्दलच्या खऱ्याखुऱ्या दंतकथा ऐकल्या होत्या, त्यावरून दंतवैद्याची खुर्ची, दात उपटण्याची क्रिया इत्यादी सर्व गोष्टींबद्दल माझ्या मनात विक्राळ भीती होती; पण प्रत्यक्षात तसे काही वाटले नाही. दंतवैद्य अलीकडे फारच माणसाळलेले आहेत असे माझे प्रामाणिक मत झाले. त्याने माझ्या हिरड्यांत इंजेक्शन देऊन इतका लीलया दात उपटला, की मी आश्चर्यचकित होऊन पाहतच राहिलो ! दात उपटण्याची क्रिया इतकी सोपी असेल असे वाटले नव्हते. मी आजवर शत्रूंना आणि शेजाऱ्यांना भांडणाच्या वेळी 'दात उपटून हातात ठेवीन', 'दात घशात घालीन' अशा माझ्या शक्तीचे प्रदर्शन करणाऱ्या धमक्या दिल्या होत्या. त्यांना काहीच अर्थ नव्हता, याची हळहळ दंतवैद्याच्या खुर्चीत असतानाच वाटली.

दंतवैद्याने दात दाखवला. हाच तो खलदंत ! ज्याने माझे बायकोपुढे हसे केले तोच हा नीच दात. नतद्रष्ट ! 'तुला हेच शासन योग्य आहे' असे मी उरलेले दातओठ खाऊन मनाशी म्हणालो. आता पुन्हा तो ठणका लागणार नाही, पुन्हा ते बोळे धरावे लागणार नाहीत. पुन्हा बायकोचा उपदेश ऐकावा लागणार नाही. ह्या विचारांनी मी आनंदाने बेहोश झालो. उरलेल्या दातांना धाक बसावा म्हणून तो काढलेला दात घरी नेण्याचा विचार मनात येऊन गेला; पण त्या दाताची संगतसुद्धा नको असे वाटून मी तो दंतवैद्यालाच अर्पण केला. आनंदाने घरी आलो. दारातूनच ओरडून चार-पाच शेजाऱ्यांना सांगितले, की ''तो तुम्हांला जागवणारा दात गेला. यापुढे दंतसप्ताह नाही.

(१) (i) शक्ती प्रदर्शन करणाऱ्या धमक्या

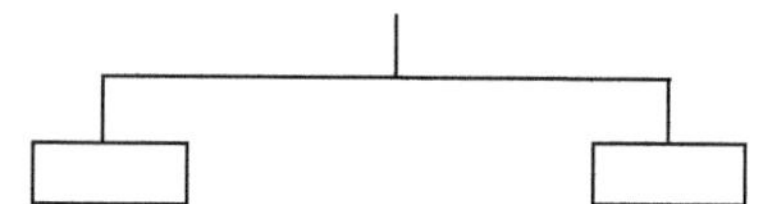

(ii) दंतवैद्याने काढलेल्या दातास लेखकाने दिलेली उपमा

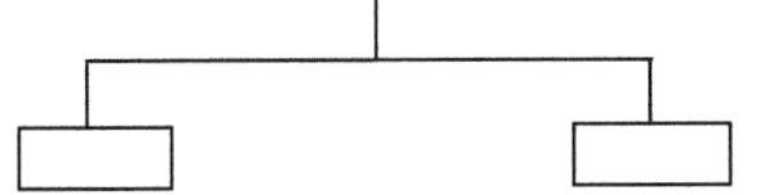

(२) दंतवैद्याने दात काढल्यानंतर लेखक आश्चर्यचकित का झाले ?

(३) लेखकाच्या मनातील दंतवैद्याविषयीची प्रतिक्रिया तुमच्या भाषेत लिहा.

किंवा

लेखकाने शेजाऱ्यांना ओरडून काय सांगितले ? उदाहरणासह लिहा.

(इ) दिलेल्या उताऱ्याच्या आधारे सूचनेनुसार कृती करा.

'नाचे मयूरी' हा चित्रपट अनेकांनी पाहिला असेल. सुप्रसिद्ध नर्तिका सुधा चंद्रन हिच्या आयुष्यावर तो आधारित होता. एका अपघातामध्ये सुधाला एक पाय गमवावा लागला होता. साहजिकच तिचं नृत्य कायमचंच बंद पडण्याच्या मार्गांवर होतं; पण सुधा जयपूरला गेली आणि तिथं तयार करण्यात आलेला कृत्रिम पाय आपल्या गमावलेल्या पायाच्या जागी बसवला. नृत्याची कारकीर्द तिनं नव्यानं सुरू केली आणि त्या कृत्रिम पायाच्या आधारानं तिन भरघोस यश मिळवलं. सुधानं बसवून घेतलेल्या त्या कृत्रिम पायाचंच नाव आहे 'जयपूर फूट', जयपूरमधल्या एका रुग्णालयात तो प्रथम विकसित केला गेला म्हणून त्याला ते नाव मिळालं.

जयपूरच्या रुग्णालयात डॉ. प्रमोद किरण सेठी अनेक विकलांगांवर उपचार करत होत. पोलिओची बाधा झाल्यामुळे दिव्यांगत्व आलेल्या मुलांना पाहून त्यांना एक कल्पना सुचली. पंडित राम चरण शर्मा या कलाकाराला विविध प्रकारची विलक्षण साधनं तयार करताना त्यांनी पाहिलं होतं. त्यांनी पंडितजींना रुग्णालयात येण्याचं आमंत्रण दिलं.

पंडितजींनी रुग्णालयात, ज्यांचे पाय काही कारणांनी गमावले आहेत अशांना परदेशातून आयात केलेले, महागडे कृत्रिम पाय बसवताना पाहिलेलं होतं. ते परवडणारे नव्हते आणि ज्यांना ते परवडणारे होते त्यांचीही चाल काही सुलभ होत असताना त्यांना दिसली नव्हती. ते पाहून त्यांच्या कल्पकतेला आव्हान मिळालं. त्यांनी व्हल्कनाईझ्ड रबर आणि लाकूड या सहजगत्या उपलब्ध असलेल्या कच्च्या मालापासून हालचाल करण्यास सुलभ असा पाय तयार केला. डॉ. सेठी यांनी तो आपल्या एका रुग्णाला बसवून पाहिला. त्यासाठी शस्त्रक्रियेची नवी पद्धत विकसित केली. त्या रुग्णाला त्याचा फायदा झाल्याचं पाहून त्यांनी पंडितजींना आणखी तसेच पाय तयार करायला सांगितलं. आता परदेशातून कृत्रिम पाय आयात न करता हे लाकडी पाय बसवण्याचाच सिलसिला सुरू झाला. सुरुवातीला तर पंडितजींनी बांबूचाच वापर केला होता; पण हळूहळू इतरही पदार्थांचा वापर करायला त्यांनी सुरुवात केली.

आता जगभर त्यांच रोपण केलं जातं. अद्ययावत प्लास्टिक व ॲल्युमिनियम यांचा वापरही आता करण्यात येतो. पण मूळ कल्पना मात्र पंडितजींचीच राहिली आहे.

(१) पुढील घटनांचे उताऱ्या आधारे सूचनेनुसार कृती करा.

(i) अपघातामध्ये सुधाला एक पाय गमवावा लागला

(ii) पंडितजींनी कृत्रिम पाय बसवला

(२) कृत्रिम पायाच्या मदतीने दिव्यांगावर मात करता येते' सोदाहरण स्पष्ट करा.

विभाग २ : पद्य

प्रश्न २.

(अ) पुढील कवितेच्या आधारे सूचनेनुसार कृती करा.

सरी-वाफ्यात, कांदं लावते
बाई लावते
नाही कांदं ग, जीव लावते
बाई लावते
काळ्या आईला, हिरवं गोंदते
बाई गोंदते
रोज मातीत, मी ग नांदते
बाई नांदते
फुलं सोन्याची, झेंडू तोडते
बाई तोडते
नाही फुलं ग, देह तोडते बाई तोडते
बाई तोडते
घरादाराला, तोरण बांधते
बाई बांधते
रोज मातीत, मी ग नांदते
बाई नांदते

(१) (i) कवितेतील स्त्री करत असलेली विविध कामे

(ii) जोड्या लावा

	'अ'		'ब'
1.	नाही कांदं ग, जीव लावते	(a)	गोंदणाच्या हिरव्या नक्षीप्रमाणे शेत पिकाने सजवते.
2.	काळ्या आईला. हिरवं गोंदते	(b)	अतोनात कष्टानंतर हिरव्या समृद्धीच्या स्वरूपात शिल्लक राहते.
3.	ठिरवी होऊन, मागं उरते	(c)	स्वतःचा जीवयच जगु कांद्याच्या रोपाच्या रूपात लावते.

(२) 'नाही बेणं ग, मन दाबते
बाई दाबते
कांद्या-कांद्यांनी, संसार सांधते
बाई सांधते
—असे कवयित्री का म्हणते ?

(३) शेतकरी स्त्रियांच्या कष्टमय जीवनाचे वर्णन कवितेच्या आधारे लिहा.

(आ) **पुढील काव्यपंक्तीतील काव्यसौंदर्य स्पष्ट करा.**

''आश्लेषांच्या तुषारस्नानी
भिउन पिसोळी थन्याथव्यांनी
रत्नकळा उधळित मध्यान्ही
न्हाणोत इंद्रवर्णात वना''

(इ) माणसांच्या मध्यरात्री हिंडणारा सूर्य मी:
माझियासाठी न माझा पेटण्याचा सोहळा !

किंवा

विंचू चावला वृश्चिक चावला.

कामक्रोध विंचू चावला।
तम घाम अंगासी आला ।।धृ।।
पंचप्राण व्याकुळ झाला
त्याने माझा प्राण चालला
सर्वांगाचा दाट झाला।।१।।
मनुष्य इंगळी अति दारुण।
मज नांगा मारिला तिने
सर्वांगी वेदना जाण
त्या इंगळीची।।२।।

दिलेल्या काव्यपंक्तीचे रसग्रहण करा.

विभाग ३: साहित्यप्रकार कथा

प्रश्न ३.

(अ) **दिलेल्या उताऱ्याच्या आधारे सूचनेनुसार कृती करा.**

कथा वाचताना अनेकदा 'आता पुढे काय होणार' अशी उत्सुकता वाचकाच्या मनात निर्माण होते. त्याच्या मनात जिज्ञासा जागी होते. कारण कथानक वाचकाला खिळवून ठेवणारे असते. कथेतील पात्रे आणि प्रसंग यांची गुंफण अशा कौशल्याने केलेली असते, की वाचक त्यात तल्लीन होऊन जातो. वाचकाला वर्तमानातून भूतकाळात घेऊन जाणे आणि पुन्हा वर्तमानात आणणे अशा फ्लॅशबॅक लेखनशैलीमुळे कथा उत्कंठावर्धक होते. यादृष्टीने पाठ्यपुस्तकातील 'शोध' ही कथा एकदा वाचा. त्या कथेतील आकस्मिक वळणे, नाट्यमय प्रसंग, कथेचा अनपेक्षित शेवट या सर्वांमुळे उत्कंठा शेवटपर्यंत कशी टिकून राहते, हे तुमच्या लक्षात येईल.

कथा एककेंद्री असते.

अनुभवाचे, रचनेचे एककेंद्रित्व हे कथेचे वैशिष्ट्य आहे. कादंबरी वा नाटकाप्रमाणे ती बहुकेंद्री नसते. कथेतील प्रसंग, पात्रे, वातावरण मर्यादित असते म्हणूनच ती लहान असते, लघू असते. ती पसरट नसते. तिचे स्वरूप स्फुट (छोटे) असते.

कथा भूतकाळात लिहिली जाते.

सर्वसाधारणपणे कथा भूतकाळात लिहिली जाते. कथेत होऊन गेलेल्या घटनांविषयीचे निवेदन असते. उदा., एक होते गाव. तिथे एक दानशूर माणूस राहायचा; ही अशी वाक्यरचना सर्वसाधारणपणे कथेत आढळते. कथेत एखादी हकीकत असते, घडून गेलेले प्रसंग असतात, त्यांचे वर्णन असते. त्यामुळे आपोआपच कथालेखनासाठी भूतकालीन निवेदनशैली वापरली जाते.

कथेच्या माध्यमातून जीवनाचा वेध घेतला जातो.

कथा मानवी जीवनाचा थेटपणे वेध घेते. ती जीवनस्पर्शी असते. राजाराणी असो वा एखादा टॅक्सीड्रायव्हर, नर्स असो वा गावातला लोकसेवक; त्या प्रत्येकाच्या जीवनातील घटनांचा, भावनांचा, वैचारिक उलथापालथींचा धांडोळा घेण्याची

ताकद कथेत असते. कथेला एकही जीवनविषय वर्ज्य नाही. बालपणी काऊचिऊच्या रूपाने मानवी जीवनात प्रवेश करणारी कथा आयुष्यात ठाण मांडून बसलेली असते. जीवनाचा वेध घेण्याचे हे वैशिष्ट्य कथेची खासियत आहे.

श्रवणीयतेमुळे कथेचे सादरीकरण करता येते.

सादरीकरण म्हणजे सादर केले जाणे, सांगणे, कथन करणे. कथा सादर केली जाते. बालकमेळावे, बालसाहित्य संमेलने इथे आवर्जून कथा सांगितल्या जातात. नाटके, कादंबऱ्या, निबंध वा लेखसंग्रह यांचे कथन फारसे होत नाही; पण कथाकथन मात्र घरोघरी, शाळाशाळांमध्ये, साहित्यविषयक कार्यक्रमांमध्ये नित्यनेमाने घडत असते. कथा सांगणाऱ्या ती मनोभावे सांगणे आणि येणाऱ्याने ती एकचित्ताने ऐकणे ही सांस्कृतिक देवघेव पूर्वी होत होती, आज होत आहे, उद्याही होत राहील.

(१)　(i)　फ्लॅशबॅक लेखनशैली म्हणजे

　　(ii)　कथा लहान असणे कारण

　　　　'कथा वाचकांची उत्कंठा वाढवणे

(२)　'कथा मानवी जीवनाचा वेध घेते' या विधानाचा समजलेला अर्थ तुमच्या भाषेत लिहा.

(आ)

(१)　'शोध' कथेच्या शीर्षकाची समर्पकता तुमच्या भाषेत लिहा.

किंवा

गावात उचापती करणाऱ्या लोकांबद्दल 'गढी' या कथेच्या आधारे तुमचे मत लिहा.

(२)　वाननदीले कदीमधी येणारा पूर आता पटावरच्या आकळ्याइतके आला व्हता' या विधानाचा तुम्हाला समजलेला अर्थ लिहा.

किंवा

कथेतील टॅक्सी ड्रायव्हरने 'जीवनातील वास्तवाचा घेतलेला शोध' तुमच्या भाषेत लिहा.

विभाग ४: उपयोजित मराठी

प्रश्न ४.

(अ) **पुढीलपैकी कोणत्याही दोन प्रश्नांची उत्तरे लिहा.**

(i)　मुलाखतीचे प्रमुख हेतू तुमच्या शब्दांत स्पष्ट करा.

(ii)　माहितीपत्रकाच्या रचनेची कोणतीही दोन वैशिष्ट्ये लिहा.

(iii) वास्तवदर्शी लेखन हा अहवालाचा भाग आहे' हे विधान स्पष्ट करा.

(iv) मुलाखत ही व्यक्तीच्या कार्यकर्तृत्वाची ओळख असते, हे स्पष्ट करा.

(आ) पुढीलपैकी कोणत्याही दोन प्रश्नांची उत्तरे लिहा.

(i) वैद्यकीय सेवेतील परिचारिकेची मुलाखत घेण्यासाठी प्रश्नावली तयार करा.

(ii) अहवाललेखन करताना लक्षात घ्यावयाच्या बाबी स्पष्ट करा.

(iii) माहितीपत्रक म्हणजे काय? ते सोदाहरण सांगा.

(iv) महाराष्ट्रीयन पद्धतीचे सुग्रास भोजन उपलब्ध करून देणाऱ्या भोजनग्रहासाठी कोणते मुद्दे लक्षात घ्याल? उदाहरणासह लिहा.

विभाग ५: व्याकरण व लेखन

प्रश्न ५.

(अ) कंसातील सूचनेनुसार कृती करा.

१) (i) काल फार पाऊस पडला (प्रश्नार्थी करा)

(ii) किती छान आहे हे फूल! (विधानार्थी करा)

(२) पुढील तक्ता पूर्ण करा.

सामासिक शब्द	विग्रह	समासाचे नाव
(i) यथायोग्य	....	....
(ii)	राष्ट्रासाठी अर्पण	....

(३) पुढील वाक्यातील प्रयोग ओळखा.

(i) या चित्तांचे स्त्रोत मला सापडतात.

(ii) खिडकी हलकेच उघडतो

(४) पुढील तक्ता पूर्ण करा.

उदाहरण	सामान्य सिद्धान्त	विशेष गोष्टी
(i) न हे नयन, पाकळ्या उमलल्या सरोजांतील। न हे वदन, चंद्रमा शरदिया	—	—

गमे केवळ

(ii) जो अंबरी उफळतां खूर   —   —
लागला हे
तो चंद्रमा निज तनुवरि डाग
लाहे

(५) जोड्या लावा:

अ गट	ब गट
(क) शंकर पाटील	(i) एका मुंगीचे महाभारत
(ख) योगीराज वाघमारे	(ii) बेगड
(ग) जयंत नारळीकर	(iii) वळीव
(घ) गंगाधर गाडगीळ	(iv) यक्षाची चांदणी

(आ) पुढीलपैकी कोणत्याही एका विषयावर २०० से २५० शब्दांत निबंध लिहा.

१. हुंडा-एक सामाजिक समस्या   २. परीक्षाच नसत्या तर
३. सैनिकाचे मनोगत   ४. आरोग्य हीच संपत्ती
५. लोकशाही आणि निवडणुका

🅰 Answer Key

विभाग १: गद्य

उत्तर १.

(अ)

(१) (i)

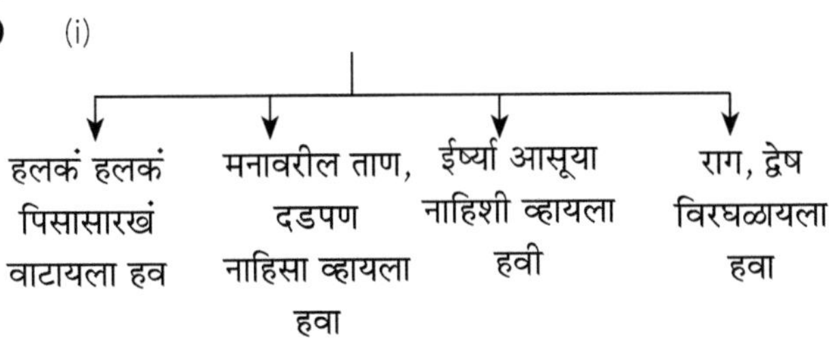

हलकं हलकं पिसासारखं वाटायला हव	मनावरील ताण, दडपण नाहिसा व्हायला हवा	ईर्ष्या आसूया नाहिशी व्हायला हवी	राग, द्वेष विरघळायला हवा

(ii) शेतकरी

मग मात्र 'नाही आनंदा तोटा' अशी अवस्था होते.

(२) खऱ्या आनंदामुळे पुढील गोष्टी घडतात-

(i) खरा आनंद दुसऱ्याच्या दुःखावर पोसला जात नाही.

(ii) खरा आनंद हा केवळ मनालाच हलके करत नाही तर तो चित्रालाही शुद्ध करतो.

(iii) खऱ्या आनंदामुळे सगळं जग छान, सुंदर वाटत असते

(iv) खऱ्या आनंदामुळे आपल्यासारखं सगळ्यांनी मजेत, आनंदात असावं असेही मनात येते.

(३) 'आयुष्य....आनंदाचा उत्सव' या पाठाचे लेखक शिवराज गोर्ले असून, 'मजेत जगावं कसं' या त्यांच्या पुस्तकातून हा पाठ्यांश घटक घेतला असून मानवी जीवनात आनंदाला महत्त्वाचे स्थान असले तरी बरेचदा आनंद म्हणजे काय, तो कसा मिळवावा हे उमगत नाही. खरे म्हणजे आनंद बाहेर नसून अंतरंगात असतो; त्यासाठी आनंदाचे भान त्या व्यक्तीला असावे लागते तरच त्यास आनंदाने, मजेत जगता येते हे येथे लेखकाने हलक्या-फुलक्या शैलीत उलगडले आहे.

जीवनामध्ये त्या व्यक्तीला त्याच्या कार्यासाठी एखादे बक्षीस मिळाले तरी दुसऱ्याला चार बक्षिसे मिळाली आहेत याचे वैषम्य वाटते अथवा त्या एकाला एकही बक्षीस मिळाले नाही याचाच अधिक आनंद होतो. स्वतःला काही मिळणं आणि स्वत: आनंद मिळवणं यापेक्षा दुसऱ्याला आनंद न मिळणे हे ज्यांना महत्त्वाचे वाटते, अशी माणसे आपल्या जीवनात कधीच आनंदी होत नसतात कारण एकमेकांशी तुलना केली की आनंद हा संपतोच कारण खरा आनंद हा दुसऱ्याच्या दुःखावर कधीच पोसला जात नाही. खरा आनंद हा मनाला केवळ हलकंच नाही तर चित्तालाही शुद्ध करत असतो. मनापासून आनंदी असलेल्या माणसास संपूर्ण जग मजेत, आनंदी दिसते त्यास स्वतःच्या मनातील आनंद इतरांसाठीही वाटावा अथवा हा आनंद फक्त दाखवण्याची वा प्रदर्शन करण्याची गरज त्यास वाटत नाही.

किंवा

शिवराज गोर्ले लिखित 'आयुष्य.....आनंदाचा उत्सव' हा पाठ्यांश घटक त्यांच्याच 'मजेत जगावं कसं' या पुस्तकातून घेतला आहे. प्रत्येक व्यक्तीला आनंद हा हवा असतो परंतु तो घ्यायचा कसा हे त्यांना समजत नाही. खरा आनंद हा बाहेर नसून माणसाच्या अंतरंगात असतो. त्यासाठी आनंदाचे भान हे जागे असणे गरजेचे असते. हेच या पाठातून लेखकने आपल्या हलक्या-फुलक्या शैलीत उलगडले आहे. आनंद नेमका कशात असतो ? तो कसा अनुभवायचा ? छोट्या-छोट्या गोष्टीतही आनंद कसा भरून राहिलेला असतो त्याचबरोबर आनंदी राहण्याची सवयं कशी लावून घ्यावी यासाठी विविध उदाहरणांतून लेखकाने मोलाचे मार्गदर्शन केले आहे.

मनवरचा ताण, दडपण नाहीसे होणे म्हणजे माणसाला वाटणारा आनंद, मनातील ईर्ष्या, आसूया नष्ट होणे, राग द्वेष विरघळून जाणे होय. मात्र कार्यकर्तृत्वामुळे एखाद्या व्यक्तीला बक्षीस मिळते. त्याचवेळी दुसऱ्याला चार बक्षिसे मिळाली तर वैषम्य वाटणे वा एखाद्याला एक ही बक्षीस मिळाले नाही म्हणून आनंद होणे चुकीचे असते. कारण स्वतःला आनंदी पाहण्यापेक्षा दुसऱ्यास आनंदी न पाहणे हे ज्यांना महत्त्वाचे वाटते ते आयुष्यात कधीच आनंद मिळवू शकत नाही. आणि हा आनंदही तात्पुरता असतो तो दीर्घकाळ कधीच टिकत नाही. म्हणूनच जर आपण आनंदी असलो तर आपणास संपूर्ण जग आनंदी, असावे उत्साही असावे असे वाटते. स्वतःचा आनंद मनात मावेनासा होतो त्यावेळी आपण हा आनंद सर्वांना वाटण्याचा प्रयत्न करतो. उदाहरण. कॉम्पिटेटिव्ह एक्झाममध्ये मिळालेले यश अथवा खेळाच्या स्पर्धेत राज्यपातळीवर मिळालेले यश हे आपले एकट्याचे नसून त्या यशाचे मानकरी खेळ शिकवणारे शिक्षक व खेळात सहभागी झालेले खेळाडू यांचे असल्याचे स्वीकारणे हाच खरा आनंद असतो. परंतु आपल्या आयुष्यात एखादी दुःखद घटना घडली की आपण आनंदासाठी मनाची दारे कायमची बंद करतो. दुःखातून बाहेर पडण्याचाही प्रयत्न करत नाही तसेच इतरांशीही संवाद साधत नाही मात्र इतरांशी संवाद साधला असता मन एकदम हलके होते. मनातील दुःख, चिंता, टेंशन यांची गर्दी न करता ती कमी कशी होतील याचाही विचार केला तर आपल्या मनात आनंदाला जागा मोकळी होईल. थोडक्यात आपण आपल्या मनावर कसलेही दुःख, दडपण, ताण नघेता खुल्या दिलानं आनंदाचे स्वागत केले तर आनंद हा आनंदाकडे येतो आणि सर्व जग आनंदी वाटते.

(आ)

(१) (i)

<table>
<tr><td>दात उपटून हातात ठेवीन</td><td>दात घशात घालीन</td></tr>
</table>

(ii)

<table>
<tr><td>खलदंत</td><td>नतद्रष्ट</td></tr>
</table>

(२) दातदुखीच्या सततच्या त्रासामुळे लेखकाने दंतवैद्याशी चर्चा करून दुखणारा दात काढून टाकण्याचा निर्णय घेतला असला व लेखकाच्या या निर्णयाशी दंतवैद्य सहमत असले तरी लेखकाच्या मनात दंतवैद्याविषयी अनेक प्रश्न, शंका होत्या. कारण लेखकाने

दहा-बारा वर्षापूर्वी दंतवैद्याबद्दलच्या दंतकथा ऐकल्या होत्या. दंतवैद्याची खुर्ची, दात उपटण्याची प्रक्रिया याबद्दल लेखकाच्या मनात भीतीही होती. परंतु दात काढत असताना प्रत्यक्ष असे काहीच घडले नाही. महत्त्वाचे म्हणजे दंतवैद्य अलीकडे माणसाळलेले असल्याचे लेखकाच्या लक्षात आले. कारण दंतवैद्याने लेखकाच्या हिरड्यांत इंजेक्शन देऊन लीलया दात उपटला त्यामुळे लेखकास आश्चर्य वाटले. दात उपटण्याची प्रक्रिया इतकी सोपी असेल असे लेखकास कधीच वाटले नाही.

(३) सुप्रसिद्ध लेखक, विनोदी लेखक, नाटककार वसंत सबनीस लिखित 'दंतकथा' हा विनोदी ललितलेख 'सबनीशी' मधून घेतला आहे. दाताचे दुखणे हे त्रासदायक असून दातदुखीमध्ये कोणत्याही माणसाची अवस्था केविलवाणी होते आणि दातदुखीसारख्या गंभीर विषयातील प्रसंग लेखकाने विनोदी शैलीत टिपले आहे.

लेखकाची सततची होत असणारी दातदुखी आणि या दातदुखीवर अनेक प्रकारचे उपचार करूनही दातदुखी थांबत नाही. शेवटी लेखक दंतवैद्याशी चर्चा करून दोघांच्या एकमताने दात काढून टाकण्याचा निर्णय घेतात. लेखकाच्या या निर्णयाशी दंतवैद्यही सहमत असले तरी लेखकाच्या मनात दंतवैद्याविषयी अनेक शंका होत्या. भीती होती. कारण लेखकाने दहा-बारा वर्षापूर्वी दंतवैद्याबद्दल काही दंतकथा ऐकल्या होत्या. त्यामुळे दंतवैद्याची खुर्ची, दान उपटण्याची क्रिया अशा गोष्टींबद्दल लेखकास भीती वाटते. परंतु लेखकाचा दात काढल्यानंतर लेखकाची दंतवैद्याविषयी काही प्रतिक्रिया उमटते ती पुढीलप्रमाणे.

(i) अलीकडे दंतवैद्य खूपच माणसाळलेले आहेत. असे दंतवैद्याबद्दलच लेखकाचे प्रामाणिक मत.

(ii) दंतवैद्याने लेखकाच्या हिरड्यात इंजेक्शन देऊन दुखणारा दात सहज उपटून काढल्याने लेखक आश्चर्यचकित होऊन पाहतच राहिले.

(iii) दात काढण्याची प्रक्रिया इतकी सोपी असेल असे लेखकास वाटलेच नव्हते. अशाप्रकारे लेखकाच्या मनात दंतवैद्याविषयीची प्रतिक्रिया होती.

किंवा

सुप्रसिद्ध लेखक, नाटककार वसंत सबनीस लिखित 'दंतकथा' हा विनोदी लेख त्यांच्याच 'सबनीशी' मधून घेतला आहे. मानवी जीवनामध्ये प्रत्येकाच्या वाट्याला दातदुखी ही येतच असते. अशा दातदुखीमध्ये प्रत्येकाचीच केविलवाणी स्थिती होते. या केविलवाण्यास्थितीतून लेखकाचीही सुटका झाली नाही. असे असले तरी लेखकाने दातदुखीसारख्या गंभीर विषयाला नर्मविनोदी शैलीत मांडून सर्वांनाच दातदुखीतील गमतीजमतीचा प्रत्यय आणून दिला आहे.

लेखकाची दातदुखी सुरू होताच शेजारीपाजाराही जमत असत, चौकशी करत, कोणते उपचार कसे करावेत या विषयीही सल्ले देत मात्र लेखकाची दातदुखी तात्पुरती कमी होई व नंतर पुन्हा दातदुखी सुरू होत असे त्यामुळे शेवटी लेखक दंतवैद्याशी चर्चा करून दात काढून टाकण्याचा निर्णय घेतात. दंतवैद्याबद्दल मनात

भीती वाटत असली तरी दंतवैद्याने सहजपणे काढून टाकलेला दात पाहून लेखक आश्चर्यचकित होतात. खरेतर भांडणाच्या वेळी लेखक शत्रूंना वा शेजाऱ्यांना धमक्या देत असत की, 'दात उपटून हातात ठेवीण, दात घशात घालीन' परंतु दात काढून टाकल्यानंतर लेखकास समजते की अशा धमक्यांना काहीच अर्थ नव्हता मात्र दंतवैद्याने दात दाखवला आणि लेखकाने त्यास खलदंते, नीच दात, नतदृष्ट अशा उपमा दिल्या. कारण याच दाताने लेखकाचे त्यांच्या बायकोपुढे हसे केले होते. आता मात्र पुन्हा दाताला ठणका लागणार नाही. उपचारास्तव पुन्हा दाताखाली बोळे धरावे लागणार नव्हते आणि बायकोचा उपदेश ही ऐकावा लागणार नव्हता या विचाराने लेखक आनंदी झाले खरे. शिवाय उरलेल्या दातांना धाक बसावा यासाठी काढलेला दात घरी न्यावा असेही लेखकास वाटते. पण दुसऱ्याक्षणी त्या दाताची संगतसुद्धा नको असे वाटल्याने लेखकाने तो दात दंतवैद्याकडेच ठेवला. लेखक घरी आनंदात आले आणि त्यांनी शेजाऱ्यांना आपल्या दारातूनच सांगितलेली की, 'रात्री तुम्हाला जागवणारा दात गेला'. यापुढे दंतसप्ताह होणार नाही. असे ओरडून सांगितले. याचे कारण म्हणजे लेखकाची दातदुखी सुरू झाली की शेजाऱ्यांचेही जागरण होत असे. अशाप्रकारे आपल्या दाताविषयी लेखकाने शेजाऱ्यांना ओरडून सांगितले.

(इ)

(१)

(i) तिचे नृत्य कायमचे बंद पडण्याच्या मार्गावर होते.

(ii) सुधाने नृत्याची कारकीर्द नव्याने सुरू केली.

(२) डॉ. बाळा फोंडके यांनी 'जयपूर फूटचे जनक' हा आकलनात्मक पाठ लिहिला आहे. या पाठमध्ये सुप्रसिद्ध नृत्यांगना सुधा चंदन हिचा अपघातामध्ये पाय गेल्याने तिने जयपूर रुग्णालयात जाऊन कृत्रिम पाय बसवला व पुन्हा आपल्या नृत्याला सुरुवात केली. ज्यामुळे 'नाचे मयूरी' हा चित्रपट तिच्या जीवनावर आधारित निर्माण झाला व तो तितकाच प्रसिद्ध झाला. त्या पायाची निर्मिती कशाप्रकारे झाली ? त्याचे जनक कोण याविषयीच्या माहितीवर प्रकाश टाकला असून कृत्रिम पायाच्या आधारे दिव्यांगत्वावर मात करता येते हे स्पष्ट केले आहे.

डॉ. प्रमोद किरण सेठी यांनी विनंती केल्याने पंडित राम चरण शर्मा यांनी आपल्याच देशात कृत्रिम पाय तयार करणे सुरू केले. या कृत्रिम पायामुळे उभे राहता येते याचे उत्तम उदाहरण म्हणजे सुप्रसिद्ध नृत्यांगना सुधा चंदन. सुधा चंदन यांचा अपघात झाला असताही या दुःखावर मात करती त्यांनी कृत्रिम पाय बसवून नृत्यावर मेहनत घेतली. सरावामुळे त्यांना पहिल्यासारखा नृत्य करता येवू लागले. जेणेकरून त्यांच्या या नृत्यसाधनेवर आधारित 'नाचे मयूरी' हा चित्रपट काढला व तो तितकाच प्रसिद्धही झाला. अशाप्रकारचे अनेक दिव्यांग आपल्या अवतीभोवती असून ते कृत्रिम पायाच्या मदतीने सर्व संकटावर मात करून स्वतःची कामे स्वतःच करतात याशिवाय ते मोठ्या प्रमाणात सामाजिक कार्यही करतात. उदाहरण: नसीमा हुरजूक यांनी दिव्यांगासाठी कोल्हापूर शहरालगत बिनपायऱ्यांचे घर बांधले. कृत्रिम पाय तयार करण्याची संस्थाही सुरू केली. थोडक्यात कृत्रिम पायाच्या मदतीने दिव्यांगावर मात करता येते हेच स्पष्ट होते.

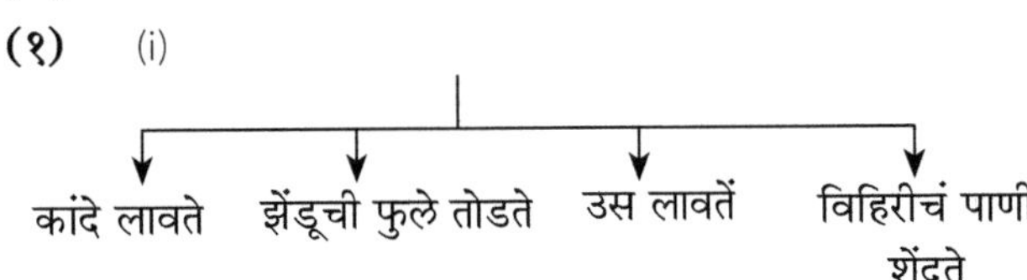

उत्तर २.

(अ)

(१) (i)

(ii)   1-(c), 2-(a). 3-(b)

(२) कल्पना दुधाळ यांच्या 'रोज मातीत' या कवितेतील दिलेली काव्यपंक्ती असून ही कविता त्यांच्याच 'सीझर' कर म्हणतेय माती' या काव्यसंग्रहातून घेतली आहे.

उसाची लागण करताना त्याच्या अगोदर एक इतभर डोळे असलेले पाहून कांड्या केल्या जातात. अशा कांड्यांना 'बेणं' उसे म्हणतात. हे बेणं शेतातील सरीवर ठेवून ते पायाने दाबून मातीत गाडले जाते. वरील पंक्तीतून शेतकरी कुटुंबात संसार करणारी, उद्याचे स्वप्न पाहणारी तसेच संपूर्ण कुटुंबालाच सुख-समृद्धी, ऐश्वर्यसंपन्न पाहण्यासाठी स्वतःच्या मनाचा यत्किंचितही विचार न करता अहोरात्र शेतात राबत असते. ती कांड्याकांड्यानी संसार साधत आहे. शेतातील छोट्या-छोट्या तसेच कष्टप्रद अशा कामांतून आपल्या संसाराला हातभार लावते. तिच्या या अंगमेहनतीने शेतकरी कुटुंबाची समृद्धीच होताना दिसते.

कवितेतील स्त्रीसुद्धा अशाच शेतकरी कुटुंबातील कष्टप्रधान महिलेचे प्रतिनिधित्व करते. प्रत्यक्ष कवयित्री ही शेतकरी कुटुंबातील असून शेतकरी जीवनाशी अतिशय अंतर्मुख होऊन विचार करताना दिसते. आणि म्हणूनच उसाच्या बेण्याच्या लावणीच्या प्रत्ययकारी चित्रणातून त्या स्त्रीची संसार करण्याची वृत्ती, शेतीमय झालेले तिचे जीवन म्हणजे स्वतःच्या मनाला सतत दाबून टाकत संपूर्ण कुटुंबाचा विचार करणारी ही कष्टकरी महिला श्रेष्ठ वाटते. तिच्या मनातील घरातील माणसांविषयीच्या भावना, शेतीविषयी, शेतीपूरक कामांविषयी आत्मीयता स्पष्ट होते. जीवनातील संघर्षलाही ती सहजपणे सामोरी जाते. अशाप्रकारच्या सततच्या कष्टांतून आपल्या संसाराला ती हातभार लावते आहे.

(३) प्रसिद्ध कवयित्री 'कल्पना दुधाळ' यांनी 'रोज मातीत' ही कविता लिहिली असून', सीझर कर म्हणतेच माती' या काव्यसंग्रहातून ती घेतली आहे.

आपला संसार सुखी होण्यासाठी दररोज मातीत दाबणाऱ्या शेतकरी कष्ट करणाऱ्या स्त्रीची मनोव्यथा या कवितेत मांडली आहे. आपल्या ओढग्रस्त अशा संसाराला हातभार लावण्यासाठी आपल्या कुटुंबाला, सुखी-समृद्धी, ऐश्वर्यसंपन्न बनविण्यासाठी उन्हातान्हाची पर्वा न करता कांद्याच्या रोपांची ती लावणी करत आहे. सरी-वाफ्यात एक-एक रोप लावताना जणू काही आपला जीव लावतो आहे. काव्या आईच्या भाळवर गोंदणाच्या हिरव्या नक्षीप्रमाणे ती शेत पिकाने सजवते आहे.

आपल्या शेतातील सोन्याची फुले (झेंडूची फुले) तोडत असता आपण आपला देहच तोडत आहोत असे या स्त्रीला वाटते आणि अशा या देहरूपी झेंडूच्या फुलाचे तोरण घरादाराला ती बांधते. तोरणाच्या रूपात ती घरातील आनंद शोधण्याचा प्रयत्न करते. त्यासाठी ती आपला देह अखंडितपणे कष्टविते आहे.

सरीवर उसाचे बेणं लावते. नद्रतय उसाच्या बेण्याप्रमाणेच ही स्त्री आपल्या कुटुंबाला ऐश्वर्यसंपन्न बनवताना आपल्या मनातील इच्छ-आकांक्षा दडपून टाकते. आपल्या मनाचा, इच्छ-आकांक्षाचा विचार न करता छोट्या-छोट्या कामातूनही संसाराला हातभार लावते आहे. संसार सावरते आहे. त्यासाठीच ती रोज मातीत राबते आहे. उन्हातान्हात, वादळवाऱ्यात राबणे, कष्टाची कामे करणे हे तर तिचे रोजचेच असते. तिच्या या कर्तृत्वाचे प्रतीक म्हणजे तिच्या या शेतात सर्वत्र हिरवाई दिसते कवयित्रीला जणू काही ही स्त्रीच मागे शेतात हिरवी होऊन उरली आहे असे वाटते. खोल विहिरीचे पाणी शेंदत संसार करणारी स्त्री आपल्या कर्तृवाचे फळ शेतातल्या हिरवाईतून दाखवते. रोजचेरोज मातीत अखंडितपणे कष्ट, श्रम करते आहे नांदते आहे. अशाप्रकारे कष्ट करणारी, रोज मातीत राबणारी ही स्त्रीमातीशी एकरूप होऊन भारतीय कृषिसमृद्धिसाठी योगदान देताना दिसते. कवयित्रीने रोज मातीत राबणाऱ्या कष्टकरी स्त्रीच्या अंतर्मनाचा शोध अंतर्मुख होऊन घेतल्याने तिच्या मनातील जिद्द, कष्टाळू वृत्ती, मातीत रुजण्याची भूमिका, काळ्या मातीच्या आणि समृद्धीच्या गोंदणाची नक्षी पाहणारी व शेवटी हिरवी होऊन उरणारी म्हणजेच अतोनात कष्टानंतर हिरव्या समृद्धीच्या स्वरूपात शिल्लक राहणारी स्त्री अतिशय तरल अशा संवेदनेच्या पातळीवरून रेखाटली असल्याने ही कविता प्रत्यक्षतेची अनुभूती देते. अशाप्रकारे शेतकरी स्त्रियांच्या कष्टमय जीवनाचे वर्णन केले आहे.

(आ) 'रे थांब जरा आषाढघना' या कवितेचे कवी बा.भ. बोरकर असून त्यांच्या 'चैत्र पुनव' या काव्यसंग्रहातून ही कविता घेतली आहे. निसर्गसौंदर्य हा त्यांच्या कवितेचा विषय असून या कवितेत निसर्गप्रतिमांची योजना करून तीव्र संवेदनशीलता व नादमयतेचे येथे दर्शन घडविले आहे.

निसर्गला सौंदर्याने परिपूर्ण नटविणारे आश्लेषा हे नक्षत्र असून या नक्षत्रातील पावसाच्या वर्षावामुळे संपूर्ण सृष्टी हिरवाईच्या जादूने नटलेली असून या पावसाच्या वर्षवाला घाबरून आपले रत्नजडित पंख पसरवित, सोनेरी रंगाची उधळण करत फुलपाखरांचे थवे उडतात. नयनरम्य अशा हिरवाईच्या नाना छटांनी नटलेली धरती पाहण्यासाठी, अनुभवण्यासाठी कवी आषाढघनाला थांबवित आहे. महत्त्वाचे म्हणजे पाऊस थांबताच आषाढघनांच्या वर्षावात न्हाऊन निघालेला इंद्रधनुष्य निसर्गसौंदर्याला परिपूर्ण करेल, त्याच्या सौंदर्यात अधिक भर घालेल. अशाप्रकारचा आकाशात दिसणारा इंद्रधनुष्य अद्वितीय असे निसर्गसौंदर्य घडवू पाहत आहे. या कडण्यामध्ये तुषारस्नानी, पिसोळी, रत्नकळा, इंद्रवर्ण अशा अर्थपूर्ण प्रतिमांनी नटलेले शब्द योजले आहेत. तसेच तुषारस्नानी, थव्याथव्यांनी, मध्यान्ही अशा यमकांची योजना करत असल्याने नादमयता निर्माण होते. तसेच शब्दांच्या चपखल वापरातून स्पष्ट होणारी अर्थच्छटाही आशयाला गतिमानता प्राप्त करून देते.

कवितेतून व्यक्त झालेले हे निसर्गसौंदर्य मानवी मनातील उत्कट अनुभवाचा प्रत्यय आणून देतात. कवितेतून व्यक्त झालेला हा भावाविष्कार संवेदनशीलतेचा चैतन्यदायी प्रत्यय दिल्यावाचून राहत नाही.

(इ) कविवर्य गझलसम्राट सुरेश भट लिखित 'रंग माझा वेगळा' या गझलमधील या ओळी असून त्यांच्याच 'रंग माझा वेगळा' या गझलसंग्रहातून ही कविता घेतली आहे.

वरील काव्यपंक्ती या सामाजिक आशयाच्या असून ज्यांचे आयुष्य दुःखाने, नैराश्याने अंध:काराने व्यापले आहे, समाजामध्ये जो वर्ग अन्यायाखाली भरडला जातो त्यांच्यासाठी आपण पेटून उठणारा सूर्य आहोत असे कवी येथे आत्मविश्वासाने सांगतात. माणसांच्या 'मध्यरात्री' मध्यरात्र हे अंधाराचे प्रतीक असून त्यात मानवी जीवनातील दु:ख सामावले आहे. या दु:खावर मात करण्यासाठी प्रकाशाची आवश्यकता आहे. 'सूर्य' संपूर्ण जगाला उजळून टाकणारा, मानवी जीवनाला प्रकाशमान करणारा, यशाचे प्रतीक असून अशा अन्यायी, दु:खी माणसाला आपण योग्य दिशा देणार आहे. त्यासाठी अन्यायग्रस्त माणसाच्या मध्यरात्री त्यांना प्रकाश दाखवणे आपण सूर्य असून हा सूर्य पेटविण्याचा जो उत्सव, सोहळा आहे, तो माझ्यासाठी नसून ज्यांचे जीवन अंध:काराने व्यापले आहे त्यांच्यासाठी काहीतरी करण्याची प्रखर इच्छा कवीच्या मनात बळावते. हेच या ओळींतून स्पष्ट होते. अर्थपूर्ण प्रतिमांच्या वापरातून सूचक अर्थ स्पष्ट करण्याची ताकद येथे सहज पाहावयास मिळते. काव्यपंक्तीतून व्यक्त होणारा भाव हा वाच्यार्थपलीकडील असून कविमनातील भावनांचा तो प्रत्ययकारी आविष्कार आहे या आविष्कारातूनच आपणास कविमनाच्या संवेदनशीलतेचेही दर्शन घडते.

किंवा

श्रेष्ठ संतकवी संत एकनाथ यांनी 'विंचू चावला' हे रूपकात्मक भारूड लिहिले असून त्यांच्याच श्री सकलसंचगाथा खंड-२ मध्ये ते समाविष्ट आहे. 'विंचू' या सरपटणाऱ्या विषारी प्राण्याला वृश्चिक असे म्हणतात. भयंकर वेदना देणारा हा विंचू परंतु संत एकनाथांना या भारूडामध्ये योजलेला विंचू हा या विषारी प्राण्यापेक्षाही अतिभयंकर असल्याचे सुचवायचे आहे. 'विंचू' हे काम आणि क्रोध या विकारांचे प्रतीक म्हणून योजले आहे. काम म्हणजे मनामध्ये असलेली अनिर्बंध इच्छा तर क्रोध म्हणजे राग, संताप. व्यक्तीच्या मनात जेव्हा अनिर्बंध इच्छा व क्रोध निर्माण होतात तेव्हा त्याचे जीवन दूषित होते. जेव्हा माणसाला काम-क्रोधाची बाधा होते तेव्हा तो विंचू चावल्याप्रमाणे बेताल-स्वैर वर्तन करतो. विंचवाच्या या चावण्यामुळे संपूर्ण शरीरात विष भिनते व हे विष भिनल्यामुळे मानवाच्या शरीरातील पंचप्राण हे व्याकूळ होतात. नाशवंत शरीरातून ते बाहेर निघून चालल्यासारखे वाटतात. कारण संपूर्ण शरीरदेहामध्ये असह्य वेदना होतात. काम-क्रोधाची बाधा झाल्यामुळे जीवन हे अविचारी बनते. विंचू दंशामुळे होणारे परिणाम या दोन्ही कडव्यांतून सांगितले असून शेवटच्या कडव्यात या विंचवासारखीच समाजात सुद्धा माणसाची जात वावरत आहे. अशा या विषारी जातीला 'मनुष्य इंगळी' असे अर्थपूर्ण विषेषन कवीने योजले असून 'मनुष्य इंगळी' ही विंचवापेक्षाही अतिभयंकर असून तिने सद्वर्तनी माणसास दंश केल्याने संपूर्ण शरीरभर होणारी वेदना प्रत्येकाने जाणून घेतली पाहिजे. असे संत एकनाथांना वाटते.

समाजामध्ये 'मनुष्य इंगळी' च्या रूपात दुर्जन माणसे जागोजाग फिरताना दिसतात. अशी माणसे आपल्यातील दुर्वर्तनामुळे समाजातील माणसांचा नाश करू पाहत आहेत. त्यांच्या सहवासाचा परिणाम विंचवाच्या दंशाहून भयानक होतो. त्यामुळे सद्वर्तनी माणसांनी अशा घातकी दुर्जनांपासून दूर राहून आपला विकास साधावा. कामक्रोधरूपी विकारांपासून, दुर्जनांपासून, दुर्वर्तन करणाऱ्यांपासून दूर राहिले तरच स्वत:चा व इतरांचाही विकास होताना दिसतो. या भारूडामध्ये अल्पाक्षरांतून गर्भितार्थ

सांगण्याची कला, सामर्थ्य हे संत एकनाथांच्या शब्दातून व्यक्त होते. विंचू, पंचप्राण, मनुष्यइंगळी अशा वास्तववादी प्रतिमा सूचक अर्थ स्पष्ट करतात. एखादी गोष्ट घडताच त्याचे होणारे परिणामही स्पष्ट करण्याची ताकद या शब्दांतून दिसून येते. संपूर्ण भारूडाची रचनाही नाट्यपूर्ण असल्याने चटकन पकड घेणारी आणि चिंतन-मननाच्या पातळीवर जाऊन विचार करायला लावणारी वाटते. थोडक्यात सर्वसामान्यांनी दुर्जनाची संगत न करता सत्त्वगुणाच्या आश्रयानेच आपल्या आयुष्याची वाटचाल करावी असा पारमार्थिक नीतीचा उपदेश येथे संत एकनाथांनी केला आहे.

विभाग ३: साहित्यप्रकार—कथा

उत्तर ३.

(अ)

(१)   (i) वाचकाला वर्तमानातून भूतकाळात घेऊन जाणे आणि पुन्हा वर्तमानात आणणे.

    (ii) कथेतील प्रसंग, पात्रे, वातावरण हे मर्यादित असते.

(२) कथा ही जीवनस्पर्शी असते. राजाराणी, टॅक्सीड्रायव्हर, नर्स, लोकसेवक असो त्या प्रत्येकाच्या जीवनातील घटनांचा, भावभावनांचा, वैचारिक उलथापालथींचा धांडोळ घेण्याचे सामर्थ्य कथेत असते. कथा या साहित्यप्रकाराला कोणताच जीवनविषय वर्ज्य नसतो मानवी जीवनाचा विचार करना त्याच्या बालपणापासूनच कथेने मानवी जीवनात प्रवेश केलेला असतो. अशाप्रकारे कथा ही मानवी जीवनाचा थेट वेध घेताना दिसते.

(आ)

(१) सुप्रसिद्ध कथालेखक व.पु. काळे लिखित 'शोध' ही कथा त्यांच्या 'मी माणूस शोधतोय' या कथासंग्रहातून घेतली असून वपुंनी 'शोध' ही वैशिष्ट्यपूर्ण कथा लिहिली असून कथा-रचनेच्या तंत्राची अनेक वैशिष्ट्य या कथेत स्पष्टपणे आढळतात.

एक रुपयाच्या नोटेवरून जे संघर्षात्मक वातावरण निर्माण होते या प्रसंगापासून कथानकाची सुरुवात होते. 'अनु इनामदार' ही महत्त्वाची प्रमुख व्यक्तिरेखा असून या व्यक्तिरेखेभोवतीय संपूर्ण कथानक फिरत असताना दिसते.

कथेचा नायक व मुक्ता यांनी भिडे दांत्यांना सुटे पैसे देण्यासाठी अनू घरात नसताना तिच्या टेबलावर काचेखाली ठेवलेली १ रुपयाची नोट अनूला न विचारता घेतली मात्र तिच नोट परत मिळविण्यासाठी तिचा जो शोध घेतला जातो. तो शोध म्हणजे ही कथा होय.

कथानकातील महत्त्वपूर्ण प्रसंग: 'अनु' च्या एक रुपयाच्या नोटेचा शोध घेण्यासाठी कथेतील नायक, मुक्ता व अनू घराबाहेर पडतात आणि कथानकाला सुरुवात होते.

कथेच्या सुरुवातीस कथेतील नायक भिडे दाम्पत्यास एक रुपयाची नोट अनूला न विचारता देतो व भिडे दाम्पत्य ती नोट टॅक्सीड्रायव्हरला देतात. परंतु भिडे दाम्पत्य घरी जात असतानाच त्यांच्या टॅक्सीला अपघात होतो. व या अपघातात टॅक्सीखाली एक म्हातारा सापडतो मात्र टॅक्सी चालकाच्या चांगुलपणामुळे भिडे दाम्पत्य त्या टॅक्सीड्रायव्हरला वाचविण्यासाठी पोलिस स्टेशनला सोबत जाऊन जवाब देतात. सामाजिक बांधिलकीचे भान ठेवून टॅक्सीड्रायव्हरने त्या म्हाताऱ्यास नायर रुग्णालयात अॅडमिट केले. मात्र म्हाताऱ्याच्या जगण्याची आशा नव्हती अनू इनामदारच्या एक

रुपयाच्या नोटेच्या शोधाचा प्रवास भिडे दाम्पत्याच्या घरापासून → टॅक्सीचालक → टैक्सीचालकाकडून पोलिस स्टेशनमध्ये → तिथून समोरील हॉटेलमध्ये मालकाकडे ती नोट मिळते. अनु इनामदारला ती नोट मिळाल्यामागचे रहस्य-तिला आलेला हृदयस्पर्शी अनुभव व त्यातील भावनिक गुंतागुंत स्पष्ट होते. इथे टॅक्सीचालकाने जीवनातील वास्तवाचा घेतलेला शोध न भाने अनुला समजावून सांगिलेले मानवी जीवनाचे तत्त्वज्ञान आणि शेवटी सापडणाऱ्या वस्तूचा शोध घ्यावा पण हातीन येणाऱ्या गोष्टीचे काय ? याचे उत्तर सापडत नाही. जीवनातील कटू सत्य अशा प्रसंगातून सामोरे येते.

या सर्व प्रसंगाची केंद्रबिंदू 'अनु इमानदार' ही व्यक्तिरेखा असून ती स्वतंत्र विचाराची परखड मनोवृत्तीची, विक्षिप्त वाहणारी, मनातून अतिशय संवेदनशील, भावुक, माणसांना जिंकणारी, प्रेमळ स्वभावाची अशीही व्यक्तिरेखा जिथे सुख-दुःख सहज पहायला मिळेल अशा वैद्यकीय क्षेत्रात नर्स म्हणून आनंदाने काम करते. हे क्षेत्रही ती स्वविचाराने निवडून आत्मविश्वासातून पुढे जाणारी भावनिक गुंतागुंतीतून एक रुपयाच्या नोटेचे वाटणारे महत्त्वही तिच्या दृष्टीने महत्त्वाचे ठरते मात्र टॅक्सीड्रायव्हरची मुलगी त्याल सोडून कायमची निघून गेलेली ती परत न येणारी त्यासाठी माणसाने बदलले पाहिजे. अशा प्रसंगातून जीवनातील वास्तवाला सामोरे जाण्यासाठी ड्रायव्हरसारखी नजर असली पाहिजे हे त्याच्या लक्षात येते आणि माणसाने भूतकळात कधीही अडकू नये कारण जो भूतकाळात अडकतो त्याचे भविष्य खराब होते. एकूणच कथानकातील विविध प्रसंगातून कथानकाला मिळणाऱ्या कलाटण्या मनाला वेडावून टाकतात.

नोटेच्या शोधासाठी फिरणारे कथानक शेवटी रहस्याचा उलगडा करते. कथेचा विषय प्रसंग, पात्र यांना अनुसरून कथालेखकाची भाषाशैलीही जीवनव्यवहाराला सुखद करणारी असून त्यातील संवादशैलीही नाट्यात्म दर्शन घडविते. कथेच्या शीर्षकाप्रमाणे आपले मनही सतत शोधत राहते आणि आपणासही अनेक गोष्टींचे रहस्य समजते आणि मग आपणही जीवनातील वास्तवाला सामोरे जातो. त्या दृष्टीने या कथेचे शीर्षक शोध हे समर्पक आहे.

किंवा

सुप्रसिद्ध कथालेखिका डॉ. प्रतिमा इंगोले लिखित 'गढी' ही कथा त्यांच्या 'अकसिदीचे दान' या कथा संग्रहातून घेतली आहे.

सातपुढ्याच्या कुशीत बसलेल्या गावात वानंदीने लहानपणी दिलेले दान घेऊन बापू गुरुजींनी त्यांच गावात समाजकार्याला सुरुवात केली. गावात शाळा नसल्याने गावातील मुलांना शिक्षणासाठी तालुक्याच्या गावी जावे लागते त्यासाठी सर्वप्रथम बापू गुरुजींनी गावात शाळा सुरु केली. मुलांसाठी शाळेतच तालीमखाना सुरु केला. गावात वाचनालय सरू केले. शाळेसाठी मुले इतरगावाहूनही येत त्यामुळे त्यांना राहण्यासाठी बोर्डिंगची उभारणी केली. ही सर्व कामे बापू गुरुजी निःस्वार्थ भूमिकेतून करत होती त्यामुळे गावातील माणसे गुरुजींच्या प्रत्येक शब्दाला किंमत देत होती. त्यांच्याशी आदराने, मानाने वागत होती दिवसेंदिवस गुरुजींचं वाढणारे वजन, त्यांना मिळणारा आदर, सन्मान हे गावातील काही लोकांना (खुपू लागले) सहन होईनासे झाले.

गुरुजींच्या या नि:स्वार्थी कार्यामुळे गावातील लोकांच्या स्वार्थीपणाला आळा बसू लागला. कारण प्रत्येक गावातच असा विरोधकांचा गट असतो जो भ्रष्टाचारी, स्वार्थी हेतूने काम करतो व जो नि:स्वार्थीपणे कामे करतो. त्यांच्या कामात सतत अडचणी निर्माण करण्याचे कार्य विरोधी गट करत असतो. त्यासाठी तो अपप्रचार करतो, माणसांना भडकवितो. गावाच्या फायद्यापेक्षा नुकसान कसे होईल या कडेच अधिक लक्ष देणारा म्हणजे गावात उचापती करणाऱ्यांचा गट असते. तो माणसामाणसात सतत संघर्ष निर्माण करतो अशाप्रकारे कुटील कारस्थाने करणारा एक वर्ग जो स्वातंत्र्यप्राप्तीनंतर ही गावात कार्यरत होता याचे दर्शन लेखिकेने घडविले आहे. या उचापती करणाऱ्या वर्गनि गावात बापू गुरुजींच्या प्रयलाने चालु होणारे पोस्ट बंद करून टाकले. गावासाठी चांगली सडक होऊ दिली नाही. गावात चालु होणाऱ्या दवाखान्यास विरोध केला. गावातील लोकांना गुरुजींविरोधात भडकविले व गावाची स्थिती 'जैसे थे' केली. अशा लोकांना मोबदला न देता कामे करवून घेण्याची सवय असते' ही गावाच्या दृष्टीने मोठी अडचण असते.

उचापती करणाऱ्या लोकांना त्याच्याशी काहीच देणे घेणे नसते. त्यांना फक्त त्यांनी चुकीची कामे केली तरी त्यांची गावभर स्तुती व्हावी असे वाटत असते. गावात त्यांचे वजन असावे, गावकऱ्यांनी त्यांना किंमत द्यावी. असेही वाटते परंतु अशा व्यक्तीकडून गावाचा कसलाच विकास होत नाही झालाच तर तो भ्रष्टाचाराच्या मार्गाने केला जातो. ज्याचे परिणाम लगेच दिसून येतात. उदा. गावातील रस्ते हे कधीच दीर्घकाळ टिकणारे, पक्के केले जात नाहीत. उलट अशा योजनांतून वारंवार पैशाची अफरातफर होते. भ्रष्टाचार होतो. जे प्रत्येक गावात थोड्याफार फरकाने असे चित्र दिसून येते. अशाप्रकारचे ज्वलंत प्रश्न लेखिकेने येथे सहजरित्या मांडले आहेत.

(२) डॉ. प्रतिमा इंगोले लिखित 'गढी' या कथेत स्वातंत्र्यानंतरच्या विकासाच्या वाटेवरील गावागाड्या समोरचे प्रश्न, ते सोडविण्यातील अडचणी व ग्रामसुधारणेसाठी निष्ठापूर्वक झटणारे बापू गुरुजीसारखे समाजसेवक यांचे वर्णन या कथेत आले असून लेखिकेने ही कथा वैदर्भी बोलीत रेखाटली आहे. वाननदीच्या प्रतीकातून गावात होणारे स्थित्यंतरेही येथे आपणास पाहावयास मिळतात.

सातपुड्याच्या कुशीत वसलेल्या गावाला चिकटून वाननदी झुळुझुळू वाहत आहे. तिच्या या वाहण्यामुळे गावाचा कशाशीच कमी नाही. गावातील जमिनही कसदार, लोण्यासारखी मऊ, अमाप धान्य देणारी त्यामुळे गावचे लोक या नदीचे तोंडभरून कौतुक करतात. तिच्याच जलशयात पोहतापोहता गुरुजींचे बालपन गेलेले. याच नदीने गुरुजींना गावाच्या विकासाचे स्वप्न दाखविले. तिनेच गुरुजींना या कार्याचे वाण दिले. तसे गुरुजी शिक्षणासाठी तालुक्याच्या गावी गेले व शिक्षण संपताचते आपले स्वप्न पूर्ण करण्यासाठी गावी आले. त्यांनी नोकरीसाठी शहर न गाठता गावातच ZP ची इयत्ता चौथीपर्यंतची शाळा सुरू केली. त्यामुळे गावातील मुलांचा शिक्षणासाठी तालुक्याचा जाणारा ओघ कमी होऊन ते मुले गुरुजींनी सुरु केलेल्या शाळेत येवू लागली. आजूबाजूच्या परिसरातील मुलेही शाळेच्या पटावर नाव

घालू लागली. इयत्ता चौथींनंतर पुढे सातवीपर्यंत बापू गुरुजींनी शाळेचे वर्ग वाढविले. मुलांना राहण्यासाठी बोर्डिंग बांधले. या सुविधांमुळे वाननदीला अधूनमधून जसा पूर येतो तशाचप्रकारे गुरुजींच्या शाळेतही मुलांची संख्या वाढू लागली. तसे गुरुजीही शाळेतील मुलंवर जीवापाड प्रेम करत 'संपन्न' सारख्या मुलाला मानसपुत्र मानले. रात्री–अपरात्री कंदिलाच्या उजेडात गुरुजी मुलांचा अभ्यास घेत. त्यांना शिकवत, त्यांना पहाटे उठवत. मुलांनी शरीरसंपदा टिकावी यासाठी शाळेतच गुरुजींनी तालीमखाना काढला त्यामुळे वाननदीला कदीमदी येणारा पूर आता पटावरच्या आकळ्याइतके आला व्हता असे लेखिका म्हणते कारण गुरुजींच्या या प्रयलामुळे शाळेतील पटावरची विद्यार्थी संख्या दिवसेंदिवस वाढत होती. हे गुरुजींच्या प्रयलाचे यश म्हणावे लागेल.

किंवा

सुप्रसिद्ध कथालेखक व. पु. काळे लिखित 'शोध' या कथेत 'टैक्सीड्रायव्हर' हे पात्र असून कथेतील कथानकाला मोठी कलाटणी देणारे हे महत्त्वाचे पात्र आहे.

कथेतील प्रमुख व्यक्तिरेखा 'अनू इनामदार' नर्स म्हणून के. ई. एम. हॉस्पिटलमध्ये काम करत असताना आठ-नऊ वर्षाची 'सुनीता' नामक मुलगी हॉस्पिटलमध्ये अॅडमीट होते. मृत्यूपूर्वी तिच्या वेदना 'अनू' ने कमी केल्याने खूश होऊन आपल्या खाऊतील एक रूपयाची नोट त्यावर 'सुनीता' असे लिहून तिला भेट देण्यासाठी ती आईजवळ देते व कायमची डोळे मिटते. अनूच्या या एक रुपयाच्या नोटेचा शोध घेतल्यानंतर त्या नोटेमागचे रहस्य 'अनू' कडून सर्वांना समजत अन् सर्वत्र शांतता पसरते. या शांततेचा भंग करत टॅक्सीड्रायव्हरने मानवी जीवनातील वास्तवाचा शोध घेतला. त्याने एक रुपयाच्या नोटेच्या शोधानंतर आपली स्वतंत्र अशी भूमिका मांडली आहे. आपण आपल्या व्यवसायामध्ये व्यवहारी बनने गरजेचे असते. हे समजावून सांगताना टैक्सीड्रायव्हर आपल्याच क्षेत्रातले उदा. देतो. असे पेशंटमध्ये अडकून चालणार नाही शिवाय माणूस भूतकाळात अडकला की संपले. त्यामुळे भविष्यकाळ ही खराब होतो आणि म्हणुनच आपली एखाद्या ड्रायव्हरसारखी नजर एकदम समोर असावी लागते असे सांगून तो आपले स्वत: चे उदाहरण देतो. माझा पेशा टॅक्सीड्रायव्हरचा असून तो नव्याने सुरू केला असून या टैक्सीत एखादी सुंदर व्यक्ती येवून बसते तेव्हा तिने खाली उतरू नये असे आपणास वाटत असले तरी त्याचे डेस्टिनेशन ठरलेले असते. त्याने गाडी थांबव म्हटले की गाडी थांबवून मीटरवरचा आकडा आपण पुसून टाकायचा व नव्या पैसेंजरचे स्वागत करायचे. इतकेच. असे म्हणून आपला व अनुचा पेशा एकच असून पेशंट दगावला की फक्त चादर बदलायची, उशी झटकायची, पायाखालचे ब्लँकेट नवे वाटेल अशी त्याची घडी घालायची व नव्या पेशंटचे स्वागत करायचे. कॉटवर कोण नवा हे न पाहता फक्त कॉटचा नंबर सांभाळायला टॅक्सीड्रायव्हर जीवनाचे सत्य सांगत होता परंतु संवेदनशील अनुला या सगळ्याच गोष्टी इतक्या सहजतेने विसरता येणार नव्हते. हे टॅक्सी ड्रायव्हरला पटते. परंतु एक रुपयाची नोट शोध घेता परत मिळणार होती मात्र हातातून निसटून गेलेल्या

सगळ्याच गोष्टी अशा परत मिळत नाहीत. कारण, मला माझी मुलगी सोडून गेली ती कायमची तेव्हा मी काय करावं ? असा प्रश्न उपस्थित करतो. पण त्याच्या या प्रश्नाचे उत्तर मिळत नाही. अशाप्रकारे टॅक्सीड्रायव्हरच्या जीवनातील वास्तवाचा शोध घेत राहतो.

विभाग ४: उपयोजित मराठी

उत्तर ४.

(i) मुलाखतीचे प्रमुख हेतू पुढील प्रमाणे सांगता येतील.

   (a) मुलाखत देणाऱ्या व्यक्तीचे विविध पैलू समजून घेण्यासाठी मुलाखत घेतली जाते.

   (b) व्यक्तीच्या कार्यकर्तृत्त्वावर प्रकाश टाकण्यासाठी.

   (c) असामान्य व्यक्तीच्या संघर्षगाथा ह्या जनसामान्यांना जाणून घेण्याच्या इच्छ पूर्ण करण्यासाठी.

   (d) व्यक्तीच्या कार्यकर्तृत्त्वाबरोबरच त्यातील माणूसपण जाणून घेण्यासाठी.

   (e) एखाद्या घटनेविषयीची सखोल माहिती समजून घेण्यासाठी.

   (f) समाजप्रबोधन करण्यासाठी, जनजागृती करण्यासाठी.

   (g) कलांचा रसास्वाद घेण्यासाठी मुलाखत घेतली जाते.

(ii) माहितीपत्रकाच्या रचनेची वैशिष्ट्ये पुढीलप्रमाणे सांगता येतील.

   (a) माहितीचा प्राधान्य   (b) उपयुक्तता

   (c) वेगळेपण   (d) आकर्षक मांडणी

   (e) भाषाशैली....इत्यादी

   (a) माहितीला प्राधान्य: माहितीपत्रकामध्ये माहितीला प्राधान्य असून माहितीपत्रकातील माहिती हेतूशी सुसंगत आणि अचूक असावी. तसेच संस्थेची माहिती असेल तर ती अत्यावश्यक व कायदेशीर माहिती असावी. उदा. संस्थेचा नोंदणी क्रमांक, संस्था नोंदणी दिनांक, दूरध्वनी क्रमांक, ई-मेल, वेबसाइट, संस्थेचे बोधचिन्ह, घोषवाक्य, पत्ता, पदाधिकाऱ्याची नावे, कामकाजाची वेळ इत्यादी.

   (b) उपयुक्तता: माहितीपत्रक हे उपयुक्त, परिणामकारक असावे, वाचून झाल्यानंतर ते जपून ठेवण्याची इच्छ झाली पाहिजे. ते फाडून फेकून देता कामा नये. माहितीपत्रकात जर वाचकाच्या जिव्हाळ्याची माहिती दिली तरच त्या माहितीपत्रकाचे उपयोगमूल्य वाढेल. उदा. ग्राहकाच्या दैनंदिन जीवनातील समस्या, प्रश्न सोडविण्यासाठी माहितीपत्रक उपयुक्त ठरेल असे ग्राहकास वाटणारे माहितीपत्रक उपयुक्त ठरते. उदा: दुधातली भेसळ अशी ओळखा किंवा फुलांवरीले केमिकल कसे ओळखाल? अशाप्रकारची वाक्ये ग्राहकांचे लक्ष वेधून घेतात. त्यामुळे माहितीपत्रकही ग्राहकास महत्त्वाचे वाटते.

(iii) अहवाललेखनासाठी विषय कोणताही असो वा कार्यक्रमाचा प्रकार कोणताही असो सर्वप्रकारच्या अहवाललेखनाचे वैशिष्ट्य म्हणजे त्यातील 'वास्तवदर्शीपणा' अहवाललेखन.

हे वर्षानुवर्षे उपयुक्त ठरणारे महत्त्वाचे साधन असून अहवाललेखनाच्या विषयाला बाधा निर्माण होईल. अशाप्रकारची आपली मते वा विचार अहवाललेखनात नमूद करता येत नाहीत. तसेच स्वतःच्या मर्जीनुसारही अहवाललेखन करता येणार नाही कारण वास्तवदर्शी लेखन हा अहवालाची आत्मा असून अहवाललेखनही आदर्शक्त असले पाहिजे अशा अहवाललेखनामुळे आपल्याला संस्थेविषयीचा विकास, राबविलेल्या योजना तसेच विविध उपक्रमाविषयीची माहितीही मिळते-त्यामुळे समारंभामध्ये, सभेमध्ये, संशोधनामध्ये अहवाललेखकाने काय अनुभवले, पाहिले, ऐकले या सर्वांचे तो वास्तवदर्शी अहवाललेखन करतो.

(iv) सामान्यांत असामान्य कामगिरी करणाऱ्या व्यक्तीचे आयुष्य जाणून घेण्याची इच्छ सर्वांनाच असते. विशिष्ट क्षेत्रात उल्लेखनीय कामगिरी करणाऱ्या व्यक्तींची मुलाखत घेतली जाते. प्रश्नांच्या माध्यमातून अशा व्यक्तिमत्त्वांना बोलते करण्याची जबाबदारी मुलाखतकारावर असते. गृहिणी, विद्यार्थ्यांपासून ते डॉक्टर, वकील, सामाजिक कार्यकर्ते, शिक्षक, संपादक, पत्रकार, कवी, लेखक, गिर्यारोहक, समुपदेशक, खेळाडू, तंत्रज्ञ, शेतमजूर, कामगार अशा कोणत्याही क्षेत्रातील व्यक्तीच्या कार्याचा प्रवास मुलाखतीतून जाणून घेता येतो. मुलाखतीत अशा कार्यसिद्ध व्यक्तिमत्त्वांचा जीवनप्रवास त्यांच्याच तोंडून ऐकता येतो. यशाच्या शिखरावर जाण्यासाठी भोगाव्या लागणाऱ्या यातना, संघर्ष जिद्द, परिस्थितीशी झुंज, सोबतीचे स्नेहीजन अशा कितीतरी गोष्टींवर मुलाखतीच्या माध्यमातून प्रकाश टाकता येतो. 'जया अंगी मोठेपण तया यातना कठीण ही ओळ काही व्यक्तींच्या बाबतीत तंतोतंत लागू पडते. अशा व्यक्तींचा जीवनप्रवास संघर्षमय असतो. हे जाणून घेण्याची इच्छ जनसामान्यांच्या मनात असते. मुलाखतीतून असा खडतर जीवनप्रवास जाणून घेता येतो. जगावेगळी आव्हाने पेलून स्वतःच्या कार्याने 'स्व' सिद्ध केलेल्या व्यक्ती मुलाखतीतून समोर येतात.

(आ) (i) औंध, पुणे हॉस्पिटलमध्ये वीस वर्षे कार्यरत असलेल्या परिचारिकेच्या मुलाखतीसाठीची प्रश्नावली पुढीलप्रमाणे.

   (a) ताई, तुमचा थोडक्यात परिचय करून द्या आपल्या श्रोत्यांना.

   (b) सोलापूर जिल्ह्यातून तुम्ही इकडे पुण्यात यायचा निर्णय का घेतला ?

   (c) शिक्षणाची आवड ! तुमच्या शिक्षणाविषयी सांगा.

   (d) १२वी सायन्स शाखेनंतर तुम्ही नर्सिंग' चे क्षेत्र का निवडले ?

   (e) नर्सिंगची सेवा करावी असे तुम्हास का वाटले ?

   (f) तुमची बहीण तुमचा आदर्श कशी ?

   (g) सर्व बहिणी एकाच ठिकाणी नोकरी करता का ? सर्वांच्या कामाचे स्वरूप ?

   (h) तुमच्या हॉस्पिटलमध्ये कोणकोणत्या प्रकारचे पेशंट येतात ?

(i) परिचारिका म्हणून कार्य करताना रिस्क कुठे वाटते ? काम करताना भीती वाटते का ?

(j) रूग्णांकडून येणारे अनुभव सांगा.

(k) परिचारिका म्हणून कोणकोणती सेवा द्यावी लागते ?

(l) कोरोनाग्रस्तांना सेवा द्यावी लागते का ? कशी ?

(m) कोरोनाग्रस्तांची काळजी कशी घ्यावी लागते ?

(n) कोरोनाग्रस्त रुग्णांचा प्रतिसाद कसा मिळतो ?

(o) सध्याची कोरोनाग्रस्त स्थितीमध्ये जनसामान्यांना कोणता संदेश द्याल ?

(p) कोरोनाग्रस्त स्थितीमध्ये जनसामान्यांनी कशी दक्षता घ्यावी ?....इत्यादी.

(ii) अहवाललेखन करताना लक्षात घ्यावयाच्या बाबी पुढीलप्रमाणे.

(a) संबंधित विषयाची चांगली जाण अहवाललेखकाला असावी.

(b) जे घडले व जसे घडले त्यावरच अहवाललेखन करावे.

(c) अहवाललेखन कर्त्याचे भाषाप्रभुत्व महत्त्वाचे असून सांस्कृतिक कार्यक्रमाचे अहवाललेखन करताना हे चित्र बोलके व सजीव झाले पाहिजे. संशोधनात्मक अहवाललेखनात योग्य अशी परिभाषिक शब्दावली आणि वस्तुनिष्ठता महत्त्वाची असते.

(d) अहवाललेखन सारांश रूपाने, संक्षिप्त स्वरूपात करावे.

(e) लेखनशैली सहज-सोपी-स्वाभाविक असावी. अलंकारिक, नाट्यपूर्ण, अतिशयोक्ती नसावी.

(f) व्यक्तिनामे, पदे, घटनाक्रम अचूक लिहावा.

(g) अहवाललेखकाकडे सूक्ष्म आकलन, निरीक्षणशक्ती असावी. जेणेकरून त्याला अहवालविषयाचे स्वरूप, वेगळेपण, वैशिष्ट्ये बारकाईने टिपले जातील.

(h) विसंगत विषय, स्वविचार त्यात समाविष्ट करू नयेत.

(i) संबंधित कार्यक्रम व विषयस्वरूपानुसार अहवाल पूर्ण लिहावा. अहवाललेखन अर्धवट ठेवू नये.

(j) अहवाललेखनाच्या शेवटी संबंधित अध्यक्ष, सचिव यांची स्वाक्षरी घेतलेली असावी.

(iii) बदलल्या काळात उत्पादनांची संख्या दिवसेंदिवस वाढत आहे. संस्था/उत्पादन/सेवा यांमध्ये कमालीची स्पर्धा निर्माण झाली आहे. अशा वेळी ग्राहकांपर्यंत आपले उत्पादन पोहोचवण्यासाठी उत्पादकांकडून माहितीपत्रकाचा वापर वाढला आहे. माहितीपत्रक कुठल्याही संस्थेचा/उत्पादनाचा/सेवेचा वैशिष्ट्यपूर्णरीत्या परिचय करून देत असते. जनमत आकर्षित करण्यासाठी एकप्रकारचे लिखित स्वरूपाचे जाहीर आवाहन आहे. माहितीपत्रकामुळे उत्पादकाला नवीन बाजारपेठेत सहज प्रवेश करता येतो. कमी वेळात, कमी खर्चात विश्वासाई माहिती ग्राहकाकडे माहितीपत्रकाच्या माध्यमातून पोहोचवता येते. सामान्य भाजी विक्रेत्यापासून ते करोडोंची उलाढाल करण्याच्या व्यापाऱ्या पर्यंत सर्वांना

माहितीपत्रकाची आवश्यकता भासते. पुस्तके, खेळणी, किराणामाल, दिवाळी अंक, फर्निचर, स्टेशनरी, घरगुती वापराची उपकरणे, वाहन, कारखाने, औषधे, विविध खाद्यपदार्थ, रेडीमेड साड्या अशा सर्वच बाजारात उपलब्ध होणाऱ्या वस्तूंची माहितीपत्रकेपाहावयास मिळतात. यासोबतच सिनेमागृहे, सांस्कृतिक संस्था, शैक्षणिक संस्था बँका, पतपेढ्या, पर्यटन संस्था इत्यादींमध्येही समुदाय आकर्षित करण्यासाठी माहितीपत्रकाची आवश्यकता असते. तसेच, कला, संगीत, विविध अभ्यासक्रम, विविध बांधकामे, गृहसंकुल इत्यादी क्षेत्रांतही माहितीपत्रक महत्त्वाची भूमिका निभावत असते. ज्या ज्या क्षेत्रात लोक आकर्षणाची गरज असते तिथे माहितीपत्रक आवश्यक ठरते. माहितीपत्रक हे विशिष्ट संस्था/उत्पादन/सेवा यांचा चेहरा असते, असे म्हटल्यास चुकीचे ठरणार नाही.

(iv) महाराष्ट्रीयन पद्धतीचे सुग्रास भोजन उपलब्ध करून देणाऱ्या भोजनगृहाचे माहितीपत्रक तयार करण्यासाठी लक्षात घ्यावयाचे मुद्दे पुढीलप्रमाणे–

(a) भोजनगृह चालवणाऱ्या संस्थेचे/व्यक्तीचे नाव

(b) भोजनगृहाची स्थापना वर्ष/पत्ता/दूरध्वनी क्रमांक/ मोबाईल नंबर/ ई-मेल/वेबसाईट

(c) भोजनगृहाचे लायसन्स नंबर

(d) भोजनगृहाची पार्श्वभूमी

(e) भोजनगृहाची सद्यस्थिती

(f) ग्राहकांसाठी भोजनगृहातील सुविधा

(g) भोजनगृहाची खास वैशिष्ट्ये

(h) भोजनगृहात बनविल्या जाणाऱ्या पाककृती

(i) भोजनगृहाची ऑनलाईन सेवा

(j) भोजनगृहाच्या खास शाखा/पत्ते

(k) भोजनगृहातील ग्राहकांसाठीच्या काही योजना

(l) भोजनगृहातून ग्राहकांना मिळणाऱ्या सवलती इत्यादी

अशाप्रकारच्या मुद्द्यांच्या साहाय्याने भोजनगृहासाठीचे माहितीपत्रक रचनेनुसार तयार करून ग्राहकांच्या उपयुक्ततेसाठी त्यांच्यापर्यंत पोहोचविता येईल.

विभाग ५ : व्याकरण व लेखन

उत्तर ५. (अ)

(१) (i) काल काय कमी पाऊस पडला का ?

(ii) हे फूल छान आहे.

(२)

	सामासिक शब्द	विग्रह	समासाचे नाव
(i)		योग्य किंवा अयोग्य	वैकल्पिक द्वंद्व समास
(ii)	राष्ट्रार्पण		चतुर्थी तत्पुरुष समास

(३) (i) कर्तरी प्रयोग

(ii) कर्तरी प्रयोग

(४) | उदाहरण | सामान्य सिद्धान्त | विशेष गोष्टी

(i) उपमेयाचा निषेध करून उपमेय हे उपमानच आहे असे सांगितले जाते — उपमेयाला लपवले जाते उपमेयाचा निषेध केला जातो.

(ii) कोणतीही कल्पना आहे त्यापेक्षा खूप फुगवून सांगताना त्यातील संभाव्यता अधिक स्पष्ट करून सांगितलेली असते. — एखाद्या गोष्टीचे/ प्रसंगाचे वर्णन केले जाते. ते वर्णन अधिक फुगवून केलेले असते.

(५) (क)(iii) (ख) (ii) (ग) (iv) (घ) (i)

(आ)

१. हुंडा-एक सामाजिक समस्या

भारतीय समाजात सामाजिक रूढींतून-समाजरचनेतून अनेक समस्या निर्माण झाल्या आहेत. जशी जातिभेदाची समस्या तशीच समाजात रूढ असलेली हुंड्याची समस्या सर्व काळात आणि सर्व सामाजिक स्तरांमध्ये दिसून येते. तिथे गरीब-श्रीमंत सुशिक्षित-अशिक्षित, शहरी-ग्रामीण असा कोणताही भेद नाही. विवाहात पत्नीच्या माहेरकडून पतीला पैसा अगर वस्तू या रूपाने मिळणारी देणगी, असं हुंड्याचे स्वरूप असलं तरी या खुशीच्या मामल्याने आज जबरदस्तीचं रूप घेतलेलं दिसतं. त्यासाठी स्त्रीचा छळ केला जातो. हे खेडेगावात आणि अडाणी स्त्रीच्या बाबतीतच घडतं असं नाही. महानगरातही डॉक्टर, पोलीस आणि वकील असलेल्या स्त्रियांनाही सासरच्या माणसांकडून पैसे, मोटारी दागिने आणण्यासाठी तगादा लावला जातो. आज टी.व्ही. आणि वर्तमानपत्रं या प्रसारमाध्यमांमुळे या प्रश्नाची व्याप्ती केवढी आहे हे चटकन लक्षात येतं. रोज हुंड्याबद्दल स्त्रियांच्या होणाऱ्या छळाच्या आणि हुंडाबळीच्या बातम्या आपल्याला वाचायला लागतात. त्यावरूनच या सामाजिक समस्येची तीव्रता लक्षात येते.

आपल्या समाजात स्त्रीला तिच्या वयाच्या कोणत्याही अवस्थेत स्वातंत्र्य दिले जाऊ नये असं सांगितलं आहे. 'पिता रक्षति कौमारे। भर्ता रक्षति यौवने। पुत्र तु स्थविरे भावे। न स्त्री स्वातंत्र्यम् अर्हति।' ही मनुची स्पष्टोक्ती तर 'वैश्य, शुद्र तथा नारी। ये सब ताडनके अधिकारी।' असं कुणाचं निर्लज्ज मत! त्यामुळे स्त्रीला कधीच समान दर्जा, पुरुषाच्या बरोबरीने स्थान मिळालं नाही. ती नेहमीच गौण राहिली. त्यामुळे तिच्याशी विवाह म्हणजे तिच्यावर जणू उपकार, या भावनेतूनच हुंडा प्रथेचा जन्म झाला.

कुटुंबात लहानपणापासूनच मुलगा-मुलगी असा भेद केला जातो. मुलगा म्हणजे म्हातारपणाची काठी, अशी समजूत असल्यामुळे मुलीच्या संगोपनात हेळसांड केली जाते. तिच्या आरोग्याकडे लक्ष दिलं जात नाही. शिक्षणापासूनही तिला वंचित ठेवलं जातं. त्यामुळे ती आर्थिकदृष्ट्या स्वावलंबी होऊ शकत नाही. अशी सर्वार्थाने दुर्बल असलेली स्त्री लग्न होऊन जेव्हा सासरी येते तेव्हा तिची अधिकच शारीरिक आणि मानसिक कुचंबणा होते. तिचं माहेर सधन असेल तर काहीतरी माहेरहून आणावं अशी तिच्याकडे सतत मागणी होते. तिचं असं खच्चीकरण करण्यात सासू आणि नणंद अशा स्त्रीवर्गाचाच मोठा वाटा असतो, हे आणखी एक

आश्चर्य. ग्रामीण भागात हुंडा देणं आणि घेणं हा प्रतिष्ठेचा प्रश्न ठरतो. तो द्यायचाच, हे ठरून गेलेलं असतं. त्यासाठी जमीन विकावी लागली तरी चालेल. मुलीच्या बापाला कितीही कष्ट करावे लागले तरी चालतील, पण ही प्रथा मोडून चालणार नाही. पैशासाठी सासरी छळ होत असला तरी तू 'सासरीच राहा' असं आई-वडील मुलीला समजावून सांगतात. माहेरी परत आलेल्या स्त्रीला समाजात मुळीच प्रतिष्ठा नसते. या सामाजिक प्रतिष्ठेच्या दडपणामुळे त्रास असह्य झालेल्या कित्येक स्त्रिया आत्महत्येचा मार्ग पत्करतात. कित्येक जणी मारहाण, जाळणं, उपाशी ठेवणं अशा अमानुष अत्याचारांना बळी पडतात. अशा स्त्रियांच्या मुलांचं संगोपन त्यांचं कौटुंबिक स्वास्थ्य ही आणखी एक जटिल समस्या आहे.

थोडक्यात/स्त्रीची सर्व बाजूंनी कोंडी होते. यासाठी सर्वांत प्रभावी उपाय म्हणजे स्त्री-शिक्षणाला सर्वोच्च प्राधान्य देऊन, प्रत्येक स्त्रीला आर्थिकदृष्ट्या स्वावलंबी बनवणं. बारावीपर्यंत मुलींना मोफत शिक्षण, उच्च शिक्षणात आरक्षण यासारखे उपाय सरकारकडून केले गेले आहेत, ते योग्यच आहेत. तसेच सासरबाबत मुलीने काही तक्रारी केल्या तर आई-वडिलांनी त्याकडे दुर्लक्ष करता कामा नये. लग्न करून दिलं की, आपली जबाबदारी संपली, असं न मानता मुलीच्या पाठीशी त्यांनी कायम उभं राहिलं पाहिजे. विवाहाकडे पाहण्याचा स्त्रियांचा आणि समाजाचा दृष्टिकोन बदलला पाहिजे. एकट्या स्त्रीलाही समाजात मानाने जगता आलं पाहिजे. स्त्रियांनीही केवळ पुस्तकी शिक्षण न घेता स्वसंरक्षणासाठी कराटेसारख्या खेळाचं शिक्षण घेऊन 'स्वयंसिद्ध' झालं पाहिजे. स्त्री संघटनांनीही मदतीची तत्परता दाखविली पाहिजे. उपेक्षित, पीडित आणि शोषित महिलांबद्दल एकूण समाजाचीच संवेदनशीलता वाढली पाहिजे. तरच या दिवसेंदिवस उग्र होत चाललेल्या सामाजिक समस्येवर मात करता येईल.

२. परीक्षाच नसत्या तर!

आजकाल दहावी-बारावीच्या परीक्षांच्या निकालांच्या तारखा जाहीर झाल्या की, समुपदेशाची केंद्रं, त्यांचे फोन नंबर यांच्याही बातम्या येतात. समुद्र, विहिरी यांच्यावर पोलीस बंदोबस्त ठेवला जातो. तरीही परीक्षेत अपयश आलं म्हणून, अपेक्षेइतके गुण मिळाले नाहीत म्हणून पंख्याला दोरी अडकवून गळफास लावून घेतला, रेल्वेखाली उडी मारून जीवन दिलं अशा बातम्या वाचायला मिळतात. कोणी त्यांना भ्याड म्हणतात, पळपुटी म्हणतात. पण विचार करायला लागलं की, स्वतःचं एवढं सुंदर आयुष्य एका अपयशासाठी किडामुंगीसारखं संपवणं ही खरोखर भयंकर गोष्ट आहे, असं वाटतं आणि ज्या परीक्षेमुळे उमलत्या वयाच्या मुलांवर ही परिस्थिती ओढविली त्या परीक्षाच नसत्या तर किती बरं झालं असतं असा विचार मनात येतो.

असा निर्णय झाला तर विद्यार्थ्यांना खूपच आनंद होईल. नको ती जीवघेणी स्पर्धा आणि एकेका पॉईंटसाठी जिवापाड लढाई. नको ती जागरणं आणि नको ते महागडे, सगळा वेळ खाऊन टाकणारे खासगी शिकवणी वर्ग! वाटेल तेव्हा अभ्यास करावा आणि हवा तितका वेळ एखादा विषय समजावून घ्यावा. केवळ ज्ञान मिळविण्यासाठी अभ्यास! कौशल्य वाढविण्यासाठी कसून

तयारी ! आई-वडिलांची मोठी काळजी कमी होईल. आजकल अशी परिस्थिती आहे की, मुलाची १० वी किंवा १२ वीची परीक्षा होईपर्यंत संगळं घरदार जणू परीक्षार्थी बनतं! सिनेमाला जायचं टाळतात. तेवढ्यात मुलगा झोपून गेला तर ? विवाह, समारंभ टाळले जातात. घरात भेटायला येणाऱ्या माणसांना कधी आडून तर कधी स्पष्ट अशा सूचना येऊ लागतात. परीक्षा नसेल तर सगळी माणसं आपलं नैसर्गिक जीवन जगतील. मुलांवर सतत अभ्यासाचं दडपण येणार नाही. मुलं खेळाकडे दुर्लक्ष करणार नाहीत की एखादं आवडतं पुस्तक हाताशी आलं तर ते निग्रहाने बाजूला ठेवणार नाहीत. परीक्षा नसेल तर आयुष्य हलकं-फुलकं होईल.

परंतु हे हलकं-फुलकं आयुष्य त्या बदल्यात काहीच वसूल करणार नाही का? निश्चित करेल! आणि ते नुकसान खूप मोठं असेल, असे लगेचच मनात आलं. परीक्षा नसेल तर मुलं अभ्यासच करणार नाहीत. त्यांच्यासमोर कालबद्ध कार्यक्रम नसेल तर ती मनमानी रीतीने वागतील. कसाही अभ्यास करावा, कोणत्याही क्रमाने करावा. सोईप्रमाणे करावा, सोईप्रमाणे पेपर द्यावेत, कुणाचं कुणाला बंधन राहणार नाही. परीक्षा ही अभ्यासासाठी प्रेरणा आहे. परीक्षा हा मनावर ठेवावा लागणारा अंकुश आहे. परीक्षा नसतील तर शिक्षकसुद्धा अध्यापनात आळस करतील.

आपल्या परीक्षा पद्धतीवर बरेच आक्षेप घेतले जातात. परीक्षेतून खरं मूल्यमापन होत नाही. ती केवळ स्मरणाची परीक्षा असते. त्यातले काही खरेही आहेत. परंतु तांदूळात खडे आहेत म्हणून कोणी तांदूळच फेकून देत नाहीत, ते निवडून बाजूला काढतात. तद्वत परीक्षा पद्धतीतले दोष काढून ती अधिकाधिक उपयुक्त बनवायला हवी.

प्रश्नपत्रिका फुटणे आणि कॉपी करणं हे गैरप्रकारही परीक्षापद्धतीतले दोष काढून ती अधिकाधिक उपयुक्त बनवायला हवी.

प्रश्नपत्रिका फुटणे आणि कॉपी करणं हे गैरप्रकारही परीक्षापद्धतीवरचा विश्वास उडवतात. विद्यार्थ्यांचं सातत्यपूर्ण आणि सर्वंकष मूल्यमापन आणि त्याने ग्रहण केलेल या दोन्ही गोष्टींना सारखंच महत्त्व दिलं गेलं तर परीक्षा हा दैवाचा खेळ राहणार नाही.

परीक्षेला पराकोटीच्या तंत्रात बसवू नये. लातूर पॅटर्नसारखे प्रयोग झाल्यामुळे आजचा विद्यार्थी हा ज्ञानार्थी नसून केवळ परीक्षार्थी आहे अशी टीका होते. याचं कारण मुलं झापड लावून परीक्षेला आवश्यक आहे तेवढंच वाचतात. मूळ हेतूच असफल होतो. पूर्वीच्या अभ्यासक्रमात निबंधवजा प्रश्न असत. त्यामुळे विद्यार्थ्यांच्या ज्ञानाची, मुक्त आविष्काराची चाचणी घेता येत असे. आज वस्तुनिष्ठ प्रश्नांमुळे भाषा, विचारातलं सातत्य आणि शैली यांची काहीच परीक्षा होत नाही.

आज स्पर्धेच्या युगात विद्यार्थ्याला सारख्या कसल्या ना कसल्या परीक्षा द्याव्या लागतात त्याला. घाबरून चालणारच नाही. उलट एवढं सखोल ज्ञान आत्मसात केलं पाहिजे की केव्हाही ते परीक्षेच्या कसोटीवर उतरेल. अखेर आपलं स्थान, आपली पातळी, आपली लायकी मोजण्यासाठी काही मापदंड आवश्यकच आहे. परीक्षा नसतील तर स्पर्धात्मक वातावरण नाहीसं होईल. जे विद्यार्थ्यांच्या

प्रगतीसाठी अत्यंत आवश्यक असतं. प्रत्येक परीक्षेने विद्यार्थ्याला काय आणि किती आलं पाहिजे हे ठरविलेलं असतं. तिथपर्यंत पोहोचण्याचा प्रयत्न विद्यार्थी परीक्षेमुळेच करतात. परीक्षेमुळे आपल्या अभ्यासाला शिस्त लागते. वेळ आणि अभ्यास तसेच वेळ आणि लिखाण यांची सांगड घालायला आपण शिकतो. अभ्यास, मनन, चिंतन तसेच आत्मविश्वासाने प्रकटीकरण या गोष्टी परीक्षा नसत्या तर आपण कधीच केल्या नसत्या. सर्वांगीण अभ्यासही झाला नसता. त्यामुळे परीक्षा ही एक आपत्ती वाटत असली तरी ती आवश्यक आहे, हे लक्षात घ्यायला हवं.

३. सैनिकाचे मनोगत

१५ ऑगस्ट, २००७. भारताला स्वातंत्र्य मिळून ६० वर्षे पूर्ण झाली. म्हणून आमच्या बाईंनी आम्हाला शाळेत एक उपक्रम दिला. आपल्या परिसरात कोणी सैनिक असतील तर त्यांची मुलाखत घ्यायची. माझ्या वडिलांच्या मित्राचा मुलगाच सैन्यात गेला होता आणि सुट्टीनिमित्त गावीही आला होता. ती संधी मी साधली. परंतु त्यांच्या मनोगतातून मला जी माहिती मिळाली त्याने मी स्तिमित झालो! जवळजवळ एक तास ते बोलत होते आणि आम्ही ऐकत होतो !

'सैन्यात भरती होण्यासाठी खडतर असं प्रशिक्षण पूर्ण करावं लागतं. त्यासाठी मुळातच प्रकृती, छाती आणि दृष्टी सुदृढ असावी लागते. प्रशिक्षण काळात विविध कौशल्यं शिकविली जातात. शारीरिक आणि मानसिक तयारी करून घेतली जाते. त्यानंतर गरज असेल त्या ठिकाणी 'पोस्टिंग' केलं जातं. सध्या मी काश्मीर खोऱ्या अनंतनाग जिल्ह्यात आहे. तो भाग दहशतवाद्यांचा मोठाच अड्डा आहे. सीमेपलीकडून आपल्या हद्दीत घुसखोरी होते आहे का ? वेश बदलून अतिरेकी कारवाया करत आहेत का ? हे आम्हाला डोळ्यांत तेल घालून पाहावं लागतं. तिथला निसर्गही अतिशय प्रतिकूल आहे. हवामान अत्यंत लहरी आणि सतत बदलणारं! थंडीत शून्याच्या खाली पारा ३-४ अंशापर्यंत घसरतो. पहाडी प्रदेश, थंडगार बोचरं वारं, बर्फवृष्टी याला तोंड देत-देतच खडा पहारा करावा लागतो. कधी-कधी अशा ठिकाणी जावं लागतं, जिथे कुटुंबाला नेता येत नाही. त्यांची सुरक्षा आणि शिक्षण याबद्दल सारेच प्रश्न निर्माण होतात. त्यामुळे बायको, मुलं इथे आणि आम्ही एकटे तिकडे असंच आमचं आयुष्य असतं. तिथे मग देशाच्या निरनिराळ्या भागातून, आमच्यासारखे घरदार सोडून आलेले दुसरे सैनिकच आमचे जिवाभावाचे साथी बनतात. तिथे जात, धर्म, भाषा काहीही आड येत नाही. आम्ही सर्व जण फक्त भारतीय असतो.

कधी देशाच्या एखाद्या भागात कुठे भूकंप होतो, पूर येतो, वादळ होतं किंवा जातीय दंगे उसळतात अशा ठिकाणी आम्हाला मदतीला जावं लागतं. संकट कितीही मोठे असो, एकदा का तिथे सैन्याला पाचारण केलं की सैनिकांच्या तुकड्या पोहोचताच शिस्तबद्ध कामाला सुरुवात होते. लोकांच्या मनातील भीती जाण्यासाठी सैनिक संचलन करतात. लोकांना जणू तो संदेशच असतो की, आता तुमची जबाबदारी सैनिकांवर आहे आणि तुम्ही अगदी सुरक्षित आहात.

सरकारही आमची खूप काळजी घेतं. आम्हाला योग्य पगार, आमच्या मुलांना शिक्षणात आणि नोकरीमध्ये सवलती मिळतात. प्रसंगी प्राण देण्याचीही तयारी सतत ठेवावी लागते. त्या मोबदल्यात या गोष्टी आम्हाला मिळतात. आमच्यानंतर आमच्या कुटुंबाची काळची घेतली जाणार याचा आम्हाला विश्वास असतो आणि देशासाठी, चांगल्या, उदात्त कामासाठी आमचं आयुष्य खर्ची पडणार याचं समाधान असतं.

तरीही लढाईच्या प्रसंगात एखादा बरोबरचा सैनिक शत्रूच्या हल्ल्यात बळी जातो तो प्रसंग, तो दिवस आम्ही विसरू शकत नाही. काही क्षणांपूर्वी धडधाकट असलेला आमच्याबरोबर लढणारा सैनिक गतप्राण होतो तेव्हा जीवनाची क्षणभंगुरता कळते. असं मृत्यूचं नाट्य आमच्याभोवती सततच घडत असतं. त्या प्रसंगात प्रियजनांच्या आठवणी आणि देशवासीयांचं प्रेम एवढाच आमचा सहारा आणि विरंगुळा असतो.

काही सैनिकांना लढाईत कायमचं अपंगत्व येतं. त्यांचे क्लेश तर पाहवत नाहीत. द-या डोंगरातून हिंडणाऱ्या सैनिकाला चाकाच्या खुर्चीशी जखडून राहावं लागणं यांसारखी दुसरी शिक्षा नाही. मात्र आमच्यावर उपचार मोफत आणि उत्तम होतात. अशा खूप काही कथा आणि व्यथा आहेत. पराक्रम, शौर्य, अभिमान, मरणांतिक वेदना, मृत्यू आणि विरह हे आमचं जीवन आहे. परंतु कुठेतरी त्या त्यागाचं मोल होतं, हे पाहून आनंदही आहे. आमच्यावर गीतं लिहिली जातात, चित्रपट निघतात आणि मुख्य म्हणजे प्रत्येक देशवासीयाच्या मनात आमच्याबद्दल प्रेम आणि अभिमान असतो.

४.आरोग्य हीच संपत्ती

शंकराच्या प्राप्तीसाठी पार्वतीने घोर तप सुरू केलं. तिची परीक्षा घेण्यासाठी स्वत: शंकरच यतीच्या रूपाने तिच्याकडे आले.

'स्मशानात राहणारा, नरमुंडांची माळ घालणारा, अंगाला राख लावणारा असा हा शंकर, त्याच्यासाठी एवढं तप कशाला करतेस?' असा प्रश्न विचारून तपाने क्षीण प्रकृती झालेल्या पार्वतीला ते उपदेश करतात, 'शरीरमाद्यं खलु धर्मसाधनम्.' कथेच्या ओघात सहज आलेलं हे वाक्य मानवी जीवनाचा जणू मूलमंत्रच आहे.

होय, शरीर हेच धर्माचं पहिलं साधन आहे. सदृढ आणि निरोगी शरीर हीच खरी संपत्ती आहे. दुसऱ्या कोणत्याही संपत्तीचं तेज तिच्यापुढे फिकं आहे. कारण तुमच्याकडे खूप पैसा आहे, बंगला, गाडी, वस्त्रं, अलंकार ही सगळी भौतिक सुखं हात जोडून तुमच्यासमोर उभी आहेत. परंतु शरीर व्याधींनी ग्रस्त असल्यामुळे कशाचाही उपभोग घेता येत नाही. तर त्या संपत्तीचा उपयोग काय? उलट शरीर बलवान असेल तर उद्योग करता येतो, साहस करता येतं आणि 'साहसे श्री प्रतिवसति' या न्यायाने पाठोपाठ लक्ष्मीही येते. लुळ्यापांगळ्या श्रीमंतीपेक्षा धट्टीकट्टी गरिबी निश्चितच चांगली असते. कारण निरोगी शरीरातच निरोगी मन राहू शकतं आणि निरोगी मनातच आनंदाचा उगम होतो.

आज आरोग्य या विषयाकडे खूप जागरूकतेने पाहिलं जातं. टी.व्ही.वर रामदेवबाबा किंवा तत्सम आरोग्यविषयक कार्यक्रम प्रत्येक वाहिनीवर दिसतात. वर्तमानपत्रांच्या आरोग्यविषयक पुरवण्या निघतात. आरोग्याला वाहिलेली मासिकं, वार्षिकं आणि 'शतायुषी' सारखे दिवाळी अंक असतात. रेडिओवर डॉक्टरांशी संपर्क साधून देणारे अनेक ऑनलाइन कार्यक्रम असतात. शिवाय निरनिराळ्या व्याधींनी पीडित असलेल्या लोकांच्या संघटना असतात. ही सर्व आरोग्यविषयी जागरूकता वाढलेली असण्याचीच लक्षणं आहेत. यंत्रयुगामध्ये माणसाचं आरोग्य प्रदूषणामुळे, बैठ्या जीवनशैलीमुळे खूप धोक्यात आलं आहे. म्हणूनच आरोग्याकडे लोकांनी गंभीरपणाने लक्ष देण्याची गरजही निर्माण झाली आहे. आपण आपल्या काही अंगभूत क्षमतांचा वापर न केल्यामुळे त्या नष्ट होतील की काय अशी भीती निर्माण झाली आहे. त्यासाठी माध्यमातून जे प्रबोधन होत आहे ते योग्यच म्हणावं लागेल.

व्यसनं हा आरोग्याच्या प्राप्तीतला एक मोठा अडसर आहे. निरोगी राहायचं तर निर्व्यसनी राहिलंच पाहिजे. सर्वांसाठी शिक्षण आणि सर्वांसाठी आरोग्य हे सरकारचं धोरण असलं तरी मेळघाटात कुपोषित बालकं आजही अकाली मृत्यू पावत आहेत आणि समाजातला संख्येने निम्मा असणारा स्त्रीवर्ग आजही आरोग्यरक्षणाच्या दृष्टीने उपेक्षित आहे.

या विषयाला खूप बाजू आहेत. सामाजिक, राजकीय तसेच शैक्षणिक आणि व्यावसायिक आरोग्यासाठी चांगल्या वैयक्तिक आणि सामाजिक सवयी आवश्यक आहेत. आपण भारतीय वैयक्तिक स्वच्छता खूप करतो. पण ती करताना सारा परिसर घाण करतो. रस्त्यावर, सार्वजनिक ठिकाणी थुंकताना, केर टाकताना आपल्याला काहीच वाटत नाही. वैयक्तिक आणि सामाजिक स्वच्छतेला हा विरोध नाहीसा केला पाहिजे. घर, शाळा यामधून मुलांवर सतत स्वच्छतेचे संस्कार झाले पाहिजेत आणि पर्यावरणाची हानी होई असा कोणताही निर्णय कोणत्याही कारणास्तव घेता कामा नये. वातावरण बिघडलं तर माणसाचं आरोग्य निश्चितच धोक्यात येईल.

संपत्ती जतन करण्यासाठी, ती वाढविण्यासाठी आपण जसे प्रयत्न करतो, तोच दृष्टिकोन आरोग्याबाबत बसला पाहिजे. आजच्या पिढीचं आरोग्य उत्तम असेल तर पुढची पिढी जोमदार असणार आहे.

आपल्या पूर्वजांनी आचरणात आणलेली संयमित जीवनशैली सर्वार्थाने आदर्श होती. १०० वर्षे आनंदी आणि निरोगी जीवन जगावं असं ते म्हणत. त्यासाठी 'लवकर निजे लवकर उठे' हा त्यांचा मूलमंत्र होता. सात्त्विक आहार, साधी राहणी, व्यसनांपासून अलिप्तता आणि नैसर्गिक रीतीने जगणं हे त्यांचे दंडक होते. त्यामुळे त्यांना ते शक्य झालं. आपण त्या मार्गांनि जाणं श्रेयस्कर आहे.

५. लोकशाही आणि निवडणुका

अब्राहम लिंकन यांनी लोकशाहीची केलेली व्याख्या प्रसिद्ध आहे. ''लोकांचे, लोकांनी चालविलेले व लोकांसाठी असलेले राज्य म्हणजे लोकशाही'' लोकशाहीची बरीच वैशिष्ट्ये या व्याख्येत सामावलेली आहेत. यावरून लोकशाही आणि निवडणुका यांचा

संबंध अत्यंत घनिष्ठ आहे, हेही लक्षात येतं, लोकांचं राज्य म्हणजे लोकांनी निवडून दिलेल्या लोकांनी चालविलेलं राज्य त्यासाठी निवडणुका अपरिहार्यच आहेत.

भारतीय राज्यव्यवस्था संसदीय स्वरूपाची आहे. दर पाच वर्षांनी येथे निवडणुका होतात. लोकसभा आणि विधानसभा अशा मुख्य निवडणुका याशिवाय महानगर पालिकेसारख्या स्वायत्त संस्थांच्या निवडणुका, पदवीधर असलेल्यांना पदवीधर मतदारसंघा- मधल्या निवडणुका, शिक्षक असलेल्यांना शिक्षक मतदारसंघाच्या निवडणुका, एखाद्या निवडून दिलेल्या आमदाराचा, नगरसेवकाचा मृत्यू झाल्यास होणाऱ्या पोटनिवडणुका अशा अनेक प्रकारच्या नगरसेवकाचा मृत्यू निवडणुकीचं वातावरण तरी असतं किंवा निवडणुकींची तयारी तरी सुरू असते. पाच वर्षांसाठी म्हणून आपण प्रतिनिधी निवडून देतो. पण मुदत पूर्ण होण्याच्या आतच संसद किंवा विधानसभा बरखास्त केली जाते आणि मध्यावधी निवडणुका जाहीर केल्या जातात. बऱ्याच वेळा निवडणुकांचा अतिरेक होतो.

लोकशाहीमध्ये निवडणुकांद्वारे लोकांचे मतस्वातंत्र्य जपलं हे खरं आहे. पण भारतासारख्या विकसनशील देशात निवडणुका या अत्यंत खर्चीक असल्यामुळे विकासाच्या आड येतात. निवडणुकांसाठी प्रचंड यंत्रणा कामाला लावावी लागते. सगळे शिक्षक आणि सरकारी कर्मचारी त्यासाठी कामाला जुंपावे लागतात. त्यांना त्या कामाचं प्रशिक्षण द्यावं लागतं. देशाची निवडणूक म्हणजे वाहतूक खर्च, स्टेशनरी, हजारो कोटी रुपये खर्चाचा मामला असतो.

बरं त्या शांततेत आणि योग्य रीतीने पार पाडल्या तर ठीक! नाही तर फेरमतदान. निवडणुकीत निवडून येण्यासाठी अनेक वाईट मार्गांचा अवलंब केला जातो. मतदारांना आकर्षित करण्यासाठी भेटी दिल्या जातात. वस्तू लुटल्या जातात. मोठमोठी आश्वासनं दिली जातात. यासाठी लागणारा प्रचंड पैसा कारखानदार आणि उद्योगपती पुरवितात. त्यामुळे सत्तेवर येणारे यांच्या मदतीची परतफेड करण्यासाठी भाववाढ करण्यास परवानगी देतात.

एवढ्यानेच भागत नाही निवडणुकीच्या काळात प्रचंड हिंसाचार होतो. निवडणुकीला उभ्या राहिलेल्या उमेदवाराचा खून करण्यापासून त्यांना पाठिंबा देणाऱ्यांना दहशतीच्या वातावरणात राहण्याचा अनुभव, त्यांच्या नातेवाइकांचं अपहरण असे अनेक प्रकार घडतात. निवडणुकीच्या काळात खोटं मतदान करणं, मतदारांनी बाहेर येऊ नये म्हणून नीतीचं वातावरण निर्माण करणं

अशा अनेक मार्गांचा अवलंब केला जातो. निवडणूक म्हणजे जणू शक्तीपरीक्षणच ठरतं. जो बलवान तो श्रेष्ठ ठरतो.

भारतामध्ये हे गैर प्रकार मोठ्या प्रमाणात विशेषत: उत्तरप्रदेश, बिहार या राज्यांत चालत असत. परंतु निवडणूक आयुक्त टी. एन. शेषन यांनी परिस्थितीत चांगलीच सुधारणा केली. प्रत्येक मतदाराला त्यांनी ओळखपत्र देऊन बोगस मतदान बंद केलं. निवडणूक आचारसंहिता घटनेत अस्तित्वात होती. तिचं कठोर पालन त्यांनी केलं. त्यामुळे प्रचारासाठी सरकारी यंत्रणेच्या वापराला पायबंद बसला. मुख्य म्हणजे निवडणूक काळात ध्वनिवर्धकांचा सतत कर्कश आवाज यामुळे सामान्य नागरी जीवन असह्य होत असे. त्या आवाजावर नियंत्रण आणल्यामुळे जगणं सुसह्य झालं आहे. त्यांच्या आचारसंहितेमुळे बिहार, उत्तरप्रदेश काय पण जम्मू-काश्मीरमध्येही अतिरेक्यांच्या प्रभावक्षेत्रात लोकांनी निर्भयपणे मतदान केलं आहे.

निवडणुकांचं हे चित्र पाहता सामान्य माणसाला नेहमीच प्रश्न पडतो की, इतकी किंत देऊन निवडणुका घेणं योग्य आहे का? घेतल्या तरी त्यातून मूळ हेतू साध्य होतो का? आज निवडणुकांचं चांगलं बदललेलं चित्र पाहून या प्रश्नाचं उत्तर होकारार्थी घ्यावं लागतं. लोक जसजसे सुशिक्षित होऊ लागले आहेत, तसतसे परिस्थितीत बदल होऊ लागला आहे. टी.व्ही., चित्रपट, वृत्तपत्रं यांसारख्या प्रसारमाध्यमांनी मतदाराचं एक मत किती किंमती आहे, हे पटवून देण्यात मोलाची भूमिका बजावलेली आहे.

बुद्धिवान लोक निवडणुकीपासून, राजकारणापासून लांब राहतात. पण राज्यकारभार योग्य व्यक्तींच्या हाती राहावा यासाठी बुद्धिवान, चारित्र्यसंपन्न माणसं राजकारणात आली पाहिजेत. नुसतं निवडणुकीला नावं ठेवून उपयोग नाही.

ही सगळी किंमत स्वातंत्र्यासाठी आहे आणि स्वातंत्र्य हा तर लोकशाहीचा प्राण आहे. म्हणून निवडणूक पद्धतीत कितीही दोष, उणिवा असल्या तरी लोकशाही प्रक्रियेतील ती एक आवश्यक गोष्ट आहे. भारतासारख्या विस्ताराने मोठ्या, लोकसंख्येने प्रचंड, हवामानाची भरपूर विविधता असलेल्या, दुर्गम आणि ग्रामीण असलेल्या या देशात नि:पक्षपाती निवडणुका घेणं खूपच कठीण गोष्ट आहे. परंतु स्वातंत्र्य मिळाल्यापासून तेरा चौदा वेळा आपण ती साध्य केली आणि लोकशाही जिवंत ठेवली. याबद्दल जगातून आपलं खूपं कौतुक केलं गेलं. त्याला आपण पात्र आहोतच. आपल्याला निवडणुकांचं महत्त्व कळलेलं आहे. हेही त्यातून दिसून येतं. पुढे येणाऱ्या निवडणुका अधिक निर्दोष, निर्भय वातावरणात होतील आणि लोकशाही जिवंत राहील याची खात्री वाटते.

●●

SAMPLE PAPER-4
Marathi

🗨 Questions

प्रश्न १.

(अ) पुढील उता-याच्या आधारे सूचनेनुसार कृती करा.

सूचनेनुसार पुढील आकृतिबंध पूर्ण करा.

'शहाणंसुरतं राहायचं असेल, तर वाचनाचा छंद लागतोच. पुस्तकांची सोबत म्हणजे तर अक्षरआनंदाची सोबत. ही सोबत तुम्हाला कधीच दगा देत नाही. या आनंदासाठी टिच्चून पैसे मोजावे लागत नाहीत. तुमचा हा आनंद कुणीच हिरावून घेऊ शकत नाही. सपाटून वाचावं आणि झपाटून जावं. माणसं अस्वस्थ होतात, उदास होतात, तेव्हा परमेश्वराचा धावा करतात. काहीजण अशा-वेळी आवडीचं पुस्तक वाचतात, त्यादृष्टीनं पुस्तकाला परमेश्वरच म्हणायला हवं. अशा वेळी मित्रही हवे असतात; पण ते काही नेहमी उपलब्ध नसतात. पुस्तकं म्हणजे कायम उपलब्ध असलेले मित्र असतात.

निसर्गाची सोबत, संगीताची साथ, पुस्तकांची संगत असेल, तर माणूस जगाच्या पाठीवर कुठंही एकटा राहू शकतो. एकटं असण्यातही एक वेगळाच आनंद असतो. तुम्ही स्वत:च्या अंतरंगात हलकेच डोकावू शकता, स्वत:ला ओळखू शकता, स्वत:शी संवाद साधू शकता. एकटे असताना तुम्ही विचार करू शकता, एकटं असतानाच तुम्हांला नव्या कल्पना सुचू शकतात. निर्मिती, शोध, साक्षात्कार हे एकटेपणाचेच आविष्कार असतात. जो एकटेपणातला आनंद घेऊ शकतो, थेट जीवनाच्या सोबतीनंच जगू शकतो, दु:ख त्याच्या वाटेला कधीच जात नाही !

आनंदासाठी मन मोकळं असावं लागतं. भूतकाळाची स्मृती आणि भविष्याची भीती या दोन्हींपासून मन मुक्त होतं, तेव्हाच ते आनंद अनुभवू शकतं. भूतकाळ संपलेला असतो, भविष्यकाळ अनिश्चित असतो. खरा असतो तो फक्त वर्तमानकाळ. तोच भरभरून जगायचा असतो.

वर्तमानात जगायचं असेल तर जगण्याविषयी प्रेम हवं. जगण्याची हौस हवी. ही हौस नसेल, तर 'आजचं काम उद्या करू' असं होतं. काम उद्यावर ढकललं जातं किंवा कसं तरी उरकलं जातं. आपण सगळंच उरकून टाकत असतो. अंघोळ उरकतो, जेवण उरकतो, काम उरकतो. एका अर्थी आपण जगणंही उरकतोच. मग आनंद कसा घेणार ?

(१) (i) एकटेपणाचे आविष्कार

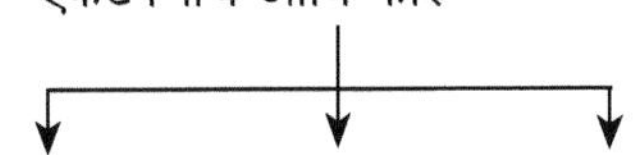

(ii) आनंद अनुभवण्यासाठी या गोष्टीपासून मन मुक्त असावं लागत

(२) 'पुस्तकांची सोबत म्हणजे तर अक्षरआनंदाची सोबत' या विधानाचा अर्थ तुमच्या भाषेत लिहा.

(३) आनंद मिळविण्यासाठी कोणकोणत्या गोष्टी करता येणे शक्य आहे असे लेखकास वाटले ?

वर्तमानात जगायचं असेल तर जगण्याविषयी प्रेम हवं या विघनाविषयी तुमचे मत स्पष्ट करा.

किंवा

शिवराज गोर्ले लिखित 'आयुष्य-आनंदाचा उत्सव' या पाठात त्यांनी आनंद हा प्रत्येक अंतरंगात असून तो मिळविण्यासाठी त्याच्यामध्ये आनंदांचे भान जागे असावे लागते. हा विचार व्यक्त केला आहे.

(आ) पुढील उता-याच्या आधारे सूचनेनुसार कृती करा.

(१) वेग हे गतीचे एक रूप आहे. आपले जीवनही स्थिती आणि गती यांत विभागलेले आहे. थांबणे, चालणे, धावणे असे हे जीवनचक्र फिरतच असते. आपल्या विचारांनाही गती असते, जिला आपण प्रगती म्हणतो. ती विचारांची गती असते. गतीला जेव्हा दिशा असते तेव्हाच ती प्रगती या संज्ञेला पात्र ठरते. दिशाविहीन गती ही अधोगती ठरते. आजच्या जीवनात विलक्षण वेगवानता आढळते. रस्ते वाहनांनी व्यापलेले असतात. माणसे घरांत राहतात म्हणूनच अल्पकाळ तरी स्थिर राहतात. एरवी गतीपायी अगतिक होतात.

(२) कामापुरते आणि कामासाठी वाहन आणि आटोक्यात राहील एवढाच वेग, हे तंत्र अनुसरले तर जीवन अर्थपूर्ण होईल. आपले जीवन अधिक प्रमाणात आपल्या वाट्याला यावे, ते कृतार्थतेने जगता, अनुभवता यावे, त्यासाठी उसंत लाभावी म्हणून वाहनांचा वापर करायला हवा. प्रत्यक्षात घडते ते वेगळे. इतरांशी मानसिक स्पर्धा करण्यासाठी, आपल्या ऐश्वर्याचे प्रदर्शन घडवण्यासाठी, गरज नसताना कर्ज काढून वाहने खरेदी करणारी माणसे समाजात आढळतात. कोणतेही महत्त्वाचे काम नसताना पत्नीला मागच्या बाजूला बसवून आधुनिक दुचाकीने सहज फेरफटका मारून आले म्हणजे अनेकांना बरे वाटते; पण आहेच वाहन तर चार-सहा मैलांवरचे एखादे निसर्गरम्य स्थान किंवा मंदिर पाहाण्यासाठी ही माणसे का जात नाहीत ? एखादा लक्ष्मी रोड, महात्मा गांधी मार्ग किंवा जंगली महाराज रस्ताच का पसंत केला जातो ? देहू, आळंदी, सिंहगड, बनेश्वर, विठ्ठलवाडीकडचे रस्ते का दिसत नाहीत ?

(३) वाहनाचा वेग अनिवार झाला, तर चित्ताची व्यग्रता वाढते. डोळ्यांवर, मनावर, शरीरावर ताण पडतो. शरीरभर अनावश्यक स्पंदने निर्माण होतात. हादरे बसून मज्जातंतू आणि मणके कमकुवत होता. कमरेची आणि पाठीची दुखणी ही वाहनधारकांची व्यथा असते. बसणे, उठणे, चढणे, उतरणे, चालणे, वळणे, वर-खाली पाहाणे या मुक्त हालचालींचे संगीत विसरून स्वत:ला वाहनाशी जखडून ठेवणे आणि वाहनाचा वेग अंगीकारून आपल्या शरीरव्यापारात अडथळे निर्माण करणे हे धोरण निसर्गविरोधी आहे. आरोग्याची हानी करणारे आहे. वाढता वेग म्हणजे ताण. जीवनातले ताणणाव वाढवून पोचणार तरी कोठे? आपले स्वत्व आणि स्वस्थता हिरावून घेणारा अस्वाभाविक वेग कमी करणे, हे आपले कर्तव्य आहे. उगाच भावविवश होऊन वेगवश होऊ नये. अनाठायी वेगामुळ पोचण्यापूर्वींच अंत होण्याची शक्यता वाढते.

(१) (i) दिलेल्या उताऱ्याच्या आधारे आकृतिबंध पूर्ण करा. लेखकाच्या मते जीवन अर्थपूर्ण तेव्हा होते जेव्हा,

(ii) (a) जीवन विभागणारे घटक– [ ]
    (b) विचारांची गती म्हणजे– [ ]

(२) वाहनांच्या अतिवापराने शरीर व्यापाराज अडथळे निर्माण होतात' तुमचे मत सोदाहरण स्पष्ट करा.

(३) रस्त्यावरील वाहतूक कोंडीत सापडल्यावर तुमची भूमिका काय असेल? ते लिहा.

किंवा

'वाढता वेग म्हणजे ताण', याविषयी तुमचे मत सविस्तर लिहा.

(इ) पुढील उताऱ्याच्या आधारे सूचनेनुसार कृती करा.

'जागा मंजूर झाल्याचं पत्र शासनाकडून मिळताच बाबा आपल्या काही कार्यकर्त्यांसह हेमलकशाला जाऊन धडकले. २३ डिसेंबर १९७३ यादिवशी त्यांनी तिथे मुक्काम ठोकला. याच दिवशी 'लोक बिरादरी प्रकल्पा' च्या कामाचा खऱ्या अर्थाने प्रारंभ झाला. वास्तविक मी चार-पाच महिन्यांनी येणार होतोच

पण बाबा कुणासाठी थांबून राहणारे नव्हते. 'तू तुझ्या वेळेला ये–मी कामाला सुरुवात करतो' असे म्हणून ते तिथे पोहोचले, पण बाबांची इच्छा, काम उभारण्याची ओढ याच्याशी सरकारी कारभाराचा मेळ कसा बसणार? त्यामुळे हा प्रकल्प उभा करण्याच्या कामात सुरुवातीलाच विघ्न निर्माण झालं.

हेमलकशाची जागा मूळ वनखात्याची होती. त्यांनी ती महसूलखात्याला दिली आणि महसूलखात्याने बाबांना म्हणजे 'महारोगी सेवा समिती' ला दिली होती. ही जागा मिळाल्यामुळे नवा प्रकल्प उभारता येणार, या भावनेने बाबांना अगदी स्फूरण चढलं होतं. ज्या कार्यकर्त्यांना घेऊन बाबा हेमलकशाला पोहोचले होते, त्यांच्या राहण्यासाठी-वावरण्यासाठी जंगलातील काही जागा मोकळी करणं आवश्यक होतं. त्यामुळे बाबांनी तिथे जाऊन झाड तोडायला सुरुवात केली. झाडं तोडली जात आहेत हे कळताच तिथे वनाधिकारी आले आणि त्यांनी तुम्ही बेकायदा आमच्या जागेत कसे घुसलात?'' असा आक्षेप घेणं सुरूकेलं. बाबा म्हणाले, ''कागदोपत्री जागा माझी आहे'' त्यावर ते म्हणाले,'' पण त्यावरची झाडं ही आमची मालमत्ता आहे. त्याला तुम्ही हात लावू शकत नाही''. ते ऐकेनात, त्यामुळे मोठा पेच निर्माण झाला.

खरं तर बाबा थेट हेमलकशाला गेले आणि त्यांनी कामाला सुरुवात केली, हे त्या वनाधिकाऱ्याला खटकलं होतं. आपल्याला त्यांनी आधी कल्पनाद्यायला हवी होती, असं त्याला वाटत होतं. थोडक्यात, त्याला महत्त्व न दिल्याने तो चिडला होता. तेव्हा खोत नावाचे एक अधिकारी तिथे होते. त्यांनी या अडचणीतून मार्ग काढला, झाड ही वनखात्याची संपत्ती आहे ना, मग त्याची किंमत तुम्ही त्यांच्याकडून वसूल करा'' असं त्यांनी वनाधिकाऱ्याला सुचवलं. वनाधिकाऱ्याने ही सूचना स्वीकारली आणि तोडलेल्या झाडांची काही एक किंमत ठरवली! तेवढी दिल्यानंतरच कुठे हे प्रकरण मिटलं''.

(१) (i) २३ डिसेंबर १९७३   (ii) वनाधिकाऱ्याचा आक्षेप

(२) लोकबिरादरी प्रकल्पाच्या जागेचा प्रशन कशाप्रकारे मिटला? स्पष्ट करा.

<hr>

विभाग २: पद्य

प्रश्न २.

(अ) पुढील कवितेच्या आधारे सूचनेनुसार कृती करा.

रंगुनी रंगांत साऱ्या रंग माझा वेगळा !
गुंतुनी गुंत्यांत साऱ्या पाय माझा मोकळा !
कोण जाणे कोठुनी ह्या सावल्या आल्या पुढे;
मी असा की लागती ह्या सावल्यांच्याही झळा !
राहती माझ्यासवें हीं आसवें गीतांपरी;
हें कशाचें दु:ख ज्याला लागला माझा लळा !
कोणत्या काळीं कळेना मी जगाया लागलों
अन् कुठे आयुष्य गेलें कापुनी माझा गळा !
सांगती 'तात्पर्य' माझें सारख्या खोट्या दिशा:

''चालणारा पांगळा अन् पाहणारा आंधळा !''
माणसांच्या मध्यरात्रीं हिंडणारा सूर्य मी:
माझियासाठी न माझा पेटण्याचा सोहळा !

(१) (i) **कवितेतील विरोधी भाव दर्शविणाऱ्या**

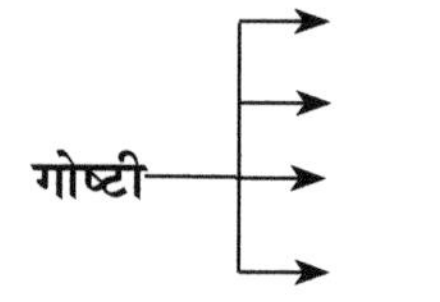

गोष्टी

(ii) (a) कवीची सदैव सोबत करणारी
    (b) कवीचा विश्वासघात करणारे

(२) ''कोणत्या काळीं कळेना मी जगाया लागलों

अन् कुठे आयुष्य गेलें कापुनी माझा गळा!'' या ओळींचा अर्थ लिहा.

(३) समाजात स्वतःचे वेगळेपण जपण्यासाठी प्रयत्न करावेच लागतात' सोदाहरण स्पष्ट करा.

(आ) मनुष्य इंगळी अति दारुण ।
मज नांगा मारिला तिमें ।
सर्वांगी वेदना जाण ।
त्या इंगळीची । या ओळींतील भावसौंदर्य स्पष्ट करा.

(इ) 'त्याला आठवतं त्याच्याच शेजारी
पाय मुडपून कसंबसं झोपलेलं एखादं मूल,

ज्याचं बालपण स्टेशनवरल्या बाकाएवढं
आणि त्याची त्याला कल्पना असावी किंवा नसावी'
—या ओळींतील विचार सौंदर्य स्पष्ट करा.

किंवा

अंगणात थांबलेल्या तुझ्या प्रेयस चांदण्याला
दार उघडून आत घेण्याचेंही भान नाही ग तुला
बागेतली ती अल्लड जाई ही पेंगुळतेय तुझी वाट पाहून पाहून
पण तू, तू मात्र झालीस अस्तित्वहीन प्राण हरवलेली पुतळी
—या ओळीचे रसग्रहण करा.

विभाग ३: साहित्यप्रकार कथा

प्रश्न ३.

(अ) दिलेल्या उताऱ्याच्या आधारे सूचनेनुसार कृती करा.

'कथेचे 'सादरीकरण' ही एक कला आहे आणि योग्य प्रयत्नाने ही कला साध्य होऊ शकते. विविध प्रकारच्या कथांचे मूकवाचन, प्रकटवाचन करण्याचा सराव, विविध कथा लेखकांची/लेखिकांची लेखनशैली समजून घ्यायचा केलेला प्रयत्न, भाषेची जाण, शब्दोच्चार आणि सादरीकरण कौशल्ये यामुळे कथाकथनाचे तंत्र अवगत होऊ शकते.

अलीकडच्या काळात 'कथाकथन' क्षेत्रात अनेक व्यावसायिक संधी उपलब्ध होत आहेत. कथा-अभिवाचनाचे कार्यक्रम विविध निमित्ताने रंगमंचावरून सादर केले जात आहेत. आकाशवाणी, दूरदर्शन या लोकप्रिय माध्यमांतून सादर केले जाणारे 'कथाकथन' अधिकाधिक लोकांना आकर्षित करत आहे. या पार्श्वभूमीवर कथा-सादरीकरण हा पैलू लक्षणीय ठरतो.

अभिवाचन: अभिवाचनामुळे कथा श्रोत्यांपर्यंत योग्यप्रकारे पोहोचण्यास मदत होते. कथेचे अभिवाचन एकाच वेळी जर अनेकांकडून केले गेले तर आवाजाचा एकसुरीपणा टळतो. संवादातील चढउतार, चटपटीतपणा, शब्दफेक यांतील विविधतेचा आनंद श्रोत्यांना मिळतो. कथेतील घटना, प्रसंग, व्यक्तिरेखा यांचे आकलन होण्यास मदत होते. कथावाचनाला जर पार्श्वसंगीताची, प्रकाशयोजनेची, नेपथ्याची जोड दिली तर ते अभिवाचन श्रोत्यांवर चांगला परिणाम करते व दीर्घकाळ स्मरणात राहते.

कथाकथन: कथाकथन करण्याच्या व्यक्तीला भाषेच्या ज्ञानाबरोबरच वाचिक अभिनयाचीही थोडी जोड द्यावी लागते, त्यामुळे कथाकथन उठवदार होते. कथाकथन करण्याच्याला शब्दांच्या माध्यमांतून पात्रांना जिवंत करायचे असते. कथाकथन करण्याच्या व्यक्तीला कथा सादर करायची असल्याने कोणताही लिखित मजकूर हातात नसतो. श्रोत्यांशी संवाद साधत, त्यांचा प्रतिसाद घेत, लेखकाच्या मूळ संहितेला धक्का न लावता; पण परिणामकारकरित्या ती श्रोत्यांपर्यंत पोहोचवायची असते.

कथेची निवड करणे फार महत्त्वाचे व तितकेच जबाबदारीचे काम असते. कथा सादरीकरणाचा कालावधी व श्रोत्यांचा अवधानकाल यांचे भान कथा सादरीकरणात ठेवावे लागते. कथा ही संवादातून खुलत असल्याने शब्दफेक, प्रभावी उच्चारण, स्पष्टता आणि शब्दांचा गर्भितार्थ श्रोत्यांपर्यंत थेट पोहोचवणे हे एकाचवेळी कौशल्यपूर्ण पण आव्हानात्मक काम असते.

(१) (i) अभिवाचनातून श्रोत्यांना

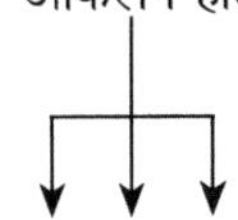

(ii) कथेचे आव्हानात्मक काम
कथेच्या सादरीकरण अभिवाचनाचे महत्त्व लिहा.

(आ)

(१) डॉक्टर पेक्षा नर्स महत्त्वाची या अनुच्या मनाविषयी तुमचे मत स्पष्ट करा.

किंवा

वाननदी व वटवृक्ष या प्रतिकांतून गावातील स्थित्यंतराचे दर्शन लेखिकेने कशाप्रकारे घडविले आहे.

(२) कुतूहल, जिज्ञासा निर्माण करण्याच्या 'शोध' या कथेतील एका प्रसंगाचे वर्णन करा.

किंवा

'गढी' या कथेतील वैदर्भी बोलीचे तुम्हाला जाणवलेले वेगळेपण स्पष्ट करा.

विभाग ४: उपयोजित मराठी

प्रश्न ४.

(अ) पुढीलपैकी कोणत्याही दोन प्रश्नांची उत्तरे लिहा.

(i) 'व्यक्तिमधील 'माणूस' समजून घेण्यासाठी मुलाखत असते' हे विधान स्पष्ट करा.

(ii) माहितीपत्रक म्हणजे काय ? सोदाहरण स्पष्ट करा.

(iii) अहवाललेखनाचे 'शब्दमर्यादा' हे वैशिष्ट्य स्पष्ट करा.

(iv) अहवालाची आवश्यकता लिहा.

(आ) पुढीलपैकी कोणत्याही दोन प्रश्नांची उत्तरे लिहा.

   (i) 'पोस्टमन' ची मुलाखत घेण्यासाठी प्रश्नावली तयार करा.

   (ii) 'हुर्डापार्टी' साठी माहितीपत्रक तयार करा.

   (iii) 'तुमच्या कनिष्ठ महाविद्यालयातील स्नेहसंमेलना विषयी अहवाल लेखन करा.

   (iv) माहितीपत्रकाची उपयुक्तता तुमच्या शब्दांत लिहा.

विभाग ५: व्याकरण व लेखन

प्रश्न ५.

(अ) **कंसातील सूचनेनुसार कृती करा.**

(१) (i) सकाळी किरणे आरोग्यास हितकारक आहे. (नकारार्थी करा)

   (ii) लोकांचे दारिद्र्य पाहून मला दुःख होते. (प्रश्नार्थी करा)

(२) **पुढील सामासिक शब्दांचा विग्रह करून समासाचे नाव लिहा.**

   (i) प्रतिक्षण   (ii) केरकचरा

(३) **पुढील वाक्यातील प्रयोग ओळखा.**

   (i) त्याने माझ्या हिरड्यांत इंजेक्शन दिले.

   (ii) त्यांनी ती सात-आठ चित्रं पुन्हा चित्रारून दाखवली.

(४) **पुढील ओळीतील अलंकार ओळखून त्याचे नाव लिहा.**

   (i) वीर मराठे गर्जत आले
      पर्वत सगळे कंपित झाले

   (ii) मना, वृथा का भिशी मरणा
      दार सुखाचे हे हरिकरुणा !
      आई पाहे वाट रे मना ।
      पसरुनी बाहू, कवळ्या उरी ।

(५) **पुढील शब्दांसाठी पारिभाषिक शब्द लिहा.**

   (क) सीमा शुल्क   (ख) भाषाशास्त्र

(आ) **पुढीलपैकी कोणत्याही एका विषयावर सुमारे २०० से २५० शब्दांत निबंध लिहा.**

   १. आला पावसाळा   २. संतश्रेष्ठ ज्ञानेश्वर

   ३. पाणी : एक संपत्ती   ४. माझे पहिले भाषण

   ५. वृद्धाश्रमांची आवश्यकता

Ⓐ Answer Key

विभाग १: गद्य

उत्तर १.

(अ)

(१) (i)

निर्मिती   शोध   साक्षात्कार

(ii) → भूतकाळाची स्मृती
    → भविष्याची भीती

(२) व्यवहारामध्ये शहाणे बनून राहायचे असले तर वाचनाचा छंद असायला पाहिजे कारण पुस्तकाच्या वाचनातून अक्षर आनंद मिळत असतो. ही पुस्तकांची सोबत दगा कधीच देत नाहीं. या आनंदासाठी पैसे खर्च करावे लागत नाहीत शिवाय हा आनंद कोणी हिरावूनही घेऊ शकत नाही. माणसं काही वेळी अस्वस्थ झाली की उदास होतात. परमेश्वराचा धावा करतात. परंतु काही जन पुस्तकाचे वाचन करतात. त्यादृष्टीने पुस्तकाला परमेश्वर म्हटले पाहिजे असे लेखकास वाटते कारण मित्रांची कितीही आठवण काढली तरी ते उपलब्ध होत नाहीत. मात्र पुस्तके लगेच उपलब्ध होता त्यादृष्टीने पुस्तकाची सोबत ही कोणत्याही वेळी अक्षर आनंद देणारी सोबत असते.

(३) शिवराज गोर्ले लिखित 'आयुष्य-आनंदाचा उत्सव' या पाठात त्यांनी आनंद हा प्रत्येकाच्या अंतरंगात असून तो मिळवण्यासाठी त्याच्यामध्ये आनंदाचे भान जागे असावे लागते हा विचार व्यक्त केला आहे. मानवी जीवनामध्ये प्रत्येकालाच आपण आनंदी असावे असे वाटते मात्र त्यांना आनंद म्हणजे काय ? हेच समजत नाही तो वास्तविक पाहता आनंद हा प्रत्येक माणसाच्या अंतरंगात असतो तसेच तो इतर गोष्टीतूनही मिळवता येतो. उदाहरण ? वाचनाचा छंद असेल तर माणसाला त्यातूनही आनंद मिळतो. पुस्तकाची सोबत ही अक्षर आनंदाची सोबत असते. एखादे वेळी माणूस अस्वस्थ होतो त्यास उदास वाटते तेव्हा तो परमेश्वराचा धावा करतो. मित्र ही सोबतील असावेत असे वाटते परंतु मित्र वेळीच उपलब्ध होत नाहीत परंतु पुस्तके उपलब्ध होतात. त्यामुळे पुस्तके म्हणजे परमेश्वरच आहे असे येथे लेखकास वाटते.

२. निसर्गाचे सानिध्य, संगीताची साथ व पुस्तकाची सोबत असेल तर माणूस एकटा कुठेही राहू शकतो कारण एकटे राहण्यातही एक वेगळाच आनंद असतो. एकटेपणात आपल्या अंतरंगात डोकावता येते, स्वतःशी संवादही साधता येतो. एकटेपणात नवनव्या कल्पनाही सूचनात निर्मिती, शोध, साक्षात्कार हे एकटेपणाचे आविष्कार असून तो एकटेपणाचा आनंद घेतो त्याच्या वाट्याला दुःख कधीच येत नाही.

३. आनंद मिळविण्यासाठी आपले मनही मोकळे असावे लागते. भूतकाळाची स्मृती व भविष्याची भीती या दोन्हीपासून मन मुक्त झाले की आनंदाचा आस्वाद घेता येतो कारण भूतकाळ संपलेला असतो तर भविष्यकाळ ही अनिश्चित असतो आणि म्हणून या दोहोपासून मन मुक्त होते तेथच खऱ्या अर्थाने आनंद मिळतो. अशाप्रकारे आनंद मिळविण्यासाठी वरील गोष्टी आपणास करता येतील.

किंवा

'आयुष्य....आनंदाचा उत्सव' या पाठाचे लेखक शिवराज गोर्ले असून त्यांच्या हा पाठ 'मजेत जगाव कसं' या त्यांच्या गाजलेल्या पुस्तकातून घेतला. माणसाला आनंद हा हवा असतो पण आनंद म्हणजे काय ? तो कसा मिळवावा ? हे त्यांना समजत नाही परंतु खरा आनंद हा माणसाच्या बाहेर नसून त्याच्या अंतरंगातच असतो. तो ओळखण्यासाठी मात्र त्याचे भान असावे लागते हा विचार लेखकाने या पाठातून व्यक्त केला आहे.

एखादे वेळी माणूस हा अस्वस्थ होतो. त्यास उदास वाटू लागते. अशावेळी तो परमेश्वराचा धावा करतो परंतु परमेश्वराच्या रूपात पुस्तके उपलब्ध होतात व त्यातून माणसाला आनंद घेता येतो. ज्ञानात नवनवीन भर पडते. या व्यतिरिक्तही निसर्गाच्या सानिध्यात, संगीतातून तसेच पुस्तक वाचनातून आपण एकटे असलो तरी आनंद घेता येतो. आपल्या अंतरंगात डोकावता येते. स्वत:शी संवाद साधता येतो. एकटेपणात नवनवीन कल्पना सूचनात महत्त्वाचे म्हणजे निर्मिती, शोध आणि साक्षात्कार हे एकटेपणाचे आविष्कार होत. त्यामुळे जो एकटेपणाचा आनंद घेतो त्याच्या वाट्याला दु:ख येत नाही.

खरा आनंद मिळविण्यासाठी माणसाचे मन मोकळे असावे लागते. त्याचे मन भूतकाळात गुंतून राहता कामा नये व भविष्यकाळाचाही विचार करू नये कारण भूतकाळ संपलेला असतो तर भविष्यकाळ अनिश्चित असल्याने माणसाने खऱ्या अर्थाने वर्तमानकाळात जगायला शिकले पाहिजे. त्यासाठी प्रत्येकालाच जगण्याविषयी प्रेम हवे. जगण्याची हौस असावी. अन्यथा आजचे काम उद्या असे होते. मात्र माणसाने आयुष्य जगत असताना भूतकाळ-भविष्याचा विचार न करता आनंदाने जगायला हवे. कारण खरा असतो तो वर्तमानकाळात त्याचबरोबर कुठलेही काम उरकावाचे म्हणून उरकू नये तर प्रत्येक गोष्टीत आनंद घेतला पाहिजे. ती मनापासून केली पाहिजे.. तरच खऱ्या अर्थाने आनंदी जीवन जगता येईल. आपल्या ओवतीभोवती घडणाऱ्या गोष्टींचा आनंद घेता येईल आणि स्वत:वर प्रेम करता येईल. त्यासाठी प्रत्येकाच्या मनात जगण्याविषयी प्रेम असणे आवश्यक आहे तरच त्याला वर्तमानातही आनंदाने जगता येईल. हा आशावाद लेखकाने येथे स्पष्ट केला आहे.

(आ)

(१) (i)

<pre>
        ┌──────────────────────┴──────────────────────┐
        ↓   ↓
कामापुरते व कामासाठी   वाहनाचा वेग
वाहन वापरले जाते   आटोक्यात ठेवला
</pre>

(ii) (a) | स्थिति | गती |

(b) | प्रगती |

(२) अलीकडच्या काळात जीवन विलक्षण गतिमान झाले आहे. एकाच माणसाला अनेक कामे पार पाडावी लागतात. तीसुद्धा कमी अवधीत कामांशी संबंधित ठिकाणी अनेक माणसांना अनेक ठिकाणी गाठावे लागते. मोठमोठी अंतरे कापावी लागतात.

चालत जाऊन ही कामे करता येणे शक्य नसते. साहजिकच वाहनांचा उपयोग अपरिहार्य ठरतो. फक्त एका-दोघांना किंवा फक्त काहीजणांनाच वाहन वापरावे लागते असे नाही. सामान्य माणसांनाही वाहन वापरणे गरजेचे होऊन बसले आहे. सतत वाहन वापरण्याचे दुष्परिणाम खूप होतात. आपण चालत चालत जाऊन कामे करतो. तेव्हा शरीराच्या सर्व प्रकारच्या हालचाली होतात. इकडे-तिकडे वळणे, खाली वाकणे, वर पाहणे, मागे पाहणे, हात वर-खाली करणे, पाय दुमडून बसणे, पाय लांब करून बसणे, उकिडवे बसणे अशा कितीतरी लहान लहान कृतींतून शारीरिक हालचाली घडत असतात या हालचालींमुळे शरीराच्या सगळ्याच स्नायूंना आणि सांध्यांना भरपूर व्यायाम मिळतो. शरीर लवचीक बनते. आपण या हालचाली सहजगत्या, एका लयीत करू शकतो. एक सुंदर, नैसर्गिक लय शरीराला लाभते. मात्र, सतत वाहनांचा उपयोग करावा लागल्यामुळे हालचालींना आपण मुकतो. शरीराला लवचिकता प्राप्त होत नाही. शरीराच्या अनेक व्याधींना सुरुवात होते. दु:खे, कटकटी भोगाव्या लागतात. पैसा, वेळ खर्च होतो. दैनंदिन जीवन विस्कळीत होते. जगण्यातला आनंद नाहीसा होतो. म्हणजे आपल्या शरीर व्यापारात अनेक अडथळे निर्माण होतात.

(३) सध्या वाहनांची प्रचंड गर्दी झाली आहे. रस्ते मात्र पूर्वीएवढेच आहेत. रस्त्यांची संख्या पूर्वीइतकीच आणि त्यांची लांबी-रुंदीसुद्धा पूर्वीइतकीच. गाड्यांची संख्या मात्र प्रचंड वाढली आहे. कमी वेळात पोहोचण्याच्या इच्छेने वाहन खरेदी केले जाते खरे; पण वाहतूक कोंडीतच तासन्तास वाया जातात. या परिस्थितीमुळे मनाचा संताप होतो. वाहन आपल्या मालकीचे असते. पण रस्ता आपल्या मालकीचा नसतो. मग वाहतूक कोंडीच्या ठिकाणी प्रचंड गदारोळ माजतो. प्रत्येकजण स्वत:ची गाडी वाटेल तशी पुढे वेगाने चालवत राहतो. सर्व गाड्या एकमेकांच्या वाटा अडवून उभ्या राहतात. कोणीही पुढे जाऊ शकत नाही की मागे परतूं शकत नाही. गाड्यांचे हॉर्न कर्कश आवाजात मोठमोठ्याने ओरडत असतात. काही जणांची भांडणे सुरू होतात. पोलीस हतबल होतात.

अशा प्रसंगात मी सापडलो तर ? सर्वप्रथम हे लक्षात घेईन की परिस्थिती माझ्या नियंत्रणात नाही. मी पूर्णपणे शांत राहीन. मनाची चिडचिड होऊ देणार नाही. अस्वस्थ होणार नाही. हॉर्न तर मुळीच वाजवणार नाही. मध्ये मध्ये घुसून पुढे जाण्याचा प्रयत्न करणार नाही. तसे करणाऱ्यांना समजावून सांगण्याचा प्रयत्न करीन, कारण अशा पद्धतीने कोणीही पुढे जाऊ शकत नाही. उलट अडचणींमध्ये भर पडण्याची शक्यता जास्त. आपण स्वत: पुढे होऊन रहदारीचे नियंत्रण करू लागलो तर लोक आपले ऐकण ार नाहीत. पण आणखी एका दोघांशी बोलून दोघे-तिघे जण तिथल्या पोलीस काकांना भेटू. आमची मदत करण्याची इच्छ बोलून दाखवू. त्यांच्याशी चर्चा करून काय काय करायचे ते ठरवून घेऊ. कामांची आपापसांत वाटणी करून घेऊ आणि पोलीस काकांच्या मार्गदर्शनाखाली वाहतूक नियंत्रण सुरू करू.

किंवा

माणसे वाहनात बसली की ते दृश्य पाहण्यासारखे असते. सर्वजण उल्हासित मन:स्थितीत असतात. सगळ्यांच्या बोलण्याच्या

कोलाहलामुळे वातावरणात आनंद भरून जातो. वाहनचालकाला हळूहळू सुरसुरी येते. तो हळूहळू वेग वाढवू लागतो. सर्वजण उत्तेजित होतात. गाडीचा वेग वाढतच जातो. मागे पडत जाणाऱ्या वाहनांकडे सगळेजण विजयी मुद्रेने पाहू लागतात. चालक हळूहळू बेभान होतो. अन्य गाडीवाले सामान्य आहेत. कमकुवत आहेत. आपण सम्राट आहोत, अशी भावना मनातून आवेग घेऊ लागते. अशा मन:स्थितीत माणूस विवेक गमावतो. गाडी सुरक्षितपणे चालवण्यासाठी ही मन:स्थिती अनुकूल नसते. गाडी सुरक्षितपणे चालवण्यासाठी चित्त एकवटून वाहनावर केंद्रित करावे लागते. हात आणि पाय यांच्या हालचाली अचूक जुळवून घेण्यासाठी सतत मनाची तयारी ठेवाती लागते. क्लच, ब्रेक. ऑक्सलरेटर, यांच्याकडे बारीक लक्ष ठेवावे लागते. त्याच वेळी पाठीमागून व बाजूने येणारी वाहने आणि आपण यांत सुरक्षित अंतर ठेवण्याचा कसतरी प्रयत्न करावा लागतो. अन्य एखादे वाहन मध्येच आडवे येईल का, आपल्या वाहनाला धडकेल का, आपल्याला जिथे वळायचे आहे तिथे वळता येईल का. त्या वेळी बाकीच्या वाहनांची स्थिती कशी असेल, त्यांच्यापैकी कोणीही स्वत:ची दिशा बदलण्याचा संभव आहे का इत्यादी अनेक बाबींचा विचार काही क्षणांत करावा लागतो. त्या अनुषंगाने सतत विचार करित राहवे लागते. वाहन आणि वाहनाची गती यांखेरीज अन्य कोणतेही विचार मनात आणता येत नाहीत. एकाच विचाराला जखडले गेल्यामुळे डोळ्यांवर, शरीरावर व मनावर विलक्षण ताण येतो. अपघाताची भीती मनात सावलीसारखी वावरत असते. तासन्तास तणावाखाली राहवे लागल्याने मनावर विपरीत परिणाम होतात. वाहनाचा वेग जास्त असल्यामुळे अगदी बारीकशा खड्ड्यानेसुद्धा वाहनाला धक्का बसतो सांधे दुखतात ते कमकुवत होतात. अशा प्रकारे वाढता वेग म्हणजे ताण. हे समीकरण तयार होते.

(इ)

(१) (i) लोकबिरादरी प्रकल्पाच्या कामाची खऱ्या अर्थाने प्रारंभ.

(ii) तुम्ही बेकायदा आमच्या जागेत कसे घुसलात ?

(२) हेमलकशाची जागा मूळ वनखात्याची होती. त्यांनी ती महसूलखात्याला दिली. महसूलखात्याने ही जागा बाबांना (बाबा आमटे-महारोगी सेवा समितीला) दिली. तसे बाबांनी हेमलकसा इथे कार्यकर्त्यांसह जाऊन लोकबिरादरीच्या कामाला प्रारंभ केला परंतु वनखात्याने आक्षेप घेतला की, 'तुम्ही बेकायदा आमच्या जागेत कसे घुसलात ?' असा आक्षेप घेतला यावर ही जागा कागदोपत्री माझी आहे त्यावर वनखात्याचे मत असे होते ही त्यावरची झाडे ही मालमत्ता आमची आहे. त्यास तुम्ही हात लाबू शकत नाही. यावर खोत नावाच्या अधिकाऱ्याने या अडचनीतून मार्ग काढला की, झाड ही वनखात्याची संपत्ती आहे ना, मग त्याची किंमत तुम्ही त्यांच्याकडून वसूल करा असे सुचविले तसे वनाधिकाऱ्यांनी ही सूचना स्वीकारली. तोडलेल्या झाडांची किंमत वसूल केली व तेवढी घेऊन प्रकरण मिटवले. अशाप्रकारे लोकबिरादरी प्रकल्पाच्या जागेचा प्रश्न मिटला.

उत्तर २.

(अ) (१) (i)

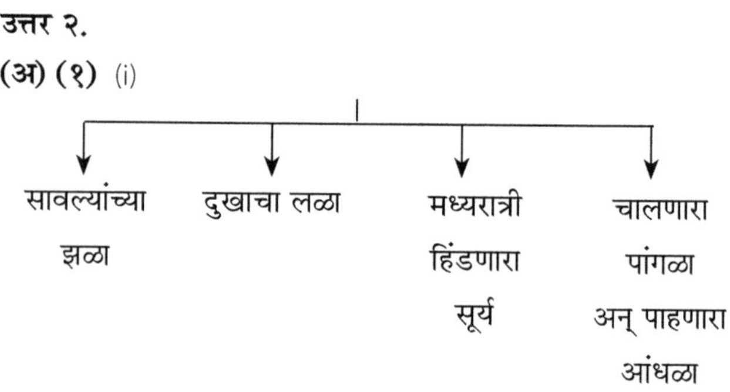

(ii) (a) आसवे (b) आयुष्य

(२) कविवर्य गझलसम्राट सुरेश भट लिखित 'रंग माझा वेगळा' या गझलं काव्यातील या ओळी असून त्यांच्याच 'रंग माझा वेगळा' या गझलसंग्रहातून ही गझल घेतली आहे.

समाजामध्ये भौतिक सुखसमृद्धीने परिपूर्ण तर दुसरा भौतिक व ऐहिक सुखापासून वंचित, अन्यायाने भरडला गेलेला शोषिक वर्ग असे दोन वर्ग प्रामुख्याने होते. पैकी दुसऱ्या गटातील माणसांचे प्रश्न हाताळणारे, त्यांच्या दु:खाला वाचा फोडण्याचे काम कवीने केले आहे. सामाजिक वेदनांमुळे कविमन व्यथित झाले असता समाजातून कविमनाला आनंद मिळण्याऐवजी दु:खच होते. आयुष्य जगत असताना सुखद अनुभवापेक्षा दु:खद अनुभव वाट्याला येत असले तरी त्यातून माघार न घेता कशाप्रकारे जगले पाहिजे याचा धडाघेत कवी जगत आहेत. परंतु अशाप्रकारचे जगणे हे कधी वेळी व काळी सुरू केले हे समजले नसले तरी माझ्याच आयुष्याने माझा गळा कापला, विश्वासघात केला. सर्वच गोष्टी मनासारख्या घडत नाहीत त्यामुळे कवीमन उद्विग्न होते आणि आपले आयुष्यच आपल्याशी खेळी करत आहे, दगा देत आहे असे कवीला वाटते आणि म्हणूनच अपयशाचे खापर दुसऱ्याच्या माथी न फोडता स्वत:च्या माथ्यावर फोडून घेण्याची कवीची कृती म्हणजे कवीचे मोठे यश आहे.

(३) 'कविवर्य गझलकार सुरेशभट लिखित 'रंग माझा वेगळा' या गझलमध्ये कवीने समाजात स्वत:चे वेगळेपण जपण्यासाठी जे प्रयत्न केले त्यातून त्यांना ओलेले अनुभव या अनुभवावर प्रकाश टाकला आहे.

समाजाचे घटक म्हणून समाजात वावरताना आपले वेगळेपण जपण्यासाठी वेगळे प्रयत्न हे करावेच लागतात. प्रत्यक्ष कवी पत्रकार, संपादक म्हणून कार्यरत असतानाच ते एक उत्तम कवी होते. त्यांनी मराठी साहित्याच्या क्षेत्रात 'गझल' हा काव्यप्रकार पुनर्जीवित करून तो लोकप्रियही केला. तसेच समाजात अन्यायाखाली भरडला जाणारा समाज अनेक सुविधांपासून वंचित असलेला समाज आणि सुख-सुविधांपासून वंचित, दुरावलेला समाज त्यांच्या प्रश्नांना वाचा फोडण्याचे कार्य केले. त्यांना न्याय देण्यासाठी आपला संघर्ष चालू ठेवला त्यामुळेच समाजात 'मी' ची मानहानी करणारे तसेच माणसांची दुटप्पी वृत्ती, स्वार्थ, ढोंगीपणा, समाजातील मूल्यहिनता त्यांनी आपल्या साहित्यातून प्रकट केली. अंतर्मुख होऊन अशा समाजाविरुद्ध आवाज उठविला. मात्र समाजातील स्वार्थी लोकांनी कवीबद्दल 'सार' सांगत असताना दिशाभूल केली आहे.

तरीही स्वत:चे वेगळेपण जपणाऱ्या कवीचा स्वत:च्या कर्तृत्त्वावर अढळविश्वास असल्यानेच अशा नैराश्य, अंधकाराने ज्यांचे आयुष्य व्यापलेले आहे त्यांच्यासाठी आपण मध्यरात्रीचा सूर्य बनून उभे आहोत. हे त्यांच्या व्यक्तिमत्त्वातील सामर्थ्य, आत्मविश्वास कवी विविध प्रतिमांतून व्यक्त करत आहे. त्यांच्या आयुष्यातील काळरात्र घालवून प्रकाश निर्माण करण्यासाठी अखंडितपणे आपण संघर्ष करणार असल्याचे कवी स्पष्ट करत आहेत. उदाहरण डॉ. प्रकाश आमटे यांनीही आपल्या कार्यकर्तृत्वातून हेमलकसा येथे नंदनवन फुलविले ते समाजातील कुष्ठरोगी अंध, अपंग, आदिवासी अशा विविध वंचित व दुर्लक्षित घटकांना आत्मसन्मानाने जगणं जगता यावे यासाठी बाबा आमटे यांनीही अभूतपूर्व प्रयोजनातून जिवंत व चैतन्यमयतेचे प्रतीक म्हणून आनंदवन उभे केले. अशाप्रकारे समाजात स्वत:चे वेगळेपण जपण्यासाठी प्रयत्न करावे लागतात.

(आ) संत एकनाथांनी 'विंचू चावला' हे लोकप्रिय असे भारूड लिहिले असून या भारूडाद्वारे त्यांनी पारमार्थिक नीतीची शिकवण दिली आहे.

इंगळी म्हणजे विंचवाची जात असून इंगळीचा गुणधर्म म्हणजे इतरांना दंश करून विषबाधित करणे ज्यामुळे दंश झालेल्या व्यक्तीला असह्य अशा भयंकर वेदना होतात. समाजामध्ये सुद्धा विंचवापेक्षाही विषारी, अतिशय घातकी माणसे वावरत असून ज्यांना दुर्जन म्हटले जाते अशा लोकांसाठी 'मनुष्य इंगळी' ही प्रतिमा संत एकनाथांनी योजली आहे. या दुर्जन व्यक्ती अतिशय वाईट असून त्या कधीच सुधारत नाहीत. सद्वर्तनी लोक हे दुर्जन व्यक्तींच्या सहवासात आले की तिचे भयंकर नुकसान होते. वाईट समयी, विचार, आचार यामध्ये तो खचून जातो, योग्य असा मार्ग सापडत नाही. त्यामुळे अशा दुर्जनांपासून सर्वसामान्यजनांनी दूर राहावे, सत्त्वगुणांची जोपासना करावी की ज्यामुळे इतरांचाही विकास होईल. त्यादृष्टीने हे रूपकात्मक भारूड महत्त्वाचे ठरते.

थोडक्यात संत एकनाथांनी पंधराव्या शतकाच्या उत्तरार्धात तात्कालीन सामाजिक स्थितीचा, जनसामान्यांचा अभ्यास करून काही मानवी प्रवृत्ती कशा दुष्ट आहेत हे रूपकाच्या माध्यमातून विशद केले आहे. ढोंगीपणा, लुबाडणूक, अन्याय, अंधश्रद्धा यामध्ये पिसत असलेल्या सामान्यजनांचा, त्यांच्या मानसिकतेचा व त्यातून संत एकनाथांना आलेल्या अनुभवाचा अंतर्मुख होऊन विचार केला असून सद्वर्तनी लोकांना दुर्जनांपासून दूर राहण्याचा उपदेश केला आहे.

(इ) सुप्रसिद्ध कवी वसंत आबाजी डहाके लिखित 'समुद्र कोंडून पडलाय' या कवितेतील प्रस्तुत पद्य पंक्ती असून ही कविता त्यांच्याच 'शुभवर्तमान' या काव्यसंग्रहातून घेतली आहे. ही कविता चित्रकविताअसून जीवनाचे प्रतीक म्हणून योजलेला हा महानगरातील 'समुद्र' तो या महानगरातील बालमनाचे विश्व अनुभवतो आहे, पाहतो आहे. गगनचुंबी इमारतीत बत्तिसाव्या मजल्यावर ही हसणारी, खेळणारी मूलं दिवसभर बंदिस्त असतात. अशा समाजव्यवस्थेवर कवी प्रकाश टाकताना दिसतात.

महानगरातील उंचच उंच इमारतींमध्ये बालविश्व कोंडले जाते

त्यास कारणीभूत आहे. तात्कालीन समाजव्यवस्था त्यातील मानवी दु:ख, एकाकीपण, हरवलेपण, जीवनातील अस्थिरता, असुरक्षितता, दहशत असे सर्वव्यापी भय आणि अविश्वास या सर्व बाबी सर्वसमावेशक असून त्याचा अंतर्मुख होऊन विचार करणारे मन अस्वस्थ होते आहे. या महानगरीतील बालमनाचा विचार करत हे कविमन जेव्हा स्टेशनवर अर्धमिटल्या डोक्यांनी हातावर डोके टेकवून बसते तेव्हा त्यांना या महानगरीतील भीषण वास्तव नजरेत येते.

या महानगरीत कित्येक अनाथ, पोरकी मुलांही जगत आहेत. डोक्यावरील छताविना ज्यांना घर नाही, आश्रय नाही अशा मुलांना कुठेना कुठे आश्रय घ्यावाच लागतो उदाहरण. रस्त्यावर, फूटपाथवर वा स्टेशनावर. अशा ठिकाणी बाकड्यावर पाय मुडवून कसेबसे झोपलेले मूल पाहिल्यामुळे कवीचे मन अस्वस्थ होते. त्या बाकाएवढेच अपुरे, खुरटे, तुटके असे या मुलांचे झालेले आयुष्य पाहून त्यांच्या हरवलेल्या बालविश्वाची त्यांनातरी कल्पना आहे की नाही असा कवीमनाला प्रश्न सतावत आहे आणि बालकांचे बालविश्वही शहरातील असुरक्षिततेमुळे उध्वस्त होताना दिसते आहे. या सामाजिक प्रश्नावरच कवी आपल्यालाही चिंतन, मनन करायला लावतात.

किंवा

सुप्रसिद्ध कवयित्री हिरा बनसोडे लिखित 'आरशातली स्त्री' कवितेतील या पद्यपंक्तीअसून त्यांची ही कविता 'फिनिक्स' या काव्यसंग्रहातून घेतली आहे. स्त्रीजीवनातील स्थित्यंतरे हा कवितेचा विषय असून प्रत्येक स्त्रीच्या आयुष्यामध्ये स्थित्यंतरे होत असतात. या स्थित्यंतराचा वेध घेत असता कवितेतील नायिकेचे संसारात पडण्यापूर्वी आयुष्य कसे होते? व संसारात पडल्यानंतरचे आयुष्य कसे झाले ही कवितेची मध्यवर्ती कल्पना असून कवयित्रीने या स्थित्यंतराचा मागोवा घेतला आहे. आपल्या मन आयुष्याचा शोध घेणारी आरशातली स्त्री म्हणजे तिचे प्रतिबिंब असून ती जेव्हा आरशातील प्रतिबिंब पाहते तेव्हा ती मीच का? असा तिला प्रश्न पडतो याचे कारण म्हणजे तिच्यात झालेले बदल आरशाबाहेरील स्त्रीचे आरशातील स्त्रीशी संवाद सुरू होतात आणि तिचा भूतकाळ, तिचे प्रतिबिंब वा तिच्यातील हरवलेली ती पुन्हा बोलू लागते. गतआयुष्यातील हवेहवेसे वाटणारे चांदणे आज तुझ्या अंगणत लख्ख प्रकाश घेऊन आले आहेत. आणि त्याकडे तुझे लक्ष नाही कारण त्यांना दार उघडून आत घेण्याचे तुला यत्किंचितही भान नाही. तरुणपणी नवयौवनावस्थेत असताना याच आईजवळ बसून कितीतरी स्वप्ने पाहणारी तू मात्र आज ती तुझी वाट पाहून थकून जाते. तिचे वाऱ्यावर डुलतानाचे अल्लडपण याचे तुला विस्मरण झाले असून पारंपरिक वरदान म्हणूज तुला मिळालेल्या तुझ्या संसारामध्ये तू अस्तित्वहीन झालीस. जे तू पूर्णपणे विसरून गेलीस कारण आज तू निर्जीव अशी पुतळी झालेली आहेस इथे नायिका आपल्या मन आयुष्यात पूर्णपणे स्वातंत्र्य हरवूल बसली आहे. या संसाराच्या बंधनात ती इतकी व्यस्त होते की तिला तिच्या अस्तित्वाचेही भान नाही. आपल्या संसारासाठी फक्त काबाडकष्ट करणे इतकेच तिला माहिती आहे. या काबाडकष्ट करण्यामध्ये ती

आपल्या इच्छा-आकांक्षा दूर सारते. नीतिनियमांचे पालन करत ती हालअपेष्टा सहन करत आपली स्वप्न, महत्त्वाकांक्षा, ध्येय बाजूला सारून आपल्या भावना दडपून ती एक निर्जीव वस्तू बनते. या निर्जीव वस्तूला कवयित्री ने 'पुतळी' अतिशय सूचक असा शब्द वापरला आहे. तसेच चांदणे, अल्लड जाई, पेंगुललेली, प्राण हरवलेली अशाप्रकारे सूचक असे समर्पक विशेषणे, परिणामकारक स्थितीदर्शक शब्दप्रयोग वापरले आहेत. प्रतिमा-प्रतिकांचाही चपखल वापर करून मुक्तछंदात ही कविता लिहिली आहे. तसेच इथे कवयित्री ने संवादात्मक शैली योजनामुळे कवितेची परिणामकारकता वाढली आहे.

विभाग ३ः साहित्यप्रकार—कथा

उत्तर ३.

(अ) (१) (i)

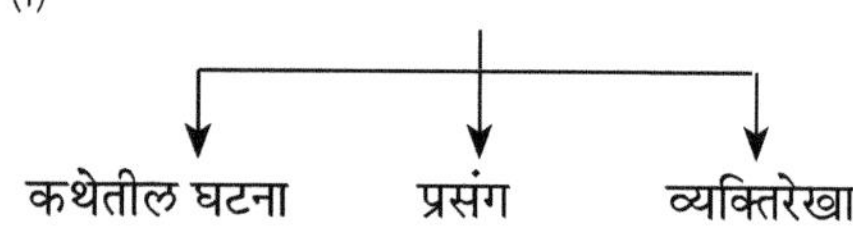

(ii) कथा ही संवादातून खुलत असल्याने शब्दफेक, प्रभावी उच्चारण, स्पष्टता आणि शब्दांचा गर्भितार्थ श्रोत्यांपर्यंत थेट पोहोचविणे हे एकाचवेळी कौशल्यपूर्ण पण आव्हानात्मक काम असते.

(२) कथेच्या सादरीकरणामध्ये अभिवाचनाला अनन्य साधारण महत्त्व असून कथाकथन करणाऱ्या व्यक्तीला भाषिक ज्ञानाबरोबरच वाचिक अभिनयाची जोड द्यावी लागते. तरच कथाकथन हे उठावदार, प्रभावी होते. कथाकथन करणारा शब्दांच्या माध्यमातून कथेतील पात्रे जिवंत करतो. तसेच त्याला कथा सादर करायची असल्याने त्याच्याजवळ कसलाही लिखित मजकूर नसतो. प्रत्यक्ष श्रोत्यांशी संवाद साधत त्यांचा प्रतिसाद घेत, लेखकाच्या मूळ संहितेला धक्का न लावता परिणामकारकरित्या ती श्रोत्यांपर्यंत पोहोचविली जाते. या सर्व गोष्टींसाठी अभिवाचन महत्त्वाचे ठरते.

(आ)

(१) व.पु. काळे लिखित 'शोध' ही कथा त्यांच्या 'मी अनुदान शोधतोय' या कथासंग्रहातून घेतली असून 'एक रुपयाच्या नोटेचा शोध' या विषयाभोवती संपूर्ण कथानक फिरत राहते व कथेच्या शेवटी रहस्याचा उलगडा होतो. मानवी जीवनात शोध कशाचा घेणे आवश्यक आहे.

अनु इनामदार हे पात्र या कथेत महत्त्वाचे असून ते स्वतंत्र विचाराचे व परखडमते मांडणारी असे आहे. लग्नापूर्वी पाच वर्षे एकटे राहण्याचा विचार ती आबासाहेबांसमोर मांडते व तशी ती राहतेही. त्यामुळे जिद्दी, स्वतंत्र विचारसरणी तसेच संवेदनशील मनाची असली तरी काही वेळ स्वतःचेच खरे करणारी, एककल्ली विचारामुळे ती विक्षिप्त वाटत असली तरी समाज म्हणजे काय ? स्वतःच्या दृष्टीने समान पाहण्याची धडपड तसेच स्वतःच्या चष्म्यातून जग पाहणारी, समाजातील प्रत्येक वस्तू, घटनेच, व्यक्तींच मूल्यमापन करण्यासाठी स्वतःची नजर तयार करण्याचा आत्मविश्वास असलेली अनु जीवनाचे सार समजून वागणारी अशी आहे.

तिने सुख आणि दुःख खऱ्या स्वरूपात जिथे भेटतात असा व्यवसाय ती निवडते. नर्स बनून जनसेवा करण्याचे व्रत घेते. तिला डॉक्टरीपेशा पेक्षा नर्स म्हणून काम करणे जास्त आवडते कारण डॉक्टर हे फक्त पेशंटचा ताप पाहून मोकळे होतात मात्र नर्सला तसे करता येत नाही. ती पेशंटचा ताप आणि मनस्ताप दोन्हीही एकाचवेळी घालवण्याचा प्रयत्न करते. के.ई. एम. हॉस्पिटलमध्ये नोकरी मिळाल्यानंतर तेच तिचे विश्व बनते. त्या विश्वात डॉक्टर्स, सर्जन्स, फिजिशियन, डीन, मेट्रन तसेच समन्वयवयाची भगिनी (नर्स) यांनाती आपलेसे करते, त्यांना प्रेमाने जिंकते. नर्स म्हणून कार्य करत असताना, मनाने संवेदनशील असल्याने ती पेशंटचा त्रास कमी करू पाहते. उदा. 'सुनिता' नावाची छोटी मुलगी पेशंट म्हणून येते, ॲडमीट होते. तिला ब्लड ट्रान्सफ्युजन, सलायन आणि ऑक्सिजन दिला जातो. तिच्या वेदना पाहून अनु डॉक्टरशी चर्चा करते आणि तिला समजते की ती फक्त तीन-चार तासाची सोबती आहे. हे ऐकून अनुला वाईट वाटते ती सुनिताला शेवटचे काही तास तरी सुखाने जगता यावे. तिला त्रास होऊ याची दक्षता अनू नर्स म्हणून घेते. तिला लावलेल्या सर्व नळ्या काढून ऑक्सिजनची नळी फक्त ठेवते. तिला बरे वाटावे म्हणून आपण काही तरी गंमत आणणार असल्याचेही ती सुनितास घरी जाताना सांगते. असेहे हृदयस्पर्शी व्यक्तिचित्र असून तिचे 'डॉक्टरपेक्षा नर्स महत्त्वाची' हे मतही महत्त्वपूर्ण वाटते.

किंवा

स्वातंत्र्य प्राप्तीनंतर विकासाच्या वाटेवरील गावगाड्यासमोरील प्रश्न, ते सोडविण्यातील अडचणी व ग्रामसुधारणेसाठी निष्ठापूर्वक काम करणारे समाजसेवक बापू गुरुजी त्यांचे कार्य आणि गावातच झुळझुळ वाहणारी वाननदी आणि वाननदीच्या किनारी वसलेला वटवृक्ष यांच्यातील सहसंबंधातून जीवनानुभूतीचे, गावातील स्थित्यंतराचे दर्शन घडते. ही दोनही प्रतीके म्हणजे कथालेखिकेच्या प्रतिभाशक्तीचा तो एक अद्भूत नमुना आहे असे म्हणता येईल.

वाननदीः सातपुड्याच्या कुशीत वसलेल्या गावाशेजारून झुळूझुळू वाहणारी वाननदी गावातील सुपीक काळी जमीन लोण्यासारखी दरवर्षी लोकांना अमाप उत्पन्न देणारी. त्यामुळे वाननदी या गावाचे भरभरून कौतुक करायची. पावसाळ्यात आलेल्या पुरामुळे ती खट्याळ मुलासारखी दुधडी भरून वाहत होती. तिच्याच जलाशयात खेळतखेळत बापू गुरुजीचे लहानपण गेले. या वाननदीच्या साक्षीनेच बापू गुरुजींनी गावाच्या विकासाचे स्वप्न पाहिले होते.

जणू काही वाननदीनेच बापू गुरुजींना समाजसेवेचे व्रत दिले होते. बापू गुरुजींनीही आपले तालुक्याला शिक्षण पूर्ण होताच गुरुजींनी गावातच ZP ची शाळा सुरू केली. गुरुजींच्या उत्साहाबरोबरच वाननदीतटी बरळ होत होते. तिला पूर आल्याबरोबर ती गढीला भेटायला जायची.गढीची झुंज पाहून माघारी फिरायची पुढे पुढे गुरुजींचे वय जसजसे वाढू लागले. गावातील उचापती लोक गुरुजींच्या कार्यात अडथळे निर्माण करू लागले. तसतसे गुरुजींना दुःख होऊ लागले. मात्र वयापुढे व वयोमानानुसार थकलेल्या शरीरापुढे गुरुजींचे काही चालेना. वाननदीही उन्हाळ्यात जास्तच

बारीक होऊ लागली. शेवटी तिनेही तिचे प्रवाहाचे पात्र बदलले.

वटवृक्षः वाननदीच्या किनाऱ्यावरच डोक्याएवढे वडाचे झाड. मधूनमधून हिरवेपणाने गावातल्या माणसांना आकर्षित करत असे. मात्र असे असले तरी ऊनपाऊस झेलता-झेलता तोही गारद झालेला. परंतु गुरुजींमुळे गावात होत असलेल्या विकासामुळे गावाला 'साजरं गाव' म्हणून मान मिळाला तसा तोही फुलू लागला. बापू गुरुजी वाननदीच्या पात्रात लहानपणी पोहत असता तोही दिवसेंदिवस मोठा होत होता. त्याला पारंब्या फुटू लागल्या होत्या. गुरुजींच्या विकासाबरोबरच वटवृक्षी वाढतहोत्या त्याच्या पारंब्या जमिनीत घुसत होत्या. गावातील मोकाट जनावरांना त्याची सावली झाली होती. गावातून फिरणारे रिकामे मुले वडाच्या सावलीला येऊन बसत, तर काही मुले वडाच्या पारंब्याला लोंबकळत होती. गुरुजींची सेवानिवृत्ती जशी जवळ आली तसे मात्र वाननदी कोरडी पडू लागली होती. आणि वटवृक्ष (वडाचे झाडही) ही वाळून चालले होते. अशाप्रकारे बापू गुरुजींची उमेद, उत्साहाबरोबरच वाननदी व वटवृक्ष या प्रतीकांचीही अवस्था बदलताना दिसते. त्यांच्याशी गुफलेल्या नात्यातूनच गावातही होत असलेली स्थित्यंतरे आपणास पाहावयास मिळतात.

(२) (i) कथेतील नायक आबासाहेबांच्या घरी जातात तेव्हा त्यांना तिथे 'अनू' दिसत नाही हे पाहून ते आबासाहेबांना अनुविषयी चौकशी करतात तेव्हा ते अनुविषयी काय उत्तर देतील ते उत्तर ऐकण्यासाठी नायकाच्या मनात कुतूहल व जिज्ञासा निर्माण होते. अनु स्वतंत्र विचारची, विक्षिप्त असल्याने लग्नापूर्वी सर्वसाधारणपणे पाच वर्षे घराबाहेर राहायचे असे ठरवते व त्यासाठी ती आबासाहेबांकडून तशी परवानगीही मागते. ती तसे का करते याविषयी विचारले असता आबासाहेब नायकास सांगतात, की 'प्राप्तेषु षोडशे वर्षे' या नियमानुसार अनुला आपण अशी सवलत दिली जी तिला हवी होती. कारण तिलाही पाच वर्षे तिची उंची स्वतंत्रपणे जगायची होती. पाच वर्षे purely जी तिची स्वतःची असावीत, त्या वर्षांशी इतर कोणाचाही संबंध नसावा तसेच त्या पाच वर्षांविषयीचे अकाऊंट तिला विचारता कामा नये. अशा तिच्या अटी होत्या याचे महत्त्वाचे कारण म्हणजे तिला इतरांच्या मदतीविना स्वतःची स्वतंत्र. अशी विचारसरणी निर्माण करायची होती. समाज जाणून घ्यायचा होता. आणि म्हणूनच अनु लग्नापूर्वी पाच वर्षे घराबाहेर राहण्याचा निर्णय घेते.

(ii) कथेत आणखी एक महत्त्वाचे व्यक्तिचित्र ते म्हणजे टॅक्सी ड्रायव्हर. अनु जेव्हा एक रुपयाच्या नोटेचा शोध घेण्यासाठी घराबाहेर पडते तेव्हा या शोध मोहिमेमध्ये कथानायक, मुक्ता, भिडे दाम्पत्य आणि टॅक्सी ड्रायव्हर अशी मंडळी सहभागी होतात. अनु या नोटेच्या मागचे रहस्य सांगते खरी परंतु टॅक्सी ड्रायव्हरही अनुला जीवनाचे तत्त्वज्ञान समजावून सांगतो. जीवनाकडे तटस्थपणे पाहायला शिकवतो. हे असे का सांगतो असा प्रश्न आपणास पडत असतानाच ज्या गोष्टी मिळतात त्यासाठी जरूर प्रयत्न करावेत मात्र एखादी गोष्ट मिळणारच नसेल तर.... माझी मुलगी मला सोडून कायमची गेली तेव्हा मी काय करायचे हा हृदयस्पर्शी तितकाच अनुत्तरीत प्रश्न सर्वांसमोर उपस्थित करतो

व जीवनातील वास्तव सत्य स्वीकारायला पाहिजे असे जाता जाता उपदेशही करतो. अशाप्रकारे या कथेत कुतूहल व जिज्ञासा निर्माण करणारे अनेक प्रसंग आहेत.

किंवा

सुप्रसिद्ध कथालेखिका डॉ. प्रतिमा इंगोळे लिखित 'गढी' ही कथा त्यांच्याच 'अकसिदीचे दाने' या त्यांच्या कथासंग्रहातून घेतली असून स्वातंत्र्यप्राप्तीनंतरच्या विकासाच्या वाटेवरील गावगाड्यासमोरचे प्रश्न, ते सोडविताना निर्माण होणाऱ्या अडचणी आणि ग्रामसुधारणेसाठी निष्ठापूर्वक झटणारे बापू गुरुजी यांचे वर्णन कथालेखिकेने वैदर्भी भाषेत केले आहे. त्यांचे हे लेखन वैशिष्ट्यपूर्ण असून गावातील स्थित्यंतरे चित्रदर्शी शैलीत रेखाटली आहेत. या वैदर्भी बोलीचे जाणवलेले वेगळेपण पुढीलप्रमाणे-

१. 'गढी' या कथेत बापू गुरुजींच्या सामाजिक कार्याचे विवेचन वैदर्भी बोली भाषेत केले आहे.

२. गावपातळीवरील राजकारण, गुरुजींची समाजसेवी वृत्ती, गावाचा विकास असे अनेक प्रसंग कथालेखिकेने वैदर्भी बोलीत उभे केले आहे.

३. वैदर्भी बोली ही मृदू असून कोमलता हे तिचे प्राणतत्त्व आहे.

४. वैदर्भी बोलीमुळे कथानकातील आशयाला सखोलला प्राप्त केले व पुढे काय? अशी वाचकांच्या मनात उत्सुकता निर्माण होते.

५. समर्पक विशेषणांचा अचूक वापर हे वैदर्भी भाषेचे आणखी एक वैशिष्ट्य आहे. ही विशेषणे संपूर्ण कथानकभर पाहावयास मिळतात. उदा. तपेलं फकुलं, वास्तुकला हव्व्या, वैदर्भी बोलीतील विशेष शब्दप्रयोग जसेकी सेजून, कराळी, आवतन, हव्व्या, खळकुई, गुळी, भारमसूद, काकरल्यावाणी, पळीत असे कितीतरी नवनवीन शब्दप्रयोग बालपणाच्या ओघात अर्थबोध करणारे दिसुन येतात.

६. कथानकाची परिणामकारकता वाढविण्यात वैदर्भी म्हणींचाही वैशिष्ट्यपूर्ण वापर लेखिकेने केला आहे.

(a) पाखरानं पयले पख पारखावं आन् मंग उळावं

(b) माणसानं पयले पाणी पावावं आन् मंग पोवावं

(c) मले पा आन् फुलं वाहा

(d) हव्व्याचा सरपानं माणसं मरत नसतात.

(e) चाल व्यरे पोरा अन् वयरे होरा. इत्यादी

अशाप्रकारे वैदर्भी बोलीच्या प्रभावी वापराने कथानकाला गतिमानता मिळते. आपल्या मनामध्ये संवेदनशील पातळीवरील भावभावनांचे तरंग उठतात. गुरु-शिष्य, वडील-मानसपूत्र, बाप-मुलगा, पती-पत्नी यांच्यातील नातेबंध कथालेखिकेने वैदर्भी बोली भाषेतच उलगडले असल्याने हे कथानकही हृदयस्पर्शी झाले आहे. हे वैदर्भी बोलीचे वेगळेपण जाणवते.

विभाग ४: उपयोजित मराठी

उत्तर ४.

(i) असामान्य व्यक्तिमत्त्वाच्या कार्यकर्तृत्वाची ओळख करून घेण्यासाठी मुलाखत घेतली जाते. कारण अशा व्यक्तीचे जीवन अनेक घटनांनी भरलेले असते. त्यांचे जीवन, कार्यकर्तृत्व

आणि एकूणच जीवनपट जाणून घ्यायला सामान्यजनांना आवडते. ही आवड मुलाखतीतून जोपासली जाते. आजही प्रकटमुलाखतीला श्रोत्यांचा, वाचकांचा भरभरून प्रतिसाद मिळतो. कारण त्यांना ती व्यक्ती, त्या व्यक्तीचे अष्टपैलू व्यक्तिमत्त्व, कार्य समजुन घ्यायचे असते कारण अशी व्यक्ती सर्वांसाठी आदर्श असते. आणि त्यांच्यातील 'माणूस' समजुन घेणे हेही तितकेच कौशल्यपूर्ण असते व तेही मुलाखतीतूनच साध्य होते. उदा. डॉ. ए. पी. जे. अब्दुल कलाम हे ज्येष्ठ सुप्रसिद्ध वैज्ञानिक, संशोधक-त्यांनी लावलेले शोध, त्यांना आलेले अनुभव महत्त्वाचे आहेत याशिवाय त्यांनी एखाद्या विद्यार्थ्यांवर केलेले पितृतुल्य प्रेम, त्याच्या जीवनाला दिलेली दिशा हेही पाहण्यासारखे असते. असामान्य तज्ज्ञव्यक्ती जो अलौकिकत्त्वाच्या सीमेवर वावरणारी असली तरी तिच्यात एक माणूस निश्चितच दडलेला असतो तो समजुन घेण्यासाठी मुलाखतीशिवाय दुसरे प्रभावी साधन नाही.

(ii) माहितीपत्रक म्हणजे वैशिष्ट्यपूर्ण माहिती देणारे परिचयात्मक पत्रक. ज्याद्वारे सेवा संस्था, उत्पादन लोकांपर्यंत पोहोचविले जाते. नवनवीन योजना, उत्पादने, संस्थांकडे लोकांनी पाहावे यासाठी ती महत्त्वपूर्ण खिडकी असून जनमत आकर्षित करण्यासाठी ते लिखित स्वरूपाचे एक जाहीर आवाहन असते. माहितीपत्रकामुळे माहिती देणारा व घेणारा यांच्यात एक नाते निर्माण होते. शिवाय नवीन ग्राहक मिळविण्यासाठी वा नवीन बाजारपेठ काबीज करण्याची ती पहिली पायरी असते. माहितीपत्रकामुळे ग्राहकाला हवी असलेली माहिती ग्राहकाकडे सतत उपलब्ध राहू शकते व माहितीपत्रक हे काहीवेळात आणि कमी खर्चाव ग्राहकांपर्यन्त घरबसल्या पोहोचविता येते. थोडक्यात माहितीपत्रक वाचताक्षणी लोकांच्या मनात उत्सुकता, कुतूहल तसेच उत्पादनाविषयी उत्कंठा निर्माण झाली की माहितीपत्रकाचा हेतू साध्य झाला असे समजले जाते.

(iii) अहवाललेखन करत असताना शब्दमर्यादा लक्षात घेणे महत्त्वाचे ठरते कारण अहवाललेखनाची शब्दमर्यादा ही त्या कार्यक्रमाच्या विषयाच्या स्वरूपावर अवलंबून असते. सांस्कृतिक, साहित्यिक, क्रीडाविषयक, NSS च्या शिबीराचा समारोप अशाप्रकारचे अहवाललेखन हे मर्यादित स्वरूपाचे असतात. मात्र सहकारी संस्थांचे, वार्षिक सर्वसाधारण सभा अशा विषयांचे अहवाललेखन तुलनेने विस्तृत असतात. तसेच त्यांचे स्वरूपही निश्चित असल्याचे दिसून येते. एखाद्या समस्येच्या/उपक्रमाच्या संदर्भातील संशोधनात्मक अहवाल, सार्वजनिक उद्योगव्यवसाय, सार्वजनिक सेवा अशाविषयीचे अहवाल हे विस्तृत लिहिले जातात याचे महत्त्वाचे कारण म्हणजे त्यात असलेली भरपूर माहिती, आकडेवारी, निरीक्षणे, तपशील निष्कर्ष यांचीही नोंद घेतली जाते. म्हणजेच एखाद्या समारंभाचा अहवाल हा तीन ते चार पृष्ठांचा असेल तर एखाद्या आयोगाचा अहवाल हा १००० पानांचा वा त्याहून अधिक पानांचाही असतो हे लक्षात घेतले पाहिजे.

(iv) अहवाल हा कोणत्याही कार्यक्रमाचा आरसा असतो. कार्यक्रमातील बारीकसारीक गोष्टींची नोंद अहवाललेखनात घेतली जाते. संस्थेच्या कामकाजात अहवाल विश्वसनीय घटक मानला जातो. संस्थेच्या कार्यक्रमाच्या सभेच्या नोंदी ठेवणे आवश्यक असते. संस्थेच्या भविष्यकालीन योजना. उपक्रम यासाठी निश्चितच याचा उपयोग केला जातो. अहवालाच्या साहाय्याने भविष्यकाळात संस्थेचा विकास, परंपरा इत्यादींची माहिती मिळवणे शक्य होते. भविष्यातील नियोजनासाठी अहवालाचा उपयोग होऊ शकतो. विविध संस्था लघु उद्योग ते मोठमोठे उद्योगधंदे आणि ग्रामपंचायत ते महानगरपालिका अशा सर्व ठिकाणी होणाऱ्या घडामोडींना अधिकृतता प्राप्त व्हावी यासाठी अहवालाची गरज असते. एखाद्या क्षेत्रात महत्त्वाकांक्षी उपक्रम सुरू करायचा असेल. तर आरंभी त्यासंदर्भात योग्य ती माहिती घेऊन अहवाल तयार करणे गरजेचे असते.

(आ) (i) पोस्टखात्यात 'पोस्टमन' म्हणून कार्य करणाऱ्या पोस्टमनची मुलाखत घेण्यासाठीची प्रश्नावली पुढीलप्रमाणे.

   (a) पोस्टमन काका नमस्कार! काका तुमच्या परिचय थोडक्यात सांगा.

   (b) काका तुमच्या शिक्षणाविषयी थोडं सांगा-

   (c) पोस्टमनच्या नोकरीसाठी विशेष अशी कोणती परीक्षा दिलीत ?

   (d) शिक्षणासाठी तुम्ही रोज गावाहून पुण्यात ये जा करायचा. त्या प्रवासाविषयी सांगा.

   (e) पावसाळ्यात नदीला पूर येतो तेव्हाची काय स्थिती असते ?

   (f) पोस्टात राहता पण मग जेवणाचे काय ?

   (g) तुम्ही घरोघरी जाऊन लोकांना पत्र देता, हे पत्र देतानाचे तुमचे अनुभव सांगा.

   (h) राखीपौर्णिमेचा हृदयस्पर्शी अनुभव सांगितलात पण त्या सैनिकाचे पुढे काय झाले ?

   (i) हो, पण मग त्यांची बहिण सुनिता तिचे काय ?

   (j) भावाच्या नात्याने तुम्ही तिला पत्र पाठवता पण तिच्या भविष्याचे काय ?

   (k) तुमच्या आयुष्यातील आनंदाचा क्षण कोणता ?

   (l) तुमच्या या नोकरीच्या माध्यमातून तुम्ही जनसामान्यांना कोणता संदेश द्याल ?

धन्यवाद !

(ii) हुर्डा पार्टीसाठी माहितीपत्रक पुढीलप्रमाणे.

तुमच्या आवडीची! प्रत्येकाच्याच पसंतीची!! खास आस्वाद देणारी!!!

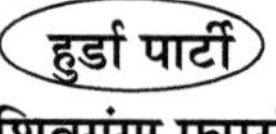

शिवगंगा फार्म्स

सिद्धेश्वर तलाव, जुन्नर

मोबाईल: 94XXXXXX34, **दूरध्वनी:** (02019) 28XX51

वेबसाईट: http://www.farms.com

ई-मेल: shi.ganga@gmail.com

थंडीचे दिवस....साखर झोप.....गोड स्वप्न.....आणि आठवणी
मनी वसे ते स्वप्नी दिसे

आमच्याकडची हुर्डा पार्टी म्हणजे थंडीच्या दिवसातील जबरदस्त सेलीब्रेशन !

★ दरवर्षीप्रमाणेच याही वर्षी आमच्या शिवगंगा फार्म्सवर हुर्डा पार्टी सुरू झाले आहे

तेव्हा वेळ न घालवता आजच बुकिंग करा

तुमच्या स्वागताला शिवगंगा फार्म्स सज्ज आहे....

निसर्गरम्य परिसरात. २३ एकर क्षेत्रात वसलेले 'शिवगंगा फार्म्स' तुम्ही निश्चित अनुभवाल. जलतरण तलाव, फळझाडांनी सुसज्ज, फुलांचे ताटवे अन् पक्ष्यांचे थवे !

(iii) कनिष्ठ महाविद्यालयातील स्नेहसंमेलनाविषयक अहवाललेखन पुढीलप्रमाणे-

श्रमानंद शिक्षण संस्थेचे नुतन ज्यूनि. कॉलेज,

सावरखेड

वार्षिक स्नेहसंमेलन २०१९

:अहवाललेखन:

शनिवार दिनांक २३ डिसेंबर, २०१९ रोजी दुपारी चार वाजता नूतन ज्यूनि. कॉलेजच्या प्रांगणामध्ये सन् २०१९ या शैक्षणिक वर्षाचे स्नेहसंमेलन मोठ्या उत्साहाने पार पडले.

समारंभाचे अध्यक्षस्थान जिल्ह्यातील शाश्वत साहाय्यक समितीसचिव नामवंत सन्माननीय नंदन गुप्ते यांनी भूषविले तर पुण्यातील बॅडमिंटन पटू जयश्री चव्हाण या प्रमुख पाहुण्या म्हणून कार्यक्रमास उपस्थित होत्या. कार्यक्रमास श्रमानंद संस्थेचे मान्यवर पदाधिकारी, नूतन ज्यूनि. कॉलेजचे प्राचार्य, शिक्षक स्टाफ, निमंत्रित नागरिक, विद्यार्थीवर्ग उपस्थित होता.

समारंभाच्या सुरुवातीला कार्यक्रमाध्यक्ष, प्रमुख पाहुणे तसेच मान्यवरांचे, कॉलेजचे प्राचार्य, उपप्राचार्य यांच्या वतीने स्वागत केले. कार्यक्रमाची सुरुवात-अध्यक्ष, प्रमुख पाहुणे व मान्यवर पदाधिकारी यांच्या हस्ते सरस्वती पूजन व दीपप्रज्वलनाने झाली स्वागत गीत व ढोलताशाच्या आवाजात मान्यवरांचे शाल, श्रीफळ व पुष्पगुच्छ देवून स्वागत केले. ज्यूनि. कॉलेजचे प्राचार्य अद्विता सेन यांनी कार्यक्रमाचे प्रास्ताविक केले तर उपप्राचार्यांनी इ.स. २०१८-१९ या शैक्षणिक वर्षातील शैक्षणिक, सांस्कृतिक, क्रीडाविषयक घडामोडींचा वृत्तांत व शिक्षक-विद्यार्थ्यांनी मिळून विविध क्षेत्रात केलेल्या प्रगतीचे अहवाल वाचन केले.

विद्यार्थ्यांच्या मनात दाटलेल्या उत्साहाला उधाण आले होते. ते स्नेहसंमेलनातील विविध गुणदर्शनाच्या कार्यक्रमाने यामध्ये भावगीते, काव्यवाचन, ड्युएट, समूह नृत्य झाले. विनोदी बातम्यांच्या तुफान आतषबाजीने आनंदाला उधाण आले. कार्यक्रमात 'अक्षरानंद चित्रे' यांच्या 'तिच रात्र यामिनी' या नाटकातील 'चांदवा' हा अंक सादर केला. त्यामुळे संपूर्ण वातावरण बदलून गेले. सर्व रसिक अंतर्मुख झाले. नाटक संपले. टाळ्यांच्या कडकडाहटात विविध गुणदर्शनाचा कार्यक्रम

संपला. कार्यक्रमाचे प्रमुख पाहुणे जयश्री चव्हाण यांनी मुलांचे कौतुक केले व विद्यार्थ्यांना स्नेह संमेलनाचे महत्त्व पटवून दिले. आणि कार्यक्रमाध्यक्ष सन्माननीय नंदन गुप्ता यांनी त्यांच्या शालेय जीवनातील आठवणी सांगत सामाजिक कार्यातील सहभागाचे महत्त्व सांगून आई-वडिलांची काळजी घेण्याचा आग्रह केला. कार्यक्रमात शेवटी निसर्ग प्रतिनिधी' धर्मा सारथी' हिने कार्यक्रमाचे अध्यक्ष, प्रमुख पाहुणे, संस्थेचे पदाधिकारी, सर्व शिक्षक आमंत्रितांचे तसेच उपस्थित विद्यार्थी, पालक वर्ग यांचे आभार मानून चार तास उत्साहात चाललेल्या कार्यक्रमाची सांगता झाली.

दिनांक: प्राचार्य- सचिव- अध्यक्ष

(iv) माहितीपत्रक वाचून झाल्यावरही लोकांनी ते जपून ठेवणे ही उत्तम माहितीपत्रकाची खरी ओळख असते. माहितीपत्रक नवनवीन योजना/सेवा/उत्पादने यांची सविस्तर माहिती ग्राहकांना देत असते. फळ आणि भाजीपाला विक्रेते यांपासून करोडो रुपयांचा व्यवसाय करणाऱ्या व्यापाऱ्यांची पर्यंत सर्वांना माहितीपत्रकाची आवश्यकता असते. पुस्तके, स्टेशनरी, किराणामाल, दिवाळी अंक, घरगुती वापराची उपकरणे, अलिशान गाड्या अशा सर्वच उत्पादनाची माहिती माहितीपत्रकातून मिळत असते. उत्पादनाच्या सोयी संदर्भातील शंकांचे निरसन माहितीपत्रक करीत असते. माहितीपत्रक योजना/सेवा/उत्पादन यांचा आरसा असते. माहितीपत्रकातील माहिती आकर्षक परंतु विश्वासाई असल्यास वाचक असे माहितीपत्रक जपून ठेवतात. त्याचा प्रचार करतात. उत्पादनाचे वैशिष्ट्य, वेगळेपणा, ग्राहकाला होणारा फायदा या गोष्टी जिथे अधोरेखित करायच्या असतील. तिथे माहितीपत्रकाची भूमिका महत्त्वाची असते.

विभाग ५: व्याकरण व लेखन

उत्तर ५. (अ)

(१) (i) सकाळी फिरणे आरोग्यास अहितकारक नाही.

(ii) लोकांचे दारिद्र्य पाहून कुणाला दुःख होईल ?

(२) (i) प्रतिक्षण-प्रत्येक क्षणाला-अव्ययीभाव समास

(ii) केरकचरा-केरकचरा वगैरे-समाहार द्वंद्व समास

(३) (i) कर्मणी प्रयोग (ii) कर्मणी प्रयोग

(४) (i) अतिशयोक्ती अलंकार (ii) अर्थान्तरन्यास अलंकार

(५) (i) Custom duty (ii) Linguistics

(आ)

१. आला पावसाळा

''नेमिचि येतो मग पावसाळा

हे सृष्टीचे कौतुक जाण बाळा''

असे कविमहाशय बोलून गेले. सृष्टीचे हे कौतुक आहेच. पण साऱ्या मानव-प्राणी वनस्पती सृष्टीला तो दिलासाही आहे. लहानांपासून मोठ्यांपर्यंत सर्वांना हा ऋतू आवडतो मलाही तो आवडतोच! पावसाची रूपे विविध असतात. वैशाखवणव्यात जमीन भाजून निघालेली असते. दिवसेंदिवस तापमान वाढत असते. सगळीकडे नुसता रखरखाट असतो. झाडावर हिरवे पान दिसत नाही. नद्या आणि ओढे सुकून गेलेले असतात. डोकावून

पाहिले तर विहिरीचे तळ डबक्यासारखे दिसतात. उकाड्याबरोबर थोडा दमटपणाही जाणस लागतो. घाम येऊ लागतो. दुपारपासून थोडे ढगाळ वातावरण होते आणि संध्याकाळी ढगांच्या गर्जनेसह वादळवाऱ्याच्या साथीने पर्जन्यराज हजर होतात. येतात तेच मुळी टपोऱ्या थेंबांचा शिडकावा करत! त्यांना माहीत असतं की, तापलेल्या जमिनील भिजवायला सडाशिंपण घालणारे थेंब चालणार नाहीत. दहा मिनिटांतच सगळी जमीन भिजून जाते. पहिल्यांदा तर जमिनीतून वाफाच येतात. माती आणि पाणी यांच्या अनोख्या मिश्रणातून एक मत करणारा सुवास दरवळू लागतो. लहान मुलांना कधी एकदा पावसात जाऊन भिजू असं होऊन गेलेलं असतं. सगळे जण म्हणतात-

'सजल श्याम घन गर्जत आले बरसत आज तुषार'
आता जीवनमय संसार। रित्या नद्या सुकलेले निर्झर।

भकास राने उदास डोंगर कृतज्ञतेने बघती; श्रवती मेघांचे ललकार.

मोठ्या माणसांचीही हीच इच्छा असते. पण लोक काय म्हणतील आणि तब्येतीला सोसेल की नाही, याचा विचार ते करतात. शाळकरी मुलं मात्र नाचतात, गाणी गातात, नुसता धुडगूस घालतात. पावसाबरोबर कधी गारा पडतात. मग बाळगोपाळांचा जो आनंदकल्लोळ चालतो त्याला कोणालाच आवरता येत नाही. या पावसाला वर्तमानपत्रात मान्सूनपूर्व पाऊस म्हणता. तो फार खट्याळ असतो. सूचना न देता 'दत्त बनून' अचानक यायला त्याला आवडतं. सकाळी ऑफिसमध्ये पावसाच्या तयारीनं लोक गेलेले नसतात. त्यांची तो पुरी त्रेधातिरपीट उडवून देतो. आता पुढे काही दिवस आपला मुक्काम राहणार आहे, हे सांगत राहतो. पाहता-पाहता थेंबांचे रूपांतर मोठ्या धारांत होते. रस्त्यावर पाणी साचते. सगळं शहर जलमय होतं. धसमुसळेपणानं झोडपून काढल्यावर सगळं शांत होतं. पुन्हा उकडायला सुरुवात होते.'

अशा पहिल्यावहिल्या पावसापेक्षा रीतसर पाऊस सुरू झाल्यावर शांतपणे पण भरभरून सरोवर सरी घेऊन पडणारा पाऊस मला आवडतो. तो कुणाची दखल घेत नाही. दूधवाला, पेपरवाला यांची काळजी तो करत नाही. चिंब भिजत ते बिचारे आपलं काम करत असतात. सकाळच्या कामात-गडबडीत सारेजण असतात तेव्हा याचं संगीत सुरूच असतं. सूर्यदर्शन होत नाही. त्यामुळे किती वाजले याचा अंदाजच येत नाही. 'आभाळाने दिवस दिसेना, आळशी लुगडे नेसेना' असे आळशी लोकांना ऐकून घ्यावे लागते. मुलांची शाळेत जायची आणि माणसांची ऑफिसात जायची वेळ झाली तरी याचे थांबायचे नाव नसते. मग रेनकोट, छत्र्या, पावसाळी बूट सारे बाहेर निघते. धो-धो पावसात बाहेर पडू नये असे वाटत असते. काही लोक चक्क सुटी घेऊन घरीच बसतात. टीव्हीवर पावसाची चित्रे बघत आणि बातम्या ऐकत राहतात! दुपार होते. कोसळणारा पाऊस चहा-भज्यांची फर्माइश करतो. संध्याकाळ होते तशी 'मुलं घरी येईपर्यंत तरी थांब बाबा' अशी आयांची विनवणी तो ऐकून न ऐकल्यासारखी करतो. आता हवेत गारवा नाही तर गारठा भरून राहिलेला असतो. रात्र होते. नीरव शांततेत पडणाऱ्या पावसाचा तडतड आवाज निनादत राहतो. आकाशात काळ्याकुट्ट ढगांची झुंबड उडालेली असते. पावसाच्या सरींचे मंद आणि तारसप्तकातले आरोह-अवरोहही सूर धरतात. सगळीकडे ओलावा भरून राहिलेला असतो. अंथरुणावर पडलं

तरी पावसाचा ताल सुरूच असतो. झोपेतून मध्येच कधी जाग येते ती पावसाची गती वाढल्यामुळे. आता त्याला कोणाला भिजवायचे नसते की कोणाची फजिती करायची नसते. थेंब-थेंब गळणं सुरू असतं. त्याच्या आवाजमुळे मध्यरात्रीचं वातावरण गूढरम्य होऊन जातं.

दुसऱ्या दिवशी सर्व पेपरमध्ये पावसाची चित्रे, वर्णनं पाहायला मिळतात. अनेक वर्षांचा विक्रम त्याने मोडलेला असतो. पावसाचीच चर्चा सर्वजण करित असतात. असा हा आसमंत जलमय करणारा, तन-मन शांत, तृप्त करणारा पाऊस चांगलाच स्मरणात राहतो.

२. संतश्रेष्ठ ज्ञानेश्वर
दुरितांचे तिमिर जावो
विश्व स्वधर्म सूर्ये पाहो
जो जे वांछिल तो ते लाहो
प्राणिजात!

जो जे इच्छील ते त्याला मिळू दे अशी उदात्त प्रार्थना विश्वात्मक देवाजवळ करणारे संत ज्ञानेश्वर वारकरी संप्रदायाचा पाया घालणारे महान तत्त्वज्ञ आणि कवी होते. त्यांचे वडील विठ्ठलपंत आणि आई रुक्मिणी. एकदा संन्यास घेऊन पुन्हा गृहस्थधर्म स्वीकारला म्हणून विठ्ठलपंतांची आणि त्यांच्या चार मुलांची समाजाने खूप हेटाळणी केली. या पती-पत्नींनी तर इंद्रायणीच्या डोहात जलसमाधी घेतली. आई-वडिलांचे छत्र हरवलेली ही मुलं निवृत्ती, ज्ञानदेव, सोपान आणि मुक्ताबाई अलौकिक बुद्धिमत्तेने आणि आपल्या कर्तृत्वाने समाजाला दीपस्तंभाप्रमाणे मार्गदर्शन करणारी ठरली.

अवघ्या १८व्या वर्षी ज्ञानदेवांनी ज्ञानेश्वरीसारखा महान ग्रंथ लिहिला. गीता या ग्रंथातले संस्कृतमध्ये असलेले तत्त्वज्ञान सर्वसामान्य लोकांना समजावे म्हणून हा ग्रंथ त्यांनी मराठीत लिहिला. तत्त्वज्ञान आणि काव्य या दोन्ही दृष्टींनी तो अपूर्व आहे. गीता या ग्रंथात गुरू, संतसज्जन, श्रोते आणि मराठी भाषा यांच्याबद्दल ज्ञानदेवांच्या ठिकाणी असणारा अभिमान प्रत्ययाला येतो. उपमा, दृष्टांतांची पखरण करीत अतिशय गहन असलेले तत्त्वज्ञान अगदी सोपे करून ज्ञानदेव सांगतात. एकेक विचार स्पष्ट करण्यासाठी दृष्टांतांच्या मालिकाच ते आपल्यापुढे ठेवतात. वेचक, अर्थवाही शब्द, उत्तुंग आणि व्यापक कल्पना, तत्त्वज्ञान यामुळे हा ग्रंथ मराठी भाषेचे एक लेणे ठरलेला आहे.

ज्ञानेश्वरीत सांख्य, ज्ञान, योग, कर्म आणि भक्ती या सर्व मार्गांचा ऊहापोह ज्ञानदेवांनी केला आहे. सर्वसामान्यांना आचरणास सोपा असा भक्तिमार्ग सांगताना येथ जातिकुळवर्ण। हे तो अवघेचि अप्रमाण। भक्ती करण्याचा अधिकार सर्व जाती-कुळ-वर्णातील लोकांना आहे, असा स्पष्ट निर्वाळाही त्यांनी दिला आहे.

ज्ञानेश्वरीशिवाय अमृतानुभव आणि चांगदेव पासष्टी हे त्यांचे महत्त्वाचे ग्रंथ आणि अभंग, गवळणी, विराण्या, भारूडे इत्यादी त्यांची स्फुटरचना प्रसिद्ध आहे. ज्ञानेश्वरीची संपूर्ण रचना साडेतीन चरणी ओवीत झाली आहे. त्यामुळे ओवी म्हणजे ज्ञानदेवांची हे समीकरण मराठी जनमानसात रूढ झाले.

सुश्लोक वामनाचा अभंगवाणी प्रसिद्ध तुकयाची
ओवी ज्ञानेशाची तशीच आर्या मयूरपंतांची।।

ओवी या छंदवृत्ताला ज्ञानदेवांनी केवढी तरी उंची प्राप्ती करून दिली.

ज्ञानदेवांचे गुरू त्यांचे वडीलबंधू निवृत्तीनाथ हे होते. आपल्या गुरूचे स्तवन करताना त्यांच्या वैखरीला जणू बहर येतो. गीता या ग्रंथातील तत्त्वज्ञान मी सांगण्याचा प्रयत्न करणे म्हणजे एखाद्या क्षुद्र कीटकाने आकाश मुठीत घेण्याचे साहस करण्यासारखे आहे. पण गुरूचा भक्कम आधार आहे. म्हणून मी ते करायला प्रवृत्त झालो आहे असे ते म्हणतात. 'माझी मराठीच बोल कौतुके। परि अमृतातेही पैजा जिंके' असा मराठीचा अभिमान ते व्यक्त करतात आणि 'न्यून ते पुरते. अधिक ते सरते' करून घ्यावे, अशी श्रोत्यांना ते विनवणी करतात. संतांची स्तुती करताना 'चंद्रमे जे अलांछन. मार्तंड कीजे तापहीन' अशी उत्तुंग कल्पना ते वापरतात. खरोखर इतक्या लहान वयात त्यांनी ज्या उपमा आणि दृष्टांत वापरून विषय स्पष्ट केला आहे ते पाहून मन थक्क होते.

ज्ञानेश्वरी लिहून झाल्यावर आपले जीवितकार्य आता संपले आहे, असे समजून त्यांनी आळंदी येथे संजीवन समाधी घेतली. तो प्रसंग तर हृदयद्रावक व मन हेलावणारा होता. त्यामुळे समकालीन सर्व संतांच्या जीवनात मोठी पोकळी निर्माण झाली. संत नामदेव त्याचे वर्णन करतात:

नामा म्हणे आता लोपला दिनकर
बाप ज्ञानेश्वर समाधिस्थ।

आधुनिक कवींनासुद्धा या प्रसंगातले कारुण्य, उदात्तता जाणवली आहे. कवी बा. भ. बोरकर म्हणतात.

ज्ञानदेव गेले तेव्हा कोसळली भिंत
वेद झाले रानभरी। गोंधळले संत।

आजही अरुण कोल्हटकरांसारखा कवी ज्ञानदेवांच्या समाधीजवळ जातो, तेव्हा त्याचा पाय तिथून निघत नाही.

असे हे ज्ञानदेव चांगदेवांसारख्या योग्याला पत्र पाठवून त्यांचे अज्ञान दूर करणारे, जड समाजाची भिंत चालविणारे, उपेक्षा करणाऱ्या समाजासाठीच पसायदान मागणारे आदि वयाच्या विसाव्या वर्षीच संजीवन समाधी घेणारे. त्यांचे कार्यकर्तृत्व पाहून मन विस्मित होते. ते संतश्रेष्ठ होते याबद्दल मनात कोणताही संशय उरत नाही.

३. पाणी: एक संपत्ती

''पाणी पाणी पाणी आणि पाणी पाणी पाणी
पाण्याविना दाही दिशा आम्ही अनवाणी।''

''एक हजार फूट खोल दरीतून रात्री-अपरात्री महिलांवर पाणी भरण्याची वेळ', 'नळावरील मारामारीचे खुनात पर्यवसान', 'पाण्यासाठी मोठ्या रांगा' अशा बातम्या एप्रिल, मे महिन्यात नेहमीच वाचायला मिळतात. पावसाळ्यात कुठे-कुठे अतिवृष्टी होऊन माणसं मरणं आणि पुरामुळे शेतीचं नुकसान होणं आणि उन्हाळ्यात कोरडा दुष्काळ पडणं हे आपण बारंबार अनुभवतो.

परंतु त्यापासून काही बोध घेत नाही. आज मात्र या प्रश्नाचा गंभीर विचार करण्याची वेळ आली आहे. भूगर्भशास्त्रज्ञांचा असा इशारा आहे की, आजपर्यंतची युद्ध संपत्ती स्त्री आणि धर्म यांच्यासाठी झाली, आता ती पाण्यासाठी होतील.

'पाणी' ही पृथ्वीतलावरची मोठी संपत्ती आहे. माणूस पैसा, घर आणि दागदागिने ही संपत्ती शक्य असेल तेव्हा मिळवितो, साठवितो आणि जपून वापरतो. त्याप्रमाणे पाणीसुद्धा उपलब्ध असेल तेव्हा साठविलं पाहिजे आणि काटकसरीने वापरलं पाहिजे. कारण माणूस अन्नाशिवाय कित्येक दिवस जगू शकेल. पण पाण्याशिवाय मात्र तसा जगू शकणार नाही. जीवाच्या धारणेसाठी पाण्याचं महत्त्व अनन्य असं आहे. म्हणून पाण्याचं दुसरं नाव 'जीवन' असं आहे. पाण्यामुळेच सर्व वनस्पतीसृष्टी आहे आणि त्यामुळे जीवसृष्टी आहे. नद्यांना आपण लोकमाता म्हणतो. याचं कारण मातेप्रमाणे त्या जीवसृष्टीचं पोषण करतात. जगातल्या सर्व संस्कृती नदीकाठीच पोसल्या गेल्या. पंचमहाभूतांपैकी एक महत्त्वाचं तत्त्व म्हणजे पाणी. आपल्या संस्कृतीत ते देवतारूप मानलं जातं. समुद्र, नदी, विहीर, ओढा आणि झरा असं तिचं कोणतंही महान किंवा लघुतम रूप असो, ते आपल्याला पूजनीय असतं. तहानेल्याला पाणी देणं हा आपण धर्माचा एक भाग मानतो. तहान भागविण्यासाठी शेतीसाठी, स्वच्छतेसाठी हरघडी आपल्याला पाणी लागतं. म्हणून ते विपुल प्रमाणात हवं आणि तसं ते होतंही. आपल्या भारतभूमीच्या वैभवाचं गुणगान करताना ती सुफलाम् आणि सुजलाम् आहे, असं बंकीमचंद्रानी म्हटलंय. त्यातूनही पाण्याची संपत्ती किती मोठी आहे हे कळतं. आपल्या ऋषीमुनींना पाण्याचं हे महत्त्व चांगलंच कळलं होतं. म्हणून त्यांनी नद्यांवर स्तोत्रं रचून तिची स्तुती केली. शंकराचार्यांच्या 'गंगालहरी' पासून कवी चंद्रशेखरांच्या 'गोदागौरव' पर्यंत नद्या साहित्याच्या वाटचालीत अनेक वेळ काव्याचा विषय ठरल्या आहेत.

कारण पाणी जसं जीवनतत्त्व आहे तसं ते सौंदर्यतत्त्वही आहे.

'हिरवळ आणि पाणी तेथे सुचती मला गाणी'

असं बालकवी म्हणत. त्यातलं मर्मही हेच आहे. पाणी सत्य, शिव आणि सुंदरही आहे. पाण्याशिवाय जगणं ही कल्पनाही आपण करू शकत नाही. परंतु व्यवहारात वागताना आपल्यापैकी बरेच लोक (कदाचित आपण स्वतःसुद्धा) पाण्यासंबंधी बेफिकीर असतो. कपडे धुण्यासाठी आवश्यकतेपेक्षा अधिक पाणी वापरतो. सार्वजनिक नळ नेहमी गळत असतात. बादली भरून गेली तरी वाहत असतात. पिण्यासाठी आपण पेलाभर पाणी घेतो. पण निम्मंच पाणी पितो, निम्मं ओतून देतो. तेच पाणी झाडाच्या कुंडीत घालावं, असा विचार आपण करीत नाही, पाणी रोज शिळं होतं, अशी आपली ठाम कल्पना, म्हणून कालचं पाणी आज ओतून टाकतो आणि नवं भरतो. मिनरल वॉटरसाठी जमिनीच्या पोटातल्या पाण्याचा उपसा प्रचंड प्रमाणावर करतो.

एकीकडे प्रदूषणाच्या पातळीत वाढ झाल्यामुळे पावसाची अनियमितता, असमतोल आणि दुसरीकडे जमिनीतून सतत पाणी उपसणं यामुळे पिण्याच्या पाण्यासाठी युद्ध होतील या भाकिताच्या आपण जवळ-जवळ जात आहोत. लोकसंख्या वाढल्यामुळे जंगलं

तोडून माणसं राहायला लागली आणि वर फर्निचरसाठी पुन्हा मोठी वृक्षतोड सुरू झाली. त्यामुळे झाडांमुळे ढग अडविण्याच्या क्रियेत अडथळा झाला आणि निसर्गाचा समतोल ढळू लागला. त्यात शक्य असेल तिथून जमिनीतून पाणी उपसण्याच्या हावरेपणामुळे ही संपत्ती बेसुमार खर्च होऊ लागली.

राजस्थानसारख्या वाळवंटी प्रदेशात पावसाचा पडलेला थेंबन्थेंब खड्ड्यात साठवून पुनर्भरण करणारे राजेंद्र सिंहजी किंवा 'उदकाचिये आर्ती' लिहिणारे महाराष्ट्रातले मिलिंद बोकिल यांच्या पाण्याविषयी जागृती निर्माण करणाऱ्या चळवळी सुरू आहेत. पण त्या अजून व्यापक रूप घेत नाहीत. पावसाळ्याचं पाणी पुरतंय म्हणून आपण सुस्त, निवांत आहोत. पण हीच खरी वेळ आहे. पुढच्या पिढीसाठी संचय करण्याची, संपत्तीसारखं पाणी जपून वापरण्याची, नाही तर तहान लागल्यावर कितीही विहिरी खणल्या तरी त्या कोरड्या ठणठणीत असतील आणि सर्वांच्याच तोंडचं पाणी पळेल, हे प्रत्येकाला समजायला हवं.

४. माझे पहिले भाषण

''शतेषु जायते शूरः। सहस्रेषुच पंडितः
वक्तादशसहस्रेषु। दाताभवतिवानवा।''

या सुभाषितामधलं 'वक्ता दशसहस्रेषु' हे सत्य मला पटलं, तो दिवस मला आजही आठवतो. आपण कोणीतरी खास, वेगळे आहोत, असं समजण्याचे कॉलेजचे ते फुलपंखी दिवस होते. आपल्यातल्या गुणांचं प्रदर्शन करून दुसऱ्यावर इंप्रेशन मारण्यात धन्यता वाटायची. एक दिवस आंतरमहाविद्यालयीन वक्तृत्व स्पर्धेची सूचना शोकेसमध्ये लागली आणि सगळ्या मैत्रिणींनी मला स्पर्धेत भाग घ्यायचा आग्रह केला. कोणी मनापासून तर कोणी बघू या आता काय उजेड पाडते ते, अशा भावनेतून! एरवी मी त्यांना दाद दिली नसती. पण खुद्द शिक्षकही आग्रह करू लागले. चांगले बोला, धाडस करा, मागे राहू नका, मी मदत करती असं परोपरीने सांगू लागले आणि फुगा हळूहळू मोठा होऊ लागला. खरं म्हणजे कॉलेजतर्फे दोन-तीन नावं पाठवायची होती आणि कोणीच भाग घ्यायला तयार नव्हतं, म्हणून मला सरांचा आग्रह चालला होता. पण हे उशिरा समजलं.

भाग घेतला, नाव पाठवलं, तयारी सुरू झाली. कागदावरचं भाषण छनच तयार झालं होतं. छोट्याशा कथेने सुरुवात, योग्य वेळी विषयप्रवेश, वातावरणनिर्मिती, सुभाषित आणि कवितांच्या ओळींची पेरणी, विषय स्पष्ट करण्यासाठी निरनिराळी उदाहरणं सारं काही झकास जमलं होतं. मी ते पुन:पुन्हा वाचत होते. जवळजवळ पाठ करून टाकलं होतं. चार-पाच वेळा मैत्रिणींसमोर न पाहता भाषण करूनही दाखवलं होतं. त्यांच्या सूचना लक्षात घेतल्या होत्या. सरांनीही ओ. के. म्हटलं.

स्पर्धेचा दिवस उजाडला. तयारी झाली तरी थोडी धाकधूक वाटतच होती. आजपर्यंत मी वर्गापिक्षा मोठ्या समुदायासमोर कधी बोलले नव्हते. स्पर्धा सुरू झाली. माझ्या आधीच्या वक्त्यांच्या बोलण्याकडे माझं मुळीच लक्ष नव्हतं. माझ्याच भाषणाची उजळणी मी मनातल्या मनात करत होते. इतक्यात माझं नाव पुकारलं गेलं. मी उठून व्यासपीठावर गेले. समोर पाहिलं. हॉल

खचाखच भरलेला होता. निरनिराळ्या कॉलेजचे स्पर्धक, त्यांचे शिक्षक, पालक, मित्र-मैत्रिणी! सभागृहात बसायला जागा नसल्याने बरेच लोक उभेही होते. एका बाजूला परीक्षक टेबलावर कागदज आणि पेन सरसावून बसले होते. एक जण वेळकडे लक्ष देणार होता.

मी सुरुवात केली. परीक्षकांचं गुणगान करून श्रोत्यांना शांतपणे ऐकण्याचं आवाहन केलं. खरं म्हणजे त्याची काहीच गरज नव्हती. सर्वजण शांतच होते. मी केव्हा एकदा बोलते आणि ते आम्ही ऐकतो, अशाच पवित्र्यात सारे जग होते आणि ती स्तब्धताच माझ्या अंगावर आली. हे इतके कान देऊन ऐकायला बसलेत आणि माझं चुकलं तर... या भयगंडाने मला ग्रासलं. मी माझा विषय सांगितला,   पण पुढे मला काही बोलताच येईना, घशाला कोरड पडली. अंगातून उष्ण प्रवाह वाहायला लागला, हात-पाय थरथरू लागले, चेहरा अगदी असाहाय्य, केविलवाणा झाला, कुठूनही मला स्थिर उभं राहण्यासाठी शक्ती नव्हती. जवळच्या मैत्रिणी 'बोल, पुढे बोल' अशा खाणाखुणा करत होत्या. श्रोत्यांपैकीही कुणी गडबड करीत नव्हतं. कुणालाच माझी फजिती व्हावी असं वाटत नव्हतं. सगळे जण मला समजून घेण्याच्याच 'मूड' मध्ये होते. थोडं चुकलं तरी पुढे सुधारेल, म्हणून सगळेच धीर धरून शांत बसून होते. त्यांच्या या सहानुभूतीने मी आणखीन दीन झाले. पुन्हा एकदा विषयाचा उच्चार केला, पण त्यामुळे मला काहीसुद्धा आठवेना! श्रोत्यांची क्षमा मागून मी जागेवर येऊन बसले. पुढचं नाव उच्चारलं आणि स्पर्धा सुरू राहिली. मी मात्र शरमून मान खाली घालूनच बसले.

माझ्या या पहिल्या भाषणाने मला शिकवलं मात्र खूप! आज मी कितीही मोठ्या समुदायासमोर बोलू शकते. याचं कारण माझं पडलेलं पहिलं भाषणं. कारण त्यानंतरच मी माझ्यात मूलभूत सुधारणा केल्या. एक तर भाषण पाठ करायचं नाही असं मी ठरवलं. कारण पाठांतरामुळे एखादी ओळ विसरली की, पुढचं काहीच आठवेनासं होतं. भाषणाचे मुद्दे काढून त्यांचा क्रम लक्षात ठेवण्याची सवय मी लावून घेतली. सुभाषित, कवितेच्या ओळी लिहून जवळ ठेवल्या आणि विसरल्या तरी पाहता येतात, हे माझ्या लक्षात आलं. महत्त्वांच म्हणजे इकडे, तिकडे न बघता थेट श्रोत्यांकडे पाहून बोलण्याचा मी सराव केला. आधी जास्त लोकांसमोर बोलण्याची सवय केली. माईक योग्य अंतरावर ठेवणं, आवाजात चढ-उतार करणं हे तंत्रही मी शिकले आणि सर्वांत महत्त्वाचं म्हणजे भाषण करताना समोर बसलेले जणू दगड आहेत, त्यांच्यापेक्षा मला खूप समजतं आहे, माझ्याकडे त्यांना सांगण्यासारखं खूप आहे, असा थोडासा अहंगंड मनाशी बाळगायला मी सुरुवात केली. त्यामुळे माझा आत्मविश्वास वाढला. साध्या, सोप्या शब्दांत बोललं तर श्रोत्यांना ते भावतं, हा अनुभव मला आला. योग्य गोष्ट, योग्य वेळी, योग्य शब्दांत, योग्य ठिकाणी आणि योग्य पद्धतीने सांगणं महत्त्वाचं आहे हे माहीत झालं. मोठमोठ्या वक्त्यांची भाषण मी ऐकली. त्यांची पुस्तकं वाचली, भाषणाचं तंत्र आणि मंत्र सांगणारी पुस्तकही वाचली. सर्व तयारीनिशी पुढच्या वर्षी मी स्पर्धेत उतरले आणि दिलेल्या वेळात अस्खलित भाषेत, प्रभावी भाषण केलं. श्रोत्यांमध्ये

मागच्या वर्षी हजर असलेले काही लोक होते. त्यांनी मला मिळलेल्या पहिल्या नंबरचं कौतुक केले आणि वर्षभरात चांगली तयारी केली, हे आवर्जून सांगितलं. मी मात्र तयारीइतकंच माझ्या फसलेल्या पहिल्या प्रयत्नालाही माझ्या यशाचं श्रेय देते.

५. वृद्धाश्रमांची आवश्यकता

आमच्या ओळखीतल्या एका वृद्ध बाईंना शहरातील वृद्धाश्रमांची माहिती हवी होती. दिवसेंदिवस स्वत:चे करणे अवघड वाटू लागल्यामुळे त्यांना वृद्धाश्रमात जायचे होते. मी वृद्धाश्रमांची माहिती मिळवायला सुरुवात केली आणि मला धक्का बसला. शहरातील अनेक वृद्धाश्रम पाहिले. सध्या कुठेच जागा नव्हती आणि बहुतेक वृद्धाश्रमांमध्ये प्रतीक्षा यादी होती. कधी जागा मिळेल हे निश्चित सांगता येत नव्हते.

अलीकडच्या काळात वृद्धाश्रमांची संख्या किती झपाट्याने वाढली आहे. पंचवीस-तीस वर्षांपूर्वी 'वृद्धाश्रम' ही संकल्पना आपल्याकडे तशी नवी होती. आज शहरोशहरी आणि गावागावातून वृद्धाश्रम आहेत. या वृद्धाश्रमातील सगळ्या जागा भरल्या आहेत आणि कितीतरी वृद्ध आपल्याला कधी प्रवेश मिळेल याची वाट पाहत आहेत. वृद्धाश्रमांची आज एवढी गरज का वाटू लागली ? या प्रश्नांची उत्तरे शोधण्यासाठी आपले नातेसंबंध तपासून पाहायला हवेत. शहरातील सार्वजनिक ठिकाणांवर संध्याकाळच्या सुमारास दृष्टी टाकली की आपल्याला वृद्ध स्त्री-पुरुषांच्या रांगाच्या रांगा तेथे बसलेल्या असतात. सार्वजनिक बागांमध्ये वृद्धांची संख्या मोठी दिसते. देवळाच्या कट्ट्यांवर वृद्ध स्त्री-पुरुष बसलेले दिसतात. इतकेच काय बससारख्या सार्वजनिक वाहनांमध्येही वृद्धांचे प्रमाण खूप वाढले आहे असे जाणवते. माणसाचे सरासरी आयुर्मान वाढले आहे. त्यामुळेच सत्तरी ओलांडलेले किंवा ऐंशीच्या पुढे वय असलेले अनेक स्त्री-पुरुषांना लाभलेले हे वाढीव आयुष्य सुखसमाधानाचे आहे का, हा खरा प्रश्न आहे, वाढते वृद्धाश्रम सांगतात की वृद्धांचे आयुष्य सुखाचे नाही. वृद्धत्वाच्या समस्येवरील तो एक वरवरचा उपाय आहे.

पूर्वीच्या काळी आपल्याकडे एकत्र कुटुंबपद्धती होती. आबालवृद्ध मंडळी एका घरात नांदत होती. एकत्र कुटुंबामुळे एकमेकांना आधार दिला जायचा. घरातील कामाचा भारही सर्वांनी मिळून उचललेला असायचा. आज तशी परिस्थिती राहिली नाही. विशेषत: मध्यमवर्गीय माणसांची कुटुंबे विभक्त झाली. नोकरी-व्यवसायामुळे स्थित्यंतर झाले. पती, पत्नी आणि एक किंवा दोन मुले असे कुटुंब अस्तित्वात आले. वृद्ध व्यक्तींचे घरातील स्थान डळमळीत झाले. पैशाच्या मागे लागलेल्या, ऐहिक सुखापाठी धावणाऱ्या तरुण पिढीला घरातील वृद्ध माणसे अडगळ वाटू लागली. वृद्धत्वाची समस्या प्रामुख्याने या प्रवृत्तीमुळे निर्माण झाली आहे. तरुण पिढी एवढी व्यवहारी आणि कोरडी बनत चालली आहे की मुलाने आई-वडिलांचे पवित्र नाते निकालात काढले आहे. आपली, मुले लहान असेपर्यंत तरुण पिढीला गरज म्हणून वृद्ध आई-वडील लागतात पण ती मुले मोठी झाल्यावर

आपल्या आई-वडिलांचे घरातील वास्तव्य तरुण पिढीला गैरसोईचे वाटू लागते. मातृ देवो भव, पितृ देवो भव किंवा 'मातृदिन' या गोष्टी केवळ बोलण्यापुरत्या राहिल्या आहेत. अर्थार्जन न करणारे, काम करण्याची शारीरिक क्षमता नसलेले वृद्ध आता तरुण पिढीला नकोसे झाले आहेत.

वृद्ध व्यक्तींना आधाराची गरज आहे. मायेची गरज आहे. दोन शब्दांनी कोणीतरी आपली विचारपूस करावी अशी त्यांची अपेक्षा आहे. पण त्यांच्या या किमान अपेक्षा त्यांच्याच मुलांकडून पुऱ्या होताना दिसत नाहीत, तेव्हा त्यांना वृद्धा त्यांना वृद्धाश्रमाचा रस्ता धरावा लागतो. बऱ्याच वेळा तरुण पिढीच त्यांना हा रस्ता दाखविते. पुरेसे आर्थिक पाठबळ असूनही, स्वत:चा आणि पत्नीचा चरितार्थ चांगल्या प्रकारे चालविता येत असूनही केवळ घरातील तरुण मंडळींना आपण नकोसे झालो आहोत म्हणून काही वृद्ध मातापित्यांना वृद्धाश्रमाचा रस्ता धरावा लागतो. 'संध्याछाया' या जयवंत दळवी यांच्या नाटकात वृद्धत्वाचे अनुकंपनीय चित्र रेखाटले आहे. या नाटकातील नाना आणि नानी माणसांच्या सहवासाचे आणि प्रेमाचे भुकेले आहेत. पण त्यांच्या मुलांकडून आणि इतरजनांकडूनही त्यांची निराशा होते त्यामुळे त्यांना वैफल्य येते.

आजच्या बहुतांशी वृद्धांची ही अवस्था आहे. ज्यांच्याजवळ अर्थसंचय नाही, आयुष्यभर अर्थार्जन करूनही ज्यांनी म्हातारपणाची सोय केली नाही, अशा वृद्धांची अवस्था फारच कठीण आहे. ज्या मुलाबाळांच्या विश्वासावर ते भविष्यकाळाबद्दल निश्चिंत राहिले त्या विश्वासालाच तडा गेला आहे. तरुण पिढीजवळ आपल्या आई-वडिलांबद्दल जी कृतज्ञता हवी ती फारशी दिसत नाही. ज्यांनी आपल्या आई-वडिलांच्या वृद्धापकाळात त्यांच्या आधाराची काठी व्हायला हवी ते वृद्धांच्यावरच काठी उगारून त्यांना घराबाहेर काढू लागले आहेत.

वास्तविक आजच्या तरुण पिढीला हे भान हवे की काही वर्षांनंतर आपणही वृद्ध होणार आहोत. कारण आज जो बाल आहे तो उद्या तरुण होणार, तरुण काही काळानंतर वृद्ध होणार हा निसर्गक्रम आहे. पण तारुण्याच्या उन्मादात तरुण पिढी हे विसरत चालली आहे. त्याचा परिणाम म्हणून वृद्धांच्या समस्या वाढत चालल्या आहेत. त्यांच्या वाट्याला समाजाकडून उपेक्षा येऊ लागली आहे. त्यांच्या दैनंदिन गरजा भागेनाशा झाल्या आहेत. दिवसेंदिवस वृद्धत्वाची समस्या उग्र रूप धारण करू लागली आहे.

नैतिक मूल्यांचा ऱ्हास हे या समस्येचे महत्त्वाचे कारण आहे. कृतज्ञता, आदरभाव व सौजन्य या गोष्टी आपण विसरत चाललो आहोत. तरुण आणि वृद्ध यांच्यात सामंजस्य निर्माण झाले पाहिजे. तरुणांनी जसे वृद्धांना जपले पाहिजे तसे वृद्धांनी तरुणांना समजून घेतले पाहिजे. कधीतरी आपणही वृद्ध होणार आहोत एवढी जाणीव तरुण पिढीने मनात ठेवली तरी वृद्धत्वाची समस्या सौम्य होईल. वृद्धत्व अटळ आहे. पण आपल्या माणसांमध्ये राहिल्यावर ते बरेच सुसह्य होईल. मग वृद्धाश्रमांची फार आवश्यकता राहणार नाही.

SAMPLE PAPER-5
Marathi

विभाग १ :गद्य

प्रश्न १.

(अ) **पुढील उताऱ्याच्या आधारे सूचनेनुसार कृती करा.**

पुढील आकृतिबंध पूर्ण करा.

गेल्या पाच वर्षांत एक मात्र निश्चित जाणवलं, की तिथे गेल्यावर आपला अहंकार, बडेजाव आणि प्रतिष्ठितपणाची चढलेली पुटं निखळून पडताहेत. लडाखच्या भिन्न-भिन्न दऱ्याखोऱ्यात भन्नाट एकाकी, रौद्र आणि हिरवळीचा दुरान्वयानेही संबंध नसलेल्या कठीण भूप्रदेशात राहूनही ममत्व, बंधुभाव जपणाऱ्या सैनिकांना भेटलं, की 'आपली माणसं' भेटल्याचा गहिवर दाटून येत आहे. आपले सैनिक हे हिरे आहेत. त्यांना आपण जपलं पाहिजे. त्यांच्याबद्दल कृतज्ञ राहिलं पाहिजे.

आम्ही पाच वर्ष रक्षाबंधनासाठी लडाखला ग्रुप घेऊन येत आहोत, याचं प्रचंड अप्रूप वाटून ब्रिगेडियर कुशल ठाकूर या सोहळ्यासाठी आणि आम्हांला भेटायला आवर्जून आले होते. १९९९ मधील कारगिल युद्धाच्या वेळी कर्नल असलेले कुशल ठाकूर करण्याच्या योजनेचे शिल्पकार होते. ते आमच्यासारख्या सामान्य माणसांना भेटायला येतात, याच्यापरता मोठा सन्मान तो कोणता ?

आमच्याशी संवाद साधत असताना ब्रिगेडियर ठाकूर आम्हांला म्हणाले, ''तुम्ही पाच वर्षांचा वादा केलात आणि तो निभावलात, ह्याबद्दल अभिनंदन; पण-माझा प्रेमाचा, वयाचा अधिकार आणि हक्क वापरून सांगतो, तुम्ही हे मिशन बंद करू नका. इथे नेहमी या आमच्या तरुण जवानांना भेटा त्यांचा हौसला बुलंद करा. तुमच्या शहरातील कुशाग्र बुद्धीच्या मुलांना सांगा, आम्हांला त्यांची गरज आहे. निदान पाच वर्ष तरी कमिशंड ऑफिसर म्हणून डिफेन्स सर्व्हिसेस जॉईन करा. मग पुढच्या आयुष्यात तुमचं करिअर करायला तुम्ही मोकळे आहात ! तरुण मुलींना सांगा, की आमच्या जवानांशी विवाह करायला डगमगू नका आणि मला वचन द्या, की हा जो लष्कर आणि नागरिकांमध्ये तुम्ही एक भावनिक सेतू बांधत आहात, ते काम थांबवणार नाही. ''

वातावरणात नीरव शांतता ! त्याचा भंग करत मी आवेगाने म्हणाले, 'नक्की सर, हे काम मी कधीच थांबवणार नाही'. तोलोलिंग पहाडीवरून वाहणाऱ्या वाऱ्याच्या झुळुकेने जणू कानात हळूच म्हटले 'तथास्तु'. भासच तो; पण अंगावर रोमांच उठले, नकळत तोलोलिंगला सॅल्यूट ठोकला. माघारी वळले ते, 'ह्या वीरांच्या त्यागाला, समर्पणाला अधिक लायक, अधिक जबावदार, विवेकी आणि देशाबद्दल कर्तव्याची जाण असलेली भारतीय नागरिक बनून युवकांनाही तसे बनवण्याचा आटोकाट प्रयत्न करेन' असे सैनिकांना आश्वासन देऊनच ! कारण ते म्हणतात,

'माघारी जेव्हा जाल परतून, ओळख द्या आमची त्यांना आणि सांगा तुमच्या 'उद्या' साठी ज्यांनी आपला 'आज' दिला.

(१)

(i) गेल्या पाच वर्षांत लेखिकेला जाणवलेली गोष्ट ☐

(ii) लेखिकेसाठी सन्मानाची गोष्ट म्हणजे ☐

(२) सरहद्दीवरील सैनिकांबद्दल कृतज्ञ राहिले पाहिजे असे लेखिका का म्हणते ?

(३) ब्रिगेडियर कुशल ठाकूर यांनी लेखिकेजवळ तरुणांसाठी कोणता संदेश दिला ?

किंवा

'माघारी जेव्हा जाल परतून, ओळख द्या आमची त्यांना आणि सांगा तुमच्या 'उदया' साठी ज्यांनी आपला 'आज' दिला. या विधानाविषयी तुमचे मत स्पष्ट करा.

(आ) **पुढील उताऱ्याच्या आधारे आकृतिबंध पूर्ण करा.**

आनंदाची गंमत अशी आहे, की तुम्ही शोधू लागलात, की तो दडून बसतो, पकडू गेलात, की हातातून निसटतो. आनंदासाठी जितका आटापिटा कराल, तितका तो हुलकावण्या देतो. जितका सहजपणे घ्याल, तितका आनंद सहज प्राप्त होतो. आनंद असतोच. तो अनुभवता मात्र यावा लागतो.

हे खरं आहे, की आनंद सर्वत्र असतो; पण अंतरंगात आनंद असेल, तरच तो अनुभवता येतो. आनंदाचं नातं जुळतं, ते फक्त आनंदाशी. आनंदाला आकर्षित करतो, तो फक्त आनंदच. आनंदाला प्रसवतो, तोही आनंदच.

आपल्या श्वासाचंही आपल्याला भान नसतं. खरंतर श्वास हा शरीर आणि मन यांना जोडणारा सेतू असतो. हो सेतू आपण जाणीवपूर्वक वापरत नाही. पोटातून खेलवर श्वास घेणं केवळ आरोग्यासाठी चांगलं असतं, असं नव्हे, तर त्यामुळे मनही शांत होतं. मुख्य म्हणजे श्वासाचं बोट धरून मनापर्यंत पोहोचता येतं, मनाशी नातं जोडता येतं.

काहींना एखादं बक्षीस मिळालं, तरीत्या 'तरी त्या 'अमक्या' ला चार बक्षिसं मिळाली याचं वैषम्य वाटतं किंवा मग 'त्या लेकाला एकही बक्षीस मिळालं नाहीं, याचाच अधिक आनंद होतो. स्वतःला काही मिळणं, स्वतः आनंद मिळवणं यापेक्षा दुसऱ्याला आनंद न मिळणं हे ज्यांना महत्त्वाचं वाटतं, ते आयुष्यात कधीच आनंदी होऊ शकत नाहीत. तुलना आली, की आनंद संपलाच. खरा आनंद दुसऱ्याच्या दुःखावर कधीच पोसला जात नसतो. खरा आनंद हा मनाला केवळ हलकंच नव्हे, तर चित्ताला शुद्ध करत असतो.

अनेकदा आयुष्यात असं काही घडतं, की आपण आनंदासाठी मनाची कवाडं कायमची बंद करून टाकतो. आपण म्हणतो,

माणसं दु:खातून बाहेर येत नाहीत. त्याचं कारण ते दु:खाला बाहेर जाऊ देत नाहीत. हृदयाची दारं मिटलेली असतील, तर आतलं दु:ख बाहेर जाणार कसं ?

त्यांचा नाइलाज असतो, कारण पाऊस पाडणं त्यांच्या हातात नसतं. आनंदाचा पाऊस मात्र आपण पाडू शकतो. कृत्रिम नव्हे.. .नैसर्गिक. कुठून तरी आनंद येईल आणि आपल्या मनाचं अंगण भिजेल, म्हणून वाट पाहात बसलं, तर आनंद येईलच याची खात्री नसते.

आनंद हा आपण घ्यायचा असतो. कुणी तो देईल याची वाट पाहायची नसते. एकदा आनंद कसा घ्यायचा याचं तंत्र जमलं, की मग मात्र 'नाही आनंदा तोटा' अशी अवस्था होते.

सौंदर्य जसं पाहणाऱ्याच्या दृष्टीत असतं, तसा आनंद घेणाऱ्याच्या वृत्तीत असतो. लहान मुलं निरागस, आनंदी वृत्तीची असतात, म्हणूनच ती आनंद घेण्यात तरबेज असतात. आनंद हा त्यांचा आग्रह असतो, अधिकार असतो. त्यांनी 'हात' केल्यावर चिमणी भुर्रकन उडाली तरी त्यांना केवढा आनंद होतो. किती आतून हसतात ती !

शिकण्यातला आनंद हा तर आयुष्भर न संपणारा असतो. शिकलेलं शिवण्यातही आनंद असतोच. हा आनंद आपण किती घेतो ? नाईलाजानं नव्हे, परीक्षा देण्यासाठी नव्हे की कुणावर उपकार म्हणून नव्हे, केवळ स्वत:ची हौस म्हणून काही शिकून पाहा. एखादी कला, एखादी भाषा, एखादा खेळ माणसं स्वत:ची हौस, स्वत:चा छंद विसरू कसा शकतात, हे मला न उलगडलेलं कोडं आहे. खेळाचा आणि छंदाचा उद्देशच केवळ आनंद हा असतो. पोटापाण्यासाठी उद्योग आणि आनंदासाठी छंद इतकं हे साधं गणित आहे आणि छंद म्हणाल तर तो अगदी कुठलाही असू शकतो. वेगवेगळे दगड गोळा करण्याचं किंवा पक्षी निरीक्षणाचं...कसलं कसलं वेड घेतात लोक डोक्यात; पण तेच त्यांच्या आनंदाचं आणि उत्साहाचं रहस्य असतं. आनंद हवा असेल, तर थोडं वेड व्हावंच लागतं. नेहमी 'शहाणंसुरतं' राहून जमत नाही.

खरा आनंद, टिकाऊ आनंद हा अंतरंगातून येतो. बाह्य यश, वैभव मिळवण्यातही आनंद असतो; पण जर तुम्ही यात दु:खी असाल, उदास असाल, तर बाह्य यश तुम्हांला आनंद देऊ शकत नाही. जेव्हा भरपूर सुख, वैभव मिळवूनही माणसाला आनंद मिळत नाही. स्वत: बद्दल 'छान' वाटत नाही, समाधान होत नाही, तेव्हा माणूस एक चुकीचा निष्कर्ष काढतो. त्याला वाटतं, मला अजून काहीतरी मिळवायला हवंय. ते मिळालं, तरच मला आनंद वाटेल. हीच गल्लत होते. अशा वेळी त्यांं बाहेर नव्हे, आत डोकवायला हवं. एवढं मिळवूनही मी आनंदात का नाहीये ? मला अशांत, अस्वस्थ का वाटतं आहे? मला नेमकं काय हवं आहे? अशा वेळी उत्तर मिळू शकतं, 'मला विरंगुळा हवा आहे, मला बायको-मुलांत रमायला हवंय, मला मित्रांशी जिवाभावाचं बोलायला हवंय, मला लिहायला हवंय, मला लॅन्डस्केप्स करायला हवीत. 'तुम्ही आनंदी नसता, त्यावेळी आणखी काही मिळवणं, अधिक पैसा कमावणं, अधिक नाव कमावणं हे त्यावरचं उत्तर नसतं.

ज्यात तुम्हांला खरा आनंद वाटतो, तेच काम करा. अर्थात काही वेळा हे शक्य नसतं. हवं तेच काम मिळतं, असं नाही; पण अशा वेळी जे काम करायचंच आहे, त्यात आनंद घ्यायला शिकणं हेही शक्य असतंच. कुठल्याही कामात आनंद घ्यायच्या पुष्कळ युक्त्या असतात. तुमच्यासारखंच काम करणारे इतर कित्येक जण हसत, मजेत काम कसं करू शकतात, ते जाणलंत, तर तुम्हीही हसत, आनंदात काम करू शकाल, यश मिळवू शकाल. शांत चित्तानं, आनंदी वृत्तीनं काम केलं, तर यश मिळत जातं. मिळणाऱ्या यशामुळे आत्मविश्वास, उत्साह वाढतो, अधिक आनंद होतो, त्यामुळे पुन्हा अधिक यश, अधिक आनंद-अशा आनंदाच्या चक्रवाढीवर आयुष्याचं चक्र फिरत राहातं. आयुष्य हा संघर्ष राहात नाही....ती एक सततची संधी वाटते, आनंदाचा उत्सव वाटतो.

(१) दिलेल्या उताऱ्याच्या आधारे आकृतिबंध पूर्ण करा.

(i)

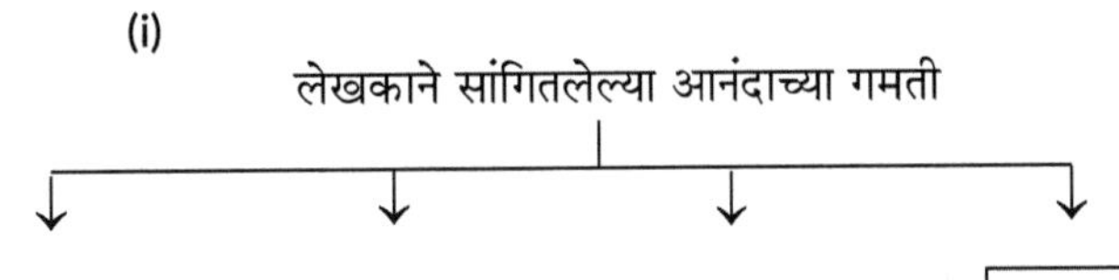

(ii) (a) आनंदाला आकर्षित करणारा– ☐

    (b) शरीर आणिमन यांना जोडणारा सेतू– ☐

(२) 'जे काम करायच आहे, त्यात आनंद घ्यायला शिकणं हेही शक्य असत, या विधानाबाबत तुमचे मत सविस्तर लिहा.

(३) खरा, टिकाऊ आनंद मिळवण्यासाठी करावे लागणाने प्रयत्न तुमच्या शब्दांत लिहा.

किंवा

''सौंदर्य जसं पाहणाऱ्याच्या दृष्टीत असतं, तसा आनंद घेणाऱ्याच्या वृत्तीत असतो, या विधानाबाबत तुमचे मत स्पष्ट करा.

(इ) दिलेल्या उताऱ्याच्या आधारे सूचनेनुसार कृती करा.

'कंदिलाची ज्योत मंद करून विश्वनाथ बिछान्यावर पडला. मुंबईत रात्री देखील सतत चालू असलेला रहदारीचा आवाज इथं नाही. रेडिओ ओरडत नाहीत. मधूनच ब्रेकच्या कर्कश किंकाळ्या इथं ऐकायला येत नाहीत.

अशीच शांतता अंबेरीला आहे. अंधाऱ्या, एकाकी घरात बाबा असेच बिछान्यात पडले असतील. आयुष्यात त्यांनी कुठंही तडजोड स्वीकारली नाही. मनात आलं तशी स्वातंत्र्यसंग्रामात त्यांनी उडी घेतली. तुरुंगवास पत्करला. कैद्यांना बरच काही सहन कराव्या लागतात. त्यापलीकडील हालअपेष्टा, तुरुंगाबाहेरही त्यांनी ताठ मानेने सोसल्या. स्वातंत्र्य मिळाल्यावर राजकारण हा व्यवसाय झाला. आणि तुरुंगवास हे त्याचं भांडवल झालं, तसे ते ह्या सर्वांपासून दूर झाले. एस.टी. देखील अद्याप न पोहोचलेल्या अंबेरीसारख्या आडगावी जाऊन त्यांनी शिक्षकाचा पेशा पत्करला.

शेकडो मैल दूर असलेल्या वडिलांच्यात आणि आपल्यामध्ये हे एकटेपण, हा अंधार, ही शांतता एक जवळिकीचा धागा हळुवारपणे विणत आहे. हा हिमालय आपणा दोघांना एकत्र आणत आहे. आपण आजवर जे सोसलंत आणि तरीही निश्चयानं जपलंत, त्याचा प्रत्यय, कुणी सांगावं, मलादेखील इथं येईल.

केवल रक्ताच्या ऐवजी विचारांचा आणि कृतीचा वारसा मला आपणाकडून लाभेल, हिमालयाची मला तिचमोठी देन होईल ! रात्री केव्हातरी कंदिलाची ज्योत हलकेच मालवली, आणि विचारात हरवलेल्या विश्वनाथच्या पापण्यांवरून झोप हलकेच डोक्यात उतरली.

(१) (i) मुंबईत जाणवणाऱ्या गोष्टी

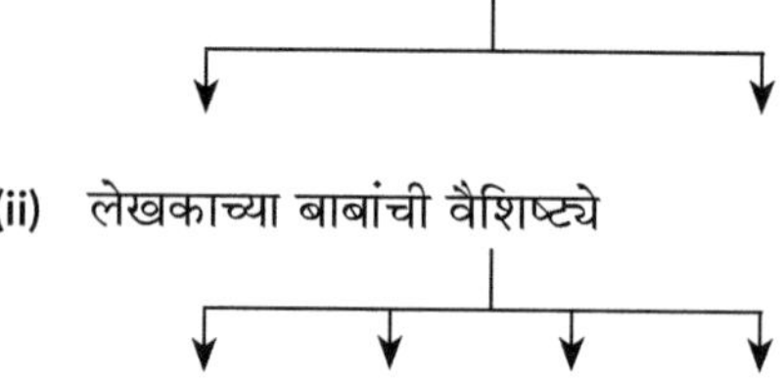

(ii) लेखकाच्या बाबांची वैशिष्ट्ये

(२) कृत्रिम पायाच्या मदतीने दिव्यांगावर मात करता येते' सोदाहरण स्पष्ट करा.

विभाग २: पद्य

प्रश्न २.

(अ) पुढील कवितेच्या आधारे सूचनेनुसार कृती करा.

समुद्र कोंडून पडलाय गगनचुंबी इमारतींच्या गजांआड
तो संत्रस्त वाटतो संध्याकाळीं: पिंजारलेली दाढी, झिंग्या.
हताशपणे पाहत असतो समोरच्या बत्तिसाव्या मजल्यावरील मुलाकडे,
ज्याचं बालपण उंचच उंच पण अरुंद झालंय
आणि त्याची त्याला कल्पनाच नाही.
समुद्राच्या डोळ्यांत थकव्याचं आभाळ उतरत येतं
आणि शिणून तो वळवतो डोळे.
इमारतींच्या पलीकडच्या रस्त्यावर थकलेल्या माणसांचे पाय, बसची चाकं.
समुद्र अस्वस्थ होऊन जातो
शहराच्या आयुष्याच्या विचाराने.
तेव्हा तो मनांतल्या मनांतच मुक्त होऊन फिरूं लागतो
शहरांतल्या रस्त्यांवरून, वस्त्यांमधून.
उशिरापर्यंत रात्री तो बसलेला असतो
स्टेशनवरल्या बाकावर एकाकी, समोरच्या रुळांवरील रहदारी पाहत,
हातांवर डोकं देवून अर्धमिटल्या डोळ्यांनी.
त्याला आठवतं त्याच्याच शेजारी
पाय मुडपून कसंबसं झोपलेलं एखादं मूल,
ज्याचं बालपण स्टेशनवरल्या बाकाएवढं,
आणि त्याची त्याला कल्पना असावी किंवा नसावी.
समुद्र खिन्न हसतो आणि शिणलेल्या पापण्या मिटून घेतो.
त्याला काळजी वाटते साऱ्यांच्याच बालपणाची
वयस्कांच्या शहरांतील.

(१) (i) **कविप्रमाणे कवितेतील समुद्राने केलेल्या मानवी क्रिया**

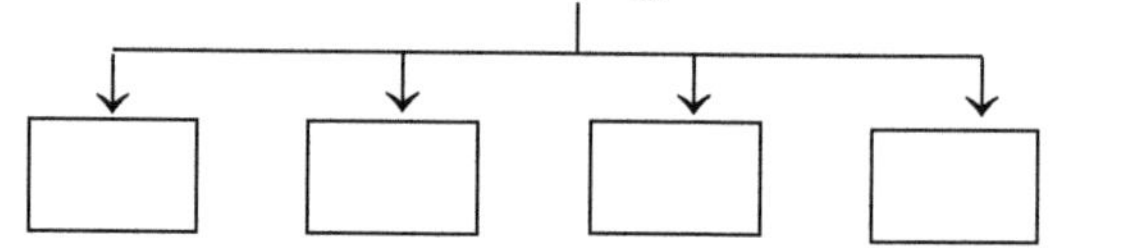

(ii) (a) कवीला समुद्र संत्रस्त वाटतो, कारण........

(b) समुद्र शिणून जातो, कारण........

(२) शहरातील बाल्याची अवस्था कवितेत कशाप्रकारे प्रकट झाली आहे, ते स्पष्ट करा.

(३) 'समुद्र कोंडून पडलाय', या शीर्षकाचा अर्थ तुमच्या शब्दांत उलगडून दाखवा.

(आ) 'अनेकदा तुला मी अशी पाहते की काळीजच हंबरते
रात्रीच्या एकांतात तर हुंदका कंठात दाबून
शिवत असतेस तुझे ठिकठिकाणी फाटलेले हृदय
नि पदराखाली झाकतेस देहामधल्या असह्य कळा'
—या ओळींतील विचार सौंदर्य स्पष्ट करा.

(इ) 'स्वप्नांचे पंख लावून आभाळ झुल्यावर झुलणारी तू ध्येयगंधा
नि आज नखशिखांत तू....तू आहेस फक्त स्थितप्रज्ञा राणी'
—या ओळींतील काव्य सौंदर्य स्पष्ट करा.

किंवा

रंगुनी रंगांत साऱ्या रंग माझा वेगळा ।
गुंतुनी गुंत्यात साऱ्या पाय माझा मोकळा ।
कोण जाणे कोतुनी ह्या सावल्या आल्या पुढे
मी असा की लागती ह्या सावल्यांच्याही झळा
राहती माझ्यासवें ही आसवें गीतांपरी
हें कशाचें दु:ख ज्याला लागला माझा लळा ।
कोणत्या काळीं कळेना मी जगाया लागलों
अन् कुठे आयुष्य गेले कापुनी माझा गळा ।'
—या काव्यपंक्तीचे रसग्रहण करा.

विभाग ३: साहित्यप्रकार कथा

प्रश्न ३.

(अ) पुढील उतारा वाचा आणि सूचनेनुसार कृती करा.

नाट्यमयता/संघर्ष: कथेत चांगल्या-वाईटाचा संघर्ष असतो. त्यातूनच नाट्यमयता निर्माण होते. या संघर्षातूनच कथा उत्कर्षबिंदूपर्यंत पोहोचते. कथेत प्रत्येक वेळी संघर्ष किंवा नाट्य हे वाईट घटनांचेच असते असे नाही, तर आनंद आणि सुखात्मिक घटनांतूनही नाट्यमयता निर्माण होते. कथेच्या शेवटी कथेतील अनुभवांचा, घटनांचा उत्कर्षबिंदू नाट्यपूर्णरीतीने साधता येतो; पण तरीही कथानकाच्या ओघात स्वाभाविकपणे झालेला शेवट वाचकाला आकर्षित करतो.

संवादः कथेतील संवाद हे चटपटीत, आकर्षक, वाचकाच्या भावविश्वाला स्पर्श करणारे आणि कथानकाला प्रवाही ठेवणारे असतात. पात्रांच्या स्वभावधर्मानुसार व परिस्थितीजन्य घटकांनुसार संवाद लिहिले जातात. या संवादात लय व आंतरिक संगती महत्त्वाची असते. संवादातून रसनिर्मिती आणि रसपरिपोष होते असतो. अर्थपूर्ण संवाद कथेला वेगळी उंची प्राप्त करून देतात.

भाषाशैलीः कथानक भाषेच्या मदतीने साकार होत असते. कथेतील पात्रांच्या स्वभाववैशिष्ट्यांनुसार व कथेतील वातावरणानुसार भाषेची योजना केली जाते. तसेच कथा पूर्णपणे बोलीभाषेतही लिहिली जाते.

वरील घटकांशिवाय प्रारंभ, मध्य आणि शेवट असे कथेचे सर्वसाधारणपणे तीन टप्पे मानले जातात. कथेची सुरुवात कधी विरोधाभासातून, कधी पात्रांच्या परस्परविरोधी भूमिकांतून तर कधी परिस्थितीजन्य प्रसंगातून होत असते. ही सुरुवात जितकी नाट्यपूर्ण, जितकी उत्कट तितकी वाचकांची उत्कंठा अधिक तीव्र होते. ही उत्कंठा कथेच्या शेवटपर्यंत कायम राखली जाते. कथेच्या रचनाबंधाला यामुळे सौंदर्य प्राप्त होते.

कथालेखनात कथेच्या वरील घटकांबरोबरच शीर्षकाचे महत्त्वसुद्धा अन्यसाधारण आहे. सूचक व अर्थपूर्ण शीर्षक कथेचा आशय उलगडण्यास मदत करते.

(१) (i) कथेचे घटक

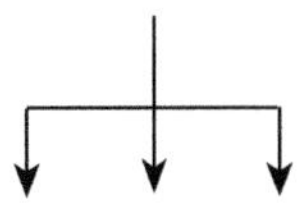

(ii) कथेचे टप्पे

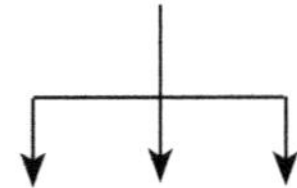

(२) कथेतील 'नाट्यात्मता' या घटकाला अन्यसाधारण महत्त्व आहे' स्पष्ट करा.

(आ)

(१) टॅक्सी ड्रायव्हरचे स्वभावविशेष 'शोध' कथेच्या आधारे लिहा.

किंवा

'चाल व्यरे पोरा आन् वयरे ढोरा' या म्हणीचा तुम्हाला समजलेला अर्थ लिहा.

(२) तुम्हाला भावलेली भिडे दाम्पत्याची सामाजिक बांधिलकी' थोडक्यात लिहा.

किंवा

'गढी' या प्रतीकातून लेखिकेने गुरुजींच्या कार्याशी जोडलेला सहसंबंध स्पष्ट करा.

विभाग ४: उपयोजित मराठी

प्रश्न ४.

(अ) पुढीलपैकी कोणत्याही दोन प्रश्नांची उत्तरे लिहा.

(१) मुलाखत घेताना कराव्या लागणाऱ्या कोणत्याही चार गोष्टी लिहा.

(२) माहितीपत्रकाची आकर्षक मांडणी करताना लक्षात घ्यावयाच्या काही बाबी थोडक्यात लिहा.

(३) अहवाललेखनाची कोणतीही दोन वैशिष्ट्ये लिहा.

(४) व्यक्तीमधील 'माणूस' समजून घेण्यासाठी मुलाखत असते, हे स्पष्ट करा.

(आ) पुढीलपैकी कोणत्याही दोन प्रश्नांची उत्तरे लिहा.

(१) मुलाखतीची पूर्वतयारी कशी करावी ते खालील मुद्यांच्या आधारे लिहा.

  (i) मुलाखतदात्याची वैयक्तिक माहिती

  (ii) मुलाखत दात्याचे कार्य

  (iii) प्रश्नांची निर्मिती

(२) आठवडी बाजाराचे माहितीपत्रक तयार करा.

(३) तुमच्या कनिष्ठ महाविद्यालयातील वृक्षारोपण कार्यक्रमाविषयी अहवाललेखन करा.

(४) माहितीपत्रक म्हणजे अप्रत्यक्षपणे जाहिरातच.

विभाग ५: व्याकरण व लेखन

प्रश्न ५.

(अ) कंसातील सूचनेनुसार कृती करा.

(१) (i) विद्यार्थ्यांनी संदर्भग्रंथाचे वाचन करावे. (आज्ञार्थी करा)

  (ii) त्याच्यासाठी हजार रुपये ही देखील मोठी स्क्कम आहे. (नकारार्थी करा)

(२) **पुढील सामासिक शब्दांचा विग्रह करून समासाचे नाव लिहा.**

  (i) विनाकारण   (ii) लोकप्रिय

(३) **पुढील वाक्यातील प्रयोग ओळखा.**

  (i) अस्मिता रोज क्रिकेट खेळते.

  (ii) अथर्वने बक्षीस मिळवले.

(४) **पुढील तक्ता पूर्ण करा.**

अलंकाराची वैशिष्ट्ये	अलंकार
(i) उपमेयाचा निषेध केला जातो. उपमेय हे उपमेय असूनही ते उपमेय नाही तर उपमानच आहे असे सांगितले जाते	
(ii)	अनन्वय अलंकार

(५) **पुढील वाक्प्रचारांचा अर्थ सांगून वाक्यात उपयोग करा.**

  (i) मन समेवर येणे   (ii) मनातील मळभ दूर होणे

(आ) पुढीलपैकी कोणत्याही एका विषयावर सुमारे २०० से २५० शब्दांत निबंध लिहा.

१. खेळांचे जीवनातील स्थान

२. महात्मा फुले–एक थोर समाजसुधारक

३. अंधश्रद्धांचे थैमान

४. मी रेडिओ बोलतोय

५. गप्पा मारण्याचे व्यसन

Ⓐ Answer Key

विभाग १: गद्य

उत्तर १.

(अ)

(१)

(i) लडाख इथे सरहद्दीवर गेल्यावर गेल्या पाच वर्षात लेखिकेला जाणवलेली गोष्ट म्हणजे तिथे गेल्यावर आपला अहंकार, बडेजाव व प्रतिष्ठितपणाची चढलेली पूटं निखळून पडताहेत.

(ii) म्हणजे १९९९ मधील कारगील युद्धाच्या वेळी कर्नल कुशल ठाकूर हे तोलोलिंग फत्ते करण्याच्या योजनेचे शिल्पकार ते लेखिकेला भेटले.

(२) आपल्या सरहद्दीवर ठामपणे उभे असलेले सैनिक पाहताच त्यांच्या शौर्याची, धाडसाची, त्यांच्या त्याग, समर्पणाची आठवण येते. आपल्यातील बडेजाव, अहंकार व प्रतिष्ठितपणाची पुटे गळून पडतात. जिथे हिरवळीचा दुरान्वयानेही संबंध नाही अशा विभिन्न दऱ्याखोऱ्यात एकाकी, रौद्र अशा भूप्रदेशात राहून ममत्व, बंधुभाव जपतात, नाती जोडतात आणि ती टिकवतात. अशा सैनिकांना भेटल्यानंतर आपल्या माणसांना भेटल्याचा भास होतो. मन भरून येते व या सैनिकांबद्दल आपण कृतज्ञ राहिले पाहिजे असे लेखिकेस वाटते व तशी ती भावना व्यक्तही करते.

(३) अनुराधा प्रभुदेसाई लिखित 'वीरांना सलामी' या पाठात आपल्या सुरक्षेसाठी सरहद्दीवर उभे असलेले सैनिक, त्यांचे जीवन यावर प्रकाश टाकत असतानाच कारगील युद्धाविषयी काही न समजल्याची खंत आणि या युद्धात कामी आलेले सैनिक त्यांच्या वीरत्वाला सलाम करण्यासाठी लेखिका ५ वर्षासाठी 'लडाख मिशन' सुरू करते आणि त्यांच्यासमोर वीर सैनिकांचा जीवनपट त्यांच्यासमोर उलगडत जातो. लेखिकेचे लडाखला जाण्याचे हे शेवटचे वर्ष आणि याच वर्षी कारगील युद्धात तोलोलिंग फत्ते करण्याच्या योजनेचे शिल्पकार कर्नल कुशल ठाकूर लेखिकेसारख्या सामान्य माणसाला भेटायला जातात हे लेखिका स्वतःचे भाग्य समजते.

ब्रिगेडियर ठाकूर जेव्हा लेखिकेशी संवाद साधतात तेव्हा आपल्या देशातील तरुणांसाठी महत्त्वाचा संदेश देतात तो पुढीलप्रमाणे–'तुम्ही हे लडाख मिशन बंद करू नका. तर सैनिकांना भेटण्यासाठी नेहमी येत चला. त्यामुळे आमच्या तरुण जवानांचा हौसला बुलंद होतो. आणि शहरातील तुमच्या कुशाग्र बुद्धीच्या तरुणांनाही सांगा की, आम्हाला त्यांची गरज आहे. कमीतकमी पाच वर्षे तरी कमीशंड ऑफिसर म्हणून त्यांनी डिफेन्स सर्व्हिसेस जॉईन करावी. मगपुढील आयुष्यात तुम्ही तुमचे करीअर करू शकाल तसेच तरुण मुलींनीही जवानांशी विवाह करताना डगमगू नये तसेच

लेखिकेने लष्कर आणि नागरिकांमध्ये भावनिक सेतू बांधण्याचे काम जे सुरू केले आहे ते थांबवू नये'

किंवा

अनुराधा प्रभुदेसाई लिखित 'वीरांना सलामी' या पाठामध्ये इ. स. १९९९ मध्ये झालेल्या कारगील युद्धाविषयीची माहिती न झाल्याने खंत व्यक्त करून या युद्धात कामी आलेल्या वीरांना सलामी देण्यासाठी म्हणून लेखिकेने लडाख मिशन सुरू केले. आपल्या देशाच्या सुरक्षेसाठी सरहद्दीवर पाय ठेवून उभा राहिलेला सैनिक अत्यंत प्रतिकूल परिस्थितीत जीवन जगत असतो. तसेच कुटुंबियांच्या प्रेमासाठी आसुसलेल्या या सैनिकासोबत जेव्हा रक्षाबंधन साजरे केले जाते तेव्हा खऱ्या अर्थाने रक्षाबंधन कसे ठरते याचा प्रत्ययकारी अनुभव या पाठातून मिळतो. जवानांच्या ठाण्यापर्यंत पोहोचण्यासाठी लेखिकेने केलेला प्रवास आणि या प्रवासात आलेले अनुभव याचा प्रत्यय येथे येतो.

जीवाची बाजी लावून सरहद्दीवर काम करणारे हे शूर जवान अत्यंत प्रतिकूल परिस्थितीत काम करतात. देशाचे आणि देशातील प्रत्येक नागरिकांचे संरक्षण करण्यासाठी प्रत्येक सैनिक अहोरात्र डोळ्यात तेल घालून उभा असतो. देशाची सरहद्द म्हणजे एकाकी, रौद्र असा परिसर जिथे दुरान्वयानेही हिरवळीचा संबंध नसतो. अशा कठीण प्रदेशात राहून ममत्व, बंधुभाव जपणारे, नाती जोडणारे सैनिक प्रसंगी त्याग, आत्मसमर्पण करायलाही मागे पुढे पाहत नाहीत. देशाबद्दल कर्तव्याची जाण असलेले हे सैनिक शत्रूला सरहद्दीवरच रोखून ठेववात. त्यांच्या कोणत्याही कारवायांना चोख प्रत्युत्तर देतात, प्रतिकार करून आपल्या देशाचे तसेच देशातील प्रत्येक नागरिकांचे रक्षण करतात. क्वचित प्रसंगी युद्धात देशाच्या कामी ही येतात आणि म्हणूनच लडाख मिशन सुरू करणाऱ्या या लेखिकेस लडाख सरहद्दीवरील सैनिक लेखिकेस सांगतात की माघारी परतून जाल तेव्हा देशातील नागरिकांना आमची ओळख द्या आणि त्यांना सांगा की तुमच्या 'उद्यांसाठी ज्यांनी आपला 'आज' दिला. त्यांचा हा संदेश अतिशय सूचक असून सरहद्दीवरील सैनिकांमुळे देशातील प्रत्येक नागरिक हा सुखी आणि निश्चिंत असतो.

(आ)

(१) (i)

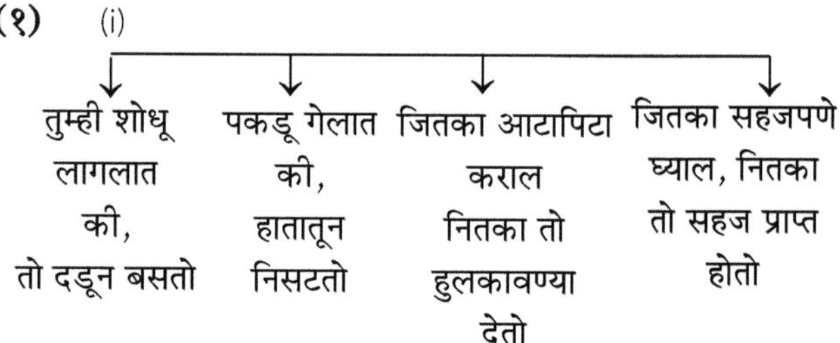

(ii) (a) आनंदाला आकर्षित- आनंद

(b) शरीर आणिमन यांना जोडणारा सेतू- श्वास

(२) शिक्षण घेताना आपण आपल्या आवडीचा विषय घेऊ शकतो, हे खरे आहे. काही वेळा आईवडिलांच्या आग्रहाला आपण बळी पडतो किंवा आपले सर्व मित्र जिकडे जातात. ती शाखा आपण निवडतो. कालांतराने आपली आपल्या चूक कळून येते. पण उशीर झालेला असतो. त्यांनंतर काहीही करता येत नाही. निराश मनाने आपण शिक्षण घेतो आणि आयुष्यभर तशाच मन:स्थितीत जीवन जगत राहतो. त्यात सुख अजिबात नसते. शिक्षणानंतर नोकरी-व्यवसाय निवडताना तसाच प्रश्न उद्भवतो. इथे मात्र आपल्याला निवड करण्याची बरीच संधी असते. या वेळी आपण आवडीचे क्षेत्र निवडायला हवे. क्षेत्र आवडीचे असल्यास आपण आनंदाने काम करू शकतो. मग काम कष्टाचे राहत नाही. आपल्या कामातून, कामाच्या कष्टातून आनंद मिळू शकतो.

मात्र इथेही एक अडचण असतेच. पण आवडीच्या विषयातील ज्ञान मिळवलेले असले, तरी नोकरी-व्यवसाय आवडीचाच मिळेल याची खात्री नसते. शिक्षण घेतलेले लाखो विद्यार्थी असतात. पण नोकऱ्या मात्र संख्येने खूप कमी असतात. त्यामुळे आपल्या आवडीची नोकरी आपल्याला मिळेल याची खात्री नसते. उपजीविका तर पार पाडायची असते. त्यामुळे मिळेल ती नोकरी स्वीकारावी लागते. अशा वेळी काय करायचे ?

अशा वेळी वाट्याला आलेली नोकरी किंवा व्यवसाय आनंदाने केला पाहिजे. पण आनंदाने करायचा म्हणजे काय करायचे ? कसे करायचे ? तोपर्यंत आपण जे शिक्षण घेतलेले आहे, त्यातील सर्व ज्ञान, सर्व कौशल्येपणाला लावली पाहिजेत. मग आपले काम आपल्याला अधिक जवळचे वाटू लागेल. तसेच एवढे प्रयत्न अपुरे पडले तर आपले काम उत्तम पद्धतीने करण्यासाठी गरज पडली. तर नवीन कौशल्ये शिकून घेतली पाहिजेत. काहीही करून आपले काम सर्वोत्कृष्ट झाले पाहिजे, असा आग्रह हवा. मग आपोआपच आपले काम सुंदर होईल. आपल्याला आनंद मिळेल आणि आपल्या कामाला प्रतिष्ठाही मिळेल.

(३) टिकाऊ आनंद मिळवण्यासाठी सर्वप्रथम टाकायचे पाऊल म्हणजे स्वत:च्या शरीरावर प्रेम करणे. आपण स्वत: असे प्रेम करायचेच; पण इतरांनाही तो मार्ग शिकवायचा.

स्वत:च्या शरीरावर प्रेम करायचे म्हणजे काय करायचे ? शरीर नीटनेटके, स्वच्छ व प्रसन्न राखायचे. आपल्याला पाहताच कोणालाही आनंद झाला पाहिजे. त्याला प्रसन्न वाटले पाहिजे. त्यासाठी स्वच्छतेच्या सवयी अंगी घेतले पाहिजेत. आहार विचारपूर्वक घ्यावा, व्यसने करायची नाहीत. दररोज नियमितपणे योगासने किंवा अन्य व्यायाम किंवा रोज तीन-चार किमी चालणे. कामासाठी चालणे यात मोजायचे नाही. काहीही करण्यासाठी नव्हे, तर चालण्यासाठी चालायचे. चालणे हेच काम समजायचे.

मनात ईर्षा, असूया, हेवा, मत्सर, सूड अशा कुभावना बाळगायच्या नाहीत. आपले मन या भावनांपासून दूर ठेवण्यासाठी म्हणजे चांगले होण्यासाठी स्वत: कोणत्या तरी एका क्षेत्रात, एखाद्या

कौशल्यात प्रभुत्व मिळवले पाहिजे. स्वत:च्या कर्तबगारीवर विश्वास ठेवायचा. त्यामुळे अन्य कोणाहीबद्दल मनात कुभावना बाळगण्याची इच्छाच होणार नाही.

यश, वैभव मिळवण्याचा प्रयत्न करण्यात गैर काहीच नाही. मात्र यश, वैभव या गोष्टी बाह्य असतात. आत्मिक समाधानाशी संबंध नसतो. म्हणून यश, वैभव मिळाल्यावरही मन अशांत, अस्वस्थ होऊ शकते. अशा वेळी आणखी यश, आणखी वैभव यांच्या मागे न लागता आपल्याला नेमके काय हवे आहे. याचा शोध घेतला पाहिजे.

मात्र, एक गोष्ट कायम लक्षात ठेवली पाहिजे. पैशाने खरा, टिकाऊ कधीही मिळवता येत नाही. आपल्या मनाच्या सोबत राहण्यासाठी आवडेल तेच काम करायला घ्यावे. आवडेल त्या क्षेत्रात नोकरी, व्यवसाय स्वीकार करावा अर्थात, प्रत्येकाला स्वत:च्या आवडीप्रमाणे नोकरी, व्यवसाय मिळेलच असे नसते. अशा वेळी मिळालेले काम आवडीने केले पाहिजे. एवढी पथ्ये प्रामाणिकपणे पाळली तर आपण खऱ्या आनंदाच्या जवळ असू.

किंवा

एखादी व्यक्ती काहीजणांना सुंदर दिसते. तर अन्य काहीजण ती सुंदर नाहीच, यावर पैज लावायला तयार होतात. हा व्यक्ती-व्यक्तींच्या दृष्टींतला फरक आहे. कोणत्या कारणांनी कोणती व्यक्ती कोणाला आवडेल काहीही सांगता येत नाही. त्याप्रमाणे कोणाला कशात आनंद मिळेत, हेही सांगता येत नाही. आनंदाचे प्रकारे वेगवेगळ्या असतात. प्रत्येकाचा आनंद वेगळा असतो. पोस्टाची तिकिटे किंवा नाणी गोळा करण्याचा नेहमीचा छंद असलेली माणसे आपल्याला ठाऊक असतात. पण एकाला लोकांकडीच जुनी पत्रे गोळा करण्याचा छंद होता. एकजण आठवड्यातून एकदा आसपासचा एकेक गाव पायी चालून यायचा. एकच सिनेमा एकाच महिन्यात सात–आठ वेळा पाहणारेही सापडतात. सिनेमातले सर्व संवाद त्यांना तोंडपाठ असतात. ते संवाद ते सिनेमप्रेमी पुन्हा पुन्हा ऐकवतात. यातून त्याला कोणता आनंद मिळत असेल ? यावरून एकच दिसते की, प्रत्येकाची आनंदाची ठिकाणे भिन्न असतात. आनंद शोधण्याची वृत्ती भिन्न असते.

व्यक्तिव्यक्तींमधला हा वेगळेपणा आपण लक्षात घेतला. तर समाजातील अनेक भांडणे संपतील; समाजासमोरच्या समस्यासुद्धा सुटतील. प्रत्येक व्यक्तीची प्रकृती भिन्न असते. आवडीनिवडी भिन्न असतात. हे वास्तव आपण ओळखले पाहिजे.

व्यक्तींची ही विविधता ओळखली पाहिजे. या विविधतेची मान्यता राखली पाहिजे. मग समाजात विविध प्रकारच्या रंगीबेरंगी वस्तू निर्माण होतील. रंगीबेरंगी घटना घडत राहतील. समाजजीवन अनेक रंगांनी बहरून जाईल.

(इ)

(१) (i)

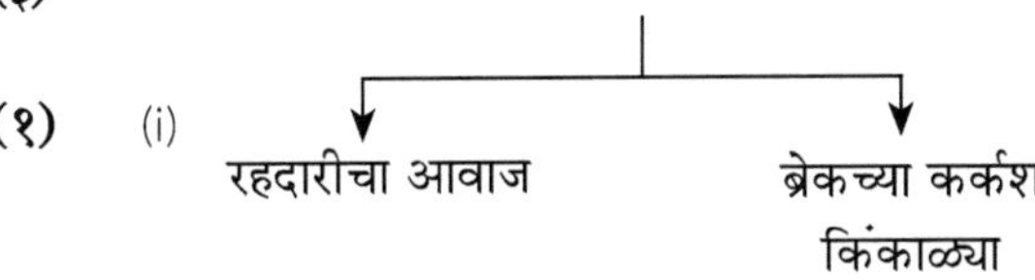

(ii)

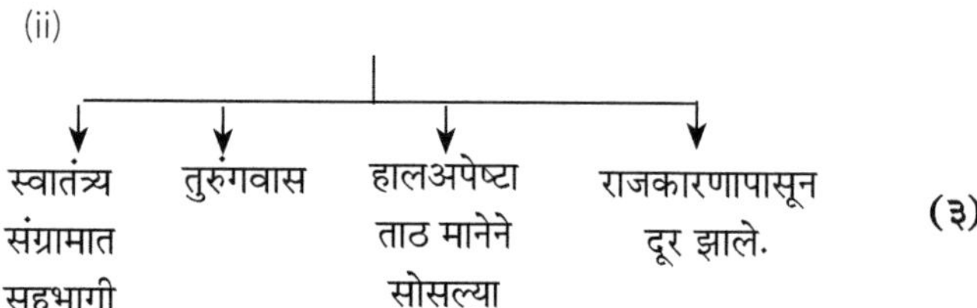

(२) आपल्या वडिलांपासून शेकडो मैल दूर असलेल्या हिमालयात जेव्हा लेखक नोकरीसाठी येतो येव्हा यांना त्यांच्या वडिलांचे एकाकीपण जाणवते. कारण जसे अंबेरीपासून दूर एकटे लेखक राहतात तशाचप्रकारे त्यांचे वडील अंबेरीला एकाकी घरात बिछान्यात पडले असतील असे लेखकास वाटते. हेच एकटेपण, अंधार आणि शांतता दोघांमध्ये जवळिकीचा धागा हळूवारपणे विणत आहे हे लक्षात येते. कारण वडिलांनी जे आजपर्यंत सोसले, भोगले आहे हे लक्षात येते आणि कदाचित त्याचा प्रत्यय लेखकास इथे येईल असे लेखकास वाटते शिवाय रक्तातऐवजी विचारांचा आणि कृतीचा वारसाही मला आपल्याकडूनच मिळेल हिच हिमालयाची मोठी देन असेल असे 'विश्वनाथ' ला (लेखकास) वाटते.

विभाग २: पद्य

उत्तर २.

(अ)

(१)	(i)

(ii)	(a)	कारण समुद्र गगनचुंबी इमारतीच्या गजांआड कोंडून पडलाय

(b)	कारण त्याला शहरातल्या सगळ्यांच्या बालपणाची खूप काळजी वाटते.

(२) 'समुद्र कोंडून पडलाय' या कवितेमध्ये कवी वसंत आबाजी डहाके यांनी शहरातील मुलांचे घोर वास्तव भावपूर्ण शब्दांत ग्रथित केले आहे. किनाऱ्यावरील उभारलेल्या उंचउंच गगनभेदी इमारतीच्या गजाआड समुद्र कोंडलेला आहे. तो हतबल होऊन इमारतीच्या बत्तिसाव्या मजल्यावर अडकून पडलेल्या निरागस बालकाकडे हताश होऊन पाहत आहे. तो विचार करतो की या मुलाचे बालपण निमुळते टोकदार असले तरी ते अरुंद झाले आहे. त्याला जमिनीवरचे आनंददायी अंगण दिसत नाही. ही त्याच्या बाल्यावस्थेची ट्रॅजेडी आहे. दुसरीकडे एक, दुसरे निरागस बालक स्टेशनवरच्या एकाकी बाकड्यावर पोटाशी पाय दुमडून आवटरून झोपले आहे. एक गगनचुंबी इमारतीत दुसरे अनिकेत जमिनीवर हा विरोधाभास वेदनामय आहे. दोघांचेही भविष्य अंधारात असल्याची जाणीव समुद्राला म्हणजेच पर्यायाने निकोप जीवनाला येणे, हे दुःखमय आहे. समुद्र या दोन्ही अवस्थांकडे हताश पाहत बसतो. दाढी व झिंजा पिंजारून

अस्वस्थपणे शहरातील वस्ती वस्तीमधून सैरभैर हिंडत राहतो. अशाप्रकारे शहरातील बाल्याची अवस्था कवितेतून कवींनी समर्थपणे चितारली आहे.

(३) समुद्र म्हणजे अमर्याद असलेले प्रवाही मानवी जीवन होय! समुद्रासारखे सर्जनशील अधांग जीवन जेव्हा महानगरांच्या मर्यदित बंदिस्त होते, त्या बेळची बेचैन अवस्था, जीवघेणी घुसमट ''समुद्र कोंडून पडलाय' या कवितेच्या शीर्षकातून कवी वसंत आबाजी डहाके यांनी सार्थपणे प्रत्ययास आणली आहे.

शहरांमध्ये उंचउंच टोलेजंग इमारतीचे तुरुंग उभारले गेले आहेत. त्यात बाल्यावस्था घुसमटते आहे. या उत्तुंग इमारतींच्या गजांआड समुद्र असाहाय्य होऊन अडकला आहे. समुद्राचे अस्तित्व हे विस्तीर्ण, अफाट व विशाल असते. ते सतत हर्षणे व जिवंत असते; परंतु भौतिक सुखाच्या हव्यासाने येणाऱ्या महानगरीय चंगळवादाने या विशाल जीवनाला कैद केले आहे. जणू संजीवन पाण्याची कबर बांधली आहे किंवा अमृताचे विषात रूपांतर झाले आहे. समुद्राची ही भावविवशता कवींनी 'समुद्र कोंडून पडलाय' या शीर्षकामधून प्रत्ययकारकरीत्या साकारली आहे. त्यामुळे हे शीर्षक या कवितेला अगदी सूचक व सार्थ आहे.

(आ) सुप्रसिद्ध कवयित्री हिरा बनसोडे लिखित 'आरशातली स्त्री' या कवितेतील पद्यपंक्ती असून ही कविता त्यांच्या 'फिनिक्स' या काव्यसंग्रहातून घेतली आहे. कवितेतील नायिका आपले प्रतिबिंब आरशात पाहते तेव्हा आरशातील स्त्री आरशाबाहेरील स्त्रीशी संवाद साधते. तिच्या गतआयुष्यातील आठवणींना उजाळा देत नायिकेच्या वर्तमानस्थितीबद्दल तिच्या मनातील भावना ती प्रकट करते.

आरशातील प्रतिबिंब म्हणजे नायिकेचे अंतर्मन आरशाबाहेरील स्त्रीला पाहून व्यथित होते. तिचे काळीज ठंबरते. तिला अनामिक भीती वाटते कारण आरशाबाहेरील स्त्रीच्या एकांतात आपले मनातील हुंदके कंठात दाटून ठिकठिकाणी फाटलेले हृदय शिवत असते व मनातील असह्य वेदना पदराखाली झाकून टाकते. फाटलेले हृदय, रात्रीचा एकांत, असह्य कळा, पदराखाली झाकणे असे सूचक शब्दप्रयोग मनाला अंतर्मुख होऊन विचारप्रवृत्त करतात. इथे नायिका समाजव्यवस्थेनुसार पारंपरिक वरदान म्हणून संसाराचा स्वीकार करते तसे तिचे विश्व बदलते. तिचे स्वातंत्र्य, तिचे अस्तित्व, हरवून वाट्याला येतात फक्त संसारातील खडतर अनुभव आणि कष्टमयी जीवन, गतादुष्यातील स्वप्न, ध्येय, आकांक्षा, इच्छा संसाराच्या यज्ञकुंडात जळून भस्म होतात, आणि मग खऱ्या अर्थाने जीवन जगण्याची धडपड सुरू होते. संसारात मिळालेले तिचे दुय्यम स्थान, संसाराचे ओझे ओढताना तिची होत असलेली ससे होलपट, तिच्या मनातील इच्छा-आकांक्षांना यत्किंचितही न मिळालेली किंमत हे सारे पाहता तिच्या मनाचा कुठेही विचार केला जात नाहीं. त्यामुळे तिला होणाऱ्या वेदना ती निमूटपणे सहन करते. संसाराची स्थिती-गती सुधारताना तिच्या मनाला कितीतरी जखमा होतात. मात्र ती हे सारं निमूटपणे सहन करते. येथे स्त्री मनाचा शोध घेता स्त्री मनातील तिच्या अस्तित्वाविषयीचा संघर्ष पाहावयास मिळतो. ही नायिका स्त्री जातीचे प्रतिनिधित्व करत असून कवितेतून व्यक्त झालेला हा

विचार सर्वसमावेशक असून नायिकेच्या माध्यमातून कवयित्रीला आलेले अनुभव हे अंतर्मुख होऊन विचार करायला लावतात हे स्पष्ट होते.

(इ) 'आरशातील स्त्री' या कवितेच्या कवयित्री हिरा बनसोडे असून त्याच्याच 'फिनिक्स' या काव्यसंग्रहातून ही कविता घेतली आहे. स्त्रीच्या आयुष्यातील स्थित्यंतराचा वेध या कवितेत घेतला असून काव्यलेखनासाठी संवादात्मशैलीचा प्रभावी वापर केला असून ही कविता मुक्तछंदात्मक आहे.

प्रस्तुत काव्यपंक्तीत स्त्रीच्या आयुष्यातील स्थित्यंतराचा वेध घेत असताना तिला सहन कराव्या लागत असलेल्या व्यथावेदना शब्दबद्ध केल्या आहेत. ही कवितेची मध्यवर्ती कल्पना असून आरशातील स्त्रीने आरशाबाहेरील स्त्रीशी साधलेला संवाद हा स्व:ताशीच केलेला सार्थ संवाद आहे.

कवितेतील नाविका सहज आरशात पाहते आणि तिच्या मनात त्याक्षणी गतकाळातील आठवणी जाग्या होतात. तसे तिच्या लक्षात येते की, 'मी ती हीच का?' आणि मग तिच्या लक्षात येते की आरशातील स्त्रीने आपले रूप घेतलेले दिसत असले तरी ती आपण नाही आहोत कारण आपल्यात अंतर्बाह्य बदल झालेला आहे आणि मग तिचे आरशातील प्रतिबिंब तिचे अंतर्मन तिच्याशी संवाद साधू लागते. तिच्या मनातील तिच्या पूर्वरंगाविषयीच्या स्मृतींना ती उजाळा देते. ती पूर्वरंगात कशी होती याचे एक जिवंत चित्र तिच्यासमोर उभे करते.

किंवा

कविवर्य गझलसम्राट सुरेशभट यांनी 'रंग माझा वेगळा' ही गझल लिहिली असून त्यांच्याच 'रंग माझा वेगळा' या मराठी गझल संग्रहातून घेतली आहे. सामाजिक आशय असलेला या कवितेत माणसांचा दुटप्पी व्यवहार, स्वार्थीपणा, ढोंगीपणा, लाचारी, आणि 'मी' ची समाजाने केलेली मानहानी या विषयीच्या प्रखर संतापावर कवीने प्रकाश टाकला आहे.

प्रस्तुत गझलमध्ये मानवी जीवन जगत असताना मानवाचे अनेक पैलू पाहावयास मिळतात. त्यात रंगून जावे लागते. असे असले तरी सर्व गुंत्यात गुंतूनही कवीचा पाय मोकळाच राहतो. येथे कवी सर्वांमध्ये गुंतूनही आपले वेगळेपण वस्तुनिष्ठपणे जपत आहे. आपले अस्तित्व, वेगळेपण जपणारा हा कवी कलंदर व्यक्तिमत्त्वाचा असून त्यांना येणारे अनुभव सुद्धा जगावेगळे आहेत. कवीपुढे येणाऱ्या सावल्या कोठून येतात हे समजत नसून या सावल्यांच्याही झळा कवीमनाला लागत आहेत. अन्यायाखाली भरडल्या जाणाऱ्या वर्गासाठी कवीमनाचा संघर्ष चालू असतानाच त्यांना न्याय देण्यासाठी कवीमन कार्यतत्पर आहे. हे करत असताना त्यांच्यासमोर भौतिक सुख, प्रलोभनेसमोर येतात ज्यामुळे कवीला सुख, संपत्ती, ऐश्वर्य लाभणार असले तरी अशाप्रकारचे सुख कवीला नको आहे कारण अशा सुखाचा कवीमनाला त्रासच होताना दिसतो कारण अशा प्रलोभनामुळे आपण आपल्या कर्तव्यापासून दुरावले जावू असे मूल्यहीन लोकांना वाटते आहे. हे स्वार्थी समाजाचे रूप पाहून माझ्या डोळ्यातून अश्रू वाहात असली तरी या अश्रूरूपी

शब्दांचे गीत होऊन ते चिरंतन बनते आहे. आणि कधीकाळी मिळणारे सुख हे आनंदापेक्षा दु:खच देते. कारण असे कोणते दु:ख आहे की ज्याला माझा म्हणजेच कवीमनाचा लळा लागला आहे. कदाचित या दु:खाचा हसतमुखाने स्वीकार करत असल्याने त्यास आपला लळा लागला असावा कारण या आणि अशा दु:खातूनच कवी जगण्याचे तंत्र शिकतात. वाट्याला येणारे दु:ख पचवून कधी जगायला शिकलो हे कवीलाच कळत नाही. मात्र अचानकपणे आयुष्यच कवीमनाचा गळा कापत आहे. जगण्यास आताशी सुरुवात होत असतानाच आयुष्यच कवीमनाचा विश्वासघात करते आहे अशा परिस्थितीतही कवी आनंदाने आयुष्याला सामोरे जाण्याचा प्रयत्न करते आहे.

सामाजिक विषमतेत जगत असता कवी आपले अस्तित्व, वेगळेपण जपत असताना त्यांना येणारे अनुभव या गझल काव्यातून व्यक्त होताना दिसतात. जीवनातील वैविध्यपूर्ण पैलू, विविधरंग, आयुष्याचा गुंता, संघर्षात्मक जीवनात येणाऱ्या सावल्या, सावल्यांच्या झळा, आसवांची गीते, दु:ख जागविणारे क्षण आणि अशा संघर्षात्मक प्रवासात विश्वासघात करणारे आयुष्य या बाबींचा विचार करता 'मी' ची समाजाने केलेली मानहानी याविषयीचा प्रखर संताप व्यक्त करतानाची त्यांची मृद्, हळूवार शब्दयोजना प्रसंगी अधिक तीक्ष्ण, धारदार आणि उपरोधिक व परखड बनते. तसेच प्रखर सामाजिक बांधिलकीचे भान कविमनात असल्याचे दिसून येते. अंतरात्म्याच्या शब्दसमातून प्रकट झालेले गीत आणि आयुष्य या प्रतिमा शाश्वत असून त्याचा कवीने अचूक असा वापर केला असून सावल्यांच्या झळा, दु:खाचा लळा, या परस्पर विरोधी भावछटांमुळे अर्थाच्या दृष्टीने गझल ही एका वेगळ्या उंचीवर पोहोचते आहे हे लक्षात येते.

विभाग ३: साहित्यप्रकार—कथा

उत्तर ३.

(अ)

(१) (i)

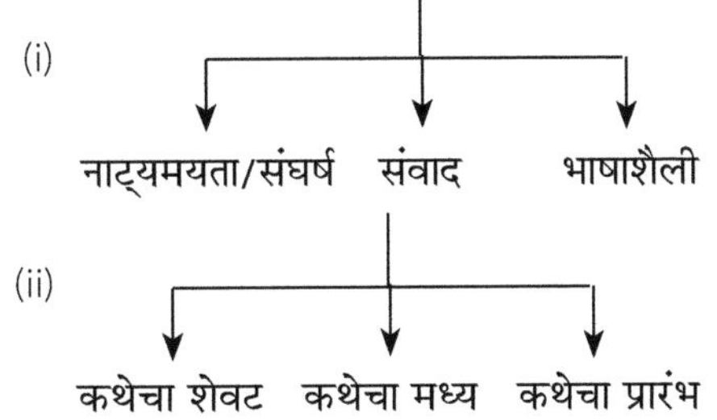

(ii)

(२) कोणतीही कथा त्या लेखकाची अभिजात कला असून त्यामध्ये चांगल्या-वाईटाचा अनुभव हा असतोच कारण अशा अनुभवातूनच नाट्यात्मता निर्माण होते. अशा संघर्षातूनच कथा उत्कर्षबिंदूपर्यंत पोहोचते. कथेत प्रत्येक वेळी संघर्ष वा नाट्य हे वाईट घटनांचेच असते असे नाही तर आनंद आणि सुखातिला अशा घटनांतूनही नाट्यात्मता निर्माण होते. कथेच्या शेवटी कथेतील अनुभवांचा, घटनांचा उत्कर्ष बिंदू नाट्यपूर्ण रीतीने साधता येतो असे असले तरी कथानकाच्या ओघात स्वाभाविकपणे केलेला शेवट हा वाचकांची मने आकर्षित करत असते. आणि म्हणून कथेमध्ये नाट्यात्मता या घटकाला अनन्यसाधारण महत्त्व आहे.

(आ)

(१) 'शोध' या कथेचे लेखक व. पु. काळे असून या कथेत 'टैक्सी ड्रायव्हर' महत्त्वाचे पात्र असून कथानकाच्या गतिमानतेच्या दृष्टीनेही महत्त्वपूर्ण ठरते.

एज्युकेटेड असलेला हा टॅक्सी ड्रायव्हर मुंबईसारख्या शहरात टॅक्सी चालविण्यासाठी नवशिका आहे त्यामुळे टॅक्सी चालवताना नियम पाळणारा, यत्किंचितही चुका न करणारा, अतिशय सालस आणि तितकाच विनम्र असा होता. मदतीला धावणे हा त्याचा स्वभाव असल्याने अनु इनामदारची एक रुयाची नोट तिला परत मिळवून देण्यासाठी आपल्या स्मरणशक्तीच्या जोरावर हॉटेलवाल्या पर्यन्त पोहोचतो व अनुला ती नोट परत मिळवून देतो.

त्या नोटेविषयीचा अनु सांगत असलेली आठवण तिची त्या पाठीमागची भावना समजून घेतो ती तटस्थवृत्तीने, तिच्या मनाची गुंतागुंत समजून घेऊन तिला मानवी जीवनाचे तत्त्वज्ञान समजावून सांगतो. मनाने पेशंटमध्ये गुंतून न राहता ड्रायव्हरसारखी नजर हवी असे सांगत असतानाच भूतकाळात अडकलात की संपला. त्याचा भविष्यकाळही खराब होतो. अशाप्रकारचा जीवनाकडे पाहण्याचा तटस्थ दृष्टिकोन सांगतो. टॅक्सीत बसणाऱ्या प्रत्येक व्यक्तीचे डेस्टीनेशन ठरलेले असते. त्यामुळे गाडीत बसलेल्या व्यक्तीने स्टॉप दाखविताच गाडी थांबवायची. आणि नवीन पॅसेंजरच्या स्वागतासाठी सज्ज व्हायचे. अनुनेही असेच करायला हवे असे त्यास वाटते. पेशंट आला, गेला विचार न करता आपण आपला कॉटचा नंबर सांभाळायचा. तसेच ज्या गोष्टी हातात आहेत त्यांचाच शोध घ्यायचा मात्र ज्या गोष्टी मिळणारच नाहीत त्याचे काय ? असे सांगून त्याने त्याच्या मुलीविषयी सांगितले की आपली मुलगी आपणास सोडून कायमची गेली. तिचा शोध आपण कसे घेणार ? म्हणजेच एखादी गोष्ट मिळणारच नसेल तर त्यासाठी आपण काहीच करू शकत नाही या वरून टॅक्सी ड्रायव्हरची जीवनाकडे पाहण्याची तटस्थवृत्ती दिसून येते. अशाप्रकारे टॅक्सी ड्रायव्हरची जीवनाकडे पाहण्याची तटस्थवृत्ती दिसून येते. अशाप्रकारे टॅक्सी ड्रायव्हरचे स्वभावविशेष आपणास पाहावयास मिळते.

किंवा

डॉ. प्रतिमा इंगोले लिखित 'गढी' ही कथा 'अकसिदीचे दाने' या कथासंग्रहातून घेतली असून 'बापू गुरुजी' च्या कार्यकर्तृत्वाचे मनोज्ञ दर्शन घडविले असून या कथेत वैदर्भी बोलीचे विशेषत्व जाणवत असताना वैदर्भी लोकजीवनातील रीतिरिवाजाचाही प्रत्यय आल्यावाचून राहत नाही.

'बापू गुरुजींनी गावच्या विकासाचा ध्यास घेतला होता. त्यांना गावात विधायक योजना आणायच्या होत्या. त्यांनी गावासाठी शाळा सुरू केली. आता त्यांना गावासाठी पोस्ट चालू करायचे होते. परंतु गावातल्या उचापती करणाऱ्या लोकांनी त्यांच्या कार्यास विरोध करायचे ठरविले. गावातून फक्त मुलाच्या जन्माची अन् माणसाच्या मृत्यूचीच चिठ्ठी जर पोष्टातून जात असेल तर कशाला हवे पोस्ट ? या विचाराने गावात पोस्ट चालू करण्यास विरोध केला मात्र तरीही गुरुजींच्या प्रयत्नाने पोस्ट आले. त्यातून पत्राची खरेदी, बिक्री होत नव्हती. यावरून पोस्ट खात्यालाही वाटू लागले की गावाला पोस्टाची गरज नाही. आणि गावातील लोकांनाही चांगले-वाईट समजत नव्हते. त्या गावातील लोकांची वृत्ती, किंमत न देता कोणालाही कामाला लावायचे अशीच होती. त्यामुळे त्यांना पोस्ट म्हणजे विनाकारण खर्च असे वाटत होते. लोकांची मानसिकता म्हणजे केलेल्या कामाचा मोबदला न देता काम करवून घेणे अशी होती. त्यामुळे 'चाल व्हयरे पोरा आन् वयरे ढोरा' ही म्हण प्रचलित झाली.

(२) 'शोध' या कथेचे लेखक व. पु. काळे असून मुंबईसारख्या महानगरीत दिवसेंदिवस माणुसकी हरवत असतानाच लेखकाने या कथेत जबाबदार, कृतीशील असे 'भिडे दाम्पत्य' हे पात्र योजले असून कथेतील प्रमुख पात्र 'अनु इनामदार' असून ती मुंबईसारख्या महानगरीत के.ई.एम. हॉस्पिटलमध्ये 'नर्स' म्हणून सेवा करत असल्याने ती हॉस्पिटल समोरच गल्लीतील तिसऱ्या मजल्यावर एक खोली घेऊन राहत असताना तिच्याकडे कथेतील नायक व मुक्ता काही कारणास्तव जातात. तेव्हा त्यांना भेटण्यासाठी भिडे दाम्पत्य येते ते स्त्रीच्या वेळी व माघारी घरी जाताना उशीर झाल्याने टॅक्सीने जायचे ठरते. मात्र टॅक्सीला सुटे पैसे हवेत म्हणून ते पैशाची शोधाशोध करून त्यांना पैसे दिले जातात. त्यातच अनुने टेबलवर ठेवलेली एक रुपयाची नोट' घेऊन (ती घरात नसताना) ती त्यांना दिली जाते. भिडे दाम्पत्य त्यांच्या घरी नायकाला भेटून परत माघारी टॅक्सीने जात असता त्यांच्या घराजवळील चौकात अपघात होतो. एक म्हातारा टॅक्सी खाली येतो. त्यावेळी त्या प्रसंगातून भिडे सहजपणे बाहेर पडले असते, सुटले असते मात्र त्यांच्यातील चांगुलपणामुळे त्यांनी सामाजिक बांधिलकीचे भान ठेवून टॅक्सीवाल्याला मदत करायची ठरवले कारण त्या अपघातात टॅक्सीवाल्याची चूक नव्हती शिवाय तो होतकरू, प्रामाणिक होता त्यासाठी टॅक्सीवाल्याच्या बाजूने जबानी द्यायला भिडे पोलीस स्टेशनला जातात. त्याचवेळी ते त्या म्हाताऱ्यास इसमास नायर हॉस्पिटलमध्ये अॅडमिट करतात. अशाप्रकारे एका चांगल्या व्यावसायिक, होतकरू टॅक्सीवाल्याच्या पाठीशी भिडे खंबीरपणे उभे राहून त्याच्या बाजूने जबाब देवून त्यास त्या अपघाताच्या प्रसंगातून सहीसलामत वाचवतात. अशाप्रकारे भिडे दाम्पत्याची सामाजिक बांधिलकी दिसून येते.

किंवा

सुप्रसिद्ध कथालेखिका डॉ. प्रतिमा इंगोले लिखित 'गढी' या कथेत स्वांतत्र्यप्राप्तीनंतर विकासाच्या वाटेवरील गावगाड्या समोरील प्रश्न, ते सोडविताना येणाऱ्या अडचणी व ग्राम-सुधारणेसाठी निष्ठापूर्वक काम करणारे समाजसेवक बापू गुरुजी. त्यांचे कार्य आणि कथेत योजलेली प्रतीके याचा धागा कथालेखिकेने संवेदनशील भावभावनांतून जोडण्याचे कार्य केले आहे. 'गढी' या प्रतीकातूनही गावातील चांगले वाईट स्थित्यंतरे आणि गुरुजींचे कार्य याचा सहसंबंध आपणास पाहावयास मिळतो.

गढी-सातपुड्याच्या कुशीत वसलेले छोटेसे गाव. शेजारून वाहणारी वाननदी आणि या गावातच गावाच्या पाटलाची 'गढी' उभी आहे ही गढी म्हणजे त्या गावाचे पूर्व वैभव पांढऱ्या शुभ्र मातीत बांधलेली, ऊनवाऱ्यात आपले वैभव जपत उभी असलेली मात्र अलीकडे दिवसेंदिवस खचत चाललेली 'बापू गुरुजीं' च्या उमेदीसारखी. पाटलाचा वाडा पडला तशी तीही उघडी पडली मात्र अजूनही ती ऊनपावसात तग धरून उभी आहे. गुरुजीही गावाचा विकास करत होते. मात्र गावातील उचापती करणारे लोक गुरुजींच्या कार्यात अडथळे निर्माण करू लागले त्यामुळे गुरुजींना वाईट वाटत असे परंतु विरोधकांसमोर, उचाफी करणाऱ्या लोकांसमोर ते तग धरू शकत नव्हते. तर ते फक्त

मनातल्या मनात दु:ख व्यक्त करत होते. तसेच 'गढी' ने ही आता ऊनपावसमोर हात टेकले होते. काठाकाठाने ती आता खचत चालली होती. त्या गढीची पांढरी मगी मिटत असल्या कारणाने गढी दिवसेंदिवस खचावी असेच गाववाल्यांना मनोमन वाटत असे. आणि गुरुजींही विकास कामापासून दूर झाले तर तेच काम करण्याची संधी गावातील विरोधकांना मिळणार होती. गढी दर पावसाळ्यात खचत होती आणि उन्हाळ्यात गावातील माणसे गढीची माती विल्याने खणून नेत होते. आता मात्र ती पुरती खचल्याने तिच्या जागी मोठ्ठ पांढरं मैदान तयार झाले होते. एकेकाळी तिचे उभे असलेले वैभव आज असे पायदळी पडले होते. तेच गुरुजींच्या विकासात्मक कार्याचे झाले. त्यांना गावासाठी नवनव्या योजना आणून विकास करायचा होता. मात्र गावात उलापती करणाऱ्या, गुरुजींच्या कार्यास विरोध करणाऱ्यांना तो विकास नको होता. त्यामुळे प्रसंगावधान राखून गुरुजीही माघार घेत होते. आणि निवृत्तीच्या काळात तर ते स्वत: हून बाजूला सरू लागले. अशाप्रकारे 'गढी' या प्रतीकातून गुरुजींच्या कार्याशी सहसंबंध जोडला आहे.

विभाग ४: उपयोजित मराठी

उत्तर ४.

(१) (a) मुलाखत घेणाऱ्याने मुलाखत घेताना आपल्या मर्यादांची जाणीव ठेवून मुलाखत देणाऱ्यास प्रश्न विचारावेत.

   (b) प्रश्नांची उत्तरे देण्याचे वा न देण्याचे स्वातंत्र्य अबाधित ठेवावे.

   (c) मुलाखतीचे सादरीकरण ओघवते, श्रवणीय वा उत्स्फूर्त असावे.

   (d) संयम, विवेक व नैतिकतेचे पालन यांना खुसखुशीतपणाची जोड देवून मुलाखत रंगतदार करावी. अशाप्रकारे मुलाखत घेताना या चार गोष्टी कराव्या लागतात.

(२) माहितीपत्रकाची आकर्षक मांडणी करताना माहितीपत्रकामध्ये दिली जाणारी माहिती आकर्षक पद्धतीने मांडता आली पाहिजे.

   (i) माहितीपत्रकातील मांडणी सरधोपटपणे न कसा दिसताक्षणी ती वाचण्याची इच्छा झाली पाहिजे.

   (ii) माहितीपत्रकासाठीचा कागद दर्जेदार असावा, छपाई रंगीत असावी.

   (iii) मुखपृष्ठ व मलपृष्ठ आकर्षक असावे.

   (iv) शब्दांचा आकार योग्य असावा, शीर्षक, बोधवाक्य ठसठशीत असावे.

   (v) माहितीपत्रकातील मांडणी आकर्षक करण्यासाठी त्याच्या क्षेत्रातील कुशल कलाकार, चित्रकार, संगणक तज्ज्ञांची मदत घेता येईल.

(३) अहवाललेखनाची एकूण पाच वैशिष्ट्ये पुढीलप्रमाणे:

   (i) वस्तुनिष्ठता आणि सुस्पटता

   (ii) विश्वसनीयता

   (iii) सोपेपणा

   (iv) शब्दमर्यादा

   (v) नि:ष्पक्षपातीपणा

   (i) **विश्वसनीयता:** अहवाललेखनामध्ये दिलेली विश्वासार्ह माहिती व तथ्यांच्या नोंदीमुळे अहवाललेखनास विश्वसनीयता प्राप्त होते. अशा विश्वसनीयतेमुळेच कित्येकदा गुंतागुंतीच्या

समस्यांमध्ये असे अहवाल पुराव्यासाठी ग्राह्य धरले जातात हेच त्या अहवालाचे खास वैशिष्ट्य होय.

   (ii) **वस्तुनिष्ठता आणि सुस्पष्टता:** कार्यक्रमाच्या स्वरूपानुसार अहवाललेखनात तारीख, वार, वेळ, ठिकाण, सहभाग घेणाऱ्याची नावे, पदे, घटना, हेतू, संस्थात्मक माहिती, निष्कर्ष अशा अनेक महत्त्वाच्या वस्तुनिष्ठ बाबींच्या नोंदी आवर्जून आणि अचूक पद्धतीने केल्या जात असल्याने अशा नोंदी अधिक प्रमाणात सुस्पष्ट असतात.

(४) मुलाखतीच्या माध्यमातून मुलाखत त्याचे अंतरंग रसिक-श्रोत्यांसमोर उलगडत असते. मुलाखतीत मुलाखतदाता संघर्षमय जीवनाचा कथापट उत्तरांतून मांडत असतो. विशिष्ट ध्येय गाठत असताना वाटेत आलेल्या खाचखळग्यांचा केलेला सामना, त्या त्या वेळी दाखवलेली जिद्द अशा विविध प्रसंगांचे जणू स्मरणच मुलाखतदाता सर्वांसमक्ष करीत असतो. मुलाखतीत आपले अनुभव सांगत असताना आनंद आणि वेदना यांचे मिश्रण शब्दरूपातून अवतरत असते. मुलाखतदाता आपल्या आयुष्यातील महत्त्वाच्या घटना, व्यक्ती, कार्य यांचा आढावा उत्तरांतून घेत असतो. थोडक्यात, व्यक्तीच्या आयुष्याचा काळपट जाणून घेणे म्हणजे व्यक्तीमधील माणूस समजून घेणे होय. मुलाखतीतून हे शक्य होते.

(आ)

(१) मुलाखत घेण्यापूर्वी मुलाखतीची पूर्वतयारी काही प्रमाणात करावी लागते कारण या पूर्वतयारीवर मुलाखतीचे यश अवलंबून असते म्हणून काही मुद्द्यांच्या आधारे मुलाखतीची पूर्वतयारी करावी लागते.

   (i) **मुलाखतदात्याची वैयक्तिक माहिती:** मुलाखत घेणाऱ्याला मुलाखत देणाऱ्याची वैयक्तिक माहिती असणे महत्त्वाचे असते. त्यामध्ये मुलाखतदात्याचे पूर्ण नाव, असेलतर टोपणनाव, त्याचे वय, जन्मदिनांक, जन्मस्थळ, पत्ता, शिक्षण, कौटुंबिक माहिती, कर्तृत्व हुद्दा, मानसन्मान, मिळालेले पुरस्कार, लेखनकार्य, संस्कार, पडलेला प्रभाव इत्यादीविषयीची माहिती असावी लागते.

   (ii) **मुलाखतदात्याचे कार्य:** मुलाखतदाता करत असलेले कार्य-सामाजिक-राजकीय धार्मिक-शैक्षणिक-साहित्यिक यापैकी कोणत्या स्वरूपाचे आहे तसेच ते राज्यापुरते मर्यादित आहे की राष्ट्रस्तरीय याची माहिती घेणे अत्यावश्यक असते. मुलाखतदात्याच्या कार्यावर कोणाची छाप, प्रेरणा तसेच कार्य करतानाचे आलेले अनुभव याविषयीची माहिती मिळविते मुलाखतीच्या दृष्टीने महत्त्वाचे ठरते. मुलाखतदात्याला त्याच्या कार्यासाठी काहीवेळी मदत मिळते ती मदत आर्थिक, मानवी स्वरूपातीलही असू शकते. संघटना, शासनाने घेतलेली दखल, मुलाखतदाता करत असलेल्या कार्याचा विस्तार त्याविषयी मिळविलेले पुरस्कार, मानसन्मान याविषयीही माहिती मिळवणे महत्त्वाचे असते कारण अशी माहिती मुलाखतीची पूर्वतयारी करण्यासाठी उपयुक्त ठरते.

   (iii) **प्रश्नांची निर्मिती:** मुलाखतीच्या पूर्वतयारीसाठी मुलाखतकर्त्याने मुलाखतीसाठी जो विषय घेतला आहे त्या विषयानुसार मुलाखत देणाऱ्या व्यक्तीस कशाप्रकारे प्रश्न विचारता येतील याविषयी विचार करून प्रश्नांची निर्मिती

करता येते. प्रश्नाच्या माध्यमातून मुलाखत देणाऱ्या व्यक्तीचे व्यक्तिमत्त्व जास्तीत जास्त प्रभावी कसे करता येईल याचा विचार करून प्रश्ननिर्मिती करावी लागते. प्रश्नांची निर्मिती करताना मुलाखतदात्याच्या व्यक्तिमत्त्वातील सर्व पैलूंना स्पर्श होईल हे पाहावे लागते मात्र होकारार्थी, नकारार्थी उत्तरे येणार नाहीत याचीही काळजी घ्यावी लागते. विचारलेल्या प्रश्नातून जास्तीत जास्त प्रभावी उत्तरे कशी मिळतील तसेच मुलाखतीचे उद्दिष्ट साध्य करण्याच्या दृष्टीने प्रश्नांची निर्मिती करावी.

(२)   आडवडी बाजाराचे माहितीपत्रक:

आठवडी बाजार! खास जनसामान्यांच्या आग्रहास्तव

'सकस' आठवडी बाजार

गोळीबार मैदान, सोलापूर

☏9420000020, ☎02182-255537

वेबसाइट: http://www.bajar.com

ई-मेल: aathabajar@gmail.com

आठवडी बाजार खास तुमच्या भेटीला, भरगच्च भाजीपाला

रोजच्या जेवणासाठी असो वा पार्टी, लग्न, सणसमारंभ

खास पार्टी, जेवण वा बुफेडिनरसाठी आवश्यक असे

सर्वकाही खास तुमच्या आठवडी बाजारात खरेदी करा

✪ आठवडी बाजाराची खास वैशिष्ट्ये ✪

देशी गाईचे शेण आणि गोमूत्र यांचा शेतीमध्ये

वापर करून नैसर्गिक शेती पद्धतीने पिकवलेल्या विषमुक्त भाज्या, फळभाज्या, कंदवर्गीय भाज्या तसेच कडधान्य विक्रीसाठी उपलब्ध बटाटा, कांदा, आद्रक, टोमॅटो, मिरची, हिरवा वटाणा, शेवगा, फ्लॉवर, दुधी भोपळा, लाल भोपळा, चक्की भोपळा, भेंडी, भरताचे वांगे, गोसावळे, कोबी, काकडी, वांगे, आवळा, लिंबू, स्विटकॉर्न, गाजर, सोललेला ऊस, पावटा, वाल, घेवडा

✪पालेभाज्या ✪

पालक, शेपू, मेथी, कांदापात, मिक्सभाजी, बिट, मुळा, पुदिना, आळू, गवती, चहा, कोथिंबीर

फळे

चिक्कू, सीताफळ, शहाळे, देशीबोरे, पपई, डाळिंब, पेरू कडधान्ये हुलगे, चवळी, मटकी, तूर, जीवस, देशीतील, कारळे, बाजरी, मूग घरपोच डिलिव्हरीची मोफत सोय.....

तुम्हाला परवडतील अशा किफायतशीर किमतीत

सकस खा! मनसोक्त आनंद लुटा!!

वेळ: सकाळी ९:०० ते सायंकाळी ४:००

वार: आठवड्यातील प्रत्येक रविवार

आठवडी बाजार.....सकस आहार.....

शेतकऱ्याच्या कष्टाचा खास पाहुणचार!

(३)   वृक्षारोपण कार्यक्रमाविषयी अहवाललेखन–

वृक्षारोपण कार्यक्रम सन २०१९-२०

शुक्रवार, दिनांक २७ सप्टेंबर, २०१९-२० रोजी

सकाळी ११:०० वाजता

कनिष्ठ महाविद्यालयाच्या प्रांगणात

सन् २०१९ या शैक्षणिक वर्षात 'वृक्षारोपण कार्यक्रम'

मोठ्या उत्साहात पार पडला. कार्यक्रमाचे अध्यक्षस्थान 'अश्वस्थ' संस्थेचे अध्यक्ष कुशल सावंत यांनी भूषविले. तर प्रमुख पाहुणे म्हणून भिलवडी ग्रामपंचायतीचे लाडके सरपंच आशुतोष पाटील उपस्थित होते. साला बादप्रमाणे याही वर्षीच्या वृक्षारोपण कार्यक्रमास संस्थेचे पदाधिकारी, प्राचार्य, शिक्षकवृंद, विद्यार्थी आणि स्थानिक ग्रामस्थही मोठ्या संख्येने उपस्थित होते.

भिलवडी येथे कनिष्ठ महाविद्यालयात सर्वांच्या उपस्थितीत वृक्षारोपण कार्यक्रमाचे उद्घाटन सन्माननीय अध्यक्ष, प्रमुख पाहुणे यांच्या हस्ते झाल्यानंतर महाविद्यालयाच्या प्राचार्यांनी कार्यक्रमाचे प्रास्ताविक केले. तर सरपंच आशुतोष पाटील यांनी सुमारे एकहजार रोपे सोबत आणलेली भिलवडी येथे गोरस गडाच्या परिसरात व कनिष्ठ महाविद्यालयात कार्यक्रमाचे अध्यक्ष सन्माननीय कुशल सावंत यांच्या हस्ते वृक्षारोपण केले, सन्माननीय प्रमुख पाहुणे, प्राचार्य यांनीही वृक्षारोपण केल्यानंतर 'अस्वस्थ' संस्थेच्या अध्यक्षांनी, २७ सप्टेंबर हे जागतिक वृक्षारोपण दिनाचे महत्त्व विद्यार्थ्यांना समजावून सांगितले. सर्व विद्यार्थ्यांनी मिळून वृक्षारोपण दिंडी काढली, त्यामध्ये सन्माननीय पाहुणे, अध्यक्ष, पदाधिकारी, प्राचार्य, शिक्षकवृंद, विद्यार्थी, ग्रामस्थ सहभागी झाले होते. वृक्षारोपण दिंडी महाविद्यालयाच्या प्रांगणात येताच. कार्यक्रमाचे अध्यक्ष प्रमुख पाहुणे यांच्या समवेत सर्व विद्यार्थ्यांनी वृक्षारोपण केले. दोन विद्यार्थ्यांनी कार्यक्रमाबाबत मनोगत व्यक्त केले. कार्यक्रमाच्या प्रमुख पाहुण्यांनी 'वृक्षवल्ली आम्हा सोयरी, वनचरे पक्षीही सुस्वरे अलविती या अभंगातून वृक्षारोपणाविषयी विद्यार्थ्यांना मार्गदर्शन केले. कनिष्ठ महाविद्यालयातील सर्व विद्यार्थ्यांनी एका सुरात वृक्षजोपासण्याची शपथ घेतली.

कार्यक्रमात शेवटी विद्यार्थी प्रतिनिधी संकेत गाडगीळ याने आलेल्या सर्व मान्यवरांचे आभार मानले व प्राचार्यांच्या अनुमतीने कार्यक्रम संपन्न झाल्याचे जाहीर केले.

दिनांक : २७ सप्टेंबर, २०१९-२०

सचिव–   अध्यक्ष

(४)   माहितीपत्रक म्हणजे वैशिष्ट्यपूर्ण माहिती देणारे परिचयात्मक पत्रक होय. वेगवेगळ्या संस्था/कंपन्या आपले उत्पादन लोकांपर्यंत पोहोचवण्यासाठी माहितीपत्रक काढत असतात. माहितीपत्रक यामुळे एकावेळी मोठ्या जनसमुदायापर्यंत सविस्तर माहिती पोहोचवता येते. कमी खर्चांत, कमी वेळेत अधिकाधिक ग्राहकांपर्यंत पोहोचणे शक्य होते. माहितीपत्रकाचे नीटनेटके स्वरूप ग्राहकाला आकर्षित करीत असते. माहितीपत्रकात 'माहिती'ला अधिक महत्त्व असते. त्यामुळे माहितीपत्रकाच्या हेतूशी सुसंगत माहिती ग्राहकांपर्पंत पोहोचवली जाते. जनमत आकर्षित करण्यासाठी माहितीपत्रक म्हणजे पहिली पायरी असते. व्यापारी आणि ग्राहक यांच्यात सुसंवाद माहितीपत्रकाने साधला जातो. माहितीपत्रकामुळे उत्पादकाला नवीन बाजारपेठ उपलब्ध होण्यास मदत होते, तर ग्राहकाला उत्पादनाचा विश्वासार्ह आढावा घेता येतो. माहितीपत्रक उत्पादनविषयी उतावळी निर्माण करून ग्राहकाला आपलेसे करीत असते. त्यामुळे माहितीपत्रक म्हणजे अप्रत्यक्षपणे जाहिरात असते, असे म्हटल्यास अतिशयोक्ती वाटणार नाही.

विभाग ५: व्याकरण व लेखन

उत्तर ५. (अ)

(१)   (i)   विद्यार्थ्यांनी संदर्भग्रंथाचे वाचन करा.

(ii)   त्याच्यासाठी हजार रुपये ही काही लहान रक्कम नाही.

(२) (i) कारणशिवाय-अव्ययी भाव समास

(ii) लोकांना प्रिय-विभक्ती तत्पुरुष समास

(३) (i) कर्तरी प्रयोग   (ii) कर्मणी प्रयोग

(४) **अलंकाराची वैशिष्ट्ये**   **अलंकार**

(i) अपन्हुती अलंकार

(ii) उपमेय हे गुणाच्या बाबतीत अद्वितीय असते
उपमेयाला योग्य असे उपमान मिळत नाही तर
उपमेयाला उपमेयाचीच उपमा दिली जाते

(५) (i) मन शांत व एकरूप होणे'
बागेत लावलेली गुलाबाची झाडे फुलांनी बहरलेली पाहताच
माझे मन समेवर आले

(ii) मनातील गैर समज दूर होणे
विद्यार्थ्यांच्या मनात सकारात्मक विचारांचे खतपाणी घातले
तर त्यांच्या मनातील मोहमायेचे मळभ दूर होऊन तिथे
विवेकरूपी दीप प्रज्वलित होतो.

(आ)   **१. खेळांचे जीवनातील स्थान**

''आई, मी खेळायला जाऊ का ?''

''इंग्रजीचे शब्द पाठ झाले का ? विज्ञानाचा धडा वाचला का ?
होमवर्क पूर्ण झालं का ? उद्याचं दप्तर भरलं का ?''

आई आणि मुलं यांची ही प्रश्नोत्तरं रोज घराघरांत चाललेली
असतात. यातून लक्षात येतं की, आईच्या दृष्टीने खेळाचा
प्राधान्यक्रम सर्वांत शेवटचा आणि मुलाच्या दृष्टीने तो सर्वांत
पहिला. आईला हेही माहीत असतं की, खेळायला गेलेला मुलगा
परत येण्याची सक्ती केल्याशिवाय मनाने येणार नाही. कारण ती
त्याची मनापासूनची आवड आहे. खेळात रंगून जाणं, हा त्याचा
(माणसाचा) स्वभाव आहे.

इतका अग्रक्रम ज्या विषयाला असतो तो विषय बाल्यावस्थेबरोबरच
संपतो. जसजशा इयत्ता वाढत जातात तसतसा खेळ खाली-खाली,
शेवटी ढकलला जातो. 'सहामाहीचे मार्क्स बघा. आतातरी खेळ
कमी करा.', 'नुसतं खेळून परीक्षेत पास होता येत नाही.' 'खेळ
तुझ्या आयुष्याचा खेळखंडोबा करील.' असं जाता-येता ऐकून
घ्यावं लागतं आणि नाइलाजाने मूल खेळाला आपल्या जीवनातून
हद्दपार करतं.

जीवनाच्या कोणत्याही टप्प्यावर खेळाचं जीवनातलं स्थान
अन्यसाधारण आहे. खेळ माणसाला तणावापासून दूर ठेवतात.
जीवनातलं अपयश, दु:ख, निराशा यांच्याशी दोन हात करण्याची
हिंमत देतात. त्या गोष्टीकडेही खिलाडू वृत्तीने पाहायला
शिकवितात. खेळमुळे व्यायाम घडतो. स्नायू आणि सांधे लवचीक
राहतात. त्यामुळे मनाचं बळ वाढतं आणि आत्मविश्वास मिळतो.

'बाल: तावत् क्रीडासक्त:' आद्य शंकराचार्यांनी चर्पटपंजरीत
आसक्त हे क्रियापद किती यथार्थ वापरलं आहे! बालपणात
खेळशिवाय त्याला दुसरं काहीच नको असतं. व्यसनासारखी ती
आसक्ती असते. पण त्यातून लहान मूल कितीतरी गोष्टी शिकतं
आणि जगाचा अनुभव घेतं. खेळातून शिक्षण इतकं सहजपणे
घडतं, म्हणूनच माँटेसरीबाईंनी शिक्षणपद्धतीत प्लेचा आग्रह
धरला. सृष्टीतली रहस्यं अशा आनंददायी शिक्षणातून मुलांना
समजतील असा त्यांचा विश्वास होता.

मुलं शाळेत जाऊ लागली की, त्यांच्या खेळांवर थोडी वेळेची
बंधनं येतात. खेळाबरोबर अभ्यासही करावा लागतो. शाळेतही
खेळांचे तास असतात. ते ठेवण्यामागेही मुलांमध्ये संघभावना
निर्माण व्हावी, स्पर्धात्मक वातावरण तयार व्हावं, पराभव झाला
तरी तो खिलाडू वृत्तीने स्वीकारावा, दुसऱ्याचा विजय आनंदाने
साजरा करावा अशी मनोवृत्ती मुलांमध्ये निर्माण व्हावी हा उद्देश
असतो. मात्र त्याची अंमलबजावणी काटेकोरपणे होत नसल्यामुळे
बहुतेक शाळांमध्ये खेळांचं चित्र निराशाजनक दिसतं. आनंदासाठी
खेळ हा विचार दुर्लक्षित होतो. एक तर स्पर्धेसाठी खेळा नाही तर
खेळाच्या तासाला अभ्यास करा. असा सल्ला दिला जातो आणि
एकदा का मुलगा-मुलगी दहावीला गेले की, त्यांच्या खेळाच्याच
नव्हे तर आनंद मिळविण्याच्या सर्व वाटा बंद होतात.

महाविद्यालयातही ज्यांना खेळाची विशेष आवड असते अशीच
मुले फक्त खेळतात. शालेय स्तरावरच बहुतेकांच्या जीवनातला
खेळ संपुष्टात येतो.

क्रीडा ही एक कलाच आहे. त्यामुळे कलेचं माणसाच्या जीवनात
जे स्थान आहे तेच क्रीडेचं आहे. परंतु आपल्या लोकसंख्येच्या
मानाने आपल्या देशात खेळण्याच्या सुविधा अपुऱ्या आहेत.
सुट्टीच्या दिवशी रहदारीच्या रस्त्यावर क्रिकेटचे रंगलेले डाव
पाहिले की, याची कल्पना येते. खेळाची साधनं आणि मैदानं
ही मुलांना, घराजवळ सहज उपलब्ध झाली पाहिजेत. एवढी
प्रचंड लोकसंख्या असलेला देश ऑलिंपिक पदकांत खालून
तिसरा-चौथा कुठेतरी असतो. ही एकच गोष्ट खेळाला आपण
किती नगण्य स्थान दिले आहे याचा पुरावा आहे. स्पर्धा संपेपर्यंत
त्याची चर्चा होत राहते. क्रीडासंस्कृती रुजविण्याच्या घोषणा
होतात. परंतु मग पुढचं ऑलिंपिक येईपर्यंत सारं कसं शांत-शांत
असतं !

भारतात क्रिकेटचं वेड फार आहे. त्यामुळे त्यापेक्षा अवघड,
अधिक कौशल्य आवश्यक असणाऱ्या खेळांचीदेखील प्रचंड
उपेक्षा होते. ज्या खेळांमध्ये कमी गुंतवणूक करावी लागते, असे
खो-खो, कबड्डी आणि देशी खेळ यांना प्रोत्साहन दिलं पाहिजे.
'खेळ' या विषयाच्या अनुषंगाने असे अनेक विचार मनात येतात.
कारण त्याचं जीवनातलं महत्त्वच तेवढं आहे. या जीवनालासुद्धा
परमेश्वराची क्रीडा म्हटलं जातं, ते काही उगीच नाही.

२. महात्मा फुले-एक थोर समाजसुधारक

महात्मा जोतीबा गोविंदराव फुले हे एकोणिसाव्या शतकांतील थोर
समाजसुधारक होते. समाजपरिवर्तनाच्या चळवळीचा पाया त्यांनी
घातला. मानवी समानतेचा पुरस्कार करणारी आणि जातिभेद व
धर्मभेद यांना धिक्कारणारी विचारसरणी जोतीरावांनी आवेशाने
सांगितली. समाजातील कनिष्ठ वर्गाच्या आर्थिक व सामाजिक
शोषणाविरुद्ध त्यांनी लढा दिला. समाजात अस्पृश्य गणल्या
गेलेल्या पददलितांचे ते पहिले उद्धारक होते.

महात्मा फुले यांचा जन्म १८२७ साली माळी समाजातील गोऱ्हे
यांच्या घरात झाला. बालवयातच आईच्या मायेचे छत्र हरपलेल्या
जोती नावाच्या बालकाला गोविंदराव फुले यांनी मोठ्या प्रेमाने
वाढवले, शाळेत घातले. जोतीरावांना इंग्रजी शिक्षणाचे वेध लागले
होते. परंतु घरून विरोध झाला. मार्गात अनंत अडचणी आल्या
तरीही जोतीरावांनी इंग्रजी शालान्त शिक्षण पूर्ण केले.

'ज्ञान ही एक शक्ती आहे' अशी ठाम श्रद्धा बाळगणाऱ्या
जोतीरावांनी आपल्या यासंबंधीच्या विचारांचा सारांश सूत्रबद्ध
पद्धतीने असा सांगितला आहे.

''विद्येविना मति गेली। मतिविना नीति गेली।।
नीतिविना गति गेली। गतिविना वित्त गेले।।

इतके अनर्थ एका अविद्येने केले.

स्त्री-शूद्रांनी शिक्षण घेतले तरच त्यांच्यातील मानसिक गुलामगिरी नाहीशी होईल व त्यांची उन्नती होईल. या विचाराने जोतीबांनी मुलींसाठी शाळा स्थापन केल्या, प्रौढांसाठी रात्रीचे वर्ग काढले. पाच हजार वर्षांच्या भारताच्या इतिहासात मुलींसाठी शाळा स्थापन करणारे पहिले भारतीय म्हणजे महात्मा फुले हे भारतीय स्त्री-शिक्षणाचे जनक म्हणून ओळखले जातात.

१८४८ साली जोतीबांनी पुण्यातील बुधवार पेठेत पहिली मुलींची शाळा काढली. १८५१ साली रास्ता पेठेत मुलींची दुसरी तर १८५२ साली मुलींची तिसरी शाळा सुरू केली. मुलींना शिकविण्यासाठी स्त्री-शिक्षका म्हणून त्यांनी आपल्या पत्नीला-सावित्रीबाईना तयार केले. स्त्री-शिक्षणाला अनुकूल नसलेल्या समाजाचा प्रचंड रोष या पतिपत्नीला सहन करावा लागला. सावित्रीबाईंचा या शाळेत जाता-येता छळ झाला. तसेच जोतीरावांच्या वडिलांनी जोतीरावांना व सावित्रीबाईना घराबाहेर काढले.

१८६० साली महात्मा फुले यांनी सामाजिक सुधारणेचे आणखी एक पाऊल टाकले. विधवा केशवपनास विरोध आणि त्यांचा पुनर्विवाह ही ती सुधारणा होय. १८६० व १८६४ साली जोतीरावांनी शेणवी विधवेचा विवाह लावला. तसेच १८६३ साली त्यांनी बालहत्याप्रतिबंधकगृह काढले. दलितांना पाणी भरण्यासाठी आपल्या घरातील पाण्याचा हौद खुला केला. ब्राह्मण म्हणजे भूदेव ही त्या काळातील सामान्य माणसाची श्रद्धा होती. मुलाच्या जन्मापासून त्याच्या निधनानंतर त्याच्या दहाव्यापर्यंत ब्राह्मणाला दक्षिणा द्यावी लागत असे. त्याशिवाय माणसाला मोक्ष मिळणार नाही अशी त्या काळात ठाम समजूत होती. या ब्राह्मणी वर्चस्वाविरुद्ध आणि मानसिक गुलामगिरीविरुद्ध 'ब्र' काढण्याची कुणाचीही हिंमत नव्हती या काळात जोतीबांनी समाजक्रांतीचे निशाण फडकवले.

१८७३ साली त्यांनी 'सत्यशोधक समाजाची' स्थापना केली. विद्या, सत्य आणि सत्शील यांचाच सदैव आग्रह धरला. हजारो अनुयायी घडवले. डॉ. कीर व डॉ. मालशे यांनी 'महात्मा फुले-समग्र वाङ्मय' या ग्रंथात म्हटले आहे की, ''ही चळवळ म्हणजे खेडुतांना शिक्षण नि ज्ञान देऊन त्यांच्या ठायी बसत असलेली अज्ञानादि पूर्वग्रहांची जळमटे झटकून टाकून आधुनिक संस्कृतीचे आणि ज्ञानाचे लोण त्यांच्यापर्यंत पोहोचविणारी एक सामाजिक प्रबोधिनी होती.'' पारंपरिक धार्मिक गुलामगिरीतून समाजाला मानसिक मुक्ती मिळवून देण्याचे कार्य या संस्थेतर्फे केले गेले.

महात्मा फुले यांनी १८५५ ते १८९० या काळात 'तृतीय रत्न' 'ब्राह्मणांचे कसब', 'गुलामगिरी', 'शेतकऱ्यांचा आसूड', 'सत्सार-२', 'सत्सार-१', 'अस्पृश्यांची कैफियत' व 'सार्वजनिक सत्यधर्म' ही पुस्तके लिहिली. आपले क्रांतिकारी विचार त्यांनी त्यांच्या वाङ्मयातून पददलितांपर्यंत पोहोचविले. 'शेतकऱ्याचा आसूड' या ग्रंथात शेतकऱ्यांची स्थिती सुधारण्यासाठी त्यांनी काही विधायक उपायही सुचवले आहेत. शंभर वर्षांपूर्वीचे हे मौलिक विचार आजही लागू पडतात. यावरून जोतीरावांचे अलौकिक द्रष्टेपण दिसून येते.

लक्ष्मणशास्त्री जोशी म्हणतात त्याप्रमाणे ''हे विचार भारतातील लोकशाहीच्या क्रांतीच्या अग्रदूताचे विचार होत. सर्व मानवांचे जे जीवन व्यक्तिस्वातंत्र्य आणि समता यांनी भरलेले आहे ते सामाजिक जीवन हेच पृथ्वीवरील ईश्वराचे राज्य होय.''

अनिष्ट रूढी-परंपरांविरुद्ध आयुष्यभर जोतीराव झगडत राहिले. विद्या, सत्य व सत्शील यांचाच सदैव आग्रह धरला. म्हणूनच जनतेने स्वयंस्फूर्तीने त्यांना 'महात्मा' म्हणून गौरवले. अशा या थोर समाजसुधारकाची प्राणज्योत २८ नोव्हेंबर, १८९० रोजी मावळली. सामाजिक न्याय, बंधुभाव, सामाजिक समता या शाश्वत मूल्यांची देणगी समाजाला देऊन हा महापुरुष काळाच्या पडद्याआड गेला. जोतीराव गेले, पण त्यांच्या महान कार्याने ते अमर झाले.

३. अंधश्रद्धांचे थैमान

'नजीकच्या काळात शनी वक्री होत असून त्याचा वाईट प्रभाव आपल्या राशीवर पडून आपल्याला वाईट फळे मिळणार आहेत.' ज्योतिषाच्या या भाकितावर विश्वास ठेवून, घाबरून एका गृहस्थाने स्वतःची व स्वतःच्या कुटुंबाची जीवनयात्रा संपवली. वृत्तपत्रात आलेल्या या बातमीवरून समाजमनावर अंधश्रद्धेचा किती जबरदस्त पगडा आहे हेच दिसून येते. बुवा, साधू, महंत, महाराज यांच्याकडून फसवल्या गेलेल्या तरुण-तरुणींच्या शोकांतिकेच्या दुःखद वार्ता सतत आपल्या कानांवर येतात. माणसांचा दुःखद अंत करणारी अंधश्रद्धेची विषवल्ली समाजात सर्व ठिकाणी किती खोलवर पसरलेली आहे याचा प्रत्यय आपल्याला ठायी-ठायी येतो.

आज एकविसाव्या शतकात एकीकडे नवनवीन शोध लागून विज्ञान क्षेत्रात प्रगतीची घोडदौड सुरू असताना दुसरीकडे आपला समाज मात्र वैज्ञानिक दृष्टिकोन अंगी न बाणता अंधश्रद्धेच्या घोर अंधारातच चाचपडत आहे. अंधश्रद्धा हा आपल्या समाजाला मिळालेला शाप आहे.

तथाकथित बुवांच्या चमत्कारांवर विश्वास ठेवणे, देवाला केलेला नवस फेडण्यासाठी पळत येऊन मंदिराच्या दगडी भिंतीवर टक्कर देऊन डोके फोडून घेणे, पाठीच्या कातडीतून धारदार गळ आरपार घालून घेणे, बैलगाडीवर ठेवलेल्या काठीवरच्या बगाडाला टांगून सकाळपासून संध्याकाळपर्यंत ती बैलगाडीवर ठेवलेल्या काठीवरच्या बगाडाला टांगून सकाळपासून संध्याकाळपर्यंत ती बैलगाडी पळवत नेणे, नवस फेडण्यासाठी हजारोंच्या संख्येने देवापुढे बोकड मारून रक्तमांसाचा चिखल करणे, आगीवरून चालणे, धुळीत लोटांगणे घालत देवळाला प्रदक्षिणा घालणे, गणपतीपुढील यज्ञात लक्ष मोदकांची आहुती देणे, केसात जट निर्माण झाली की त्या मुलीचा देवदासीत समावेश करणे, पोटी मुलगा आला नाही, मरणोत्तर क्रियाकर्मे त्याच्याकडून घडली नाहीत तर स्वर्गाचे दार खुले होत नाही ही समजूत, शुभकार्यात विधवेचे पांढरे पाऊल न पडेल याची दक्षता घेणे, देवाच्या मूर्तीवर शेकडो लीटर दही, दूध, तूप, मध यांचा वर्षाव करणे अशासारख्या असंख्य अंधश्रद्धा समाजात मूळ धरून आहेत.

पैशांचा पाऊस पाडण्याचे आमिष दाखवून सिंधुदुर्ग जिल्ह्यातील मालवणजवळच्या जंगलात सात जणांचा निर्घृण संहार करण्यात आला. मुलगा व्हावा म्हणून बालकांचा बळी देण्याच्या घटना तर वारंवार ऐकायला मिळतात. मध्यंतरी केरळमध्ये एक भलामोठा पुत्रकामेष्ठी यज्ञ झाला. १००८ जोड्यांनी हा यज्ञ केला व शेकडो टन शुद्ध तूप, उत्तम तांदूळ व लाकूड यज्ञासाठी वापरले गेले. समाजात अंधश्रद्धा कशी फोफावली आहे याची अशी अनेक उदाहरणे आपल्याला दिसून येतात. ग्रह, तारे, ग्रहण या सगळ्या गोष्टींची शास्त्रीय माहिती आज विज्ञानाने उपलब्ध करून दिली आहे तरीदेखील ग्रहणकाल हा अशुभ असतो, गर्भवती स्त्रीने ग्रहण पाहू नये यासारख्या अंधश्रद्धा असूनही समाजात मूळ धरून असल्याचे दिसते.

अंधश्रद्धा या केवळ अशिक्षित किंवा अल्पशिक्षितांतच असतात असे नाही तर उच्चशिक्षित व स्वतःला विज्ञाननिष्ठ म्हणवणारी कित्येक उच्चपदस्थ माणसेही अंधश्रद्धा असे आचरण करताना दिसतात. १९९२ साली महाराष्ट्रात दुष्काळ पडला होता, पावसाने ओढ दिली होती. तेव्हा प्रत्यक्ष राज्यपालांनी आवाहन केले की, 'अमुक दिवशी सकाळी ११ वाजता पावसासाठी सर्वांनी प्रार्थना करावी, करुणा भाकावी.' प्रार्थनेचे आवाहन करताना राज्यपाल आणि ते पाळणारे सर्व जण नेमकी एक मुद्द्याची गोष्ट विसरले की दुष्काळाचे प्रमुख कारण पावसाने दिलेला हिसका हे नाही तर महाराष्ट्राने पाण्याचा वापर नियोजनशून्यतेने, अत्यंत अशास्त्रीय पद्धतीने केला हे आहे आणि त्यावर प्रार्थना हा उपाय नाही.

अंधश्रद्धांचे प्रमाण वाढतच असल्याचे आढळून येते. सध्याचा समाज अनेक ताणतणाव, दहशतवादाचे सावट इत्यादी समस्यांमुळे अस्थिर, भयग्रस्त झालेला आहे. वाढती लोकसंख्या, वाढते अपघात यामुळे आणखी समस्या निर्माण होते आहे. एकट्या मानवाची शक्ती विश्वातील भयानकतेला अपुरी पडणारी आहे याची जाणीव माणसाला अंधश्रद्धेकडे नेते. स्वतःच्या अगतिकतेतून, शोषणातून, अस्थिरतेतून मनाला प्रासंगिक दिलासा देण्यासाठी अंधश्रद्धेचा भ्रामक पण हवाहवासा वाटणारा आधार माणसे घेतात. पण अंतिमतः तो माणसाला अधोगतीला नेणारा असतो.

अंधश्रद्धेची ही व्याधी नष्ट करायची असेल तर सामाजिक प्रबोधनाची नितांत गरज आहे. अंधश्रद्धा निर्मूलन समितीसारख्या हजारो संस्था या कार्यासाठी पुढे यायला हव्यात. वैज्ञानिक दृष्टिकोनाचा प्रसार समाजात करायला हवा. घटनेचा तर्कशुद्ध विचार करावयाचा, त्याला प्रयोगाची जोड देऊन मगच जरूर ते निष्कर्ष काढायचे. अशा पद्धतीने अनुभवाचा अर्थ लावण्याची कुवत निर्माण करणे म्हणजे वैज्ञानिक दृष्टिकोन वाढवणे व अंधश्रद्धा निर्मूलन करणे. १९७५ साली इंदिरा गांधींनी घटनादुरुस्ती करून नागरिकांची मूलभूत कर्तव्ये हा भाग समाविष्ट केला. या कर्तव्यांच्या यादीत शास्त्रीय दृष्टिकोनाचा मानवतावादी विचारांचा विकास करणे, चौकस बुद्धी वाढविणे यासाठी मनोवृत्ती सजग ठेवणे हे भारतीय नागरिकांचे प्रमुख कर्तव्य मानले आहे. प्रत्येक नागरिकाने जागरूकतेने कर्तव्य पालन केले पाहिजे. मानवी मूल्ये सर्वश्रेष्ठ मानून जगले पाहिजे. म्हणजे मग अंधश्रद्धांचे थैमान आपोआपच लयास जाईल व निकोप अशा विज्ञाननिष्ठ प्रगत समाजाच्या निर्मितीस सुरुवात होईल.

४. मी रेडिओ बोलतोय...

''नमस्कार मंडळी, ओळखलत का मला? हे काय? तुमच्या चेहऱ्यावर चक्क प्रश्नचिन्ह दिसतय. म्हणजे ओळखलं नाहीत तर! काय म्हणताय, आवाज ओळखीचा वाटतोय. अहो नुसतं ओळखीचा वाटतोय असं काय म्हणताय, आठवा बरं जरा कोणाचा आवाज आहे ते. साधारण पंचवीस वर्षांपूर्वी सकाळच्या मंगलसमयी माझे गोड सूर घराघरातून ऐकू यायचे. तसेच व्हायोलीनची सुंदर धून ऐकूनच नवीन आशांनी भरलेला तुमचा नवा दिवस सुरू व्हायचा आणि ज्ञान, माहिती आणि मनोरंजनाचा खजिना घेऊन, रात्री आपल्या आवडीची मधुर गीते ऐकत ऐकतच तुम्ही निद्रादेवीच्या अधीन होत होता. 'आपली आवड' म्हटल्यावर आता तर नक्कीच तुम्ही ओळखलं असेल मी कोण ते! माझ्यावरून प्रसारित होणाऱ्या सुमधुर हिंदी-मराठी गाण्यांनी ज्यांचे तारुण्याचे दिवस मंत्रमुग्ध झाले त्या बुजुर्ग मंडळींना तर माझी आठवण झाल्याशिवाय राहणार नाही.''

औं? काय म्हणालात? हो हो तोच मी. अगदी बरोबर ओळखलत मला. आहे मीच तो तुमचा एकेकाळचा सखा रेडिओ! आजकाल तुमच्यापैकी बऱ्याच जणांना माझा विसर पडला आहे. दूरचित्रवाणीचे आगमन झाले अन् तुम्ही सर्व जण तच्या झगमगाटात इतके गुंतून गेलात की एकेकाळच्या तुमच्या सख्याचा आवाजही तुम्हाला ओळखू येईना! जाऊ द्या, कालाय तस्मै नमः पण मी तुम्हाला सांगतो की, माझे कार्यक्रम अधिक जोमाने सुरू आहेत. त्यांची व्याप्ती आणि विषयांचे वैविध्यही वाढले आहे.

माझा आवाज लहरींच्या रूपाने हवेतून तुमच्यापर्यंत येतो. म्हणून तुम्ही मला आकाशवाणी, नभोवाणी असे संबोधता आणि माझे ब्रीदवाक्य आहे, 'बहुजन हिताय बहुजन सुखाय', समाजशिक्षण, समाजप्रबोधन, समाजाची वैचारिक, सांस्कृतिक उन्नती हेच माझ्या कार्यक्रमांमागचे मुख्य प्रयोजन आहे.

तुम्हाला ठाऊक आहे का? भारताच्या स्वातंत्र्यलढ्यात मी केवढी मोठी कामगिरी केली आहे. सन् १९४२ च्या 'चले जाव' लढ्याच्या वेळी अनेक कार्यकर्ते भूमिगत झाले होते व त्यांनी स्वतःचे नभोवाणी केंद्र चालवले होते. नेताजी सुभाषचंद्रांनी 'चलो दिल्ली' चा संदेश जनतेला माझ्याच माध्यमातून दिला.

तुम्ही शहरातले लोक मला विसरत चाललाय याचा खेद वाटतोय खरा. पण आशेचा किरण अजूनही आहे तो ग्रामीण भागात. शेतावरून दमून-भागून आलेले शेतकरी दादा जेव्हा भजन, कीर्तन असे माझे कार्यक्रम ऐकण्यात रंगून जातात व त्यामुळे त्यांचे श्रम हलके होतात तेव्हा मला मनापासून आनंद होतो. रानावनात एकटाच हिंडणारा गुराखी सुमधुर गीते, बातम्या, क्रिकेटची कॉमेंट्री ऐकतो तेव्हा त्याचे या विश्वासी चटकन नाते जोडले जाते. तेव्हा मला समाधान होते.

कृषिप्रधान भारतीय समाजातील ग्रामीण जनतेशी अनेकविध उपयुक्त कार्यक्रमांद्वारे आकाशवाणी संपर्क राखते. चालू जमाना, माझं घर, माझं शेत, कृषिसल्ला, शेतातील नवीन प्रयोगांची माहिती अशा अनेकविध कार्यक्रमांमुळे आकाशवाणीची ग्रामीण भागाशी असलेली नाळ कधीच तुटली नाही. बालसंगोपन, आरोग्य शिक्षण याविषयीची जी थोडीफार जागृती ग्रामीण व आदिवासी भागात होत आहे ती आकाशवाणीवरील कार्यक्रमांमुळेच होय.

आकाशवाणी आणि संगीत यांचं नातं तर अतूट असं आहे. रेडिओवरील संगीताचे कार्यक्रम सामान्यांना चटकन आपलेसे करतात तर गानरसिक श्रोत्यांना आणि कलावंतांना आनंदाच्या खजिन्याची गुहाच उघडून देतात. आकाशवाणीच्या संग्रहातील अवीट गोडीची जुनी गाणी, शास्त्रीय संगीत तसेच वाद्यसंगीत म्हणजे आपल्या गानसंस्कृतीचा अमोल अक्षय असा ठेवाच!

महाराष्ट्राचे वाल्मिकी ग.दि. माडगूळकर यांच्या सिद्धहस्त लेखणीतून साकारलेलं आणि सुधीर फडके यांच्या संगीताच्या साजाने अजरामर झालेले गीतरामायण सर्वप्रथम प्रसारित झाले ते रेडिओवरूनच! त्यावेळेला गीतरामायणाचा कार्यक्रम सुरू होण्याआधी लोक मला हार घालून माझीच भक्तिभावाने पूजा करत असत.

उत्तमोत्तम साहित्यकृतींची नाट्यरूपांतरे सादर करून मी सर्वसामान्यांना वाङ्मयाभिमुख बनवतो तर साहित्य रसिकांना भरभरून आनंद देतो.

महिलांच्या भावविश्वाचा, साहित्यऊर्मीचा, कर्तृत्वाचा तसेच प्रगतीच्या नव्या वाटांचा शोध महिलांच्या कार्यक्रमात घेऊन महिलांच्या मनात आकाशवाणीने हक्काचे घर प्रस्थापित केले.

खऱ्या अर्थाने समृद्ध सहजीवन कसे जगावे हे सांगताना पती-पत्नीमधील समृद्ध सहजीवन, पालक आणि मुलं यांच्यातला सुसंवाद, भावी जोडीदाराबद्दलच्या नवीन पिढीच्या उचित अशा अपेक्षा यासारख्या विषयांवर तज्ज्ञांच्या चर्चा माझ्या कार्यक्रमातून होतात. त्या खरोखरच मार्गदर्शक असल्याचा अभिप्राय श्रोत्यांकडून मिळाल्यावर मला संतोष होतो, घटस्फोट, बालगुन्हेगारी, कैद्यांचे मानसशास्त्र अशांसारख्या मानसशास्त्रीय आणि सामाजिक प्रश्नांवरचेही तज्ज्ञांचे विचारमंथ श्रोत्यांना उपयुक्त ठरते. मुला-मुलींना वाढविताना भेद करू नये, स्त्री-पुरुष समानता प्रस्थापित होण्याच्या दिशेने प्रयत्नशील राहिले पाहिजे हा महत्त्वाचा विचार तर माझ्या अनेक कार्यक्रमांतून जनमानसात सातत्याने रुजवण्याचा प्रयत्न होतो.

लोकाभिमुखता हे माझ्या कार्यक्रमांचे एक वैशिष्ट्यच आहे. गण, गवळण, भारूड, धनगरी ओव्या गाणारे गायक, पारंपरिक वाद्य वाजवणारे वादक यांच्या लोकसंगीताचा मनोरम आविष्कार माझ्या कार्यक्रमातून होतो. सामान्यांच्या असामान्य कलेची, त्यांच्या मतांची तसेच त्यांच्या प्रश्नांची दखल माझ्या कार्यक्रमातून घेतली जाते. तेव्हा माझं 'बहुजन हिताय बहुजन सुखाय' हे ब्रीदवाक्य सार्थ झाल्याचं समाधान मला वाटतं.

तुमच्या कार्यक्रमात बाधा न आणता तुमचं मनोरंजन, उद्बोधन करण्याची वैशिष्ट्यपूर्ण क्षमता माझ्यात आहे. तुमचा एकटेपणा दूर करण्याची जादू माझ्यात आहे. तुम्ही तुमच्या मित्राशी जसे हितगुज करता अगदी त्याप्रमाणेच मी तुमच्याशी हितगुज करतो आणि मी तुमच्याबरोबर कुठेही येऊ शकतो. हा आणखी एक फायदा.

कार्यक्रमात कोणताही भडकपणा, अतिरंजितपणा न आणता प्रेम, दया, करुणा, सहकार्य अशा मानवी मूल्यांचे संस्कार करणे, (ज्याची आज समाजाला नितांत गरज आहे.) हेच तर माझे उद्दिष्ट आहे आणि यासाठी मला तुमची निरंतर साथ हवी आहे. द्याल ना मला साथ ?

५. गप्पा मारण्याचे व्यसन

एकदा मी कर्णबधिर मुलांच्या मंडळात गेले होते. त्यांच्यापैकीच एक मुलगा सापांबद्दल काही माहिती सांगणार होता. पण सगळे महिन्याभरांनी भेटलेले मित्र एकमेकांशी गप्पा मारण्यात इतके गुंतले होते की, त्याच्याकडे कोणाचं लक्षच जाईना! बरं ओरडून, काहीतरी आवाज करून लक्ष वेधावं तर त्याचा काही उपयोग नव्हता, कोणालाही बोलायला आणि ऐकायला येत नव्हतं, तरी हावभावांनी, खाणाखुणांनी त्यांच्या जिवाभावाच्या मित्राशी गप्पा मात्र रंगल्या होत्या. शेवटी त्याने लाईटच्या बटणाची उघडझाप केली आणि आपल्याकडे लक्ष वेधलं.

अबोल माणसांची ही कथा तर मग बोलणाऱ्या गप्पांबद्दल काय बोलावं ? माणूस हा समूहात राहणारा प्राणी आहे. त्यामुळे त्याला दुसऱ्याशी अनेक मार्गांनी संवाद साधायला आवडतो. माणसाला भाषा अवगत असल्यामुळे दोन माणसं एकत्र आली की त्यांच्या गप्पा सहज रंगतात.

कांहींना तर सारखं बोलायला आवडतं, गप्पांचं त्यांना व्यसनच असतं. असं वाटतं की या लोकांचं तोंड चामड्याचं असतं तर फाटून गेलं असतं. आपलं बोलणं दुसऱ्याला ऐकायचं आहे की नाही, त्यात त्याला रस वाटतो आहे की नाही याचा विचार ते करत नाहीत. त्यांचे विषय तरी काय असतात ? उठल्यापासून मी काय-काय केलं ? तोच तो कंटाळवाणा विषय. कांहींच्या बोलण्यात नुसती दुसऱ्याची टिंगल-टवाळी, स्वतःबद्दलची प्रौढी आणि स्वतःला सर्व काही समजतं असा भाव. अशा, लोकांशी गप्पा करणं म्हणजे शिक्षा वाटते. लोक त्यांना टाळतात. त्यांच्यापासून लांब राहतात किंवा त्यांचं बोलणं मध्येच तोडून टाकतात. पण ते या व्यसनाच्या इतके आहारी गेलेले असतात की, त्यांना अपमानही कळत नाही.

काही व्यक्तींचं बोलणं मात्र श्रवणीय असतं. त्यांच्या सहज गप्पाही तर्कशुद्ध, स्पष्ट विचार व्यक्त करतात. अनुभवांची गाठोडी त्यातून उलगडतात. कधी एखाद्या राजकीय, सामाजिक घटनेवर किंवा कधी वाचलेल्या पुस्तकावर ते मतप्रदर्शन करतात तेव्हा आपणही विचारसमृद्ध होतो. अशा व्यक्तींना थोडं बोलतं करून ऐकत राहणं हा एक आनंद असतो.

गप्पांतून माणूस सहज व्यक्त होतो. तो जसा आहे तसा कळतो. विरंगुळ्यासाठी, ताण कमी करण्यासाठी, मार्गदर्शन मिळविण्यासाठी माणसं गप्पा मारतात. गप्पांमुळे चित्त हलकं होतं. खेड्यातले वड, पिंपळांचे पार, देवळं, नदीकाठ, समुद्रकाठ, कॉलेजकट्टे, बागा हे वेगवेगळ्या वयोगटातल्या माणसांचे गप्पांचे अड्डे ओसंडून चाललेले असतात.

आज तर फोन आणि मोबाईलमुळे एकमेकांना न भेटताही गप्पा मारता येतात. त्यात एसएमएसच्या लिखित गप्पांचीही भर पडली आहे. गप्पांचं व्यसन असणारी माणसं या सगळ्या गोष्टींचा अवलंब करतातच. पण एखादा माणूस त्यांच्या तावडीत सापडला की, ते त्यांना हवं आणि नको असलेलं सारं ऐकवितात. त्यांनी कितीही वेळा घड्याळाकडे पाहिलं तरी ते त्यांना सोडत नाहीत. समोरच्या माणसाची मोठी कठीण परिस्थिती होते. त्यातच झोप आली असेल तर त्याचं रागात रूपांतर होतं. म्हणून गप्पा मारताना वेळेचं भान, मनावर संयम, आपल्या बोलण्यामुळे कोणात गैरसमज होणार नाहीत ना याची काळजी घ्यायला पाहिजे. कारण शब्द हे एक शस्त्रही आहे, म्हणूनच ते जपून वापरलं पाहिजे.

या शस्त्राचा विधायक उपयोगही होतो. रविकिरणमंडळाची निर्मिती अनेक कवीलेखकांच्या साहित्यिक गप्पांतूनच झाली. एखाद्या मोठ्या माणसाला मुलाखतीद्वारे बोलतं करून त्याच्याशी गप्पा मारत त्याच्या जीवनकार्याविषयी माहिती करून देणारी गप्पाष्टकं खूपच रंगताना आपण पाहतो-ऐकतो. त्यातून ऐकणाऱ्या गप्पा असोत की विवाहासाठी मुली पाहताना किंवा नोकरीसाठी मुलाखत घेताना मारलेल्या हवा-पाण्याच्या गप्पा असोत, त्या आपल्या आयुष्याचा एक भाग आहेत.

आजकाल या कम्युनिकेशन स्किलला खूपच महत्त्व आहे. लोकांना बोलतं करणं, त्यांना हव्या त्या विषयावर बोलायला लावणं, सूचक प्रश्न विचारणं, यात करिअर करणंसुद्धा आज शक्य आहे. तेव्हा गप्पांची आवड असणाऱ्या लोकांना आता आपल्या गप्पा कॅशही करता येणार आहेत.

Time : 3 Hrs **Total Marks :** 80

General Instructions:

   (i) All questions are compulsory.

   (ii) Draw neat tables/ diagrams wherever necessary.

   (iii) Figures to the right indicate full marks.

SAMPLE PAPER-1
Economics

📋 Questions

Time: 3 Hours   Total Marks: 80

1. Complete the following statements by choosing the correct alternatives: (20)

1A. Choose the correct option:

(i) Optional functions of Government:
  - (a) Protection from external attack
  - (b) Provision of education and health services
  - (c) Provision of social security measures
  - (d) Collection of tax

  Options:
  - (1) (b) and (c)
  - (2) (a), (b) and (c)
  - (3) (b), (c) and (d)
  - (4) All of these

(ii) Statements that are incorrect in relation to index numbers.
  - (a) Index number is a geographical tool.
  - (b) Index numbers measure changes in the air pressure.
  - (c) Index numbers measure relative changes in an economic variable.
  - (d) Index numbers are specialized averages.

  Options:
  - (1) (c) and (d)
  - (2) (a) and (b)
  - (3) (b) and (c)
  - (4) (a) and (d)

(iii) Steps involved in construction of Index numbers.
  - (a) Purpose of Index number
  - (b) Selection of base year
  - (c) Assigning proper weight
  - (d) Selection of appropriate formula.

  Options:
  - (1) (b), (c) and (d)
  - (2) (a), (b), (c) and (d)
  - (3) (a), (b) and (d)
  - (4) (a) and (d)

(iv) Obligatory functions of the Government:
  - (a) Provision of employment
  - (b) Maintaining internal law and order
  - (c) Welfare measures
  - (d) Exporting goods and services

  Options:
  - (1) (c) and (d)
  - (2) (a) and (b)
  - (3) only (b)
  - (4) (a), (c) and (d)

(v) Statements that highlight the significance of index numbers.
  - (a) Index numbers are useful for making future predictions.
  - (b) Index numbers help in the measurement of inflation.
  - (c) Index numbers help to frame suitable policies.
  - (d) Index numbers can be misused.

  Options:
  - (1) (b), (c) and (d)
  - (2) (a), (c) and (d)
  - (3) (a), (b) and (d)
  - (4) (a), (b) and (c)

1B. Complete the correlation:

(i) Money market : Short-term funds :: ______ : Long-term funds

(ii) _______ : Central Bank :: SBI : commercial bank

(iii) ________ : C + I + G + (X–M) :: GNP : C + I + G + (X–M) + (R–P)

(iv) Perfect competition : Free entry and exit : : ________ : Barriers to entry.

(v) Micro-economics : Slicing method :: Macro-economics : __________

1C. Complete the following statements:

(i) Development financial institutions were established to _________
  - (a) provide short funds.
  - (b) develop industry, agriculture and other key sectors.
  - (c) regulate the money market.
  - (d) regulate the capital market.

(ii) Issue of currency note is the function of _____________.
  - (a) RBI
  - (b) Commercial bank
  - (c) RRB
  - (d) NABARD

(iii) While estimating National Income, we include only value of final goods and services in order to ________
  - (a) make computation easier
  - (b) avoid double counting
  - (c) maximize national welfare of the people
  - (d) evaluate the total economic performance of a nation

(iv) When supply curve is upwards sloping, it's slope is ________
  - (a) positive
  - (b) negative
  - (c) first positive then negative
  - (d) zero

(v) Price elasticity of demand on a linear demand curve at the X axis is ________
  - (a) zero
  - (b) one
  - (c) infinity
  - (d) less than one

1D. Give the economic term:

(i) A situation where more quantity is demanded at lower price.

(ii) Graphical representation of demand schedule.

(iii) Degree of responsiveness of quantity demanded to change in income only.

(iv) Cost incurred on fixed factor.

(v) The market where there are few sellers.

2A. Identify & Explain the Concepts from the given illustrations: (Any 3) (6)

   (i) Gauri collected the information about the income of a particular firm.

   (ii) Salma purchased sweater for her father in winter season.

   (iii) Vrinda receives monthly pension of ₹ 5,000 from the State Government.

   (iv) Raghu's father regularly invests his money in stocks and bonds.

   (v) India purchased petroleum from Iran.

2B. Distinguish between: (Any 3) (6)

   (i) Money Market and Capital Market

   (ii) Demand Deposit and Time Deposit

   (iii) Public Finance and Private Finance

   (iv) Relatively Elastic and Relatively Inelastic Demand

   (v) Desire and Demand

3. Answer the following questions in brief: (Any 3) (12)

   (i) Explain the features of Micro-economics.

   (ii) Explain the concept of total cost and total revenue.

   (iii) Explain the features of index numbers.

   (iv) Explain the two sector model of circular flow of National Income.

   (v) Explain the concept of foreign trade and its types.

4. State with reasons whether you agree or disagree with the following statements: (Any 3) (12)

   (i) Obligatory function is the only function of the Government.

   (ii) There are many theoretical difficulties in the measurement of National Income.

   (iii) Index number measures changes in the price level only.

   (iv) Price is the only determinant of demand.

   (v) The scope of micro-economics is unlimited.

5. Study the following table/passage/figure and answer the questions given below: (Any 2) (8)

   (i) Observe the following table and answer the following questions—

Quantity Demanded				
Price per kg. in ₹	Consumer A	Consumer B	Consumer C	Market Demand (in kgs) (A+B+C)
25	16	15	12	☐
30	12	11	10	☐
35	10	09	08	☐
40	08	06	04	☐

   (a) Complete the market demand schedule.

   (b) Draw market demand curve based on the above market demand schedule.

  (ii) Read the given passage and answer the following questions—

The conventional notion of social security is that the government would make periodic payments to look after people in their old age, ill-health, disability, and poverty. This idea should itself change from writing a cheque for the beneficiary to institutional arrangements to care for beneficiaries, including by enabling them to look after themselves, to a large extent. The write-a-cheque model of social security is a legacy from the rich world at the optimal phase of its demographic transition when the working population was numerous enough and earning enough to generate the taxes to pay for the care of those not working. This model is ill-suited for less, well-off India with growing life expectancy, increasing urbanization, and resultant migration. Social security under urbanization will be different from social security in a static society.

   (a) State kind of conventional notion of social security.

   (b) What kind of conceptual change is suggested in the given paragraph?

   (c) What is legacy of social security from the rich world?

   (d) Which features of India make the traditional model of social security ill-suited for the economy?

  (iii) Identify and define the degree of elasticity of demand from the following demand curves—

   (a)

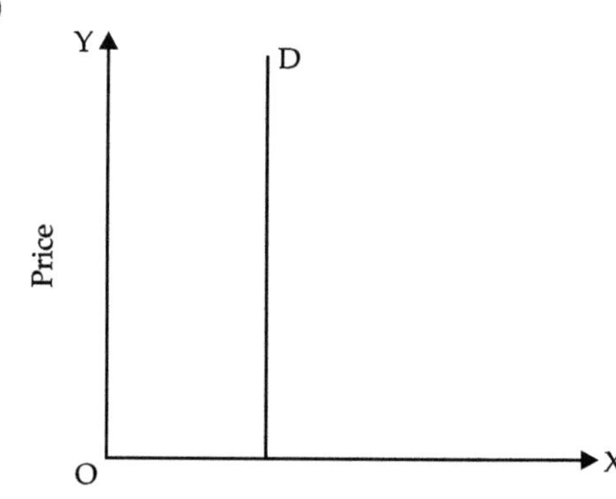

   (b)

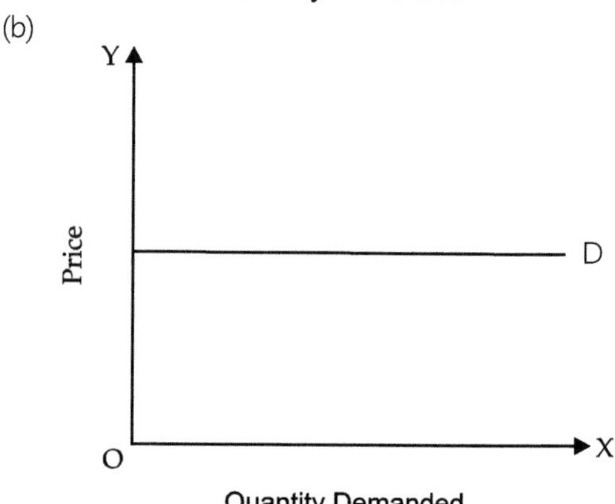

(c)

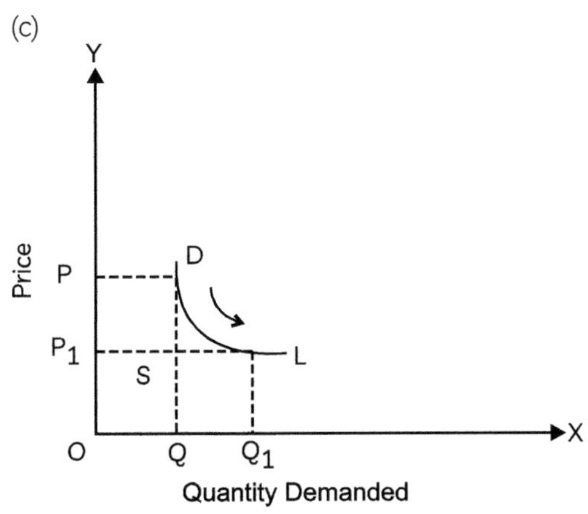

(d)

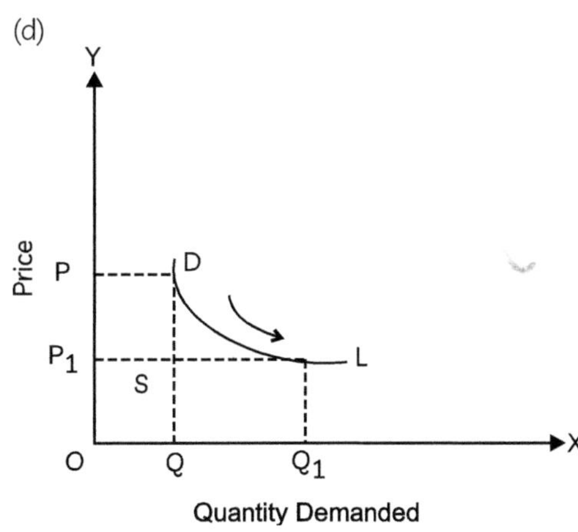

6. Answer the following questions in detail: (Any 2) (16)

(i) State and explain the law of diminishing marginal utility with exceptions.

(ii) State and explain law of supply with exceptions.

(iii) Explain the meaning of monopolistic competition with its features.

ⓐ Answer Key

1A. (i) (1) (b) and (c)

(ii) (2) (a) and (b)

(iii) (2) (a), (b), (c) and (d)

(iv) (3) only (b)

(v) (4) (a), (b) and (c)

1B. (i) Capital market

(ii) RBI

(iii) GDP

(iv) Monopoly

(v) Lumping method

1C. (i) develop industry, agriculture and other key sectors

(ii) (a) RBI

(iii) avoid double counting

(iv) positive

(v) zero

1D. (i) Expansion of demand

(ii) Demand curve

(iii) Income elasticity of demand

(iv) Total fixed cost

(v) Oligopoly

2A. (i) Concept—Micro Economics

Explanation—Micro economics studies the individual economic units such as individual consumers, individual producers, individual firms, the price of a particular commodity, factor, etc.

(ii) Concept—Time Utility

Explanation—When the utility of a commodity increases with a change in its time of utilisation, it is called time utility. Time utility is also created by storing goods and making it available during the time of need or scarcity.

(iii) Concept—Transfer Payments

Explanation—Transfer payments refer to the one-way payment of money for which no money, good or service is received in exchange. Government uses transfer payments as a mean of income re-distribution. *e.g.*: pension, scholarship, grants, etc

(iv) Concept—Stock Exchange

Explanation—Stock exchange is an association or organisation in which stocks, bonds, commodities, etc are traded. *e.g.*: Bombay Stock Exchange (BSE) and National Stock Exchange (NSE).

(v) Concept—Import Trade

Explanation—Import trade refers to the purchase of goods by one country from another or the inflow of goods to the home country from a foreign country.

2B. (i) Distinguish between Money Market and Capital Market

Basis for Comparison	Money Market	Capital Market
Meaning	A segment of financial market where lending and borrowing of short-term securities are done.	A section of financial market where long-term securities are issued and traded.
Nature of Market	Informal in nature	Formal in nature
Financial Instruments	Treasury Bills, Commercial Papers, Certificate of Deposit, Trade Credit, etc.	Shares, Debentures, Bonds, Retained Earnings, Asset Securitization, etc.

Risk Factor	Money markets have a low risk.	Capital markets have more risk compared to the money markets.
Return on Investment	ROI is usually low.	ROI is comparatively high.
Liquidity	Money markets are highly liquid.	Capital markets are comparatively less liquid.

(ii) Distinguish between Demand Deposit and Time Deposit

Basis for Comparison	Demand Deposit	Time Deposit
Time Period	There is no time period involved in case of a demand deposit.	Time deposits are deposited in a bank for a fixed period of time.
Example	Saving and Current accounts.	Fixed or Term deposit accounts.
Rate of Interest	It is usually lower.	It is higher.
Facilities	In case of demand deposits, one need all types of facilities like ATM, credit card, online banking, etc. as these accounts are meant for withdrawal of funds as and when required by the account-holder.	In case of time deposit, one does not need facilities like ATM, credit card, online banking, as funds are tied for a specific period.

(iii) Distinguish between Public Finance and Private Finance

Points	Public Finance	Private Finance
Meaning	Public finance is concerned with the revenue/incomes and expenditure, borrowings, etc. of the economy or government.	Private finance is the study of income and expenditure, borrowings, etc. of individuals, households and business firms.

Adjustments	Government adjusts the income, according to the size of expenditure on different segments.	Individuals adjust their spending as per their income.
Objective	To promote social welfare.	To maximize profit.
Nature of Budget	The government prefers a deficit budget.	An individual attempts to maintain a surplus budget.
Financial Transaction	Transactions are open and known to all.	Transactions are kept secret.

(iv) Distinguish between Relatively Elastic and Relatively Inelastic Demand

Points	Relatively Elastic Demand	Relatively Inelastic Demand
Meaning	In this case, the change in price leads to a proportionately greater change in the quantity demanded.	In this case, the change in price leads to a proportionately less change in the quantity demanded.
Represents	It represents a flatter demand curve.	It represents a steeper demand curve.
Symbol	Symbolically it is represented as $E_d > 1$	Symbolically it is represented as $E_d < 1$
Example	For example- 50% fall in price leads to 100% rise in quantity demanded.	For example- 50% fall in price leads to 25% rise in quantity demanded.

(v) Distinguish between Desire and Demand

Points	Desire	Demand
Meaning	Desires means an urge to have something.	Demand is a desire backed by a willingness and ability to pay.
Relation	There is no relation between desire and price.	There is an inverse relationship between demand and price.

Time and Price	Reference of time and price is not necessary to express desire.	Reference of time and price is necessary to express demand.
Example	*Eg:* Desire of a poor person to go on a vacation to Europe.	*Eg:* Consumer demands 2kg sugar at ₹10 per kg and 3 kg sugar at ₹8 per kg.

3. **(i) The following are the features of Micro-economics:**

(a) Individual Units—Micro-economics is a study that basically focuses on the behaviour of individual units such as individual consumers and producers.

(b) Price Theory—Micro-economics is also called the price theory, as it helps in determining the prices of both the commodities and factors of production in their respective markets.

(c) Slicing Method—Micro-economic analysis adopts the slicing method. Under this method, the entire economy is divided into smaller units and then each unit is analysed individually in detail.

(d) Partial Equilibrium—Micro-economics uses a partial equilibrium approach. The equilibrium points are identified assuming "other things remain constant" (ceteris paribus). It ignores the interdependence of economic variables.

(e) Microscopic Approach—Just as a microscope enables us to see a larger view of smaller things, micro-economics shows a magnified view of an individual unit. It analyses small units in detail. It examines how these individual units perform economic activities and reach equilibrium.

(f) Marginalism Principle—Marginal means change in the total due to an additional unit. The additional unit is known as the marginal unit. Micro-economics is based on the principle of marginalism as important economic decisions are based on the marginal unit.

(g) Analysis of Market—Micro-economic studies deals in the study of different market structure namely, perfect competition, monopoly, monopolistic competition, oligopoly. It analyses how prices and output are determined in the market.

(h) Based on Assumptions—Micro-economic analysis is based on certain assumptions such as laissez-faire, full employment, perfect competition, ceteris paribus, etc. Such assumptions although make the analysis simple, but may not exists in reality.

(ii) (1) Cost Concepts:

When an entrepreneur undertakes an act of production, he has to use various inputs like raw material, labour, capital etc. He has to make payments for such inputs. The expenditure incurred on these inputs is known as the cost of production. Cost of production increases with an increase in need of output. There are three types of costs which are as follows:

(a) Total Cost (TC)—Total cost is the total expenditure incurred by a firm on the factors of production required for the production of goods and services. Total cost is the sum of total fixed cost and total variable cost at various levels of output.

$TC = TFC + TVC$

TC = Total Cost

TFC = Total Fixed Cost

TVC = Total Variable Cost

Total Fixed Cost (TFC)—Total fixed costs are those expenses of production which are incurred on fixed factors such as land, machinery etc.

Total Variable Cost (TVC)—Total variable costs are those expenses of production which are incurred on variable factors such as labour, raw material, power, fuel etc.

(b) Average Cost (AC)—Average cost refers to cost of production per unit. It is calculated by dividing total cost by total quantity of production.

$AC = TC/TQ$

AC = Average cost

TC = Total cost

TQ = Total quantity

(c) Marginal Cost (MC)—Marginal cost is the net addition made to total cost by producing one more unit of output.

$MC_n = TC_n - TC_{n-1}$

n = Number of units produced

MC_n = Marginal cost of the nth unit

TC_n = Total cost of nth unit

TC_{n-1} = Total cost of previous units

(2) Revenue Concepts:

The term 'revenue' refers to the receipts obtained by a firm from the sale of certain quantities of a commodity at given price in the market. The concept of revenue relates to total revenue, average revenue and marginal revenue.

(a) Total Revenue (TR)—Total revenue is the total sales proceeds of a firm by selling a commodity at a given price. It is the total income of a firm. Total revenue is calculated as follows:

Total revenue = Price × Quantity

(b) Average Revenue (AR)—Average revenue is the revenue per unit of output sold. It is obtained by dividing the total revenue by the number of units sold.

$AR = TR/TQ$

AR = Average Revenue

TR = Total Revenue

TQ = Total Quantity

(c) Marginal Revenue (MR)—Marginal revenue is the net addition made to total revenue by selling an extra unit of the commodity.

$MR_n = TR_n - TR_{n-1}$

MR_n = Marginal revenue of nth unit

TR_n = Total revenue of nth unit

TR_{n-1} = Total Revenue of previous units

n = Number of units sold

(iii) Features of Index Numbers

Definition:

According to **Croxton and Cowden**, "Index Numbers are devices for measuring differences in the magnitude of a group of related variables.

Following are the various features of index number:

(a) Statistical Tool—Index numbers are statistical devices.

(b) Can be expressed in %—Index numbers are specialized averages which are capable of being expressed in terms of percentages.

(c) Measure the Net Change—Index numbers measure the net change in one or more related variables over time or between two different localities.

(d) Variable Involved—Index number computed from a single variable is called 'univariate index' while index constructed from a group of variables is called 'composite index'.

(e) Base Year—The year with which the changes are measured is termed as the base year. In other words, the year with respect to which comparisons are made is the base year and it is denoted by the suffix '0'.

(f) Current Year—The year for which the index number is prepared is termed as the current year. In other words, the year for which comparisons are required to be made is the current period and it is denoted by the suffix '1'.

(g) Base Year Index—The base year's index is assumed as 100 and accordingly the value of the current year is calculated.

(h) Measure Economic Activity—Index numbers are also referred to as 'barometers of economic activity' since it is used to measure the trends and changes in the economy.

(iv) The circular flow of income refers to the process whereby an economy's money receipts and payments flow in a circular manner continuously through time. The following figure explains the circular flow of income and expenditure in a two-sector model:

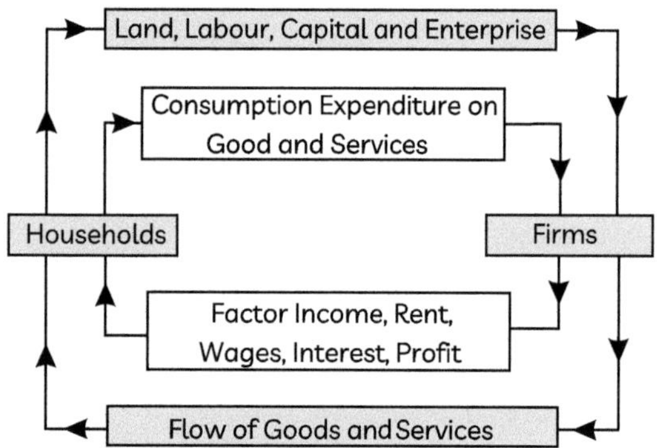

(a) The two sectors in the two-sector model are households and firms.

(b) The upper half of the diagram represents factor market while the lower half represents the commodity market.

(c) The factors of production flow from households to firms. The firms use these factors to produce goods and services required by households.

(d) Thus, goods flow from the households to the firms and from the firms back to the households. It is called product flows.

(e) Similarly, money flows from firms to households in the form of factor payments such as rent, wages interest, and profit. Households use this income to purchase goods and services.

(f) Thus, money flows from the firms to the households and from the households back to the firms. It is called money flows.

(g) In the circular flow of income, production generates factor income, which is converted into expenditure.

(h) This flow of income continues as production a continuous activity due to never-ending human wants. It makes the flow of income circular.

(v) Foreign trade is a trade between the different countries of the world. It is called international trade of external trade.

According to **Wasserman and Hultman**, "International trade consists of the transactions between the residents of different countries.

Types of Foreign Trade:

Foreign trade is divided into the following three types:

(a) Import Trade—Import trade refers to the purchase of goods and services by one country from another country or inflow of goods and services from a foreign country to the home country. For example, India imports petroleum from Iraq, Kuwait, Saudi Arabia, etc

(b) Export Trade—Export trade refers to the sale of goods by one country to another country or outflow of goods from one country to a foreign country. For example, India exports tea, rice, jute to China, Hong Kong, Singapore, etc.

(c) Entrepot Trade—Entrepot trade refers to the purchase of goods and services from one country and then selling them to another country after some processing operations. For example, Japan imports raw material required to make electronic goods like radio, washing machine, television, etc. from England, Germany, France, etc. and sells them to various countries in the world after processing them.

4. (i) I disagree with the statement. Reasons—

(a) Government is a institution created by the people in a specific region to perform various functions.

(b) The functions of the government can be classified as obligatory functions and optional functions.

(c) The obligatory functions include protection from external attacks, maintaining law and order, etc.

(d) The optional functions include the provision of education and health services provision of social security like pensions and other welfare measures, etc.

(e) Hence, obligatory functions is not the only function of the government.

(ii) I agree with the statement. Reasons—

There are many theoretical difficulties in the measurement of National Income. For example, transfer payments, illegal income, unpaid services, production for self-consumption and so many.

(iii) I disagree with the statement. Reasons—

(a) An index number is a device to measure changes in economic variables (or groups of variables) over a period of time.

(b) Index numbers are one of the most used statistical tools in economics.

(c) Index numbers were originally developed to measure changes in the price level.

(d) At the present time, it is also used to measure trends in a wide variety of areas such as stock market prices, cost of living industrial and agricultural production, changes in exports and imports, etc.

(iv) I disagree, with the statement.

Reason: There are various other determinants of demand. These includes income, size of population, nature of product, prices of substitute and complementary goods etc.

(v) I disagree with the statement. The scope of micro-economics is limited.

The scope of micro-economics is limited to only individual units. It doesn't deal with nationwide economic problems such as inflation, deflation, the balance of payments, poverty, unemployment, population, etc. Micro-economics is mainly confined to price theory and resource allocation. It does not study the aggregates relating to the whole economy. This approach does not study national economic problems such as unemployment, poverty, inequality of income, etc. Theory of growth, the theory of business cycles, monetary and fiscal policies etc. are beyond the limits of micro-economics.

5. (i) (a) Market Schedule

	Quantity Demanded			
Price per kg. in ₹	Consumer A	Consumer B	Consumer C	Market Demand (in kgs) (A+B+C)
25	16	15	12	43
30	12	11	10	33
35	10	09	08	27
40	08	06	04	18

(b) Market Curve based on the Schedule

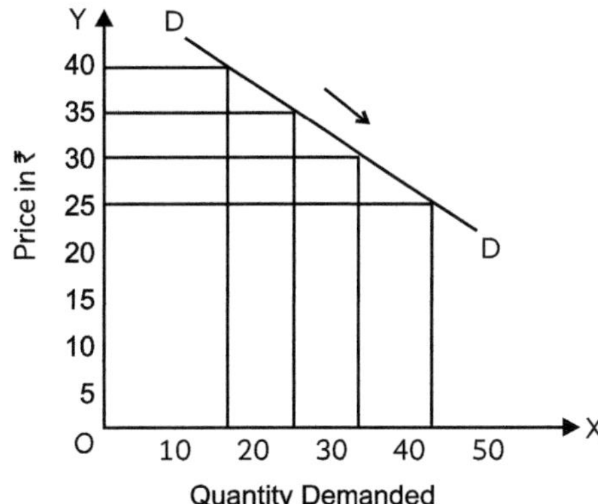

(ii)

(a) The conventional notion of social security is that the government would make periodic payments to look after people in their old age, ill-health, disability, and poverty.

(b) The conceptual change in the paragraph is about writing a cheque for the beneficiary to institutional arrangements to take care for beneficiaries, by enabling them to look after themselves, to a large extent.

(c) The write-a-cheque model of social security is a legacy from the rich world at the optimal phase of its demographic transition.

(d) The traditional model is ill-suited for less, well-off India with a growing life expectancy, increasing urbanization, and resultant migration. Social security under urbanization will be different from social security in a static society.

(iii)

(a) **Perfectly Inelastic Demand**—When a change in the price has no effect on the quantity demanded of a commodity, it is called perfectly inelastic demand. In this case, $E_d = 0$.

(b) **Perfectly Elastic Demand**—When a slight or zero change in the price brings about infinite change in the quantity demanded of that commodity, it is called perfectly elastic demand. In this case, E_d = Infinity.

(c) **Unitary Elastic Demand**—When the proportionate or percentage change in demand for a commodity is the same as the proportionate or percentage change in its price, it is called as unitary elastic demand. In this case, $E_d = 1$.

(d) **Relatively Elastic Demand**—When the proportionate or percentage change in demand for a commodity is greater than the proportionate or percentage change in its price, it is called as relatively elastic demand. In this case, $E_d > 1$.

6. (i) According to **Prof. Alfred Marshall**, "Other things remaining constant, the additional benefit which a person derives from a given increase in his stock of a thing, diminishes with every increase in the stock that he already has." The law of diminishing marginal utility states that: "As a consumer consumes more and more units of a commodity at succession, the Marginal Utility derived from the consumption of each additional unit of the commodity falls."

Following are the exceptions of law of diminishing marginal utility:

(a) Hobbies—Hobbies such as jewellery collection by women, stamp collection, old coins, antiques etc. violate the law.

(b) Misers—In case of misers, MU increases with the increase in the total amount of money available to them, violating the law.

(c) Drunkards—The consumption of products like liquor and cigarettes violates the law. As people tend to consume more of these products, the thirst utility for additional units is greater. This is the reason for the violation.

(d) Power—The law also fails in case of acquiring power. An individual feels more pleasure and derives a higher level of utility, with a greater degree of power.

(e) Listening of Music—In the initial phase, listening to good music again and again violates this law. However; after a certain limit, listening to the same music becomes boring. As a result, the marginal utility tends to diminish. Thus, it is only in the initial period when listening to good music violates the law of diminishing marginal utility.

(f) Reading—More and more reading gives an individual more pleasure and a higher level of utility. This happens because, with more and more reading, an individual acquires a greater degree of knowledge and higher education.

(g) Money—The law of diminishing marginal utility fails in case of earning money. Due to the greed of earning money, people tend to earn as much money as they can. Thus, MU of money never becomes zero.

(ii) The law of supply is also a fundamental principle of economic theory like the law of demand. It was introduced by **Prof. Alfred Marshall** in his book, 'Principles of Economics' which was published in 1890. The law explains the functional relationship between price and quantity supplied.

Statement of the Law:

"Other things being constant, higher the price of a commodity, more is the quantity supplied and lower the price of a commodity less is the quantity supplied".

In simple words, "other factors remain constant, a rise in price results in a rise in the quantity supplied and vice-versa. Thus, there is a direct relationship between price and quantity supplied.

Symbolically,

Sx = f (Px)

S = Supply x = Commodity

f = Function

P = Price of commodity

Law of supply is explained with the help of the following schedule and diagram:

Price of Commodity x (in ₹)	Supply of Commodity x (in kgs.)
10	100
20	200
30	300
40	400
50	500

The above table explains the direct relationship between price and quantity of commodity supplied. When price rises from ₹ 10 to 20, 30, 40 and 50, the supply also rises from 100 to 200, 300, 400 and 500 units respectively.

It means, when price rises supply also rises and when the price falls supply also falls.

Thus, there is a direct relationship between price and quantity supplied which is shown in the following figure:

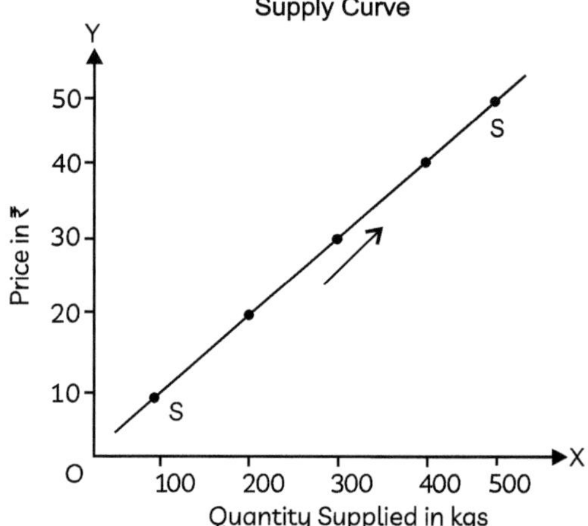

In the above figure, X-axis represents quantity supplied and Y-axis represents the price of the commodity. Supply curve 'SS' slopes upwards from left to right which has a positive slope. It indicates a direct relationship between price and quantity supplied.

Exceptions to the Law of Supply:

(a) Supply of Labour:

Labour supply is the total number of hours that workers work at a given wage rate. It is represented graphically by a supply curve. In the case of labour, as the wage rate rises the supply of labour (hours of work) would increase. So the supply curve slopes upward. Supply of labour (hours of work) falls with a further rise in wage rate and supply curve of labour bends backward. This is because the worker would prefer leisure to work after receiving a higher amount of wages. Thus, after a certain point when the wage rate rises the supply of labour tends to fall.

It can be explained with the help of a backward bending supply curve. The following table and diagram explain the backward bending supply curve of labour.

Wage Rate (₹) per Hour	Hours of Work per Day	Total Amount of Wages (₹)
100	5	500
200	7	1400
300	6	1800

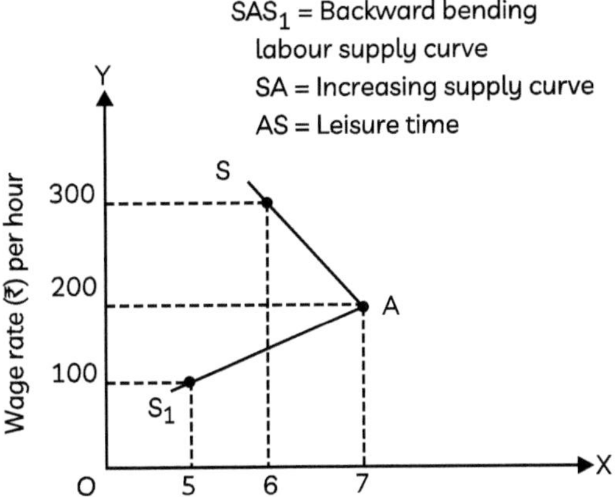

In the above figure, the supply of labour (hours of work) is shown on X-axis and wage rate per hour is shown on the Y-axis. The curve SAS$_1$ represents the backward bending supply curve of labour. Initially, when the wage rate is ₹ 100 per hour, the hours of work are 5. The total amount of wages received is ₹ 500. When the wage rate rises from ₹ 100 to ₹ 200, hours of work will also rise from 5 hours to 7 hours and the total amount of wages would also rise from ₹ 500 to ₹ 1400. At this point, labourers enjoy the highest amount *i.e.* ₹ 1400 and work for 7 hours. If the wage rate rises further from ₹ 200 to ₹ 300, the total amount of wages may rise, but the labourer will prefer leisure time and denies working for extra hours. Thus, he is ready to work only for 6 hours. At point A, the supply curve bends backward, which becomes an exception to the law of supply.

(b) Agricultural Goods—The law of supply does not apply to agricultural goods as they are produced in a specific season and their production depends on weather conditions. Due to unfavourable changes in weather, if the agricultural production is low, their supply cannot be increased even at a higher price.

(c) Urgent need for Cash—If the seller is in urgent need for hard cash, he may sell his product at which may even be below the market price.

(d) Perishable Goods—In case of perishable goods, the supplier would offer to sell more quantities at lower prices to avoid losses. For example, vegetables, eggs etc.

(e) Rare Goods—The supply of rare goods cannot be increased or decreased according to its demand. Even if the price rises, supply remains unchanged. For example, rare paintings, old coins, antique goods etc.

(iii) Monopolistic competition is very realistic in nature. In this market there are some features of perfect competition and some features of monopoly acting together. Prof. E. H. Chamberlin coined this concept in his book "Theory of Monopolistic Competition" which was published in 1933.

Definition:

According to **Chamberlin**, "Monopolistic competition refers to competition among a large number of sellers producing close but not perfect substitutes."

Following are the main features of monopolistic competition:

(a) Fairly Large Number of Sellers—In monopolistic competition, the number of sellers is large but comparatively, it is less than that of perfect competition. Due to this reason, sellers' behaviour is like a monopoly.

(b) Fairly Large Number of Buyers—In this market, there are fairly large numbers of buyers. Consequently, no single buyer can influence the price of the product by changing his individual demand.

(c) Product Differentiation—Product differentiation is the main feature of monopolistic competition. In this market, there are many firms producing a particular product, but the product of each firm is in some way differentiated from the product of every other firm in the market. This is known as product differentiation. Product differentiation may take the form of brand names, trademarks, a peculiarity of package or container, shape, quality, cover, design, colour etc. This means that the product of a firm may find close substitutes and its cross elasticity of demand is very high. For example, mobile handsets, cold drinks etc.

(d) Free Entry and Exit—Under monopolistic competition there is freedom of entry and exit, that is new firms are free to enter the market if there is profit. Similarly, they can leave the market, if they find it difficult to survive.

(e) Selling Cost—Selling cost is peculiar to monopolistic competition only. It refers to the cost incurred by the firm to create more demand for its product and thus increase the volume of sales. It includes expenditure on advertisements, radio and television broadcasts, hoardings, exhibitions, window display, free gifts, free samples etc.

(f) Close Substitutes—In monopolistic competition, goods have close substitutes to each other. For example, different brands of soaps, toothpastes etc.

(g) Concept of Group—Under monopolistic competition, Chamberlin introduced the concept of 'Group' in place of industry. Industry means the number of firms producing identical products. A 'Group' means a number of firms producing differentiated products which are closely related. For example, a group of firms producing medicines, automobiles etc.

●●

📖 Questions

1. Complete the following statements by choosing the correct alternatives:

1A. Choose the correct option:

(i) "Definition - Public finance is one of those subjects which are on the borderline between economics and politics." .... given by
  (a) Adam Smith   (b) Alfred Marshall
  (c) Prof. Hugh Dalton   (d) Prof. Findlay Shirras
  Options:
  (1) only (a)   (2) only (b)
  (3) only (c)   (4) only (d)

(ii) Non-tax sources of revenue:
  (a) Direct and Indirect Tax
  (b) Direct Tax and Fees
  (c) Fees
  (d) Special levies
  Options:
  (1) (b) and (c)   (2) (a) and (c)
  (3) (a), (b), (c) and (d)   (4) (c) and (d)

(iii) Statements that apply to weighted index numbers.
  (a) Every commodity is given equal importance.
  (b) It assigns suitable 'weights' to various commodities.
  (c) In most of the cases, quantities are used as weights.
  (d) Laspeyre's and Paasche's method is used in the calculation of weighted index numbers.
  Options:
  (1) (b), (c) and (d)   (2) (a), (c) and (d)
  (3) (a), (b) and (d)   (4) (a), (b), (c) and (d)

(iv)

A	B
(A) Time utility	(a) Transport
(B) Place utility	(b) Blood bank
(C) Service utility	(c) Mobile phone
(D) Knowledge utility	(d) Doctor

  Options:
  (1) A.(d), B.(b), C.(a), D.(c)   (2) A.(b), B.(a), C.(d), D.(c)
  (3) A.(a), B.(b), C.(c), D.(d)   (4) A.(b), B.(c), C.(d), D.(a)

(v) Concepts studied under Micro-economics.
  (a) National Income   (b) General price level
  (c) Factor pricing   (d) Product pricing
  Options:
  (1) (b) and (c)   (2) (b), (c) and (d)
  (3) (a), (b) and (c)   (4) (c) and (d)

1B. Complete the correlation:

(i) Micro economics : Tree :: Macro-economics : ______

(ii) Perfectly elastic demand : $Ed = \square$ :: ______ : $Ed = 0$

(iii) Expansion of supply : Price rises :: Contraction of supply : ________

(iv) Price Maker : _________ :: Price Marker : Monopoly

(v) Price Index : Inflation :: __________ : Agricultural production

1C. Complete the following statements:

(i) Development financial institutions were established to __________________
  (a) provide short term funds
  (b) develop agriculture, industry and other key sectors.
  (c) regulate money market
  (d) regulate capital market

(ii) NDP is obtained by ________
  (a) deducting depreciation from GNP
  (b) deducting depreciation from GDP
  (c) including depreciation in GDP
  (d) including depreciation in GNP

(iii) An upwards movement along the same supply curve shows ________
  (a) contraction of supply   (b) decrease in supply
  (c) expansion of supply   (d) increase in supply

(iv) Price elasticity of demand on a linear demand curve at the Y-axis is equal to ________
  (a) zero   (b) one
  (c) infinity   (d) greater than one

(v) In the law of diminishing marginal utility, Alfred Marshall assumes that marginal utility of money ________
  (a) increases   (b) remains constant
  (c) decreases   (d) rises and then falls

1D. Find the odd one out:

(i) Selling Cost: Free gifts, advertisement hoardings, window displays, patents.

(ii) Features of Monopoly: Price maker, entry barriers, many sellers, lack of substitutes.

(iii) Market structure on the basis of place: local market, monopoly, national market, international market.

(iv) Unregulated Financial Intermediates: Mutual fund, Nidhi, chit fund, loan companies.

(v) Quantitative Tools: Bank rate, open market operations, foreign exchange rate, variable reserve ratios.

2A. Identify & Explain the Concepts from the given illustrations: (Any 3)

(i) Nilesh purchased ornaments for his sister.

(ii) Kavita consumed five units of oranges one after the other.

(iii) Viru kept aside 100 kgs. out of 500 kgs. of wheat produced in his farm for his family.

(iv) Sara makes a monthly contribution to a fund jointly created by her friends. The collected fund is then given to a chosen member through a lucky draw.

(v) Maharashtra purchased wheat from Punjab.

2B. Distinguish between: (Any 3)

(i) Expansion of demand & Contraction of demand

(ii) Perfectly elastic demand & Perfectly inelastic demand

(iii) Simple Index Numbers & Weighted Index Numbers

(iv) Internal Debt & External Debt

(v) Organised sector and Unorganised sector of money market.

3. Answer the following questions in brief: (Any 3)

(i) Explain the features of Macro economics.

(ii) Explain the determinants of supply.

(iii) Explain the significance of index numbers in economics.

(iv) Explain the role of money market in India. (any 4 points)

(v) What is foreign trade? Explain its types in detail.

4. State with reasons whether you agree or disagree with the following statements: (Any 3)

(i) Macro-economics deals with the study of individual behaviour.

(ii) There is no difference between desire and demand.

(iii) Price is the determinant of demand.

(iv) When price of Giffen goods fall, the demand for it increases.

(v) Index numbers measures changes in price level only.

5. Study the following table/passage/figure and answer the questions given below: (Any 2)

(i) Observe the table and answer the questions given below—

Unit of a Commodity	TU Units	MU Units
1	6	6
2	11	5
3	15	4
4	15	0
5	14	–1

(a) Draw the total utility curve and the marginal utility curve.

(b) (i) When the total utility is maximum, marginal utility is _________.

(ii) When total utility falls, marginal utility becomes _________.

(ii) Supply schedule of chocolates

Price in ₹	Quantity supplied in Units
10	200
15	☐
20	300
25	350
30	☐
35	☐
40	☐

(a) Complete the above supply schedule.

(b) Draw a diagram for the above supply schedule.

(c) State the relationship between price and quantity supplied.

(iii)

Price of Banana (per dozen in ₹)	Demand (in dozen)	Supply (in dozen)	Relation between DD and SS
10	500	100	DD > SS
20	400	☐	DD > SS
30	☐	300	DD = SS
40	200	☐	DD < SS
50	☐	500	DD < SS

(a) Fill in the blanks in the above schedule.

(b) Derive the equilibrium price from the above schedule with the help of a suitable diagram.

6. Answer the following questions in detail: (Any 2)

(i) What is price elasticity of demand? Explain its types.

(ii) Explain the practical difficulties involved in the measurement of National Income.

(iii) Explain various reasons for the growth of public expenditure.

<h1 align="center">🅐 Answer Key</h1>

1A. (i) (1) only (c)

(ii) (4) (c) and (d)

(iii) (1) (b), (c) and (d)

(iv) (2) A.(b), B.(a), C.(d), D.(c)

(v) (4) (c) and (d)

1B. (i) Forest

(ii) Perfectly inelastic demand

(iii) Price falls

(iv) Perfect competition

(v) Quantity index

1C. (i) (b) develop agriculture, industry and other key sectors.

(ii) deducting depreciation from GDP

(iii) expansion of supply

(iv) infinity

(v) remains constant

1D. (i) Patents   **(ii)** Many sellers

  (iii) monopoly   **(iv)** Mutual Fund

   (v) Foreign exchange rate

2A. (i) Concept—Possession Utility

Explanation—Possession utility arises when the ownership of goods is transferred from one person to another.

  (ii) Concept—Continuity

Explanation—Continuity is an assumption to the law of diminishing marginal utility where it is assumed that different units of a commodity are consumed in quick succession without any lapse of time.

  (iii) Concept—Self Consumption

Explanation—Self Consumption refers to that part of the total production of a producer which he uses for his own consumption. This part is not supplied in the market.

  (iv) Concept—Chit fund

Explanation—Chit fund is an unregulated non-banking intermediary in which members make regular contributions to the fund. Bids/draws are made based on some criteria mutually agreed upon by members. Accordingly, the collected fund is given to the chosen member.

  (v) Concept—Internal Trade

Explanation—The buying and selling of goods and services within the boundaries of a nation are referred to as 'Internal Trade' or 'Domestic Trade' or 'Home Trade'

2B. (i) Distinguish between Expansion of Demand and Contraction of Demand

Expansion of Demand	Contraction of Demand
Expansion of demand refers to a rise in demand only due to a fall in price.	Contraction of demand refers to a fall in the demand only due to a rise in price.
Expansion of demand takes place solely due to fall in price. All other factors affecting demand remain constant.	Contraction of demand takes place solely due to a rise in price. All other factors affecting demand remain constant.
Expansion of demand is shown by a downward movement on the same demand curve.	Contraction of demand is shown by an upward movement on the same demand curve.
Expansion of Demand	**Contraction of Demand**

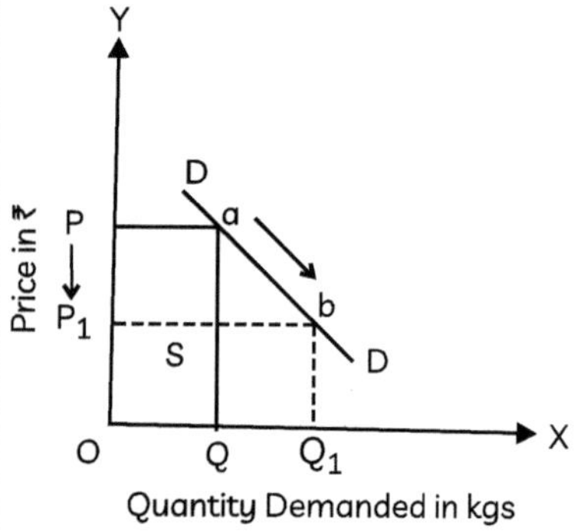

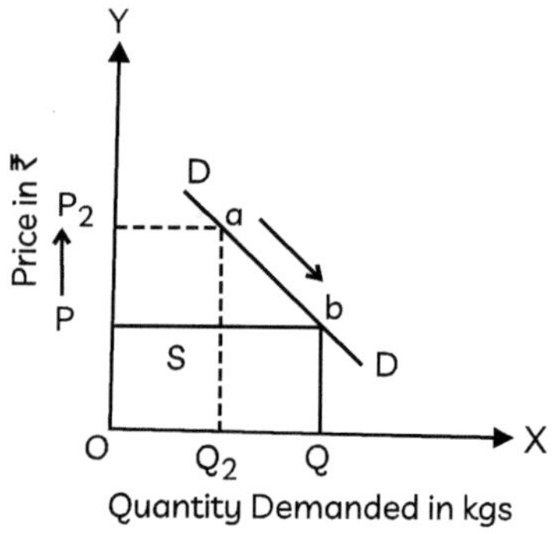

(ii) Distinguish between Perfectly Elastic Demand and Perfectly Inelastic Demand

Perfectly Elastic Demand	Perfectly Inelastic Demand
It implies that the demand is infinitely responsive to any change in the price of the good.	It implies that the demand is completely unresponsive to any change in price of the good.
The perfectly elastic demand curve is parallel to the OX axis.	The perfectly elastic demand curve is parallel to the OY axis.
Perfectly Elastic Demand	**Perfectly Inelastic Demand Ed = 0**

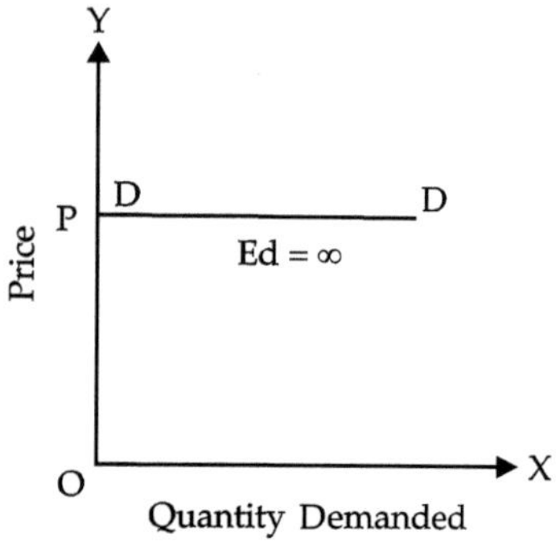

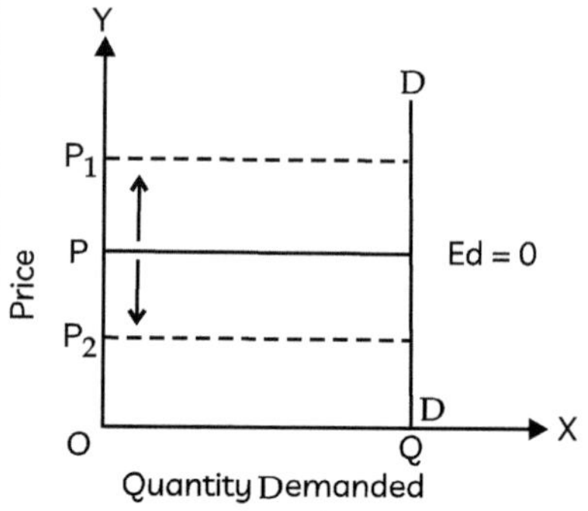

Symbolically it is represented as $E_d = \infty$	Symbolically it is represented as $E_d = 0$
For example: 10% fall in price may lead to an infinite rise in demand.	For example: 20% fall in price will have no effect on quantity demanded.

(iii) Distinguish between Simple Index Numbers and Weighted Index Numbers

Simple Index Numbers	Weighted Index Numbers
Simple index numbers is a method of constructing an index number in which every commodity is given equal importance.	Weighted index numbers is a method of constructing an index number in which suitable weights are assigned to various commodities.
This method can be applied to determine the price index number, quantity index number, and value index number.	This method can be applied to determine price index numbers and the special-purpose index numbers.
It is the easiest method for constructing index numbers.	It is relatively complex as compared to simple index numbers.

(iv) Distinguish between Internal Debt and External Debt

Internal Debt	External Debt
When a government borrows from its citizens, banks, Central Bank, financial institution, business houses, etc. within the country, it is known as internal debt.	When a government borrows from foreign governments, foreign bank institutions, international organization like the International Monetary Fund, World Bank, etc., it is known as external debt.
It is voluntary or compulsory in nature.	It is voluntary in nature.
It involves the use of domestic currency.	It involves the use of foreign currency.
It is less complex for management.	It is more complex for management.

(v) Distinguish between Organized sector and Unorganised sector of money market

Organized Sector of the Money Market	Unorganised Sector of the Money Market
The organized sector includes: (i) Reserve Bank of India (RBI) (ii) Commercial Banks (iii) Co-operative Banks (iv) Development of Financial Institutions (v) Discount and Finance House of India	The unorganized sector includes: (i) Money lenders (ii) Indigenous bankers (iii) Unregulated non-banking financial institutions
This sector comes under the purview of RBI.	This sector not come under the control of RBI.
The interest rates are low and borrowers are not exploited.	The interest rates very high and borrowers are exploited.
It mainly operates in urban, semi-urban, and certain rural areas.	It mainly operates in rural areas of remote regions where the organized sector is not developed.

3. Features of Macro Economics :

(1) Study of Aggregates : Macro economics deals with the study of economy as a whole. It is concerned with the aggregate concepts such as national income, national output, national employment, general price level, business cycles etc.

(2) Income Theory : Macro economics studies the concept of national income, its different elements, methods of measurement and social accounting. Macro economics deals with aggregate demand and aggregate supply. It explains the causes of fluctuations in the national income that lead to business cycles i.e. inflation and deflation.

(3) General Equilibrium Analysis : Macro economics deals with the behaviour of large aggregates and their functional relationship. General Equilibrium deals with the behaviour of demand, supply and prices in the whole economy.

(4) Interdependence : Macro analysis takes into account interdependence between aggregate economic variables, such as income, output, employment, investments, price level etc. For example, changes in the level of investment will finally result into changes in the levels of income, levels of output, employment and eventually the level of economic growth.

(5) Lumping Method : Lumping method is the study of the whole economy rather than its part. According to Prof. Boulding, "Forest is an aggregation of trees but it does not reveal the properties of an individual tree." This reveals the difference between micro economics and macro economics.

(6) Growth Models : Macro economics studies various factors that contribute to economic growth and development. It is useful in developing growth models. These growth models are used for studying economic development. For example, Mahalanobis growth model emphasized on basic heavy industries.

(7) General Price Level : Determination and changes in general price level are studied in macroeconomics. General price level is the average of all prices of goods and services currently being produced in the economy.

(8) Policy-oriented : According to Keynes, macro economics is a policy oriented science. It suggests suitable economic policies to promote economic growth, generate employment, control of inflation, and depression etc.

(ii) Supply refers to the quantity of a commodity that a seller is willing and able to offer for sale at a given price, during a certain period of time.

The following are the determinants of Supply:

(a) Price of the Commodity—Other things remaining constant, at higher price, the producers prefer to increase their sales by increasing their supply and vice-versa. Thus, there is a direct relationship between price and quantity supplied.

(b) Price of related Goods—A rise in the prices of substitute goods will lead to a decrease in the supply of other goods and vice-versa. On the other hand, a rise in the price of complementary goods will lead to an increase in the supply of other goods.

(c) Cost of Production—If the price of inputs increases, the cost of production also increases, other things remaining the same. An increase in the cost of production decreases the profits of the supplier and, consequently, lesser quantity is supplied at the given price.

(d) State of Technology—Other things remaining the same, if the level of available technology appreciates.

(e) Government Policy—Other things remaining constant, if the government policies are more stringent and strict such as high rate of tax, the cost of production will rise. The high cost of production will discourage the producer and thereby, supply will decrease.

(iii) An index number is a statistical measure designed to show changes in a variable or group of related variables with reference to time geography location, and other characteristics such as income, profession, etc. Index numbers are indispensable tools of economic analysis.

The significance of index numbers is as follows:

(a) Framing Suitable Policies—Index numbers provide guidelines to policy makers in framing suitable economic policies such as agricultural policy, industrial policy, fixation of wages, and dearness allowances in accordance with the cost of living, etc.

(b) Studies Trends and Tendencies—Index numbers are widely used to measure changes in economic variables such as production, prices, exports, imports, etc. over a period of time.

(c) Forecasting about the Future Economic Activity—Index numbers are useful for marking predictions for the future based on the analysis of the past and present trends in the economic activities. For example, based on the available data pertaining to imports and exports, future predictions can be made. Thus, forecasting guides in proper decision making.

(d) Measurement of Inflation—Index numbers are also used to measure changes in the price level from time to time. It enables the government to undertake appropriate anti-inflationary measures. There is legal provision to pay the D.A. (dearness allowance) to the employees in organised sector on the basis of changes in the Dearness Index.

(iv) The following points outline the role of the money market in India :

(1) Short-term requirements of borrowers : Money market provides reasonable access for meeting the short-term financial needs of the borrowers at realistic prices.

(2) Liquidity Management: Money market is a dynamic market. It facilitates better management of liquidity and money in the economy by the monetary authorities. This, in turn, leads to economic stability and development of the country.

(3) Portfolio Management: Money market deals with different types of financial instruments that are designed to suit the risk and return preferences of the investors. This enables the investors to hold a portfolio of different financial assets which in turn, helps in minimizing risk and maximizing returns.

(4) Equilibrating mechanism: Through rational allocation of resources and mobilization of savings into investment channels, money market helps to establish equilibrium between the demand for and supply of short-term funds.

(v) Foreign Trade is trade between the different countries of the world. It is called as International Trade or External Trade.

Definition : According to Wasserman and Hultman, "International Trade consists of transaction between residents of different countries".

Types of foreign trade : Foreign trade is divided into the following three types.

(1) Import Trade, (2) Export Trade, (3) Entrepot Trade

(1) Import Trade : Import trade refers to purchase of goods and services by one country from another country or inflow of goods and services from foreign country to home country. For example, India imports petroleum from Iraq, Kuwait, Saudi Arabia, etc.

(2) Export Trade : Export trade refers to the sale of goods by one country to another country or outflow of goods from one country to foreign country. For example, India exports tea, rice, jute to China, Hong Kong, Singapore etc.

(3) Entrepot Trade : Entrepot trade refers to purchase of goods and services from one country and then selling them to another country after some processing operations. For example, Japan imports raw material required to make electronic goods like, radio, washing machine, television etc. from England, Germany, France etc. and sells them to various countries in the world after processing them.

4. (i) I disagree with the given statement.

Reason:

It deals with total employment, National Income, national output, total investment, total consumption, total saving, general price level, interest rates, inflation, trade cycles, business fluctuations etc.

Macro-economic does not deal with the study of individual behaviour. It deals with the whole economy.

(ii) Disagree

Reason:

Desire and demand are not same. Following are the points of difference between desire and demand:

(1) Desire refers to mere wish of a person to have a particular commodity. Demand refers to desire backed by the ability to pay and willingness to pay for a particular commodity.

(2) Desire has no relation with price, place and time. Demand has relation with price, place and time.

(3) Desire has no limit. Demand is limited by ability to pay and willingness to pay.

(iii) No, I do not agree with the given statement. This is because there are various factors that determine demand other than price.

Determinants of Demand:

The demand for goods is determined by the following factors:

(1) Price—Price determines the demand for a commodity to a large extent. Consumers prefer to purchase a product in large quantities when price of a product is less and they purchase a product in small quantities when price of a product is high.

(2) Income—Income of a consumer decides purchasing power which in turn influences the demand for the product. Rise in income will lead to a rise in demand for the commodity and a fall in income will lead to a fall in demand for the commodity.

(3) Price of Substitute Goods—If a substitute good is available at a lower price then people will demand cheaper substitute goods instead of costly goods. For example, if the price of sugar rises then demand for jaggery will rise.

(4) Price of Complementary Goods—Change in the price of one commodity would also affect the demand for other commodity. For example, car and fuel. If the price of fuel rises, then demand for cars will fall.

(5) Nature of product—If a commodity is a necessity and its use is unavoidable, then its demand will continue to be the same irrespective of the corresponding price. For example, medicine to control blood pressure.

(iv) I Disagree with the given statement.

Reason:

When price of Giffen goods falls, its demand decreases. Inferior goods or low-quality goods are those goods the demand for which does not rise even if their price falls. At times, demand decreases when the price of such commodities falls. Sir Robert Giffen observed this behaviour in England in relation to decline in bread's demand, People did not want to buy more bread because of increase in their real income or purchasing power. They preferred to buy superior goods like meat. This is know as Giffen's paradox.

(v) Disagree

Reason:

Index numbers were originally developed to measure changes in the price level. In the present context, it is also used to measure trends in a wide variety of areas that includes stock market prices, cost of living, industrial and agricultural production, changes in exports and imports etc. Index numbers are not directly measurable, but represent relative changes.

5. (i) Total Utility Curve and Marginal Utility Curve

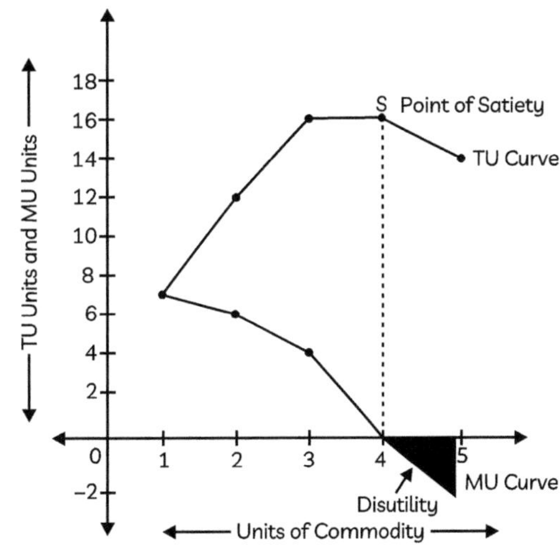

(a) When Total Utility is maximum, marginal utility is **zero.**

(b) When Total Utility falls, marginal utility becomes **negative.**

(ii) (a)

Price in (₹)	Quantity Supplied in Units
10	200
15	**250**
20	300
25	350
30	**400**
35	**450**
40	**500**

(b)

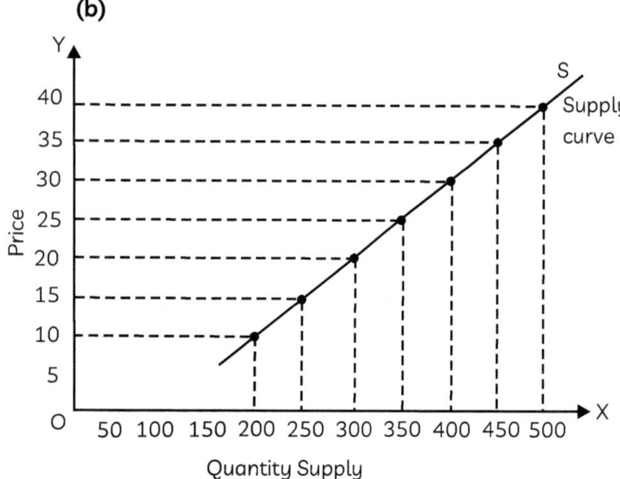

(c)

1. There is direct relationship between price and quantity supplied.

2. The supply curve is positively sloped.

3. As the price increases, quantity supplied also increases.

4. At the lowest price 10, quantity supplied is less than 200, at the highest price 40 the quantity supplied is the highest 500.

5. The supply curve moves upward from left to right.

(iii) (a)

Price of Banana (per dozen in ₹)	Demand (in dozen)	Supply (in dozen)	Relation between DD and SS
10	500	100	DD > SS
20	400	**200**	DD > SS
30	**300**	300	DD = SS
40	200	**400**	DD < SS
50	**100**	500	DD < SS

(b)

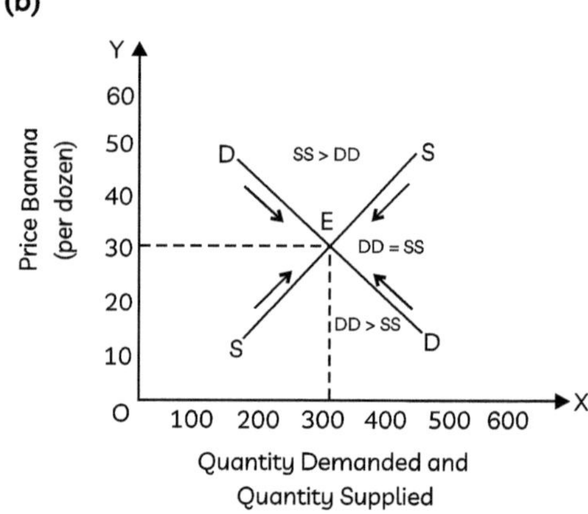

6. **(i) Price elasticity:** According to Prof. Alfred Marshall, price elasticity of demand is a ratio of proportionate change in the quantity demanded of a commodity to a given proportionate change in its price.

$$Ed = \frac{\text{Percentage change of Quantity Demanded}}{\text{Percentage change in Price}}$$

Symbolically, $\quad Ed = \dfrac{\%\Delta Q}{\%\Delta P}$

$$Ed = \frac{\Delta Q}{Q} \div \frac{\Delta P}{P}$$

$$Ed = \frac{\Delta Q}{Q} \times \frac{\Delta P}{P}$$

Where,

Q = Original quantity demanded

ΔQ = Difference between the new quantity and original quantity demanded

P = Original price

ΔP = Difference between new price and original price

Type of Price Elasticity of Demand

(1) Perfectly Elastic Demand (Ed = ∞) :

When a slight or zero change in the price brings about an infinite change in the quantity demanded of that commodity, it is called perfectly elastic demand. It is only a theoretical concept. For example, 10% fall in price may lead to an infinite rise in demand.

$$Ed = \frac{\text{Percentage change of Quantity Demanded}}{\text{Percentage change in Price}} = \infty$$

$Ed = \infty$

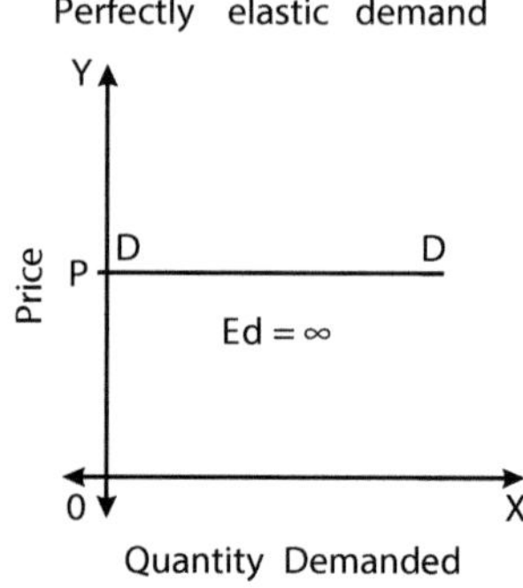

Fig. Quantity Demanded

In figure, the demand curve is a horizontal line parallel to the X axis indicating perfectly elastic demand.

(2) Perfectly inelastic demand (Ed = 0) :

When a percentage change in price has no effect on the quantity demanded of a commodity it is called perfectly inelastic demand. For example, 20% fall in price will have no effect on quantity demanded.

$$Ed = \frac{\%\Delta Q}{\%\Delta P}$$

$$Ed = \frac{0}{20} = 0$$

$$Ed = 0$$

In practice, such a situation rarely occurs.

For example, demand for salt, milk.

Perfectly inelastic demand Ed = 0

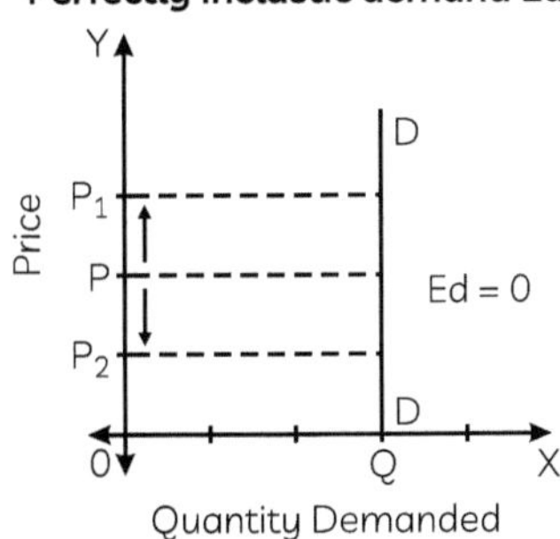

Quantity Demanded

Fig. Quantity Demanded

In figure, when price rises from OP to OP_1 or when price falls from OP to OP_2, demand remains unchanged at OQ. Therefore, the demand curve is a vertical straight line parallel to the Y axis, indicating perfectly inelastic demand.

(3) Unitary elastic demand (Ed = 1) :

When a percentage change in price leads to a proportionate change in quantity demanded then demand is said to be unitary elastic. For example, 50% fall in price of a commodity leads to 50% rise in quantity demanded.

$$Fd = \frac{\%\Delta Q}{\%\Delta P} = \frac{50}{50} = 1$$

$$\therefore \qquad Ed = 1$$

Umcary elastic demand

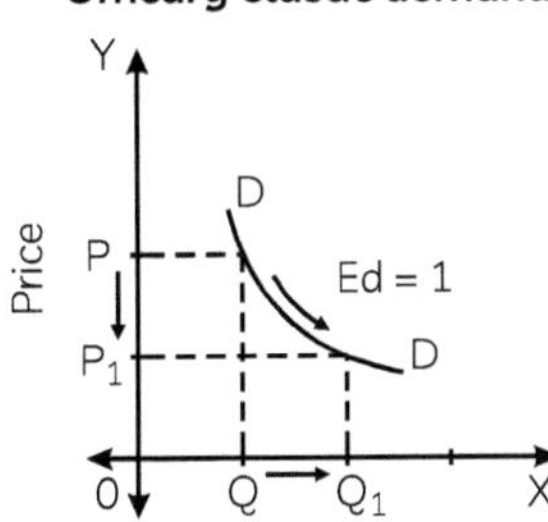

Quantity Demanded

Fig. Quantity Demanded

In figure, when price falls from OP to OP1 (50%, demand rises from OQ to OQ1 (50%). Therefore, the slope of the demand curve is a 'rectangular, hyperbola'.

(4) Relatively elastic demand (Ed > 1) :

When a percentage change in price leads to more than proportionate change in quantity demanded, the demand is said to be relatively elastic. For example, 50% fall in price leads to 100% rise in quantity demanded.

$$Ed = \frac{\%\Delta Q}{\%\Delta P}$$

$$Ed = \frac{100}{50}$$

$$\therefore \qquad Ed = 2$$

$$Ed > 1$$

Relatively elastic demand

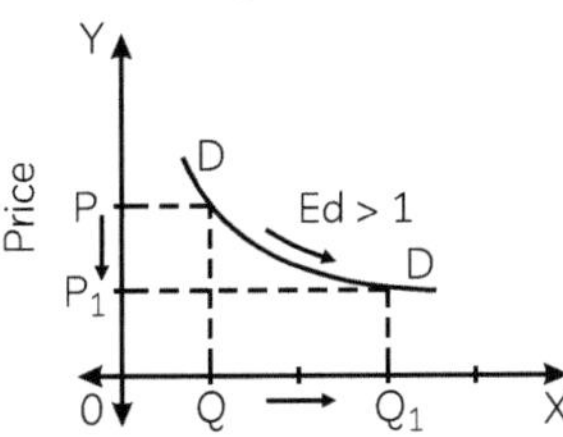

Quantity Demanded

Fig. Quantity Demanded

In figure, when price falls from OP to OP_1 (50%), demand rises from OQ to OQ_1 (100%). Therefore, the demand curve has a flatter slope.

(5) Relatively inelastic demand (Ed < 1):

When a percentage change in price leads to less than proportionate change in the quantity demanded, demand is said to be relatively inelastic. For example, 50% fall in price leads to 25% rise in quantity demanded.

$$Ed = \frac{\%\Delta Q}{\%\Delta P}$$

$$Ed = \frac{25}{30} = 0.5$$

$$\therefore \qquad Ed = 0.5$$

$$Ed < 1$$

Relatively inelastic demand. Ed < 1

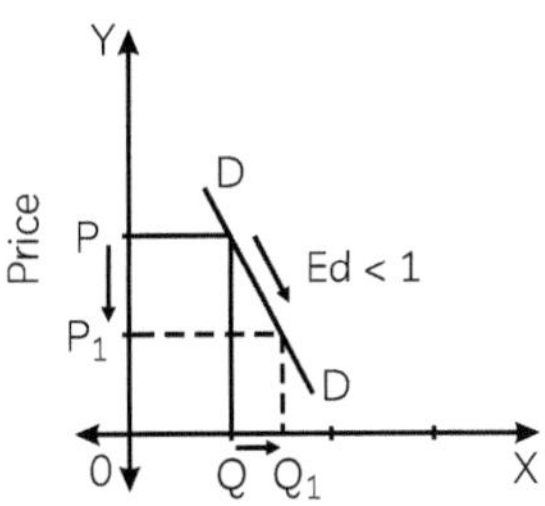

Quantity Demanded

Fig. Quantity Demanded

(ii) National Income is one of the important subject matter of macro-economics. The total income of the nation is called National Income. In real terms, National Income is the flow of goods and services produced in an economy during a year.

The various practical or statistical difficulties in the measurement of National Income are as follows:

(a) Problem-related to Double Counting—One of the major problems involved in the estimation of National Income by the value-added method is the problem of double counting. Double counting refers to a situation where the value of a good is taken into account (counted) more than once. Such a problem occurs because, for every producer the commodity he sells is the final commodity. Thus, if the value of the good is taken into account every single time, it leads to estimating the value of the product more than once.

(b) Estimation Regarding Depreciation—During the process of production, along with the raw materials and inputs, various fixed assets such as machinery, tools, etc. are also used. However, during the course of production, the fixed assets undergo wear and tear. This wear and tear reduce the value of the fixed assets of business entities. Since depreciation is based on various assumptions and is subjective in nature, it is difficult for an individual to correctly assess the deduction to be made for depreciation.

(c) Self-consumption—At times, the producer or firm keeps a certain portion of the output for self-consumption. Such a portion of production that is retained for self-consumption should be included in the estimation of income, but is difficult to calculate such consumption and production.

(d) Windfall Gains and Capital Gains—Windfall gains such as lotteries and capital gains are unearned income and are not included in the estimation of the National Income. However, these activities very much add to the national product.

(e) Valuation of Inventories—Raw materials, intermediate goods, semi-finished and finished products in the stock of the producers are known as inventories. Any mistake in measuring the value of inventory will distort the value of the final production of the producer. Therefore, the valuation of inventories requires careful assessement.

(f) Illiteracy and Ignorance—Due to ignorance and illiteracy, small producers do not keep an account of their production. So they cannot give information about the quantity of value of their output.

(iii) Reasons for Growth in Public Expenditure :

It is observed that there is a continuous growth in public expenditure in a developing country like India.

Some of the important reasons are:

(a) Increase in the Activities of the Government— As mentioned earlier, the modern government performs many functions for the social and economic development of the country. These functions include spread of education, public health, public works, public recreation, social welfare schemes etc. It is observed that new functions are continuously being undertaken and old functions are being performed more efficiently on a large scale by the government. This leads to increase in public expenditure.

(b) Rapid Increase in Population—Population of developing countries like India is increasing fast. In 2011 Census, it was 121.02 crores. As a result, the government has to incur greater expenditure to fulfill the needs of the increasing population.

(c) Growing Urbanization—Spread of urbanization is a global phenomenon of the day. This leads to increase in the government expenditure on water supply, roads, energy, schools and colleges, public transport, sanitation etc.

(d) Increasing Defence Expenditure—In modern times, defence expenditure of the government is increasing even in the peace time due to unstable and hostile international relationships.

(e) Spread of Democracy—Majority of the countries in the world are democratic in nature. A democratic form of government is expensive due to regular elections and other such activities. This results in the increase in total expenditure of the government.

(f) Inflation—Just like a private individual, the government has to buy goods and services from the market for the spread of economic and social development. Normally, prices show a rising trend. Due to this, the government has to incur increasing costs.

(g) Industrial Development—Industrial development leads to an increase in production, employment and overall growth in the economy. Hence, the government makes huge efforts for implementing various schemes and programmes for industrial development. This results in increase in government expenditure.

(h) Disaster Management—Many natural and man-made calamities like earthquakes, floods, cyclones, social unrest etc. are occurring more frequently. The government has to spend a huge amount for the disaster management which increases total expenditure. Modern governments are working for 'welfare state'. Hence, there is a continuous increase in the public expenditure.

●●

SAMPLE PAPER-3
Economics

Questions

1. Complete the following statements by choosing the correct alternatives:

1A. Choose the correct option:

(i) Method adopted in micro-economic analysis.
- (a) Lumping method
- (b) Aggregative method
- (c) Slicing method
- (d) Inclusive method

Options:
- (1) (a), (c)and (d)
- (2) (a), (b) and (d)
- (3) only (c)
- (4) only (a)

(ii) Statements that are incorrect in relation to index number.
- (a) Index number is a geographical tool.
- (b) Index numbers measure changes in the air pressure.
- (c) Index numbers measure relative changes in an economic variable.
- (d) Index numbers are specialized averages.

Options:
- (1) (c) and (d)
- (2) (a) and (b)
- (3) (b) and (c)
- (4) (a) and (d)

(iii) Trends shown by Public expenditure of any Government shows following trend.
- (a) Constant
- (b) Increasing
- (c) Decreasing
- (d) Fluctuating

Options:
- (1) only (a)
- (2) only (b)
- (3) only (c)
- (4) only (d)

(iv) Identify the right group of pairs from the given options.
- (A) Direct tax
- (B) Indirect tax
- (C) Fees and Fines
- (D) Surplus budget
- (a) Non-tax revenue
- (b) Inflation
- (c) GST
- (d) Personal income tax

Options:
- (1) A.(d), B.(c), C.(b), D.(a)
- (2) A.(c), B.(d), C.(a), D.(b)
- (3) A.(d), B.(c), C.(a), D.(b)
- (4) A.(a), B.(b), C.(c), D.(d)

(v) Types of foreign trade
- (a) Import trade
- (b) Export trade
- (c) Entrepot trade
- (d) Internal trade

Options:
- (1) (a) and (b)
- (2) (a), (b) and (c)
- (3) (a), (b), (c) and (d)
- (4) None of these

1B. Complete the correlation:

(i) Macro-Economic Theory : Income and Employment :: Micro Economics : _______

(ii) Rectangular Hyperbola : _______ :: Steeper Demand Curve : Relatively inelastic demand.

(iii) Total Revenue : _______ :: Average Revenue : TR/TQ

(iv) Single Price : Perfect Competition :: Discriminated prices : _______

(v) Co-operative banks : Organized Sector :: Indigenous bankers : _______

1C. Complete the following statements:

(i) As per the law of diminishing marginal utility, measurement of utility is assumed to be _______
- (a) ordinal
- (b) cardinal
- (c) both ordinal and cardinal
- (d) none of the above

(ii) The relationship between demand for a good and price of its substitute is _______
- (a) direct
- (b) inverse
- (c) no effect
- (d) can be direct and inverse

(iii) Demand curve is parallel to X axis, in case of _______
- (a) perfectly elastic demand
- (b) perfectly inelastic demand
- (c) relatively elastic demand
- (d) relatively inelastic demand

(iv) A rightward shift in supply curve shows _______
- (a) contraction of supply
- (b) decrease in supply
- (c) expansion of supply
- (d) increase in supply

(v) In India, National Income is estimated using _______
- (a) output method
- (b) income method
- (c) expenditure method
- (d) combination of output and income method

1D. Give the Economic Term:

(i) A commodity which can be put to several uses.

(ii) Degree of responsiveness of a change in quantity demanded of one commodity due to change in the price of another commodity.

(iii) Degree of responsiveness of a change of quantity demanded of a good to a change in its price.

(iv) Cost incurred per unit of output.

(v) Number of firms producing identical product.

2A. Identify & Explain the Concepts from the given illustrations: *(Any 3)*

(i) Ramesh decided to take all decisions related to production, such as what and how to produce?

(ii) Neelam paid wages to workers in her factory and interest on her bank loan.

(iii) Milind refused to eat the fourth chocolate after eating three chocolates.

(iv) Tia deposited a lump-sum amount of ₹ 50,000 in the bank for a period of one year.

(v) Japan sells smart phones to Myanmar.

2B. Distinguish between: (Any 3)

(i) Increase in Demand & Decrease in Demand

(ii) Stock & Supply

(iii) Price Index & Quantity Index

(iv) Special Assessment & Special Levy

(v) Internal Trade & International Trade

3. Answer the following questions in brief: (Any 3)

(i) What are the types of demand?

(ii) Explain geometric method of mean price elasticity of demand.

(iii) Explain features of national income.

(iv) State and explain the functions of commercial bank.

(v) Explain the role of capital market in India.

4. State with reasons whether you agree or disagree with the following statements: (Any 3)

(i) Macro-economics and Micro-economics are different concepts.

(ii) The measurement of National Income involves too many theoretical difficulties.

(iii) Value added approach is used under output method to avoid double counting.

(iv) Democratic Governments do not lead to increase in public expenditure.

(v) The goods and services tax (GST) has replaced almost all indirect taxes in India.

5. Study the following table/passage/figure and answer the questions given below: (Any 2)

(i) In the following diagram AE is the linear demand curve of a commodity. On the basis of the given diagram state whether the following statements are true or false. Given reasons to your answer.

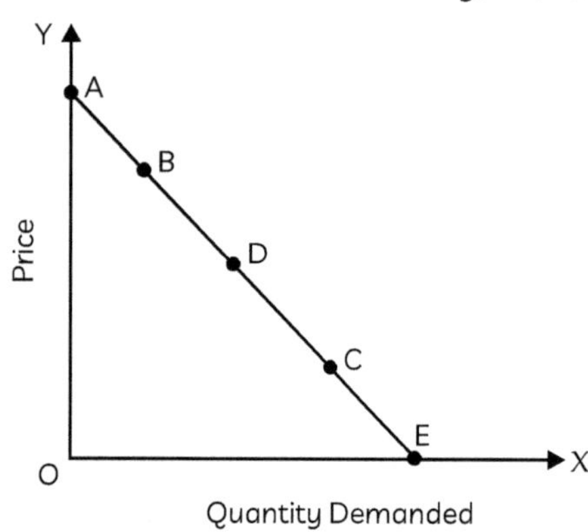

Demand at point 'C' is relatively elastic demand.

Demand at point 'B' is unitary elastic demand.

Demand at point 'D' is perfectly inelastic demand.

Demand at point 'A' is perfectly elastic demand.

(ii) Observe the market supply schedule of potatoes and answer the following questions.

Price in ₹	Firms			Market Supply (kg)
	"A"	"B"	"C"	
1		20	45	100
2	37	30	45	
3	40		55	155
4	44	50		154

Complete the quantity of potato supplied by the firms to the market in the above table.

Draw the market supply curve from the schedule and explain it.

(iii) Observe the given diagram and answer the following questions:

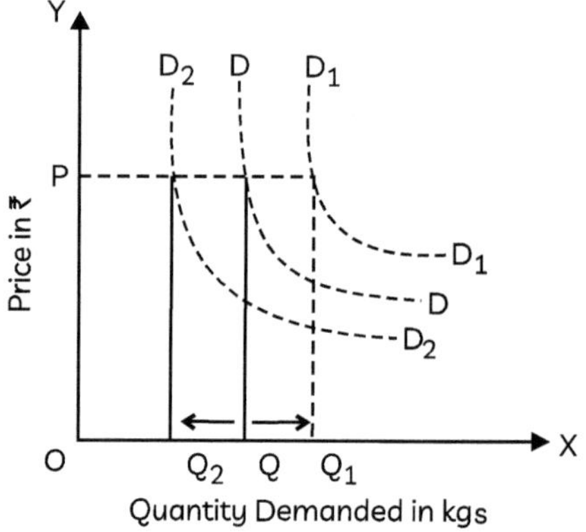

(a) Rightward shift in demand curve _________

(b) Leftward shift in demand curve _________

(c) Price remains _________

(d) Increase and decrease in demand comes under _________

6. Answer the following questions in detail: (Any 2)

(i) State and explain the assumptions of the law of diminishing marginal utility.

(ii) What is perfect competition? Explain the concept and its features.

(iii) Explain the steps involved in the construction of index numbers.

🄰 Answer Key

1A. (i) (3) only (c)

(ii) (1) (c) and (d)

(iii) (2) only (b)

(iv) (3) A.(d), B.(c), C.(a), D.(b)

(v) (2) (a), (b) and (c)

1B. (i) Price Theory

(ii) Unitary elastic demand

(iii) $P \times Q$

(iv) Monopoly

(v) Unorganised Sector

1C. (i) cardinal   **(ii)** direct

(iii) perfectly elastic demand   **(iv)** increase of supply

(v) combination of output and income method

1D. (i) Composite demand

(ii) Cross elasticity of demand

(iii) Price elasticity of demand

(iv) Average cost

(v) Perfect competition

2A. (i) Concept—Free market economy

Explanation—A free market economy is where the economic decisions regarding the production of goods, such as 'What to produce?, How much to produce?, How to produce? etc., are taken at individual levels. There is no intervention by the Government or any other agency while taking decisions regarding the production.

(ii) Concept—Theory of factor pricing

Explanation—The theory of factor pricing explains how the rewards are determined for various factors of production like land, labour, capital and entrepreneur.

(iii) Concept—Point of satiety

Explanation—After reaching the point of satiety, a rational consumer should stop his consumption since the maximum limit of satisfaction is reached and there is no addition to the total utility by any further increase in the stock of a commodity.

(iv) Concept—Fixed Deposit

Explanation—

Fixed deposits refer to a lumpsum amount deposited by a customer for a specified period of time. Hence, this illustration relates to the concept of 'fixed deposit' as Tia deposited a lumpsum amount of ₹ 50,000 in the bank for a period of one year.

(v) Concept—Foreign trade

Explanation—

Foreign trade refers to trade between different countries of the world. Hence, this illustration relates to the concept of 'foreign trade' as Japan (*i.e.* one country) sells phones to Myanmar (*i.e.* another country).

2B. (i) Distinguish between Increase in Demand and Decrease in Demand

Increase in Demand	**Decrease in Demand**
When more quantity is demanded than before at same price, it is called an increase in demand.	When less quantity is demanded than before at the same price, it is called a decrease in demand.
Increase in demand takes place due to favourable changes in factors other than price like fashion, income, taxation policy, advertisements, etc.	Decrease in demand takes place due to unfavourable changes in factors other than price like fashion, income, taxation policy, advertisements, etc.
An increase in demand is indicated by a shift in the demand curve to the right.	A decrease in demand is indicated by a shift in the demand curve to left.
When there is an increase in demand, the demand curve shifts to the right from DD to $D_1 D_2$ as shown in the figure.	When there is a decrease in demand the demand curve shift to the left from DD to $D_1 D_2$ as shown in the figure.
Increasee	Decrease

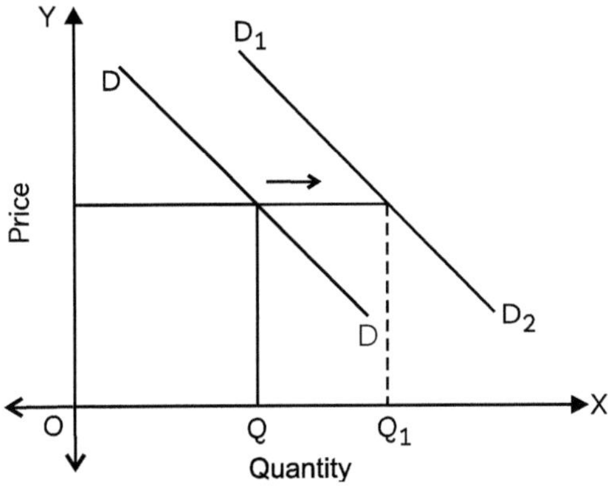

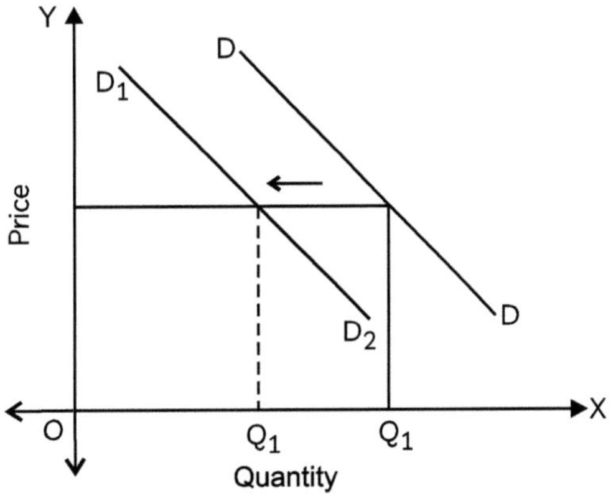

(ii) Distinguish between Stock and Supply

Stock	Supply
Stock is the total quantity of goods available for sale with a seller at a particular point in time.	Supply refers to the quantity of goods that a seller is able and willing to offer for sale at a particular price during a certain period of time.
Stock is the outcome of production.	Supply is derived out of stock.
Stock can be increased if production is increased.	Supply can be increased if stock is increased.
Stock is generally more than supply.	Supply can be less than or equal to stock. However, it cannot exceed stock.
Stock is a static concept and is not expressed in relation to price and time.	Supply is a flow concept and is always expressed in relation to price and time.

(iii) Distinguish between Price Index and Quantity Index

Price Index	Quantity Index
Price Index Number is calculated by two methods, namely (a) Simply Aggregative Method (b) Simple Average of Price Relative Method	Quantity Index Number is calculated by two methods, namely. (a) Weighted Average of Price Relative Method (b) Weighted Aggregative Method
Price Index Number is also known as the Unweighted Index Number.	Quantity Index Number is also known as Weighted Index Number.
Price Index Number takes into account the prices of the commodity of the base year as well as of the current year.	Quantity Index takes into consideration the weight of goods assigned according to the quantity.

(iv) Distinguish between Special Assessment and Special Levy

Special Assessment	Special Levy
Special assessment refers to the payment made by citizens of a particular locality in exchange for certain special facilities provided to them by the public authorities.	Special levy is changed on commodities whose consumption is harmful to the health and well being of citizens.
E.g.: local bodies can levy a special tax on the residents of a particular area where extra/special facilities of roads, energy, water supply, etc. are provided.	E.g. : duties levied on wine, opium and other intoxicants.
The objective is to earn revenue through the provision of special facilities.	The objective is to discourage the consumption of such commodities.

(v) Distinguish between Internal Trade and International Trade

Basis	Internal Trade	International Trade
Meaning	Internal trade refers to the buying and selling of goods within the geographical limits of country.	International trade refers to the buying and selling of goods beyond the geographical limits of a country.
Countries Involved	Internal trade involved in only one country.	International trade is involved minimum of two countries.
Currency	Payments are made and received in-home country only.	Payment is made and received in mutually agreed foreign current only.

Risk	Internal trade involves less degree of risk.	International trade involves high degree of risk, such as transit, risk of fluctuation of currency and demand, etc.
Government Restrictions	Internal trade is not restricted, except on a few goods.	International trade is strictly monitored by the government and prior approval is required before international transactions.

3. (i) The types of demand are—

(a) Direct Demand—It is the demand by the consumer for goods which satisfy their wants directly. They serve direct consumption needs of the consumers. Thus, it is the demand for consumer goods. For example, demand for cloth, sugar, etc.

(b) Indirect Demand—Indirect demand is also known as derived demand. It refers to demand for goods which are needed for further production. It is the demand for producer's goods. Hence, all factors of production have indirect or derived demand. For example, demand for workers in a sugar factory is derived or indirect demand.

(c) Complementary/Joint Demand—When two or more goods are demanded jointly to satisfy a single want, it is known as joint or complementary demand. For example, car and fuel etc.

(d) Composite Demand—The demand for a commodity which can be put to several uses is known as composite demand. For example, electricity is demanded for several uses such as light, fan, washing machine etc.

(e) Competitive Demand—It is demand for those goods which are substitute for each other. For example, tea or coffee, sugar or jaggery etc.

(ii) Point method or Geometric Method : Prof. Marshall has developed another method to measure elasticity of demand, which is known as point method or geometric method. The ratio method and total outlay methods are unable to measure elasticity of demand at a given point on the demand curve.

At any point on the demand curve, elasticity of demand is measured with the help of the following formula.

$$\text{Point elasticity of demand (Ed)} = \frac{\text{Lower segment of demand curve below a given point (L)}}{\text{Upper segment of demand curve above a given point (U)}}$$

(iii) Features of National Income :

(1) Macro Economic concept : National income represents income of the economy as a whole rather than that of an individual. Hence it is a macro economic concept.

(2) Value of only final goods and services : In order to avoid double counting in national income, the value of only final goods and services produced in the economy are considered. The value of intermediate goods or raw materials is not considered. For example, while estimating the production of shirts, there is no need to take the value of cotton, as it is already included in the price of the shirts.

(3) Net aggregate value : National income includes net value of goods and services produced and does not include depreciation cost. (*i.e.,* wear and tear of capital assets)

(4) Net income from abroad : National income includes net income from abroad *i.e.,* difference between export value and import value (X-M) and net difference between receipts from abroad and payments made abroad (R-P).

(5) Financial year : National income is always expressed with reference to a time period. In India, it is from 1st April to 31st March.

(6) Flow concept : National income is a flow concept as it shows flow of goods and services produced in the economy during a year.

(7) Money value : National income is always expressed in monetary terms. It represents only those goods and services which are exchanged for money.

(iv) Functions of Commercial Bank

(a) Acceptance of Deposits—Deposits constitute the main source of funds for commercial banks. Savings lead to the creation of deposits. Deposits are categorized as (i) Demand deposits and (ii) Time deposits.

1. **Demand Deposits:** Deposits that are withdrawable on demand are known as demand

deposits. They are in the form of current account and savings account deposits.

(i) Current account is usually opened by businessmen, corporations, industrial houses, trusts etc. They are provided with overdraft facility. Overdraft means withdrawal in excess of the balance in the account.

(ii) Savings account are operated by a large number of people, particularly the salaried class, small traders etc. who wish to save a part of their income with the bank.

2. **Time Deposits:** Deposits that are repayable after a certain period of time are known as time deposits. They are in the form of recurring deposits and fixed deposits.

(i) Recurring deposit refers to a deposit wherein a customer deposits a fixed amount at regular intervals for a specified period of time.

(ii) Fixed deposits refer to a lump-sum amount deposited by a customer for a specified period of time. Compared to all other deposits, fixed deposits carry a high rate of interest.

(b) Providing Loans and Advances—Commercial banks mobilize savings and lend these funds to institutions and individuals for various purposes. Based on the tenure, loans include call loans, short-term, medium-term and long-term loans. Longer the duration of the loans, greater will be the rate of interest. Besides this, banks also provide the facilities of cash credit, overdraft facility as well as discounting of bills of exchange.

(c) Ancillary Functions—Commercial banks also provide a range of ancillary services such as transfer of funds, collection of money, making periodical payments on behalf of the customer, merchant banking, foreign exchange, safe deposit lockers, Demat account facility, internet banking, mobile banking etc.

(d) Credit Creation—Credit creation is an important function of commercial banks. Commercial banks are creators of credit. Demand and time deposits constitute the primary deposits of banks. After meeting the reserve requirements out of the net demand and time liabilities, the balance amount is used for giving loans. Thus, secondary deposits or 'derivative deposits' are created out of the loans given by the banks.

Role of Capital Market in India:

(v) (1) Mobilizes long term savings : There is an increasing demand for investment funds by industrial organizations and the government. But the availability of financial resources is insufficient to meet this growing demand. Capital market helps to mobilize long term savings from various section of the population through the sale of securities.

(2) Provides equity capital : Capital market provides equity capital or share capital to entrepreneurs which could be used to purchase assets as well as fund business operations.

(3) Operational efficiency : Capital market helps to achieve operational efficiency by lowering the transaction costs, simplifying transaction procedures, lowering settlement timings in purchase and sale of stocks.

(4) Quick valuation : Capital market helps to determine a fair and quick value of both equity (shares) and debt (bonds, debentures) instruments.

(5) Integration : Capital market leads to integration among real and financial sectors, equity and debt instruments, government and private sector, domestic and external funds etc.

4. **(i)** Yes, I agree with the above statement.

Explanation:

(a) Macro-economics is the study of the entire economy whereas, on the other hand, micro economics is a study of a particular segment of an economy.

(b) Macro-economics studies aggregate demand, aggregate supply, National Income, general price level, etc. On the other hand, micro-economics studies individual demand, individual supply, individual income, price determination of a particular product, etc.

(c) Macro-economics follows general equilibrium analysis. On the other hand, micro-economics follows partial equilibrium analysis.

(d) Macro-economics uses the lumping method. On the other hand, micro-economics uses the slicing method. Therefore macro economics is different from micro-economics.

(ii) I agree with the above statement.

Reason:

There are many theoretical difficulties in the measurement of National Income for examples, transfer payments, illegal income, unpaid services, production for self-consumption and so may.

(iii) I agree with the above statement.

Reason:

The demand for goods is determined by the following factors:

(a) Double counting occurs when the costs of intermediate goods used by a business to produce finished good are included in the computation of a nation's GDP.

(b) According to the value-added approach, value-added at each stage of the production process is included while calculating national income.

(c) Value-added = Value of final output – Value of input.

(d) GNP is obtained by adding the values added by the different stages of the production process till the final output is reached in the hands of consumers.

(e) The calculation in such a manner ensures that costs of all intermediate goods are counted only once.

(iv) I Disagree with the above statement.

Reason:

(a) Public expenditure refers to the expenditure incurred by the public authority (*i.e.,* Central, State and Local bodies) for the welfare of their citizens, for satisfying their collective needs, and for promoting their economic and social welfare.

(b) Majority of the countries in the world are democratic in nature.

(c) A democratic form of government is expensive due to regular elections and other such activities.

(d) There has been increasing in public expenditure over years due to such a form of government.

(e) Hence, democratic governments lead to increase in public expenditure.

(v) I agree with the above statement.

Reason:

(a) Indirect tax is levied on goods or services.

(b) It is paid at the time of production or sale and purchase of commodity/service.

(c) Before GST was introduced, there were various indirect taxes like service tax, value-added tax (VAT), excise, etc.

(d) GST is a comprehensive tax introduced with the objective of unifying all indirect taxes levied at different stages of production.

(e) Hence, GST has replaced almost all indirect taxes in India.

5. (i)

(a) False. The correct statement is – Demand at point C is a relatively inelastic demand.

Reason – The length of the lower segment is less as compared to the upper segment at point C. Therefore, Ed < 1. Thus, at point C, demand is relatively inelastic.

(b) False. The correct statement is – Demand at point B is relatively elastic demand.

Reason – The length of lower segment is more as compared to the upper segment at point B. Therefore Ed > 1. Thus at point B, demand is relatively elastic.

(c) False. The correct statement is – Demand at point D is unitary elastic demand.

The length of the lower segment is equal to the upper segment at point D. Therefore Ed = 1. Thus, at point D, demand is unitary elastic.

(d) True. The length of the upper segment is 0 at point A. Therefore, Ed = Infinity. Thus, at point A, demand is perfectly elastic.

(ii)

Price in ₹	Firms			Market Supply (kg)
	"A"	"B"	"C"	
1	**35**	20	45	100
2	37	30	45	**112**
3	40	**60**	55	155
4	44	50	**60**	154

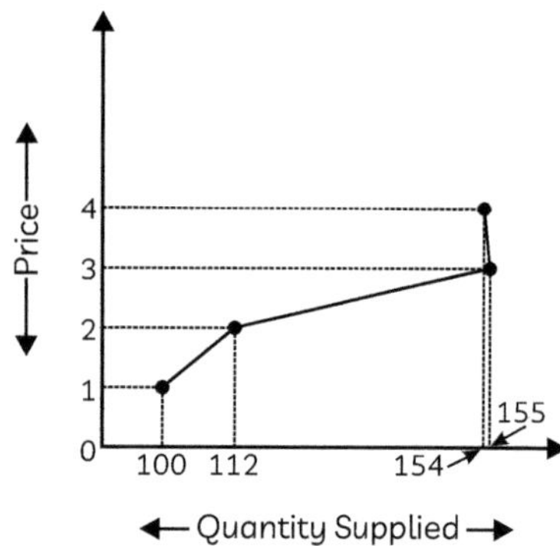

In the diagram, the quantity supplied is shown in X-axis and price Y-axis.

(a) Supply curve SS slopes upward from Left to right indicating a direct relationship between price and quantity supplied.

(b) It is pertinent to note that when price rises from price 3 to 4, the supply more or less remains same at 155 quantity supply.

(c) This shows that agricultural goods are an exception to law of supply. The supply is inelastic in short-term.

(iii)

(a) Rightward shift in demand curve – Increase in demand.

(b) Leftward shift in demand curve – Decrease in demand.

(c) Price remains – Constant.

(d) Increase and decrease in demand comes under – Change in demand.

6. (i) Following are the assumptions of the law of diminishing marginal utility:

(a) Rationality—Consumer is assumed to be rational. It means that his behaviour is normal and he tries to maximize his satisfaction.

(b) Cardinal Measurement—The law assumes that utility can be cardinally or numerically measured. Hence, mathematical operations are easily possible to know and compare the utility derived from each unit of a commodity.

(c) Homogeneity—All units of a commodity consumed are exactly homogeneous or identical in size, shape, colour, taste etc.

(d) Continuity—All units of commodity are consumed in quick succession without any lapse of time.

(e) Reasonability—All the units of a commodity consumed are of reasonable size. They are neither too big nor too small.

(f) Constancy—All the related factors like income, tastes, habits, choices, likes, dislikes of a consumer should remain constant. Marginal utility of money is also assumed to be constant.

(g) Divisibility—The law assumes that the commodity consumed by the consumer is divisible so that it can be acquired in small quantities.

(h) Single Want—A given commodity can satisfy a single want of a person. The law assumes an experience of a single want which is completely satiable at a given point of time.

(ii) Perfect competition is an ideal and imaginary concept of market rather than an actual market. According to **Mrs. Joan Robinson**, "Perfect competition prevails when the demand for the output of each producer is perfectly elastic." A perfectly competitive market is one in which the number of buyers and sellers are very large. All the buyers and sellers are engaged in buying and selling a homogeneous product without any restrictions. Moreover both buyers and sellers possess perfect knowledge of market conditions.

Following are the features of perfect competition:

(a) Large Number of Sellers and Buyers—Under perfect competitions, there are large number of sellers and buyers. As mentioned earlier, each seller forms a negligible part in the total market. Hence, none of them is in a position to influence the price and supply in the market. Thus, sellers are price takers under perfect competition. The number of buyers is also large. The share of each buyer is so negligible that none of them is in a position to influence the price in the market.

(b) Homogeneous Product—An important feature of a perfectly competitive market is that the product sold is homogeneous or identical in respect of size, design, colour, taste etc. All the products are perfect substitutes to each other.

(c) Free Entry and Exit—There are no barriers to the entry and exit of firms. Any firm can enter or quit the industry at its own will. If there is hope of profit, the firm will enter the market and if there is possibility of loss the firm will leave the market.

(d) Single Price—A single uniform price prevails under perfect competition which is determined by the interaction of demand and supply.

(e) Perfect Knowledge of Market—The buyers and sellers possess a perfect knowledge about the market conditions. Every seller and buyer has the knowledge about price, quality, source of supply of products etc.

(f) Perfect Mobility Factors of Production—There is perfect mobility of factors of production under perfect competition. Labour and capital are mobile not only geographically but also occupationally.

(g) Absence of Transport Cost—In perfect competition, price is uniform because we assume that transport cost does not exist. This assumption will lead to uniformity in price.

(h) No Government Intervention—Laissez- faire policy is an important feature of perfect competition. It means there is absence of Government intervention in economic activities.

(iii) Index numbers are one of the most used statistical tools in economics. An index number is a device to measure changes in an economic variable (or group of variable) over a period of time.

Following steps are involved in the construction of index numbers.

(a) Purpose of Index Number—The purpose for constructing the index number, its scope as well as which variable is intended to be measured should be clearly decided to achieve fruitful results.

(b) Selection of the Base Year—Base year is also called the reference year. It is the year against which comparisons are made. The base year should be normal *i.e.* it should be free from natural calamities. It should not be too distant in the past.

(c) Selection of Items—It is necessary to select a sample of the number of items to be included in the construction of a particular index number. For example, in the construction of price index numbers it is impossible to include each and every commodity. The commodities to be selected should represent the tastes, habits and customs of the people. Besides this, only standardized or graded items should be included to give better results.

(d) Selection of Price Quotations—Prices of the selected commodities may vary from place to place and shop to shop in the same market. Therefore, it is desirable that price quotations should be obtained from an unbiased price reporting agency. To achieve accuracy, proper selection of representative places and persons is required.

(e) Choice of a Suitable Average—Construction of index numbers requires choice of a suitable average. Generally, arithmetic mean is used in the construction of index numbers because it is simple to compute compared to other averages.

(f) Assigning Proper Weights—Weight refers to the relative importance of the different items in the construction of an index number. Weights are of two types *i.e.* quantity weights (q) and value weights (p x q). Since all items are not of equal importance, by assigning specific weights, better results can be achieved.

(g) Selection of an Appropriate Formula—Various formulae are devised for the construction of index numbers. Choice of a suitable formula depends upon the purpose of index number and availability of data.

●●

Sample Paper-4
Economics

📋 Questions

1. Complete the following statements by choosing the correct alternatives:

1A. Choose the correct option:

(i) Concepts studied under macro-economics.
(a) Whole economy
(b) Economic development
(c) Aggregate supply
(d) Product pricing

Options:
(1) (a), (b)and (c)
(2) (b), (c) and (d)
(3) only (d)
(4) (a), (b), (c) and (d)

(ii) Choose the correct pair:

Group A	Group B
(A) Price Index	(a) $\dfrac{\Sigma p_1 q_1}{\Sigma p_0 q_0} \times 100$
(B) Value Index	(b) $\dfrac{\Sigma q_1}{\Sigma q_0} \times 100$
(C) Quantity Index	(c) $\dfrac{\Sigma p_1 q_1}{\Sigma p_0 q_1} \times 100$
(D) Paasche's Index	(d) $\dfrac{\Sigma p_1}{\Sigma p_0} \times 100$

Options:
(1) A.(d), B.(c), C.(a), D.(b)
(2) A.(d), B.(a), C.(b), D.(c)
(3) A.(b), B.(c), C.(d), D.(a)
(4) A.(c), B.(d), C.(a), D.(b)

(iii) Optional functions of Government;
(a) Protection from external attack
(b) Provision of education and health services
(c) Provision of social security measures
(d) Collection of tax

Options:
(1) (b) and (c)
(2) (a), (b) and (c)
(3) (b), (c) and (d)
(4) All of the these

(iv) Types of foreign trade
(a) Import trade
(b) Export trade
(c) Entrepot trade
(d) Internal trade

Options:
(1) (a) and (b)
(2) (a), (b) and (c)
(3) (a), (b), (c) and (d)
(4) None of these

(v) Role of foreign trade is:
(a) To earn foreign exchange
(b) To encourage investment
(c) Lead to division of labour
(d) Bring change in composition of exports

Options:
(1) (a) and (b)
(2) (a), (b) and (c)
(3) (b) and (d)
(4) None of these

1B. Complete the correlation:

(i) Makros : Macro-Economics : : Mikros : _______

(ii) Straight-line demand curve : Linear demand curve : : _______ : Non-linear demand curve.

(iii) Output method : _______ : : Income Method : Factor cost method

(iv) Theoretical difficulty : Transfer payment : : _______ : Valuation of Inventories.

(v) Primary market : _______ : : Secondary market : Old issues

1C. Complete the following statements:

(i) MU of the commodity becomes negative when TU of a commodity is _______
(a) rising
(b) constant
(c) falling
(d) zero

(ii) Point of satiety means _______
(a) TU is rising and MU is falling
(b) TU is falling and MU is negative
(c) TU is maximum and MU is zero
(d) MU is falling and TU is rising

(iii) The relationship between income and demand for inferior goods is _______
(a) direct
(b) inverse
(c) no effect
(d) can be direct and inverse

(iv) When percentage change in quantity demanded is more than the percentage change in price, the demand curve is _______
(a) flatter
(b) steeper
(c) rectangular
(d) horizontal

(v) Commercial banks act as intermediaries in the financial system to _______
(a) make profits.
(b) accelerate the country's economic growth.
(c) mobilize the savings and allocating them to various sectors of the economy.
(d) control the credit.

1D. Assertion and Reasoning:

(i) Assertion (A) : A change in quantity demanded of one commodity due to a change in the price of other commodity is cross elasticity.

Reasoning (R) : Changes in consumers income leads to a change in the quantity demanded.

Options:
(1) (A) is True, but (R) is False
(2) (A) is False, but (R) is True

(3) Both (A) and (R) are True and (R) is the correct explanation of (A)

(4) Both (A) and (R) are True and (R) is not the correct explanation of (A)

(ii) Assertion (A) : Degree of price elasticity is less than one in case of relatively inelastic demand.

Reasoning (R) : Change in demand is less than the change in price.

Options:

(1) (A) is True, but (R) is False

(2) (A) is False, but (R) is True

(3) Both (A) and (R) are True and (R) is the correct explanation of (A)

(4) Both (A) and (R) are True and (R) is not the correct explanation of (A)

(iii) Assertion (A) : Foreign exchange management and control is undertaken by commercial banks.

Reasoning (R) : RBI has to maintain the official rate of exchange of rupee and ensure its stability.

Options:

(1) (A) is True, but (R) is False

(2) (A) is False, but (R) is True

(3) Both (A) and (R) are True and (R) is the correct explanation of (A)

(4) Both (A) and (R) are True and (R) is not the correct explanation of (A)

(iv) Assertion (A) : The unorganised sector of the money market lacks transparency.

Reasoning (R) : Activities of the unorganised sector are largely confined to rural areas.

Options:

(1) (A) is True, but (R) is False

(2) (A) is False, but (R) is True

(3) Both (A) and (R) are True and (R) is the correct explanation of (A)

(4) Both (A) and (R) are True and (R) is not the correct explanation of (A)

(v) Assertion (A) : Money market economises use of cash.

Reasoning (R) : Money market deals with financial instruments that are close substitutes of money.

Options:

(1) (A) is True, but (R) is False

(2) (A) is False, but (R) is True

(3) Both (A) and (R) are True and (R) is the correct explanation of (A)

(4) Both (A) and (R) are True and (R) is not the correct explanation of (A)

2A. Identify & Explain the Concepts from the given illustrations: **(Any 3)**

(i) Lalita satisfied her want of writing on essay by using pen and notebook.

(ii) Salma purchased sweater for her father in winter season.

(iii) Shobha collected data regarding the money value of all final goods and services produced in the country for the financial year 2018-19.

(iv) ABC bank provides demat facility, safe deposit lockers, internet banking facilities to its customers.

(v) England imported cotton from India, made readymade garments from it and sold them to Malaysia.

2B. Distinguish between: **(Any 3)**

(i) Perfectly Elastic Demand & Perfectly Inelastic Demand

(ii) Expansion of Supply & Increase in Supply.

(iii) Laspeyre's Index & Paasche's Index.

(iv) Direct tax and Indirect tax.

(v) Balance of Payment and Balance of Trade.

3. Answer the following questions in brief: **(Any 3)**

(i) Explain the total outlay method of measuring elasticity of demand.

(ii) State and explain types of elasticity of demand.

(iii) Explain the features of monopoly market.

(iv) Explain the features of National Income.

(v) What is the role of capital market in India?

4. State with reasons whether you agree or disagree with the following statements: **(Any 3)**

(i) There is no exception to the law of demand.

(ii) Index numbers can be constructed without the base year.

(iii) Index numbers measure the change in the price level only.

(iv) There are many theoretical difficulties in the measurement of National Income.

(v) Public finance is more elastic than private finance.

5. Study the following table/passage/figure and answer the questions given below: **(Any 2)**

(i) Observe the given table and answer the following questions—

Unit of a Commodity	TU Units	MU Units
1	6	6
2	11	5
3	15	4
4	15	0
5	14	− 1

(a) Draw total utility curve and marginal utility curve.

(b) (i) When total utility is maximum marginal utility is ☐

(ii) When total utility falls, marginal utility becomes ☐

(ii) Explain the diagram:

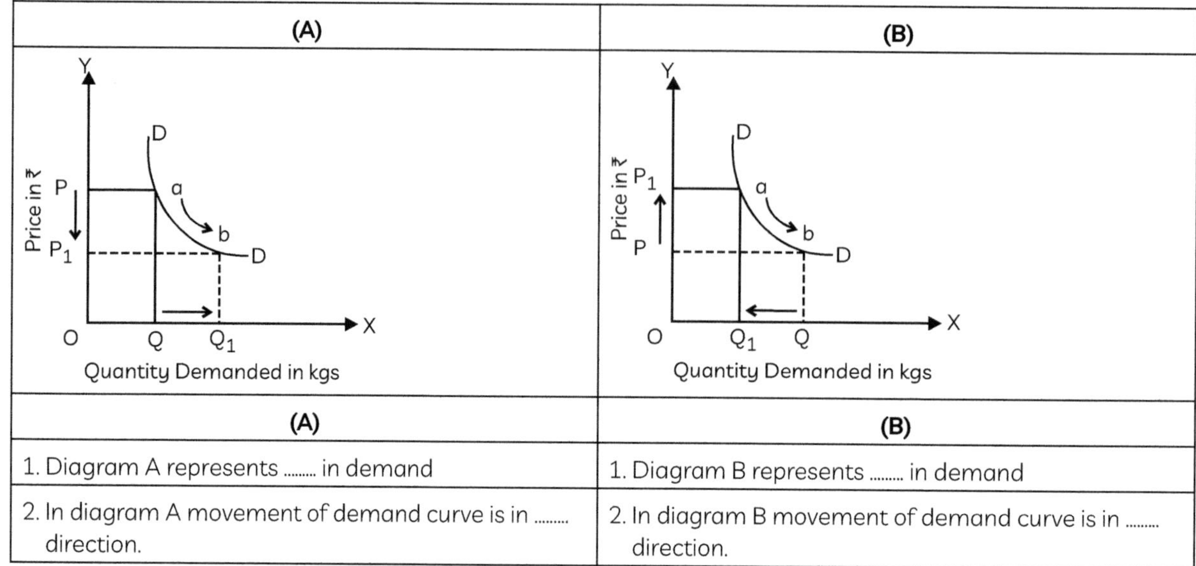

(A)	(B)
1. Diagram A represents .... in demand	1. Diagram B represents .... in demand
2. In diagram A movement of demand curve is in .... direction.	2. In diagram B movement of demand curve is in .... direction.

(iii) Read the given passage and answer the questions :

The conventional notion of social security is that the government would make periodic payments to look after people in their old age, ill-health, disability and poverty. This idea should itself change from writing a cheque for the beneficiary to institutional arrangements to take care for beneficiaries, including by enabling them to look after themselves, to a large extent.

The write-a-cheque model of social security is a legacy from the rich world at the optimal phase of its demographic transition, when the working population was numerals enough and earning enough to generate the taxes to pay for the care of those not working. This model is ill-suited for less, well- off India with growing life expectancy, increasing urbanization and resultant migration.

Social security under urbanization will be different from social security in a static society.

(a) State the conventional notion of social security.

(b) What kind of conceptual change is suggested in the given paragraph.

(c) What is a legacy of social security from the rich world?

(d) Which features of India make the traditional model of social security ill-suited for the economy?

6. **Answer the following questions in detail:**   **(Any 2)**

(i) What do you mean by macro-economics? Explain the concept and its features.

(ii) Explain the determinants of supply.

(iii) Explain the meaning of Monopoly and state the features of a monopoly market.

Ⓐ Answer Key

1A. (i) (1) (a), (b) and (c)

(ii) (2) A.(d), B.(a), C.(b), D.(c)

(iii) (1) (b) and (c)

(iv) (2) (a), (b) and (c)

(v) (2) (a), (b) and (c)

1B. (i) Micro-Economics

(ii) Convex demand curve

(iii) Product Method or Inventory Method

(iv) Practical Difficulty

(v) New Issues

1C. (i) falling

(ii) TU is maximum and MU is zero

(iii) inverse

(iv) flatter

(v) mobilize the saving and allocating them to various sectors of the economy.

1D. (i) (4) Both (A) and (R) are True and (R) is not the correct explanation of (A)

(ii) (3) Both (A) and (R) are True and (R) is the correct explanation of (A)

(iii) (2) (A) is False, but (R) is True.

(iv) (4) Both (A) and (R) are True and (R) is not the correct explanation of (A)

(v) (3) Both (A) and (R) are True and (R) is the correct explanation of (A)

2A. (i) Concept—Utility

Utility is the capacity of commodity to satisfy human wants. Utility is the want satisfying power of goods. Pen and notebook have utility to satisfy Lalita's want of writing an essay.

(ii) Concept— Time Utility

When utility of commodity increases with change in its time of utilization, it is called time utility. It is also created by storing good and making it available during the time of need or scarcity.

(iii) Concept—National Income and Intermediate Goods

It refers to money value of all final goods and services produced in a country during given time period.

Intermediate goods refers to goods purchased by producer to be used in production of the final goods.

(iv) Concept—Ancillary functions

(a) Commercial banks does provide a range of ancillary services such as transfer of funds, collection of money, making periodical payments on behalf of customer, merchant banking, foreign exchange, safe deposit lockers, demat facility, etc.

(b) Hence, example refers to concept of ancillary functions as ABC bank provides demat facility, safe deposit lockers, internet banking to its customers.

(v) Concept—Entrepot trade

Explanation—

(a) Entrepot trade refers to the purchase of goods and services from one country for reselling to another country after some processing.

(b) Hence, this illustration relates to the concept of 'entrepot trade' as England imported cotton from India, made readymade garments from it (*i.e.* processing operations), and sold (*i.e.* exported) them to Malaysia.

2B. (i) Distinguish between Perfectly Elastic Demand and Perfectly Inelastic Demand

Perfectly Elastic Demand	Perfectly Inelastic Demand
It implies that the fall in price may lead to an infinite rise is demand.	It implies that the demand is completely unresponsive to any change in the price of the good.
The perfectly elastic demand curve is parallel to the OX axis.	The perfectly elastic demand curve is parallel of the OY axis.
Perfectly elastic Price in ₹ P — $ed = \infty$ — D Quantity (Units)	Perfectly inelastic Price in ₹ D, $ed = 0$ Quantity (Units)
Symbolically it is represented as $E_d = -\infty$	Symbolically it is represented as $E_d = 0$
For example : 10% fall in price may lead to an infinite rise is demand.	For example : 20% fall in price will have no effect on quantity demanded.

(ii) Distinguish between Expansion of Supply and Increase in Supply

Expansion of Supply	Increase in Supply
Expansion of supply refers to a rise in the quantity supplied of a commodity solely due to a rise in its price.	When more quantity is supplied at the same price it is called as increase in supply.
Expansion of supply takes place only due to a rise in the price of a commodity. The other factors remain constant.	Increase in supply takes place due to a favourable change in other factors. The price of the commodity remains the same.
Expansion in supply leads to an upward movement on the same supply curve due to a rise in price.	The supply curve shifts to the right of the original supply curve.

(iii) Distinguish between Laspeyre's Index Paasche's Index

Laspeyre's Index	Paasche's Index
Laspeyre's Index was formulated by Etienne Laspeyres, a German Economist.	Paasche's Index was formulated by Hermann Paasche, a German Economist.

In Laaspeyre's index, base year quantities are taken as weights.	In Paasche's index, current year quantities are taken as weights.
Laspeyre's index can be calculated as $$p_{01} = \frac{\Sigma p_1 q_0}{\Sigma p_0 q_0} \times 100$$	Paasche's index can be calculated as $$p_{01} = \frac{\Sigma p_1 q_1}{\Sigma p_0 q_1} \times 100$$

(iv)

Direct Tax	Indirect Tax
(1) A direct tax is paid by a person on whom it is legally imposed. It cannot be transferred. *e.g.,* Income Tax, Wealth Tax, etc.	(1) Indirect tax is imposed on one person but paid by the other. Sales tax, excise duty, service tax are examples of indirect tax.
(2) Impact and incidence are on the same person *i.e.,* the tax payer is also tax bearer. Tax burden cannot be shifted.	(2) The impact and incidence may be on different persons *i.e.,* there is a shifting of the tax burden.
(3) Direct tax is either on the person's income, wealth or property.	(3) Indirect tax is on commodities and services.
(4) This tax is paid at the time of earning income.	(4) This tax is paid at the time of spending income.

(v)

Balance of Payments	Balance of Trade
1. Meaning	
Balance of payments refers to a systematic record of all international economic transactions of a particular country for a given period.	Balance of trade refers to the difference between the value of country's exports and imports for a given period.
2. Concept	
Balance of trade gets included in the balance of payments. Therefore, balance of payments is a broader concept.	Balance of trade is a part of balance of payments. Therefore, balance of trade is a narrower concept.

3. (i) The total outlay method is also know as the "Total expenditure method". This method was developed by Prof. Marshall. In this method, the total amount of expenditure refers to the product of price and quantity demanded.

Total Expenditure = Price × Quantity Demanded

In this connection, Marshall has given the following propositions:

(a) Relatively Elastic Demand (Ed > 1)—When with a given change in the price of a commodity total outlay increases the elasticity of demand is greater than one.

(b) Unitary Elastic Demand (Ed = 1)—When the price falls or rises, the total outlay does not change or remains constant, the elasticity or demand is equal to one.

(c) Relatively Inelastic Demand (Ed < 1)—When with a given change in the price of a commodity total outlay decreases, the elasticity of demand is less than one.

This can be explained with the help of the following example.

Total outlay method

	Price in ₹ (P)	Quantity Demanded in Units	Total Outlay (P × Q)	Elasticity of Demand
A	10	6	60	Ed > 1
	20	5	100	
B	30	4	120	Ed = 1
	40	3	120	
C	50	2	100	Ed < 1
	60	1	60	

In the above table in example 'A' original price is ₹10 per unit and the quantity demanded is 6 units. Therefore total expenditure incurred is ₹60. When price rises to ₹20 quantity demanded fall to 5 units, the total expenditure incurred is ₹100. In this case, total outlay is greater than the original expenditure. Hence, in this example elasticity of demand is greater than one. (Ed > 1) that is relatively elastic demand.

An example 'B', original price is ₹30 per unit and the quantity demanded is 4 units. Therefore total expenditure is ₹120. When the price rises to ₹40 quantity demanded fall to '3' units. Total expenditure incurred is ₹120. In this case, the total outlay is the same (equal) as the original expenditure. Hence, in this example, elasticity of demand to one (Ed = 1) which is unitary elastic demand.

An example 'C', original price is 50 per unit and the quantity demanded is 2 units. Therefore the total expenditure is ₹100. When price rises to ₹60, quantity demand falls to 1 unit and total expenditure incurred is ₹60. In this case, the total outlay is less than the original expenditure. Hence elasticity of demand is less than one (Ed < 1) that is relatively inelastic demand.

(ii) Types of Elasticity of Demand:

(a) Income elasticity

(b) Cross elasticity

(c) Price elasticity

(a) Income elasticity: It refers to the degree of responsiveness of a change in quantity demanded to a change in the income only, other factors including price remain unchanged. It is expressed as:

$$Ey = \frac{\text{Percentage change in Qty. Demanded}}{\text{Percentage change in Income}}$$

Symbolically,

$$Ey = \frac{\%\emptyset Q}{\%\emptyset Y}$$

$$= \frac{\Delta Q}{Q} \div \frac{\Delta Y}{Y}$$

$$= \frac{\Delta Q}{Q} \times \frac{Y}{\Delta Y}$$

Where,

Δ = Represents change

Q = Original demand

Y = Original income

ΔQ = Change in quantity demanded

ΔY = Change in income of a consumer

(b) Cross elasticity: It refers to a change in quantity demanded of one commodity due to a change in the price of other commodity. (Complementary goods or substitutes)

$$Ey = \frac{\text{Percentage change in Qty. demanded of A}}{\text{Percentage change in Price of B}}$$

(A = Original commodity, B = Other commodity)

Symbolically,

$$Ec = \frac{\%\emptyset Q_A}{\%\emptyset P_B}$$

$$= \frac{\Delta Q_A}{Q_A} \div \frac{\Delta P_B}{P_B}$$

$$= \frac{\Delta Q_A}{Q_A} \times \frac{P_B}{\Delta P_B}$$

Where,

Q_A = Original quantity demanded of commodity A

ΔQA = Change in quantity demanded of commodity A

P_B = Original price of commodity B

ΔP_B = Change in price of commodity B

(c) Price elasticity: According to Prof. Alfred Marshall, price elasticity of demand is a ratio of proportionate change is a ratio of proportionate change in the quantity demanded of a commodity to a given proportionate change in its price.

$$Ed = \frac{\text{Percentage change in Quanity Demanded}}{\text{Percentage change in Price}}$$

Symbolically,

$$Ed = \frac{\%\emptyset Q}{\%\emptyset P}$$

$$Ed = \frac{\Delta Q}{Q} \div \frac{\Delta P}{P}$$

$$Ed = \frac{\Delta Q}{Q} \times \frac{P}{\Delta P}$$

Where,

Q = Original quantity demanded

ΔQ = Difference between the new quantity and original quantity demanded

P = Original price

ΔP = Difference between new price and original price.

(iii) Following are the main features of monopoly market:

(a) Single seller—In monopoly, there is no competition as there is only one single producer or seller of the product. But, the number of buyers is large.

(b) No close substitute—There are on close substitutes for the product of the monopolist. Therefore, the buyers have no choice. They have to either buy the product from the monopolist or go without it. The cross elasticity of demand for his product is either zero or negative.

(c) Barriers to entry—Entry of the rivals is restricted due to legal, natural, technological barriers which do not allow the competitors to energy the market.

(d) Complete control over the market supply—The monopolist has complete hold over the market. He is the sole producer or seller of the product.

(e) Price maker—A monopolist can fix the price of his own product as he controls the whole market supply. Monopolist is a price maker.

(f) Price discrimination—Monopolist being a price maker, he can change different prices to different consumers for the same product, on the basis of time, place etc. Thus, price discrimination is a important feature of monopoly market. For example, students and senior citizens are provided railway tickets at concessional rates.

(g) No distinction between firm and industry—A monopolist is the sole seller and producer of the product. A monopoly firm itself is an industry.

(iv) Features of National Income:

(a) Macro-Economic Concept—National Income represents income of the economy as a whole rather than that of an individual. Hence it is a macro economic concept.

(b) Value of only Final Goods and Services—In order to avoid double counting in National Income, the value of only final goods and services produced in the economy are considered. The value of intermediate goods or raw materials is not considered. For example, while estimating the production of shirts, there is no need to take the value of cotton, as it is already included in the price of the shirts.

(c) Not Aggregate Value—National Income includes net value of goods and services produced and does not include depreciation cost. (*i.e.* wear and tear of capital assets).

(d) Net Income from Abroad—National Income includes net income from abroad *i.e.* difference between export value and import value (X-M) and net difference between receipts from abroad and payments made abroad (R-P).

(e) Financial Year—National Income is always expressed with reference to a time period. In India, it is from 1st April to 31st March.

(f) Flow Concept—National income is a flow concept as it shows flow of goods and services produced in the economy during a year.

(g) Money Value—National Income is always expressed in monetary terms. It represents only those goods and services which are exchanged for money.

(v) Role of Capital Market in India:

(a) Mobilizes long-term Savings—There is an increasing demand for investment funds by industrial organizations and the government. But the availability of financial resources is insufficient to meet this growing demand. Capital market helps to mobilize long-term savings from various section of the population through the sale of securities.

(b) Provides Equity Capital—Capital market provides equity capital or share capital to entrepreneurs which could be used to purchase assets as well as fund business operations.

(c) Operational Efficiency—Capital market helps to achieve operational efficiency by lowering the transaction costs, simplifying transaction procedures, lowering settlement timings in purchase and sale of stocks.

(d) Quick Valuation—Capital market helps to determine a fair and quick value of both equity (shares) and debt (bonds, debentures) instruments.

(e) Integration—Capital market leads to integration among real and financial sectors, equity and debt instruments, government and private sector, domestic and external funds etc.

4. (i) Disagree

Reason:

Following are the exceptions to the law of demand:

(a) Giffen's paradox : Inferior goods or low quality goods are those goods whose demand does not rise even if their price falls. At times, demand decreases when the price of such commodities fall.

(b) Prestige goods : Expensive goods like diamond, gold etc. are status symbol. So rich people buy more of it, even when their prices are high.

(c) Speculation : The law of demand does not hold true when people expect prices to rise still further. In this case, although the prices have risen today, consumers will demand more in anticipation of further rise in price.

(ii) I disagree with the above statement.

Reason:

(a) An index number is a device to measure changes in an economic variable over a period of time.

(b) The year with which the changes are measured is termed as the base year.

(c) In other words, the year with respect to which comparisons are made is the base year.

(d) The base year is denoted by the suffix '0'.

(e) If there is no base year, there will be no base against which current year variables can be measured.

(f) Hence, it is not possible to construct index, numbers without the base year.

(iii) I disagree with the above statement.

Reason:

(a) An index number is a device to measure changes in the economic variables (or groups of variables) over a period of time.

(b) Index numbers are one of the most used statistical tools in economics.

(c) Index numbers were originally developed to measure changes in the price level.

(d) At the present time, it is also used to measure trends in a wide variety of areas such as stock market prices, cost of living, industrial and agricultural production, changes in exports and imports, etc.

(iv) I agree with the above statement.

Reason:

There are many theoretical difficulties in the measurement of National Income for examples, transfer payments, illegal income, unpaid services, production for self-consumption and so many.

(v) I agree with the above statement.

Reason:

(a) Public finance aims to offer the maximum social advantage to society while private-finance aims to fulfill private interests.

(b) There is not much scope for changes in private finance.

(c) On the other hand, the government determines the volume and different ways of its expenditure based on the need for an hour.

(d) The government can also print notes through the Reserve Bank of India.

(e) Hence, public finance is more elastic than private finance, *i.e.,* the extent of public expenditure can be varied as per the needs.

5. (i)

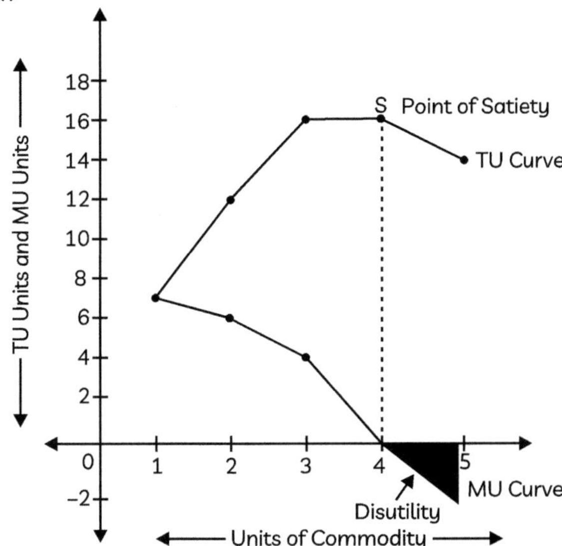

When total utility is maximum, marginal utility is **zero.**

When total utility falls, marginal utility becomes **negative.**

(ii)

(a) 1. Diagram A represents **expansion** in demand

2. In the diagram A, movement of the demand curve is in the **downward** direction.

(b) 1. The diagram represents **contraction** of demand.

2. In the diagram, the movement of the demand curve is in the **upward** direction.

(iii)

(a) The conventional notion of social security is that the government would make periodic payments to look after people in their old age, ill-health, disability, and poverty.

(b) The conceptual change in the paragraph is writing a cheque for the beneficiary of institutional arrangements to take care for beneficiaries, by enabling them to look after themselves, to a large extent.

(c) The write-a-cheque model of social security is legacy from the rich world at the optimal phase of its demographic transition.

(d) The traditional model is ill-suited for less, well-off India with a growing life expectancy, increasing urbanization and resultant migration. Social security under urbanization will be different from social security in a static society.

6. (i) The Term Macro is derived from Greek Word "Makros" which means large. It's a branch of economics, which studies the behaviour of all economics units combined together. It's a study of aggregates. Its study of economic system as a whole. Therefore its called as aggregate economics.

Def: Prof A. P. Lerner - "Micro-economics consists of looking at the economy through a microscope, as it were, to see how the millions of cells in the body of economy – the individuals or households as consumers and individuals or firms as producers play their part in the working of the whole economic organism."

Features:

(a) Study of Individual Units—Micro-economics is the study of the behaviour of small individual economic units, like individual firm, individual price, individual household etc.

(b) Price Theory—Micro-economics deals with determination of the prices of goods and services as well as factors of production. Hence, it is known as price theory.

(c) Partial Equilibrium—Equilibrium is the balance between two factors. Micro-economic analysis deals with partial equilibrium which analyses equilibrium position of an individual economic unit *i.e.* individual consumer, individual firm, individual industry etc. It isolates an individual unit from other forces and studies its equilibrium independently.

(d) Based on Certain Assumptions—Micro-economics begins with the fundamental assumption, "Other things remaining constant" (Ceteris Paribus) such as perfect competition, laissez-faire policy, pure capitalism, full employment etc. These assumptions make the analysis simple.

(e) Slicing Method—Micro-economics uses slicing method. It splits or divides the whole economy into small individual units and then studies each unit separately in detail. For example, study of individual income out of National Income, study of individual demand out of aggregate demand etc.

(f) Use of Marginalism Principle—The concept of marginalism is the key tool of micro-economic analysis. The term 'marginal' means change brought in total by an additional unit. Marginal analysis helps to study a variable through the changes. Producers and consumers take economic decisions using this principle.

(g) Analysis of Market Structure—Micro-economics analyses different market structures such as perfect competition, monopoly, monopolistic competition, oligopoly etc.

(h) Limited Scope—The scope of micro-economics is limited to only individual units. It doesn't deal with the nationwide economic problems such as inflation, deflation, balance of payments, poverty, unemployment, population, economic growth etc.

(ii) The determinants of supply are:

(a) Price of Commodity—Price is an important factor influencing the supply of a commodity. More quantities are supplied at a higher price and less quantities are supplied at a lower price. Thus, there is a direct relationship between price and quantity supplied.

(b) State of Technology—Technological improvements reduce the cost of production which lead to an increase in production and supply.

(c) Cost of Production—If the factor price increases, the cost of production also increases, as a result, supply decreases.

(d) Infrastructural Facility—Infrastructure in the form of transport, communication, power, etc. influences the production process as well as supply. Shortage of these facilities decreases the supply and vice versa.

(e) Government Policy—Favourable Government policies may encourage supply and unfavourable government policies may discourage the supply. Government policies like taxation, subsidies, industrial policies, etc. may encourage or discourage production and supply, depending upon government policy measures.

(f) Natural Conditions—The supply of agricultural products depends on the natural conditions. For example, a good monsoon and favourable climatic condition will produce a good harvest, so the supply of agricultural products will increase and unfavourable climatic conditions will lead to a decrease in supply.

(g) Future Expectations about Price—If the prices are expected to rise in the near future, the producer may withhold the stock. This will reduce the supply and vice-versa.

(h) Other Factors—It includes,

1. nature of the market,
2. relative prices of other goods,
3. export and imports,
4. industrial relations,
5. availability of factors of production etc.

If all factors are favourable, supply of commodity will be more and vice-versa.

(iii) The term monopoly is derived from the Greek word 'mono' which means single and 'poly' which means seller. Monopoly is a market in which there is only one seller who controls the entire market supply for a product which has no close substitute.

According to **E. H. Chamberlin**, "Monopoly refers to a single firm which has control over the supply of a product which has no close substitute."

Following are the main features of monopoly market:

(a) Single Seller—In monopoly, there is no competition as there is only one single producer or seller of the product. But, the number of buyers is large.

(b) No Close Substitute—There are no close substitutes for the product of the monopolist. Therefore, the buyers have no choice. They have to either buy the product from the monopolist or go without it. The cross elasticity of demand for his product is either zero or negative.

(c) Barriers to Entry—Entry of the rivals is restricted due to legal, natural, technological barriers which do not allow the competitors to enter the market.

(d) Complete Control over the Market Supply—The monopolist has complete hold over the market. He is the sole producer or seller of the product.

(e) Price Maker—A monopolist can fix the price of his own product as he controls the whole market supply. Monopolist is a price maker.

(f) Price Discrimination—Monopolist being a price maker, can charge different prices to different consumers for the same product, on the basis of time, place etc. Thus, price discrimination is an important feature of monopoly market. For example, students and senior citizens are provided railway tickets at concessional rates.

(g) No distinction between Firm and Industry—A monopolist is the sole seller and producer of the product. A monopoly firm itself is an industry.

●●

Sample Paper-5

Economics

📑 Questions

1. **Complete the following statements by choosing the correct alternatives:**

1A. Choose the correct option:

(i) In economic sense, market includes following activities
   (a) The place where goods are sold and purchased.
   (b) An arrangement through which buyers and sellers come in close contact with each other directly or indirectly.
   (c) A shop where goods are sold.
   (d) All of the above.
   Options:
   (1) (a) and (b)　　　　(2) (b) and (c)
   (3) (a), (b) and (c)　　(4) only (d)

(ii) Homogeneous product is a feature of this market.
   (a) Monopoly
   (b) Monopolistic competition
   (c) Perfect competition
   (d) Oligopoly
   Options:
   (1) (c) and (d)　　　　(2) (a), (b) and (c)
   (3) (a), (c) and (d)　　(4) only (c)

(iii) Statements that are incorrect in relation to index numbers.
   (a) Index number is a geographical tool.
   (b) Index numbers measure changes in the air pressure.
   (c) Index numbers measure relative changes in an economic variable.
   (d) Index numbers are specialized averages.
   Options:
   (1) (c) and (d)　　　　(2) (a) and (b)
   (3) (b) and (c)　　　　(4) (a) and (d)

(iv) Statements that highlight the significance of index numbers.
   (a) Index numbers are useful for making future predictions.
   (b) Index numbers help in the measurement of inflation.
   (c) Index numbers help to frame suitable policies.
   (d) Index numbers can be misused.
   Options:
   (1) (b), (c) and (d)　　(2) (a), (c) and (d)
   (3) (a), (b) and (d)　　(4) (a), (b) and (c)

(v) Wrongly matched pair :
   (a) National Income Committee – 1949
   (b) Financial year – 1st April to 31st March
   (c) Income method – National Income = Rent+Wages+Interest+ Profit + Mixed income + Net Income from abroad
   (d) Expenditure method – National Income = Rent + Wages + Interest + Profit

Options:
(1) (a)　　　　　　(2) (b)
(3) (c)　　　　　　(4) (d)

1B. Complete the correlation:

(i) Pen and Ink : _______ : : Tea and Coffee : Substitutes

(ii) _______ : Change in Supply : : Other factors constant : Variation in Supply.

(iii) Ratio method : $Ed = \dfrac{\%\Delta Q}{\%\Delta P}$: : ____ : $Ed = \dfrac{\text{Lower segment}}{\text{Upper segment}}$

(iv) ________ : Base Year Price : : p1 : Current Year Prices

(v) Money Market : Short-Term Funds : : _______ : Long-Term Funds

1C. Complete the following statements:

(i) Ed = 0 in case of _________
   (a) Luxuries　　　　　(b) normal goods
   (c) salt　　　　　　　(d) comforts

(ii) Other factors remaining constant, when less quantity is supplied only due to a fall in price, it shows ________
   (a) contraction of supply　(b) decrease in supply
   (c) expansion of supply　　(d) increase in supply

(iii) Net addition made to the total revenue by selling an extra unit of a commodity is _______
   (a) total revenue　　　(b) marginal revenue
   (c) average revenue　　(d) marginal cost

(iv) Development financial institutions were established to ________
   (a) provide short-term funds.
   (b) develop industry, agriculture and other key sectors.
   (c) regulate the money market.
   (d) regulate the capital market.

(v) Collection of tax revenue is a type of ___________.
   (a) public finance.　　(b) corporate finance.
   (c) personal finance.　(d) none of these.

1D. Give the economic term:

(i) Elasticity resulting from infinite change in quantity demanded.

(ii) Net addition made to total cost of production.

(iii) Revenue per unit of output sold.

(iv) The market where there are few sellers.

(v) Charging different prices to different consumers for the same product or services.

2A. Identify & Explain the Concepts from the given illustrations:　　　　　　**(Any 3)**

(i) Gauri collected the information about the income of a particular firm.

(ii) Nilesh purchased ornaments for his sister.

(iii) Kavita consumed five units of oranges one after the other.

(iv) Bhushan refused to eat fifth chapati after eating four chapatis.

(v) Sheetal purchased wheat flour for her bakery from the flour mill.

2B. Distinguish between: (Any 3)

(i) Relatively Elastic Demand & Relatively Inelastic Demand

(ii) Contraction of Supply & Decrease in Supply

(iii) Average Revenue & Average Cost

(iv) Demand Deposit & Time Deposit

(v) Organized sector and Unorganized sector of money market

3. Answer the following questions in brief: (Any 3)

(i) Explain the concept of elasticity of demand and state its types.

(ii) Explain the features of oligopoly.

(iii) Classify and explain the markets on the basis of time and place.

(iv) Explain theoretical difficulties in the measurement of national income.

(v) State any 4 reforms introduced in the capital market.

4. State with reasons whether you agree or disagree with the following statements: (Any 3)

(i) During British rule, indigenous handicrafts suffered a severe blow.

(ii) Fines and penalties are a major source of revenue for the Government.

(iii) Obligatory function is the only function of the Government.

(iv) Under output method, value added approach is used to avoid double counting.

(v) Price is the only determinant of demand.

5. Study the following table/passage/figure and answer the questions given below: (Any 2)

(i) Observe the given table and answer the following questions :

Unit of a Commodity	TU Units	MU Units
1	7	7
2	12	6
3	16	5
4	16	0
5	15	−1

(a) Draw total utility curve and marginal utility curve.

(b) (i) When total utility is maximum marginal utility is [ ]

(ii) When total utility falls, marginal utility becomes [ ]

(ii) Read the given passage and answer the following questions :

The conventional notion of social security is that the government would make periodic payments to look after people in their old age, ill-health, disability, and poverty. This idea should itself change from writing a cheque for the beneficiary to institutional arrangements to care for beneficiaries, including by enabling them to look after themselves, to a large extent. The write-a-cheque model of social security is a legacy from the rich world at the optimal phase of its demographic transition when the working population was numerous enough and earning enough to generate the taxes to pay for the care of those not working. This model is ill-suited for less, well-off India with growing life expectancy, increasing urbanization, and resultant migration. Social security under urbanization will be different from social security in a static society.

(a) State the conventional notion of social security.

(b) What kind of conceptual change is suggested in the given paragraph?

(c) What is a legacy of social security from the rich world?

(d) Which features of India make the traditional model of social security ill-suited for the economy?

(iii) Observe the following table and answer the questions given below that :

Direction of India's Imports

Countries/ Organisations		Years	
		1990-91	2015-16
S. No.		Percentage	Percentage
1.	OECD	54.0	28.8
2.	OPEC	16.3	23.6
3.	Eastern Europe	7.8	1.9
4.	Developing Nations	18.6	43.2
5.	Others	1.4	2.5

Questions:

(a) Which organisation has the least share in the direction of India's imports in 2015-16 ?

(b) Which organisation has maximum share in India's direction of imports in 1990-91 ?

(c) Expand the abbreviations of OECD and OPEC

(d) State your opinion regarding the direction of India's imports.

(d) How much is the percentage increase in the imports of developing nations in 2015-16 as compared to 1990-91 ?

6. **Answer the following questions in detail:** **(Any 2)**
   (i) Describe in detail the importance of micro-economics.
   (ii) State and explain the law of demand with exceptions.
   (iii) State and explain the limitations of index number.

🄰 Answer Key

1A. (i) (3) only (d)

(ii) (1) (c) and (d)

(iii) (2) (a) only (b)

(iv) (4) (a), (b) and (c)

(v) (4) (d)

1B. (i) Complementary goods

(ii) Price Constant

(iii) Point or Geometric Method

(iv) p0

(v) Capital Market

1C. (i) Necessities

(ii) Contraction of supply

(iii) Marginal revenue

(iv) Develop industry, agriculture and other key sectors

(v) Public finance

1D. (i) Perfectly Elastic Demand

(ii) Marginal Cost

(iii) Average Revenue

(iv) Oligopoly

(v) Price Discrimination

2A. (i) Concept—Micro-economics (or Micro-economic study)

Explanation—Micro-economics studies the individual units such as individual consumers, individual producers, individual firms, the price of a particular commodity or a factor, etc.

(ii) Concept—Value in exchange/Possession utility.

Explanation—

(a) The law of DMU explains the 'paradox of values' by showing the difference between the value in use and value in exchange. Some commodities have value in use and some commodities have high value in exchange.

(b) Possession utility arises when the ownership of goods in transferred from one person to another.

(iii) Concept—Continuity

Explanation—Continuity is an assumption to the law of DMU where it is assumed that different units of a commodity are consumed in quick succession without any lapse of time.

(iv) Concept—Point of satiety

Explanation—After reacting the point of satiety, a rational consumer should stop his consumption since the maximum limit of satisfaction is reached and there is no addition to the total utility by any further increase in the stock of a commodity.

(v) Concept—Intermediate goods

Explanation—An intermediate good refers to the goods purchased by a producer to be used in the production of the final good.

2B. (i) Distinguish between Relatively Elastic Demand and Relatively Inelastic Demand

Relatively Elastic Demand	Relatively Inelastic Demand
In this case, the change in price leads to a proportionately large change in the quantity demanded.	In this case, the change in price leads to a proportionately less change in the quantity demanded.
It represents a flatter demand curve. 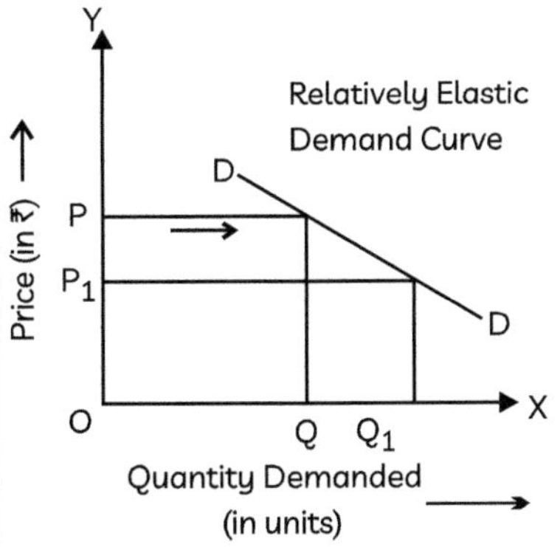 	In represents a steeper demand curve. 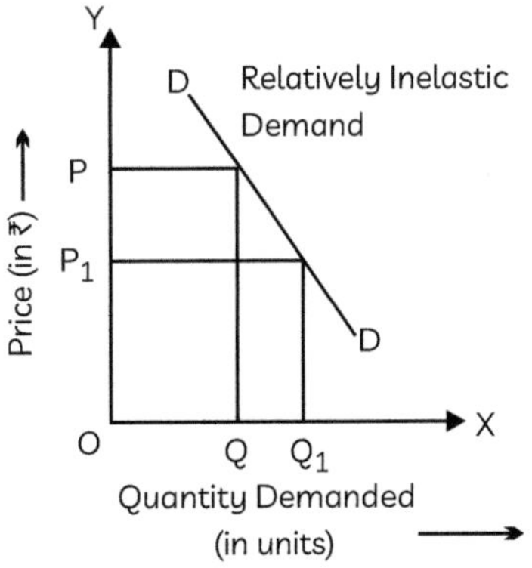
Symbolically it is represented as Ed > 1	Symbolically it is represented as Ed < 1
For example: 50% fall in price leads to 100% rise in quantity demanded.	For example: 50% fall in price leads to 25% rise in quantity demanded.

(ii) Distinguish between Contraction of Supply and Decrease in Supply

Contraction of Supply	Decrease in Supply
Contraction of supply refers to a fall in the quantity supplied, due to a fall in the price of a commodity, other factors remaining constant.	Decrease in supply refers to a fall in the supply of a given commodity due to unfavourable changes in other factors.
It is shown by a downward movement on the same supply curve.	It is shown by a shift in the supply curve from right to left.
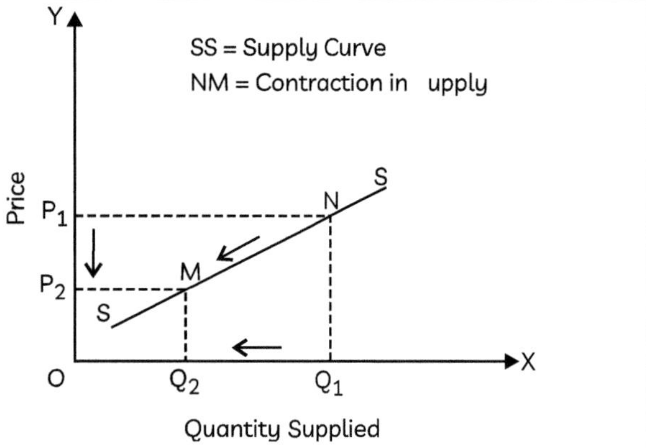 Y SS = Supply Curve NM = Contraction in upply Price P_1 P_2 S N S M O Q_2 Q_1 X Quantity Supplied	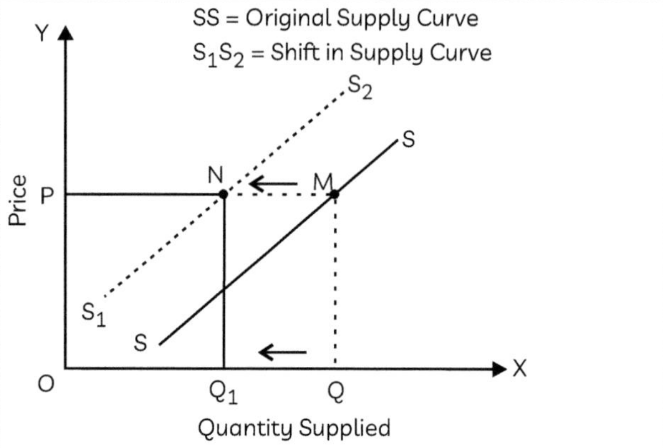 SS = Original Supply Curve S_1S_2 = Shift in Supply Curve Y S_2 S Price P N M S_1 S O Q_1 Q X Quantity Supplied

(iii) Distinguish between Average Revenue and Average Cost

Average Revenue	Average Cost
Average Revenue (AR) refers to the total revenue per unit of output sold.	Average Cost (AC) refers to the total cost of production per unit.
It is obtained by dividing the total revenue by the number of units sold.	It is calculated by dividing total cost by total quantity of production.
$$\text{Average Revenue} = \frac{\text{Total Revenue}}{\text{Total Quantity (sold)}}$$	$$\text{Average Cost} = \frac{\text{Total Cost}}{\text{Total Quantity (produced)}}$$
Normally, the average revenue of a commodity will always be more than its average cost.	Normally, the average cost of a commodity will always be less than it's average revenue.

(iv) Distinguish between Demand Deposit and Time Deposit

Basis for Comparison	Demand Deposit	Time Deposit
Time Period	There is no fixed time period involved in the case of a demand deposits.	Time deposits are deposited in the bank for a fixed period of time (usually 1 year to 5 years)
Example	Saving accounts and current accounts are examples of demand deposits.	Fixed or term deposit is an example of time deposits.
Rate of Interest	In the case of saving and current accounts it is lower (which is around 4 to 6 percent).	The rate of interest offered by the banks on time deposit is higher around 7 to 9 percent.
Facilities	In case of demand deposits, one needs all facilities like ATM, credit card, the online banking as these accounts are meant for withdrawal of funds as and when required by the account holder.	In case of time deposit, one does not need facilities like ATM, credit card, the online banking as funds are tied for a specific period.

(v) Distinguish between Organized Sector of the Money Market and Unorganized Sector of the Money Market

Organized Sector of the Money Market	Unorganized Sector of the Money Market
Total organized includes: (a) Reserve Bank of India (RBI) (b) Commercial Banks (c) Co-operative Banks (d) Development of financial institutions (e) Discount and Finance House of India	The unorganized sector includes: (a) Money lenders (b) Indigenous bankers (c) Unregulated non-bank financial
This sector comes under the purview of RBI.	This sector does not come under the control of RBI.
The interest rates are low and borrowers are not exploited.	The interest rates are very high and borrowers are exploited.
It mainly operates in urban, semi-urban, and certain rural areas.	It mainly operates in rural areas or remote regions where the organized sector in not developed.

3. (i) Elasticity of demand refers to the degree of responsiveness of quantity demanded to a change in its price or any other factor. In other words, it is the ratio of percentage change in quantity demanded of a commodity to a percentage change in price. The types of elasticity of demand are :

(a) Income Elasticity—It refers to the degree of responsiveness of a change in quantity demanded to a change in the income only, other factors including price remain unchanged. It is expressed as:

$$Ey = \frac{\text{Percentage change in qty. demanded}}{\text{Percentage change in income}}$$

Symbolically, $Ey = \dfrac{\%\Delta Q}{\%\Delta Y}$

$$= \frac{\Delta Q}{Q} \propto \frac{\Delta Y}{Y}$$

$$= \frac{\Delta Q}{Q} \times \frac{\Delta Y}{Y}$$

Where,

Δ = Represent change

Q = Original demand

Y = Original income

ΔQ = Change in quantity demanded

ΔY = Change in income of a consumer

(b) Cross Elasticity—It refers to a change in quantity demanded of one commodity due to a change in the price of other commodity. (Complementary goods or substitutes).

$$Ec = \frac{\text{Percentage change in qty. demanded of A}}{\text{Percentage change in price of B}}$$

(A = Original commodity, B = Other commodity)

Symbolically, $Ec = \dfrac{\%\Delta Q_A}{\%\Delta P_B}$

$$= \frac{\Delta Q_A}{Q_A} \propto \frac{\Delta P_B}{P_B}$$

$$= \frac{\Delta Q_A}{Q_A} \times \frac{P_B}{\Delta P_B}$$

Where,

Q_A = Original quantity demanded of commodity A

ΔQ_A = Change in quantity demanded of commodity A

P_B = Original price of commodity B

ΔP_B = Changes in price of commodity B

(c) Price Elasticity—According to **prof. Alfred Marshall**, price elasticity of demand is a ratio of proportionate change in the quantity demanded of commodity to a given proportionate change in its price.

$$Ed = \frac{\text{Percentage change in qty. demanded}}{\text{Percentage change in price}}$$

Symbolically, $Ed = \dfrac{\%\Delta Q}{\%\Delta P}$

$$Ed = \frac{\Delta Q}{Q} \propto \frac{\Delta P}{P}$$

$$Ed = \frac{\Delta Q}{Q} \times \frac{\Delta P}{P}$$

Where,

Q = Original quantity demanded

ΔQ = Difference between the new quantity and original quantity demanded

P = Original price

ΔP = Difference between new price and original

(ii) Meaning : The term oligopoly is derived from the Greek words 'oligo' which means few and 'poly' which means sellers. It is that market where there are a few firms (seller) in the market producing either a homogeneous product or a differentiated product. For example, mobile service providers, cement companies, etc.

The following are features of oligopoly:

(a) Few Firms or Sellers—Under an oligopoly market, there are a few firm or sellers who control the entire supply in the market. Therefore, they dominate the market and have considerable control over the price of the competition.

(b) Interdependence—Under an oligopoly market, the seller has to be cautious with respect to any action taken by the competing firms. If any firm reduces its price, the other firms also follow the same to remain in the competition.

(c) Advertising—Advertising is a powerful instrument in the hands of oligopolists. A firm under oligopoly can start an aggressive and attractive advertising campaign with the intention of capturing a large part of the market.

(d) Entry Barriers—Like a monopoly, the oligopoly market also has certain entry barriers in the form of government licenses, patents, etc. A firm can exit an oligopoly whenever it wants but it has to face entry barriers.

(e) Lack of Uniformity—All firms in an oligopoly market may not be of the same size in terms of revenue, number of employers, number of buyers/subscribers, office space, etc. Some firms may be big while others might be small.

(f) Uncertainty—There is a considerable element of uncertainty in this type of market due to different behaviour patterns. Rivals may join hands and co-operate or may try to fight with each other.

(iii) Classification of Markets:

(a) On the basis of place :

1. **Local Market:** Local market is a market in which sellers sell and customers buy a product in the region or area in which it is produced.

2. **National Market:** National market is a domestic market in a given country. Each national market is governed by the regulation of its own country.

3. **International Market:** International market is a worldwide market in which buyers and sellers trade in goods and services across the national borders.

(b) On the basis of time :

1. **Very Short Period:** Very short period is a period in which supply is fixed and price is determined by the demand. The time period is for a few days or weeks in which the supply of commodity cannot be increased.

2. **Short Period:** Short period is a period of less than one year. In this period, firms can only make adjustments in inputs like labour to increase the supply of goods and services.

3. **Long Period:** Long-run is a period of time in which all factors of production and costs are variable. In the long-run, firms are able to adjust all costs. It is for a few years, generally up to five years.

4. **Very Long Period:** Very long period is a production time that is so long that all inputs are variable. It is of more than five years.

(iv) There are various difficulties in the measurement of national income.

(A) Theoretical Difficulties or Conceptual Difficulties:

(a) Transfer payments: Individuals get pension, unemployment allowance etc. but whether these transfer payments should be included in national income or not, is a major problem. On one hand they are a part of individual income and on the other hand, they are part of Government expenditure. Hence, these transfer payments are not included in national income.

(b) Illegal income: Illegal incomes like income from gambling, black marketing, theft, smuggling etc. are not included in national income.

(c) Unpaid services: For the purpose of calculating national income, only paid goods and services are considered. However, there are a number of unpaid services which are not accounted for in the calculation of national income. For example, services of housewives and the services provided out of love, affection, mercy, sympathy, charity etc. are not included in national income.

(d) Production for self consumption: The products kept for self consumption by the farmers and other allied producers do not enter the market. Hence, it is not accounted for in the national Income.

(e) Income of foreign firms: According to IMF, income of a foreign firm, should be included in the national income of the country, where the firm actually undertakes the production work.

(f) Valuation of Government Services: Government provides a number of public services such as law and order, defence, public administration, education, health services etc. The calculation of these services at market price is difficult, as the real value of these services is not known. Therefore, it is difficult to calculate national Income.

(g) Changing price level: Difficulties in calculating national income also arise due to changes in price levels. For example, when the price level rises, the national income may show an increase even though the production may have decreased. Also, when the price level falls, the national income may show a decrease even though there may be an increase in production.

(v) Following are some of the important reforms introduced in the capital market:

(a) Securities and Exchange Board of India (SEBI) was established in 1988 but given statutory powers in 1992 to protect the interest of the investors and promote the development of the securities market.

(b) National Stock Exchange (NSE), the leading stock exchange in India was established in 1992.

(c) Computerized Screen Based Trading System (SBTS) was introduced as a part of modernization.

(d) Demat account has been introduced since 1996 to facilitate easy purchase and sale of shares by the investors through the electronic method.

(e) Increased access to global funds by Indian companies was permitted through American Depository Receipts (ADRs) and Global Depository Receipts (GDRs).

(f) Investor Education and Protection Fund (IEPF) was established in 2001 to promote investors' awareness and protecting the interest of the investors.

4. **(i)** I agree with the above statement.

Reason:

(a) Before 1947, the pattern of India's foreign trade was typically colonial.

(b) India used to supply raw materials to industrialized nations, particularly England.

(c) India was also an importer of the, manufactured goods at that time.

(d) This dependence on foreign trade did not permit industrialization at home.

(e) Hence, the indigenous handicrafts suffered a severe blow.

(ii) I disagree with the above statement.

Reason:

The government imposes fines and penalties on those who violate the laws of the country. The objective of the imposition of fines and penalties is not to earn income, but to discourage the citizens from violating the laws framed by the Government. For example, fines for violating traffic rules. However, the income from this source is small.

(iii) I disagree with the above statement.

Reason:

(a) Government is a formal institution created by the people in a specific region to perform various functions.

(b) The functions of the government can be classified as obligatory functions and optional functions.

(c) The obligatory functions include protection from external attacks, maintaining internal law and order, etc.

(d) The optional functions include the provision of education and health services, provision of social security like pensions and other welfare measures, etc.

(e) Hence, obligatory function is not the only function of the government.

(iv) I agree with the above statement.

Reason:

(a) Double counting occurs when the costs of intermediate goods used by a business to produce finished good are included in the computation of a nation's GDP.

(b) According to the value-added approach, value-added at each stage of the production process is included while calculating National Income.

(c) Value added = Value of final output – Value of input.

(d) GNP is obtained by adding the values added by the different stages of the production process till the final output is reached in the hands of consumers.

(e) The calculation in such a manner ensures that costs of all intermediate goods are counted only once.

(v) No, I do not agree with the given statement. This is because there are various factors that determine demand other than price.

Reason:

The following are a few determinants :

(a) Income of the Consumer—Change in the income of the consumer also affects the market demand for goods. The effect of the change in income on the market demand depends on the type of the good.

(b) Type of Good—The market demand for normal goods shares a positive relationship with the consumer's income. The market demand for inferior goods (such as coarse cereals) has a negative relationship with the consumer's income. The market demand for Giffen goods also has a negative relationship with the income.

(c) Consumer's Tastes and Preferences—Consumer's tastes and preferences highly influence the demand for goods. Other things being constant, if all consumers prefer a commodity over another, then the market demand for that commodity increases and vice-versa.

(d) Population Size—The market demand for a commodity is also affected by the population size. Other things being equal, an increase in the population size increases the market demand for a commodity and vice-versa. This is because with the change in population size, the number of consumers in the market changes.

5. (i)

(a)

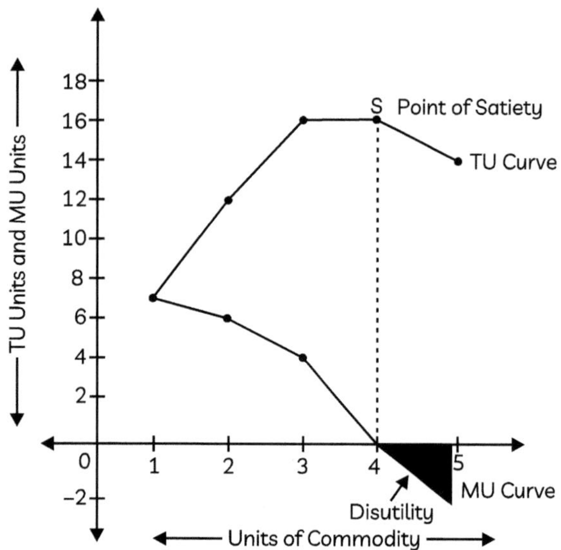

(b) 1. When total utility is maximum marginal utility is **zero.**

2. When total utility falls, marginal utility becomes **negatives.**

(ii)

(a) The conventional notion of social security is that the government would make periodic payments to look after people in their old age, ill-health, disability , and poverty.

(b) The conceptual change in the paragraph is writing a cheque for the beneficiary of institutional arrangements to take care for beneficiaries, by enabling them to look after themselves, to a large extent.

(c) The write-a-cheque model of social security is a legacy from the rich world at the optimal phase of its demographic transition.

(d) The traditional model is ill-suited for less, well-off India with a growing life expectancy, increasing urbanization, and resultant migration. Social security under urbanization will be different from social security in a static society.

(iii)

(a) Eastern Europe has the least share (1.9%) in the direction of India's imports in 2015-16.

(b) OECD has a maximum share (54%) in India's direction of imports in 1990-91.

(c) OECD refers to the Organization for Economic Co-operation and Development while OPEC refers to the Organization of the Petroleum Exporting Countries.

(d) India's imports from OECD and Eastern Europe has declined drastically during the period from 1990-91 to 2015-16, On the other hand, imports from OPEC, developing nations, and other rose during the same period.

(e) There is an increase of 24.6% in the imports of developing nations in 2015-16 (43.2%) as compared to 1990-91 (18.6%)

6. (i) Micro-economics is branch of economics that is concerned with the analysis of the behaviour of an individual economic unit or variable. Micro-economics plays a vital role in the study of modern economic theory.

The following points explain the importance of micro-economics :

(a) Price Determination—It explains how prices of individual commodities are determined and how rewards of factors of production are determined and distributed.

(b) Business Decision Making—Micro-economic theory help businessman to determine their price policy, a maximum level of output, and achievement of maximum productivity from factors combination.

(c) Business and Production Planning—Micro-economic policy helps in preparing and planning of business policy, expansion of business, and making investment, decisions to achieve maximum output and productivity.

(d) Helps in International Trade—Micro-economics is used to explain gains from internal trade, external trade foreign exchange, the balance of payment, disequilibrium, and in the determination of exchange rate.

(e) Basis of Welfare Economics—The entire structure of micro-economics has been built on the basis of price theory which is an important constituent of micro-economics. It suggests the conditions of efficiency and explains how it can be achieved. It helps in improving the standard of living of the population.

(f) Required by the Government—Micro-economics is useful to the government in framing economic policies as taxation policy, public expenditure policy, price policy, etc. These policies help the government to attain its goals of efficient allocation of resources and economic welfare of the society.

(ii) Law of Demand:

Law of demand is one of the important basic laws of consumption. Dr. Alfred Marshall, in his book "Principles of Economics", has explained the law of demand as follows:

"Other things being constant the higher the price of the commodity, smaller is the quantity demanded and lower is the price of the commodity large is the quantity demanded".

The law of demand explains a change in the behaviour of consumer demand due to changes in price. Marshall's Law of demand describes the functional relation between demand and price. It can be expressed as D = f (P) that demand is a function of price. The relation between price and demand is inverse because larger quantity is demanded when a price falls and smaller quantity will be demanded when the price rises. The law of demand is explained with the help of the following schedule and diagram.

Price of Mangoes Per kg. (₹)	Demand for Mangoes (kg.)
50	1
40	2
30	3
20	4
10	5

As shown in the schedule when the price of mangoes is ₹ 50 per kg. demand is 1 kg. When the price falls to the level of ₹ 40 per kg. and demand rises to 2 kg. Similarly, at the price ₹ 10 per kg. the demand for mangoes is 5 kg., whereas 4 kg. of mangoes are demanded at price ₹ 20 per kg. This shows an inverse relationship between price and demand.

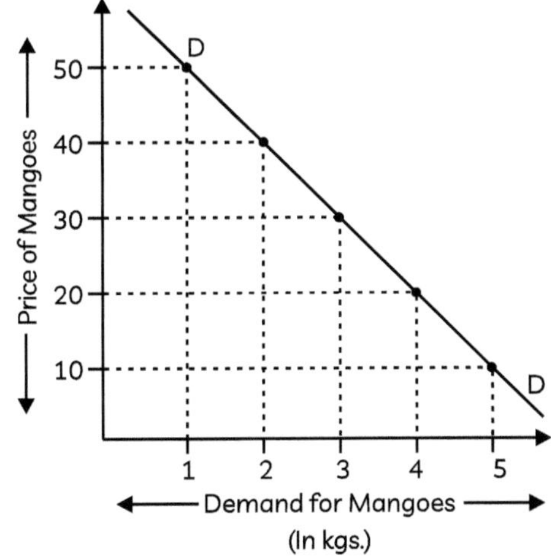

In this diagram, X-axis represents demand for mangoes, whereas Y" axis represents the price of mangoes. DD is the demand curve which slopes downwards from left to right. In other words, its slope is negative because of an inverse relationship between price and demand.

Exceptions to the Law of Demand :

The law of demand explains an inverse relationship between the price of a commodity and the quantity demanded of it. Sometimes, however, we see a direct relationship between price and quantity demanded of a commodity.

Under exceptions to the law of demand, the demand curve slopes upwards from left to right which shows a direct relationship between price and quantity demanded. It can be shown in the following diagram.

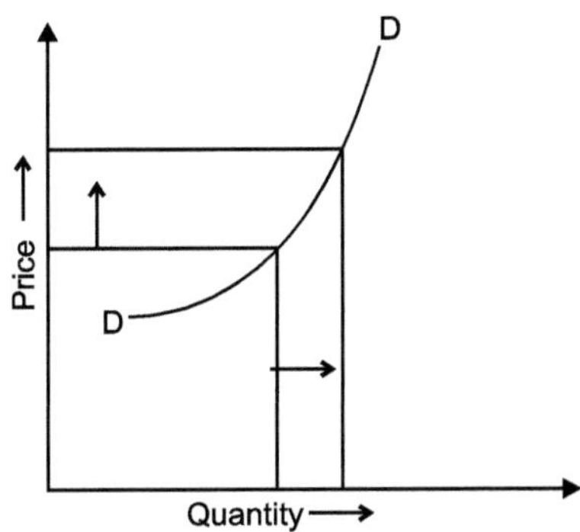

(a) **Giffen Goods**—Certain inferior goods are called Giffen goods, when the price falls, quite often less quantity will be purchased than before because of the negative income effect and people's increasing preference for a superior commodity with the rise in their real income. Sir Robert Giffen observed the situation related to demand for bread and meat in England. When the price of bread was decreasing, less bread was purchased. Here surplus money was transferred to purchase meat, as a result, demand for meat increased.

The behaviour is known as Giffen's paradox. Thus Giffen goods are inferior goods which have a direct relationship between price and quantity demanded. In this case, the demand curve slopes upwards from left to right as shown in the above diagram.

(b) **Prestige Goods**—Diamond, high priced motor cars, luxurious bungalows are prestige goods. Such goods have a "snob appeal". Rich people consume such goods as a status symbol. Therefore, when the price of such goods rises their demand also rises.

(c) **Price illusions or Consumers Psychological bias**—Consumers have an illusion that high priced goods are of a better quality. Therefore the demand for such goods tends to increase with a rise in their price, e.g. Branded products which are expensive are demanded more at a higher price.

(d) **Demonstration Effect**—The tendency of the low-income group to imitate the consumption pattern of high-income groups is known as demonstration effect. For example demand for consumer durables such as washing machine, latest mobile etc.

(e) **Ignorance**—Sometimes people do not have proper market knowledge. They may not be aware of the fall in the price of a commodity and thus they tend to purchase more at a higher price.

(f) **Speculation**—When people speculate a change in the price of a commodity in the future, they may not act according to the Law of demand. People may tend to buy, more at rising price, when they anticipate further price rise. For example, in the stock market, people tend to buy more shares at rising prices. Even if prices of some goods like sugar, oil etc. are rising before Diwali, people go on purchasing more of these things even at rising prices, because they think that prices of these goods may increase further during Diwali.

(g) Habitual Goods—Due to a habit of consumption of certain goods like tobacco, cigarettes etc are purchased even if prices are rising. Thus it is an exception.

(iii) Index numbers are useful in practice. However they suffer from certain limitations. Therefore, they are not completely reliable.

(a) Based on Samples—Index numbers are generally based on samples. We cannot include all the items in the construction of the index numbers. Hence they are not free from sampling errors.

(b) Bias in the Data—Index numbers are constructed on the basis of various types of data which may be incomplete. There may be bias in the data collected. This is bound to affect the results of the index numbers.

(c) Misuse of Index Numbers—Index numbers can be misused. They compare a situation in the current year with a situation in the base year. Hence a person may choose a base year which will be suitable for his purpose. For example, a businessman may choose a year in which his profit is high as the base year and show that his profit is falling in the current years.

(d) Defects in Formulae—There is no perfect formula for the construction of an index number. It is only an average and so it has all the limitations of an average.

(e) Changes in the Economy—The habits, tastes and expectations of the people in a country are always changing and all these changes cannot be included in the estimation of index numbers.

(f) Qualitative Index—The price or quantity index numbers may ignore the changes in qualities of the products. At any given time, a better quality commodity will have a higher production cost and a higher price than an ordinary commodity which is a substitute for the better product.

(g) Arbitrary Weights—The weights assigned to different commodities may be arbitrary.

(g) Limited Scope—An index number has limited scope because if it is constructed for one purpose then it cannot be used for any other purpose.

●●

Time : 3 Hrs

Total Marks : 80

General Instructions:

(i) All questions are compulsory.

(ii) Figures to the left indicate question numbers.

(iii) Figures to the right indicate full marks.

SAMPLE PAPER-1
Organisation of Commerce & Management

Questions

Time: 3 Hours   Total Marks: 80

1. From the given sub questions attempt any four: (20)

(A) Select the appropriate option from options given below and rewrite them:

(i) The State Commission has__________members.
(a) Three   (b) Four   (c) Two

(ii) Entreprendre means to _____.
(a) Undertake
(b) Enterprise
(c) Businessman

(iii) Startup India is an initiative of the _____.
(a) RBI
(b) Government of India
(c) World Bank

(iv) Principle of ______ is not applicable to life insurance..
(a) Insurable interest
(b) Utmost good faith
(c) Indemnity

(v) The term market is derived from________word 'MERCATUS'.
(a) French   (b) Latin   (c) Greek

(B) Give one word or phrase for the following sentences: (5)

(i) Name of the policy where several ships belonging to one owner are insured under the same policy.

(ii) The first step in online transaction.

(iii) Who propounded the concept of trusteeship?

(iv) Organisation which aims at promoting the welfare of the people.

(v) Two sellers selling either a homogeneous or a differentiated product.

(C) True or false: (5)

(i) The 4P's of marketing mix are product, price, place and packaging.

(ii) Middle level is mainly concerned with planning activities.

(iii) Marketing helps business to understand the needs of the consumers.

(iv) NEFT stands for National Electric Funds Transfer.

(v) The term e-business is derived from the term e-mail and e-commerce.

(D) Match the pairs: (5)

	Group "A"		Group "B"
1.	Air transport	a.	Time utility
2.	Warehousing	b.	Intangible in nature
3.	Money remittance	c.	Fastest mode of transport
4.	Pipeline transport	d.	Western union money transfer
5.	Business service	e.	Petroleum and gas
		f.	Tangible in nature
		g.	Saving account
		h.	Place utility

2. Explain the following terms/concepts in detail (Any 4 out of 6): (8)

(i) Planning

(ii) Globalisation

(iii) Branding

(iv) Staffing

(v) District Commission

(vi) Corporate Social Responsibility.

3. Study the following case/situation and express your opinion (Any 2): (6)

(i) Yash Ltd. is providing facilities for their female staff like day care centre for kids and work from home. Management also takes suggestions even though they are member of trade unions, by doing this, Yash Ltd. are following social responsibilities towards which interest groups?

(ii) Mr. Lobo wishes to transport goods from Goa to Delhi and seeks your opinion regarding modes of transport that can be used.

(iii) In ABC Ltd, Mr. Amar gives instructions to the employees working under him, guides and motivates them for their best performances. Mr. Akbar takes efforts to harmonise the work done by the employees of different departments while achieving the organisational goals.

Mr. Anthony is looking after the arrangement of required resources for the business organisation. Mention the name of the employee engaged in following functions:

(a) Organisation
(b) Direction
(c) Coordination

4. Distinguish between (Any 3): (12)

(i) Organising and Directing

(ii) Life Insurance and Marine Insurance

(iii) BPO and KPO

(iv) National Commission and State Commission

5. Answer the following questions in brief (Any 2): (8)

(i) Define any four principles of insurance with examples.

(ii) Explain entrepreneurship development program with its steps and objectives..

(iii) Define marketing mix along with its types.

6. Justify the following statements (Any 2): **(8)**

(i) Explain the nature of principle of management.

(ii) Principle of Equity and Principle of Order are very important.

(iii) State Importance of controlling.

(iv) State the benefits and limitations of e-business.

7. Answer the following questions in detail (Any 2): (10)

(i) State the importance of marketing to the firm.

(ii) Describe the importance of co-ordinating.

(iii) Define the secondary functions of Bank.

8. Answer the following questions in detail (Any 1): (8)

(i) Define and explain Henry Fayol's administrative theory of management in detail.

(ii) Explain primary and secondary functions of commercial bank.

⒜ Answer Key

1. (A) **(i)** (b) Four

(ii) (a) Undertake

(iii) (b) Government of India

(iv) (c) Indemnity

(v) (b) Latin

(B) **(i)** Fleet

(ii) Registration

(iii) Mahatma Gandhi

(iv) Non-Government Organisation

(v) Duopoly

(C) **(i)** False   **(ii)** False

(iii) True   **(iv)** False

(v) True

(D)

Group "A"	Answers
1. Air transport	c. Fastest mode of transport
2. Warehousing	a. Time utility
3. Money remittance	d. Western union money transfer
4. Pipeline transport	e. Petroleum and gas
5. Business service	f. Intangible in nature

2. **(i)** **Planning:** Planning is the basic function of management. Every function of management is based on planning. It includes deciding the things to be done in advance. Planning is an intellectual process of logical thinking and rational decision making. It focuses on organisation's objectives and develops various courses of action.

Designing proper planning and implementing accordingly is the key of achieving the objectives of an organisation. In short, planning is a detailed programme of future courses of action.

(ii) **Globalisation:** The entire globe is the market place nowadays. It provides more opportunities and challenges to business. International trade barriers have reduced which resulted in global distribution of goods and services. Countries who have adopted good practices are influencing the world.

(iii) **Branding:** Every businessman wants to have special identity in the market for his product. Branding is a process of giving special identity to a product through unique brand name to differentiate it from competitor's products. In simple words giving of distinct name to one's product is called as branding.

Registered brands are known as trademarks.

Trademarks cannot be copied. Branding helps to get recognition among the consumers. It can help to get new business and increase brand awareness in the market.

(iv) **Meaning:** Staffing is the function of execution according to plan and organisational structure. It is the process of attracting, recruiting, selecting, placing, appraising, remunerating, developing and retaining the best workforce. Overall growth and success of every venture is based on appropriateness of staffing function. It is very challenging for organisation to focus on best utilisation of workforce by using their talents and skills, retaining them and arranging training and development programmes. The function emphasizes managing human and not material or financial resources.

The need of staffing arises since the initial period of organisation. Due to promotion, transfer, business expansion, retirement, resignation, accidents, death of employee etc, vacancies are created in organisation. In this context, staffing function plays very important role in organisation. Right person at right job with right pay is the basic principle of staffing.

(v) **Meaning:** A consumer dispute redressal commission at each district established by the State Government is known as District Commission.

Composition: Each District Commission shall consist of the following:

President: A person who is sitting or retired or qualified to be a District Judge.

Member: Not less than two and not more than such number of members as may be prescribed, in consultation with the Central Government.

Tenure: Any person appointed as President or a member of the District Commission shall hold office as such as President or as a member till the completion of his term for which he has been appointed. The members will hold office for a term of five years or upto the age of sixty five years, whichever is earlier.

(vi) Corporate Social Responsibility (CSR): Is self-regulating business model, which aims to contribute to societal goals or support volunteering or ethically-oriented practices. It makes a company socially responsible and accountable. This accountability is towards itself, its stakeholders, public in general etc. By practicing social responsibility, companies can be conscious about economic, social and environmental aspects of the society.

3. Study the following case / situation and express your opinion.

(i) Yash Ltd, is showing responsibilities towards employees. Employees are human resource of the organisation.

They must be treated with dignity and respect. The management and employees should develop mutual understanding and trust. Government has passed various labour laws to safeguard the interest of employees.

(ii) Generally, transportation is carried through various modes such as railways, roads, waterways and airway. Modes of transport are as follows:

(a) Road Transport

(b) Rail Transport

(c) Air Transport

(d) Water Transport

(e) Mono Rail and Metro

(f) Ropeways

(g) Pipeline

(iii) Organisation : Mr. Akbar

Direction : Mr. Amar

Coordination : Mr. Anthony.

4. **(i)** Organising and Directing:

Point of Distinction	Organising	Directing
Meaning	Organising is the process of defining and grouping the activities of the enterprise and establishing the authority relationships among them.	Directing is the guidance inspiration, The leadership of those men and women constitute the real case responsibilities of management.
Objective	To identify and bring together all required resources.	To direct the subordinates to get the things done in the right manner.
Area of function	It includes identification and grouping of activities, assigning the work and establishing the authority relationship.	It includes instructing, guiding, inspiring, communicating and motivating the human resources.
Factors	Internal and external factors are considered in arrangement of resources.	Directing is concerned directly with internal factors i.e. human resources.
Order	It is based on planning.	It follows organising and staffing for execution of planning.
Resources	All available resources i.e. men, money, material, machine and method are arranged in a systematic manner.	It gives direction to the employees regarding use of other resources.
Nature	It takes place till the time all the resources are collected and arranged.	This continuous process is necessary in the process of achievement of the goals.
Level of management	Top and middle level managements related with organising the required resources.	Middle level management is involved in directing the employees.

(ii) Life Insurance and Marine Insurance:

Point of Distinction	Life Insurance	Marine Insurance
Meaning	A contract where by the insurance company undertakes to pay a certain sum of money either on death or maturity (whichever is earlier) for a consideration (premium).	A contract where by the insurance company undertakes to pay compensation to insured in case of loss to him due to dangers (perils) of the sea.
Policy taken by	It can be taken by an individual for his own life or for his family members.	It can be taken by exporters, importers and shipping companies etc.

Subject matter	In life insurance, the life of the insured is a subject matter.	In marine insurance, goods in ship, cargo and freight is the subject matter.
Insurable interest	It must exists at the time of contract.	It must exist at the time of contract and also at the time of loss.
Tenure	The policy can be issued for any number of years, even until the death of the assured.	It is generally for a short-period and may range from one month to a year. normally it does not exceed one year.
Compensation	It is paid either on death or maturity whichever is earlier.	It is paid only if there is loss causing event during the term of the policy.
Principle of indemnity	It is not applicable as a human life cannot be valued in terms of money for calculating the actual loss.	It is applicable as insurance company compensates for the financial loss and the insured is brought back to the same financial condition that he was before the event.
Number of policies	Insured can take any number of policies on the same life. Compensation is paid on all the policies.	Generally, only one policy can be taken. however, double insurance is possible. however, compensation does not exceed the actual loss.
Beneficiary	The beneficiary can be insured (if he survives the selected term) or else the nomine or the legal heir on the death of the assured.	The beneficiary is the insured person or company.
Surrender of policy	The policy can be surrendered before the expiry of the term subject to certain conditions.	It cannot be surrendered.

(iii) BPO and KPO:

Basis for Distinction	BPO	KPO
Meaning	BPO refers to the outsourcing of non primary activities of the organisation to an external organisation to minimize cost and increase efficiency.	KPO is another kind of outsourcing whereby, functions related to knowledge and information are outsourced to third party service providers.
Degree of complexity	BPO is less complex.	KPO is more complex.
Requirement	BPO requires process expertise.	KPO requires knowledge expertise.
Talent required in employees	BPO requires good communication skills.	KPO requires professionally qualified workers.
Focus on	BPO focus on low level process.	KPO focus on high level process.

(iv) National Commission and State Commission:

Points of Distinction	State Commission	National Commission
Meaning	A consumer dispute redressal forum at the state level is established by the State Government is known as State Commission.	A consumer dispute redressal forum at the national level is established by the Central Government by notification is known as National Commission.
President	A person who is sitting or retired or Judge of High Court, shall, be appointed by the State Government as the President of State Commission.	A person who is or has been a Judge of the Supreme Court, shall be appointed by the Central Government by notification is known as National Commission.

Member	Not less than four or not more than such number of members as may be prescribed in consultation with the Central Government.	Not less than four and not more than such number of members as may be prescribed.
Membership tenure	The members can have the membership for a term of five years or up to the age sixty seven, whichever is earlier.	The members can have the membership for a term of five years or up to the age sixty seven years and President upto seventy years, whichever is earlier.
Area covered	It covers particular state.	It covers the entire country.
Monetary jurisdiction	To entertain complaints where the value of the goods or services paid as consideration, exceeds ₹ one crore, but does not exceed ₹ ten crore.	To entertain complaints where the value of the goods or services paid as consideration exceeds ₹ ten crore.
Appeal	Appeal against the State Commission can be made to the National Commission.	Appeal against the National Commission can be made to the Supreme Court.

5. (i) Principles of Insurance:

(a) **Principle of Utmost Good Faith:** In all types of insurance contracts both the parties must have utmost good faith towards each other. The insurer and insured must disclose all material facts clearly, completely and correctly.

The insured must provide complete, clear and correct information of the subject matter of insurance to the insurer. Similarly, the insurer must provide relevant information regarding terms and conditions of the contract. Failure to provide complete, correct and clear information may lead to non-settlement of claim.

For example, Mr. Shantanu has not provided information regarding his heart surgery at the time of taking policy. After his death, insurance company comes to know about this fact. As Mr. Shantanu has not provided correct and complete information at the time of taking policy, insurance company can refuse to give compensation to his family members.

(b) **Principle of Insurable Interest:** Insurable interest means some financial interest in the subject-matter. The insured must have insurable Interest in the subject-matter of insurance. Insurable interest is applicable to all insurance contracts. It is said to have insurable interest in subject-matter, when the existence of that subject matter puts the insured in financial benefit. Whereas non-existence of subject-matter put him into financial loss. For example,.

1. A person has insurable interest in his own life and property.

2. A business man has insurable interest in the goods he deals and in the property of business. In life insurance, the insurable interest refers to the life insured. Insurable interest must exist at the time of taking a life insurance policy; In fire and marine insurance, the insurable interest

must be present at the time of taking policy and at the time of occurrence of loss.

(c) **Principle of Indemnity:** Indemnity means a guarantee or assurance to put the insured in same financial position in which he was immediately prior to the happening of the uncertain event.

This principle is applicable to fire, marine and general insurance. It is not applicable to life insurance as loss of life can never be measured in monetary terms. In case of death of the insured, the actual sum assured is paid to the nominee of the insured.

Under this principle, the insurer agrees to compensate the insured for the actual loss suffered. The amount of actual compensation is limited to the amount assured or the loss, whichever is less. For example, if property is insured for ₹ two lacs and if the loss by fire is ₹ one lac, then the Insured can claim compensation of ₹ one lac only.

(d) **Principle of Subrogation:** This principle is applicable to all contracts of indemnity. As per this principle, after the insured is compensated for the loss due to damage of the property insured, then the right of ownership of such property passes on to the insurer. This principle is applicable only when the damaged property has any value after the event causing the damage.

For example, Mr. A owns a two-wheeler. The vehicle was stolen and subsequently Mr. A filed a complaint in local police station. Upon receiving report from police, the insurance company compensated fully Mr. A for the loss of the vehicle. Later on, the stolen vehicle was recovered by police. In this situation, the owner of the vehicle does not have any claim over the vehicle as he has already subrogated *i.e.,* transferred the ownership rights of the vehicle to the insurer. The insurer gets every right to sell or to scrap the said vehicle.

(e) **Principle of Contribution:** This principle is applicable to all contracts of indemnity where the insured has taken out more than one policy for the same risk or subject-matter. Under this principle, the insured can claim the compensation only to the extent of actual loss either from one insurer or all the insurers. If the one insurer pays full compensation then that insurer can claim proportionate amount from other insurers from whom insured has taken policy.

For example, Ms. Sayali insures her property of ₹ two lac fifty thousand with two insurers, With T insurance Co. for ₹ One lac (2/5th of the property value) and R insurance Co. for ₹ one lac fifty thousand (3/5th of the property value). If Ms. Sayali 's property is destroyed and the loss is worth ₹ one lac twenty thousand, then both insurance companies will contribute towards actual loss *i.e.,* ₹ one lac twenty thousand. Thus company T will pay ₹ 48,000/- (2/5th of the Loss) and company R will pay ₹ 72,000/-(3/5th of the loss).

(f) **Principle of Mitigation of Loss:** Insured must always try to minimise the loss of the property, in case of uncertain events. The insured must take all possible measures and necessary steps to control and reduce losses. Hence, it is the responsibility of the insured to protect the property and avoid loss. For example, a house of Mr. Jayant is on fire due to electric short circuit. In this case, Mr. Jayant cannot remain passive and must try his best to save his house from fire. Mr. Jayant must be active and cannot watch his house burn, just because house is insured.

(g) **Principle of Causa-Proxima:** Principle of causa-proxima means, when a loss is caused by more than one causes, then proximate cause of loss should be taken into consideration to decide the liability of the insurer. The property is insured against some causes and not against all causes, in such a case, the proximate cause of loss is to be found. If the proximate cause is the one which is insured against, the insurance company is bound to pay compensation and vice-versa.

For example, a house was insured against the risk of theft. There was a theft in the house and before leaving, the house was set on fire by thieves. Now, there are two causes of loss, theft and fire, and the nearest cause of loss was fire. As the house was insured against theft and not by fire, the insured will not get any compensation from insurance company for loss by fire. But, he will get the compensation for the property lost by theft.

(ii) Entrepreneurship Development Programmes (EDP): An entrepreneurship development programme has been defined as 'a programme designed to help a person in strengthening his entrepreneurial motive and in acquiring skills and capabilities necessary for playing his entrepreneurial role efficiently'.

EDP is a device through which people with latent entrepreneurial traits are identified, motivated to take up new industrial venture, trained in managing the unit and guided in all aspects of starting a venture/an enterprise.

EDP was first introduced in Gujarat in 1970 and was sponsored by the Gujarat Industrial Investment corporation. The EDP's are based on Mcclellands experiments in Kakinanda district of Andhra Pradesh where businessmen were provided with motivation and training.

The EDP includes following steps:

(a) Arrangement of infrastructure.

(b) Selection of potential entrepreneur.

(c) Identification of enterprise.

(d) Actual training program.

(e) Selection of training personnel.

(f) Selection of method of training.

(g) Actual training.

(h) Monitoring and follow-up.

Objectives of EDP:

The following objectives of EDP are identified as:

(a) To foster entrepreneurial growth in the country.

(b) Optimum use of available resources.

(c) Development of backward regions and improving economic status of socially disadvantaged groups.

(d) Generation of employment opportunities.

(e) Widening base for small and medium scale industries.

(iii) Marketing Mix with its Types: Marketing mix is the combination of different marketing variables that the firm blends and controls to achieve the desired result from the target market. In simple words the marketing mix is putting the right product, at the right time, at the right price in the right place. It is one of the important tools of the marketing. The 4P's of marketing mix were introduced by E. Jerome McCarthy in 1960. It was further extended by Booms & Bitner in 1981 by adding 3 new elements to the 4 Ps principle.

There are two types of marketing mix-product marketing mix (4Ps) and service marketing mix (7Ps). The four Ps are the key factors that are involved in the marketing of goods or services. They are the product, price, place, and promotion.

(a) **Product:** Product refers to the goods or services that are offered to the customers for sale and are capable of satisfying the need of the customer. The product can be intangible or tangible, as it can be in the form of services or goods. The business need to decide the right type of product through extensive market research. Success of the business depends on the impact of the product in the minds of the customer.

(b) **Price:** The price of the product is basically the amount that a customer pays for the product. Price plays an important role in creating demand for the product. The business needs to take utmost care to decide the price of the product. Cost of the product and willingness of the customer to pay for the product play an important role in pricing the product. Too high price may affect the demand for the product and pricing it too low may affect the profitability of the business. While deciding the prices, the value and utility of the product to its customers are to be considered.

(c) **Place:** Place is also known as distribution channel. Placement or distribution is a very important part of the marketing. Making a right product at the right price is not enough. Businessman needs to make the product available to potential customer at the right place too. Business needs to distribute the product in a place that is accessible to potential buyers. It covers location, distribution and ways of delivering the product to the customer. Better the chain of distribution higher the coverage of the product in the market.

(d) **Promotion:** Promotion is an important element of marketing as it creates brand recognition and sales. Promotion Is a tool of marketing communication which helps to publicise the product to the customer. It helps to convey product features to the potential buyer and inducing them to buy it. Promotion mix includes tools such as advertising, direct marketing, sales promotion, personal selling, etc.

Combination of promotional strategies depends on budget, the message business wants to communicate and the target market.

The above four P's of marketing are associated with the product marketing mix. In addition to the 4Ps, when there is consumer-oriented or service marketing, there are 3 more P's taken into consideration namely-people, physical evidence and process.

(e) **People:** People inside and outside the business directly or indirectly influence the business. People comprise of all the human beings that play an active role in offering the product or service to the customer. The people include employees who help to deliver services to the customer. Right people at right place add value to the business. For the success of the business, it is necessary to recruit right people, train them, develop their skill and retain them.

(f) **Process:** Process refers to the steps involved in delivering products and services to the customer. Processes are important to deliver a quality service. Good process helps to ensure same standard of service to the customer as well as save time and money by increasing efficiency. The advancement in technology helps businesses in effective monitoring of the process of the business and take corrective action wherever is necessary.

(g) **Physical Environment:** Physical environment refers to the marketing environment wherein the interaction between customer and firm takes place. Since services are intangible in nature service providers try to incorporate certain tangible elements into their offering to enhance customer experience. In the service market, the physical evidence is important to ensure that the service is successfully delivered.

Through physical evidence customers know the brand leaders in the market. Physical evidence affects the customer's satisfaction. It includes location, layout, interior design, packaging, branding, dress of the staff and how they act, waiting area etc.

6. **(i)** Management principles are formed to guide and influence the behaviour of employees these principles insist on improving efficiency of organisational resources in terms of profit. These principles also focus on best coordination between superior, subordinates and all the members of organisation.

The nature of management principles is given below:

(a) **Universal Application:** The principles of management are universal in nature. That means they can be applied to all types of organisations, irrespective of their size and nature. Their results may vary and application may be modified but these are suitable for all kinds of organisations. Similarly, they are applicable to all levels of management.

(b) **General Guidelines:** Management principles provide general guidelines in tackling the organisational situations wisely as well as in solving the problems. They are not rigid, which management principles are to be applied depends upon the situation, size and nature of organisation. For example, when we say fair remuneration, then the term 'fair' can vary as per the nature, size and financial condition of the organisation.

(c) **Principles are Formed by Practice and Experiments:** The management principles are developed gradually with thorough research work. Systematic observations and experiments are conducted before developing them. The results of such experiments have been developed as a principle after its practice in organisations.

(d) **Flexibility:** Management principles are flexible in nature. It means they can be changed or modified according to the situation. Managers can be flexible while implementing principles to suit the requirement.

The business situations keep on changing. Management principles can be adjusted or modified and can be used in the organisation according to its need.

(e) **Behavioural in Nature:** Management is group activity. Management aims at achieving certain goal through a group of human being. Management principles are designed to influence human beings. These principles control a group of persons and direct them to achieve the objectives.

(f) **Cause and Effect Relationship:** Principles of management are the base for taking decisions. They determine the cause or reason for particular effect. For example, payment of good wages and incentives helps in increasing the output of workers or making effective advertisement increases the sale of a product.

(g) **All Principles are of Equal Importance:** All principles of management are of equal importance. Those are to be practiced simultaneously to get best results in the form of achievement of predefined goals. If any specific principle is focused more and others are not followed with same focus, then it affects the working of organisation. Management principles are the principles of social science. The nature of principles of management is not absolute like pure sciences *i.e.,* Chemistry, Mathematics etc. With some modifications according to requirement, organisation needs to apply the principles of management.

(ii) Principle of Equity and Order:

(a) **Principle of Equity:** Management should be fair as well as friendly to the subordinates . While dividing the work, delegating the authorities, deciding the monetary terms etc, there should not be any discrimination between the employees. It is also suggested that the remuneration should not depend on the department but at the level on which subordinates are working. The employees working on the same level but in different departments should be paid same wages. This equity will help in avoiding conflicts in the organisation.

(b) **Principle of Order:** This principle is based on 'A place for everything and everything in its place'. Human resources and materials should be in the right place.

(iii) Importance of Controlling:

Controlling is important in maintaining standards and to achieve desired goals effectively and efficiently. It is a function of checking the performance of employees at every stage of their work in process. The importance of controlling function in an organisation is as follows:

(a) **Fulfilling Goals of Organisation:** Controlling is the function of measuring the performances at every possible stage, finding out the deviations, if any; and taking corrective actions according to planned activities for the organisation. Thus, it helps in fulfilling the organisational goals.

(b) **Making Efficient Utilisation of Resources:** Various techniques are used by managers to reduce of material and spoilage of other resources. Standards are set for every performance. Employees have to follow these standards.

As the effect of this, the resources are used by employees in the most efficient and effective manner so as to achieve organisational objectives.

(c) **Accuracy of Standards:** An efficient control system helps management in judging the accuracy of standards whether they are accurate or not. Controlling measures are flexible to some extent. So after reviewing them according to changing circumstances, they are revised from time to time which is beneficial for checking performances accurately.

(d) **Motivates Employee :** After setting standards of checking performance, they are communicated to employees in advance. Due to this, employees get an idea about what to do and how to do. Performances are evaluated and on that basis employees are rewarded in the form of increment, bonus, promotion etc. It motivates the employees to performance of their best level.

(e) **Ensures Order and Discipline:** Controlling is the function of order and maintaining discipline. It works for reducing unprofessional behaviour of the employees. Discipline is maintained by continuous checking of performances by the superiors and preventive actions are taken to minimize the gap between actual and standards.

(f) **Facilitates Co-ordination:** Control is a function in which the roles and responsibilities of all departmental managers and the subordinates are designed clearly. Coordination between them helps to find out the deviations in their respective departments and to use remedial measure for desired results of the organisation.

(g) **Psychological Pressure:** The performance are evaluated with the standard targets. The employees are very well aware that their performance will be evaluated and they will be rewarded accordingly. This psychological pressure works as a motivational factor for employees to give their best performance.

(h) **Ensures Organisational Efficiency and Effectiveness:** Factors of control include making managers responsible, motivating them for higher performance and achieving departmental coordination. It ensures about organisational efficiency and effectiveness.

(i) **Builds Good Corporate Image:** Controlling functions helps to improve the overall performance of the organisation. Minimum deviation in predetermined standards and actual performance results into the progress of business. It can be achieved with the help of proper control. This builds good corporate image and brings goodwill for the business.

(j) **Acts as a Guide:** Controlling function provides set of standard performance. Managers as well as subordinates work according to it. Wherever necessary, they can take the help of these standards and can achieve desired results. Thus, controlling function acts as a guide for everyone. The steps taken for controlling an activity guide the management while planning the future activities.

(iv) Benefits of E-business: The main advantage of e-business is people get product information online and order the product online through cash on delivery or pre-payment options. In this way seller and buyer both get advantage of internet platform.

Traditionally trading by the buyers and sellers was done through three channels like face to face, mail and phone. The internet has become the fourth channel for trade. Internet trade is booming and allowing business to sell more and at a lower cost. Thus, internet offers a great opportunity over traditional channels as it has some advantages or strengths.

(a) **Ease of Formation:** The formation of traditional business is difficult, whereas e-business is relatively easy to start.

(b) **Lower Investment Requirement:** Investment requirement is low as compared to traditional business as the store does not have physical existence and can be managed with less manpower so if trade does not have much of the investment but have contact (network), he can do fabulous business.

(c) **Convenience:** Internet offers the convenience of 24 x 7 x 365 days a year. Business is working on any time and flexibility is available. E-business is truly a business that has enabled and enhanced by the use of electronics and computers network. It offers the advantage of accessing anything, any where, any time.

(d) **Speed:** This benefit becomes all the way more attractive when it comes to information. Much of the buying or selling involves exchange of information that internet allows at the click of mouse.

(e) **Global Access:** Internet is truly without boundaries. On one hand, it allows the seller an access to the global market. On the other hand, it offers a freedom to the buyer to choose products from almost any part of the world. No need of face to face interaction between buyer and seller.

(f) **Movement towards a Paperless Society:** Use of internet has considerably reduced the dependence on paperwork. Thus, recording and referencing of information has become easy.

(g) **Government Support:** The government provides favourable environment for setting up of e-business. This support ensures maximum transparency.

(h) **Easy Payment:** The payment in e-business is done by credit card, internet banking etc. And it is available round the block.

Limitations of E-business: E-business have certain disadvantages when compared to the traditional way of doing business.

Some of the limitations of e-business are as follows.

(a) **Lack of Personal Touch:** E-business lacks the personal touch. One cannot touch or feel the products. So it is difficult for the consumers to check the quality of products.

(b) **Delivery Time:** The delivery of the products takes time. In traditional business you get the product as soon as you buy it. But that doesn't happen in online business. This time lag often discourages customers *e.g.*, Amazon now assures one day delivery. This is an improvement but does not resolve the issue completely.

(c) **Security Issues:** There are a lot of people who scam through online business. Also, it is easier for hackers to get the financial details of the customers. It has a few security and integrity issues.

(d) **Government Interference:** sometimes the government monitoring can lead to interference in the business.

(e) **High Risk:** High risk is involved as there is no-direct contact between the parties. In case of frauds, it becomes difficult to take legal action.

7. (i) Importance of marketing to the firm:

(a) **Increases Awareness:** Marketing helps in creating awareness about the existing products, new arrivals as well as the company which sells a particular product in the market. This raises awareness among the potential consumers. It creates brand image among the consumers.

(b) **Increases Sales:** Once marketing creates awareness about the products or services among the consumers, it attracts them to purchase the same. Successful marketing campaign helps to increase the sales of the organisation. Increase in sale generates profit for the organisation. This income and profit are reinvested in the business to earn more profits in future. In modern business, survival of the organisation depends on the effectiveness of the marketing function.

(c) **Creates Trust:** People want to buy from a business that has a trustworthy reputation. Creating trust among the customers is a time consuming process. Creating trust among the consumers helps the business to earn loyal customers. Once your business can establish this trust with your clients, it creates customer loyalty. Happy customers enhance the brand image in the market. Effective marketing plays an important role in building a relationship between the customers and the organisation. Effective pricing policy and timely after sales services improve image of the organisation. A majority of the activities of the marketers are directed towards building the brand equity of the Business.

(d) **Basis for Making Decisions:** From inception of idea to delivering the final product to the customer, businessman has to take several decisions. Businessman has to look after many problems such as what, how, when. How much and for whom to produce? As the scale of operation increases, these decisions become more complex. Marketing helps to take right decision at right time.

(e) **Source of New Ideas:** Marketing helps business to understand the needs of the consumers. Feedbacks from the consumers help in the improvement of the existing products. There is rapid change in tastes and preference of people. Marketing helps in understanding these changes. It helps to understand new demand pattern emerged in the market. Research and development department develop products accordingly. The 4P's of marketing mix *i.e.,* Product, price, place and promotion play a huge role in the product development. Inventions and innovations are taken place as per the need by the research and development team of the business.

(f) **Tackling the Competition:** There is increasing competition in almost all sectors of the economy. It is difficult for any business to create monopoly for their products and services. The role of marketing is important to create brand image in the minds of potential customers. Marketing not only helps to communicate about the products and services to the consumers but also motivates them to buy the same. Sound marketing strategies can portray better image of the business than the competitors. Businesses can take use of modern technology for effective marketing.

(ii) Importance of Co-ordinating: Need for co-ordination arises out of the fact that different elements and efforts of an organisation are to be harmonised and unified to achieve the common objectives. Importance of coordination are as follows:

(a) **Encourages Team Spirit:** In organisations, group of individuals work together. There may be existence of conflicts, disputes between individuals, departments and employer and employees regarding organisational policies, roles and responsibilities etc. Coordination arranges the work in such a way that minimum conflicts are raised. It increases the team spirit at work place.

(b) **Gives Proper Direction:** Coordination integrates departmental activities for achieving common goal of the organisation. The work is arranged in a very systematic way. The interdependence of departments gives proper direction to the employees.

(c) **Facilitates Motivation:** Coordination motivates the employees to take initiative while completing their assigned task. An effective co-ordination increases efficiency and results into growth and prosperity of the organisation.

A prosperous organisation ensures job security, higher income, promotion and incentives. Such monetary and non-monetary incentives provide job security and motivate the employees to do hard work.

(d) **Optimum Utilisation of Resources:** Managers try to integrate all the resources systematically. It helps in utilizing all available resources at its optimum level. Co-ordination also helps to minimize the wastage of resources and control the cost of work.

(e) **Achieve Organisational Objectives:** Co-ordination leads to minimize the wastages of materials, idle time of employees, delay in completion of targets, departmental disputes etc. to a great extent. It ensures smooth working of the organisation in the process of achieving the objectives of the organisation.

(f) **Improves Relation:** Co-ordination develops cordial relations between all the levels of management in an organisation. Every department depends on functioning of other department. For example, sales department works according to production department, production department depends on purchase department and so on. Co-ordination helps the employees to build strong relations among them and achieve the given targets.

(g) **Leads to Higher Efficiency:** With the help of optimum utilisation of resources and effective integration of resources, the organisation can achieve high returns in terms of high productivity, high profitability as well as can reduce the cost. Thus, co-ordination leads to higher efficiency.

(h) **Improves Goodwill:** Higher sales and higher profitability can be achieved due to synchronised efforts of organisational people, strong human relations and lower costs. It directly results into creating goodwill for organisation in the market. It reflects on market value of shares as well as it helps in building good image in society.

(i) **Unity of Direction:** Different activities are performed by different departments. Co-ordination harmonises these activities for achieving common goal of organisation. Thus, co-ordination gives proper direction to all departments of the organisation.

(j) **Specialisation:** All departments of the organisation are headed by experts in their respective fields. The specialised knowledge of these departmental heads helps in making effective managerial decisions. It leads organisation to march towards growth and success in the competitive world of business

(iii) (A) Agency functions: A commercial bank acts as an agent representative of its client and performs certain functions as follows:

(a) **Periodic Collections and Payments:** Commercial bank collects salary, dividends, interests and any other income periodically as well as makes periodical payments, such as taxes, bills, premiums, rent etc. on the standing instructions provided by customer. Commercial bank charges certain fixed amount quarterly or annually in the form of service charges from customer for providing such services.

(b) **Portfolio Management:** Large commercial banks undertake to purchase and to sell securities such as shares bonds, debentures etc. on behalf of the clients. The handling of securities is known as portfolio management. Due to this facility more clients are opting for such services of commercial banks.

(c) **Fund Transfer:** Commercial banks provide facility fund transfer from one branch to another branch or branch of another bank. Commercial banks come with various initiatives to make these transfer hassles free.

(d) **Dematerialisation:** Bank provides dematerialisation facilities to their clients to hold their securities in an electronic format. On behalf of clients, it undertakes the electronic transfer of shares in case of purchase or sale.

(e) **Forex Transactions:** Forex is an abbreviation for foreign exchange. A bank may purchase or sell foreign exchange on behalf of its clients. A bank purchases forex from its client which the clients receive from foreign transactions and sell the forex when the clients need it for overseas transactions.

(B) Utility Functions: A commercial bank performs utility functions for the benefits of its clients.

It provides certain facilities or products to its clients as follows:

(a) **Issue of Drafts and Cheques:** A draft/cheque is on order to pay money from one branch of bank to another branch of the same bank or other bank. A bank issues drafts to its account holders as well as non account holders whereas cheques are issued only to the account holders. Bank charges commission for issuing a bank draft.

(b) **Locker Facility:** This is common utility function of any commercial bank. This bank provides locker facility for the safe custody of valuables, documents,. gold ornament etc.

(c) **Project Reports:** A bank may prepare project reports and feasibility studies on behalf of clients.. Projects reports enable the business firm to obtain funds from the market and to obtain clearance from government authorities.

(d) **Gift Cheques:** Banks issue gift cheques and gold coins to account holders as well as to non account holders. The gift cheques/coins can be used by the clients for the purpose of gifting on occasions like weddings birthdays etc..

(e) **Underwriting Services:** A commercial bank may underwrite the issue of securities issued by companies. If the shares are not fully subscribed, the underwriting bank agrees to take up the unsubscribed portion of the securities.

(f) **Gold related Services:** Now a days many banks are providing gold services to its customers. Bank are commercially buying and selling gold ornaments from customers on large scale basis. Some bank also provides advisory services to its customers in terms of gold funds, gold ETF, etc.

8. **(i)** Henry Fayol **(1841-1925)** was a french mining engineer who turned into a leading industrialist and a successful manager. He started his career as a mining engineer in a french mining company and rose to the position of the chief managing director. After conducting many experiments and observations in organisation, Fayol proposed 14 Principles of management which are explained in his famous book 'General And Industrial Administration'. Due to his contribution in development of managerial thoughts he is called as 'Father of Modern Management'. Fayol suggested 14 principles of management. These statements serve as a guideline for decision-making and management actions.

14 Principles are Summarised as follows:

Principles of Management

1. Principle of Division of Work
2. Principle of Authority and Responsibility
3. Principle of Discipline
4. Principle of Unity of Command
5. Principle of Unity of Direction
6. Principle of Subordination of Individual Interest to Organisational Interest
7. Principle of Centralisation
8. Principle of Remuneration
9. Principle of Scalar Chain
10. Principle of Order
11. Principle of Equity
12. Principle of Stability of Tenure
13. Principle of Initiative
14. Principle of Esprit De Corps (team work)

(a) **Principle of Division of Work:** According to this principle, the work is divided into different kinds such as technical, financial, commercial, security operations, accounting and managerial. It is assigned to employees as per their qualities and capabilities. It helps in improving efficiency and expertise of employees which ultimately turns into expected productivity level.

(b) **Principle of Authority and Responsibility:** Authority is the right to take decisions. It is necessary to get the things done appropriately from subordinates. Authority always comes with the responsibility. If the manager is given the authority to complete a task within a given time, he should be held responsible if he does not complete the work in given time. Manager should have proper authorities to take managerial decision on his own in respect to the goal.

(c) **Principle of Discipline:** According to Fayol, discipline is the most essential thing in the organisation. Employees must obey and respect the rules that govern the organisation. Discipline helps to achieve the goals in the organisation. Good discipline is the result of effective leadership. There must be a clear understanding between the management and workers regarding the organisation's rules. Basic discipline should be observed at all levels of management.

(d) **Principle of Unity of Command:** Each member of organisation should receive orders from only one superior. This principle helps in managing conflicts and solving disputes among people in organisation. It also helps in avoiding confusion. If an employee receives commands from more than one authority, he will get confused and will not be able to take decision about whose orders should be followed. This is wrong approach. For this organisational hierarchy should be well defined. Each employee should know his immediate superior and should receive orders from him only.

(e) **Principle of Unity of Direction:** This principle states that 'there should be one head and one plan' in every organisation. Each group in the organisation should have the same objective and the group should be directed by one manager using single plan.

(f) **Principle of Subordination of Individual Interest to Organisational Interest:** According to this principle the interest of an individual must be given less importance than the interest of the organisation. While taking decision in the organisation the manager should always consider the interest of the whole group rather than the interest of a single employee. Similarly the employee should protect the interest of the organisation first and his personal interest should be subordinated. For example, in every game, the players are always thinking about winning the match as a team rather than their individual records.

(g) **Principle of Centralisation:** Centralisation refers to the concentration of powers and authorities. In some organisations this power is vested in one hand or few hands. This situation occurs in the small organisations. But, if the size of organisation is large then there is a decentralisation of the power or authority.

According to this principle there must be a proper balance between centralisation and decentralisation in the organisation. This is to be done according to the size of the organisation, nature of the activity etc.

(h) **Principle of Remuneration:** Appropriate remuneration to staff or employees is the principle to keep them satisfied financially as well as retain them for long span of time within the organisation. The fair remuneration has effect on the productivity and efficiency level of employee. The remuneration should be fixed by taking into consideration the skill, expertise, knowledge, tenure, cost of living, market trend, profitability of organisation etc.

(i) **Principle of Scalar Chain:** Scalar chain means the hierarchy of authority from the top level to the lower level for the purpose of communication. This helps to ensure the orderly flow of information and communication. Traditionally organisations used to frame large scalar chain which is time consuming. For example, a general Manager informs the decision to respective functional manager, then functional manager will pass it to supervisor, the supervisor will inform it to foreman and so on according to level of authority. For avoiding this longer chain and to take speedy decisions cross communication or direct communication is followed by various organisations which is known as gang plank. For direct communication, proper permission of the authorities is necessary.

(j) **Principle of Order:** This principle is based on 'a place for everything and everything in its place'. Human resources and materials should be in the right place at the right time for maximum efficiency. Human resources should be placed at right place and on right job. The principle focuses on the proper utilisation of physical and human resources.

(k) **Principle of Equity:** Management should be fair as well as friendly to the subordinates. While dividing the work, delegating the authorities, deciding the monetary terms etc.. There should not be any discrimination between the employees. It is also suggested that the remuneration should not depend on the department but at the level on which subordinates are working. The employees working on the same level but in different departments should be paid same wages. This equity will help in avoiding conflicts in the organisation.

(l) **Principle of Stability of Tenure:** At the time of recruitment of employees, the management should assure them about stability of tenure or job security. It plays very important role in creating sense of belongingness among the employees. Insecurity in job always affect the efficiency of employees adversely whereas job security minimizes employee turnover ratio.

(m) **Principle of Initiative:** Initiative refers to volunteering to do the work in an innovative way. The freedom to think and work on new ideas encourages employees to take initiative while working on given task. This initiative should be welcomed by the manager including thorough discussion on those new ideas. It also helps in creating healthy organisational culture.

(n) **Principle of Esprit De Corps :** (team work) Henry Fayol has given emphasis on team work. Esprit de corps means union is strength. Running any organisation is a group activity and human resources are the valuable asset of the organisation. If all employees are working as a union and with mutual trust, the difficulties can be solved quickly. Therefore, as a leader, manager should create a spirit of team work and understanding among employees to achieve organisational goal easily.

Above fourteen principles of Henry Fayol are very useful to manage the organisation efficiently and effectively. These are also supportive to functions of management. These principles are very logical and therefore are applicable in modern management era.

(ii) Primary and Secondary Functions of Commercial Bank

(a) Primary Functions: The primary functions of commercial banks are known as core banking functions. The primary functions are as follows:

1. **Accepting Deposits:** Commercial banks collect deposits from individuals and organisations. The deposits can be classified into two types *i.e.,* Time deposits and demand deposits.

   (A) Time Deposits: Time deposits are called as time deposits because they are repaid to the customers after the expiry of decided time.

   (1) **Fixed Deposit:** Fixed deposit account is an account where fixed amount is kept for fixed period of time bearing fixed interest rate. Rate of interest is more as compared to saving bank account and varies with the deposit period. Normally, withdrawal of amount is not permitted before maturity date. However, depositor can withdraw amount before maturity date for which bank will reduce the interest rate. For amount deposited in this account, a fixed deposit receipt (FDR) is issued by the bank. Against this receipt loan can be taken from the bank.

   (2) **Recurring Deposit:** It is operated by salaried persons and businessmen having regular income. A certain fixed sum of money is deposited into the account every month. Withdrawal of accumulated amount along with interest is paid after the maturity date. Rate of interest is higher which is similar to fixed deposit account. Separate passbook is provided to know the position of RD account.

   (B) Demand Deposits: Demand deposits are those which are repaid to customers whenever they demand. That means, money can be withdrawn as per the wish of the customer through withdrawal slips, cheques, ATM cards, online transfer etc.

   (1) **Saving Account:** It is generally operated by those who earn regular or fixed income such as salary or wages. The main aim of this deposit account is to encourage habit of savings among people. These deposit accounts are meant for the purpose of maximum savings. There are restrictions on withdrawal limits from these accounts. These accounts carry low interest rates. Interest is credited monthly, quarterly, half-yearly and yearly basis on this

account. Passbook facility, balance on SMS, account statement etc. Facilities are provided to account holders to ascertain financial position.

For saving account holders some banks provide separate facility of flexi deposit. This facility combines the advantages of saving account and fixed deposit account. This is not separate deposit account. It is a type of saving bank account or current deposit account with special features and benefits. In case of multiple option deposit account, the excess amount after a particular limit gets automatically transferred to fixed deposit. When adequate funds are not available to honour payments or cheques in savings account, funds get transferred from fixed deposit to saving banks account.

(2) **Current Account:** This account is operated by business firms and other commercial organisations such as hospitals, educational institutions etc. Who have regular banking transactions. In this account there is no restriction on deposits and withdrawals of amounts. No interest is paid by the bank on this account. Overdraft facility is available for this account. For current account, banks provide statement of account every month.

2. **Granting Loans and Advances:** Banks grant loans and advances to business firms and others who are in need of bank funds. The loans are provided for longer period of time from 1 year and more. Advances are provided for shorter period from 4 months to 1 year. The advances are in the form of cash credit, overdraft and discounting of bills etc.

(A) Loans: Commercial banks provide loan to businessman and others. The borrowers can use entire amount sanctioned or can withdraw in installments. Interest is charged on the amount sanctioned. The loans are as follows:

(1) Short-term loans are for a period upto 1 year to meet working capital requirements of the borrower.

(2) Medium-term loans are for a period of 1 year to 5 years to meet working capital as well as fixed capital requirements of the borrower.

(3) Long-term loans are for a period of 5 years or more to meet long term capital requirements of the borrower.

(B) Advances: Advances are small-term fund provided to businessman to satisfy different financial requirements of the business. Advances are as follows:

(1) **Cash Credit:** The cash credit advances are provided to current account and savings account holders. It provides working capital for longer period of time. Interest rate is higher on cash credit Separate cash credit account has to be maintained by the borrower.

(2) **Overdraft:** This facility is offered to current account holders to meet their working capital requirements. The period can vary from 15 to 60 days. Interest is charged on actual amount withdrawn. No separate account is maintained, and entries are shown in current account. It is a temporary arrangement for a short period.

(3) **Discounting of Bills of Exchange:** The drawer of bills of exchange or beneficiary can discount the bill with bank and obtain an advance. On the due date of the bill, the bank will recover the amount from the drawee.

(b) Secondary Functions: Secondary functions of commercial banks are classified into two groups:

1. **Agency Functions:** A commercial bank acts as an agent or representative of its client and performs certain functions as which are as follows:

(1) **Periodic Collections and Payments:** Commercial bank collects salary, dividends, interests and any other income periodically as well as makes periodical payments such as taxes, bills, premiums, rent etc. On the standing instructions provided by customer. Commercial bank charges certain fixed amount quarterly or annually in the form of service charges from customer for providing such services.

(2) **Portfolio Management:** Large commercial banks undertake to purchase and to sell securities such as shares, bonds, debentures etc. on behalf of the clients. This handling of securities is known as portfolio management. Due to this facility more clients are opting for such services of commercial banks.

(3) **Fund Transfer:** Commercial banks provide facility of fund transfer from one branch to another branch or branch of another bank. Commercial banks come with various initiatives to make these transfer hassle free

(4) **Dematerialisation:** Banks provides dematerialisation facilities to their clients to hold their securities in an electronic format. On behalf of clients, it undertakes the electronic transfer of shares in case of purchase or sale.

(5) **Forex Transactions:** Forex is an abbreviation for foreign exchange. A bank may purchase or sell foreign exchange on behalf of its clients. A bank purchases forex from its clients which the clients receive from foreign transactions and sell the forex when the clients need it for overseas transactions.

2. **Utility Functions:** A commercial bank performs utility functions for the benefits of its clients. It provides certain facilities or products to its clients as follow:

   (1) **Issue of Drafts and Cheques:** A draft /cheque is an order to pay money from one branch of bank to another branch of the same bank or other bank. A bank issues drafts to its account holders as well as non account holders whereas cheques are issued only to the account holders. Bank charges commission for issuing a bank draft.

   (2) **Locker Facility:** This is common utility function of any commercial bank. The bank provides locker facility for the safe custody of valuables, documents, gold ornaments etc.

   (3) **Project Reports:** A bank may prepare project reports and conduct feasibility studies on behalf of the clients. Project reports enable the business firm to obtain funds from the market and to obtain clearance from government authorities.

   (4) **Gift Cheques:** Banks issue gift cheques and gold coins to account holders as well as to non account holders. The gift cheques and coins can be used by the clients for the purpose of gifting on occasions like wedding, birthdays etc.

   (5) **Underwriting Services:** A commercial bank may underwrite the securities issued by companies. If the shares are not fully subscribed, the underwriting bank agrees to take up the unsubscribed portion of the securities.

   (6) **Gold Related Services:** Now a days many banks are providing gold services to its customers. Bank are commercially buying and selling gold or gold ornaments from customers on large scale basis. Some bank also provides advisory services to its customers in terms of gold funds, gold ETF etc.

●●

Organisation of Commerce & Management

🗨 Questions

1. From the given sub questions attempt any four:

(A) Select the appropriate option from options given below and rewrite them:

(i) ______________ was regarded as Father of Scientific Management.

(a) Henry Fayol

(b) F W Taylor

(c) Philip Kotler

(ii) Medium term loans are taken for a period of ______________ to meet the working capital requirements.

(a) 1 to 3 years

(b) 1 to 5 years

(c) 1 to 6 years

(iii) 'Entreprendre' means to ______________ .

(a) undertake

(b) enterprise

(c) businessman

(iv) The minimum age of a member of District Commission should be ______________ .

(a) 32 years

(b) 30 years

(c) 35 years

(v) Business should provide periodic information to ______________ .

(a) customers

(b) owners

(c) employees

(B) Give one word or phrase for the following sentences:

(i) When is World Consumer Day celebrated.

(ii) Type of market where durable commodities which are generally non-perishable in nature are sold.

(iii) A rail system in which the track consists of a single rail or a beam.

(iv) An employee who has an authority and support of the organisation to implement his creative ideas.

(v) Last function of management.

(C) True or false:

(i) Standards are not set for every performance in controlling function.

(ii) Henry Fayol has proposed 15 principles of management.

(iii) The internet is the global system of interconnected computer networks that use the internet protocol suite to link devices worldwide.

(iv) Businessmen are the trustees of the society.

(v) Lok Adalat is also referred to as 'People's Court'.

(D) Match the pairs:

	Group "A"		Group "B"
1.	Market	a.	Single seller
2.	Registered brands	b.	Stock Market
3.	Monopoly	c.	Distinct name
4.	Branding	d.	Mercatus
5.	Digital marketing	e.	Single buyer
		f.	ISI
		g.	Trademark
		h.	Use of traditional media
		i.	Multiple seller
		j.	Use of digital media

2. Explain the following terms/concepts in detail (Any 4 out of 6):

(i) Differential piece rate wage plan

(ii) Staffing

(iii) Business to Business (B2B)

(iv) Consumer Welfare Fund

(v) Oligopoly and Monopsony

(vi) Central Bank

3. Study the following case/situation and express your opinion (Any 2):

(i) Meena a home science graduate has recently done a cookery course. She wished to start her own venture with a goal to provide 'healthy food' at reasonable price. She discussed her idea with her teacher (mentor) who encouraged her. After analysing various options for starting her business venture, they shortlisted the option to sell readymade and 'ready to make' vegetable shakes and milk shakes. Then they both weighed the pros and cons of both the shortlisted options.

(a) Name the function of management being discussed above and give any one of its characteristics.

(b) Also briefly discuss any two limitations the function discussed in the case.

(ii) Mr. Sumedh is a young MBA degree holder and Mr. Mayur is a B.Com graduate. Mr. Sumedh is willing to start a dairy farm at his village. Mr. Mayur is willing to work as a cashier in a private company.

(a) Find out the dream of MR. Sumedh and Mr. Mayur.

(b) State any 1 feature of entrepreneur.

(c) To become a successful entrepreneur, which qualities Mr. Sumedh should have?

(iii) Organisation manufacturing paint has been enjoying a prominent market position for many years. It has been dumping its untreated poisonous waste on the riverbank which has created many health problems for the nearby villages.

(a) Which responsibility is neglected by the manufacturing organisations?

(b) What kind of pollution they are doing?

(c) What precautionary measures do they need to take?

4. **Distinguish between (Any 3):**

(i) E-commerce and E-business

(ii) Planning and Coordination

(iii) Fire Insurance and Marine Insurance

(iv) Commercial Bank and Central Bank

5. **Answer the following questions in brief (Any 2):**

(i) Explain importance of marketing to the firm.

(ii) Explain the following functions of marketing:

(a) Standardisation and Grading

(b) Packaging and Labelling

(iii) Define outsourcing with its advantages and disadvantages.

6. **Justify the following statements (Any 2):**

(i) Marketing is important to the society.

(ii) The aim of the consumer organisation is to protect the rights of the consumer.

(iii) State the benefits and limitations of e-business.

(iv) State the importance of controlling.

7. **Answer the following questions in detail (Any 2):**

(i) Explain marine insurance policies.

(ii) Need for social responsibility

(iii) Define the primary functions of bank

8. **Answer the following questions in detail (Any 1):**

(i) What are the principles of scientific management? Explain in detail.

(ii) Explain in detail the three tier Quasi judicial machinery under the Consumer Protection Act.

Ⓐ Answer Key

1. (A) **(i)** (b) F W Taylor   **(ii)** (b) 1 to 5 years

(iii) (a) undertake   **(iv)** (c) 35 years

(v) (b) owners

(B) **(i)** 15th March   **(ii)** Long-period market

(iii) Monorail   **(iv)** Intrapreneur

(v) Controlling

(C) **(i)** False   **(ii)** False

(iii) True   **(iv)** True

(v) True

(D)

Group "A"	Answers
1. Market	d. Mercatus
2. Registered brands	g. Trademark
3. Monopoly	a. Single seller
4. Branding	c. Distinct name
5. Digital marketing	j. Use of digital media

2. **(i)** Remuneration should be fixed in such a way that average worker is motivated to attain a standard output. Taylor suggested the differential piece-wage system. Higher rates are offered to employees who complete the work more than the standard quantity under this system. On the other hand, if an employee is performing below the standard; he shall be given lower rate of wages. This technique motivate the employees to attain higher standard of performance and earn wages *i.e.* remuneration at higher rate.

(ii) Staffing is the function of execution according to plan and organisational structure. It is the process of attracting, recruiting, selecting, placing, appraising, remunerating, developing and retaining the best workforce. Overall growth and success of every venture is based on appropriateness of staffing function. It is very challenging for organisation to focus on best utilisation of workforce by using their talents and skills, retaining them and arranging training and development programmes. The function emphasizes managing human and not material or financial resources. The need of staffing arises since the initial period of organisation. Due to promotion, transfer, business expansion, retirement, resignation, accidents, death of employee etc. vacancies are created in organisation. In this context, staffing function plays very important role in organisation. Right person at right job with right pay is the basic principle of staffing.

(iii) In this form the buyer and seller are both business entities and do not involve individual consumers. Here, both the parties involved in e-commerce transactions are business firms and hence they are called as B2B *i.e.,* business to business.

Transactions between business firms come under this category. Business firms interact with each other for a variety of services. These include supplying ancillary parts/components to manufacturers providing value added services like catering and also providing man power.

(iv) Department of Consumer Affairs has created Consumer Welfare Fund for providing financial assistance to strengthen the voluntary consumer movement particularly in rural area. This fund is used for training and research in consumer education, complaint handling, counselling and guidance mechanisms, product testing labs and so on'

(v) Oligopoly: In oligopoly there are only a few sellers. They may be producing and selling either a homogeneous or a differentiated product.

Monopsony: Monopsony refers to a market situation when there is a single buyer of a commodity or service.

(vi) The Central Bank is the apex financial institution in the country. Every country has their own Central Bank. In India, The Reserve Bank of India (RBI) is the Central Bank. The RBI was established in 1945 under the Reserve Bank of India Act, 1944. Some functions of RBI are as follows:

(a) Frames monetary policy

(b) Issues currency notes

(c) Acts as a banker to the Government

(d) Acts as a banker's bank to commercial and other banks in India.

3. Study the following case / situation and express your opinion.

(i) Planning.

Characteristics of Planning.

(a) Improves performance

(b) Reduces risk

(c) Provides Path of action

(Students can give any 1 from the text).

Limitations of Planning:

(a) Planning leads to rigidity

(b) Planning reduces creativity

(c) Planning is a time-consuming process

(Students can give any 2 limitations)

(ii) The dream of Mr. Sumedh is to become an entrepreneur and the dream of Mr. Mayur is to take up a job in a private company and get a fixed salary income.

(a) An entrepreneur is a person who is willing to take risk in order to earn money and start a business.

(b) To become a successful entrepreneur Mr. Sumedh should have qualities like innovator, creator, reactive and risk bearer.

(iii) Responsibility towards the protection of the environment is neglected by the manufacturing industry.

(a) They are creating water pollution by dumping the untreated poisonous waste in the river bank.

(b) Proper waste management techniques should be adopted by the organisation under which waste should be reduced, effort should be made to reuse the waste. Waste that cannot be reduced or reused should be recycled.

4. Distinguish Between

(i) E-Commerce and E-Business

Point of Distinction	E-commerce	E-business
Meaning	E-commerce involves commercial transactions done over internet.	E-business is conduct of business processes on the internet.
What is it?	E-commerce is subset of e-business.	E-business is superset of e-commerce.
Features	E-commerce just involves buying and selling of products and services.	E-business includes all kinds of resale and post-sale efforts.
Concept	E-commerce is narrower concept and restricted to buying and selling.	It is broader concept that involves market surveying, supply chain and logistic management and using data mining.
Transaction	It is more appropriate in B2C context.	It is used in the context of B2B transactions.
Which network is used ?	E-commerce involves the mandatory use of internet.	E-business can involve the use of internet intranet or extranet.

(ii) Planning and Organising

Point of Distinction	Planning	Organising
Meaning	Planning is deciding in advance what to do how to do it, when to do it and who is to do it.	Organising is the process of identifying and bringing all the resource together and arranging them for achieving the objective.
Objective	To set goals and choosing the means to achieve these goals.	To identify and bring together all required resources.

Area of function	It includes setting objectives by Identifying the ways of attaining the goal and selecting the best plan.	It includes identification and grouping of activities, assigning the work and establishing the authority and relationship among them.
Factors	Internal and external factors are considered in planning process.	Internal and external factors are considered in arrangement of resources.
Order	It is the basic function of management process.	It is based on planning.
Resources	Planning is done as per the requirement and availability of resources.	All available resources *i.e.* men, money, material, machine and method are arranged in a systematic manner.
Nature	It is continuous in nature. It exists in the whole life of organisation.	It takes place till the time all the resources are collected and arranged.
Level of management	Top management is concerned with planning the activities.	Top and middle level management is related with organising the required resources.

(iii) Fire insurance and Marine insurance

Point of Distinction	Fire Insurance	Marine Insurance
Meaning	A contract in which insurer promises to pay compensation to insured if something happens to the subject matter due to fire or related events.	A contract where by the insurance company undertakes to pay compensation to insured in case of loss to him due to dangers (perils) of the sea.
Policy taken by	It can be taken by individual for their properties or by businessman for their goods, properties and business liabilities.	It can be taken by exporters, importers and shipping companies etc.
Subject-matter	In fire insurance, the goods and assets or property of the insured is the subject matter.	In marine insurance, goods in ship, cargo and freight is the subject-matter.
Insurable interest	It must exist both at the time of contract and also at the time of loss.	It must exist at the time of contract and also at the time of loss.
Tenure	It is generally for a short-period like one year.	It is generally for a short-period and may range from one month to a year. normally it does not exceed one year.
Compensation	It is paid only if there is loss due to fire during the term of policy.	It is paid only if there is loss causing event during the term of the policy.
Principle of Indemnity	It is applicable as insurance company compensates for the financial loss and the insured is brought back to the same financial condition that he was before the event.	It is applicable as insurance company compensates for the financial loss and the insured is brought back to the same financial condition that he was before the voyage.
Beneficiary	The beneficiary is the person who has insured the property or goods.	The beneficiary is the insured person or company.

(iv) Commercial Bank and Central Bank

Point of Distinction	Commercial Bank	Central Bank
Function	The main function is to accept deposits from public for lending to industry and others.	The main function of the Central Bank (RBI) is to regulate the money supply in the country.
Printing of Currency	The commercial banks cannot print currency.	The Central Bank can print currency notes.

Acceptance of Deposits	The commercial bank accept deposits from public	The Central Bank does not accept deposits from public.
Loans	The commercial banks provide loan to industry and commerce.	The Central Bank provide loans to bankers and financial institutions.
Ownership	It can be owned by private and /or by the government agencies.	It is owned and controlled by the Government of India.
Number of Banks	There are many commercial banks in India.	There is only one Central Bank (RBI) in India.
Monetary Policy	The commercial banks do not frame any monetary policy.	The Central Bank frames the monetary and credit policy.

5. **(i) The importance of Marketing to the firm:**

(a) Increases Awareness: Marketing helps in creating awareness about the existing products, new arrivals as well as the company which sells a particular product in the market. This raises awareness among the potential consumers. It creates brand image among the consumers.

(b) Increases Sales: Once marketing creates awareness about the products or services among the consumers, it attracts them to purchase the same. Successful marketing campaign helps to increase the sales of the organisation. Increase in sale generates profit for the organisation. This income and profit are reinvested in the business to earn more profits in future. In modern business, survival of the organisation depends on the effectiveness of the marketing function.

(c) Creates Trust: People want to buy from a business that has a trustworthy reputation. Creating trust among the customers is a time consuming process. Creating trust among the consumers helps the business to earn loyal customers. Once your business can establish this trust with your clients, it creates customers loyalty. Happy customers enhance the brand image in the market. Effective marketing plays an important role in building a relationship between the customers and the organisation. Effective pricing policy and timely after sales services improve image of the organisation. A majority of the activities of the marketers are directed towards building the brand equity of the business..

(d) Basis for Making Decisions: From inception of idea to delivering the final product to the customer,businessman has to take several decisions.. Businessman has to look after many problems such as what, how, when, how much and for whom to produce? As the scale of operation increases, these decisions become more complex. Marketing helps to take right to decision at right time.

(e) Source of New Ideas: Marketing helps business to understand the needs of the consumers. Feedbacks from the consumers help in the improvement of the existing products. There is a rapid change in tastes and preference of people. Marketing helps in understanding these changes. It helps to understand new demand pattern emerged in the market. Research and Development department develop products accordingly. The 4p's of marketing mix *i.e.* product, price, place and promotion play a huge role in the product development. Inventions and innovations are taken place as per the need by the Research and Development team of the business.

(f) Tackling the Competition: There is increasing competition in almost all sectors of the economy. It is difficult for any business to create monopoly for their products and services. The role of marketing is important to create brand image in the minds of potential customers. Marketing not only helps to communicate the product and services to the consumers but also motivates them to buy the same. Sound marketing strategies can portray better image of the business than the competitors. Businesses can take use of modern technology for effective marketing.

(ii) (a) Standardisation and Grading: Standardisation means to determine standards related to process, size, quality, design, weight, colour etc. of the product. It helps in ensuring uniformity in the quality of the product. It helps in achieving customers' loyalty towards the product. Grading is the process of classification of products according to similar characteristics and/or quality. Grading is done on the basis of their features like size, shape quality etc. Generally grading is done in case of agricultural products like wheat, rice, potatoes etc..

(b) Packaging and Labelling:
Package and label creates the first impression on the consumer about the product. Attractive package and label can help to make product successful. Packaging means designing the package for the product. It helps to avoiding breakage, damage and destruction of the product. Packing material includes bottles, container, plastic bags, tin, wooden boxes, jute bags, bubble bags, packing foam etc. Label is a slip which is found on the product and provides all the information regarding the product and its producer. The slip on which all this information is provided is called as label and its process is called as labelling. Packaging and

labelling not only provide protection to the product but also act as an effective tool of marketing.

(iii) Outsourcing Meaning / Concept: Outsourcing is the process of contracting some business functions to specialised agencies. The company benefits in two ways.

(a) It reduces its own cost.

(b) It uses the expertise of the firm which specialises in a particular kind of service.

Examples of Outsourcing: The establishments such as shops, malls, housing societies, offices etc. outsource facilities like canteen, sanitation , security etc. In the same way arrangements for wedding, anniversary, birthday celebration can also be outsourced.

Need for Outsourcing: Today services all over the world are becoming highly specialised. Most services require finely tuned skills. With increasing global competition, most companies are focusing on showcasing their product or improving the quality of their goods. This has forced the companies to concentrate on their hard core activities, therefore companies are taking a fresh look at their business processes. Due to this, many non core areas are being outsourced to firms who have an especially skilled work force. The concept of outsourcing has emerged as a result of this thinking.

Advantages of Outsourcing:

(a) **Overall Cost Advantages:** It reduces the cost and also saves time and efforts on training cost.

(b) **Stimulates Entrepreneurship, Employment and Exports:** Outsourcing stimulates entrepreneurship, employment and exports in the country.

(c) **Low Manpower Cost:** The manpower cost is much lower than that of the host company.

(d) **Access to professional, expert and high Quality Services:** Mostly the tasks are given to people who are skilled in that particular field. This provides us with a better level of service and fewer chances of errors.

(e) **Emphasis on Core Process Rather than the Supporting Ones:** With its help companies can focus on their core areas which lead to better profits and increase the quality of their products.

(f) **Investment Requirements are Reduced:** The organisation can save on investing in the latest technology, software and infrastructure and let the outsourcing partner handle the entire infrastructure.

(g) **Increased Efficiency and Productivity:** There is an increased efficiency and productivity in the non core areas of an organisation.

(h) **Knowledge Sharing:** Outsourcing enables the organisation to share knowledge and best practices with each other, it helps develop both

the companies and also boosts goodwill in the industry.

Disadvantages of Outsourcing / Limitations of Outsourcing

(a) **Lack of Customer Focus:** An outsourced vendor may be catering to the needs of multiple organisations at a time. In such a situation, he may lack complete focus on an individual organisation. As a result, the organisation may suffer.

(b) **A Threat to Security and Confidentiality:** The confidential information of the organisation may be leaked to the third party, so there are security issues.

(c) **Dissatisfactory Services:** Some of the common problem areas with outsourcing include stretched delivery time and sub standard quality.

(d) **Ethical Issues:** The major ethical issue is taking away employment opportunities from one's own country, when the function is outsourced to a company from another country.

(e) **Other Disadvantages:**

1. Misunderstanding of the contracts.

2. Lack of communication.

3. Poor quality and delayed services.

6. (i) Importance of Marketing to the Society:

(a) **Increase in Standard of Living:**

The prime objective of marketing is to provide goods and services to the customers to satisfy their needs. Paul Mazur defined marketing as, "the delivery of standard of living to the society". Marketing helps to identify the needs of the customers and take an initiative to provide the quality goods at the cheaper prices. This will help to increase and maintain the standard of living of the customers. In the modern times, large scale production of goods and services reduced its prices due to which even the poorer sections of society can attain a reasonable level of living.

(b) **Provides Employment:** Modern marketing is a total system which covers almost all functions of organisation such as buying, selling, financing, transport, warehousing, risk bearing, research and development etc. To run this system there is a need of people. Thus, marketing generates job opportunities to the people. In the modern era of automation, lesser employments are available in production function and the role of marketing has widened. It gives more opportunities for employment in marketing. Converse, Huegy and Mitchell have rightly pointed out that "In order to have continuous production, there must be continuous marketing, only then employment can be sustained and high level of business activity can be continued".

(c) **Decreases Distribution Costs:** Marketing activities help to provide cheap goods and services to the society. effective utilisation of channel of distribution can help in reducing the cost prices of the products and services. Reduction of cost will help to increase the potential consumers for the products or services. It also assures timely availability of the product.

(d) **Consumer Awareness:** Marketing helps the society by informing and educating consumers. The function of marketing is to fulfil the needs of the consumers. Marketing helps consumers to know about new product and service available in the market and its usefulness to the customer. Marketing provides satisfaction to the society by supplying relevant information, goods, and services to the people of society according to their demand and taste. Marketing also include conveying information to assists consumers in making a purchase, such as addresses, phone numbers, product release dates, store hours and web addresses.

(e) **Increase in National Income:** Every economy revolves around marketing, production and finance to the industry. The scientifically organised marketing activities help in the economic development of the country. Effective marketing of products and services result into industrialisation, more jobs and makes the economy stronger and stable. Marketing can bring about rapid development of the country by integration of agriculture and industry.

(f) **Managing Consumer Expectations:** Marketing research helps the organisations to understand the needs of the consumers. It helps in developing the products which fulfills customer's expectations. Customers' reviews are collected through different sources can help the organisations to make necessary changes in the products. Businesses use marketing to make consumers aware of major changes, such as mergers and transfers in ownership that affect product offerings or seek to improve quality. Government regulations prevent marketers from making false or misleading claims.

(ii) "Non-government organisation (NGO) are non-profit and non political organisation which aim at promoting the welfare of the people." The main aim of these NGOs is to study the trend of prices in the market and publish them for the information of consumers and to agitate against the malpractices of traders.

Role of Consumer organisations and NGOs in Consumer protection and Education:

(a) To organise campaigns and various programmes on consumer issues to create social awareness.

(b) To organise training programmes for the consumers and make them conscious of their rights and modes of redressal of their grievances.

(c) To publish periodicals to enlighten the consumers about various consumer related developments.

(d) To provide free legal advice to members on matters of consumer interest and help them to take up grievances.

(e) To interact with businessmen and Chambers of Commerce and Industry for ensuring a better deal for consumers.

(f) To file Public Interest Litigation on important consumer issues, such as ban on a product injurious to public health.

The following are examples of NGOs

(a) Consumer Guidance Society of India. (CGSI)

(b) Voluntary Organisation in Interest of Consumer Education. (VOICE)

(c) Consumer Education and Research Centre. (CERC)

(d) Consumer Association of India. (CAI)

(e) Mumbai Grahak Panchayat. (MGP)

(f) Grahak Shakti. (GS)

(iii) **Benefits of E-Business:**

The main advantage of e-business is people get product information online and order the product online through cash on delivery or pre payment. In this way seller and buyer both get advantage of internet platform.

Traditionally trading by the buyers and sellers is done through three channels like face to face, mail and phone. The internet has become the fourth channel for trade. Internet trade is booming and allowing business to sell more and at a lower cost. Thus, Internet offers a great opportunity over traditional channels as it has some advantage or strengths.

(a) **Ease of formation:** The formation of traditional business is difficult, whereas to form e-business is relatively easy to start.

(b) **Lower Investment requirements:** Investment requirements is low as compared to traditional business as the store does not have physical existence and can be managed with less manpower so it trade does not have much of the investment but have contact (network), he can do fabulous business.

(c) **Convenience:** Internet offers the convenience of 24 × 7 × 365 days a year. Business is going on any time and flexibility is available. Yes, e-business is truly a business that has enabled and enhanced by electronics and offers the advantage of accessing anything, any where , any time.

(d) **Speed:** The benefit becomes all the more attractive when it comes to information. Much of the buying or selling involves exchange of information that internet allows at the click of mouse.

(e) **Global access:** Internet is truly without boundaries. On one hand, it allows, the seller an access to the global market. On the other hand, it offers a freedom to the buyer to choose products from almost any part of the world. No need of face to face interaction between buyer and seller.

(f) **Movement towards a paperless society:** Use of Internet has considerably reduced the dependence on paperwork. Thus, recording and referencing of information has become easy.

(g) **Government support:** The government provides favourable environment for setting up of *e*-business. This support ensures maximum transparency.

(h) **Easy payment:** The payment is e-business is done by credit card, fund transfer etc. and it is available round the clock.

(b) Limitations of E-Business: E-business does have certain disadvantages when compared to the traditional way of doing business. Some of the limitations of *e*-business are as follows.

(a) **Lack of personal Touch:** E-business lacks the personal touch. One cannot touch or feel the products. So it is difficult for the consumers to check the quality of products.

(b) **Delivery Time:** The delivery of the products takes time. In traditional business you get the product as soon as you buy it. But that doesn't happen in online business. This time lag often discourages customers *e.g..* Amazon now assures one day delivery. This is an improvement but does not resolve the issue completely.

(c) **Security issues:** There are a lot of people who scam through online business. Also, it easier for hackers to get your financial details. It has a few security and integrity issues. This also causes disturbances among potential customers.

(d) **Government interference:** Sometimes the government monitoring can lead to interfere the business.

(e) **High Risk:** High risk is involved there is no-direct contact between the parties. In case of frauds, it becomes difficult to take legal action.

(iv) Importance of Controlling:

Controlling is important in maintaining standards and to achieve desired goals effectively and efficiently. It is a function of checking the performances of employees at every stage of their work in process. Importance of controlling function in an organisation is as follows:

(a) **Fulfilling Goals of Organisation:** Controlling is the function of measuring the performances at every possible stage, finding out the deviations, if any; and taking corrective actions according to planned activities for the organisation. Thus, it helps in fulfilling the organisational goals.

(b) **Making Efficient Utilisation of Resources:** Various techniques are used by managers to reduce wastage of material and spoilage of other resources. Standards are set for every performance. Employees have to follow these standards. As the effect of this, the resources are used by employees in the most efficient and effective manner so as to achieve organisational objectives.

(c) **Accuracy of Standards:** An efficient control system helps management in judging the accuracy of standards whether they are accurate or not. Controlling measures are flexible to some extent. So after reviewing them according to changing circumstances, they are revised from time to time which is beneficial for checking performances accurately.

(d) **Motivates Employee:** After setting standards of checking performance, they are communicated to employees in advance. Due to this, employees get an idea about what to do and how to do. Performances are evaluated and on that basis employees are rewarded in the form of increment, bonus, promotion etc. It motivates the employees to perform at their best level.

(e) **Ensures Order and Discipline:** Controlling is the function of order and maintaining discipline. It works for reducing unprofessional behavior of the employees. Discipline is maintained by continuous checking of performances by the superiors and preventive actions are taken to minimize the gap between actual and standards.

(f) **Facilitates co-ordination:** Control is a function in which the roles and responsibilities of all departmental managers and the subordinates are designed clearly. Co-ordination between them helps to find out the deviations in their respective departments and to use remedial measure for desired results of the organisation.

(g) **Psychological pressure:**
The performances are evaluated with the standard targets. The employees are very well aware that their performance will be evaluated and they will be rewarded accordingly. This psychological pressure works as a motivational factor for empolyees to give their best performance.

(h) **Ensures Organisational Efficiency and Effectiveness:** Factors of control include making managers responsible, motivating them for higher performance and achieving departmental coordination. It ensures about organisational efficiency and effectiveness.

(i) **Builds Good Corporate Image:** Controlling function helps to improve the overall performance of the organisation. Minimum deviation in predetermined standards and actual performance results into the progress of business. It can be achieved with the help of proper control. This builds good corporate image and brings goodwill for the business.

(j) **Acts as a Guide:** Controlling function provides set of standard. Managers as well as subordinates work according to it. Wherever necessary, they can take the help of these standards and can achieve desired results. Thus, controlling function acts as a guide for everyone.

7. (i) Types of Marine Insurance Policies :

(a) **Voyage Policy:** It is a policy in which the subject matter is insured for a specific voyage irrespective of time involved in it. In this case, risk begins only when the ship starts the voyage.

(b) **Time Policy:** In this policy the subject matter is insured for a definite period of time. A time policy cannot be for a period exceeding one year, but it may contain continuation clause. The continuation clause means that if the voyage is not completed within the specified time, the risk shall be covered until the voyage is completed.

(c) **Mixed Policy:** This policy is the combination of voyage and time policy. It therefore, cover the risk of both, particular voyage and for specified period of time.

(d) **Valued Policy:** Under this policy, goods are insured for an agreed value between the insurer and insured at the time of taking policy. This facilitates easy settlements of claims in case of such items where it is difficult to assess the real market value.

(e) **Blanket Policy:** This policy is taken for maximum limit of the required amount of protection and full amount of premium is paid in the beginning of the policy. This policy describe the nature of goods insured, specific route, ports and places of voyage. It covers multiple risks on one property or it covers many properties under the policy.

(f) **Port Risk Policy:** Port risk policy covers all types of risks of a vessel while it is anchored at the port for a particular period of time. This policy is applicable till the departure of the vessel from the port.

(g) **Composite Policy:** This type of policy is purchased from more than one insurers. The liability of each insurer is separate and distinct. This policy is taken when the amount of insurance is very high.

(h) **Single Vessel Policy:** This policy is suitable for small ship owner having only one ship or having one ship in different fleets. It covers the risk of one vessel of the insured.

(l) **Fleet Policy and Block Policy:** In fleet policy, several ships belonging to one owner are insured under the same policy. In block policy, the cargo owner is protected against damage or loss of cargo in all modes of transport through which his/her cargo is carried *i.e.,* Covering all the risks of rail, road, and sea transport etc.

(ii) Need for Social Responsibility

Business organisation is run by profit motive but profit maximisation should not be the sole aim. Commitment to society is also important. The following points bring out the need for social responsibility of business.

(a) **Concept of Trusteeship:** Trusteeship is a socioeconomic philosophy that was propounded by Mahatma Gandhi. It provides a means by which the wealthy people would be the trustees of trusts that looked after the welfare of the people in general. Businessmen are considered to be trustees of society.

(b) **Changing Expectations of Society:** Society's expectations from business firms have undergone a drastic change over the years. In the early days, business were viewed only as a provider of goods and services.

But today society expects business to be a responsible citizen and contribute towards social welfare.

(c) **Reputation:** Businesses spend huge amount of resources in brand building and strengthening their image. A socially responsible company enjoys a good reputation in the society. It results in increased sales, profitability, attraction of talent and sustained growth.

(d) **Protection of Environment:** Business organisation should make proper use of country's natural resources. They should avoid environmental degradation such as contamination of water resources, depletion of the ozone layer etc. Which have been caused by businesses. These have resulted in poor health of the community and placed a question mark on the survival of human species.

(e) **Optimum Utilisation of Resources:** Modern businesses have huge amount of resources at their disposal. With such large resources businesses are in a better position to protect society's interests. Wastage of resources should be avoided.

(f) **Pressure of Trade Union:** Nowadays, workers have become conscious of their rights. Trade unions are growing fast and play important role in business environment. Workers expect management to provide fair wages, bonus etc. To avoid conflicts between trade unions and management business should understand responsibility and act accordingly.

(g) **Growth of Consumer Movement:** Development of education and mass media and increasing competition in the market have made the consumers conscious of their rights and powers in determining market forces. So, business enterprises have to follow consumer oriented policies.

(h) **Government Control:** From the point of view of a business, government regulations are undesirable because they limit freedom. Government have enacted various laws. This has put moral as well as legal pressure on business.

(i) **Long-term self Interest:** A firm and its image

stands to gain maximum profits in the long run when it has its highest goal as 'service to society' when increasing number of members, of society-including workers, consumers, shareholders and government officials, feel that business enterprise is not serving their interest, they will tend to withdraw their cooperation to the enterprise concerned so in their own self interest, a firm fulfils its social responsibility.

(j) **Complexities of Social Problems:** Some of the social problems have been created by business firms themselves such as pollution, unsafe work places, discrimination etc. It is the moral obligation of business to solve such social problems.

(k) **Globalisation:** The entire globe is the market place nowadays. It provides more opportunities and challenges to business. International trade barriers have reduced and it resulted in global distribution of goods and services. Countries who have adopted good practices are influencing the world.

(l) **Role of Media:** Media plays important role in public life. Due to internet, it is easier to reach a common man. Media is very vibrant and active. It can influence masses in society. Media can raise voice against business malpractices and exploitation of consumers. Business should not ignore social values.

(iii) Primary Functions of Bank:

The primary functions of commercial banks are known as core banking functions. The primary functions are as follows:

(1) **Accepting Deposits:** Commercial banks collect deposits from individuals and organisations. The deposits can be classified into two types *i.e.,* Time Deposits and Demand deposits.

(A) **Time Deposits:** Time deposits are called as time deposits because they are repaid to the customers after the expiry of decided time.

These are of two types:

(a) **Fixed Deposit:** Fixed deposit account is an account where fixed amount is kept for fixed period of time bearing fixed interest rate. Rate of interest is more as compared to saving bank account and varies with the deposit period.

Normally, withdrawal of amount is not permitted before maturity date. However, depositor can withdraw amount before maturity date for which bank will reduce the interest rate.

(b) **Recurring Deposit:** It is operated by salaried persons and businessmen having regular income. A certain fixed sum of money is deposited into the account every month.

(B) **Demand Deposits:** Demand deposits are those which are repaid to customers whenever they demand. That means, money can be withdrawn as per the wish of the customer through withdrawal slips, cheques, ATM cards, online transfer etc.

Two types of demand deposits are:

(a) **Saving Account:** It is generally operated by those who earn regular or fixed income such as salary or wages. The main aim of this deposit account is to encourage habit of savings among people.

(b) **Current Account:** This account is operated by business firms and other commercial organisations such as hospitals, educational institutions etc. who have regular banking transactions. In this account there is no restriction on deposits and withdrawals of amounts. No interest is paid by the bank on this type of account. Overdraft facility is available for this account. For current account, banks provide statement of account every month.

(2) **Granting Loans and Advances:** Banks grant loans and advances to business firms and others who are in need of bank funds. The loans are provided for longer period of time from 1 year and more. Advances are provided for shorter period from 4 months to 1 year.

(A) **Loans:** Commercial banks provide loans to businessmen and others. The borrowers can use entire amount sanctioned or can withdraw in installments. Interest is charged on the amount sanctioned. The loans are as follows:

(a) Short-Term Loans are for a period upto 1 year to meet working capital requirements of the borrower.

(b) Medium-Term Loans are for a period of 1 year to 5 years to meet working capital as well as fixed capital requirements of the borrower.

(c) Long-Term loans are for a period of 5 years or more to meet long term capital requirements of the borrower.

(B) **Advances:** Advances are small term fund provided to businessman to satisfy different financial requirements of the business. Advances are as follows:

(a) **Cash Credit:** The cash credit advances are provided to current account and savings account holders. It provides working capital for longer period of time. Interest rate is higher on cash credit. Separate cash credit. account has to be maintained by the borrower.

(b) **Overdraft:** This facility is offered to current account holders to meet their working capital requirements. The period can vary from 15 to 60 days. Interest is charged on actual amount withdrawn. No separate account is maintained, and entries are shown in current account. It is a temporary arrangement for a short period.

(c) **Discounting of Bills of Exchange:** The drawer of bills of exchange or beneficiary can discount the bill with bank and obtain an advance. On the due date of the bill, the bank will recover the amount from the drawee.

8. (i) Scientific Management Theory of Principle.

Definition of Scientific Management by Fredrick Taylor: "Scientific Management consists of knowing what you (*i.e.* management) want men to do exactly; and seeing it that they do it in the best and the cheapest manner."

Principles of Scientific Management: These principles are as follows:

(a) **Science, Not Rule of Thumb:** In order to increase organisational efficiency, the 'Rule of Thumb' method should be substituted with the methods developed through scientific analysis of work. Rule of thumb decisions are based on personal judgments of the manager. Taylor insisted upon scientific method for every small work. This principle is concerned with selecting the best way of performing a job after scientific analysis of that job and not by trial and error methods. Standard required time and standard output should be defined by the manager. This will help in saving time and human energy and will result into expected standard output. According to Taylor, even a small production activity like loading iron sheets into box cars can be scientifically planned.

(b) **Harmony, Not Discord:** According to this principle, there should be harmony between the employees and management. This coordination will help in minimising conflicts between them. Perfect understanding between employees and management will be helpful in creating healthy work environment for achieving the desired goal i.e. success. Organisation should think about maximum prosperity of employees also.

(c) **Mental Revolution:** Taylor introduced the concept of "Mental Revolution". This principle focuses on change in the attitude of employees and management towards each other. Both should realise their equal importance in organisation. They should give full cooperation for achieving goal of organisation. This will increase productivity and profits.

(d) **Cooperation, Not Individualism:** This principle emphasizes on mutual cooperation between workforce *i.e.,* employees and management. Due to cooperation, trust, team spirit etc. internal competition will turn into healthy working environment. Management should always consider the suggestions given by employees in decision making process. Employees should be treated as an integral part of organisation in all respects. At the same time employees should resist themselves from going on strikes and making unnecessary demands from management. They should treat each other as two pillars of organisation.

(e) **Division of Responsibility:** Proper division of work should always be accompanied with division of responsibilities between the managers and employees. Major planning is done by the top and middle level management authorities whereas employees are concentrating on its execution. The reporting is done as per the instructions given by their superiors. Managers should always help, encourage and guide the employees. It helps for best performances of managers as well as employees.

(f) **Development of Employer and Employees for Greater Efficiency and Maximum Prosperity:** Best performance of any organisation always depends on the skills and capabilities of its, employees to a great extent. Thus, providing training and development programmes to the employees whenever required, is very essential. It ultimately affects the profitability of the, organisation. Each employee should be given proper opportunity to attain greater efficiency and maximum prosperity.

1. **Standardisation of Tools and Equipments:** With the result of experiments conducted at work place, Taylor advocated standardisation of tools and equipments. Standardised working environment and methods of production help to reduce spoilage and wastage of material, cost of production, fatigue among the workers and it improves quality of work.

2. **Scientific Task Setting:** Taylor emphasized the need for fixing a fair day's work. Scientific work setting is important to prevent the employees from doing work much below their capacity. By using this technique, employees will complete the task according to standards given and management can keep proper control on optimum utilisation of workforce.

3. **Scientific Selection and Training:** Management can select right persons for the right jobs by using scientific selection procedures. It needs to fix job specifications as per requirement. Employees are selected according to predetermined standards in an impartial way. After selection, management should provide the proper training programmes to increase their efficiency.

4. **Functional Organisation:** In this concept of Taylor, planning is separated from implementation. That means, planning is done by different people and actual work is supervised

by different people. Thus, every worker will be supervised by two different sets of supervisors. He recommended total eight foremen to control the various aspects of production. They are categorised as follows:

(A) **At Planning Level:**

a. Route Clerk- tells how work moves from one machine to other.

b. Instruction Clerk- records instructions to complete the work.

c. Time and Cost Clerk- determines time in which work should be completed and workout the cost.

d. Discipline- ensures that the workers are working as per factory rules.

(B) **At Implementation Level:**

a. Gang Boss-actually gets the work done.

b. Speed Boss-ensures that the work is completed in specified time.

c. Repair Boss-handles security and maintenance of mechanism.

d. Inspector-ensures that the work is done as per the specified standards.

According to **Taylor**, with the help of proper division of all activities into planning and implementation; management can definitely achieve the required performance from the employees.

5. **Differential Piece-Rate Wage Plan:** Remuneration should be fixed in such a way that average worker is motivated to attain a standard output. Taylor suggested the differential piece-wage system. Higher rates are offered to employees who complete the work more than the standard quantity under this system. On the other hand, if an employee is performing below the standard; he shall be given lower rate of wages. This technique motivate the employees to attain higher standard performance and earn wages *i.e.* remuneration at higher rate.

(ii) Following are consumer dispute redressal forums established under the Act.

1. **District Commission:**

Meaning: A consumer dispute redressal commission at each district established by the State Government is known as District Commission.

Composition: Each District commission shall consist of the following:

(A) **President:** A person who is sitting or retired or qualified to be a District Judge.

(B) **Member:** Not less than two and not more than such number of members as may be prescribed, in consultation with the Central Government.

Tenure: Any person appointed as President or a member of the District Commission shall hold office as such as President or as a member till the completion of his term for which he has been appointed. The members will hold office for a term of five years or upto the age of sixty five years, whichever is earlier.

Qualification: The members of National Commission shall have the following qualifications:

a. **Age:** Members should not be less than 35 years of age.

b. **Education:** They should possess a Bachelors Degree from a recognised University.

c. **Experience:** They should have adequate knowledge and at least ten years experience in dealing with problems related to economics, law, commerce, accountancy, industries and public affairs or administration.

Territorial Jurisdiction: Territorial Jurisdiction of district commission is entire district in which it is established.

Monetary Jurisdiction: District Commission shall have jurisdiction to entertain complaints where the value of the goods or services paid as consideration does not exceed ₹ one crore.

Appeal: Any person aggrieved by an order made by the District Commission may prefer an appeal against such order to the State Commission within a period of forty-five days from the date of the order, in such form and manner, as may be prescribed.

The State Government, by notification may make rules about qualifications, method of recruitment, term of office, resignation and removal of president and members of District Commission.

However, any person already appointed as a President or member of District Commission immediately before the commencement of this Act, will remain on the same post till the completion of his term for which he has been appointed.

2. **State Commission:**

Meaning: A consumer dispute redressal commission at the state level established by the State Government is known as State Commission. It is also called as State Consumer Disputes Redressal Commission.

Composition: Each State Commission shall consist of:

(A) **President:** A person who is sitting or retired Judge of High Court, shall be appointed by the State Government as the president of State Commission in consultation with Chief

Justice of High Court.

(B) **Member:** Not less than four or not more than such number of members as may be prescribed in consultation with the Central Government.

Tenure: The members will hold office for a term of five years or up to the age of sixty seven years, whichever is earlier.

Qualification: The members of state commission shall have the following qualifications:

a. **Age:** Members should not be less than 35 years of age.

b. **Education:** They should possess a Bachelors Degree from a recognised University.

c. **Experience:** They should have adequate knowledge and at least ten years experience in dealing with problems related to economics, law, commerce, accountancy, industries and public affairs or administration.

Territorial Jurisdiction: It can entertain original cases as well as appeals against the order of District Commission which are within the geographical limits of the state.

Monetary Jurisdiction: To entertain complaints where the value of the goods or services paid as consideration, exceeds ₹ one crore, but does not exceed ₹ ten crore.

Appeal: Any person aggrieved by an order made by the State Commission may prefer an appeal against such order to the National Commission within a period of thirty days from the date of the order in such form and manner as may be prescribed.

The Central Government, by notification may make rules about qualifications, method of recruitment, term of office, resignation and removal of President and Members of State Commission.

However, any person already appointed as a President or member of State Commission immediately before the commencement of this Act, will remain on the same post till the completion of his term for which he has been appointed.

3. **National Commission:**

Meaning: A consumer dispute redressal forum at the National level established by the Central Government by notification is known as National Commission. It is also called as the National Consumer Disputes Redressal Commission.

Composition: National Commission shall consist of:

(A) **President:** A person, who is or has been a Judge of the Supreme Court, shall be appointed by the Central Government as the president of National Commission in consultation with Chief Justice of India.

(B) **Member:** Not less than four and not more than such number of members as may be prescribed.

Tenure: The members will hold office for a term of five years or up to the age prescribed, whichever is earlier.

Qualification: The members of national commission shall have the following qualifications:

a. **Age:** Members should not be less than 35 years of age.

b. **Education:** They should possess a Bachelors Degree from a recognised University.

c. **Experience:** They should have adequate knowledge and at least ten years experience in dealing with problems related to economics, law, commerce, accountancy, industries and public affairs or administration.

Territorial Jurisdiction: It can entertain original cases as well as appeals against the order of State Commission which are within the geographical limits of the state.

Monetary Jurisdiction: To entertain complaints where the value of the goods or services paid as consideration exceeds ₹ ten crore.

Appeal: Any person, aggrieved by an order made by the National Commission may prefer an appeal against such order to the Supreme Court within a period of thirty days from the date of the order.

The Central Government, may by notification make rules about the qualification, appointment, term of office, salaries, resignation and removal of the President and Members of the National Commission. However, the President and the members shall hold the office for maximum five years, but are eligible for reappointment. The Act further provides that the President can work upto the age of seventy years and members can work upto the age of sixty seven years.

●●

SAMPLE PAPER-3
Organisation of Commerce & Management

📖 Questions

1. From the given sub questions attempt any four:

(A) Select the appropriate option from options given below and rewrite them.

(i) Principle of______is based on 'A place for everything and everything in its place'.
(a) discipline
(b) order
(c) equity

(ii) ______ arranges the work in such a way that minimum conflicts are raised..
(a) Controlling
(b) Organising
(c) Co-ordinating

(iii) 'In the ------- concept of market, the emphasis is given on 'buying and selling of goods and services'.
(a) place
(b) exchange
(c) customer

(iv) The President of District Commission is a -------.
(a) District Judge
(b) High Court Judge
(c) Supreme Court Judge

(v) ----- focuses on motivating the subordinates for group efforts..
(a) Co-ordinating
(b) Direction
(c) Controlling

(B) Give one word or phrase for the following sentences:

(i) The study consists of an organised, systematic and critical assessment of various activities.

(ii) An undertaking or adventure involving uncertainty and risk and require innovation.

(iii) The stage where the goods bought are delivered to the customer.

(iv) A transport system used to carry petroleum and gases.

(v) First function of management.

(C) True or false

(i) Scalar chain means the hierarchy of unity from the top level to the lower level for the purpose of communication.

(ii) The task of getting things done by others is known as management.

(iii) The process of contracting a business function to specialised agencies is known as outsourcing.

(iv) Legal responsibility is broader than the social responsibility of business.

(v) The market is derived from the Latin word "Mercatus".

(D) Match the pairs

	Group "A"		Group "B"
1.	E-Business	a.	Consumer to Consumer
2.	B2C	b.	Exist everywhere
3.	Outsourcing	c.	First step
4.	Digital cash	d.	Business to Consumer
5.	Registration	e.	Electronic business
		f.	BPO
		g.	RTO
		h.	Efficient business
		i.	Exist only in cyberspace
		j.	Last step

2. Explain the following terms / concepts in detail: (Any 4 out of 6)

(i) Motion Study
(ii) Janahit Yachika
(iii) Insurance
(iv) Directing
(v) Monopoly and Duopoly
(vi) National Commission

3. Study the following case / situation and express your opinion. (Any 2)

(i) Mr. Harshad is an entrepreneur and engaged in production of eco-friendly utensils. Both male and female workers are working in his factory. All male employees are directly working on machines whereas female employees are working in packaging department. Mr. Sharath is working as finance manager while Mrs. Naina is working as HR manager who is responsible for recruiting employees in the factory. On this basis:

(a) Identify any one principle of management in above case.

(b) What is the designation of Mrs. Naina in this organisation?

(c) Who is responsible for overall planning of the organisation?

(ii) Ms. Nikisha has started new business three years ago. Her customers are located in different parts of the country and hence they are directly depositing bill amount in her business account. At the same time she used to pay various payments from this account only.

(a) Identify type of account maintained by Ms. Nikisha.

(b) Suggest any one modern way of money transfer to Ms. Nikisha.

(c) What kind of facility does she get on her bank account?

(iii) Ram purchases watch from Titan shop and his friend sham purchases watch from online shopping site.

(a) Which shopping is from traditional business?

(b) Which shopping is from e-business?

(c) Which business involved high risk ?

4. Distinguish between (Any 3)

(i) State Commission and National Commission.

(ii) Directing and controlling.

(iii) Fire Insurance and Marine Insurance.

(iv) Marketing and Selling.

5. Answer the following questions in brief (Any 2)

(i) Importance of marketing to the firm.

(ii) Explain in details any four rights of the consumer.

(iii) Define any four types of e-banking services.

6. Justify the following statements (Any 2)

(i) With creativity, farmers can expand their agro-tourism business..

(ii) Principle of Equity and Principle of Order are very important.

(iii) Organisations have to fulfil their responsibilities towards government..

(iv) State the benefits and limitations of *e*-business.

7. Answer the following questions in detail: (Any 2)

(i) Define and state the scope of CSR and illustrate any five activities covered as per Section 135 of Companies Act, 2013.

(ii) Explain controlling function along with its process and importance.

(iii) Define the secondary functions of bank.

8. Answer the following questions in detail: (Any 1)

(i) Define and explain Henry Fayol's administrative theory of management in details.

(ii) Define bank and state the different types of banks.

🄰 Answer Key

1. (A) (i) (c) equity

(ii) (a) Controlling

(iii) (b) exchange

(iv) (a) District Judge

(v) (b) Direction

(B) (i) Work Study.

(ii) Enterprise.

(iii) Delivery stage.

(iv) Pipeline transport.

(v) Planning.

(C) (i) False   **(ii)** True

(iii) True   **(iv)** False

(v) True

(D)

Group "A"	Answers
1. E-Business	e. Electronic business
2. B2C	d. Business to Consumer
3. Outsourcing	f. BPO
4. Digital cash	i. Exist only in cyber-space
5. Registration	c. First step

2. (i) The study of required motion means movement of an employee as well as of machine while completing a particular task is very important. It is helpful in eliminating unnecessary motions and finding the best method of doing a particular job. It also helps in improving the efficiency of the employees. Motion technique is used to know whether some elements of a job can be eliminated or their sequence can be changed for smooth flow of task.

(ii) Janahit Yachika (Public Interest Litigation) means a legal action initiated in a court of law regarding a matter of general public interest. It is a legal facility under which any person can approach to the court of law in the interest of the society. Its aim is to provide legal remedy to unrepresented groups of society. The party which is not related to grievance can also file Public Interest Litigation. It is filed in the High Court as well as Supreme Court directly in some cases..

(iii) Insurance is a means of protection from financial loss. It is a form of risk management, primarily used to hedge against the risk of a contingent or uncertain loss. Insurance is a contract between the insurer and the insured, whereby the insurer agrees to compensate the insured against loss. The insured has to pay a certain fixed sum of money on timely basis to the insurer.

(iv) Directing is the soul of management function. It is the process of instructing, guiding, communicating, inspiring, motivating and supervising the employees to achieve predetermined goals of an organisation. Direction is a continuous function initiated at top level and flows to the lower level through organisational hierarchy. It is a continuous managerial process that goes on throughout the tenure of the organisation. Director is the person who shows the correct path as well as guides the employees in solving the problems wherever necessary. A few philosophers called direction as "life spark of an enterprise".

(v) In monopoly , there is a single producer or seller who controls the market. There are no close substitutes for the product. Monopoly controls the supply and can fix the price.

In duopoly, there are two sellers, selling either a homogeneous product or a differentiated product. These two sellers enjoy a monopoly in the sale of the product produced by them.

(vi) A consumer dispute redressal forum at the National level established by the Central Government by notification is known as National Commission. It is also called as the National Consumer Disputes Redressal Commission.

3. (i) Following are the details:

(a) In the above case, principle of division of work is identified.

(b) The designation of Mrs. Naina is Human Resource Manager.

(c) Mr. Harshad an entrepreneur of eco-friendly utensils, is responsible for overall planning of the organisation.

(ii) (a) The type of account maintained by Ms. Nikisha is current account.

(b) NEFT stands for National Electronic Funds transfer. Under this system, funds are transferred electronically from one branch to another branch or one bank to another bank in the country. The client has to give details of such as NEFT code of branch and account number of beneficiary to whom the money is to be transferred.

(c) An overdraft facility is available on their current account. For the current account, banks provide a statement of account every month.

(iii) Following are the details:

(a) The purchase of watch by Ram from Titan shop is an example of traditional business.

(b) The purchase of watch by Sham from an online shopping site is an example of e-business.

(c) E-business sites involve high risk as there is no direct contact between Sham and he e-business owners.

4. Distinguish Between

(i) State Commission and National Commission

Point of Distinction	State Commission	National Commission
Meaning	A consumer dispute redressal forum at the state level established by the State Government is known as State Commission.	A consumer dispute redressal forum at the national level established by the Central Government by notification is known as National Commission.
President	A person who is sitting or retired or Judge of High Court, shall, be appointed by the State Government as the President of State Commission.	A person who is or has been a Judge of the Supreme Court, shall be appointed by the Central Government by notification is known as National Commission.
Member	Not less than four or not more than such number of members as may be prescribed in consultation with the Central Government.	Not less than four and not more than such number of members as may be prescribed.
Membership Tenure	The members can have the membership for a term of five years or up to the age sixty seven, whichever is earlier.	The members can have the membership for a term of five years or up to the age sixty seven years and President upto seventy years, whichever is earlier.

(ii) Directing and Controlling

Point of Distinction	Directing	Controlling
Meaning	Directing is the guidance inspiration, the leadership of those men and women constitute the real case responsibilities of management.	Controlling is the process of taking steps to bring actual results and desired results closer together.
Objective	To direct the subordinates to get the things done in the right manner.	To ensure that the objectives are achieved according to the plan.

Area of function	It includes instructing, guiding, inspiring, communicating and motivating the human resources.	It includes setting up of standards, measurement, and comparison with actual performance and taking corrective steps whenever necessary.
Factors	Directing is concerned directly with internal factors *i.e.,* human resources.	Internal and external factors are taken into account for taking corrective action.
Order	It follows organising and staffing for execution of planning.	It is an end function of management process.
Resources	It gives direction to the employees regarding use of other resources.	It is related to all organisational resources which help to achieve goals of an organisation.

(iii) Fire Insurance and Marine Insurance

	Fire Insurance	Marine Insurance
(a)	**Meaning:** A contract in which insurer promises to pay compensation to insured if something happens to the subject matter due to fire or related events.	A contract where by the insurance company undertakes to pay compensations to in insured in case of loss to him due to dangers (perils) of the sea..
(b)	**Policy taken by:** It can be taken by individual for their properties or by business. For their goods properties business liabilities.	It can be taken by exporter, importers and shipping companies etc..
(c)	**Subject Matter:** In fire insurance, the goods and assets or property of the insured is the subject matter.	In Marine insurance, goods in ship, cargo and freight is the subject matter.
(d)	**Insurable Interest:** It must exist both at the time of contract and also at the time of loss.	It must exist at the time of contract and also at the time of loss.
(e)	**Tenure:** It is generally for a short period like one year.	It is generally for a short period and may range from one month to a year. Normally it does not exceed one year.
(f)	**Compensation:** It is paid only if there is loss due to fire during term of policy	It is paid only if there is loss causing event during the term of the policy.
(g)	**Principle for Indemnity:** It is applicable as insurance company compensates for the financial loss and the insured is brought back to the same financial condition that he was before the event.	It is applicable as insurance company compensates for the financial loss and the insured is brought back to the same financial condition that he was before the event.
(h)	**Number of policies:** Generally only one policy can be taken but double insurance is possible. However, compensation does not exceed the actual loss.	Generally, only one policy can be taken. However, double insurance is possible. However, compensation does not exceed the actual loss.
(i)	**Beneficiary:** The beneficiary is the insured who has insured the property or goods.	The beneficiary is the insured person or company.
(j)	**Surrender of Policy:** It cannot be surrendered.	It cannot be surrendered.

(iv) Marketing and Selling.

Marketing	Selling
Marketing is a social process by which a need is created, offered and exchanged via products.	Selling means providing the customer with the good he/she needs in exchange of a price.
Marketing is a wider concept. It includes Selling and other functions.	Selling is a narrower concept. It is a part of the marketing concept.
Satisfaction of consumers is the essence of the marketing concept.	The selling concept relies on the transfer of title and possession of the product from one person to another.
Marketing is consumer oriented. It emphasises on consumers and the maximisation of their satisfaction.	Selling is production oriented. It emphasizes on production and its efficiency.

5. **(i) Importance of marketing to the firm:**

   (a) **Increases Awareness:** Marketing helps in creating awareness about the existing products, new arrivals as well as the company which sells a particular product in the market. This raises awareness among the potential consumers. It creates brand image among the consumers.

   (b) **Increases Sales:** Once marketing creates awareness about the products or services among the consumers, it attracts them to purchase the same. Successful marketing campaign helps to increase the sales of the organisation. Increase in sale generates profit for the organisation. This income and profit are reinvested in the business to earn more profits in future. In modern business, survival of the organisation depends on the effectiveness of the marketing function.

   (c) **Creates Trust:** People want to buy from a business that has a trustworthy reputation. Creating trust among the customers is a time consuming process. Creating trust among the consumers helps the business to earn loyal customers. Once business can establish this trust with the clients, it creates customer loyalty. Happy customers enhance the brand image in the market. Effective marketing plays an important role in building a relationship between the customers and the organisation.

   Effective pricing policy and timely after sales services improve the image of the organisation. A majority of the activities of the marketers are directed towards building the brand equity of the business.

   (d) **Basis for Making Decisions:** From inception of idea to delivering the final product to the customer, businessman has to take several decisions. Businessman has to look after many problems such as what, how, when. How much and for whom to produce? As the scale of operation increases, these decisions become more complex. Marketing helps to take right decision at right time.

(ii) Rights of Consumer:

   (a) **Right to Safety:** This right protects consumers against products, production processes and services which are hazardous to health or life. It includes concern for consumer's long-term interests as well as their immediate requirements. According to this right, consumer must get full safety and protection to his life and health. This safety should be in relation to medicines, electrical appliances, food etc. The GOI has given safety standards in the form of Agmark, ISI, BIS, Hallmark etc.

   (b) **Right to Information:** According to this right, consumer should be provided with adequate Information about all aspects of goods and services like price, name of manufacturer, contents used, batch number if any, date of manufacture and expiry date, user manual and safety instruction etc. This right also enables consumer to select right product or service. It is applicable to food products, medicines, spare parts or any other consumer products or services.

   (c) **Right to Choose:** The choices available to Indian consumers across the basket of goods and services have multiplied like telecommunications, travel and tourism, banking, electronics, fast moving consumer goods (FMCG) etc. According to this right, consumer should be given full freedom to select an article as per his requirement, liking and purchasing capacity. The right to choose is related to the concept of free market economy. As per this right, the seller cannot compel consumer to buy any particular product and hence monopoly is prevented.

   (d) **Right to be Heard:** Every business organisation should listen and resolve the complaints of consumers. According to this right, consumers have opportunity to voice their complaint to the consumer forum. Consumers can also give suggestions to manufacturer or trader on certain matters such as quality, quantity, price, packaging etc. Now a days, consumers can file online complaints through portal or mobile applications.

(iii) E-banking Service: E-banking stands for electronic banking it is also called 'virtual banking'. E-banking is the result of the development in the field of electronics and computers. Under e-banking, the banking operations are computerised. Some of the elements of e-banking are as follows:

   (a) **Automated Teller Machine:** The ATM's are electronic machines which are operated by the customer on his own to withdraw or deposit money. It can be used for other banking transactions also such as balance enquiry, transferring money, request for cheque book or bank statements etc. Nowadays, ATM also provides facility of cash deposits through cash deposit machines.

   (b) **Credit Cards:** A credit card is a payment card. It allows the cardholder to pay for different transactions he performs. The issuing bank creates a revolving account and grants a line of credit to the customer or user. Credit card offers convenience to customers as customer need not carry cash.

   (c) **Debit cards:** most of the banks nowadays offer debit card as soon as account is opened by account holder. Through debit card payments, the amount gets deducted from account holder's account. Some banks offer personalised debit and credit cards as per the requirement of customer.

   (d) **RTGS:** RTGS stands for real time gross settlement. RTGS is a fund transfer system where transfer of funds or money takes place from one bank to another bank on "real time" and on "gross basis". It is the fastest money transfer system through the banking channel.

- Real time settlement means payment transaction is not subject to any waiting period. The transactions are settled as soon as they are processed. The receiving bank has to credit the account of the client within 2 hours of receiving the funds transfer message.

- Gross settlement means the transactions are settled on one to one basis without bunching with any other transactions. The minimum amount to be remitted through RTGS is two lacs while there is no upper limit for transactions.

6. (i) Activities in Agro Tourism Business includes:

(a) Outdoor recreation (Trekking, fishing, hunting, wildlife study, horseback riding).

(b) Educational experiences (Farming experiences like rice plantation, cooking experience on chulha).

(c) Entertainment (Harvest festivals like 'Hurda Party' in Maharashtra).

(d) Hospitality services (Farm stays, guided tours or outfitter services).

(e) On-farm direct sales (U-pick operations or roadside stands).

Happy customers will act as a ambassador of agro-tourism. They'll also tell their friends and family about farm. Farmers can add value to the guests' experiences by offering them refreshments. They can select products that compliment what they produce on farm, such as milk or butter samples, fresh food, Fresh fruit juice etc.

(ii) Principle of Equity and Order:

Principle of Equity: Management should be fair as well as friendly to the subordinates. While dividing the work, delegating the authorities, deciding the monetary terms etc. there should not be any discrimination between the employees. It is also suggested that the remuneration should not depend on the department but at the level on which subordinates are working. The employees working on the same level but in different departments should be paid same wages. This equity will help in avoiding conflicts in the organisation.

Principle of Order: This principle is based on 'A place for everything and everything in its place'. Human resources and materials should be in the right place at the right time for maximum efficiency. Human resources should be placed at right place and on right job. The principle focuses on the proper utilisation of physical and human resources.)

(iii) Responsibilities Towards Government:

The government regulates and controls the business with the objectives of systematic economic development of the country and safeguarding the interests of the common man. Government provides incentives and subsidies to business. Following are the responsibilities of organisation towards government:

(a) **Timely Payment of Taxes:** The government imposes various types of taxes like sales tax, income tax, wealth tax etc. Business units should pay these taxes from time to time. It would be difficult for the government to undertake development projects without availability of funds.

(b) **Observing Rules and Regulations:** The rules framed by the government for business should be fully complied with. The business should follow the laws regarding obtaining license for a specified business, the operation of the business, price determination and production etc. They should conduct business in lawful manner.

(c) **Earning Foreign Exchange:** The government also expects from business organisation that it will earn foreign exchange by exporting goods. The government requires this foreign exchange for importing various goods.

(d) **Economic Development:** The government sets the targets for balanced and rapid economic development of the country. The business organisation should provide necessary cooperation to the government.

(iv) Benefits of E-Business: The main advantage of *e*-business is people get product information online and order the product online through cash on delivery or pre payment. In this way seller and buyer both get advantage of internet platform.

Traditionally trading by the buyers and sellers is done through three channels like face to face, mail and phone. The internet has become the fourth channel for trade. Internet trade is booming and allowing business to sell more and at a lower cost. Thus, Internet offers a great opportunity over traditional channels as it has some advantage or strengths.

(a) **Ease of formation:** The formation of traditional business is difficult, whereas to form *e*-business is relatively easy to start.

(b) **Lower Investment requirements:** Investment requirements is low as compared to traditional business as the store does not have physical existence and can be managed with less manpower so if trade does not have much of the investment but have contact (network), he can do fabulous business.

(c) **Convenience:** Internet offers the convenience of 24 × 7 × 365 days a year. Business is going on any time and flexibility is available. Yes, *e*-business is truly a business that has enabled and enhanced by electronics and offers the advantage of accessing anything, any where , any time.

(d) **Speed:** The benefit becomes all the more attractive when it comes to information. Much of the buying or selling involves exchange of information that Internet allows at the click of mouse.

(e) **Global access:** Internet is truly without

boundaries. On one hand, it allows, the seller an access to the global market. On the other hand, it offers a freedom to the buyer to choose products from almost any part of the world. No need of face to face interaction between buyer and seller.

(f) **Movement towards a paperless society:** Use of Internet has considerably reduced the dependence on paperwork. Thus, recording and referencing of information has become easy.

(g) **Government support:** The government provides favourable environment for setting up of e-business. This support ensures maximum transparency.

(h) **Easy payment:** The payment is e-business is done by credit card, fund transfer etc. and it is available round the clock.

(v) Limitations of E-Business: E-business does have certain disadvantages when compared to the traditional way of doing business. Some of the limitations of e-business are as follows.

(a) **Lack of personal Touch:** E-business lacks the personal touch. One cannot touch or feel the products. So it is difficult for the consumers to check the quality of products.

(b) **Delivery Time:** The delivery of the products takes time. In traditional business you get the product as soon as you buy it. But that doesn't happen in online business. This time lag often discourages customers *e.g.,* Amazon now assures one day delivery. This is an improvement but does not resolve the issue completely.

(c) **Security issues:** There are a lot of people who scam through online business. Also, it is easier for hackers to get your financial details. It has a few security and integrity issues. This also cause disturbance among potential customers.

(d) **Government interference:** Sometimes the government monitoring can lead to interfere the business.

(e) **High Risk:** High risk is involved there is no-direct contact between the parties. In case of frauds, it becomes difficult to take legal action.

7. (i) CSR Meaning: Corporate Social Responsibility (CSR) is self-regulating business model, aims to contribute to societal goals or support volunteering or ethically-oriented practices. It makes a company socially responsible and accountable. This accountability is towards itself, its stakeholders, public in general etc. By practicing social responsibility, companies can be conscious about economic, social and environmental aspects of the society.

Scope of CSR:

(a) **Applicability of CSR:**

1. The companies having net worth of ₹1500 Cr. or more or turnover of ₹1000 Cr. or more; or Net profit of ₹ 15 Cr. or more during any financial year shall be required to constitute a Corporate Social Responsibility Committee of the Board with effect from 1st April, 2014.

2. The Board's report shall disclose the compositions of the CSR Committee.

3. All companies shall spend, in every financial year, at least 2% of the average net profits of the company made during the three immediately preceding financial years, in pursuance of its Corporate Social Responsibility Policy.

(b) **CSR Activities:** The Policy recognises that corporate social responsibility is a commitment to support initiatives that measurably improve the lives of underprivileged by one or more of the following focus areas as notified under Section 135 of the Companies Act 2013 and Companies (Corporate Social Responsibility Policy) Rules 2014:

1. Eradicating hunger, poverty & malnutrition, promoting preventive health care & sanitation and making available safe drinking water.

2. Promoting education, including special education & employment enhancing vocational skills especially among children, women, elderly & the differently abled & livelihood enhancement projects.

3. Reducing child mortality and improving maternal health by providing good hospital facilities and low cost medicines.

4. Ensuring environmental sustainability, ecological balance, protection of flora & fauna, animal welfare, agro forestry, conservation of natural resources & maintaining quality of soil, air & water.

5. Employment enhancing vocational skills.

(ii) Controlling:

Meaning: Controlling is a function of comparing the actual performance with the predetermined standard performance. It measures deviation, if any, identifies the causes of deviation and suggests corrective measures. The process of controlling helps in formulation of future plans also.

Process of Controlling

Standards → Measurement of Performace → Comparison and Finding Deviations → Analysing Causes of Deviation → Corrective Action → (Antainment of Standards)

Importance of Controlling:

Controlling is important in maintaining standards and to achieve desired goals effectively and efficiently. It is a function of checking the performances of employees at every stage of their work in process. The importance of controlling function in an organisation is as follows:

(a) **Fulfilling Goals of Organisation:** Controlling is the function of measuring the performances at every possible stage, finding out the deviations, if any; and taking corrective actions according to planned activities for the organisation. Thus, it helps in fulfilling the organisational goals..

(b) **Making Efficient Utilisation of Resources:** Various techniques are used by managers to reduce wastage of material and spoilage of other resources. Standards are set for every performance. Employees have to follow these standards. As the effect of this, the resources are used by employees in the most efficient and effective manner, so as to achieve organisational objectives..

(c) **Accuracy of Standards:** An efficient control system helps management in judging the accuracy of standards whether they are accurate or not. Controlling measures are flexible to some extent. So after reviewing them according to changing circumstances, they are revised from time to time which is beneficial for checking performances accurately.

(d) **Motivates Employee:** After setting standards of checking performance, they are communicated to employees in advance. Due to this, employees get an idea about what to do and how to do. Performances are evaluated and on that basis employees are rewarded in the form of increment, bonus, promotion etc. It motivates the employees to perform at their best level.

(iii) Secondary Functions of Bank:

Secondary functions of commercial banks are classified into two groups:

(A) **Agency Functions:** A commercial bank acts as an agent or representative of its client and performs certain functions as follows:

1. **Periodic Collections and Payments:** Commercial bank collects salary, dividends, interests and any other income periodically as well as makes periodical payments such as taxes, bills, premiums, rent etc. on the standing instructions provided by customer. Commercial bank charges certain fixed amount quarterly or annually in the form of service charges from customer for providing such services.

2. **Portfolio Management:** Large commercial banks undertake to purchase and to sell securities such as shares, bonds, debentures etc. on behalf of the clients. This handling of securities is known as portfolio management. Due to this facility more clients are opting for such services of commercial banks.

3. **Fund Transfer:** Commercial banks provide facility of fund transfer from one branch to another branch or branch of another bank. Commercial banks come with various initiatives to make these transfer hassle free.

4. **Dematerialisation:** Banks provides dematerialisation facilities to their clients to hold their securities in an electronic format. On behalf of clients, it undertakes the electronic transfer of shares in case of purchase or sale.

5. **Forex Transactions:** Forex is an abbreviation for foreign exchange. A bank may purchase or sell foreign exchange on behalf of its clients. A bank purchases forex from its clients which the clients receive from foreign transactions and sell the forex when the clients need it for overseas transactions.

(B) **Utility Functions:** A commercial bank performs utility functions for the benefits of its clients. It provides certain facilities or products to its clients as follow:

1. **Issue of Drafts and Cheques:** A draft /cheque is an order to pay money from one branch of bank to another branch of the same bank or other bank. A bank issues drafts to its account holders as well as non account holders whereas cheques are issued only to the account holders. Bank charges commission for issuing a bank draft.

2. **Locker Facility:** This is common utility function of any commercial bank. The bank provides locker facility for the safe custody of valuables, documents, gold ornaments etc.

3. **Project Reports:** A bank may prepare project reports and feasibility studies on behalf of the clients. Project reports enable the business firm to obtain funds from the market and to obtain clearance from government authorities.

4. **Gift Cheques:** Banks issue gift cheques and gold coins to account holders as well as to non account holders.

   The gift cheques/ coins can be used by the clients for the purpose of gifting on occasions like weddings, birthdays etc.

5. **Underwriting Services:** A commercial bank may underwrite the issue of securities issued by companies. If the shares are not fully subscribed, the underwriting bank agrees to take up the unsubscribed portion of the securities.

8. (i) Henry Fayol **(1841-1925)** was a french mining engineer who turned into a leading industrialist and a successful manager. He started his career as a mining engineer in a french mining company and rose to the position of the chief managing director. After conducting many experiments and observations in organisation, Fayol proposed 14 Principles of management which are explained in his famous book 'General And Industrial Administration'. Due to his contribution in development of managerial thoughts he is called as 'Father of Modern Management'. Fayol

suggested 14 principles of management. These statements serve as a guideline for decision-making management actions.

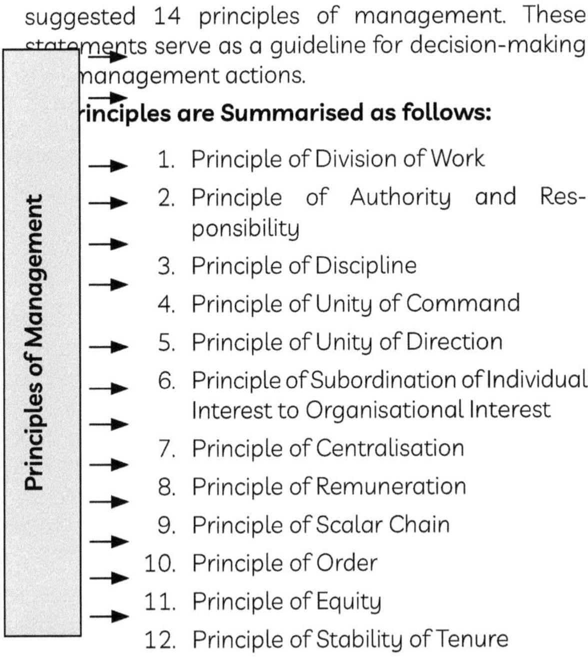

Principles are Summarised as follows:

1. Principle of Division of Work
2. Principle of Authority and Responsibility
3. Principle of Discipline
4. Principle of Unity of Command
5. Principle of Unity of Direction
6. Principle of Subordination of Individual Interest to Organisational Interest
7. Principle of Centralisation
8. Principle of Remuneration
9. Principle of Scalar Chain
10. Principle of Order
11. Principle of Equity
12. Principle of Stability of Tenure
13. Principle of Initiative
14. Principle of Esprit De Corps (team work)

(a) **Principle of Division of Work:** According to this principle, the work is divided into different kinds such as technical, financial, commercial, security operations, accounting and managerial. It is assigned to employees as per their qualities and capabilities. It helps in improving efficiency and expertise of employees which ultimately turns into expected productivity level.

(b) **Principle of Authority and Responsibility:** Authority is the right to take decisions. It is necessary to get the things done appropriately from subordinates. Authority always comes with the responsibility. If the manager is given the authority to complete a task within a given time, he should be held responsible if he does not complete the work in given time. Manager should have proper authorities to take managerial decision on his own in respect to the goal.

(c) **Principle of Discipline:** According to Fayol, discipline is the most essential thing in the organisation. Employees must obey and respect the rules that govern the organisation. Discipline helps to achieve the goals in the organisation. Good discipline is the result of effective leadership. There must be a clear understanding between the management and workers regarding the organisation's rules. Basic discipline should be observed at all levels of management.

(d) **Principle of Unity of Command:** Each member of organisation should receive orders from only one superior. This principle helps in managing conflicts and solving disputes among people in organisation. It also helps in avoiding confusion. If an employee receives commands from more than one authority, he will get confused and will not be able to take decision about whose orders should be followed. This is wrong approach. For this organisational hierarchy should be well defined. Each employee should know his immediate superior and should receive orders from him only.

(e) **Principle of Unity of Direction:** This principle states that 'there should be one head and one plan' in every organisation. Each group in the organisation should have the same objective and the group should be directed by one manager using single plan.

(f) **Principle of Subordination of Individual Interest to Organisational Interest:** According to this principle the interest of an individual must be given less importance than the interest of the organisation. While taking decision in the organisation the manager should always consider the interest of the whole group rather than the interest of a single employee. Similarly the employee should protect the interest of the organisation first and his personal interest should be subordinated. For example, in every game, the players are always thinking about winning the match as a team rather than their individual records.

(g) **Principle of Centralisation:** Centralisation refers to the concentration of powers and authorities. In some organisations this power is vested in one hand or few hands. This situation occurs in the small organisations. But, if the size of organisation is large then there is a decentralisation of the power or authority.

According to this principle there must be a proper balance between centralisation and decentralisation in the organisation. This is to be done according to the size of the organisation, nature of the activity etc.

(h) **Principle of Remuneration:** Appropriate remuneration to staff or employees is the principle to keep them satisfied financially as well as retain them for long span of time within the organisation. The fair remuneration has effect on the productivity and efficiency level of employee. The remuneration should be fixed by taking into consideration the skill, expertise, knowledge, tenure, cost of living, market trend, profitability of organisation etc.

(i) **Principle of Scalar Chain:** Scalar chain means the hierarchy of authority from the top level to the lower level for the purpose of communication. This helps to ensure the orderly flow of information and communication. Traditionally organisations used to frame large scalar chain which is time consuming. For example, a general Manager informs the decision to respective functional manager, then functional manager will pass it to supervisor, the supervisor will inform it to foreman and so on according to level of authority. For avoiding this longer chain and to take speedy decisions cross communication or direct communication is followed by various organisations which is known as gang plank. For direct communication, proper permission of the authorities is necessary.

(j) **Principle of Order:** This principle is based on 'a place for everything and everything in its place'. Human resources and materials should be in the right place at the right time for maximum efficiency. Human resources should be placed at right place and on right job. The principle focuses on the proper utilisation of physical and human resources.

(k) **Principle of Equity:** Management should be fair as well as friendly to the subordinates. While dividing the work, delegating the authorities, deciding the monetary terms etc.. There should not be any discrimination between the employees. It is also suggested that the remuneration should not depend on the department but at the level on which subordinates are working. The employees working on the same level but in different departments should be paid same wages. This equity will help in avoiding conflicts in the organisation.

(l) **Principle of Stability of Tenure:** At the time of recruitment of employees, the management should assure them about stability of tenure or job security. It plays very important role in creating sense of belongingness among the employees. Insecurity in job always affect the efficiency of employees adversely whereas job security minimizes employee turnover ratio.

(m) **Principle of Initiative:** Initiative refers to volunteering to do the work in an innovative way. The freedom to think and work on new ideas encourages employees to take initiative while working on given task. This initiative should be welcomed by the manager including thorough discussion on those new ideas. It also helps in creating healthy organisational culture.

(n) **Principle of Esprit De Corps :** (team work) Henry Fayol has given emphasis on team work. Esprit de corps means union is strength. Running any organisation is a group activity and human resources are the valuable asset of the organisation. If all employees are working as a union and with mutual trust, the difficulties can be solved quickly. Therefore, as a leader, manager should create a spirit of team work and understanding among employees to achieve organisational goal easily.

Above fourteen principles of Henry Fayol are very useful to manage the organisation efficiently and effectively. These are also supportive to functions of management. These principles are very logical and therefore are applicable in modern management era.

(ii) **Meaning of Bank**

A bank is a financial institution which deals with deposits and advances and other related services. Bank provides various services related to money or financial requirements of consumers.

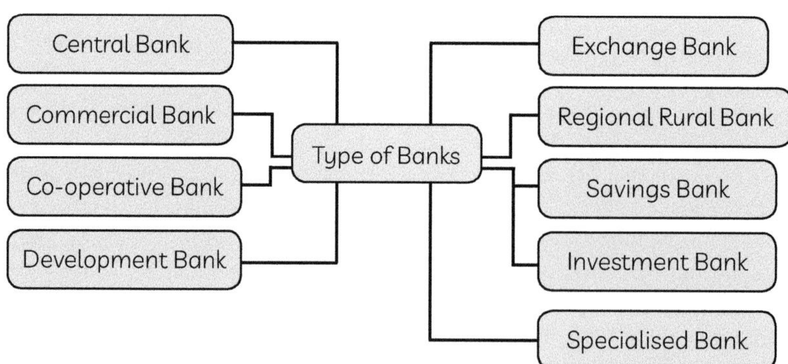

(i) **Types of Banks:** There are several types of banks as follows:

1. **Central Bank:** The Central Bank is the apex financial institution in banking industry in the country. Every country has their own Central Bank. In India, the Reserve Bank of India (RBI) is the Central Bank. RBI was established in 1945 under the Reserve Bank of India Act, 1944. Some functions of RBI are as follows:

   (a) Frames monetary policy

   (b) Issues currency notes

   (c) Acts as a banker to the Government

   (d) Acts as a banker's bank to commercial and other banks in India.

2. **Commercial Bank:** The commercial banks play an important role in economic and social development of a country. Commercial banks performs important functions such as:

   Primary Functions *i.e.* accepting of deposits and lending of money and secondary functions *i.e.* agency functions and utility functions. In India, commercial banks are divided into three groups:

(a) Public sector banks where majority of capital is held by government such as Bank of India, State Bank of India etc.

(b) Private sector banks are owned by group of individuals such as AXIS bank, HDFC bank etc.

(c) Foreign banks are those banks which are established outside India but these banks have branches in India such as Citi bank, HSBC, Standard Chartered etc.

3. **Co-operative Bank:** In India, co-operative banks are registered under Indian Co-operatives Societies Act and regulated under Banking regulation Act. Co-operative banks are popular in semi-urban and rural areas. The main aim of co-operative bank is to provide credit to economically backward people, farmers and small scale units. Generally, the co-operative bank works at three different levels:

(a) Primary Credit Societies.

(b) District Central Co-operative Bank.

(c) State Co-operative Bank.

4. **Industrial Development Banks:** These are financial institutions that provide medium and long term funds to the business firms. Examples of development bank are Industrial Finance Corporation of India (IFCI), State Finance Corporation (SFC), Maharashtra State Finance Corporation(MSFC) etc. Some functions of development bank are as follows:

(a) Provision of medium and long-term funds to business units for the purpose of expansion and modernisation.

(b) Underwriting of shares issued by public limited companies.

(c) Purchase of debentures and bonds.

5. **Exchange Banks:** The exchange banks as well as large commercial banks facilitates foreign exchange transactions. Examples of exchange banks are Barclays Bank, Bank of Tokyo etc. Some functions of exchange bank are as follows:

(a) Financing foreign trade transactions.

(b) Issue of letter of credit (LC).

(c) Discounting of bills of exchange.

(d) Remittances of dividend, interests and profits etc.

6. **Regional Rural Bank:** Regional Rural Banks (RRBs) were established in 1975. These banks are sponsored by large public sector banks. The capital of RRB is contributed by Central Government 50%, State Government 15% and Sponsored Banks 35%. RRBs mobilise deposits primarily from rural and semi-urban areas and provide loans and advances mostly to small and marginal farmers, agricultural labour and rural artisans.

7. **Savings Bank:** The main objective of savings bank is to encourage savings of the people, especially in rural areas.

Examples of such banks include postal saving bank, commercial banks and cooperatives banks.

8. **Investment Bank:** These banks provide financial and advisory assistance to their customers. Their clients generally include business firms and government organisations. Investment banks facilitate mergers and acquisitions by undertaking research and providing advice on investment decisions. Generally, investment banks do not directly deal with general public.

9. **Specialised Banks:** These banks cater to the requirements and provide overall support for setting up business in specific areas.

(a) Export and Import Bank (EXIM).

(b) Small Industries Development Bank of India (SIDBI).

(c) National Bank for Agriculture and Rural Development (NABARD).

●●

Sample Paper-4

Organisation of Commerce & Management

Questions

1. From the given sub questions attempt any four:

(A) Select the appropriate option from options given below and rewrite them:

(i) For online transactions _______ is required.
- (a) registration
- (b) trading
- (c) business

(ii) _______ is the function which supports to activate the plans with the help of employees.
- (a) Staffing
- (b) Directing
- (c) Co-ordination

(iii) In India, the consumer protection act was initiated in the year _______ .
- (a) 1986
- (b) 1968
- (c) 1886

(iv) Postal services are administered by _______ .
- (a) Private companies
- (b) Government of India
- (c) Panchayat

(v) Who is the president of State Commission is _______.
- (a) District Court Judge
- (b) Supreme Court Judge
- (c) High Court Judge

(B) Give one word or phrase for the following sentences:

(i) Another term used for 'People's Court'.

(ii) Giving of distinct name to one's product

(iii) It increases the team spirit of the work place.

(iv) A ministry that looks after the development of the surface transport throughout the country.

(v) The process of enhancing entrepreneurial skills and knowledge through structured training and institution-building programmes.

(C) True or false:

(i) LPO stands for legal product outsourcing.

(ii) The term e-business came into existence in the year 1998.

(iii) Monopoly refers to a market situation when there is a single buyer of a commodity or service.

(iv) Social responsibility is broader than legal responsibility of business.

(v) The market for the commodities which are produced in one country and sold in another countries is known as national markets.

(D) Match the pairs:

	Group "A"		Group "B"
1.	Employees	a.	Branch of social science
2.	Responsibility to investors	b.	To earn profit
3.	Responsibility towards Government	c.	To serve society
4.	Economic objective	d.	Voluntary
5.	Business ethics	e.	Job security
		f.	Compulsory
		g.	Respecting rules and regulations
		h.	To maintain solvency and prestige

2. Explain the following terms/concepts in detail (Any 4 out of 6):

(i) Startup India

(ii) Grading

(iii) Pricing of Product

(iv) E-mail

(v) Entrepreneur

(vi) Lok Adalat

3. Study the following case/situation and express your opinion (Any 2):

(i) In 'Sahaj Sons and Co. Ltd.' 200 employees are working in three shifts. In first shift 60 employees, in second shift 60 employees and in third shift 80 employees are working without sufficient breaks except lunch break and shift change break. No employee is able to complete the work in designated time due to inappropriate time management which results into delay for next shift employees.?

- (a) Identify which scientific principle needs to be followed by the company.
- (b) Suggest two scientific techniques which can be used for smooth flow of work in 'Sahaj Sons and Co. Ltd.'.
- (c) Why the work is not being completed in time?

(ii) Mr. Vaibhav is a businessman. He has his own factories in Pune and Nashik. He lives in Pune with his wife and 2 daughters aged 5 and 8 years.

- (a) Can Mr. Vaibhav take a life insurance policy for his wife and 2 children?
- (b) Can Mr. Vaibhav take a marine insurance policy for his factories?

   (c) Which type of insurance should Mr. Vaibhav take for protecting his factories from loss due to fire?

 (iii) Niraj purchases some gift articles online from www.flipkart.com. At the same time Sheetal purchased gift from e-bay.com.

   (a) Which website is related to C2C?

   (b) Which website is related to B2C?

   (c) What first step does Niraj need to follow?

4. Distinguish between (Any 3):

 (i) Staffing and Directing

 (ii) Current Account and Saving Account

 (iii) District Commission and State Commission

 (iv) Planning and controlling.

5. Answer the following questions in brief (Any 2):

 (i) Explain any four points of importance of organising.

 (ii) Give classification of the market in detail on the basis of 'regulation' and 'competition'.

 (iii) Define water transport. State the advantages of water transport.

6. Justify the following statements (Any 2):

 (i) E-business does have certain disadvantages when compared to the traditional way of doing business.

 (ii) Principles of management can be applied universally.

 (iii) Social responsibility is necessary for protection of environment.

 (iv) Marketing helps in increasing consumer awareness.

7. Answer the following questions in detail (Any 2):

 (i) Define staffing and its importance.

 (ii) Define marketing mix. Explain 4Ps of product marketing mix.

 (iii) Define controlling and state its importance.

8. Answer the following questions in detail (Any 1):

 (i) Explain in detail different functions of commercial banks.

 (ii) Who is a consumer? State the various rights of consumers.

🗨 Answer Key

1. (A) (i) (a) registration

  (ii) (b) Directing

  (iii) (a) 1986

  (iv) (b) Government of India

  (v) (c) High Court Judge.

(B) (i) Lok Adalat   **(ii)** Branding

  (iii) Co-ordinating

  (iv) Ministry of Road Transport and Highways

  (v) Entrepreneurial Development Programme

(C) (i) False   **(ii)** False

  (iii) False   **(iv)** True

  (v) True

(D)

Group "A"	Answers
1. Employees	e. Job Security
2. Responsibility to investors	h. To maintain solvency and prestige
3. Responsibility towards government	g. Respecting rules and regulations
4. Economic objective	b. To earn profit
5. Business ethics	a. Branch of social science

2. **(i)** Start-up india is an initiative of the Government of India. It was launched in 2016. It aims at building an ecosystem which will nurture start-ups in the country. So that, sustainable economic growth and large scale employment opportunities can be generated. A start-up is defined as an entity having its headquarter in India, which was opened less than 10 years ago and has an annual turnover of less than ₹ 100 crores. Under this initiative, the government has already launched the I : Made program, to help Indian entrepreneurs to build 10 lakh mobile app start-ups. The MUDRA Bank's scheme (Pradhanmantri Mudra Yojana) is an initiative by Indian Government which aims to provide micro-finance, low-interest rate loans to entrepreneurs from low socio-economic backgrounds.

 (ii) Grading is the process of classification of products according to similar characteristics and/or quality. Grading is done on the basis of their features like size, shape, quality etc. Generally grading is done in case of agricultural products like wheat, rice, potatoes etc.

 (iii) Pricing is one of the most important as well as challenging function of the marketing.

  Many times price of the product decides the success or failure of the product. Pricing plays an important role in the market where there is cut throat competition. While determining the price of the product businessman needs to consider factors like cost, desired profit, price of the competitor's product, demand for the product, market condition etc. Business needs to change prices as per the need of the market. If prices are too high, it might lose customers but if prices are too low, it might suffer losses. So deciding the right price needs extensive market research.

 (iv) Electronic mail (e-mail) is a method of exchanging mail between people using electronic devices. Today's e-mail systems are based on a store-and-forward model. E-mail servers accept, forward, deliver, and store messages. Neither the users nor their computers are required to be online simultaneously; they need to connect only briefly, typically to a mail server or a web mail interface for as long as it takes to send or receive messages.

(v) The concept of entrepreneur varies from industry to industry, country to country as well as from time to time. Economists never had a consistent definition of "Entrepreneur" or "entrepreneurship". The word "entrepreneur" comes from the French verb entreprendre, it means "to undertake". An entrepreneur is "a person who starts a business and is willing to risk loss in order to make money". The common keywords 'businesses' and 'risk' are interrelated. If there is no real business or risk, a person cannot be called as an entrepreneur. The entrepreneurs are passionate to innovate, lead, invent or pioneer with a disruptive product or technology. The size of the business, the type of work involved, the age or the formal education of the entrepreneur etc. does not restrict the entry of the entrepreneur. Similarly, the label of success or failure also does not matter.

(vi) Lok adalat is the effective and economical system for quick redressal of the public grievances. It can also be referred to as 'People's Court'. It is established by the government to settle disputes by compromise. The aggrieved party can directly approach the adalat with grievance, and issues are discussed on the spot and decisions are taken immediately. Resolution of disputes by Lok Adalat gets statutory recognition. e.g. MSEDCL, MSRTC, Railway authority, Insurance companies, banks etc. organise regular Lok Adalat.

3. **(i)** (a) In this case Principle of scientific management called Science, Not rule of Thumb needs to be followed.

(b) Work study based on the technique of fatigue study and scientific task setting can be used for smooth flow of work.

(c) Reasons for non-completion of work in time are:

1. Long working hours without sufficient breaks reduces the efficiency of labour.

2. Inappropriate time management (planning) done by the departmental head (functional manager) results into delay for next shift employees.

3. Standard required time and standard output are not defined by the manager or management of 'Sahaj Sons and Co. Ltd.'

(ii) (a) Mr. Vaibhav can take whole life policy or term insurance policy for his wife and child insurance policy or money back policy for his daughters.

(b) Mr. Vaibhav cannot take marine insurance policy for his factories.

(c) Mr. Vaibhav can take floating fire policy for protecting his factories at Pune and Nashik.

(iii) (a) E-Bay.com website is related to consumer to consumer(C2C) transactions.

(b) www.flipkart.com website is related to business to consumer (B2C) transactions.

(c) Before online shopping, Niraj has to register with the flipkart site by filling up a registration form. Registrastion is the first step in online transactions. Niraj needs to login a particular website to buy gift articles..

4. Distinguish Between

(i) Staffing and Directing

Point of Distinction	Staffing	Directing
Meaning	The staffing function pertains to the recruitment, selection, development, training and compensation of subordinate managers.	Directing is the guidance inspiration, the leadership of those men and women constitute the real case responsibilities of management.
Objective	To appoint right type of people at the right positions and the right time.	To direct the subordinates to get the things done in the right manner.
Area of Function	It includes recruitment, selection, training, development and compensation of human resources.	It includes instructing, guiding, inspiring, communicating and motivating the human resources.
Factors	Staffing is mostly concerned with internal factors.	Directing is concerned directly with internal factors *i.e.,* human resources.
Order	It follows organising function.	It follows organising and staffing for execution of planning.
Nature	It is a continuous process as it deals with employees i.e. human resources.	This continuous process is necessary in the process of achievement of the goals.

(ii) Current account and Saving account

Point of Distinction	Current Account	Saving Account
Meaning	It is that account which is maintained by business man and others who have regular bank transactions..	It is that account which is opened by individuals in order to save a part of their income.

Withdrawals	Customers can withdraw money by cheques.	Customers can withdraw either by cheques or by withdrawal slips.
3. Documents	The bank gives a passbook, cheque book, statement of account and pay-in-slip book to the customers..	The bank gives a passbook, cheque book and pay-in-slip book to the customers.
4. Who takes it	It is suitable for traders, businessman, firms or institutions..	It is suitable for fixed income group, wages or salary earners.

(iii) District Commission and State Commission

Point of Distinction	District Commission	State Commission
Meaning	A consumer dispute redressal forum at the district level established by the State Government is known as District Commission.	A consumer dispute redressal forum at the state level established by the State Government is known as State Commission.
President	A person who is sitting or retired or qualified to be District Judge.	A person who is sitting or retired or Judge of High Court, shall, be appointed by the State Government as the President of State Commission.
Member	Not less than two and not more than such number of members as may be prescribed, in consultation with the Central Government.	Not less than four or not more than such number of members as may be prescribed in consultation with the Central Government.
Membership Tenure	The members can have the membership for a term of five years or upto the age of sixty five years, whichever is earlier.	The members can have the membership for a term of five years or up to the age of sixty seven, whichever is earlier.

(iv) Planning and Controlling

Point of Distinction	Planning	Controlling
Meaning	Planning is deciding in advance what to do how to do it, when to do it and who is to do it.	Controlling is the process of taking steps to bring actual results and desired results closer together.
Objective	To set goals and choosing the means to achieve these goals.	To ensure that the objectives are achieved according to the plan.
Area of Function	It includes setting objectives by identifying the ways of attaining the goal and selecting the best plan.	It includes setting up of standards measurement, and comparison with actual performance and taking corrective steps whenever necessary.
Factors	Internal and external factors are considered in planning process.	Internal and external factors are taken into account for taking corrective action.

5. **(i) Importance of Organising:** Organising is concerned with grouping and assigning the organisational activities among different departments and workforce. The importance of organising can be stated as follows:

(a) **Facilitates Administration as well as Operation:** Organising process leads to identify and to group the activities. Grouping and assigning the activities is the task of administration whereas processing according to it is operational activity. Thus, organising facilitates administration as well as operation of the organisation. Due to proper grouping of the tasks and the employees, there is increase in production and reduction in wastage. Duplication of work is restricted and effective delegation becomes possible.

(b) **Brings Specialisation:** Organisational structure is a network of relationships in which the work is divided into units and departments. This division of work helps in bringing specialisation in various activities of organisation. Specialisation in activities leads to increase in organisational efficiency.

(c) **Clarifies Authority and Responsibility:** Organisational structure defines the role to every manager. This can be done by delegating the authority to every manager and clarifying the way he has to exercise those powers. So that misuse of powers does not take place. Well defined jobs and responsibilities helps in bringing efficiency into managers working. This helps in increasing productivity..

(d) **Establishes Co-ordination:** This function helps in establishing co-ordination among different departments of organisation. It creates clear cut relationships among positions and ensures mutual co-operation among individuals. Co-ordination or synchronisation between all departments and different level of managers is important for smooth functioning of organisational activities.

(ii) On the basis of regulation:

(a) **Regulated Market:** Regulated market refers to the markets regulated by statutory provisions of the country. For example, commodity exchanges, stock exchanges, foreign exchanges.

(b) **Unregulated or Free Market:** It refers to the markets which are not controlled by any specific regulations. It generally operates according to forces of demand and supply.

On the basis of Competition:

(a) **Perfect Market:** Perfect market is a market where large number of buyers and sellers buy and sell their homogeneous products. These buyers and sellers have perfect knowledge about market conditions and therefore, one single price prevails in the market.

(b) **Imperfect Market:** Imperfect market refers to a market situation which is characterised by market imperfection such as single seller, maladjustment in demand and supply, imperfect knowledge on the part of buyers or sellers, etc.

(iii). Water transport refers to movement of goods and passengers on waterways by using various means like boats, steamers, ships etc. With the help of these means, goods and passengers are carried to different places, both within as well as outside the country. When the goods and passengers move inside the country, it is known as inland water transport. When the different means of transport are used to carry goods and passengers on the ocean or sea route, it is known as ocean or sea transport. In India, ministry of shipping looks after development of ocean transport throughout the country.

Advantages:

(a) It is relatively economical mode of transport for bulky and heavy goods.

(b) It is safe mode of transport with respect to occurrence of accidents.

(c) It helps to promote international trade.

(d) There is no cost for constructing and maintaining of routes as most of them are naturally made.

(e) It offers more flexibility as compared to rail-transport.

6. (i) (a) **Lack of Personal Touch:** E-business lacks the personal touch. One cannot touch or feel the products. So it is difficult for the consumers to check the quality of products.

(b) **Delivery Time:** The delivery of the products takes time. In traditional business you can get the product as soon as you buy it. But that doesn't happen in online business. This time lag often discourages customers *e.g.,* Amazon now assures one day delivery. This is an improvement but does not resolve the issue completely.

(c) **Security Issues:** There are a lot of people who scam through online business. Also, it is easier for hackers to get your financial details. It has a few security and integrity issues.

This also causes disturbance among potential customers.

(d) **Government Interference:** Sometimes the government monitoring can lead to interference in the business.

(e) **High Risk:** High risk is involved as there is no-direct contact between the parties. In case of frauds, it becomes difficult to take legal action.

(ii) While achieving goal of an individual or an organisation, it is always important to use different systems or techniques. Some of these techniques are accepted universally, hence, they are called as principles. It provides guideline to manager to conduct all organisational activities. It helps the manager to take effective decisions and to achieve organisational goal. These principles are universal and applicable everywhere. The principles of management are universal in nature. That means they can be applied to all types of organisations, irrespective of their size and nature. Their results may vary and application may be modified but these are suitable for all kinds of organisations. Similarly, they are applicable to all levels of management.

(iii) Business organisation should make proper use of country's natural resources. They should avoid environmental degradation such as contamination of water resources, depletion of the ozone layer etc. which have been caused by business activities. These have resulted in poor health of the community and placed a question mark on the survival of human species. Business should be committed to protect and promote environment. Business uses all types of resources from nature, so it is an obligation to protect the environment. It should not create imbalance in nature. Industrialisation results in environmental pollution by generating hazardous waste and has increased the risks to environment. Protection of environment benefits business from many angles such as creating awareness among customers, employees, saving costs, loss, govt. control etc. The number of waste prevention techniques are available and they are commonly summarised as the so called 4 'R's. *i.e.* reduction, reuse, recycling and recovery.

(iv) Marketing helps the society by informing and educating consumers. The function of marketing is to fulfil the needs of the consumers. Marketing helps consumers to know about new product and service available in the market and its usefulness to the customer. Marketing provides satisfaction to the society by supplying relevant information, goods, and services to the people of society according to their demand and taste. Marketing can also include more practical information to assist in making a purchase, such as addresses, phone numbers, product release dates, store hours and Web addresses.

7. (i) Staffing is the function of execution according to plan and organisational structure. It is the process of attracting, recruiting, selecting, placing, appraising, remunerating, developing and retaining the best workforce. Overall growth and success of every venture is based on appropriateness of staffing function.

Definitions:

(a) **Theo Haimann:** "The staffing function pertains to the recruitment, selection, development, training and compensation of subordinate managers."

(b) **Luther Gullick:** "Staffing is the whole personnel function of bringing in and training the staff and maintaining favourable conditions of work".

(c) **S. Benjamin:** "Staffing is the process involved in identifying, assessing. placing, evaluating and directing individuals at work."

Importance of Staffing:

(a) **Effective Managerial Function:** Staffing is the key to effective performance of other functions of management such as planning, organising, directing and controlling. Competent workforce can work effectively in different functional areas like production, sales, finance etc. The outcome of other functions is based on the effectiveness of staffing.

(b) **Leads to Effective Utilisation of Human Resources:** Staffing function leads to effective utilisation of human resources *i.e.* workforce. Proper care is taken at every stage such as recruitment, selection, placement, remuneration, training, development etc. Excessive burden of work is avoided. Optimum utilisation of human resources results in improvement in performances and progress of organisation.

(c) **Builds Cordial Relationship:** This function is helpful in building healthy relationships among all levels of employees in the organisation. A smooth human relation is the key to better communication and coordination of managerial efforts in an organisation.

(d) **Helps Human Resource Development:** Skilled and experienced employee is an asset of a business organisation. Staffing helps to inculcate the organisational culture into employees. It trains and develops the existing workforce. It also ensures smooth functioning of all the managerial aspects of the business organisation.

(e) **Helps in Effective use of Technology and other Resources:** Trained employees can use the latest technology, capital, material and methods of work effectively. It helps in building competitive strength of the organisation. It is also helpful in improving standard of work and productivity in terms of quality and quantity.

(ii) Marketing mix is the combination of different marketing variables that the firm blends and controls to achieve the desired result from the target market. In simple words, the marketing mix is putting the right product, at the right time, at the right price in the right place. It is one of the important tools of the marketing. The 4p's of marketing mix were introduced by E. Jerome McCarthy in 1960. It was further extended by Booms and Bitner in 1981 by adding 3 new elements to the 4 ps principle. There are two types of marketing mix-product: marketing mix (4ps) and service marketing mix (7ps). The four ps are the key factors that are involved in the marketing of goods or services. They are the product, price, place, and promotion.

(a) **Product:** Product refers to the goods or services that are offered to the customers for sale and are capable of satisfying the need of the customer. The product can be intangible or tangible, as it can be in the form of services or goods. The business need to decide the right type of product through extensive market research. Success of the business depends on the impact of the product in the minds of the customer.

(b) **Price:** The price of the product is basically the amount that a customer pays for the product. Price plays an important role in creating demand for the product. The business needs to take utmost care to decide the price of the product. Cost of the product and willingness of the customer to pay for the product play an important role in pricing the product. Too high price may affect the demand for the product and pricing too low may affect the profitability of the business. While deciding the prices, the value and utility of the product to its customers are to be considered.

(c) **Place:** Place is also known as distribution channel. Placement or distribution is a very important part of the marketing. Making a right product at the right price is not enough. Businessman needs to make the product available to potential customer at the right place too. Business needs to distribute the product in a place that is accessible to potential buyers. It covers location, distribution and ways of delivering the product to the customer. Better the chain of distribution higher the coverage of the product in the market.

(d) **Promotion:** Promotion is an important element of marketing as it creates brand recognition and sales. Promotion is a tool of marketing communication which helps to publicise the product to the customer. It helps to convey product features to the potential buyer and inducing them to buy it. Promotion mix includes tools such as advertising, direct marketing, sales promotion, personal selling, etc. Combination of promotional strategies depend on budget, the message business wants to communicate in the target market.

(iii) Importance of Controlling:

Controlling is important maintaining standards and to achieve desired goals effectively and efficiently. It is a function of checking the performances of employees at every stage of their work in process. The importance of controlling function is an organisation is as follows:

(a) **Fulfilling Goals of Organisation:** Controlling is the function of measuring the performance at every possible stage, finding out the deviations, if any and taking corrective actions according to planned activities for the organisation. Thus, it helps in fulfilling the organisational goals.

(b) **Making Efficient Utilisation of Resources:** Various techniques are used by managers to reduce wastage of material and spoilage of other resources. Standards are set for every performance. Employees have to follow these standards. As the effect of this, the resources are used by employees in the most efficient and effective manner so as to achieve organisational objectives.

(c) **Accuracy of Standards:** An efficient control system helps management in judging the accuracy of standards whether they are accurate or not. Controlling measures are flexible to some extent. So after reviewing them according to changing circumstances, they are revised from time to time which is beneficial for checking performance accurately.

(d) **Motivates Employee:** After setting standards of checking performance, they are communicated to employees in advance. Due to this, employees get an idea about what to do and how to do. Performance are evaluated and on that basis employees are rewarded in the forth of increment, bonus, promotion etc. It motivates the employees to perform at their best level.

(e) **Ensures Order and Discipline:** Controlling is the function of order and maintaining discipline. It works for reducing unprofessional behaviour of the employees. Discipline is maintained by continuous checking of performances by the superiors and preventive actions are taken to minimize the gap between actual and standard.

(f) **Facilitates Co-ordination:** Control is a function in which the roles and responsibilities of all departmental managers and the subordinates are designed clearly. Coordination between them helps to find out the deviations in their respective departments and to use remedial measure for desired results of the organisation.

(g) **Psychological Pressure:** The performance are evaluated with the standard targets. The employees are very well aware that their performance will be evaluated and they will be rewarded accordingly. This psychological

pressure works as a motivational factor for employees to give their best performance.

(h) **Ensures Organisational Efficiency and Effectiveness:** Factors of control include making managers responsible motivating them for higher performance and achieving departmental coordination. It ensure about organisational efficiency and effectiveness.

(i) **Builds Good Corporate Image:** Controlling function helps to improve the overall performance of the organisation. Minimum deviation is predetermined standards and actual performance results into the progress of business. It can be achieved with the help of proper control. This builds good corporate image and brings goodwill for the business.

(j) **Acts as a guide:** Controlling function provides set of standard performance. Managers as well as subordinates work according to it. Wherever necessary, they can take the help of these standards and can achieve desired results. Thus, controlling function acts as a guide for everyone. The steps taken for controlling as activity guide the management while planning the future activities.

8. (i) Functions of Commercial Banks: The functions of commercial banks can be broadly divided into two groups are as follows:

(a) **Primary Functions:** The primary functions of commercial banks are known as core banking functions. The primary functions are as follows:

(A) **Accepting Deposits:** Commercial banks collect deposits from individuals and organisations. The deposits can be classified into two types *i.e.,* time deposits and demand deposits.

(a) **Time Deposits:** Time deposits are called as time deposits because they are repaid to the customers after the expiry of decided time.

(1) **Fixed Deposit:** Fixed deposit account is an account where fixed amount is kept for fixed period of time bearing fixed interest rate. Rate of interest is more as compared to saving bank account and varies with the deposit period.

Normally, withdrawal of amount is not permitted before maturity date. However, depositor can withdraw amount before maturity date for which bank will reduce the interest rate. For amount deposited in this account, a fixed deposit receipt (FDR) is issued by the bank. Against this receipt loan can be taken from the bank

(2) **Recurring Deposit:** It is operated by salaried persons and businessmen having regular income. A certain fixed sum of money is deposited into the account every month. Withdrawal of accumulated amount along with interest is paid after the maturity date. Rate of interest is higher which is similar to fixed deposit account. Separate passbook is provided to know the position of RD account.

(b) **Demand Deposits:** demand deposits are those which are repaid to customers whenever they demand. That means, money can be withdrawn as per the wish of the customer through withdrawal slips, cheques, ATM cards, online transfer etc.

(1) **Saving Account:** It is generally operated by those who earn regular or fixed income such as salary or wages. The main aim of this deposit account is to encourage habit of savings among people. These deposit accounts are meant for the purpose of maximum savings. There are restrictions on withdrawal limits from these accounts. These accounts carry low interest rates. Interest is credited monthly, quarterly, half-yearly and yearly basis on this account. Passbook facility, balance on SMS, account statement etc. Facilities are provided to account holders to ascertain financial position.

For saving account holders some banks provide separate facility of flexi deposit. This facility combines the advantages of saving account and fixed deposit account. This is not separate deposit account. It is a type of saving bank account or current deposit account with special features and benefits.

In case of multiple option deposit account, the excess amount after a particular limit gets automatically transferred to fixed deposit. When adequate funds are not available to honour payments or cheques in savings account, funds get transferred from fixed deposit to saving banks account.

(2) **Current Account:** This account is operated by business firms and other commercial organisations such as hospitals, educational institutions etc. who have regular banking transactions. In this account there is no restriction on deposits and withdrawals of amounts. No interest is paid by the bank on this account. Overdraft facility is available for this account. For current account, banks provide statement of account every month.

(B) **Granting Loans and Advances:** Banks grant loans and advances to business firms and others who are in need of bank funds. The loans are provided for longer period of time from 1 year and more. Advances are provided for shorter period from 4 months to 1 year. The advances are in the form of cash credit, overdraft and discounting of bills etc.

(1) **Loans:** Commercial banks provide loan to businessman and others. The borrowers can use entire amount sanctioned or can withdraw in installments. Interest is charged on the amount sanctioned. The loans are as follows:

(a) Short-term loans are for a period of upto 1 year to meet working capital requirements of the borrower.

(b) Medium term loans are for a period of 1 year to 5 years to meet working capital as well as fixed capital requirements of the borrower.

(c) Long-term loans are for a period of 5 years or more to meet long term capital requirements of the borrower.

(2) **Advances:** Advances are small term fund provided to businessman to satisfy different financial requirements of the business. Advances are as follows:

(a) **Cash Credit:** The cash credit advances are provided to current account and savings account holders. It provides working capital for longer period of time. Interest rate is higher on cash credit. Separate cash credit account has to be maintained by the borrower.

(b) **Overdraft:** this facility is offered to current account holders to meet their working capital requirements. The period can vary from 15 to 60 days. Interest is charged on actual amount withdrawn. No separate account is maintained, and entries are shown in current account. It is a temporary arrangement for a short period.

(c) **Discounting of Bills of Exchange:** The drawer of bills of exchange or beneficiary can discount the bill with bank and obtain an advance. On the due date of the bill, the bank will recover the amount from the drawee.

(ii) **Secondary Functions:** Secondary functions of commercial banks are classified into two groups:

(A) Agency Functions   (B) Utility Functions

(A) **Agency Functions:** A commercial bank acts as an agent or representative of its client and performs certain functions which are as follows:

(1) **Periodic Collections and Payments:** Commercial bank collects salary, dividends, interests and any other income periodically as well as makes periodical payments such as taxes, bills, premiums, rent etc. On the standing instructions provided by customer. Commercial bank charges certain fixed amount quarterly or annually in the form of service charges from customer for providing such services.

(2) **Portfolio Management:** Large commercial banks undertake to purchase and to sell securities such as shares, bonds, debentures etc. On behalf of the clients. This handling of securities is known as portfolio management. Due to this facility more clients are opting for such services of commercial banks.

(3) **Fund Transfer:** Commercial banks provide facility of fund transfer from one branch to another branch or branch of another bank. Commercial banks come with various initiatives to make these transfer hassle free.

(4) **Dematerialisation:** Banks provides dematerialisation facilities to their clients to hold their securities in an electronic format. On behalf

of clients, it undertakes the electronic transfer of shares in case of purchase or sale.

(5) **Forex Transactions:** Forex is an abbreviation for foreign exchange. A bank may purchase or sell foreign exchange on behalf of its clients. A bank purchases forex from its clients which the clients receive from foreign transactions and sell the forex when the clients need it for overseas transactions.

(B) **Utility Functions:** A commercial bank performs utility functions for the benefits of its clients. It provides certain facilities or products to its clients as follow:

(1) **Issue of Drafts and Cheques:** a draft /cheque is an order to pay money from one branch of bank to another branch of the same bank or other bank. A bank issues drafts to its account holders as well as non account holders whereas cheques are issued only to the account holders. Bank charges commission for issuing a bank draft.

(2) **Locker Facility:** This is common utility function of any commercial bank. The bank provides locker facility for the safe custody of valuables, documents, gold ornaments etc.

(3) **Project Report:** A bank may prepare project report and feasibility studies on behalf of the clients. Project reports enable the business firm to obtain funds from the market and to obtain clearance from government authorities.

(4) **Gift Cheques:** Banks issue gift cheques and gold coins to account holders as well as to non account holders.

The gift cheques/ coins can be used by the clients for the purpose of gifting on occasions like weddings, birthdays etc.

(5) **Underwriting Services:** A commercial bank may underwrite the issue of securities issued by companies. If the shares are not fully subscribed, the underwriting bank agrees to take up the unsubscribed portion of the securities.

(6) **Gold Related Services:** Now a days many banks are providing gold services to its customers. Bank are commercially buying and selling gold or gold ornaments from customers on large scale basis. Some bank also provides advisory services to its customers in terms of gold funds, gold ETF etc.

2. The word 'Consumer' is derived from the Latin word 'Consumere' which means, to eat or to drink. The consumer is the one who consumes or uses any commodity or service available from natural resources or through a market.

A Consumer means any person who buys any goods, hires any service or services for a consideration which has been paid or promised or partly paid or partly promised or under any system of deferred payments.

We are all consumers when we use any commodity like foodgrains, milk etc. or service like bank, railway, post office, hospital etc.

Rights of Consumers

The success of any campaign depends on the consciousness and awareness of the people for whose cause the movement is organised. Consumer's rights play an important role in their protection and safety. The business aim should be to meet the needs of the consumers and to provide full satisfaction.

Every consumer should be aware of his rights and use of them in his daily life for protection. Consumers have to fight for their rights and put pressure on business, manufacturer and traders for safeguarding their rights.

Consumers have the following rights:

(1) **Right to Safety:** This right protects consumers against products, production processes and services which are hazardous to health or life. It includes concern for consumer's long-term interests as well as their immediate requirements. According to this right, consumer must get full safety and protection to his life and health. This safety should be in relation to medicines, electrical appliances, food etc. The GOI has given safety standards in the form of Agmark, ISI, BIS, Hallmark etc.

(2) **Right to Information:** According to this right, consumer should be provided with adequate information about all aspects of goods and services like price, name of manufacturer, contents used, batch number if any, date of manufacture and expiry date, user manual and safety instruction etc.

This right also enables consumer to select right product or service. It is applicable to food products, medicines, spare parts or any other consumer products or services.

(3) **Right to Choose:** The choices available to Indian consumers across the basket of goods and services have multiplied like telecommunications, travel and tourism, banking, electronics, fast moving consumer goods (FMCG) etc. According to this right, consumer should be given full freedom to select an article as per his requirement, liking and purchasing capacity. The right to choose is related to the concept of free market economy. As per this right, the seller cannot compel consumer to buy particular product and hence monopoly is prevented.

(4) **Right to be Head:** Every business organisation should listen and solve the complaints of consumers. According to this right, consumers have opportunity to voice their complaint to the consumer forum. Consumers also give suggestions to manufacturer or trader on certain matters such as quality, quantity, price, packaging etc. Now a days, consumers can file online complaints through portal or mobile applications.

(5) **Right to Consumer Education:** Every consumer has the right to know about consumer rights and solutions to their problems. This right creates

consumer awareness. An aware consumer can make rational choice of goods and services and protect his rights and interests from the exploitation of unscrupulous businessmen. Thus, consumer education becomes a priority concern. It is necessary to give education and training regarding prevailing acts and legal processes. The government, media and NGO's play vital roles in this regard. e.g., 'Jago Grahak Jago' campaign.

(6) **Right to Represent:** The act provides an opportunity to individuals and consumer groups to represent consumer's interest before consumer forum. The act allows the consumer to be represented by a person who is not a professional advocate. This provision is in recognition of consumer's right to represent.

(7) **Right to Redress:** Along with the right to represent, right of redressal is also given. Only filing of complaint is not enough to give justice to consumers, so this right implies fair settlement of claims. This right enables the consumer to demand repair or replacement or compensation for defective products and for poor services. According to consumer protection act, three tier quasi judicial consumer dispute redressal machinery is established for settlement of claims such as District Commission at district level, State Commission at state level and National Commission at national level. Consumers are protected from business malpractices.

(8) **Right to Healthy Environment:** All consumers have a right to healthy and clean environment.

According to this right, consumer can demand actions against the pollution causing business organisations. All consumers have the right to healthy and clean environment in present and future.

●●

SAMPLE PAPER-5

Organisation of Commerce & Management

📑 Questions

1. From the given sub questions attempt any four:

(A) Select the appropriate option from options given below and rewrite them:

(i) Organisation function is important for execution of the plans which have been prepared by ______ management.
  (a) top Level
  (b) middle Level
  (c) lower Level

(ii) ______ policy covers all types of risks of a vessel while it is anchored at the port for a particular period of time.
  (a) Port risk
  (b) Voyage
  (c) Floating

(iii) ______ is the technique of observing and recording the time taken by an employee to complete a given task.
  (a) Method study
  (b) Time study
  (c) Motion Study

(iv) Perfect market is a type of market based on ______ .
  (a) importance
  (b) nature of goods
  (c) competition

(v) At least ______ % of the average net profit should be spent on C.S.R.
  (a) 5
  (b) 2
  (c) 3

(B) Give one word or phrase for the following sentences:

(i) The year in which start up India initiative was launched.

(ii) Number of members in State Commission.

(iii) Name the 4 work study techniques.

(iv) Process which helps in avoiding breakage, damage, and destruction of the product.

(v) Name the philosophy related to social responsibility propounded by Mahatma Gandhi.

(C) True or false:

(i) Henry Fayol put forth the technique of standardisation of tools and equipments.

(ii) Short Term loans are for a period upto 1 year.

(iii) Controlling measures are rigid to some extent.

(iv) In a duopoly, there is a single seller.

(v) Management principles are applied differently under different situations..

(D) Match the pairs:

	Group "A"		Group "B"
1.	ULIP	a.	Financial Institution for agriculture/rural areas
2.	EXIM	b.	Principal financial institution for MSMEs
3.	NABARD	c.	Financial Institution for exporters and Importers
4.	SIDBI	d.	Money utility
5.	Warehousing	e.	Principal financial institution for banks
		f.	Unit Linked Insurance Policy
		g.	Time utility
		h.	Unit Life Insurance Premium

2. Explain the following terms/concepts in detail (Any 4 out of 6):
  (i) EXIM
  (ii) Grading
  (iii) KPO
  (iv) Organising
  (v) Co-ordinating:
  (vi) Central Bank

3. Study the following case / situation and express your opinion (Any 2):

(i) A vehicle manufacturing company has adopted the following practices?
  (a) Only those components will be used by the company which are environment friendly.
  (b) There will be discharge of harmful wastes only after their proper treatment.
  (c) Pollution level of every vehicle will be maintained as per international standards.
    1. By doing this, business organisation follows social responsibility towards which interest group?
    2. What kind of pollution do they want to avoid?
    3. What kind of message do they want to convey?

(ii) Ms. Vidya deals in import and export business so he needs different foreign currencies.
  For the expansion of his business, he borrows money from bank. He invests his funds in the equity shares..
  (a) Name the market from where Ms. Vidya borrow money?
  (b) Name the market where Mr. X invest his funds?
  (c) Which type of currency is required for international market?

(iii) Ms. Shraddha visited a shop to buy a pair of sandals for ₹ 700. The salesman forced her to buy a pair of bigger size shoes of ordinary company by claiming that this size would be suitable to her. After reaching home, she discovered that shoes are still too big for her. She complained about the shoes to the shopkeeper. It was denied by the shopkeeper to replace the shoes despite of availability of stock.

    (a) Which right of the consumer has been violated?

    (b) Comment on the right which has been violated.

    (c) Where can Ms. Shraddha file her complain?

4. Distinguish between (Any 3):

  (i) Fixed Deposit Account and Current Account.

  (ii) District Commission and National Commission.

  (iii) E-business and Traditional business.

  (iv) Planning and Controlling.

5. Answer the following questions in brief (Any 2):

  (i) Explain the terms: Insurered, Insurer, Premium, Policy.

  (ii) Explain utility functions of banks..

(iii) What are the roles of NGOs? Give two examples of NGOs.

6. Justify the following statements (Any 2):

  (i) Marketing plays a vital role for firms.

  (ii) Managerial skills and leadership are the most important feature of entrepreneurship.

  (iii) E-business is a boon for sellers as well as buyers.

  (iv) A warehouse is an establishment for the storage of goods.

7. Answer the following questions in detail (Any 2):

  (i) What are the different ways and means of consumer protection?

  (ii) Explain the responsibilities of businesses towards government.

  (iii) Define controlling and state its importance.

8. Answer the following questions in detail (Any 1):

  (i) State the nature and importance of principles of management.

  (ii) Explain in brief various functions of marketing.

Ⓐ Answer Key

1. (A) (i) (a) top level

  (ii) (a) Port risk

  (iii) (b) Time study

  (iv) (c) competition

  (v) (c) 2

(B) (i) 2016   **(ii)** Four

  (iii) Time study, Method study, Motion study, Fatigue study

  (iv) Packaging   **(v)** Trusteeship

(C) (i) False   **(ii)** True

  (iii) False   **(iv)** False

  (v) True

(D)

Group "A"	Answers
1. ULIP	f. Unit Linked Insurance Policy
2. EXIM	c. Financial Institution for exporters and Importers
3. NABARD	a. Financial Institution for agriculture/rural areas
4. SIDBI	d. Principal financial institution for MSMEs
5. Warehousing	g. Time utility

2. (i) Export and Import bank provides financial assistance to exporters and importers and functions as the principal financial institution for co-ordinating the working of institutions engaged in financing export and import of goods and services with a view to promoting the country's international trade.

(ii) Grading is the process of classification of products according to similar characteristics and/or quality. Grading is done on the basis of their features like size, shape quality etc. Generally grading is done in case of agricultural products like wheat, rice, potatoes etc.

(iii) KPO is described as the functions related to knowledge and information outsourced, to third party service providers. The outsourcing of core information related to business activities which are competitively important or form an integral part of a company's value chain is desirable. KPO is the allocation of relatively high level tasks, to an outside organisation or a different group usually in a different geographic location. KPO is a subset of BPO. KPO involves outsourcing of core functions which may or may not give cost benefit to the parent company but surely helps in value addition. The processes which are outsourced to KPO are usually more specialised and knowledge based as compared to BPO's.

(iv) Organising is the process of identifying, bringing the required resources together such as men, money, material, machine and method, grouping and arranging them properly for achieving the objectives. In planning, the management decides what is to be done in future whereas organising function decides the ways and means to achieve what has been planned. This function is important for execution of the plans which have been prepared by top level management people.

The synchronisation and combination of workforce, physical, financial and information resources are established in the process of organising.

(v) Co-ordination between different functions and all levels of employee is the essence of organisation success. It is an integration of different activities·

which is essential for their smooth flow. It establishes harmony among all the activities of an organisation in achieving desired goal. In an organisation, a number of persons are working together to achieve a common goal. Their work is closely linked with each other. Therefore, it becomes necessary to bring together the group efforts and harmonise them carefully. Co-ordination will not exist unless efforts are taken to achieve it.

(vi) The Central Bank is the apex financial institution in banking industry in the country. Every country has their own Central Bank. In India, the Reserve Bank of India (RBI) is the Central Bank. The RBI was established in 1945 under the Reserve Bank of India Act, 1944. Some functions of RBI are as follows:

(a) Frames monetary policy

(b) Issues currency notes

(c) Acts as a banker to the government

(d) Acts as a banker's bank to commercial and other banks in India.

3. (i) (a) The business organisation follows social responsibility towards society for the protection of the environment.

(b) They want to avoid air pollution.

(c) They want to convey the message that businesses should be committed to protecting the environment and should not create an imbalance in nature.'

(ii) (a) Ms. Vidya borrows money from the capital market.

(b) Ms. Vidya invests his funds in the regulated market.

(c) The different foreign currencies are required by Ms. Vidya for the international market.

(iii) (a) In this case, the Right to Choose has been violated.

(b) In India, the choices are available to consumers to select goods and services like tele communications, travel and tourism, banking, electronics, consumer goods, etc.

(c) According to the right to choose, a consumer should be given full liberty to select an article as per his requirements., liking, and purchasing power. The seller cannot force or compel the customer to buy specific products or services. In this manner monopoly is avoided and prevented.

According to the Right to be Heard, Ms. Shraddha can lodge a complaint to the consumer forum. Ms Shraddha can also file an online complaint through the portal or mobile applications to the trader as well as to the appropriate consumer commission or forum.

4. Distinguish Between

(i) Fixed Deposit Account and Current Account

Point of Distinction	Current Account	Fixed Deposit Account
Meaning	It is that account which is maintained by business man and others who have regular bank transactions.	It is that account where a fixed sum of money is deposited for a fixed period.
Withdrawals	Customers can withdraw money by cheques.	Customers cannot withdraw during the specified period.
Documents	The bank gives a passbook, cheque book, statement of account and pay-in-slip book to the customers.	The bank gives a fixed deposits receipt to the customers.
Who takes it	It is suitable for traders, businessman, firms or institutions.	It is suitable for any person with temporary idle cash.

(ii) District Commission and National Commission

Point of Distinction	District Commission	National Commission
Meaning	A consumer dispute redressal forum at the district level established by the State Government is known as District Commission.	A consumer dispute redressal forum at the national level established by the Central Government by notification is known as National Commission.
President	A person who is sitting or retired or qualified to be District Judge.	A person who is or has been a Judge of the Supreme Court, shall be appointed by the Central Government in consultation with Chief Justice of India.
Member	Not less than two and not more than such number of members as may be prescribed, in consultation with the Central Government.	Not less than four and not more than such number of members as may be prescribed.

Membership Tenure	The members can have the membership for a term of five years or upto the age sixty five years, whichever is earlier.	The members can have the membership for a term of five years or up to the age sixty seven years and president upto seventy years, whichever is earlier.
Area covered	It covers particular district	It covers the entire country.

(iii) E-Business and Traditional Business

Point of Distinction	E-Business	Traditional business
Formation	E- Business is easy to form.	Traditional business takes lengthy and complicated procedure to form.
Setting up cost	It takes a very nominal cost.	It required huge capital to setup.
Risk involved	High risk is involved as there is no direct contact between the parties.	Less risk is involved as parties have personal interaction.
Scope of business	E-Business covers entire world and so its scope is vast.	Traditional business is limited to a particular area so its scope is limited.

(iv) Planning and Controlling

Point of Distinction	Planning	Controlling
Meaning	Planning is deciding in advance what to do how to do it, when to do it and who is to do it.	Controlling is the process of taking steps to bring actual results and desired results closer together.
Objective	To set goals and choosing the means to achieve these goals.	To ensure that the objectives are achieved according to the plan.
Area of Function	It includes setting objectives by identifying the ways of attaining the goal and selecting the best plan.	It includes setting up of standards, measurement, and comparison with actual performance and taking corrective steps whenever necessary.
Factors	Internal and external factors are considered in planning process.	Internal and external factors are taken into account for taking corrective action.

5. Explain in brief:

(i) Insured: The person who is protected against certain losses. Insured is known as assured in case of life insurance contracts. He is the policy holder.

Insurer: The firm or person who agrees to compensate the insured against losses for a consideration. Insurer is known as assurer in case of life insurance contracts, because he is bound to get the sum assured on the maturity of the policy or the nominee will get the sum assured on the death of the policy holder.

Premium: The consideration for which the insurer agrees to insure the insured. It is paid by the insured to the insurer.

Policy: The statement of contract between the insured and insurer. It contains the terms and conditions of the insurance contract.

(ii) Utility Functions:

A commercial bank performs utility functions for the benefits of its clients. It provides certain facilities or products to its clients which are as follows:

(a) **Issue of Drafts and Cheques:** A draft /cheque is an order to pay money from one branch of bank to another branch of the same bank or other bank. A bank issues drafts to its account holders as well as non account holders whereas cheques are issued only to the account holders. Bank charges commission for issuing a bank draft.

(b) **Locker Facility:** This is common utility function of any commercial bank. The bank provides locker facility for the safe custody of valuables, documents, gold ornaments etc.

(c) **Project Reports:** A bank may prepare project reports and feasibility studies on behalf of the clients. Project reports enable the business firm to obtain funds from the market and to obtain clearance from government authorities.

(d) **Gift Cheques:** Banks issue gift cheques and gold coins to account holders as well as to non account holders. The gift cheques/ coins can be used by the clients for the purpose of gifting on occasions like weddings, birthdays etc.

(iii) Non-government organisation (NGO) are non-profit and non political organisation which aim at promoting the welfare of the people. The main aim of these NGOs is to study the trend of prices in the market and publish them for the information of consumers and to agitate against the malpractices of traders.

Role of Consumer Organisations and NGOs in Consumer Protection and Education:

(a) To organise campaigns and various programmes on consumer related issues to create social awareness..

(b) To organise training programmes for the consumers and make them conscious of their rights and modes of redressal of their grievances.

(c) To publish periodicals to enlighten the consumers about various consumer related developments..

(d) To provide free legal advice to members on matters of consumer interest and help them to take up grievances.

The following are examples of NGOs:

(a) Consumer Guidance Society of India. (CGSI)

(b) Voluntary Organisation in Interest of Consumer Education. (VOICE)

(c) Consumer Education and Research Centre. (CERC)

(d) Consumer Association of India. (CAL)

(e) Mumbai Grahak Panchayat. (MGP)

(d) Grahak Shakti. (GS)

6. (i) (a) **Increases Awareness:** Marketing helps in creating awareness about the existing products, new arrivals as well as the company which sells a particular product in the market. This raises awareness among the potential consumers. It creates brand image among the consumers..

(b) **Increases Sales:** Once marketing creates awareness about the products or services among the consumers, it attracts them to purchase the same. Successful marketing campaign helps to increase the sales of the organisation. Increase in sale generates profit for the organisation. This income and profit are reinvested in the business to earn more profits in future. In modern business, survival of the organisation depends on the effectiveness of the marketing function.

(c) **Creates Trust:** People want to buy from a business that has a trustworthy reputation. Creating trust among the customers is a time consuming process. Creating trust among the consumers helps the business to earn loyal customers. Once a business can establish this trust with the clients, it creates customer loyalty. Happy customers enhance the brand image in the market. Effective marketing plays an important role in building a relationship between the customers and the organisation. Effective pricing policy and timely after sales services improve image of the organisation. Majority of the activities of the marketers are directed towards building the brand equity of the business..

(d) **Source of New Ideas:** Marketing helps business to understand the needs of the consumers. Feedbacks from the consumers help in the improvement of the existing products. There is rapid change in tastes and preference of people. Marketing helps in understanding these changes It helps to understand new demand pattern emerged in the market. Research and development department develop products accordingly. The 4p's of marketing mix *i.e.* product, price, place and promotion play a huge role in the

product development. Inventions and innovations are taken place as per the need by the Research and development team of the business.

(ii) A person who wants to be a successful entrepreneur should have more passion of doing something new than just earning profit. Leadership and managerial skills are the most important facets of entrepreneurship. Other skills can be considered secondary. An entrepreneur must have the ability to lead and manage. The success of any entrepreneurship depends on the management of the organisation. With professional management and skilled managers, entrepreneurship becomes a successful activity.

(iii) **Benefits of E-business:** The main advantage of e-business is people get product information online and order the product online through cash on delivery or pre payment. In this way seller and buyer both get advantage of internet platform. Traditionally trading by the buyers and sellers is done through three channels like face to face, mail and phone. The internet has become the fourth channel for trade. Internet trade is booming and allowing business to sell more and at a lower cost. Thus, internet offers a great opportunity over traditional channels as it has some advantages or strengths.

(a) **Ease of Formation:** The formation of traditional business is difficult, whereas e-business is relatively easy to start.

(b) **Lower Investment Requirements:** Investment requirement is low as compared to traditional business as the store does not require to exist in the market and can be managed with less manpower so if trade does not require much of the investment the success of the business becomes more.

(c) **Convenience:** Internet offers the convenience of 24 × 7 × 365 days a year. Business can be conducted any time and flexibility is available. E-business is a business that has enabled and enhanced by electronics and offers the advantage of accessing anything, any where, any time.

(d) **Speed:** This benefit becomes all the more attractive when it comes to information. Much of the buying or selling involves exchange of information that internet allows at the click of mouse.

(iv) A warehouse is defined as "an establishment for the storage or accumulation of goods."

Functions of Warehouses:

(a) **Storage:** This is the basic function of warehousing surplus commodities which are not needed immediately can be stored in warehouses. They can be supplied as and when needed by the customers.

(b) **Price Stabilisation:** Warehouses play an important role in the process of price stabilisation. It is achieved by the creation of time utility by warehousing. In warehouses, usually large stock of goods are kept. Whenever, there is shortage in the market, goods can be immediately supplied through warehouses, which helps in price stabilisation to avoid rise in price due to demand and supply difference.

(c) **Risk Bearing:** When the goods are stored in warehouses they are exposed to many risks in the form of theft, deterioration, fire etc. Warehouses are constructed in such a way that they minimise these risks. A warehouse keeper has to take the reasonable care of the goods and safeguard them against various risks. For any loss or damage sustained by goods, warehouse keeper shall be liable to the owner of the goods.

(d) **Financing:** Loans can be raised from the warehouse keeper or from financial institutions against the goods stored by the owner. Goods act as security for the warehouse keeper or for financial institutions. In this manner, warehousing acts as a source of finance for the businessmen for meeting business operations.

7. (i) Various ways and means of consumer protection:

(a) **Lok Adalat:** Lok Adalat is the effective and economical system for quick redressal of the public grievances. It can also be referred to as 'People's Court'. It is established by the government to settle disputes by compromise.

The aggrieved party can directly approach the adalat with grievance, and issues are discussed on the spot and decisions are taken immediately. Resolution of disputes by Lok Adalat gets statutory recognition. *e.g.* MSEDCL, MSRTC, railway authority, Insurance companies, banks etc. organise regular Lok Adalat.

(b) **Public Interest Litigation (Janahit Yachika):** Public Interest Litigation means a legal action initiated in a court of law regarding a matter of general public interest. It is a legal facility under which any person can approach the court of law in the interest of the society. Its aim is to provide legal remedy to unrepresented groups of society. The party which is not related to grievance can also file public interest litigation. It is filed in the High Court as well as Supreme Court directly in some cases.

(c) **Redressal Forums:** Under the Consumer Protection Act, 2019, a system has been set up to deal with the consumer grievances and disputes at district, state and national level. Any individual consumer or association of consumers can file a complaint with respective commission depending on the value of goods and claim for compensation. The main aim of these commissions is to provide for simple, speedy and inexpensive redressal of consumer's grievances.

As per the Act, Consumer Protection Councils at district, state and national level are set up for promotion and protection of rights of consumers.

(d) **Awareness Programme:** To increase the level of awareness among the consumers the Government of India has initiated various publicity measures. State and Central Government regularly publishes journals, brochures, booklets and various posters depicting the rights and responsibilities of consumers, redressal machineries etc.

Several audio-video programmes on consumer awareness are broadcasted on various channels and through social media. 15th March is observed as 'International Consumer Rights Day' and 24th December is observed as 'National Consumer Day'.

(e) **Consumer Welfare Fund (CWF):** Department of Consumer Affairs has created consumer Welfare Fund for providing financial assistance to strengthen the voluntary consumer movement particularly in rural area. This fund is used for training and research in consumer education, complaint handling, counselling and guidance mechanisms, product testing labs and so on.

(ii) Responsibilities of Business Towards Government: The government regulates and controls the business with the objectives of systematic economic development of the country and safeguarding the interests of the common man. Government provides incentives and subsidies to business. Following are the responsibilities of organisation towards government.

(a) **Timely Payment of Taxes:** The government imposes various types of taxes like sales tax, income tax, wealth tax etc. Business units should pay these taxes from time to time. It would be difficult for the government to undertake development projects without availability of funds.

(b) **Observing Rules and Regulations:** The rules framed by the government for business should be fully complied with. The business should follow the laws regarding obtaining license for a specified business, the operation of the business, price determination and production etc. They should conduct business in lawful manner.

(c) **Earning Foreign Exchange:** The government also expects from business organisation that it will earn foreign exchange by exporting goods. The government requires this foreign exchange for importing various valuable and important products.

(d) **Economic Development:** The government sets the targets for balanced and rapid economic development of the country. The business organisation should provide necessary cooperation to the government.

(e) **Implementing Socio Economic Policies:** The government expects cooperation and help from the business sector in implementing socio-economic programmes and policies.

(iii) Controlling is a function of comparing the actual performance with the predetermined standard performance. It measures deviation, if any, identifies the causes of deviation and suggests corrective measures. The process of controlling helps in formulation of future plans also.

Definitions:

(a) **Koontz and O'Donnell:** "Managerial control implies the measurement of accomplishment against the standard and the correction of deviations to assure attainment of objectives according to plans".

(b) **Dale Henning:** "Control is the process of bringing about conformity of performance with planned action".

(c) **Philip Kotler:** "Control is the process of taking steps to bring actual results and desired results closer together."

Importance of Controlling:

Controlling is important in maintaining standards and to achieve desired goals effectively and efficiently. It is a function of checking the performances of employees at every stage of their work in process. The importance of controlling function in an organisation is as follows:

(a) **Fulfilling Goals of Organisation:** Controlling is the function of measuring the performances at every possible stage, finding out the deviations, if any; and taking corrective actions according to planned activities for the organisation. Thus, it helps in fulfilling the organisational goals.

(b) **Accuracy of Standards:** An efficient control system helps management in judging the accuracy of standards whether they are accurate or not. Controlling measures are flexible to some extent. So after reviewing them according to changing circumstances, they are revised from time to time which is beneficial for checking performances accurately.

(c) **Ensures Order and Discipline:** Controlling is the function of order and maintaining discipline. It works for reducing unprofessional behaviour of the employees. Discipline is maintained by continuous checking of performances by the superiors and preventive actions are taken to minimize the gap between actual and standards.

(d) **Facilitates Co-ordination:** Control is a function in which the roles and responsibilities of all departmental managers and the subordinates are designed clearly. Coordination between them helps to find out the deviations in their respective departments and to use remedial measure for desired results of the organisation.

(e) **Psychological Pressure:** The performances are evaluated with the standard targets. The employees are very well aware that their performance will be evaluated and they will be rewarded accordingly. This psychological pressure works as a motivational factor for empolyees to give their best performance.

8. (i) The nature of management principles is given below:

(a) **Universal Application:** The principles of management are universal in nature. That means they can be applied to all types of organisations, irrespective of their size and nature. Their results may vary and application may be modified but these are suitable for all kinds of organisations. Similarly, they are applicable to all levels of management.

(b) **General Guidelines:** Management principles provide general guidelines in tackling the organisational situations wisely as well as in solving the problems. They are not rigid. Which management principles are to be applied depends upon the situation, size and nature of organisation. For example, when we say fair remuneration, then the term 'fair' can vary as per the nature, size and financial condition of the organisation.

(c) **Principles are Formed by Practice and Experiments:** The management principles are developed gradually with thorough research work. Systematic observations and experiments are conducted before developing them. The results of such experiments have been developed as a principle after its practice in organisations..

(d) **Flexibility:** Management principles are flexible in nature. It means they can be changed or modified according to the situation. Managers can be flexible while implementing principles to suit the requirement. The business situations keep on changing. Management principles can be adjusted or modified and can be used in the organisation according to its need.

The significance or importance of management principles are:

(a) **Helpful in Efficient Utilisation of Resources:** In every organisation two types of resources are used i.e. physical resources (material, machines, money etc.) and human resources (manpower). The basic function of management is to make proper balance between these resources by putting them to optimum use and control on wastage of resources. While maintaining discipline and healthy working environment, management always uses techniques and principles. It helps in establishing cordial relationship between management and employees which increases the efficiency level of employees and also affects the effective administration. For example, Use of standard tools and machinery helps in increasing quality or productivity as well as in increasing level of efficiency of human resources.

(b) **Scientific Decisions:** In business organisation, a scientific decision means systematic or balanced decision. Principles train the managers to handle critical situations tactfully otherwise the managers have to work always with trial and error method. With the use of various management principles, one can get an idea about how to analyse the situations, to search alternative options and their results.

(c) **Understanding Social Responsibility:** Management principles are based on every aspect of organisation. They are not developed only from view point of handling the resources effectively but they guide management in understanding social responsibility of organisation. So that they can focus on providing quality products at reasonable prices, avoiding artificial monopolistic situations in market, fair competition, fair remuneration, change in environment, healthy working place, standard tools and machinery etc.

(d) **Helps to Co-ordinate and Control:** Management principles are the guidelines for better coordination and control. It is very challenging to create coordination and cooperation among different employees working in different departments. It is also difficult task for manager to keep control on the performances of employees. Management principles offer suitable systems while establishing coordination and control.

(ii) Functions of Marketing: Success of business is difficult without effective marketing. Marketing deals with exchange of goods and services to satisfy needs of consumers. Marketing functions help to study the needs of the consumers and facilitate to satisfy it. Following are some of the important functions of marketing:

(a) **Marketing Research:** Effective marketing is possible when business takes initiative to identify the needs and wants of the consumers in the market. To identify the needs of the consumers, there is a need to collect information from the consumers and analyse the same is known as market research. Analysis of the information helps in the assessment of the need in the market. It helps to find out what do consumers want to buy, when do consumers buy, in what quantity they want to buy and at what price. Marketing research helps to take various decisions regarding successful marketing of products.

(b) **Buying and Assembling:** It involves collecting raw material from different sources at one place for production. This function is important as quality and price of raw material determine cost and quality of the final product.

(c) **Market Planning:** After assessing the need of the marketing, business needs to chalk out the marketing plan and strategies to achieve the desired objective. Market planning is the process of organising and defining the marketing objectives of the business and creating strategies to achieve them. It is the comprehensive blueprint that will help to draw outline of business's overall marketing efforts.

(d) **Packaging and Labelling:** Package and label creates the first impression on the consumer about the product. Attractive package and label can help to make product successful. Packaging means designing the package for the product. It helps to avoiding breakage, damage and destruction of the product. Packing material includes bottles, container, plastic bags, tin, wooden boxes, jute bags, bubble bags, packing foam etc.

Label is a slip which is found on the product and provides all the information regarding the product and its producer. The slip on which all this information is provided is called as label and its process is called as labeling. Packaging and labelling not only provide protection to the product but also act as an effective tool of marketing.

(e) **Branding:** Every businessman wants to have special identity in the market for his product. Branding is a process of giving special identity to a product through unique brand name to differentiate it from competitor's products. In simple words giving of distinct name to one's product is called as branding. Registered brands are known as trademarks.

Trademarks can not be copied. Branding helps to get recognition among the consumers. It can help to get new business and increase brand awareness in the market.

(f) **Customer Support Service:** Customer is the king of the market hence business needs to take necessary steps for the satisfaction of the customer. Business needs to take every possible effort to provide support services to the customer. Timely support services help to gain customer's loyalty.

The business can provide the support services like pre-sales service, consumer helpline, after sales service, technical assistance, product demo etc.

to the customers. These services help in getting, retaining and growing the customers.

(g) **Pricing of Product:** Pricing is one of the most important as well as challenging function of the marketing. Many times price of the product decides the success or failure of the product. Pricing plays an important role in the market where there is cut throat competition. While determining the price of the product businessman needs to consider factors like cost, desired profit, price of the competitor's product, demand for the product, market conditions etc. Business needs to change prices as per the need of the market. If prices are too high, it might lose customers but if prices are too low, it might suffer losses. So deciding the right price needs extensive market research.

(h) **Promotional Channels:** Promotion is the process of informing the consumers about the products, their features, uses, prices etc and encouraging them to buy these products. Advertising, personal selling, publicity and sales promotion are some of the important tools of promotion. Business uses combination of all or some of these four methods for promotion as per the need of the business. Promotional activities help to increase brand awareness in the market.

●●

Time : 3 Hrs   **Total Marks : 80**

General Instructions:

(i) All questions are compulsory.

(ii) Figures to the left indicate question numbers.

(iii) Figures to the right indicate full marks.

SAMPLE PAPER-1
Secretarial Practice

🗨 Questions

Time: 3 Hours

Total Marks: 80

1. From the given sub questions attempt any four: (20)

(A) Select the appropriate option from options given below and rewrite them:

(i) _______ capital is used to carry out day to day business activities.

(a) Fixed   (c) Working

(b) Floating

(ii) _______ is not a component of capital structure.

(a) Term Loan

(b) Equity & Preference Share Capital

(c) Loans and Advances Given

(iii) If share of ₹ 1,000/- is issued at ₹ 980/-, it is said to be issued at _____.

(a) Premium   (c) Discount

(b) Par

(iv) Unpaid / unclaimed dividend shall be transferred to 'Investor Education and Protection fund on expiry of _______ years.

(a) Three   (c) Six

(b) Seven

(v) A market where existing securities are resold or traded is called_____ market.

(a) Primary   (c) Secondary

(b) Derivative

(B) Give one word or phrase for the following sentences:

(i) Process of offering shares of company to the public for the first time.

(ii) Company enters into a contract with one or more debenture trustees.

(iii) Type of company who can accept deposits only from its members or directors.

(iv) Borrowed capital of a company.

(v) Latin word for "Dividend".

(C) True or false:

(i) Capital Market does not link investors with the borrower of funds.

(ii) National Stock Exchange started its trading activities in 1993 under Securities Contracts (Regulation) act, 1956.

(iii) NSDL & CDSL are the only depositories that exist in India.

(iv) Every Company must issue or dispatch a share certificate to allottee within 1 month after allotment of shares.

(v) Authorised capital is the maximum capital authorised by the Memorandum of Association.

(D) Match the pairs:

	Group "A"		Group "B"
1.	Private placement	a.	Recurring deposit
2.	N.S.D.L.	b.	Dividend
3.	Overdraft facility	c.	Evidence of deposit
4.	Deposit receipt	d.	Interest
5.	Returns on share	e.	Depository out of India
		f.	A public company collecting capital privately
		g.	Depository in India
		h.	Evidence of ownership
		i.	A private company collecting capital privately
		j.	Current account

2. Explain the following terms / concepts in detail: (Any 4 out of 6): (8)

(i) Fixed Capital   **(ii)** Listed Company

(iii) Dematerialization   **(iv)** Blank Transfer

(v) Initial public offer   **(vi)** Index of Stock Market.

3. Study the following case / situation and express your opinion. (Any 2): (6)

(i) Ram a stock broker, traded on stock exchange. He sells a stock of Reliant Industries a listed public company on 1st March, 20xx whereas the transaction gets settled on 5th March.

(No Holiday being declared to stock market in the given dates)

(ii) Jack & Jones a newly incorporated organisation wants to raise capital for the first time by issuing equity shares.

(a) Should it go for Primary Market or Secondary Market?

(b) What will be the issue of equity shares by Jack & Jones called?

(iii) Admire Ltd., a listed public company of which board of director recommended ₹ 10/- per share as a dividend to equity shareholders:

(a) Is it mandatory for Admire Ltd. to take approval from Shareholders?

(b) Admire Ltd., paid dividend of 99% to shareholders in cash and rest 1% in kind. Is it permissible according to the law ?

4. Distinguish between (Any 3): (12)

   (i) Equity Shares and Preference Shares

   (ii) Owned Capital & Borrowed Capital

   (iii) Interim Dividend & Final Dividend

   (iv) Fixed Capital & Working Capital

5. Answer the following questions in brief (Any 2): (8)

   (i) What is depository system ? Explain advantages of Depository System to the companies.

   (ii) What is Employee Stock Purchase scheme? Also, explain provisions that the company must fulfil.

   (iii) What is Share Certificate ? What are the contents of Share Certificate?

6. Justify the following statements (Any 2): (8)

   (i) Finance Manager plays a vital role in Corporate Finance.

   (ii) Preference Shareholders get priority in dividend over equity shareholders.

   (iii) Share certificate is a document to be send via registered post.

   (iv) Dividend is paid out of the profit of company.

7. Answer the following questions in detail (Any 2): (10)

   (i) Accent Ltd. issues bonus shares in the ratio of 1:2 to the equity shareholders. Write a letter to inform the shareholder.

   (ii) Write a letter to Amruta Joshi for the Payment of Interest on Debentures by Aventure India Limited, Pune .

   (iii) Write a letter to thank the depositor for Fixed Deposit.

8. Answer the following questions in detail (Any 1): (8)

   (i) What are the factors affecting capital requirement?

   (ii) What are debentures ? Explain its features.

🅰 Answer Key

1. (A) (i) (c) Working

   (ii) (c) Loans and Advances Given

   (iii) (c) Discount

   (iv) (b) Seven

   (v) (a) Primary

(B) (i) Initial Public offer

   (ii) Debenture Trust Deed

   (iii) Private Limited Co.

   (iv) Debenture Capital

   (v) Dividendum

(C) (i) False   **(ii)** True

   (iii) True   **(iv)** False

   (v) True

(D)

Group "A"	Answers
Private placement	Private company collecting capital privately
N.S.D.L.	Depository in India
Overdraft facility	Current Account
Deposit Receipt	Evidence of Deposit
Returns on Shares	Interest

2. (i) Fixed capital is the capital which is used for buying the fixed assets that are used for a longer period of time in the business. These assets are not meant for resale. Examples of fixed capital are capital used for purchasing land and building, furniture, plant and machinery, etc. Such capital is required usually at the time of establishment of a new company.

   (ii) Listed Company is a company whose shares are listed on Recognised Stock Exchanges.

(iii) Dematerialization (Demat) is a process whereby a client can get physical certificates converted into electronic mode. The client has to surrender the certificates along with the Demat Request Form (DRF). The DP forwards these to the Depository who in turn forwards it to the Issuer. After confirmation from the Issuer, the Depository will credit the securities in the Demat A/c with DP.

(iv) When a member signs the Instrument of transfer without filling in the name of the transferee and hands it over to the transferee along with the share certificate, it is called 'Blank Transfer'

(v) Initial public offer refers to the process of offer shares of a company to the public for first time.

(vi) Index is a measurement of changes in the security prices. It is the benchmark of the stock market.

3. (i) Ram sells shares of Reliant Industries on 1st March, 20xx however, the transaction is settled on 5th March. As per the rules, the transaction should be netted of in T + 2 days. The transaction should be settled on 3rd March, 20xx. Thus, the settlement is not according to the law.

   (ii) (a) Jack and Jones as newly incorporated organisation, should go for the primary market where company organise the sources of finance for capital appreciation.

   (b) The shares of Jack & Jones will be issued for the first time in stock market and will be considered as Initial Public Offer.

   (iii) (a) Admire Ltd's Board of Director proposed Dividend Payable; which should be mandatorily approved by shareholders in Annual General Meeting. Only after the due approval it is considered to be approved and declared by the organisation

   (b) As per the provisions of the Companies Act, dividend should be paid in cash and not in kind. In case of Admire Ltd; 1% of shareholders are receiving dividend in kind which is a contravention of law.

4. (i)

Points	Equity Shares	Preference Shares
Meaning	Shares are not preference share are called equity shares i.e. these shares do not have preferential right for the payment of dividend and repayment of capital.	Preferences shares are shares that carry preferential right as the payment of (a) Dividend and (b) Repayment of capital.
Rate of Dividend	Equity shares are given dividend at fluctuating rate depending upon the profits the company.	Preference shareholders get dividend at fixed rate.
Voting Right	Equity shareholders enjoy normal voting right. They participate in the management of their company.	Preference shareholder do not enjoy normal voting right. They can vote only on matters affecting their interest.
Return of Capital	Equity Capital can not be returned during the life time of the company (except in case of buy back).	A company can issue redeemable preference shares which can be repaid during the life time of the company..
Nature of Capital	Equity capital is known as 'Risk Capital.'	Preference capital is Safe Capital with stable return.
Nature of investor	The investors who are ready to take risk invest in equity shares.	The investors who are cautious about safety of their investment invest in preference shares.
Face Value	The face value of equity shares is generally ₹ 1 or ₹ 10 it is relatively. low.	The face value of preference shares is relatively higher *i.e.* ₹ 100 and so on.
Right and bonus issue	Equity shareholders is entitled to get bonus and right issue.	Preference shareholders are not eligible for bonus and right issue.
Capital appreciation	Market value of equity shares increases with the prosperity of company. It leads to increase in the value of shares.	Market value of preference shares does not fluctuate, so there is no possibility on capital appreciation.
Risk	Equity shares are subject to higher risk. That is because of fluctuating rate of dividend and no guarantee of refund of capital.	Preference shares are subject to less risk. It is because of fixed rate of dividend an preferential right as regards to dividend and repayment of capital.
Types	Equity shares classified into: (a) equity shares with normal voting right. (b) equity shares with different voting right.	Preference shares are classified as: (a) Cumulative preference shares. (b) Non-cumulative preference shares. (c) Convertible preference shares.. (d) Non-convertible Preference shares. (e) Redeemable Preference shares. (f) Irredeemable Preference shares (g) Participating Preference shares. (h) Non-participating preference shares.

(ii)

Points	Owned Capital	Borrowed Capital
Meaning	It is that capital which is contributed by the shareholders.	It is that capital which is borrowed from the creditors. It is also known as debt capital.

Sources	This capital is collected by the issue of equity shares and preference shares.	It is collected by the way of issue of debentures, fixed deposits, loan from bank/ financial institutions, etc.
Return on Investment	The shareholders get dividend as income on their investment. Rate of dividend is fluctuating in case of equity shares but fixed in case of preference shares.	The debt capital holders get interest as income on their investment. Interest is paid at fixed rate.
Status	The shareholders are owners of the company.	The debt holders are creditors of the company.
Voting right	The equity shareholders enjoy normal voting right at the general meeting.	The creditors do not enjoy voting rights at the general meeting.
Repayment of Capital	The shareholders do not enjoy priority over creditors. They are eligible for repayment of capital only after making payment to creditors at the time of winding up of the company.	The creditors get priority over the shareholders in case of return of principal amount at the time of winding-up of the company.
Charge on assets	The shareholders do not have any charge on the assets of the company.	The secured debenture holders have a charge on assets of the company.

(iii)

Points	Interim Dividend	Final Dividend
Meaning	It is declared and paid between two AGMs of an accounting year.	It is declared and paid after the closing of the financial year.
Who Declares	It is decided and declared by the Board of Directors in the Board Meeting.	It is decided and recommended by the Board of Directors. It is declared by the shareholders in the AGM.
Authorization	It can be declared only if Articles of Association permits its declaration.	Its declaration does not need authorization by Articles of Association.
When Declared	It is declared between the two Annual General Meetings of the company.	It is declared at the Annual General Meeting of the company
Rate of Dividend	It is declared out of profits of the current accounting year.	It is declared from different sources like; current year's profits, free reserves, capital profits, Money provided by Govt. for dividend, etc.
Accounting Aspect	It is declared before preparation of the final accounts of the company.	It is declared only after the accounts of the year are prepared and finalized.

(iv)

Points	Fixed Capital	Working Capital
Meaning	Fixed capital refers to any kind of physical asset, *i.e.,* fixed assets.	Working capital refers to the sum of current assets.
Nature	It stays in the business almost permanently.	Working capital is a circulating capital. It keeps changing.
Purpose	It is invested in fixed assets such as land, building, equipments, etc.	Working capital is invested in short-term assets such as cash, account receivable, inventory, etc.
Sources	Fixed capital funding can come from selling shares, debentures, bonds, long-term loans, etc.	Working capital can be funded with short-term loans, deposits, trade credit, etc.

Objectives of Investors	Investors invest money in fixed capital hoping to make future profit.	Investors invest money in working capital for getting immediate returns.
Risk	Investment in fixed capital implies more risk.	Investment in working capital is less risky.

5. (i) Meaning : Under Depository System, securities are held in electronic form. The transfer and settlement of securities are done electronically. The Depository System maintains accounts of the shareholder, enables transfer, collects dividends, bonus shares, etc., on behalf of the shareholder. This system is also called as scripless trading system.

Advantages :

(a) **Up-to-date Information:** The up-to-date information about investors is provided by the depository.

(b) **Reduction in Costs and Efforts:** Costs, efforts and time involved in printing and distribution of certificates in cases of new issues, bonus, transfers, etc., is saved.

(c) **Better Investor-Company Relationships:** The complaints arising out of loss of certificates, signature differences, long lapses of time in executing requests, etc,. is substantially reduced. It leads to better communication with investors and increased goodwill for the company.

(d) **International Investment:** Under Depository System, better and quicker services can be provided and this attracts investments from abroad.

(ii) Employee Stock Purchase Scheme (ESPS): Under this scheme, the company offers equity shares to its employees at a discounted price which they can buy at a future date. The company deducts a certain amount from the salary of the employee towards the payment for the shares.

Provisions: Company must fulfil the following provisions.

(a) Different number of shares can be offered to different categories of employees.

(b) Shares issued through ESPS should be immediately listed.

(c) ESPS shares will have a minimum of one year lock-in period from the date of allotment if ESPS is not a part of the public issue.

(d) Company has to fulfil the provisions of SEBI (Shares Based Employee Benefits) Regulations, 2014.

(e) Company has to get the approval of the shareholders through a special Resolution to offer ESPS.

(iii) Share Certificate is a registered document issued by a company which is an evidence of ownership of specified number of shares of the company. Share certificate is a prima facie evidence of title to shares. Contents of a share certificate are:

(a) Name of the Company, CIN, Registered office address.

(b) Folio Number

(c) Share Certificate Number

(d) Name of the Member

(e) Nature of share, number of shares and distinctive number of the shares.

(f) Amount paid on shares

(g) Common Seal, if any, and signature of two Directors and Company Secretary.

6. (i) Corporate finance deals primarily with the acquisition and use of capital by business corporation. Apart from Financial Organisation & banks ; Finance Manager plays a very vital role in corporate finance such as :

(a) To ensure whether the firm has adequate finance.

(b) They are using right source of funds that have minimum cost.

(c) Firm utilizes raised funds effectively.

(d) They are generating maximum returns for its owners.

(ii) Preference shares have certain preferential rights distinct from those attached to equity shares. The shares which carry following preferential rights are termed as preference shares :

(a) A preferential right as to payment of dividend during the life time of the company.

(b) A preferential right as to the return of capital in the event of winding-up of company.

Preference shares have the first charge on the distributable amount of annual net profit. The dividend is payable to the preference shareholders before it is paid to the equity shareholders.

(iii) A Share Certificate is a registered document of title to the shares issued by the company under the common seal duly stamped and signed by at least two directors and countersigned by the Secretary of the company. Every company must issue or dispatch a Share Certificate to the allottee within two months after the allotment of Shares. As per the request of allottee, company sends a letter for issuance of Share Certificate. The same needs to be send to the registered postal address.

(iv) Dividend is the part of the profits of the company which is distributed amongst the shareholders of company. Company may declare and pay the dividends (A) out of Current Profits *i.e.,* profits arrived after due provision of depreciation and transfer to reserves. (B) Out of profits of the company of any previous financial year after providing depreciation (C) Money provided by central government or state government to pay dividend.

7. (i)

Accent Limited

Address : ___________________________

CIN : ___________________________

Phone No :
Fax No. :
Reference No : Acc/Bonus/19-20

Website : accentltd.com
E-mail : admin@accentltd.com
Date : 16th Oct, 20xx

Mr. Ramesh Parkar,
Laxmi Road,
Pune – 411 038

SUB : Issue of Bonus Shares

Dear Sir,

I am directed by the Board of Directors to inform you that in accordance with the resolution passed in the Extra-ordinary General Meeting of the company held on 14th October, 20xx, shareholders have unanimously approved the recommendation of Board of Directors to issue the Bonus Shares. Bonus Shares are issued in the ratio of 1:2, *i.e.,* one additional equity for 2 shares held.

The details of the bonus shares are as follows :

1	2	3	4	5
No. of Shares held on record date	No. of Bonus Shares Issued / Allotted	DPID No.	Client ID No.	Date of Credit to Demat A/c
		Credited to Demat Account No.		
26	13	IN 300100	10116061	16/10/20xx

The company has compiled with provisions for the issue of Bonus Shares.
The Bonus Shares issued will rank Pari Passu with existing equity shares
Thanking You,

Yours Faithfully,
For Accent Ltd.
Company secretary

(ii)

Aventure India Limited

Address : ___________________________

CIN : ___________________________

Phone No : XXXXXXXXXX
Fax No. : XXX
Reference No : Acc/Bonus/19-20

Website : www.aventureindialtd.com
E-mail : admin@aventureindia.com
Date : 16th Oct, 20XX

Mrs. Amruta Joshi,
Pune – 411038

Sub. : Payment of Interest on Debenture

Dear Madam,

I am instructed by the Board of Directors to convey to you that, the Board has passed a resolution in the Board meeting held on 15th May, 20xx finalizing to pay interest @ 10% on Redeemable Debentures of ₹ 100/- each for the year ending 31st March, 20xx.

Your company has complied with all the provisions relating to the payment of interest on debentures.

Details of Interest payable to you are as follows :

1	2	3	4	4	5	6
Register No.	No. of Debentures	Distinctive Numbers		Gross Amt. of Interest (₹)	T. D. S. (10%)	Net Amt. of Interest (₹)
		From	To			
C - 440	100	601	700	₹ 1000	Nil	₹ 1000

Interest will be paid by electronic transfer, *i.e.,* by crediting the said interest to your bank account, as per details provided by you to the company.

Thanking you,

Yours Faithfully,
Aventure India Ltd.
Company secretary

(iii) Thanking fixed deposit holder

Guru Industries Ltd.

Registered Office: 45,, Guru Towers, J.M. Road

Pune 411 021

CIN: L30121 MH 2007 PLC070504

Phone:
Fax.: 020-30040077
Ref. No. G/DEP/09/19-20

Website: www.gurulimited.com
E-mail: guru30@gmail.com
Date: 10th April, 2019

Mr. Sharangdhar Naik
78/68, Guru Appartment, Shaniwar Peth,
Pune-411 011

Sub: Thanking Depositor for Fixed Deposit

Dear Sir,

We are in receipt of your application dated 5th April 20xx for an investment of ₹ 1,00,000 in the fixed deposit as per the terms and condition stated in advertisement for a period of 2 years. We are thankful to you for the initiative and the trust you have shown in depositing a substantial amount in our company:

The details of deposits accepted are given in the following schedule:

1	2	3	4	5	
				Bank Details	
Fixed Deposit Receipt No.	Amount of Deposit	Period of Deposit (years)	Rate of Interest (%)	Name of the Bank	Bank-Account No.
678	**1,00,000**	**2 years**	**12.5%**	**City Bank**	**222040**

The Board of Directors of our company express its gratitude for depositing money in our company.
We assure you of our best services and thank you for the confidence shown in our company.

Thanking you,

Yours faithfully
For Guru Industries Ltd.

8. **(i)** 1. An entrepreneur obtains funds for the purchase of fixed assets from capital market. Funding can come from the issue of shares, debentures, bonds or obtaining even long-term loans.

Factors affecting fixed capital requirement:

(a) **Nature of Business:** Manufacturing industries and public utilities have to invest huge amount of funds to acquire fixed assets. While trading, business may not need huge investments in fixed assets.

(b) **Size of Business:** Where a business firm is set up to carry on large-scale operations, its fixed capital requirements are likely to be high. It is because most of their production processes are based on automatic machines and equipments.

(c) **Scope of Business:** There are business firms which are formed to carry on production or distribution on a large-scale. Such businesses would require more amount of fixed capital.

(d) **Extent of Lease or Rent:** If entrepreneur decides to acquire assets on lease or on rental basis, less amount of funds for fixed assets will be needed for the business.

(e) **Arrangement of Sub-contract:** If the business wants to sub-contract some processes of production to others, limited assets are required to carry out the production. It would minimise fixed capital requirement of business.

(f) **Acquisition of Old Assets:** If old equipments and plants are available at low prices, then it would reduce the need for investment in fixed assets.

(g) **Acquisition of Assets on Concessional Rate:** With the view to foster industrial growth at regional level, the government may provide land and building, materials at concessional rates. Plants and equipments may also be made available on instalment basis. Such facilities will reduce the requirement of fixed assets.

(h) **International Conditions:** This factor is very significant particularly in large organisations carrying business on international level. For example, companies expecting war, may decide to invest large funds to expand fixed assets before there is a shortage of materials.

(i) **Trend in Economy:** If the future of the company is anticipated to be bright, it gives green signal to business entrepreneur to carry out all sorts of expansion of business firm. In that case, large amount of funds are invested in fixed assets so as to reap the benefits in future.

(j) **Population Trend:** When the population is increasing at a high rate, certain manufacturers find this as an opportunity to expand business. For example, automobile industry, electronic goods manufacturing industry, ready made garments, etc. which necessitates huge amount of fixed capital.

(k) **Consumer Preference:** Industries providing goods and services which are in good demand, will require large amount of fixed capital. For example, mobile phone manufacturers as well as mobile network providers.

(l) **Competitive Factor:** This factor is a prime element in decision-making regarding fixed capital requirements. If one of the competitor's shifts to automation, the other companies in the same line of activity, will be compelled to follow that competitor.

(ii) Sec. 2 (30) of the Companies Act, 2013, states that, 'the word debenture includes debenture stock, bonds and any other instrument of a company evidencing a debt, whether constituting a charge on the assets of the company or not.

Features:

(a) **Promise:** Debenture is a promise by the company that it owes a specified sum of money to the holder of debenture.

(b) **Face Value:** The face value of debenture normally carries high denomination. It is

₹ 100 or in multiples of ₹ 100.

(c) **Time of Repayment:** Debentures are issued with the due date stated in the debenture certificate.

The principal amount of debenture is repaid on maturity date.

(d) **Priority of Repayment:** Debenture holders have a priority in repayment of debenture capital over the other claimants of the company.

(e) **Assurance of Repayment:** Debenture constitutes a long-term debt. They carry an assurance of repayment on due date.

(f) **Interest:** A fixed rate of interest is agreed upon and is paid periodically in case of debentures. Payment of interest is a fixed liability of the company. It must be paid by the company irrespective of the fact, whether the company makes profit or not.

(g) **Parties to Debentures:**

1. **Company:** This is the entity which borrows money.

2. **Debenture holders:** These are the parties who provide loan and receive, 'Debenture Certificate' as an evidence.

(h) **Authority to issue Debentures:** According to the Companies Act 2013, Section 179 (3), the Board of Directors has the power to issue debentures.

(i) **Status of Debenture holder:** Debenture holder is a creditor of the company. Since debenture is a loan taken by the company, interest is payable on it at fixed rate, at fixed interval until the debenture is redeemed.

(j) **No Voting Right:** According to Section 71 (2) of the Companies Act, 2013, no company shall issue any debentures carrying any voting right. Debenture holders have no right to vote at general meeting of the company.

(k) **Security:** Debentures are generally secured by fixed or floating charge on assets of the company. If a company is not in a position to make payment of interest or repayment of capital, the debentureholder can sell off charged property of the company and recover their money.

(l) **Issuers:** Debentures can be issued by both private company and public limited company.

(m) **Listing:** Debentures must be listed with at least one recognised stock exchange.

(n) **Transferability:** Debentures can be easily transferred, through the instrument of transfer.

●●

SAMPLE PAPER-2
Secretarial Practice

💬 Questions

1. **From the given sub questions attempt any four:**

(A) Select the appropriate option from options given below and rewrite them:

(i) ________ refers to any kind of fixed assets..
- (a) Authorised Capital
- (b) Issued Capital
- (c) Fixed Capital

(ii) A stock exchange is where stock brokers and traders can buy & sell ________.
- (a) Gold
- (b) Securities
- (c) Goods

(iii) Dividend is paid first to ______ shareholder.
- (a) Equity
- (b) Preference
- (c) Deferred

(iv) In Depository system, securities are held in ______ form.
- (a) Scrip Based
- (b) Electronic
- (c) Physical

(v) ______ capital refers to a maximum capital a company can raise..
- (a) Issued
- (b) Authorised
- (c) Paid Up

(B) Answer in one sentence.

(i) What is Share?

(ii) What are debenture?

(iii) How securities are settled?

(iv) Who are depositors for organisation?.

(v) What kind of capital Is Debenture?

(C) Arrange in Proper Order:

(i)
- (a) File return of deposit
- (b) Issue Deposit Receipt
- (c) Issue advertisement.

(ii)
- (a) Allotment of Shares
- (b) Application of Shares
- (c) Share Certificate.

(iii)
- (a) Board Meeting
- (b) Allotment of Debentures
- (c) Board Resolution

(iv)
- (a) Payment of Deposits
- (b) Deposit Receipt
- (c) Acceptance of Deposit

(v)
- (a) Board Meeting
- (b) Shareholder approval
- (c) Board's Recommendations.

(D) Match the pairs:

	Group "A"		Group "B"
1.	Financial planning	a.	Dividend
2.	Public deposit	b.	Less applications than expected
3.	Private placement	c.	Owned capital
4.	Secured debentures	d.	Advance programming of financial plan
5.	Return on share	e.	Bonus
		f.	Issuing shares without inviting public for subscription
		g.	Maximum 7 years
		h.	Security about repayment
		i.	Maximum 36 months
		j.	Management of business activities

2. **Explain the following terms / concepts in detail: (Any 4 out of 6):**

- **(i)** Overhead
- **(ii)** Stock Exchange
- **(iii)** Interim Dividend
- **(iv)** Investment Decision
- **(v)** Initial Public Offer
- **(vi)** Net Worth

3. **Study the following case / situation and express your opinion. (Any 2):**

(i) ABC Limited, a registered company; has a clause of accepting deposits from General Public in Memorandum of association.
- (a) Management has not passed a resolution in board meeting for accepting deposits.
- (b) Shareholder has not accepted the resolution, still company receives deposit from general public.

(ii) Gillete Ltd. Company's capital structure is made up of 1,00,000 equity shares having face value of ₹ 10 each. The company has offered to the public 40,000 equity shares and out of this, the public has subscribed for 30,000 equity shares. State the following:
- (a) Authorised Share Capital
- (b) Issued Share Capital
- (c) Subscribed Capital

(iii) Aspire is a listed public company of which board of director recommended ₹10/- per share as a dividend to equity shareholders.

   (a) Aspire Ltd. takes approval from Shareholders

   (b) Aspire Ltd. paid dividend partly in cash and partly in kind. Is it permissible according to the law ?

4. Distinguish between (Any 3):

   (i) Fixed Capital & Working Capital

   (ii) Initial Public Offer & Further Public Offer

   (iii) Transfer of Shares & Transmission of Shares

   (iv) Fixed Price Issue Method & Book-Building Method

5. Answer the following questions in brief (Any 2):

   (i) Explain the important functions of Financial Market.

   (ii) What is Interim Dividend. Explain its Features?

   (iii) What is share certificate? What are the contents of share certificate.

6. Justify the following statements (Any 2):

   (i) Trade credit is the soul of business.

   (ii) Interest is liability / obligation of the company.

   (iii) Equity shareholder enjoys certain rights.

   (iv) SEBI has to perform many functions to regularise market.

7. Answer the following questions in detail (Any 2):

   (i) Write a letter for repayment of deposit to Dhiraj Ltd.

   (ii) Write a letter for redemption of Debenture.

   (iii) Write letter for resolving query for Shree Cement Industries Ltd.

8. Answer the following questions in detail (Any 1):

   (i) Explain Pricing methods to offer shares to the public.

   (ii) State benefits of depository to Investors.

Ⓐ Answer Key

1. (A) (i) (c) Fixed Capital

   (ii) (b) Securities

   (iii) (b) Preference shares

   (iv) (b) Electronic

   (v) (b) Authorised

(B) (i) Share is a small unit of share capital of a company.

   (ii) A Debenture is a type of bond or other debt instrument that is unsecured by collateral.

   (iii) Transfer and settlement of securities to be done electronically.

   (iv) Depositors are the creditors of the company.

   (v) Debenture is the borrowed capital.

(C) (i) (a) Issue advertisement

   (b) Issue Deposit receipt

   (c) File Return of Deposit

   (ii) (a) Application of Shares

   (b) Allotment of Shares

   (c) Share Certificate

   (iii) (a) Board Meeting

   (b) Board Resolution

   (c) Allotment of Debentures

   (iv) (a) Acceptance of Deposits

   (b) Deposit Receipt

   (c) Payment of Deposit

   (v) (a) Board Meeting

   (b) Board's Recommendations

   (c) Shareholder approval

(D)

Group "A"	Answer
Financial Planning	Management of Business Activities
Public Deposit	Owned Capital

Private Placement	Issuing share without inviting public for subscription
Secured Debentures	Security about Repayment
Return on Shares	Bonus

2. (i) Overhead means indirect cost or expenses required to run business.

   (ii) According to Securities Contracts (Regulation) Act 1956, stock exchange is defined as " An association, organization or body of individuals, whether incorporated or not, established for the purpose of assisting, regulating and controlling of business in buying, selling and dealing in securities".

   (iii) Dividend declared by the Board of Directors between two Annual General Meetings is called Interim Dividend.

   (iv) Once the business firm has gained access to capital, the finance manager has to take decision regarding the use of the funds in systematic manner so that it will bring maximum return for its owners.

   (v) Initial Public Offer refers to the process of offering shares of a company to the public for the first time.

   (vi) Net Worth is the total of paid up capital + free reserves + securities premium account after deducting accumulated losses deferred expenses and miscellaneous expenses not written off..

3. (i) (a) For accepting public deposits, management should pass a resolution in Board Meeting regarding quantum of deposits. And once approved from the management, the same can be placed before shareholder.

   (b) Shareholder has not accepted the proposal but still management decides to take deposit from Public which is itself a contravention to the act. Hence, management should not accept the deposit from general public.

(ii) (a) Authorised capital of Gillete Ltd. is ₹ 10,00,000/- comprising of 1,00,000/- shares @10 each.

(b) Issued Share Capital is ₹ 4,00,000/- comprising of 40,000 shares @ 10 each.

(c) Subscribed Share Capital is ₹ 3,00,000/- comprising of 30,000 shares @10 each.

(iii) (a) Aspire Ltd.'s Board of Director proposed Dividend Payable; which should be mandatorily approved by shareholders in Annual General Meeting. Only after the due approval, it is considered to be approved and declared by the organisation.

(b) As per the provisions of the Companies Act, dividend should be paid in cash and not in kind. In case of Aspire Ltd; dividend paid in kind is a contravention of law.

4. (i) Fixed Capital & Working Capital:

Points	Fixed Capital	Working Capital
Meaning	Fixed capital refers to any kind of physical asset, *i.e.* fixed, assets.	Working capital refers to the sum of current assets..
Nature	It stays in the business almost permanently.	It is the circulating capital. It keeps changing.
Purpose	It is invested in fixed assets such as land, building, equipments, etc.	Working capital is invested in short-term assets such as cash, account receivable, inventory, etc.
Sources	Fixed capital funding can come from selling shares, debentures, bonds, long term loans, etc.	Working capital can be funded with short-term loans, deposits, trade credit, etc.
Objectives of Investors	Investors invest money in fixed capital hoping to make future profit.	Investors invest money in working capital for getting immediate returns.
Risk	Investment in fixed capital implies more risk.	Investment in working capital is less risky.

(ii) Initial Public Offer & Further Public Offer:

Points	Initial Public Offer	Further Public Offer
Meaning	IPO refers to an offer of securities by an unlisted Public Company to the public for the first time.	FPO means an offer of securities by a listed Public Company to the public to raise subsequent capital.
Type of issuer company	It is issued by an unlisted Public Company.	It is issued by a listed Public Company.
Issued by	It is usually issued by an existing company which wants to raise capital from the public for the first time.	It is usually issued by a listed Public company when it wants to raise further capital from the public.
Order of issue	IPO preceeds FPO. IPO is the first time sale of shares to the public.	FPO is always done after IPO. FPO is the second or subsequent sale of shares to the public.

(iii) Transfer of Shares & Transmission of Shares:

Points	Transfer of Shares	Transmission of Shares
Meaning	Transfer of shares means voluntarily or deliberately giving away one's shares to another person by entering into a contract with the buyer.	It means transfer of ownership of a member's shares to his legal representative due to the operation of law. It takes place on death, insolvency or insanity of the members.
Occurrence	It is done when the member wants to sell his shares or give his shares as gift.	It is done when the member dies or becomes insolvent or insane.
Nature of Action	It is a voluntary action taken by the member.	It is an involuntary action. It is due to operation of law.

Parties involved	In transfer of shares there are two parties involved-the member who is called a transferor and the buyer who is called a transferee.	There is only one party *e.g.* the nominee of the member in case of death of the member or the legal representative.
Instrument of transfer	Transfer requires instrument of transfer. It is a contract between the transferor and transferee.	No instrument of transfer is needed.
Initiated by	Transferor initiates the transfer process.	Legal representative or official receiver initiates the process of transmission.
Consideration	Transfer of shares is often done by the member to receive some consideration (money), *i.e.* the buyer has to pay for the shares. (Except given as a gift.)	No consideration is involved here. The legal heir or official receiver need not pay for the shares.
Liability	The liability of the transferor ends after the shares are transferred.	Original liability of the member continues in case of transmission of shares.
Stamp Duty	Stamp duty has to be paid as per the market value of shares.	No stamp duty is to be paid.

(iv) Fixed Price Issue Method & Book-Building Method:

Points	Fixed Price Issue Method	Book-Building Method
Meaning	Under this method, the issue price of shares is mentioned in the prospectus and investors have to buy shares only at that price.	Under this method, the issue price is determined by a bidding process. The investors are given a price band and are asked to bid at a price within the band. This way company arrives at a price at which it will sell its shares.
Price of Shares	The exact price of shares is known in advance and it is mentioned in the prospectus.	The price of shares is not known in advance. Only the minimum price and maximum price at which the company is willing to sell the shares is known in advance.
Prospectus	Company has to issue a prospectus and it contains the details of price at which shares are offered and the total number of shares offered by the company.	Company issues a Red Herring Prospectus. It contains only the price band and the total size of issue.
Determination of Demand	Company comes to know the public demand for its shares only after the closure of the issue.	Company can know the public demand for its shares everyday. The bids are registered in the book everyday till the closure of the issue.
Payment of Application Money	Application money or entire money has to be paid by the investor at the time of submitting his application for shares.	Only application money has to be paid at the time of bidding. Money will be collected only after the issue price has been fixed.
Usage	It can be used for any issue *i.e.,* Public Issue, Rights Issues, ESOS, etc.	It is usually used in Public issues, *i.e.,* IPO and FPO.

5. (i) Functions of Financial Market:

(a) Transfer of Resources: Financial Market facilitate the transfer of real economic resources from lenders to the ultimate users.

(b) Productive Usage: Financial market allows productive use of the funds. In the hands of the investors, their excess funds would have remained idle. Borrowers use these funds for productive purposes.

(c) Enhancing Income: Financial market allows lenders to earn interest or dividend on their surplus fund, thus leading to the enhancement of the individual and the national income.

(d) Capital Formation: Financial market provides a channel through which savings flow to industrial and commercial organisations in the form of capital. This leads to capital formation.

(e) Price Determination: The financial instruments traded in a financial market get their prices from the mechanism of demand and supply. The investors are the suppliers of the funds and the corporates are the users. The interaction between the two and other market factors will help to determine the prices.

(f) **Sale Mechanism:** Financial market provides a mechanism for selling of a financial asset by an investor so as to offer the benefit of marketability and liquidity of such assets.

(g) **Mobilizing Funds:** Idle funds in the hands of the investors can be productively used by corporates. Investors that have savings must be linked with corporates that require investment. So financial market enables the investors to invest their saving according to their choices and risk assessment. This will utilize idle funds and the economy will boom.

(h) **Liquidity:** Financial market provides a mechanism for liquidating the financial instruments. This means at any given time, the investor can sell their financial instruments and convert them into cash. This is an important factor for investors who do not want to invest for a long period of time.

(i) **Easy Access:** Both investors and industries need each other. The financial market provides a platform where both the buyers and sellers can find each other easily.

(j) **Industrial Development:** Financial market helps in transforming savings into capital. Corporates use the funds of investors to undertake productive or commercial activities thereby, leading to economic development.

(ii) Meaning: Dividend declared by the Board of Directors between two Annual General Meetings is called Interim Dividend. Interim dividend is paid in the middle of the accounting year *i.e.,* before the finalisation of annual accounts for the year.

Features of Interim Dividend:

(a) The Board of Directors has the power to declare Interim Dividend..

(b) Interim Dividend is only a payment on account of the whole dividend for the year.

(c) Company should provide depreciation for the entire year and not proportionately for a part of the year before declaring the Interim Dividend..

(d) Interim dividend cannot be paid out of any reserves.

(e) Articles of Association of the company must authorize the Board of Directors to declare Interim Dividend.

(f) The Board Meeting has to pass a resolution for declaring the Interim Dividend.

(g) The amount to be given as Interim Dividend must be credited in a separate Bank account in a scheduled bank within 5 (five) days of its declaration.

(h) Interim Dividend should be paid within 30 days of its declaration.

(i) Unpaid / Unclaimed Interim Dividend should be transferred to 'Unpaid Dividend Account within 7 days of the expiry of 30 days of declaration *i.e.,* 37 days of its declaration.

(j) Any amount remaining unpaid/unclaimed in the 'Unpaid Dividend A/c' for 7 (seven) years should be transferred to IEPF.

(iii) Share certificate has to be issued under the common seal of the company, if any and signed by two Directors duly authorised by the Board of Directors and the Company Secretary or any other authorised person.

Company has to issue the share certificate to all allottees as well as transferees on transfer of shares. It is issued on partly or fully paid up shares.

Contents of Share Certificate:

Share certificate should be in form SH-1 as prescribed under companies (Share capital and Debenture) Rules, 2014.

Following are the contents of a share certificate:

(a) Name of the Company, CIN, Registered office address.

(b) Folio Number

(c) Share Certificate Number

(d) Name of Member

(e) Nature of share, number of shares and distinctive number of the shares.

(f) Amount paid on shares.

(g) Common Seal, if any and signature of two directors and company secretary.

6. (i) No business can run without 'credit'. Credit is the soul of business. Trade credit financing is the major source of short-term financing. Manufacturers, wholesalers and suppliers of goods or materials are called 'trade creditors'. They sell tangible goods to other business concerns on the basis of deferred payment, *i.e.,* future payment credit is extended by these business concerns with an intention to increase their sales. The business firm extends credit, also because of custom that has been built up overtime. Trade credit is not cash loan. It results from a credit sale of goods / services, which has to be paid at a future date after the sales takes place. In other words, when goods are delivered by supplier to a customer and the payment is made after some time, it is known as trade credit.

(ii) Interest is the cost of renting money, for the borrower and it is the income from lending money for the lender. Features of interest are:

(a) Interest is the price paid for the productive services rendered by capital.

(b) It is directly related to risk. Higher the risk, higher is the interest.

(c) Rate of Interest is expressed as annual percentage of principal.

(d) Rate of interest is determined by various factors like money supply, fiscal policy, volume of borrowings, rate of inflation, etc.

(e) Interest is a charge against the profit of the company. Even if company makes no profit, interest should be paid.

(f) It is payable at a fixed and generally pre-determined rate.

Company has to pay interest if it has borrowed money from creditors like Debenture holders, Depositors, Bond holders, etc.

(iii) Equity Shareholders enjoy certain rights as given below:

(a) **Right to vote:** It is the basic right of equity shareholders through which they elect directors, alter Memorandum and Articles of Association, etc.

(b) **Right to share in profit:** It is an important right of equity shareholders. They have right to share the profit, when distributed as dividend. If the company is successful and makes handsome profit, they have advantage of getting large dividend.

(c) **Right to inspect books:** Equity shareholders have right to inspect statutory books of their company.

(d) **Right to transfer shares:** The equity shareholders enjoy the right to transfer shares as per the procedure laid down in the Articles of Association..

(iv) The various functions of SEBI are:

(a) To protect the interest of investors in securities market.

(b) To promote the development of securities markets.

(c) To regulate the business in stock exchanges and any other securities market.

(d) To register and regulate the working of stock brokers, sub-brokers, share transfer agents, bankers to an issue, trustee of trust deeds, registrars to an issue, merchants bankers, underwriters and such other intermediaries who may be associated with securities market.

(e) To register and regulate the working of the Depositories, Depository Participants, Custodians of securities, foreign institutional investors, credit rating agencies.

(f) To register and regulate the working of venture capital funds and collective investment schemes including mutual funds.

(g) To promote and regulate self-regulatory organizations.

(h) To prohibit fraudulent and unfair trade practice relating to securities markets.

(i) To promote investors' education and training of intermediaries of securities market.

(j) To prohibit insider trading in securities.

7. (i)

Dhiraj Limited

Address : _______________________

CIN : _____________________________

Phone No : XXXXXXXXXX
Fax No. : XXXXXX
Reference No : Acc/19-20

Website : dhiraj.com
E-mail : admin@dhiraj.com
Date : 16th Oct, 20xx

Mr. Ramesh Parkar,
Laxmi Road,
Pune – 411 038

SUB : Repayment of Fixed Deposit

Dear Sir,

This is to inform you that your Fixed Deposit Receipt No. 5925 dated 1st December, 20xx for ₹ 1,00,000/- will be due for repayment on 30th November, 20xx.

We have received from you the original Deposit Receipt No. 5925 duly discharged along with your instruction for repayment. The Board of Directors in the meeting held on 12th November, 20xx has passed a resolution for redemption of the deposits.

The details of repayment of deposit are as under:

1	2	3	4	5	6	7	8
Tenure of Deposit	Fixed Deposit Receipt. no.	Deposit Amt. (₹)	Rate of Int. (10%)	Maturity Amt. (₹)	TDS (10%)	Net Amt.	Due Date of Deposit
2 years	**5925**	**₹ 1,00,000**	**₹ 20,000**	**₹ 1,20,000**	**₹ 2,000**	**₹ 1,18,000**	**30th Nov, 20xx**

Please find enclosed herewith a crossed cheque of ₹ 1,18000, bearing No. 426025 dated 30th November, 20xx drawn on Bank of Maharashtra, Shivaji Nagar, Pune - 411 005.

Thanking You,

Yours Faithfully,
For Dhiraj Ltd.
Company Secretary

(ii)

Aventure India Limited

Address : ________________________

CIN : ____________________________

Phone No : XXXXXXXXXX   Website : www.aventureindialtd.com

Fax No. : XXXXX   E-mail : admin@aventureindia.com

Reference No : Acc/19-20   Date : 16th Oct, 20xx

Mrs. Amruta Kanetkar,
Pune – 411038

Sub. : Repayment of Deposits

Dear Madam,

This is to inform you that 100000, 10% Non-convertible Debentures issued in May, 20xx are due for redemption on 12th November, 20xx. According to the Board Resolution No. 3462, passed at the Board Meeting held on 8th October, 20xx, Debentures shall be redeemed out of 'Debenture Redemption Reserve Fund' of the company. Please arrange to submit enclosed 'Debenture Redemption Form' along with the original Debenture Certificate to the company, on or before 3rd November, 20xx.

On completion of the above formalities, the redemption amount will be credited to your bank account.

You are requested to provide us your Bank Account details.

Thanking you,   Yours Faithfully,
     For Aventure India Limited.
     Sign.

(iii) Resolving query of Share Holder – format

Shree Cement Industries Limited

Registered Office: 31,, Tulsi Tower, Bandra (East),

Mumbai - 400 050

CIN: L50307 MH 2000 PLC160699

Phone: 022-24245025   Website: www.gurulimited.com

Fax.: 022-45456035   E-mail: guru30@gmail.com

Ref. No. S/MR-D/25/19-20   Date : 20th April, 20xx

Mr. Kishor Malpani
15/21, Lotus Apt.,
Borivali (W),
Mumbai-400 103.

Sub: Resolving Query on Low Rate of Dividend made by the Company

Dear Sir,

This is to inform you that as per your letter dated 15th April, 20xx, I am hereby authorised to resolve your query regarding the low rate of dividend paid by the company to their faithful members. The reasons for low rate of dividend are mentioned below:

1. That during the last year, due to the floods, company's factory situated at Mahim (E) was not in a condition to operate in a full fledge manner.
2. That due to such unavoidable circumstances of natural disaster company faced huge financial losses.
3. That due to such circumstances Board of Directors has decided to transfer Rupees 12.5 crores to General Reserves which is 50% more than the amount transferred to Reserves last year.

Hope you will be satisfied by the above information as provided by the company. We assure you that company will easily come over from such unavoidable circumstances and will deliver much better dividend in the coming years.

Thanking you,   Yours faithfully
     For Shree Cement Industries Limited
     Sign.
     (Mr. Suhas Bajaj)
     Company secretary

8. **(i)** **Public Issue or Public offer of Shares:** Public Issue or offer means offering the shares to the public. This is the most common method used by the companies. The company invites the public to subscribe for its shares by issuing prospectus.

A company can use two pricing methods to offer shares to the public:

(a) **Fixed Price Issue Method:** Under this method, the company states in its prospectus, the quantity and the price at which the shares are offered to the public. The subscribers / investors are asked to pay a certain portion of face value of shares or entire issue price along with the application. The company comes to know the demand of its shares only after the subscription period ends. Company can issue shares at par or premium. Fixed Price method is used for all types of issues, *i.e.,* Public Issue, Right Issue, ESOS, etc.

(b) **Book-Building Method:** Under this method, the issuer company determines the number of shares and the issue price at which its shares will be sold by bidding process. The company issues a Red Herring Prospectus which contains price range or price band and asks the investors to bid on it. The lower end of the price band is called as 'floor price' while the highest end is called as 'cap price' or 'ceiling price'. The final price at which shares are offered to the investors is called as 'cut- off' price. Investors can bid any numbers of shares that they are willing to buy at any price within the price band. Bidding is kept open for 5 days. The bids along with the application money is to be submitted to the Lead Merchant Bankers called as 'Book Runners' who enters the bids in a book. After bidding is over, company fixes 'cut off price' based on the highest or best price at which all shares on offer can be sold. Company issues a Prospectus which contains the final price. Book-Building Method is used for Public issues, *i.e.,* IPO and FPO..

(ii) Benefits of depository to the Investors are:

(a) **Elimination of Risk:** All risks associated with physical certificates like delays, lost, theft, mutilation, bad deliveries, etc., are totally eliminated..

(b) **Safety:** It is the most safe and secure way of holding securities. The entire system functions under the Depository Act and is monitored by SEBI., *e.g.,* The Investor can keep his account in a 'Freeze / Lock' mode to avoid / prevent unexpected debit or credit or both by giving instructions to the DP..

(c) **Easy Transfer of Shares:**
   1. Efforts in filling transfer forms and lodging the documents is eliminated.
   2. Also the stamp duty levied on transfer of physical shares is not applicable.
   3. Processing time in transfer of securities is reduced and neither the securities nor the cash is tied / held up for unnecessarily long time.

(d) **Updates and Intimation:** The investor is provided with the status of the holdings and transactions by DP and occasionally by the Depository too.

(e) **Security against Loan:** Dematerialised securities are preferred by banks and financial institutions as security against loan..

(f) **No concept of 'Lots':** The system of odd and even lot stands abolished. The market lot is one share for dematerialised securities..

(g) **Nomination Facility:** Individual Investors can avail of nomination facility. This simplifies the process in the event of the death of the investor.

(h) **Automatic Credit:** The account of investor is automatically credited/debited in case of a change initiated by the company which impacts the securities. This is called 'Corporate Action'. Few examples which can be termed as Corporate Action are : Payment of Dividend, Issue of Bonus Shares, Offering of Rights Shares, Early Redemption of Debentures, Mergers and Acquisitions, etc..

●●

SAMPLE PAPER-3
Secretarial Practice

Questions

1. From the given sub questions attempt any four:

(A) Correct the underlined words and rewrite the following:

   (i) Finance is needed to pay dividend to debenture-holders.

   (ii) IPO is offered to existing equity shareholders.

   (iii) Owned capital is temporary capital.

   (iv) Financial market can be classified as capital market and stock market.

   (v) Registered shareholders receives dividend through share warrant.

(B) Give one word or phrase for the following sentences:

   (i) Debenture Payable at the end of some fixed period, as mentioned on the debenture certificate.

   (ii) Institutions which protect the interest of the debenture holders.

   (iii) Full form of SARS.

   (iv) Instrument for payment of dividend.

   (v) Market for lending and borrowing of funds for short-term.

(C) True or false:

   (i) Capital Market does not link investors with the borrower of funds.

   (ii) The business will require huge funds, if assets are acquired on lease basis.

   (iii) Secured debentures must be redeemed within 15 years from the date of its issue.

   (iv) Every company must issue or dispatch a share certificate to allotte within 1 month offer allotment of shares.

   (v) India has a single depository system.

(D) Match the pairs:

	Group "A"		Group "B"
1.	Working capital	a.	Redeemed capital
2.	Equity share capital	b.	Secretary
3.	Share warrant	c.	Shares do not have distinctive numbers
4.	Recommendation of dividend	d.	Fixed assets
5.	Fungibility	e.	Link between SEBI and Depository
		f.	Board of Directors
		g.	Registered document
		h.	Bearer document
		i.	Permanent capital
		j.	Sum of current assets

2. Explain the following terms / concepts in detail: (Any 4 out of 6):

   (i) Corporate Finance

   (ii) Registered Debentures

   (iii) Fungibility

   (iv) Calls on share

   (v) Stag

   (vi) Primary Market

3. Study the following case / situation and express your opinion. (Any 2):

   (i) CC Company Ltd. is an eligible Public Company as per the Companies Act, 2013 with reference to accepting Public Deposits..

     (a) Can the company accept deposits in joint names?.

     (b) Can the company accept deposits from it's members?

     (c) Can the company issue secured deposits?

   (ii) Mr. Pankaj has a recently got his B.Sc. degree. He has enrolled for a course in securities market. As a new student of this subject, he has a few queries as follows:

     (a) Does a Company need to be listed on a stock exchange to sell its securities through the stock exchange.

     (b) What is the term used for referring to a stock exchange's ability to reflect the economic conditions of a country?

     (c) What is the term which refers to the functions of stock exchange as a provider of ready market for sale and purchase of security?

   (iii) Shing Metal Ltd. Company has recently come out with its public offer through FPO. Their issue was over-subscribed. Now the Board of Directors wants to start the allotment process. Please advise the Board on:

     (a) Should the company setup allotment committee?

     (b) How should the company inform the applicants to whom the company is allotting shares?

     (c) Within what period should the company issue share certificate?

4. Distinguish between (Any 3):

   (i) Money Market and Capital Market

   (ii) Rights Shares and Bonus Shares

   (iii) Initial Public Offer and Further Public Offer

   (iv) Fixed Capital and Working Capital

5. **Answer the following questions in brief (Any 2):**
   (i) State any 4 features of shares.
   (ii) Explain the features of Capital Market.
   (iii) What are the requirements as per SEBI for issue of debentures?

6. **Justify the following statements (Any 2):**
   (i) Payment of dividend can be done through various methods.
   (ii) Companies have to create a charge on their tangible assets while issuing secured deposits.
   (iii) Depository System has a very important role to play in the successful functioning of the capital market.
   (iv) Preference Shares do not carry voting rights.

7. **Answer the following questions in detail (Any 2):**
   (i) Write a letter to debenture holder informing him about conversion of debentures into equity shares.
   (ii) Write a letter to the member for the payment of dividend through Dividend Warrant.
   (iii) Write a letter to deposit or regarding renewal of his deposit.

8. **Answer the following questions in detail (Any 1):**
   (i) What are the statutory provisions for allotment of shares?.
   (ii) State the importance of corporate finance.

Ⓐ Answer Key

1. (A) **(i)** Finance is needed to pay **interest** to debenture holders.

(ii) **Rights Issue** is offered to existing equity share-holders.

(iii) Owned capital is **Fixed Capital**.

(iv) Financial market can be classified as Capital Market and **Money Market**.

(v) Registered shareholders receives dividend through **dividend** warrant.

(B) **(i)** Redeemable Debentures

   (ii) Debenture Trustees

   (iii) Stock Appreciation Rights Scheme

   (iv) Dividend Warrant

   (v) Money Market

(C) **(i)** False   **(ii)** True

   (iii) False   **(iv)** False

   (v) False

(D)

Group "A"	Answers
Working capital	Sum of current assets
Equity share capital	Permanent capital
Share warrant	Bearer document
Recommendation of dividend	Board of Directors
Fungibility	Shares do not have distinctive numbers

2. **(i)** Corporate finance deals with the raising and using of finance by a corporation. It deals with financing the activities of the corporation, capital structuring and making investment decisions...

(ii) Registered debentures are those debentures on which the name of holders are recorded. A company maintains 'Register of Debenture holders' in which the name, address and particulars of holdings of debenture holders are entered. The transfer of registered debentures requires the execution of regular transfer deed.

(iii) In financial terms, 'fungibility' means the state of being interchangeable.

Some financial assets are fungible while some are not fungible, *e.g.*, land is not fungible as every unit of land has its unique quality which adds to or reduces its value, Currency note is fungible as there is no difference between two currency notes of the same value. Similarly, securities issued by the same company of the same class have same value no matter who owns them. The securities held in Demat /Electronic form are fungible. They are interchangeable, substitutable and cannot be distinguished from each other. Securities bear no notable features like distinctive number, certificate number or folio number..

(iv) At the time of issue of shares, a company may state that the issue price of the shares is to be paid in instalments as and when the company demands for it. So when a company demands the shareholder to pay a share or full amount of the balance amount unpaid on shares, it is called as 'Calls on Shares'.

(v) A stag is a member who buys new issues of securities from Primary market and sells them later at higher prices, when the securities are listed, on the stock exchange.

(vi) In Primary market, companies sell their shares, Debentures, etc., for the first time to raise fresh capital. It exclusively deals with the issue of new securities, *i.e.*, securities that are issued to investors for the very first time. Hence, this market is also known as New Issue Market.

3. **(i)** **(a)** Yes, the company can accept deposits in the joint names of the depositors. But there should not be more than 3 names.

(b) CC Company Ltd. is an eligible Public Company as per the Companies Act, 2013. Thus, it can accept the deposits from its members as well as from public.

(c) Yes, the company can issue secured deposits. If a company offers secured deposits, it has to create a charge on its tangible assets within 30 days of acceptance.

(ii) (a) Yes, a company needs to be listed on a stock exchange to sell its securities through the stock exchange.

(b) 'Economic mirror' is the term used for referring to a stock exchange's ability to reflect the economic conditions of a country.

(c) 'Liquidity' is the term which refers to the functions of the stock exchange as a provider of a ready market for sale and purchase of the security.

(iii) (a) In this case, the board of directors wants to start the allotment process now. Therefore, the company must set up an allotment committee, allotment committee will decide the basis of allotment and submit a report to the board of directors.

(b) At the board meeting, a resolution is passed to allot shares. After passing the resolution, the secretary has to issue a Letter of Allotment to those applicants whom the company is allotting shares.

(c) The company should issue a share certificate within two months from date of allotment..

4. **(i) Money Market and Capital Market:**

Points	Money Market	Capital Market
Meaning	It is a component of the financial market where short-term borrowing takes place.	It is a component of financial market where long-term borrowings takes place.
Time Period	In money market, the instruments traded have maturity period of one year or less than one year.	In capital market, the instruments traded have maturity period of more than one year.
Instruments	Certificate of deposits, Repurchase of agreements, Commercial paper, Treasury bills, etc., are the instruments traded in the money market.	Stocks, Shares, Debentures, Bonds, Securities of the government are the instrument of capital market.
Purpose of borrowing	Funds are borrowed to meet working capital requirements or for small investments.	Long-term funds are required to establish new business, expand or diversify business or purchase of fixed assets.
Institutions	Participants in the market are Central Banks, Commercial Banks ,Acceptance houses, Non-bank financial institution, Bill brokers, etc.	Stock exchanges, Commercial Banks and Non-bank institutions, financial intermediaries, etc., are the participants in the market.
Risk	In the money market, risk factor is very less because maturity period of the instruments is less than one year.	In capital market, the risk is more as compared to in the money market. The reason behind this is the instruments have long maturity period.
Return on Investment	Return on investment in money market is less as they are highly liquid and safe.	Return on investment in capital market is comparatively high as they are more risky.
Role in Economy	This market increases liquidity of funds in the economy.	This market helps in mobilization of savings in the economy.

(ii) Rights Shares and Bonus Shares:

Points	Rights Shares	Bonus Shares
Meaning	In rights issue, shares are offered to the existing equity shareholders, *i.e.,* company offers the shareholders the first option to buy the shares of the company.	Bonus shares are issued to the existing equity shareholders free of cost.
Payment	Subscribers have to pay for the Rights Shares. Company only gives them a right to buy these shares.	Bonus shares are issued free of cost to the shareholders.

Partly / fully paid-up shares	Shareholders have to pay for these shares as Application Money, Allotment, Call Money etc., till the full amount on shares is paid-up.	Bonus shares are fully paid-up shares. So no money has to be paid by the shareholders to the company.
Minimum Subscription	Company has to obtain minimum subscription. If the company fails to receive minimum subscription, it has to refund the entire application money received.	There is no minimum subscription to be collected as Bonus shares are issued free of cost by the company.
Right to Renounce	The shareholders can renounce his shares.	Shareholders cannot renounce his bonus shares.
Purpose of Issue	Rights issue is done by a company when it wants to raise fresh funds but wants to give a chance to their existing members to increase their shareholding	When company has accumulated huge profits or reserves and company wants to reward its existing Equity shareholders, company issues Bonus shares.

(iii)

Points	Initial Public Offer	Further Public Offer
Meaning	IPO refers to an offer of securities by an unlisted Public Company to the public for the first time.	FPO means an offer of securities by a listed Public Company to the public to raise subsequent capital.
Type of issuer company	It is issued by an unlisted Public Company.	It is issued by a listed Public Company.
Time of issue	It is usually issued by an existing company which wants to raise capital from the public for the first time.	It is usually issued by a listed Public company when it wants to raise further capital from the public.
Order of issue	IPO preceeds FPO. IPO is the first time sale of shares to the public.	FPO is always done after IPO. FPO is the second or subsequent sale of shares to the public.
Listing	Company has to get itself listed for the first time before issuing IPO.	Company making an FPO is already a listed company.
Risk	It is very risky for the investor as he cannot predict the company's performance.	It is less risky for the investor as he has an idea of the company's past performance and can judge its future performance.

(iv)

Points	Fixed Capital	Working Capital
Meaning	Fixed capital refers to any kind of physical asset, *i.e.*, fixed assets.	Working capital refers to the sum of current assets.
Nature	It stays in the business almost permanently.	Working capital is a circulating capital. It keeps changing.
Purpose	It is invested in fixed assets such as land, building, equipments, etc.	Working capital is invested in short-term assets such as cash, account receivable, inventory, etc.
Sources	Fixed capital funding can come from selling shares, debentures, bonds, long term loans, etc.	Working capital can be funded with short-term loans, deposits, trade credit, etc.
Objectives of Investors	Investors invest money in fixed capital hoping to make future profit.	Investors invest money in working capital for getting immediate returns.
Risk	Investment in fixed capital implies more risk.	Investment in working capital is less risky.

5. **(i)** **Features of Shares are as follows:**

(a) **Meaning:** Share is a smallest unit in the total share capital of a company..

(b) **Ownership:** The owner of share is called as shareholder. It shows the ownership of a shareholder in the company..

(c) **Distinctive Number:** Unless dematerialised, each share has distinct number for identification. It is mentioned in the Share Certificate..

(d) **Evidence of Title:** A share certificate is issued by a company under it's common seal. It is a document of title of ownership of shares. A share is not any visible thing. It is shown by share certificate or in the form of demat share.

(e) **Value of a Share:** Each share has a value expressed in terms of money. These are:

1. **Face Value:** This value is written on the share certificate and mentioned in the Memorandum of Association.

2. **Issue Price:** It is the price at which company sells its shares.

3. **Market Value:** This value of share is determined by demand and supply forces in the share market.

(f) **Rights:** A share confers certain rights on its holder such as right to receive dividend, right to inspect statutory books, right to attend shareholders' meetings and right to vote at such meetings, etc.

(g) **Income:** A shareholder is entitled to get a share in the net profit of the company. It is called dividend.

(h) **Transferability:** The shares of public limited company are freely transferable in the manner provided in the Articles of Association..

(i) **Property of Shareholder:** Share is a movable property of a shareholder.

(j) **Kinds of Shares:** A company can issue two kinds of shares:

(a) Equity shares.   (b) Preference shares..

(ii) Following are the main features of the capital market:.

(a) **Link between Investors and Borrowers:** The capital market links investors with the borrowers of funds. It routes money from savers to entrepreneurial borrowers.

(b) **Deals in Medium and Long-term investment:** Capital market is a market where medium and long, term financial instruments are traded. Through this market, corporates, industrial organizations, financial institutions access long-term funds from both domestic and foreign markets..

(c) **Presence of Intermediaries:** Capital market operates with the help of intermediaries like brokers, under writers, merchant bankers, collection bankers etc. These intermediaries are important elements of a capital market.

(d) **Promotes Capital Formation:** Capital market provides a platform for investors and borrowers of long-term funds to trade. This leads to capital formation in an economy as it mobilizes funds..

(e) **Regulated by Government Rules, Regulations and Policies:** Capital market operates freely. However, it is regulated by government rules, regulations and policies., *e.g.,* SEBI is the regulator of Capital markets.

(f) **Deals in Marketable and Non-marketable Securities:** Capital market trades in both marketable and non-marketable securities. Marketable securities are securities that can be transferred., *e.g.,* Shares, Debentures etc. and non-marketable securities are those which cannot be transferred, *e.g.,* Term Deposits, Loans and Advances..

(g) **Variety of Investors:** Capital market has a wide variety of investors. It comprises both individuals like general public and institutional investors like Mutual Funds, Insurance companies, Financial Institutions, etc.

(h) **Risk:** Risk is very high here as the instruments have long maturity periods. However, the return on investments is very high.

(iii) **Requirements as per SEBI for issue of Debentures:**

(a) **Minimum Subscription:** SEBI (Issue and Listing of Debt securities) Regulation, 2008 Regulation-12 state the minimum subscription to be collected by a company. As per SEBI, the minimum subscription for public issue of debentures is 75% of base issue size, *i.e.,* ₹ 100 crores. If the minimum subscription is not received, the entire money received should be refunded within 12 days from the date of closure of the issue.

(b) **Retention of over-subscription:** Company can retain over subscription money up to maximum 100% of the base issue size or any lower unit as specified in the offer letter or letter of offer or prospectus..

(c) **Underwriting:** Company may enter into an underwriting agreement with underwriters for its public issue of debentures. Appointment of underwriters must be mentioned in the offer letter or letter of offer or prospectus.

(d) **Credit Rating:** SEBI (Issue of Capital and Disclosure Requirements) Regulations, 2018 states that companies should get credit rating for issuing debentures.

As per SEBI, companies making a public issue or right issue of convertible debentures must obtain credit rating from one or more credit rating agencies. The rating should be mentioned in the offer letter or letter of offer or prospectus.

6. **(i)** Dividend payable in cash may be paid by cheque or warrant or by electronic mode to the entitled shareholder. Let's discuss the different ways in which dividend can be paid by the company:

(a) **Dividend Warrant:** It is a cheque sent by a company to a shareholder for payment of dividend to the registered address of the shareholder.

(b) **Dividend Mandate:** A shareholder may wish to get dividend credited directly in the bank account. Shareholder is required to send a request to the company in the prescribed form called. 'Dividend Mandate'. Dividend mandate authorizes the company to pay dividend directly to shareholder's bankers.

(c) **Electronic Mode:** Company can use electronic mode to pay dividends to its shareholders.

    1. A listed company has to mandatorily use RBI approved electronic mode of payment such as ECS. (Electronic Clearing Services), NEFT (National Electronic Fund Transfer).

    2. Make arrangements with bank and in collaboration with other banks, if required, to pay the Dividend Warrants at par.

(ii) A company has to open an account called as "Deposit Repayment Reserve Account" for issuing deposits. A sum of not less than 20% of the amount of its deposits maturing during a financial year shall be deposited in a separate bank account in a scheduled bank. The amount should be deposited on or before 30th April each year. The Deposit Repayment Reserve Account shall be used by the company only for the purpose of repayment of deposits. Thus, it is rightly justified that, the company issuing deposit must open Deposit Repayment Reserve Account.

(iii) Depository System has a very important role to play in the successful functioning of the capital market:

    (a) It aims at eliminating huge volume of paper work involved in paper or scrip-based system.

    (b) It offers scope for paper less trading by using the state-of the -art technology..

    (c) It leads to the elimination of storage and handling of certificates.

    (d) It reduces the cost and efforts involved in storage and handling of physical certificates.

(iv) The preference shares do not have normal voting rights. They do not enjoy right of control on the affairs of the company. They have voting rights on any resolution of the company directly affecting their rights *e.g.* : Change in terms of repayment of capital, dividend payable to them are in arrears for last two consecutive years, etc

7. (i)

KRISHNA ELECTRONICS LIMITED

Registered Office:10, Krishnasadan, Shivaji Chowk,

Solapur - 413 001.

CIN : L53888 MH 1987 PLC042262

Phone No : XXXXXXXXXX
Fax No. : XXXXXX
Reference No : K/DH/31/19-20

Website: www.krishnaelectronicsLtd.com
E-mail: krishna30@gmail.com
Date: 15th June, 20xx

Mr. Mahesh
Malpani, 20, Balaji Complex,
Laxmi Road,
Solapur-413 018.

SUB : Conversion of Debentures into Equity Shares

Dear Sir,

I am directed to inform you that in accordance with the terms decided at the time of issue of 1,00,000, 10% fully convertible debentures, the debentures are due for conversion.

In accordance with the above, a Special Resolution was passed by the shareholders in the Extra-Ordinary General Meeting held on 25th May, 20xx for approval of conversion of debentures into equity shares in the ratio of 2 : 1. As per your Letter of Option you have been allotted 50 Equity shares in lieu of 100 Debentures..

Details of your holding after conversion are as follows:

1	2	3	4		5
Folio No.	No. of Debentures held	No. of Equity Shares Issued	Distinctive Numbers		Share Certificate No.
			From	To	
465	100	50	501	550	2219

Duly signed and executed share certificate is enclosed herewith. Debenture Certificate will be null and void w.e.f. 25th May, 20xx.

Thanking You,

End: Share certificate

Yours Faithfully,
Krishna Electronics Ltd.
Sign.
(Mr. Nitin Saraf)
Company Secretary

(ii)

Anmol Steel Industries limited

Registered Office: 30, Anmol Niwas, J. M. Road, Nariman Point, Mumbai - 400 020.

CIN : L30408 MH 2003 PLC110845

Phone No : XXXXXXXXXX	Website : www.aventureindialtd.com
Fax No. : XXXXX	E-mail : anmol5@gmail.com
Reference No : A/MR-D/7/19-20	Date : 7th May, 2019

Mrs. Jyoti Surti,
12, Laxmi Niwas, Amrapali Marg,
Bandra, Mumbai - 400 050.

Sub. : Payment of Dividend on Equity Shares

(Equity Shares of ₹ 10 each at par)

Dear Madam,

I am instructed by the Board of Directors to convey to you that in the 31st Annual General Meeting held on 20th April, 20XX, Final Dividend @ ₹ 2.5 per equity share of ₹ 10/- each has been approved by the members for the year ending 31st March, 20XX.

Your company has complied with all the statutory provisions (Sec. 123 of the Companies Act. 20xx) relating to declaration of dividend.

Details of dividend payable to you are as follows:

1	2	3		4	5	6	7
Register Folio No.	No. of Shares held	Distinctive Nos.		Dividend Warrant No.	Gross Dividend	Income Tax Deducted (TDS)	Net Dividend
		From	To				
A-30	100	301	400	B-9931	₹ 250	Nil	₹ 250

The 'Dividend Warrant' is attached herewith. Please detach the 'Dividend Warrant' along the perforated line.

Thanking you,

Yours Faithfully,
Anmol Steel Industries Limited.

Encl. : Dividend Warrant

(iii) Resolving query of Share Holder – format

DIAMOND INTERNATIONAL LTD.

Registered Office: 24, Diamond House, Nariman Point,

Mumbai - 400021

CIN : L15522 MH 2000 PLC301244

Phone: 022-50202113	Website:www.dimondlimited.com
Fax.: 022-20304112	E-mail: dimond5@gmail.com
Ref. No. D/DEP/61/19-20	Date : 22nd March, 20xx

Miss. Ashi Singh
26, Gulmohar Apartment,
Andheri (W)
Mumbai-400 058..

Sub: Renewal of Fixed Deposit

Dear Madam,

We hereby acknowledge the receipt of your application for renewal of deposit of ₹1,00,000 for a further period of two years. Along with the application we have also received original Fixed Deposit Receipt (FDR) No. 4625, and the same has been placed before the Board for consideration and approval.

The Board of Directors by passing a resolution at the Board meeting held on 17th March, 20xx has decided to renew the deposits for a further period of 2 years on the same terms and conditions. A Deposit Receipt No. 5925 is enclosed along with this letter.

Thanking you,

Encl : Fixed Deposit Receipt No. 5925

Yours faithfully,
For Diamond International Ltd.
Sign.
Mirs. Kavya Abubeni
Company secretary

8. **(i)** Every company issuing shares has to comply with the provisions of the Companies Act, 2013 with regard to allotment of shares.

A public company has to also follow the Companies (Prospectus and Allotment of Securities) Rules, 2014 and SEBI (Issue of Capital and Disclosure Requirements) Regulations, 2018.

Statutory Provisions: These are provisions laid down by the Companies Act, 2013.

(a) **Registration of Prospectus:** A copy of the prospectus must be filed with the Registrar of Companies for registration on or before the date of its publication. This prospectus must be signed by every proposed Director (in case of newly formed company) or director or his duly authorised advocate.

(b) **Application Money:** The Companies Act states that along with the application form, the applicant has to pay a minimum of 5% of the nominal amount of the shares or such other amount as specified by SEBI. SEBI has specified (for public companies) the application money to be minimum 25% of the nominal amount of shares. The application money is to be paid in the Bank specified by the company.

(c) **Minimum Subscription:** Minimum subscription is the minimum amount of shares that must be taken or bought by the subscribers. This amount is mentioned in the prospectus. It must be collected within thirty (30) days from issue of prospectus.

SEBI has stated minimum subscription should be 90% of the total issue.

(1) Usually when a company does not collect minimum subscription, it means its issue has been under subscribed i.e. the number of shares applied for is less than the shares offered by the company.

(2) If minimum subscription is not collected within the specified time, the entire amount received as application money should be returned to the subscribers within fifteen days of closure of issue. To avoid such a situation, company may enter into an under writing agreement with the underwriters.

(d) **Closing of Subscription list:** As per SEBI, the subscription list must be kept open for at least three working days and not more than ten working days. Applicants can apply for shares only when the subscription list is open.

(e) **Basis of Allotment:** Allotment of shares will be on the basis which will be decided for each category of subscribers. Allotment will be as per the minimum application size as fixed by the company.

(f) **Over-subscription:** Over-subscription means when application received for shares are more than the number of shares offered by the company.

SEBI does not allow any allotment in excess of securities offered through offer document or prospectus. However, it may permit to allot not more than 10% of the net offer.

(g) **Permission to Deal on Stock Exchange:** Every company, before making a public offer shall apply to one or more recognised Stock Exchanges to seek permission for listing its shares with them. The prospectus shall mention the name of the Stock Exchange and the fact that an application for permission to list in that stock exchange has been made by the company.

(h) **Appointment of Managers to the Issue and various other Agencies:** Company has to appoint one or more Merchant Bankers to act as managers to the public issue. It also has to appoint Registrar to the issue, Collecting Bankers, Underwriters to the issue and Brokers to the issue, self certified syndicate banks, advertising agents, etc.

(ii) In the functional management of business enterprise, importance is given to production, finance, marketing and personnel activities. Among all these activities, utmost importance is given to financial activities. The importance of corporate finance may be discussed as follows:

(a) **Helps in Decision-making:** Most of the important decisions of business enterprise are determined on the basis of availability of funds. It is difficult to perform any function of business enterprise independently without finance..

Every decision in the business is needed to be taken keeping in view of it's impact on profitability. There may be number of alternatives but the management is required to select the best one which will enhance profitability. Business organisation can give green signal to the project only when it is financially viable. Thus, corporate finance plays significant role in decision making process.

(b) **Helps in Raising Capital for a Project:** Whenever a business firm wants to start a new venture, it needs to raise capital. Business firm can raise funds by issuing shares, debentures, bonds or even by taking loans from the banks..

(c) **Helps in Research and Development:** Research and Development must be undertaken for the growth and expansion of business. Detailed technical work is essential for the execution of projects. Research and Development is a lengthy process and therefore, funds have to be made available through out the research work. This would require continuous financial support. Many a time, Company has to upgrade its old product or develop new product to attract the consumers. For this company has to conduct survey, market analysis, etc., which again requires financial support..

(e) **Helps in Smooth Running of Business Firm:** A smooth flow of corporate finance is needed so that salaries of employees are paid on time, loans are cleared on time, raw material is purchased whenever required, sales promotion of existing products is carried out smoothly and new products can be launched effectively.

(f) **Brings Co-ordination between various Activities:** Corporate finance plays significant role in control and co-ordination of all activities in an organisation. E.g., production will suffer if finance department does not provide adequate finance for the purchase of raw materials and meeting other day-to-day financial requirements for smooth running of production unit. Due to this, sales will also suffer and consequently, the income of concern as well as rate of profit will be affected. Thus, efficiency of every department depends upon the effective financial management.

(g) **Promotes Expansion and Diversification:** Modern machines and modern techniques are required for expansion and diversification. Corporate finance provides money to purchase modern machines and technologies. Therefore, finance becomes mandatory for expansion and diversification of a company..

(h) **Managing Risk:** Company has to manage several risks, such as sudden fall in sales, loss due to natural calamity, loss due to strikes, etc. Company needs financial aid to manage such risks.

(i) **Replace Old Assets:** Assets such as plant and machinery become old and outdated over the years. They have to be replaced by new assets. Finance is required to purchase new assets.

(j) **Payment of Dividend and Interest:** Finance is needed to pay dividend to shareholders, interest to creditors, banks,etc.

(k) **Payment of Taxes/Fees:** Company has to pay taxes to Government such as Income Tax, Goods and Service Tax (GST) and fees to Registrar of Companies on various occasions. Finance is needed for paying these taxes and fees..

●●

Questions

1. **From the given sub questions attempt any four:**

(A) **Select the appropriate option from options given below and rewrite them:**

(i) A _______ who expects fall in price of a securities.

(a) bull　　　　　　　(c) jobber

(b) bear

(ii) The sum of all _______ is gross working capital.

(a) expenses　　　　(c) current liabilities.

(b) current assets

(iii) The holder of _______ preference shares have right to convert their shares into equity shares.

(a) cumulative　　　(c) redeemable.

(b) convertible

(iv) Bonus shares are issued free of cost to _______ .

(a) existing equity shareholders

(b) existing employees

(c) Directors.

(v) Return of deposit must be filed every year on or before ....

(a) 30th June　　　　(c) 30th April

(b 31st March

(B) **Find the add one :**

(i) Dividend Warrant, Interest Warrant, Share Warrant, Demat

(ii) Trade Credit, Overdraft, Cash Credit

(iii) Private Company, Public Company, Government Company, Eligible Public Company

(iv) Authorised capital, Paid-up Share Capital, Issued Capital, Equity share capital.

(v) NSDL, CDSL, NBFC.

(C) **True or false:**

(i) Debenture is a loan capital of the company.

(ii) Fixed capital is also referred as circulating capital.

(iii) ISIN is a code given to a company..

(iv) Government Company can accept deposit from members..

(v) India has a single depository system.

(D) **Complete the sentences:**

(i) _____ is the internal source of financing.

(ii) Finance is needed to pay _____ to debentureholder.

(iii) _____ market where company trades shares for the first time.

(iv) _____ is the process of offering shares to general public.

(v) _____ is a speculator who expects fall in the price of security.

2. **Explain the following terms / concepts in detail: (Any 4 out of 6):**

(i) Equity shares　　　　(ii) Blank Transfer

(iii) Stock Exchange　　 (iv) Bond

(v) Preference shares　 (vi) Debenture certificate

3. **Study the following case / situation and express your opinion. (Any 2):**

(i) Violet Ltd. company plans to raise ₹ 10 crores by issuing debentures. The Board of Directors have some queries. Please advise them on the following:

(a) Can the company issue unsecured debentures?

(b) Can they issue irredeemable debentures?

(c) As the company is offering debentures to its members, can such debentures have normal voting rights?

(ii) A company is planning to enhance it's production capacity and is evaluating the possibility of purchasing new machinery whose cost is ₹ 2 crore or has alternative of machinery available on lease basis:

(a) What type of asset is machinery?

(b) Capital used for purchase of machinery is fixed capital or working capital?

(c) Does the size of a business determine the fixed capital requirement.

(iii) Mr. Sahaj holds 50 shares of Peculiar Co. Ltd. in demat form. The company has declared a dividend of ₹ 5/- per share and Bonus of 1:1 to its shareholders:

(a) How will Mr. Sahaj get his dividend?

(b) Will he get Bonus share in Physical or demat?

(c) Who is entitled to dividend and Bonus : Mr. Sahaj or the depository ? (NSDL in this case)

4. **Distinguish between (Any 3):**

(i) Shares and Debentures

(ii) Dividend and Interest

(iii) Primary Market and Secondary Market

(iv) Transfer of Shares and Transmission of Shares

5. **Answer the following questions in brief (Any 2):**

(i) What is Book-Building Method ?

(ii) State any four functions of stock exchange.

(iii) Explain disadvantages of physical mode of holding securities.

6. Justify the following statements (Any 2):

(i) The nature of business affects the working capital requirement..

(ii) Companies have to create a charge on their tangible assets while issuing secured deposits..

(iii) Unpaid/Unclaimed Dividend is governed by some rules..

(iv) Transmission of Shares takes place due to operation of law.

7. Answer the following questions in detail (Any 2):

(i) Write a letter to the debentureholder regarding payment of interest through Interest Warrant..

(ii) Draft a letter to depositor informing him about payment of interest through Interest Warrant..

(iii) Write a letter to the member for the payment of Interim dividend electronically.

8. Answer the following questions in detail (Any 1):

(i) Elaborate the process for issue of debentures..

(ii) State the features of equity shares.

🅰 Answer Key

1. (A) (i) (b) bear

(ii) (b) current assets

(iii) (b) convertible

(iv) (a) existing Equity shareholders.

(v) (a) 30th June

(B) (i) Demat

(ii) Trade Credit

(iii) Eligible Public Company

(iv) Equity Share Capital

(v) NBFC

(C) (i) True

(ii) False

(iii) False

(iv) False

(v) False

(D) (i) **Retained Earnings** is the internal source of financing.

(ii) Finance is needed to pay interest to debentureholder.

(iii) **Primary** market where company trades shares for the first time.

(iv) **IPO** is the process of offering shares to general public.

(v) **Bear** is a speculator who expects fall in the price of security.

2. (i) Equity shares are also known as ordinary shares. Companies Act defines equity shares as 'those shares which are not preference shares'..

(ii) When a member signs the instrument of transfer without filling in the name of the transferee and hands it over to the transferee along with the share certificate, it is called 'Blank Transfer'. Blank transfer enables easy purchase and sale of shares as the blank transfer form can be sold any number of times. The intermediate buyers need not pay Stamp Duty. A holder of Blank transfer form enjoys all rights a member is entitled to have..

(iii) Stock exchange is a specific place where various types of securities are purchased and sold. The term securities include equity shares, preference shares, debentures, government securities and bonds, etc., including units of Mutual

Funds. Stock markets act as intermediary between investors and borrowers. To provide safety and stability to the investors, Stock exchanges in India are regulated by SEBI. London Stock Exchange which was founded in 1571, is the oldest Stock Exchange in the world while Bombay Stock Exchange which was founded in 1875, is the oldest stock exchange in India.

(iv) Bond is a debt security. It is a formal contract to repay borrowed money with interest. Bond is a loan. The holder of bond is a lender to the institution. He is a creditor of the company. He gets fixed rate of interest. All bonds have maturity date and is paid in cash at certain date in future.

(v) As the name indicates, these shares have certain preferential rights distinct from those attached to the equity shares. The shares which carry following preferential rights are termed as preference shares:

(a) A preferential right to receive the payment of dividend during the life time of the company.

(b) A preferential right to receive the return of capital in the event of winding-up of company. The holder of preference share have a prior right to receive fixed rate of dividend before any dividend is paid to the equity shareholders. The rate of dividend is prescribed at the time of issue.

(vi) Company has to issue Debenture certificate to the debenture holders within six months of the allotment of Debentures..

3. (i) (a) Yes, the company can issue secured and unsecured debentures. But they have to get the approval of shareholders in a general meeting by passing a special resolution..

(b) No, all the debentures are redeemable, *i.e* they have to be repaid. Thus, the company cannot issue irredeemable debentures..

(c) As per the Companies Act, 2013, the company cannot issue debentures with voting rights. Debenture holders are the creditors of the company. So, they don't have normal voting rights. They can only vote for the matters related to them.

(ii) (a) Machinery is a fixed asset. This is because it stays with a company for a long period of time.

(b) Capital used for the purchase of machinery is fixed capital. It is the capital that stays in the company almost permanently..

(c) Yes, the size of a business determines the fixed capital requirement. Large size business has high fixed capital requirements and vice-versa..

(iii) (a) Under the depository system, the account of the investor is automatically credited in case of corporate action. So, Mr. Sahaj will get his dividend through the depository in his bank account which is linked with the depository..

(b) Since, Mr. Sahaj holds the shares in demat form, the bonus shares also will be received in demat form and will be directly credited to this demat A/c.

(c) Mr. Sahaj is the beneficial owner and hence, he is entitled to the dividend and bonus.

4. (i) Distinguish Between Shares and Debentures:

Points	Shares	Debentures
Meaning	A share is a part of share capital of a company. It is known as ownership securities.	A debenture is a certificate of loan taken by a company. They are also known as creditorship securities.
Status	A holder of shares is the owner of company. Therefore, share capital is owned capital.	A holder of debenture is the creditor of the company. Debenture capital is loan capital or borrowed capital.
Nature	It is permanent capital. It is not repaid during the life time of the company.	It is temporary capital. Generally, it is repaid after a specific period of time.
Voting / Right	Shareholders being owners, enjoy normal voting rights in general meeting. They participate in the management of the company.	Debenture holders being creditors, do not have any voting right. They cannot participate in the management of the company.
Return on Investment	Return on shares is called dividend. Equity shareholders receive dividend at fluctuating rate whereas preference shareholders receive dividend at fixed rate.	Return on debenture is called interest. It is fixed at the time of issue. Interest is paid even when company has no profit.
Security	Share capital is unsecured capital. No security is offered to the shareholder.	Debenture capital being loan capital is secured by creating a charge on Company's property.
Time of Issue	Shares are issued in the initial stages of the company formation.	Debentures are issued at a later stage, when the company has properties to offer as security.
Suitability	Shares are suitable for long-term finance.	Debentures are suitable for medium term finance.

(ii) Distinguish between Dividend and Interest:

Points	Dividend	Interest
Meaning	Dividend is the return payable to the shareholders of the company for their investment in the share capital.	It is the return payable to the creditors of the company viz. Debentureholder / Deposit holders for the loan given by them to the company.
Given to whom	It is paid to the member, *i.e.,* the owners of the company.	It is paid to the creditor of the company.
Obligation	It is to be paid only when company has made profits. Therefore, no obligation / compulsion to pay dividend.	It is not linked to the profits of the company. Payment of interest is an obligation and is to be paid by the company compulsorily.
When Payable	It is payable when a company earns sufficient profit in a year after fulfilling all obligations.	It is payable every year irrespective of the profits of the company.
Rate	It is paid at a fluctuating rate to the equity shareholders since it is linked to the profits of company.	Rate of interest is fixed and pre-determined at the time of issue of the security.

Resolution	Payment of Final Dividend requires a Board resolution and an ordinary resolution at the AGM while Interim Dividend can be paid by passing only a Board Resolution.	Payment of interest does not require passing of a resolution at any meeting.
Accounting Treatment / Aspect	Dividend is an appropriation of profit.	Interest is a charge on profit.

(iii) Distinguish between Primary Market and Secondary Market:

Points	Primary Market	Secondary Market
Meaning	The issue of new shares by the company is done in the primary market.	The securities issued earlier are traded in the secondary market.
Mode of Investment	Direct investment in the securities. Securities are acquired directly from the company.	Indirect investment as the securities are acquired from other stakeholders.
Parties in action	The parties dealing in this market are company and investors.	The parties dealing in this market are only investors.
Intermediary	The underwriters are the intermediaries.	The security brokers are the intermediaries.
Value of security	The price of security in the primary market is fixed as it is decided by the company.	The price of security is fluctuating, depending on the demand and supply conditions in the market.

(iv) Distinguish between Transfer of Shares and Transmission of Shares

Points	Transfer of Shares	Transmission of Shares
Meaning	Transfer of shares means voluntarily or deliberately giving away one's shares to another person by entering into a contract with the buyer.	It means transfer of ownership of a member's shares to his legal representative due to operation of law. It takes place on death, insolvency or insanity of the members.
Done when	It is done when the member wants to sell his shares or give his shares as gift.	It is done when the member dies or becomes insolvent or insane.
Nature of Action	It is a voluntary action taken by the member.	It is an involuntary action. It is due to operation of law.
Parties involve	In transfer of shares, there are two parties involved- the member who is called as transferor and the buyer who is called a transferee.	There is only one party, *e.g.*, the nominee of the member in case of death of the member or the legal representative.
Instrument of transfer	Transfer requires instrument of transfer. It is a contract between the transferor and transferee.	No instrument of transfer is needed.
Initiated by	Transferor initiates the transfer process.	Legal representative or official receiver initiates the process of transmission.
Consideration	Transfer of shares is often done by the member to receive some consideration (money) *i.e.*, the buyer has to pay for the shares. (Except given as gift.)	No consideration is involved here. The legal heir or official receiver need not pay for the shares.

5.   (i) Under the book-building method, the issuer company determines the number of shares and the issue price at which its shares will be sold by the bidding process. The company issues a Red Herring Prospectus which contains price range or price band and asks the investors to bid on it. The lower end of the price band is called as 'floor price' while the highest end is called as 'cap price' or 'ceiling price'. The final price at which shares are offered to the investors is called as 'cut-off' price. Investors can bid any numbers of shares that they are willing to buy at any price within the price band. Bidding is kept open for 5 days. The bids along with the application money is to be submitted to the Lead Merchant Bankers called as 'Book Runners' who enters the bids in a book. After bidding is over, company fixes 'cut off price' based on the highest or best price at which all shares on offer can be sold. Company issues a prospectus which contains the final price. Book Building Method is used for Public issues, *i.e.*, IPO and FPO.

(ii) (a) **Mobilisation of Savings:** Stock markets are organised and regulated market which protects the interests of the investors. This encourages small and big investors to invest in securities through the stock exchange. It thus, provides a ready market for buying and selling securities.

(b) **Capital Formation:** Investors in securities are attracted due to good returns on investments and capital appreciation. This attracts more investors to invest through the stock exchange. Corporates too can easily raise funds by offering various types of securities to meet the needs of different types of investors. Thus, Stock exchange serves as a tool for capital formation.

(c) **Pricing of Securities:** The stock market helps to value the securities on the basis of demand and supply factors. The securities of profitable and growth-oriented companies are valued higher as there is more demand for such securities. The valuation of securities is useful for investors, government and creditors. The investors can know the market value of their investment. The creditors can estimate the credit worthiness of a company.

(d) **Economic Barometer:** A stock exchange is a reliable barometer to measure the economic condition of a country. Every major change in country and economy is reflected in the prices of shares. The rise or fall in the share prices indicates the boom or recession cycle of the economy. Stock exchange is also known as a pulse of economy or economic mirror as it reflects the economic conditions of a country..

(e) **Protecting Interest of Investors:** Stock exchange protects the interest of investors. In stock market, only the listed securities are traded. Stock exchange allows listing only after verifying the soundness of a company. The companies which are listed, have to operate within the strict rules and regulations laid down by the stock exchange. This ensures safety of dealing through stock exchange..

(f) **Liquidity:** The main function of stock market is to provide a ready market for sale and purchase of securities. The presence of stock market gives assurance to investors that their investment can be converted into cash whenever they want. The investors can invest in long-term investment projects without any hesitation, because of stock exchange they can convert long-term investment into short-term and medium-term or even liquidate their investments whenever they want..

(g) **Better Allocation of Capital:** The shares of profit-making companies are quoted at higher prices and are actively traded so such companies can easily raise fresh capital from stock market. The prices of securities traded in the exchange indicates the opportunities for investments. So, stock exchange facilitates allocation of investors fund to productive and profitable channels..

(h) **Contributes to Economic Growth:** In stock exchange, securities of various companies are bought and sold. Investors invest in companies which give good return on investments. Hence companies, too, try to invest in most productive investment projects. This leads to the capital formation as well as economic growth.

(i) **Providing Scope for Speculation:** To ensure liquidity and demand or supply of securities, the stock exchange permits healthy speculation of securities.

(j) **Promotes the Habit of Savings and Investment:** The stock market offers attractive opportunities of investment in various securities. These attractive opportunities encourage people to save more and invest in securities of corporate sector rather than investing in unproductive assets such gold, silver, etc.

(iii) Following are the disadvantages of physical mode of holding securities:

(a) **Risk:** Certificates of papers can be lost, damaged, torn, stolen, misplaced during transit, etc..

(b) **Efforts in Duplicating:** Obtaining duplicate certificates (if original certificate is lost) involves time, efforts and money.

(c) **Delay in Allotment of Securities:** Allotment of new securities takes longer time.

(d) **Delay in Transfer and Transmission of Securities:** More time is involved in transfer and transmission of securities as it involves actual handling of physical certificates.

(e) **Risk of Bad Delivery:** Delivering certificates which are torn, forged, etc., creates problems in buying and selling of securities..

6. **(i)** There is no precise standards to measure working capital adequacy. Management has to determine the size of working capital in the light of certain aspects of business firm and economic environment within which the firm operates. Firms engaged in manufacturing essential products of daily consumption would need relatively less working capital as there would be constant and sufficient cash inflow in the firm to take care of liabilities. Likewise, public utility concerns have to maintain small working capital because of continuous flow of cash from their customers. On the contrary, if the business is dealing in luxurious products, it requires huge amount of working capital, as sale of luxurious items are not frequent. Trading/merchandising firms which are concerned with distribution of goods, have to carry big inventories of goods to meet customer's demand and have to extend credit facilities to attract customers. Hence, they need large amount of working capital..

(ii) Every company accepting deposits from the public shall create charge on its tangible assets of an amount not less than the amount of deposits accepted in favour of the deposit holders in accordance with such rules as may be prescribed. The charge should be created within 30 days from accepting the deposits. The minimum amount of security should be equal to the amount not covered by Deposits Insurance. The security is created in favour of the Deposits Trustee. Thus, it is rightly justified that, Companies have to create a charge on their tangible assets while issuing secured deposits.

(iii) The dividend declared by company but has not been paid by it or claimed by a shareholder within 30 days of its declaration is termed as Unpaid and Unclaimed Dividend.

Following rules govern the Unpaid/Unclaimed Dividend:

(a) Total amount of dividend which remains unpaid/ unclaimed should be transferred to 'Unpaid Dividend Account' opened in a scheduled Bank by the company. This transfer should be within 7 (seven) days at the end of 30 days within which payment was to be made. In other words, this transfer should happen within 37 (Thirty seven) days from the declaration of dividend.

(b) Within 90 (Ninety) days of transfer of amount in the 'Unpaid Dividend Account', the company is required to put on its website or any other website as approved by the Central Government, a statement which shows names, last known addresses and unpaid amount payable to each shareholder.

(c) Any claimant to the Unpaid Dividend Account may apply to the company for the payment of money claimed.

(d) Any amount in the unpaid Dividend Account of a company which remains unpaid/ unclaimed for a period of 7 (seven) years from the date of such a transfer shall be, transferred by the company to 'Investors Education and Protection Fund' (IEPF).

(e) The claimant of money will have to follow the procedures and submit necessary documents to get claim from IEPF along with a statement in the prescribed form which gives details of such transfers..

(iv) Transmission of shares takes place due to operation of law *i.e.* the shares of a member is automatically transferred to another person on the death, insolvency or insanity of a member. Thus transmission of shares is an involuntary action. There is only one party *i.e.* Legal Heir who initiates the process of transmission. The legal heir or official receiver need not pay any consideration for the shares. Original liability of the member continues incase of transmission. There is no need to submit Instrument of Transfer or pay stamp duty.

7.   (i)

ROLTA INDIA LIMITED

Registered Office : Rolta Tower, 'B' wing, Rolta Technology Park,

MIDC, Andheri (W), Mumbai - 400 053.

CIN : L74999 MH 1989 PLC052384

Phone No : 022-26205555
Fax No. : 022-10206431
Reference No : R/DH/07/19-20

Website: www.roltalimited.com
E-mail: rolta31@gmail.com
Date: 10th June, 20xx

Mrs. Diya Saluja
Aditi Appartment, M.G. Road,
Mira Road (E),
Mumbai - 401 107.

SUB : Payment of Interest on Debentures

Dear Madam,

I am directed to inform you that, the Board of Directors has passed a resolution in the Board meeting held on 05th June, 2019 regarding payment of interest on your 100, 10% Non-convertible debentures of ₹ 100/- each..

The details of payment of interest payable to you are as follows:

1	2	3		4	5	6	7
Folio No.	No. of Debentures	Distinctive Numbers		Gross Amt. of Interest	T. D. S. (10% On Interest)	Net Amt. of Interest (₹)	Interest Warrant No.
		From	To				
C - 240	100	601	700	₹ 1000	Nil	₹ 1000	IW 9646

The Interest warrant is enclosed herewith. Please detach the Interest Warrant along the perforated line.

Thanking you,

Yours faithfully,
For Rolta India Limited.

Sign.
(Mrs. Simran Unecha)
Company Secretary

Encl :- Interest Warrant

(ii)

KISHOR TEXTILE LTD.

Registered Office : 104/B, Bombay House, S. V. Road, Borivali (W),

Mumbai 400 103.

CIN : L05065 MH 2000 PLC430644

Phone No : 022-60304636

Fax No. : 022-40202323

Reference No : K/DEP/34/19-20

Website : www.kishortesxtilelimited.com

E-mail : kishortext30@gmail.com

Date : Date : 28th July, 20XX

Mrs. Lata Dixit

C-702, Madhuban Apt., Shivaji Nagar,

Camp,

Pune - 411 001.

Sub.: Payment of Interest on Fixed Deposits

Dear Madam,

I am instructed by the Board of Directors to inform you that the interest @10% on your Fixed Deposit approved by the Board has become due. We are enclosing herewith 'Interest Warrant' No. 3345, dated 25th July, 2019 drawn on Axis Bank, Borivali Branch for ₹ 2,500/-. Your company has complied with all the provisions relating to the payment of interest on deposits The details of your Fixed Deposit and interest payable on deposit are given in the following schedule:

1	2	3	4	5	6	7
Interest Warrant No..	Fixed Deposit Receipt. No.	Deposit Amount (₹.)	Rate of Interest (%)	Gross Amount of Interest	TDS @ (10%)	Net Amount of Interest Payable (₹)
3345	2032	₹ 25,000	10%	₹ 2,500	Nil	₹ 2,500

Interest Warrant is enclosed herewith. Please detach the Interest Warrant along the perforated line.

Thanking you,

Yours faithfully,

For Kishor Textile Ltd.

Sign

Mr. Nikhil Dixit

Company Secretary

Encl : Interest Warrant

(iii)

GURUSAI AUTO LIMITED

Registered Office : 31, Tulsi Complex, Lodhi Road, Camp,

Pune - 411 001.

CIN : L40103 MH 1999 PLC300477

Phone: 020-24032844

Fax.: 020-2435610

Ref. No. S/MR-D/12/19-20

Website: www.gurusailimited.com

E-mail: sai31@gmail.com

Date : 3rd June, 2019

Mr. Jayant Modi

15, Sagar Apartment,

Van Vihar Road,

Pune - 411 030.

Sub.: Payment of Interim Dividend through Electronic Clearing Service (ECS), Direct Credit / NEFT

Dear Sir,

We are pleased to inform you that the Board of Directors of Gurusai Auto Limited in its meeting held on Thursday,

28th May 20XX has declared Interim Dividend @ ₹ 1/- (*i.e.,* 10%) per equity share of face value of ₹ 10/- each.

As per the instructions given by you (either in person or through Depository Participant), we have remitted the amount of aforesaid Interim Dividend to your Banker for crediting your Bank Account, *i.e.,* Dividend will be payable by electronic transfer. Your company has complied with all the provisions relating to declaration and payment of dividend.

Details of Dividend payable to you are given below.

1	2	3	4	5	6
No. of Equity Shares held on Record Date (May 31st, 20XX)	Dividend Per Share (₹)	Dividend Amount (₹)	DPID and Client ID No.	Date of Remittance	Bank A/c. (BOB)
500	1	500	12033 200074 79005	6th June 20XX	5656000 22105 Bank of Baroda

Please verify the credit of amount in your Pass Book / Statement of accounts.

As per the provisions of the Income Tax Act, 1961 no tax is required to be deducted at source in respect of Dividend payment, but dividend Distribution Tax has been paid by the Company.

Thanking you,

Yours faithfully,
For Gurusai Auto Limited
Sign
(Mr. Jitesh M. Gandhi)
Company Secretary

8. **(i) Following is the procedure to be followed by a company issuing debentures.**

(a) **Pass Resolution in Board Meeting:** In the Board Meeting, following resolution will have to be passed:

   1. Amount, type of debentures to be issued and the terms and conditions for issue.

   2. Approve prospectus or offer letter or letter of offer.

   3. Approve appointment of Debenture Trustees and get their written consent.

   4. Authorize Board to create charge on assets of the company.

   5. Call extra-ordinary General Meeting if the Board's borrowing powers need to be increased.

   6. Authorizes Board to open a separate bank account for receiving money from applicants..

(b) **Hold Extra-ordinary General Meeting (EGM):** If the borrowing powers of the Board is to be increased, EGM must be held to get the shareholders' approval through a Special Resolution.

(c) **Filing with Registrar of Companies:** Secretary has to file the Special resolution and copy of Prospectus, offer letter / Letter of offer with Registrar of Companies within 30 days of Board Meeting..

(d) **Obtain Credit Rating:** Company gets its debentures rated by one or more Credit Rating Agencies. The ratings must be mentioned in the prospectus/offer letter/Letter of offer.

(e) **Enter into Underwriting Agreement:** Company enters into an underwriting agreement for underwriting its debenture issue.

(f) **Issue Prospectus / Letter of Offer / Offer Letter:** Company issues prospectus, if it is inviting the public to buy its debentures. Offer Letter is issued if a company makes private placement and Letter of offer for Rights Issue.

(g) **Open Separate Bank Account:** Company opens a separate bank account in a scheduled Bank to receive the money from the applicants.

(h) **Receiving Application Money:** Subscribers will submit their application along with the required amount to the specified bank within the time period mentioned in the prospectus or letter of offer / Offer Letter.

(i) **Hold Board Meeting:** After the issue closes, a Board Meeting is held to decide and approve allotment of debentures. Board also approves creation of charges on the company's assets:

(j) **Issue of Debenture Certificate:** The allotment procedure has to be completed within 60 days from the receipt of application money. Company has to issue Debenture certificate within six months of allotment of debentures.

(k) **Make Entries in Register of Debenture holders:** Secretary has to make entries in the Register of Debenture holders within seven days after the Board approval of allotment. However, if debentures are issued in demat form, company does not maintain the Register of Debenture holders..

(ii) The features of equity shares are:

(a) **Permanent Capital:** Equity shares are irredeemable shares. The amount received from equity shares is not refundable by the company during its life time. Equity shares become refundable only in the event of winding-up of the company or when company decides to buy-back shares. Thus, equity share capital is the long-term and permanent capital of the company.

(b) **Fluctuating Dividend:** Equity shares do not have a fixed rate of dividend. The rate of dividend depends upon the amount of profit earned by the company. If company earns more profit, dividend is paid at a higher rate. On the other hand, if there is insufficient profit or loss, Board of Directors may postpone the payment of dividend. Equity shareholders cannot compel them to declare and pay dividend. The income of equity shares is uncertain and irregular. The equity shares get dividend at fluctuating rate.

(iii) Rights: Equity Shareholders enjoy certain rights as given below:

1. **Right to Vote:** It is the basic right of equity shareholders through which they elect directors, alter Memorandum and Articles of Association, etc.

2. **Right to Share in Profit:** It is an important right of equity shareholders. They have right to share in profit, when distributed as dividend. If the company is successful and makes handsome profit, they have advantage of getting large dividend.

3. **Right to Inspect Books:** Equity shareholders have right to inspect statutory books of their company.

4. **Right to Transfer Shares:** The equity shareholders enjoy the right to transfer shares as per the procedure laid down in the Articles of Association.

(iv) No Preferential Right: Equity shareholders do not enjoy preferential right in respect of payment of dividend. They are paid dividend only after dividend on preference shares has been paid.

Similarly, at the time of winding-up of the company, the equity shareholders are paid last. Further, if no surplus amount is available, equity shareholders will not get anything.

(v) Controlling Power: The control of company is vested with the equity shareholders. They are often described as 'real masters' of the company. It is because they enjoy exclusive voting rights. The Act provides the right to cast vote in proportion to share holding. They can exercise their voting right by proxies, without even attending meeting in person.

By exercising voting right they can participate in the management and affairs of the company. They elect their representatives called Directors for management of the company. They are allowed to vote on all matters discussed at the general meeting. Thus equity shareholders enjoy control over the company.

(vi) Risk: Equity shareholders bear maximum risk in the company. They are described as 'shock absorbers' when company has financial crisis.

If the income of company falls, the rate of dividend also comes down. Due to this, market value of equity shares comes down resulting into capital loss. Thus, equity shareholders are the main risk takers.

(vii) Residual Claimant: Equity shareholders as owners are residual claimants to all earnings after expenses, taxes, etc., are paid. A residual claim means the last claim on the earnings of company.

Although equity shareholders come last, they have advantage of receiving entire earnings that is left over.

(viii) No Charge on Assets: The equity shares do not create any charge over assets of the company.

(ix) Bonus Issue: Bonus shares are issued as gift to equity shareholders. These shares are issued free of cost to existing equity shareholders. These are issued out of accumulated profits. Bonus shares are issued in proportion to the shares held. Thus, capital investment of (ordinary) equity shareholder tends to grow on its own. This benefit is available only to the equity shareholder.

(x) Right Issue: When a company needs more funds for expansion purpose and raises further capital by issue of shares, the existing equity shareholders may be given priority to get newly offered shares. This is called 'Right Issue'. The shares are offered to equity shareholder first, in proportion to their existing share holding.

(xi) Face Value: The face value of equity shares is low. It can be generally ₹ 10 per share or even ₹ 1 per share.

(xii) Market Value: Market value of equity shares fluctuates according to the demand and supply of these shares. The demand and supply of equity shares depend on profits earned and dividend declared. When a company earns huge profit, market value of its shares increases. On the other hand, when it incurs loss, the market value of it's shares decreases. There are frequent fluctuations in the market value of equity shares in comparison to other securities. Therefore equity shares are more appealing to the speculator.

(xiii) Capital Appreciation: Share Capital appreciation takes place when market value of shares increases in the share market. Profitability and prosperity of the company enhances reputation of company in the share market and it facilitates appreciation of market value of equity shares.

●●

Sample Paper-5
Secretarial Practice

📝 Questions

1. From the given sub questions attempt any four:

(A) Select the appropriate option from options given below and rewrite them:

  (i) Dividend is paid to ________.

    (a) Shareholder   (c) Depositor

    (b) Debentureholder

  (ii) Return on investment on debenture is called ________

    (a) Debit   (c) Credit

    (b) Interest

  (iii) Rate of interest on deposits is ________

    (a) fixed   (c) moderate

    (b) fluctuating

  (iv) A speculator who expects fall in prices of shares is called ________

    (a) Bull   (c) Broker

    (b) Bear

  (v) When there is boom in economy, sales will ________.

    (a) Decrease   (c) stable

    (b Increase

(B) Give one word or phrase for the following sentences:

  (i) The capital which is used to carry out the day-to-day business activities.

  (ii) Full form of ISIN.

  (iii) Voluntary return of shares by the member to the company for cancellation.

  (iv) Part of Issued-capital which has been subscribed or taken up (bought) by investors (subscriber).

  (v) Note given by a broker to his client.

(C) True or false:

  (i) One of the functions of SEBI is to protect the interest of issuers of securities in the securities market.

  (ii) Equity shares carry dividend at a fixed rate.

  (iii) FPO refers to offering of shares to the public for the first time.

  (iv) Physical mode of holding securities is risky.

  (v) Minimum tenure of deposit is 36 months.

(D) Find the odd one:

  (i) Out of Capital, Out of free reserve, Out of money given by government.

  (ii) Face value, Market value, Redemption value

  (iii) Debentureholders, Interest, Dividend.

  (iv) ESOS, ESPS, Rights Shares, Sweat Equity

  (v) Dividend Warrant, Interest Warrant, Demat

2. Explain the following terms / concepts in detail: (Any 4 out of 6):

  (i) Fixed Capital   **(ii)** Courtesy

  (iii) Irredeemable Debentures   **(iv)** Dividend Warrant

  (v) Treasury Bills   **(vi)** Stop-loss

3. Study the following case / situation and express your opinion. (Any 2):

  (i) Vaibhav owns 100 shares while Yasha owns 500 shares of Hajmola Ltd. The company has asked all its shareholders to pay the balance unpaid amount of ₹ 20. Vaibhav pays the full money demanded by the company. Yasha, who is in a bad financial position is unable to pay any money.:

    (a) Can the company forfeit the shares of Yasha?

    (b) Can the company forfeit the shares of Vaibhav?

    (c) Can Vaibhav transfer his shares?

  (ii) The Balance-sheet of a Trump Company for the year 2018-19 reveals equity share capital of ₹ 25,00,000 and retained earnings of ₹ 50,00,000.

    (a) Is the company financially sound?

    (b) Can the retained earnings be converted into capital?

    (c) What type of source retained earning is?

  (iii) Mr. Milind is the CFO (Chief Financial Officer) of Stars Co. Ltd. which is a reputed company in the field of construction business. Often Mr. Milind has to decide on investing surplus funds of the company for short durations. And at times, he also has to decide the sources from where he can raise funds for short durations.

    (a) Assume on behalf of the company, Mr. Milind has ₹ 5 lakhs and wants to invest for a short period. Should he buy Equity shares or Certificate of Deposit ?

    (b) The company has surplus funds and wants to invest it. However, he needs the money back in four months, so should he invest in Treasury Bills or Government Securities?

    (c) Can the company issue Certificate of Deposit ?

4. Distinguish between (Any 3):

  (i) Equity Shares and Preference Shares

  (ii) Dematerialization and Rematerialization

  (iii) Fixed Price Issue Method and Book-Building Method

  (iv) Shares and Debentures.

5. Answer the following questions in brief (Any 2):

    (i) Explain the concept of Depository Participant (DP) in detail.

    (ii) State the components of capital structure.

    (iii) Explain in detail the major stock exchanges in India.

6. Justify the following statements (Any 2):

    (i) Preference shares carry dividend at fixed rate.

    (ii) A company can issue duplicate share certificate.

    (iii) A company can issue only certain types of debentures..

    (iv) Cash credit is operated in the same manner like overdraft..

7. Answer the following questions in detail (Any 2):

    (i) Write a letter to the member for the issue of Share Certificate.

    (ii) Draft a letter of allotment to debentureholder..

    (iii) Draft a letter to depositor informing him about payment of interest electronically.

8. Answer the following questions in detail (Any 1):

    (i) What are debentures? Explain its features.

    (ii) State the legal provisions for declaration of Dividend.

Ⓐ Answer Key

1. (A) (i) (a) Shareholder   **(ii)** (b) interest

    (iii) (a) fixed   **(iv)** (b) bear

    (v) (b) increase

(B) (i) Working capital

    (ii) International Securities Identification Number

    (iii) Surrender of shares

    (iv) Subscribed capital

    (v) Contract Note

(C) (i) True   **(ii)** False

    (iii) False   **(iv)** True

    (v) False

(D) (i) Out of Capital   **(ii)** Redemption value

    (iii) Dividend   **(iv)** Rights Shares

    (v) Demat

2. (i) Fixed capital is the capital which is used for buying fixed assets which are used for a longer period of time in the business. These assets are not meant for resale.

    (ii) Being the creditors, due respect should be given to the debentureholder in secretarial correspondence. The tone of language in the letter should be courteous. Rude and harsh language should be strictly avoided..

    (iii) These kind of debentures are not repayable during life time of the company. They are repayable only after the liquidation of the company, when there is a breach of any condition or when some contingency arises.

    (iv) It is a cheque sent by a company to a shareholder for payment of dividend to the registered address of the shareholder.

    (v) Treasury Bills are short-term securities issued by the Reserve Bank of India on behalf of the Central Government of India to meet the government's short-term funds requirement. Treasury Bills have three maturity periods - 91 days, 182 days and 364 days. These bills are sold to banks and individuals, firms, institutions, etc. These bills are negotiable instruments and are freely transferable. The minimum value of T-bills is ₹ 25,000 or in multiples of ₹ 25,000. These are issued at a discount and repaid at par and hence, they are also called Zero Coupon Bonds.

    (vi) It is an instruction or order given by an investor to the broker to buy or sell a security when it reaches a certain price. This instruction is given by the investor when he wants to avoid losses when the prices fall below the stop price.

3. (i) **(a)** In this case, Yasha owns 500 shares and is unable to pay any money due to a bad financial position. Therefore, the company can forfeit the shares of Yasha.

    (b) In this case, Vaibhav owns 100 shares and pays the full money demanded by the company. Therefore, the company cannot forfeit the shares of Vaibhav.

    (c) Yes, Vaibhav can transfer his shares. For this, Vaibhav has to fill-up the form for renunciation and have to submit it with the original copy of the Letter of Allotment to the company. After the approval of the Board, the secretary enters the name of the new allottees in the application and in the allotment list.

(ii) **(a)** As per the Balance Sheet of a Trump Company, it has sufficient equity share capital and retained earnings. Thus, the company is financially sound. There is no financial problem in the company.

    (b) Yes, the company has a sufficient amount of retained earnings. Therefore, the retained earnings of the company can be converted into capital.

    (c) Retained earnings is owned or internal source of financing. Every year, the company keeps aside some part of reserve out of profit which is later used by the company. Thus, retained earnings is also known as 'ploughing back of profit'.

(iii) **(a)** Mr. Milind wants to invest for a short-period and money is in multiple of 1 lakh, so he should invest in a certificate of deposit. This is because the Certificate of deposit is issued for a minimum 7 days to maximum 1 year.

    (b) Mr. Milind should invest surplus funds in government securities as these securities are safe investments. Alternatively, he can also invest in Treasury Bills having a maturity period of 91 days. However, the funds will not remain invested for the entire duration for 4 months in this case. Hence, investing in government securities seems more appropriate..

    (c) No. Stars Co. Ltd. cannot issue a certificate of Deposit (CD). CDs are unsecured negotiable promissory notes usually issued by the commercial banks and financial institutions but this company is a construction company..

4. (i) Distinguish Between Equity Shares and Preference Shares:

Points	Equity Shares	Preference Shares
Meaning	Shares that are not preference shares are called equity shares, *i.e.*, these shares do not have preferential right for the payment of dividend and repayment of capital.	Preferences shares are shares that carry preferential right as to payment of: (a) Dividend and (b) Repayment of capital.
Rate of Dividend	Equity shares are given dividend at fluctuating rate depending upon the profits of the company.	Preference shareholders get dividend at fixed rate.
Voting Right	Equity shareholders enjoy normal voting right. They participate in the management of their company	Preference shareholder do not enjoy normal voting right. They can vote only on matters affecting their interest.
Return of Capital	Equity capital can not be returned during the life time of the company. (except in case of buy back)	A company can issue redeemable preference shares, which can be repaid during the life time of the company.
Nature of Capital	Equity capital is known as 'Risk Capital'.	Preference capital is 'Safe Capital' with stable return.
Nature of investor	The investors who are ready to take risk invest in equity shares.	The investors who are cautious about safety of their investment, invest in preference shares.
Face value	The face value of equity shares is generally ₹ 1/- or ₹ 10/- it is relatively low.	The face value of preference shares is relatively higher, *i.e.*, ₹ 100/- and so on.
Right and bonus issue	Equity shareholder is entitled to get bonus and right issue.	Preference shareholders are not eligible for bonus and right issue.
Capital appreciation	Market value of equity shares increases with the prosperity of company. It leads to increase in the value of shares.	Market value of preference shares does not fluctuate, so there is no possibility of capital appreciation.
Risk	Equity shares are subject to higher risk. That is because of fluctuating rate of dividend and no guarantee of refund of capital.	Preference shares are subject to less risk. It is because of fixed rate of dividend and preferential right as regards to dividend and repayment of capital.
Types	Equity shares are classified into: (a) equity shares with normal voting right. (b) equity shares with differential voting right.	Preference shares are classified as: (a) Cumulative Preference Shares (b) Non-cumulative Preference Shares (c) Convertible Preference Shares (d) Non-convertible Preference Shares (e) Redeemable Preference Shares (f) Irredeemable Preference Shares (g) Participating Preference Shares (h) Non-participating Preference Shares

(ii) Distinguish between Dematerialization and Rematerialization:

Points	Dematerialization	Rematerialization
Meaning	Process of converting physical certificates of securities into electronic form.	It is the process of conversion of electronic form of securities into physical form.
Conversion	Here, the paper form of securities is converted in to digitally/ electronically held securities..	Here, the electronic records are converted into physical/paper form securities.

Use of Form	It uses 'DRF' : Viz. 'Dematerialization Request Form' from Investor to the DP.	It uses 'RRF' : viz Rematerialization Request Form' from Investor to the DP.
Sequence	This is an initial process. It is a primary and Principal function of the depository..	This is a reverse process. It is a secondary and supporting function of depository. Already demated securities are remated.
Identification of Securities	Demated securities have no distinctive numbers. They are fungible.	Remated securities will have certificate and distinctive numbers as issued by company.
Securities Maintenance Authority	Depository is the custodian of securities and records.	The issuing company is the record keeping authority. Securities are maintained by the investor.
Difficulty of Process	Demat is an easy process. Also, its not a time-consuming process.	Remat is not only a time-consuming but also a complex process.

(iii) Distinguish between Fixed price issue method and Book-building method:

Points	Fixed Price Issue Method	Book-Building Method
Meaning	Under this method, the issue price of shares is mentioned in the prospectus and investors have to buy shares at that price only.	Under this method, the issue price is determined by a bidding process. The investors are given a price band and are asked to bid at a price within the band. This way, company arrives at a price at which it will sells its shares..
Price of Shares	The exact price of the shares is known in advance and it is mentioned in the prospectus.	The price of shares is not known in advance. Only the minimum price and maximum price at which the company is willing to sell the shares is known in advance
Prospectus	Company has to issue a prospectus and it contains the details of price at which shares are offered and the total number of shares offered by the company	Company issues a Red Herring Prospectus. It contains only the price band and the total size of issue
Determination of Demand	Company comes to know the public demand for its shares only after closure of the issue.	Company can know the public demand for its shares everyday. The bids are registered in the book everyday till the closure of the issue.
Payment of Application Money	Application money or entire money has to be paid by the investor at the time of submitting his application for shares	Only application money has to be paid at the time of bidding. Money will be collected only after the issue price has been fixed.
Us age	It can be used for any issue *i.e.*, Public Issue, Rights Issues, ESOS, etc	It is usually used in Public issues, *i.e.*, IPO and FPO.

(iv) Distinguish between Shares and Debentures:

Points	Shares	Debentures
Meaning	A share is a part of share capital of a company. It is known as ownership securities.	A debenture is a certificate of loan taken by a company. They are also known as creditorship securities..
Status	A holder of shares is the owner of company. Therefore, share capital is owned capital.	A holder of debenture is the creditor of the company. Debenture capital is loan capital or borrowed capital.
Nature	It is permanent capital. It is not rapid during the life time of the company.	It is temporary capital. Generally, it is rapid after a specific period of time.
Voting/Right	Shareholders being owners, enjoy normal voting rights in general meeting. They participate in the management of the company.	Debenture holders being creditors, do not have any voting right. They cannot participate in the management of the company.

Return on Investment	Return on shares is called dividend. Equity shareholders receive dividend at fluctuating rate whereas preference shareholders receive dividend at fixed rate.	Return on debenture is called interest. It is fixed at the time of issue. Interest is paid even when company has no profit.
Security	Share capital is unsecured capital. No security is offered to the shareholder.	Debenture capital being loan capital is secured by creating a charge on Company's property.
Time of issue	Shares are issued in the initial stages of the company formation.	Debentures are issued at a later stage. When the company has properties to offer as security.
Suitability	Shares are suitable for long-term finance.	Debentures are suitable for medium term finance.

5. (i) Depository Participant:

   (a) It is the agent of depository.

   (b) DP is registered under the SEBI Act. It enjoys rights and obligations as specified under SEBI (Depository and Participants) Regulations of 1996.

   (c) It is an intermediary appointed by Depository.

   (d) DP acts as a link between Depository and the investor.

   (e) It directly deals with customers. It sends statement of accounts periodically.

   (f) It functions like a securities bank.

   (g) It facilitates Demateralisation.

   (h) It credits securities in the event of Rights Issue, Bonus Issue, etc.

   (i) It handles instant transfers of pay-outs like dividend, interest, etc.

   (j) It settles trade electronically.

   (k) Following can work as DP's :
1. Financial Institutions
2. Banks
3. Approved Foreign Banks
4. Custodians: Responsible for overseeing operations of assets/fund.
5. Stock Brokers
6. Clearing Corporation
7. NBFC (Non Banking Financial Company)
8. Registrar to an Issue or Share Transfer Agents

   (l) The DP maintains account of securities of each investor.

The DP has a unique number for identification.

(ii) Components of Capital Structure: There are four basic components of capital structure. They are as follows:

   (a) **Equity Share Capital:** It is the basic source of financing activities of business. Equity shares are shares which get dividend and repayment of capital after it is paid to preference shares. They own the company. They bear ultimate risk associated with ownership. They carry dividend at fluctuating rate depending upon the profits..

   (b) **Preference Share Capital:** Preference shares carry preferential right as to payment of dividend and have priority over equity shares for return of capital when the company is liquidated. These shares carry dividend at fixed rate..

   (c) **Retained Earnings:** It is internal source of financing. It is nothing but ploughing back of profit..

   (d) **Borrowed Capital:** It comprises the following :

     (i) **Debenture:** It is acknowledgement of loans raised by company. Company has to pay interest at an agreed rate.

     (ii) **Term Loan:** Term loans are provided by bank and other financial institutions. They carry fixed rate of interest..

(iii) Following are the two most important Stock Exchanges in India:

   (a) **Bombay Stock Exchange (BSE):** BSE - Bombay Stock Exchange, was set up in 1875. At that time, it was called as The Native Share and Stock Broker's Association. It is located in Dalal Street in Mumbai.

It is Asia's first Stock exchange. It is the first listed stock exchange in India. It is the 11th largest stock exchange in the world in terms of market capitalisation. It has the largest number of companies listed with it. (Approximately over 5000 companies are listed in the BSE.) It is now a demutualised and corporatized entity registered under the Companies Acts, 1956.

The BSE switched to an electronic trading system in 1995. This automated, screen-based trading platform is called BSE On-Line Trading (BOLT). The BSE has also introduced a centralized exchange based internet trading system bsewebx.co.in, to enable investors anywhere in the world to trade on the BSE Platform..

   (b) **National Stock Exchange (NSE):** NSE was set-up by a group of leading Indian Financial Institutions in 1992 as a company and was recognized as a Stock Exchange in 1993 under the Securities Contracts (Regulation) Act, 1956. It started trading activities in 1994. It is the largest and most modern stock exchange in India.

The NSE is located in Mumbai. It was the first demutualized electronic exchange in India. NSE was the first exchange in the country to provide a modern, fully automated screen-based electronic trading system which offered easy trading facility to the investors. The main index of NSE is the NIFTY which was launched in 1996..

6. (i) Preference shares gives fixed returns. The rate of dividend is pre-determined at the time of issue. It may be in the form of fixed sum or may be calculated at a fixed rate. The preference shareholders are entitled to dividend which can be paid only out of profits. If the directors, in financial crisis, decide not to pay dividend, the preference shareholders have no claim for dividend..

(ii) A company can issue secured as well as unsecured debentures. It can also issue non-convertiable debentures or debentures which can be converted fully or partly into equity shares. The Board of Directors of a company have the authority to issue debentures. All debentures are redeemable, *i.e.*, have to be repaid. The company can issue debentures to its members or make a public offer or offer it even through private placement. Thus, it is rightly justified that, a company can issue only certain types of debentures.

(iii) A company can issue duplicate share certificate if :.

(a) Original share certificate has been defaced, mutilated or torn and is surrendered to the company.

(b) It has been proved by the holder that the original share certificate is lost or destroyed.

In case of loss of share certificate, the company puts up a notice in the newspapers to announce the loss of the Share Certificate and asks the finder, if any, to return it to the company. If the company does not get any response from the public, within the specified time, then the company can issue a duplicate Share Certificate.

Duplicate share certificate should be issued within three months from date of application. Company issues it only to registered shareholders. The duplicate Share Certificate should state in bold that it is a 'Duplicate Share Certificate'. Company has to pay heavy penalty if it has issued duplicate share certificate with the intent to defraud.

(iv) Overdraft is the facility where borrower can withdraw amount from Current account over and above balance as per sanction limit. Cash credit is operated as same manner like Overdraft facility. The borrower can withdraw amount from his cash credit account up to a stipulated limit based on security margin. Cash credit is given against pledge or hypothecation of goods or by providing alternative securities. Interest is charged on outstanding amount borrowed and not on the credit limit sanctioned.

7. (i)

COMFORT MOTORS LTD.

Registered Office : A/30, Aurora Towers, M. G. Road, Camp,
Pune 411 012.
CIN : U12111 MH 2000 PCL300477

Phone No : 020-80032844
Fax No. : 020-50063015
Reference No : C/MR-SC/30/19-20

Website: www.comfortmotorsltd.com
E-mail: comfort31@gmail.com
Date : 12th November, 20xx

Sub.: Issue of Share Certificate

Dear Sir,

This is to inform you that as per your Request Application No. 50, I am hereby authorised to issue you a Share Certificate. The said Share Certificate will be delivered to you within 15 days from the date of this letter by registered post to your registered address as mentioned in the Register of Members.

Details of issue of Share Certificate are as follows:

1	2	3		4
Folio No.	Share Certificate Numbers	Distinctive Numbers		Total Number of Shares
		From	To	
1006	9630	301	400	100

It shall always be our endeavour to provide best of our services to you at all time.

Thanking you,

Yours faithfully,
For Comfort Motors Ltd.

Sign.
(Mr. Anand Swami)

(ii)

Company Secretary

DISHA INDUSTRIES LIMITED

Registered Office : 45/A, Maharaja Complex, Panchvati Karanja Road,
Nashik - 422 003.,
CIN : L56002 MH 2000 PLC403633

Phone No : 422-09645262

Fax No. : 422-69876500

Reference No : D/DH/18/19-20

Website : www.dishalimited.com

E-mail: disha5@gmail.com

Date : 20th May, 20xx.

Mr. Vijay Mittal
230, Dwarka Karanja Road,
Nashik - 422 036

Sub.: Allotment of Debentures

Dear Sir,

In response to your application No. DI8013 dated 30th April, 20xx, I am directed by the Board of Directors to inform you that, you have been allotted 100, 10% **Non-convertible secured** debentures of ₹100/- each. The tenure of debentures is for 5 years.

These debentures are allotted to you as per Board Resolution passed at Board Meeting held on 16th May, 20xx and as per terms and conditions of Articles of Association of the company and Debenture Trust Deed.:

The Details of Allotment of Debentures are as follows:

1	2	3	4		5
Folio No.	No. of Debentures Applied	No. of Debentures Allotted	Distinctive Numbers		Amount Received (₹)
			From	To	
D-90	**100**	**100**	**301**	**400**	**₹ 10000**

The Debenture Certificate is enclosed herewith.

Thanking you,

Yours faithfully,
For Disha Industries Limited.

Sign
Mr. Avinash Natu
Company Secretary

Encl : Debenture Certificate

(iii)

SEWING MACHINES LTD.

Registered Office : Survey No. 78, Plot No. 48, Novel Sadan, D.P. Road, Bavdhan,

Pune : 411 038.

CIN : L302090 MH 2000 PLC070504

Phone: 022-60603021

Fax.: 020-96864636

Ref. No. N/DEP/10/19-20

Website: www.novelsewingltd.com

E-mail: novelsewing07@gmail.com

Date : 5th April, 20xx

Miss. Kshitija Bihani
125, Laxmi Road Narayan Peth,
Pune : 411 030

Sub.: Payment of Interest on Fixed Deposit Electronically through ECS or NEFT.

Dear Madam,

I am instructed by the Board of Directors to convey to you that the Board has passed a resolution in the Board meeting held on 12th March,, 20xx to pay interest @ 10% on deposits for the year ending 31st March, 20xx.

Your company has complied with all the provisions relating to payment of interest on deposits.

Details of Interest payable to you are as follows :.

1	2	3	4	5	6
Fixed Deposit Receipt. No.	Deposit Amount (₹)	Rate of Interest (%)	Gross Amount of Interest (₹)	TDS @ (10%)	Net Amount of Interest Payable (₹)
2032	**₹ 25,000**	**10%**	**₹ 2,500**	**NIL**	**₹ 2,500**

Interest will be payable by electronic transfer (ECS/NEFT), *i.e.* by crediting said interest to your bank account as per details provided by you to the company.

Thanking you,

Yours faithfully,
For Novel Sewing Machine Ltd.

Sign
(Miss. Sarita Singh)
Company Secretary

8. **(i)** Sec. 2(30) of the Companies Act, 2013, states that the word debenture includes debenture stock, bonds and any other instruments of a company evidencing a debt, whether constituting a charge on the assets of the company or not.

Features :

(a) **Promise:** Debenture is a promise by company that it owes specified sum of money to holder of the debenture.

(b) **Face Value:** The face value of debenture normally carries high denomination. It is ₹ 100 or in multiples of ₹ 100.

(c) **Time of Repayment:** Debentures are issued with the due date stated in the debenture certificate. The principal amount of debenture is rapid on maturity date.

(d) **Priority of Repayment:** Debenture holders have a priority in repayment of debenture capital over the other claimants of company.

(e) **Assurance of Repayment:** Debenture constitutes a long term debt.. They carry an assurance of repayment on due date.

(f) **Interest:** A fixed rate of interest is agreed upon and is paid periodically in case of debentures. Payment of interest is a fixed liability of the company. It must be paid by company irrespective of the fact, whether the company makes profit or not.

(g) **Parties to Debentures:**
   (1) **Company:** This is the entity which borrows money
   (2) **Trustees:** A company has to appoint Debenture Trustee if it is offering Debentures to more than 500 people. . This is a party through whom the company deals with debenture holders. The company makes an agreement with trustees , it is known as Trust Deed. It contains the obligations of company, right of debenture holders, power of Trustee, etc.
   (3) **Debenture holders:** There are the parties who provide loan and receive, 'Debenture Certificate' as an evidence.

(h) **Authority to issue debentures :** According to the Companies 2013, Section 179 (3), the Board of Directors has the power to issue debentures.

(i) **Status of Debentureholder:** Debentureholder is a creditor of the company. Since debenture is a loan taken by company, interest is payable on it at fixed rate, at fixed interval until the debenture is redeemed.

(j) **Not Voting Right:** According to Section 71 (2) of the Companies Act 2013, no company shall issue any debentures carrying any voting right. Debenture holders have no right to vote at general meeting of the company.

(k) **Security:** Debentures are generally secured by fixed or floating charge on assets of the company. If a company is not in a position to make payment of interest or repayment of capital, the debentureholder can sell off charged property of the company and recover their money.

(l) **Issuers:** Debentures can be issued by both private company and public limited company.

(m) **Listing:** Debenture must be listed with at least one recognised stock exchange.

(n) **Transferability:** Debentures can be easily transferred through the instrument of transfer.

(ii) Legal Provisions for declaration of Dividend are as follows:

(a) **Board Meeting:** Dividend can be declared only on recommendation of Board of Directors. Board Meeting should be called to pass resolution about:
   1. Rate of Dividend and amount of Dividend to be paid
   2. Book closure date for dividend
   3. Date of Annual General Meeting.
   4. Bank with which a separate account should be opened to remit the dividend amount.

(b) **Shareholders Approval:** 1. Dividend is approved by shareholders by passing an Ordinary Resolution at the Annual General Meeting.
   2. Shareholders can declare a lower rate of dividend than what is recommended by the Board but not higher than that.
   3. Once the dividend is declared at the General meeting it cannot be revoked. Company is not permitted to declare it second time in that year.

(iii) Separate Bank Account: The company must deposit the dividend amount in a separate bank account opened in a scheduled bank called as Dividend Account within 5 (Five) days of its declaration:

Listed Company: Where a company's shares are listed on the Stock Exchanges, additional requirements with respect to Listings agreements must be followed like:

1. Notify stock exchange where company's securities are listed at least 2(two) days in advance of the date of meeting of the Board at which recommendation of final dividend is to be considered..
2. Intimate Stock Exchange immediately about declaration of dividend after the Board Meeting..
3. Give notice of Book closure to the stock exchange at least 7(seven) working days before the closure.
4. Close the Register of members and the Transfer Register.
5. It must use electronic mode of payment such as Electronic Clearing Services (ECS) or National Electronic Fund Transfer (NEFT); as approved by the Reserve Bank of India (RBI).
6. Listed company has to express the dividend on per share basis only.

(iv) Prohibition to Pay Dividend:

(a) A company which has failed to repay deposit or any interest on deposit cannot declare any dividend on its equity shares.

(b) No dividend can be declared if company has defaulted on:
   - Redemption of Debentures or payment of interest, Redemption of Preference shares, payment of interest to financial institution, etc..

●●

Time : 3 Hrs   **Total Marks :** 80

General Instructions: The question paper is divided into four sections.

(i) All questions are compulsory.

(ii) There are 6 questions divided into two sections.

(iii) Write answers of Section I and II in the same answer book.

(iv) Figures to the right indicate full marks.

(v) Use of Graph paper is not necessary. Only rough sketch of graph is expected.

(vi) Use of logarithmic table is allowed. Use of calculator is not allowed.

SAMPLE PAPER-1
Mathematics & Statistics (Commerce)

📢 Questions

Time: 3 Hours   Total Marks: 70

Section A

1. [A] Choose the correct alternative :   **(6)**

(i) The false statement in the following is :   **(1)**
(a) $p \wedge (\sim p)$ is a contradiction.
(b) $(p \to q) \leftrightarrow (\sim q \to \sim p)$ is a contradiction.
(c) $\sim (\sim p) \leftrightarrow p$ is a tautology.
(d) $p \vee (\sim p) \leftrightarrow p$ is a tautology.

(ii) $\displaystyle \int \frac{x+2}{2x^2+6x+5}\,dx = p \int \frac{4x+6}{2x^2+6x+5}\,dx$ **(1)**

$+\dfrac{1}{2}\displaystyle\int \frac{dx}{2x^2+6x+5}$ then $p = ?$

(a) $\dfrac{1}{3}$ (b) $\dfrac{1}{2}$

(c) $\dfrac{1}{4}$ (d) 2

(iii) $\displaystyle\int_{4}^{9} \frac{1}{\sqrt{x}}\,dx = \ldots\ldots$ **(1)**

(a) 2 (b) 3
(c) 4 (d) 1

(iv) The order and degree of $\left(\dfrac{dy}{dx}\right)^3 - \dfrac{d^3y}{dx^3} + ye^x = 0$ are :   **(1)**

(a) $3, 1$ (b) $1, 3$
(c) $3, 3$ (d) $1, 1$

(v) The integrating factor of $\dfrac{dy}{dx} + y = e^{-x}$ is $\ldots\ldots\ldots$ **(1)**

(a) x (b) $-x$
(c) e^x (d) e^{-x}

(vi) If the elasticity of demand $\eta = 1$ then demand is: **(1)**
(a) Constant   (b) Inelastic
(c) Unitary elastic   (d) Elastic

[B] State whether each of the following is True or False : (3)
(i) Conditional of $p \to q$ is equivalent to $p \to \sim q$.   **(1)**
(ii) Order and degree of a differential equation are always positive integers.   **(1)**
(iii) If $f(x) = x - \dfrac{1}{x}$, $x \in R, x \neq 0$ then $f(x)$ is increasing. **(1)**

[C] Fill in the Blanks :   **(3)**
(i) $\displaystyle\int \frac{x^2+x-6}{(x-2)(x-1)}\,dx = x + \ldots\ldots\ldots + c$ **(1)**

(ii) $\displaystyle\int \frac{1}{a^2-x^2}\,dx = \frac{1}{2a}\times\ldots\ldots\ldots$ **(1)**

(iii) Using definite integration area of the circle $x^2 + y^2 = 49$ is $\ldots\ldots\ldots$.   **(1)**

2. [A] Attempt any two of the following :   **(6)**

(i) Without using truth table, show that:
$\sim[(p \wedge q) \to \sim q] \equiv p \wedge q$

(ii) Divide the number 20 into two parts such that their product is maximum.

(iii) If $x = a\left(1-\dfrac{1}{t}\right)$, $y = a\left(1+\dfrac{1}{t}\right)$ then, show that

$\dfrac{dy}{dx} = -1.$

[B] Attempt any two of the following :   **(8)**

(i) If $A = \begin{bmatrix} 2 & -1 & 1 \\ -1 & 2 & -1 \\ 1 & -1 & 2 \end{bmatrix}$ then find A^{-1} by the adjoint method.

(ii) Find MPC, APC and APS, if the expenditure E_c of a person with income I is given as
$E_c = (0.0003)\,I^2 + (0.075)\,I$ when $I = 1000$.

(iii) Evaluate the following: $\displaystyle\int \frac{3e^x+4}{2e^x-8}\,dt$

3. [A] Attempt any two of the following :   **(6)**

(i) If p, q, r are statements with truth values T, T, F respectively determine the truth values of $(p \wedge q) \to \sim p$.   **(1)**

(ii) The rate of growth of bacteria is proportional to the number present. If initially, there were 1000 bacteria and the number doubles in 1 hour, find the number of bacteria after $\dfrac{5}{2}$ hours.   **(1)**

(iii) Evaluate: $\displaystyle\int_{2}^{5} \frac{\sqrt{x}}{\sqrt{x}+\sqrt{7-x}}\,dx$

[B] Attempt any one of the following :   **(4)**

(i) Express the following equations in matrix form and solve them by reduction method :
$x + y + z = 1;\ \ 2x + 3y + 2z = 2$ and $x + y + 2z = 4$

(ii) Find $\dfrac{dy}{dx}$ if $x^y = y^x$

[C] Attempt any one of the following activities :   **(4)**

(i) Find the equations of tangent and normal to the curve $y = x^3 - x^2 - 1$ at the point whose abscissa is -2.   **(1)**

(ii) $\dfrac{dy}{dx} = \dfrac{x+y+1}{x+y-1}$ when $x = \dfrac{2}{3}$ and $y = \dfrac{1}{3}$.   **(1)**

Section B

4. [A] Choose the correct alternative : **(6)**

(i) Moving averages are useful in identifying : **(1)**
(a) Seasonal component   (b) Irregular component
(c) Trend component   (d) Cyclical component

(ii) If $b_{xy} > 1$ then b_{xy} is .... **(1)**
(a) > 1 (b) < 1
(c) > 0 (d) < 0

(iii) If $F(x)$ is distribution function of discrete r.v. x with p.m.f. $P(x) = \dfrac{x-1}{3}$; for $x = 1, 2, 3$ and $P(X) = 0$, otherwise, then $F(4) =$ **(1)**
(a) -1 (b) 0
(c) 1 (d) 4

(iv) The optimal value of the objective function is attained at the....................of feasible region. **(1)**
(a) at any point   (b) corner points
(c) middle point   (d) None of these

(v) If $E(X) > Var(X)$ then X follows : **(1)**
(a) Binomial distribution
(b) Poisson distribution
(c) Normal distribution
(d) None of the above

(vi) In sequencing, an optimal path is one that minimizes : **(1)**
(a) Elapsed time   (b) Idle time
(c) Both (a) and (b)   (d) Ready time.

[B] State whether each of the following is True or False : **(3)**

(i) Cyclical variation can occur several times in a year.

(ii) Graphical solution set of $x \leq 0, y \geq 0$ in xy system lies in second quadrant.

(iii) If $X \sim B(2, 3)$ then $E(X) = 5$.

[C] Fill in the blanks : **(3)**

(i) .... component of time series is indicated by periodic variation year after year.

(ii) If X : is number obtained on upper most face when a fair coin is thrown then $E(x) =$ ....

(iii) Maximisation assignment problem is transformed to minimisation problem by subtracting each entry in the table from the .... value of the table.

5. [A] Attempt any two of the following : **(6)**

(i) From the following two regression equations find r, $\bar{x}$ and $\bar{y}$.

$4y = 9x + 15$ and $25x = 4y + 17$

(ii) An agent is paid a commission of 7% on cash sales and 5% on credit sales made by him. If on the sale of ₹ 1,02,000 the agent claims a total commission of ₹ 6,420, find his cash sales and credit sales.

(iii) The Price Index Number for year 2004, with respect to year 2000 as base year, is known to be 130. Find the missing numbers in the following table if $\Sigma p_0 = 320$

Commodity	A	B	C	D	E	F
Price (in ₹) in 2000	40	50	30	x	60	100

Price (in ₹) in 2004	50	70	30	85	y	115

[B] Attempt any two of the following : **(8)**

(i) The following gives the production of steel (in millions of tones) for years 1976 to 1986.

Year	1976	1977	1978	1979	1980	1981
Production	0	4	4	2	6	8

Year	1982	1983	1984	1985	1986
Production	5	9	4	10	10

    (a) Fit a trend line to the above data by the graphical method.

    (b) Obtain the trend value for the year 1990.

(ii) If $\Sigma p_0 q_0 = 120$, $\Sigma p_0 q_1 = 160$, $\Sigma p_1 q_1 = 140$, and $\Sigma p_1 q_0 = 200$, find Laspeyre's, Paasche's, Dorbish-Bowley's, and Marshall-Edgeworth's Price Index Numbers.

(iii) Solve the following problems by graphical method:
Maximize $z = 4x + 2y$ subject to $3x + y \geq 27$, $x + y \geq 21, x \geq 0, y \geq 0$.

6. [A] Attempt any two of the following : **(6)**

(i) The difference between true discount and banker's discount on a bill due 6 months hence at 4% is ₹ 160. Calculate true discount, banker's discount and amount of bill.

(ii) Five wagons are available at stations 1, 2, 3, 4 and 5. These are required at 5 stations I, II, III, IV and V. The mileage between various stations are given in the table below. How should the wagons be transported so as to minimize the mileage covered?

	I	II	III	IV	V
1	10	5	9	18	11
2	13	9	6	12	14
3	7	2	4	4	5
4	18	9	12	17	15
5	11	6	14	19	10

(iii) Determine whether each of the following is a probability distribution. Give reasons for your answer.

(a)

X	0	1	2
P(X)	0.4	0.4	0.2

(b)

X	0	1	2	3	4
P(X)	0.1	0.5	0.2	-0.1	0.3

(c)

X	0	1	2
P(X)	0.1	0.6	0.3

[B] Attempt any one of the following : **(4)**

(i) The following results were obtained from records of age (x) and systolic blood pressure (y) of a group of 10 women.

	x	y
Mean	53	142
Variance	130	165

$$\Sigma(x_i - \bar{x})\,(y_i - \bar{y}) = 1170$$

(ii) Find the appropriate regression equation and use it to estimate the blood pressure of a woman with age 47 years.

Find the optimal sequence that minimizes total time required to complete the following jobs in order A-B-C. The processing times are given in hrs.

Job	I	II	III	IV	V	VI	VII
Machine A	6	7	5	11	6	7	12
Machine B	4	3	2	5	1	5	3
Machine C	3	8	7	4	9	8	7

[C] Attempt any one of the following activities: **(4)**

(i) A house valued at ₹ 3,00,000 is insured at 75% of its value. If rate of premium is 80 paise percent, find the premium paid by the owner of the house. If an agent gets commission at 9% of the premium, find agent's commission.

(ii) If X has Poisson distribution with parameter m and $P(X = 2) = P(X = 3)$, then find $P(X \geq 2)$. Use $e^{-3} = 0.0497$.

$$P[X = x] = \boxed{}$$

Since $\quad P[X = 2] = P[X = 3]$

$$\boxed{} = \boxed{}$$

$$\frac{m^2}{2} = \frac{m^3}{6} \quad \therefore m = \boxed{}$$

Now, $P[X \geq 2] = 1 - P[x < 2]$

$$= 1 - \{P[X = 0] + P[X = 1]$$

$$= 1 - \left\{ \frac{\boxed{}}{0!} + \frac{\boxed{}}{1!} \right\}$$

$$= 1 - e^{-3}[1 + 3]$$

$$= 1 - \boxed{} = \boxed{}.$$

🅐 Answer Key

Section A

1. [A] (i) (b) $(p \to q) \leftrightarrow (\sim q \to \sim p)$ is a contradiction.

(ii) (c) $\dfrac{1}{4}$

(iii) (a) 2

$$I = \int_4^9 \frac{1}{\sqrt{x}}\,dx = \int_4^9 x^{-\frac{1}{2}}\,dx$$

$$= \left[\frac{x^{\frac{1}{2}}}{\frac{1}{2}} \right]_4^9 = 2\left[\sqrt{x} \right]_4^9$$

$$= 2\left(\sqrt{9} - \sqrt{4} \right) = 2(3 - 2)$$

$$\therefore \qquad I = 2.$$

(iv) (a) 3, 1

(v) (c) e^x

(vi) (c) Unitary elastic

[B] (i) False

(ii) True

(iii) True

[C] (i) $\displaystyle \int \frac{x^2 + X - 6}{(x-2)(x-1)}\,dx = x + 4\log(x-1) + c$

(ii) $\displaystyle \int \frac{1}{a^2 - x^2}\,dx = \frac{1}{2a} \times \log\left| \frac{a+x}{a-x} \right| + c$

(iii) $49\,\pi$ sq. units.

2. [A] (i) L.H.S. $\equiv \sim[(p \wedge q) \to \sim q]$

$$\equiv (p \wedge q) \wedge \sim (q) \qquad \text{(Negation of implication)}$$
$$\equiv (p \wedge q) \wedge q \qquad \text{(Negation of a negation)}$$
$$\equiv p \wedge (q \wedge q) \qquad \text{(Associative law)}$$
$$\equiv p \wedge q \qquad \text{(Identity law)}$$
$$\equiv \text{R.H.S.}$$

(ii) The given number is 20.

Let x be one part of the number and y be the other part

$$\therefore \qquad x + y = 20$$
$$\therefore \qquad y = (20 - x) \qquad \qquad ...(i)$$

The product of two numbers is xy.

$$\therefore \qquad f(x) = xy = x(20 - x) = 20x - x^2$$
$$\therefore \qquad f'(x) = 20 - 2x \text{ and } f''(x) = -2$$

Consider, $f'(x) = 0$

$$\therefore \qquad 20 - 2x = 0$$
$$\therefore \qquad x = 10$$

For $\qquad x = 10$

$$f''(10) = -2 < 0$$

$\therefore$ $f(x)$ *i.e.* product is maximum at $x = 10$

and $10 + y = 20$ [from (i)]

i.e. $y = 10$

$\therefore$ The no. 20 should be divided into two parts of 10 each.

(iii) $$x = a\left(1 - \frac{1}{t}\right)$$

Differentiating both sides w.r.t. t, we get

$$\frac{dx}{dt} = a\left[0 - \left(\frac{-1}{t^2}\right)\right] = \frac{a}{t^2}$$

$$y = a\left[1 + \frac{1}{t}\right]$$

Differentiating w.r.t. t, we get

$$\frac{dy}{dt} = a\left[0 + \left(\frac{-1}{t^2}\right)\right] = \frac{-a}{t^2}$$

$\therefore$ $$\frac{dy}{dx} = \frac{\frac{dy}{dt}}{\frac{dx}{dt}} = \frac{\frac{-a}{t^2}}{\frac{a}{t^2}} = -1.$$

[B] (i) $$A = \begin{bmatrix} 2 & -1 & 1 \\ -1 & 2 & -1 \\ 1 & -1 & 2 \end{bmatrix}$$

$$|A| = \begin{vmatrix} 2 & -1 & 1 \\ -1 & 2 & -1 \\ 1 & -1 & 2 \end{vmatrix}$$

$$= 2(4 - 1) + 1(-2 + 1) + 1(1 - 2)$$
$$= 6 - 1 - 1 = 4 \neq 0$$

$\therefore$ A^{-1} exists.

For the given matrix A,

$\therefore$ $$A_{11} = (-1)^{1+1}\begin{vmatrix} 2 & -1 \\ -1 & 2 \end{vmatrix} = 3$$

$$A_{12} = (-1)^{1+2}\begin{vmatrix} -1 & -1 \\ 1 & 2 \end{vmatrix} = 1$$

$$A_{13} = (-1)^{1+3}\begin{vmatrix} -1 & 2 \\ -1 & -1 \end{vmatrix} = -1$$

$$A_{21} = (-1)^{2+1}\begin{vmatrix} -1 & 1 \\ -1 & 2 \end{vmatrix} = 1$$

$$A_{22} = (-1)^{2+2}\begin{vmatrix} 2 & 1 \\ 1 & 2 \end{vmatrix} = 3$$

$$A_{23} = (-1)^{2+3}\begin{vmatrix} 2 & -1 \\ 1 & -1 \end{vmatrix} = 1$$

$$A_{31} = (-1)^{3+1}\begin{vmatrix} -1 & 1 \\ 2 & -1 \end{vmatrix} = -1$$

$$A_{32} = (-1)^{3+2}\begin{vmatrix} 2 & 1 \\ -1 & -1 \end{vmatrix} = 1$$

$$A_{33} = (-1)^{3+3}\begin{vmatrix} 2 & -1 \\ -1 & 2 \end{vmatrix} = 3$$

$\therefore$ Co-factor matrix $[A_{ij}]_3 = \begin{bmatrix} 3 & 1 & -1 \\ 1 & 3 & 1 \\ -1 & 1 & 3 \end{bmatrix}$

$$\text{adj }(A) = [A_{ij}]^T = \begin{bmatrix} 3 & 1 & -1 \\ 1 & 3 & 1 \\ -1 & 1 & 3 \end{bmatrix}$$

$$A^{-1} = \frac{1}{|A|}\text{adj }A$$

$\therefore$ $$A^{-1} = \frac{1}{4}\begin{bmatrix} 3 & 1 & -1 \\ 1 & 3 & 1 \\ -1 & 1 & 3 \end{bmatrix}$$

(ii) $$E_C = (0.0003)I^2 + (0.075)I$$

$$\text{MPC} = \frac{dE_C}{dI} = \frac{d}{dI}[(0.0003)I^2 + (0.075)I]$$

$$= (0.0003)(2I) + (0.075)(1)$$
$$= (0.0006)I + 0.075$$

When $I = 1000$, then
$$\text{MPC} = (0.0006)(1000) + 0.075$$
$$= 0.6 + 0.075$$
$$= 0.675$$

$\because$ MPC + MPS = 1
$$\text{MPS} = 1 - 0.675$$
$$= 0.325$$

New, $$\text{APC} = \frac{E_C}{I} = \frac{(0.0003)I^2 + (0.075)I}{I}$$

$$= (0.0003)I + 0.075$$

When $I = 1000$, then
$$\text{APC} = (0.00083)(1000) + 0.075$$
$$= 0.3 + 0.075$$
$$= 0.375$$

$\because$ APC + APS = 1

$\therefore$ $$\text{APS} = 1 - 0.375$$
$$= 0.625$$

Hence, MPC = 0.675, MPS = 0.325

APC = 0.375, APS = 0.625.

(iii) Let $$I = \int \frac{3e^x + 4}{2e^x - 8}dx$$

Put, Numerator = A(Denominator)

$$+ B\left[\frac{d}{dx}(\text{Denominator})\right]$$

$\therefore \qquad 3e^x + 4 = A(2e^x - 8) + B\left[\dfrac{d}{dx}(2e^x - 8)\right]$

$\qquad\qquad = A(2e^x - 8) + B[2e^x - 0]$

$\therefore \qquad 3e^x + 4 = (2A + 2B)e^x - 8A$

$\therefore$ Equating the coefficient of e^x and constant on both sides, we get

$\qquad 2A + 2B = 3 \qquad\qquad\qquad ....(1)$

and $\qquad -8A = 4$

$\therefore \qquad A = \dfrac{-1}{2}$

From equation (1), $2\left(-\dfrac{1}{2}\right) + 2B = 3$

$\therefore \qquad\qquad\qquad 2B = 4$

$\therefore \qquad\qquad\qquad B = 2$

$\therefore \qquad 3e^x + 4 = \dfrac{1}{2}(2e^x - 8) + 2(2e^x)$

$\therefore \qquad I = \displaystyle\int \left[\dfrac{-\dfrac{1}{2}(2e^x - 8) + 2(2e^x)}{2e^x - 8}\right] dx$

$\qquad = \displaystyle\int \left[-\dfrac{1}{2} + \dfrac{2(2e^x)}{2e^x - 8}\right] dx$

$\qquad = -\dfrac{1}{2}\displaystyle\int 1 \cdot dx + 2\int \dfrac{2e^x}{2e^x - 8} dx$

$\qquad = -\dfrac{1}{2}x + 2\log|2e^x - 8| + c$

$\qquad\qquad \left[\because \displaystyle\int \dfrac{f'(x)dx}{f(x)} = \log|f(x)| + c\right]$

3. [A] (i) $(p \wedge q) \to \sim p \quad \equiv (T \wedge T) \to \sim T$

$\qquad\qquad\qquad\qquad \equiv T \to F$

$\qquad\qquad\qquad\qquad \equiv F$

Hence, truth value is F.

(ii) Let 'x' be the number of bacteria present at time 't'.

$\therefore \dfrac{dx}{dt} \propto x$

$\therefore \dfrac{dx}{dt} = kx$, where k is the constant of proportionality.

$\therefore \dfrac{dx}{d} = k\,dt$

Integrating on both sides, we get

$\displaystyle\int \dfrac{dx}{x} = k\int dt$

$\log x = kt + c \qquad\qquad\qquad ...(i)$

When $\qquad t = 0,$

$\qquad\qquad x = 1000$

$\therefore \log (1000) = k(0) + c$

$\therefore \qquad\qquad c = \log (1000)$

$\therefore \qquad \log x = kt + \log (1000) \qquad ...(ii)$ [From (i)]

When $\qquad t = 1,$

$\qquad\qquad x = 2000$

$\therefore \log (2000) = k(1) + \log (1000)$

$\therefore \log (2000) - \log (1000) = k$

$\therefore \qquad k = \log\left(\dfrac{2000}{1000}\right) = \log 2 \qquad ...(iii)$

When $\qquad t = \dfrac{5}{2},$ we get

$\qquad \log x = \dfrac{5}{2}k + \log (1000) \qquad ...[\text{From (ii)}]$

$\therefore \qquad \log x = \left(\dfrac{5}{2}\right)\log 2 + \log(1000) \ ... [\text{From (iii)}]$

$\qquad\qquad = \log\left(2^{\frac{5}{2}}\right) + \log(1000)$

$\qquad\qquad = \log\left(4\sqrt{2}\right) + \log(1000)$

$\qquad\qquad = \log\left(4000\sqrt{2}\right)$

$\qquad\qquad = \log (4000 \times 1.414)$

$\therefore \qquad \log x = \log (5656)$

$\therefore \qquad x = 5656$

Thus, there will be 5656 bacteria after $\dfrac{5}{2}$ hours.

(iii) Let $\quad I = \displaystyle\int_2^5 \dfrac{\sqrt{x}}{\sqrt{x} + \sqrt{7 - x}} . dx \qquad ...(i)$

$\qquad = \displaystyle\int_2^5 \dfrac{\sqrt{2 + 5 - x}}{\sqrt{2 + 5 - x} + \sqrt{7 - (2 + 5 - x)}} . dx$

$\qquad\qquad \left[\because \displaystyle\int_a^b f(x)dx = \int_a^b f(a + b - x)dx\right]$

$\therefore \qquad I = \displaystyle\int_2^5 \dfrac{\sqrt{7 - x}}{\sqrt{7 - x} + \sqrt{x}} . dx \qquad ...(ii)$

Adding equations (i) and (ii), we get

$2I = \displaystyle\int_2^5 \dfrac{\sqrt{x}}{\sqrt{x} + \sqrt{7 - x}} . dx + \int_2^5 \dfrac{\sqrt{7 - x}}{\sqrt{7 - x} + \sqrt{x}} . dx$

$\qquad = \displaystyle\int_2^5 \dfrac{\sqrt{x} + \sqrt{7 - x}}{\sqrt{x} + \sqrt{7 - x}} . dx$

$\qquad = \displaystyle\int_2^5 1 . dx$

$$= [x]_2^5$$

$$\therefore \quad 2I = 5 - 2$$

$$2I = 3$$

$$I = \frac{3}{2}$$

[B]   **(i)**   Matrix form of the given system of equations is :

$$\begin{bmatrix} 1 & 1 & 1 \\ 2 & 3 & 2 \\ 1 & 1 & 2 \end{bmatrix} \begin{bmatrix} x \\ y \\ z \end{bmatrix} = \begin{bmatrix} 1 \\ 2 \\ 4 \end{bmatrix}$$

This is of the form AX = B,

where,

$$A = \begin{bmatrix} 1 & 1 & 1 \\ 2 & 3 & 2 \\ 1 & 1 & 2 \end{bmatrix}, \ X = \begin{bmatrix} x \\ y \\ z \end{bmatrix} \text{and } B = \begin{bmatrix} 1 \\ 2 \\ 4 \end{bmatrix}$$

Apply $R_2 \to R_2 - 2R_1$ and $R_3 - R_1$, we get

$$\begin{bmatrix} 1 & 1 & 1 \\ 0 & 1 & 0 \\ 0 & 0 & 1 \end{bmatrix} \begin{bmatrix} x \\ y \\ z \end{bmatrix} = \begin{bmatrix} 1 \\ 0 \\ 3 \end{bmatrix}$$

Hence, the original matrix A is reduced to an upper triangle matrix

$$\therefore \quad \begin{bmatrix} x+y+x \\ 0+y+0 \\ 0+0+z \end{bmatrix} = \begin{bmatrix} 1 \\ 0 \\ 3 \end{bmatrix}$$

$\therefore$ By equality of matrices, we get

$$x + y + z = 1 \qquad \text{...(1)}$$

$$y = 0$$

$$z = 3$$

Substituting y and z in (1), we get

$$x + 0 + 3 = 1$$

$$x = -2$$

$\therefore$ $x = -2, y = 0, z = 3$ is the required solution.

(ii)   Given $x^y = y^x$

Taking log on both sides,

$$\therefore \quad y \log x = x \log y$$

Differentiating w.r.t. x, we get

$$\therefore \quad y\frac{1}{x} + \log x \frac{dy}{dx} = \frac{1}{y}\frac{dy}{dx}x + \log y.1$$

$$\Rightarrow \quad \log x \frac{dy}{dx} - \frac{x}{y}\frac{dy}{dx} = \log y - \frac{y}{x}$$

$$\Rightarrow \quad \left(\log x - \frac{x}{y}\right)\frac{dy}{dx} = \left(\log y - \frac{y}{x}\right)$$

$$\Rightarrow \quad \left(y\log\frac{x-x}{y}\right)\frac{dy}{dx} = \frac{x\log y - y}{x}$$

$$\therefore \quad \frac{dy}{dx} = \left(\frac{x\log y - y}{x}\right)\left(\frac{y}{y\log x - x}\right)$$

$$\therefore \quad \frac{dy}{dx} = \frac{y}{x}\left(\frac{x\log y - y}{y\log x - x}\right)$$

[C]   **(i)**   Equation of the curve is $y = x^3 - x^2 - 1$.   ...(1)

Differentiating w.r.t. x, we get

$$\frac{dy}{dx} = 3x^2 - 2x$$

Given abscissa is -2 means x – coordinate is -2

i.e., put $x = -2$

$$\therefore \quad \frac{dy}{dx} = 3(-2)^2 - 2(-2) = 12 + 4 = 16$$

$\therefore$ Slope of the tangent $= \dfrac{dy}{dx} = 16$

Now put $x = -2$ in eq^n (i), we will get

$$y = (-2)^3 - (-2)^2 - 1$$

$$= -8 - 4 - 1 = -13$$

$$\therefore \quad p(x_1, y_1) = p(-2, -13)$$

$\therefore$ Equation of the tangent at $(-2, -13)$ is

$$y - y_1 = \left(\frac{dy}{dx}\right)\cdot(x - x_1)$$

at $x = -2,$

$$y = -13$$

i.e., $y - (-13) = 16[x - (-2)]$

$\therefore$ $y + 13 = 16x + 32$

$\therefore$ $16x - y = 13 - 32$

$\therefore$ $16x - y + 19 = 0$ is the required equation of the tangent.

Slope of normal at $(-2, -13)$ is

$$\frac{-1}{\left(\dfrac{dy}{dx}\right)_{(-2,-13)}} = -\frac{1}{16}$$

$\therefore$ Equation of the normal at $(-2, -13)$ is:

$$y - y_1 = -\frac{1}{16}(x - x_1)$$

$$y + 13 = \frac{1}{16}(x + 2)$$

$$16(y + 13) = -1(x + 2)$$

$$\therefore \Rightarrow \quad 16y + 208 = -x - 2$$

$$\therefore \quad x + 16y + 210 = 0$$

is the required equation of normal.

(ii) Given $\dfrac{dy}{dx} = \dfrac{x+y+1}{x+y-1}$ ...(1)

Put $\quad x + y = t$ ...(2)

$\therefore \quad y = t - x$

Differentiating w.r.t. x, we get,

$$\frac{dy}{dx} = \frac{dt}{dx} - 1 \qquad ...(3)$$

Substituting (2) and (3) in equation (1) we get,

$$\frac{dt}{dx} - 1 = \frac{t+1}{t-1}$$

$$\therefore \quad \frac{dt}{dx} = \frac{t+1}{t-1} + 1$$

$$\therefore \quad \frac{dt}{dx} = \frac{t+1+t-1}{t-1}$$

$$\therefore \quad \frac{dt}{dx} = \frac{2t}{t-1}$$

$$\therefore \quad \left(\frac{t-1}{t}\right) dt = 2dx$$

$$\therefore \quad \left(1 - \frac{1}{t}\right) dt = 2dx$$

Integrating on both sides, we get

$$\int\left(1 - \frac{1}{t}\right) dt = 2\int dx$$

$\therefore \quad t - \log |t| = 2x + c$

$\therefore \quad x + y - \log |x + y| = 2x + c$

$\therefore \quad -\log |x + y| = x - y + c$ ...(4)

Putting $x = \frac{2}{3}$ and $y = \frac{1}{3}$, we get

$$-\log\left(\frac{2}{3} + \frac{1}{3}\right) = \frac{2}{3} - \frac{1}{3} + c$$

$$\therefore \quad -\log(1) = \frac{1}{3} + c$$

$$\therefore \quad 0 = \frac{1}{3} + c$$

$$\therefore \quad c = -\frac{1}{3}$$

Substituting $c = -\frac{1}{3}$ in equation (4), we get

$$-\log |x + y| = x - y - \frac{1}{3}$$

$$\Rightarrow \therefore \log |x + y| = y - x + \frac{1}{3}.$$

Section B

4. [A] (i) (b) Trend component

(ii) (b) < 1

(iii) (c) 1

(iv) (b) corner points

(v) (a) Binomial distribution

(vi) (c) Both (a) and (b)

[B] (i) False. Cyclical variation can occur over a long period, usually several years.

(ii) True

(iii) False. If $X \sim B(2, 3)$ then $E(X) = 6$.

[C] (i) Seasonal

(ii) 3.5

(iii) Largest

5. [A] (i) Give regression equations are

$$4y = 9x + 15$$

$i.e., \quad -9x + 4y = 15$ ...(i)

and $\qquad 25x = 4y + 17$

$i.e., \quad 25x - 4y = 17$ ...(ii)

Adding equations (i) and (ii), we get

$$-9x + 4y = 15$$
$$\underline{25x - 4y = 17}$$
$$16x \qquad = 32$$

$$\therefore \quad x = 2$$

Substituting $x = 2$ in (i), we get

$$-9(2) + 4y = 15$$
$$4y = +18 + 15$$
$$y = \frac{33}{4}$$

$$\therefore \quad y = 8.25$$

Since the point of intersecting of two regression lines is $(\bar{x}, \bar{y})$, $\bar{x} = 2$ and $\bar{y} = 8.25$.

Let $4y = 9x + 15$ be the regression equation of y on x

$$\therefore \text{ The equation become } y = \frac{9x}{4} + \frac{15}{4}$$

Comparing it with $y = b_{yx}\, x + a$, we get

$$b_{yx} = \frac{9}{4} = 2.25$$

Now, the other equation, *i.e.*, $25x = 4y + 17$ is the regression equation of x of y.

$$\therefore \text{ The equation becomes } x = \frac{4}{25}y + \frac{17}{25}$$

Comparing it with $x = b_{xy}\, y + a$, we get

$$b_{xy} = \frac{4}{25} = 0.16$$

$$r = \pm\sqrt{b_{xy} \cdot b_{yx}}$$

$$= \pm\sqrt{0.16 \times 2.25}$$

$$= \pm\sqrt{0.36} = \pm 0.6$$

Since b_{yx} and b_{xy} are positive,
r is also positive

$$\therefore \qquad r = 0.6$$

$$\therefore \qquad \overline{x} = 2 \text{ and } \overline{y} = 8.25 \text{ and } r = 0.6$$

(ii) Let the agents cash sales be ₹ x

Commission at 7% on cash sales

$$= ₹ \, x \times \frac{7}{100} = ₹ \, \frac{7x}{100} \qquad ....(i)$$

Total sales is ₹ 1,02,000

∴ Agents credit sales is ₹ $(1,02,000 - x)$

Commission at 5% on credit sales

$$= ₹ \, (1,02,000 - x) \times \frac{5}{100}$$

$$= \frac{₹ \, 5,10,000 - 5x}{100} \qquad ....(ii)$$

Total commission is given to be ₹ 6,420   ....(iii)

From equations (i), (ii) and (iii), we get

$$\frac{7x}{100} + \left(\frac{510000 - 5x}{100}\right) = 6420$$

$$7x + 5,10,000 - 5x = 6,42,000$$

$$\therefore \qquad 2x = 1,32,000$$

$$x = 66,000$$

The agents cash sales is ₹ 66,000 and his credit sales is ₹ $(1,02,000 - 66,000) = $ ₹ 36,000.

(iii) We first tabulate the given data as shown in the following table:

Commodities	Price in 2000 (Base year) P_0	Price in 2005 (Current year) P_1
A	40	50
B	50	70
C	30	30
D	x	85
E	60	y
F	100	115
Total	$280 + x$	$350 + y$

From the table, we have

$$\Sigma P_0 = 280 + x, \Sigma P_1 = 350 + y.$$

But it is given that $\Sigma P_0 = 320$. So that

$$280 + x = 320$$

$$\therefore \qquad x = 40$$

Further, using the formula

$$P_{01} = \frac{\Sigma P_1}{\Sigma P_0} \times 100$$

we have,

$$130 = \frac{350 + y \times 100}{320}$$

$$\therefore \qquad 350 + y = \frac{130 \times 320}{100}$$

$$\therefore \qquad 416 = 350 + y$$

$$\therefore \qquad y = 416 - 350 = 66$$

$$\therefore \qquad y = 66$$

Ans. $x = 40, y = 66$

[B] (i) (a) Taking year on X-axis and production on Y-axis, we plot the points for production corresponding to years. Joining these points by straight lines, we get the graph of the given time series. We draw line as shown in the figure.

Scale : X axis 1 cm = 1 year

Y axis 1 cm = 1 unit

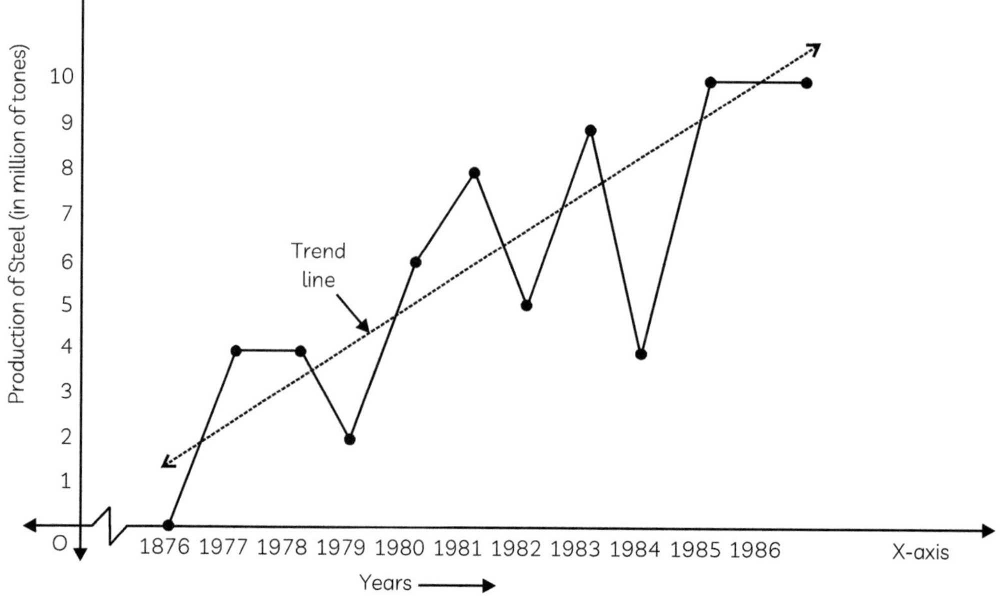

$$4y = 9x + 15$$

(b) Here, $n = 11$. We transform year–t to u by taking $u = t - 1981$.

We construct the following table for calculation :

Year t	Production x_t	$u = t - 1981$	u^2	ux_t
1976	0	– 5	25	0
1977	4	– 4	16	– 16
1978	4	– 3	9	–12
1979	2	– 2	4	– 4
1980	6	– 1	1	– 6
1981	8	0	0	0
1982	5	1	1	5
1983	9	2	4	18
1984	4	3	9	12
1985	10	4	16	40
1986	10	5	25	50
Total	$\Sigma x_t = 62$	$\Sigma u = 0$	$\Sigma u^2 = 110$	125 −38 $\overline{\Sigma ux_t = 87}$

The equation of trend line is $x_t = a' + b'u$

The normal equation are

$$\Sigma x_t = na' + b'\Sigma u \qquad \text{....(1)}$$

$$\Sigma ux_t = a'\Sigma_u + b'\Sigma_u{}^2 \qquad \text{....(2)}$$

Here, $n = 11$, $\Sigma x_t = 62$, $\Sigma u = 0$, $\Sigma u^2 = 110$, $\Sigma ux_t = 87$

Putting these values in normal equations, we get

$$62 = 11a' + b'(0) \qquad \text{....(3)}$$

$$87 = a'(0) + b'(110) \qquad \text{....(4)}$$

From equation (3), we get

$$a' = \frac{62}{11} = 5.6364$$

From equation (4), we get

$$b' = \frac{87}{110} = 0.7909$$

Putting $a' = 5.6364$ and $b' = 0.7909$ in the equation $x_t = a' + b'u$, we get the equation of trend line as

$$x_t = 5.6364 + 0.7909u$$

Trend for the year 1990 :

For $t = 1990$, $u = 1990 - 1981 = 9$

Putting $u = 9$ in $x_t = 56364 + 0.7909\,u$, we get

$$x_{1990} = 5.6364 + 0.7909 \times 9$$

$$= 5.6364 + 7.1181$$

$$= 12.7545$$

Hence, trend value for the year 1990 is 12.7545.

(ii) Given,

$$\Sigma p_0 q_0 = 120,\ \Sigma p_0 q_1 = 160,\ \Sigma p_1 q_1$$
$$= 140,\ \Sigma p_1 q_0 = 200$$

Lospeyre's Price Index Number.

$$P_{01}(L) = \frac{\Sigma p_1 q_0}{\Sigma p_0 q_0} \times 100$$

$$= \frac{200}{120} \times 100$$

$$= 166.67$$

Paasche's Price Index Number :

$$P_{01}(P) = \frac{\Sigma p_1 q_1}{\Sigma p_0 q_1} \times 100$$

$$= \frac{140}{160} \times 100$$

$$= 87.5$$

Dorbish-Bowley's Price Index Number :

$$P_{01}(D - B) = \frac{P_{01}(L) + P_{01}(P)}{2}$$

$$= \frac{166.67 + 87.5}{2}$$

$$= \frac{254.17}{2}$$

$$= 127.085$$

Marshall-Edgeworth Price Index Number :

$$P_{01}(M - E) = \frac{\Sigma p_1 q_0 + \Sigma p_1 q_1}{\Sigma p_0 q_0 + \Sigma p_0 q_1} \times 100$$

$$= \frac{200 + 140}{120 + 160} \times 100$$

$$= \frac{340}{280} \times 100$$

$$= 121.43$$

(iii) To find the graphical solution, construct the table as follows :

Inequation	Equation	Double intercept form	Points (x_1, x_2)	Points (x_1, x_2)
$3x + y \geq 27$	$3x + y = 27$	$\dfrac{x}{9} + \dfrac{y}{27} = 1$	A(9, 0)	$3(0) + 0 \geq 27$
			B(0, 27)	$0 \geq 27$ ∴ Non-origin side
$x + y \geq 21$	$x + y = 21$	$\dfrac{x}{21} + \dfrac{y}{21} = 1$	C(21, 0)	$(0) + 0 \geq 21$
			D(0, 21)	∴ $0 \geq 21$ ∴ non-origin side
$x \geq 0$	$x = 0$			R.H.S. of Y-axis
$y \geq 0$	$y = 0$			above X-axis

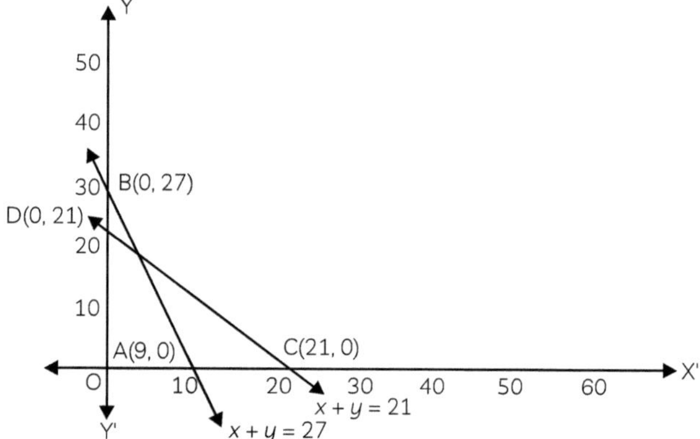

BHC is the unbounded feasible region with

$B \equiv (0, 27)$ and $C \equiv (21, 0)$

Point H is the point of intersection of lines

$$3x + y = 27 \qquad ....(1)$$

and $\quad x + y = 21 \qquad ....(2)$

Subtracting (2) from (1),

$$3x + y = 27$$
$$x + y = 21$$
$$\overline{---}$$
$$2x = 6$$

∴ $\qquad x = 3$

Put $\qquad x = 3$ in (2), $3 + 4 = 21$

∴ $\qquad y = 18$

∴ $\qquad H \equiv (3, 18)$

Objective function, $\; Z = 4x + 24$

At B(0, 27), Z (B) $= 4 \times 0 + 2 \times 27 = 54$

At H(3, 18), Z(H) $= 4 \times 3 + 2 \times 18 = 48$

At C(21, 0), 2(C) $= 4 \times 21 + 2 \times 0 = 84$

∴ At H (3, 18) the value of Z is minimum.

Hence Z has minimum value 48, when $x = 3$, $y = 18$.

6. [A] (i) Let T.D. = ₹ x, $n = \dfrac{6}{12} = \dfrac{1}{2}$ year

B.G. = B.D. – T.D.

= Interest on T.D. for 6 months at 4% p.a.

∴ $160 = x \times \dfrac{1}{2} \times \dfrac{4}{100} = \dfrac{x}{50}$

$$x = 8{,}000$$

∴ True discount ₹ = 8,000

B.D. = B.G. + T.D.

= 160 + 8,000

= 8,160

∴ Banker's discount = ₹ 8,160

B.D. = Interest on F.V. for 6 months at 4% p.a.

Let the face value (F.V.) be y.

∴ $\qquad$ B.D. $= y \times \dfrac{1}{2} \times \dfrac{4}{100}$

$$8{,}160 = \dfrac{y}{50}$$

$$y = ₹\, 4{,}08{,}000$$

∴ Amount of bill is ₹ 4,08,000.

(ii) Step 1 : Subtract the smallest element is each row from every element of that row.

Wagons	Mileage of Sations				
	I	II	III	IV	V
1	5	0	4	13	6
2	7	3	0	6	8
3	5	0	2	2	3

4	9	0	3	8	6
5	5	0	8	13	4

Step 2 : Subtract the smallest element of each column from every element of that column.

Wagons	Mileage of Sations				
	I	II	III	IV	V
1	0	0	4	11	3
2	2	3	0	4	5
3	0	0	2	0	0
4	4	0	3	6	3
5	0	0	8	11	1

The number of lines covering all zeroes (4) is not equal to order of matrix (5). So solution has not reached.

Step 3 : Therefore, subtract the smallest uncovered element (i) from all uncovered elements and add it to all elements which lie at the intersection of two unchanged:

Wagons	Mileage of Sations				
	I	II	III	IV	V
1	0	0	4	10	2
2	2	3	0	3	4
3	1	1	3	0	0
4	4	0	3	5	2
5	0	0	8	10	0

The number of lines covering all zeroes is equal to order of matrix.

Step 4 : Hence, optimal solution has reached. Therefore, the optimal assignment is made as follows :

Wagons	Mileage of Sations				
	I	II	III	IV	V
1	[0]	0	4	10	2
2	2	3	[0]	3	4
3	1	1	3	[0]	0
4	4	[0]	3	5	2
5	0	0	8	2	[0]

The optimal assignment is shown as follows :

Wagons	Station	Miles
1	I	10

2	III	6
3	IV	4
4	II	9
5	V	10

The minimum milage covered = 10 + 6 + 4 + 9 + 10 = 39 miles,

(iii) (a) Here, P(x) > 0 for all values of x

$\Sigma P(x) = 0.4 + 0.4 + 0.2 = 1$

Hence, the given distribution is a probability distribution.

(b) Here, P(x) for x = 3, P(3) = – 0.1 < 0

Probability for an value of x cannot be negative.

Hence, the given distribution is not a probability distribution.

(c) Here, P(x) > 0 for all values of x

$\Sigma P(x) = 0.1 + 0.6 + 0.3 = 1$

Hence, the given distribution is a probability distribution.

[B] (i) Here, we need to find line of regressoin of y on x, which is given as :

$$\bar{y} = a + b_{yx}\bar{x}$$

where, $\quad b_{yx} = \dfrac{\text{cov}(X, Y)}{\sigma_x^2}$

$$= \dfrac{\dfrac{\Sigma(x_i - \bar{x})(y_i - \bar{y})}{n}}{\sigma_x^2}$$

$$= \dfrac{\dfrac{1170}{10}}{130} = 0.9$$

and $\quad a = \bar{y} - b_{yx}\bar{x}$

$$= 142 - (0.8)(53)$$

$$= 94.3$$

Therefore, regression equation of y on x is

$$y = 94.3 + 0.9x$$

Now, the estimate of blood pressure of women with age 47 years is :

$$y = 94.3 + 0.9 \times 47$$

$$= 136.6$$

(ii) Here Min. (A) = 5, Min. (C) = 3, and Max. (B) = 5.

∵ Min (A) ≥ Max. (B), the problem can be converted into 7 Jobs and 2 machines problems.

Let G = A + B; H = B + C where G, H are two fictious machines.

Job	I	II	III	IV	V	VI	VII
G	10	10	7	16	7	12	15
H	7	11	9	9	10	13	10

The following sequence is obtained; by using optimal sequence algorithm.

III	V	II	VI	VII	IV	I

OR

V	III	II	VI	VII	IV	I

Total elapsed time is obtained as follows:

Job Sequence	Machine A		Machine B		Machine C		Idle time for Machine C
	Time in	Time out	Time in	Time out	Time in	Time out	
III	0	5	5	7	7	14	7
V	5	11	11	12	14	23	0
II	11	18	18	21	23	31	0
VI	18	25	25	30	31	39	0
VII	25	37	37	40	40	47	1
IV	37	48	48	53	53	57	6
I	48	54	54	58	58	61	1
					Total idle time for machine C		15

Total elapsed time T = 61 hours

Idle time for Machine A = T – Total processing time of Machine A

$$= 61 - 54$$

$$= 7 \text{ hours}$$

Idle time for Machine B = T – Total processing time of Machine B

$$= 61 - 23$$

$$= 38 \text{ hours}$$

Idle time for Machine C = 15 hours

[C] (i) Given Property value = ₹ 3,00,000

Since, the house is insured for 75% of its value.

∴ Policy value = 75% of Property value

$$= \frac{75}{100} \times 3,00,000$$

$$= ₹ 2,25,000$$

Now, rate of Premium

$$= 80 \text{ paise percent}$$

$$= ₹ 0.8 \text{ percent}$$

∴ Amount of premium

$$= 0.8\% \text{ of policy value}$$

$$= \frac{0.8}{100} \times 2,25,000$$

$$= ₹ 1,800$$

Also agent's rate of commission is 9% of the premium.

∴ agent's commission

$$= 9\% \text{ of premium}$$

$$= \frac{9}{100} \times 1800$$

$$= ₹ 162$$

∴ Premium paid by the owner of house is ₹ 1,800 and the agent's commission is ₹ 162.

(ii) $X \sim P(m)$

$$\therefore \quad P[X = x] = \boxed{\frac{e^{-m} m^x}{x!}}$$

$$\therefore \quad P[X = 2] = \frac{e^{-m} m^2}{2!}$$

$$\therefore \quad P[X = 3] = \frac{e^{-m} m^3}{3!}$$

Now, $P[X = 2] = P[X = 3]$

$$\therefore \quad \boxed{\dfrac{e^{-m}m^2}{2!}} = \boxed{\dfrac{e^{-m}m^3}{3!}}$$

$$1 = \dfrac{m}{3}$$

$$\therefore \quad \boxed{m = 3}$$

Now, $\quad P[X \geq 2] = 1 - P[X < 2]$

$$= 1 - [P[X = 0] + P[X = 1]]$$

$$= 1 - \left[\boxed{\dfrac{e^{-3}(3)^0}{0!}} + \boxed{\dfrac{e^{-3}(3)^1}{1!}}\right]$$

$$= 1 - e^{-3}(1 + 3)$$

$$= 1 - 0.0497 \times 4$$

$$= 1 - \boxed{0.1988}$$

$$= \boxed{0.8012}$$

Hence, $\quad P[X \geq 2]$ is 0.8012

●●

Sample Paper-2

Mathematics & Statistics (Commerce)

📝 Questions

Time: 3 Hours | Total Marks: 70

Section A

1. [A] Choose the correct alternative :

(i) Let $p \wedge (q \vee r) \equiv (p \wedge q) \vee (p \wedge r)$. Then this is known as:

(a) Commutative law (b) Associative law

(c) De-Morgan's law (d) Distributive law

(ii) If $y = e^{\log x}$, then $\dfrac{dy}{dx} = ?$

(a) $\dfrac{e^{\log x}}{x}$ (b) $\dfrac{1}{x}$

(c) 0 (d) $\dfrac{1}{2}$

(iii) Slope of the tangent to the curve $y = 6 - x^2$ at $(2, 2)$ is ....

(a) 4 (b) -4

(c) -2 (d) -1

(iv) $\displaystyle\int_a^b f(x)dx =$

(a) $\displaystyle\int_b^a f(x)dx$ (b) $-\displaystyle\int_a^b f(x)dx$

(c) $-\displaystyle\int_b^a f(x)dx$ (d) $\displaystyle\int_0^a f(x)dx$

(v) Using definite integration of circle $x^2 + y^2 = 25$ is ....

(a) 5π sq. units (b) 4π sq. units

(c) 25π sq. units (d) 25 sq. units

(vi) The solution of $\dfrac{dy}{dx} = 1$ is ....

(a) $x + y = c$ (b) $xy = c$

(c) $x^2 + y^2 = c$ (d) $y - x = c$

[B] State whether each of the following is True or False :

(i) The derivative of a^x is $a^x \log a$.

(ii) A function $f(x)$ is maximum at $x = a$ when $f'(a) > 0$.

(iii) $\displaystyle\int_a^b f(x)dx = \int_a^b f(x-a-b)dx$.

[C] Fill in the blanks :

(i) A diagonal matrix in which all diagonal elements are same, is called a .... matrix.

(ii) If $y = x \log x$ then $\dfrac{d^2y}{dx^2} =$ ....

(iii) $\displaystyle\int \dfrac{f'(x)}{f(x)}dx =$ ....$+ c$

2. [A] Attempt any two of the following :

(i) Write the converse, inverse and contrapositive of the following statement :

If a man is bachelor, then he is happy.

(ii) Find the inverse of $\begin{bmatrix} 3 & 1 & 5 \\ 2 & 7 & 8 \\ 1 & 2 & 5 \end{bmatrix}$ by adjoint method.

(iii) Determine the maximum and minimum values of the following functions :

$$f(x) = x^2 + \dfrac{16}{x}$$

[B] Attempt any two of the following :

(i) The sum of the cost of the Economic book, one Co-operation book and one account book is ₹ 420. The total cost of an Economic book, 2 Co-operation books and an Account book is ₹ 480. Also the total cost of an Economic book, 3 co-operation book and 2 Account books is ₹ 600. Find the cost of each book using matrix method.

(ii) For the demand function $D = 100 - \dfrac{p^2}{p}$. Find the elasticity of demand at $p = 10$.

(iii) Solve the following differential equations:
$x^2 y dx - (x^3 - y^3)\, dy = 0$

3. [A] Attempt any two of the following :

(i) Show that the following statement pattern is a contingency :

$(p \rightarrow q) \wedge (p \rightarrow r)$

(ii) Evaluate :

$$\int \dfrac{4x - 6}{(x^2 - 3x + 5)^{\frac{3}{2}}}dx \ .$$

(iii) Evaluate the following definite integrals :

$$\int_2^3 \dfrac{x}{(x+2)(x+3)}\, dx.$$

[B] Attempt any one of the following :

(i) If $f'(x) = \dfrac{x^2}{2} - kx + 1, f(0) = 2$ and $f(3) = 5$, find $f(x)$.

(ii) If the population of a town increases at a rate proportional in the population at that time. If the population increases from 40 thousands to 60 thousands in 40 years, what will be the population in another 20 years ?

[C] Attempt any one of the following activities :

(i) Find $\dfrac{dy}{dx}$, if $y^x = e^{x+y}$

(ii) Evaluate : $\int (x+1)^2 e^x dx$.

Section B

4. [A] Choose the correct alternative :

(i) Which component of the time series refers to erratic time series movements that follow no recognizable or regular pattern :

(a) Trend
(b) Seasonal
(c) Cyclical
(d) Irregular

(ii) $|b_{xy} + b_{yz}| \geq$ ....

(a) $|r|$
(b) $2|r|$
(c) r
(d) $2r$

(iii) Laspeyre's Price Index Number is given by :

(a) $\dfrac{\Sigma p_0 q_0}{\Sigma p_1 q_0} \times 100$
(b) $\dfrac{\Sigma p_0 q_1}{\Sigma p_1 q_1} \times 100$

(c) $\dfrac{\Sigma p_1 q_0}{\Sigma p_0 q_0} \times 100$
(d) $\dfrac{\Sigma p_1 q_1}{\Sigma p_0 q_1} \times 100$

(iv) Feasible region is the set of points which satisfy:

(a) The objective function.
(b) All of the given functions
(c) Some of the given constraints
(d) Only non-negative constraints

(v) The objective of an assignment problems is to assign:

(a) Number of jobs to equal number of persons at maximum cost
(b) Number of jobs to equal number of persons at minimum cost
(c) Only the maximize cost
(d) Only the minimize cost

(vi) If $E(x) > Var(x)$ then X follows ....

(a) Binomial distribution
(b) Poisson distribution
(c) Normal distribution
(d) None of the above

[B] State whether each of the following is True or False :

(i) Cyclical variation can occur several times in a year.

(ii) $\sqrt{\dfrac{\Sigma p_1 q_0}{\Sigma p_0 q_0}} \times \sqrt{\dfrac{\Sigma p_1 q_1}{\Sigma p_0 q_1}} \times 100$

(iii) The optimum value of the objective function of LPP occurs at the centre of the feasible region.

[C] Fill in the blanks :

(i) .... component of time series is indicated by periodic variation year after year.

(ii) Fisher's Price Index Number is given by ....

(iii) The region represented by the inequality $y \leq 0$ lies in .... quadrants.

5. [A] Attempt any two of the following :

(i) Deepak's salary was increased from ₹ 4,000 to ₹ 5,000. The sales being the same, due to reduction in the rate of commission from 3% to 2%, his income remained unchanged. Find the sales.

(ii) For the certain bivariate data on 5 pairs of observation given

$\Sigma x = 20$, $\Sigma y = 20$, $\Sigma x^2 = 90$, $\Sigma y^2 = 90$, $\Sigma xy = 76$.

Calculate:

(a) cov (x, y)
(b) b_{yx} and b_{xy}
(c) r

(iii) Find the sequence that minimizes the total elapsed time to complete the following jobs in the order of AB. Find the total elapsed time and idle time for both the machines.

Job	I	II	III	IV	V	VI	VII
Machine A	7	16	19	10	14	15	5
Machine B	12	14	14	10	16	5	7

[B] Attempt any two of the following :

(i) A stock worth ₹ 7,00,000 was insured for ₹ 4,50,000. Fire burnt sotck worth ₹ 3,00,000 completely and damaged the remaining stock to the extent of 75% of its value. What amount can be claimed under the policy ?

(ii) Find x if Laspeyre's Price Index Number is same as Paasche's Price Index Number for the following data:

Commodity	Base Year		Current Year	
	Price p_0	Quantity q_0	Price p_1	Quantity q_1
A	3	x	2	5
B	4	6	3	5

(iii) The probability distribution of X is as follows :

x	0	1	2	3	4
$P[X = x]$	0.1	k	$2k$	$2k$	k

Find (a) k,   (b) $P[X < 2]$,   (c) $P[X \geq 3]$,   (d) $P[1 \leq X < 4]$,   (e) $P(2)$.

6. [A] Attempt any two of the following :

(i) A bill drawn on 5th June for 6 months was discounted at the rate of 5% p.a. on 19th October. If the cash value of the bill is ₹ 43,500, find face value of the bill.

(ii) In a partially destroyed laboratory record of an analysis of regression data, the following data are legible :

Variance of X = 9

Regression equations:

$8x - 10y + 66 = 0$ and $40x - 18y = 214$.

Find on the basis of the above information

(a) The mean value of X and Y.

(b) Correlation coefficient between X and Y.

(c) Standard deviation of Y.

(iii) It is felt that error in measurement of reaction temperature (in celsius) in an experiment is a continuous r.v. with p.d.f.

$$F(x) = \begin{cases} \dfrac{x^3}{64} & \text{for } 0 \leq x \leq 4, \\ 0 & \text{otherwise} \end{cases}$$

(a) Verify whether $f(x)$ is a p.d.f.

(b) Find $P(0 < x \leq 1)$

(c) Find the probability that X is between the 1 and 3.

[B]   Attempt any one of the following :

(i) The following table shows the index of industrial production for the period from 1976 to 1985, using the year 1976 as the base year.

Year	1976	1977	1978	1979	1980
Index	0	2	3	3	2
Year	1981	1982	1983	1984	1985
Index	4	5	6	7	10

Fit a trend line to the above data by graphical method.

(ii) A company has a team of four salesmen and there are four districts where the company wants to start its business. After taking into account the capabilities of salesmen and the nature of districts, the company estimates that the profit per day in rupees for each salesman in each district is as below :

Salesmen	District			
	1	2	3	4
A	16	10	12	11
B	12	13	15	15
C	15	15	11	14
D	13	14	14	15

Find the assignment of salesman to various districts which will yield maximum profit.

[C]   Attempt any one of the following activities :

(i) Shraddha wants to invest at most ₹ 25,000 in saving certificates and fixed deposits. She wants to invest at least ₹ 10,000 in saving certificates and at least ₹ 15,000 in fixed deposits. The rate of interest on saving certificates is 5% per annum and that on fixed deposits is 7% per annum. Formulate the above problem as L.P.P. to determine maximum yearly income.

(ii) In a town, 10 accidents take place in the span of 50 days. Assuming that the number of accidents follows Poisson distribution, find the probability that there will be 3 or more accidents on a day.

(Given that $e^{-0.2} = 0.8187$)

Ⓐ Answer Key

Section A

1. [A] (i) (d) Distributive law

   (ii) (a) $\dfrac{e^{\log x}}{x}$

   (iii) (b) -4

   (iv) (c) $-\int_b^a f(x)dx$

   (v) (c) $25\,\pi$ sq. units

   (vi) (d) $y - x = c$

[B] (i) True

   (ii) False. A function $f(x)$ is maximum at $x = a$ when $f'(a) < 0$.

   (iii) False. $\int_b^a f(x)dx = \int_b^a f(a+b-x)dx$.

[C] (i) Scalar

   (ii) $y = x.\log x$

   Differentiating both sides,

   $$\frac{dy}{dx} = x.\frac{d}{dx}(\log x) + \log x.\frac{d}{dx}(x)$$

   $$= x.\frac{1}{x} + \log x = 1 + \log x$$

   Again differentiating w.r.t. x,

   $$\frac{d}{dx}\left(\frac{dy}{dx}\right) = \frac{d}{dx}(1) + \frac{d}{dx}(\log x)$$

   $$\frac{d^2y}{dx^2} = 0 + \frac{1}{x} = \frac{1}{x}$$

   (iii) $\int \dfrac{f'(x)}{f(x)}.dx = \log f(x) + c$

2. [A] (i) Let p : A man is bachelor

   q : He is happy

   Then the symbolic form of given statement is $p \rightarrow q$

   Converse : $q \rightarrow p$ is the converse of $p \rightarrow q$

   i.e., if a man is happy, then he is a bachelor.

   Inverse : $\sim p \rightarrow \sim q$ is inverse of $p \rightarrow q$

   i.e., If a man is not bachelor, then he is not happy.

   Contrapositive : $\sim q \rightarrow \sim p$ is the contrapositive of $p \rightarrow q$ i.e., If a man is not happy, then he is not bachelor.

(ii) Let $\quad A = \begin{vmatrix} 3 & 1 & 5 \\ 2 & 7 & 8 \\ 1 & 2 & 5 \end{vmatrix}$

$$|A| = \begin{vmatrix} 3 & 1 & 5 \\ 2 & 7 & 8 \\ 1 & 2 & 5 \end{vmatrix}$$

$$= 3(35 - 16) - 1(10 - 8) + 5(4 - 7)$$
$$= 3 \times 19 - 1 \times 2 + 5 \times (-3)$$
$$= 57 - 2 - 15$$
$$= 40 \neq 0$$

A^{-1} exists

$$A_{11} = (-1)^{1+1} \times M_{11}$$
$$= 1 \begin{vmatrix} 7 & 8 \\ 2 & 5 \end{vmatrix}$$
$$= 1(35 - 16)$$
$$= 19$$
$$A_{12} = (-1)^{1+2} \times M_{12}$$
$$= (-1) \begin{vmatrix} 2 & 8 \\ 1 & 5 \end{vmatrix}$$
$$= -1(10 - 8)$$
$$= -2$$
$$A_{13} = (-1)^{1+3} \times M_{13}$$
$$= 1 \begin{vmatrix} 2 & 7 \\ 1 & 2 \end{vmatrix}$$
$$= 1(4 - 7)$$
$$= -3$$
$$A_{21} = (-1)^{2+1} \times M_{21}$$
$$= (-1) \begin{vmatrix} 1 & 5 \\ 2 & 5 \end{vmatrix}$$
$$= (-1)(5 - 10)$$
$$= -5$$
$$A_{22} = (-1)^{2+2} \times M_{22}$$
$$= (1) \begin{vmatrix} 3 & 5 \\ 1 & 5 \end{vmatrix}$$
$$= (1)(15 - 5)$$
$$= 10$$
$$A_{23} = (-1)^{2+3} \times M_{23}$$
$$= (-1) \begin{vmatrix} 3 & 1 \\ 1 & 2 \end{vmatrix}$$

$$= (-1)(6-1)$$
$$= -5$$
$$A_{31} = (-1)^{3+1} \times M_{31}$$
$$= (1) \begin{vmatrix} 1 & 5 \\ 7 & 8 \end{vmatrix}$$
$$= (1)(8-35)$$
$$= -27$$
$$A_{32} = (-1)^{3+2} M_{32}$$
$$= (-1)^{3+2} \begin{vmatrix} 3 & 5 \\ 2 & 8 \end{vmatrix}$$
$$= (-1)(24-10)$$
$$= -14$$
$$A_{33} = (-1)^{3+3} M_{33}$$
$$= (+1) \begin{vmatrix} 3 & 1 \\ 2 & 7 \end{vmatrix}$$
$$= 1(21-2)$$
$$= 19$$

The matrix of the co-factors are:

$$[A_{ij}]_{3\times3} = \begin{bmatrix} A_{11} & A_{12} & A_{13} \\ A_{21} & A_{22} & A_{23} \\ A_{31} & A_{32} & A_{33} \end{bmatrix} = \begin{bmatrix} 19 & -2 & -3 \\ 5 & 10 & -5 \\ -27 & -14 & 19 \end{bmatrix}$$

$$\text{Now, } adj\, A = \left[A_{ij}\right]_{3\times3} = \begin{bmatrix} 19 & 5 & -27 \\ -2 & 10 & -14 \\ -3 & -5 & 19 \end{bmatrix}$$

$$\therefore A^{-1} = \frac{1}{|A|}(adj\, A) = \frac{1}{40} \begin{bmatrix} 19 & 5 & -27 \\ -2 & 10 & -14 \\ -3 & -5 & 19 \end{bmatrix}$$

(iii)
$$f(x) = x^2 + \frac{16}{x}$$

$$\therefore \qquad f'(x) = 2x - \frac{16}{x^2}$$

$$\text{and} \qquad f''(x) = 2 + \frac{32}{x^3}$$

$$\text{Consider,} \qquad f'(x) = 0$$

$$\therefore \qquad 2x - \frac{16}{x^2} = 0$$

$$2x = \frac{16}{x^2}$$

$$x^3 = 8$$

$$x = 2$$

$$\text{For} \qquad x = 2$$

$$f''(2) = 2 + \frac{32}{2^3}$$

$$= 2 + \frac{32}{8}$$

$$= 2 + 4$$
$$= 6 > 0$$
$$\therefore \ f(x) \text{ attains minimum value at } x = 2 \text{ by second derivative test.}$$

$$\therefore \qquad \text{Minimum value} =$$

$$f(2) = (2)^2 + \frac{16}{2}$$

$$= 4 + 8$$
$$= 12$$

$\therefore$ The function $f(x)$ has minimum value 12 at $x = 2$.

[B] (i) Let the cost of one economic book, one co-operation book and one account book be ₹ x, ₹ y and ₹ z respectively

According to the first condition,
$$x + y + z = 420$$
According to the second condition,
$$x + 2y + z = 480$$
According to the third condition,
$$x + 3y + 2z = 600$$

Matrix form of the above system of equations is

$$\begin{bmatrix} 1 & 1 & 1 \\ 1 & 2 & 1 \\ 1 & 3 & 2 \end{bmatrix}\begin{bmatrix} x \\ y \\ z \end{bmatrix} = \begin{bmatrix} 420 \\ 480 \\ 600 \end{bmatrix}$$

Applying $R_2 \to R_2 - R_1$, and $R_3 \to R_3 - R_1$, we get

$$\begin{bmatrix} 1 & 1 & 1 \\ 0 & 1 & 0 \\ 0 & 2 & 1 \end{bmatrix}\begin{bmatrix} x \\ y \\ z \end{bmatrix} = \begin{bmatrix} 420 \\ 60 \\ 180 \end{bmatrix}$$

Applying $R_3 \to R_3 - 2R_2$, we get

$$\begin{bmatrix} 1 & 1 & 1 \\ 0 & 1 & 0 \\ 0 & 0 & 1 \end{bmatrix}\begin{bmatrix} x \\ y \\ z \end{bmatrix} = \begin{bmatrix} 420 \\ 60 \\ 60 \end{bmatrix}$$

Hence, the original matrix is reduced to an upper triangular matix.

$$\begin{bmatrix} x & + & y & + & z \\ 0 & + & y & + & 0 \\ 0 & + & 0 & + & z \end{bmatrix} = \begin{bmatrix} 420 \\ 60 \\ 60 \end{bmatrix}$$

By equality of matrices, we get
$$x + y + z = 420 \qquad \text{...(i)}$$
$$y = 60$$
$$z = 60$$

Substituting $y = 60$ and $z = 60$ in equation (i), we get
$$x + 60 + 60 = 420$$
$$x = 420 - 120 = 300$$

$\therefore$ The cost of one economic book is ₹ 300, one co-operation book is ₹ 60 and one account book is ₹ 60.

(ii) Given, demand function is $D = 100 - \dfrac{P^2}{2}$

$$\therefore \quad \frac{dD}{dP} = 0 - \frac{2P}{2}$$

$$= -P$$

$$\eta = \frac{-P}{D} \cdot \frac{dD}{dP}$$

$$\eta = \frac{-P}{100 - \dfrac{P^2}{2}} \cdot (-P)$$

$$= \frac{P^2}{\dfrac{200 - P^2}{2}}$$

$$\eta = \frac{2P^2}{200 - P^2}$$

when $\qquad P = 10$

$$\eta = \frac{2(10)^2}{200 - (10)^2}$$

$$= \frac{200}{100}$$

$$= 2.$$

Elasticity of demand at $P = 10$ is 2

Here, $\eta > 0$.

$\therefore$ The demand is elastic

(iii) $\qquad x^2 y\,dx - (x^3 + y^3)dy = 0$

$$\therefore \qquad x^2 y\,dx = (x^3 + y^3)dy$$

$$\therefore \qquad \frac{dy}{dx} = \frac{x^2 y}{x^3 + y^3} \qquad \text{...(1)}$$

Put $\qquad y = tx \qquad \text{....(2)}$

Differentiating w.r.t. x,

$$\therefore \qquad \frac{dy}{dx} = t + x\frac{dt}{dx} \qquad \text{...(3)}$$

Substituting (3) and (2) in (1), we get

$$\therefore \qquad t + x\frac{dt}{dx} = \frac{tx^3}{x^3 + t^3 x^3}$$

$$\therefore \qquad t + x\frac{dt}{dx} = \frac{t}{1 + t^3}$$

$$\therefore \qquad \frac{x.dt}{dx} = \frac{t}{1 + t^3} - t$$

$$\therefore \qquad \frac{x.dt}{dx} = \frac{t - t - t^4}{1 + t^3}$$

$$\therefore \qquad \frac{x.dt}{dx} = \frac{-t^4}{1 + t^3}$$

$$\therefore \qquad \frac{1 + t^3}{t^4}.dt = -\frac{dx}{x}$$

Integrating on both sides, we get

$$\int \frac{1 + t^3}{t^4}\,dt = -\int \frac{1}{x}\,dx$$

$$\therefore \quad \int \left(\frac{1}{t^4} + \frac{1}{t}\right)dt = -\int \frac{1}{x}\,dx$$

$$\therefore \quad \int t^{-4}\,dt + \int \frac{1}{t}\,dt = -\int \frac{1}{x}.dx$$

$$\therefore \quad \frac{t^{-3}}{-3} + \log|t| = -\log|x| + \log|c_1|$$

$$\therefore \quad -\frac{1}{3t^3} + \log|t| = -\log|x| + \log|c_1|$$

$$\therefore \quad \frac{-1}{+3} \cdot \frac{1}{\left(\dfrac{y}{x}\right)^3} + \log\left|\frac{y}{x}\right| = -\log|x| + \log|c_1|$$

$$\therefore \quad -\frac{x^3}{3y^3} + \log|y| - \log|x| = -\log|x| + \log|c_1|$$

$$\therefore \quad \log|y| + \log|c| = \frac{x^3}{3y^3}$$

where $\; [-\log|c_1| = \log|c|]$

$$\therefore \quad \log|yc| = \frac{x^3}{3y^3}$$

This is the general solution.

3. [A] (i) $\quad (p \to q) \wedge (p \to r)$

p	q	r	$p \to q$	$p \to r$	$(p \to q)\wedge(p \to r)$
T	T	T	T	T	T
T	T	F	T	F	F
T	F	T	F	T	F
T	F	F	F	F	F
F	T	T	T	T	T
F	T	F	T	T	T
F	F	T	T	T	T
F	F	F	T	T	T

The truth values in the last column are neither all T nor all F. Hence, it is contingence.

(ii)
$$I = \int \frac{2(2x - 3)}{(x^2 - 3x + 5)^{3/2}}.dx$$

(Talking 2 common in Numerator)

Put $(x^2 - 3x + 5) = t$

$$(2x - 3)dx = dt$$

$$I = \frac{2dt}{t^{3/2}} = 2\int t^{(-3/2)}.dt$$

$$= 2\left[\frac{t^{(-1/2)}}{(-1/2)}\right] = \frac{-4}{\sqrt{t}} + c$$

$$\therefore \qquad I = \frac{-4}{\sqrt{x^2 - 3x + 5}} + c$$

(iii) Let

$$I = \int_{2}^{3} \frac{x}{(x+2)(x+3)} \, dx$$

Let $\dfrac{x}{(x+2)(x+3)} = \dfrac{A}{x+2} + \dfrac{B}{x+3}$ ...(1)

$\therefore \qquad x = A(x+3) + B(x+2)$ ...(2)

Putting $\qquad x = -3$ in (2), we get

$$-3 = A(0) + B(-1)$$

$\therefore \qquad B = +3$

Putting $\qquad x = -2$ in (2), we get

$$-2 = A(1) + 3(0)$$

$\therefore \qquad A = -2$

From (1), we get

$$\frac{x}{(x+2)(x+3)} = \frac{-2}{x+2} + \frac{3}{x+3}$$

$$\therefore \quad I = \int_{2}^{3} \frac{-2}{x+2} \, dx + 3\int_{2}^{3} \frac{1}{x+3} \, dx$$

$$= -2\int_{2}^{3} \frac{1}{x+2} \, dx + 3\int_{2}^{3} \frac{1}{x+3} \, dx$$

$$= -2\Big[\log|x+2|\Big]_{2}^{3} + 3\Big[\log|x+3|\Big]_{2}^{3}$$

$$= -2\big[\log 5 - \log 4\big] + 3\big[\log 6 - \log 5\big]$$

$$= -2\left[\log\left(\frac{5}{4}\right)\right] + 3\left[\log\left(\frac{6}{5}\right)\right]$$

$$= 3\log\left(\frac{6}{5}\right) - 2\log\left(\frac{5}{4}\right)$$

$$= \log\left(\frac{6}{5}\right)^{3} - \log\left(\frac{5}{4}\right)^{2}$$

$$= \log\left(\frac{216}{125}\right) - \log\left(\frac{25}{16}\right)$$

$$= \log\left(\frac{216}{125} \times \frac{16}{25}\right)$$

$$= \log\left(\frac{3456}{3125}\right)$$

[B] **(i)** $\qquad f'(x) = \dfrac{x^2}{2} - kx + 1$ (Given)

$$f(0) = 2 \text{ and } f(3) = 5$$

$$f(x) = \int f'(x)\,dx \qquad \text{by definition}$$

$$= \int\left(\frac{x^2}{2} - kx + 1\right)dx$$

$$= \frac{1}{2}\int x^2 \,dx - k\int x\,dx + \int 1\,dx$$

$$= \frac{1}{2}\cdot\frac{x^3}{3} - k\cdot\frac{x^2}{2} + x + c$$

$$f(x) = \frac{x^3}{6} - \frac{kx^2}{2} + x + c \qquad \text{...(1)}$$

Now, $\qquad f(0) = 2$

$\therefore \qquad \dfrac{(0)}{6} = \dfrac{k}{2}(0)^2 + 0 + c = 2$

$\therefore \qquad c = 2$ ...(2)

Also $\qquad f(3) = 5$ (Given)

$\therefore \qquad \dfrac{(3)^3}{6} = \dfrac{k}{2}(3)^2 + 3 + 2 = 5$

$\therefore \qquad \dfrac{27}{6} = \dfrac{9k}{2} + 5 = 5$

$$\frac{9}{2} = \frac{9k}{2}$$

$\therefore \qquad k = 1$ ...(3)

Substituting (2) and (3) in (1), we get

$$f(x) = \frac{x^3}{6} - \frac{x^2}{2} + x + 2$$

(ii) Let 'x' be the population at time 't'

$\therefore \qquad \dfrac{dx}{dt} \propto x$

$\therefore \qquad \dfrac{dx}{dt} = kx$, where k is the constant of proportionality

$\therefore \qquad \dfrac{dx}{dt} = k\,dt$

Integrating on both sides, we get

$$\int\frac{dx}{x} = k\int dt$$

$\therefore \qquad \log x = kt + c$ ...(1)

when $\qquad t = 0, x = 40000$

$\therefore \quad \log(40000) = k(0) + c$

$\therefore \qquad c = \log 40000$

$\therefore \qquad \log x = kt + \log(40000) \qquad$ ....(2) [From (1)]

when, $\qquad t = 40, x = 60000$

$\therefore \quad \log(60000) = 40k + \log(40000)$

$\therefore \qquad 40k = \log\left(\dfrac{60000}{40000}\right)$

$\therefore \qquad 40k = \log\left(\dfrac{3}{2}\right)$

$\therefore \qquad k = \dfrac{1}{40}\log\left(\dfrac{3}{2}\right)$ ...(3)

when, $\qquad t = 60$, we get

$$\log x = k(60) + \log(40000) \qquad \text{(From (2))}$$

$\therefore \qquad \log x = \left[\dfrac{1}{40}\log\left(-\dfrac{3}{2}\right)\right](60) + \log(40000)$

.... From (3)

$\therefore \quad \log x = \dfrac{3}{2}\log\left(\dfrac{3}{2}\right) + \log(40000)$

$\qquad\qquad = \log\left(\dfrac{3}{2}\right)^{3/2} + \log(40000)$

$\qquad\qquad = \log\left(\sqrt{\dfrac{3}{2}}\right)^{3} + \log(40000)$

$\qquad \log x = \log\left(\dfrac{3}{2}\sqrt{\dfrac{3}{2}} \times 40000\right)$

$\therefore \qquad\qquad x = \dfrac{3}{2} \times 1.2247 \times 40000$

$\qquad\qquad\quad = 73482$

Population after 60 years will be 73482

[C] (i) Given $\qquad y^x = e^{x+y}$

Taking log on both sides, we get,

$\therefore \qquad \log (y)^x = \log (e)^{x+y}$

$\therefore \qquad x.\boxed{\log y} = \boxed{x+y}.\log e$

$\therefore \qquad x.\log y = \left(x + \boxed{y}\right).1$

$\therefore \qquad x.\log y = x + \boxed{y}$

Differentiating w.r.t. x, we get

$\therefore x\dfrac{1}{y}\dfrac{dy}{dx} + \boxed{\log y.1} = 1\dfrac{dy}{dx}$

$\therefore \quad x\dfrac{1}{y}\dfrac{dy}{dx} + \log y = 1 + \dfrac{dy}{dx}$

$\therefore \quad \dfrac{dy}{dx}\boxed{\left[\dfrac{x}{y}-1\right]} = 1 - \log y$

$\therefore \qquad \dfrac{dy}{dx} = \boxed{\dfrac{\big(\boxed{1}-\log y\big)(y)}{x-y}}$

(ii) Let $\qquad 1 = \displaystyle\int (x+1)^2 e^x dx$

$\qquad\qquad = \displaystyle\int e^x[x^2 + 2x + 1]dx$

$\qquad\qquad = \displaystyle\int e^x[(x^2+1) + 2x]dx$

Let $\qquad f(x) = x^2 + 1$

$\qquad\qquad f^1(x) = 2x$

By using the rule $\displaystyle\int e^x\left[f(x) + f'(x)\right]dx$

$\qquad\qquad = e^x f(x) + c$

$\therefore \qquad 1 = \displaystyle\int e^x(x^2+1)dx$

$\qquad\qquad = e^x (x^2 + 1) + c$

Section B

4. [A] (i) (a) Trend

$\quad$ **(ii)** (b) $2\,|r|$

$\quad$ **(iii)** (c) $\dfrac{\Sigma p_1 q_0}{\Sigma p_1 q_0} \times 100$

$\quad$ **(iv)** (d) All of the given functions

$\quad$ **(v)** (b) Number of jobs to equal number of persons at minimum cost

$\quad$ **(vi)** (a) Binomial distribution

[B] (i) False

$\quad$ **(ii)** False.

$\quad$ **(iii)** False. The optimum value of the objective function of LPP occurs at the corners of the feasible region.

[C] (i) Seasonal

$\quad$ **(ii)** $\sqrt{\dfrac{\Sigma p_1 q_0}{\Sigma p_0 q_0}} \times \sqrt{\dfrac{\Sigma p_1 q_1}{\Sigma p_0 q_1}} \times 100$

$\quad$ **(iii)** 3rd and 4th quadrants.

5. [A] (i) Let the sales made by Deepak be 'x'.

$\qquad$ Existing salary received is ₹ 4,000

$\qquad$ Rate of commission is 3%

$\qquad \therefore$ Initial income of Deepak

$\qquad\qquad$ = Salary + Commission on sales.

$\qquad\qquad$ = 4000 + 3% on x

$\qquad\qquad$ = $4000 + \dfrac{3x}{100}$ $\qquad$ ...(1)

Salary was increased to ₹ 5,000 and rate of commission decreased to 2%. However, sales was still the same.

$\therefore$ New income of Deepak

$\qquad\qquad$ = Salary + Commission on sales

$\qquad\qquad$ = 5000 + 2% on x

$\qquad\qquad$ = $5000 + ((2x)/100)$ $\qquad$ ...(2)

It is given that the income of Deepak remained unchanged

$\therefore \quad 4000 + \dfrac{3x}{100} = 5000 + \dfrac{2x}{100}$ $\quad$ ... From (1) & (2)

$\therefore \quad \dfrac{4,00,000 + 3x}{100} = \dfrac{5,00,000 + 2x}{100}$

$\therefore \quad 4,00,000 + 3x = 5,00,000 + 2x$

$\therefore \qquad 3x - 2x = 5,00,000 - 4,00,000$

$\therefore \qquad 3x - 2x = 1,00,000$

$\therefore \qquad\quad x = 1,00,000$

$\therefore$ Sales made by deepak is ₹ 1,00,000.

(ii) Given, $\Sigma x = 20, \Sigma y = 20, \Sigma x^2 = 90,$
$\qquad \Sigma y^2 = 90, \Sigma xy = 76, n = 5.$

$\qquad$ Now,

$\qquad\qquad \bar{x} = \dfrac{\Sigma x}{n} = \dfrac{20}{5} = 4$

$$\overline{y} = \frac{\Sigma y}{n} = \frac{20}{5} = 4$$

(a)
$$\text{cov}(x, y) = \frac{1}{n}\Sigma xy - \overline{x}\,\overline{y}$$

$$= \frac{1}{5} \times 76 - 4 \times 4$$

$$= 15.2 - 16$$

$$= -0.8$$

(b)
$$b_{yx} = \frac{\Sigma xy - n\overline{x}\,\overline{y}}{\Sigma x^2 - n\overline{x}^2}$$

$$= \frac{76 - 5 \times 4 \times 4}{90 - 5(4)^2} = \frac{76 - 80}{90 - 80}$$

$$= -\frac{4}{10}$$

$$= -0.4$$

$$b_{xy} = \frac{\Sigma xy - n\overline{x}\,\overline{y}}{\Sigma y^2 - n\overline{y}^2}$$

$$= \frac{76 - 5 \times 4 \times 4}{90 - 5(4)^2} = \frac{76 - 80}{90 - 80}$$

$$= -0.4$$

(c)
$$r = \pm\sqrt{b_{xy} \cdot b_{yx}}$$

$$= \pm\sqrt{(-0.4)(-0.4)} = \pm\sqrt{0.16}$$

$$= \pm 0.4$$

Since b_{yx} and b_{xy} both are negative.

∴ r is negative

∴ $r = -0.4$

(iii) Observe that Min (A, B) = 5, corresponds to job vi on machine B and job VII on machine A.

∴ Job VI is placed last and job VII is placed first in sequence

VII					VI

Then the problem reduces to

Jobs	I	II	III	IV	V
Machine A	7	16	19	10	14
Machine B	12	14	14	10	16

Now, Min (A, B) = 7, corresponds to job 1 on machine A.

∴ Job 1 is placed second in sequence

VII	I				VI

Then the problem reduces to

Jobs	II	III	IV	V
Machine A	16	19	10	14
Machine B	14	14	10	16

Now, Min (A, B) = 10, corresponds to job IV on machine A as well as on machine B.

∴ Job IV is placed second last in sequence

VII	I	IV			VI

OR

VII	I			IV	VI

Then the problem reduces to

Jobs	II	III	V
Machine A	16	19	14
Machine B	14	14	16

Now, Min (A, B) = 14, corresponds to job II and job III on machine B and job A on machine A.

These three jobs can be placed in the sequence in order V-III-II or V-II-III

∴ The optimal sequence can be

VII	I	IV	V	III	II	VI

OR

VII	I	V	III	II	IV	VI

OR

VII	I	IV	V	II	III	VI

OR

VII	I	V	II	III	IV	VI

∴ We consider the optimal sequence are VII-I-IV-V-III-II-VI.

Total Elapsed Time

Jobs	Machine A		Machine B	
	In	Out	In	Out
VII (5, 7)	0	5	5	12
I (7, 12)	5	12	12	24
IV (10, 10)	12	22	24	34
V (14, 16)	22	36	36	52
III (19, 14)	36	55	55	69
II (16, 14)	55	71	71	85
VI (15, 5)	71	86	86	91

∴ Total time elapsed is 91 units.

Idle time for machine A = 91 − 86 = 5 units

Idle time for machine B = 5 + 2 + 3 + 2 + 1 = 13 units.

[B] (i) Given, stock (property value) = ₹ 7,00,000

Policy value = ₹ 4,50,000

Now, stock worth = ₹ 3,00,000 were burnt completely due to fire.

Remaining stock = Stock value − Burnt stock

$$= 7,00,000 - 3,00,000$$

$$= ₹\ 4,00,000$$

Remaining stock was damaged to 75% of its value.

∴ Damaged amount = 75% of value

$$= \frac{75}{100} \times 4,00,000$$

$$= ₹\ 3,00,000$$

$\therefore$ Total loss = Burnt stock

$$+ \text{Damaged amount}$$
$$= 3,00,000 + 3,00,000$$
$$= ₹\ 6,00,000$$

$$\text{Claim} = \frac{\text{Policy value}}{\text{Property}} \times \text{Total loss}$$

$$\text{Claim} = \frac{4,50,000}{7,00,000} \times 6,00,000$$

$$= ₹\ 3,85,714.30$$

$\therefore$ Sum of ₹ 3,85,714.30 can be claimed under the policy.

(ii)

Commodity	Base Year		Current Year		p_0q_0	p_0q_1	p_1q_0	p_1q_1
	p_0	q_1	p_1	q_1				
A	3	x	2	5	$3x$	15	$2x$	10
B	4	6	3	5	24	20	18	15
Total	—	—	—	—	**$3x + 24$**	**35**	**$2x + 18$**	**25**

From the table,

$$\Sigma p_0 q_0 = 3x + 24,$$
$$\Sigma p_0 q_1 = 35$$
$$\Sigma p_1 q_0 = 2x + 18,$$
$$\Sigma p_1 q_1 = 25$$

Laspeyre's Price Index Number :

$$P_{01}(L) = \frac{\Sigma p_1 q_0}{\Sigma p_0 q_0} \times 100$$

$$= \frac{2x + 18}{3x + 24} \times 100 \qquad ....(1)$$

Paasche's Price Index Number :

$$P_{01}(P) = \frac{\Sigma p_1 q_1}{\Sigma p_0 q_1} \times 100$$

$$= \frac{25}{35} \times 100 = \frac{5}{7} \times 100 \qquad ...(2)$$

Since $\qquad P_{01}(L) = P_{01}(P),$

$$\frac{2x + 18}{3x + 24} \times 100 = \frac{5}{7} \times 100$$

$\therefore \qquad \dfrac{2x + 18}{3x + 24} = \dfrac{5}{7}$

$\Rightarrow \qquad 14x + 126 = 15x + 120$

$\Rightarrow \qquad x = 6.$

Hence, $\qquad x = 6.$

(iii) The table gives a probability distribution and therefore

$P[X = 0] + P[X = 1] + P[X = 2] + P[X = 3] + P[X = 4] = 1$

i.e., $0.1 + k + 2k + 2k + k = 1$

i.e., $\qquad 6k = 0.9$

$\therefore \qquad k = 0.15$

(a) $\qquad k = 0.15$

(b) $P[X < 2] = P[X = 0] + P[X = 1] = 0.1 + k$
$$= 0.1 + 0.15$$
$$= 0.25$$

(c) $P[X \geq 3] = P[X = 3] + P[X = 4] = 2k + k$
$$= 3k = 3(0.15)$$
$$= 0.45$$

(d) $P[1 \leq X < 4] = P[X = 1] + P[X = 2] + P[X = 3]$
$$= k + 2k + 2k$$
$$= 5k = 5(0.15)$$
$$= 0.75$$

(e) $P(2) = P[X \leq 2] = P[X = 0] + P[X = 1] + P[X = 2]$
$$= 0.1 + k + 2k$$
$$= 0.1 + 3k$$
$$= 0.1 + 0.45$$
$$= 0.55$$

6. [A] (i) Given: Date of drawing = 5th June

Period of the bill = 6 months

$\therefore$ Nominal due date = 5th December

Legal due date = 8th December

Date of discounting = 19th October

Cash value (C.V.) = ₹ 43,500 and $r = 5\%$

Now, number of days from the date of discounting to the legal due date are as follows :

Oct	Nov	Dec	Total
12	30	8	50

$\therefore \qquad n = \dfrac{50}{365} = \dfrac{10}{73}$ years.

Let F.V. of the bill be x.

$$\text{C.V.} = \text{F.V.} - \text{B.D.}$$

$$43,500 = x - \frac{\text{F.V.} \times n \times r}{100}$$

$$43,500 = x - \frac{x \times \dfrac{10}{73} \times 5}{100}$$

$$43,500 = x - \frac{50x}{7300}$$

$$43,500 = x\left(1 - \frac{1}{146}\right)$$

$$x = \frac{43,500 \times 146}{145}$$

$$= ₹\ 43,800$$

∴ Face value of the bill is ₹ 43,800

(ii) Given : $\sigma_x^2 = 9$

∴ $\sigma_x = 3$

(a) The two regression equations are

$$8x - 10y + 66 = 0$$

∴ $$8x - 10y = -66 \qquad \qquad …(1)$$

and $$40x - 18y = 214 \qquad \qquad …(2)$$

By $5 \times (1) - (2)$, we get

$$40x - 50y = -330$$
$$40x - 18y = 214$$
$$\underline{\begin{array}{ccc}(-) & (+) & (-)\end{array}}$$
$$-32y = -544$$

∴ $$y = \frac{544}{32}$$

$$= 17$$

Substituting $y = 17$ in (1), we get

$$8x - 10 \times 17 = -66$$
$$8x = -66 + 170$$
$$8x = 104$$
$$x = \frac{104}{8}$$

∵ The point of intersection of two regression lines

$$= (\bar{x}, \bar{y}) = (13, 17)$$

∴ $$\bar{x} = 13,\ \bar{y} = 17$$

∴ $\bar{x}$ = mean value of X = 13, and

$\bar{y}$ = mean value of Y = 17.

(b) Let $8x - 10y + 66 = 0$ be the regression equation of Y on X.

∴ The equation becomes $10y = 8x + 66$

i.e., $$y = \frac{8}{10}x + \frac{66}{100}$$

$$y = \frac{4}{5}x + \frac{33}{5}$$

Comparing it with $y = b_{yx}x + a$, we get

$$b_{yx} = \frac{4}{5}$$

Now, the other equation, i.e., $40x - 18y = 214$ is the regression equation of x on y

∴ The equation becomes $x = \frac{18}{40}y + \frac{214}{40}$

i.e., $$x = \frac{9}{20}y + \frac{107}{20}$$

Comparing it with $x = b_{xy}y + a$, we get

$$b_{xy} = \frac{9}{20}$$

$$r = \pm\sqrt{b_{xy} . b_{yx}}$$

$$= \pm\sqrt{\frac{9}{20} \times \frac{4}{5}}$$

$$= \pm\sqrt{\frac{9}{25}}$$

$$= \pm\frac{3}{5} = \pm\,0.6$$

Since b_{YX} and b_{XY} both are positive, r is also positive.

∴ $$r = 0.6$$

(c) $$b_{YX} = r\frac{\sigma_y}{\sigma_x}$$

∴ $$\frac{4}{5} = 0.6 \times \frac{\sigma_Y}{3}$$

∴ $$\frac{4}{5} = \frac{\sigma_Y}{5}$$

∴ $$\sigma_Y = 4$$

(iii) (a) Here, $f(x) \geq 0,\ x \in [0, 4]$

Now consider,

$$\int_0^4 f(x).dx$$

$$= \int_0^4 \frac{x^3}{64}.dx$$

$$= \frac{1}{64}\int_0^4 x^3.dx$$

$$= \frac{1}{256}\left[x^4\right]_0^4$$

$$= \frac{1}{256}[256 - 0]$$

$$= 1$$

∴ $f(x)$ is p.d. f of r.v. x.

(b) $$P(0 < X \leq 1) = \int_0^1 f(x).dx$$

$$= \int_0^1 \frac{x^3}{64}.dx$$

$$= \frac{1}{64}\int_0^1 x^3.dx$$

$$= \frac{1}{256}\left[x^4\right]_0^1$$

$$= \frac{1}{256}$$

(c) $$P(\text{X is between 1 and 3}) = P(1 < X < 3)$$

$$= \int_1^3 f(x).dx$$

$$= \frac{1}{64}\int_1^3 x^3 \, dx$$

$$= \frac{1}{256}\left[x^4\right]_1^3$$

$$= \frac{1}{256}[81 - 1]$$

$$= \frac{5}{16}$$

[B] **(i)** Taking years on X-axis and index on Y-axis. We plot the points for indices corresponding to the years. Joining these points we get the graph of the given time series. We draw trend line as shown in the figure.

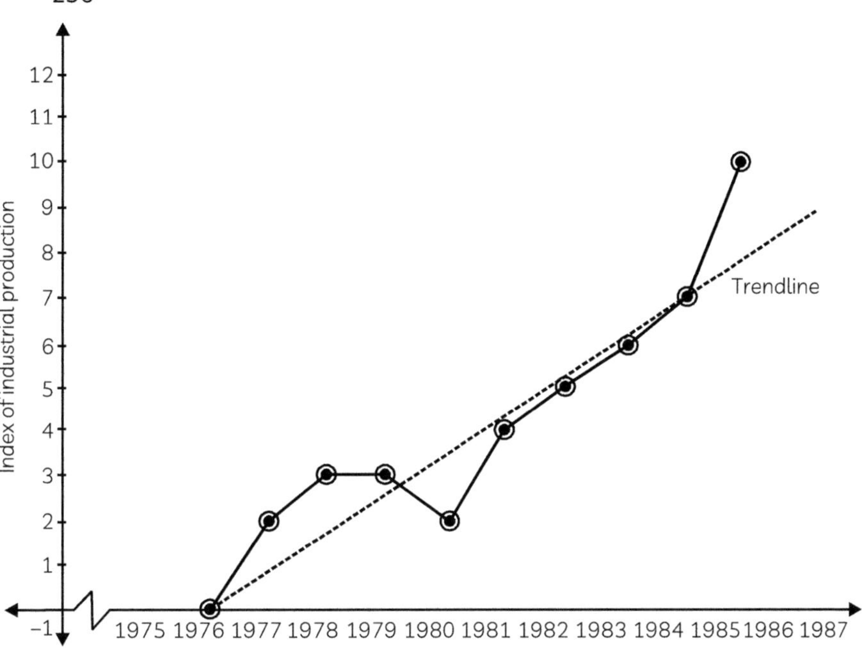

(ii) Step 1:

Since it is a maximisation problem, subtract each of the elements in the table from the largest element, i.e., 16

Salesman	District			
	1	**2**	**3**	**4**
A	0	6	4	5
B	4	3	1	1
C	1	1	5	2
D	3	2	2	1

Step 2:

Row minimum Subtract the smallest element in each row from every element in its row. The matrix obtained is given below:

Salesman	District			
	1	**2**	**3**	**4**
A	0	6	4	5
B	3	2	0	0
C	0	0	4	1
D	2	1	1	0

Step 3:

Column minimum here, each column contains element zero.

∴ Matrix obtained by column minimum is same as above matrix.

Step 4:

Draw minimum number of vertical and horizontal lines to cover all zeros. First cover all rows and columns which have maximum number of zeroes.

Salesman	District			
	1	**2**	**3**	**4**
A	0	6	4	5
B	3	2	0	0
C	0	0	4	1
D	2	1	1	0

Step 5:

From step 4, minimum number of lines covering all the zeroes are 4, which is equal to order of the matrix, i.e., 4. Hence optimal solution has reached.

∴ Select a row with exactly one zero, enclose that zero in (□) and cross out all zeros in its respective column.

Similarly, examine each row and column and mark the assignment (□).

∴ The matrix obtained is as follows :

Salesman	District			
	1	**2**	**3**	**4**
A	$\boxed{0}$	6	4	5
B	3	2	$\boxed{0}$	0
C	0	$\boxed{0}$	4	1
D	2	1	1	$\boxed{0}$

Step 6:

The matrix obtained in step 5 contains exactly one assignment for each row and column.

∴ Optimal assignment schedule is as follows :

∴ The optimal solution is :

Salesman	District	Profit (in ₹)
A	1	16
B	3	15
C	2	15
D	4	15

∴ The maximum profit $= 16 + 15 + 15 + 15$

$$= ₹\,61$$

[C] (i) Let x_1: amount (in ₹) invested in saving certificate.

x_2 : amount (in ₹) invested in fixed deposits.

$x_1 \geq 0, x_2 \geq 0$

From given conditions $x_1 + x_2\ \boxed{''}\ 25{,}000$

She wants to invest at least ₹ 10,000 in saving certificate.

∴ $x_1\ \boxed{\geq}\ 10{,}000$

Shradha wants to invest at least ₹ 15,000 in fixed deposits.

$x_2\ \boxed{\geq}\ 15{,}000$

Total interest $= z = 0.05x_1 + 0.07x_2$

Maximize $z = 0.05x_1 + 0.07x_2$ subject to

$x_1 + x_2 \leq 25{,}000$

$x_1 \geq 10{,}000$

$x_2 \geq 15{,}000$

$x_1, x_2 \geq 0$

(ii) Here $m = \boxed{\dfrac{10}{50}} = 0.2$, and hence $X \sim P\,(m)$ with

$m = 0.2$. The p.m.f. of X is $P(X = x) = \boxed{\dfrac{e^{-m}m^x}{x!}}$; $x = 0, 1, 2 ,\dots$

$$P(x \geq 3) = 1 - \boxed{P(X < 3)}$$

$$= 1 - [P(x = 0) + P(x = 1) + P(x = 2)]$$

$$= 1 - \left[\boxed{\dfrac{e^{-0.2}(0.2)^0}{0!}} + \boxed{\dfrac{e^{-0.2}(0.2)^1}{1!}}\right.$$

$$\left. + \boxed{\dfrac{e^{-0.2}(0.2)^2}{2!}}\right]$$

$$= 1 - \left[\dfrac{0.8187 \times 1}{1} + \dfrac{0.8187 \times 0.2}{1}\right.$$

$$\left. + \dfrac{0.8187 \times 0.04}{2}\right]$$

$$= 1 - \left[\boxed{0.8187} + \boxed{0.16374}\right.$$

$$\left. + \boxed{0.016374}\right]$$

$$= 1 - \boxed{0.9988}$$

$$= \boxed{0.0012}$$

SAMPLE PAPER-3
Mathematics & Statistics (Commerce)

💬 Questions

Time: 3 Hours   Total Marks: 70

Section A

1. [A] Choose the correct alternative :

(i) If p is any statement then $(p \vee \sim p)$ is a:

(a) Contingency   (b) Contradiction

(c) Tautology   (d) None of them

(ii) If $0 < \eta < 1$, then the demand is :

(a) Constant   (b) Inelastic

(c) Unitary elastic   (d) Elastic

(iii) Find $\dfrac{d^2y}{dy^2}$, if $y = e^{4x}$

(a) $8\,e^{4x}$ (b) $16\,e^{4x}$

(c) $13\,e^{4x}$ (d) $22\,e^{4x}$

(iv) $\int (1-x)^{-2}\,dx =$

(a) $(1-x)^{-1} + c$ (b) $(1+x)^{-1} + c$

(c) $(1-x)^{-1} - 1 + c$ (d) $(1-x)^{-1} + 1 + c$

(v) $\int_4^9 \dfrac{1}{\sqrt{x}}\,dx =$

(a) 4   (b) 2

(c) 3   (d) 1

(vi) Area of the region bounded by $y = x^4, x = 1, x = 5$ and the X- axis is ....

(a) $\dfrac{3142}{5}$ sq. units   (b) $\dfrac{3124}{5}$ sq. units

(c) $\dfrac{3142}{3}$ sq. units   (d) $\dfrac{3124}{3}$ sq. units

[B] State whether each of the following is True or False :

(i) A^{-1} exists if $|A| = 0$.

(ii) $\dfrac{d}{dx}(10^x) = x\,10^{x-1}$

(iii) $\int (7x-2)^2\,dx = \dfrac{(7x-2)^3}{21} + c$

[C] Fill in the blanks :

(i) If $A = \begin{bmatrix} 2 & 5 \\ 1 & 3 \end{bmatrix}$ then $A^{-1} =$ ....

(ii) If $x = y + \dfrac{1}{y}$ then $\dfrac{dy}{dx} =$ ....

(iii) $\int \dfrac{1}{\sqrt{x^2 - a^2}}\,dx =$ ....

2. [A] Attempt any two of the following :

(i) Express the following statements in symbolic form.

(a) It is not true that $\sqrt{2}$ is a rational number.

(b) 4 is an odd number iff 3 is not a prime factor of 6.

(c) If triangle is equilateral then it is equiangular.

(ii) Find x and y, if

$$\begin{bmatrix} 2x+y & -1 & 1 \\ 3 & 4y & 4 \end{bmatrix} + \begin{bmatrix} -1 & 6 & 4 \\ 3 & 0 & 3 \end{bmatrix} = \begin{bmatrix} 3 & 5 & 5 \\ 6 & 18 & 7 \end{bmatrix}$$

(iii) Solve the following differential equation:

$(x^2 - yx^2)\,dy + (y^2 + xy^2)\,dx = 0$

[B] Attempt any two of the following :

(i) Find the marginal demand of a commodity $y = \dfrac{x+2}{x^2+1}$ where demand is x and price is y.

(ii) The total cost of producing x units is ₹ $(x^2 + 60x + 50)$ and the price is ₹ $(180 - x)$ per unit. For what units is the profit maximum?

(iii) Evaluate: $\int e^x \dfrac{x}{(x+1)^2}\,dx$

3. [A] Attempt any two of the following :

(i) Express the following equations in matrix form and solve them by method of reduction.

$3x - y = 1,\ 4x + y = 6$

(ii) Find the area of the region bounded by the parabola $y^2 = 4x$ and the line $x = 3$.

(iii) Solve the following differential equation: $\dfrac{dy}{dx} + y = 3$.

[B] Attempt any one of the following :

(i) Using truth table, prove the following logical equivalence:

$p \leftrightarrow q \equiv \sim (p \wedge \sim q) \wedge \sim (q \wedge \sim p)$

(ii) Evaluate: $\int_1^3 \dfrac{\sqrt[3]{x+5}}{\sqrt[3]{x+5} + \sqrt[3]{9-x}}\,dx$

[C] Attempt any one of the following activities :

(i) Determine the maximum and minimum values of the function $f(x) = x \cdot \log x$. **(1)**

(ii) In a certain culture of bacteria, the rate of increase is proportional to the number present. If it is found that the number doubles in 4 hours, find the number of times the bacteria are increased in 12 hours. **(1)**

Section B

4. [A] Choose the correct alternative :

(i) Insurance companies collect a fixed amount from their customers at a fixed interval of time. This amount is called:

   (a) EMI   (b) Installment

   (c) Contribution   (d) Premium

(ii) The difference between face value and present worth is called:

   (a) Banker's discount   (b) True discount

   (c) Banker's gain   (d) Cash value

(iii) Quantity Index Number by Simple Aggregate Method is given by:

   (a) $\sum \dfrac{q_1}{q_0} \times 100$ (b) $\sum \dfrac{q_0}{q_1} \times 100$

   (c) $\dfrac{\Sigma q_1}{\Sigma q_0} \times 100$ (d) $\dfrac{\Sigma q_0}{\Sigma q_1} \times 100$

(iv) The set of feasible solutions of LPP is a ....

   (a) Concave set   (b) Convex set

   (c) Null set   (d) None of these

(v) The Assignment Problem is solved by :

   (a) Simplex method   (b) Hungarian method

   (c) Vector method   (d) Graphical method

(vi) The assignment problem is said to be balanced if :

   (a) Number of rows is greater than number of columns

   (b) Number of rows is lesser than number of columns

   (c) Number of rows is equal to number of columns

   (d) If the entry of row is zero

[B] State whether each of the following is True or False:

(i) Broker is an agent who gives a guarantee to seller that the buyer will pay the sale price of goods.

(ii) $\text{Corr}(x, x) = 1$

(iii) $\dfrac{\Sigma p_1 q_0}{\Sigma p_0 q_0} \times 100$ is Paasche's Price Index Number.

[C] Fill in the blanks :

(i) If $b_{xy} < 0$ and $b_{yx} < 0$ then 'r' is ....

(ii) Marshall-Edgeworth's Price Index Number is given by ....

(iii) Conditions under which the object function is to be maximum or minimum are called ....

5. [A] Attempt any two of the following :

(i) Find the number of years for which an annuity of ₹ 500 is paid at the end of every year, if the accumulated amount works out to be ₹ 1655 when interest is compounded annually at 10% p.a.

(ii) The management of a large furniture store would like to determine sales (in thousands of ₹) (X) on a given day on the basis of number of people (Y) that visited the store on that day. The necessary records were kept, and a random sample of ten days was selected for the study. The summary results were as follows:

$\Sigma x_i = 370, \Sigma y_i = 580, \Sigma x_i^2 = 17200, \Sigma y_i^2 = 41640, \Sigma x_i y_i = 11500, n = 10.$

Obtain the line of regression of X on Y.

(iii) The following table gives the production of steel (in million of tonnes) for years 1976 to 1986

Year	1976	1977	1978	1979	1980	1981
Production	0	4	4	2	6	8

Year	1982	1983	1984	1985	1986	
Production	5	9	4	10	10	

Fit the trend line to the above data by the graphical method.

[B] Attempt any two of the following :

(i) A bill of ₹ 6395 drawn on 19th January 2015 for 8 months was discounted on 28th February 2015 at 8% p.a. interest. What is the banker's discount? What is the cash value of the bill?

(ii) The following table shows the production of gasoline in U.S.A for the years 1962 to 1976.

Year	Production (millions barrels)	Year	Production (millions barrels)
1962	0	1970	6
1963	0	1971	7
1964	1	1972	8
1965	1	1973	9
1966	2	1974	8
1967	3	1975	9
1968	4	1976	10
1969	5		

   (a) Obtain trend values for the above data using 5 – yearly moving averages.

   (b) Plot the original time series and trend values obtained above on the same graph.

(iii) Cost of Living Index Numbers for the years 2000 and 2005 are 120 and 220, respectively. If a person has monthly earnings of ₹ 10800 in year 2000, what should be his monthly earnings in year 2005 in order to maintain same standard of living?

6. [A] Attempt any two of the following :

(i) From the data of 20 pairs of observation on X and Y following results are obtained.

$$\bar{x} = 199, \bar{y} = 94,$$

$$\sum(x_i - \bar{x})^2 = 1200, \sum(y_i - \bar{y})^2 = 300$$

$$\sum(x_i - \bar{x})(y_i - \bar{y}) = -250$$

Find

(a) The line of regression of Y on X.

(b) The line of regression of X on Y.

(c) Correlation coefficient between X and Y.

(ii) Find the sequence that minimizes the total elapsed time to complete the following jobs. Each job is processed in order AB.

	Jobs (Processing times in minutes)						
	I	II	III	IV	V	VI	VII
Machine A	12	6	5	11	5	7	6
Machine B	7	8	9	4	7	8	3

Determine the sequence for the jobs so as to minimize the processing time. Find the total elapsed time and the idle times for both the machines.

(iii) Find the probability distribution of the number of successes in two tosses of a die if success is defined as getting a number greater than 4.

[B] Attempt any one of the following:

(i) A department store has four workers to pack goods. The times (in minutes) required for each worker to complete the packings per item sold is given below.

How should the manager of the store assign the jobs to the workers, so as to minimize the total time of packing?

Workers	Packing of			
	Books	Toys	Crockery	Cutlery
A	3	11	10	8
B	13	2	12	12
C	3	4	6	1
D	4	15	4	9

(ii) It is felt that error in measurement of reaction temperature (in Celsius) in an experiment is a continuous r.v. with *p.d.f.*

$$f(x) = \begin{cases} \dfrac{x^3}{64} & \text{for } 0 \leq x \leq 4 \\ 0 & \text{otherwise} \end{cases}$$

(a) Verify whether $f(x)$ is a *p.d.f.*

(b) Find $P(0 < x \leq 1)$

(c) Find the probability that X is between 1 and 3.

[C] Attempt any one of the following activities :

(i) Solve the following L.P.P. graphically.

Maximize : $Z = 11x + 8y$ subject to the constraints $x \leq 4, y \leq 6, x + y \leq 6, x \leq 0, y \geq 0$.

(ii) Defects on plywood sheet occur at random with the average of one defect per 50 square feet. Find the probability that such a sheet has (i) no defeat, (ii) atleast one defeat.

use $e^{-1} = 0.3678$.

🅐 Answer Key

Section A

1. [A] (i) (c) Tautology

(ii) (a) Inelastic

(iii) (b) $16 e^{4x}$

Explanation: $y = e^{4x}$

$$\frac{dy}{dx} = e^{4x}. \frac{d}{dx}(4x) = e^{4x}. 4 = 4. e^{4x}$$

$$\frac{d^2y}{dy^2} = \frac{d}{dy}(4.e^{4x}) = 4. e^{4x}.4 = 16. e^{4x}$$

(iv) (a) $(1 - x)^{-1} + c$

Explanation:

$$\int(1-x)^{-2} dx = \frac{(1-x)^{-2+1}}{(-2+1)} . \frac{d}{dx}(1-x) + c$$

$$= \frac{(1-x)^{-1}}{(-1)} . (0-1) + c$$

$$= (1-x)^{-1} + c$$

(v) (b) 2

Explanation:

$$\int_4^9 \frac{1}{\sqrt{x}} dx = \int_4^9 x^{\frac{-1}{2}} dx$$

$$= \left[\frac{x^{\frac{1}{2}}}{\frac{1}{2}} \right]_4^9$$

$$= \frac{2}{1}\left[\sqrt{9} - \sqrt{4} \right]$$

$$2.(3-2) = 2$$

(vi) (b) $\dfrac{3124}{5}$ sq. units

Explanation: Area of the region

$$= \int_1^5 y\, dx = \int_1^5 x^4\, dx$$

$$= \left[\frac{x^5}{5}\right]_1^5 = \frac{1}{5}[5^5 - 1^5]$$

$$= \frac{1}{5}[3125 - 1] = \frac{3124}{5} \text{ sq. units.}$$

[B] (i) False. A^{-1} exists if $|A| \neq 0$.

(ii) False. $\frac{d}{dx}(10^x) = 10^x . \log 10 = 10^x . 1 = 10^x$.

(iii) True.

[C] (i) If $A = \begin{bmatrix} 2 & 5 \\ 1 & 3 \end{bmatrix}$ then $A^{-1} = \begin{bmatrix} -2 & 1 \\ 5 & -3 \end{bmatrix}$

(ii) If $x = y + \frac{1}{y}$ then $\frac{dy}{dx} = \frac{y^2}{y^2 - 1}$

Solution: Differentiating w.r.t.'x',

$$\Rightarrow \qquad 1 = \frac{dy}{dx} + (-1)(y)^{-2} . \frac{dy}{dx}$$

$$\Rightarrow \qquad 1 = \frac{dy}{dx}\left(1 - \frac{1}{y^2}\right)$$

$$= \frac{dy}{dx}\left(\frac{y^2 - 1}{y^2}\right)$$

$$\therefore \qquad \frac{dy}{dx} = \frac{y^2}{y^2 - 1}$$

(iii) $\int \frac{1}{\sqrt{x^2 - a^2}} dx = \log\left|x + \sqrt{x^2 - a^2}\right| + c$

2. [A] (i) (a) Let $p : \sqrt{2}$ is a rational number.

$\therefore$ The symbolic form is $\sim$P.

(b) Let $p : 4$ is an odd number.

$q : 3$ is a prime factor of 6.

$\therefore \sim q : 3$ is not a prime factor of 6.

$\therefore$ Symbolic form is $p \leftrightarrow (\sim q)$

(c) Let $p :$ Triangle is equilateral.

$q :$ It is equiangular.

$\therefore$ Symbolic form is $p \leftrightarrow q$.

(ii) $\begin{bmatrix} 2x+4 & -1 & 1 \\ 3 & 4y & 4 \end{bmatrix} + \begin{bmatrix} -1 & 6 & 4 \\ 3 & 0 & 3 \end{bmatrix} = \begin{bmatrix} 3 & 5 & 5 \\ 6 & 18 & 7 \end{bmatrix}$

$$\therefore \begin{bmatrix} 2x+y-1 & 5 & 5 \\ 6 & 4y & 7 \end{bmatrix} = \begin{bmatrix} 3 & 5 & 5 \\ 6 & 18 & 7 \end{bmatrix}$$

$\therefore$ By equality of matrices, we get

$$2x + y - 1 = 3 \qquad \qquad \text{...(i)}$$
$$4y = 18 \qquad \qquad \text{...(ii)}$$

$\therefore$ From (i), $\therefore \quad y = \frac{18}{4} = \frac{9}{2} \quad \therefore \quad y = \frac{9}{2}$

Substituting $y = \frac{9}{2}$ in (i), we get

$$2x + \frac{9}{2} - 1 = 3$$

$$\therefore \qquad 2x + \frac{7}{2} = 3 \ \therefore \ 2x = 3 - \frac{7}{2} = \frac{-1}{2}$$

$$\therefore \quad x = \frac{-1}{4}$$

$$x = \frac{-1}{4}, y = \frac{9}{2} \qquad\qquad \textbf{Ans.}$$

(iii)
$$(x^2 - yx^2)dy + (y^2 + xy^2)dx = 0$$
$$x^2(1-y)dy + y^2(1+x)dx = 0$$

$$\frac{1-y}{y^2}.dy + \frac{1+x}{x^2}.dx = 0$$

$$\therefore \qquad \left(\frac{1}{y^2} - \frac{1}{y}\right).dy + \left(\frac{1}{x^2} + \frac{1}{x}\right).dx = 0$$

$$\therefore \int \frac{1}{y^2}.dy - \int\frac{1}{y}.dy + \int\frac{1}{x^2}.dx + \int\frac{1}{x}.dx = c$$

$$\therefore \qquad \frac{y^{-1}}{-1} - \log|y| + \frac{x^{-1}}{-1} + \log|x| + c$$

$$\therefore \qquad -\frac{1}{y} - \log|y| - \frac{1}{x} + \log|x| + c$$

$$\therefore \qquad \log|x| - \log|y| = \frac{1}{x} + \frac{1}{y} + c$$

This is the general solution of the equation.

[B] (i) $\qquad y = \frac{x+2}{x^2+1}$

Differentiating w.r.t. 'x'.

$$\frac{dy}{dx} = \frac{(x^2+1)\frac{d}{dx}(x+2) - (x+2)\frac{d}{dx}(x^2+1)}{(x^2+1)^2}$$

$$= \frac{(x^2+1)(1+0) - (x+2)(2x+0)}{(x^2+1)^2}$$

$$= \frac{(x^2+1) - (2x^2+4x)}{(x^2+1)^2}$$

$$= \frac{x^2+1-2x^2-4x}{(x^2+1)^2} = \frac{1-4x-x^2}{(x^2+1)^2}$$

$\therefore$ By the derivative of inverse function.

$$\frac{dx}{dy} = \frac{1}{\left(\frac{dy}{dx}\right)} = \frac{(x^2+1)^2}{1-4x-x^2}$$

$\therefore$ Marginal demand $= \frac{dx}{dy}$

$$= \frac{(x^2+1)^2}{1-4x-x^2}$$

(ii) Revenue = Price 'x' number of units

$$= (180 - x) \cdot x$$

Profit = Revenue − cost price

$$= (180 - x)x - (x^2 + 60x + 50)$$
$$= 180x - x^2 - x^2 - 60x - 50$$
$$p(x) = -2x^2 + 120x - 50$$

$$\therefore \quad p'(x) = \frac{d}{dx}(-2x^2 + 120x - 50)$$

$$p'(x) = -4x + 120$$
$$\therefore \quad p''(x) = -4 < 0$$
If $\quad p'(x) = 0 \therefore -4x + 120 = 0$
$$\therefore \quad 4x = 120 \therefore x = 30$$

and $p''(30) = -4 < 0$.

$\therefore$ By 2nd derivative test, $p(x)$ is maximum at $x = 30$.

$\therefore$ No. of units sold for maximum profit is 30.

(iii) $\displaystyle \int e^x \frac{x}{(x+1)^2}\, . dx$

$\Rightarrow$ Let $\quad I = \displaystyle \int e^x \frac{x}{(x+1)^2}\, . dx$

$$= \int e^x \frac{x + 1 - 1}{(x+1)^2}\, . dx$$

$$= \int e^x \left(\frac{1}{x+1} - \frac{1}{(x+1)^2} \right) . dx$$

Put $\quad f(x) = \dfrac{1}{x+1}$

Differentiating *w.r.t.* 'x'

$$f'(x) = -(x+1)^{-2} \cdot \frac{d}{dx}(x+1)$$

$$= \frac{-1}{(x+1)^2}(1+0) = \frac{-1}{(x+1)^2}$$

$$\therefore \quad I = \int [e^x (f(x) - f'(x)] \cdot dx$$

$$= e^x . f(x) + c$$

$$= e^x \cdot \frac{1}{x+1} + c.$$

3. (A) (i) The given equations can be written in matrix form as

$$\begin{bmatrix} 3 & -1 \\ 4 & 1 \end{bmatrix} \begin{bmatrix} x \\ y \end{bmatrix} = \begin{bmatrix} 7 \\ 6 \end{bmatrix}$$

$$R_1 \rightarrow R_1 + R_2$$

$$\begin{bmatrix} 7 & 0 \\ 4 & 1 \end{bmatrix} \begin{bmatrix} x \\ y \end{bmatrix} = \begin{bmatrix} 7 \\ 6 \end{bmatrix}$$

$$\therefore \quad \begin{bmatrix} 7x \\ 4x + y \end{bmatrix} = \begin{bmatrix} 7 \\ 6 \end{bmatrix}$$

$\therefore$ By equality of matrices, we get

$$7x = 7 \qquad \qquad \text{...(1)}$$
$$4x + y = 6 \qquad \qquad \text{...(2)}$$

From (1), we get $x = 1$

Substituting $x = 1$ in equation (2),

$$(4 \times 1) + y = 6$$
$$\therefore \quad 4 + y = 6$$
$$\therefore \quad y = 6 - 4 = 2 \therefore y = 2$$

$x = 1$ and $y = 2$ is the required solution. **Ans.**

(ii) Area of the required region OABO

$$= 2 \times (\text{Area of region } OCAO)$$

$$= 2\int_0^3 y\, . dx$$

$$= 2\int_0^3 2\sqrt{x}$$

$$= 4\int_0^3 x^{1/2}\, . dx$$

$$= 4 \left[\frac{x^{\frac{3}{2}}}{\frac{3}{2}} \right]_0^3$$

$$= 4 \times \frac{2}{3} \left[3^{\frac{3}{2}} - 0^{\frac{3}{2}} \right]$$

$$= \frac{8}{3} \left[3\sqrt{3} \right] = 8\sqrt{3} \ \text{sq. units.}$$

(iii) $\quad \dfrac{dy}{dx} + y = 3 \qquad \qquad \text{...(1)}$

This is a linear differential equation of the form

$$\frac{dy}{dx} + py = Q$$

Here $\quad p = 1$ and $Q = 3$

$$\therefore \quad I.F. = e^{\int p \cdot dx} = e^{\int 1 \cdot dx} = e^x.$$

$\therefore$ Solution of (1) is given by

$$y \cdot (I.F.) = \int Q.(I.F.) \cdot dx + c$$

$$\therefore \quad y \cdot e^x = \int 3 \cdot e^x\, dx + c$$

$$\therefore \quad y \cdot e^x = 3 \cdot e^x + c$$

This is the general solution.

(B) (i) $p \leftrightarrow q \equiv \sim (p \wedge \sim q) \wedge \sim (q \wedge \sim p)$

1	2	3	4	5	6	7	8	9	10
p	q	$p \leftrightarrow q$	$\sim p$	$\sim q$	$p \wedge \sim q$	$\sim(6)$	$q \wedge \sim p$	$\sim(8)$	$(7) \wedge (9)$
T	T	T	F	F	F	T	F	T	T
T	F	F	F	T	T	F	F	T	F
F	T	F	T	F	F	T	T	F	F
T	T	T	F	F	F	T	F	T	T

Since the entries in columns (3) and (10) are identical, the given statements are equivalent

$\therefore p \leftrightarrow q \equiv \sim (p \wedge \sim q) \wedge \sim (q \wedge \sim p)$

(ii) $\displaystyle\int_1^3 \frac{\sqrt[3]{x+5}}{\sqrt[3]{x+5}+\sqrt[3]{9-x}}\,.dx$

$\Rightarrow$ Let $\quad I = \displaystyle\int_1^3 \frac{\sqrt[3]{x+5}}{\sqrt[3]{x+5}+\sqrt[3]{9-x}}\,.dx \qquad ...(i)$

Here we use the property,

$$\int_a^b f(x).dx = \int_a^b f(a+b-x).dx$$

$\therefore$ Replacing x in (i) by $(1+3-x)$,

$$I = \int_1^3 \frac{\sqrt[3]{1+3-x+5}}{\sqrt[3]{1+3-x+5}+\sqrt[3]{9-(1+3-x)}}\,.dx$$

$\therefore \qquad I = \displaystyle\int_1^3 \frac{\sqrt[3]{9-x}}{\sqrt[3]{9-x}+\sqrt[3]{x-5}}\,.dx \qquad ...(ii)$

Adding (i) and (ii)

$$2I = \int_1^3 \frac{\sqrt[3]{x+5}}{\sqrt[3]{x+5}+\sqrt[3]{9-x}}\,.dx +$$

$$\int_1^3 \frac{\sqrt[3]{9-x}}{\sqrt[3]{x+5}+\sqrt[3]{9-x}}\,.dx$$

$$= \int_1^3 \frac{\sqrt[3]{x+5}+\sqrt[3]{9-x}}{\sqrt[3]{x+5}+\sqrt[3]{9-x}}\,.dx$$

$$\int_1^3 1.dx = [x]_1^3 = [3-1] = 2$$

$\therefore \qquad 2I = 2 \quad \therefore \quad I = 1.$

$\therefore \displaystyle\int_1^3 \frac{\sqrt[3]{x+5}}{\sqrt[3]{x+5}+\sqrt[3]{9-x}}\,.dx = 1$

[C] (i) Given $\quad f(x) = x \log x \qquad\qquad ...(1)$
Differentiate w.r.t. x.

$$f'(x) = x\left(\frac{1}{x}\right) + \log x.(1)$$

$$= 1 + \log x \qquad\qquad ...(2)$$

Again differentiating w.r.t x.

$$f''(x) = 0 + \frac{1}{x} = \frac{1}{x} \qquad\qquad ...(3)$$

For Maxima and Minima $f'(x) = 0$

i.e., $\qquad f'(x) = 0$

$\Rightarrow \qquad 1 + \log x = 0$

$\therefore \qquad \log x = -1$

$\Rightarrow \qquad \log x = -\log e \qquad\qquad [\because \log e = 1]$

$\therefore \qquad \log x = \log e^{-1}$

$\therefore \qquad\quad x = e^{-1}$

$\therefore \qquad\quad x = \dfrac{1}{e}$

$$f''\left(\frac{1}{e}\right) = \frac{1}{\left(\dfrac{1}{e}\right)} = e > 0$$

$\therefore f(x)$ has minimum at $x = \dfrac{1}{e}$

$\therefore$ minimum value

$$= f\left(\frac{1}{e}\right)$$

$$= \frac{1}{e}\log\left(\frac{1}{e}\right)$$

$$= \frac{1}{e}\left(-\log e\right)$$

$\therefore$ The function $f(x)$ has minimum value $\dfrac{-1}{e}$ at $x = \dfrac{1}{e}$.

(ii) Let N be the number of bacteria present at time t.

$\therefore \qquad \dfrac{dN}{dt} \propto N$

$\therefore \quad \dfrac{dN}{dt} = kN$, where k is the proportionatity constant

$\therefore \qquad \dfrac{dN}{N} = kdt$

Integrating on both sides, we get

$$\int \frac{dN}{N} = k\int dt$$

$\therefore \qquad \log N = kt + c \qquad\qquad ...(1)$

Case 1 : When $t = 0$, $N = N_o$, we get

$\therefore \qquad \log N_o = k(0) + c$

$\therefore \qquad c = \log N_o$

Substituting in equation (1)

$\therefore \qquad \log N = kt + \log N_o$

Case 2 : When $t = 4$, $N = 2N_o$

$\therefore \quad \log (2N_o) = 4k + \log N_o$

$\therefore \quad \log (2N_o) - \log N_o = 4k$

$\therefore \quad \log\left(\dfrac{2N_o}{N_o}\right) = 4k$

$\therefore \qquad \log (2) = 4k$

$\therefore \qquad k = \dfrac{1}{4}\log 2$

Case 3 : When $t = 12$, we get

$$\log N = 12k + \log N_o$$

$$= 12\times\left(\frac{1}{4}\log 2\right) + \log N_o$$

$$= 3\log 2 + \log N_o$$

$$= \log (2^3) + \log N_o$$

$\therefore \qquad \log N = \log 8 + \log N_o$

$\therefore \qquad \log N = \log (8\, N_o)$

$\Rightarrow \qquad N = 8\, N_o$

Thus, in 12 hours, bacteria increases to 8 times.

Section B

4. **[A]** **(i)** (d) Premium

(ii) (b) True discount

(iii) (c) $\dfrac{\Sigma q_1}{\Sigma q_0} \times 100$

(iv) (b) Convex set

(v) (b) Hungarian method

(vi) (c) Number of rows is equal to number of columns

[B] **(i)** False. Del Credere Agent is an agent who gives a guarantee to seller that the buyer will pay the sale price of goods.

(ii) True. $\text{Corr}(x, x) = 1$

(iii) False. $\dfrac{\Sigma p_1 q_1}{\Sigma p_0 q_1} \times 100$ is Paasche's Price Index Number.

[C] **(i)** If $b_{xy} < 0$ and $b_{yx} < 0$ then 'r' is negative.

(ii) Marshall-Edgeworth's Price Index Number is given by $\dfrac{\Sigma p_1 q_0 + \Sigma p_1 q_1}{\Sigma p_0 q_0 + \Sigma p_0 q_1} \times 100$.

(iii) Conditions under which the object function is to be maximum or minimum are called constraints.

5. **[A]** **(i)** Here, $C = ₹\,500,\ A = ₹\,1665,\ r = 10\%,\ n = ?$

$$i = \frac{r}{100} = \frac{10}{100} = 0{\cdot}1$$

$$A = \frac{C}{i}[(1+i)^n - 1]$$

$$\therefore\quad 1665 = \frac{500}{0.1}[(1+0.1)^n - 1]$$

$$0.331 = (1.1)^n - 1$$

$$\therefore\quad (1.1)^n = 1.331$$

$$\therefore\quad (1.1)^n = (1.1)^3$$

$$\therefore\quad n = 3$$

$(\because$ base is same, so compare powers$)$

Hence, the number of years for which an annuity of ₹ 500 is paid at the end of every year is 3 years.

(ii) Line of regression of X on Y is

$$X = a + b_{xy}Y$$

Where $b_{xy} = \dfrac{\text{cov}(X,Y)}{\sigma_r^2}$

$$= \frac{\dfrac{\Sigma x_i y_i}{n} - \bar{x}\,\bar{y}}{\dfrac{\Sigma y_i^2}{n} - (\bar{y})^2}$$

$$= \frac{\left(\dfrac{11,500}{10}\right) - \left(\dfrac{370}{10}\right)\left(\dfrac{580}{10}\right)}{\left(\dfrac{41,640}{10}\right) - \left(\dfrac{510}{10}\right)^2}$$

$$= \frac{-996}{800} = -1.245$$

and $\quad a' = \bar{x} - b_{xy}\bar{y} = 37 - (-1.245)(58)$

$\therefore$ Line of regression of X on Y is,

$$x = 109.21 - 1.245\,Y$$

(iii) Taking year on X-axis and production on Y-axis, we plot the points for production corresponding to years. Joining these points by straight lines, we get the graph of the given line series. We draw trend line as shown below:

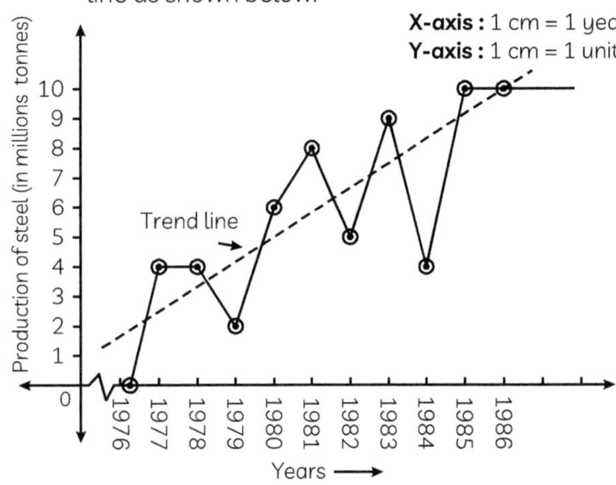

[B] **(i)** FV of the bill $= ₹\,6,395,\ r = 8\%$

Date of drawing the bill $= 19^{th}$ January 2015

Period of the bill $= 8$ months

Nominal due date $= 19^{th}$ Sept. 2015

Legal due date $= 22^{nd}$ Sept. 2015

Date of discount $= 28^{th}$ Feb. 2015

$\therefore$ Number of days from the date of discounting to the legal due date is as follows:

Mar.	Apr.	May	June	July	Aug.	Sept.	Total
31	30	31	30	31	31	22	206

$\therefore$ Period $n = \dfrac{206}{365}$ yrs.

$BD = $ Interest on FV ₹ 6,395 for 206 days at 8%

$$\therefore\quad BD = \frac{FV \times n \times r}{100} = 6,395 \times \frac{206}{365} \times \frac{8}{100}$$

$$= ₹\,288.74$$

$\therefore$ Banker's discount is ₹ **288.74**

Cash value (cv) of the bill

$$CV = FV - BD$$

$$= ₹\,(6,395 - 288.74)$$

$$= ₹\,6,106.26$$

$\therefore$ The cash value of the bill is ₹ **6,106.26**

(ii) (a) We construct the following table to obtain 5 yearly moving avg.:

Year t	Production (Million of barrels) x_t	5 yearly moving total	5 yearly moving averages trend value
1962	0	—	—
1963	0	—	—
1964	1	4	0.8
1965	1	7	1.4
1966	2	11	2.2
1967	3	15	3.0
1968	4	20	4.0
1969	5	25	5.0
1970	6	30	6.0
1971	7	35	7.0
1972	8	38	7.6
1973	9	41	8.2
1974	8	44	8.8
1975	9	—	—
1976	10	—	—

(b) Taking year on X-axis and production trend on Y-axis, we plot the points for production corresponding to years to get the graph of time series and plot the points for trend values corresponding to years to get the graph of trend as shown below :

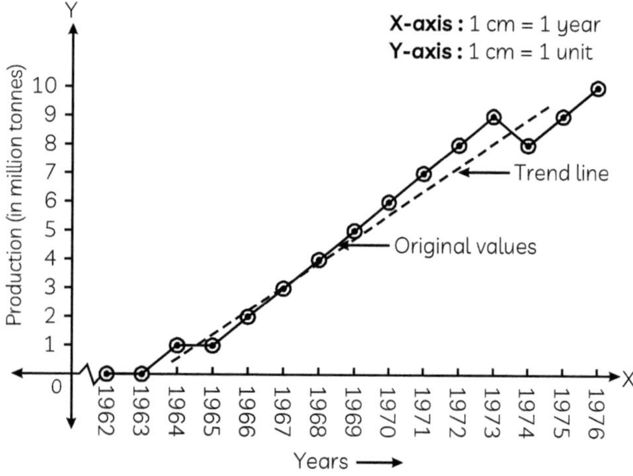

(iii)

$$\text{Year} = 2{,}000$$
$$CLI = 120,\ \text{Income} = ₹\,10{,}800$$

These two given us real income as follows

$$\text{Real Income} = \frac{\text{Income}}{CLI} \times 100$$

$$= \frac{10{,}800}{120} \times 100$$

$$\therefore \text{Real Income} = 9{,}000$$

This shows that the real income is ₹ 9,000
The *CLI* for year 2005 is 220

$$\therefore \text{Real Income} = \frac{\text{Income}}{CLI} \times 100$$

$$9{,}000 = \frac{\text{Income}}{220} \times 100$$

$$\therefore \quad \text{Income} = ₹\,19{,}800$$

$\therefore$ Monthly earnings in year 2005 should be ₹ 19,800.

6. [A] (i) (a)

$$b_{YX} = \frac{\Sigma(x_i - \bar{x})(y_i - \bar{y})}{\Sigma(x_i - \bar{x})^2}$$

$$= \frac{-250}{1{,}200} = \frac{-5}{24}$$

$$y = a + b_{YX} \cdot x$$
$$a = \bar{y} - b_{YX} \cdot \bar{x}$$

$$= 94 - \frac{\left(-5\right)}{24}\,199$$

$$= 94 + \frac{994}{24} = \frac{3{,}251}{24}$$

$\therefore$ line of regression of Y on X is

$$y = \frac{3{,}251}{24} = \frac{5}{24}x$$

$$\therefore \quad 24y = 3{,}251 - 5x$$
$$\therefore 5x + 24y = 3{,}251$$

(b)

$$b_{XY} = \frac{\Sigma(x_i - \bar{x})(y_i - \bar{y})}{\Sigma(y_i - \bar{y})^2}$$

$$= \frac{-250}{300} = \frac{-5}{6}$$

$$x = a' + b_{xy} \cdot y$$

$$a' = \bar{x} - b_{xy} \cdot \bar{y} = 199 - \left(\frac{-5}{6}\right)94$$

$$= \frac{1{,}664}{6}$$

$\therefore$ line of a regression of X on Y is

$$x = \frac{1{,}664}{6} \frac{-5}{6}y$$

$$\therefore \quad 6x + 5y = 1{,}664$$

(c)

$$b_{YX} = \frac{-5}{24},\ b_{XY} = \frac{-5}{6}$$

Now, $$r = \pm\sqrt{b_{YX} \cdot b_{XY}}$$

$$= \pm\sqrt{\left(\frac{-5}{24}\right)\left(\frac{-5}{6}\right)}$$

$$= \pm\sqrt{\frac{25}{144}}$$

$$\therefore \quad r = \frac{-5}{12} \quad (\because b_{YX} \text{ and } b_{XY} \text{ are negative})$$

(ii) Using optimal sequence algorithm, optimal sequence of jobs as follows:

III	V	II	VI	I	IV	VII

Total elapsed time is obtained as follows:

Job Sequence	Machine A		Machine B		Idle time for Machine B
	Time In	Time Out	Time In	Time Out	
III	0	5	5	14	5
V	5	10	14	21	0
II	10	16	21	29	0
VI	16	23	29	33	0
I	23	35	37	44	0
IV	35	46	46	50	2
VII	46	52	52	55	2
Total idle time for Machine B					9

$\therefore$ Total elapsed time = 55 hrs.

Ideal time for Machine A = 55 − 52 = 3 hrs.

Ideal time for Machine B = 9 hrs.

(iii) let x denote the number greater than 4.

The possible number greater than 4 in a single throw of a pair of dice are given by (5, 5), (5, 6), (6, 5), (6, 6). Since, a die is tossed two times 0, 1, 2 are the possible values of x.

$x = 0$, means no number greater than 4 in two tosses of a dice.

$\therefore P[x = 0] = P\{(1, 1,) (1, 2,), (1, 3, (1, 4), (2, 1), (2, 2),$
$(2, 3), (2, 4), (3, 1), (3, 2), (3, 3), (3, 4),$
$(4, 1), (4, 2), (4, 3), (4, 4)\}$

$$= \frac{16}{36} = \frac{4}{9}$$

$x = 1$, means only 1 number is greater than 4 in two tosses of a die.

$\therefore P[x = 1] = P\{(1, 5), (1, 6), (2, 5), (2, 6), (3, 5), (3, 6),$
$(4, 5), (4, 6), (5, 1), (5, 2), (5, 3), (5, 4),$
$(6, 1), (6, 2), (6, 3), (6, 4)\}$

$$= \frac{16}{36} = \frac{4}{9}$$

$x = 2$, means two numbers are greater than 4 in two tosses of a die.

$\therefore P[x = 2] = P\{(5, 5), (5, 6) (6, 5), (6, 6)\}$

$$= \frac{4}{36} = \frac{1}{9}$$

$\therefore$ The probability distribution $f(x)$ is obtained as follows:

$X = x$	0	1	2	Total
$P(x_i)$	$\dfrac{4}{9}$	$\dfrac{4}{9}$	$\dfrac{1}{9}$	$\Sigma P(x_i) = 1$

[B] (i) Subtract the smallest element of each row from the every element of that row.

Packing Workers	Books	Toys	Crockery	Cutlery
A	0	8	7	5
B	11	0	10	0
C	2	3	5	0
D	0	11	0	5

Step 2: Since each column contains minimum element 0, subtracting it from every element of each column will given the same table as above.

Step 3: Drawing harizontal and vertical lines to cover allzeres.

Packing Workers	Books	Toys	Crockery	Cutlery
A	0	8	7	5
B	11	0	10	0
C	2	3	5	0
D	0	11	0	5

Step 4: $\because$ Number of horizontal lines (4) = order of matrix (4), optimal solution has reached.

Assigning through zeroes, we get.

Packing Workers	Books	Toys	Crockery	Cutlery
A	⓪	8	7	5
B	11	⓪	10	0
C	2	3	5	⓪
D	0	11	⓪	5

$\therefore$ Optimal Assignment schedule: A $\rightarrow$ Books
B $\rightarrow$ Boys, C $\rightarrow$ Cutlery, D $\rightarrow$ Crockery.

Total minimum Time = 3 + 2 + 4 + 1 = **10 min**

(ii) (a) $f(x)$ is a p.d.f. if $\int\limits_{-\infty}^{\infty} f(x)\, dx = 1$

Now, $\int\limits_{0}^{4} \dfrac{x^3}{64}\, dx = \left[\dfrac{x^4}{256}\right]_{0}^{4}$

$$= \frac{256}{256} - 0 = 1$$

Hence, $f(x) = \begin{cases} \dfrac{x^3}{64} & \text{for } 0 \le x \le 4 \\ 0 & \text{otherwise} \end{cases}$ is a p.d.f.

(b) $P(0 < x \le 1):$

$$= \int\limits_{0}^{1} \frac{x^3}{64}\, dx = \left[\frac{x^4}{256}\right]_{0}^{1}$$

$$= \frac{1}{256} - 0 = \frac{1}{256}$$

Hence, $P(0 < x \le 1)$ is $\dfrac{1}{256}$

(c) $P(1 < x < 3)$:

$$P(1 < x < 3) = \int_{1}^{3} \frac{x^3}{64}\,dx = \left[\frac{x^4}{256}\right]_{1}^{3}$$

$$= \frac{81}{256} - \frac{1}{256}$$

$$= \frac{80}{256} = \frac{5}{16}$$

Hence, probability that X is between 1 and 3 is $\dfrac{5}{16}$.

[C] (i) To draw the feasible region, construct the table as follows:

Inequality	$x \le 4$	$y \le 6$	$x + y \le 6$
Corresponding equation of line	$x = 4$	$y = 6$	$x + y = 6$
Intersection of line with x-axis	$(4, 0)$	–	$(6, 0)$
Intersection of line with y-axis	–	$(0, 6)$	$(0, 6)$
Region	Origin side	Origin side	Origin side

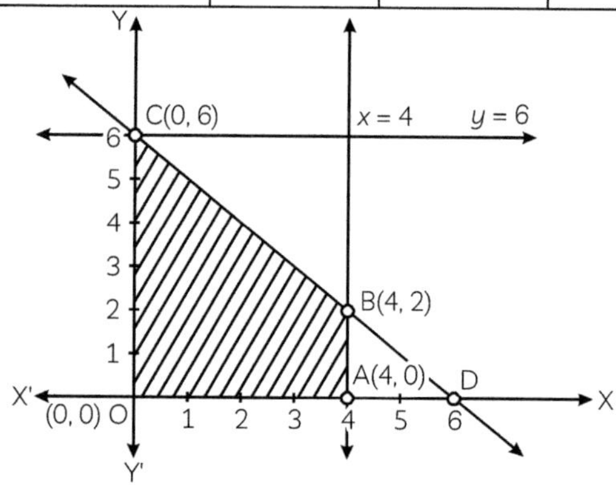

From the graph, the shaded region OABC is the feasible region, whose vertices are O(0, 0), A (4, 0),

C(0, 6) B is the point of intersection of the lines $x = 4$ and $x + y = 6$. Substituting $x = 4$ in $x + y = 6$, we get $y = 2$.

$\therefore$ $\qquad$ B $\equiv$ (4, 2)

Hence, the objective function is :

$$Z = 11x + 8y.$$

$\quad$ Z at O(0, 0) $= 11(0) + 8(0) = 0$

$\quad$ Z at A(4, 0) $= 11 \times 4 + 8(0) = 44$

$\quad$ Z at B(4, 2) $= 11 \times 4 + 8 \times 2 = 44 + 16 = 60$

$\quad$ Z at C(0, 6) $= 11 \times 0 + 8 \times 6 = 48$

$\therefore$ $\quad$ **Z has maximum value 60 at B(4, 2)**

$\therefore$ $\quad$ Z is maximum, when

$$x = 4,$$
$$y = 2.$$

(ii) Let x denote the random variable that number of defects on a plywood sheet.

Given, $\qquad m = 1,$
$$e^{-1} = 0.3678$$

$\therefore$ $\qquad x \sim p(m) \equiv x \sim p(1)$

The p.m.f. of x is given by:

$$p(x = x) = \frac{e^{-m} \cdot m^x}{x!}$$

$\therefore$ $\qquad p(x = x) = \dfrac{e^{-1} \cdot (1)^x}{x!}$

(i) Required probability

$\qquad = p(\text{no defects on a plywood})$
$\qquad = p(x = 0)$

$\therefore$ $\qquad p(x = 0) = \dfrac{e^{-1} \cdot (1)^0}{0!} = \dfrac{0.3678 \times 1}{1}$

$\therefore$ $\qquad p(x = 0) = 0.3678$

(ii) Required probability

$\qquad = p(\text{atleast one defect})$
$\qquad = p(x \ge 1)$

$\therefore$ $\qquad p(x \ge 1) = 1 - p(x = 0)$
$\qquad\qquad\qquad = 1 - 0.3678$
$\qquad\qquad\qquad = 0.6322$

$\therefore$ $\qquad p(x \ge 1) = 0.6322$

●●

SAMPLE PAPER-4
Mathematics & Statistics (Commerce)

Questions

Time: 3 Hours   Total Marks: 70

Section A

1. [A] Choose the correct alternative :

(i) Which of the following is not a statement?
  (a) Sunday is a holiday.   (b) Ball is green in color.
  (c) Come here.   (d) I love mangoes.

(ii) If $A = \begin{bmatrix} \alpha & 4 \\ 4 & \alpha \end{bmatrix}$ and $|A^3| = 729$ then $\alpha = $ ....

  (a) $\pm\,3$ (b) $\pm\,4$
  (c) $\pm\,5$ (d) $\pm\,6$

(iii) If $y = e^{\log x}$ then $\dfrac{dy}{dx} = ?$

  (a) $\dfrac{e^{\log x}}{x}$ (b) $\dfrac{1}{x}$

  (c) 0 (d) $\dfrac{1}{2}$

(iv) If elasticity of demand $\eta = 0$ then demand is:
  (a) Constant   (b) Elastic
  (c) Unitary elastic   (d) Perfectly inelastic

(v) $\int \left(x + \dfrac{1}{x} \right)^3 dx = $ ....

  (a) $\dfrac{1}{4}\left(x + \dfrac{1}{x} \right)^4 + c$

  (b) $\dfrac{x^4}{4} + \dfrac{3x^2}{2} + 3\log x - \dfrac{1}{2x^2} + c$

  (c) $\dfrac{x^4}{4} + \dfrac{3x^2}{2} + 3\log x + \dfrac{1}{2x^2} + c$

  (d) $(x - x^{-1})^3 + c$

(vi) $\int_0^2 e^x \, dx = $ ....

  (a) $e - 1$ (b) $1 - e$
  (c) $1 - e^2$ (d) $e^2 - 1$

[B] State whether each of the following is True or False :

(i) The derivative of $\log_a x$, where a is a constant is
$$\frac{1}{x . \log a}.$$

(ii) An absolute maximum must occur at a critical point or at an end point.

(iii) If $\int x\, f(x)\, dx = \dfrac{f(x)}{2}$ then $f(x) = e^x$.

[C] Fill in the blanks :

(i) If $y = x.\log x$ then $\dfrac{d^2 y}{dx^2} = $ ....

(ii) If $f(x) = x^3 - 3x^2 + 3x - 100, x \in R$ then $f''(x)$ is ....

(iii) $\int \dfrac{1}{4x^2 - 1} dx = $ ....

2. [A] Attempt any two of the following :

(i) Write the converse, inverse and contrapositive of the following statement:
If he studies, then he will go to college.

(ii) Find the equation of tangent and normal to the curve $y = x^2 + 5$ where the tangent is parallel to the line $4x - y + 1 = 0$.

(iii) Obtain the differential equation by eliminating arbitrary constants from the following equation,
$y = Ae^{3x} + B.e^{-3x}$

[B] Attempt any two of the following :

(i) Find the inverse of $\begin{bmatrix} 3 & 1 & 5 \\ 2 & 7 & 8 \\ 1 & 2 & 5 \end{bmatrix}$ by adjoint method.

(ii) Solve: $\int \sqrt{4x^2 + 5}\, dx$

(iii) Find the area of the region bounded by the following curves, the X-axis and the given lines:
$y = x^2 + 1, x = 0, x = 3$.

3. [A] Attempt any two of the following :

(i) If $A = \begin{bmatrix} 2 & -1 \\ -1 & 2 \end{bmatrix}$ then show that $A^2 - 4A + 3I = 0$

(ii) Find the marginal revenue, if the average revenue is 45 and elasticity of demand is 5. Also find the price of the commodity.

(iii) Solve the following differential equation:
$$xy\, \frac{dy}{dx} = x^2 + xy - y^2$$

[B] Attempt any one of the following :

(i) Determine whether following statement pattern is a tautology, contradiction or contingency:
$[(\sim p \wedge q) \wedge (q \wedge r)] \vee (\sim q)$

(ii) The rate of depreciation $\dfrac{dv}{dt}$ of a machine is inversely proportional to the square of $t + 1$, where V is the value of the machine in t years after it was purchased. The initial value of the machine was ₹ 8,00,000 and its value decreased by ₹ 1,00,000 in the first year. Find the value after 6 years.

[C] Attempt any one of the following activities :

(i) $y = (6x^4 - 5x^3 + 2x + 3)^5$: Find $\dfrac{dy}{dx}$

(ii) $\displaystyle\int_0^1 \log\left(\dfrac{1}{x} - 1\right) dx$

Section B

4. [A] Choose the correct alternative :

(i) The payment date after adding 3 days of grace period is known as:

(a) The legal due date

(b) The nominal due date

(c) Days of grace

(d) Date of drawing

(ii) There are .... types of regression equations.

(a) 4   (b) 2

(c) 3   (d) 1

(iii) Moving averages are useful in identifying:

(a) Seasonal component   (b) Irregular component

(c) Trend component   (d) Cyclical component

(iv) If the corner points of the feasible region are (0,0), (3,0), (2,1) and $\left(0, \dfrac{7}{3}\right)$ the maximum value of $z = 4x + 5y$ is :

(a) 12   (b) 13

(c) $\dfrac{35}{2}$ (d) 0

(v) If there are n jobs and m machines, then there will be .... sequences of doing the jobs.

(a) mn (b) $m(n!)$

(c) n^m (d) $(n!)^m$

(vi) To use the Hungarian method, a profit maximisation assignment problem requires:

(a) Converting all profits to opportunity losses

(b) A dummy person or job

(c) Matrix expansion

(d) Finding the maximum number of lines to cover all the zeroes in the reduced matrix

[B] State whether each of the following is True or False :

(i) The buyer is legally allowed 6 days grace period.

(ii) Cyclical variation can occur several times in a year.

(iii) The value of discrete r.v. is generally obtained by counting.

[C] Fill in the blanks :

(i) A .... is an agent who brings together the buyer and the seller.

(ii) .... component of time series is indicated by a smooth line.

(iii) Solution which satisfy all constraints is called .... solution.

5. [A] Attempt any two of the following :

(i) A salesman receives 3% commission on the sales up to ₹ 50,000 and 4% commission on the sales over ₹ 50,000. Find his total income on the sale of ₹ 2,00,000.

(ii) In the modification of a plant layout of a factory

four new machines M1, M2, M3 and M4 are to be installed in a machine shop. There are five vacant places A, B, C, D and E available. Because of limited space, machine M2 cannot be placed at C and M3 cannot be placed at A, the cost of locating a machine at a place (in hundred rupees) is as follows:

Machines	Locations				
	A	B	C	D	E
M1	9	11	15	10	11
M2	12	9	–	10	9
M3	–	11	14	11	7
M4	14	8	12	7	8

Find the optimal assignment schedule.

(iii) Two cards are randomly drawn, with replacement, from a well shuffled deck of 52 playing cards. Find the probability distribution of the number of aces drawn.

[B] Attempt any two of the following :

(i) The Price Index Number for year 2004, with respect to year 2000 as base year, is known to be 130. Find the missing numbers in the following table if $\Sigma p_0 = 320$

Commodity	A	B	C	D	E	F
Price (in ₹) in 2000	40	50	30	x	60	100
Price (in ₹) in 2005	50	70	30	85	y	115

(ii) The following table shows the production of gasoline in U.S.A for the years 1962 to 1976.

Year	Production (million barrels)	Year	Production (million barrels)
1962	0	1970	6
1963	0	1971	7
1964	1	1972	8
1965	1	1973	9
1966	2	1974	8
1967	3	1975	9
1968	4	1976	10
1969	5		

(a) Obtain trend value for the above data using 5-yearly moving averages.

(b) Plot the original time series and trend values obtained above on the same graph.

(iii) In a cattle breeding firm, it is prescribed that the food ration for one animal must contain 14, 22 and 1 unit of nutrients *A*, *B* and *C* respectively. Two different kinds of fodder are available. Each unit weight of these two contains the following amounts of the nutrients.

Fodder Nutrients	Fodder 1	Fodder 2
Nutrients *A*	2	1
Nutrients *B*	2	3
Nutrients *C*	1	1

The cost of fodder 1 is ₹ 3 per unit and that of fodder 2 is ₹ 2 per unit. Formulate the LPP to minimize the cost.

6. [A] Attempt any two of the following :

(i) From the data of 7 pairs of observations on X and Y, following results are obtained.

$\Sigma(x_i - 70) = -35 \qquad \Sigma(y_i - 60) = -7$
$\Sigma(x_i - 70)^2 = 2989 \qquad \Sigma(y_i - 60)^2 = 476$
$\Sigma(x_i - 70)(y_i - 60) = 1064$

$$[\textbf{Given: } \sqrt{0.7884} = 0.8879]$$

Obtain:

(a) The line of regression of Y on X.

(b) The line of regression of X on Y.

(c) The correlation coefficient between X and Y.

(ii) Calculate Walsh's Price Index Number for the following data.

Commodity	Base year		Current year	
	price	quantity	price	quantity
A	20	9	30	4
B	10	5	50	5
C	40	8	10	2
D	30	4	20	1

(iii) A car firm has 2 cars, which are hired out day by day. The number of cars hired on a day follows Poisson distribution with mean 1.5. Find the probability that a) no car is used on a given day, b) some demand is refused on a given day. Given $e^{-1.5} = 0.2231$.

[B] Attempt any one of the following :

(i) Find the sequence that minimize the total elapsed time to complete the following jobs in the order AB. Find the total elapsed time and idle times for both the machines.

Job	I	II	III	IV	V	VI	VII
Machine *A*	7	16	19	10	14	15	5
Machine *B*	12	14	14	10	16	5	7

(ii) Find *k* if the following function represents the *p.d.f* of a *r.v X*.

$$f(x) = \begin{cases} kx(1-x) & \text{for } 0 < x < 1, \\ 0 & otherwise \end{cases}$$

Also find (a) $P\left[\dfrac{1}{4} < X < \dfrac{1}{2}\right]$

(b) $P\left[X < \dfrac{1}{2}\right]$

[C] Attempt any one of the following :

(i) A 35 years old person takes a policy for ₹ 1,00,000 for a period of 20 years. The rate of premium is ₹ 76 and the average rate of the bonus is ₹ 7 per thousand p.a. If the dies after paying 10 annual premiums, what amount will the nominee receive?

(ii) The regression equation of *y* on *x* is $y = \dfrac{4}{3}x$ and the regression of *x* on *y* is $x = \dfrac{y}{3} + \dfrac{5}{8}$. Find:

(a) Correlation Coefficient between *x* and *y*.

(b) Variance of *y* if the various of *x* is 4.

ⒶAnswer Key

Section A

1. [A] (i) (c) Come here.

(ii) (c) ± 5

Explanation: $|A^3| = 729 \therefore |A| = 9.$
Also from given matrix, $|A| = \alpha^2 - 16.$ $\alpha^2 - 16 = 9$
$\therefore \quad \alpha^2 = 25 \therefore \alpha = \pm 5$

(iii) (a) $\dfrac{e^{\log x}}{x}$

Explanation: Taking log on both sides,
$$\log y = \log e^{\log x} = \log x . \log e$$

$\Rightarrow \qquad \log y = \log x \qquad\qquad (\because \log e = 1)$

Differentiating on both sides,

$$\frac{1}{y}\frac{dy}{dx} = \frac{1}{x} \therefore \frac{dy}{dx} = \frac{y}{x} \therefore \frac{dy}{dx} = \frac{e^{\log x}}{x}$$

(iv) (d) Perfectly inelastic

(v) (b) $\dfrac{x^4}{4} + \dfrac{3x^2}{2} + \log x - \dfrac{1}{2x^2} + c$

Explanation:

$$\left(x+\frac{1}{x}\right)^3 = x^3+3x+\frac{3}{x}+\frac{1}{x^3}$$

$$\therefore \quad \int\left(x+\frac{1}{x}\right)^3 dx = \int\left(x^3+3x+\frac{3}{x}+\frac{1}{x^3}\right)dx$$

$$= \frac{x^4}{4}+\frac{3x^2}{2}+3\log x-\frac{1}{2x^2}+c$$

(vi) (d) e^2-1

Explanation:

$$\int_0^2 e^x\, dx = [e^x]_0^2 = e^2-e^0 = e^2-1$$

[B] (i) True

(ii) True

(iii) False

Solution:

If $\quad \int x\, f(x)\, dx = \int x e^x dx = x\int e^x dx - \int 1\, e^x dx$

$$= xe^x - e^x = e^x(x-1)$$

[C] (i) If $\quad y = x.\log x$ then $\dfrac{d^2 y}{dx^2} = \dfrac{1}{x}$

Solution:

$$\frac{dy}{dx} = x\cdot\frac{1}{x}+\log+\log x\cdot 1 = 1+\log x$$

$$\frac{d^2 y}{dx^2} = \frac{d}{dx}(1+\log x) = \frac{1}{x}$$

$$\therefore \text{If}\quad y = x.\log x\quad \text{then } \frac{d^2 y}{dx^2} = \frac{1}{x}.$$

(ii) If $f(x) = x^3-3x^2+3x-100, x\,\varepsilon\, R$ then $f''(x)$ is $6x-6$

Solution: $f'(x) = 3x^2-6x+3; f''(x) = 6x-6.$

$\therefore$ If $\quad f'(x) = x^3-3x^2+3x-100, x\in R$ then $f''(x)$ is $6x-6$

(iii) $\int\dfrac{1}{4x^2-1}\,dx = $ ....

Solution:

$$\int\frac{1}{4x^2-1}\,dx = \int\frac{1}{4\left(x^2-\frac{1}{4}\right)}\,dx = \frac{1}{4}\int\frac{1}{x^2-\left(\frac{1}{2}\right)^2}\,dx$$

$$= \frac{1}{4}\log\left|\frac{x-\frac{1}{2}}{x+\frac{1}{2}}\right| = \frac{1}{4}\log\left|\frac{2x-1}{2x+1}\right|$$

$$\therefore \int\frac{1}{4x^2-1}\,dx = \frac{1}{4}\log\left|\frac{2x-1}{2x+1}\right|$$

2. [A] (i) Let p : He studies

q : He will go to college

Then the symbolic form of the given statement is $p\to q$

Converse : $q\to p$ is the converse of $p\to q$

i.e. If he will to to college, then he studies.

Inverse : $\sim p\to\, \sim q$ is the inverse of $p\to q$

i.e. If he does not study, then he will not go to college.

Contrapositive : $\sim q\to\, \sim p$ is the contrapositive of $p\to q$

i.e. If he will not go to college, then he does not study.

(ii) Le $P(x_1, y_1)$ be the point on the curve $y = x^2+5$ where the tangent is parallel to the line $4x-y+1 = 0$.

Differentiating *w.r.t.* x, we get

$$\frac{dy}{dx} = \frac{d}{dx}(x^2+5) = 2x+0 = 2x$$

$$\therefore \left(\frac{dy}{dx}\right)_{at\,(x_1,\,y_1)} = 2x_1$$

$$= \text{Slope of the tangent at } (x_1, y_1)$$

Let $\quad m_1 = 2x_1,$

The slope of line $4x-y+1 = 0$ is

$$m_2 = \frac{-4}{-1} = 4$$

$\because$ The tangent at $P(x_1, y_1)$ is parallel to the line

$4x-y+1 = 0, m_1 = m_2$

$\therefore \qquad 2x_1 = 4 \quad \therefore x_1 = 2$

Since (x_1, y_1) lies on the curve $y = x^2+5, y_1 = x_1^2+5$

$\therefore \qquad y_1 = (2)^2+5 = 9 \qquad [\because x_1 = 2]$

$\therefore$ The coordinates of the point are $(2, 9)$ and the slope of the tangent $= m_1 = m_2 = 4$

$\therefore$ equation of the tangent is

$$y-9 = 4\,(x-2)$$

$$\therefore \qquad y-9 = 4x-8$$

$$\therefore \qquad 4x-y+1 = 0$$

Slope of the normal $= \dfrac{-1}{m_1} = -\dfrac{1}{4}$

$\therefore$ Equation of normal at $(2, 9)$ is

$$y-9 = \frac{-1}{4}(x-2)$$

$$\therefore \qquad 4y-36 = -x+2$$

$$\therefore \quad x+4y-38 = 0$$

Hence, the equation of tangent and normal are $4x-y+1 = 0$ and $x+4y-38 = 0$ respectively

(iii) $\qquad y = Ae^{3x}+Be^{-3x}$ ...(1)

Differentiating *w.r.t.* x, we get

$$\frac{dy}{dx} = Ae^{3x}\times 3+Be^{-3x}\times(-3)$$

$$= 3Ae^{3x}-3Be^{-3x}$$

and $\dfrac{d^2 y}{dx^2} = 3Ae^{3x}\times 3-3Be^{-3}\times(-3)$

$$= 9Ae^{3x} + 9Be^{-3}$$
$$= 9(Ae^{3x} + Be^{-3}) = 9y \qquad \text{From (1)}$$

$$\therefore \quad \frac{d^2y}{dx^2} = 9y$$

This is required differential equation.

[B] (i)
$$A = \begin{bmatrix} 3 & 1 & 5 \\ 2 & 7 & 8 \\ 1 & 2 & 5 \end{bmatrix}$$

$$\therefore \quad |A| = 3(35 - 16) - 1(10 - 8) + 5(4 - 7)$$
$$= 3(19) - 1(2) + 5(-3) = 57 - 2 - 15 = 40 \neq 0$$

$\therefore A^{-1}$ axists

To find cofactors :

$$M_{11} = \begin{vmatrix} 7 & 8 \\ 2 & 5 \end{vmatrix} = 35 - 16 = 19;\ A_{11} = (-1)^2 M_{11} = 19$$

$$M_{12} = \begin{vmatrix} 2 & 8 \\ 1 & 5 \end{vmatrix} = 10 - 8 = 2;\ A_{12} = (-1)^3 M_{12} = -2$$

$$M_{13} = \begin{vmatrix} 2 & 7 \\ 1 & 2 \end{vmatrix} = 4 - 7 = -3;\ A_{13} = (-1)^{1+3} M_{13} = -3$$

$$M_{21} = \begin{vmatrix} 1 & 5 \\ 2 & 5 \end{vmatrix} = 5 - 10 = -5;\ A_{21} = (-1)^{2+1} M_{21} = 5$$

$$M_{22} = \begin{vmatrix} 3 & 5 \\ 1 & 5 \end{vmatrix} = 15 - 5 = 10;\ A_{22} = (-1)^{2+2} M_{22} = 10$$

$$M_{23} = \begin{vmatrix} 3 & 1 \\ 1 & 2 \end{vmatrix} = 6 - 1 = 5;\ A_{23} = (-1)^{2+3} M_{23} = -5$$

$$M_{31} = \begin{vmatrix} 1 & 5 \\ 7 & 8 \end{vmatrix} = 8 - 35 = -27;\ A_{31} = (-1)^{3+1}(-27)$$
$$= -27$$

$$M_{32} = \begin{vmatrix} 3 & 5 \\ 2 & 8 \end{vmatrix} = 24 - 10 = 14;\ A_{32} = (-1)^{3+2} M_{32}$$
$$= -14$$

$$M_{33} = \begin{vmatrix} 3 & 1 \\ 2 & 7 \end{vmatrix} = 21 - 2 = 19;\ A_{33} = (-1)^{3+3} M_{33} = 19$$

$$\text{Cofactor matrix } [A_{ij}] = \begin{bmatrix} 19 & -2 & -3 \\ 5 & 10 & -5 \\ -27 & -14 & 19 \end{bmatrix}$$

$$\text{Adj (A)} = [A_{ij}]^T = \begin{bmatrix} 19 & 5 & -27 \\ -2 & 10 & -14 \\ -3 & -5 & 19 \end{bmatrix}$$

$$A^{-1} = \frac{1}{|A|} \cdot \text{Adj } A = \begin{bmatrix} 19 & 5 & -27 \\ -2 & 10 & -14 \\ -3 & -5 & 19 \end{bmatrix}$$

(ii) $\int \sqrt{4x^2 + 5} \cdot dx$

$$= \int \sqrt{\left(x^2 + \frac{5}{4}\right)} \cdot dx$$

$$= 2\int \sqrt{x^2 + \frac{5}{4}} \cdot dx$$

$$= 2\int \sqrt{x^2 + \left(\frac{\sqrt{5}}{2}\right)^2} \cdot dx$$

$$= 2\left[\frac{x}{2}\sqrt{x^2 + \frac{5}{4}} + \frac{\frac{5}{4}}{2} \log\left| x + \sqrt{x^2 + \frac{5}{4}}\right|\right] + c_1$$

$$\because \int \sqrt{x^2 + a^2} \cdot dx = \frac{x}{2}\sqrt{x^2 + a^2} + \frac{a^2}{2}\log\left| x + \sqrt{x^2 + a^2}\right| + c$$

$$= x\sqrt{x^2 + \frac{5}{4}} + \frac{5}{4}\log\left| x + \sqrt{x^2 + \frac{5}{4}}\right| + c_1$$

$$= \frac{x}{2}\sqrt{4x^2 + 5} + \frac{5}{4}\log\left| x + \sqrt{\frac{4x^2 + 5}{4}}\right| + c_1$$

$$= \frac{x}{2}\sqrt{4x^2 + 5} + \frac{5}{4}\log\left| \frac{2x + \sqrt{4x^2 + 5}}{2}\right| + c_1$$

$$= \frac{x}{2}\sqrt{4x^2 + 5} + \frac{5}{4}\log\left| 2x + \sqrt{4x^2 + 5}\right| - \frac{5}{4}\log 2 + c$$

$$= \frac{x}{2}\sqrt{4x^2 + 5} + \frac{5}{4}\log\left| 2x + \sqrt{4x^2 + 5}\right| + c_1$$

Where $c = c_1 - \frac{5}{4}\log 2,\ a$ constant.

(iii) Area of region $= \int_0^3 y \cdot dx$

$$= \int_0^3 (x^2 + 1) \cdot dx$$

$$= \left[\frac{x^3}{3} + x\right]_0^3 = \left[\frac{3}{3} + 3 - \left(\frac{0^3}{3} + 0\right)\right]$$

$$= \frac{27}{3} + 3 - 0 = 9 + 3 = 12 \text{ sq. units.}$$

$\therefore$ Required area = 12 sq. units.

3. [A] (i)
$$A = \begin{bmatrix} 2 & -1 \\ -1 & 2 \end{bmatrix}$$

$$\therefore A^2 = \begin{bmatrix} 2 & -1 \\ -1 & 2 \end{bmatrix}\begin{bmatrix} 2 & -1 \\ -1 & 2 \end{bmatrix}$$

$$= \begin{bmatrix} (2\times 2) + (-1)(-1) & (2\times(-1)) + (2\times(-1)) \\ (-1\times 2) + 2\times(-1) & (-1)\times(-1) + 2\times 2 \end{bmatrix}$$

$$= \begin{bmatrix} 4+1 & -2+(-2) \\ -2+(-2) & 1+4 \end{bmatrix} = \begin{bmatrix} 5 & -4 \\ -4 & 5 \end{bmatrix}$$

Now

$$A^2 - 4A + 3I = \begin{bmatrix} 5 & -4 \\ -4 & 5 \end{bmatrix} - 4\begin{bmatrix} 2 & -1 \\ -1 & 2 \end{bmatrix} + 3\begin{bmatrix} 1 & 0 \\ 0 & 1 \end{bmatrix}$$

$$= \begin{bmatrix} 5 & -4 \\ -4 & 5 \end{bmatrix} + \begin{bmatrix} -8 & +4 \\ +4 & -8 \end{bmatrix} + \begin{bmatrix} 3 & 0 \\ 0 & 3 \end{bmatrix}$$

$$= \begin{bmatrix} 5-8+3 & -4+4+0 \\ -4+4+0 & 4-8+3 \end{bmatrix}$$

$$= \begin{bmatrix} 0 & 0 \\ 0 & 0 \end{bmatrix} = 0.$$

Hence $A^2 - 4A + 3I = 0$ is proved

(ii) Given $\quad R_A = 45, \eta = 5, R_m = ?$

We have $\quad R_m = R_A\left(1 - \dfrac{1}{\eta}\right)$

$$= 45\left(1 - \dfrac{1}{5}\right)$$

$$= 45 \times \dfrac{4}{5} = 36$$

$\therefore$ Marginal Revenue = 36

For average revenue

$$R_A = 45$$

(iii) $\quad xy \cdot \dfrac{dy}{dx} = x^2 + 2y^2$

$$\therefore \quad \dfrac{dy}{dx} = \dfrac{x^2 + 2y^2}{xy}$$

$$\dfrac{dy}{dx} = \dfrac{x}{y} + \dfrac{2y}{x} \qquad \qquad \text{...(1)}$$

Put $\quad y = tx \quad \therefore \dfrac{dy}{dx} = t + x\dfrac{dt}{dx}$

$\therefore$ Equation (1) becomes

$$t + x\dfrac{dt}{dx} = \dfrac{x}{t \cdot x} + \dfrac{2tx}{x} = \dfrac{1}{t} + 2t$$

$$\therefore \quad x\dfrac{dt}{dx} = \dfrac{1}{t} + 2t - t = \dfrac{1}{t} + t$$

$$\therefore \quad x\dfrac{dt}{dx} = \dfrac{1+t^2}{t}$$

$$\therefore \quad \dfrac{t}{1+t^2} \cdot dt = \dfrac{1}{x} \cdot dx$$

$\therefore$ Integrating both sides, we get

$$\int \dfrac{t}{1+t^2} \cdot dt = \int \dfrac{1}{x} \cdot dt$$

$$\therefore \quad \dfrac{1}{2}\int \dfrac{2t}{1+t^2} \cdot dt = \log|x| + \log c_1$$

$$\therefore \quad \dfrac{1}{2}\log|1+t^2| = \log|x| + \log c_1$$

$\therefore \quad \log|1+t^2| = 2\log|x| + 2\log c_1$

$\therefore \quad \log|1+t^2| = \log|x^2| + \log c_1{}^2$

$\therefore \quad \log|1+t^2| = \log|cx^2|$, where $c_1{}^2 = c$

$\therefore \quad 1 + t^2 = cx^2$

$$\therefore \quad 1 + \dfrac{y^2}{x^2} = cx^2$$

$$\therefore \quad \dfrac{x^2 + y^2}{x^2} = cx^2$$

$$\therefore \quad x^2 + y^2 = cx^4$$

This is a general solution

[B] (i)

p	q	r	$\sim p$	$\sim q$	$\sim p \wedge q$	$q \wedge r$	$(\sim p \wedge q) \wedge (q \wedge r)$	$[(\sim p \wedge q) \wedge (q \wedge r)] \vee (\sim q)$
T	T	T	F	F	F	T	F	F
T	T	F	F	F	F	F	F	F
T	F	T	F	T	F	F	F	T
T	F	F	F	T	F	F	F	T
F	T	T	T	F	T	T	T	T
F	T	F	T	F	T	F	F	F
F	F	T	T	T	F	F	F	T
F	F	F	T	T	F	F	F	T

The entries in the last column of the above truth table are neither all T nor all F.

$\therefore [(\sim p \wedge q) \wedge (q \wedge r)] \vee (\sim q)$ is a contingency.

(ii) Let v be the value of the machine at the end of t years.

Then $\dfrac{dv}{dt}$, the rate of depreciation, is inversely proportional to $(t+1)^2$.

$$\therefore \quad \dfrac{dv}{dt} \propto \dfrac{1}{(t+1)^2}$$

$$\therefore \quad \dfrac{dv}{dt} = -\dfrac{k}{(t+1)},$$

$\qquad k > 0$ is a constant of proportionality.

$$\therefore \quad dv = \dfrac{-k\,dt}{(t+1)^2}$$

On integrating, we get

$$\int dv = -k\int \dfrac{dt}{(t+1)^2} + c$$

$$\therefore \quad v = -k\left[\dfrac{-1}{t+1}\right] + c$$

$$\therefore \quad v = \dfrac{k}{t+1} + c$$

Initially, *i.e.* when $t = 0, v = 8,00,000$

$$8,00,000 = \dfrac{k}{1} + c = k + c \qquad \text{...(1)}$$

Now, when $t = 1$, $v = 8,00,000 - 1,00,000$
$$= 7,00,000$$

$$\therefore \quad 7,00,000 = \frac{k}{1+1} + c$$

$$= \frac{k}{2} + c \qquad \text{...(2)}$$

Subtracting (2) from (1), we get

$$1,00,000 = \frac{k}{2} \quad \therefore k = 2,00,000$$

$\therefore$ From (1), $8,00,000 = 2,00,000 + c$
$\therefore \qquad c = 6,00,000$

$$\therefore \qquad v = \frac{2,00,000}{t+1} + 6,00,000$$

When $\qquad t = 6$,

$$v = \frac{2,00,000}{7} + 6,00,000$$

$$= 28571.43 + 6,00,000$$
$$= 6,28,571.43$$
$$= 6,28,571$$

$\therefore$ Hence, the value of machine after 6 years would be ₹ **6,28,571.**

[C] (i) Given $\qquad y = (6x^4 - 5x^3 + 2x + 3)^5$
Let $\qquad u = (6x^4 - 5x^3 + 2x + 3)$
$\therefore \qquad y = u^5$

$$\therefore \qquad \frac{dy}{du} = 5u^4$$

And $\qquad \dfrac{du}{dx} = 24x^3 - 15x^2 + 2$

By Chain rule

$$\frac{dy}{dx} = \frac{dy}{du} \cdot \frac{du}{dx}$$

$$\therefore \quad \frac{dy}{dx} = 5(6x^4 - 5x^3 + 2x + 3)^4 \times (24x^3 - 15x^2 + 2)$$

(ii) Let $\qquad I = \displaystyle\int_0^1 \log\left(\frac{1}{x} - 1\right) dx$

$$\therefore \qquad I = \int_0^1 \log\left(\frac{1-x}{x}\right) dx \qquad \text{...(i)}$$

$$= \int_0^1 \log\left[\frac{1-(1-x)}{1-x}\right] dx$$

$$\left[\because \int_0^a f(x)\, dx = \int_0^a f(a-x)\, dx\right]$$

$$\therefore \qquad I = \int_0^1 \log\left[\frac{x}{1-x}\right] dx \qquad \text{...(2)}$$

Adding (1) and (2) we get

$$2I = \int_0^1 \log\left(\frac{1-x}{x}\right) dx + \int_0^1 \log\left(\frac{x}{1-x}\right) dx$$

$$= \int_0^1 \left[\log\left(\frac{1-x}{x}\right) + \log\left(\frac{x}{1-x}\right)\right] dx$$

$$= \int_0^1 \log\left[\frac{1-x}{x} \times \frac{x}{1-x}\right] dx$$

$$= \int_0^1 \log 1\, dx$$

$$\therefore \qquad 2I = \int_0^1 0\, dx \quad \Rightarrow$$

$$\therefore \qquad I = 0$$

Section B

4. [A] (i) (a) The legal due date

(ii) (b) 2

(iii) (c) Trend component

(iv) (b) 13

(v) (d) $(n!)^m$

(vi) (a) Converting all profits to opportunity losses

(B) (i) False. The buyer is legally allowed 3 days grace period.

(ii) False. Seasonal variation can occur several times in a year.

(iii) True.

(C) (i) A **broker** is an agent who brings together the buyer and the seller.

(ii) **Trend** component of time series is indicated by a smooth line.

(iii) Solution which satisfy all constraints is called **feasible** solution.

5. [A] (i) 3% commission on the sales up to ₹ 50,000

$$= ₹\ 50,000 \times \frac{3}{100} = ₹\ 1,500 \qquad \text{...(1)}$$

4% commission on sales over ₹ 50,000

Sales over ₹ 50,000

$$= ₹\ (2,00,000 - 50,000) = ₹\ 1,50,000$$

i.e., 4% commission on ₹ 1,50,000

$$= ₹\ 1,50,000 \times \frac{4}{100} = ₹\ 6,000 \qquad \text{...(2)}$$

From (1) and (2),

Total commission = ₹ (1,500 + 6,000) = ₹ 7,500

Salesman's total income is ₹ 7,500

(ii) As the number of machines is less than the number of vacant places, the problem is unbalanced. It is balanced by introduction of dumny machine M_5 with zero cost..

Also machine M_2 cannot be placed at C and machine M_3 cannot be placed at A, a very high cost say ∞ is assigned to the corresponding element. We get,

Machines	Locations				
	A	B	C	D	E
M_1	9	11	15	10	11
M_2	12	9	∞	10	9
M_3	∞	11	14	11	7
M_4	14	8	12	7	8
M_5	0	0	0	0	0

Subtract the smallest element of each row from every element on that row. We get,

Machines	Locations				
	A	B	C	D	E
M_1	0	2	6	1	2
M_2	3	0	1	0	
M_3	∞	4	7	4	0
M_4	2	1	5	0	1
M_5	0	0	0	0	0

Since, the smallest element in each column is zero, the resultant matrix is gien in the above table.

Since, number of straight lines covering all zeroes is equal to number of rows/columns, the optimal solution has reached. The optimal assignment can be made as follows :

Machines	Locations				
	A	B	C	D	E
M_1	[0]	2	6	1	2
M_2	3	[0]	∞	1	0
M_3	∞	4	7	4	[0]
M_4	7	1	5	[0]	1
M_5	0	0	[0]	0	0

The following is the optimum solution obtained :

Machines	Locations	cost
M_1	A	9
M_2	B	9
M_3	E	7
M_4	D	7

Total cost = 32 (in hundred rupees)

(iii) Let X denote the number of oces among the two cards drawn with replacement. Clearly 0,1 and 2 are the possible values of X since the draws are with replacement, the outcomes of the two draws are independent of each other. Also, since there are 4 aces in the deck of 52 cards, P (an ace) $= \dfrac{4}{52} = \dfrac{1}{13}$

and P (a non – ece) $= \dfrac{12}{13}$

Then
$$P[X = 0] = P[\text{non-ace and non-ace}]$$
$$= \frac{12}{13} \times \frac{12}{13} = \frac{144}{169}$$
$$P[X = 1] = P[\text{ace and non-ace}] + P[\text{non-ace and ace}]$$
$$= \frac{1}{13} \times \frac{12}{13} + \frac{12}{13} \times \frac{1}{13}$$
$$= \frac{24}{169}$$

and $P[X= 2] = P$ [ace and ace]
$$= \frac{1}{13} \times \frac{1}{13}$$
$$= \frac{1}{169}$$

The required probability distribution is then as follows. :

x	0	1	2
$P[X = x]$	$\dfrac{144}{169}$	$\dfrac{24}{169}$	$\dfrac{1}{169}$

$$\Sigma P(X_{ij}) = 1$$

[B] (i) We first tabulate the given data.

Commodities	Price in 2000 (Base year) P_0	Price in 2005 (Current year) P_1
A	40	50
B	50	70
C	30	30
D	x	85
E	60	y
F	100	115

From the above table, we have
But it is given that $\Sigma p_0 = 320$, so that
$$\Sigma p_0 = 280 + x, \ \Sigma p_1 = 350 + y$$
$$280 + x = 320$$
$\therefore \qquad x = 40$

Further, using the formula
$$p_0 = \frac{\Sigma p_1}{\Sigma p_0} \times 100$$

We have
$$120 = \frac{350 + y}{320} \times 100$$

$$\therefore \quad \frac{130 \times 320}{100} = 350 + y$$

$$\therefore \quad 416 = 350 + y$$

$$\therefore \quad y = 66$$

Hence, $x = 40$ and $y = 66$

(ii) (a) We construct the following table to obtain 5 yearly moving average :

Year 't'	Production (millions of barrels) x_t	5 yearly moving total	5 yearly moving averages trend value
1962	0	—	—
1963	0	—	—
1964	1	4	0.8
1965	1	7	1.4
1966	2	11	2.2
1967	3	15	3.0
1968	4	20	4.0
1969	5	25	5.0
1970	6	30	6.0
1971	7	35	7.0
1972	8	38	7.6
1973	9	41	8.2
1974	8	44	8.8
1975	9	—	—
1976	10	—	—

(b) Taking year on X-axis and production trend on Y-axis, we plot the points for production corresponding to years to get the graph of time series and plot the point for trend values corresponding to years to get the graph of trend as shown below :

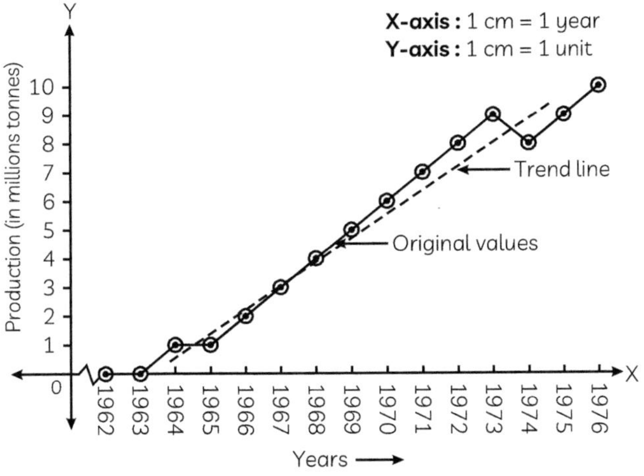

(iii) Let x units of fodder 1 and y units of fodder 2 be prescribed.

The cost of fodder 1 is ₹ 3 units and cost of fodder 2 is ₹ 2 per unit.

$\therefore$ The total cost is $z = 3x + 2y$

This is the linear function which is to be minimised. Hence, it is the objective function. The constraints are as per the following table :

Fodder → / Nutrients ↓	Fodder 1	Fodder 2	Minimum requirements
Nutrient A	2	1	14
Nutrient B	2	3	22
Nutrient C	1	1	1

From the above table fodder contains $(2x + y)$ units of nutrients A, $(2x + 3y)$ units of nutrients B and $(x + y)$ units of nutrients C. The minimum requirements of these nutrients are 14 units, 22 units and 1 unit respectively. Therefore, the constaints are

$2x + y \geq 14$, $2x + 3y \geq 22$, $x + y \geq 1$

$\because$ The number of units (*i.e.* x and y) cannot be negative, we have $x \geq 0, y \geq 0$

Hence, the given LPP can be formulated as minimize $z = 3x + 2y$, subject to $2x + y \geq 14$, $2x + 3y \geq 22$, $x + y \geq 1, x \geq 0, y \geq 0$.

6. [A] (i) Given : $n = 7, \Sigma(x_i - 70) = -35$,

$\Sigma(y_i - 60) = -7, \Sigma(x_i - 70)^2 = 2989, \Sigma(y_i - 60)^2 = 476$,

$\Sigma(x_i - 70)(y_i - 60) = 1064$

Regression coefficients are independent of change of origin.

$\therefore$ Let $u_i = x_i - 70, v_i = y_i - 60$

$\therefore \Sigma u_i = -35, \Sigma v_i = -7, \Sigma u_i^2 = 2989, \Sigma v_i^2 = 476$,
$\Sigma u_i v_i = 1064$

Now, $\quad \bar{u} = \dfrac{\Sigma u_i}{n} = \dfrac{-35}{7} = -5$

$$\bar{v} = \frac{\Sigma v_i}{n} = \frac{-7}{7} = -1$$

Now $\bar{x} = \bar{u} + 70 \qquad \bar{y} = \bar{v} + 60$

$\qquad\quad = -5 + 70 \qquad\quad = -1 + 60$

$\qquad\quad = 65 \qquad\qquad\quad = 59$

(a) $\qquad y = a + b_{yx} \cdot x$

$$b_{yx} = b_{vu} = \frac{\Sigma u_i v_i - n\bar{u}\bar{v}}{\Sigma u_i^2 - n\bar{u}^2}$$

$$= \frac{1064 - 7(-5)(-1)}{2989 - 7(-5)^2} = \frac{1029}{2814} = 0.3657$$

$\therefore \quad b_{yx} = 0.3657 \approx 0.37$

$$a = \bar{y} - b_{yx} \cdot \bar{x}$$

$$= 59 - 0.37(65)$$

$$= 34.95$$

$$\approx 35$$

$\therefore$ line of regression of Y on X is

$$y = 35 + 0.37x$$

$$\Rightarrow \quad y = 0.37x + 35$$

(b) $\quad x = a' + b_{xy} \cdot y$

$$b_{xy} = b_{uv} = \frac{\sum u_i v_i - n\bar{u}\bar{v}}{\sum v_i^2 - n\bar{v}^2}$$

$$= \frac{1064 - 7(-5)(-1)}{476 - 7(-1)^2} = \frac{1029}{469} = 2.19$$

$$b_{xy} = 2.19$$

$$a' = \bar{x} - b_{xy} \cdot \bar{y}$$

$$= 65 - 2.19(59)$$

$$= 65 - 129.21 = -64.21$$

$\therefore$ The line of regression of X on Y is

$$x = -64.21 + 2.19y$$

$$\Rightarrow \quad x = 2.19y - 64.21$$

(c) $\quad b_{yx} = 0.37, b_{xy} = 2.19$

Now, $\quad r = \pm \sqrt{b_{yx} \cdot b_{xy}}$

$$= \pm \sqrt{0.37 \times 2.19}$$

$$= \pm \sqrt{0.8103}$$

$\therefore \quad r = 0.90 \quad$ ....($\because$ by x and b_{xy} are positive)

(ii)

Commo-dity	Base Year		Current Year		$\sqrt{q_0 q_1}$	$p_0\sqrt{q_0 q_1}$	$p_1\sqrt{q_0 q_1}$
	p_0	q_0	p_1	q_1			
A	20	9	30	4	6	120	180
B	10	5	50	5	5	50	250
C	40	8	10	2	4	160	40
D	30	4	20	1	2	60	40
Total						390	510

From the above table, we get

$$\Sigma p_0 \sqrt{q_0 q_1} = 390$$

$$\Sigma p_1 \sqrt{q_0 q_1} = 510$$

Walsh's price index number is given by

$$P_0(W) = \frac{\Sigma p_1 \sqrt{q_0 q_1}}{\Sigma p_0 \sqrt{q_0 q_1}} \times 100$$

$$= \frac{510}{390} \times 100$$

$$P_0(W) = 130.77$$

(iii) X = Number of cars hired on a day

$X \sim P(m = 1.5), e^{-1.5} = 0.2231$

$$\therefore \quad P(X = x) = \frac{e^{-m} m^x}{x!}$$

$$= \frac{e^{-1.5}(1.5)^x}{x!}$$

$$= 0.2231 \times \frac{(1.5)^x}{x!}$$

(a) P [No car is used on a given day]

$$= P[X = 0]$$

$$= 0.2231 \times \frac{(1.5)^x}{0!} = 0.2231 \times 1$$

$$= 0.2231$$

Hence, the probability that no car is used on a given day is 0.2231

(b) P [Some demand is refused on a given day]

$$= P[X > 2]$$

$$= 1 - P[x \le 2]$$

$$= 1 - [P(x = 0) + P(x = 1) + P(x = 2)]$$

$$= 1 - \left[0.2231 \times \left(\frac{0.5}{0!}\right)^0 + 0.2231 \times \left(\frac{1.5}{1!}\right)^1 + 0.2231 \times \left(\frac{1.5}{2!}\right)^2\right]$$

$$= 1 - [0.2231 \times 1 + 0.2231 \times 1.5 + 0.2231 \times 1.125]$$

$$= 1 - 0.8087 = 0.1913$$

Hence, some demand is refused on a given day is 0.1913.

[B] (i) By using optimal solution algorithm, the sequence is :

VII	I	IV	V	III	II	VI

Total elasped time is obtained as follows :

Job Sequence	Machine A		Machine B		Idle time for Machine B
	Time In	Time Out	Time In	Time Out	
VII	0	5	5	12	5
I	5	12	12	24	0
IV	12	22	24	34	0
V	22	36	36	52	2
III	36	55	55	69	3
II	55	71	71	85	2
VI	71	86	86	91	1
Total Idle time for Machine B					13

Optimal sequence of jobs is

$$VII \rightarrow I \rightarrow IV \rightarrow V \rightarrow III \rightarrow II \rightarrow VI$$

Total elapsed time $T = 91$ units

Idle time for Machine $B = 13$ units

Idle time for Machine A
$$= T - \text{Processing time of } A$$
$$= 91 - 86$$
$$= 5 \text{ units.}$$

(ii) $f(x) = \begin{cases} kx(1-x) & \text{for } 0 < x < 1 \\ 0 & \text{otherwise} \end{cases}$

$f(x)$ is *p.d.f.* of *a. r.v. x* if

$$\int_0^1 kx(1-x)\,dx = 1$$

$$\therefore \quad \int_0^1 kx \cdot dx - \int_0^1 kx^2 \cdot dx = 1$$

$$\therefore \quad \left[\frac{kx^2}{2}\right]_0^1 - \left[\frac{kx^3}{3}\right]_0^1 = 1$$

$$\therefore \quad \frac{k}{2} - \frac{k}{3} = 1$$

$$\therefore \quad k = 6$$

(a)
$$P\left[\frac{1}{4} < x < \frac{1}{2}\right] = \int_{1/4}^{1/2} 6x(1-x)\,dx$$

$$= \int_{1/4}^{1/2} 6x \cdot dx - \int_{1/4}^{1/2} 6x^2 \cdot dx$$

$$= \left[\frac{6x^2}{2}\right]_{\frac{1}{4}}^{\frac{1}{2}} - \left[\frac{6x^3}{3}\right]_{\frac{1}{4}}^{\frac{1}{2}}$$

$$= \left[\frac{6}{8} - \frac{6}{32}\right] - \left[\frac{6}{24} - \frac{6}{192}\right]$$

$$= \frac{66}{192} = \frac{11}{32}$$

Hence, $P\left[\frac{1}{4} < x < \frac{1}{2}\right] = \frac{11}{32}$

(b)
$$P\left[x < \frac{1}{2}\right] = \int_0^{\frac{1}{2}} 6x \cdot dx - \int_0^{\frac{1}{2}} 6x^2 \cdot dx$$

$$= \left[\frac{6x^2}{2}\right]_0^{\frac{1}{2}} - \left[\frac{6x^3}{3}\right]_0^{\frac{1}{2}}$$

$$= \frac{6}{8} - \frac{6}{24}$$

$$= \frac{12}{24} = \frac{1}{2}$$

$$\therefore \quad P\left[x < \frac{1}{2}\right] = \frac{1}{2}.$$

(C) (i) Given Policy value = ₹ 1 lakh
Period of the policy = 20 years
But, the person dies after paying 10 annual premiums.
∴ Nominess will get entire Policy value of ₹ 1,00,000 on account of death.
Also rate of bonus ₹ 7 per thousand per annum.

$$\therefore \text{ Bonus (per year)} = \frac{7}{1000} \times 1,00,000 = ₹\ 700$$

∴ Bonus for 10 years = 700 × 10 = ₹ 7000
∴ Amount received by his nominee
$$= \text{Policy value} + \text{Bonus}$$
$$= 1,00,000 + 7,000$$
$$= ₹\ 1,07,000$$
∴ Amount received by his nominee is ` 1,07,000

(ii) (a) From the regression equation of y on $x : y = \frac{4}{3}x$,

We will get b_{yx} = coefficient of $x = \frac{4}{3}$

Similarly, from the regression equation of x on y,

$x = \frac{y}{3} + \frac{5}{3}$, we will get b_{xy} = coefficient of $y = \frac{1}{3}$

We have $\quad r = \pm\sqrt{b_{yx} \cdot b_{xy}} = \pm\sqrt{\frac{4}{3} \times \frac{1}{3}}$

$$\therefore \quad r = \pm\sqrt{\frac{4}{9}} = \pm\frac{2}{3}$$

Since b_{yx} and b_{xy} are positive $r = +\frac{2}{3}$

(b) We have $\quad b_{yx} = r \cdot \dfrac{\sigma_y}{\sigma_x}$. Given var $(x) = 4$

$$\Rightarrow \quad \sigma_x = \sqrt{4} = 2$$

$$\therefore \quad \frac{4}{3} = \frac{2}{3} \times \frac{\sigma_y}{2}$$

$$\Rightarrow \quad \frac{4}{3} = \frac{\sigma_y}{3}$$

$$\Rightarrow \quad \sigma_y = 4$$

$$\Rightarrow \quad \sigma_y^2 = (4)^2 = 16$$

∴ Variance of $y = 16$

SAMPLE PAPER-5

Mathematics & Statistics (Commerce)

📖 Questions

Time: 3 Hours   Total Marks: 80

Section A

1. [A] Choose the correct alternative :

(i) The statement $q \to p$ is called as the .... of the statement $p \to q$.

  (a) Inverse   (b) Converse

  (c) Contrapositive   (d) Dual

(ii) If $x = 2at^2$, $y = 4at$ then $\dfrac{dy}{dx} = ?$

  (a) $-\dfrac{1}{2at^2}$ (b) $\dfrac{1}{2at^3}$

  (c) $\dfrac{1}{t}$ (d) $\dfrac{1}{4at^3}$

(iii) If $f(x) = 3x^3 - 9x^2 - 27x + 15$ then

  (a) f has maximum value 66

  (b) f has minimum value 30

  (c) f has maxima at $x = -1$

  (d) f has minima at $x = -1$

(iv) $\displaystyle\int_{2}^{3} x^4 dx =$ ....

  (a) $\dfrac{1}{2}$ (b) $\dfrac{5}{2}$

  (c) $\dfrac{5}{211}$ (d) $\dfrac{211}{5}$

(v) The area of the region bounded by the curve $2y = 5x + 7$, the X-axis and the lines $x = 2$ and $x = 8$ is ....

  (a) $\dfrac{30}{3}$ sq. units   (b) 51 sq. units

  (c) 96 sq. units   (d) $\dfrac{24}{3}$ sq. units

(vi) Determine the order and degree of the following differential equation :

$$(y^m)^2 + 2(y^n)^2 + 6y' + 7y = 0$$

  (a) Order = 2, degree = 1

  (b) Order = 2, degree = 2

  (c) Order = 3, degree = 2

  (d) Order = 2, degree = 3

[B] State whether each of the following is True or False :

(i) Single element matrix is row as well as column matrix.

(ii) If $y = e^2$ then $\dfrac{dy}{dx} = 2e$

(iii) $x + 10y + 21 = 0$ is the equation of normal to the curve $y = 3x^2 + 4x - 5$ at (1, 2).

[C] Fill in the blanks :

(i) If $A = \begin{bmatrix} 4 & x \\ 6 & 3 \end{bmatrix}$ is a singular matrix then x is ....

(ii) If $0 = \log(xy) + a$ then $\dfrac{dy}{dx} = \dfrac{-y}{.......}$

(iii) The integrating factor of the differential equation $\dfrac{dy}{dx} - y = x$ is ....

2. [A] Attempt any two of the following :

(i) Write the negation of the following :

  (a) If $\triangle ABC$ is not equilateral, then it is not equiangular.

  (b) Ramesh is intelligent and he is hard working.

  (c) An angle is a right angle if and only if it is measure 90°.

(ii) Find the inverse of A $= \begin{bmatrix} 2 & 0 & -1 \\ 5 & 1 & 0 \\ 0 & 1 & 3 \end{bmatrix}$ by using elementary row transformation.

(iii) Evaluate :

$$\int \frac{1+x}{x+e^{-x}} dx$$

[B] Attempt any two of the following :

(i) Evaluate :

$$\int \frac{1}{4x^2 - 20x + 17} dx$$

(ii) Evaluate :

$$\int_0^4 \frac{dx}{\sqrt{x^2 + 2x + 3}}$$

(iii) The rate of growth of bacteria is proportional to the number present. If initially, there were 1000 bacteria and the number doubles in 1 hour, find the number of bacteria after $\dfrac{5}{2}$ hours. [given : $\sqrt{2} = 1.414$]

3. [A] Attempt any two of the following :

(i) Solve the following equations by method of inversions :

$x + y - z = 2$, $x - 2y + z = 3$ and $2x - y - 3z = -1$.

(ii) Find the values of x, such that $f(x)$ is increasing function :

$$f(x) = x^2 + 2x - 5$$

(iii) Find the area of the regions bounded by the curve $y^2 = 4x$, the X-axis and the lines $x = 1$, $x = 4$.

[B] Attempt any one of the following :

(i) Find $\dfrac{dy}{dx}$, If $y = x^{(\log x)} + 10^x$

(ii) A manufacturing company produces x items at a total cost of ₹ $40 + 2x$. Their price is given as $p = 120 - x$. Find the value of x for which :
 (a) revenue is increasing
 (b) profit is increasing.
 (c) Also find elasticity of demand for price 80.

[C] Attempt any one of the following activities :
 (i) Find the values of x such that $f(x)$ is a decreasing function, where $f(x) = 2x^3 - 15x^2 - 144x - 7$.

(ii) The rate of depreciation $\dfrac{dv}{dt}$ of a machine is inversely proportional to the square of $t + 1$, where v is the value of the machine t years after it was purchased. The initial value of the machine was ₹ 8,00,000 and its value decreased ₹ 1,00,000 in the first year. Find after 6 years.

Section B

4. [A] Choose the correct alternative :
 (i) Value Index Number by Weighted Aggregate Method is given by :

 (a) $\Sigma \dfrac{p_1 q_0 w}{p_0 q_0 w} \times 100$
 (b) $\Sigma \dfrac{p_0 q_1 w}{p_0 q_0 w} \times 100$

 (c) $\dfrac{\Sigma p_1 q_1 w}{\Sigma p_0 q_1 w} \times 100$
 (d) $\dfrac{\Sigma p_1 q_1 w}{\Sigma p_0 q_0 w} \times 100$

 (ii) A dish washing machine holds upto 40 pieces of large crockery (x). This constraint is given by ....
 (a) $x \leq 35$
 (b) $x \leq 40$
 (c) $x \geq 40$
 (d) $x \geq 45$

 (iii) In an assignment problem if number of rows is greater than number of columns then :
 (a) Dummy column is added
 (b) Dummy row is added
 (c) Row with cost 1 is added
 (d) Column with cost 1 is added

 (iv) Corr $(x, - x) = $ ....
 (a) 0
 (b) $- 1$
 (c) 1
 (d) None of these

 (v) The expected value of the sum of two numbers obtained when two fair dice are rolled is ....
 (a) 5
 (b) 6
 (c) 7
 (d) 8

 (vi) F(x) is c.d.f of discrete r.v. X whose distribution is :

X	-2	-1	0	1	2
P	0.2	0.3	0.15	0.25	0.1

 Then F$(- 3) = $ ....
 (a) 0
 (b) 1
 (c) 0.2
 (d) 0.15

[B] State whether each of the following is True or False :
 (i) Corr $(x, y) = $ Corr (y, x)

 (ii) $\dfrac{\Sigma p_1 q_1}{\Sigma p_0 q_0} \times 100$ is Laspeyre's Price Index Number.

 (iii) The feasible solution of LPP belongs to only quadrant I. The feasible region of graph $x + y \leq 1$ and $2x + 2y \geq 6$ exists.

[C] Fill in the blanks :
 (i) In Binomial distribution if n is very large and probability success of p is very small such that $np = m$ (constant) then .... distribution is applied.

 (ii) Value Index Number by Weighted Aggregate Method is given by ....

 (iii) When an assignment problem has more than one solution, then it is .... optimal solution.

5. [A] Attempt any two of the following :
 (i) An agent charges 10% commission plus 2% delcredere. If he sells goods worth ₹ 37,200, find his total earnings.

 (ii) The following table is given the aptitude test scores and productivity indices of 10 workers selected at random.

Aptitude score (X)	60	62	65	70	72
Productivity Index (Y)	68	60	62	80	85
Aptitude score (X)	48	53	73	65	82
Productivity Index (Y)	40	52	62	60	81

 Obtain the two regression equation and estimate :
 (a) The productivity index of a worker whose test score is 95.
 (b) The test score when productivity index is 75.

 (iii) Following table shows the number of traffic facilities (in a state) resulting from drunken driving for years 1975 to 1983.

Year	1975	1976	1977	1978	1979
No of deaths	0	6	3	8	2
Year	1980	1981	1982	1983	
No. of deaths	9	4	5	10	

 Fit the trend line to the above data by the graphical method.

[B] Attempt any two of the following:
 (i) Find the Value index Number using Simple Aggregate Method in each of the following example.

Commodity	A	B	C	D	E
Base year quantities	360	280	340	160	260
Current year quantities	440	320	470	210	300

(ii) A foreman wants to process 4 different jobs on three machines : a shaping machine, a drilling machine and a tapping machine, the sequence of operations being shaping-drilling-tapping. Decide the optimal sequence for the four jobs to minimize the total elapsed time. Also find the total elapsed time and the idle time for every machine.

Job	Shaping (minutes)	Drilling (minutes)	Tapping (minutes)
1	13	3	18
2	18	8	4
3	8	6	13
4	23	6	8

(iii) Defects on plywood sheet occur at random with average of one defect per 50 sq. ft. Find the probability that such a sheet has :

(a) no defect

(b) at least one defect. [use $e^{-1} = 0.3678$]

6. [A] Attempt any two of the following :

(i) A bill is drawn for ₹ 7000 on 3rd May for 3 months and is discounted on 25th May at 5.5%. Find the present worth.

(ii) For a certain bivariate data :

	X	Y
Mean	25	20
S.D.	4	3

And $t = 0.5$. Estimate y when $x = 10$ and estimate x when $y = 16$

(iii) A chartered accountant's firm has accepted five new cases. The estimated number of days required by each of their five employees for each case are given below, where–means that the particular employee cannot be assigned the particular case. Determine the optimal assignment of cases of the employees so that the total number of days required to compiete these five cases will be minimum. Also find the minimum number of days.

Employee	Cases				
	I	II	III	IV	V
E_1	5	4	5	7	8
E_2	7	–	8	6	9
E_3	8	6	7	9	10
E_4	5	7	–	4	6
E_5	9	5	3	10	–

[B] Attempt any two of the following:

(i) Following table shows the wheat yield ('000 tonnes) in India for years 1959 to 1968.

Year	1959	1960	1961	1962	1963
Yield	0	1	2	3	1
Year	1964	1965	1966	1967	1968
Yield	0	4	1	2	10

Fit the trend line to the above data by the method of least squares.

(ii) Following is the probability distribution of a r.v. X

x	-3	-2	-1	0	1	2	3
P (X = x)	0.05	0.1	0.15	0.20	0.25	0.15	0.10

Find the probability that :

(a) X is positive

(b) X is non-negative

(c) X is odd

(d) X is even

[C] Attempt any one of the following :

(i) Solve the following L.P.P. graphically.

Maximize: $Z = 11x + 8y$ subject to the constraints.

$x \le 4, y \le 6, x + y \le 6, x \ge 0, y \ge 0$.

(ii) Calculate the Walsh's price index number for the following data:

Commodity	Base year		Current Year	
	Price	Quantity	Price	Quantity
I	10	12	20	9
II	20	4	25	8
III	30	13	40	27
IV	60	29	75	36

🄰 Answer Key

Section A

1. [A] (i) (b) Converse

(ii) (c) $\dfrac{1}{t}$

Explanation: $\dfrac{dx}{dt} = 4at$;

$\dfrac{dy}{dt} = 4a$

$\dfrac{dy}{dx} = \dfrac{\dfrac{dy}{dt}}{\dfrac{dx}{dt}}$

$$= \frac{4a}{4at} = \frac{1}{t}$$

(iii) (c) f has maxima at $x = -1$

    Explanation: $f(x) = 3x^3 - 9x^2 - 27x + 15$

$$f'(x) = 9x^2 - 18x - 27$$
$$= 9(x - 3)(x + 1)$$
$$\text{let } P(x) = 0$$
$$\therefore \quad x = 3 \text{ or } x = -1$$
$$f''(x) = 18x - 18$$
$$\therefore \quad f''(-1) = -36 < 0$$

$\therefore$ $f(x)$ has maximum value at $x = -1$

(iv) (d) $\dfrac{211}{5}$

    Explanation:

$$\int_{2}^{3} x^4 \, dx = \left[\frac{x^5}{5}\right]_2^3$$
$$= \left[\frac{243}{5} - \frac{32}{5}\right]$$
$$= \frac{211}{5}$$

(v) (c) 96 sq. units

    Explanation:

$$A = \int_{2}^{8} y \, dx$$
$$= \int_{2}^{8} \frac{5x + 7}{2} \, dx$$
$$= \frac{1}{2}\left[\frac{5x^2}{2} + 7x\right]_2^8$$
$$= \frac{1}{2}\left[\frac{5 \times 64}{2} + 56 - \frac{5 \times 4}{2} - 7 \times 2\right]$$
$$= \frac{1}{2}[216 - 24]$$
$$= 96 \text{ sq. units}$$

(vi) (c) Order = 3, degree = 2

[B] (i) True.

(ii) False.

    If $y = e^2$ then $\dfrac{dy}{dx} = 2e$

    Solution:

    Taking log on both sides,
$$\log y = \log e^2$$
$$= 2 . \log e = 2$$
    Differentiating w.r.t. 'x',
$$\frac{1}{y}\frac{dy}{dx} = 0$$
$$\frac{dy}{dx} = 0$$

(iii) False.

    Solution: Slope of the tangent to the curve
$$\frac{dy}{dx} = 6x + 4$$
$$\therefore \quad \left(\frac{dy}{dx}\right)_{(1,2)} = 10$$

$\therefore$ Slope of normal
$$= -\frac{1}{10}$$

Equation of normal is
$$y - 2 = -\frac{1}{10}(x - 1)$$
$$\therefore \quad 10y - 20 = -x + 1$$

$x + 10y - 21 = 0$, is the equation of normal at (1, 2)

[C] (i) If $A = \begin{bmatrix} 4 & x \\ 6 & 3 \end{bmatrix}$ is a singular matrix then x is 2

    Solution:
$$A = \begin{bmatrix} 4 & x \\ 6 & 3 \end{bmatrix} \text{ is a singular matrix}$$
$$\therefore \quad \begin{vmatrix} 4 & x \\ 6 & 3 \end{vmatrix} = 0$$
$$\therefore \quad 12 - 6x = 0$$
$$\therefore \quad x = 2$$

If $A = \begin{bmatrix} 4 & x \\ 6 & 3 \end{bmatrix}$ is a singular matrix then x is 2.

(ii) If $0 = \log(xy) + a$ then $\dfrac{dy}{dx} = \dfrac{-y}{x}$

    Solution:

    Differentiating both sides, $0 = \dfrac{1}{xy}\left(x\dfrac{dy}{dx} + y\right)$
$$\therefore \quad 0 = \frac{1}{y}\frac{dy}{dx} + \frac{1}{x}$$
$$\therefore \quad \frac{dy}{dx} = \frac{-y}{x}$$

If $0 = \log(xy) + a$ then $\dfrac{dy}{dx} = \dfrac{-y}{x}$

(iii) The integrating factor of the differential equation $\dfrac{dy}{dx} - y = x$ is e^{-x}

    Solution:
$$\frac{dy}{dx} - x = y$$
$$\therefore \quad \text{I.F.} = e^{\int p.d.x}$$
$$= e^{\int (-1)dx}$$
$$= e^{-x}$$

The integrating factor of the differential equation $\dfrac{dy}{dx} - y = x$ is e^{-x}

2. [A] (i) Write the negation of the following :

    (a) Let p : ΔABC is not equilateral

        q : It is not equiangular

        Then the symbolic form of the given statement is $p \to q$.

        Since, $\sim(p \to q) \equiv p \wedge \sim q$, the negation of given statement is :

        ΔABC is not equilateral and it is equiangular.

    (b) Let p : Ramesh is intelligent

        q : He is hard working

        Then the symbolic form of the given statement : $p \wedge q$.

        Since, $\sim(p \wedge q) \equiv \sim p \vee \sim q$, the negation of given statement is :

        Ramesh is not intelligent or he is not hard working.

    (c) Let p : An angle is a right angle

        q : It is measure of $90°$.

        Then the symbolic form of the given statement is $p \leftrightarrow q$.

        Since, $\sim(p \leftrightarrow q) \equiv (p \wedge \sim q) \vee (q \wedge \sim p)$ the negation of given statement is :

        An angle is a right angle and it is not of measure $90°$ or an angle is of measure $90°$ and it is not a right angle.

(ii) Let $A = \begin{bmatrix} 2 & 0 & -1 \\ 5 & 1 & 0 \\ 0 & 1 & 3 \end{bmatrix}$

$$|A| = \begin{vmatrix} 2 & 0 & -1 \\ 5 & 1 & 0 \\ 0 & 1 & 3 \end{vmatrix}$$

$$= 2(3 - 0) - 0(.15 - 0) - 1(5 - 0)$$

$$= 6 - 0 - 5$$

$$= 1 \neq 0$$

$\therefore$ A^{-1} is exist.

Consider $AA^{-1} = I$

$$\begin{bmatrix} 2 & 0 & -1 \\ 5 & 1 & 0 \\ 0 & 1 & 3 \end{bmatrix} A^{-1} = \begin{bmatrix} 1 & 0 & 0 \\ 0 & 1 & 0 \\ 0 & 0 & 1 \end{bmatrix}$$

By $R_1 \to 3R_1$

$$\begin{bmatrix} 6 & 0 & -3 \\ 5 & 1 & 0 \\ 0 & 1 & 3 \end{bmatrix} A^{-1} = \begin{bmatrix} 3 & 0 & 0 \\ 0 & 1 & 0 \\ 0 & 0 & 1 \end{bmatrix}$$

By $R_1 \to R_1 - R_2$

$$\begin{bmatrix} 1 & -1 & -3 \\ 5 & 1 & 0 \\ 0 & 1 & 3 \end{bmatrix} A^{-1} = \begin{bmatrix} 3 & -1 & 0 \\ 0 & 1 & 0 \\ 0 & 0 & 1 \end{bmatrix}$$

By $R_2 \to R_2 - 5R_1$

$$\begin{bmatrix} 1 & -1 & -3 \\ 0 & 6 & 15 \\ 0 & 1 & 3 \end{bmatrix} A^{-1} = \begin{bmatrix} 3 & -1 & 0 \\ -15 & 6 & 0 \\ 0 & 0 & 1 \end{bmatrix}$$

By $R_2 \leftrightarrow R_3$

$$\begin{bmatrix} 1 & -1 & -3 \\ 0 & 1 & 3 \\ 0 & 6 & 15 \end{bmatrix} A^{-1} = \begin{bmatrix} 3 & -1 & 0 \\ 0 & 0 & 1 \\ -15 & 6 & 0 \end{bmatrix}$$

By $R_1 \to R_1 + R_2$ and $R_3 \to R_3 - 6R_2$

$$\begin{bmatrix} 1 & 0 & 0 \\ 0 & 1 & 3 \\ 0 & 0 & -3 \end{bmatrix} A^{-1} = \begin{bmatrix} -3 & -1 & 1 \\ 0 & 0 & 1 \\ -15 & 6 & -6 \end{bmatrix}$$

By $R_3 \to \left(\dfrac{-1}{3}\right) R_3$

$$\begin{bmatrix} 1 & 0 & 0 \\ 0 & 1 & 3 \\ 0 & 0 & 1 \end{bmatrix} A^{-1} = \begin{bmatrix} 3 & -1 & 1 \\ 0 & 0 & 1 \\ 5 & -2 & 2 \end{bmatrix}$$

By $R_2 \to R_2 - 3R_3$

$$\begin{bmatrix} 1 & 0 & 0 \\ 0 & 1 & 0 \\ 0 & 0 & 1 \end{bmatrix} A^{-1} = \begin{bmatrix} -3 & -1 & 1 \\ -15 & 6 & -5 \\ 5 & -2 & 2 \end{bmatrix}$$

$$I A^{-1} = \begin{bmatrix} -3 & -1 & 1 \\ -15 & 6 & -5 \\ 5 & -2 & 2 \end{bmatrix}$$

$\therefore \qquad A^{-1} = \begin{bmatrix} -3 & -1 & 1 \\ -15 & 6 & -5 \\ 5 & -2 & 2 \end{bmatrix}$

(iii) $\displaystyle\int \dfrac{1+x}{x+e^{-x}} \, dx$

Let $\qquad I = \displaystyle\int \dfrac{1+x}{x+e^{-x}} \, dx$

$$= \int \dfrac{(1+x)e^x}{(x+e^{-x})e^x} \, dx$$

$$= \int \dfrac{(1+x)e^x}{xe^x + 1} \, dx$$

Put $\qquad xe^x + 1 = t$

$\therefore \ (xe^x + e^x \times 1)dx = dt$

$\therefore \qquad (1 + x)e^x dx = dt$

$\therefore \qquad I = \displaystyle\int \dfrac{1}{t} \, dt = \log |t| + c$

$\therefore \qquad I = \displaystyle\int \dfrac{1}{t} \, dt = \log |t| + c$

$$= \log|xe^x + 1| + c$$

[B]

(i) $\displaystyle\int \dfrac{1}{4x^2 - 20x + 17} \, dx$

$$= \dfrac{1}{4} \int \dfrac{1}{x^2 - 5x + \dfrac{17}{4}} \, dx$$

$$= \frac{1}{4}\int \frac{1}{\left(x^2 - 5x + \frac{25}{4}\right) - \frac{25}{4} + \frac{17}{4}}\,dx$$

$$= \frac{1}{4}\int \frac{1}{\left(x - \frac{5}{2}\right)^2 - \left(\sqrt{2}\right)^2}\,dx$$

$$= \frac{1}{4} \times \frac{1}{2\sqrt{2}}\log\left|\frac{x - \frac{5}{2} - \sqrt{2}}{x - \frac{5}{2} + \sqrt{2}}\right| + c$$

$$= \frac{1}{8\sqrt{2}}\log\left|\frac{2x - 5 - 2\sqrt{2}}{2x - 5 + 2\sqrt{2}}\right| + c$$

(ii) $\displaystyle \int_0^4 \frac{dx}{\sqrt{x^2 + 2x + 3}}\,dx$

$$= \int_0^4 \frac{1}{\sqrt{x^2 + 2x + 1 - 1 + 3}}\,dx$$

$$= \int_0^4 \frac{1}{\sqrt{(x+1)^2 - (\sqrt{2})^2}}\,dx$$

$$= \left[\log\left|(x+1) + \sqrt{(x+1)^2 - (\sqrt{2})^2}\right|\right]_0^4$$

$$= \left[\log\left|(x+1) + \sqrt{x^2 + 2x + 3}\right|\right]_0^4$$

$$= \log\left(5 + \sqrt{16 + 8 + 3}\right) - \log\left(1 + \sqrt{3}\right)$$

$$= \log\left(5 + 3\sqrt{3}\right) - \log\left(1 + \sqrt{3}\right)$$

$$= \log\frac{5 + 3\sqrt{3}}{1 + \sqrt{3}}$$

(iii) Let x be the number of bacteria at time t.

Then the rate of increase is $\dfrac{dx}{dt}$ which is proportional to x

$$\therefore \quad \frac{dx}{dt} \propto x$$

$$\therefore \quad \frac{dx}{dt} = kx, \text{ where } k \text{ is a constant}$$

$$\therefore \quad \frac{dx}{x} = k\,dt$$

On integrating, we get

$$\int \frac{dx}{x} = k\int dt$$

$$\therefore \quad \log x = kt + c \qquad \qquad ...(1)$$

Initially, i.e., when $t = 0$, $x = 1000$

$$\therefore \quad \log 1000 = k \times o + c$$

$$\therefore \quad c = \log 1000$$

$$\therefore \quad \log x = kt + \log 1000$$

$$\therefore \quad \log x - \log 1000 = kt$$

$$\therefore \quad \log\left(\frac{x}{1000}\right) = kt \qquad \qquad ...(2)$$

Now, when $t = 1$, $x = 2 \times 1000 = 2000$

$$\therefore \quad \log\left(\frac{2000}{1000}\right) = k$$

$$\therefore \quad k = \log 2$$

$\therefore$ (2) becomes $\log\left(\dfrac{x}{1000}\right) = t.\log 2$

If $\qquad t = \dfrac{5}{2}$, then

$$\log\left(\frac{x}{1000}\right) = \frac{5}{2}\log 2$$

$$= \log(2)^{\frac{5}{2}}$$

$$\therefore \quad \frac{x}{1000} = (2)^{\frac{5}{2}} = 4\sqrt{2}$$

$$= 5.656$$

$$\therefore \quad x = 5.656 \times 1000$$

$$= 5656$$

$\therefore$ Number of bacteria after $\dfrac{5}{2}$ hours = 5656.

3. **[A]**

(i) Matrix form of the given system of equations is

$$\begin{bmatrix} 1 & 1 & -1 \\ 1 & -2 & 1 \\ 2 & -1 & -3 \end{bmatrix}\begin{bmatrix} x \\ y \\ z \end{bmatrix} = \begin{bmatrix} 2 \\ 3 \\ -1 \end{bmatrix}$$

This is of the form AX = B, where

$$A = \begin{bmatrix} 1 & 1 & -1 \\ 1 & -2 & 1 \\ 2 & -1 & -3 \end{bmatrix},$$

$$X = \begin{bmatrix} x \\ y \\ z \end{bmatrix}, B = \begin{bmatrix} 2 \\ 3 \\ -1 \end{bmatrix}$$

To determine x, we have to find A^{-1}.

$$|A| = \begin{vmatrix} 1 & 1 & -1 \\ 1 & -2 & 1 \\ 2 & -1 & -3 \end{vmatrix}$$

$$= 1(6 + 1) - 1(-3 - 2) - 1(-1 + 4)$$

$$= 7 + 5 - 3$$

$$= 9 \neq 0$$

$$\therefore \quad A^{-1} \text{ exists}$$

Consider $AA^{-1} =$

$$\begin{bmatrix} 1 & 1 & -1 \\ 1 & -2 & 1 \\ 2 & -1 & -3 \end{bmatrix} A^{-1} = \begin{bmatrix} 1 & 0 & 0 \\ 0 & 1 & 0 \\ 0 & 0 & 1 \end{bmatrix}$$

Applying $R_2 \rightarrow R_2 - R_1$ and $R_3 \rightarrow R_3 + 2R_1$

$$\begin{bmatrix} 1 & 1 & -1 \\ 0 & -3 & 2 \\ 0 & -3 & -1 \end{bmatrix} A^{-1} = \begin{bmatrix} 1 & 0 & 0 \\ -1 & 1 & 0 \\ -2 & 0 & 1 \end{bmatrix}$$

Applying $R_2 \rightarrow \left(-\dfrac{1}{3}\right) R_2$

$$\begin{vmatrix} 1 & 1 & -1 \\ 0 & 1 & -\dfrac{2}{3} \\ 0 & -3 & -1 \end{vmatrix} A^{-1} = \begin{vmatrix} 1 & 0 & 0 \\ \dfrac{1}{3} & -\dfrac{1}{3} & 0 \\ -2 & 0 & 1 \end{vmatrix}$$

Applying $R_1 \rightarrow R_1 - R_2$ and $R_3 \rightarrow R_3 + 3R_2$

$$\begin{vmatrix} 1 & 0 & -\dfrac{1}{3} \\ 0 & 1 & -\dfrac{2}{3} \\ 0 & 0 & -3 \end{vmatrix} A^{-1} = \begin{vmatrix} \dfrac{2}{3} & \dfrac{1}{3} & 0 \\ \dfrac{1}{3} & -\dfrac{1}{3} & 0 \\ -1 & -1 & 1 \end{vmatrix}$$

Applying $R_3 \rightarrow \left(-\dfrac{1}{3}\right) R_3$

$$\begin{vmatrix} 1 & 0 & -\dfrac{1}{3} \\ 0 & 1 & -\dfrac{2}{3} \\ 0 & 0 & 1 \end{vmatrix} A^{-1} = \begin{vmatrix} \dfrac{2}{3} & \dfrac{1}{3} & 0 \\ \dfrac{1}{3} & -\dfrac{1}{3} & 0 \\ \dfrac{1}{3} & \dfrac{1}{3} & -\dfrac{1}{3} \end{vmatrix}$$

Applying $R_1 \rightarrow R_1 + \left(\dfrac{1}{3}\right) R_3$ and $R_2 \rightarrow R_2 + \left(\dfrac{2}{3}\right) R_3$

$$\begin{vmatrix} 1 & 0 & 0 \\ 0 & 1 & 0 \\ 0 & 0 & 1 \end{vmatrix} A^{-1} = \begin{vmatrix} \dfrac{7}{9} & \dfrac{4}{9} & -\dfrac{1}{9} \\ \dfrac{5}{9} & -\dfrac{1}{9} & -\dfrac{2}{9} \\ \dfrac{1}{3} & \dfrac{1}{3} & -\dfrac{1}{3} \end{vmatrix}$$

$$\therefore \quad A^{-1} = \dfrac{1}{9}\begin{vmatrix} 7 & 4 & -1 \\ 5 & -1 & -2 \\ 3 & 3 & -3 \end{vmatrix}$$

Pre-multiplying $AX = B$ by A^{-1}

$$A^{-1}(AX) = A^{-1}B$$
$$\therefore \quad (A^{-1}A)X = A^{-1}B$$
$$\therefore \quad IX = A^{-1}B$$
$$\therefore \quad X = A^{-1}B$$

$$\therefore \quad X = \dfrac{1}{9}\begin{bmatrix} 7 & 4 & -1 \\ 5 & -1 & -2 \\ 3 & 3 & -3 \end{bmatrix}\begin{bmatrix} 2 \\ 3 \\ -1 \end{bmatrix}$$

$$\therefore \quad \begin{bmatrix} x \\ y \\ z \end{bmatrix} = \dfrac{1}{9}\begin{bmatrix} 14 & + & 12 & + & 1 \\ 10 & - & 3 & + & 2 \\ 6 & + & 9 & + & 3 \end{bmatrix}$$

$$= \dfrac{1}{9}\begin{bmatrix} 27 \\ 9 \\ 18 \end{bmatrix}$$

$$\therefore \quad \begin{bmatrix} x \\ y \\ z \end{bmatrix} = \begin{bmatrix} 3 \\ 1 \\ 2 \end{bmatrix}$$

$\therefore$ By equality of matrices, we get

$$x = 3,\ y = 1,\ z = 2$$

(ii) $f(x) = x^2 + 2x - 5$

$$\therefore \quad f'(x) = \dfrac{d}{dx}(x^2 + 2x - 5)$$

$$= 2x + 2$$

f is increasing, if $f'(x) > 0$

i.e., if $\quad 2x + 2 > 0$

i.e., if $\quad 2x > -2$

i.e., if $\quad x > -1,\ i.e.,\ x \in (-1, \infty)$

$\therefore$ f is increasing if $x > -1,\ i.e.,\ x \in (-1, \infty)$

(iii) $A = \displaystyle\int_1^4 y\,dx$

$$= \displaystyle\int_1^4 2\sqrt{2}.dx$$

$$= 2.\dfrac{2}{3}\left[x^{3/2}\right]_1^4 = \dfrac{4}{3}\left[4^{3/2} - 1^{3/2}\right]$$

$$= \dfrac{4}{3}[8-1] = \dfrac{28}{3} \text{ sq. units.}$$

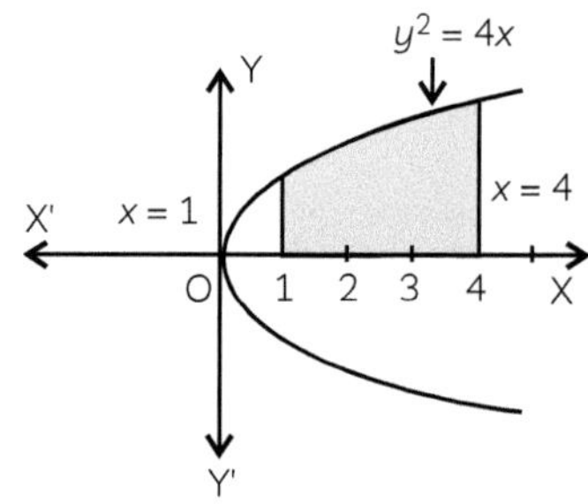

[B] (i) Let $y = x^{(\log x)} + 10^x$

Let $\quad u = x^{\log x},\ v = 10^x$

$\therefore \quad y = u + v$ ...(1)

Now, $\quad u = x^{\log x}$

Taking log on both sides, we get

$$\log u = \log x^{\log x}$$
$$\log u = \log x.\ \log x$$
$$\log u = (\log x)^2$$

Differentiating w.r.t. x, we get

$$\therefore \quad \dfrac{1}{u}\dfrac{du}{dx} = 2(\log x) \times \dfrac{d(\log x)}{dx}$$

$$\therefore \quad \dfrac{du}{dx} = u\left[2\log x \times \dfrac{1}{x}\right]$$

$$\therefore \quad \frac{du}{dx} = x^{\log x}\left[2\log x \times \frac{1}{x}\right] \qquad ...(2)$$

Now, $\quad v = 10^x$

Differentiating w.r.t. x, we get

$$\therefore \quad \frac{dv}{dt} = 10^x . \log 10 \qquad ...(3)$$

Substituting equations (2) & (3) in (1), we get.

$$\therefore \quad \frac{dy}{dx} = x^{\log x}\left[2\log x \times \frac{1}{x}\right] + 10^x . \log(10)$$

(ii) (a) The total revenue R is given by

$$R = p.x. = (120 - x)\,x$$

$$\therefore \quad R = 120x - x^2$$

$$\therefore \quad \frac{dR}{dx} = \frac{d}{dx}(120x - x^2)$$

$$= 120(1) - 2x$$

$$= 120 - 2x$$

If the revenue is increasing, then $\dfrac{dR}{dx} > 0$

$$\therefore \quad 120 - 2x > 0$$
$$\therefore \quad 120 > 2x$$
$$\therefore \quad x < 60$$

Hence, the revenue is increasing when $x < 60$.

(b) Profit

$$\pi = R - C$$
$$= (120x - x^2) - (40 + 2x)$$
$$= 120x - x^2 - 40 - 2x$$
$$\pi = 118x - x^2 - 40$$

$$\therefore \quad \frac{d\pi}{dx} = \frac{d}{dx}(118x - x^2 - 40)$$

$$= 118 \times 1 - 2x - 0 = 118 - 2x$$

If the profit is increasing, then $\dfrac{d\pi}{dx} > 0$

$$\therefore \quad 118 - 2x > 0$$
$$\therefore \quad 118 > 2x$$
$$\therefore \quad x < 59$$

Hence, the profit is increasing where $x < 59$.

(c)
$$p = 120 - x$$
$$\therefore \quad x = 120 - P$$

$$\therefore \quad \frac{dx}{dp} = \frac{d}{dp}(120 - p)$$

$$= 0 - 1 = -1$$

Elasticity of demand is given by

$$\eta = \frac{-p}{x} . \frac{dx}{dp} = \frac{-p}{120 - p} \times (-1)$$

$$= \frac{p}{120 - p}$$

when $p = 80$, then

$$\eta = \frac{80}{120 - 80} = \frac{80}{40} = 2$$

$\therefore$ Elasticity of demand $.\eta = 2$

[C] (i) Given:
$$f(x) = 2x^3 - 15x^2 - 144x - 7$$
$$f'x = 6x^2 - 30x - 144$$

$f(x)$ is decreasing function, if $f'(x) < 0$
$$\Rightarrow \quad 6x^2 - 30x - 144 < 0$$
$$\Rightarrow \quad 6(x^2 - 5x - 24) < 0$$
$$\Rightarrow \quad x^2 - 5x - 24 < 0$$
$$\Rightarrow \quad (x + 3)(x - 8) < 0$$

If $\qquad ab < 0 \Leftrightarrow a > 0$ and $b < 0$

Or $\qquad a < 0$ and $b > 0$

Case 1: $x + 3 > 0$ and $x - 8 < 0$
$$\Rightarrow \qquad x > -3 \text{ and } x < 8$$
$$\therefore \qquad x > -3 \text{ and } x < 8$$

Case 2 $\qquad x + 3 < 0$ and $x - 8 > 0$

$\Rightarrow x < -3$ and $x > 8$, which is not possible.

Hence, $f(x)$ is a decreasing function for $-3 < x < 8$

i.e. $(-3, 8)$.

(ii) According to the given condition.

$$\frac{dv}{dt} \propto \frac{1}{(t+1)^2}$$

$$\therefore \quad \frac{dv}{dt} = \frac{-k}{(t+1)^2}$$

[Negative sign indicates disintegration]

$$\therefore \quad dv = \frac{-k\,dt}{(t+1)^2}$$

Integrating both sides

$$\int dv = \int \frac{-kdt}{(t+1)^2}$$

$$\therefore \quad v = \frac{k}{(t+1)} + C$$

When $\qquad t = 0, v = 8,00,000$

$$\therefore \quad 8,00,000 = \frac{k}{(0+1)} + C$$

$$\therefore \quad 8,00,000 = k + C \qquad ...(i)$$

When $\qquad t = 1, v = 7,00,000$

$$\therefore \quad 7,00,000 = \frac{k}{2} + C \qquad ...(ii)$$

From (i) − (ii) we get

$$1,00,000 = \frac{k}{2}$$

$$\therefore \qquad k = 2,00,000 \qquad ...(iii)$$

Substituting ((iii) in (i) we get

$$\therefore \qquad c = 6,00,000 \qquad ...(iv)$$

When $\qquad t = 6$, we get

$$v = \frac{k}{6+1} + c$$

$$\Rightarrow \qquad v = \frac{2,00,000}{7} + 6,00,000$$

$\Rightarrow v = 6,28,571.4286 \Rightarrow v = 6,28,571$

$\because$ Value of machine after 6 years is $6,28,571$.

Section B

4. **[A]** **(i)** (d) $\dfrac{\Sigma p_1 q_1 w}{\Sigma p_0 q_0 w} \times 100$

(ii) (b) $x \le 40$

(iii) (a) Dummy column is added

(iv) (b) -1

(v) (c) 7

Solution: The random variable X; i.e., sum of two numbers on the two dice takes the value 2, 3, 4, 5, 6, 7, 8, 9, 10, 11 or 12 with probability

$$\frac{1}{36}, \frac{2}{36}, \frac{3}{36}, \frac{4}{36}, \frac{5}{36}, \frac{6}{36}, \frac{5}{36}, \frac{4}{36}, \frac{3}{36}, \frac{2}{36}, \frac{1}{36}$$

respectively

$$\therefore\ E(X) = \Sigma x_i p_i = \frac{1}{36}[(2 \times 1) + (3 \times 2) + (4 \times 3) +$$

$(5 \times 4) + (6 \times 5) + (7 \times 6) + (8 \times 5) + (9 \times 4) + (10 \times 3) + (11 \times 2) + (12 \times 1)]$

$$= \frac{1}{36}[252] = 7$$

(vi) (a) 0 F(x) is c.d.f of discrete r.v. X whose distribution is :

X	-2	-1	0	1	2
P	0.2	0.3	0.15	0.25	0.1

Then F(-3) = 0

[B] (i) True. Corr (x, y) = Corr (y, x)

(ii) False. $\dfrac{\Sigma p_1 q_1}{\Sigma p_0 q_0} \times 100$ is Laspeyre's Price Index Number.

Solution: $\dfrac{\Sigma p_1 q_0}{\Sigma p_0 q_0} \times 100$ is Laspeyre's Price Index Number.

(iii) True : The feasible solution of LPP belongs to only quadrant I. The feasible region of graph $x + y \le 1$ and $2x + 2y \ge 6$ exists.

[C] (i) In Binomial distribution if n is very large and probability success of p is very small such that $np = m$ (constant) then **Poisson** distribution is applied.

(ii) Value Index Number by Weighted Aggregate Method is given by : $\dfrac{\Sigma p_1 w}{\Sigma p_0 w} \times 100$

(iii) When an assignment problem has more than one solution, then it is **multiple** optimal solution.

5. **[A]**

(i) 10% commission on sale ₹ 37,200

$$= ₹\,37,200 \times \frac{10}{100}$$

$$= ₹\,3,720$$

2% del credere on ₹ 37,200

$$= ₹\,37,200 \times \frac{2}{100}$$

$$= ₹\,744$$

Agent's total earning = ₹ (3720 + 744)

$$= ₹\,4,464$$

(ii)

Aptitude score $\bar{x}$	Productivity Index $\bar{y}$	$(x - \bar{x})$ $\bar{x} = 65$	$(y - \bar{y})$ $\bar{y} = 65$	$(x - \bar{x})$ x $(y - \bar{y})$	$(x - \bar{x})^2$	$(y - \bar{y})^2$
60	68	-5	3	-15	25	9
62	60	-3	-5	15	9	25
65	62	0	-3	0	0	9
70	80	5	15	75	25	225
72	85	7	20	140	49	400
48	40	-17	-25	425	289	625
53	52	-12	-13	156	144	169
73	62	8	-3	-24	64	9
65	60	0	-5	0	0	25
82	81	17	16	272	289	256
$n = 10$ $\Sigma x = 650$	$\Sigma y = 650$	$\Sigma(x - \bar{x}) = 0$	$\Sigma(y - \bar{y}) = 0$	$1083 - 39$ $\Sigma(x - \bar{x})(y - \bar{y})$ $= 1044$	$\Sigma(x - \bar{x})^2 = 894$	$\Sigma(y - \bar{y})^2$ $= 1752$

$$\bar{x} = \frac{\Sigma x}{n} = \frac{650}{10} = 65 \qquad\qquad \bar{y} = \frac{\Sigma y}{n} = \frac{650}{10} = 65$$

Regression equation of Y on X:

$$y = a + b_{yx}x$$

$$b_{yx} = \frac{\Sigma(x-\bar{x})(y-\bar{y})}{\Sigma(x-\bar{x})^2} = \frac{1044}{894}$$

$$= 1.1678$$

$$a = \bar{y} - b_{yx}.x$$

Putting $\bar{y} = 65, b_{yx} = 1.1678$, we get

$$a = 65 - 1.1678(65) = 65 - 75.907$$

$$= -10.907$$

∴ The regression equation of Y on X is

$$y = -10.907 + 1.1678\,x \qquad ....(1)$$

Regression equation of X on Y:

$$y = a' + b_{xy}.y$$

$$b_{xy} = \frac{\Sigma(x-\bar{x})(y-\bar{y})}{\Sigma(y-\bar{y})^2} = \frac{1044}{1752}$$

$$= 0.5959$$

$$a' = \bar{x} - b_{xy}.\bar{y}$$

Putting $\bar{x} = 65, b_{xy} = 0.5959$, we get

$$a' = 65 - 0.5959 \times 65$$

$$= 65 - 38.73$$

$$= 26.27$$

∴ The regression equation of X on Y is

$$x = 26.27 + 0.5959\,y \qquad ....(2)$$

(a) Estimation of productivity index (Y) when X = 95

Putting $x = 95$ in eq. (1), we get

$$y = -10.907 + 1.1678\,(95)$$

$$y = 100.034$$

(b) Estimation of aptitude score (X) when Y = 75

Putting $y = 75$ in the equation (2), we get

$$x = 26.27 + 0.5959\,(75)$$

$$= 70.9625$$

(iii) Taking year on X-axis and number of deaths on Y-axis, we plot the points for number of deaths corresponding to years. Joining these points we get the graph of time series, we fit the trend line as shown below:

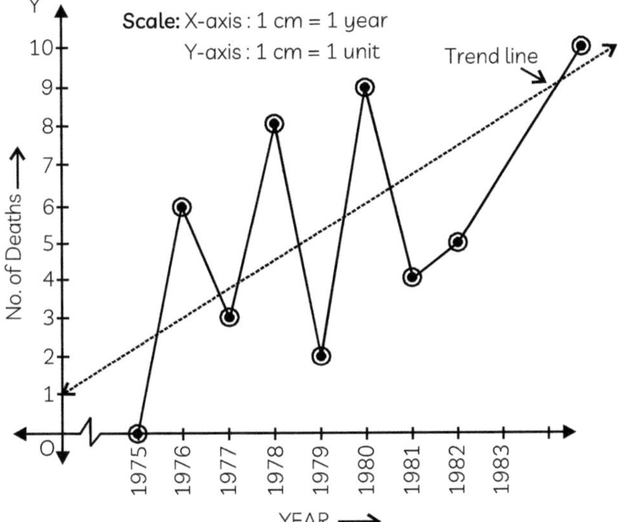

The minimum elapsed time can be computed as follows:

[B] (i) Let q_0 = Quantity of base year and

q_1 = Quantity of current year

Commodity	Quantity	
	q_0	Q_1
A	360	440
B	280	320
C	340	470
D	160	210
E	260	300
Total	$\Sigma q_0 = 1400$	$\Sigma q_1 = 1740$

Quantity Index Number by Simple Aggregate method:

$$Q_{01} = \frac{\Sigma q_1}{\Sigma q_0} \times 100$$

$$= \frac{1740}{1400} \times 100$$

$$= 124.29$$

Hence, quantity index number is 124.29

(ii) Here, Min (Shaping) = 8 mins,

Min (Tapping) = 4 mins,

Max (Drilling) = 8 mins

Since, Min (Shaping) ≥ Max (Drilling) is satisfied, the problem can be converted into 4 job 2 machine problem and two fictitious machines are,

G = Shaping + Drilling and

H = Drilling + Tapping.

Job	Processing time (in minutes)	
	G	H
1	16	21
2	26	12
3	14	19
4	29	14

Thus, the optimal sequence of jobs is obtained as follows:

3	1	4	2

Job Sequence	M_1		M_2		M_3		Idle time for M_3
	Time In	Time Out	Time In	Time Out	Time In	Time Out	
3	0	8	8	14	14	27	14
1	8	21	21	24	27	45	0
4	21	44	44	50	50	58	5
2	44	62	62	70	70	74	12
Total idle time for M_3							**31**

From the above table :

Idle time for machine M_1

$=$ T − (Sum of processing time for all jobs on machine M_1)

$= 74 - 62 = 12$ mins.

Idle time for machine M_2

$=$ T − (Sum of processing time for all jobs on machine M_2)

$= 74 - 23 = 51$ mins.

Idle time for machine M_3

$=$ T − (Sum of processing time for all jobs on machine M_3)

$= 74 - 43 = 31$ mins.

(iii) X = Number of defects on a plywood sheet $m = 1$

$e^{-1} = 0.3678$

$\therefore$ X ~ p $(m = 1)$

Hence, $\qquad p(x) = \dfrac{e^{-m}m^x}{x!}$

$\therefore \qquad p(x) = \dfrac{e^{-1}}{x!} = 0.3678\dfrac{1}{x!}$

(a) P[No defect] i.e., P(X = 0) :

$\therefore \qquad$ P[X = 0] = P(0)

$\qquad = 0.3678\dfrac{1}{0!} = 0.3678 \times 1$

$\therefore \qquad$ P[X = 0] = 0.3678

Hence, the probability that sheet will have no defect is 0.3678.

(b) P[At least one defect] i.e., P(X ≥ 1) :

$\therefore \qquad$ P[X ≥ 1] = 1 − P(0) = 1 − 0.3678

$\qquad = 0.6322$

Hence, the probability that sheet will have at least one defect is 0.6322

6.   **[A]**

(i) Sum due (Face value) = ₹ 7,000, $r = 5.5\%$

Date of drawing the bill = 3rd May

Period of the bill = 3 months

Nominal due date = 3rd August

Legal due date = 6th August

Date of discount = 25th May

Number of days from the date of discounting to the legal due date is as follows :

May	June	July	August	Total
6	30	31	6	73

$\therefore \qquad$ Period $n = \dfrac{73}{365} = \dfrac{1}{5}$ years

$$SD = PW\left(1 + \dfrac{n \times r}{100}\right)$$

$\therefore \qquad 7000 = PW\left(1 + \dfrac{1}{5} \times \dfrac{55}{10} \times \dfrac{1}{100}\right)$

$\therefore \qquad 7000 = PW\left(1 + \dfrac{11}{1000}\right)$

$\therefore \qquad$ PW = 6923.84

The present worth of the bill is ₹ 6923.84

(ii) Given : $\bar{x} = 25$, $\bar{y} = 20$, $\sigma_x = 4$, $r = 0.5$, $\sigma_y = 3$

Estimation of Y when X = 10 :

Regression equation of Y on X is

$$y = a + b_{yx}\, x$$

Now, $\qquad b_{yx} = r.\dfrac{\sigma_y}{\sigma_x} = 0.5 \times \dfrac{3}{4} = \dfrac{3}{8}$

$$a = \bar{y} - b_{yx}.\bar{x} = 20 - \dfrac{3}{8} \times 25 = \dfrac{85}{8}$$

$\therefore \qquad y = \dfrac{85}{8} + \dfrac{3}{8}x$

Putting $\qquad x = 10,$

$$y = \dfrac{85}{8} + \dfrac{3}{8} \times 10 = \dfrac{115}{8}$$

$$= 14.375$$

Estimation of X when Y = 16 :

Regression equation of X on Y is

$$x = a' + b_{xy}.y$$

$$b_{xy} = r.\dfrac{\sigma_x}{\sigma_y} = 0.5 \times \dfrac{4}{3} = \dfrac{2}{3}$$

$$a' = \bar{x} - b_{xy}.\bar{y} = 25 - \dfrac{2}{3}(20) = \dfrac{35}{3}$$

$\therefore \qquad x = \dfrac{35}{3} + \dfrac{2}{3}y$

Putting $\qquad y = 16$

$$x = \dfrac{35}{3} + \dfrac{2}{3} \times 16 = \dfrac{35}{3} + \dfrac{32}{3}$$

$$= \dfrac{67}{3} = 22.33$$

When $x = 10$, $y = 14.375$

When $y = 16$, $x = 22.33$

(iii) This is prohibited assignment problem. Therefore, we assign very high days say infinity ∞ to employees E_2 for case II, E_4 for case III and E_5 for case V.

Employee	Cases				
	I	II	III	IV	V
E_1	5	4	5	7	8
E_2	7	∞	8	6	9
E_3	8	6	7	9	10
E_4	5	7	∞	4	6
E_5	9	5	3	10	∞

Subtracting the lowest element of each row from the element of that row.

Employee	Cases				
	I	II	III	IV	V
E_1	1	0	1	3	4
E_2	1	∞	2	0	3
E_3	2	0	1	3	4
E_4	1	3	∞	0	2
E_5	6	2	0	7	∞

Subtracting the lowest element of each column from the elements of that column.

Employee	Cases				
	I	II	III	IV	V
E_1	0	0	1	3	2
E_2	0	∞	2	0	1
E_3	1	0	1	3	2
E_4	0	3	∞	0	0
E_5	5	2	0	7	∞

The number of lines covering all zeroes is equal to the order of matrix.
Therefore, optimal assignment is made as follows :

Employee	Cases				
	I	II	III	IV	V
E_1	[0]	⊠	1	3	2
E_2	⊠	∞	2	[0]	1
E_3	2	[0]	1	3	2
E_4	⊠	3	∞	⊠	[0]
E_5	5	2	[0]	7	∞

The optimal assignment is shown as follows :
$E_1 \to I, E_2 \to IV, E_3 \to II, E_4 \to V, E_5 \to III$
Total number of minimum days
$$= 5 + 6 + 6 + 6 + 3$$
$$= 26 \text{ days.}$$

(B) (i) Here, $n = 10$, we transform year t to u by taking $u = 2(t - 1963.5)$. We construct the following table for calculation:

Year 't'	Yield (in '000 tonnes) x_t	$u = 2(t - 1963.5)$	u^2	ux_t
1959	0	-9	81	0
1960	1	-7	49	-7
1961	2	-5	25	-10
1962	3	-3	9	-9
1963	1	-1	1	-1
1964	0	1	1	0
1965	4	3	9	12
1966	1	5	25	5
1967	2	7	49	14
1968	10	9	81	9
Total	$\Sigma x_t = 24$	$\Sigma u = 0$	$\Sigma u^2 = 330$	121 −27 $\Sigma ux_t = 94$

The equation of trend line is $x_t = a' + b'u$
The normal equations are,
$$\Sigma x_t = na' + b'\Sigma u \quad \text{...(1)}$$
$$\Sigma ux_t = a'\Sigma u + b'\Sigma u^2 \quad \text{...(2)}$$
Here, $n = 10$, $\Sigma x_t = 24$, $\Sigma u = 0$, $\Sigma u^2 = 330$, $\Sigma ux_t = 94$
Putting these values in the normal equation, we get
$$24 = 10a' + b'(0) \quad \text{...(3)}$$
$$94 = a'(0) + b'(330) \quad \text{...(4)}$$
From equation (3), we get
$$a' = \frac{24}{10} = 2.4$$
From equation (4), we get
$$b' = \frac{94}{330} = 0.2848$$
Putting $a' = 2.4$ and $b' = 0.2848$ in $x_t = a' + b'u$, we get the equation of trend line as
$x_t = 2.4 + 0.2848\, u$, where $u = 2(t - 1963.5)$

(ii) (a) $P[x \text{ is positive}] = P(1) + P(2) + P(3)$
$$= 0.25 + 0.15 + 0.10 = 0.50$$

(b) $P[x \text{ is non-negative}]$
$$= P(0) + P(1) + P(2) + P(3)$$
$$= 0.20 + 0.25 + 0.15 + 0.10$$
$$= 0.70$$

(c) $P[x \text{ is odd}] = P(-3) + P(-1) + P(1) + P(3)$
$$= 0.05 + 0.15 + 0.25 + 0.10 = 0.55$$

(d) $P[x \text{ is even}] = P(-2) + P(0) + P(2)$
$$= 0.10 + 0.20 + 0.15 = 0.45$$

[C] (i) To draw the feasible construct the table follows:

In equality	$x \le 4$	$y \le 6$	$x + y \le 6$
Corresponding equation of line	$x = 4$	$y = 6$	$x + y = 6$
Intersection of line with x-axis	$(4, 0)$	—	$(6, 0)$
Intersection of line with Y-axis	—	$(0, 6)$	$(0, 6)$
Region	Origin side	Origin side	Origin side

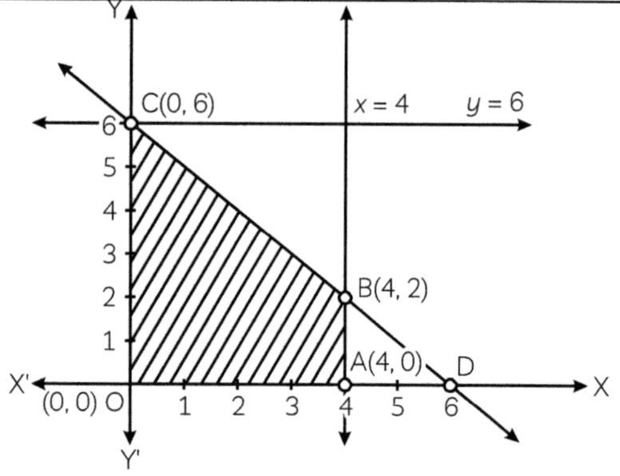

From the graph, the shaded region OABC is the feasible region, whose vertices are O (0, 0), A(4, 0), C(0, 6) B is the point of intersection of the line x = 4 and x + y = 6.

Substituting x = 4 in x + y = 6, we get y = 2

$\therefore$ $\qquad$ B $\equiv$ (4, 2)

Hence the objective function is:

$$Z = 11x + 8y$$
$$Z \text{ at } O(0, 0) = 11(0) + 8(0) = 0$$
$$Z \text{ at } A(4, 0) = 11 \times 4 + 8(0) = 44$$
$$Z \text{ at } B(4, 2) = 11 \times 4 + 8 \times 2 = 44 + 16$$
$$= 60$$
$$Z \text{ at } C(0, 6) = 11 \times 0 + 8 \times 6 = 48$$

$\therefore$ Z has maximum value 60 at B(4, 2

$\therefore$ Z is maximum when $x = 4$, $y = 2$

(ii)

Commodity	p_0	Base price	Current year p_1	q_1	$q_0 q_1$	$\sqrt{q_0 q_1}$	$P_0 \sqrt{q_0 q_1}$	$P_1 \sqrt{q_0 q_1}$
I	10	12	20	9	108	10.39	103.9	207.8
II	20	4	25	8	32	5.66	113.2	141.5
III	30	13	40	27	351	18.73	561.9	740.2
IV	60	29	75	36	1044	32.31	1938.61	2423.25
Total							2717.6	3521.75

From the table

$$\Sigma P_0 \sqrt{q_0 P_1} = 2{,}717.6$$

$$\Sigma P_1 \sqrt{q_0 P_1} = 3521.75$$

Walsh's price index number = P_{01} (w)

$$\frac{\Sigma P_1 \sqrt{q_0 q_1}}{\Sigma P_0 \sqrt{q_0 q_1}} \times 100$$

$$= \frac{3521.75}{2717.6} \times 100$$

$$= 129.59.$$

BOOK-KEEPING & ACCOUNTANCY

SAMPLE PAPER-1
Book Keeping & Accountancy

Ⓐ Questions

Time: 3 Hours   Total Marks: 80

Section A

1. **From the following types of sub questions attempt any four.**

   (A) Select the correct option and rewrite the sentences: **[20 Marks]**

   (i) When there is no Partnership Agreement between Partners, division of Profits take place in .... ratio.
   - (a) Capital Ratio
   - (b) Experience of Partner
   - (c) Profit Sharing Ratio
   - (d) Equal

   (ii) Receipt and Payment account is ....
   - (a) Real Account
   - (b) Capital Account
   - (c) Nominal Account
   - (d) Current Account

   (iii) Decrease in the value of asset should be .... to Profit and Loss Adjustment A/c.
   - (a) Added
   - (b) Deducted
   - (c) Debited
   - (d) Credited

   (iv) Death is compulsory ....
   - (a) Dissolution
   - (b) Admission
   - (c) Retirement
   - (d) Winding Up

   (v) In case of dissolution, all the assets and liabilities are transferred to ....
   - (a) Profit & Loss Account
   - (b) Adjustment Account
   - (c) Appropriation Account
   - (d) Realisation Account

   (B) Answer the following questions in One Sentence Only:

   (i) Partnership deed is silent in respect of sharing of Profits and Losses; in this case what will be the Ratio in which Profits and Loss to be shared?

   (ii) What is outstanding expenses?

   (iii) How Gain Ratio is calculated?

   (iv) Who is considered to be a solvent partner?

   (v) What is Hardware?

   (C) Write a word/phrase/term as a substitute for each of the following statements:

   (i) Legal Agreement in which partners are legally liable for the acts done by them

   (ii) Debit balance of Revaluation Account

   (iii) Reputation of business measured in monetary terms

   (iv) Person who represents deceased partner

   (v) Donation received for Specific Purpose

   (D) Calculate the following questions:

   (i) Current Assets : ₹ 1,00,000, Current Liabilities : ₹ 60,000. Calculate Current Ratio

   (ii) 10% Depreciation on Furniture ₹ 12,000/- 3 Months

   (iii) In case of non-agreement; Loan by Partner is ₹ 1,00,000/- calculate interest on loan to be given ?

   (iv) 1000 shares issued @10% Premium considering face value for ₹ 10/- Calculate Premium

   (v) Profit for 2015, 2016 & 2017 is ₹ 10,000, 15,000 & 25,000. Calculate average profit.

2. **Mandar and Prasad are partners in a firm sharing profit & losses in the ratio of 3 : 2. The following is their balance sheet as on 31ˢᵗ March, 2019.**   **[10 Marks]**

Liabilities	Amount (₹)	Assets		Amount (₹)
Capital A/c :		Building		72,000
Mandar	95,000	Plant & Machinery		60,000
Prasad	1,00,000	Furniture		10,000
Creditors	4,000	Debtors	42,000	
Bills Payable	3,000	Less : RDD	2,000	40,000
		Bank		20,000
	2,02,000			**2,02,000**

On 1ˢᵗ April, 2019 Shubham is admitted for 1/2 share on the following terms:

(i) He paid ₹ 1,00,000 as Capital ₹ 40,000 as his shares of goodwill by RTGS.

(ii) Plant & Machinery revalued at ₹ 48,000.

(iii) Building is taken over by Mandar at ₹ 100,000.

(iv) Reserve for Doubtful Debts (RDD) to be increased upto ₹ 4,000.

(v) The old partners decided to retain half of the amount of goodwill in the business

(vi) The old partners decided to sacrifice equally.

Prepare Partners' Capital Account Only and show your working clearly.

OR

Following is the balance sheet of Arun, Suresh and Samyak who were sharing profits and losses equally.

Liabilities	Amount (₹)	Assets		Amount (₹)
Capital A/c:		Goodwill		12,000
Arun	43,600	Plant & Machinery		10,000
Suresh	35,000	Furniture		20,000
Samyak	32,000	Land & Building		70,000
		Computer		17,500
General Reserve	13,500	Debtors	18,000	
Creditors	20,300	Less : RDD	900	17,100
Bills Payable	10,600	Bank		8,400
	1,55,000			**1,55,000**

On 1st April 2019 Suresh retired from the firm on the following terms:

(i) Land and Building be appreciated by 10% and Computer be reduced by ₹ 1,900.

(ii) Debtors were all good and RDD was no longer required.

(iii) Plants Machinery be revalued at ₹ 9,400.

(iv) Goodwill of the firm be valued at ₹ 16,500.

(v) Furniture were sold at ₹ 21,800 and part payment of ₹ 15,000 was made to Suresh by R.T.G.S. and balance was transferred to his Loan Account.

Prepare: Revaluation A/c , Partners' capital A/c and the Balance Sheet of Arun and Suresh.

3. **Riddhi and Siddhi are partners sharing profits and losses in the ratio of 2 : 1. The following is their balance sheet as on 31st March, 2019.** **[10 Marks]**

Balance Sheet
(as on 31st March, 2019)

Liabilities	Amount (₹)	Assets		Amount (₹)
Capital A/c :		Building		60,000
Riddhi	80,000	Furniture		24,000
Siddhi	60,000	Machinery		20,000
Reserve Fund	16,000	Debtors	17,600	
Siddhi's Loan A/c	4,000	Less : RDD	1,600	16,000
Creditors	30,000	Stock		40,000
		Investment		8,000
		Interest Receivable		2,000
		Bank		20,000
	1,90,000			**1,90,000**

The firm was dissolved on 31st March 2019.

(i) The assets realised were :
Machinery ₹ 22,000, Building ₹ 28,000, Stock ₹ 38,000 and Debtors ₹ 15,000.

(ii) Riddhi took over the Investment at ₹ 10,000 and Furniture at book value.

(iii) Siddhi agreed to accept ₹ 3,000 in full settlement of her Loan Account.

(iv) Dissolution expenses amounted to ₹ 4,000.

(v) Interest receivable could not be recovered.

Prepare Realisation Account, Partners' Capital Account, Siddhi's Loan Account and Bank Account.

OR

On 1st June, 2019 Pratap sold goods to Sujit worth ₹ 1,82,000. Sujit accepted a bill drawn upon him by Pratap for 2 months for ₹ 1,82,000. Give Journal entries in the book of Pratap and Sujit for the following cases :

   (i) Bill is honoured on the due date.

   (ii) Bill is dishonoured on the due date.

   (iii) Bill is dishonoured on the due date and Noting charges ₹ 1,250 paid by Pratap.

4. Alankrit Ltd. offered for public 10,000 equity shares of ₹ 10 each at a premium of ₹ 12/- per share payable as under : **[8 Marks]**

   (i) On Application – ₹ 4

   (ii) On Allotment – ₹ 4 (including premium)

   (iii) On First & Final Call – Balance Amount

Company received all the money. The issue was fully subscribed. Give Journal Entries to record above transaction and also show balance sheet.

OR

Write down difference between Manual Accounting Process and Computerised Accounting Process.

5. Following is the balance sheet of Varad Company Ltd as on 31.03.2019 and 31.03.2020 is given as below :

[8 Marks]

Liabilities	31-3-2019 (₹)	31-3-2020 (₹)	Assets	31-3-2019 (₹)	31-3-2020 (₹)
Share Capital	2,50,000	3,70,000	Fixed Assets	3,50,000	5,70,000
Reserve & Surplus	60,000	1,00,000	Investment	1,20,000	1,70,000
Secured Loans	1,00,000	1,60,000	Current Assets	1,30,000	1,20,000
Unsecured Loans	90,000	1,40,000			
Current Liabilities	1,00,000	90,000			
	6,00,000	**8,60,000**		**6,00,000**	**8,60,000**

You are required to prepare Comparative Balance Sheet of Varad Company Ltd. as on 31.03.2019 & 31.03.2020.

OR

Rakesh, Mahesh & Mukesh were partners in a firm sharing profits and losses in the ratio of 3 : 2 : 1 respectively. Balance Sheet as on 31st March, 2019 as under :

Liabilities	Amount (₹)	Assets		Amount (₹)
Capital A/c :		Plant & Machinery		40,000
Rakesh	30,000	Motor Truck		20,000
Mahesh	20,000	Investment		18,000
Mukesh	10,000	Debtors	16,000	
Bank Loan	20,000	*Less :* RDD	2,000	14,000
Creditors	8,000	Bank		14,000
Bills Payable	18,000			
	1,06,000			**1,06,000**

Mukesh Died on 30th June, 2019 and following adjustments were made:

   (i) Assets were revalued as : Plant & Machinery ₹ 44,000, Motor Truck ₹ 18,000, Investment 17,000.

   (ii) All debtors were good.

   (iii) Goodwill of the firm valued at two times the average profits of the last five years. No Goodwill account to be shown in the books of the firm.

   (iv) Mukesh's share of profit up to his death to be calculated on the basis of average profits of last two years.

   (v) Five years Profits were-I year ₹ 6,000, II year ₹ 11,000, III year ₹ 7,000, IV year ₹ 12,000, V year ₹ 24,000 respectively.

Prepare Revaluation A/c, Partners Capital A/c and Balance Sheet as on 01st July, 2019.

6. Following is the Receipts and Payments Account of Parnil Sports Club, Pune and additional information given below you are required to prepare Income and Expenditure Account for the year ended 31st March 2019 and a Balance Sheet as on that date.

Receipts and Payment Account
for the year ended 31st March, 2019.

[12 Marks]

Receipts		Amount (₹)	Payments	Amount (₹)
To Balance b/d		5,000	By Bank Overdraft (Repaid)	32,000
To Subscriptions:			By Salaries	10,000
2016 - 17	2,000		By Electrical Charges	4,000
2017 - 18	3,000		By Municipal Taxes	2,700
2018 - 19	70,000	75,000	By Purchase of Sports Materials	50,000
To Donations		15,000	By General Expenses	500
To Entrance fees		1,700	By Billiard Expenses	3,000
To Life membership fees(Revenue)		17,000	By Repairs to Ground	500
To Tournaments Receipts		60,000	By Tournaments Exp.	50,000
			By Balance c/d:	
			Cash in Hand	7,000
			Cash at Bank	14,000
		1,73,700		**1,73,700**

Additional Information :

(i) 50% Donations are towards Building Fund.

(ii) 70 % entrance fees should be capitalised.

(iii) Subscription ₹ 500 for the year 2016-17 ₹ 1,000 for 2017-18 are still in arrears.

(iv) Following are the balances appeared in the books as on 1-4-2018 :

Building Fund ₹ 47,000, Bank Overdraft ₹ 32,000, Land ₹ 1,50,000. Sports Materials ₹ 30,000, Outstanding Subscription for 2016 - 17 ₹ 2,500 and 2017 - 18 ₹ 4,000

(v) Outstanding Subscription for current year is ₹ 8,000.

(vi) Closing Stock of Sports Material was 8,000 on which depreciation to be provided at 12.50% p.a.

7. Kranti & Sumangala are Partners sharing Profits and Losses in their Capital ratio. From the Trial Balance given below and Adjustments, you are required to prepare Trading & Profit and Loss Account for the year ended 31st March, 2019 and Balance Sheet as on that date.

Trial balance as on 31st March, 2019

[12 Marks]

Debit Balance	Amount (₹)	Credit Balance	Amount (₹)
Stock (1/4/2018)	32,500	Capital :	
Purchase	40,000	Kranti	1,20,000
Sundry Debtors	1,00,000	Sumangla	40,000
Bills Receivable	8,500	Sales	60,000
Wages	3,000	Sundry Creditors	30,000
Investment	32,000	Bills Payable	15,000
Postage	2,700	Commission	325
Insurance	7,500	Purchases Returns	1,000
Plant & Machinery	15,000		
Salaries	4,850		
Prepaid Rent	2,000		
Bad-Debts	500		
Furniture	12,500		
Cash in Hand	3,775		
Sales Return	1,500		
	2,66,325		**2,66,325**

Adjustments :

(i) Closing Stock is valued at Cost Price ₹ 28,000 and Market Price ₹ 32,000.

(ii) Insurance is paid up to 30th June 2019.

(iii) Outstanding Expenses - Wages ₹ 800, Salaries ₹ 700.

(iv) Book value of Plant & Machinery is reduced to ₹ 13,000.

(v) Depreciate Furniture by 5% p.a.

(vi) Provide further Bad debts of ₹ 800.

(vii) Goods of ₹ 3,000 distributed as a free sample.

Ⓐ Answer Key

Section A

1. (A) (i) (d) Equal

(ii) (a) Real Account

(iii) (c) Debited

(iv) (a) Dissolution

(v) (d) Realisation Account

(B) (i) In case if Partnership Deed is silent about the sharing proportion the Profits and Losses to be shared by Partners in Equal Proportion

(ii) Outstanding expenses are the expenses which are unpaid

(iii) Gain Ratio is difference between New Ratio and Old ratio

(iv) Solvent partner is a partner whose assets are more than his liabilities

(v) Hardware is electronic equipment that includes Computers, Disk Drivers, Monitors, Printers and network that connects with them.

(C) (i) Partnership Deed

(ii) Loss on Revaluation

(iii) Goodwill

(iv) Legal Heir's or Executor

(v) Corpus

(D) (i) Current Ratio $= \dfrac{1,00,000}{60,000} = 1.67$

(ii) ₹ $\dfrac{12,000 \times 3}{12}$ Months = ₹ 3,000 for 3 Months

(iii) Int. on loan to be given @6% = ₹ $\dfrac{1,00,000 \times 6}{100}$ = ₹ 6,000

(iv) ₹ $\dfrac{1,000 \times 10 \times 10}{100}$ = ₹ 1,000

(v) Average Profit = ₹ $\dfrac{10,000 + 15,000 + 25,000}{3}$ = ₹ 16,666.66

2. Dr.   **Partners' Capital A/c**   **Cr.**

Particulars	Mandar (₹)	Prasad (₹)	Shubham (₹)	Particulars	Mandar (₹)	Prasad (₹)	Shubham (₹)
To Building	1,00,000			By Balance b/d	95,000	1,00,000	
To Bank	10,000	10,000		By Bank A/c			1,00,000
To Balance c/d	13.400	1,15,600	1,00,000	By Goodwill A/c	20,000	20,000	
				By Revaluation A/c (Profit)	8,400	5,600	
	1,23,400	**1,25,600**	**1,00,000**		**1,23,400**	**1,25,600**	**1,00,000**

Working Note :

Dr.   Revaluation A/c   Cr.

Particulars		Amount (₹)	Particulars	Amount (₹)
To Bank & Machinery		12,000	By Building	28,000
To RDD		2,000	(Taken by Mandar)	
To Revaluation Profit Transferred				
To Partners Capital A/c:				
Mandar	8,400			
Shubham	5,600	14,000		
		28,000		**28,000**

OR

Dr.   Revaluation A/c   Cr.

Particulars		Amount (₹)	Particulars	Amount (₹)
To Computer A/c		1,900	By Land & Building A/c	7,000
To Machinery A/c		600	By RDD A/c	900
To Partners Capital A/c (profit):			By Furniture A/c	1,800
Arun	2,400			
Suresh	2,400			
Samyak	2,400	7,200		
		9,700		**9,700**

Dr.   Partners' Capital A/c   Cr.

Particulars	Arun (₹)	Suresh (₹)	Samyak (₹)	Particulars	Arun (₹)	Suresh (₹)	Samyak (₹)
To Bank A/c			15,000	By Balance b/d	43,600	35,000	32,000
To Suresh Loan A/c			25,400	By General Reserve	4,500	4,500	4,500
To Balance c/d	52,000	43,400		By Revaluation A/c (Profit)	2,400	2,400	2,400
				By Goodwill A/c	1,500	1,500	1,500
	52,000	**43,400**	**40,400**		**52,000**	**43,400**	**40,400**

Balance Sheet
as on 01st April, 2019

Liabilities	Amount (₹)	Assets	Amount (₹)
Creditors	20,300	Bank	15,200
Bills Payable	10,600	Debtors	18,000
Suresh's Loan A/c	25,400	Computer	15,600
Capital Account :		Land & Building	77,000
Arun	52,000	Plant & Machinery	9,400
Suresh	43,400	Goodwill	16,500
	1,51,700		**1,51,700**

3.

Dr.   Realisation A/c   **Cr.**

Particulars	Amount (₹)		Particulars	Amount (₹)	
To Sundry Assets A/c :			By Sundry Liabilities A/c :		
Building	60,000		Creditors		30,000
Furniture	24,000		By RDD		1,600
Machinery	20,000		By Bank A/c :		
Debtors	17,600		Building	28,000	
Stock	40,000		Debtors	15,000	
Investment	8,000		Stock	38,000	
Interest receivable	2,000	1,71,600	Machinery	22,000	1,03,000
To Bank A/c :			By Riddhi's Capital A/c :		
Creditors	30,000		Investment	10,000	
Realisation Exp.	4,000	34,000	Furniture	24,000	34,000
			By Siddhi's Loan A/c		1,000
			By Partner's Capital A/c : (Loss)		
			Riddhi	24,000	
			Siddhi	12,000	36,000
		2,05,600			**2,05,600**

Dr.   Partner's Capital A/c   **Cr.**

Particulars	Riddhi (₹)	Siddhi (₹)	Particulars	Riddhi (₹)	Siddhi (₹)
To Realisation A./c	34,000		By Balance b/d	80,000	60,000
To Realisation A/c			By Reserve Fund A/c	10,667	5,333
(Loss on Realisation)	24,000	12,000			
To Bank A/c	32,667	53,333			
	90,667	**65,333**		**90,667**	**65,333**

Dr.   Siddhi's Loan A/c   **Cr.**

Particulars	Amount (₹)	Particulars	Amount (₹)
To Bank	3,000	By Balance b/d	4,000
To Realisation A/c	1,000		
	4,000		**4,000**

Dr.   Bank A/c   **Cr.**

Particulars	Amount (₹)	Particulars	Amount (₹)
To Balance b/d	20,000	By Realisation A/c	34,000
To Realisation A/c	1,03,000	By Siddhi's Loan A/c	3,000
		By Riddhi's Captial A/c	32,667
		By Siddhi's Capital A/c	53,333
	1,23,000		**1,23,000**

In the books of Pratap

Journal Entries

Date	Particulars	L. F.	Debit (₹)	Credit (₹)
2019 June 1	Sujit's A/c Dr. To Sales A/c (Being goods sold on credit)		1,82,000	1,82,000
June 1	Bills Receivable A/c Dr. To Sujit's A/c (Being bill drawn and acceptance received)		1,82,000	1,82,000
(a) Aug. 4	Bank A/c Dr. To Bills Receivable A/c (Being Sujit's Acceptance honoured on the due date)		1,82,000	1,82,000
(b) Aug. 4	Sujit's A/c Dr To Bills Receivable A/c (Being Sujit's Acceptance dishonoured on the due date)		1,82,000	1,82,000

(c) Aug. 4	Sujit's A/c Dr.
	     To Bills Receivable A/c
	     To Cash A/c
	 (Being Sujit's Acceptance dishonoured and noting charges paid)
			1,83,250	1.82,000
				 1,250

In the Books of Sujit

Journal Entries

Date	Particulars	L. F.	Debit (₹)	Credit (₹)
2019 June 1	Purchase A/c Dr. To Pratap's A/c (Being goods purchased on credit)		1,82,000	1,82,000
June 1	Pratap's A/c Dr. To Bills Payable A/c (Being our acceptance given)		1,82,000	1,82,000
(a) Aug. 4	Bills Payable A/c Dr. To Bank A/c (Being our acceptance honoured on the due date)		1,82,000	1,82,000
(b) Aug. 4	Bills Payable A/c Dr. To Pratap's A/c (Being our acceptance dishonoured on the due date)		1,82,000	1,82,000
(c) Aug. 4	Bills Payable A/c Dr. Noting Charges A/c To Pratap's A/c (Being our acceptance dishonoured and noting charges paid)		1,82,000 1,250	1,83,250

4.

Journal Entries

In the books of Alankrit Ltd.

Date	Particulars	L. F.	Debit (₹)	Credit (₹)
1	Bank A/c Dr. To Equity Share Application A/c (Being Application money on 10,000 Equity Shares @ ₹ 4 per Share received)		40,000	40,000
2	Equity Share Application A/c Dr. To Equity Share Capital A/c (Being Application money on 10,000 Equity Shares @ ₹ 4 per share Transferred to preference Share Capital)		40,000	40,000

3	Equity Share Allotment A/c Dr.
	   To Equity Share Capital A/c
	   To Share Premium A/c
	 (Being Allotment money on 10,000 equity shares @ ₹ 4 per Share due)
			40,000	20,000
				 20,000

4	Bank A/c Dr. To Equity Share Allotment A/c (Being Allotment money on 10,000 equity shares @ ₹ 4 per Share received)		40,000	40,000
5	Equity Share First & Final Call A/c Dr. To Equity Share Capital A/c (Being Equity Share first & Final Call money on 10,000 equity Shares @ ₹ 4 per Share due)		40,000	40,000
6	Bank A/c Dr. To Equity Share First & Final Call A/c (Being Equity Share First & Final Call money on 10,000 equity Shares @ ₹ 4 per share received)		40,000	40,000

Balance Sheet of Ankita Ltd.

Liabilities	Amount (₹)	Assets	Amount (₹)
Share Capital		Bank	1,20,000
10,000 Equity Shares of 10 each	1,00,000		
Share Premium	20,000		
	1,20,000		**1,20,000**

OR

Basis of Difference	Manual Accounting	Computerised Accounting
1. Meaning	Manual Accounting is the system in which we maintain physical register of journal and ledger for keeping the records of each business transactions.	In this system of computerized accounting, we use computer and different accounting software for digital record of each business transactions.
2. Calculation	In this system, all calculations are done manually. for example, to find the balance of any ledger account. We will make total of the debit and credit side and then we will find its difference for showing balance.	In computerised accounting system, our duty is to record the business transactions manually in the database. All the calculations are done by computer system. We need not calculate each account's balance, it is calculated automatically by computerised accounting system.
3. Ledger Accounts	Ledger accounts are prepared by posting transactions in appropriate ledger manually with the help of journal. There may be mistakes while transferring the amount manually.	In computerised accounting system, once a voucher is entered it will automatically be printed. Thus there is no chance of taking or transferring wrong amount.
4. Trial Balance	In this system of accounting, we have to take the balances of all ledger a/c, in trial balance statement.	Computerised accounting system will produce trial balance automatically.
5. Adjustment Entries Record	Both adjustment journal entries and its posting in the ledger accounts will be done manually one by one.	Only adjustment entries will be passed in the computerised accounting system, posting in the ledger accounts will be done automatically.
6. Financial Statements	We have to make the financial statements manually by carefully transferring trial balance's figures in to trading, profit and loss account and balance sheet.	We need not prepare financial statement manually; financial statements will be generated automatically. It will also automatically change after each voucher entry in the system. This facility is not available in the manual accounting system.

7. Closing the Books	At the end of the year financial statements are prepared for the accounting period. The balances are to be carried forward manually, to next year.	In the computerised accounting software financial reports are auto generated for the accounting period. The balances are automatically carried forward to next year.

5. **Comparative Balance Sheet of Varad Company Ltd. as on 31st March, 2019 & 31st March, 2020**

Particulars	1 31.3.19 (₹)	2 31.3.20 (₹)	3 Absolute Change (₹)	4 Percentage Change (₹)
A. Sources of Funds				
a. Share capital	2,50,000	3,70,000	1,20,000	48% Increase
b. Reserves & Surplus	60,000	1,00,000	40,000	66.67% Increase
Net Worth	3,10,000	4,70,000	1,60,000	51.61% Increase
B. Borrowed Funds				
a. Secured Loan	1,00,000	1,60,000	60,000	60% Increase
b. Unsecured Loan	90,000	1,40,000	50,000	55.55% Increase
Total Borrowed Fund	1,90,000	3,00,000	1,10,000	57.89% Increase
Application of Funds				
a. Fixed Assets	3,50,000	5,70,000	2,20,000	62.86% Increase
b. Investment	1,20,000	1,70,000	50,000	41.67% Increase
c. Working Capital				
1. Current Assets	1,30,000	1,20,000	(10,000)	(7.69%) decrease
Less : 2 Current Liabilities	1,00,000	90,000	(10,000)	(10%) decrease
Working Capital (Current Asset – Current Liabilities)	30,000	30,000	Nil	Nil
Total Fund Applied (a + b + c)	5,00,000	7,70,000	2,70,000	54% Increase

Percentage of Change for Share Capital

$$\frac{\text{Amount of Absolute Change}}{\text{Amount of Previous Year}} \times 100$$

$$\frac{1,20,000}{2,50,000} \times 100 = 48\%$$

OR

Revaluation A/c

Particulars	Amount (₹)		Particulars	Amount (₹)
To Motor Truck		2,000	By Plant & Machinery	4,000
To Investment		1,000	By. R.D.D A/c	2,000
To Partners Capital A/c (Profit)				
Rakesh	1,500			
Mahesh	1,000			
Mukesh	500	3,000		
		6,000		**6,000**

Partners' Capital A/c

Particulars	Rakesh (₹)	Mahesh (₹)	Mukesh (₹)	Particulars	Rakesh (₹)	Mahesh (₹)	Mukesh (₹)
To Mukesh's	2,400	1,600		By Balance b/d	30,000	20,000	10,000
Capital A/c				By Revaluation A/c (Profit)	1,500	1,000	500
To Mukesh's				By Rakesh's Capital A/c			
Executors A/c			15,250	(Goodwill)			2,400

To Balance c/d	29,100	19,400		By Mahesh's Capital A/c (Goodwill)			1,600
				By Profit & Loss Suspense A/c			750
	31,500	**21,000**	**15,250**		**31,500**	**21,000**	**15,250**

Balance Sheet
as on 1st July, 2019

Liabilities	Amount (₹)	Assets	Amount (₹)
Capital Account :		Plant & Machinery	44,000
Rakesh	29,100	Motor Truck	18,000
Mahesh	19,400	Debtors	16,000
Mukesh's Executor's Loan A/c	15,250	Investment	17,000
Creditors	8,000	Bank	14,000
Bank loan	20,000	Profit & Loss Suspense A/c	750
Bills Payable	18,000		
	1,09,750		**1,09,750**

Working Note :

1. Valuation of Goodwill

$$\text{Total Profits} = 6{,}000 + 12{,}000 + 7{,}000 + 11{,}000 + 24{,}000 = ₹\,60{,}000$$

$$\text{Average Profit} = \frac{60{,}000}{5} = ₹\,12{,}000$$

$$\text{Goodwill} = 12{,}000 \times 2 = ₹\,24{,}000$$

$$\text{Mahesh's Share in Goodwill} = 24{,}000 \times \frac{1}{6} = ₹\,4{,}000$$

Goodwill is divided and debited to Rakesh and Mahesh's Capital A/c in the Ratio of 3 : 2

$$\text{Rakesh} = 4{,}000 \times \frac{3}{5} = ₹\,2{,}400$$

$$\text{Mahesh} = 4{,}000 \times \frac{2}{5} = ₹\,1{,}600$$

2. Calculation of Mukesh's Share in profit from 1st April, 2019 to 1st July, 2019

Total profit of current year = average profit of last 2 year profit

$$= \frac{12{,}000 + 24{,}000}{2} = \frac{36{,}000}{2} = ₹\,18{,}000$$

$$\text{Proportional Profit} = 18{,}000 \times \frac{3}{12} = ₹\,4{,}500$$

$$\text{Mukesh's Share in profit} = 4{,}500 \times \frac{1}{6} = ₹\,750$$

6.
Income and Expenditure account
for the year ended 31st March, 2019

Expenditure	Amount (₹)	Income		Amount (₹)
To Salaries	10,000	By Tournament Receipts	60,000	
To Electricity Charges	4,000	*Less :* Tournament exp.	50,000	10,000
To Municipal Taxes	2,700	By Subscriptions	70,000	
To Sports Materials Consumed		*Add :* Outstanding	8,000	78,000

Opening Stock	30,000		By Donations	15,000	
Add : Purchases	50,000		*Less* : 50 % for Building fund	7,500	7,500
	80,000		By Entrance fees	1,700	
Less : Closing Stock	8,000	72,000	*Less* : 70 % Capitalised	1,190	510
To General Expenses		500	By Life Membership Fee		17,000
The Billiard Expenses		3,000			
To Repairs to Ground		500			
To Depreciation on Sports Materials		1,000			
To Surplus		19,310			
(Excess of Income over Expenditure)					
		1,13,010			**1,13,010**

Balance Sheet
as on 31st March, 2019

Liabilities		Amount (₹)	Assets		Amount (₹)
Capital Fund	1,12,500		Cash in Hand		7,000
Add : 70 % Entrance fees	1,190		Cash at Bank		14,000
Add : Surplus	19,310	1,33,000	O/s Subscription		
Building Fund	47,000		2016 - 17	500	
Add : 50 % Donations	7,500	54,500	2017 - 18	1,000	
			2018 - 19	8,000	9,500
			Land		1,50,000
			Sports Materials	8,000	
			Less : 12.5 % Depreciation	1,000	7,000
		1,87,500			**1,87,500**

Working Notes :

1. **Calculation of Capital Fund:**

Balance Sheet
as on 31st March, 2018

Liabilities	Amount (₹)	Assets		Amount (₹)
Building Fund	47,000	Land		1,50,000
Bank Overdraft	32,000	Sports Materials		30,000
Capital Fund (Balance figure)	1,12,500	Outstanding Subscription:		
		2016-17	2,500	
		2017-18	4,000	6,500
		Cash in Hand		5,000
	1,91,500			**1,91,500**

2. **Calculation of Depreciation:**

12.5% Depreciation of ₹ 8,000

$$8,000 \times \frac{12.5}{100} = ₹\, 1,000$$

7.

In the books of Kranti & Sumangala Trading & Profit and Loss A/c
For the year ended 31st March, 2019

Particulars		Amount (₹)	Particulars		Amount (₹)
To Opening Stock		32,500	By Sales	60,000	
To Purchases	40,000		Less : Sales Return	1,500	58,500
Less : Purchases Returns	1,000		By Closing Stock		28,000
	39,000				
Less : Free Sample	3,000	36,000			
To Wages	3,000				
Add : Outstanding wages	800	3,800			
To Gross Profit c/d		14,200			
		86,500			**86,500**
To Postage		2,700	By Gross Profit b/d		14,200
To Insurance	7,500		By Commission		325
Less : Prepaid Insurance	1,875	5,625	By Net Loss		
To Salaries	4,850		(Transferred to Capital A/c's)		
Add : Outstanding Salary	700	5,550	Kranti	4,706	
To Depreciation On :			Sumangala	1,569	6,275
Plant & Machinery	2,000				
Furniture	625	2,625			
To Bad-Debts (Old)	500				
Add : Bad Debts (New)	800				
To Advertisement (Goods Distributed)		3,000			
		20,800			**20,800**

Balance Sheet
as on 31st March, 2019

LIABILITIES		Amount (₹)	Assets		Amount (₹)
Capital : Kranti	1,20,000		Plant & Machinery	15,000	
Less : Net Loss	4,706	1,15,294	Less : Depreciation	2,000	13,000
Capital : Sumangala	40,000		Furniture	12,500	
Less : Net Loss	1,569	38,431	Less : Depreciation 5%	625	11,875
Outstanding Expenses			Sundry Debtors	1,00,000	
Wages	800		Less : Bad Debts	800	99,200
Salaries	700	1,500	Bills Receivable		8,500
Sundry Creditors		30,000	Investment		32,000
Bills Payable		15,000	Cash in Hand		3,775
			Closing Stock		28,000
			Prepaid Insurance		1,875
			Prepaid Rent		2,000
		2,00,225			**2,00,225**

SAMPLE PAPER-2
Book Keeping & Accountancy

 **Questions**

Section A

1. **From the following types of sub questions attempt any four.**

(A) Select the correct option and rewrite the sentence

(i) The Indian Partnership Act came into force since ....
   (a) 1932   (b) 1881   (c) 1956   (d) 1984

(ii) Income and Expenditure Account is a .... Account
   (a) Capital   (b) Real   (c) Personal   (d) Nominal

(iii) Gaining ratio is the ratio in which ....
   (a) The old partner gain on admission of a new partner
   (b) The goodwill of a new partner on admission is credited to old partners
   (c) The continuing partners benefits on retirement or death of a partner
   (d) All partners are benefited.

(iv) A, B and C are sharing profits and losses in the ratio of 1/2, 3/10, and 1/5 respectively. Find the new ratio of the remaining partners if A retires. ....
   (a) 5 : 2   (b) 3 : 2   (c) 5 : 3   (d) 2 : 5

(v) Net-Profit ratio is equal to ....
   (a) Operating Ratio   (b) Operating net-Profit Ratio
   (c) Gross Profit Ratio   (d) Current Ratio

(B) Answer the following questions in One Sentence Only:

(i) The partner who died.

(ii) All such receipts which are non-recurring in nature and not forming a part of regular flow of income.

(iii) Name the method of the treatment of goodwill where new partner brings his share of goodwill in cash.

(iv) It is a damaged software, cracked, nearly fully functional.

(v) Partners' Account where loss or profit on revaluation is transferred.

(C) Find the odd one:

(i) Discount received, Dividend received, Interest received, Depreciation.

(ii) Super profit method, Valuation method, Average profit method, Fluctuating capital method.

(iii) Reliance Industries, Venna Vidya Mandir, Laxmi Hospital, Manoj Sports club.

(iv) Wages, Salary, Royalty, Import Duty.

(v) Discounting charges, Rebate, Bank charges, Noting charges.

(D) Calculate the following questions:

(i) Not for profit concerns do not prepare balance sheet.

(ii) On dissolution cash / bank account is closed automatically.

(iii) Rebate or discount given on retiring a bill is an income to the drawee.

(iv) Directors can re-issue forfeited shares.

(v) A bill of exchange is a conditional order.

2. **Pravin and Kishor are partners sharing profits and losses in the ratio 3 : 2. Their Balance Sheet as on 31st March, 2019 was as under:**

Balance Sheet as on 31st March, 2019

Liabilities	Amount (₹)	Assets	Amount (₹)
Creditors	37,500	Bank	22,500
Bills Payable	30,000	Bills Receivable	11,400

			₹	
Bank Loans	48,000	Debtors	62,400	
General Reserve	7,500	*Less:* RDD	2,400	60,000
Capitals:		Stock		36,000
	₹			
Pravin	45,000	Furniture		14,100
Kishor	36,000	81,000	Machinery	15,000
		Building		45,000
	2,04,000			**2,04,000**

On 1.04.2019 they admitted Asha on the following terms:

1. For 1/2 share in profits in future, Asha will bring ₹ 30,000 for capital and ₹ 15,000 for goodwill.
2. Half of the amount of goodwill is withdrawn by old partners.
3. Stock is to be depreciated by 10% and Machinery by 5%.
4. RDD is to be maintained at ₹ 3,000.
5. Furniture be valued at ₹ 16,050 and Building be appreciated by 20%.

Pass the necessary Journal entries in the books of the firm and prepare working notes.

OR

Given below is the Balance Sheet of Ram, Rani and Prashant who were partners in a firms sharing profits and losses in the ratio 5 : 3 : 2. R.O.

Their Balance Sheet as on 31st March 2019 was as follows:

Balance Sheet as on 31st March, 2019

Liabilities		Amount (₹)	Assets	Amount (₹)
Creditors		11,200	Cash	7,600
Bank Overdraft		9,700	Debtors	18,000
Reserve fund		15,000	Stock	17,500
Capital A/c :			Machinery	30,000
	₹			
Ram	42,000		Land	70,000
Rani	37,000		Furniture	5,000
Prashant	33,200	1,12,200		
		1,48,100		**1,48,100**

On 1st April, 2018 Prashant retired on the following terms:

1. Goodwill of the firm will be raised in the books at ₹ 20,000
2. Stock to be reduced by 10 %, Furniture by 5% and Machinery by 11%.
3. RDD be maintained at 5% on debtors.
4. ₹ 200 to be written off from Creditors.
5. Out of the amount due to Prashant ₹ 5,000 to be paid by cash and remaining amount to be transferred to his loan account.

Prepare Revaluation Account, Partners' Capital Account, and Balance sheet of the new firm.

3. **A firm consisting of partners Mukund, Sachin and Yuvraj decided to dissolve the partnership. They decided to take over certain assets and liabilities and continue the business separately. The Balance Sheet was as under.**

Balance Sheet as on 31st March, 2020

Liabilities		Amount (₹)	Assets		Amount (₹)
Capital A/c :	55,000		Furniture		2,000
Mukund	20,000		Sundry Assets		34,000
Sachin			Debtors	48,400	
Yuvraj	14,000	89,000	*Less:* R.D.D.	2,400	46,000

Creditors	12,000	Stock	15,600
Loan	3,000	Cash	6,400
	1,04,000		**1,04,000**

It was agreed as under :

1. Mukund is to take Furniture at ₹ 1,600 and the Debtors amounting to ₹ 40,000 at ₹ 34,400 only. He accepted the Creditors of ₹ 12,000 at that figure.
2. Sachin is to take over all Stock at ₹ 14,000 and Sundry Assets worth ₹ 16,000 at ₹ 14,400 only.
3. Yuvraj is to takeover the remaining Sundry Assets at ₹ 16,000 and assume the responsibility for the discharge of the loan together will accrued interest on loan of ₹ 60, which has not been recorded in accounts.
4. The dissolution expenses were ₹ 540.
5. The remaining debtors realized ₹ 4,200 only.
6. The necessary adjustments were made by partners to settle their accounts.

Prepare realisation account, partners capital Account, and Cash Account, after giving effect to the above adjustments.

OR

Akshay drew a bill on Deepak for ₹ 25,000 on 23rd December, 2019, for 3 months. Deepak accepted the same and returned it to Akshay. On the due date the bill was duly honoured by deepak.

Give journal entries in the books of Akshay and Deepak under each of the following cases:

(A) If Akshay retained the bill till maturity.

(B) If Akshay discounted the bill with the bank at 6% p.a. on the same day.

(C) If Akshay sent the bill to bank for collection on 23rd December, 2019.

(D) If Akshay endorsed the bill to his creditor Viren.

4. **The Subscribed Capital of Parag Limited is 30,000 equity shares of ₹ 100 each and 50,000 preference shares of ₹ 100 each. On both of these shares ₹ 80 per share were called-up.**

   The Directors forfeited 500 equity shares held by Ashish who failed to pay First and Second Call each of ₹ 20 per share. They also forfeited 500 preference shares of Ashok who failed to pay ₹ 20 per share on Allotment, ₹ 20 per share on First call and ₹ 20 per share on Second call.

   The Director re-issued these forfeited shares of Ashish at ₹ 60 per share, ₹ 80 paid up and those of Ashok at ₹ 72 per share ₹ 80 paid up. All re-issued shares were taken up by Anagha.

   Pass Journal entries to record the forfeiture and re-issue of shares in the books of Parag Ltd.

OR

Explain the features of Computerized Accounting System.

5. **Roohi, Mona, Meena were partners in a business sharing profits and losses in the ratio of 2 : 1 : 1 respectively. Their balance sheet as on 31st March, 2019.**

Balance sheet as on 31st March, 2019

Liability	Amount (₹)		Assets	Amount (₹)
Capital Accounts :		₹	Plant & machinery	60,000
Roohi	60,000		Debtors	50,000
Mona	70,000		Furniture stock	30,000
Meena	34,000	1,64,000	Bank	60,000
Creditors		18,000		
Bills Payable		2,000		
General Reserve		16,000		
		2,00,000		**2,00,000**

Meena died on 1st July, 2019

1. Plant & machinery was to be revalued at ₹ 70,000 and RDD is to be created of ₹ 2,000
2. The drawings of Meena up to the date of her death amounted to ₹ 10,000
3. Charge interest on drawings ₹ 1,000

4. Her share of goodwill should be calculated at three year purchase of the profits for the last four years which were: I year ₹ 1,50,000, II year ₹ 1,30,000, III year ₹ 70,000, IV ₹ 50,000

5. The deceased partners share of profit upto the date of is to be calculated on the basis of average profit of last two years. (III & IV year)

   Prepare : Profit and Loss Adjustment account, partners capital accounts and balance sheet of the continuing firm, give working note on share of profit and goodwill.

OR

From the following balance sheets of Mr. Shubham as on 1st April, 2019 & 31st March 2020. Prepare the cash flow statement.

Liabilities	1st April 2019 (₹)	31st March 2020 (₹)	Assets	1st April 2019 (₹)	31st March 2020 (₹)
Capital	1,48,000	1,49,000	Stock	25,000	22,000
Sundry creditors	36,000	41,000	Debtors	35,000	38,400
Long term loan	30,000	45,000	Cash	4,000	3,600
			Buildings	50,000	55,000
			Machinery	80,000	86,000
			Land	20,000	30,000
	2,14,000	**2,35,000**		**2,14,000**	**2,35,000**

6. **Symbiosis school, pune showed the following position on 31st March, 2018.**
Balance Sheet
AS on 31st March 2018

Liabilities	Amount (₹)	Assets	Amount (₹)
Capital fund	6,80,000	Cash in Hand	5,000
Entrance Fees	20,000	Cash at Bank	8,000
		Laboratory	15,000
		Building	6,00,000
		Furniture	40,000
		Books	22,000
		Tuition Fees	10,000
		Receivable	
	7,00,000		**7,00,000**

Receipts and Payments Account
for the year ended 31st March 2019

Dr.   Cr.

Receipts		Amount (₹)	Payments	Amount (₹)
To Balance b/d	₹		By Salaries to Teachers	1,80,000
Cash	5,000		By Salaries to office staff	30,000
Bank	8,000	13,000	By Books	
To Tuition Fees	₹		(Purchased on 1-1-2019)	15,000
2017 - 18	8,000		By Printing & Stationery	5,000
2018 - 19	1,00,000	1,08,000	By Annual Gathering Exp.	10,000
To Fine collected		2,000	By Office Rent	16,000

Particulars	₹	Particulars	₹	₹
To Admission Fees	10,000	By Repairs		15,000
To Term Fees	7,000	By Sports Exp.		5,000
To Donations for Library	1,000	By Furniture		50,000
		(Purchased on 1-7-2018)		
To interest on Bank	5,000	By Balance c/d		
Deposits		Cash	8,000	
To Govt. Grants		Bank	12,000	20,000
(Revenue)	2,00,000			
	3,46,000			**3,46,000**

Additional Information :

(1) Tuition fees are outstanding for current year ₹ 5,000

(2) Salary to teachers is outstanding ₹ 15,000

(3) Rent paid in advance is ₹ 3,000

(4) Depreciation on Books @ 15 % p. a. and 10 % on Furniture.

You are required to prepare Income & Expenditure Account for the year ended 31st March, 2019 and a balance sheet as on that date.

7. **Sun and Moon are partners sharing profits and losses equally. From the following trial balance and additional information prepare trading and Profit and Loss Account for the year ended 31st march 2020 and balance sheet as on that date.**

Trial balance as on 31st March, 2020

Debit Balance	Amount (₹)	Credit Balance	Amount (₹)
Stock (1/4/2019)	65,000	General Reserve	14,500
Bills Receivable	28,000	Capital:	
Wages and Salaries	9,000	Sun	1,60,000
Sundry Debtors	1,32,500	Moon	1,20,000
Bad debts	1,000	Creditors	98,000
Purchases	1,48,000	RDD	1,800
Motor Car	68,000	Sales	2,85,500
Machinery	1,14,800	Outstanding Wages	700
Audit Fees	1,200	Purchases Returns	4,000
Sales Return	2,000	Discount	1,800
Discount	2,300		
Building	75,000		
Cash at Bank	12,000		
10% Investment	20,000		
Advertisement (Paid of 9 months)	4,500		
Royalties	3,000		
	6,86,300		**6,86,300**

Adjustment and additional Information:

(1) Closing stock ₹ 40,000.

(2) Depreciate Building and Machinery @ 5% and 3% respectively.

(3) Bills receivable included dishonoured bill of ₹ 3,000.

(4) Goods worth ₹ 1,000 taken by Sun for personal use was not entered in the books of accounts.

(5) Write off ₹ 1,800 as Bad Debts and maintain RDD @ 5% on Sundry Debtors.

(6) Goods of ₹ 6,000 were sold but no entry was made in the books of accounts.

🅐 Answer Key

Section A

1. **Answer the following question:**

   (A) Select the correct option and rewrite the sentence:
   - (i) (a) 1932.
   - (ii) (d) Nominal Account.
   - (iii) (c) The continuing partner's benefit on retirement or death of a partner.
   - (iv) (b) 3 : 2.
   - (v) (a) Operating Ratio.

   (B) Give one word/term/phrase for each of the following statement
   - (i) Deceased Partner
   - (ii) Capital Receipts
   - (iii) Premium Method
   - (iv) Pirated Software
   - (v) Capital/ Current Account

   (C) Find the odd one
   - (i) Depreciation
   - (ii) Fluctuating Capital method.
   - (iii) Reliance Industries
   - (iv) Salary
   - (v) Noting charges

   (D) Do you Agree or Disagree
   - (i) Disagree
   - (ii) Agree
   - (iii) Agree
   - (iv) Agree
   - (v) Disagree

2.

Journal Entries

In the books of the firm

Date	Particulars		L. F.	Debit (₹)	Credit (₹)
1.4.2019	General Reserve A/c	Dr.		7,500	
	To Pravin's capital A/c				4,500
	To Kishor's capital A/c				3,000
	(Being general reserve distributed among old partners)				
	Revaluation A/c.	Dr.		4,950	
	To Stock A/c				3,600
	To Machinery A/c				750
	To RDD A/c				600
	(Being decrease in the value of assets and RDD increased)				
	Furniture A/c	Dr.		1,950	
	Building A/c	Dr.		9,000	
	To Revaluation A/c				10,950
	(Being appreciation in the value of assets)				
	Revaluation A/c	Dr.		6,000	
	To Pravin's capital A/c				3,600
	To Kishor's capital A/c				2,400
	(Being profit on revaluation transferred to partner's capital account)				

Particulars			Amount	Amount
Bank A/c	Dr.		30,000	
To Asha's capital A/c				30,000
(Being cash brought in by Asha as capital)				
Bank A/c	Dr.		45,000	
To Asha's capital A/c				30,000
To Premium for Goodwill capital A/c				15,000
(Being the amount of capital and goodwill brought in by Asha)				
Bank A/c	Dr.		15,000	
To Goodwill's A/c				15,000
(Being cash brought in by Asha as goodwill)				
Goodwill A/c	Dr.		15,000	
To Pravin's capital A/c				9,000
To Kishor's capital A/c				6,000
(Being goodwill credited in old partners capital account in their sacrificing ratio)				
Pravin's capital A/c	Dr.		4,500	
Kishor's capital A/c	Dr.		3,000	
To Bank A/c				7,500
(Being half the amount of goodwill withdrawn by old partners)				

Working Notes:

Revaluation A/c

Particulars	Amount (₹)	Particulars	Amount (₹)
To Stock Ac	3,600	By Furniture A/c	1,950
To Machinery A/c	750	By Building A/c	9,000
To RDD A/c	600		
To Profit transferred to partners capital A/c			
	₹		
Pravin	3,600		
Kishor	2,400	6,000	
	10,950		**10,950**

Dr.   **Goodwill A/c**   Cr.

Particulars	Amount (₹)	Particulars	Amount (₹)
To Pravin's capital A/c	9,000	By Bank A/c	15,000
To Kishor's capital A/c	6,000		
	15,000		**15,000**

Dr.   **Revaluation A/c**   Cr.

Particulars	Amount (₹)	Particulars	Amount (₹)
To Stock A/c	1,750	By Creditors A/c	200
To Furniture A/c	250	By Loss transferred to partners capital A/c	
			₹
To RDD A/c	900	Ram	3,000
To Machinery A/c	3,300	Rani	1,800
		Prashant	1,200 6,000
	6,200		**6,200**

Dr.   Partners' Capital A/c   **Cr.**

Particular	Ram (₹)	Rani (₹)	Prashant (₹)	Particular	Ram (₹)	Rani (₹)	Prashant (₹)
To Revaluation A/c (Loss)	3,000	1,800	1,200	By Balance b/d	42,000	37,000	33,200
To Cash A/c			5,000	By Reserve Fund A/c	7,500	4,500	3,000
To Prashant's Loan A/c			34,000	By Goodwill A/c	10,000	6,000	4,000
To Balance c/d	56,700	45,000					
	59,500	**47,500**	**40,200**		**59,500**	**47,500**	**40,200**

Balance Sheet A/c on 1st April, 2019

Liabilities		Amount (₹)	Assets		Amount (₹)
	₹		Cash		2,600
Creditors	11,200			₹	
Less: Written off	200	11,000	Debtors	18,000	
Bank Overdraft		9,700	Less: R.D.D. 5%	900	17,100
Partners Capital A/c:			Stock	17,500	
Ram		56,500	Less: Depreciation	1750	15,750
Rani		45,700	Machinery	30,000	
Prashant's Loan A/c		34,000	Less: Depreciation	3,300	26,700
			Land		70,000
			Furniture	5,000	
			Less: Depreciation	250	4,750
			Goodwill		20,000
		1,56,900			**1,56,900**

3. Dr.   Realisation Account A/c   **Cr.**

Particulars		Amount (₹)	Particulars		Amount (₹)
To Sundry Assets A/c:			By Sundry Liabilities A/c		
	₹			₹	
Sundry Assets	34,000		Creditors	12,000	
Furniture	2,000		Loans	3,000	15,000
Debtors	48,400				
Stock	15,600	1,00,000	By RDD		2,400
To Mukund's Capital A/c			By Mukund's Capital A/c		
(Creditors)		12,000	Furniture	1,600	
			Debtors	34,400	36,000
To Yuvraj's Capital A/c			By Sachin's Capital A/c		
Loan	30,000		Stock	14,000	
Interest on Loan	60	30,060	Sundry Assets	14,400	28,400
			By Yuvraj's Capital A/c		
			(Sundry Assets)		16,000
To Cash A/c			By Cash A/c		4,200
(Dissolution Expenses)			(Debtors)		

			By Partners' Capital A/c		
			(Loan on Realisation Transferred.)		
			Mukund	4,533	
			Sachin	4,533	
			Yuvraj	4,534	13,600
		1,15,600			**1,15,600**

Dr.   **Partners' Capital A/c**   **Cr.**

Particular	Mukund (₹)	Sachin (₹)	Yuvraj (₹)	Particular	Mukund (₹)	Sachin (₹)	Yuvraj (₹)
To Revaluation A/c	36,000	28,400	16,000	By Balance b/d	55,000	20,000	14,000
To Revaluation A/c	4,533	4,533	4,534	By Realisation A/c	12,000		3,000
(Loss)				By Cash A/c		12,933	3,474
To Cash A/c	26,467						
	67,000	**32,933**	**20,534**		**67,000**	**32,933**	**20,534**

Working Notes :

Dr.   **CASH A/c**   **Cr.**

Particulars	Amount (₹)	Particulars	Amount (₹)
To Balance b/d	6,400	By Realisation A/c	540
To Realisation A/c	4,200	By Mukund's Capital A/c	26,467
To Sachin's Capital A/c	12,933		
To Yuvraj's Capital A/c	3,474		
	27,700		**27,007**

OR

Journal Entries

In the books of Akshay

Date	Particulars	L.F.	Debit (₹)	Credit (₹)
2019 Dec. 23	Bills Receivable A/c Dr.		25,000	
	To Deepak's A/c			25,000
	(Being bill drawn on Deepak for 3 months and Acceptance received)			
(A) 2020 Mar. 26	Cash / Bank A/c Dr.		25,000	
	To Bills Receivable A/c			25,000
	(Being Deepak's Acceptance honoured on the due Date)			
(B) 2019 Dec. 23	Bank A/c Dr.		24,625	
	Discount A/c Dr.		375	
	To Bills Receivable A/c			25,000
	(Being Deepak's Acceptance Discounted with the Bank at 6% p.a. for 3 months)			
(C) 2019 Dec. 23	Bill Sent for Collection A/c Dr.		25,000	
	To Bills Receivable A/c			25,000
	(Being Deepak's acceptance sent to the bank for collection)			
2019 Mar. 26	Bank A/c Dr.		25,000	
	To Bill sent for Collection A/c			25,000
	(Being bill honoured on the due Date)			

(D) 2019 Dec. 23	Viren's A/c Dr.		25,000	
	To Bill Receivable A/c			25,000
	(Being Deepak's Acceptance endorsed to Viren)			

Journal Entries

In the books of Deepak journal

Date	Particulars	L. F.	Debit (₹)	Credit (₹)
2019 Dec. 23	Akshay's A/c Dr.		25,000	
	To Bill Payable A/c			25,000
	(Being Bill Accepted)			
2020 Mar. 26	Bill Payable A/c Dr.		25,000	
	To Cash / Bank A/c			25,000
	(Being our Acceptance honoured on the due Date)			

Note : in case of B, C and D entries in the books of drawee will be same as above.

4.

Journal Entries

In the Books of Parag Ltd.

Date	Particulars	L.F.	Debit (₹)	Credit (₹)
1.	Equity Share Capital A/c Dr.		40,000	
	To Equity Share First Call A/c			10,000
	To Equity Share Second Call A/c			10,000
	To Equity Share Forfeiture A/c			20,000
	(Being forfeiture of 500 equity share for failure to pay first and second call)			
2.	Preference Share Capital A/c Dr.		40,000	
	To Preference Share Allotment A/c			10,000
	To Preference Share First Call A/c			10,000
	To Preference Share Second Call A/c			10,000
	To Preference Share Forfeiture A/c			10,000
	(Being forfeiture of 500 preference shares due to non-payment of allotment money first call and second call money)			
3.	Bank A/c Dr.		30,000	
	Equity Share Forfeiture A/c Dr.		10,000	
	To Equity Share Capital A/c			40,000
	(Being re-issue of 500 forfeited shares ₹ 60 per share due)			
4.	Bank A/c Dr.		36,000	
	Preference Share Forfeiture A/c Dr.		4,000	
	To Preference Share Capital A/c			40,000
	(Being re-issued 500 forfeited preference shares ₹ 72 Per share)			
5.	Equity Share Forfeiture A/c Dr.		10,000	
	Preference Share Forfeiture A/c Dr.		6,000	
	To Capital Reserve A/c			16,000
	(Being balance of share forfeiture account transferred to capital reserve)			

Features of Computerised Accounting System are:

1. **Integrated Date & Information :** Computerised Accounting System is designed to make it user friendly automated and integrated for all business process such as purchase, sales, finance, inventory, payroll and manufacturing.

With computerised accounting system we can keep accurate, up-to-date business information within time limit. Computerised accounting is mixed with Management Information System (MIS) with Multilingual and Data organisation capabilities to support the company. All the business operations are easy and cost effective.

2. **Accuracy & Speed:** Computerised accounting has various customised templates and software for users which allows fast and accurate data entry and transaction operations. Thus, after recording the business transactions it generates the various information and reports automatically.

3. **Quick Decision Making:** The Computerised Accounting System generates real-time information for quick decision. The company or firm can plan, its activities with the help of comprehensives MIS reports and instant access to complete and critical information of the Company.

4. **Modern and Integrated:** It helps to save time in recording business transactions as compared to manual accounting system. Various financial statements such as Trial Balance, Profit & Loss A/c, Balance Sheet can be derived at any point of time within fraction of seconds.

5. **Immediate availability of Books of Accounts:** In Computerised Accounting System Books and Registers like Cash Book, Bank Book, Purchase Register, Sales Register and Statement of Account like Receivables and Payables are readily available at any point of time.

6. **Security:** The Computerised Accounting System is more secured. Data and information can be kept confidential as compared to the traditional accounting system. In this security system user can create multiple user security control for the various users.

7. **Transparency:** Computerised Accounting system helps the business organisation to keep greater transparency in the day-to-day business operations.

8. **Grouping of Accounts:** Appropriate grouping of accounts is required to be done in computerised accounting system. Normally ledger accounts are classified under groups like Assets, Liabilities, Income and Expenditure. As per requirement these groups are further divided into sub groups as per convenience of the user.

5.

Revaluation A/c

Dr.   Cr.

Particulars	Amount (₹)	Particulars	Amount (₹)
To R.DD A/c	2,000	By Plant & Machinery A/c	10,000
To Profit (Transfer to Partners Capital A/c)			
₹			
Roohi 4,000			
Mona 2,000			
Meena 2,000	8,000		
	10,000		**10,000**

Partner's Capital Account

Dr.   Cr.

Particulars	Roohi (₹)	Mona (₹)	Meena (₹)	Particulars	Roohi (₹)	Mona (₹)	Meena (₹)
To Drawing			10,000	By Balance b/d	60,000	70,000	34,000
To Interest on			1,000	By General Reserve	8,000	4,000	4,000
Drawing			20,000				
To Meena's Executors			1,07,750	By Revaluation A/c (Profit)	4,000	2,000	2,000
Loan A/c				By Goodwill A/c			75,000
To Balance c/d	72,000	76,000		By Profit & Loss			3,750
				Suspense A/c			
	72,000	**76,000**	**1,18,750**		**72,000**	**76,000**	**1,18,750**

Balance Sheet as on 1st July, 2019

Particulars	Amount (₹)	Assets		Amount (₹)
Creditors	18,000	Plant & Machinery	60,000	
Bills Payble	2,000	*Add* : Appreciation	10,000	70,000
Capital A/c:		Debtors	50,000	
Roohi	72,000	*Less* : R.D.D.	2,000	48,000
Mona	76,000	Furniture		30,000
Meena's Representation's	1,07,750	Bank		50,000
Loan A/c		Profit and Loss Suspense A/c (3,750 – 1,000 Int.)		2,750
		Goodwill		75,000
	2,75,750			**2,75,750**

Working Notes:

1. Calculation of Share of Profit

Profit of Current Year = Average of the profit of last 2 years

$$= \frac{70,000 + 50,000}{2} = \frac{1,20,000}{2} = ₹\,60,000$$

Profit for proportionate period from 1st April, 2019

to 1st July, 2019 $$= 60,000 \times \frac{3}{12} = ₹\,15,000$$

Meena's share in proportionate profit $= 15,000 \times \dfrac{1}{4} = ₹\,3,750$

2. Valuation of Goodwill :

Total profit of 4 year = 1,50,000 + 1,30,000 + 70,000 + 50,000

$$\text{Average Profit} \; = \frac{4,00,000}{4} = ₹\,1,00,000$$

Goodwill = Average Profit × No. of Year Purchases = 1,00,000 × 3

Meena's share in goodwill $= 3,00,000 \times \dfrac{1}{4} = ₹\,75,000$

OR

Cash Flow Statement

For the Year ended 1ˢᵗ April, 2019 and 31ˢᵗ March, 2020

Particulars	Amount (₹)	Amount (₹)
(A) Cash Flow from Operation Activities :		
Profit for the Year (1,49,000 – 1,48,000)	1,000	
Add : Decrease in Current Assets : Stock	3,000	
Add : Increase in Current Liabilities : Sundry Creditors	5,000	
	9,000	
Less : Increase the Current Assets : Debtors	(3,400)	
Net Cash from Operation Activities		**5,600**
(B) Cash Flow from Investing Activities		
Purchase of Land	10,000	
Purchase of Machinery	6,000	
Purchase of Building	5,000	
Net Cash used in Investing Activities		**21,000**

(C) **Cash Flow from Financial Activities**		
Borrowing of Long Term Loan	15,000	
Net Cash from Financial Activities		15,000
Net Decrease in Cash and Cash Equivalents (A + C – B)		**(400)**
Cash Equivalent at the beginning of Period		4,000
Cash Equivalent at the end of Period		3,600

6.

In the Books of Symbiosis School, Pune
Income and Expenditure Account
(for the year ended 31ˢᵗ March, 2019)

Dr.   **Cr.**

Expenditure		Amount (₹)	Income		Amount (₹)
	₹			₹	
To Salaries to Teachers	1,80,000		By Tuition fees	1,00,000	
Add: o/s Salaries	15,000	1,95,000	*Add :* Outstanding tuition fees	5,000	1,05,000
To Salaries to Office Staff		30,000	By Fine Collected		2,000
To Printing and Stationery		5,000	By Admission fees		10,000
To Annual Gathering		10,000	By Term fees		7,000
Expenses			By Interest on Bank Deposits		5,000
To Office Rent	16,000		By Govt. Grants		2,00,000
Less : Prepaid Rent	3,000	13,000			
To Repairs		15,000			
To Sports Expenses		5,000			
To Depreciation on Furniture	7,750				
Books	3,863	11,613			
To Surplus		44,387			
(Excess of Income over Expenditure)					
		3,29,000			**3,29,000**

Balance Sheet as on 31st March, 2019

Liabilities		Amount (₹)	Assets		Amount (₹)
	₹		Cash in Hand		8,000
Capital Fund	6,80,000				
Add : Surplus	44,387	7,24,387	Cash in Bank		12,000
Entrance fees		20,000	Tution fees Receivable		
Donations for Library		1,000	2017-18	₹	
Outstanding Salary		15,000	*Less :* Depreciation 3%	2,000	
of Teachers			2018-19	5,000	7,000
			Prepaid Rent		3,000
			Laboratory		15,000
			Building		6,00,000
			Furniture	40,000	
			Add : Furniture Purchased	50,000	
				90,000	
			Less : 10% Depreciation	7,750	82,250

		Books	22,000	
		Add : Purchases	15,000	
			37,000	
		Less : 15% Depreciation	3,863	33,137
	7,60,387			**7,60,387**

Working Notes:

1. Calculation of Depreciation on Furniture   ₹
   (a) 10% Depreciation on ₹ 40,000   4,000
   (b) 10% Depreciation on ₹ 50,000 for 9 months

$$50,000 \times \frac{10}{100} \times \frac{9}{12}$$

                                       3,750

    Total Depreciation   3,863

2. Calculation of Depreciation books   ₹
   (a) 15% Depreciation on ₹ 22,000   3,300
   (b) 15% Depreciation ₹ 15,000 for 3 months

$$15,000 \times \frac{15}{100} \times \frac{3}{12} \qquad 563$$

    Total Depreciation   3,863

7.

In the Books of Sun and Moon

Trading and Profit and Loss Account for the year ended 31st March, 2020

Particulars	Amount (₹)		Particulars	Amount (₹)	
To Opening Stock		65,000	By Sales	2,85,500	
To purchases	1,48,000		*Add* : Unrecorded Sales	6,000	
Less : Purchases Return	4,000			2,91,500	
Less : Goods taken for personal use	1,000	1,43,000			
To Royalties		3,000	*Less* : Sales Return	2,000	2,89,500
To Wages and Salaries		9,000			
To Gross Profit c/d		1,09,500	By Closing Stock		40,000
		3,29,500			**3,29,500**
To Advertisement	4,500				
Add : o/s for 3 months	1,500	6,000	By Gross Profit b/d		1,09,500
To Audit fees		1,200	By Interest Accrued on Investment		2,000
To Depreciation on :					
Building	3,750		By Discount		1,800
Machinery	3,444	7,194			
To Bad debts (old)	1,000				
Add : New Bad Debts	1,800				
Add : New RDD	6,985				
	9,785				
Less : RDD (old)	1,800	7,985			
To Discount		2,300			
To Net Profit					
(Transferred to Capital A/c's)					

Sun	44,311				
Moon	44,310	88,621			
		1,13,300			**1,13,300**

Balance Sheet as on 31st March, 2020

Liabilities		Amount (₹)	Assets		Amount (₹)
Capital : Sun	1,60,000		Building	75,000	
Add : Net Profit	44,311		*Less* : Depreciation 5%	3,750	71,250
Less : (Goods taken over by sun	1,000	2,03,311	Machinery	1,14,800	
of Personal use)			*Less* : Depreciation 3%	3,444	1,11,356
Capital Moon	1,20,000		Bills Receivable	28,000	
Add : Net Profit	44,310	1,64,310	*Less* : Bills Receivable	3,000	25,000
General Reserve		14,500	Dishonoured		
O/s Advertisement Exp.		1,500	Motor Car		68,000
(3 months)			Cash at Bank		12,000
Creditors		98,000	Closing Stock		40,000
Outstanding Wages		700	Sundry Debtors	1,32,500	
			Add : Bills Receivable	3,000	
			Dishonoured		
				1,35,500	
			Add : Unrecorded Sales	6,000	
				1,41,500	
			Less : Bad debts (New)	1,800	
				1,39,700	
			Less : RDD 5% (new)	6,985	1,32,715
			10% Investment	20,000	
			Add : Interest Accrued	2,000	22,000
		4,82,321			**4,82,321**

Working Notes:

1. Adjustment No. 3,5, and 6 are correlated with sundry debtors. So, while calculating RDD 5% on Sundry Debtors, Amount of dishonour of Bills ₹ 3,000 and goods sold but not recorded ₹ 6,000 will be added into the sundry Debtors, then new Bad Debts will be deducted and then less RDD (New) 5% 6,985 after 5% RDD should be calculated.

1st effected Sundry Debtors	1,32,500	
Add : Bills dishonoured	3,000	
Add : Unrecorded Sales	6,000	
	1,41,500	
Less : Bad debts (New)	1,800	
	1,39,700	
Less : RDD (New) 5%	6,985	
	₹ 1,32,715	(Shown on Assets side of Balance Sheet)
	₹	
2nd effect to Bad debts (Old)	1,000	
Add : Bad debts (New)	1,800	
Add New RDD	6,985	
	9,785	
Less : RDD (Old)	1,800	
	₹ 7,985	(Shown on Debit side of Profit and Loss A/c)

●●

SAMPLE PAPER-3
Book Keeping & Accountancy

Ⓐ Questions

Section A

1. **(A) Find the odd one:**
    - **(i)** Decrease in Furniture, Patents written off, Increase in Bills Payable, RDD written off.
    - **(ii)** Surplus, Deficit, Net Profit, Capital Fund
    - **(iii)** Super Profit Method, Valuation Method, Average Profit Method, Fluctuating Capital Method
    - **(iv)** Death, Dissolution, Legal Heir, Admission
    - **(v)** Contra, Payment, Receipt, Expense

    (B) Calculate the following questions:
    - **(i)** Current Liabilities   =   ₹ 3,00,000
      Working Capital   =   ₹ 8,00,000
      Inventory   =   ₹ 2,00,000

    Calculate Quick Ratio
    - **(ii)** Company received excess application for 5,000 Shares @ ₹ 4 per Share. Applications of 1,000 Shares were rejected and pro-rata allotment was made. calculated the amount of application money adjusted with allotment.
    - **(iii)** Ankita and Riddhi are Partners Sharing profits in the ratio of 5:1. They decide to admit Sonika in the firm for 1/5th share. Calculate the sacrifice ratio of Ankita and Riddhi.
    - **(iv)** Nisha's acceptance for ₹ 16,850 sent to bank for collection was honoured and bank charges debited were ₹ 125. Find out the amount actually received by drawer.
    - **(v)** Salary ₹ 10,000, outstanding salary ₹ 5,000, calculate the salary to be debited to income and expenditure account.

    (C) Answer the following questions in One Sentence Only:
    - **(i)** Trading Account is prepared on the basis of .... expenses.
    - **(ii)** The balance of Drawings Account of a partner is transferred to his account under the Fixed Capital Method.
    - **(iii)** The transactions recorded in Income and Expenditure Account are related only to the .... year.
    - **(iv)** Retiring Partner's share of goodwill is .... to remaining Partner's Capital Account
    - **(v)** Deceased partner share of profit up to the death is shown on .... side of Balance Sheet.

    (D) Complete the following Table:

1.

Creditors	Bills Payable	Third Party Liabilities
16,000	12,000	?

2.

Debit side total of Realisation A/c	Credit side total of Realisation A/c	Loss on Realisations
20,000	?	4,000

3.

	= $\dfrac{\text{Total Profit}}{\text{Number of Years}}$	

4. Rent 12,,000 Outstanding Rent ₹ 8,000 Debited to Incomes Expenditure A/c

5.

Date of Drawing	Date of Acceptance	Payable	Due Date
30.1.2019	1.2.2019	60 Day after Date	

2. Following is the Balance Sheet of Mukesh and Anil sharing profit and losses in the ratio of 3:2 as on 31st March, 2019

Balance Sheet
as on 31st March, 2019

Liabilities		Amount (₹)	Assets		Amount (₹)
Capital A/c :	₹		Building		72,000
Mukesh	80,000		Plant & Machinery		60,000
Anil	1,00,000	1,80,000	Stock	₹	48,000
Sundry Creditors		60,000	Debtors	42,000	
Bills Payable		10,000	*Less* : RDD	2,000	40,000
			Bank		20,000
			Furniture		10,000
		2,50,000			**2,50,000**

On 1st April, 2019 Neeta is admitted on the following terms:

1. She will pay ₹ 1,00,000 as her capital and ₹ 40,000 as her share of Goodwill.
2. The new profit sharing ratio is to be 5 : 3 : 2
3. The assets are to be revalued as under:
4. Building ₹ 1,00,000, Plant & Machinery ₹ 48,000
5. RDD to be increased up to ₹ 4,000.
6. The old partners decided to retain half of the amount of goodwill in the business.
7. Sundry creditors should be revalued at ₹ 66,000

Give Revaluation Account, Capital Accounts and Balance Sheet of new firm.

OR

Following is the Balance Sheet of the firm of Nana, Nani and Sona who share Profits and Losses in the Ratio of their Capital

Balance Sheet
as on 31st March, 2019

Liabilities	Amount (₹)	Assets		Amount (₹)
Capital A/c :		Machinery		20,000
Nana	50,000	Building		55,000
Nani	20,000	Stock	₹	12,000
Sona	30,000	Debtors	12,000	
Creditors	10,000	*Less*: Rdd	1,000	11,000
Bills Payable	5,000	Cash		17,000
	1,15,000			**1,15,000**

Sona retires from the business on 1st April, 2019 and the following adjustment were agreed.

1. Stock is to be valued at 92% of its Book Value.
2. RDD is to be maintained at 10% on Debtors.
3. The value of building is to be appreciated by 20%.
4. The goodwill of the firm be fixed at ₹ 12000. Sona's Share in the same be adjusted in the accounts of continuing partners in gain ratio.
5. The entire capital of the new firm be fixed at ₹ 1,60,000 between Nana and Nani in their new profit sharing ratio which is fixed at 3:1 making adjustment in cash.
6. Amount payable to Sona paid in cash.

Prepare : Revaluation Account, Partnership Capital Account and Balance Sheet of the reconstituted firm.

3. **Dino, Manu and Ramu Are Partners Sharing Profits and Losses in the Ratio 2 : 2 : 1. They decided to dissolved the firm on 31st March, 2020. When their position was as under.**

Balance Sheet

as on 31st March, 2020.

Liabilities		Amount (₹)	Assets	Amount (₹)
Capital A/c :	₹		Building	78,000
Dino	26,000		Computer	45,000
Manu	22,000		Debtors	20,000
Ramu	18,000	66,000	Goodwill	35,000
Creditors		80,000	Bank	8,000
Bill Payable		40,000		
		1,86,000		1,86,000

The firm was dissolved on above date and the following is the result of realisation.

   (i) The Assets were realised as Building ₹ 40,000, Computer ₹ 30,000, Debtors ₹ 10,000.

  (ii) Realisation expenses amounted to ₹ 2,000.

 (iii) All partners were insolvent. The following amount was recovered from them Dino ₹ 2,000 and Manu ₹ 2,000.

Prepare Necessary ledger account to close the books of the firm.

OR

Journalise the following transactions in the books of Apoorva.

   (i) Prashant's Acceptance for 60 days ₹ 12,750 deposited into Bank for collection.

  (ii) Apoorva sold goods to Kirti for ₹ 20,000 and received her acceptance for the same amount for 2 months. The bill was endorsed to Rekha.

 (iii) Received 30% of the Amount due from the Private Estate of Mukta who was declared insolvent. Mukta had dishonoured her Acceptance of ₹ 23,850 and noting charges Paid were ₹ 150.

  (iv) Apoorva renews her acceptance of 36,000 to Anuradha by Paying cheque of 6,000 and accepting a new bill for 2 months for balance along with interest @ 14.5% p. a.

4. **Rakesh Ltd. issued 2,000 Equity Shares of 100 each at a premium of ₹ 20 per share payable as follows :**

On Application	₹ 20	
On Allotment	₹ 50	(including premium)
On First Call	₹ 20	
On Final Call	₹ 30	

Applications were received for 3,000 shares, 2,000 Share allotted to the applicants for 2,400 shares. The remaining applications for 600 shares being refused and application money there on was refunded. Excess money received on application was adjusted against allotment.

All amounts were duly received except Mr. Mandar to whom 80 shares were alloted. Mandar fails to pay First and Final Call. His shares were forfeited and were reissued to Mr. Ketan as fully paid at ₹ 80 per share.

Journalise the transactions in the books of the company.

OR

Describe the uses of following voucher types in tally:

   1. F4

   2. F6

   3. F7

   4. F9

5. Prem, Verma, Sharma, were partners sharing profits and losses in the Ratio 2 : 1 : 1 Their Balance Sheet as on 31st March 2019 is as follows.

Balance Sheet
as on 31st March, 2019

Liability		Amount (₹)	Assets	Amount (₹)
Creditors		20,000	Premises	2,40,000
Bank Loan		90,000	Debtors	2,00,000
Bill Payable		10,000	Furniture	60,000
General Reserve		64,000	Stock	1,00,000
Capital A/c :	₹		Cash	2,00,000
Prem	2,40,000			
Verma	2,00,000			
Sharma	1,76,000	6,16,000		
		8,00,000		8,00,000

  (i) Prem died on 30th June, 2019 and the following adjustments were made on the average profit of the last two Years.

 (ii) Prem's Share in the Goodwill of the firm be given him. Goodwill will be valued at three times of the average profits of the Last four years. The profits were:

2015-16	₹ 1,60,000	2016-17	₹ 1,20,000
2017-18	₹ 80,000	2018-19	₹ 40,000

(iii) Premises be valued at ₹ 2,80,000 and RDD of ₹ 8,000 be Created on debtors.

(iv) Drawing of Prem up to the date of his death were ₹ 15,000 per month.

 (v) Interest on Capital is allowed at 10% P.A. and to be charged on Drawing at ₹ 4,000

(vi) The Amount due to Prem be transferred to his executors Loan Account.

Prepare : Prem's Capital Account, Give working of Prem's Share in Goodwill, and Interest on Capital.

OR

From the following Information, prepare Comparative Income Statement of Shri Shalni Ltd.

Particulars	2019 (₹)	2020 (₹)
Sales	6,00,000	4,50,000
Sales Return	1,00,000	50,000
Gross Profit Ratio	40%	50%
Office and Admin Expenses	50,000	40,000
Selling and Distribution Expenses	50,000	40,000
Other Income	25,000	15,000
Other Expenses	5,000	5,000
Tax Rate	50%	50%

6. From the following Receipts and Payments Account of Bharati Vidyapeeth College, Kolhapur for the Year ending 31st March, 2019 and additional information. Prepare Income and Expenditure Account for the year ended 31st March, 2019 and a Balance Sheet as on that date.

Receipts & Payments Account

Dr.   for the year ended 31st March 2019   Cr.

Receipts	Amount (₹)	Payments	Amount (₹)
To Balance b/d :		By Salaries to Teaching Staff	15,00,000
Cash	12,000	Office Staff	8,55,000
Bank	2,00,000	By Printing & Stationery	27,000
To Interest	60,000	By Books	88,000
To Donations	7,00,000	By Furniture (Purchased on 1-1-2019)	78,000

To Tuition Fees	15,00,000	By Drama Expenses	90,000
To Admission Fees	65,000	By Postage	7,000
To Term Fees	4,00,000	By Telephone Charges	6,000
To Drama Receipts	1,00,000	By Electricity	61,000
To Rent from use of Hall	6,000	By Magazines and Newspaper	6,500
To Legacies (Capital)	60,000	By Balance c/d :	
		Cash	62,000
		Bank	3,23,000
	31,03,000		**31,03,000**

Additional Information :

1.

Particulars	1/4/2018 (₹)	31/3/2019 (₹)
Books	9,00,000	8,88,000
Furniture	3,26,000	3,00,000
Building Fund	8,27,000	?
Capital Fund	6,11,000	?

2. 60 % Donations are for Building Fund and Balance is to be Treated as Revenue Income.

3. Outstanding Office Staff Salaries ₹ 70,000.

7. **From the following Trial Balance of Riddhi and Siddhi, you are required to prepare Trading and Profit & Loss Account for the year ended 31ˢᵗ March, 2020 and Balance Sheet as on that date after considering the additional information given below.**

Trial Balance

as on 31ˢᵗ March, 2020

Particulars	Debit (₹)	Credit (₹)
Stock (1/4/2019)	48,000	
Capital - Riddhi		50,000
Siddhi		30,000
Purchases	22,500	
Wages	800	
Carriage Inward	1,000	
Sundry Creditors		27,600
Bills Payable		20,000
Cash In Hand	2,850	
Insurance	1,200	
Sundry Debtors	32,000	
Bank Overdraft		18,000
Carriage Outward	900	
Land And Building	42,500	
Furniture	38,700	
Sales		47,000
Purchase Return		500
Sales Return	400	
Rent		1800
Bad-Debts	300	

RDD		350
Discount	700	1000
Travelling Expenses	250	
Advertisements	4,150	
	1,96,250	**1,96,250**

Adjustments :

   (i) Closing stock ₹ 48,700.

   (ii) Outstanding Expenses - Wages ₹ 700 and Travelling Expenses ₹ 200.

   (iii) Depreciate Land and Building by 10% and Furniture by 5%.

   (iv) Insurance Paid in Advance ₹ 300.

Goods of ₹ 3,000 destroyed by fire and Insurance Company rejected the claim fully.

🄰 Answer Key

Section A

1. **(A)**   **(i)** RDD Written off
   (ii) Net Profit
   (iii) Fluctuating Capital Method
   (iv) Admission
   (v) Expenses

   (B)   **(i)** Quick Ratio = 3:1
   (ii) ₹ 16,000
   (iii) Sacrifice Ratio 5:1
   (iv) ₹ 16,725
   (v) ₹ 15,000

   (C)   **(i)** Direct
   (ii) Current Account
   (iii) Current
   (iv) Debited
   (v) Asset

   (D)   **(i)** ₹ 28,000
   (ii) ₹ 16,000
   (iii) Average Profit
   (iv) ₹ 20,000
   (v) 3rd April, 2019

2.

In the Books of Partnership Firm

Dr.   **Revaluation A/c**   Cr.

Particulars	Amount (₹)		Particulars	Amount (₹)
To Plant & Machinery		12,000	By Building A/c	28,000
To RDD A/c		2,000		
To Sundry Creditors A/c		6,000		
To Profit on Revaluation Transferred to Capital A/c :	₹			
Mukesh	4,800			
Anil	3,200	8,000		
		28,000		**28,000**

Dr.   **Partners' Capital A/c**   **Cr.**

Particular	Mukesh (₹)	Anil (₹)	Neeta (₹)	Particulars	Mukesh (₹)	Anil (₹)	Neeta (₹)
To Bank	10,000	10,000		By Balance b/d	80,000	1,00,000	
To Balance c/d	94,800	1,13,200	1,00,000	By Bank A/c		20,000	1,00,000
				By Goodwill A/c	20,000		
				By Revaluation A/c (Profit)	4,800	3,200	
	1,04,800	1,23,200	1,00,000		1,04,800	1,23,200	1,00,000

Balance Sheet of Mukesh, Anil & Neeta
as on 1st April, 2019

Liabilities		Amount (₹)	Assets		Amount (₹)
	₹			₹	
Capital Account:			Building	72,000	
Mukesh	94,800		*Add*: Appreciation	28,000	1,00,000
Anil	1,13,200		Plant & Machinery	60,000	
Neeta	1,00,000	3,08,000	*Less*: Depreciation	12,000	48,000
Sundry Creditor		66,000	Furniture		10,000
Bills Payable		10,000	Sundry Debtors	42,000	
			Less: RDD	4,000	38,000
			Stock		48,000
			Bank		1,40,000
		3,84,000			3,84,000

Note: Goodwill brought in by Neeta transferred to Old Partners Capital A/c in their Sacrificing Ratio which is 1:1

OR

In the Books of the Firm

Dr.   **Revaluation A/c**   **Cr.**

Particulars		Amount (₹)	Particulars	Amount (₹)
To Stock A/c		960	By Building A/c	11,000
To RDD A/c		200		
To Profit Transferred to Partners Capital A/c :	₹			
Nana	4,920			
Nani	1,968			
Sona	2,952	9,840		
		11,000		11,000

Dr.   **Partners' Capital A/c**   **Cr.**

Particular	Nana (₹)	Nani (₹)	Sona (₹)	Particulars	Nana (₹)	Nani (₹)	Sona (₹)
To Goodwill	3,000	600		By Balance b/d	50,000	20,000	30,000
To Cash A/c			36,552	By Revaluation A/c (Profit)	4,920	1,968	2,952
To Balance A/c	1,20,000	40,000		By Goodwill A/c			3,600
				By Cash A/c	68,080	18,632	
	1,23,000	40,600	36,552		1,23,000	40,600	36,552

Balance Sheet
as on 1st April, 2019

Liabilities		Amount (₹)	Assets			Amount (₹)
Creditors		10,000	Cash		₹	67,160
Bills Payable		5,000	Stock	12,000		
Capital A/c :	₹		Less : Reduction	960		11,040
Nana	1,20,000		Debtors	12,000		
Nani	40,000	1,60,000	Less : RDD	1200		10,800
			Building	55,000		
			Add : Appreciation	11,000		66,000
			Machinery			20,000
		1,75,000				**1,75,000**

Working Note:

1. Calculation of Gaining Ratio:

   Old Ratio   5:2:3

   New Ratio   3:1

   Gain Ratio = New Ratio – Old Ratio

   $$\text{Nana's Gain Ratio} = \frac{3}{4} - \frac{5}{10} = \frac{30-20}{40} = \frac{10}{40}$$

   $$\text{Nani's Gain Ratio} = \frac{1}{4} - \frac{2}{10} = \frac{10-8}{40} = \frac{2}{40}$$

   Gain Ratio = 10 : 2 *i.e.* 5 : 1

3.

In the Books of Dino, Manu and Ramu

Dr.   **Revaluation A/c**   **Cr.**

Particulars		Amount (₹)	Particulars			Amount (₹)
To Sundry Assets A/c	₹		By Bank A/c		₹	
Building	78,000		Building		40,000	
Computer	45,000		Computer		30,000	
Debtors	20,000		Debtors		10,000	80,000
Goodwill	35,000	1,78,000	By Partners' Capital A/c			
To Bank A/c		2,000	(Loss on Realisation Transferred.)		₹	
(Realisation Expenses Paid)			Dino		40,000	
			Manu		40,000	
			Ramu		20,000	1,00,000
		1,80,000				**1,80,000**

Dr.   **Partners' Capital A/c**   **Cr.**

Particulars	Dino (₹)	Manu (₹)	Ramu (₹)	Particulars	Dino (₹)	Manu (₹)	Ramu (₹)
To Realisation A/c	40,000	40,000	20,000	By Balance b/d	26,000	22,000	18,000
(Loss On Realisation)				By Bank A/c	2,000	2,000	
				By Deficiency A/c	12,000	16,000	2,000
	40,000	**40,000**	**20,000**		**40,000**	**40,000**	**20,000**

Dr.   Bank A/c   **Cr.**

Particulars	Amount (₹)	Particulars	Amount (₹)
To Balance b/d	8,000	By Realisation A/c	2,000
To Dino's Capital A/c	2,000	By Creditors A/c	60,000
To Manu's Capital A/c	2,000	By Bills Payable A/c	30,000
To Realisation A/c	80,000		
	92,000		**92,000**

Dr.   Creditors A/c   **Cr.**

Particulars	Amount (₹)	Particulars	Amount (₹)
To Bank A/c	60,000	By Balance b/d	80,000
To Deficiency A/c	20,000		
	80,000		**80,000**

Dr.   Bills Payable A/c   **Cr.**

Particulars	Amount (₹)	Particulars	Amount (₹)
To Bank A/c	30,000	By Balance b/d	40,000
To Deficiency A/c	10,000		
	40,000		**40,000**

Dr.   Deficiency A/c   **Cr.**

Particulars	Amount (₹)	Particulars	Amount (₹)
To Dino's Capital A/c	12,000	By Creditors A/c	20,000
To Manu's Capital A/c	16,000	By Bills Payable A/c	10,000
To Ramu's Capital A/c	2,000		
	30,000		**30,000**

OR

Journal Entries

In the Books of Apoorva

Date	Particulars		L.F.	Debit (₹)	Credit (₹)
(a)	Bill sent for collection A/c To Bills Receivable A/c (Being bill deposited into bank for collection)	Dr.		12,750	12,750
(b) (i)	Kirti's A/c To Sales A/c (Being goods sold on credit)	Dr.		20,000	20,000
(ii)	Bill Receivable A/c To Kirti's A/c (Being bill drawn and accepted)	Dr.		20,000	20,000
(iii)	Rekha's A/c To Bills Receivable A/c (Being Kirti's acceptance endorsed)	Dr. Dr.		20,000	20,000

(c) (i)	Mukta's A/c	Dr.	24,000	
	To Bills Receivable A/c			23,850
	To Cash A/c			150
	(Being Mukta's acceptance dishonoured and Noting charges paid)			
(ii)	Cash / Bank A/c	Dr.	7,200	
	Bad Debts A/c	Dr.	16,800	
	To Mukta's A/c			24,000
	(Being amount received and bad debts written of on account of insolvency)			
(d) (i)	Bills Payable A/c	Dr.	36,000	
	To Anuradha's A/c			36,000
	(Being our acceptance dishonoured)			
(ii)	Interest A/c	Dr.	725	
	To Anuradha's A/c			725
	(Being Interest due)			
(iii)	Anuradha's A/c	Dr.	6,000	
	To Cash / Bank A/c			6,000
	(Being part payment paid)			
(iv)	Anuradha's A/c	Dr.	30,725	
	To Bills Payable A/c			30,725
	(Being acceptance given to new bill drawn along with interest)			

4.

Journal Entries

In the Books of Rakesh Ltd.

Date	Particulars		L.F.	Debit (₹)	Credit (₹)
1.	Bank A/c	Dr.		60,000	
	To Equity Share Application A/c				60,000
	(Being equity share application money on 3,000 equity shares @ ₹ 20 per share received)				
2.	Equity Share Application A/c	Dr.		40,000	
	To Equity Share Capital A/c				40,000
	(Being application money on 2,000 shares @ ₹ 20 per share transferred to capital A/c)				
3.	Equity Share Application A/c	Dr.		20,000	
	To Equity Share Allotment A/c				8,000
	To Bank A/c				12,000
	(Being excess application money on 400 shares adjusted against allotment and on 600 shares refunded)				
4.	Equity SHARE Allotment A/c	Dr.		1,00,000	
	To Equity Share Capital A/c				60,000
	To Share Premium A/c				40,000
	(Being Allotment money on 2,000 equity shares @ ₹ 50 per share including premium due)				
5.	Bank A/c	Dr.		92,000	
	To Equity Share Allotment A/c.				92,000
	(Being equity share allotment money received)				
6.	Equity Share First Call A/c	Dr.		40,000	
	To Equity Share Capital A/c				40,000
	(Being share first call money on 2,000 shares @ ₹ 20 per share due)				
7.	Bank A/c	Dr.		38,400	
	To Equity Share First Call A/c				38,400
	(Being equity share first call money on 1,920 shares @ ₹ 20 per share received)				

			Dr.		
8.	Equity Share Final Call A/c 　　To Equity Share Capital A/c (Being equity share final call money on 2,000 shares @ ₹ 30 per share due)		Dr.	60,000	60,000
9.	Bank A/c 　　To Equity Share Final Call A/c (Being share first call money on 1,920 shares @ ₹ 30 per share received)		Dr.	57,600	57,600
10.	Equity Share Capital A/c 　　To Equity Share First Call A/c 　　To Equity Share Final Call A/c 　　To Share Forfeiture A/c (Being forfeiture of 80 shares due to non-payment of first & final call)		Dr.	8,000	1,600 2,400 4,000
11.	Bank A/c Share Forfeiture A/c 　　To Equity Shares Capital A/c (Being reissue of 80 forfeited shares @ ₹ 80 per share)		Dr.	6,400 1,600	8,000
12.	Share Forfeiture A/c 　　To Capital Reserve A/c (Being balance on share forfeiture account transfer to capital reserve account)		Dr.	2,400	2,400

OR

Voucher Types	Its Uses
1. F4 (Contra)	• Cash deposited in Bank • Cash withdrawn from Bank • Transfer from one Cash A/c to other Cash A/c. • Bank to Bank Transfer
2. F6 (Receipt)	• There can be only two types of receipts. • Cash Receipt and Bank Receipt. • Both these receipts has to be entered here. • Debit item of Receipt Voucher will always be either Bank or Cash. • There can be two modes, Single Entry Mode or Double Entry Mode.
3. F7 (Journal)	• This voucher is used for non - cash transactions. • E.g. Depreciation, provisions, transfer entries, purchase of fixed assets on credit. • Journal voucher should not be used for credit sales or credit purchases.
4. F9 (Purchase)	• This voucher type is used for both types of purchases, credit as well as Cash. • There can be two modes, "As Invoice" or "As Voucher". • Party's A/c Name means ledger to be credited.

5.　Dr.　　　　　　　　　　　　　**Prem's Capital A/c**　　　　　　　　　　　　　**Cr.**

Particulars	Amount (₹)	Particulars	Amount (₹)
To Drawings A/c	45,000	By Balance b/d	2,40,000
To Interest on Drawings	4,000	By General Reserve A/c	32,000
To Prem's Executors Loan A/c	4,02,500	By Profit and Loss Adjustment A/c	16,000
		By Interest on Capital A/c	6,000
		By Goodwill A/c	1,50,000
		By Profit and Loss Suspense A/c	7,500
	4,51,500		**4,51,500**

Working Note :

Calculation of Prem's Share in the goodwill of the Firm

1. (a) Average Profit $= \dfrac{\text{Total Profit}}{\text{No. of Years}} = \dfrac{4,00,000}{4} = ₹\ 1,00,000$

(b) Goodwill of Firm = Average Profit × No. of Year Purchases

$$= 1,00,000 \times 3$$
$$= ₹\, 3,00,000$$

(c) Preme's Share of Goodwill = Goodwill of the firm × Prem's Share

$$= 3,00,000 \times \frac{2}{4} = ₹\, 1,50,000$$

2. Calculation of Prem's Share in Profit

(a) Average Profit $= \dfrac{\text{Total Profit}}{\text{No. of Years}} = \dfrac{80,000 + 40,000}{2}$

$$= \frac{1,20,000}{2} = ₹\, 60,000$$

(b) Average Profit = ₹ 60,,000

3 months profit is $= 60,000 \times \dfrac{3}{12} = ₹\, 15,000$

Prem's share is $\dfrac{2}{4} = 15,000 \times \dfrac{2}{4} = ₹\, 7,500$

3. Calculation of Interest on Prem's Capital

Prem died on 30th June 2019

His Capital Balance is 2,40,000 for three months

$$2,40,000 \times \frac{10}{100} \times \frac{3}{12} = ₹\, 6,000$$

OR

Comparative Income A/c

Statement

Particulars	2019 (₹)	2020 (₹)	Absolute Change (₹)	Percentage Change (₹)	Increase OR Decrease
Gross Sales	6,00,000	4,50,000	(1,50,000)	25%	DECREASE
Less : Sales Return	1,00,000	50,000	(50,000)	50%	DECREASE
	5,00,000	4,00,000	(1,00,000)	(20%)	DECREASE
Less : Cost of goods sold	3,00,000	2,00,000	(1,00,000)	33.33%	DECREASE
A	2,00,000	2,00,000	—	—	
Less : Operating Expense					
Office and Admin. Expenses	50,000	40,000	10,000	20%	DECREASE
Selling and Distribution Expenses	50,000	40,000	10,000	33.33%	DECREASE
B	1,00,000	80,000	20,000	20%	DECREASE
Operating profit	1,00,000	1,20,000	20,000	20%	DECREASE
Add : Operating Income Expenses	25,000	15,000	(10,000)	40%	DECREASE
Less : Non-operating Expenses	5,000	5,000	—	—	
Expenses	1,20,000	1,30,000	10,000	8.33	DECREASE
Less : Tax 50%	60,000	65,000	5,000	8.33	DECREASE
Net Profit after Tax	60,000	65,000	5,000	8.33	DECREASE

6.

Income and Expenditure Account
for the year ended 31st March, 2019

Dr.   Cr.

Expenditure	Amount (₹)		Income	Amount (₹)	
To Salaries to Teaching Staff	₹	15,00,000	By Interest	₹	60,000
To Salaries to offiice staff	8,55,000		By Donations	7,00,000	
Add : Outstanding	70,000	9,25,000	*Less* : 60 % for Building	4,20,000	2,80,000
To Printing & Stationery		27,000	By Tuition fees		15,00,000
To Postage		7,000	By Admission fees		65,000
To Telephone Charges		6,000	By Term fees	₹	4,00,000
To Electricity		61,000	By Drama Receipts	1,00,000	
To Magazines & News Papers		6,000	*Less* : Expenses	90,000	10,000
News Papers	₹		By Rent from Hall		6,000
To Depreciation on Books	1,00,000		By Deficit (Excess of Expenditure		4,15,000
Furniture	1,04,000	2,04,000	over Income)		
		27,36,000			**27,36,000**

Balance Sheet
as on 31st March, 2019

Dr.   Cr.

Liabilities	Amount (₹)		Assets	Amount (₹)	
	₹			₹	
Capital Fund	6,11,000		Books	9,00,000	
Add : Legacies	60,000		*Add* : Purchases	88,000	
	6,71,000			9,88,000	
Less : Deficit	4,15,000	2,56,000	*Less* : 10 % Depreciation	1,00,000	8,88,000
Building Fund	8,27,000		Furniture	3,26,000	
Add : Donations	4,20,000	12,47,000	*Add* : Purchases	78,000	
O/s Salaries to office staff		70,000		4,04,000	
			Less : Depreciation	1,04,000	3,00,000
			Cash in Hand		62,000
			Cash at Bank		3,23,000
		15,73,000			**15,73,000**

7.

Trading and Profit and Loss A/c
for the year ended 31st March, 2020

Dr.   Cr.

Particulars	Amount (₹)		Particulars	Amount (₹)	
				₹	
To Opening Stock	₹	48,000	By Sales	47,000	
To Purchases	22,500		*Less* : Sales Return	400	46,600
Less : Purchases Return	500	22,000	By Closing Stock		48,700
To Wages	800		By Good destroyed by fire		3,000
Add : Outstanding Wages	700	1,500			

To Carriage Inward		1,000			
To Gross Profit c/d		25,800			
		98,300			**98,300**
To Insurance	1,200		By Gross Profit b/d		25,800
Less : Prepaid	300	900	By Rent	₹	1,800
To Depreciation on :			By RDD (Old)	350	
Land & Building	4,250		*Less* : Bad-Debts (New)	300	50
Furniture	1,935	6,185	By Discount		1,000
To Travelling Expenses	250				
Add : Outstanding	200	450			
To Loss by fire		3,000			
To Carriage Outward		900			
To Discount		700			
To Advertisement		4,150			
To Net Profit Transferred to Capital A/c :					
Riddhi	6,183				
Siddhi	6,182	12,365			
		28,650			**28,650**

Balance Sheet
as on 31st March, 2020

Liabilities	Amount (₹)		Assets		Amount (₹)
Capital A/c :	₹		Land & Building	₹ 42,500	
Riddhi	50,000		*Less* : Depreciation 10%	4,250	38,250
Add : Net Profit	6,183	56,183	Furniture	28,700	
Capital A/c :			*Less* : Depreciation 5%	1,935	36,765
Siddhi	30,000		Prepaid Insurance		300
Add : Net Profit	6,182	36,182	Cash in Hand		2,850
Sundry Creditors		27,600	Sundry Debtors		32,000
Outstanding Expenses:			Closing Stock		48,700
Wages	700				
Travelling	200	900			
Bill payable		20,000			
Bank Overdraft		18,000			
		1,58,865			**1,58,865**

SAMPLE PAPER-4
Book Keeping & Accountancy

 **Questions**

Section A

1. **From the following types of sub questions attempt any four.**

   (A) Select the most appropriate alternative from those given below and rewrite the Sentences.

   (i) As per SEBI guidelines minimum amount payable on share application should be .... of nominal value of shares.

      (a) 10%   (b) 15%   (c) 2%   (d) 5%

   (ii) Not for Profit Concern renders..........................services to public at large.

      (a) Commercial   (b) Social   (c) Individual   (d) Group

   (iii) The Common Size statement requires ....

      (a) Common base   (b) Journal Entries   (c) Cash Flow   (d) Current Ratio

   (iv) The due date of the bill drawn for 2 months on 23rd November, 2019 will be:

      (a) 23rd January, 2020   (b) 24th January, 2020   (c) 26th January, 2020   (d) 25th January, 2020

   (v) This displays the balance day wise for a selected voucher type.

      (a) Record Book   (b) Ledger Book   (c) Journal Book   (d) Day Book

   (B) Complete the following table:

(i)	Sr. No.	Income (₹)	Expenditure (₹)	Surplus/Deficit (₹)
	1	10,000	?	5,000 (Deficit)

Salaries paid during the year

(ii)	TOTAL (₹)	Prepaid/Outstanding	(₹)	Expenditure for the Year
	?	Outstanding	600	5,100

Rent received during the year

(iii)	Total Received (₹)	Rent received in Advance/Accrued	(₹)	Income for the Year (₹)
	1,700	Accrued	?	2,150

(iv)	Capital Deficiency	Cash brought by Insolvent Partner	Insolvent Loss
	?	₹ 7,000	₹ 21,000

(v)	Debit Side Total of Capital A/c	Credit side Total of Capital A/c	Cash brought by Partner
	₹ 51,000	?	₹ 17,000

   (C) True or False with reasons

   (i) RDD is created on creditors.

   (ii) Income and Expenditure Account represents either surplus or deficit.

   (D) Give Specimen of Bill of Exchange :

   1. Drawer : Mr. Ram Das, Pune
   2. Drawee : Mr. Kapil Deo, Mumbai
   3. Amount : ₹ 1,05,000
   4. Tenure : 3 Months
   5. Date of Bill : 3rd March, 2020
   6. Date of Acceptance : 7th March, 2020

2. **Radhika and Vijay were in Partnership Sharing profits & losses in proportion of 3:2 respectively. Their Balance Sheet as on 31st March, 2020 stood as follows.**

Balance Sheet
as on 31st March, 2020

Liabilities		Amount (₹)	Assets	Amount (₹)
Capital A/cs :	₹		Premises	2,80,000
Radhika	2,00,000		Furniture & Fixture	22,800
Vijay	1,20,000	3,20,000	Stock	54,000
Current A/cs :			Debtors	18,200
Radhika	2,400		Cash at Bank	2,200
Vijay	2,800	5,200		
Loan from Omkar Balu		40,000		
Creditors		12,000		
		3,77,200		**3,77,200**

On 1st April, 2019 Omkar was admitted to the firm on the following terms:

1. Premises were to be valued at ₹ 3,40,000 and Furniture and Fixtures at ₹ 20,800. A provision for Bad debts of ₹ 2,000 was to be made. Stock should be revalued at ₹ 58,000.

2. Omkar Should bring in ₹ 80,000 as Capital and ₹ 20,000 as his share of goodwill and it was retained in the business and he should be given one-fourth share in the future profits.

3. The loan from Omkar Balu was repaid through NEFT.

Prepare Revaluation Account, Partners Current Accounts and Balance sheet of the New firm.

OR

Kale, Gore and Pandhare were Partners in Shyam Traders, Pune sharing Profit and Losses in the ratio 3:3:2. Their Balance Sheet as on 31st March, 2019 is as follows:

Balance Sheet

as on 31st March, 2019

Liabilities	Amount (₹)	Assets	Amount (₹)
Capital A/c :		Building	10,000
Kale	11,000	Plant & Machinery	10,700
Gore	15,000	Livestock	10,000
Pandhare	8,000	Debtors	5,000
Creditors	8,900	Stock	6,600
Bill Payable	2,000	Bank	6,600
Reserve Fund	4,000		
	48,900		**48,900**

On 1 st April 2019 Mr. Pandhare retired from the firm on the following terms:

1. Assets to be revalued as Stock ₹ 6,300, Plant and Machinery ₹10,000 Livestock ₹10,200

2. Goodwill of the firm is to be valued at ₹ 4,000, however only Pandhare's Share in it is to be raised in the books and written off immediately.

3. RDD to be maintained at 10 % on debtors.

4. ₹ 100 to be written off from Creditors.

5. The amount payable to Mr. Pandhare to be transferred to his Loan Account.

Prepare : Profit and Loss Adjustment Account, Partners Capital Account, Balance Sheet of new firm.

3. Following in the Balance Sheet of M/s Richard, Kevin and Manny as on 31st March, 2020:   **[10 Marks]**

Balance Sheet
as on 31st March, 2020.

Liabilities	Amount (₹)	Assets	Amount (₹)
Capital A/c :		Furniture	6,000
Richard	10,000	Debtors	40,000
Kevin	6,000	Stocks	48,000
Sundry Creditors	80,000	Cash	2,000
Richard's Loan	20,000	Capital : Manny	20,000
	1,16,000		**1,16,000**

Due to the inability to pay the creditors, the firm is dissolved, Kevin and Manny cannot pay anything. Richard can contribute only ₹ 3,000 from his Private Estate. Stock realised ₹ 30,000. Debtors realised ₹ 32,000 and furniture is sold for ₹ 2,000. Realisation Expenses amounted to ₹ 6,000.

Prepare necessary ledger account to close the books of the firm.

OR

Journalise the following transactions of Arvind as on 24th October, 2019.

  (a) Renewed Sainath's acceptance of ₹ 18,000 with interest of ₹ 380 for 2 months.

  (b) Sahil informs Arvind that Meenal's acceptance of ₹ 13,000 endorsed to Sahil was dishonoured and noting charges paid ₹ 195.

  (c) Accepted a bill of ₹ 16,400 at 2 months drawn on Chand and sons for the amount due to them ₹ 19,000 and balance paid in cash.

  (d) Bank informed that Vidya's acceptance of ₹14,000 which was discounted was dishonoured and bank paid noting charges ₹105. renewed bill on Vidya's request for 2 months with interest ₹ 295.

  (e) Nandita retired her acceptance to Arvind of ₹ 13,550 by paying cash ₹ 13,000.

4. **Reliance company Limited invited applications for 50,000 Equity Shares of ₹ 100 each at par, Payable as follows :**

On Application   ₹ 30

On Allotment   ₹ 40 on First & Final Call ₹ 30

The public applied for 35,000 shares and all these were allotted. All money due were collected with an exception of first & final call on 4000 shares, these were forfeited. All forfeited shares were re-issued by the directors at ₹ 80 per share.

Pass Journal Entries in the Books of Reliance Company Limited.

OR

Explain importance of Computerised Accounting System

5. **Sonu, Maneka and Karina were Partners sharing Profits and Losses in the Ratio 2 : 2 : 1 respectively. Their Balance Sheet as on 31st March, 2018 was as follows:**

Balance Sheet as on 31st March, 2018

Liabilities		Amount (₹)	Assets		Amount (₹)
Capital A/c :	₹		Plant & Machinery		50,000
Sonu	40,000		Stock of Goods	₹	50,000
Maneka	40,000		Debtors	22,000	
Karina	20,000	1,00,000	*Less* : RDD	2,500	19,500
General Reserve		10,000	Investment		10,000
Creditors		10,000	Cash		500
Bill Payable		6,000			
Bank Loan		4,000			
		1,30,000			**1,30,000**

Adjustments :

Karina died on 1st Oct 2018 and the Adjustment were Agreed as per the deed as follows:

1. Plant & machinery to be valued at ₹ 60,000 and all debtors were good.
2. Stock of Goods to be reduced by ₹ 3, 000
3. The drawings of Karina up to the date of her death amounted to ₹ 400 per month.
4. Interest on capital was to be allowed at 10% p.a.
5. The deceased partners share of goodwill is to be valued at 2 years purchased of average profit for last 3 years. the profits were

    2015-16   ₹ 15,000   2016-17   ₹ 17,000   2017-18   ₹ 13,000

6. The deceased partners share of profit up to the date of her death should be based on average profit of last two years.

Prepare : Profit & Loss Adjustment A/c , Karina's Capital A/c showing the Balance Payable to her executors Loan Account. and also prepare Working Note for Share of Goodwill and Profit up to the Date Of Death.

OR

Prepare Common Size Income Statement for the year ended 31.3.2019 and 31.3.2020 from the following information.

Particulars	31.1.2019 (₹)	31.3.2020 (₹)
Net Sales	5,00,000	6,00,000
Less : Cost of goods sold	3,00,000	3,60,000
Gross Profit	2,00,000	2,40,000
Less : Office and Administrative expenses	55,000	72,000
Selling and Distribution Expenses	52,500	66,000
Net Profit	92,500	1,02,000

6. **The following is the Receipts and Payments Account of Young Pensioner's Association. Leh for the year ended 31st March, 2020.**

Receipts & Payments Account
for the YEAR ended 31st March, 2020

Dr.   **Cr.**

Receipts		Amount (₹)	Payments	Amount (₹)
To Balance b/d		7,000	By Stationery	8,000
To Subscriptions:	₹		By Postage	1,000
2018 - 19	5,000		By Picnic Exp.	8,000
2019 - 20	83,000		By Salaries	8,000
2020 - 21	2,000	90,000	By Annual	4,500
To Entrance fees		13,000	General Meeting Expenses	
(Capital Receipt)			By Travelling Exp.	7,500
To Donations		60,000	By Rent	12,000
To Legacies		40,000	By Charity	7,800
To Interest on Deposit		7,000	By Sundry Exp.	3,200
To Picnic Receipts		10,000	By Fixed Deposit	1,10,000
			By Furniture	50,000
			By Balance c/d	7,000
		2,27,000		**2,27,000**

Adjustments :

1. Outstanding subscription for current YEAR ₹ 7,000.

2. Furniture was purchased on 1st Oct., 2019 and it is to be depreciated by 10 % p.a.

3. Outstanding picnic receipts ₹ 7,500.

4. Stock of stationery on 1-4-2019 was ₹ 350 and on 31st march, 2020 was ₹ 1,700.

5. 50 % of legacies and full amount of donations are to be capitalised.

With the above information, you are required to prepare income and expenditure account for the year ended 31st march 2020.

7. **Nick and kane are partners, sharing profits and losses in the ratio 6:4. from the following trial balance and adjustments given below, prepare, trading and profit and loss account for the year ending and balance sheet as on that date.**

Trial Balance as on 31st March, 2020

Particulars	Debit Amount (₹)	Credit Amount (₹)
Capital :		
Nick		15,00,000
Kane		10,00,000
Sundry Debtors	4,50,000	
Sundry Creditors		3,00,000
Rent (10 Months)	10,000	
Stock (1/4/2019)	5,35,500	
Premises	8,50,000	
Salaries	50,000	
Discount	800	950
Motor Vehicle	3,70,000	
Sales		8,40,500
Purchases	6,40,500	
Wages	10,000	
Office Expenses	20,000	
Bank Overdraft		1,50,000
Returns	5,500	3,500
Provident Fund Investment	8,00,000	
Cash in Hand	40,000	
Provident Fund Contribution	1,00,000	
Provident Fund		2,80,000
Cash at Bank	2,00,000	
Interest on P.F. Investment		42,000
Drawings :		
Nick	20,000	
Kane	15,000	
Bad-Debts	3,350	
RDD		3,700
	41,20,650	**41,20,650**

Adjustments :

1. Closing Stock ₹ 3,60,000.

2. Outstanding wages ₹ 3,000 and salaries ₹ 2,000.

3. Depreciate motor vehicle @ 5% p.a.

4. Write of bad-debts of ₹ 5,000 and provide for RDD at 5% sundry debtors. Kane withdrew goods of ₹ 6,000 for his personal use.

⟨A⟩ Answer Key

Section A

1. (A) **(i)** (a) 10%

    (ii) (d) Social

    (iii) (a) Common Base

    (iv) (d) 25th JAN. 2020

    (v) (d) Day Book

  (B) **(i)** ₹ 15,000 (Expenditure)

    (ii) ₹ 4,500

    (iii) ₹ 450

    (iv) ₹ 28,000

    (v) ₹ 34,000

  (C) **(i)** (1) False, RDD is created for doubtful debtors.

    (ii) (2) True, Income and expenditure account shows the surplus or deficit.

  (D)

<table>
<tr><td colspan="2" align="center">Bill of Exchange</td></tr>
<tr><td>

Stamp

</td><td align="right">
Mr. Ram Das

Pune

: 3rd March, 2020
</td></tr>
<tr><td>₹. 1,05,000</td><td></td></tr>
<tr><td colspan="2">Three months after date pay to me or my order the sum of Rupees One Lac Five thousands only, for the value received.</td></tr>
<tr><td></td><td align="right">Sd/-
(Ram Das)</td></tr>
<tr><td>To,
Kapil Deo,
Mumbai</td><td></td></tr>
<tr><td colspan="2" align="center">"Accepted"
Sd/-
(Mr. Kapil Deo) Date :
7th March, 2019</td></tr>
</table>

2. Dr.   Revaluation A/c   **Cr.**

Particulars	Amount (₹)		Particulars	Amount (₹)
To Furniture A/c		2,000	By Premises A/c	60,000
To RDD A/c		2,000	By Stock A/c	4,000
To Profit on Revaluation				
Transferred to Current A/c :	₹			
Radha	36,000			
Vijay	24,000	60,000		
		64,000		**64,000**

Dr.   Partner's Current A/c   **Cr.**

Particulars	Radhika (₹)	Vijay (₹)	Particulars	Radhika (₹)	Vijay (₹)
To Balance c/d	50,400	34,800	By Balance b/d	2,400	2,800
			By Goodwill A/c	12,000	8,000
			By Revaluation A/c (Profit)	36,000	24,000
	50,400	**34,800**		**50,400**	**34,800**

New Balance Sheet
as on 1st April, 2020

Liabilities	Amount (₹)		Assets	Amount (₹)	
				₹	
Capital A/c :	₹		Premises	2,80,000	
Radhika	2,00,000		Add : Appreciation	60,000	3,40,000
Vijay	1,20,000		Furniture and Fixtures	22,800	
Omkar	80,000	4,00,000	Less : Depreciation	2,000	20,800
Current A/c :			Stock	54,000	
Radhika	50,400		Add : Appreciation	4,000	58,000
Vijay	34,800	85,200	Debtors	18,200	
Creditors		12,000	Less : RDD	2,000	16,200
			Cash at Bank		62,200
		4,97,200			**4,97,200**

In the Books of Shyam Traders, Pune

Dr.   Profit and Loss Adjustment A/c   **Cr.**

Particulars	Amount (₹)		Particulars	Amount (₹)	
To Plant & Machinery A/c		700	By Livestock A/c		200
To Stock A/c		300	By Creditors A/c		100
To RDD		500	By Partners Capital A/c (Loss)	₹	
			Kale	450	
			Gore	450	
			Pandhare	300	1,200
		1,500			**1,500**

Dr.   Partner's Capital Current A/c   **Cr.**

Particular	Kale (₹)	Gore (₹)	Pandhare (₹)	Particulars	Kale (₹)	Gore (₹)	Pandhare (₹)
To Goodwill A/c	500	500		By Balance b/d	11,000	15,000	8,000
To P & L Adj. A/c (Loss)	450	450	300	By Reserve Fund A/c	1,500	1,500	1,000
To Loan A/c			9,700	By Goodwill A/c			1,000
To Balance c/d	11,550	15,550					
	12,500	**16,500**	**10,000**		**12,500**	**16,500**	**10,000**

Balance Sheet
as on 1st April, 2019

Liabilities	₹	Amount (₹)	Assets	₹	Amount (₹)
Capital Account:			Building		10,000
Kale	11,550		Plant & Machinery	10,700	
Gore	15,550	27,100	*Less* : Depreciation	700	10,000
Pandhare's Loan A/c		9,700	Live Stock	10,000	
Creditors	8,900		*Add* : Appreciation	200	10,200
Less : Written off	100	8,800	Debtors	5,000	
Bills Payable		2,000	*Less* : RDD	500	4,500
			Stock	6,600	
			Less : Depreciation	300	6,300
			Cash		6,600
		47,600			**47,600**

3.   **In the books of Richard, Kevin and Manny**

Dr.   Realisation A/c   **Cr.**

Particulars	₹	Amount (₹)	Particulars	₹	Amount (₹)
To Sundry Assets A/c			By Cash A/c		
Furniture	6,000		Stock	30,000	
Debtors	40,000		Debtors	32,000	
Stock	48,000	94,000	Furniture	2,000	64,000
To Cash A/c		6,000	By Partners' Capital A/c		1,04,000
(Realisation Expenses Paid)			(Loss on Realisation Transferred)		
			Richard	12,000	
			Kevin	12,000	
			Manny	12,000	36,000
		1,00,000			**1,00,000**

Dr.   Partner's Capital A/c   **Cr.**

Particulars	Richard (₹)	Kevin (₹)	Manny (₹)	Particulars	Richard (₹)	Kevin (₹)	Manny (₹)
To Balance b/d			20,000	By Balance b/d	10,000	6,000	
To Realisation A/c (Loss on Realisation)	12,000	12,000	12,000	By Richard Loan A/c By Cash A/c	20,000 3,000		
To Deficiency A/c	21,000			By Deficiency A/c		6,000	32,000
	33,000	**12,000**	**32,000**		**33,000**	**12,000**	**32,000**

Dr.   Cash A/c   **Cr.**

Particulars	Amount (₹)	Particulars	Amount (₹)
To Balance b/d	2,000	By Realisation A/c	6,000
To Richard's Capital A/c	3,000	By Creditors A/c	63,000
To Realisation A/c	64,000		
	69,000		**69,000**

Dr.   Creditors A/c   **Cr.**

Particulars	Amount (₹)	Particulars	Amount (₹)
To Cash A/c	63,000	By Balance b/d	80,000
To Deficiency A/c	17,000		
	80,000		**80,000**

Dr.   Deficiency A/c   **Cr.**

Particulars	Amount (₹)	Particulars	Amount (₹)
To Kevin's Capital A/c	6,000	By Richard's Capital A/c	21,000
To Manny's Capital A/c	32,000	By Creditors A/c	17,000
	38,000		**38,000**

OR
Journal Entries
In the Books of Arvind

Date	Particulars		L.F.	Debit (₹)	Credit (₹)
(a) 2019 (i) Oct. 24	Sainath's A/c To Bills Receivable A/c (Being Sainath's acceptance cancelled)	Dr.		18,000	18,000
(ii) Oct. 24	Sainath's A/c To Interest A/c (Being interest due)	Dr.		380	380
(iii) Oct. 24	Bills Receivable A/c To Sainath's A/c (Being new bill drawn along with interest for 2 months and acceptance received)	Dr.		18,380	18,380

(b) Oct. 24	Meenal's A/c	Dr.		13,195	
	To Sahil's A/c				13,195
	(Being endorsed bill dishonoured and noting charges paid)				
(c)	Chand and Sons A/c	Dr.		19,000	
	To Bills Payable A/c				16,400
	To Cash A/c				2,600
	(Being bill accepted and cash paid)				
(d) (i)	Vidya's A/c	Dr.		14,105	
	To Bank A/c				14,105
	(Being discounted bill dishonoured and noting charges paid)				
(ii)	Vidya's A/c	Dr.		295	
	To Interest A/c				295
	(Being Interest due)				
(iii)	Bills Receivable A/c	Dr.		14,400	
	To Vidya's A/c				14,400
	(Being bill drawn along with interest and acceptance received)				
(e)	Cash A/c	Dr.		13,000	
	Rebate / Discount A/c	Dr.		550	
	To Bills Receivable A/c				13,550
	(Being Nandita's acceptance retired and rebate allowed)				

4.

Journal Entries

In the Books of Reliance Co. Ltd.

Date	Particulars		L.F.	Debit (₹)	Credit (₹)
1.	Bank A/c	Dr.		10,50,000	
	To Share Application A/c				10,50,000
	(Being application money on 35,000 equity shares ₹ 30 per share received)				
2.	Equity Share Application A/c	Dr.		10,50,000	
	To Equity Share Capital A/c				10,50,000
	(Being equity share application money on 35,000 shares transferred to equity share capital)				
3.	Equity Share Allotment A/c	Dr.		14,00,000	
	To Equity Share Capital A/c				14,00,000
	(Being equity share allotment money on 35,000 shares ₹ 40 per share due)				
4.	BANK A/c	Dr.		14,00,000	
	To Equity Share Allotment A/c				14,00,000
	(Being equity share allotment money on 35,000 shares ₹ 40 per share received)				
5.	Equity Share First & Final Call A/c	Dr.		10,50,000	
	To Equity Share Capital A/c				10,50,000
	(Being equity share allotment money on 35,000 shares ₹ 30 per share due)				
6.	Bank A/c	Dr.		9,30,000	
	To Equity Share First & Final Call A/c				9,30,000
	(Being equity share first & final call money on 31,000 shares @ ₹ 30 per share received)				
7.	Equity Share Capital A/c	Dr.		4,00,000	
	To Equity Share First & Final Call A/c				1,20,000
	To Share Forfeiture A/c				2,80,000
	(Being forfeiture of 4,000 equity shares due to non-payment of first & final call)				

| 8. | Bank A/c
Share Forfeiture A/c
    To Equity Share Capital A/c
(Being re-issue for 4,000 Forfeited Shares @ ₹ 80 per Share) | Dr.
Dr. | 3,20,000
80,000 |

4,00,000 |
| 9. | Share Forfeiture A/c
    To Capital Reserve A/c
(Being Balance on Share Forfeiture A/c Transferred to Capital Reserve A/c | Dr. | 2,00,000 |
2,00,000 |

OR

Computerised accounting systems are very important to various types of business organisations, firms, company etc.

(1) **Automation :** all the calculations are automatically done by the accounting software with minimum time as compared to manual accounting calculations.

(2) **Multi-user-facilities :** multi-user-facility enable the business man access accounting information online or offline with more user controls outside of the office or within office. In big business houses this facility is useful as data entry can bed one by many operators on different computers simultaneously.

(3) **Accuracy :** Computerised accounting software is more accurate as compared to human being. All calculations, like additions, subtractions and statistical calculations are automatically done by software.

(4) **Speed :** computerised accounting software work faster than manual accounting process. It generates all financial statements and reports speedily as per user requirements.

(5) **Reduction in Cost :** as the financial records are to be entered only once in the system the accountant will save his time in maintaining the records. This will enable the business organisation to employ few accounting personnel.

(6) **Systematic and up to date records :** computerised accounting system ensures systematic and up to date financial records of the business organisation.

(7) **Huge storage capacity :** In case of manual accounting it is required to maintain separate books and registers for each financial year. In case of computerised system one computer software can store the accounting records for many years.

(8) **Compact :** No matter how voluminous the financial data is the computer can store it in a compact way the financial information can be stored on the hard disk and if required back-up can be taken on the external storage devices which requires very little space.

(9) **Transferability / sharing information :** computerised accounting System allow the business organisation to share the financial information with the interested parties. The information can be shared with the help of printouts or can also be shared with soft copy i.e through pen drive or internet transfer.

5. **Dr.**   **Profit and Loss Adjustment A/c**   **Cr.**

Particulars		Amount (₹)	Particulars	Amount (₹)
To Stock		3,000	By Plant & Machinery A/c	10,000
To Partners Capital A/c (Profit)	₹		By. RDD A/c	2,500
Sonu	3,800			
Maneka	3,800			
Karina	1,900	9,500		
		12,500		**12,500**

Dr.   **Karina Capital A/c**   **Cr.**

Particulars	Amount (₹)	Particulars	Amount (₹)
To Drawings	2,400	By Balance b/d	20,000
To Karina's Executors Loan A/c	30,000	By General Reserve	2,000
		By P & L Adjustment A/c (Profit)	1,900
		By Interest on Capital A/c	1,000
		By Goodwill A/c	6,000
		By Profit and Loss Suspense A/c	1,500
	32,400		**32,400**

Working Note :

1. Calculation of Goodwill :

   (a) $\text{Average Profit} = \dfrac{\text{Total Profit}}{\text{No. of Years}}$

   $= \dfrac{45,000}{3}$

   $= ₹\,15,000$

   (b) Goodwill of the Firm = Average Profit × No. of Year Purchases

   $= ₹\,10,000 \times 2$

   $= ₹\,20,000$

   (c) Share of Goodwill to Karina = Goodwill of the firm × Her Share

   $= ₹\,30,000 \times \dfrac{1}{5} = ₹\,6,000$

2. **Calculation of Share of the Profit of Karina :**

   (a) $\text{Average Profit} = \dfrac{\text{Total Profit}}{\text{No. of Years}}$

   $= \dfrac{17,000 + 13,000}{2}$

   $= \dfrac{30,000}{2}$

   $= ₹\,15,000$

   (b) Share of Profit to Karina = Average Profit × Profit Sharing Ratio × Period

   $= 15,000 \times \dfrac{1}{5} \times \dfrac{6}{12} = ₹\,1,500$

Common Size Income Statement
for the year ended 31.3.2019 and 31.3.2020

Particulars	Amount (₹)	Percentage %	Amount (₹)	Percentage %
Net Sales	5,00,000	100%	6,00,000	100%
Less : Cost of Sales	3,00,000	60%	3,60,000	60.0%
Gross Profit	2,00,000	40%	2,40,000	40,0%
Less : Office and Administrative Expense	55,000	11%	72,000	12%
Selling and Distribution Expense	52,500	10.5%	66,000	11%
Net Profit	92,500	18.5%	1,02,000	17%

Net sales is to be taken as base. At the year ending 31.3.2019. Net Sales ₹ 50,000 is taken as base i.e. 100% Sales. At the Year ending 31.3.2020. Net Sales ₹ 6,00,000 is taken as base 100%

For 31.3.2019 % of Cost Goods Sold $\quad = \dfrac{\text{Cost of Goods Sold}}{\text{Net Sales}} \times 100$

$= \dfrac{3,00,000}{5,00,000} \times 100 = 60\%$

For 31.3.2020 % of Cost of Goods Sold $\quad = \dfrac{\text{Cost of Goods Sold}}{\text{Net Sales}} \times 100$

$= \dfrac{3,60,000}{6,00,000} \times 100 = 60\%$

6.

Income and Expenditure Account
for the year ended 31st March, 2020

Dr.   Cr.

Expenditure	Amount (₹)		Income		Amount (₹)
				₹	
To Stationery used	₹		By Subscriptions	83,000	
Opening stock	350		*Add :* Outstanding	7,000	90,000
Add : Purchases	8,000		By Legacies	40,000	
	8,350		*Less :* 50 % Capitalised	20,000	20,000
Less : Closing stock	1,700	6,650	By Interest on Deposits		7,000
To Postage		1,000	By Picnic Receipts	10,000	
To Picnic Exp.		8,000	*Add :* Outstanding	7,500	17,500
To Salaries		8,000			
To Annual General Meeting Expenses		4,500			
To Travelling Exp.		7,500			
To Rent		12,000			
To Charity		7,800			
To Sundry Exp.		3,200			
To Depreciation on Furniture		2,500			
To Surplus (Excess of Income over Exp)		73,350			
		1,34,500			**1,34,500**

Working Note :

Calculation of Depreciation on Furniture 10 % Depreciation on ₹ 50,000 for 6 months ₹ 2,500.

Hint :

Picnic Receipts + Outstanding Receipts are credited to Income and Expenditure A/c and Picnic Expenses are deducted from Picnic Receipts.

	₹	
Picnic Receipts	10,000	
Add : Outstanding	7,500	
	17,500	
Less : Picnic Expenses	8,000	9,500

7.

Trading and Profit and Loss Account
For the Year Ended 31st March, 2020

Dr.   Cr.

Particulars	Amount (₹)		Particulars		Amount (₹)
				₹	
To Opening Stock	₹	5,35,500	By Sales	8,40,500	
To Purchases	6,40,500		*Less :* Returns	5,500	8,35,000
Less : Returns	3,500	6,37,000	By Goods Withdrawal		6,000
To Wages	10,000		By Kane for Personal use		3,60,000
Add : Outstanding Wages	3,000	13,000	By Closing Stock		12,01,000
To Gross Profit c/d	15,500		By Gross Profit b/d		15,500

To Salaries	50,000	12,05,000	By Discount		950
Add : Outstanding	2,000	52,000	By Net Loss	1,28,250	
To Depreciation on Motor Vehicle		18,500	(Transferred to Capital A/c)	85,500	2,13,750
To Bad debts (Old)	3,350	26,900	Nick Kane		
Add : Bad-Debts (New)	5,000				
Add : New RDD	22,250				
Less : R.DD (Old) To Rent	30,600	12,000			
Add : OUTSTANDING Rent	3,700	800			
To Discount	10,000	20,000			
To Office Expenses	2,000	1,00,000			
To Provident Fund Contribution					
		2,30,200			**2,30,200**

Balance Sheet as on 31st March, 2020

Liabilities	₹	Amount (₹)	Assets	₹	Amount (₹)
Capital : Nick	15,00,000		Motor Vehicle	3,70,000	
Less : Net Loss	1,28,750		Less : Depreciation 5%	18,500	3,51,500
	13,71,750		Sundry Debtors	4,50,000	
Less : Drawings	20,000	13,51,750	Less : Bad-Debts	5,000	
Capital : Kane	10,00,000			4,45,000	
Less : Net Loss	85,500		Less : RDD 5%	22,250	4,22,750
	9,14,500		Premises		8,50,000
Less : Drawings	21,000	8,93,500	Provident Fund Investment		8,00,000
(15,000 + 6,000)			Cash in Hand		40,000
Sundry Creditors		3,00,000	Cash at Bank		2,00,000
Outstanding Expenses			Closing Stock		3,60,000
Wages	3,000				
Salaries	2,000				
Rent	2,000	7,000			
Bank Overdraft		1,50,000			
Provident Fund	2,80,000				
Add : Interest on					
Provident Fund Investment	42,000	3,22,000			
		30,24,250			**30,24,250**

SAMPLE PAPER-5
Book Keeping & Accountancy

🗨 Questions

Section A

1. **From the following types of sub questions attempt any four.**

    (A) True or False with reasons:
    (i) Depreciation is not calculated on current assets.
    (ii) Receipts and payments account do not have any opening balance

    (B) Answer the following questions in One Sentence Only:
    (i) In Receipts and payments account the summary of.........................transactions are recorded
    (ii) Trading account is prepared on the basis of its.........................expenses
    (iii) Subscription received from the members is considered as.........................receipts.
    (iv) The part of authorised capital which is not issued to the public is known as.........................capital.
    (v) Registration of Partnership is.........................in India.

    (C) Give the word term or phrase which can substitute each of the following statements:
    (i) The short key used to save or accept the information
    (ii) The ratio measuring the relationship between net profit and ownership capital employed
    (iii) The accounts which show realisation of assets and discharge of liabilities
    (iv) A person who represents the deceased partner on the death of the partner
    (v) Name the method of the treatment of goodwill where new partner will bring his share of goodwill in cash

    (D) Prepare a format Bill of Exchange from the following details.
    Mr. Amol Sane, 42, Gangadham, M. G. Road, Ratnagiri Draws a 45 days bill on Mrs. Sagarika Mane, 345, Kumthekar Road, Pune, for ₹ 18,750 on 1st March, 2020 which was accepted on 4th March, 2020 for ₹ 15,000 only, by Mrs. Sagarika Mane.

2. **The Balance Sheet of Adil and Sameer who share profits and loss in the Ratio of 2 : 1 as on 31ˢᵗ March, 2019**

Balance Sheet
as on 31ˢᵗ March, 2019

Liabilities	Amount (₹)	Assets	Amount (₹)
Capitals :		Land & Building	75,000
Adil	90,000	Investment	1,08,000
Sameer	48,600	Debtors	39,000
Investment Fluctuation Reserve	15,000	Goodwill	12,000
General Reserve	12,000	Profit and Loss A/c	12,000
Sundry Creditors	63,000	Advertisement Suspense	12,000
Bills Payable	60,000	Cash	30,600
	2,88,600		**2,88,600**

On 1.4.2019 Raju was admitted into partnership on the following terms :
1. Raju pays ₹ 30,000 as his capital for 1/4th share.
2. Raju pays ₹ 15,000 for goodwill. half of the sum is to be withdrawn by Adil and Sameer.
3. RDD is created @ 10%.
4. The value of land and building is appreciated by ₹ 30,000.
5. Investments were reduced by ₹ 22,500.
6. Sundry creditors are to be valued at ₹ 62,250.
7. Capitals of Adil and Sameer to be adjusted taking Raju's Capital as the base. Adjustment of Capitals is to be made through Cash.

Prepare Revaluation Account, Partner's Capital Account and Balance Sheet of the New Firm as on 1st April, 2019

OR

Given below is the Balance Sheet of Jaya, Maya and Mamta, who were sharing Profit and Losses as 3:3:2

Balance Sheet

as on 31st March, 2019

Liabilities	Amount (₹)	Assets	Amount (₹)
Creditors	34,400	Bank	21,600
Bills Payable	9,200	Plant and Machinery	34,800
Capital Account :		Debtors	50,000
Jaya	48,000	Livestock	25,200
Maya	52,000	Equipments	16,000
Mamta	36,000	Investment	48,000
General Reserve	16,000		
	1,95,600		1,95,600

On 1st April, 2019 Mamta retired from the firm on the following terms.

1. Assets to be revalued as under Livestock ₹ 24,000; Plant and Machinery ₹ 32,000, Equipments ₹ 16,800
2. An item of ₹ 400 from Creditors is no longer a liability and hence should be properly adjusted.
3. Mr. Ram, our customer May or May not be able to pay his debts of ₹ 2,000
4. The amount due to Mamta be Transferred to her Loan Account.

Pass necessary Journal Entries in the books of the firm.

3. **The Balance Sheet of Rupali, Dipali and Mitali who are sharing Profits and Losses in the Ratio of 2:2:1 was as follows :**

Balance Sheet

as on 31st March, 2020

Liabilities	Amount (₹)	Assets	Amount (₹)
Capital A/c :		Fixed Assets	2,18,000
Rupali	60,000	Goodwill	60.000
Dipali	40,000	Stock	1,20,000
Sundry Creditors	2,40,000	Bank	2,000
Bank Loan (With A Charge On Stock)	1,00,000	Capital : Mitali	40,000
	4,40,000		4,40,000

One the above date the firm was dissolved and assets realised as under:

Fixed Assets were sold for ₹ 1,80,000 and Stock realised ₹ 1,04,000.

Realisation expenses amounted to ₹ 6,000.

Assuming that all the partners are insolvent. Prepare Realisation A/c, Partners' Capital A/c, Bank A/c, Sundry Creditors A/c, Bank Loan A/c, Deficiency A/c.

OR

Sanjay sold goods of ₹ 45,000 to Govind at 10% trade discount. Govind paid 1/3rd of the amount immediately at a cash discount of ₹ 1,000 and for the balance accepted a bill for 3 months. Sanjay endorsed the bill to Aadesh on the same day in full settlement of his account ₹ 27,500. on the due date the bill was dishonoured by Govind and noting charges paid by Aadesh ₹ 450. Govind requested Sanjay to renew the bill. Sanjay agreed on condition that Govind should pay ₹ 5,250 immediately along with noting charges and for the balance Govind should accept a new bill for 2 months along with interest ₹ 1,500. Govind agreed to these contritions and these arrangements were carried through. Sanjay paid Aadesh balance due to him. On the due date of the new bill Govind dishonoured the bill.

Give Journal entries in the books of Sanjay and prepare Sanjay's Account in the books of Govind.

4. **Dhananjay Electronic Company Ltd. Forfeited 500 equity shares of ₹ 10 each on which ₹ 6 per share were received. Show journal entries regarding re-issue of all these shares if :**

   1. Shares are Re-issued at ₹ 8 per share fully paid-up
   2. Share are Re-issued at ₹ 7, ₹ 8 called up
   3. Shares are Re-issued at ₹ 5.50, ₹ 7 called up

OR

Explain the following components of the Computerised Accounting System :

(a) Hardware

(b) Software

(c) Company Personnel

5. **Rohit, Sachin and Virat were sharing Profits and Losses in the Ratio of 7 : 5 : 4 respectively. Their Balance sheet as on 31st March, 2019 was as follows.**

Balance Sheet
as on 31ˢᵗ March, 2019

Dr.   Cr.

Liabilities	Amount (₹)	Assets	Amount (₹)
Capital Account :		Stock	17,000
Rohit	23,000	Furniture	18,000
Sachin	15,000	Land & Building	16,000
Virat	12,000	Bank	37,000
Bills Payable	2,000		
Creditors	8,000		
Bank Loan	12,000		
General Reserve	16,000		
	88,000		**88,000**

Mr. Virat died on 30 th June 2019 and the following adjustments were agreed as per deed.

1. Stock, Furniture and Land and Building ARE to be revalued at ₹ 16, 700, ₹ 16,200, ₹ 30,100 respectively.
2. Virat's share in goodwill is to be valued from firm's goodwill which was valued at three times of the average profit of Last Four Years, Profit of the Last Four Years : I ₹ 30,000, II ₹ 25,000, III ₹ 25,000, IV ₹ 40,000
3. His Profit up to the death is to be calculated on the basis of profit of last year.
4. Virat was entitled to get a salary of ₹ 1,200 per month.
5. Interest on Capital at 10% paid to be allowed.
6. Virat's Drawing up to the date of death was ₹ 900 per month.

Prepare : Virat's Capital Account showing Amount Payable to his executor. Give working notes for Share of Goodwill and Profit.

OR

From the following Balance Sheets of Noha Textiles Limited, Prepare comparative Balance Sheet and comment upon the changes.

Balance Sheets
as on 31.3.2018 & 31.3.2019

Liabilities	31.3.2019 (₹)	31.3.2020 (₹)	Assets	31.3.2019 (₹)	31.3.2020 (₹)
Current Liabilities	2,00,000	4,00,000	Fixed Assets *Less* : Accumulated	12,00,000	18,00,000
Reserves	3,00,000	2,00,000	Depreciation	20,000	3,00,000
12% Bank Loan	5,00,000	8,00,000		10,00,000	15,00,000
Share Capital	5,00,000	10,00,000	Current Assets	5,00,000	9,00,000
	15,00,000	**24,00,000**		**15,00,000**	**24,00,000**

6. **Following is the Receipts and Payments Account of Krishna Junior College, Mahabaleshwar for the year ended 31st March, 2020.**

Receipts & Payments Account

Dr.   for the year ended 31st March, 2020   Cr.

Receipts		Amount (₹)	Payments		Amount (₹)
To Balance b/d			By Bank Overdraft		28,500
Cash		23,500	By Salaries to Teachers		2,00,000
To Tuition Fees	₹		By Salaries to Offce Staff		40,000
2018 - 19	7,000		By Books Purchased on 1 - 7 - 2019		60,000
2019 - 20	70,000	77,000			
To Fine Collected		4,000	By Printing and Stationery		7,000
To Interest On Bank		25,500	By Offce Rent		6,000
Deposits			By Repairs		3,000
To Admission Fees		12,000	By Sports Expenses		1,500
To Donations For Prize Fund		90,000	By Annual Gathering Exp.		12,000
			By Furniture		40,000
To Govt. Grants		1,73,000	(Purchased on 1-1-2020)		
			By Balance c/d		
			Cash In Hand	200	
			Cash at Bank	6,800	7,000
		4,05,000			**4,05,000**

Additional Information :

1. For the current year (2019 - 20) Tuition fees are outstanding ₹10,000.
2. 50 % Admission fees should be capitalised.
3. Outstanding Salary to Teachers are ₹ 12,000.
4. Depreciation : Books @ 10 % P.A. and furniture @ 15 % P.A.
5. 50 % Govt. Grants should be capitalised.
6. Assets and Liabilities on 1st April, 2019 were as follows. Building ₹ 18,00,000, Furniture ₹ 7,00,000, Books ₹ 5,00,000, 9 % Bank Deposits ₹ 3,00,000, Tuition fees Receivable ₹ 7,000, Bank Overdraft ₹ 28,500

You are required to prepare Income and Expenditure Account for the year ended 31st March 2020 and Balance sheet as on that date.

7. **M/s Sudarshan Traders is a Partnership Firm in which, Ram and Krishna are Partners sharing Profits and Losses in the Ratio 3:2. From the following Trial Balance prepare Final Account for the year 2018-19:**

Trial Balance

as on 31st March, 2019

Particulars	Debit (₹)	Credit (₹)
Opening Stock	36,000	
Capital A/c :		
Ram		1,60,000
Krishna		80,000
Current A/c :		
Ram		8,000
Krishna	4,000	
Purchases	1,00,000	
Sales		2,08,000

Sundry Debtors	1,73,500	
Sundry Creditors		41,800
Bills Receivable	47,000	
Bills Payable		21,000
Commission	2,800	
Wages	1,760	
Salaries	3,000	
Furniture	25,000	
Plant and Machinery	63,000	
R.D.D.		1,000
Investment	10,500	
Loans and Advances Given	35,240	
Insurance	2,500	
Bad Debts	500	
12% Govt. Bonds (Purchased On 1.1.2019)	15,000	
	5,19,800	**5,19,800**

Adjustments :

(i) Stock on Hand on 31 March, 2019 was valued at ₹ 38,000.

(ii) Ram is allowed a Salary of ₹ 6,000 and Krishna is allowed Commission at 3% on net sales.

(iii) Interest on Partner's Capital is to be provided @ 5% P.A.

(iv) Provide Depreciation on Plant and Machinery 5%.

(v) ₹ 3,000 from our customer is not recoverable.

(vi) Prepaid insurance ₹ 500.

Ⓐ Answer Key

Section A

1. (A) (i) True, Depreciation is calculated on fixed assets like Computer, Furniture, Machinery etc.

(ii) False, Receipts and payments accounts have opening balance.

(B) (i) Cash

(ii) Direct

(iii) Debited

(iv) Unissued

(v) Optional

(C) (i) Ctrl + A

(ii) ROCE (Return on Capital Employed)

(iii) Realisation A/c

(iv) LEGAL heir or executor

(v) Premium Method

(D) Format of Bill of Exchange:

Bill of Exchange

Stamp

Mr. Amol Sane,
42, Gangdham,
M.G. Road, Ratnagiri

Date : 1st March, 2020

₹. 18,750

Forty Five Days after date pay to me or my order. A sum of Rupees Eighteen Thousand Seven Hundred and Fifty only, for the value received.

Sd/-
(Amol Sane)

To,

Mrs. Sagarika Mane,
345, Kumthekar Road,
Pune,

Accepted for 15,000 only
Sd/-
(Sagarika Mane)
Date : 4th March, 2020

2. Dr.   **Revaluation A/c**   **Cr.**

Particulars	Amount (₹)	Particulars	Amount (₹)
To Provision to Doubtful Debts A/c	3,900	By Land and Building A/c	30,000
To Investment A/c (22,500-15,000)	7,500	By Creditors A/c	750
To Profit Transferred to ₹			
Adil's Capital A/c 12,900			
Sameer's Capital A/c 6,450	19,350		
	30,750		**30,750**

Dr.   **Partner's Capital A/c**   **Cr.**

Particulars	Adil (₹)	Sameer (₹)	Raju (₹)	Particulars	Adil (₹)	Sameer (₹)	Raju (₹)
To Goodwill A/c	8,000	4,000		By Balance b/d	90,000	48,600	
To Advertisement	8,000	4,000		By Revaluation A/c (profit)	12,900	6,450	

Suspense A/c							
To Cash A/c	5,000	2,500		By Cash A/c)			
To Profit and Loss A/c	8,000	4,000		By Goodwill A/c	10,000	5,000	
To Cash A/c (Surplus)	31,900	19,550		By General Reserve A/c	8,000	4,000	
To Balance c/d	60,000	30,000	30,000				
	1,20,900	**64,050**	**30,000**		**1,20,900**	**64,050**	**30,000**

Balance Sheet
as on 1-4-2019

Liabilities	Amount (₹)		Assets		Amount (₹)
Bill Payable		60,000	Cash		16,650
Sundry Creditors		62,250	Debtors	39,000	
Capital A/c :			Less : Provision	3,900	35,100
Adil	60,000		Investments		85,500
Sameer	30,000		Land & Building		1,05,000
Raju	30,000	1,20,000			
		2,42,250			**2,42,250**

Note : At the time of the admission it is desirable that the amount of goodwill which is already appearing in the books should always be written off among old partners in their old profit sharing ratio, when the new partner brings in cash for goodwill.

Working Notes :

Adil's Share	$= \dfrac{1}{4}$
Remaining Share	$= 1 - \dfrac{1}{4} = \dfrac{3}{4}$
Adil's New Share	$= \dfrac{2}{3} \times \dfrac{3}{4} = \dfrac{2}{4}$
Sameer's New Share	$= \dfrac{1}{3} \times \dfrac{3}{4} = \dfrac{1}{4}$
New Ratio	$= 2 : 1 : 1$

Investment fluctuation reserve will be used at the time of reduction in the value of investments.

OR

Journal Entries

In the books of Partnership firm

Date	Particulars	L.F.	Debit (₹)	Credit (₹)

2019 April 1	General Reserve A/c Dr.
	   To Jaya's Capital A/c
	   To Maya's Capital A/c
	   To Mamta's Capital A/c
	(Being General Reserve distributed among Partners)
			16,000	6,000
				6,000
				4,000

	Revaluation A/c Dr.
	   To Livestock A/c
	   To Plant and Machinery A/c
	   To R.D.D. A/c
	(Being Assets depreciated and R.D.D provided on Debtors)
			6,000	1,200
				2,800
				2,000

Particulars		Amount	Amount
Equipment A/c	Dr.	800	
Creditors A/c	Dr.	400	
To Revaluation A/c			1,200
(Being Equipments appreciated in value and creditors decreased in value)			
Jaya's Capital A/c	Dr.	1,800	
Maya's Capital A/c	Dr.	1,800	
Mamta's Capital A/c	Dr.	1,200	
To Revaluation A/c			4,800
(Being loss on revaluation distributed and transferred to capital accounts)			
Mamta's Capital A/c	Dr.	38,800	
To Mamta's Loan A/c			38,800
(Being balance amount due to Mamta transferred to her loan a/c)			

Working Notes :

Calculation of profit on Revaluation of Assets and Liabilities

Dr.   **Revaluation A/c**   **Cr.**

Particulars	Amount (₹)	Particulars		Amount (₹)
To Livestock A/c	1,200	By Equipments A/c		8,00
To Plant and Machinery	2,800	By Creditors A/c		400
To R.D.D. A/c	2,000	By Partners Capital Accounts (loss)		
		Jaya	1,800	
		Maya	1,800	
		Mamta	1,200	4,800
	6,000			**6,000**

Dr.   **Partner's Capital A/c**   **Cr.**

Particulars	Jaya (₹)	Maya (₹)	Mamta (₹)	Particulars	Jaya (₹)	Maya (₹)	Mamta (₹)
To Revaluation A/c (Loss)	1,800	1,800	1,200	By Balance c/d	48,000	52,000	36,000
To Suresh Loan A/c			38,800	By General Reserve	6,000	6,000	4,000
To Balance c/d	52,200	56,200					
	54,000	**58,000**	**40,000**		**54,000**	**58,000**	**40,000**

3.   **Dr.**   **Realisation A/c**   **Cr.**

Particulars		Amount (₹)	Particulars		Amount (₹)
To Sundry Assets A/c :			By Bank A/c :		1,80,000
Fixed Assets	2,18,000		(Fixed Assets Realised)		
Goodwill	60,000		By Bank A/c :		
Stock	1,20,000	3,98,000	(Stock Realised)		1,04,000
To Bank A/c :			By Partners' Capital A/c (Loss on Realisation Transferred)		
Realisation Expenses		6,000			
			Rupali	48.000	
			Dipali	48.000	
			Mitali	24,000	1,20,000
		4,04,000			**4,04,000**

Dr. Partner's Capital A/c **Cr.**

Particulars	Rupali (₹)	Dipali (₹)	Mitali (₹)	Particulars	Rupali (₹)	Dipali (₹)	Mitali (₹)
To Balance b/d			40,000	By Balance b/d	60,000	40,000	
To Realisation A/c (Loss on Realisation)	48,000	48,000	24,000	By Deficiency A/c		8,000	64,000
To Deficiency A/c	12,000						
	60,000	**48,000**	**64,000**		**60,000**	**48,000**	**64,000**

Dr. Bank A/c **Cr.**

Particulars	Amount (₹)	Particulars	Amount (₹)
To Balance b/d	2,000	By Realisation A/c	6,000
To Realisation A/c	1,80,000	By Bank Loan A/c	1,00,000
To Realisation A/c	1,04,000	By Creditors A/c	1,80,000
	2,86,000		**2,86,000**

Dr. Creditors A/c **Cr.**

Particulars	Amount (₹)	Particulars	Amount (₹)
To Bank A/c	1,80,000	By Balance b/d	2,40,000
To Deficiency A/c	60,000		
	2,40,000		**2,40,000**

Dr. Bank Loan A/c **Cr.**

Particulars	Amount (₹)	Particulars	Amount (₹)
To Bank A/c (Stock REALISED)	1,00,000	By Balance b/d	1,00,000
	1,00,000		**1,00,000**

Dr. Deficiency A/c **Cr.**

Particulars	Amount (₹)	Particulars	Amount (₹)
To Dipali's Capital A/c	8,000	By Rupali's Capital A/c	12,000
To Mitali's Capital A/c	64,000	By Creditors A/c	60,000
	72,000		**72,000**

Note : Bank Loan Charged (secured) on stock, so on dissolution Bank Loan Discharged on Realisation of Stock

OR
Journal Entries
In the books of Sanjay

Date	Particulars		L.F.	Debit (₹)	Credit (₹)
1.	Govind's A/c	Dr.		27,000	
	Cash A/c	Dr.		12,500	
	Discount A/c	Dr.		1,000	
	To Sales A/c				40,500
	(Being goods sold on credit and cash subject to trade discount and cash discount)				

	Particulars		Dr./Cr.	Debit	Credit
2.	Bills Receivable A/c		Dr.	27,000	
	To Govind's A/c				27,000
	(Being acceptance received)				
3.	Aadesh's A/c		Dr.	27,500	
	To Bill Receivable A/c				27,000
	To Discount A/c				500
	(Being Govind's acceptance endorsed in full settlement)				
4.	Govind's A/c		Dr.	27,450	
	Discount A/c		Dr.	500	
	To Aadesh's A/c				27,950
	(Being Govind's acceptance endorsed in full settlement dishonoured and discount cancelled)				
5.	Govind's A/c		Dr.	1,500	
	To Interest A/c				1,500
	(Being interest due)				
6.	Cash / Bank A/c		Dr.	5,700	
	To Govind's A/c				5,700
	(Being cash received along with noting charges)				
7.	Bills Receivable A/c		Dr.	23,250	
	To Govind's A/c				23,250
	(Being new bill drawn along with interest and acceptance received)				
8.	Aadesh's A/c		Dr.	27,950	
	To Cash / Bank A/c				27,950
	(Being cash paid to Aadesh)				
9.	Govind's A/c		Dr.	23,250	
	To Bills Receivable A/c				23,250
	(Being Govind's acceptance dishonoured)				

In the books of Govind

Sanjay's A/c

Dr.   **Cr.**

Date	Particulars	J.F.	Amount (₹)	Date	Particulars	J.F.	Amount (₹)
	To Bills Payable A/c		27,000		By Purchases A/c		27,000
	To Cash A/c		5,700		By Bills Payable A/c		27,000
	To Bills Payable A/c		23,250		By Noting Charges A/c		450
	To Balance c/d		23,250		By Interest A/c		1,500
					By Bills Payable A/c		23,250
			79,200				**79,200**

4.   **Journal Entries**

In the books of Dhananjay Electronics Co.

Date	Particulars		L.F.	Debit (₹)	Credit (₹)
1.	Equity Share Capital A/c	Dr.		5,000	
	To Calls in Arrears A/c				2,000
	To Share Forfeiture A/c				3,000
	(Being forfeiture of 500 equity shares due to non-payment of first Call of ₹ 5 per Share)				

(a)

Date	Particulars		L.F.	Debit (₹)	Credit (₹)
1.	Bank A/c	Dr.		4,000	
	Share Forfeiture A/c	Dr.		1,000	
	To Equity Share Capital A/c				5,000
	(Being re-issue of 500 forfeited shares @ ₹ 8 per Share fully Paid)				
2.	Share Forfeiture A/c	Dr.		2,000	
	To Capital Reserve A/c				2,000
	(Being Balance on Share forfeiture A/c transferred to Capital Reserve)				

(b)

Date	Particulars		L.F.	Debit (₹)	Credit (₹)
1.	Bank A/c	Dr.		3,500	
	Share Forfeiture A/c	Dr.		500	
	To Equity Share Capital A/c				4,000
	(Being re-issue of 500 Equity Shares @ ₹ 7 per Share, @ ₹ 8 per Share Called-Up)				
2.	Share Forfeiture A/c	Dr.		2,500	
	To Capital Reserve A/c				2,500
	(Being Balance on Share forfeiture A/c transferred to Capital Reserve)				

(c)

Date	Particulars		L.F.	Debit (₹)	Credit (₹)
1.	Bank A/c	Dr.		2,750	
	Share Forfeiture A/c	Dr.		750	
	To Equity Share Capital A/c				3,500
	(Being re-issue of 500 equity shares @ Rs. 5.50 per share, @ Rs. 8 per share Called-Up)				
2.	Share Forfeiture A/c	Dr.		2,250	
	To Capital Reserve A/c				2,250
	(Being Balance on Share forfeiture A/c transferred to Capital Reserve)				

OR

1. Hardware : Hardware is the electronic equipment that includes computers, disk drives, monitors, printers and the network that connects with them. Most modern accounting systems require a network, the system of electronic linkages that allow different computers to share the information within network.

In the network system, many computers can be connected to the main computer, or server, which stores the program and the data. With the right communication of hardware and software, an auditor in Maharashtra can access the data of a client located in Kerala. The result is a speedier audit for the client, often at lower cast than the cost incurred it the auditor had to perform all the work on site in India.

2. Software : Software is the set of programs that direct the computer to perform the desired task. Accounting Software Accepts, edits (alters), and stores Transactions and Data, Generates the reports.

3. Personnel : Personnel are Critical to the success of any endeavour because people operate the system. Modern Accounting system gives non-accounting personnel access to parts of the system.

Management of a Computerised Accounting system requires careful planning of data security and grooming of the people in the organization who will have access to the data. Security is sought by using passwords, codes that permit access to computerised records.

5.

In the Books of the Firm

Dr.   Virat's Capital A/c   Cr.

Particulars	Amount (₹)	Particulars	Amount (₹)
To Drawing A/c	2,700	By Balance b/d	12,000
To Executors Loan A/c	45,200	By General Reserve	4,000
		By Profit & Loss Adjustment A/c	3,000
		By Goodwill A/c	22,500
		By Profit & Loss Suspense A/c	2,500
		By Salary A/c	3,600
		By Interest on Capital A/c	300
	47,900		**47,900**

Working Notes :

1. Calculation of Share of Goodwill

(a) Average Profit $= \dfrac{\text{Total Profit}}{\text{No. of Years}} = \dfrac{1,20,000}{4} = ₹\,30,000$

(b) Goodwill of Firm = Average Profit × No. of Year Purchases

$\qquad\qquad = 30,000 × 3 \text{ times}$

$\qquad\qquad = ₹\,90,000$

(c) Share of Goodwill to Virat = Goodwill of the firm × Virat's Share

$$= 90,000 × \dfrac{4}{16} = ₹\,22,500$$

2. Calculation of Share of profit due to Virat

Share of profit = Last Year profit × Share of profit × period

$$= 40,000 × \dfrac{1}{4} × \dfrac{3}{12} = ₹\,2,500$$

OR

Comparative Balance Sheets of Noha Textiles Ltd.
as on 31.3.2019 & 31.3.2020.

Particulars	31.3.2021 (₹)	31.3.2020 (₹)	Absolute Increase or Decrease (₹)	Percentage Increase and Decrease
Fixed Assets	12,00,000	18,00,000	6,00,000	50%
Less : Accumulated Depreciation	2,00,000	3,00,000	1,00,000	50%
(A) Net Fixed Assets	10,00,000	15,00,000	5,00,000	50%
Current Assets	5,00,000	9,00,000	4,00,000	80%
Less : Current Liabilities	2,00,000	4,00,000	2,00,000	100%
(B) Working Capital	3,00,000	5,00,000	2,00,000	66.67%
(C) Capital Employed	13,00,000	2,00,000	7,00,000	53.55%
(D) *Less* : 12% Bank Loan	5,00,000	8,00,000	3,00,000	60%
(E) Shareholders Fund	8,00,000	12,00,000	4,00,000	50%
C-D				
Share Capital	5,00,000	10,00,000	5,00,000	100%
Reserves	3,00,000	2,00,000	(1,00,000)	33.33%
Shareholders fund	8,00,000	12,00,000	4,00,000	50%

Working Notes : Calculation of percentage of increase or decrease is as follows:

$$\frac{\text{Absolute Change over 2020}}{\text{Absolute figure of 2019}}$$

1. $\dfrac{6,00,000}{12,00,000} \times 100 = 50\%$ Increase

2. $\dfrac{1,00,000}{2,00,000} \times 100 = 50\%$ Increase

Comments : The analysis of above comparative Balance Sheet gives the following conclusions.

1. Total fixed assets have increased by ₹ 6,00,000, 50% increase.

2. Purchased of fixed assets was financed partly by issue of shares for ₹ 5,00,000 and partly by increase in loan.

3. Share capital has increased by ₹ 5,00,000 i.e. 100% increase it has strengthened in financial position of the company.

4. Reserve have decreased by ₹ 1,00,000 i.e. 33.33% decrease, which reflect loss in the business during the current year.

5. Current Liabilities have increased by ₹ 2,00,000 i.e. 100% interest but current assets have also increased by 4,00,000 i.e. 80% increase. It has resulted in the increase of working capital of the firm by ₹ 2,00,000 which has been financed by increase in loan.

6.

Income and Expenditure Account for the year ended 31st March, 2020

Dr.   **Cr.**

Expenditure		Amount (₹)	Income		Amount (₹)
To Salaries to Teachers	2,00,000		By Tuition fees	70,000	
Add : O/s Salary to			*Add* : O/s Tuition fees	10,000	80,000
Teachers	12,000	2,12,000	By Fine Collected		4,000
To Salaries to offce Staff		40,000	By Admission fees	12,000	
To Printing & Stationery		7,000	*Less* : 50% Capitalised	6,000	6,000
To Offce Rent		6,000	By Interest on	25,500	
To Repairs		3,000	Bank Deposits		
To Sports Expenses		1,500	*Add* : O/s Interest	1,500	27,000
To Annual Gathering Expenses		12,000	By Govt. Grants	1,73,000	
To Depreciation on			*Less* : 50 %Capitalised	86,500	86,500
Books	54,500		By Deficit		2,39,000
Furniture	1,06,500	1,61,000	(Excess of Exp. over Income)		
		4,42,500			**4,42,500**

Balance Sheet
as on 31st March 2020

Liabilities		Amount (₹)	Assets		Amount (₹)
Capital Fund	33,02,000		Outstanding Tuition fees		10,000
Add : 50 %Admission fees	6,000		Building		18,00,000
Add : 50 % Govt. Grants	86,500		Furniture	7,00,000	
	33,94,500		*Add* : New Furniture	40,000	
Less : Deficit	2,39,000	31,55,000		7,40,000	
Add : Donation for prize fund		90,000	*Less* : 15 % Depreciation	1,06,500	6,33,500

	Amount			Amount
Outstanding Salaries to Teachers	12,000	Books	5,00,000	
		Add : Purchases	60,000	
			5,60,000	
		Less : 10 % Depreciation	54,500	5,05,500
		9 % Bank Deposits	3,00,000	
		Add : Outstanding Interest	1,500	3,01,500
		Cash in Hand		200
		Cash at Bank		6,800
	32,57,500			**32,57,500**

Working Notes :

1. Calculation of Capital Fund

Balance Sheet as on 1st April, 2019

Liabilities	Amount (₹)	Assets	Amount (₹)
Bank Overdraft	28,500	Cash in Hand	23,500
Capital Fund	33,02,000	Tuition fees Receivable	7,000
(Balancing Figure)		Building	18,00,000
		Furniture	7,00,000
		Books	5,00,000
		9 % Bank Deposits	3,00,000
	33,30,500		**33,30,500**

(2) Calculation of Depreciation on Books — ₹
    (a) 10 % Depr. on ₹ 5,00,000 — 50,000
    (b) 10 % Depr. on ₹ 60,000 for 9 months — 4,500
    Total Depreciation — 54,500

(3) Calculation of Depreciation on Furniture
    (a) 15 % Depr. on ₹ 7,00,000 — 1,05,000
    (b) 15 % Depr. on ₹ 40,000 for 3 months — 1,500
    Total Depreciation — 1,06,500

(4) Calculation of 9 % Interest on Bank Deposits
    9 % on Bank Deposits — ₹ 3,00,000
    Interest Received — ₹ 25,500
    Outstanding Interest — 1,500   27,000

7.

Trading and Profit and Loss A/c
Dr.   **for the year ended 31st March, 2019**   **Cr.**

Particulars	Amount (₹)	Particulars	Amount (₹)
To Opening Stock	36,000	By Sales	2,08,000
To Purchases	1,00,000	By Closing Stock	38,000
To Wages	1,760		
To Gross Profit c/d	1,08,240		
	2,46,000		**2,46,000**
To Commission	2,800	By Gross Profit b/d	1,08,240
To Salaries	3,000	By Interest on Govt Bonds Receivable	450

Particulars				
To Insurance	2,500			
Less : Prepaid	500	2,000		
To Ram's Salary		6,000		
To Commission to Krishna		6,240		
To Depreciation on :				
Plant and Machinery		3,150		
To Bad Debts (Old)	500			
To RDD (New)	3,000			
	3,500			
Less : RDD (Old)	1,000	2,500		
To Interest on Capital				
(Partners Current A/c)				
Ram	8,000			
Krishna	4,000	12,000		
Net Profit (Transferred Partners to Current Account)				
Ram	35,500			
Krishna	35,500	71,000		
		1,08,690		**1,08,690**

Balance Sheet
as on 31ˢᵗ March, 2019

Liabilities		Amount (₹)	Assets		Amount (₹)
Capital :			Sundry Debtors	1,73,500	
Ram	1,60,000		*Less* : Bad Debts	3,000	1,70,500
Krishna	80,000	2,40,000	Bills Receivable		47,000
Current A/c :			Plant And Machinery	63,000	
Ram	57,500		*Less* : Depreciation	3,150	59,850
Krishna	41,740	99,240	Furniture		25,000
Creditors		41,800	Investment		10,500
Bills Payable		21,000	Loan and Advances		35,240
			Closing Stock		38,000
			Prepaid Insurance		500
			12% Govt. Bonds	15,000	
			Add : Interest Receivable	450	15,450
		4,02,040			**4,02,040**

Dr.   **Partners' Current A/c**   **Cr.**

Particulars	Ram (₹)	Krishna (₹)	Particulars	Ram (₹)	Krishna (₹)
To Balance b/d		4,000	By Balance b/d	8,000	
			By Profit and Loss A/c	6,000	
			(Ram's Salary)		

			By Profit and Loss A/c (Commission)		6,240
To Balance c/d	57,500	41,740	By Profit and Loss A/c (Interest on Capital)	8,000	4,000
			By Profit and Loss A/c	35,500	35,000
	57,500	**45,740**		**57,500**	**45,740**

Working Notes :

1. In this problem Current Account is given. So total amount of fixed capital of Ram (₹1,60,000) and Krishna (₹ 80,000) = ₹ 2,40,000 should be directly shown on the Liability side of Balance Sheet. Effect of Adjustment Related with Capital. i.e. 5% interest on Capital, 3% commission on net Sales, Partners should be reflected on current account which is Separately Prepared. Closing Balances of Current Account of Partners will be shown on liability side of balance sheet.

2. Amount of Debtor (₹ 3,000) which is not Recoverable is to be Treated as Bad Debts (New) and it should be deducted from debtors on Assets side of Balance Sheet.

3. 12% Govt. Bonds - Are Purchased on 1.1.2019, So Interest Receivable is only for 3 months (i.e. 1.1.2019 to 31.3.2019) @ 12% P.A. on 15,000. which is treated as Income.

$$\frac{15,000}{100} \times \frac{12}{100} \times \frac{3}{12} = ₹\ 1,800$$

₹ 1,800 is for 12 months, we have to consider Interest for 3 months only.

$$\frac{1,800}{100} \times \frac{3}{12} = ₹\ 450$$

Interest on Govt. Bonds @ 12% for 3 months is ₹ 450.

Printed by Libri Plureos GmbH in Hamburg,
Germany